2016 年度教育部重大課題攻關項目"古代環南海開發與地域社會變遷研究"（批准號 :16JZD034)

2013 年度國家社科基金重點項目"秦至宋環南海開發與地域社會變遷研究"（批准號：13AZD035)

2012 年度教育部重大課題攻關項目"7—16 世紀中國南部邊疆與海洋經略研究"

唐代環南海開發與
地域社會變遷研究

王承文 著

上冊

中華書局

序説
唐代環南海開發與地域社會
變遷研究的緣起

　　嶺南北倚五嶺山脈，南部瀕臨南海，因此，在歷史上嶺南又被稱爲嶺表、嶺外、嶺嶠、嶠南、嶺海，等等。自秦朝開闢南越，嶺南一直就是中國的南部邊疆和海疆，是少數民族高度集中的地區。嶺南又是國際性的水陸交通要衝，是古代中國與外部世界聯繫的通道和紐帶。正是這種獨特的地理位置和歷史環境，使嶺南長期成爲古代中國疆域内一個極具特色的政治經濟文化區域，並在中國歷史發展進程中有其重要而特殊的意義。唐朝近三百年間，嶺南既賡續了自秦漢魏晉南北朝以來的整體趨勢，又有重大發展和變化，並因此在嶺南兩千多年開發史上占有極爲重要而特殊的地位。本書研究的時間範圍，將以唐代爲主，然而亦將適當地向上追溯到兩漢六朝時期，特別是隋朝。向下延伸到五代十國，包括兩宋時期。所研究的地域空間範圍，則大體相當於唐初所設置的嶺南道，包括今天廣東、廣西、海南島以及"北屬時期"①的越南北部等環繞南中國海的廣大地區。因此在本書中，我們又將這一歷史時期的嶺南，稱爲環南海區域。本書旨在通過一系列專題研究的形式，集中討論唐代環南海"開發"和"社會變遷"發生的歷史背景、主要表現形式及其深遠影響。

一 唐前嶺南區域開發與唐代研究的起點

古代百越中的駱越和南越，就是嶺南最古老的居民。按照古史記載，當中國跨入文明社會的門檻，嶺南似乎就已成爲古代聖王經略的範圍，並受到中原華夏文明的不斷霑溉。《尚書·堯典》稱"申命羲叔，宅南交"②。《墨子》稱"古者堯治天下，南撫交阯"③。《韓非子》稱"昔者堯有天下"，"其地南至交阯"④。《大戴禮記》亦記載"虞舜以天德嗣堯"，"南撫交阯"⑤。而這裏的"南交"和"交阯"，都是指今天的越南北部。根據史書記載，早在西周初年的周公居攝六年，地處交阯之南的越裳國以三象重譯而獻白雉，並作詩稱："道路悠遠，山川岨深，音使不通，故重譯而朝。"⑥以上均反映了中國早期統治者對遥遠南方的關注和嚮往。

---

① 越南史書將公元前 111 年至公元 939 年稱爲"北屬時期"。
② （漢）孔安國傳，（唐）孔穎達正義《尚書正義》卷二《虞書·堯典》，（清）阮元校刻《十三經注疏》，北京：中華書局，1980 年，第 119 頁。
③ 吳毓江撰，孫啓治點校《墨子校注》卷六《節用中·第二十一》，北京：中華書局，1993 年，第 255 頁。
④ （清）王先慎撰，鍾哲點校《韓非子集解》卷三《十過·第十》，北京：中華書局，1998 年，第 70 頁。
⑤ （清）王聘珍撰，王文錦點校《大戴禮記解詁》卷一一《少間》，北京：中華書局，1983 年，第 216 頁。
⑥ 《後漢書》卷八六《南蠻西南夷傳》，北京：中華書局，1965 年，第 2835 頁。

公元前 221 年,秦朝統一六國,其後又經過多年大規模征戰,在嶺南設置了桂林、象郡、南海三郡,正式將嶺南納入帝國的版圖,封建制度亦隨之在嶺南開始建立。歷史資料證明,秦始皇開闢南越,既源於其開拓疆域以增加土地和人口的需要,亦源於南海貿易的吸引。秦末中原戰亂,河北真定人趙佗建立了南越國,在嶺南割據長達九十三年。至公元前 111 年,漢武帝滅南越國,設置了南海、蒼梧、鬱林、合浦、交阯、九真、日南、珠厓、儋耳九郡。以上有八郡集中在嶺南南部沿海,而其中又有七郡集中在今北部灣沿岸①。元封五年(前 106),漢武帝置十三州(部)刺史,在龍編(今越南河內)置交阯刺史部,作爲嶺南全境的政治中心②。根據《漢書·地理志》的記載,嶺南百分之四十三的户數和百分之五十四的人口,都集中在交阯郡所在的紅河三角洲地區③。以上說明漢朝在嶺南開拓疆域,也主要是環繞南中國海而展開的。因此也可以說歷史上嶺南的開發,從一開始就與南海國際貿易路綫直接相關。

我們探討唐代嶺南開發與地域社會變遷,也就必然要牽涉到究竟應該如何看待唐代以前嶺南開發的歷史背景以及唐代嶺南歷史研究的起點等問題。從秦漢開闢南越,到公元 618 年唐朝建立,時間長達八百多年。長期以來,我們看到學術界研究從秦漢到隋唐嶺南區域

---

① 《漢書》卷六《武帝紀第六》,北京:中華書局,1962 年,第 188 頁。

② 《宋書》卷三八《州郡志四》記載“交州刺史,漢武帝元鼎六年開百越,交阯刺史治龍編。漢獻帝建安八年(203),改曰交州,治蒼梧廣信縣,十六年,徙治南海番禺縣。及分爲廣州,治番禺,交州還治龍編。”(北京:中華書局,1974 年,第 1204 頁)(唐)李吉甫撰,賀次君點校《元和郡縣圖志》卷三八《安南》記載宋平縣有“嬴陵故城,在縣西七十五里。本漢縣,屬交州郡,有羞官。後漢交阯刺史理於此,後徙龍編。”(北京:中華書局,1983 年,第 957 頁)

③ 《漢書》卷二八下《地理志第八下》,第 1629 頁。

史,在一定程度上存在某種傾向,就是往往更多地關注歷史資料中那些最能夠反映嶺南經濟社會發展進步的方面,從而把這一時期的嶺南區域史,看成是封建制度逐步確立以及漢文化不斷傳播這樣一種綫性發展的歷史過程。然而,大量歷史資料和史實却能證明,嶺南地域社會真正融入中國大一統王朝國家之内,其實是一個相當漫長甚至複雜曲折的歷史過程。

眾所周知,杜佑(734—812)是唐朝宰相和著名政治家,也是重要史學家,他曾經在唐德宗興元元年至貞元三年(784—787),擔任過廣州刺史兼嶺南節度使,而他在貞元十七年(801)寫成的《通典》中,保留了其對嶺南不少專門的記載。他稱:"五嶺之南,漲海之北,三代以前,是爲荒服。"①"自嶺而南,當唐、虞、三代爲蠻夷之國,是百越之地,亦謂之南越,古謂之雕題,非《禹貢》九州之域,又非《周禮·職方》之限。"②杜佑認爲傳統意義上的"中國"是指"九州"。而嶺南因爲遠在"九州"之外,所以是"蠻夷之國"和"百越之地"。至於嶺南在唐朝的狀況,他又稱:"五嶺之南,人雜夷獠,不知教義,以富爲雄……大抵南方遐阻,人强吏懦,豪富兼併,役屬貧弱,俘掠不忌,古今是同。其性輕悍,易興迷節。"③所謂"不知教義"和"俘掠不忌"、"易興迷節"等,原本是漢魏六朝史書對古代南越和俚獠等少數民族社會風俗習慣最傳統的描述,而杜佑稱"古今是同",則顯示唐代嶺南社會中,仍然保留着比較濃厚的少數民族的風習。武則天時期,著名宰相狄仁傑(630—

---

① (唐)杜佑撰,王文錦等點校《通典》卷一八八《邊防四》,北京:中華書局,1988年,第5079頁。

② 《通典》卷一八四《州郡一四》,第4910頁。

③ 《通典》卷一八四《州郡一四》,第4961頁。

700)上書亦稱："臣聞天生四夷,皆在先王封疆之外,故東拒滄海,西隔流沙,北橫大漠,南阻五嶺,此天所以限夷狄而隔中外也。"①可見,在唐人看來,五嶺山脈除了作爲地理分界綫之外,同時也是華夏與蠻夷在文化上的一條重要分界綫。

如果追溯自秦漢以來嶺南歷史發展的軌迹,我們就會發現杜佑和狄仁傑的説法,其實也是有其歷史依據和現實基礎的。秦始皇和漢武帝通過大規模征戰,把嶺南置於中央王朝的統治之下,但是,秦漢在嶺南的統治,其實在很長時期内主要集中在交通要道和郡縣治所附近地區,還有大量處於原始部族社會形態的南越民衆並未納入其統治範圍。《史記·平準書》稱:"漢連兵三歲,誅羌,滅南越,番禺以西至蜀南者置初郡十七,且以其故俗治,毋賦税。"②所謂"以其故俗治",就是説漢武帝並没有强制性地改變南越等民族的生産方式和社會結構,而是依據其原有的社會形態進行治理。而其最主要的方法,就是依靠這些民族的首領進行間接的治理。所謂"毋賦税",就是指國家不徵收賦税。也就是説還有大量南越民族的民衆,並没有成爲國家的編户齊民。《淮南子·原道訓》亦稱:"九疑之南,陸事寡而水事衆,於是民人被髮文身,以像鱗蟲,短綣不絝,以便涉游,短袂攘卷,以便刺舟,因之也。"③生活在嶺南的這些爲數衆多的"民人",顯然與郡縣制度下從事

---

① 《舊唐書》卷八九《狄仁傑傳》,北京:中華書局,1975 年,第 2889 頁。
② 《史記》卷三〇《平準書第八》,北京:中華書局,1959 年,第 1440 頁。同頁載劉宋裴駰《集解》引晉灼曰:"(漢武帝)元鼎六年,定越地,以爲南海、蒼梧、鬱林、合浦、交趾、九真、日南、珠崖、儋耳郡;定西南夷,以爲武都、牂柯、越巂、沈犂、汶山郡;及《地理志》、《西南夷傳》所置犍爲、零陵、益州郡,凡十七也。"
③ 劉文典撰,馮逸、喬華點校《淮南鴻烈集解》卷一《原道訓》,北京:中華書局,1989 年,第 19 頁。

農耕生産的編户齊民有很大的差别。三國孫吴黄龍三年（231），曾任合浦太守和交趾太守的薛綜上書孫權，對西漢以來的嶺南歷史有相關評論，他説：

> 漢武帝誅吕嘉，開九郡，設交阯刺史以鎮監之。山川長遠，習俗不齊，言語同異，重譯乃通，民如禽獸，長幼無别，椎結徒跣，貫頭左袵，長吏之設，雖有若無。自斯以來，頗徙中國罪人雜居其間，稍使學書，粗知言語，使驛往來，觀見禮化。……然而土廣人衆，阻險毒害，易以爲亂，難使從治。縣官羈縻，示令威服，田户之租賦，裁取供辦，貴致遠珍名珠、香藥、象牙、犀角、瑇瑁、珊瑚、琉璃、鸚鵡、翡翠、孔雀、奇物，充備寶玩，不必仰其賦入，以益中國也。[1]

以上所謂"田户之租賦，裁取供辦，貴致遠珍"以及"不必仰其賦入，以益中國也"等，都是説嶺南雖然有户籍制度和賦税制度，但其賦税的徵發則以嶺南所出特産爲主。至於所謂"縣官羈縻，示令威服"，則説明其地方官的選任，以選任土著族群的上層人物而維持象徵性的統治爲主。東漢蔡邕所撰《劉鎮南碑》亦稱："交州殊遠，王塗未夷。夷民歸附，大小受命。其郡縣長吏有缺，皆來請之，君權爲選置，以安荒裔，輒別上聞。"[2]

西漢時期，海南島郡縣置廢的過程也可以從一個具體方面説明這種情況。史載漢武帝設置儋耳郡、珠厓郡，二郡"皆在南方海中洲居，廣袤可千里，合十六縣，户二萬三千餘"。然而，其後蠻夷民衆反叛相

---

① 《三國志》卷五三《薛綜傳》，北京：中華書局，1959 年，第 1251—1252 頁。

② （漢）蔡邕撰《蔡中郎集》卷六《劉鎮南碑》，《景印文淵閣四庫全書》第 1063 册，臺北：臺灣商務印書館，1986 年，第 214 頁。

當頻繁，"其民暴惡，自以阻絶，數犯吏禁，吏亦酷之，率數年壹反，殺吏，漢輒發兵擊定之"①。漢元帝初元二年（前47），大臣賈捐之上書稱："駱越之人父子同川而浴，相習以鼻飲，與禽獸無異，本不足郡縣置也。顒顒獨居一海之中，霧露氣溼，多毒草蟲蛇水土之害，人未見虜，戰士自死。"②因此，他主張撤銷在海南島的全部郡縣建制。漢昭帝始元五年（前82）和漢元帝初元三年（前46），漢朝先後撤罷儋耳、朱崖二郡。而《漢書·地理志》也没有這兩個郡的户口統計。《漢書·地理志》記載海南島的社會經濟狀況稱："民皆服布如單被，穿中央爲貫頭。男子耕農，種禾稻紵麻，女子桑蠶織績。"③西晉太康八年（287），廣州大中正王範上《交廣二州春秋》④。其書稱"朱崖、儋耳二郡，與交州俱開，皆漢武帝所置"，其地"周迴二千餘里，徑度八百里，人民可十萬餘家，皆殊種異類，被髮雕身，而女多姣好，白晳、長髮、美鬢，犬羊相聚，不服德教"⑤。在西漢末年廢除郡縣以後，整個海南島實際上又重新回歸到原來的部族社會狀態。史書又記載，吳赤烏二年（239），孫吳政權又在瓊州海峽以北的雷州半島徐聞縣，"立珠崖郡，於其地上立珠官一縣，招撫其人，竟不從化"⑥。也就是説，自西漢後期直至南朝梁武帝時代，中央王朝基本喪失對海南島的管治權，時間長達數百年之久。

---

① 《漢書》卷六四下《賈捐之傳》，第2830頁。《林邑國記》稱："朱崖人多長髮，漢時郡守貪殘，縛婦女割頭取髮，由是叛亂，不復賓伏。"（《太平御覽》卷三七三《人事部一四》引，北京：中華書局，1960年，第1722頁）。

② 《漢書》卷六四《賈捐之傳》，第2834頁。

③ 《漢書》卷二八下《地理志第八下》，第1670頁。

④ 《三國志》卷四六《孫策傳》裴松之注稱："太康八年，廣州大中正王範上《交廣二州春秋》。"（第1110頁）

⑤ （北魏）酈道元著，陳橋驛校證《水經注校證》卷三六《溫水注》引王範《交廣春秋》，北京：中華書局，2007年，第840頁。

⑥ 《元和郡縣圖志》所附《元和郡縣圖志闕卷逸文》卷三，第1090頁。

　　兩漢以後,由於六朝中央統治權威的衰弱,嶺南各地少數民族勢力因此得到了極大的發展。前引薛綜上書孫權稱,嶺南不少地方"土廣人衆,阻險毒害,易以爲亂,難使從治"①。《隋書·經籍志》著錄《南州異物志》一卷,"吳丹陽太守萬震撰"②。《南州異物志》就記載了嶺南南部沿海地區的社會狀況,其文稱:

> 　　廣州南有賊曰俚,此賊在廣州之南,蒼梧、鬱林、合浦、寧浦、高凉五郡中央,地方數千里,往往別村,各有長帥,無君主,恃在山險,不用王〔法〕,古及今,弥歷年紀。民俗惷愚,唯知貪利,無有仁義道理。土俗不愛骨肉,而貪寶貨及牛犢。若見賈人有財物水牛者,便以其子易之。夫或鬻婦,兄亦賣弟。③

以上所謂"往往別村,各有長帥,無君主",是說這一帶的俚人村落,一般都處在部落聯盟的社會發展階段。然而,在兩漢時期這裏卻曾經設置過郡縣。例如,五郡中的高凉郡一直是俚族活動的中心地區。根據唐李吉甫《元和郡縣圖志》記載,高州"古越地也,漢武平南越,置合浦郡,今州即漢合浦郡之高凉縣地。東漢威帝分立高興郡、靈帝改曰高凉。後爲夷獠所據,梁討平俚洞,置高州"④。也就是說,從高凉郡"爲夷獠所據",到梁武帝"討平俚洞"並設置高州之前,中央王朝的統治無法真正進入這一地區。根據史書記載,在整個六朝時期,嶺南各地還有不少郡縣"爲夷獠所據"的情況。

　　公元 280 年西晉滅吳,原孫吳交州刺史陶璜上書給晉武帝,稱:

---

① 《三國志》卷五三《薛綜傳》,第 1252 頁。
② 《隋書》卷三三《經籍志二》,第 983 頁。
③ 《太平御覽》卷七八五《四夷部六》引萬震《南州異物志》,第 3478 頁。
④ 《元和郡縣圖志》所附《元和郡縣圖志闕卷逸文》卷三,第 1087—1088 頁。

"廣州南岸,周旋六千餘里,不賓屬者乃五萬餘戶,及桂林不羈之輩,復當萬戶。至於服從官役,纔五千餘家。二州脣齒,唯兵是鎮。"[①]以上說明在廣州以南的南部沿海直到交州,由國家所控制的編戶齊民實際上纔五千多戶。而"不賓屬者乃五萬餘戶",以及"桂林不羈之輩,復當萬戶",這一數字要遠多於國家所控制的編戶。而《資治通鑑》則稱交州牧陶璜上言:"交、廣東西數千里,不賓屬者六萬餘戶,至於服從官役,纔五千餘家。二州脣齒,唯兵是鎮。"[②]

如果我們對比《漢書·地理志》和《後漢書·郡國志》的戶口記載,就會發現六朝時期的嶺南,確實有大量民戶已經脫離了國家的控制。《漢書·地理志》中的戶口統計數字,是漢平帝元始二年(公元2年)的記載,其中嶺南的南海、蒼梧、鬱林、合浦、交趾、九真、日南七郡,共有 215448 戶,1372290 口[③]。《後漢書·郡國志》有東漢順帝永和五年(140)的戶口統計數字。在嶺南七郡中,鬱林郡和交趾郡都沒有戶口記録,而南海、蒼梧、合浦、九真、日南五郡共有 270769 戶,1114444 口[④]。而在六朝時期的幾部正史中,只有《晉書》和《宋書》有各個區域的人口統計資料。《晉書·地理志》記載嶺南廣州和交州兩州民戶總共爲 68720 戶[⑤],此僅爲西漢末戶籍的 32%。《宋書·州郡志》則記載劉宋時嶺南廣州、交州和越州三州總共有 61117 戶[⑥],此也僅爲西漢末戶籍的 28%。

① 《晉書》卷五七《陶璜傳》,北京:中華書局,1974 年,第 1560 頁。
② 《資治通鑑》卷八一,晉武帝太康元年,北京:中華書局,1956 年,第 2575 頁。
③ 《漢書》卷二八下《地理志第八下》,第 1628—1630 頁。
④ 《後漢書》卷一一三《郡國志五》,第 3530—3532 頁。
⑤ 《晉書》卷一五《地理志下》,第 465—466 頁。
⑥ 《宋書》卷三八《州郡志四》,第 1189—1208 頁。

我們又以交趾郡和合浦郡兩地爲例。在漢代,地處紅河三角洲的交趾郡既是漢代交趾刺史部的所在地,也是漢代嶺南七郡中户籍最多的一郡。前引《漢書・地理志》記載交趾郡有 92440 户,746237 口①。這一數字集中了嶺南七郡中 42% 的户數和 54% 的人口。然而,《晉書・地理志》記載交趾郡却僅爲 12000 户②。而《宋書・州郡志》則記載交趾郡僅爲 4233 户③。隋唐中央王朝在交州一帶的統治力量有較大恢復。但是與漢朝相比,仍有比較大的差距。《隋書・地理志》記載交趾郡爲 30056 户④。《舊唐書・地理志》記載唐太貞觀十三年(639)交州(即交趾郡)爲 17523 户,口爲 88788⑤。這就説明漢代交趾郡所屬的國家編户的後裔,在六朝時期大多都已脱離了國家的控制,很可能已經重新"蠻夷化"了。

《漢書・地理志》記載西漢合浦郡有 15398 户,78980 口⑥。《後漢書・郡國志》記載合浦郡有 23121 户,86617 口⑦。至劉宋明帝泰始七年(471),新設越州刺史,共領九郡,其中六郡爲"新立"。然而九郡中却只有合浦一郡有户籍記載,其民户僅爲 938 户⑧。《南齊書・州郡志》就稱越州"夷獠叢居,隱伏巖障,寇盜不賓,略無編户"⑨。也證實了兩漢時期原屬於合浦郡的編户,至六朝時期確實已經大量脱離了王

---

① 《漢書》卷二八下《地理志第八下》,第 1629 頁。
② 《晉書》卷一五《地理志下》,第 465 頁。
③ 《宋書》卷三八《州郡志四》,第 1204 頁。
④ 《隋書》卷三一《地理志下》,第 885 頁。
⑤ 《舊唐書》卷四一《地理志四》,第 1749 頁。
⑥ 《漢書》卷二八下《地理志第八下》,第 1630 頁。
⑦ 《後漢書》卷一一三《郡國志五》,第 3531 頁。
⑧ 《宋書》卷三八《州郡志四》,第 1208 頁。
⑨ 《南齊書》卷一四《州郡志上》,北京:中華書局,1972 年,第 267 頁。

朝國家的控制。

東漢末年,在漢朝最南部的日南郡境内,出現了林邑國。北魏酈道元《水經注》所引《林邑記》稱:"自林邑王范胡達始,秦餘徙民,染同夷化,日南舊風,變易俱盡。巢棲樹宿,負郭接山,榛棘蒲薄,騰林拂雲,幽烟冥緬,非生人所安。"①所謂"秦餘徙民,染同夷化",是指秦漢時期被强制遷徙在舊日南郡等地的北方漢族人口,其後裔却因爲受當地少數民族的影響反而被"蠻夷化"了。至於所謂"日南舊風,變易俱盡",則是指西漢末年交趾太守錫光和東漢初年九真太守任延等著名"循吏"所代表的"華風"及其影響②,至此也已基本上蕩然無存,甚至還出現了"巢棲樹宿"、"非生人所安"等"蠻夷化"景象。當然,《林邑記》的記載很可能有誇大的成分,然而,縱觀秦漢至隋唐嶺南區域的開發史,就可以發現中央王朝在嶺南的郡縣設置和治理,往往在嶺南各地社會的演進中確實具有決定性的意義。六朝中央政權對於嶺南地區那些已經脱離了國家控制的民衆,顯然都是將他們與"俚獠"或"夷獠"相提並論的。《宋書·夷蠻傳》即稱:"廣州諸山並俚、獠,種類繁熾,前後屢爲侵暴,歷世患苦之。"③《南齊書·州郡志》稱廣州"濱際海隅,委輸交部,雖民户不多,而俚獠猥雜,皆樓居山險,不肯賓服"④;而

---

① 《水經注校證》卷三六《温水注》,第 834 頁。按《隋書·經籍志》著録有《林邑國記》一卷,又稱《林邑記》,其出世大致在東晉劉宋之際。(卷三三《經籍志二》,第 985 頁)今《四庫全書》本(晉)稽含撰《南方草木狀》卷下(《景印文淵閣四庫全書》第 589 册,第 9 頁)和(明)李時珍撰《本草綱目》卷一(《景印文淵閣四庫全書》第 772 册,第 325 頁)記《林邑記》的作者爲漢代"東方朔",應誤。

② 參見 Henry Maspero, L'expédition de Ma Yuan, *Bulletin de l'École Française d'Extrême-Orient* XVIII: 3, 1918; Keith Weller Taylor, *The Birth of Vietnam*, University of California Press, 1983。

③ 《宋書》卷九七《夷蠻傳》,第 2379 頁。

④ 《南齊書》卷一四《州郡志上》,第 262 頁。

交州"在海漲島中。楊（揚）雄箴曰：'交州荒遯，水與天際。'外接南夷，寶貨所出，山海珍怪，莫與爲比。民恃險遠，數好反叛"①；至於越州，該書除了前面所提到的"夷獠叢居，隱伏巖障，寇盜不賓，略無編户"之外，又稱"刺史常事戎馬，唯以貶伐爲務"②。可見，秦漢以後，嶺南各地經濟社會發展的狀況在不同時期有很大的差別，而"漢化"與"蠻夷化"兩種現象其實都同時存在。

　　與六朝國家控制的編户數量大爲減少相關聯的，是嶺南"溪洞豪族"勢力的重要發展。《隋書・食貨志》稱："晉自中原喪亂，元帝寓居江左……諸蠻陬俚洞，霑沐王化者，各隨輕重，收其賧物，以裨國用。又嶺外酋帥，因生口翡翠明珠犀象之饒，雄於鄉曲者，朝廷多因而署之，以收其利。歷宋、齊、梁、陳，皆因而不改。"③六朝統治者爲了維護其在嶺南的統治，讓不少溪洞"首領"、"蠻酋"、"渠帥"、"洞主"等擔任嶺南地方州縣長官，授予其侯、將軍等名號，並讓其世代傳襲。這種政策長期實行的結果，就是嶺南"溪洞豪族"勢力的膨脹擴大。《宋書》之"史臣曰"稱："江南之爲國盛矣，雖南包象浦，西括邛山，至於外奉貢賦，内充府實，止於荆、揚二州。"④這裏的象浦在今越南廣南省，此應代指嶺南地區。至南朝後期，中央王朝對嶺南的實際控制已變得十分有限。《陳書・沈君高傳》稱"嶺南俚、獠世相攻伐"⑤。《陳書・華皎傳》記載"時南州守宰多鄉里酋豪"⑥。歐陽頠、歐陽紇父子先後任

① 《南齊書》卷一四《州郡志上》，第 266 頁。
② 《南齊書》卷一四《州郡志上》，第 267 頁。
③ 《隋書》卷二四《食貨志》，第 673 頁。
④ 《宋書》卷五四《孔季恭、羊玄保、沈曇慶傳論》，第 1540 頁。
⑤ 《陳書》卷二三《沈君高傳》，北京：中華書局，1972 年，第 301 頁。
⑥ 《陳書》卷二〇《華皎傳》，第 271 頁。

陳朝廣州刺史、都督交廣十九州諸軍事，"合門顯貴，威振南土"①。徐陵稱其"南通交、愛，北據衡、疑，兄弟叔姪，盤阻川洞，百越之賨，不供王府，萬里之民，不由國家"②。

　　然而我們又必須注意到，嶺南作爲六朝的戰略後方，各中央王朝實際上一直都重視對嶺南的開發，特別是致力於把嶺南各地重新置於郡縣制度的統治之下。《三國志·陸胤傳》記載："赤烏十一年，交阯九真夷賊攻没城邑，交部騷動。以胤爲交州刺史、安南校尉。胤入南界，喻以恩信，務崇招納，高涼渠帥黃吳等支黨三千餘家皆出降。引軍而南，重宣至誠，遺以財幣。賊帥百餘人，民五萬餘家，深幽不羈，莫不稽顙，交域清泰。就加安南將軍。復討蒼梧建陵賊，破之，前後出兵八千餘人，以充軍用。"③吳主孫皓曾下令"科實廣州户口"④。《隋書》記載梁武帝"務恢境宇，頻事經略，開拓閩、越，克復淮浦，平俚洞，破牂柯，又以舊州遐闊，多有析置"⑤。《資治通鑑》記載梁武帝"方事征伐，恢拓境宇，北踰淮、汝，東距彭城，西開牂柯，南平俚洞，紛綸甚衆"。胡三省注曰："俚洞，交、廣界表，俚人依阻深險，各自爲洞。"⑥梁朝胡穎仕爲武陵國侍郎，史載其"出番禺，征討俚洞"⑦。沈恪爲廣州府中兵參軍，亦"常領兵討伐俚洞"⑧。《陳書·徐度傳》記載："梁始興內史蕭

---

① 《南史》卷五六《歐陽頠傳》，北京：中華書局，1975 年，第 1615 頁。
② （陳）徐陵《與章司空昭達書》，（宋）李昉等編《文苑英華》卷六八二，北京：中華書局，1966 年，第 3518 頁。
③ 《三國志》卷六一《陸胤傳》，1409 頁。
④ 《三國志》卷四八《孫皓傳》，第 1172 頁。
⑤ 《隋書》卷二九《地理志上》，第 807 頁。
⑥ 《資治通鑑》卷一五八，梁武帝大同五年，第 4903—4904 頁。
⑦ 《陳書》卷一二《胡穎傳》，第 187 頁。
⑧ 《陳書》卷一二《沈恪傳》，第 193 頁。

介之郡,度從之,將領士卒,征諸山洞,以驍勇聞。高祖征交趾,厚禮招之。"[1]陳朝時,廣州刺史馬靖"甚得嶺表人心,而兵甲精練,每年深入俚洞"[2]。可見,在整個六朝時期,王朝國家的控制與嶺南"溪洞豪族"勢力的抗拒,構成了這一時期嶺南地域政治走向的基本脈絡和特點。

隋朝自公元 589 年統一江南和嶺南,至公元 618 年滅亡,其統治嶺南的時間雖短,但却是嶺南發展的重要轉折時期。《隋書·南蠻傳》的開頭即稱:"南蠻雜類,與華人錯居,曰蜒,曰獽,曰俚,曰獠,曰㑩,俱無君長,隨山洞而居,古先所謂百越是也。其俗斷髮文身,好相攻討,浸以微弱,稍屬於中國,皆列爲郡縣,同之齊人,不復詳載。"[3]説明從整體上來看,自漢末以來嶺南俚獠等少數民族勢力至隋朝已經開始走向衰微。所謂"列爲郡縣,同之齊人","齊人"即受到王朝國家控制的編户齊民。而《隋書·地理志》所記載隋煬帝大業初年嶺南十九郡户籍爲 361436 户[4]。其數字既遠超六朝時期,而且也超過了兩漢,證明隋朝確實把很多少數民族民衆重新納入到中央王朝的統治之下。

然而,歷史資料也證明,隋朝中央在嶺南的行政管理仍然受到很大的制約。《隋書·譙國夫人傳》記載,高涼郡冼氏"世爲南越首領,跨據山洞,部落十餘萬家","壓服諸越"。另外還有"海南、儋耳歸附者千餘洞",至隋滅陳之際,冼夫人曾"集首領數千"[5]。這些説明嶺南南部沿海等地俚獠勢力仍然還比較强大。而且"溪洞豪族"的政治動

① 《陳書》卷一二《徐度傳》,第 189 頁;《南史》卷六七《徐度傳》,第 1628 頁。
② 《陳書》卷二一《蕭引傳》,第 290 頁。
③ 《隋書》卷八二《南蠻傳》,第 1831 頁。
④ 《隋書》卷三一《地理志下》,第 880—886 頁。
⑤ 《隋書》卷八〇《列女·譙國夫人傳》,第 1800—1802 頁。

向與嶺南的安危直接相關。史載隋開皇十年(590)，"番禺夷王仲宣反，嶺南首領多應之，引兵圍廣州"，廣州刺史韋洸"中流矢卒"①。可見即使在廣州附近地區，亦分布着不少蠻夷民衆。《隋書》又記載"嶺南夷、越數爲反亂"，"州縣生梗，長吏多不得之官，寄政於總管府"②。至隋煬帝大業十二年(616)七月，高凉通守冼珤徹"舉兵作亂，嶺南溪洞多應之"③。

隋朝在嶺南的賦税政策在很大程度上也大體沿用繼承了六朝的模式。《隋書·食貨志》稱："其軍國所須雜物，隨土所出，臨時折課市取，乃無恒法定令。列州郡縣，制其任土所出，以爲徵賦。"④《隋書·地理志》記載嶺南社會風俗亦稱："自嶺已南二十餘郡，大率土地下濕，皆多瘴厲，人尤夭折……其人性並輕悍，易興逆節，椎結跣踞，乃其舊風。其俚人則質直尚信，諸蠻則勇敢自立，皆重賄輕死，唯富爲雄。巢居崖處，盡力農事。刻木以爲符契，言誓則至死不改。父子別業，父貧，乃有質身於子。諸獠皆然。並鑄銅爲大鼓……俗好相殺，多搆讎怨，欲相攻則鳴此鼓，到者如雲。"⑤以上也説明隋朝統治下的嶺南，其真正融入王朝國家的道路仍然還較爲漫長。

我們以上討論並非否定秦漢至隋朝嶺南開發的成就，而是强調研究早期嶺南史，除了關注和研究歷史記載中那些發展進步和激動人心的方面之外，還應該注意到歷史發展本身的複雜性和多面性。兩漢至隋朝時期的嶺南大致有五十多萬平方公里，其面積和今天的歐洲大國

① 《資治通鑑》卷一七七，隋文帝開皇十年，第5532頁。
② 《隋書》卷五六《令狐熙傳》，第1386頁。
③ 《隋書》卷四《煬帝紀下》，第91頁。
④ 《隋書》卷二四《食貨志》，第673—674頁。
⑤ 《隋書》卷三一《地理志下》，第887—888頁。

法國差不多。其境内地形和地勢非常複雜,而生活在這一地區的土著族群數量衆多,源流複雜,其區域内部經濟社會發展的差異性和不平衡性十分明顯。自兩漢以來,雖然歷代都有不少官員包括"循吏"推行儒家教化,然而其影響仍比較有限。究其主要原因,就在於王朝國家的統治權力深入嶺南地方社會,本身是一個漸進曲折的歷史過程。宋代章粲評價秦漢以來的嶺南史就稱:"帶山並海,依險阻以爲固。秦漢以來,常爲奸雄桀黠竊據其地。其後廢國爲郡,置吏統治。至者彈擊豪强,鉏剪寇盜之不暇,尚何及教化之事哉?"①而我們所討論的唐代環南海開發與地域社會變遷,就是以這樣的歷史作爲起點的。

二 唐代嶺南"文化意象"與歷史真實之間的關係

貞觀元年(627),唐太宗將唐朝遼闊的疆域劃分爲十道,嶺南道是其中最爲邊遠的地區之一。根據《唐六典》的記載,嶺南道"凡七十州焉。其五府又管羈縻州。東、南際海,西極群蠻,北據五嶺","其遠夷則控百越及林邑、扶南之貢獻焉"②。唐玄宗開元二十一年(733),唐朝在邊疆和民族地區創設經略使,其中設嶺南五府經略使,以"綏静夷獠"③。

唐朝前期,嶺南自六朝以來的"溪洞豪族"在地方社會中仍占有重

---

① (宋)章粲《廣州移學記》,載廣州市地方志編纂委員會辦公室編《元大德南海志殘本(附輯佚)》,廣州:廣東人民出版社,1991年,第160—161頁。
② (唐)李林甫等撰,陳仲夫點校《唐六典》卷三《尚書户部》,北京:中華書局,1992年,第72頁。
③ 《通典》卷一七二《州郡二序目下》,第4483頁;《舊唐書》卷三八《地理志一》,第1389頁。《資治通鑑》卷二一五,唐玄宗天寶元年(742)稱"嶺南五府經略綏静夷、獠"。(6850頁)

要地位①。從唐太宗的有關詔令中，我們也可以發現唐初嶺南社會的特殊性。貞觀元年(627)十月，唐太宗所發布的《安撫嶺南詔》稱："嶺表遐曠，山洞幽深，雖聲教久行，而風俗未一。廣州管內，爲弊尤甚，蠻夷草竊，遞相侵掠，强多陵弱，衆或暴寡。又在官之徒，多犯憲法，刑罰淫濫，貨賄公行，吏有懷姦，人未見德。永言政術，憂歎無忘。"②貞觀五年，唐太宗在給嶺南高州都督亦爲高涼大首領馮盎的敕文中稱："海隅遼曠，山洞幽深，蠻夷重譯之方，障屬不毛之地，得之未有所益，失之固無所損。"③至貞觀十五年(641)正月，唐太宗訓誡朝集使稱："南方諸州，多統夷獠。官人於彼言語不通，里吏鄉首侵漁，匹庶不勝忿怨，挺刃相讐，因是叛亡，輕犯州縣。"④唐太宗反復提到嶺南"山洞幽深"，都是指"溪洞"在嶺南占有很大的比重。而其稱嶺南衆多經制州縣"多統夷獠"，則説明嶺南居民仍以少數民族爲主。至於其稱"廣州管內，爲弊尤甚，蠻夷草竊，遞相侵掠，强多陵弱，衆或暴寡"等，則説明唐代前期的嶺南，與北方中原和江南地區成熟而完備的封建制度以及尊禮重儒的社會風尚還有很大的差别。

　　但是從整體上來看，唐朝嶺南開發的廣度和深度都要遠超前代，而嶺南與北方內地的政治經濟文化聯繫，以及唐人對嶺南瞭解和認知的程度等等，亦要遠超前代。然而需要指出的是，唐代文獻典籍中對嶺南原始蠻荒記載的詳盡程度，却也要大大超過前代。"文化意象"

---

① 王承文《唐代"南選"與嶺南溪洞豪族》，《中國史研究》1998 年第一期，第 89—101 頁。

② 唐太宗《貞觀年中安撫嶺南詔一首》，(唐)許敬宗編、羅國威整理《日藏弘仁本文館詞林校證》卷六六四，北京：中華書局，2001 年，第 247 頁。

③ 唐太宗《與馮盎敕》，《日藏弘仁本文館詞林校證》之《文館詞林卷次不明殘簡》，第 478—479 頁；陳尚君輯校《全唐文補編》卷二，北京：中華書局，2005 年，第 16 頁。

④ 《册府元龜》卷一五七《帝王部·誡勵二》，北京：中華書局，1960 年，第 1896 頁。

(Culture Image)是區域史研究中的重要的概念,一般是指人們對某一區域的文化特色所産生的直覺聯想。“文化意象”的形成源於各個民族不同的生存環境和文化傳統。而唐代嶺南“文化意象”的形成,却在極大程度上源於唐代大量詩文對嶺南原始蠻荒的描述。而這種“文化意象”又反過來極其深刻地影響了唐人包括唐代以後的人們對於嶺南的認知。歸納起來,我們認爲唐代嶺南“文化意象”至少包括了以下幾個方面。

首先,嶺南自古以來被認爲是極其荒遠阻隔和異域殊方的象徵。西晉張華《博物志》稱:“南越之國,與楚爲鄰。五嶺已前至於南海,負海之邦,交趾之土,謂之南裔。”①酈道元《水經注》稱“古人云:五嶺者,天地以隔内外。况綿途於海表,顧九嶺而彌邈,非復行路之迢阻,信幽荒之冥域者矣”②。在唐代大量詩文中,唐人爲了形容嶺南的山川阻隔和道程迢遠,大量使用了“天外”、“萬里”、“南裔”、“天南”、“南荒”、“天涯”、“南徼”、“荒徼”、“丹徼”、“徼外”、“銅柱”、“漲海”、“南溟”等概念。例如,司空曙《送翰林張學士嶺南勒聖碑》稱:“漢恩天外洽,周頌日邊稱。”③杜審言《旅寓安南》稱:“故鄉餘萬里,客思倍從來。”④宋之問《桂州黃潭舜祠》稱:“帝鄉三萬里,乘彼白雲歸。”⑤李明遠《送韋覲謫潘州》稱:“北鳥飛不到,南人誰去遊? 天涯浮瘴水,嶺外向潘州。”⑥李德裕《登崖州城作》稱:“獨上高樓望帝京,鳥飛猶是半年

---

① (晉)張華撰,范寧校證《博物志校證》卷一,北京:中華書局,1980 年,第 9 頁。

② 《水經注校證》卷三六《温水注》,第 834 頁。

③ (清)彭定求等編《全唐詩》卷二九二,北京:中華書局,1960 年,第 3321 頁。

④ 《文苑英華》卷二九〇,第 1478 頁;《全唐詩》卷六二作“故鄉踰萬里”,第 734 頁。

⑤ 《全唐詩》卷五三,第 651 頁。

⑥ 《全唐詩》卷五六三,第 6537 頁。

程。青山似欲留人住，百匝千遭遶郡城。"①李紳《逾嶺嶠止荒陬抵高要》稱："南標銅柱限荒徼，五嶺從茲窮險艱。衡山截斷炎方北，迴雁峰南瘴烟黑。"②柳宗元在柳州所作《別舍弟宗一》稱："一身去國六千里，萬死投荒十二年。"③裴夷直《崇山郡》稱："地盡炎荒瘴海頭，聖朝今又放驩兜。交州已在南天外，更過交州四五州。"④李涉稱："嶺外行人少，天涯北客稀。"⑤杜荀鶴《送人南遊》稱："凡遊南國者，未有不蹉跎。到海路難盡，挂帆人更多。潮沙分象迹，花洞響蠻歌。"⑥李郢《送人之嶺南》稱："關山迢遞古交州，歲宴憐君走馬遊……迴望長安五千里，刺桐花下莫淹留。"⑦因此，在唐人心目中，嶺南代表着巨大的地理空間距離，確實是荒远阻隔和異域殊方的象徵。

其次，在唐代大量詩文中，嶺南自然環境與中原內地的巨大差異，給北方人士留下了極爲深刻的印象。嶺南大部分地區處於北回歸綫以南，屬於熱帶和亞熱帶氣候，常年高溫多雨，風物景觀與北方迥異，具有非常濃厚的異域色彩。唐人稱："南中山水萬狀，菓藥千品，奇禽異獸，怪草名花。"⑧然而，以上卻是我們所發現的相當少見的對嶺南自然環境比較中性的描述。唐人更多地記載了嶺南的酷熱潮濕、榛莽未辟、颶風毒蠱，尤其是瘴癘肆虐等等。根據現代科學研究，瘴癘實際上是瘧疾，是由蚊子的叮咬

---

① 《全唐詩》卷四七五，第 5397—5398 頁。

② 《全唐詩》卷四八〇，第 5463 頁。

③ 《全唐詩》卷三五二，第 3938 頁。

④ 《全唐詩》卷五一三，第 5862 頁。

⑤ （唐）李涉《鷓鴣詞二首》，《全唐詩》卷四七七，第 5424 頁。

⑥ 《全唐詩》卷六九一，第 7934 頁。

⑦ 《全唐詩》卷五九〇，第 6849 頁。

⑧ （唐）李胤之《唐隴西李氏女十七娘（第娘）墓志銘并序》，吳鋼主編《全唐文補遺》第六輯，西安：三秦出版社，1999 年，第 161 頁。

而感染的瘧原蟲,進而引發的一種傳染性疾病。唐代劉恂稱:"嶺表山川,盤鬱結聚,不易疏泄,故多嵐霧作瘴。人感之多病,腹脹成蠱。"①唐人形容嶺南自然環境,常用"炎徼"、"炎荒"、"瘴雲"、"瘴烟"、"瘴雨"、"瘴水"、"瘴海"、"瘴地"、"瘴山"等等。唐人稱嶺南"炎荒萬里,毒瘴充塞"②;"飛鳶跕水,伏蠱含沙"③。沈佺期《三日獨坐驩州思憶舊遊》稱:"炎蒸連曉夕,瘴癘滿冬秋。"④張説《端州別高六戩》稱:"南海風潮壯,西江瘴癘多。"⑤韓翃《送劉評事赴廣州使幕》稱:"蠻府參軍趨傳舍,交州刺史拜行衣。前臨瘴海無人過,却望衡陽少雁飛。"⑥郎士元《送林宗配雷州》稱:"海霧多爲瘴,山雷乍作鄰。遙憐北户月,與子獨相親。"⑦

　　唐朝士人對南方的瘴癘颶風等有極其深切的感受。柳宗元在柳州所作《嶺南江行》稱:"瘴江南去入雲烟,望盡黄茆是海邊。山腹雨晴添象迹,潭心日暖長蛟涎。射工巧伺遊人影,颶母偏驚旅客船。從此憂來非一事,豈容華髮待流年。"⑧韓愈在連州陽山縣作《縣齋有懷》稱:"毒霧恒熏晝,炎風每燒夏。雷威固已加,颶勢仍相借。氣象杳難測,聲音吁可怕。"⑨韓愈《瀧吏》一詩稱嶺南潮州:"惡溪瘴毒聚,雷電

①　(唐)劉恂撰,商壁、潘博校補《嶺表録異校補》卷上,南寧:廣西民族出版社,1988年,第22—23頁。

②　(唐)柳宗元《柳河東集》卷四一《祭弟宗直文》,上海:上海古籍出版社,2008年,第669頁。

③　《大周故銀青光禄大人(夫)行籠州剌史上柱國燕郡開國公屈突府君(詮)墓志銘并序》,吳鋼主編《全唐文補遺》之《千唐志齋新藏專輯》,西安:三秦出版社,2006年,第67頁。

④　《全唐詩》卷九七,第1050頁。

⑤　《全唐詩》卷八七,第951頁。

⑥　《全唐詩》卷二四五,第2752頁。

⑦　《全唐詩》卷二四八,第2781頁。

⑧　(唐)柳宗元《柳河東集》卷四二,第702頁。

⑨　其原注稱:"陽山縣齋作,時貞元二十一年,順宗新即位。"《全唐詩》卷三三七,第3776頁。

常洶洶。鱷魚大於船,牙眼怖殺儂。州南數十里,有海無天地。颶風有時作,掀簸真差事。"①李商隱《異俗》稱:"鬼癘朝朝避,春寒夜夜添。未驚雷破柱,不報水齊簷。"②陳陶《番禺道中作》稱:"博羅程遠近,海塞愁先入。瘴雨出虹蜺,蠻江渡山急。常聞島夷俗,犀象滿城邑。"③宋之問《入瀧州江》稱:"孤舟泛盈盈,江流日縱橫。夜雜蛟螭寢,晨披瘴癘行。潭蒸水沫起,山熱火雲生。猿玃時能嘯,鳶飛莫敢鳴。海窮南徼盡,鄉遠北魂驚。泣向文身國,悲看鑿齒氓。地偏多育蠱,風惡好相鯨。"④張籍《蠻州》一詩稱:"瘴水蠻中入洞流,人家多住竹棚頭。青山海上無城郭,唯見松牌記象州。"⑤李紳《逾嶺嶠止荒陬抵高要》稱:"天將南北分寒燠,北被羔裘南卉服。寒氣凝爲戎虜驕,炎蒸結作蟲虺毒。周王止化惟荊蠻,漢武鑿遠通屠顏。南標銅柱限荒徼,五嶺從茲窮險艱。衡山截斷炎方北,迴鴈峰南瘴烟黑。萬壑奔傷溢作瀧,湍飛浪激如繩直。千崖傍聳猿嘯悲,丹蛇玄虺潜蜥蛇。瀧夫擬楫劈高浪,瞥忽沉浮如電隨。"⑥唐人用大量富於文學色彩的詩文,描述了嶺南自然環境的險惡。

再次,在唐代大量詩文中,嶺南被描繪成了一個蠻夷的世界。宋之問被貶嶺南瀧州(今廣東羅定縣)參軍,途經作爲五嶺通道的大庾嶺,其《早

---

① 《全唐詩》卷三四一,第 3825 頁。
② (唐)李商隱《異俗二首》原注稱"時從事嶺南",《全唐詩》卷五三九,第 6146 頁。
③ 《全唐詩》卷七四五,第 8468 頁。
④ 《全唐詩》卷五三,第 651 頁。
⑤ (唐)張籍撰《張司業集》卷七,《景印文淵閣四庫全書》第 1078 冊,第 48 頁;(明)趙宦光、黃習遠編定,劉卓英校點《萬首唐人絕句》卷二五,記載"一山海上無城郭,唯見松牌出象州"。(北京:書目文獻出版社,1983 年,第 549—550 頁);然而,《全唐詩》卷五二五則題作杜牧《蠻中醉》,第 6014 頁。
⑥ 《全唐詩》卷四八〇,第 5463 頁。

發大庾嶺》稱"嶸起華夷界,信爲造化力","登嶺恨辭國,自惟勖忠孝","適蠻悲疾首,懷輦淚沾臆"①。盧仝《寄崔柳州》稱:"三百六十州,尉情惟柳州。柳州蠻天末,鄙夫嵩之幽。"②貫休《南海晚望》稱:"海上聊一望,舶帆天際飛。狂蠻莫掛甲,聖主正垂衣。風惡巨魚出,山昏群獠歸。"③嶺南除了聚集大量俚獠蠻猺民衆之外,而且還居住着不少未開化的原始人群,唐人將他們稱爲"魑魅"、"山都"④、"山魈"⑤、"木客"⑥、"島夷"⑦,等等。尤其是"山都"、"山魈"、"木客"等,史籍往往將其描述成神鬼或怪獸,他們其實是一種生活在山林中後來又消亡了的原始族

---

① 《全唐詩》卷五一,第 623 頁。
② 《全唐詩》卷三八九,第 4390 頁。
③ 《全唐詩》卷八三四,第 9405 頁。
④ 《太平廣記》卷三二四引《南廣記》稱"山都,形如崑崙人,通身生毛。見人輒閉眼張口如笑,好居深樹中","猝睹其狀,蓋木客山慘之類也"(第 2569—2570 頁);《太平寰宇記》記載嶺南潮州有"山都","形如人而披髮迅走"(樂史撰,王文楚等點校《太平寰宇記》卷一五八,北京:中華書局,2007 年,第 3037 頁)。
⑤ 《太平廣記》卷四二八引唐代戴孚《廣異記》稱"山魈者,嶺南所在有之,獨足反踵,手足三歧,其牝好傅脂粉,於大樹空中作窠,有木屏風帳幔,食物皆備","每歲中與人營田,人出田及種,餘耕地種植,並是山魈,穀熟則來喚人平分。"《廣異記》又稱"天寶末,劉薦者爲嶺南判官,山行,忽遇山魈,呼爲妖鬼,山魈怒曰:'劉判官,我自游戲,何累於君?乃爾罵我。'遂於下樹枝上立,呼班子,有頃虎至,令取劉判官"(第 3480—3481 頁)。
⑥ 《元和郡縣圖志》卷三七記載昭州平樂縣,"縣南一十里,山有木客"(第 924 頁)。《太平寰宇記》卷一六三記載昭州有"木客",並引(劉宋)郭仲産《湘州記》稱:"平樂縣縈山多曲竹,有木客,形似小兒,歌哭、行坐、衣服不異於人,而能隱形。山居崖宿,至精巧,時出市易,作器,人亦無別,就人換借,此皆有信義,言語亦可解。"(第 3122 頁)明代鄺露《赤雅》稱:"木客形如小兒,予在恭城見之,行坐衣服,不異於人。出市作器,工過於人。好爲近體詩,無塵俗烟火氣,自言秦時造阿房宮,採木流寓於此。"(《景印文淵閣四庫全書》第 594 册,第 347 頁)
⑦ 《元和郡縣圖志》卷三八記載嶺南道陸州"以在海南,有陸路通海北,因以爲名。州在窮海,不生菽粟,又無絲縣,惟捕海物以易衣食,蓋'島夷卉服'之類也"(第 962 頁)。

群①。宋之問《桂州三月三日》稱："代業京華裏，遠投魑魅鄉。"②元結《送孟校書往南海并序》稱："吾聞近南海，乃是魑魅鄉。"③嚴維《送李秘書往儋州》稱："魑魅曾爲伍，蓬萊近拜郎。臣心瞻北闕，家事在南荒。"④在唐代嶺南，人們也很容易與這些原始人類偶遇。張祜《寄遷客》稱："萬里南遷客，辛勤嶺路遥。溪行防水弩，野店避山魈。瘴海須求藥，貪泉莫舉瓢。"⑤王建《送流人》稱："水國山魈引，蠻鄉洞主留。漸看歸處遠，垂白住炎州。"⑥劉禹錫在連州所作《莫猺歌》稱："莫猺自生長，名字無符籍。市易雜鮫人，婚姻通木客。星居占泉眼，火種開山脊，夜渡千仞谿，含沙不能射。"⑦皮日休《寄題羅浮軒轅先生所居》稱："真檀一炷石樓深，山都遣負沽來酒。"⑧其《寄瓊州楊舍人》又稱："行遇竹王因設奠，居逢木客又遷家。"⑨而"島夷"又稱"白水郎"，與古代蜑民等水上居民有關。皇甫曾《送徐大夫赴南海》稱："海内求民瘼，城隅見島夷。"⑩元稹《和樂天送客遊嶺南二十韻》稱："島夷徐市種，廟覡趙佗神。鳶跕方知瘴，蛇蘇不待春。"⑪元稹《送嶺南崔侍御》稱："洞

---

① 參見陳國强：《福建的古民族——"木客"試探》，《廈門大學學報》（哲學社會科學版）1963 年二期，第1—12 頁；蔣炳釗：《古民族"山都木客"歷史初探》，《廈門大學學報》（哲學社會科學版）1983 年 3 期，第87—94 頁。
② 《文苑英華》卷一五七，第 744 頁；《全唐詩》卷五一，第 628 頁。
③ 《全唐詩》卷二四一，第 2710 頁。
④ 《全唐詩》卷二六三，第 2915 頁。
⑤ 《全唐詩》卷五一〇，第 5803 頁。
⑥ 《全唐詩》卷二九九，第 3391 頁。
⑦ 《全唐詩》卷三五四，第 3962 頁。
⑧ 《全唐詩》卷六一四，第 7081 頁。
⑨ 《全唐詩》卷六一四，第 7080 頁。
⑩ 《全唐詩》卷二一〇，第 2185 頁。
⑪ 《全唐詩》卷四〇七，第 4532—4533 頁。

主參承驚豸角，島夷安集慕霜威。黃家賊用鑱刀利，白水郎行旱地稀。"①施肩吾《島夷行》稱："腥臊海邊多鬼市，島夷居處無鄉里。黑皮年少學採珠，手把生犀照鹹水。"②

當北方內地官員和士人來到嶺南後，他們對於語言和文化的差異有着十分強烈的感受。柳宗元在與嶺南鄰近的永州所作《與蕭翰林俛書》稱："楚越間聲音特異，鴃舌啅譟，今聽之怡然不怪，已與爲類矣。家生小童皆自然曉曉，晝夜滿耳，聞北人（漢人）言，則啼呼走匿，雖病夫亦怛然駭之。"③所謂"鴃舌"，《孟子·滕文公上》："今也，南蠻鴃舌之人，非先王之道。"漢代趙岐注："鴃，博勞鳥也。"④柳宗元《柳州峒氓》稱："郡城南下接通津，異服殊音不可親。青箬裹鹽歸峒客，綠荷包飯趁虛人。鵝毛禦臘縫山罽，雞骨占年拜水神。愁向公庭問重譯，欲投章甫作文身。"⑤前引韓愈《縣齋有懷》又稱："夷言聽未慣，越俗循猶乍。指摘兩憎嫌，睢盱互猜訝。"⑥賈島《送人南遊》稱："蠻國人多富，炎方語不同。"⑦李商隱《昭州》稱："桂水春猶早，昭州日正西。虎當官渡鬬，猿上驛樓啼。繩爛金砂井，松乾乳洞梯。鄉音呼可駭，仍有酒如泥。"⑧李商隱《異俗》又稱："虎箭侵膚毒，魚鈎刺骨銛。鳥言成諜

---

① 《全唐詩》卷四一二，第 4572 頁。

② 《全唐詩》卷四九四，第 5592 頁。

③ 《柳河東集》卷三〇，第 492—493 頁；《新唐書》卷一六八《柳宗元傳》亦稱："楚、越間聲音特異，鴃舌啅噪，今聽之恬然不怪，已與爲類矣。"（北京：中華書局，1975 年，5133 頁）

④ （漢）趙岐注，（宋）孫奭疏《孟子注疏》卷五下《滕文公章句上》，《十三經注疏》，第 2706 頁。

⑤ 《柳河東集》卷四二，第 702 頁。

⑥ 原注稱："陽山縣齋作，時貞元二十一年（805），順宗新即位。"《全唐詩》卷三三七，第 3776 頁。

⑦ 《全唐詩》卷五七四，第 6690—6691 頁。

⑧ 《文苑英華》卷二九四，第 1499 頁。

訴,多是恨彤幨。户盡懸秦網,家多事越巫。"①所謂"家多事越巫",説明嶺南巫風很盛。劉禹錫《南中書來》稱:"君書問風俗,此地接炎州。淫祀多青鬼,居人少白頭。"②此外,嶺南巫蠱之風也很盛行。劉恂記載"廣之屬郡及鄉里之間,多蓄蠱"③。前引宋之問《入瀧州江》又稱:"地偏多育蠱,風惡好相鯨。"④

最後,在唐代大量詩文中,嶺南亦是唐朝最主要的流放地和貶謫地。以上我們所徵引的唐人描寫嶺南的詩文,其中大部分其實都與被貶謫或被流放的官員士大夫有關。嶺南作爲流放的重地有其非常悠久的歷史,而唐朝則有重要發展。唐玄宗《貶責羅希奭張博濟敕》稱桂州"地列要荒,人多竄殗"⑤。柳宗元《送李渭赴京師序》稱:"過洞庭,上湘江,非有罪左遷者罕至。又況踰臨源嶺,下灘水,出荔浦,名不在刑部,而來吏者,其加少也固宜。"⑥宋之問在嶺南端州稱:"逐臣北地承嚴譴,謂到南中每相見……處處山川同瘴癘,自憐能得幾人歸。"⑦沈佺期《入鬼門關》稱:"昔傳瘴江路,今到鬼門關。土地無人老,流移幾客還。自從別京洛,頹鬢與衰顏。夕宿含沙裏,晨行岡路間。馬危千仞谷,舟險萬重灣。問我投何地,西南盡百蠻。"⑧白居易《寄隱者》

---

① (唐)李商隱《異俗二首》原注稱:"時從事嶺南",《全唐詩》卷五三九,第 6146 頁。
② 《全唐詩》卷三五八,第 4043 頁。
③ 《嶺表録異校補》附《嶺表録異輯佚·治蠱藥》,第 202 頁。
④ 《全唐詩》卷五三,第 651 頁。
⑤ 《全唐文》卷三五,北京:中華書局,1983 年,第 384 頁。
⑥ 《柳河東集》卷二三,第 392—393 頁。
⑦ (唐)宋之問《至端州驛見杜五審言沈三佺期閻五朝隱王二無競題壁慨然成詠》,《全唐詩》卷五一,第 626 頁。
⑧ 《全唐詩》卷九七,第 1050 頁。

詩云："昨日延英對,今日崖州去。由來君臣間,寵辱在朝暮。"①其《送客春遊嶺南二十韻》又稱:"路足羈棲客,官多謫逐臣。"②韓愈《左遷至藍關示姪孫湘》稱:"知汝遠來應有意,好收吾骨瘴江邊。"③柳宗元稱:"百越蓁蓁,羈鬼相望。"④楊炎《流崖州至鬼門關作》稱:"一去一萬里,千知千不還。崖州何處是?生度鬼門關。"⑤張均《流合浦嶺外作》云:"瘴江西去火爲山,炎徼南窮鬼作關。從此更投人境外,生涯應在有無間。"⑥

正是有唐一代大量詩文對嶺南地域"文化意象"的塑造,大大加深並且固化了人們對嶺南"原始蠻荒"的印象。正因爲如此,整個唐代,嶺南都被唐人視爲畏途。

至宋代,嶺南地域"文化意象"並未有明顯改觀。一方面嶺南仍然是宋朝國家安置左降官和流放罪犯最主要的地區⑦。另一方面在宋代文獻典籍中,嶺南瘴癘疾疫橫行的記載要遠多於唐朝,而且情況還要更加嚴重。《宋史·兵志》稱"廣南瘴癘之鄉"⑧。宋代諺語稱嶺南瘴曰:"春、循、梅、新,與死爲鄰;高、竇、雷、化,説著也怕。"⑨宋人記載

① 《全唐詩》卷四二四,第 4669 頁。
② 《全唐詩》卷四四〇,第 4898 頁。
③ 《全唐詩》卷三四四,第 3860 頁。
④ 《柳河東集》卷一一《故襄陽丞趙君墓志》,第 174 頁。
⑤ 《全唐詩》卷一二一,第 1213 頁。
⑥ (宋)計有功撰《唐詩紀事》卷二二,上海:上海古籍出版社,1987 年,第 331 頁;《全唐詩》卷九〇,第 985 頁。
⑦ 郎國華《從蠻裔到神州:宋代廣東經濟發展研究》,廣州:廣東人民出版社,2006 年,第 288—296 頁;金强《宋代嶺南謫宦》,廣州:廣東人民出版社,2009 年,第 26—36 頁。
⑧ (元)脱脱等撰《宋史》卷一九六《兵志十》,北京:中華書局,1977 年,第 4902 頁。
⑨ (宋)馬永卿編,(明)王崇慶解,(明)崔銑編行録,于文熙補《元城語録解·附行録》,《景印文淵閣四庫全書》第 863 册,第 397 頁。

“嶺南諸州多瘴毒，歲閏尤甚”①；“嶺南多曠土，茅菅茂盛，蓄藏瘴毒”②。宋仁宗景祐（1034—1037）年間，梅摯撰《五瘴説》稱：“瀕海之地，嶺表之區，皆有瘴焉。”③

正因爲如此，兩宋人似乎比唐人更加畏懼來到嶺南。宋光宗紹熙元年（1190），廣西轉運使朱希顔所作《跋龍圖梅公瘴説》稱：“嶺以南，繇昔曰瘴，士人畏往，甚於流放。蓋嵐烟氛霧，蒸鬱爲厲，中之者死。人之畏往，畏其死也。”④朱弁稱“嶠南山水極佳而多奇産，説似中州，人輒顰蹙莫有領其語者。以其有瘴霧，世傳十往無一二返也”⑤。宋劉攽稱：“異時仕宦嶺南者，常患其地荒雜，惡草毒蛇，海祲山霧，鬱蒸蓄積，中人爲病，或以爲死不得盡其天年。”⑥南宋人周去非有在廣西仕宦多年的經歷，其《嶺外代答》一書記載“嶺外毒瘴，不必深廣之地”，嶺南部分地區因爲瘴癘嚴重，還有“大法場”和“小法場”的惡名⑦。正是這種獨特的自然環境，使宋代官員士大夫亦將嶺南視爲畏途。南宋著名詩人江西吉州人楊萬里（1127—1206）稱：

　　官吏之行者，若江淮之間，道里之遠，飢寒之恤，猶忍言也。

---

① （宋）江少虞撰《宋朝事實類苑》卷六一《風俗雜志·仕宦嶺南》，上海：上海古籍出版社，1981年，第806頁。

② （宋）李燾撰《續資治通鑑長編》卷一九七，宋仁宗嘉祐七年，北京：中華書局，1995年，第4768頁。

③ 《粵西文載》卷五八，《景印文淵閣四庫全書》第1466册，第709頁。

④ 杜海軍輯校《桂林石刻總集輯校》，北京：中華書局，2013年，第246頁。

⑤ （宋）朱弁撰，孔凡禮點校《曲洧舊聞》卷四，北京：中華書局，2002年，第138頁。

⑥ （宋）劉攽撰《彭城集》卷三七《右侍禁江君墓志銘》，《景印文淵閣四庫全書》第1096册，第366頁。

⑦ （宋）周去非撰，楊武泉校注《嶺外代答校注》卷四《風土門·瘴地》，北京：中華書局，1999年，第151頁。

> 至於二廣，則風土之惡，瘴癘之禍，不忍言也。父母妻子，哭其去，又哭其歸。去則人也，其哭猶忍聞也。歸則喪也，其哭不忍聞也。大抵去而人者十焉，歸而鬼者七八焉，而人者二三焉。二三人者，雖不死而死矣，何也？病也。病而全者又十而一二焉。外路之官吏何辜，而使之至於此也。①

由此可見，很多宋代官員士大夫及其家屬都將出仕嶺南看成是一種生離死別的經歷。而周去非還記載嶺南很多地方都有各種猛獸出没，稱"深廣之民，結栅以居，上施茅屋，下豢牛豕。栅上編竹爲棧……蓋地多虎狼，不如是則人畜皆不得安"②；"虎，廣中州縣多有之，而市有虎，欽州之常也。城外水壕，往往虎穴其間，時出爲人害，村落則晝夜群行，不以爲異。余始至欽，已見城北門衆逐虎，頗訝之。"③他又稱："古富州，今昭州昭平縣，在灘江之濱。荆棘叢中，止有三家茅屋及一縣衙，真所謂'三家市'也。有舟人登岸飲酒，遂宿茅屋家。夜半，覺門外託託有聲，主人戒之曰：'毋開門！此虎也。'奴起而視之，乃一乳虎將數子以行。今爲縣乃爾，不知昔日何以爲州耶？"④周去非所説的"古富州"，就是指唐代所創設的富州。而這些記載不僅説明了宋代廣西等地的原始荒僻，同時也進一步證明了唐朝嶺南西部一些州縣的落後狀況。

而類似的記載，實際上還一直延續到元明清時期。例如，元代釋

---

① （宋）楊萬里《誠齋集》卷九〇《刑法上》，《景印文淵閣四庫全書》第 1161 册，第 188 頁。
② 《嶺外代答校注》卷四《風土門·巢居》，第 155 頁。
③ 《嶺外代答校注》卷九《禽獸門·虎》，第 347 頁。
④ 《嶺外代答校注》卷一〇《古迹門·古富州》，第 403 頁。

繼洪稱:"五嶺之南,不惟烟霧蒸濕,亦多毒蛇猛獸。"①貢奎《寄廣東阿魯威元帥》稱:"萬里南荒丈夫志,瘴烟毒霧蛟鰐横。"②元順帝至正三年(1343),巴圖爾丹所作《鬱林州學記》稱:"嶺南炎荒地遐,聯延海北,大理、交趾、雲南、夷江犬牙相錯,溪峒深窈,憑險負固,往往鷗羲奸宄,悍然梗化。鬱林介嶺海間,地曠而夷,弄兵潢池,恒弗戢,上下譸張,無所於錯。"③明代海南籍的大學士丘濬稱南蠻"其地多瘴癘,中原之人憚入其地。未至,固已怯畏;一入其地,氣候不齊,蒸濕特甚,往往不戰而死"④。明代著名理學家王守仁稱:"嶺南之州,大抵多卑濕瘴癘,其風土雜夷戎,自昔與中原不類。"⑤在清代官員士人對嶺南的記載中,我們也能找到很多大致類似的記載。

毋須諱言,正是歷代文獻典籍中對嶺南如此繁多而且具有連續性的記載,使得國內外學術界研究唐代嶺南區域史在相當長的時期內更多地關注了其原始蠻荒和停滯落後的一面。1914年,日本漢學家桑原騭藏(1871—1931)在其名篇《歷史上所見的南北中國》中稱,"隋唐統一後,南方的風氣更加開發。不過,實際上只限於南方的北部,即今江蘇、安徽、浙江、江西、湖北等地區,南部即今湖南及江西南部,以至福建、廣東地區,即便到了唐代,文化仍然低微","廣東地區更是未開化。從漢代開始經過六朝以至唐代,嶺南是政治罪犯及其家屬遠謫之所",

---

① (元)釋繼洪《嶺南衛生方》,北京:中醫古籍出版社,1983年,第131頁。
② (元)貢奎撰,邱居里、趙文友校點《貢奎集》卷三《寄廣東阿魯威元帥》,長春:吉林文史出版社,2010年,第65頁。
③ 《粵西文載》卷二六,《景印文淵閣四庫全書》第1466冊,第97頁。
④ (明)丘濬《馭瑶壯議》,《粵西文載》卷五六,《景印文淵閣四庫全書》,第1466冊,第674頁。
⑤ (明)王守仁撰《王文成全書》卷二九《送李柳州序》,《景印文淵閣四庫全書》第1265冊,第773頁。

"從西漢至五代約一千一百年間"，嶺南"被視爲蠻夷之區，這點則依然没有差别"①。二十世紀六七十年代，美國著名漢學家薛愛華（Edward H. Schafer）相繼撰有多種專門研究唐代嶺南區域史的論著，其中最重要也最有代表性的是其《赤雀——唐代的南方意象》一書。該書從多方面揭示了唐代嶺南地域"文化意象"的基本内涵及其成因，因而也更多地關注和突出了唐代嶺南"原始蠻荒"的一面②。薛愛華認爲，雖然中國人很久以前就聲稱擁有南越這片土地，但是直到唐代，這個地方對中國人來説仍然是陌生的、奇異的③。日野開三郎研究唐代嶺南賦税制度，稱唐朝"中央權力對嶺南道行政管理的滲透很微弱，嶺南道是一個具有近於羈縻性自主權的特别區。儘管這種狀況應當是由於道内主要居民爲土著少數民族，漢人較少而引起的"④。二十世紀七十年代，香港學者曾華滿爲此還專門撰寫了《唐代嶺南發展的核心性》一書⑤，强調整個唐代嶺南道，除了廣州因爲海外貿易而形成的"孤立的"、"畸形的高度繁榮"之外，其餘絶大部分地區都仍然還處於"原始蠻荒"和"停滯落後"的狀態。近年來，有研究宋代嶺南的論著，仍然强調"嶺南從秦漢到宋代，始終處於一種蒙昧、尚待開發的狀態"⑥。

---

① 〔日〕桑原騭藏《歷史上所見的南北中國》，載劉俊文主編《日本學者研究中國史論著選譯》第一卷，北京：中華書局，1992 年，第 23、41 頁。

② Edward H. Schafer, *The Vermilion Bird: T'ang Images of The South*, University of California Press, 1967.

③ Edward H. Schafer, *The Vermilion Bird: T'ang Images of The South*, P.2.

④ 〔日〕日野開三郎撰，辛德勇譯《論唐代賦役令中的嶺南户税米》，《唐史論叢》第三輯，西安：陝西人民出版社，1987 年，第 46 頁。

⑤ 曾華滿《唐代嶺南發展的核心性》，香港：香港中文大學出版社，1973 年。

⑥ 郎國華《從蠻裔到神州：宋代廣東經濟發展研究》，第 65 頁。

　　我們認爲將秦漢以來的嶺南區域史描述成一種綫性的發展過程，固然不太符合歷史的實際情況，但是，如果囿於歷史資料中這些大量而且具有連續性的記載，就會更多地關注其原始、落後、静止、停滯的一面，而相關認識也會很容易忽略唐朝嶺南歷史發展與秦漢六朝隋的重要差別，忽略唐朝近三百年間嶺南經濟社會文化的重要發展，包括唐朝本身從前期到後期的重大變化。總之，以上這兩種研究方法和認識方法，都有可能導致其相關研究結論存在某種片面性。

　　唐朝建立起統一强盛的中央集權國家，其對嶺南的經略和開發力度前所未有，而在整個唐代，嶺南地域社會都處在深刻而劇烈的變動中，並對其後嶺南歷史發展產生了廣泛而深遠的影響。例如，唐代在全國所設十道中，以嶺南道地域空間的變動和分化整合最爲劇烈。隋煬帝大業初年在嶺南設置有十九郡，一百五十二縣。然而唐朝在嶺南道“爲州七十有三，都護府一，縣三百一十四”[①]。另外還設有九十二個羈縻州[②]。嶺南州縣數量大幅增加的原因，一方面是唐朝中央把原來“溪洞豪族”勢力強大的州分割成更多的州縣，另一方面則是將大量“溪洞”地區開闢爲新的州縣。《新唐書·地理志》等就明確記載嶺南很多州縣就是因“開山洞”而成立的。唐初先後設置過十多個都督府，但最終整合爲廣州、桂州、容州、邕州、安南五府，號稱“嶺南五管”。唐玄宗後期，唐朝設置了嶺南節度使。至唐懿宗咸通四年（863）嶺南道又分設東、西兩道節度使；咸通七年（866），在安南都護府境內又專設静海軍節度使。唐朝在嶺南實行了經制州、羈縻州、都督府、都護府等不同的管理方式，將大量“溪洞”地區納入王朝國家統治體系中。歷史

---

① 《新唐書》卷四三上《地理志七上》，第 1095 頁。
② 《新唐書》卷四三下《地理志七下》，第 1119—1120 頁。

資料證明,古代嶺南的開發,最主要體現爲政治開發。王朝國家一般都首先通過軍事征服和地方行政機構的完善,以確立有效的統治網路和政治秩序,並使之與統治中心地區在政治上基本保持一致,然後再以國家力量來强制性地推動經濟開發。

史籍和新出土資料證明,唐朝統治者非常重視政令的統一,在嶺南實行了與北方内地基本相同的編戸制度和賦税制度,諸如府兵制、租庸調制以及兩税法,都得以在嶺南得以推行。唐太宗曾經誇耀説:"前王不闢之土,悉請衣冠;前史不載之鄉,並爲州縣。"①又稱:"漢武帝窮兵三十餘年,疲弊中國,所獲無幾;豈如今日綏之以德,使窮髮之地盡爲編戸乎!"②唐宣宗《授絃干泉嶺南節度使制》稱:"朕垂衣裳以臨四海,因性分以撫群生,必欲叶軌而同文,不敢重近而輕遠。況駱越故地,蠻夷錯居,尤須謹廉,以察封部。"③唐代後期詩人許渾《朝臺送客有懷》亦稱:"趙佗西拜已登壇,馬援南征土宇寬。越國舊無唐印綬,蠻鄉今有漢衣冠。"④正因爲如此,唐朝將嶺南大量蠻夷民衆改變成爲王朝國家體制下的"華夏"之人。古代王朝國家控制地方社會最重要也是最有效的方式之一,就是對地方官員的選任和考核。而唐朝也大大加强了對嶺南地方官員選任的控制,一方面通過"北選"、"南選"等方式,選任官員充任嶺南地方官員,使六朝以來的嶺南"溪洞豪族"失去了賴以生存發展的政治基礎,並最後走向衰滅。另一方面又通過科

---

① 唐太宗《太宗遺詔》,(宋)宋敏求編《唐大詔令集》卷一一,北京:中華書局,1959 年,第67 頁。
② 《資治通鑑》卷一九八,唐太宗貞觀二十二年(648),第6253 頁。
③ (唐)沈珣《授絃干泉嶺南節度使制》,《文苑英華》卷四五六,第2318 頁;《全唐文》卷七六三,第7926 頁。
④ 《全唐詩》卷五三四,第6098 頁。

舉制度,使不少嶺南本地士人進入仕途,直接參與唐朝國家的政治事務。也正是唐朝國家對嶺南地方社會控制的大大加强,嶺南經濟社會文化風俗等各個方面都發生了重要而深刻的變化。

唐朝在嶺南所實行的政治制度、邊疆制度和民族政策等等,對宋代及以後嶺南歷史的發展都産生了極爲深遠的影響。北宋太宗太平興國年間(976—984),樂史奉敕編纂《太平寰宇記》,其記載廣州風俗云:"五嶺之南,人雜夷獠,不知教義,以富爲雄。……故蕭齊《志》云:'憑恃險遠,隱伏巖障,恣行寇盜,略無編户。'爰自前代,及於唐朝,多委舊德重臣,撫寧其地。文通經史,武便弓弩,婚嫁禮儀,頗同中夏。"[1]以上所謂"蕭齊《志》",是指《南齊書·州郡志》對廣州的記載。而所謂"爰自前代,及於唐朝,多委舊德重臣,撫寧其地",則直接自唐代杜佑的名著《通典》[2]。《太平寰宇記》一方面仍然記載了嶺南不少地方"人雜夷獠"的情形,但是,另一方面却又從總體上肯定嶺南"文通經史,武便弓弩,婚嫁禮儀,頗同中夏"。説明經過唐朝近三百年的統治,嶺南的社會文化與風俗習尚確實都已發生了十分顯著的變化。明代黄佐(1490—1566)是廣東著名學者,他在《廣東通志·名宦傳》的評論中説:"李氏造唐,鋭精政理。吏百粤者,大都先明作而後惇大,功業往往超越前古。蓋上行下效,機固如此。"[3]明末清初著名粤籍學者屈大均也説,嶺南"蓋自秦、漢以前爲蠻裔,自唐、宋以後爲神

---

① 《太平寰宇記》卷一五七《嶺南道一·廣州》,第3011頁。

② 《通典》卷一八四《州郡》稱岭南曰:"及於國朝,多委舊德重臣,撫寧其地也。"(第4961頁)。

③ (明)黄佐《廣東通志》卷四六《列傳三》,廣州:廣東省地方史志辦公室謄印,1997年,第1154頁。

州"①。屈大均敏銳地指出了唐宋時期在嶺南文化意象從"蠻裔"向
"華夏"和"神州"這一歷史轉變中的重大意義。正因爲如此,唐代嶺
南區域歷史中所包含的波瀾壯闊的歷史面相,還需要我們去努力探討
和揭示。

三　關於中古嶺南"溪洞"和"溪洞社會"的含義

本書所討論的內容,大量使用了"溪洞"和"溪洞豪族"、"溪洞社
會"等這些前人較少使用的概念,因此,有必要在此作比較簡略而又明
確的解釋。

嶺南雖然早在秦漢時代即已被納入中國的版圖,但在經濟社會和
政治制度等各方面長期都與中原內地存在較大的差異。自六朝以來,
"溪洞"一詞非常頻繁地出現於史乘,其地域分布遍及長江以南,而嶺
南則是"溪洞"記載最集中和最有代表性的地區。所謂"溪洞"又稱
"山洞"、"村洞"、"川洞"、"洞"、"獠洞"、"黃洞"、"俚洞"、"蠻洞"、
"猺洞"、"黎洞"等等。需要指出的是,目前一些研究古代南方區域史
或民族史的學術著作,往往將史籍中這種與南方民族有關的"山洞"、
"洞"等,解釋成中國西南地區因爲喀斯特地形所形成的石灰岩溶洞。
這種解釋其實是對史籍的一種誤解,中古以來的"溪洞"與這種的溶洞
沒有直接關係,因爲唐代嶺南道、黔中道以及福建很多新的州縣就是
"開山洞"而設置的。那麼,中古以來的史籍中的"溪洞"究竟是指什
麼呢?

---

① 　(清)屈大均《廣東新語》卷二《地語》,北京:中華書局,1985 年,第 29 頁。

　　首先,中國古代史籍中的"溪洞"或"洞",一般都與中國南方山區的自然環境密切相關。漢代許慎《説文解字》釋"洞"曰:"疾流也,从水。"①所謂"疾流"一般都是指山間湍急的河流。清代《康熙字典》解釋了"洞"的多種涵義,其中稱:"又幽壑曰洞。"②所謂"幽壑"是指幽深空闊的山谷。而"溪"原本作"谿"。漢代《爾雅》曰:"水注川曰谿;山瀆無所通曰谿。"③《説文解字》亦稱:"谿,山瀆無所通者。"④漢代緯書《春秋説題辭》稱:"谿者,隱也。深虛繞山,令得愽也。"⑤唐顔師古注解漢代史游所撰《急就篇》稱:"山瀆無所通曰谿,泉出通川曰谷。一曰水注川曰谿,注谿曰谷。"⑥而古代南方少數民族生活居住的環境大多與這種意義的"溪"或"洞"有關。西漢建元六年(前135),漢武帝欲發兵攻取閩越國,淮南王劉安上書稱:

> 臣聞越非有城郭邑里也,處谿谷之間,篁竹之中,習於水鬭,便於用舟,地深昧而多水險,中國之人不知其勢阻而入其地,雖百不當其一。得其地,不可郡縣也;攻之,不可暴取也。以地圖察其山川要塞,相去不過寸數,而間獨數百千里,阻險林叢弗能盡著。視之若易,行之甚難。⑦

　　以上説明了古代南方的百越和其他民族的生活環境多與谿谷阻

---

① (漢)許慎撰,(清)段玉裁注《説文解字注》第十一篇上二《水部》,上海:上海古籍出版社,1981年,第549頁。

② 《康熙字典》(標點整理本),上海:漢語大詞典出版社,2002年,第568頁。

③ (唐)歐陽詢撰,汪紹楹校《藝文類聚》卷九《水部下》,上海:上海古籍出版社,1982年,第174頁。

④ 《説文解字注》第一一篇下《谷部》,第570頁。

⑤ 《太平御覽》卷六七《地部三二》引《春秋説題辭》,第320頁。

⑥ (漢)史游撰,(唐)顔師古注《急就篇》卷四,《景印文淵閣四庫全書》第223冊,第56頁。

⑦ 《漢書》卷六四上《嚴助傳》,第2778頁。

險林叢相關,所謂"漁獵山伐"①,大致就是秦漢時期南方山區少數民族主要生活方式。前引《淮南子・原道訓》亦稱:"九疑之南,陸事寡而水事衆。"②酈道元《水經注》記載武陵郡的五溪蠻曰:"夾溪悉是蠻左所居,故謂此蠻五溪蠻也。"③五溪蠻又稱"溪蠻"、"溪人"、"奚人"、"溪族"或"洞蠻"等等。南齊人黃閔《沅陵記》稱:"五溪十洞頗爲邊患,自馬伏波征南之後,雖爲郡縣,其民叛擾,代或有之。蓋恃山險所致。"④所謂"五溪十洞",這是據我們所知最早提到將"溪"與"洞"相連接的例子之一。在魏晉以後,"溪洞"一詞却越来越多地與南方少數民族定居的農耕生活相聯繫。《宋史》記載西南溪洞諸蠻稱:"諸蠻族類不一,大抵依阻山谷,並林木爲居。"⑤這種山間的谷地往往就被稱爲"溪洞"或"洞"。徐中舒先生通過語言學的研究指出,"古代西南地區凡以良、郎、浪、梁爲名者,皆因其居於溪谷之中而得名"⑥;"夜郎"的得名,就是指"居於溪谷中的部族"⑦;"黔、越、溪、洞、陰、陽、林、箐等名稱,是歷史上常用以記述南方部族居處的自然環境的。懂得這些名詞的含義,對於理解我國境內南方少數民族的歷史,是有幫助的"⑧。

其次,在六朝至唐宋典籍中,"溪洞"或"洞"等往往都與南方少數民族及其特定的社會結構密切相關。"溪洞"因此又有"獠洞"、"黃

① 《漢書》卷二八下《地理志》,第 1666 頁。
② 《淮南鴻烈集解》卷一《原道訓》,第 19 頁。
③ 《水經注校證》卷三七《沅水注》,第 868—869 頁。
④ 《太平御覽》卷一七一《州郡部一七》引,第 835 頁。
⑤ 《宋史》卷四九五《蠻夷傳三》,第 14209 頁。
⑥ 徐中舒《〈交州外域記〉蜀王子安陽王史迹箋證》,載氏著《論巴蜀文化》,成都:四川人民出版社,1982 年,第 155 頁。
⑦ 徐中舒、唐嘉弘《夜郎史迹初探》,《貴州社會科學》1980 年第一期,第 50 頁。
⑧ 徐中舒《巴蜀文化續論》,載氏著《論巴蜀文化》,第 66 頁。

洞”、“俚洞”、“蠻洞”、“猺洞”、“黎洞”等不同説法。其中“黄洞”又稱
“黄洞蠻”，六朝後期主要活動在今湖南南部，唐宋時期則活動在嶺南
西部羈縻州地區①。而“洞”又寫作“峒”、“垌”或“峝”等等，洞中有
“洞丁”或“洞民”。清代郝玉麟《廣東通志》稱：“峒獠者，嶺表溪峒之
民，古稱山越。”②宋人范成大《桂海虞衡志》稱羈縻州洞，“隸邕州左右
江者为多”，“自唐以來内附，分析其種落，大者爲州，小者爲縣，又小者
爲洞③。可見，這裏的“洞”又是指羈縻州縣下的基層組織。至於六
朝唐宋時期“溪洞”或“洞”内部的社會結構，徐中舒先生認爲“洞”乃
西南少數民族地區的農村公社，是一種原始形態的村社共同體，“它就
是以一夫一妻制父系家庭，在土曠人稀土地公有的條件下，合耦而耕，
共同分配生産物的耕作制的社會”，而且從古代一直延續到明清。徐
中舒先生又以宋代海南島黎族的“黎洞”爲例，認爲黎洞實爲父系小家
庭組織，“是古代村社共同體發展的最後階段”，“解放前黎洞規模大
小，與宋代還是相差不遠，這裏就是一個進步的一夫一妻制的小家庭
與合畝制合耕的合畝制相結合的社會”④。因此，自中古以來的“溪洞”，
其内部一般還保留着部族社會的特徵，其部族的頭領在史書中多稱
“首領”或“洞主”等等，而“大首領”、“渠帥”或“豪酋”等則多爲部落
聯盟的首領。本書中的所謂“溪洞豪族”，一般是指具有部族聯盟首領

①　《陳書》卷一一《淳于量傳》，第 179—181 頁；《陳書》卷二五《孫瑒傳》，第 319—323 頁；
　　《新唐書》卷二二二下《南蠻傳下》，第 6297—6334 頁。
②　（清）郝玉麟等監修《廣東通志》卷五七《嶺蠻志》，《景印文淵閣四庫全書》第 564 册，第
　　643 頁。
③　（宋）范成大《桂海虞衡志》，收入范成大撰，孔凡禮點校《范成大筆記六種》，北京：中華
　　書局，2002 年，第 134 頁。
④　徐中舒《論商於中、楚黔中和唐宋以後的洞——對中國古代村社共同體的初步研究》，收
　　入氏著《徐中舒歷史論文選輯》，北京：中華書局，1998 年，第 1264—1289 頁。

身份同時又世代兼有地方州縣官職的特殊階層。

　　宋代著名理學家朱熹對於古代"溪洞"的含義有獨特而又重要的解釋,他說:"禹塗山之會,'執玉帛者萬國'。當時所謂'國'者,如今'溪洞'之類,如五六十家,或百十家,各立個長,自爲一處,都來朝王,想得禮數大段藉苴。"①朱熹將傳說中的大禹在塗山所盟會的"萬國",與自中古以來的"溪洞"相提並論。我們還可以引用明清幾條頗具典型意義的記載來進一步説明。明初鄺露《赤雅》稱:"猺人聚而成村者爲峒,推其長曰峒官。"②明嘉靖年間,浙江錢塘人田汝成(1503—1557)曾出任廣西布政司,其《炎徼紀聞》一書稱南蠻"其種甚夥,散處山間,聚而成村者曰寨。其人有名無姓,有族屬無君長";獞人"五嶺以南皆有之,與猺雜處風俗略同","聚而成村者爲峝,推其酋長曰峝官";又記載海南島的黎人,"黎人,鴠蠻也,今爲瓊崖儋萬四州治,黎有生熟二種","黎族盤據聚而成村者曰峝,峝各有主,父死子繼"③。不過,需要指出的是,明代的"溪洞"也並非只存在於中國南部邊徼荒遠之地。在明代,離廣州不遠的山區仍然有"溪洞"活動的記載。清初顧炎武《天下郡國利病書》稱:"南海縣溪峒西南有十三村⋯⋯蠻獠出入行刼,有盧包水爲捷徑⋯⋯弘治初,蠻首譚觀福作乱。既討平後,立從化縣治于上游。"④可見,明孝宗弘治(1488—1505)初年廣州從化縣的開設,即與明朝對廣州地區溪洞的開發直接相關。而古代

---

① (宋)黎清德編,王星賢點校《朱子語類》卷五五《滕文公問國章》,北京:中華書局,1986年,1312頁。
② (明)鄺露撰《赤雅》卷一,《景印文淵閣四庫全書》第594册,第342頁。
③ (明)田汝成《炎徼紀聞》卷四,《景印文淵閣四庫全書》第352册,第650、656、657頁。
④ (清)顧炎武撰,黃坤校點《天下郡國利病書》之《廣東備録下·廣東通志》,上海:上海古籍出版社,2012年,第3346頁。

南方各地"溪洞"的長期存在,充分顯示了中國古代社會發展的不平衡性。

　　再次,"溪洞"或"洞"一般就是指古代南方山區少數民族定居的農耕性村落。唐代詩人盧綸《逢南中使因寄嶺外故人》一詩稱:"巴路緣雲出,蠻鄉入洞深。"①宋之問《過蠻洞》稱:"越嶺千重合,蠻谿十里斜。竹迷樵子徑,萍匝釣人家。林暗交楓葉,園香覆橘花。誰憐在荒外? 孤賞足雲霞。"②以上兩首詩中的"洞"或"蠻洞",都是指崇山峻嶺中蠻人的村落。而這種村落應以農耕爲主。前引柳宗元有《柳州峒氓》一詩,其中還稱"青箬裹鹽歸峒客"③。徐松石先生指出,"峒或垌,乃古蒼梧族田場的稱呼。同一水源的一個小灌域,便稱之爲一個峒",而柳宗元所説的峒民歸峒,"乃指他們回田場去"④。宋代朱輔《溪蠻叢笑》有兩條極具典型意義的材料,其"隘口"條稱:"凡衆山環鎖,盤紆弸鬱,絕頂貫大木數十百,穴一門來去。此古人因谷爲寨,因山爲障之意。名曰隘口。"而其"平坦"條又稱:"巢穴外雖峙嶮,中極寬廣。且以一處言之,犵狫有鳥落平,言鳥飛不能盡也。周數十里,皆腴田。凡平地名曰平坦。"⑤除此之外,司馬光亦記載廣西邕州"三十六洞"之中,惟以"結洞"酋長黄守陵最強,"洞中有良田甚廣,饒粳糯及魚,四

---

① 《文苑英華》卷二九七,第 1512 頁;按《全唐詩》卷二五四收入該詩,然而題爲常袞撰(第2859 頁),而該書卷二七八却又作盧綸撰(第 3155 頁)。
② 《全唐詩》卷五二,第 639 頁。
③ 《柳河東集》卷四二,第 702 頁。
④ 徐松石《泰族僮族粵族考》第十三章《泰族文化在華的淵源》,收入氏著《民族學研究著作五種》,廣州:廣東人民出版社,1993 年,第 447 頁。
⑤ (宋)朱輔撰《溪蠻叢笑》,《景印文淵閣四庫全書》第 594 册,第 50 頁。

面阻絕,惟一道可入"①。這些記載一方面說明古代"溪洞"具有較爲明顯的封閉隔絕的特點,另一方面說明唐宋時期的"溪洞"其内部大多有適宜農耕的土地。雖然自中古以來的"溪洞",不一定都有如此典型而獨特的自然環境,但是在多數情況下,六朝至唐宋時期的"溪洞"或"洞",一般都主要是指中國南方山區少數民族的農耕性村落或村寨。

最後,中古時期的嶺南之所以成爲"溪洞"等記載最爲集中的地區,一方面源於嶺南較爲特殊的地形地貌以及少數民族的高度集中,然而另一方面,我們認爲更源於六朝隋唐中央王朝對嶺南的大力開發。因爲只有蠻漢接觸交流的大量增加,才使得"溪洞"的記載大量而頻繁地出現於史乘。唐代嶺南道屬於"溪洞"的地區,不僅包括了絕大多數羈縻州府,同時也還包括很多"夷獠雜居"然而却由中央王朝直接控制的經制州縣。如前所述,唐代嶺南道和黔中道以及福建等地新設立的州縣,其中大量都是"開山洞"而成立的。在這樣一些"溪洞"地區,封建制度與原始部族制度和奴隸制度的因素往往同時並存。唐代嶺南的開發和社會變遷,其實在相當程度上恰恰就是嶺南"溪洞"地區的開發和社會變革,是封建制度逐步取代原始部族制度和奴隸制度的過程,並且爲其走上與中原内地基本同步的道路準備了基礎。而本書的主要目標之一,就是試圖通過對歷史資料的疏理和研究,盡可能地揭示發生這些轉變的具體原因、表現形式及其對後世的深遠影響。同時也試圖在此基礎上,進一步揭示中國歷史發展的多樣性,説明"中華

---

① (宋)司馬光撰,鄧廣銘、張希清點校《涑水記聞》卷一三,北京:中華書局,1989年,第268頁。

民族多元一體格局"和統一的多民族國家的發展。

四　對本書的幾點説明以及内容介紹

（一）關於本書研究的範圍和體例

　　本課題首先是近一百年來國際漢學研究的重要内容。法國遠東學院於 1898 年成立，是法國專門研究南亞、東南亞以及東亞文明的學術重鎮，二十世紀初，出現了一批具有開創性和代表性的研究，例如伯希和（Paul Pelliot）撰、馮承鈞譯《交廣印度兩道考》①、馬伯樂（Henri Maspero）的《唐代安南都護府疆域考》②、《馬援的遠征》③、鄂盧梭（L.Aurouseau）的《秦代初平南越考》④，等等。這些論著至今仍堪稱是這一研究領域的重要成果。其後歐美日等學術界都不斷有新的研究成果出世。在本書各章節中，我們將盡可能地作相關徵引和討論。本課題一直也是中國斷代史、邊疆史、民族史、區域史、海洋史、中外交通史等領域共同關注的問題。岑仲勉、羅香林、蒙文通、徐中舒、徐松石、戴裔煊、方國瑜、童恩正、凌純聲、陳序經、嚴耕望、譚其驤等很多前輩學者的研究，至今仍具有極大的啓發性。而與本課題相關並可資參考的論著亦很多。

①　〔法〕伯希和撰，馮承鈞譯《鄭和下西洋考；交廣印度兩道考》，上海：上海古籍出版社，2014 年。

②　〔法〕馬伯樂（馬司帛洛）《唐代安南都護府疆域考》，馮承鈞譯《西域南海史地考證譯叢四編》，北京：商務印書館，1962 年，第 54—102 頁。

③　HenryMaspero, L'expédition de Ma Yuan, *Bulletin de l'École Française d'Extrême-Orient*XVIII：3, 1918.

④　〔法〕鄂盧梭《秦代初平南越考》，馮承鈞譯《西域南海史地考證譯叢九編》，北京：中華書局，1958 年，第 1—119 頁。

　　前人的研究爲我們準備了良好的基礎和條件,但是,從總體上來看,本課題研究仍然存在較多薄弱環節甚至空白點,主要體現在這些方面:第一,前人還較少將整個嶺南視爲唐朝疆域内一個特定的區域進行專門考察研究。從地域空間範圍來看,對於唐代廣州以及周圍地區的研究較爲集中。而對廣州以外地區的相關研究則顯得比較薄弱。第二,前人的研究較多概括性的論述,而對唐代嶺南各地經濟社會發展的差異性、不平衡性和複雜性等等,對於唐代嶺南社會重大變動的原因、具體表現形式及其深遠影響等等,都還需要作更加具體和更加深入的研究。第三,前人所依據的資料比較集中在正史和典章著作等。我們認爲對相關資料蒐集的範圍還可以作更大的擴充,同時對相關原始資料的解讀也還可以進一步深入。

　　我們在此還需要對本書研究的情況作幾點説明。從研究的對象來看,本書並不是對唐代嶺南區域史全方位的研究。前人一系列相關論著,使唐代嶺南經濟社會文化的一般狀況已經比較明了。而本書則試圖在前賢已有研究的基礎上,通過專題研究的形式,使唐代嶺南區域史的一系列重要問題能得到進一步深化;從地域空間範圍來看,本書亦不是對隋唐嶺南區域作全方位的研究,而是比較集中在嶺南西部和南部地區。這一點恰恰也是秦漢以來嶺南區域開發的特點所決定的。如前所述,秦漢至隋唐嶺南的開發,形成了比較鮮明的環繞南中國海的特徵。兩漢以後,中央王朝在嶺南開發的重點,則從交趾爲中心的北部灣沿岸,逐步向以廣州爲中心的南部沿海以及以西江爲主幹的嶺南内陸腹地拓展。孫吴黄武五年(226),交州刺史吕岱"以交趾絶遠”①,“表分海南三郡爲交州,以將軍戴良爲刺史,海東四郡爲廣州,岱自爲刺史”②。孫吳政權首次將交州分割成交、廣二州。將交趾、九真和日南即所謂“海南三郡”,劃歸交州管轄。將蒼梧、南海、鬱林、合浦,即所謂“海東四郡”,劃歸廣州管轄。然而尋又復舊。至孫吳永安七年(264),即正式分交州而置廣州③。而廣州在嶺南的地位也逐漸凌駕於交州之上。宋人周去非稱嶺南“漢分九郡,視秦苦多,其統之則一交州刺史耳。至吳始分爲二,於是交、廣之名立焉。時交治龍編,廣治番禺。唐太宗分天下爲十道,合交、廣爲一,置採訪使于番禺,其規模猶漢時,唯帥府易地也”④。又稱“漢帥府在交州,唐在廣州”⑤。從譚其驤先生主編的《中國歷史地圖集》唐朝嶺南地道圖來看,今西江以東的嶺南地區,除了粵北的韶州、連州和珠江三角洲地區的廣州之外,屬於粵東的潮州和循州所占地理空間比較大⑥。然而,因其開發較晚,相關歷史資料也相當缺乏。因此,對唐代嶺南研究在地域空間上的不平衡性,是歷史資料本身的狀況所決定的。

(二)關於本書歷史資料的說明

歷史資料是歷史研究最重要的基礎。眾所周知,中古時期的嶺南地處炎徼荒裔,歷史資料的匱乏和分散被公認爲是最大的難題。近三十年來,我們對原始資料的蒐集和考辨是不遺餘力的。我們將這些資料分爲六大類:①碑刻資料;②正史、編年史、政書、文集、筆記、小說、

---

① 《資治通鑑》卷七〇,魏文帝黃初七年(226),第 2231 頁。
② 《三國志》卷六〇《吕岱傳》,第 1384 頁。
③ 《三國志》卷四八《孫休傳》,第 1162 頁。
④ 《嶺外代答校注》卷一《地理門·百粵故地》,第 1 頁。
⑤ 《嶺外代答校注》卷一《邊帥門·廣西經略安撫使》,第 42 頁。
⑥ 譚其驤主編《中國歷史地圖集》第五册,北京:中國地圖出版社,1982 年,第 69—70 頁。

詩詞、類書等文獻；③歷代地理書和嶺南地方志資料；④宗教經典；
⑤敦煌文書及考古資料；⑥域外文獻和碑銘，等等。

我們在此試以碑刻資料爲例略作説明。宋代以前嶺南碑刻資料
相當缺乏。值得注意的是，《隋書·經籍志》集部却提到早在南朝蕭梁
時就有《廣州刺史碑》十二卷①。該書很可能是嶺南歷史上最早的碑
集。這部碑集大致早在唐朝就已經亡佚了。後來研究嶺南史的學者
對這部碑集的意義也有不同的看法。清乾隆三十六年(1771)冬，翁方
綱所作《粤東金石略自序》稱："世多稱集古自歐陽子(即歐陽修)，然
碑集之作，始於陳戫、謝莊逖矣。而梁時書目已有《廣州刺史碑》十二
卷，惡得以服嶺以南限哉。"②然而，明代黄佐却稱，"自中原入魏，江東
分王，吾廣遂爲嶺海雄藩"，"嘗考隋《藝文志》(實爲《經籍志》，本書作
者注)，《廣州刺史碑》多至十有二卷。然今所獲見，惟徐陵撰歐陽頠
宦迹一篇。而所謂德政不過力政焉爾。則其他名浮於實，行之不遠，
宜矣"③。黄佐作爲研究嶺南地方史卓有成就的粤籍學者，其相關評
論很可能是緣於其對嶺南早期史料的闕憾。

自清朝中期以來，國内外其實重新發現了相當數量的與隋唐五代
嶺南有關的石刻碑銘，基本上可分爲三個來源，一是自晚清以來嶺南
地方志、相關金石著作和考古發掘報告等資料中所見的石刻碑銘；二
是近代以來在嶺南地區之外，尤其是在西安、洛陽等地發現的有關墓
志；三是自 1998 年以來，法國遠東學院與越南漢喃研究院合作，相繼

---

① 《隋書》卷三五《經籍志四》，第 1086 頁。
② (清)翁方綱著，歐廣勇、伍慶禄補注《粤東金石略補注》，廣州：廣東人民出版社，2012
年，第 3 頁。
③ (明)黄佐《廣東通志》卷四五《列傳·名宦二》，第 1120 頁。

出版了《越南漢喃銘文彙編》第一、二集,其中整理並刊布了在越南出土的隋唐五代至兩宋的漢文碑銘及銅鐘銘文。這些石刻碑銘資料真實地記録了中央王朝在嶺南地區的開拓經略,反映了隋唐嶺南社會的狀況和重要變遷,具有極高的史料價值。將這些石刻碑銘與各種傳世文獻結相互參證,既可以從多方面補傳世文獻之闕,使許多被高度“碎片化”的歷史事實得以復原或重新構建,亦可以在諸多重要歷史問題上得出新的認識。特別是在宋以前嶺南區域文獻記載相當匱乏的情況下,就更加突顯了石刻碑銘資料的重大價值。然而,到目前爲止,這些珍貴的碑刻資料似乎還很少被國内外學術界所關注和研究。

我們將致力於用新材料研究新問題。陳寅恪《王静安先生遺書序》所提出的“二重證據法”,其中即包括“取地下之實物與紙上之遺文互相釋證”,“取異族之故書與吾國之舊籍互相補證”①。本書在以上兩方面都有較多具體運用。一方面是將清朝以來所發現的碑銘和考古資料包括敦煌文書等與傳世文獻相互參證;另一方面將中國古籍與越南相關史書記載相互參證。此外,我們還將盡可能把對歷史文獻的研究與對歷史現場的實地考察結合起來。

(三)本書主要内容介紹

第一章,唐代嶺南南部“溪洞社會”的重大變遷論考。

第一節,中古嶺南南部沿海甯氏家族淵源及其夷夏身份認同——以隋唐欽州甯氏碑刻爲中心的考察。從南朝中期至唐朝前期,欽州甯氏家族是嶺南南部沿海最著名的“溪洞豪族”之一。在《隋書》以及新、舊《唐書》等正史中,欽州甯氏家族一直都是以“俚帥”、“蠻酋”的

---

① 陳寅恪《金明館叢稿二編》,北京:三聯書店,2001年,第247頁。

身份而被記載的。然而,在清道光年間和民國年間先後出土的兩方隋唐甯氏碑銘,却都將其家族的淵源追溯到北方中原,並且把他們自己看成是漢文化在欽州等蠻夷之地的重要傳播者。對於欽州甯氏究竟是屬於具有"蠻夷化"傾向的北方家族,還是屬於具有"漢化"特徵的嶺南土著蠻夷首領,國内外學術界也有不同看法。欽州甯氏家族這種在夷夏身份認同上的矛盾,其實在中古時期的嶺南頗具普遍性和代表性。對這些特殊家族夷夏身份認同問題的討論,對於深入研究中古南部邊疆和海疆開發的歷史進程以及社會結構的演變等具有重要意義。而欽州甯氏家族與南朝和隋唐中央王朝的關係及其世襲性的政治特權,也爲我們進一步瞭解中古嶺南"溪洞豪族"和"溪洞社會"提供了特定視角。第二節,唐代"南選"制度與嶺南溪洞社會的重大變遷。本節探討了唐初"南選"實施的歷史背景、"南選"制度的基本内容及其對中古嶺南社會結構所帶來的重大影響。自宋代以來,研究者一般都將"南選"看成是唐、宋王朝因爲嶺南、黔中等地經濟文化落後而實行的選任當地土著爲地方官的制度。我們認爲唐初"南選"實施最直接的背景,是六朝以來嶺南"溪洞豪族"世襲的政治特權與唐中央王朝之間的尖鋭矛盾。而"南選"的實質,就是要把嶺南地方州縣官員的選拔,直接納入中央王朝控制的政治體制中。其最直接的影響,就是六朝以來"溪洞豪族"階層的最後衰滅和嶺南社會的深刻變革。而唐代中後期的"南選"制度則突出了嶺南、黔中等地因爲經濟文化較爲落後而選用當地土人的性質。第三節,唐代"南選"制度相關問題新探索。本節進一步考察了唐代"南選"各種資料之間的内在關係。唐代"南選"制度與嶺南、黔中和福建等地區經濟社會發展的狀况特別是"溪洞"比較集中的情况有關。而"南選"制度在這些地區實施的具體背景、範圍、時間長短以及社會影響等亦各不相同。至唐文宗（827—840）統治後期，由於嶺南等地方藩鎮權力的擴大，作爲嚴格意義上的由唐朝中央直接控制的"南選"制度已經走向終結。然而直到唐末，甚至包括兩宋時代，"南選"作爲一種選拔嶺南本土人士爲州縣官的特殊途徑，却仍然在以新的形式被繼續沿用。第四節，唐代嶺南地區的奴婢問題與社會變遷。唐代嶺南很多"溪洞"地區還盛行公開掠賣人口的習俗，而奴婢充斥了社會生產和社會生活的各個領域。嶺南也是全國最主要的奴婢供應地。而唐代嶺南奴婢的大量存在，與嶺南"溪洞"地區的歷史傳統以及經濟社會結構的特殊性密切相關。唐代後期，中央王朝和嶺南地方官府推行了一系列限制奴婢的措施，促使奴婢作爲一個特定的社會階層逐步走向萎縮。而這些措施亦促進了封建生產關係的進一步發展。因而唐代嶺南奴婢問題，也從一個重要方面反映了嶺南"溪洞"社會的重要變遷。

第二章，隋唐碑刻所見中央王朝對交州地區的經略及其影響。

自秦皇漢武開闢南越，中央王朝對交州（今越南北部，亦稱安南）實行郡縣統治長達一千年以上。然而，由於歷史資料十分匱乏，國内外學術界相關研究成果比較有限。本章屬於以中越兩國所見隋唐碑銘為中心所展開的多項專題研究。第一節，南朝隋至唐初中央王朝與交州關係論考——以越南現存《大隋九真郡宝安道場之碑文》爲中心的考察。本節通過南朝至唐初的九真郡黎氏家族興衰的歷史，較爲詳細地考察了交州與中國中央王朝之間的政治關係，也探討了中古交州地方社會的演變以及漢文化的傳播發展。第二節，越南新出隋朝《舍利塔銘》及相關問題考釋。本節通過近年在越南新出土的隋朝《舍利塔銘》，探討了隋朝與交州地區佛教文化的交流，並以此爲基礎了探討

了隋文帝仁壽年間交州的政治形勢,認爲隋仁壽元年(601)十月交州
舍利塔的興建,反映了隋朝與交趾李佛子割據集團之間一段複雜而微
妙的關係史。隋朝在平定李佛子之亂後,其對交州以及南海的經略亦
隨之大規模展開,並爲"海上絲綢之路"在唐朝更大的繁盛和發展奠定
了基礎。第三節,晚唐高駢開鑿安南"天威遙"運河事迹釋證及推
論——以裴鉶所撰《天威遙碑》爲中心的考察。晚唐時期,唐朝在今中
越邊境地區開鑿了一條人工運河——"天威遙",其直接原因是對安南
地區數額巨大的軍需糧餉運輸,然而,其更深層的原因則是唐朝安南
海上通道在政治、軍事和海外貿易中所發揮的重要作用。本節詳細考
察了歷史上《天威遙碑》文本的流傳、"天威遙"的確切地點以及漢唐
時期安南海上通道的重要意義,並從多方面揭示了唐代近三百年間中
央王朝在南部邊疆和環南海地區的開拓。

　　第三章,晉唐時代嶺南地區金銀生產和流通論考——以敦煌博物
館所藏唐天寶地志殘卷爲綫索的考察。

　　本章分三節。第一節,六朝時期嶺南地區金銀生產和流通論考。
第二節,唐代嶺南地區金銀生產的重要發展。第三節,敦煌本唐天寶
初地志與嶺南銀錢流通和商品經濟發展。"錢帛兼行"是唐代貨幣流
通的基本特徵。然而,今敦煌市博物館所藏唐天寶初年地志文書殘
卷,却反映了在當時全國十道中,嶺南道是唯一的主要以白銀和銅錢
作爲公廨本錢的地區。唐朝嶺南地區金銀貨幣的流通,至少可以追溯
到東晉南朝時代,唐代則有重大發展。本章比較系統地考察了晉唐嶺
南金銀生產和流通的背景、發展演變過程及其與嶺南地域經濟社會的
關係,也探討了這一現象對唐宋國家貨幣經濟發展的深遠影響。中國
古代經濟史和貨幣史研究中有兩個爭論已久的問題,一是唐朝的金銀

是否曾作爲貨幣流通,二是宋代白銀貨幣流通的形成是否是中亞絲路
貿易外來影響的結果。而敦煌所藏唐天寶地志殘卷記載了唐朝州縣
公廨本錢的設置,證明了嶺南道是唯一的主要以金銀爲貨幣的地區。
唐代嶺南這種特殊的貨幣制度既源于東晉南朝既已形成的傳統,又是
以嶺南本地金銀的普遍而大量的生產作爲基礎的。其直接影響是促
進了唐宋國家白銀貨幣化的進程。而晉唐時期嶺南金銀的生產和流
通,也從一個重要而獨特的方面,反映了中古嶺南區域開發和經濟發
展與王朝國家之間的聯繫。

第四章,唐代北方家族與嶺南開發和社會變遷論考(上)。

唐代"安史之亂"後北方人口大量向南方遷移,是促使中國南方開
發和南北經濟重心發生轉變的根本原因。然而迄今爲止,國内外學術
界的相關研究一般多限定在江南地區。而唐代嶺南地區則由於歷史
資料匱乏且極爲分散,學術界相關討論還非常缺乏。唐代其實也是嶺
南經濟和社會發生重要而深刻變化的時期。我們認爲其中最主要的
原因之一,就是北方家族大舉向嶺南移民。本章在對歷史資料進行長
期蒐集的基礎上,從多方面比較系統地探討了唐代北方家族向嶺南移
民的具體背景、主要方式及其對嶺南社會重大而深遠的影響。第一
節,唐代北方家族與嶺南地域文化意象嬗變論略——以唐代張九齡和
粤北始興張氏家族爲例。本節通過對唐代名相張九齡事迹以及粤北
始興張氏家族的考察,探討了唐代北方家族移居嶺南後的發展及其對
嶺南社會文化以及地域"文化意象"的演變所產生的深遠影響。第二
節,唐代嶺南籍宰相姜公輔和劉瞻新考——兼論唐代北方家族與嶺南
地域文化的關係。與張九齡一樣,來自愛州的姜公輔和連州的劉瞻,
均爲唐朝前期因官移貫的北方家族後裔,而且也都是通過科舉進士考

試而仕至宰相的。本節通過對姜公輔和劉瞻的家族來源、出仕方式和歷史影響等問題的討論，試圖進一步揭示唐代嶺南地域文化發展與北方家族之間的關係。第三節，唐代流放和左降官制度與北方家族移民嶺南論考。唐代嶺南自始至終都是流人和左降官最集中也是最有代表性的地區。這兩種制度其實都具有一定的強制性移民色彩，亦因此成為北方家族向嶺南移民的一種特殊途經，並進而對嶺南社會和文化的發展產生了較大影響。

第五章，唐代北方家族與嶺南開發和社會變遷論考（下）。

本章繼續討論唐代北方家族移民與嶺南開發和社會變遷的關係。第四節，唐後期北方家族移民與嶺南社會文化發展。唐代"安史之亂"後，北方家族為逃避戰亂，大量向嶺南移民。至晚唐五代時期，有更多的北方官員士大夫以各種方式遷移嶺南。北方家族移民對唐後期嶺南大面積開發和社會文化的發展都有重要影響。根據對有關資料的統計，在從唐朝建立到"安史之亂"爆發長達一百三十八年中，整個嶺南道科舉進士僅為四人。而從"安史之亂"到唐末共一百五十一年間，嶺南籍進士却增加到三十五人。唐後期嶺南籍科舉進士數量的大幅增加，一方面說明唐朝在嶺南統治的深化，另一方面也證明了唐後期北方家族移民對嶺南經濟社會文化發展的重要影響。第五節，南漢王室血統及其與北方家族關係新證——以新出《高祖天皇大帝哀冊文碑》為綫索的考察。近一百年以來，國內外學術界對南漢王室的來源形成了三種主要觀點：一是來自北方家族說；二是來自阿拉伯人後裔說；三是來自嶺南本地"蠻酋"說。本節通過對歷史資料的重新梳理和考證，認為大量史籍中有關南漢劉氏源於北方家族的記載仍然是可信的。而所謂阿拉伯人後裔說和嶺南本地"蠻酋"說，則都具有比較明顯的斷章取義和穿鑿附會的色彩。唐末五代北方家族大量南遷嶺南是南漢王朝建立的重要基礎和前提。本質上，南漢王朝也是一個以北方官僚家族爲核心的政權。而南漢也因此成爲嶺南開發史上一個極爲重要的歷史時期。第六節，唐五代北方家族向嶺南移民的重要影響。本節側重於從中古嶺南"溪洞"含義的變遷、經濟開發和稻作農業的推廣，以及唐以來嶺南語音和社會風俗等的重要變化等方面，繼續討論唐代北方家族移民對嶺南的重要影響。

　　第六章，唐代房千里《投荒雜録》與嶺南南部沿海社會文化的變遷。

　　唐後期北方士人房千里出任高州刺史，其撰寫的《投荒雜録》一書，是研究唐代嶺南南部沿海社會風俗的重要資料。第一節，唐代房千里及其《投荒雜録》考證。討論了房千里的身世、事迹以及《投荒雜録》的版本流傳。指出了前人的失誤，也爲其他相關專題研究準備了基礎。第二節，論唐宋嶺南南部沿海的雷神崇拜及其影響——以唐人房千里所撰《投荒雜録》爲起點的考察。唐朝全國各地雷神信仰相當普遍。而在嶺南南部雷州半島等沿海地區，雷神信仰却表現了極爲鮮明的地域特徵。唐朝以後，這一遥在南裔海濱的地方性神靈，又受到南漢以及宋元明清中央王朝的高度重視和不斷加封。本節以房千里《投荒雜録》的相關記載爲基礎，詳細地探討嶺南南部沿海雷神崇拜形成的歷史背景和信仰内涵的演變過程，並進而從一個具體方面説明了中國古代中央王朝"神道設教"的方式及其與嶺南民間信仰之間的互動關係。本節亦從地方民間信仰的特定視角，揭示了作爲"化外"、"蠻裔"的嶺南，究竟是如何被最終整合成爲大一統國家的組成部分的。

第一章
唐代嶺南南部"溪洞社會"的重大變遷論考

第一節　中古嶺南南部沿海甯氏家族淵源
及其夷夏身份認同
——以隋唐欽州甯氏碑刻爲中心的考察

　　廣西欽州扼守在北部灣北部的海陸交通要衝,自秦朝開闢南越以來,其地理位置就一直非常重要[①]。從南朝中期至唐朝前期,欽州甯氏家族在今廣東西南部和廣西南部廣大地區稱雄長達二百多年之久,是嶺南最著名的溪洞豪族之一。然而,由於欽州地處"夷獠雜居"的炎徼

---

①　參見本書第二章第一節。另見王承文《晚唐高駢開鑿安南"天威遥"運河事迹釋證——以裴鉶所撰〈天威遥碑〉爲中心的考察》,《"中研院"歷史語言研究所集刊》第八十一本第三分,2010 年 9 月,第 597—650 頁;廖幼華《唐宋之際北部灣沿海交通發展》,收入氏著《深入南荒——唐宋時期嶺南西部史地論集》,臺北:文津出版社,2013 年,第 217—245 頁。

蠻荒之地,正史等資料對甯氏家族僅有十分簡略的記載。清道光六年(1826)和1920年,欽州相繼出土了隋《寧越郡欽江縣正議大夫之碑》和唐《刺史甯道務墓志》,兩方碑志共三千多字,詳細地記載了甯氏家族的源流及其在嶺南西南部沿海的開拓,反映了甯氏家族與南朝及隋唐中央王朝關係的發展演變,在多方面可以補正史之闕,具有十分重要的史料價值。自晚清以來,不少地方史志和金石著作都有對碑文的著録①。1981年,日本學者河原正博最早對欽州甯氏家族進行了專門研究②,惜其未能利用這兩方珍貴的碑刻資料。近數十年來,部分學者對隋唐欽州甯氏家族墓葬和碑刻也有關注和研究③。在《隋書》以及新、舊《唐書》等多部正史中,欽州甯氏家族一直都是以"俚帥"、"蠻

---

① (清)朱樁年修,杜以寬、葉輪纂《欽州志》卷一一《古迹志》著録了《隋寧越郡欽江縣正議大夫之碑》,道光十四年(1834)刻本,收入《廣東歷代方志集成》,廣州:嶺南美術出版社,2009年,第201—203頁;(清)陸增祥《八瓊室金石補正》卷二七著録了《隋寧越郡欽江縣正議大夫之碑》,北京:文物出版社,1985年,第174—175頁;陳公佩修,陳德周纂《欽縣志》卷一三《藝文志下》則著録隋唐兩碑文,1947年石印本,收入《廣東歷代方志集成》,第1050—1056頁。

② 〔日〕河原正博《隋代嶺南酋領甯氏について》,載《政法史學》第三十三號,1981年。收入河原正博著《漢民族華南發展史研究》,東京:吉川弘文館,1984年,第105—123頁。

③ 參見廣西文物工作隊《廣西壯族自治區欽州隋唐墓》,載《考古》1984年第三期;楊豪《嶺南甯氏家族源流新證——兼評欽州甯氏家族墓葬發掘》,載《廣東省博物館館刊》1988年第一期;楊豪《嶺南甯氏家族源流新證》,《考古》1989年第三期,另見楊豪《嶺南民族源流考》,珠海:珠海出版社,1999年,第153—163頁;鄭超雄《廣西欽州俚獠酋帥甯氏家族研究》,《廣西民族研究參考資料》第六輯,1986年,又載潘琦主編《廣西環北部灣文化研究》,南寧:廣西人民出版社,2002年,第164—197頁,收入鄭超雄、覃芳著《壯族歷史文化的考古學研究》,北京:民族出版社,2006年,第477—504頁。另可參見王承文《唐代粵西兩份摩崖碑與韋氏家族的淵源》,載饒宗頤主編《華學》第一輯,廣州:中山大學出版社,1996年;王承文《唐代"南選"與嶺南溪洞豪族》,《中國史研究》1998年第一期;劉美崧《〈新唐書·南平獠〉辨誤——兼論欽州酋帥甯猛力及其家族的活動地域與族屬》,載中國歷史文獻研究會編《歷史文獻研究》第三輯,北京:燕山出版社,1992年;鄭維寬、梁瑋羽《王朝制度漸進視野下嶺南土酋族屬的建構——以欽州甯氏家族爲中心》,《成都理工大學學報》2014年第二期,第79—84頁。

酋"的身份而被記載的。然而,這兩方甯氏碑銘却都將其家族的淵源追溯到北方中原,並且把自己看成是漢文化在欽州等蠻夷之地的傳播者。對於欽州甯氏究竟是屬於具有"蠻夷化"傾向的北方家族,還是屬於具有"漢化"特徵的嶺南土著蠻夷首領,學術界也有不同看法。欽州甯氏家族這種夷夏身份認同的矛盾,其實在中古時期的嶺南頗具普遍性和代表性。而對這些特殊家族夷夏身份認同問題的討論,對於我們深入研究中古時期南部邊疆和海疆開發的歷史進程以及社會結構的演變具有重要意義。

一　隋唐欽州甯氏碑刻所見甯氏家族的北方淵源

唐代李吉甫《元和郡縣圖志》稱嶺南欽州爲"古越地,非九州之域"①。在六朝唐宋文獻典籍中,欽州具有十分鮮明的"地域形象",一是欽州因荒遠阻隔,被稱爲"天外"、"南天"、"南裔"、"天涯"、"海隅"、"南徼"、"徼外"、"丹徼"、"極邊"等等。二是民族源流複雜。先秦時期這裏是古代西甌、駱越人活動的中心地區。自漢晉以來又是烏滸、俚、獠、蜒等民族的勢力範圍。三是自然環境以炎熱和瘴癘流行著稱,被形容爲"炎徼"、"炎荒"、"瘴海"、"瘴地"、"瘴鄉"、"瘴域"等等。至宋代,欽州仍然是嶺南瘴癘最嚴重的地區之一②。四是欽州作爲左遷地與流放地,隋唐宋時期,不少北方官員和文人被貶謫或流放於此。

對於中古欽州甯氏家族的民族類別,正史也有各種不同的記載,包括:(1)"越人"和"蠻夷"。《隋書·何稠傳》記載,隋開皇十七年(597),何稠向隋文帝奏稱,欽州蠻酋甯猛力"與臣爲約,假令身先死,

---

① 《元和郡縣圖志》卷三八《欽州》,第 952 頁。《舊唐書·地理志》稱欽州"至京師五千二百五十一里"(第 1746 頁)。

② 《嶺外代答校注》卷四《風土門·瘴地》,第 151 頁。

當遣子入朝。越人性直,其子必來"。後來甯猛力之子甯長真"如言入朝,上大悦曰:何稱著信蠻夷,乃至於此"①。(2)"嶺南夷"。《北史·何稠傳》將欽州甯氏等看成是"嶺南夷"和"溪洞酋帥"的組成部分②。(3)"烏武獠"或"南平獠"。"烏武"與"烏滸"相同。嶺南西南部的烏滸人可以追溯至古代駱越,而駱越爲古代百越的一支。《新唐書·南蠻傳》稱"有烏武獠,地多瘴毒,中者不能飲藥,故自鑿齒",其中"有甯氏者,世爲南平渠帥"③。(4)"西原蠻"。《新唐書·南蠻傳》又稱西原蠻"居廣、容之南,邕、桂之西。有甯氏者,相承爲豪。又有黃氏,居黃橙洞,其隸也。其地接南詔"④。(5)"俚帥"與"南越蠻、俚"。《資治通鑑》稱"俚帥甯猛力,在陳世已據南海,隋因而撫之,拜安州刺史。猛力恃險驕倨,未嘗參謁"⑤。《新唐書·高儉傳》記載隋末大亂,"京師阻絶,交趾太守丘和署(高儉)司法書佐。時欽州俚帥甯長真以兵侵交趾"⑥。《新唐書·丘和傳》記載隋末丘和爲交趾太守,蕭銑"命(甯)長真以南粵蠻、俚攻交趾"⑦。

　　由於正史對甯氏民族類別記載的差異,後代地方史志著作也因此有不同的記載。明代林希元《欽州志》稱:"甯長真,本烏武獠。世爲南平渠帥,陳末以其帥猛力爲越州太守。"⑧明代黃佐《廣東通志》稱:

①　《隋書》卷六八《何稠傳》,第 1597 頁。

②　《北史》卷九〇《何稠傳》,北京:中華書局,1974 年,第 2986 頁。

③　《新唐書》卷二二二下《南蠻傳下》,第 6325 頁。

④　《新唐書》卷二二二下《南蠻傳下》,第 6392 頁。

⑤　《資治通鑑》卷一七八,隋文帝開皇十七年,第 5552 頁。

⑥　《新唐書》卷九五《高儉傳》,第 3839 頁。

⑦　《新唐書》卷九〇《丘和傳》,第 3777 頁。

⑧　(明)林希元纂修《欽州志》卷八《人物》,嘉靖十八年(1539)刻本,收入《廣東歷代方志集成》,廣州:嶺南美術出版社,2009 年,第 107 頁。

"南海以西溪洞,自漢晉來,甯族最大,世爲俚帥,蠻獠皆歸之。"①清初顧炎武《天下郡國利病書》亦稱:"隋末南平(獠),西接南州,有甯氏,世爲南平渠帥。陳末以其帥(甯)猛力爲寧越太守。"②

而欽州出土的隋大業五年(609)的《寧越郡欽江縣正議大夫碑》(以下簡稱《甯贊碑》),以及唐《刺史甯道務碑》(以下簡稱《甯道務碑》),則在較大意義上徹底顛覆了一千多年以來的歷史認知。這兩方碑志均用很大的篇幅專門追述了其家族的北方淵源。其《甯贊碑》稱:

> 竊以太暤之末,分顓臾之邦;唐叔之餘,爲管魯之國。邵公思室,賦《棠棣》之詩;辛有哀本,悲被髮之異。故枝流葉徙,自結貞筠之條;宗子維城,各理封疆之邑。故甯相、甯渝,傳昆玉之名;甯喜、甯戚,紆遺芳之哲。公匡衡在輔,無忘士蔿之工;從而能政,追蹤子範之用。所以繁衍陵穆,盤根閩越者哉!公諱贊,字翔威,冀州臨淄人也。

> ……其銘云爾:火烈承宗,相土師農。生民厥始,社稷根蹤。鳳凰垂翼,幽都受封。支傳帝業,祠纂高龍。棠陰理頌,周口習禮。合美閩越,德隆蕃邸……

唐《甯道務碑》亦稱:

> 府君諱道務,字惟清,臨淄人也。于甯氏族,肇自太公。挺天然之奇,作希世之寶。故能虎羆葉卜,龍豹成韜。尰甯東土,立□□□。□國於齊壤,列封於甯城。祗台德先,因而命氏。代纂

---

① (明)黄佐《廣東通志》卷五五《列傳·甯純傳》,嘉靖四十年(1561)刻本,廣州:廣東省地方史志辦公室謄印,1997年,第1395頁。

② (清)顧炎武撰,黃坤校點《天下郡國利病書》之《廣東備錄下·廣東通志》,第3375頁。

洪緒,史不絕官。可謂源濬流長,根深葉茂。□□時□□□而秀氣鬱興;□□□是人□而宏才間出。或□商歌而入相,或勵□學以賓王。公侯子孫,必復其位。

　　……庶傳芳於萬葉,其詞曰:赫矣皇祖,誕膺丕命,非羆在夢,龍韜輔聖。列國於齊,錫封於甯。萬古傳芳,千齡葉慶。公侯之胤,世挺英靈。或因歌以見志,或假學以知名。崇德象賢,代嗣其職。開府忠公,卿尹亮直。布美化於丹徼,播嘉聲於紫極。幹蠱之任,遷移欽江,長爲茂族,永保家邦……。①

以上碑文具有十分豐富的内容。首先,以上碑文明確將欽州甯氏家族最早的發源地,確定在北方中原一個叫"甯"的地方。根據《史記·衛康叔世家》和唐代林寶《元和姓纂》等資料記載,甯氏的遠祖是周文王嫡第九子姬封,他是周武王的同母弟,周武王賜封畿内之康國,因此後人尊稱其爲康叔。周武王在滅商之後,又把殷民七族和商故都(今河南安陽)周圍之地分封給他,國號爲"衛",定都朝歌(今河南省淇縣)。姬封就是西周衛國的第一代國君。傳至衛靈公時,其子季亹又分封於甯邑(今河南省獲嘉縣),其後裔遂以地爲姓氏②。而《甯道務碑》稱"列封於甯城。祇台德先,因而命氏";又稱"赫矣皇祖,誕膺丕命。非羆在夢,龍韜輔聖。列國於齊,錫封於甯"。因此,碑文強調欽州甯氏的姓氏來源與北方中原"甯"這樣一個特定地名有關。唐代林寶《元和姓纂》卷九"甯氏"稱:"衛康叔之後,至武公,生季亹,食采

---

① 陳公佩修,陳德周纂《欽縣志》卷一三《藝文志下》,第1050—1056頁
② 《史記》卷三七《衛康叔世家第七》,第1589—1605頁。

於甯。"①明代淩迪知《萬姓統譜》也稱:"甯,齊郡徵音,衛康叔之後,至成公,生季亹,食采於甯,以邑爲氏。"②

其次,兩方碑志都强調欽州甯氏家族的原籍和郡望是山東臨淄。臨淄在周朝時本爲齊國都城。《水經注》稱臨淄因"城臨淄水,故曰臨淄"。又稱"《爾雅》曰:水出其前左爲營丘。(周)武王以其地封太公望,賜之以四履,都營丘爲齊"③。臨淄在今山東淄博市境內。而甯氏家族在臨淄的開端,與春秋時期甯戚從衛國遷移齊國有關。對此,我們將在後面作進一步討論。《甯贊碑》稱:"公諱贊,字翔威,冀州臨淄人也。"又稱"臨淄粉溢,昭穆邱長",也是强調其家族與臨淄的關係。而《甯道務碑》亦稱:"府君諱道務,字惟清,臨淄人也。"北京國家圖書館所藏敦煌文書"位"字 79 號殘卷《唐貞觀八年五月十日高士廉等條舉氏族奏》記載"臨淄郡(青州)三姓:史、甯、左"。而宋代鄧名世《古今姓氏書辯證》則稱:"唐貞觀所定青州齊郡四姓,一曰甯氏。"④

再次,兩方碑志都詳細記述了甯氏遠祖事迹並强調其顯赫的身世。碑文涉及大量先秦時期的史實。而其中《甯贊碑》所稱"故甯相、甯渝,傳昆玉之名;甯喜、甯戚,紓遺芳之哲",尤爲值得注意。以上均是春秋時期衛國和齊國的著名官員。

甯相,是指春秋時衛國人甯殖(?—前 553),亦稱甯惠子,衛定公時任大夫。甯相作爲甯氏家族的代表,直接參與了衛國王室的政治軍

①　(唐)林寶撰,岑仲勉校記《元和姓纂(附四校記)》卷九,北京:中華書局,1994 年,第 1351 頁。

②　(明)淩迪知《萬姓統譜》卷一〇九,《景印文淵閣四庫全書》第 957 册,第 535 頁。

③　《水經注校證》卷二六《淄水》,第 622 頁。

④　(宋)鄧名世撰,王力平點校《古今姓氏書辯證》卷三四,南昌:江西人民出版社,2006 年,第 523 頁。

事決策。《左傳·成公二年》稱:"衛侯使孫良夫、石稷、甯相、向禽,將侵齊,與齊師遇。"①又根據《左傳》成公十四年、襄公十四年、襄公二十年記載,衛定公病重,使甯殖與孔成子共立衛獻公。後因衛獻公無禮,甯殖乃與孫林父共逐之,立衛殤公。既而悔之,將死,囑其子甯喜掩飾其逐君之過。

甯渝,亦作甯俞,或甯愈,又稱甯武子,也爲衛國甯氏家族中的代表性人物。在衛文公、衛武公時出任大夫。《春秋公羊傳》記載文公四年,"晉侯伐秦,衛侯使甯俞來聘"②。《左傳》僖公二十八年記載,衛成公無道,爲晉所攻,失國奔楚、陳,卒爲晉侯所執。甯俞不避艱險,周旋其間,卒保其身,而濟其君。孔子在《論語》中稱讚説:"甯武子,邦有道則知,邦無道則愚。其智可及也,其愚不可及也。"③

甯喜(？—前546年),亦稱甯悼子,爲甯殖之子。《春秋公羊傳》記載襄公二十六年,"晉人執衛甯喜";二十七年,"衛殺其大夫甯喜"。根據《左傳》襄公二十五年、二十六年、二十七年記載,衛獻公爲甯殖、孫林父所驅逐,在齊,後使人與甯喜相約,苟能助其復位,則"政由甯氏,祭則寡人"。甯喜遂攻孫林父,殺衛殤公,迎衛獻公復位。然甯喜復爲衛獻公所殺。《左傳》襄公二十五年傳曰:"九世之卿族,一舉而滅之。"杜預注:"甯氏出自衛武公,及喜九世也。"④在公元前553年至前546年之時,甯氏家族在衛國最終敗亡,並因此走向他鄉。

甯戚,甯戚從衛國遷往齊國都城臨淄,因而是臨淄甯氏家族的始

---

① （晉）杜預注,（唐）孔穎達疏《春秋左傳正義》卷一二,阮元刊刻《十三經注疏》,北京:中華書局,1980年,第1893頁。

② （漢）何休注,（唐）徐彦疏《春秋公羊傳注疏》卷一三,《十三經注疏》,第2268頁。

③ （魏）何晏集解,（宋）刑昺疏《論語注疏》卷五,《十三經注疏》,第2473頁。

④ 《春秋左傳正義》卷三六,《十三經注疏》,第1986頁。

祖。其初因貧窮無資,爲商旅挽牛車至齊,宿於城門外,待齊桓公夜出迎客,擊牛角,發悲歌,齊桓公聞而異之,與之相見,遂説桓公以理天下之道,桓公大悦,任爲大夫,其時間在齊桓公二十八年(前 685)。後長期任齊國大司田,拜爲上卿,遷國相,爲齊桓公最主要的輔佐者之一。《甯道務碑》中兩次提到了甯戚事迹,稱"或□商歌而入相","或因歌以見志"。《史記·鄒陽傳》稱:"甯戚飯牛車下,而桓公任之以國。"[①]漢代應劭《風俗通義》稱"甯戚商歌以干禄,顔闔踰墙而遁榮"[②]。而《吕氏春秋·舉難》對此有最爲詳細的記載,其文曰:

> 甯戚欲干齊桓公,窮困無以自進,於是爲商旅,將任車以至齊,暮宿于郭門之外。桓公郊迎客,夜開門,辟任車,爝火甚盛,從者甚衆。甯戚飯牛居車下,望桓公而悲,擊牛角疾歌。桓公聞之,撫其僕手曰:"異哉之!之歌者非常人也。"命後車載之。桓公反,至,從者以請。桓公賜之衣冠,將見之。甯戚見,説桓公以治境內。明日復見,説桓公以爲天下。桓公大説,將任之。群臣争之曰:"客,衛人也。衛之去齊不遠,君不若使人問之。而固賢者也,用之未晚也。"桓公曰:"不然。問之,患其有小惡。以人之小惡,亡人之大美,此人主之所以失天下之士已。凡聽必有以矣。今聽而不復問,合其所以也。且人固難全,權而用其長者。當舉也。"桓公得之矣。[③]

---

① 《史記》卷八三《鄒陽傳》,第 2473 頁。
② (漢)應劭撰,王利器校注《風俗通義校注》卷五《十反》,北京:中華書局,1981 年,第 208 頁。
③ (漢)高誘注,陳奇猷校釋《吕氏春秋校釋》卷一九《舉難》,上海:學林出版社,1984 年,第 1311 頁。

齊桓公因任用管仲、甯戚等而得以稱霸諸侯國。而甯戚也因爲擊牛角而歌並得到齊桓公重用,其相關事迹亦成爲君臣知遇的千古佳話。有關記載亦見於《晏子春秋·問篇》、《楚辭·離騷篇》、《吕氏春秋·直諫篇》、《淮南子·繆稱篇》以及漢代劉向《新序》等等。東漢王充《論衡》稱:"太公窮賤,遭周文而得封;甯戚隱阨,逢齊桓而見官。非窮賤隱阨有非,而得封見官有是也。窮達有時,遭遇有命也。太公、甯戚,賢者也。"①

我們蒐集了《全唐文》以及近年出版的《全唐文補遺》和《唐代墓志彙編》等,發現屬於唐代北方内地甯氏家族的墓志爲數極少,唐中宗神龍(705—707)年間的《大唐故右衛翊衛吏部常選甯思真墓志銘》,即屬於僅有的幾份甯氏碑刻之一。碑文記載甯思真,字子仙,汝南(治今河南上蔡縣)人也,碑文稱:"原夫開家令氏,帝顓頊之風猷;食菜分茅,姜子牙之茂族。愚智坐怡,孔宣父之興歎;扣角□歌,齊桓公之夜爇。由是代參龜組,官襲蟬聯。史諜再詳,可略而言也。"②其中所列舉甯氏遠祖事迹與欽州甯氏碑刻多有相同之處。與《甯思真碑》所稱"史諜再詳,可略而言也"迥然不同,由於中古時代的欽州地處遥遠的炎荒蠻裔,所以欽州甯氏家族兩方碑銘均用如此大量的篇幅,來詳細叙述其北方華夏淵源和顯赫的家世,其用意顯然是爲了使自己與嶺南土著"夷獠"區别開來。

最後,我們還要特别指出的是,學術界討論中古欽州甯氏家族的淵源,迄今爲止,似乎都没有注意到唐代林寶《元和姓纂》對欽州甯氏

---

① 黄暉撰《論衡校釋》卷六《禍虚篇》,北京:中華書局,1990年,第280頁。

② 《大唐故右衛翊衛吏部常選甯府君(思真)墓志銘》,吴鋼主編《全唐文補遺》第五輯,西安:三秦出版社,1998年,第280頁。

家族的記載。目前最能夠證明欽州甯氏家族淵源的資料,除了以上兩份甯氏碑刻之外,我們認爲恰恰就是這部現存唐朝最重要的姓氏著作。林寶受命編修《元和姓纂》開始於唐憲宗元和七年(812)。林寶自序云:"案據經籍,窮究舊史,諸家圖牒,無不參詳,凡二十旬,纂成十卷。"①該書主要是通過彙集當時所能見到的各種姓氏書、氏族志和士族家狀、譜牒等資料編成的,其目的是以備朝廷封爵之用,因而在一定意義上具有唐朝國家的性質。

唐朝一直都有重視譜牒源流甄辨的傳統。敦煌文書 S.2052《新集天下姓望氏族譜一卷並序》,一般認爲其成書於唐玄宗天寶以後。其文稱:"夫人立身在世,姓望爲先,若不知之,豈爲人子? 雖即博學,姓望殊乖,晚長後生,切須披覽,但看注脚,姓望分明。謹録元出州郡。分爲十道如右。"該文書詳細列舉了全國十道各道的姓氏家族,其稱嶺南道曰:"第十嶺南道五府邕容杜(桂)廣安南等都管七十州並下出人姓望家印……"②然而,嶺南道具體姓氏資料已殘闕。我們推測《元和姓纂》的相關內容,也應參照了《新集天下姓望氏族譜》等資料。林寶《元和姓纂》卷九"甯氏"曰:

> 衛康叔之後,至武公,生季亹,食采於甯。弟頃叔,生跪。跪孫速。速生武子俞。俞生殖。殖生悼子喜。九世卿族。齊有甯戚。周有甯越。安平:魏京兆太守甯康;洛陽:晉甯欽;華陰:狀云昶後。唐吏部侍郎甯允忠;河東:漢太僕甯成,代居河東。又餘杭令武;欽州:梁有愛州刺史甯達(逵),居欽州。甯頃曾孫師表、師

① (唐)林寶《元和姓纂》原序,《元和姓纂(附四校記)》,第 1 頁。
② 黄永武主編《敦煌寶藏》第 15 冊,臺北:新文豐出版公司,1981 年,第 565 頁。

宗。師表，唐領軍大將軍、沈國公。師宗孫愷，諫議大夫，撰
國史。①

以上内容有幾點值得注意，一是關於甯氏家族的源流，其稱"衛康叔之
後，至武公，生季亹，食采於甯"、"齊有甯戚"等，與欽州甯氏碑刻相
同。二是漢唐時代，全國甯氏主要分爲安平、洛陽、華陰、河東、欽州五
支。而《元和姓纂》顯然是把欽州甯氏看成是北方中原甯氏家族的一
個重要分支來叙述的。三是其稱"漢太僕甯成，代居河東"，意思是其
世世代代在河東（今山西西南部）居住。對於嶺南欽州甯氏，則稱"梁
有愛州刺史甯達（逵），居欽州"。其"居欽州"與"代居河東"的表述應
有區別。以上表明甯逵很可能就是甯氏家族定居在欽州的始祖。而
《甯贊碑》也將其家族在欽州的開端追溯至南朝梁代的甯逵。四是在
漢唐甯氏家族五個主要分支中，欽州甯氏又明顯是其叙述的重點。該
書稱"梁有愛州刺史甯達（逵），居欽州。甯頊曾孫師表、師宗。師表，
唐領軍大將軍、沈國公。師宗孫愷，諫議大夫，撰國史"。而這些彌足
珍貴的記載，是我們研究中古欽州甯氏家族的源流和活動極其重要的
資料。

宋代鄧名世《古今姓氏書辯證》記載"甯氏"，稱：

《元和姓纂》曰："出自姬姓，衛康叔之後。武公生季亹，食采
於甯，其地懷州修武縣是也。季亹弟頃叔，生跪，以邑爲氏。跪孫
速，謚莊子。莊子生武子俞。俞生惠子殖。殖生悼子喜。代爲衛
卿，謂之九世卿族。齊桓公之相有甯戚。周威王之師有甯越。"唐

---

① 《元和姓纂（附四校記）》卷九，第 1353—1354 頁。

　　貞觀所定青州齊郡四姓,一曰甯氏。又西原蠻豪有甯氏。[①]

據此可見,鄧名世一方面大量直接引用了《元和姓纂》的内容,然而,另一方面却又删除了《元和姓纂》中原有的中古欽州甯氏家族的傳承。而其稱"西原蠻豪有甯氏",顯示他又參照了《新唐書·南蠻傳》,從而將欽州甯氏重新歸入嶺南"西原蠻"的範疇。前引明代黄佐《廣東通志》稱:"南海以西溪洞,自漢晉來,甯族最大,世爲俚帥,蠻獠皆歸之。"[②]然而,黄佐記載嶺南姓氏來源,却又稱"甯氏,姬姓,衛武公之後。隋欽州刺史(甯)猛力出自峒獠。及唐多仕者,州郡守佐多至數十人。唐永昌元年舉賢良,對策上第有諫議大夫原悌以直聲爲名"[③]。黄佐雖然稱"隋欽州刺史猛力出自峒獠",但在一定程度上却仍然把欽州甯氏看成是北方中原甯氏家族的後裔。隋《寧越郡欽江縣正議大夫碑》於清道光六年八月在欽州出土,而道光十四年(1834)朱椿年等編纂的《欽州志》,即依據此碑開始重新叙述欽州甯氏家族的歸屬,其文稱:"甯逵,冀州臨淄人,梁武帝除定州刺史,總督九州諸軍事。陳宣武帝除授安州刺史。烏武獠地多瘴毒,中者不能飲藥,故自鑿齒,是謂鑿齒之民。中土人至者,恒苦瘴癘,不樂久居。逵因地制宜,修其教不易其俗,蠻獠歸之。馳千載仁風,擁六奇之高辯,警加木鐸,訓悦過庭,所以繁衍穆陵,盤根閩越,世爲南平渠帥。"[④]《欽州志》雖然仍稱其"世爲南平渠帥",但又明確將其歸入來自北方的家族。

----

① 《古今姓氏書辯證》卷三四,第 523 頁。
② (明)黄佐《廣東通志》卷五五《甯純傳》,第 1395 頁。
③ (明)黄佐《廣東通志》卷二〇《民物志·姓氏》,第 523 頁。
④ (清)朱椿年修,杜以寬、葉輪纂《欽州志》卷八《宦迹志》,道光十四年(1834)刻本,收入《廣東歷代方志集成》,第 145 頁。

二　甯氏家族遷居嶺南欽州的原因和時間考察

(一)甯氏家族遷居嶺南欽州的原因

甯氏家族爲什麼會遷移到欽州這樣的炎徼蠻荒之地呢？鄭超雄先生根據《甯贊碑》中有關"悲被髮之異"和"故枝流葉徙"的表述，認爲"一個'悲'字就足以證明他們來到'被髮文身'的少數民族之鄉，並非出於自願，而是因爲某種政治的原因"；他提出其遷居欽州一帶的時間是劉宋年間，稱"'冀州'原來是劉宋設置的州，後被北魏吞併，改爲齊州，而原屬劉宋時期所封的官員，便隨劉宋朝廷南下，估計甯氏家族先祖也是在這時候南下投靠南方小朝廷，故有'悲被髮之異'形容亡國亡地之悲慘情況。北方許多文人武將南遷投靠南方小朝廷之後，往往被分派去治理比較落後的邊遠少數民族地區，如廣東高州的馮氏家族"。並進而稱："我們完全可以推論説甯氏家族先祖亦當是在劉宋時期來到廣西的。"[①]以上將欽州甯氏的來源與嶺南另一個著名豪族高凉馮氏相比較，是一種有啓發性的思路。不過，如果仔細審讀這兩句碑文的上下文，就會發現其"悲被髮之異"和"故枝流葉徙"兩句，仍舊是對春秋時期衛國和齊國先祖事迹的叙述。《甯贊碑》的原文稱："邵公思室，賦《棠棣》之詩；辛有哀本，悲被髮之異。故枝流葉徙，自結貞筠之條；宗子維城，各理封疆之邑。故甯相、甯渝，傳昆玉之名；甯喜、甯戚，紓遺芳之哲。"因此，這裏的"悲被髮之異"和"故枝流葉徙"兩句，應該不涉及南北朝初期的史實。

古代"被髮"有兩種最主要的象徵意義，一種是特指"被髮左衽"等少數民族的習俗。《左傳·僖公二十二年》稱："初，平王之東遷也，

---

① 鄭超雄、覃芳《壯族歷史文化的考古學研究》，第 482—483 頁。

辛有適伊川，見被髮而祭於野者，曰：不及百年，此其戎乎！其禮先亡矣。"杜預注稱："被髮而祭，有象夷狄。"①孔子《論語·憲問》稱"微管仲，吾其被髮左衽矣"。葛洪《抱朴子外篇·刺驕》稱："昔辛有見被髮而祭者，知戎之將熾。"但是，"被髮"還有另外一種重要含義，即特指古代隱者一種佯狂的狀態。根據《史記》記載，箕子是商紂王的親戚，商紂王淫泆，箕子因諫不聽，"乃被髮詳狂而爲奴，遂隱而鼓琴以自悲，故傳之曰《箕子操》"②。《史記》卷七九《范睢傳》稱"箕子、接輿，漆身爲厲，被髮爲狂"。《史記》卷八四《屈原傳》記載屈原爲楚頃襄王流放，"屈原至於江濱，被髮行吟澤畔，顏色憔悴，形容枯槁"。《漢書·東方朔傳》稱："接輿避世，箕子被髮陽狂，此二人者，皆避濁世以全其身者也。"③東晉王羲之稱："古之辭世者或被髮陽狂，或污身穢迹，可謂艱矣。"④劉宋時期的著名天師道經典《三天內解經》也稱："至周幽王時，老子知周祚當衰，被髮佯狂，辭周而去。"⑤

　　而春秋時期甯戚從中原衛國流落到東方的齊國都城臨淄，亦屬於這種隱者的狀態。碑文所謂"悲被髮之異"，"悲"是甯戚爲自己窮困潦倒不得志的身世所悲，"被髮"在此就是指甯戚佯裝狂放的特殊狀態，與少數民族的習俗没有直接關係。前引《吕氏春秋·舉難》所稱"甯戚飯牛居車下，望桓公而悲，擊牛角疾歌。桓公聞之，撫其僕手曰："異哉之！之歌者非常人也。'"因此，碑文"辛有哀本，悲被髮之異"，在此是形容其在齊國的始祖甯戚從衛國流落到臨淄時的一種隱者

---

① 《春秋左傳正義》卷一五，《十三經注疏》，第 1813 頁。
② 《史記》卷三八《宋微子世家》，第 1609 頁。
③ 《漢書》卷六五《東方朔傳》，第 2871 頁。
④ 《晉書》卷八〇《王羲之傳》，第 2102 頁。
⑤ 《三天內解經》，《道藏》第 28 冊，北京：文物出版社等，1987 年，第 414 頁。

狀態。

至於《甯贊碑》中的"故枝流葉徙",也主要是説明其家族在春秋時期的遷徙和流派。因爲甯氏最早的發源地——"甯"是在衛國,至甯戚從衛國遷到齊國的臨淄,即成"故枝流葉徙"。在定居齊國之後,"自結貞筠之條","宗子維城,各理封疆之邑",都是形容甯氏家族在齊國境内的昌盛。由於欽州甯氏在碑文中如此强調其北方淵源和顯赫身世,並表現出强烈的"以夏變夷"的使命感,因此,其"辛有哀本,悲被髮之異"的表述,應該與南北朝初期"亡國亡地之悲慘情況"以及成爲"被髮左衽"的蠻夷之民没有直接關係。

楊豪先生對於甯氏家族遷居欽州的原因先後提出了兩種不同的説法,一是他根據民國年間廣州出土的漢初趙佗南越國板瓦及陶片上留有"甯"字(見廣東省博物館秦漢陳列材料),提出該甯氏早在秦末漢初就可能已來到了嶺南,認爲"該甯氏族群的徙遷嶺南時間,便當大體發生在戰國末年迄南朝這段時間"[1];二是其後他又提出:"因其祖甯逵及其父甯猛力南朝時到嶺南任官,才遷徙到嶺南,在今廣西南部邊陲落户,成爲嶺南人。"[2]

碑文强調甯氏家族在嶺南的發展與其家族在中原北方的輝煌之間具有密切關係。《甯道務碑》稱:"列國於齊,錫封於甯。萬古傳芳,千齡葉慶。公侯之胤,世挺英靈。或因歌以見志,或假學以知名。崇德象賢,代嗣其職。開府公忠,卿尹亮直。布美化於丹徽,播嘉聲於紫極。幹蠱之任,遷移欽江。長爲茂族,永保家邦。"所謂"布美化於丹

---

①　楊豪《嶺南甯氏家族源流新證——兼評欽州甯氏家族墓葬發掘》,第 103 頁;楊豪《嶺南甯氏家族源流新證》,《考古》1989 年第三期。

②　楊豪《嶺南民族源流考》,珠海:珠海出版社,1999 年,第 159 頁。

徽,播嘉聲於紫極","丹徽"和"紫極"均是指代嶺南。"欽江",則是指
欽江縣。據《隋書·地理志》記載,寧越郡有欽江縣,"舊置宋壽郡,平
陳,郡廢。開皇十八年改曰欽江,大業初置寧越郡"①。唐李吉甫《元
和郡縣圖志》稱欽州,"梁武帝於今欽江縣南三里置安州,隋開皇十八
年改安州爲欽州,取欽江爲名也。大業三年改爲寧越郡"②。

　　而碑文中"幹蠱之任,遷移欽江"的表述,對於我們理解甯氏家族
移居欽州的原因具有關鍵意義,我們有必要作進一步考察。古代文獻
典籍中的"幹蠱"一詞主要有三種涵義。一是指"幹父之蠱",亦省略
作"幹蠱"。"幹"是指承擔,從事;而"蠱"則指事或事業。《易·蠱》
稱:"幹父之蠱,有子,考無咎,厲終吉。"三國王弼注解稱:"以柔巽之
質,幹父之事,能承先軌,堪其任者也,故曰有子也。"③因此,"幹蠱"就
是指兒子能繼承父志並勝任父親原來所從事的事業。二是代表主事。
北齊顔之推《顏氏家訓·治家篇》稱:"婦主中饋,……國不可使預政,
家不可使幹蠱。"在唐代碑刻中,這種意義的"幹蠱"一詞亦多見使用。
例如,《大唐兗州瑕丘縣主簿馬君夫人天水董氏墓志銘》稱:"持生草
創,率由指麾。幹蠱家人,内主中饋。"④《故岐州岐山府果毅安思節墓
志》稱:"君世爲華胄,早能耀德,幹蠱於家而孝風變俗,移忠於國而丕
績勤王。"⑤三是代表才幹。唐代宗《賜李光弼實封一子官制》稱,李光
弼"功崇望重,加以報章,德厚流光,延其茂賞,爰益苴茅之典,並明幹

---

① 《隋書》卷三一《地理志下》,第885頁。
② 《元和郡縣圖志》卷三八《欽州》,第952頁。
③ 《周易正義》卷三,《十三經注疏》,第35頁。
④ 吳鋼主編《全唐文補遺》第一輯,西安:三秦出版社,1994年,第134頁。
⑤ 吳鋼主編《全唐文補遺》第二輯,西安:三秦出版社,1995年,第426頁。

蠱之才"①。柳宗元《爲裴中丞舉人自代伐黃賊表》,稱某官"深負政聲,惠愛在人,奸邪屏息,勤勞已著,幹蠱無倫","竊惟斯人,堪稱厥職"②。白居易《唐揚州倉曹參軍王府君墓誌銘》稱"行已以清廉聞,涖事以幹蠱聞。如金玉在珮,動而有聲"③。

　　綜合以上對"幹蠱"一詞的考察,我們認爲《甯道務碑》所稱"幹蠱之任"的"幹蠱",應該是指兒子繼承父志並完成父親未竟的事業。其中"之"字應該是一個動詞,"之任"就是表示"到任"、"任職"、"就任"。由於甯氏碑刻將其在欽州的開端只追溯到南朝梁代的甯逵,因此,所謂"幹蠱之任,遷移欽江",很可能就是指甯逵因其繼承父親的事業而前往任職,並因此在欽州定居下來。《元和姓纂》稱"梁有愛州刺史甯達(逵),居欽州";而《甯贊碑》稱其祖甯逵,"梁武皇帝,除定州刺史,總督九州諸軍事。陳宣武皇帝又除授安州刺史"。安州在隋朝改名爲欽州。雖然此前其家族很可能就已經在嶺南任職,但是只有在甯逵於陳朝出任安州刺史以後,甯氏家族才與欽州結下不解之緣。

　　值得注意的是,《甯贊碑》中還先後兩次出現了"閩越"的表述。碑文稱"公匡衡在輔,無忘士蔿之工;從而能政,追蹤子範之用。所以繁衍陵穆,盤根閩越者哉";又稱"支傳帝業,祠纂高龍。棠陰理頌,周口習禮。合美閩越,德隆蕃邸"。從地理方位來看,地處嶺南西南部沿海的欽州屬於古駱越範圍,無論如何都難以同作爲"閩越"的福建相等同。而且甯氏家族在南朝至隋唐最盛之時,其勢力範圍也未曾到達閩越地區。因此,我們推測"閩越"很可能也曾經是甯氏家族從北方遷移

---

① 《唐大詔令集》卷六三,北京:中華書局,2008 年,第 349 頁。
② 《柳河東集》卷三八,第 611 頁。
③ 《全唐文》卷六七九,第 6940 頁。

南方之後的居住地。六朝時期的福建亦是北方家族移居的重要地區①。

(二)南朝嶺南的形勢與甯氏家族同欽州關係的建立

對於甯氏家族定居欽州的具體時間,史籍缺乏明確的記述。目前與此相關的史料僅有前引兩條。一是《甯贊碑》所稱:"祖迡,馳千載仁風,擁六奇高辯。警加木鐸,訓説過庭。梁武皇帝除定州刺史,總督九州諸軍事。陳宣武皇帝又除授安州刺史。"二是唐代《元和姓纂》所稱:"梁有愛州刺史甯逵,居欽州。"甯逵在梁朝出仕的地方是南定州和愛州,並且最後是以愛州刺史的身份"居欽州",很可能就是在陳代仕宦欽州始定居於此。

我們有必要考察六朝嶺南政區的演變,以進一步瞭解甯氏家族在嶺南西南部崛起的背景。西漢元鼎六年(前111),漢武帝滅南越國,在嶺南設置九郡。又設交州刺史部,作爲十三部刺史之一。東漢建安八年(203),改交州刺史部設置交州。黃武五年(226),孫吳政權首次將交州分爲交州和廣州。其後又廢廣州。至孫吳永安七年(264),正式將嶺南劃分爲交州和廣州。至劉宋明帝泰始七年(471)二月,"置百梁、隴蘇、永寧、安昌、富昌、南流郡,又分廣、交州三郡,合九郡,立越州"②。而南齊一朝則沿襲了交州、廣州和越州的基本格局。至梁武帝時期,因其著力於開拓疆域,嶺南行政地理格局亦隨之發生重要變化。《隋書·地理志》稱梁武帝"除暴寧亂,奄有舊吳……其後務恢境

---

① 參見本書第二章第一節,另見王承文《越南現存〈大隋九真郡寶安道場之碑文〉考釋》,《文史》2009年第四期,第64—65頁。

② 《宋書》卷八《明帝紀》,第167頁。

宇,頻事經略,開拓閩、越,克復淮浦,平俚洞,破牂柯,又以舊州遐闊,多所析置"①。《梁書·梁武帝紀》之"史臣曰"亦稱讚梁武帝時,"征賦所及之鄉,文軌傍通之地,南超萬里,西拓五千"②。據此可見,梁武帝時期嶺南州郡數額的大量增加,並不是單純地把州郡由大劃小,其中也包括通過征討和招撫地方勢力,以擴大土地和户數。

根據《梁書·武帝紀》,在嶺南,除了原有的廣州、交州、越州三州之外,梁武帝又新設置了桂州、愛州、成州、南定州、羅州、靜州、石州、安州、東寧州、黄州等等。《甯贙碑》記載甯逵"除定州刺史,總督九州諸軍事",其"九州"具體是指哪九州,史籍不明。但史書記載,梁朝末年,歐陽頠"盡有越地,改授都督廣交越成定明新高合羅愛建德宜黄利安石雙十九州諸軍事、鎮南將軍、平越中郎將、廣州刺史"③。而這一材料説明《梁書·武帝紀》並没有完全反映出梁朝嶺南新州設置的情況。

其中與甯逵直接有關的是定州(後改爲南定州)、愛州和安州。關於甯逵出任梁朝定州刺史以及"總督九州諸軍事"的時間,根據《梁書·武帝紀》記載,普通四年(523)六月,"分交州置愛州,分廣州置成州、南定州、合州、建州"④。梁武帝的統治從天監元年(502)至太清三年(549),其在位長達四十七年。也就是説,梁朝在建立二十一年後,新設立了愛州和南定州等州。定州(今廣西玉林、北流一帶)的治所在鬱林郡布山縣(今桂平縣西南古城)。愛州則是"分交州"並依據原九真郡(治今越南清化省境內)而設置。據《陳書·高祖本紀》記載,梁

---

①　《隋書》卷二九《地理志》,第 807 頁。

②　《梁書》卷三《武帝紀下》,第 97 頁。

③　《陳書》卷九《歐陽頠傳》,第 158 頁。

④　《梁書》卷三《武帝紀下》,第 67 頁。

武帝大同九年(543),宗室蕭勃出任定州刺史①;又據《梁書·簡文帝紀》,太清三年(549),蕭勃由定州刺史改任廣州刺史②。因此,甯逴出任定州刺史的時間,應該是在公元523年至543年之間的某個時段。

《元和姓纂》記載"梁有愛州刺史甯逴",而《甯贙碑》對於甯逴出任愛州沒有記載。元代越南史家黎崱《安南志略》記載"唐安南都督(都)護經略使交愛驩三郡刺史",其中稱"甯達,則天時,愛州刺史"③。按此"甯達"應爲"甯逴"之誤。而甯逴本爲南朝梁愛州刺史,非唐武則天時期的愛州刺史。目前可考的梁代愛州刺史還有兩位。一位是黎高。據越南現存《大隋九真郡寶安道場之碑文》記載,"有梁御曆,都督愛、德、明、利、驩五州諸軍事,愛〔州〕刺史、□□□□□□□將軍。"④黎高曾較長時期在愛州刺史任上,並最後定居於愛州。另一位愛州刺史是阮漢。據《梁書·武帝紀》記載,大同八年(542)三月,"遣越州刺史陳侯、羅州刺史寧巨、安州刺史李智、愛州刺史阮漢,同征李賁於交州"⑤。説明梁大同八年的愛州刺史是阮漢。而甯逴出任愛州刺史,我們推測是在阮漢之後。也就是説甯逴出任愛州刺史,是在梁武帝大同八年(542)至陳朝建立(557)之前的某一時段。

最後,關於梁武帝設置安州的具體時間,明《欽州志》稱梁高祖天監(502—519)年間,"分越州宋壽、宋廣、安京三郡置安州"⑥。然而,

①　《陳書》卷一《高祖本紀》,第2頁。

②　《梁書》卷四《簡文帝紀》,第105頁。

③　〔越〕黎崱撰,武尚清點校《安南志略》卷九,北京:中華書局,2000年,第211頁。

④　法國遠東學院、越南漢喃研究院《越南漢喃銘文匯編》,巴黎,1998年,第7—9頁;參見王承文《越南現存〈大隋九真郡寶安道場之碑文〉考釋》,《文史》2009年第四期。

⑤　《梁書》卷三《武帝紀下》,第87頁。

⑥　(明)林希元纂修《欽州志》卷九《歷年》,《廣東歷代方志集成》,第111頁。

其材料未能説明出處。前引《梁書·武帝紀》記載，大同八年三月，“遣越州刺史陳侯、羅州刺史寧巨、安州刺史李智、愛州刺史阮漢，同征李賁於交州”①。據此，梁大同八年的安州刺史是李智。

（三）關於在甯逷定居欽州之前甯氏家族在嶺南活動的推測

值得注意的是，前引《梁書·武帝紀》記載大同八年三月，“遣越州刺史陳侯、羅州刺史寧巨、安州刺史李智、愛州刺史阮漢，同征李賁於交州”。以上明確提到了“羅州刺史寧巨”。古代“寧”與“甯”二字作爲姓氏其實可以互通。西漢元帝時黃門令史游所撰《急就篇》就稱：“寧、甯本一姓，衛大夫甯俞之後也。漢有甯成，《史記》作寧成。”②而梁代羅州（治所石龍縣，在今廣東省南部的化州市），地處嶺南南部古代俚人活動的中心地區，與安州、愛州、定州等一樣，均屬於梁武帝時期新開闢的州，再考慮到整個六朝時期甯姓出仕者本身極其罕見，因此，我們推測梁武帝大同八年的“羅州刺史寧巨”，很可能也是出自嶺南甯氏家族。《元和姓纂》記載欽州甯氏“甯頃曾孫師表、師宗。師表，唐領軍大將軍、沈國公”。甯頃的曾孫甯師表官至唐領軍大將軍、沈國公，但史書對甯頃的官職和活動時代沒有任何記載。然而，史書對於甯師宗的活動時代則有專門記載。《舊唐書·地理志》稱：“貞觀十二年（638），清平公李弘節遣欽州首領寧師京，尋劉方故道，行達交趾，開拓夷獠，置瀼州。”③“寧師京”應是“甯師宗”的訛誤④。以上説

① 《梁書》卷三《梁武帝紀下》，第 87 頁。
② 《急就篇》卷一，《景印文淵閣四庫全書》第 223 册，第 13—14 頁。而唐代正史也有將欽州“甯”氏寫成“寧”氏的。
③ 《舊唐書》卷四一《地理志四》，第 1748 頁。
④ 《太平御覽》卷一七二引唐代《十道志》作“甯師宗”，第 842 頁。

明了甯師表和甯師宗應主要活動在唐太宗貞觀年間。

　　根據史書和甯氏碑刻,從南朝陳以來,安州刺史(包括欽州刺史)一職在甯氏家族中的傳承過程是:甯逵——甯猛力——甯長真——甯據。又根據《新唐書·南蠻傳》記載,唐高祖武德九年(626),甯長真卒,其子甯據繼任欽州刺史①。由於甯師表和甯師宗也活動在唐太宗貞觀年間,因此,作爲甯師表和甯師宗曾祖的甯頊,與甯逵應是同輩關係,也活動在梁、陳時期。也就是説,早在梁武帝之前,甯氏家族作爲一個强宗大族就已經活動在嶺南。而梁武帝時代在嶺南開拓疆土,則成爲甯氏家族在政治上崛起的重要契機。故《甯道務碑》稱:"布美化於丹徼,播嘉聲於紫極。幹蠱之任,遷移欽江,長爲茂族,永保家邦。"

　　與欽州甯氏同時代的九真郡黎氏家族的崛起也可以作爲旁證。《大隋九真郡寶安道場之碑文》記載,九真黎氏並非九真郡的土著豪族,而是源自中原,大致在"永嘉之亂"後遷移江南,並仕宦嶺南,最後在梁朝被派往愛州等地任職,遂定居九真郡,成爲當地著名豪族②。

　　值得我們進一步探討的是,欽州甯氏碑刻如此强調其家族的北方淵源和漢文化的傳承,這究竟是源於對歷史事實的追根溯源,還是僅僅爲嶺南土著豪酋攀龍附鳳一種人爲"重新建構"的結果呢?

三　中古欽州的民族源流以及甯氏碑刻所見其家族文化認同

(一)六朝唐宋相關文獻典籍所見欽州少數民族的文化特徵

　　先秦時期欽州一帶的民族主要是西甌、駱越。漢代開始則稱爲俚人和烏滸人。《後漢書》記載,漢靈帝建寧三年(170),"鬱林太守谷永

---

① 《新唐書》卷二二二下《南蠻傳下》載:"甯長真死,子據襲刺史。"第6326頁。
② 王承文《越南現存〈大隋九真郡寶安道場之碑文〉考釋》,《文史》2009年第四期。

以恩信招降烏滸人十餘萬內屬,皆受冠帶,開置七縣"①。又據《舊唐書·地理志》記載,嶺南貴州鬱平縣,"漢廣鬱縣地,屬鬱林郡。古西甌、駱越所居。後漢谷永爲鬱林太守,降烏滸人十萬,開七縣,即此也"。其地在今廣西貴縣南。該書又稱"烏滸之俗:男女同川而浴;生首子食之;云宜弟,娶妻美讓兄;相習以鼻飲。秦平天下,始招慰之,置桂林郡。漢改爲鬱林郡。地在廣州西南安南府之地,邕州所管郡縣是也"②。杜佑《通典》記載:"極南之人,雕題交趾。其俗男女同川而浴。其西有噉人國,生首子輒解而食之,謂之宜弟。味旨則以遺其君,君喜而賞其父。娶妻妾美,皆讓其兄,烏滸人是也。"又稱:"烏滸地在今南海郡之西南,安南府之北,朗寧郡管。"③因此,欽州也屬於烏滸人活動的範圍。三國時吳丹陽太守萬震《南州異物志》對於烏滸人的社會習俗有較詳細的記載,其文曰:

> 交廣之界,民曰烏滸(原注:烏滸,地名)。東界在廣州之南,交州之北。恒出道間,伺候二州行旅,有單迥輩者,輒出擊之。利得人食之,不貪其財貨也。……烏滸人便以肉爲殽俎,又取其髑髏,破之,以飲酒也。其伺候行人,小有失,輩出射之。若人無救者,便止以火燔燎食之。若人有伴相救,不容得食,力不能盡相擔去者,便斷取手足以去。尤以人手足掌蹠爲珍異,以飴長老。出得人,歸家,合聚隣里,懸死人中,當四面向坐,擊銅鼓,歌舞飲酒,稍就割食之。奉(春)月方田,尤好出索人,貪得之,以祭田

---

① 《後漢書》卷八六《南蠻西南夷傳》,第2839頁。
② 《舊唐書》卷四一《地理志四》,第1738頁。
③ 《通典》卷一八八《邊防四·嶺南蠻獠》,第5080頁。

神也。①

根據以上記載,在漢魏兩晉南北朝時期,嶺南西南部的烏滸等民族經濟社會文化發展程度還比較低。隋唐欽州均有户籍記載。《隋書·地理志》記載寧越郡(即欽州)統縣六,户一萬二千六百七十。《舊唐書·地理志》記載欽州貞觀年間領縣七,户一萬四千七十二,口一萬八千一百二十七;天寶領縣五,户二千七百,口一萬一百四十六。這些登錄的户籍人口,除了一部分漢族人口之外,其大部分應源自於"漢化"的少數民族民衆。

至北宋初年,《太平寰宇記》卷一六七《欽州·風俗》稱:

> 今鄉村人皆戴白頭巾。又別有夷人,名高梁人,不種田,入海捕魚爲業,婚嫁不避同姓,用臘月爲歲。俚人不解言語,交肱椎髻,食用手摶,水從鼻飲之也。又有獠子,巢居海曲,每歲一移。椎髻鑿齒,赤裩短褐,專欲吃人,得一人頭,即得多婦。高梁已下送葬,皆打鼓,舂堂吹笙,箭用藥箭。②

以上專門記載唐至北宋初期欽州地區的少數民族。其中"夷人",又稱"高梁人",應與嶺南水上民族——蜒民有關。而"俚人"和"獠子"的習俗,則還較多地保持烏滸人的原始面貌。在與欽州相隔不遠的貴州(今廣西貴港市),《太平寰宇記》卷一六六《貴州·風俗》曰:

> 風俗多何、滕、黄、陸等姓。以水田爲業,不事蠶桑。生以唱歌爲樂,死以木鼓助喪。又郡連山數百里,有俚人,皆爲烏滸諸

---

① 《太平御覽》卷七八六引《南州異物志》,第3840頁。
② 《太平寰宇記》卷一六七《欽州》,第3201頁。

夷,率同一姓。男女同川而浴,生首子即食之,云宜弟。居止接
近,葬同一壙,謂之合骨,非有戚屬,大墓至百餘棺。凡合骨者,則
去婚,異穴則聘。女既嫁,便缺去前一齒。①

嶺南貴州地區的何、滕、黃、陸等姓,應主要屬於已經漢化的少數民族,
主要從事水稻生產。而所謂"有俚人,皆爲烏滸諸夷",則證明歷史上
嶺南西南部的烏滸蠻實際上就是俚人。至宋代,俚人、烏滸人等仍較
多地保持其原始風俗習尚,其葬俗實行的是"合骨葬"。該書一方面稱
俚人、烏滸諸夷"率同一姓",即沒有姓氏的差別,然而,另一方面,該書
又記載,"俚人滕氏有竹使、銅虎符,傳云漢朝所假,至今存"②。據此
可知,"俚人滕氏"可能早在漢朝就被任命爲官,應屬於漢化較深的
"俚人",但是直至北宋初年,仍然還保持其"俚人"的身份。

　　唐代容州(今廣西容縣)與欽州在地理位置上接近,兩地情況也頗
相似。《太平寰宇記》卷一六七《容州‧風俗》引唐代《十道志》曰:

　　　　夷多夏少,鼻飲跣足,好吹葫蘆笙,擊銅鼓,習射弓弩,無蠶
　　桑,緝蕉葛以爲布。不習文學,呼市爲墟,五日一集。人惟剛悍,
　　重死輕生。③

以上"夷多夏少"的表述尤其值得注意。漢代許慎《説文》稱:"夏,中
國之人也。"④揚雄將"中國"定義爲:"五政之所加,七賦之所養,中於
天地者,爲中國。"⑤所謂"五政"代表漢朝的統治,而"七賦"則代表對

----

① 《太平寰宇記》卷一六六《貴州》,第 3178 頁。
② 《太平寰宇記》卷一六六《貴州》,第 3179 頁。
③ 《太平寰宇記》卷一六七《容州》,第 3190 頁。
④ (漢)許慎《説文解字》卷五下,北京:中華書局,1963 年影印本,第 112 頁。
⑤ 汪榮寶注疏,陳仲夫點校《法言義疏》卷六,北京:中華書局,1987 年,第 119 頁。

漢朝所承擔的義務，因此，"中國"就是漢朝，而"華夏"就是指漢朝的正式編户①。正因爲如此，唐代《十道志》所謂"夷多夏少"，即表明唐代容州正式的編户居民尚少，其民衆以俚獠人口爲主。唐朝繡州，在北宋開寶六年(973)州與縣俱廢入容州。《太平寰宇記》記載"其州元有俚獠三種，言語不同，偶月爲婚，不知禮節"②。

南宋孝宗乾道八年(1172)至淳熙四年(1177)，温州嘉興人周去非在廣西欽州、桂林等地出任地方官，其成書於淳熙五年(1178)的《嶺外代答》，詳細記載了其在廣西各地的見聞。《嶺外代答》卷三《五民》記載：

> 欽民有五種，一曰土人，自昔駱越種類也。居於村落，容貌鄙野，以唇舌雜爲音聲，殊不可曉，謂之蔞語。二曰北人，語言平易，而雜以南音。本西北流民，自五代之亂，占籍於欽者也。三曰俚人，史稱俚獠者是也。此種自蠻峒出居，專事妖怪，若禽獸然。語音尤不可曉。四曰射耕人，本福建人，射地而耕也。子孫盡閩音。五曰蜑人，以舟爲室，浮海而生，語似福、廣，雜以廣東、西之音。蜑別有記。③

可見，即使到了南宋，嶺南欽州地區民族之間的差異也還是比較明顯的。而周去非則是非常明確地把甯氏家族當作欽州地區具有很高漢文化修養的家族來記載的。對此，我們將在後面進一步討論。

---

① 參見胡鴻《秦漢帝國擴張的制約因素及突破口》，《中國社會科學》2014年第十一期，第185頁。
② 《太平寰宇記》卷一六七《容州》，第3192頁。
③ 《嶺外代答校注》卷三，第144頁。

(二)碑刻所見中古欽州甯氏家族的文化認同

隋《甯贊碑》應爲欽州甯氏家族成員所撰,碑文充滿了效忠"中朝"的意識和濃厚的儒學色彩。其文稱"褰帷本土,刺舉家邦,節盡中朝,風純面海"。所謂"中朝",就是指梁、陳、隋等中央王朝;又稱"立功於國,敕加官賞";强調其家族"德隆蕃邸";"建國興邦,純守邊疆"。《甯贊碑》還記載隋文帝於仁壽二年(602)發布詔令稱:"公兄弟建弘,宣揚國化,嗣位牧民,撫甯蕃部,宜加榮秩,用優恒典。"《甯道務碑》撰寫在唐玄宗開元(713—741)初,比《甯贊碑》要晚一百多年。該碑更是明確地將唐朝尊稱爲"皇朝"和"皇唐"。

而兩方碑刻也證明甯氏家族在欽州仍保持了儒家文化傳統,是漢文化在嶺南溪洞地區的重要傳播者。《甯道務碑》稱:"邊土攸宜,篤生賢嗣。維出親屬,克符明義。"我們試根據碑刻,將甯氏家族主要成員的相關事迹作一概述。

(1)甯逵。《甯贊碑》記載其爲梁武帝時定州刺史,總督九州諸軍事,陳朝爲安州刺史。《甯贊碑》又稱讚其"馳千載仁風,擁六奇之高辯。警加木鐸,訓説過庭"。

(2)甯猛力。《甯贊碑》記載隋文帝除授使持節開府儀同三司、安州諸軍事、安州刺史、宋壽縣開國侯。並稱其"德貫神皇,氣沖牛斗,與禮政事"。《甯道務碑》稱甯猛力爲"隋儀同三司、安州刺史。懷杞梓之材,有棟樑之任,具瑚璉之器,爲社稷之臣"。

(3)甯長真。《甯贊碑》稱甯長真"包山嶽之志,操雲霞之襟。行應管鐘,義通泉涌。褰帷本土,刺舉家邦,節盡中朝,風純面海。帝授上儀同三司、欽州刺史。立功於國,敕加官賞"。隋文帝仁壽四年

（604）征討林邑，被任命爲行軍總管。隋煬帝初年，轉上大將軍，改光
禄大夫、寧越郡太守。《甯道務碑》稱甯長真"隋光禄大夫、鴻臚卿，□
皇朝欽州都督、上柱國、開國公。河潤九里，澤及三族。作衣冠之領
袖，爲廟廊之羽儀。往以隋運道消，□皇唐御曆。慮邊隅之未乂，擇忠
良以撫之。靖亂安人，非公不可。下民被惠，翕然向風。美化徧于南
州，令德聞乎北闕。累沐光寵，屢降天書。非夫純臣，疇能宅此。"

　　（4）甯贊。《甯贊碑》稱甯贊曰："公惠好自研，齊叔嚮之德；箴誠
和誘，同孟明之温。儒藻進賢，常吟雅頌。肅嚴愛善，宮墟之美。"又稱
其"履端器量，增萬頃之淵，舍翰從容，蹈四學之勵"。開皇十四年
（594），隋文帝"以公衣冠子胤，遠來入朝，既秉誠心，宜升戎秩，授大都
督，厚贈縑繒，遍加享禮"。至隋煬帝大業二年（606），拜上儀同三司；
大業二年十月，"馳謁承明，躬親廷闕，乃受開府儀同三司，即其年改爲
正議大夫"。

　　（5）甯純。甯純屬於欽州甯氏家族成員。黄佐《廣東通志》記載
甯純，字如和，廉州人，"純少警敏，通章句，頗善書，父宣甚愛之。伯父
猛力，陳禎明時爲安州刺史，役服不賓，輸貢於陳，令（甯）宣治大廉洞，
而自居欽江"。唐初，甯純爲合州（即廉州）刺史，"唐遣中庶子張玄素
鎮撫至廉，見純謹厚有禮，教其子弟讀書，蠻俗向化，甚稱獎之。後卒
於官"①。根據《册府元龜》記載，唐太宗貞觀七年（633）七月，"遣大理
少卿李弘節、太子中允張玄素、都水使者長孫師巡撫嶺南"②。可見，
甯純受到唐朝大臣張玄素的誇獎，與此次唐太宗派人巡撫嶺南有關。

　　（6）甯璩。甯長真之第二子，甯道務之父。《甯道務碑》稱甯璩

---

①　（明）黄佐《廣東通志》卷五五《甯純傳》，第 1395 頁。
②　《册府元龜》卷一六一《帝王部·命使一》，第 1947 頁。

曰："巨樹千尋,垂蔭萬葉。散餘芳於禹甸,布花萼於邦畿。代承衣錦之榮,雅葉畫堂之慶。"前引《新唐書·南蠻傳》記載其爲甯據,稱唐高祖武德九年(626),甯長真卒,其子甯據繼任欽州刺史①。

(7)甯道務。唐武則天至唐睿宗時,官至愛州刺史,鬱林州刺史。唐玄宗開元初年,爲新州刺史、封州刺史。《甯道務碑》稱"府君稽松千丈,黃波萬頃。威儀肅肅,如臨廊廟之忠;氣象堂堂,絶無鄙俚之態。幼而穎悟,長而風清","克昭洪烈,桂馥蘭芳,冰清玉潔,位以鷟遷,階由鴻漸,去甚去奢,惟恭惟儉。作人倫之圭皋,爲躬行之琬琰。"

(8)甯悌原。或作甯原悌、甯愷等。宋王象之《輿地紀勝》記載:"甯悌原,欽江人。少好學,入郎濟山讀書,登唐永昌第。元宗時,兼修國史。"②黃佐《廣東通志》記載甯原悌爲唐廉州刺史甯純從孫,"甯純能以詩書禮義教其族人"。甯原悌"少好學,武后永昌元年(689)舉進士,以賢良策試於廷,時對策者千餘人,詔吏部尚書李景諶糊名校覆,以張説爲首。後覽對,置説乙科,而擢張柬之第一,原悌第九。原悌出荒服,得上第,朝野咸歎異之,授秘書省校書郎,累官至諫議大夫"③。甯悌原作爲來自荒徼蠻裔的嶺南欽州士人,能在唐朝全國性的科舉考試中取得如此驕人的成績,顯然應該與其家族本身的儒家文化修養有關。《唐會要》和《資治通鑑》均載唐睿宗景雲元年(710)十一月諫議

①　《新唐書》卷二二二下《南蠻傳》,第 6326 頁。
②　《輿地紀勝》卷一一九《欽州》,第 3832 頁;又見(宋)潘自牧《記纂淵海》卷一六《欽州·人物》,《景印淵閣四庫全書》第 930 册,第 381 頁。
③　(明)黃佐《廣東通志》卷五五《甯純傳》,第 1398 頁。

大夫甯原悌上疏之事①。《全唐文》卷二七八輯録其《論時政疏》五篇②。盛唐詩人宋之問撰有《宋公宅送甯諫議》一詩③。先天元年（712），甯原悌曾充嶺南道宣勞使④。唐玄宗時監修國史，因"忤旨，去官致仕而卒，葬欽江縣大墓山。詔發嶺南五府兵以給葬事"⑤。

（9）宋代欽州甯氏。南宋周去非《嶺外代答》之"甯諫議"條稱：

> 欽州甯諫議廟，去城數十里，太守到任謁之。雨暘不時，禱之輒應。六朝時，有甯猛力據有其地，隋朝因拜猛力爲安州刺史，然特險驕倨自若也。自令狐熙爲桂州總管，諭以恩信，乃詣府請謁。後熙奏改安州爲欽州。猛力欲隨使者何稠入朝而死，其子長真葬畢即入朝，乃以長真嗣爲欽州刺史。唐高祖授長真欽州都督。長真死，子據襲刺史。然則諫議其猛力歟？猛力最有功於欽，欽人即其墓宅，社而祭之，置祭田數頃，諸甯掌之，至今尚存。諸甯今爲大姓，每科舉嘗有薦名者。欽之祀，無非淫祠，惟諫議爲正。⑥

按"甯諫議"應是指唐代甯原悌而非隋朝甯猛力。然而，從周去非所記載的具體內容來看，該廟所祭祀的應是隋朝甯猛力。所謂"猛力最有功於欽，欽人即其墓宅，社而祭之，置祭田數頃，諸甯掌之，至今尚存"，以及"太守到任謁之，雨暘不時，禱之輒應"，"欽之祀，無非淫祠，惟諫議爲

① 《唐會要》卷六八《刺史》，上海：上海古籍出版社，1991 年，第 1420 頁；《資治通鑑》卷二一〇，唐睿宗景雲元年，第 6659 頁。
② 《全唐文》卷二七八，第 2818—2820 頁。
③ （唐）宋之問《宋公宅送甯諫議》，《文苑英華》卷二六七，第 1349 頁；《全唐詩》卷五三，第 650 頁。
④ 唐睿宗《遣宣勞使詔》，《全唐文》卷一九，第 226 頁。
⑤ 《輿地紀勝》卷一一九《欽州·人物》，第 3832 頁。
⑥ 《嶺外代答校注》卷一〇"甯諫議"條，第 436 頁。

正",反映了甯氏家族在欽州地方祭祀禮儀中的正統性及其長久影響。根據明代崇禎年間《廉州府志》記載,欽州人甯宗喬,宋紹興十八年(1148)進士,官至參軍;甯宗諤,宋紹興二十四年(1154)進士,爲甯宗喬之弟,官至通直郎①。正因爲如此,周去非所稱"諸甯今爲大姓,每科舉嘗有薦名者",非常典型地反映了儒家文化在甯氏家族中的世代傳承。

兩方碑文也充分體現了非常濃厚的家族觀念。前引《甯贙碑》稱"臨淄芬溢,昭穆邱長";"公惠好自研,齊叔嚮之德;箴誠和誘,同孟明之温。儒藻進賢,常吟雅頌"。《甯道務碑》稱"孝者,德之本也。德者,義之符也";又稱"位以鶯遷,皆由鴻漸,去甚去奢,惟恭惟儉,作人倫之圭皋,爲躬行之琬琰";"孝爲德本,德爲義符。貽謀燕翼,垂示楷模。庶歷世彌遠,而聲教愈見覃敷"。甯長真、甯純、甯悌原等名字,均有濃厚的儒學寓意。《甯道務碑》稱"生子髫齡之歲,克承詩禮之風。滿門修學之英,各擅簪纓之望";"涉獵乎六藝之場,牢籠乎百氏之苑。海内之學,盡在公門。非川嶽降神,何以誕此賢哲"。

在古代社會中,婚姻關係是血緣關係的延伸,常被用作建立政治同盟的手段。而中古嶺南一系列碑文也反映了嶺南地方豪族之間的政治婚姻關係。高涼馮氏是中古嶺南南部沿海的著名豪族。張説《贈潘州刺史馮君墓志銘》是爲唐玄宗時期著名宦官高力士父親馮君衡所撰寫的碑文,碑文記載:"夫人南海郡太夫人麥氏,誕媽勳門,作嬪傑氏。初執冀妻之禮,終抗梁冥之行,即大將軍宿國猛公鐵杖之曾孫女也。"②潘炎奉敕撰《大唐故開府儀同三司兼内侍監上柱國齊國公贈揚

① (明)張國經修,鄭抱素纂《廉州府志》卷八《選舉志》,崇禎十年(1637)刻本,收入《廣東歷代地方志集成》,第117頁。
② 《文苑英華》卷九五〇,第4999頁;《全唐文》卷二三一,第2341頁。

州大都督高公(力士)墓志銘》也稱,高力士之父爲潘州刺史馮君衡,其"夫人麥氏,宿國猛公之曾孫也"①。麥氏爲嶺南粤北韶州始興郡著名豪强。《隋書·麥鐵杖》記載其嶺南始興人也,驍勇有膂力,隋煬帝初,任萊州刺史,汝南太守,右屯衛大將軍,從征遼東,陣亡,贈光禄大夫、宿國公②。唐代劉恂《嶺表録異》記載:"麥鐵杖,韶州翁源人也。有勇力……後官至本郡(本文作者注:此誤)太守。今南海多麥氏,皆其後也。"③《元和姓纂》記載"麥姓"稱:"見《姓苑》,云高要、始興有此姓。隋麥鐵杖,始興人,自周入隋,官至萊州刺史、右衛大將軍、宿國公。"④張説《潁川郡太夫人陳氏神道碑》,是爲唐玄宗前期著名宦官大將軍楊思勗的母親陳氏撰寫的碑文,反映了嶺南南部沿海溪洞豪族雷州陳氏和羅州楊氏之間的聯姻。碑文稱楊思勗的母親爲"雷州大首領陳玄之女,羅州大首領楊曆之妻","陳氏家富兵甲,世奠嶠外","原夫陳本嬀水,楊承赤泉。九貞(真)爲郡,良吏出乎中國;五馬浮江,僑人占守南海。兩州接縣,二門齊望。卜妻鳴鳳,擇對乘龍"⑤。

　　高凉馮氏和欽州甯氏作爲中古嶺南南部兩個最大的地方豪族,其家族都源於北方,且地位相當,勢力範圍相接。甯逵的第四代孫甯據娶高凉馮氏女爲妻。《甯道務碑》稱"太夫人馮氏,□□□邦之女也"。這裏的太夫人馮氏爲甯據之妻,甯道務之母,而馮氏應來自高凉馮氏家族。唐高宗時期,著名高僧義净(635—713)前往印度求法,其《大唐西域求法高僧傳》卷下記載:

---

① 《全唐文補遺》第七輯,西安:三秦出版社,2000年,第59—60頁。
② 《隋書》卷六四《麥鐵杖傳》,第1511—1512頁。
③ 《太平廣記》卷一九一"麥鐵杖"引《嶺表録異》,第1430頁。
④ 《元和姓纂(附四校記)》卷一〇"麥姓",第1593—1594頁。
⑤ 《文苑英華》卷九三四,第4914頁;《全唐文》卷二二七,第2293頁。

> ……於時咸亨二年(671)，坐夏揚府。初秋，忽遇龔州使君馮
> 孝銓，隨至廣府，與波斯舶主期會南行。復蒙使君令往崗州，重爲
> 檀主。及弟孝誕使君、孝軟使君、郡君寧氏、郡君彭氏等合門眷
> 屬，咸見資贈，爭抽上賄，各捨奇餐。庶無乏於海途，恐有勞於險
> 地。篤如親之惠，順給孤之心。共作歸依，同緣勝境。所以得成
> 禮謁者，蓋馮家之力也。①

義净印度求法得以成行，馮氏家族發揮了很大作用。這裏的"馮家"就是
高凉馮氏家族。而"郡君寧氏"應該來自欽州甯氏家族。《甯道務碑》又記
載："夫人□氏，隋儋耳太守仁傑之孫，□皇朝巖州□□司馬□忠之女。合
回天作，秦晉是姻，歸於公室。"刺史甯道務的夫人爲隋朝儋耳太守仁傑之
孫，然其姓氏已闕。《隋書·地理志》所載海南島惟有珠崖郡，未有儋耳
郡。然而，根據《輿地紀勝》所引《元和郡縣圖志》佚文記載，大業六年
(610)，"隋煬帝更開置珠崖郡，立十縣"，"又置儋耳、臨振二郡"②。據此，
隋大業年間海南全島曾經分置珠崖、儋耳、臨振三郡。而唐代巖州(安樂
郡，又稱長樂郡)，調露二年(680)置。《甯道務碑》稱甯道務夫人曰："利
有攸往，婚因六禮，歸從百輛。謝玉充庭，帷珠入掌。"可見，欽州甯氏家
族與海南島具有權勢的地方豪族亦結有姻親關係。因此，中古欽州甯氏
等嶺南溪洞豪族，如同中原內地的門閥士族一樣，也存在一個特殊的婚
姻集團。而這一婚姻集團也同樣重視門第，崇尚儒家禮儀。

　　歷史資料證明，唐代高凉馮氏家族和欽州甯氏家族甚至還試圖與
唐朝皇室國戚結成婚姻關係。唐高宗永徽(650—655)年間，太宗第五

---

①　(唐)義净著，王邦維校注《大唐西域求法高僧傳》卷下，北京:中華書局，1988 年，第 152 頁。
②　《輿地紀勝》卷一二四《瓊州》，第 3926 頁。

子吳王恪被殺,其四子"並流嶺表"①。根據近年出土的《大唐故朗陵郡王李瑋墓志銘并序》記載,李瑋,字彥英,其先隴西成紀人,爲"太宗之孫,高宗之猶子,睿宗之兄,今上之伯,吳國大王之第三子也","昔吳王,帝之愛子,朝望攸歸,雖魏武憐才,方之多愧;漢皇許善,對我何階?然優寵特殊,各萌斯構。讒人發於左戚,妖釁兆於中台。桂折小山,蘭枯長坂。王銜破家之痛,□覆巢之禍。號訴不達於天門,投俾遂居於海裔。安時委命,與物同塵。珬書瑤琴,日夜清音,金鼎玉粒,歲月忘形。詩窮大雅之篇,禮獲中庸之美。嗟嗟,留落南越,吾何東周。永淳元年(682)二月廿一日,薨于廣州南海縣,時年卅有六。屬少康繼統,光武興邦,茅土寵於玄泉,簡書流於紫禁。神龍二年,追封朗陵郡王,禮也。妃長樂馮氏,唐故大將軍耿國公盎之曾孫,有賢明之德,有婉淑之容,行合母師,禮成歸道,桃李含秀,蘭芷揚芬,歸我朗陵,克主中饋,清風遠穆,……銘曰:吳國不造,台階兆(妖?),我王投竄荒裔,遙遙九天,叫盡百□,誰憫沉棄南越,誰用東周心則。"②可見,大將軍耿國公馮盎曾孫馮氏嫁給了流放嶺南的唐太宗之子吳王李恪的第三子李瑋。而欽州甯氏家族的甯承基兄弟,則強娶流放欽州的唐中宗韋皇后的姊妹。《朝野僉載》記載:"韋氏遭則天廢廬陵之後,后父韋玄貞與妻女等並流嶺南,被首領甯氏大族逼奪其女,不伏,遂殺貞夫妻,七娘等並奪去。及孝和即位,皇后當途,廣州都督周仁軌將兵誅甯氏,走入南海。軌追之,殺掠並盡。"③《資治通鑑》記載:"初,(韋)玄貞流欽州而卒,蠻酋甯承基兄弟逼娶其女,妻崔氏不與,承基等殺之,及其四男洵、

---

① 《新唐書》卷八〇《太宗諸子傳》,第 3566 頁。

② 齊運通編《洛陽新獲七朝墓志》,北京:中華書局,2012 年,第 168 頁。

③ (唐)張鷟撰,趙守儼點校《朝野僉載》附《補輯》,北京:中華書局,1979 年,第 171 頁。

浩、洞、沘。"①而高凉馮氏家族的婚姻觀念和取向於此亦可見一斑。

　　近數十年來欽州地區考古發掘的隋唐甯氏家族墓葬,也證明了甯氏墓葬與土著烏滸、俚獠等民族的葬俗具有重大差異。前引《太平寰宇記》貴州風俗條,稱"有俚人,皆爲烏滸諸夷","居止接近,葬同一墳,謂之合骨,非有戚屬,大墓至百餘棺。凡合骨者,則去婚,異穴則聘"②。這是一種典型的"合骨葬"。而甯氏家族的墓葬形式則屬於同時代漢族墓葬所盛行的墓葬形式。其出土器物中,大部分的器物特點都是與同類漢人墓葬中出土的同類器物雷同。"雖然出土器物中有些器物具有很濃厚的地方色彩,但没有發現具有少數民族特點的器物存在。這些情况説明甯氏族人在生前都慣行漢人的生活習俗。這或者正是他們的族籍是漢人所决定"③。

　　總之,從多方面來看,中古欽州甯氏家族應屬於來自北方的漢族,在文化等諸多方面都表現了與烏滸、俚獠等土著居民的重大差異。而兩份欽州甯氏碑文一方面將其居住地欽州稱爲"蕃部"、"蕃邸"、"蕃邦"、"丹徼"等等,另一方面却又極力使自己與嶺南土著蠻夷俚獠等民衆區别開來,因而反映了欽州甯氏家族一種極其强烈的自我認同。

四　中古嶺南"漢族移民後裔"身份認同的矛盾及其原因

(一)中古嶺南"漢族移民後裔"身份認同矛盾的普遍性

　　學術界有一種意見,認爲欽州甯氏屬於具有"漢化"傾向的嶺南土

---

① 《資治通鑑》卷二〇八,唐中宗神龍二年,第6603頁。
② 《太平寰宇記》卷一六六《貴州·風俗》,第3178頁。
③ 鄭超雄《廣西欽州俚僚酋帥甯氏家族研究》,載潘琦主編《廣西環北部灣文化研究》,第168頁。

著蠻夷烏滸首領①。其最主要理由,是隋唐甯氏碑刻記載,與"正史文獻中有關甯氏家族是嶺南土著首領的記載相互矛盾","不能僅僅依據兩方出土的甯氏家族墓志,就輕易否認了正史文獻記載的真實性"②。因此,強調多種正史的記載比起甯氏家族碑志的追述更加具有可靠性

---

① 劉美崧《〈新唐書·南平獠〉辨誤——兼論欽州酋帥甯猛力及其家族的活動地域與族屬》,載中國歷史文獻研究會編《歷史文獻研究》第三輯,北京:燕山出版社,1992年;鄭維寬、梁瑋羽《王朝制度漸進視野下嶺南土酋族屬的建構——以欽州甯氏家族爲中心》,《成都理工大學學報》2014年第二期,第79—84頁。

② 鄭維寬、梁瑋羽《王朝制度漸進視野下嶺南土酋族屬的建構——以欽州甯氏家族爲中心》,第80、82頁。該文認爲隋唐欽州甯氏家族碑刻,反映了其"攀附漢族名人建構家族譜系",以"完成身份的'内地化'"的過程。其最主要的證據包括四個方面:第一,關於甯氏祖籍地建構的矛盾。《甯贇碑》稱"公諱贇,字翔威,冀州臨淄人也",鄭文指出,"從《漢書》、《晉書》、《南齊書》等正史文獻的記載可知,冀州並無臨淄,而且從西漢至南朝梁,臨淄都在青州境内。如果欽州甯氏真是從中原遷徙過來的,是不可能把自己的籍貫弄錯的";第二,關於《甯贇碑》中帝號記載的錯誤。該碑稱甯逵被陳宣武皇帝授爲安州刺史。鄭文指出"陳宣武皇帝"明顯有誤,陳朝有武帝和宣帝,却没有宣武皇帝。第三,關於"甯逵任職經歷和年齡方面存在的疑問"。該文根據甯猛力與陳後主同齡,即生於梁承聖二年(553),並根據古人一般二十歲弱冠結婚生子的情况,推斷出《甯贇碑》中甯逵任職梁定州刺史時才十歲的年紀,並因此懷疑該碑有關甯逵在梁朝任職的相關記載。第四,該文認爲隋《甯贇碑》和唐《甯道務碑》均爲甯氏家族成員所作。並認爲比較二碑的"書寫程式和内容,二者存在較大不同,而這種變化,具體而微地反映了甯氏'漢裔'族屬建構的合理化過程"。我們認爲鄭文的第一、第二點質疑具有一定的合理性。而該碑之所以出現這樣的錯誤,其原因很可能與甯氏家族長期居住在南部邊荒之地有關。不過,其第三、第四點質疑則還可以討論。首先,古人雖然一般是二十歲弱冠結婚生子,但不等於甯逵在其三十、四十、五十,甚至六十歲就不可能生子。其次,兩通碑文的書寫風格有較大區别,究其原因,隋《甯贇碑》的作者應是欽州甯氏家族成員,而《甯道務碑》的作者却並非甯氏家族成員,應是甯道務的長子甯岐嵐所特地邀請的人,很可能是一位仕宦在嶺南的北方官員。因爲碑文稱:"僕也不才,承始安之厚顧,染翰悽惻,冀式轅□□□,□□□於洪休。□□名之一刊,庶傳芳於萬葉。"其"僕也不才"的"僕",應是碑文撰寫者對自己的謙稱;而"承始安之厚顧"中的"始安",應是特指甯岐嵐。因爲《甯道務碑》明確稱墓主甯道務"長子岐嵐,□皇朝朝議郎、桂州始安主簿"。總之,該文所列舉的證據,還不能證明隋唐欽州甯氏碑刻中的北方家族淵源就是"重新建構"的。儘管如此,我們認爲該文仍然是近年來研究甯氏碑刻一篇有較大新意的論文。

和權威性。近年來也有一些唐史研究者,往往根據史籍對嶺南等地方豪族有關"首領"的記載,就直接判定他們本來就是少數民族首領。

　　從中古時期嶺南各地的情況來看,嶺南"漢族移民後裔"這種夷夏身份認同的矛盾其實比較普遍。爲此,我們試以嶺南高凉馮氏等家族爲例來討論。高凉馮氏家族原籍河北,南朝劉宋初年馮弘之子馮業移居嶺南南部沿海。《隋書》記載馮融曰:

　　　　融本北燕苗裔。初,馮弘之投高麗也,遣融大父業以三百人浮海歸宋,因留於新會。自業及融,三世爲守牧。

然而"他鄉羈旅,號令不行",馮融於是與高凉土著首領洗氏家族結成姻親關係,爲其子高凉太守馮寶聘洗夫人爲妻。此後,洗夫人"誡約本宗,使從民禮。每共寶參決辭訟,首領有犯法者,雖是親族,無所舍縱。自此政令有序,人莫敢違"①。《新唐書·馮盎傳》亦記載馮融之孫馮盎,"高州良德人,本北燕馮弘裔孫。弘不能以國下魏,亡奔高麗,遣子業以三百人浮海歸晉。弘已滅,業留番禺,至孫融,事梁爲羅州刺史。子寶,聘越大姓洗氏女爲妻,遂爲首領,授本郡太守,至盎三世"②。唐代張說《贈廣州大都督馮府君神道碑》記載馮氏家族在高凉地區的發展,其文稱:

　　　　府君諱君衡,其先長樂人也。釋趙歸秦,本家上党,分燕徙越,又據高良。自遠祖榮化侯業,以至於大父贈荆州都督盎(盎),先考高州使君智戣,咸以勳績,建旟本郡,甲兵雄於一方,政化遞

---

① 《隋書》卷八〇《譙國夫人傳》,第1801頁。
② 《新唐書》卷一一〇《馮盎列傳》,第4112頁。

於千里。①

張説撰《贈潘州刺史馮君墓誌銘》亦稱：

> 公諱衡，字正平，廣管高州人也。昔畢公苗裔，封於馮城，因以爲氏。其適越者，則袁宏《過江録》所載，長樂馮祖思之後也。遠居僻地，代爲右族。帶甲千人，擬四豪之公子；田洞百里，齊萬户之封君。②

潘炎《唐故開府儀同三司兼内侍監高力士神道碑》稱：

> 初有適越者，請觀南方之樂。主人爲之歌，馮寶曰：遠矣，□□□□之人乎。式是炎州，代爲諸侯，衣冠甚偉，弈葉濟美。有甲三屬，有田千里……馮之先有自北而南者，自宋懷化□業以至於盎，五嶺之表，推□名族。③

據此，隋唐高凉馮氏作爲南遷的中原大族可無疑義。馮氏家族自定居嶺南南部沿海高凉地區，對漢文化傳播發展也有重要貢獻。黄佐《廣東通志》記載：

> 馮融，新會人，北燕偽昭成帝弘之裔也。弘爲魏所敗，竄于高麗，使其子業將三百人浮海奔晉，因留居番禺。融，業之孫也。世爲羅州刺史，至融，能以禮義威信鎮於俗，汲引文華士相爲詩歌，蠻中化之。蕉荔之墟，弦誦日聞。每行部所至，蠻酋焚香具樂，望

---

① 《文苑英華》卷九一三，第4808頁；《全唐文》卷二三〇，第2333頁。
② 《文苑英華》卷九五〇，第4998頁；《全唐文》卷二三一，第2341頁。
③ （唐）潘炎：《唐故開府儀同三司兼内侍監高力士神道碑》，吳鋼主編《全唐文補遺》第一輯，第35頁。

雙旌而拜,迎者相望,輒戒其下曰:馮都老來矣。毋爲不善以嬰罪
戮。"都老",俚言官長稱也。自是溪峒之間,樂樵蘇而不罹鋒鏑
數十年。①

根據唐代林寶《元和姓纂》記載,岡州馮氏爲高涼馮氏的宗枝,其中竇
州刺史、合浦公馮士翽之兄馮煜爲唐朝進士②。而馮煜進士及第時間
大致在唐太宗後期或唐高宗前期③。這些都顯示了馮氏家族保持了較
濃厚的儒家文化傳統。

　　然而,各種正史等資料却又非常明確地判定高涼馮氏家族是溪洞
蠻夷首領。前引《新唐書・馮盎傳》既叙述其北方淵源,但又稱馮業之
孫馮融爲其兒子馮寶"聘越大姓洗氏女爲妻,遂爲首領",即高涼馮氏
因爲"聘越大姓洗氏女爲妻",於是就成爲當地少數民族民衆的頭領。
由此可見,在六朝隋唐統治者看來,馮氏家族與土著俚人洗氏家族的
聯姻,顯然在其向蠻夷身份的轉變中具有至關重要的意義。《舊唐
書・馮盎傳》記載:"馮盎,高州良德人也,累代爲本部大首領。盎少有
武略,隋開皇中爲宋康令。仁壽初,潮成等五州獠叛,盎馳至京,請討
之。文帝敕左僕射楊素與盎論賊形勢,素曰:'不意蠻夷中有此人,大
可奇也。'即令盎發江、嶺兵擊之。賊平,授金紫光禄大夫,仍除漢陽太
守。"④有研究者根據《舊唐書》有關馮氏"累爲本部大首領"的記載,判
定高涼馮氏本來就屬於土著蠻夷。《資治通鑑》也有類似的記載,稱隋
文帝仁壽元年(601),"潮、成等五州獠反,高州酋長馮盎馳詣京師,請

---

① （明）黄佐《廣東通志》卷五四《馮融傳》,第 1387 頁。
② 《元和姓纂（附四校記）》卷一"馮氏"條,第 15 頁。
③ 王承文《唐代"南選"與嶺南溪洞豪族》,《中國史研究》1998 年第 1 期。
④ 《舊唐書》卷一〇九《馮盎傳》,第 3287 頁。

討之。帝敕楊素與盎論賊形勢,素歎曰:不意蠻夷中有如是人"①! 然而,《資治通鑑》又記載隋末唐初戰亂,有人勸馮盎以其所領二十州,效趙佗事迹,割據稱王。而馮盎曰:"吾家居此五世矣,爲牧伯者不出吾門,富貴極矣。"②明確將馮氏家族在嶺南定居時間稱爲"五世"。而《新唐書·諸夷蕃將傳》就是將馮盎與阿史那社爾、執朱思力、契苾何力、黑齒常之等著名蕃將相並列的③。《舊唐書·馮盎傳》記載武德四年,"盎以南越之衆降,高祖以其地爲羅、春、白、崖、儋、林等八州,仍授盎上柱國、高羅總管,封吳國公,尋改封越國公,拜其子智戴爲春州刺史,智彧東合州刺史,徙封盎耿國公。貞觀五年,盎來朝,太宗宴賜甚厚。俄而羅竇諸洞獠叛,詔令盎率部落二萬爲諸軍先鋒"④。可見,作为"大首領"的馮盎與其"部落"之間應該是相對應的。唐貞觀八年(634)三月,唐太宗宴群臣,唐高祖李淵命臣服于唐的突厥頡利可汗起舞,"又遣南越酋長馮智戴詠詩,既而笑曰:'胡、越一家,自古未之有也。'"⑤馮盎之子馮智戴能詠詩,證明其具有較高的漢文化修養,但是唐高祖、唐太宗等卻仍然把馮智戴看成是"越人"。林寶《元和姓纂》作爲唐代現存最重要的姓氏著作,其對"高州馮氏"的記載與"欽州甯氏"有較大的不同。該書稱:"高州都督、耿公馮盎,代爲酋領。"又稱:"竇州刺史、合浦公馮士翽,代爲酋領。"⑥可見,該書明確將其民族歸屬認定爲蠻夷首領。

---

① 《資治通鑑》卷一七九,隋文帝仁壽元年,第5589頁。
② 《資治通鑑》卷一九〇,唐高祖武德五年,第5952頁。
③ 《新唐書》卷一一〇《諸夷蕃將傳》,第4111—4130頁。
④ 《舊唐書》卷一〇九《馮盎傳》,第3288頁。
⑤ 《舊唐書》卷一《高祖紀》,第18頁;《資治通鑑》卷一九四,唐太宗貞觀八年,第6104頁。
⑥ 《元和姓纂(附四校記)》卷一"馮氏",第15頁。

從唐朝大臣許敬宗與高涼馮氏家族的聯姻,也可以看得出唐朝君臣對馮氏家族民族歸屬的看法。許敬宗(592—672)),杭州新城人,爲隋朝禮部侍郎許善心之子。唐高宗即位,爲禮部尚書,官至中書令。他曾將其女嫁給了馮盎之子。1987 年,其女許夫人墓葬在廣東省電白縣霞洞鎮出土,其《唐故順政郡君許夫人墓志銘並序》稱:

> 順政郡君許夫人者,中書令之子,内史侍郎之孫。官歷三朝,家傳萬古,揚眉俛睫,早識人情,觀雪聽琴,見推神悟。年十有四,歸於馮氏,潘州刺史順政公其人焉。①

然而,許敬宗與馮盎家族的聯姻,却成爲引起唐朝君臣很大非議的一個政治事件。《舊唐書・許敬宗傳》記載,因其"嫁女蠻酋馮盎之子,多納金寶,爲有司所劾,左授鄭州刺史"②;而《新唐書・許敬宗傳》記載爲"敬宗饕遷,遂以女嫁蠻酋馮盎子,多私所聘。有司劾舉,下除鄭州刺史"。其死後,太常博士袁思古稱"敬宗棄子荒徼,女嫁蠻落,謚曰繆"③。《資治通鑑》記載爲太常博士袁思古議:"敬宗棄長子於荒徼,嫁少女於夷貊。案謚法,'名與實爽曰繆,'請謚爲繆。"《資治通鑑》又稱:"敬宗嘗奏流其子昂于嶺南,又以女嫁蠻酋馮盎之子,多納其貨,故思古議及之。"④劉肅大致活動在唐憲宗元和年間,其《大唐新語》記載許敬宗"納資數十萬,嫁女與蠻首領馮盎子及監門將軍錢九

---

① 《文物》1990 年七期拓本;陳尚君輯校《全唐文補編》卷一五〇,北京:中華書局,2005 年,第 1831 頁。
② 《舊唐書》卷八二《許敬宗傳》,第 2762 頁。
③ 《新唐書》卷二二三上《奸臣傳》,第 6336 頁。
④ 《資治通鑑》卷二〇二,唐高宗咸亨三年,第 6369 頁。

隴,叙其閥閱"①。可見,高凉馮氏雖然原本具有真正的北方家族淵源,而且不惜鉅資,試圖通過與許敬宗的聯姻以提高自己家族的聲望和門第,然而,在唐朝君臣看來,高凉馮氏却仍然是不折不扣的蠻夷首領。

中古時期交州杜氏家族從北方名門後裔向溪洞蠻夷首領的轉變過程也能説明這一點。《宋書・杜慧度傳》記載:"杜慧度,交阯朱䳒人也。本屬京兆,曾祖元,爲寧浦太守,遂居交阯。"其父杜瑗,字道言,仕州府爲日南、九德、交阯太守,因功爲龍驤將軍、交州刺史。義旗進號冠軍將軍。東晉義熙七年(411),杜慧度除使持節、督交州諸軍事、廣武將軍、交州刺史。杜慧度在交州刺史任上頗有政績,《宋書》稱其:

> 布衣蔬食,儉約質素,能彈琴,頗好莊、老。禁斷淫祀,崇修學校,歲荒民饑,則以私禄賑給。爲政纖密,有如治家,由是威惠沾洽,姦盜不起,乃至城門不夜閉,道不拾遺。少帝景平元年(423)卒。②

《南史・杜慧度傳》有相同的記載。寧浦太守,西晉太康七年(286)改合浦屬國都尉置,治所在寧浦縣(今廣西橫縣西南七里)。其轄境相當今廣西橫縣地。杜慧度的曾祖杜元出任寧浦太守,其後,大致因爲北方戰亂未回到長安,而是定居在交阯,並成爲交州著姓大族。杜氏家族對於漢文化在交州地區的傳播發展有非常重要的貢獻③。但是,從

---

① (唐)劉肅《大唐新語》卷九,《唐五代筆記小説大觀》,上海:上海古籍出版社,2000年,第298頁。
② 《宋書》卷九二《杜慧度傳》,第2265頁。
③ Keith Weller Taylor, *The Birth of Vietnam*, University of California Press, 1983, pp.109—115.

南朝齊梁開始,交州杜氏却已開始向交州本土溪洞首領轉化。《資治通鑑》記載:"有杜守澄者,自齊、梁以來擁衆據溪洞,不可制。"胡三省注曰:"言杜守澄之先,自齊、梁以來不可制也。"①1986 年 5 月初,在越南河西省青威縣青梅社底江龍灘,出土了唐德宗貞元十四年(798)的《青梅社鐘銘》,證明杜氏家族是唐代安南境内溪洞豪族首領的代表②。唐代中後期安南地區的動亂多與杜氏家族有關。因此,在唐朝統治者看來,安南杜氏已經被唐朝徹底地認定爲"蠻夷"③,是溪洞豪族首領。

鍾士雄是南朝後期至唐初嶺南西部臨賀郡(今廣西賀縣)的著名"酋帥",《隋書·列女傳》特爲鍾士雄母親立傳,其文曰:"鍾士雄母者,臨賀蔣氏女也。士雄仕陳,爲伏波將軍。陳主以士雄嶺南酋帥,慮其反覆,每質蔣氏於都下。及晉王廣平江南,以士雄在嶺表,欲以恩義致之,遣蔣氏歸臨賀。"④蔣氏促成其子鍾士雄最終歸附隋朝。而蔣氏亦被隋文帝封爲安樂縣君。蘇頲是唐玄宗時期的宰相,他在唐玄宗先天(712—713)年間奉敕撰《蔣氏烈女碑》,碑文稱:

---

① 《資治通鑑》卷二四九,唐大中十二年,第 8072 頁。

② 《越南漢喃銘文彙編》第一集《北屬時期至李朝》,巴黎:法國遠東學院,1998 年,第 19—22 頁。另外,參見耿慧玲《越南青梅社鐘與貞元時期的安南研究》,收入香港大學饒宗頤學術館學術論文/報告系列(十九),2010 年 6 月。

③ 唐後期安南杜英翰和杜守澄等均爲六朝交州杜氏家族的後裔。然而已被正史稱爲"首領"、"群蠻酋長"、"蠻酋"等。《舊唐書·德宗紀》記載貞元七年(791)四月,"安南首領杜英翰叛,攻都護府,都護高正平憂死"。《資治通鑑》卷二三三記載"安南都護高正平重賦斂","群蠻酋長杜英翰等起兵圍都護府,正平以憂死,群蠻聞之皆降"。《新唐書》卷一七〇《趙昌傳》則稱"安南酋獠杜英翰叛"。史書稱其"群蠻酋長",反映其時杜英翰是安南溪洞豪族的代表。《資治通鑑》卷二五〇載唐懿宗咸通二年(861),安南都護李鄠"初至安南,殺蠻酋杜守澄,其宗黨遂誘道(導)群蠻陷交趾。朝廷以杜氏强盛,務在姑息,冀收其力用,乃贈守澄父存誠金吾將軍"。

④ 《隋書》卷八〇《列女傳》,第 1809 頁。

> 臨賀蔣氏之女,……及笄,從潁川鍾氏,諱騫,字宗閔,則魏太
> 尉繇二十代孫,由零陵、湘沅入南,封賀城太守,生二子,長子士
> 雄,拜開府儀同三司,伏波將軍,持節廣南酋帥;次子士略,銀青
> 光禄大夫,嶺縣國公,食邑里五百户。武德四年,李衛公巡撫嶺
> 徼,受賀州刺史。每臨母之私忌,則命浮屠輩于家廟宿齋,講上
> 生經百法論……鍾氏甲族,其來尚矣。□隋以前,軒冕奕世。
> 至於霸越,綏護漢疆,氣英而膽豪,智豐而畫高,亦一時之□
> 傑也。①

碑文記載臨賀蔣氏女的丈夫鍾騫原爲潁川(今河南許昌)人,是鍾繇的
第二十代孫。鍾繇(151—230),字元常,漢末曹魏時期著名政治家、書
法家。曹操委以重任。曹丕稱帝,任爲廷尉,後遷太尉。魏明帝繼位,
遷太傅,進封定陵侯。而鍾騫是沿湘沅和零陵路綫進入嶺南的,被封
爲賀城郡太守,其時間大致在南朝梁武帝時代。其後留居在臨賀,並
成爲當地豪族。其子鍾士雄在陳朝被封爲伏波將軍,《蔣烈女碑》稱其
"持節廣南酋帥",而《隋書》則稱"陳主以士雄嶺南酋帥",二者意義相
同。也就是説,雖然臨賀鍾氏家族具有北方中原的淵源,但是,陳朝和
隋朝的統治者却認定鍾士雄就是"嶺南酋帥",是嶺南蠻夷的首領。在
中古時期的嶺南,與此相關的例子還有很多。而中古時代的欽州地處
通往交州的海陸交通要道上,甯氏等北方家族定居在此是完全有可
能的。

---

① (清)謝啓昆修,胡虔纂《廣西通志》卷二三九《勝迹略·塚墓》記載富川縣,稱"隋安樂君
蔣氏墓,在白馬。唐許國公蘇頲撰神道碑,碑見《金石略》",《中國地方志集成》,鳳凰出
版社、上海書店、巴蜀書社,2014年,第386頁。(清)謝啓昆《粤西金石略》卷四載《富川
列女蔣氏塚碑》,清嘉慶六年(1801)刻本。

　　根據上面的討論，我們認爲不能因爲欽州甯氏碑刻與正史記載的矛盾，就輕易否定欽州甯氏作爲“漢族移民後裔”的記載。

（二）中古嶺南“漢族移民後裔”身份認同矛盾的原因

　　古代嶺南“漢族移民後裔”身份認同的矛盾，往往與北方家族進入嶺南後的土著化傾向直接相關。其最早的例子是秦末南越國的建立者趙佗。趙佗原籍爲河北真定（河北省定州市），其割據並居住在嶺南半個世紀以上，他在不少方面已接受了越人習俗。《史記・陸賈傳》記載，西漢初，趙佗自稱南越武王，漢高祖派陸賈賜趙佗印稱爲南越王，而趙佗“魋結箕倨見陸生”。陸賈責備説：“足下中國人，親戚昆弟墳墓在真定。今足下反天性，棄冠帶，欲以區區之越與天子抗衡爲敵國，禍且及身矣。”趙佗“迺蹶然起坐謝陸生曰：居蠻夷中久，殊失禮義”。所謂“魋結”與“椎髻”相同。唐司馬貞索隱稱：“謂爲髻一撮似椎而結之，故字從結。”又稱：“謂夷人本被髮左袵，今他同其風俗，但魋其髮而結之。”[1]漢代王充《論衡》稱：“南越王趙他，本漢賢人也，化南夷之俗，背畔王制，椎髻箕坐，好之若性。”[2]魋結箕坐都代表越人生活中的形態。“箕坐”又稱箕倨、箕踞，等等，即隨意張開兩腿坐定又用手據膝蓋，是一種輕慢放肆的坐姿。而趙佗仿效越人，易服從俗，也具有取悦和籠絡越人的性質。史稱陸賈稱趙佗有衆“數十萬，皆蠻夷”[3]。趙佗在給漢文帝的奏章中，公開宣稱自己爲“蠻夷大〔酋〕長”[4]。可見，趙佗雖其

---

[1]　《史記》卷九七《陸賈傳》，第 2697—2698 頁。

[2]　黄暉撰《論衡校釋》卷二《率性篇》，北京：中華書局，1990 年，第 82—83 頁。

[3]　《史記》卷九七《陸賈傳》，第 2698 頁。

[4]　《史記》卷一一三《南越列傳》，第 2970 頁。據《隋書》卷三一《地理志下》校補，第 888 頁。

出身爲河北真定人，但因爲在南越居留多年，在相當程度上已經越化了①。

　　銅鼓是古代南方駱越、俚獠等少數民族首領身份和權力最重要的象徵②。《後漢書·馬援傳》記載："援好騎，善別名馬。於交阯得駱越銅鼓，乃鑄爲馬式。"③東晉裴淵《廣州記》稱："俚獠貴銅鼓，唯高大爲貴，面闊丈餘，方以爲奇。初成，懸於庭，尅晨置酒，招致同類，來者盈門……風俗好殺，多搆讎怨，欲相攻擊，鳴此鼓集衆，到者如雲。有是鼓者，極爲豪强。"④《隋書》記載嶺南俚獠，"並鑄銅爲大鼓，初成，懸於庭中，置酒以招同類。來者有豪富子女，則以金銀爲大釵，執以叩鼓，竟乃留遺主人，名爲銅鼓釵。俗好相殺，多搆讎怨，欲相攻則鳴此鼓，到者如雲。有鼓者號爲'都老'，群情推服。本之舊事，尉陀於漢，自稱'蠻夷大酋長、老夫臣'，故俚人猶呼其所尊爲'倒老'也。言訛，故又稱'都老'云"⑤。唐代劉恂《嶺表録異》亦稱"蠻夷之樂，有銅鼓焉"，"南蠻酋首之家，皆有此鼓也"⑥。

　　而高涼馮氏和欽州甯氏等均與銅鼓有關。根據前引黃佐《廣東通志》的記載，南朝梁羅州刺史馮融，"每行部所至，蠻酋焚香具樂，望雙

---

① 戰國時楚國莊蹻開拓雲南的事例與此類似。《史記》卷一一六《西南夷傳》記載："始楚威王時，使將軍莊蹻將兵循江上，略巴蜀黔中以西。莊蹻者，故楚莊王苗裔也。蹻至滇池，方三百里，旁平地，肥饒數千里，以兵威定屬楚。欲歸報，會秦擊奪楚巴、黔中郡，道塞不通，因還，以其衆王滇，變服，從其俗，以長之。"第 2993 頁。又參《漢書》卷九五《西南夷兩粵朝鮮傳》，第 3838 頁。

② 凌純聲《記臺大二銅鼓兼論銅鼓的起源及其分布》，收入凌純聲《中國邊疆民族與環太平洋文化》，臺北：聯經出版事業公司，1979 年，第 503—556 頁。

③ 《後漢書》卷二四《馬援傳》，第 840 頁。

④ 《太平御覽》卷七八五《四夷部六·南蠻》引，第 3478 頁。

⑤ 《隋書》卷三一《地理志下》，第 888 頁。

⑥ 《太平廣記》卷二〇五《銅鼓》引，第 1546 頁。

旌而拜,迎者相望,輒戒其下曰:馮都老來矣。毋爲不善以嬰罪戮。
'都老',俚言官長稱也"。從馮融被稱爲"馮都老"可知,高涼馮氏確
實被嶺南南部俚人視爲首領。史書又記載,馮盎族人馮子猷,"以豪俠
聞。貞觀中,入朝,載金一舸自隨。高宗時,遣御史許瓘視其貲。瓘至
洞,子猷不出迎,後率子弟數十人,擊銅鼓、蒙排,執瓘而奏其罪。帝馳
遣御史楊璟驗訊,璟至,卑辭以結之,委罪於瓘"①。高涼馮氏與銅鼓
的關係,表明馮氏家族確實已經"蠻夷化"和土著化了。史書中雖然没
有欽州甯氏與銅鼓關係的記載,然而,根據考古學者的研究,中古時期
嶺南粵式銅鼓的興衰,與高涼馮氏和欽州甯氏兩大家族的興衰歷史密
切相關。馮氏家族的勢力範圍正是北流型銅鼓的分布範圍,而甯氏家
族的勢力範圍正好與靈山型銅鼓的分布區相重合。由此可見,"北流
型銅鼓應屬馮氏家族控制下的俚人所有。而靈山型銅鼓則應屬甯氏
家族控制下的俚人所有"②。

　　此外,中古時期嶺南不少"漢族移民後裔"之所以被認定爲"蠻
夷",往往與這些家族的分離割據傾向也直接相關。這些家族在定居
嶺南後,往往逐步發展爲擁有大量土地、人口、財富和宗族軍隊的地方
勢力,成爲中央王朝既加以利用同時又加以防範的對象③。即以欽州
甯氏來看,甯氏家族也並非真的做到了如甯氏碑刻所説的"節盡中
朝"、"純守邊疆"。當中央王朝的統治不夠強大時,甯氏家族就會表

---

① 《新唐書》卷一〇九《馮盎傳》,第 4114 頁。
② 姚舜安、蔣廷瑜、石輔彬《論靈山型銅鼓》,《考古》1990 年第十期。
③ 王承文《唐代"南選"與嶺南溪洞豪族》,《中國史研究》1998 年第一期;《論唐代嶺南地
　區的金銀生産及其社會影響》,《中國史研究》2008 年第三期;《論唐宋嶺南南部沿海的
　雷神崇拜及其影響——以俚人房千里所撰〈投荒雜録〉爲起點的考察》,《"中研院"歷史
　語言研究所集刊》第八十四本第三分,2013 年 9 月。

現出比較明顯的割據和抗衡朝廷的傾向。只有當中央王朝足夠强大時，才會成爲朝廷所依靠和利用的對象。例如，公元 589 年隋朝滅陳，恢復了對嶺南的統治，並將嶺南大量溪洞豪族首領任命爲州縣長官。而欽州刺史甯猛力則"倔强山洞，欲圖爲逆"①。《隋書·令狐熙傳》記載，"時有甯猛力者，與陳後主同日生，自言貌有貴相，在陳日已據南海，平陳後，高祖因而撫之，即拜安州刺史。然驕倨，恃其阻險，未嘗參謁"②。《册府元龜》記載甯長真"世爲渠帥，其父猛力陳末爲太守，陳亡，猛力自云與叔寶同日生，當爲天子，不肯入朝。隋師討之，阻瘴，不能尅。猛力卒，以長真爲刺史"③。《新唐書》則記載爲："有甯氏，世爲南平渠帥。陳末，以其帥猛力爲寧越太守。陳亡，自以爲與陳叔寶同日而生，當代爲天子，乃不入朝。隋兵阻瘴，不能進。猛力死，子長真襲刺史。及討林邑，長真出兵攻其後，又率部落數千從征遼東，煬帝召爲鴻臚卿，授安撫太守，遣還。"④及至隋末至唐初的混亂時期，甯長真等又攻城掠地，乘機擴大自己的勢力範圍。

根據學術界的相關研究，隋唐時期的"化内"和"化外"具有政治法律制度和文化分野兩種不同的涵義⑤。從政治法律制度來看，嶺南早在秦漢時期就已納入中國的版圖，一直都是古代中國的組成部分。但是從文化上來看，隋唐統治者却仍然把嶺南看成是"蠻荒"、"瘴域"、"化外"之地。《隋書·地理志》稱嶺南"其人性並輕悍，易興逆節，椎結跣踞，乃其舊風。其俚人則質直尚信，諸蠻則勇敢自立，皆重

① 《隋書》卷六八《何稠傳》，第 1596 頁。
② 《隋書》卷五六《令狐熙傳》，第 1386 頁。
③ 《册府元龜》卷一六四，第 1980 頁。
④ 《新唐書》卷二二二下《南蠻傳下》，第 6325 頁。
⑤ 參見王義康《唐代的化外與化内》，《歷史研究》2014 年第五期，第 43—60 頁。

賄輕死,唯富爲雄。巢居崖處,盡力農事","俗好相殺,多構讎怨"①。
貞觀元年(627)十月,唐太宗所發布的《安撫嶺南詔》,即與高涼馮氏
和欽州甯氏等家族有關。詔令稱:"嶺表遐曠,山洞幽深,雖聲教久行,
而風俗未一。廣州管内,爲弊尤甚,蠻夷草竊,遞相侵掠,强多陵弱,衆
或暴寡。"②貞觀五年,唐太宗《與馮盎敕》又稱:"海隅遼曠,山洞幽深,
蠻夷重譯之地方,障屬不毛之地,得之未有所益,失之未有所損。"③正
因爲如此,高涼馮氏和欽州甯氏雖然都有北方家族的淵源,但是却不
影響隋唐統治者對他們作爲"蠻夷"身份的認定。因而,中古嶺南甯氏
家族夷夏身份認同的矛盾,在本質上是兩種不同文化差異和矛盾的
反映。

五　結語

自秦漢至隋唐一千多年間,北方内地漢族民衆不斷以各種方式移
民嶺南,與南越、俚獠等土著民衆雜處,使漢民族的居住區域和漢文化
的影響在總體上呈逐步擴大的趨勢。然而,秦漢至隋唐嶺南的開發又
不是一個單向的"漢化"或漢文化不斷取代少數民族文化的過程,實際
上也存在漢族"蠻夷化"的現象。特別是兩漢以後,由於六朝中央王朝
統治權威的衰弱,嶺南不少地方少數民族勢力有擴大的趨勢。在六朝
時期的幾部正史中,只有《晉書》和《宋書》有各個區域的人口統計資
料。而這兩部正史都反映了六朝時期國家所控制的編户比兩漢時期
已大量減少。也就是説,兩漢時期的大量編户及其後裔已脱落成爲

---

① 《隋書》卷三一《地理志下》,第888頁。
② 唐太宗《貞觀年中安撫嶺南詔一首》,《日藏弘仁本文館詞林校證》卷六六四,第247頁。
③ 《日藏弘仁本文館詞林校證》之《文館詞林卷次不明殘簡》,第478頁;《全唐文補編》卷
　二,第16頁。

"蠻夷"民眾。吳交州刺史陶璜上書給晉武帝,稱"廣州南岸,周旋六千餘里,不賓屬者乃五萬餘戶,及桂林不羈之輩,復當萬戶。至於服從官役,纔五千餘家。二州脣齒,唯兵是鎮"①。而史書也記載六朝時期嶺南不少郡縣"没於蠻夷"。例如,漢末初平(190—193)年間,在漢朝最南部的日南郡境內,出現了獨立的林邑國。至公元四世紀末,酈道元《水經注》所引《林邑記》稱:"自林邑王范胡達始,秦餘徙民,染同夷化。日南舊風,變易俱盡。巢棲樹宿,負郭接山,榛棘蒲薄,騰林拂雲,幽烟冥緬,非生人所安。"②所謂"秦餘徙民,染同夷化",是指秦朝强制遷徙的北方漢族人口,其後裔卻因爲受當地少數民族的影響反而被"蠻夷化"了。至於所謂"日南舊風,變易俱盡",則是指西漢末年交阯太守錫光和東漢初年九真太守任延等著名"循吏"所代表的"華風"及其影響③,至此已基本上蕩然無存,甚至還出現了"巢棲樹宿"、"非生人所安"等"蠻夷化"景象。當然,《林邑記》的記載很可能有誇大的成分。然而,縱觀秦漢至隋唐嶺南區域的開發史,就可以發現中央王朝在嶺南的郡縣設置和治理,往往在嶺南各地社會演進中確實具有決定性意義。

陳寅恪先生對於中古時代家族與地域的關係以及種族與文化的關係,有不少精闢的論述。其《唐代政治史述論稿》論及唐朝宦官來源

---

① 《晉書》卷五七《陶璜傳》,第 1560 頁。
② 《水經注校證》卷三六《温水注》,第 834 頁。按《隋書·經籍志》著録有《林邑國記》一卷,又稱《林邑記》,其出世大致在東晉劉宋之際。今《四庫全書》本《南方草木狀》卷下和李時針《本草綱目》卷一記《林邑記》的作者爲漢代"東方朔",應誤(《景印文淵閣四庫全書》第 722 册,第 325 頁)。
③ HenryMaspero,"L'expédition de Ma Yuan", *Bulletin de l'École Française d'Extrême-Orient* XVIII:3, 1918; Keith Weller Taylor, *The Birth of Vietnam*, University of California Press, 1983, pp.33-37.

時,就指出中古時期的嶺南等南方之地存在"蠻夷化之漢人"①。他在
《隋唐制度淵源略論稿》中說:"全部北朝史中關於胡漢之問題,實一
胡化漢化之問題,而非胡種漢種之問題,當時之所謂胡人漢人,大抵以
胡化漢化而不以胡種漢種爲分別,即文化之關係較重而種族關係較
輕,所謂有教無類者是也。"②其《魏書司馬睿傳江東民族條釋證及推
論》一文稱:"北朝漢人與胡人之分別在文化,而不在種族。兹論南朝
民族問題,猶斯旨也。"③其《元白詩箋證稿》又稱:"吾國中古史種族之
分,多繫於其人所受之文化,而不在其所承之血統。"④而毛漢光先生
《從考古發現看魏晉南北朝生活型態》一文,則透過北中國尤其長城內
外地區遺迹遺物的地理分布,以觀察草原民族與農耕民族生活地區的
推移,強調這些地區居民"生活型態"的改變往往亦是影響"胡化"與
"漢化"的重要因素⑤。秦漢六朝漢族民衆進入嶺南後,也必然存在某
種在"生活形態"上與嶺南少數民族生活型態逐步接近的情形。而本
書所討論的中古嶺南南部沿海甯氏家族的淵源及其夷夏身份認同的
矛盾,既可以從一個具體方面來説明中國南方歷史發展道路的多樣性
和複雜性,同時也從另一個方面説明"中華民族多元一體格局"。

---

① 陳寅恪《唐代政治史述論稿》,北京:三聯出版社,2001 年,第 209 頁。
② 陳寅恪《隋唐制度淵源略論稿》,北京:三聯出版社,2001 年,第 79 頁。
③ 陳寅恪《魏書司馬睿傳江東民族條釋證及推論》,《金明館叢稿初編》,上海:上海古籍出
　版社,1980 年,第 106 頁。
④ 陳寅恪《元白詩箋證稿》,上海:上海古籍出版社,1978 年,第 308 頁。
⑤ 毛漢光《從考古發現看魏晉南北朝生活型態》,收入《高去尋先生八秩榮慶祝壽論文
　集》,臺北:正中書局,1991 年,第 155—183 頁。

第二節 唐代"南選"制度與嶺南溪洞社會的重大變遷

唐代"南選"是唐朝中央在嶺南和黔中等地區所實行的一種特殊的選官制度。自宋代以來,王溥、王應麟、顧炎武、趙翼等著名學者都進行過南選資料的匯輯和編纂,而顧炎武則明確指出南選是一種具有因地制宜性質的地方銓選制度①。1984年,張澤咸先生所發表的《唐代"南選"及其產生的社會前提》一文②,從漢唐嶺南等地區經濟社會的發展探討了南選實施的社會背景以及南選的程序,對我們的研究具有重大啓發性。有關南選實施的具體背景和直接原因、南選實施的範圍及其對嶺南溪洞社會的重大影響等,仍然是需要繼續研究的課題。十多年來,一批新材料的發現使我們可能對上述問題提出自己的認識。

一 六朝以來嶺南"溪洞豪族"與唐初"南選"實施的背景

何謂南選? 成書於開元二十七年(739)的《唐六典》云:"其嶺南、黔中三年一置選補使,號爲南選。"③《舊唐書·職官志》依據《唐六典》,其述南選地點也是嶺南和黔中④。另外,《唐會要》卷七五所載高

---

① (宋)王溥《唐會要》卷七五《南選》,上海:上海古籍出版社,2006年,第1621—1624頁;(宋)王應麟《玉海》卷一一七《銓選》"南選"條,臺北:大化書局,1977年,第2241頁;(清)趙翼《陔餘叢考》卷一七"唐制史部分東選南選"條,北京:商務印書館,1957年,第330頁;(清)顧炎武著,黃汝成集釋,欒保群、呂宗力校點《日知録集釋》卷八"選補"條,上海:上海古籍出版社,2006年,第495頁。
② 張澤咸《唐代"南選"及其產生的社會前提》,《文史》第二十二輯,北京:中華書局,1984年,第77—90頁。
③ (唐)李林甫等撰,陳仲夫點校《唐六典》卷二,北京:中華書局,1992年,第34頁。
④ 《舊唐書》卷四三《職官二》,第1820頁。

宗上元年間南選詔令以及《舊唐書·高宗紀》、《新唐書·選舉志》等，其南選地點也只有嶺南、黔中①。而成書於貞元十七年（801）的《通典》以及宋代《資治通鑑》，其述南選除了嶺南、黔中之外，還增加了閩中地區②。這表明唐朝前期南選的推行主要是在嶺南，其次是黔中。唐朝爲什麽要創設南選呢？《新唐書·選舉志》云唐高宗上元二年（675），以“嶺南五管、黔中都督府得即任土人，而官或非其才，乃遣郎官、御史爲選補使，謂之南選”③。而《唐會要》所載高宗上元年間南選詔令，則稱以上兩地都督府“比來所奏擬土人首領，任官簡擇，未甚得所”④。這裏説明自唐初以來，嶺南、黔中的都督府都具有其他地區都督府所不具備的直接選任地方官員的權力。《資治通鑑》卷二〇一唐高宗總章二年（669）條記載南選實施前的情況也説，嶺南、黔中等地“州縣官不由吏部，委都督選擇土人補授”⑤。但是，這種選官方式却導致了用人不當的嚴重後果。

值得注意的是，《唐會要》所載唐高宗上元年間南選詔令稱是“準舊制”，表明南選的最初推行要早於上元年間。《册府元龜》卷六八九《牧守部·革弊》記載唐貞觀十八年（644），廣州都督蕭齡之奏稱：

> 嶺南州縣多用土人，任官不顧憲章，唯求潤屋。其婚姻資須，即税人子女。百姓怨苦，數爲背叛。且都督刺史多居庄宅，動經

---

① 《唐會要》卷七五《南選》，1621 頁；《舊唐書》卷五《高宗紀下》，第 102 頁；《新唐書》卷四五《選舉志下》，第 1180 頁。
② 《通典》卷一五《選舉三》，第 360 頁；《資治通鑑》卷二〇一，唐高宗總章二年，第 6362 頁。
③ 《新唐書》卷四五《選舉志下》，第 1180 頁。
④ 《唐會要》卷七五《南選》，第 1621 頁
⑤ 《資治通鑑》卷二〇一，唐高宗總章二年，第 6362 頁。

　　　旬月,不至州府。所有辭訟,皆委之判官。省選之人,竟無几案。
　　　惟有敕詔施行,纔經省覽而已;又守(首)領之輩,年別娶妻,不限
　　　多少,各營別弟,肆情侵奪。專恣若是,實斁彝倫。

《册府元龜》又載:"於是,詔下,並皆禁斷。自此蠻俗便之。"[1]以上這
段奏文也保存在明清以來各種《廣東通志·宦績傳》和《廣州府志·
宦績傳》有關唐初廣州都督兼廣州刺史"劉齡之"的傳記中。然而,各
種《廣東通志》和《廣州府志》都將"蕭齡之"誤作"劉齡之",而貞觀十
八年則被誤作唐高祖武德中期[2]。而《册府元龜》的這段記載,是我們
確定唐高宗上元以前實施過南選以及直接原因的主要依據。唐太宗
詔令"並皆禁斷",是指唐朝一度結束了唐初以來嶺南都督府對地方官
的直接選任,並取得了較好的效果。但是,貞觀十八年開始實施的南
選不久却又告中斷,直至高宗上元年間才重新實行"舊制"。至於蕭齡
之奏文中所稱"首領"以及《唐會要》所載高宗南選詔令中的"土人首
領",無疑都説明唐初以來嶺南、黔中尚存在一種比較特殊的社會結
構。其實,自唐初以來,嶺南、黔中地方選官由都督府除授以及南選的
推行,始終都與"土人首領"即溪洞豪族有關。兩種不同的選官制度反
映了唐朝中央對嶺南豪族政策的重大變化,也反映了東晉南朝以來嶺
南溪洞社會的深刻變遷。

　　　嶺南溪洞豪族的形成和發展可以上溯到東晉南朝。秦漢以來,中
央王朝在嶺南的統治主要還是在交通要道以及郡縣治所附近的地區。
而在此之外的南越社會,基本上尚處於部落長帥無君主的部族狀態。

---

① 《册府元龜》卷六八九《牧守部·革弊》,第 8218 頁。
② 參見王承文《明清〈廣東通志〉幾則唐人傳的嚴重失誤》,《學術研究》1996 年第七期,第
　　59 頁。

各部族首領憑藉實力和險阻據地自雄,造成了中央王朝統治勢力深入發展的重大障礙①。魏晉以來,北方内地人口南遷促進了嶺南經濟社會的發展和向封建形態的轉變②。而東晉南朝中央王朝爲適應嶺南的發展實施了新的統治政策。《隋書·食貨志》云:“晉自中原喪亂,元帝寓居江左,……諸蠻陬俚洞,霑沐王化者,各隨輕重,收其賧物,以裨國用。又嶺外酋帥,因生口翡翠明珠犀象之饒,雄於鄉曲者,朝廷多因而署之,以收其利。歷宋、齊、梁、陳,皆因而不改。”③東晉南朝統治者爲了加强對嶺南少數民族地區的控制,選用不少溪洞“首領”、“蠻酋”、“渠帥”、“洞主”等擔任當地的州郡縣行政長官,授予王、侯、將軍等名號,並對一些漢化較深實際上已加入東晉南朝統治集團的少數民族上層分子委以重任。而在這些“蠻酋”、“首領”中,其實也有不少是由北方南遷的衣冠大族經過數世發展起來的大宗族首領④。《南齊書·州郡志》記載嶺南設郡已增至五十二個⑤。而《南齊書·蠻傳》又記載:“酋豪世襲,事炳前葉。”⑥這一方面説明嶺南已出現一批集部族“首領”與地方州縣行政長官於一身的溪洞豪族。另一方面,世襲性的政治特權又促使這些豪族向擁有大量土地、財富、部曲和甲兵的强大地方勢力演變。梁末“侯景之亂”中,久任西江督護高要太守的陳霸先起兵援台,不少與之關係密切的嶺南溪洞豪族遂加入了南朝後期最大

① 《太平御覽》卷七八五《四夷部》注引三國吴萬震《南州異物志》,第 3478 頁;《晉書》卷五七《陶璜傳》,第 1560 頁。
② 參見王承文《從碑刻資料論唐代粤西韋氏家族淵源》,載饒宗頤主編《華學》1995 年創刊號,第 222—232 頁。
③ 《隋書》卷二四《食貨志》,第 673 頁。
④ 參見王承文《從碑刻資料論唐代粤西韋氏家族淵源》,第 225—229 頁。
⑤ 《南齊書》卷一四《州郡志》,第 262—270 頁。
⑥ 《南齊書》卷五八《蠻傳》,第 1007 頁。

的地方集團。史載陳霸先"躬率百越,師次九川"①,遂問鼎建康,建立了陳朝政權。陳霸先稱帝後,一方面邀請嶺南酋豪及其子弟赴建康"遊宦"②。另一方面,其所選任的嶺南地方官員大多就是這些"豪酋"、"首領"、"洞主"。根據《陳書·華皎傳》記載,"時南州守宰多鄉里酋豪"③。長沙豪族歐陽頠、歐陽紇父子先後任廣州刺史、都督交廣十九州諸軍事,"合門顯貴,名振南土"④;"南通交、愛,北據衡、疑,兄弟叔姪,盤阻川洞,百越之賣,不供王府,萬里之民,不由國家"⑤。《陳書·沈君高傳》稱"嶺南俚獠,世相攻伐"⑥。《隋書·譙國夫人傳》記載,高涼郡洗氏"世爲南越首領,跨據山洞,部落十餘萬家","壓服諸越"。另外還有"海南、儋耳歸附者千餘洞",至隋滅陳之際,洗夫人曾"集首領數千"⑦。表明嶺南溪洞豪族已經發展成爲一種盤根錯節的強大地方政治勢力。

至公元 589 年隋朝統一南方,隋朝在嶺南也廣泛吸收溪洞豪族首領參與地方政權。從隋朝對嶺南的政策,我們亦可以發現其向唐初都督除授發展的軌轍。早在平陳之初,隋文帝所發布的《安邊詔》即稱:"嶺外土宇,置州立縣,既令擢彼人物,隨便爲官,省迎送之煩,知風俗之事。訓人道德,正身率下。"⑧所謂"既令擢彼人物,隨便爲官,省迎送

---

① 《陳書》卷三五《周迪傳》,第 480 頁。
② (南朝)徐陵《武皇帝作相時與嶺南酋豪書》,《文苑英華》卷六八二,第 3517 頁。
③ 《陳書》卷二〇《華皎傳》,第 271 頁。
④ 《陳書》卷九《歐陽頠傳》,第 159 頁。
⑤ (南朝)徐陵《與章司空昭達書》,《文苑英華》卷六八二,第 3518 頁。
⑥ 《陳書》卷二三《沈君高傳》,第 300 頁。
⑦ 《隋書》卷八〇《列女·譙國夫人傳》,第 1800、1801 頁。
⑧ 《日藏弘仁本文館詞林校證》卷六六四,第 244 頁;韓理州輯校編年《全隋文補遺》卷一《李德林·文帝安邊詔》,西安:三秦出版社,2004 年,第 18 頁。

之煩,知風俗之事",即是大量選任嶺南地方土著豪族爲州縣官員,並認爲如此可以省迎送之煩,更知風俗之事。開皇十年(590),隋文帝派韋洸巡撫嶺南,韋洸綏集二十四州,拜廣州總管。史載"番禺夷王仲宣反,嶺南首領多應之,引兵圍廣州",廣州刺史韋洸"中流矢卒"①。其後,裴矩又受命巡撫嶺南諸州,《隋書·譙國夫人傳》記蒼梧首領陳坦、岡州首領馮岑翁、梁化首領鄧馬頭、藤州首領李光略、羅州首領龐靖等皆來參謁,"還令統其部落"②。《隋書·裴矩傳》記載裴矩所"綏集者二十餘州,又承制署其渠帥爲刺史、縣令"③。然而,至開皇十六年,隋文帝以"嶺南夷、越數为反亂","州縣生梗,長吏多不得之官,寄政於總管府",徵拜令狐熙爲桂州總管十七州諸軍事,"許以便宜從事,刺史已下官得承制補授"④。而《隋故桂州總管令狐使君碑銘并序》亦記載令狐熙在桂州,"於律令□斟酌,管內人皆□土人,□授刺史有闕。擬訖奏聞"⑤。據這份碑文,則所謂"承制補授",就是嶺南地方總管按照有關律令,直接補授溪洞豪族首領爲刺史、縣令,然後上奏中央。至隋文帝開皇後期,在桂州俚帥李光仕的叛亂被平息後,桂州總管何稠又"承制署首領爲州縣官而還"⑥。

　　衆所周知,隋王朝作爲統一的高度中央集權的封建國家,其選官制度與漢魏六朝相比已發生根本性的重大變化,其各級官吏包括地方

①　《資治通鑑》卷一七七,隋文帝開皇十年,第5533頁。
②　《隋書》卷八〇《譙國夫人傳》,第1802—1803頁。
③　《隋書》卷六七《裴矩傳》,第1577頁。
④　《隋書》卷五六《令狐熙傳》,第1386頁;《北史》卷六七《令狐熙傳》,第2353頁。
⑤　(唐)令狐德棻《隋故桂州總管武康郡開國公令狐使君碑銘并序》,《全唐文》卷一三七,第1394頁。
⑥　《隋書》卷六八《何稠傳》,第1596頁;《資治通鑑》卷一七八,隋開皇十七年二月,第5552頁。

州縣佐官也一律由中央任免①。《通典》稱："尚書舉其大者,侍郎銓其小者,則六品以下官吏咸吏部所掌,自是海內一命以上之官,州郡無復辟署。"②劉秩亦稱："隋氏罷中正,舉選不本鄉曲,故里閭無豪族,井邑無衣冠,人不土著,萃處京畿。"③然而,隋朝嶺南高級地方官如刺史等官職的選任權,卻主要由地方總管專斷。出現這種特殊現象的根本原因,就在於隋朝尚無力真正觸動幾個世紀以來嶺南溪洞豪族的根基,而不得不實行一種半妥協的政策。但是,嶺南叛亂不已的政治局勢也表明,嶺南溪洞豪族始終是隋中央集權政治下的異己力量。至隋末農民戰爭爆發,嶺南豪族亦聞風而起,《隋書·煬帝紀》記載大業十二年(616)七月,高涼通守洗珤徹舉兵作亂,"嶺南溪洞多應之"④。根據相關學者的研究,嶺南地主階級的起兵規模僅次於關中地區⑤。隋唐鼎革之際,嶺南豪族勢力不但未受到大規模農民戰爭的衝擊,反而由於皇權的瓦解,其勢力又有進一步的膨脹擴展。

隨着隋末群雄割據局面的漸次結束,唐朝中央政府遂着手經營嶺南。《資治通鑑》記武德四年(621)八月,唐朝任命大將軍陳智略爲嶺南道行軍總管,"鎮撫之"⑥。而武德四年八月唐高祖所發布的《張鎮州淮南道安撫等詔》稱:

　　　　自有隋失馭,盜賊交侵,……江蠡之派,或阻寇戎;閩禺之鄉,

① 《隋書》卷二八《百官志下》,第 792 頁;《隋書》卷七五《劉炫傳》,第 1721 頁。
② 《通典》卷一四《選舉二》,第 342 頁。
③ 《通典》卷一七《選舉五》,第 417 頁。
④ 《隋書》卷四《煬帝紀下》,第 91 頁。
⑤ 參見胡如雷《關於隋末農民起義的若干問題》,《文史》第十一輯,北京:中華書局,1981年,第 101 頁。
⑥ 《資治通鑑》卷一八九,唐高祖武德四年,第 5927 頁。

未聞正朔。左武候(侯)將軍黃國公張鎮州,大將軍合浦縣公陳智略,二方首族,早從歷任,思展誠效,緝寧州里。鎮州可淮南道行軍總管,智略可嶺南道行軍總管,以安撫之。①

據《資治通鑑》卷一九一張鎮州本爲張鎮周,是淮南舒州豪族②。《全唐文》卷二有《授張鎮周陳知略淮南嶺南行軍總管詔》③,而陳知略本作陳智略。《册府元龜》卷一六四《帝王部·招懷》亦載以上詔令全文,但是却將陳智略誤爲張智略④。《隋書·宇文化及傳》記載"其將陳智略率嶺南驍果萬餘人,張童兒率江東驍果數千人,皆叛歸李密"⑤。《新唐書·丘和傳》言及隋煬帝驍果中有籍屬交趾者⑥。隋煬帝大業後期,嶺南不少溪洞豪族亦率部編入隋煬帝禁軍或從征遼東,並成爲一種非常值得關注的歷史現象。《通鑑》記載隋煬帝大业七年(611)二月:"先是,詔總徵天下兵,無間遠近,俱會於涿(今北京)。又發江淮以南水手一萬人,弩手三萬人,嶺南排鑹手三萬人(胡三省注:鑹,小稍也),於是四遠奔赴如流。"⑦也就是说,在隋煬帝第一次征討高麗的軍隊中,至少有三萬人來自嶺南。史載高涼(今廣東高州)酋帥馮盎從征遼東,遷左武衛大將軍,其子馮智戴"嘗隨父至洛陽,統本部鋭兵宿衛"⑧。又根據《册府元龜》記載:"馮智載(戴),高州都督盎之子也。

---

① 《唐大詔令集》卷一一五,北京:商務印書館,1959 年,第600 頁。

② 《資治通鑑》卷一九一,唐高祖武德八年,第 5994 頁。

③ 《全唐文》卷二,第 31 頁。

④ 《册府元龜》卷一六四《帝王部·招懷》,第 1980 頁。

⑤ 《隋書》卷八五《宇文化及傳》,第 1891 頁。

⑥ 《新唐書》卷九〇《丘和傳》,第 3777—3778 頁。

⑦ 《資治通鑑》卷一八一,隋煬帝大業七年二月,第 5654 頁。

⑧ 《新唐書》卷一一〇《馮盎傳》,第 4113 頁。

少有籌略，撫衆得其效死，川洞酋帥，多願隸之。大業末，隨父至雒陽，仍領本鄉驍果宿衛。及江都難作，智載(戴)結其所部逃還。是時，群盜蜂起，嶺嶠路絶，智載(戴)具戰，所向無前，至高凉，俚帥推之以爲謀主。"①而隋欽州(今廣西欽州)著名豪族右光禄大夫寧越郡太守甯長真，亦"役諸部落得數千人從征遼左"，隋煬帝召爲鴻臚卿，大業十年，因嶺南形勢不穩，又遣還嶺表爲安撫大使②。至於陳智略也是嶺南溪洞豪族，唐代林寶《元和姓纂》卷三稱："龍川公陳賀略，端州首領也。"據岑仲勉先生《元和姓纂四校記》，陳賀略即陳智略③。因此，唐高祖詔令中稱陳智略爲"合浦縣公"，其出鎮嶺南是"輯寧州里"④。可以推斷隋大業時陳智略曾率部族編入禁軍驍果，故能率整部叛歸李密，又隨李密投降唐朝。作爲嶺南"首族"的陳智略被唐高祖派往嶺南安撫，代表了唐初中央政權對嶺南溪洞豪族的政策。

至武德四年冬，唐朝大將軍李靖率唐軍由桂州(今桂林)進入嶺南，遣人分道招撫。許敬宗《衛景武公碑并序》云李靖"撫循嶺外，承制選補，百越率從"，敕授李靖嶺南道安撫大使，檢校桂州總管⑤。《舊唐書·李靖傳》記載大首領馮盎、李光度、甯長真等皆遣子弟來謁，"靖承制授其官爵"⑥。《新唐書·李靖傳》云其"裁量款效，承制補官。得

---

① 《册府元龜》卷九九七《外臣部·勇鷙》，第 11701 頁。

② 《册府元龜》卷一六四《帝王部·招懷》，第 1980 頁。

③ 《元和姓纂(附四校記)》卷三，第 351 頁。根據該書，陳智略郡望爲河南，該書引《官氏志》："侯莫陳氏改爲陳。後魏汾州刺史、長蛇公陳紹；生弘，唐泉州刺史。龍川公陳賀略，端州首領也。"

④ 唐高祖《授張鎮周陳知略略淮南行軍總管詔》，《全唐文》卷二，第31頁。

⑤ (唐)許敬宗《大唐故尚書右僕射特進開府儀同三司上柱國贈司徒并州都督衛景武公碑并序》，《全唐文》卷一五二，第 1552 頁。

⑥ 《舊唐書》卷六七《李靖傳》，第 2477 頁。

郡凡九十六,户六十餘萬”①。而桂州總管李靖在嶺南“承制補官”、
“承制選補”,完全是隋朝對嶺南政策的繼續。至武德五年七月,高涼
酋帥馮盎率所部來降,唐朝又以其地爲高、羅、春、白、崖、儋、林、振八
州,以馮盎爲上柱國、高州總管、耿國公。其子馮智戴爲春州刺史、馮
智或爲東合州刺史②。明代黄佐《廣東通志》卷二〇《姓氏》記載唐代
高涼馮氏爲刺史者數十人③。嶺南瀧州(今廣東羅定)豪族首領陳龍
樹,“瀧州開陽人也,代爲嶺表酋長”,唐初爲欽州刺史④。其子陳普光
爲瀧州永寧縣令⑤。欽州豪族甯長真以寧越、鬱林之地降,“自是交、
愛數州始通”⑥。唐授予其欽州都督、上柱國開國公。民國時出土的
《刺史甯道務墓誌銘》稱其祖甯長真,“隋光禄大夫、鴻臚卿,□皇朝欽
州都督、上柱國、開國公。河潤九里,澤及三族。作衣冠之領袖,爲廟

---

① 《新唐書》卷九三《李靖傳》,第 3813 頁。

② 《新唐書》卷一一〇《馮盎傳》,4113 頁;《資治通鑑》卷一九〇,唐高祖武德五年條,第
5953 頁。(唐)潘炎《唐故開府儀同三司兼内侍監贈揚州大都督陪葬泰陵高公(力士)神
道碑并序》記載:“皇唐初,(馮)盎使持節高州都督、廣韶等十八州總管,封耿國公。耿
公有三子,智戣爲高州刺史,智戴爲恩州刺史,智奰爲潘州刺史”,“潘州府君生君衡。潘
州薨而君衡襲位”(《全唐文補遺》第一輯,第 35—37 頁);唐高宗時,著名高僧義净
(635—713)前往印度求法,其《大唐西域求法高僧傳》卷下記載:“於時咸亨二年(671),
坐夏揚府。初秋,忽遇龔州使君馮孝銓,隨至廣府,與波斯舶主期會南行。復蒙使君令
往崗州,重爲檀主。及弟孝誕使君、孝軫使君、郡君寧氏、郡君彭氏等合門眷屬,咸見資
贈。”(《大唐西域求法高僧傳》卷下,第 152 頁)所謂“龔州使君馮孝銓”,是指龔州刺史。
唐貞觀七年(633)設置龔州(今廣西平南縣)。此亦説明至唐高宗時期,高涼馮氏家族
成員的出仕範圍亦包括古高涼以外的地區。

③ (明)黄佐纂修(嘉靖)《廣東通志》卷二〇《姓氏》,廣州:廣東省地方史志辦公室謄印,
1997 年,第 523 頁。

④ 《舊唐書》卷一八八《陳集原傳》,第 4922 頁;《新唐書》卷一九五《陳集原傳》,第 5583 頁。

⑤ (唐)陳集原《龍龕道場銘》,《全唐文》卷二〇三,第 2049—2051 頁;(清)阮元修,梁中民
點校《廣東通志·金石略》,廣州:廣東人民出版社,1994 年,第 55—57 頁;陸增祥《八瓊
室金石補正》卷四四,北京:文物出版社,1985 年,第 303 頁。

⑥ 《新唐書》卷二二二下《南蠻傳》,第 6326 頁。

廊之羽儀。往以隋運道消,□皇唐御曆。慮邊隅之未乂,擇忠良以撫
之。靖亂安人,非公不可"①。其族人隋合浦太守甯宣遣使請降,未報
而卒,以其子甯純爲廉州刺史,族人甯道明爲南越州刺史②。嶺南俚帥
楊世略以循、潮二州來降,被授予循州總管③。隋永平郡守、鬱江流域
著名豪酋李光度歸降,被封爲南尹州都督④。白州(廣西博白縣)俚帥
龐孝泰,被授以南州刺史,唐太宗貞觀後期亦曾率軍從征遼東⑤。《元
和姓纂》記載樂州(後改昭州,即今廣西昭平縣)大首領周孝諫被用爲
樂州刺史,並稱"唐樂州刺史周孝諫,代爲樂州首領;生萬才,永州刺
史。萬才生君謨,柳州刺史"⑥。這些溪洞豪族的發迹大多可以追溯
到東晉南朝時期。隋煬帝初年在嶺南設置有十九郡,而唐初李靖"承
制補官,得郡凡九十六"⑦。而唐初嶺南府州縣數額的急遽增加,表明
嶺南大批溪洞豪族首領被廣泛吸收進入嶺南地方政權,其官爵仍具有
一定的世襲性質。從唐武德四年至貞觀元年,嶺南地區先後設立了廣
州、桂州、交州、康州、高州、欽州、貴州(即南尹州)、驩州、循州等總管
府(後又稱都督府),其中相當一批都督府即是專門爲嶺南著名豪族而

① 陳公佩修,陳德周纂《欽縣志》卷一三《藝文志下》,第 1050—1056 頁。
② 《新唐書》卷二二二下《南蠻傳》,第 6326 頁;《資治通鑑》卷一九〇,唐高祖武德五年條,
第 5951 頁。
③ 《新唐書》卷八七《林士弘傳》,第 3729 頁;《資治通鑑》卷一九〇,唐高祖武德五年條,第
5943 頁。
④ 《新唐書》卷九一《李襲志傳》,第 3790 頁;《資治通鑑》卷一九一,唐高祖武德七年條,
5984 頁;另參見河原正博《漢民族華南發展史研究》,東京:吉川弘文館,1984 年,第
107 頁。
⑤ 《新唐書》卷二二三上《許敬宗傳》,第 6338 頁;《資治通鑑》卷一九〇,唐高祖武德六年
四月,第 5967 頁。
⑥ 《元和姓纂(附四校記)》卷五,第 661 頁。
⑦ 《新唐書》卷九三《李靖傳》,第 3813 頁。

設置的。根據近年發現的《大唐故使持節亳州諸軍事亳州刺史于使君墓志銘并序》記載：

> 貞觀初，朝廷以南海要衝，任切連率，桂陽重鎮，實資匡撫，以公爲桂州都督府長史，奉敕副周講才、經略覃僧臣等，又令於晏象等九州除討，兼安置州郡，補擬官人。越五嶺而揚旌，望九真而興輶。樓舩之出横浦，功著石門；伏波之下禁谿，績揚銅柱。①

以上所謂"安置州郡，補擬官人"，就是指唐初在嶺南大量增置新的州縣，並將大量地方豪族吸納進嶺南地方官僚體系中來。而唐初所謂嶺南州縣官"委都督選擇土人補授"，必然要造成東晉南朝以來嶺南豪族勢力的進一步發展，並與唐朝高度中央集權政治形成尖銳的矛盾。

首先，嶺南溪洞豪族已成爲與唐朝中央集權嚴重矛盾的地方政治勢力。隨着嶺南經濟社會的迅速發展，溪洞豪族除擁有一定的世襲性政治權勢外，大多擁有雄厚的經濟實力，占有大量土地，"役使"大量部族貧民，有的還是大奴隸主。大量依附於豪族首領的宗親奴婢分割了封建國家的經濟基礎。而這往往也是嶺南州縣户籍寡少的重要原因。尤其是這些豪族都具有强大的宗族基礎，掌握大量部曲、甲兵，並以此進一步擴大勢力範圍，因而攻城掠地，叛服無常。《通典》卷一八四云："五嶺之南……大抵南方遐阻，人强吏懦，豪富兼并，役屬貧弱，俘掠不忌，古今是同。"②隋文帝在平陳之初所發布的《安邊詔》即稱："嶺南之地，塗路懸遠。如聞凶魁賦斂，貪若豺狼，賊署官人，情均谿壑，租調之

---

① 趙力光編《西安碑林博物館新藏墓志續編》，西安：陝西師範大學出版社，2014年，第77頁。

② 《通典》卷一八四《州郡十四·古南越風俗》，第4961頁。

外,征責無已。"①而高凉馮氏則具有典型意義。隋末馮盎在嶺南"嘯署酋領,有衆五萬",克平二十州②。其人曾勸其效仿秦末建立南越國的趙佗,稱"自隋季崩離,海内騷動。今唐雖應運,而風教未浹,南越一隅,未有所定。公克平五嶺二十餘州,豈與趙佗九郡相比? 今請上南越王之號"③。以上足以見其威勢之盛。唐太宗貞觀五年,"羅、竇諸洞獠反,敕高州總管馮盎帥部落二萬,爲諸軍前鋒",馮盎"所居地方二千里,奴婢萬餘人,珍貨充積"④;"甲兵雄於一方,政化洽於千里"⑤;"干□特建,嶺嶠爲雄。頤指萬家,手據千里"⑥。其孫馮衡"帶甲千人,擬四豪之公子;田洞百里,齊萬户之封君"⑦。唐高力士碑云高凉馮氏"代爲諸侯,衣冠甚偉,並業濟美,有甲三屬,有田千里","家雄萬石之榮,橐有千金之直"⑧。北京國家圖書館藏敦煌本唐代開元户部格殘卷,其中有曰:

太極 元 年三月 □□□□□ 敕 :如聞嶺南首 領 □□□□

史上佐及 □□□ 多因官置莊,抑買百姓田園,招誘 □□□□ ,稱是子

---

① 《日藏弘仁本文館詞林校證》卷六六四,第 244 頁。

② 《新唐書》卷一一〇《馮盎傳》,第 4112 頁。

③ 《舊唐書》卷一九〇《馮盎傳》,第 3288 頁;《資治通鑑》卷一九〇,唐高祖武德五年七月條,第 5953 頁。

④ 《資治通鑑》卷一九三,唐太宗貞觀五年,6092 頁。

⑤ 《張燕公集》卷一九《贈廣州大都督馮府君神道碑》,第 819 頁;《全唐文》卷二三〇,第 2333 頁。

⑥ (唐)潘炎《大唐故開府儀同三司兼内侍監上柱國齊國公贈揚州大都督高公(力士)墓志銘并序》,《全唐文補遺》第七輯,第 59 頁。

⑦ 《張燕公集》卷二三《馮潘州墓志》,第 871 頁;《文苑英華》卷九五〇《贈潘州刺史馮君墓志銘》,第 4998 頁。

⑧ 參見陶仲雲、白心瑩《陝西蒲城縣發現高力士殘碑》,《考古與文物》1983 年第二期,第 37 頁。《全唐文補遺》第一輯,第 35—37 頁。

弟,以爲逋藪。夷獠户等,不勝 ⬚⬚⬚⬚⬚⬚ 斷。①

唐睿宗太極元年(712)敕令中所提到的"莊",又稱莊田、莊園,或莊宅。以上這份珍貴的敦煌敕文材料,反映了嶺南地區那些集地方長官和部族首領爲一身的溪洞豪族,"多因官置莊,抑買百姓田園"。因而非常真實地反映了嶺南"溪洞"地區大土地所有制的發展。而溪洞豪族憑藉武力對土地人口的爭奪,又是這些地區動盪的主要根源。《文館詞林》所載唐太宗殘敕則斥責馮盎"遣山洞群小鈔掠州縣",又"心迹未純,侵掠不已。新州以南,多被毒害"②。又有雷州大首領陳氏"家富兵甲,世首嶠外"③。武則天時,宋慶禮爲嶺南採訪使,時海南崖州、振州等五州"首領更相掠,民苦於兵"④。《朝野僉載》記武周時恩州刺史陳承親,"嶺南大首領也,專使子弟劫江",前後官人家過親,"必隨後劫殺"⑤。其"子弟兵"即宗族軍隊。溪洞豪族勢力的強大,顯然已經直接妨礙甚至嚴重威脅到唐王朝在嶺南的統治。

其次,唐初都督府除授州縣官的制度嚴重削弱了唐中央對嶺南的統治。在嶺南一些溪洞豪族勢力強大的都督府所實行的選官不可避免地要爲豪族所操縱。即使在中央監控力量較強的廣州都督府也成爲豪族勢力染指的地區。《新唐書·刑法志》云貞觀年間,廣州都督黨

---

① 有關録文參見池田温《北京圖書館藏開元户部格殘卷簡介》,載《敦煌吐魯番學研究論集》,北京:書目文獻出版社,1996 年,第 161—162 頁。

② 《日藏弘仁本文館詞林校證》,第 479 頁。亦可參見岑仲勉《唐史餘瀋》卷一《〈文館詞林〉殘簡之兩敕》,北京:中華書局,2004 年,第 12—13 頁。

③ 《張燕公集》卷二二《潁川郡太夫人陳氏碑》,《景印文淵閣四庫全書》,第 1065 册,第 860 頁;《文苑英華》卷九三四《潁川郡太夫人陳氏神道碑》,第 4914 頁。

④ 《新唐書》卷一三〇《宋慶禮傳》,第 4493 頁。

⑤ (唐)張鷟撰,趙守儼點校《朝野僉載》卷二,北京:中華書局,1979 年,第 29 頁。

仁弘"交通豪酋"①。《唐會要》卷三九記廣州都督蕭齡之"受左智遠及
馮盎妻等金銀、奴婢等"②。唐高宗《流蕭齡之嶺南詔》云其"不憚典
章,唯利是視,豪門富室,必與交通"③。武則天長壽(692—694)至證
聖(695)年間,王方慶爲廣州都督,《舊唐書》記載其"管內諸州首領,
舊多貪縱,百姓有詣府稱冤者,府官以先受首領參餉,未嘗鞫問"④。
《新唐書》則記載爲"部中首領沓墨,民詣府訴,府曹素相餉謝,未嘗
治"⑤。可見,嶺南往往成爲軍政長官與地方溪洞豪族首領共同徇私
舞弊作奸犯科的地區。而唐初都督府主持的選官必然要造成地方吏
政的窳敗和行政效率的低下。故前引唐初蕭齡之奏文中有"任官不顧
憲章,惟求潤屋","都督、刺史多居莊宅,動旬月不至府","敕詔施行,
纔經省覽而已"。敦煌文書 S.1344 號《唐開元户部格殘卷》所載武則
天長安元年(701)十二月廿日敕文提到嶺南風俗曰:"嶺南土人任都
督、刺史者,所有辭訟别立案判官,省司補人,竟無几案。"⑥《文館詞
林》所載貞觀元年(627)十月唐太宗《安撫嶺南敕》云:"嶺表遐曠,山
洞幽深,雖聲教久行,而風俗未一。廣州管內,爲弊尤甚。蠻夷草竊,
遞相侵掠,强多陵弱,衆或暴寡。又在官之徒,多犯憲法,刑罰淫濫,貨
賄公行。吏有懷姦,人未見德,永言政術,憂歎無忘。宣命輶軒,安撫

---

① 《新唐書》卷五六《刑法志》,第 1412 頁。

② 《唐會要》卷三九《議刑輕重》,第 828 頁。

③ 《全唐文》卷一一,第 141 頁。

④ 《舊唐書》卷八九《王方慶傳》,第 2897 頁。

⑤ 《新唐書》卷一一六《王綝傳》,第 4223 頁。

⑥ 敦煌文書 S.1344 唐《唐開元户部格殘卷》,黃永武主編《敦煌寶藏》第十册(斯 1300—
1443 號),台北:新文豐出版公司,1981 年,第 195 頁。

荒服。"①《大唐故通直郎守武榮州南安縣令王府君墓誌銘并序》云：
"南海遐鄙，中典罕及，評刑斷獄，多闕矜慎，持法作吏，屢聞峭刻。"②
可見，自唐初以來在嶺南所實行的由都督除授官員的制度，已經嚴重
地削弱了唐中央王朝在嶺南的統治。

　　最後，與前代相比，唐朝又是中央王朝統治權力真正深入嶺南的
重要時期。隋煬帝大業初年在嶺南設置有十九郡（州），一百五十二個
縣③。而唐朝嶺南道"爲州七十有三，都護府一，縣三百一十四"④。另
外還設有九十二個羈縻州。特別是嶺南直隸州縣數額有大幅增加，其
原因一方面是唐朝中央把原來溪洞豪族勢力强大的州分割成更多的
州縣，另一方面則是將大量"溪洞"地區開闢爲新的州縣。《新唐書·
地理志》等資料就明確記載，嶺南很多州縣是因爲"開山洞"而成立
的。至武德七年（624），隨着江南反叛的最後平定，唐王朝也逐步改變
了對嶺南豪族的妥協政策。武德九年，欽州都督甯長真卒，其子甯據
繼任。貞觀元年（627），唐朝正式撤銷了欽州都督府⑤。而康州、循
州、貴州等都督府也都相繼撤銷。貞觀二十三年馮盎卒，唐朝即撤銷
高州都督府，將高州分爲高、恩、潘三州。正如譚其驤先生所說，此是

①　唐太宗《貞觀年中安撫嶺南詔》，《日藏弘仁本文館詞林校證》卷六六四，第247頁。亦可
　　參見岑仲勉《唐史餘瀋》卷一《〈文館詞林〉殘簡之兩敕》，第12—13頁。
②　周紹良主編《唐代墓誌彙編》開元○一七號，上海：上海古籍出版社，1992年，第1162頁。
③　《隋書》卷三一《地理志下》，第880—886頁。
④　《新唐書》卷四三上《地理志七上》，第1095頁。
⑤　《元和郡縣圖志》卷三八記載欽州，"武德四年平蕭銑，改爲州，仍爲都督府，貞觀元年罷
　　都督府，復爲州"；《舊唐書·地理志四》亦記欽州，隋寧越郡。武德四年，平蕭銑，改爲欽
　　州總管府，管一州。五年，置玉州、南亭州，並隸欽府。貞觀元年，"罷都督府"（第1746
　　頁）。

旨在分割馮氏勢力之舉①。對嶺南豪族的反叛也一反隋朝以"安撫"
爲主的策略。貞觀元年,嶺南諸州奏馮盎反,唐太宗即"發江、嶺數十
州兵討之"。後因魏徵諫以"盎反狀未成,未宜動衆"而罷兵②。《文館
詞林》所載唐太宗命高州都督馮盎入朝殘敕,嚴諭其親自入朝觀見,稱
"儻其必存首鼠,不識事機,積惡期於滅身,强梁不得其死,自取夷戮,
斷在不疑。大兵一臨,悔無所及"③。馮盎入朝後,唐朝又令其率部落
二萬爲諸軍先鋒征討嶺南羅、竇諸洞,這也是唐朝"以夷制夷"政策的
表現。據《資治通鑑》記載,自武德六年七月至高宗龍朔三年(663),
唐朝中央先後平定了嶺南岡州刺史馮士翽④、瀧州、扶州獠⑤、龔州東、
西玉洞獠⑥、柳州蠻⑦等多次大規模的反叛。至唐高宗統治時期,隨着
唐朝國力走向强盛以及對嶺南反叛的溪洞豪族頻繁而大規模的用兵,
唐朝在嶺南推行的郡縣制度得到了鞏固。而與此同時,唐朝對於嶺南
溪洞豪族的監管和限制亦日趨嚴密。前引《舊唐書》記載武則天時期
王方慶爲廣州都督,其"管内諸州首領,舊多貪縱",並與地方官員相勾
結,而王方慶"乃集止府僚,絕其交往,首領縱暴者悉繩之,由是境内清
肅。當時議者以爲有唐以來,治廣州者無出方慶之右"⑧。《新唐書》

---

① 譚其驤《自漢至唐海南島歷史政治地理》,《歷史研究》1988 年第五期,第 17 頁。
② 《資治通鑑》卷一九二,唐太宗貞觀元年,第 6039 頁;《新唐書》卷一一〇《馮盎傳》,第
   4113 頁。
③ 《日藏弘仁本文館詞林校證》,第 479 頁;參見岑仲勉《唐史餘瀋》卷一《〈文館詞林〉殘簡
   之兩敕》,第 12—13 頁。
④ 《資治通鑑》卷一九〇,唐高祖武德六年,第 5969 頁。
⑤ 《資治通鑑》卷一九一,唐高祖武德七年,第 5984 頁。
⑥ 《新唐書》卷二二二下《南蠻傳》,第 6327 頁。
⑦ 《新唐書》卷三《高宗紀》,第 63 頁。
⑧ 《舊唐書》卷八九《王方慶傳》,第 2897 頁。

亦稱王方慶"約官屬不得與交通,犯者痛論以法,境内清畏"①。

　　選任官員歷來都屬於封建統治者極爲重視的大事,即所謂"選士命官,有國之大典"②。唐高宗上元年間重新開始實行的南選,從本質上來說就是要將唐朝中央集權制下的封建郡縣制度以及相應的選官制度推行到嶺南等地區。

二　唐代"南選"的範圍以及以桂州爲中心的嶺南"南選"

　　選官制度是國家政權機制最重要的組成部分之一,而選任程序則是選官制度的核心内容。《唐會要》所載高宗上元三年八月七日敕云:

> 桂、廣、交、黔等州都督府,比來所奏擬土人首領,任官簡擇,未甚得所。自今已後,宜準舊制,四年一度,差强明清正五品已上官,充使選補,仍令御史同往注擬。其有應任五品已上官者,委使人共所管督府,相知具條景行藝能,政術堪稱所職之狀,奏聞。③

這條敕令是我們研究唐朝前期南選基本程式及内容的主要依據。首先,按照敕令規定,由中央直接派出的選補使會同監察御史前往嶺南、黔中主持的選官,代替了原來由各都督府分别舉行的選官。唐朝中央將嶺南、黔中銓選職掌的差遣化,並由中央五品以上清正强明高官承擔,反映了最高統治者對嶺南等地選官已給予高度重視。其次,規定有應任五品以上官者,委託選補使共所管督府,將其品行、藝能及其所能承擔的職務情况禀報朝廷,由中央直接除授。在嶺南、黔中地方官職中,如州刺史、别駕、都督府長史、司馬等五品以上重要官職的選任

①　《新唐書》卷一一六《王綝傳》,第 4223 頁。
②　(唐)趙儋《李弈登科記序》,《文苑英華》卷七三七,第 3841 頁。
③　《唐會要》卷七五《南選》,第 1621 頁。

權歸於中央,使之符合唐朝"五品以上,以名上而聽制授"的用人原則①。而且在這種薦舉、考察中,中央所委派的"南選使"仍居主導地位。最後,南選主要還是指嶺南、黔中等地六至九品地方官員的選任。從《新唐書‧選舉志》所載唐中央銓選的程式,我們可以瞭解"南選使"的主要職能。南選規定先由有關州府將符合條件選人的資歷勞績呈報尚書省,由選補使協同吏部審核完成對"選人"的"結階定品"。南選使在被指定的南選地點主要是完成吏部銓選"三銓"中的"察其自言",然後注官,即"詢其便利而擬"。銓畢其任用名單由吏部照準奏聞皇帝,再派專使將告身送到當地州府分發,而且選補使在南選地點的"注官"過程,仍然受到中央監察御史等官員的監督。唐德宗貞元(785—805)年間,考功員外郎陳歸爲嶺南選補使,因其"選人留放,注官美惡,違背令文",爲監察御史韓參所奏劾,配流恩州②。孫逖有《送張環攝御史監南選》一詩③、李頎有《龍門送裴侍御監五嶺選》④、綦毋潛有《送崔員外黔中監選》⑤,等等,都是酬送南選監察官員的詩作。《全唐詩》卷二二三杜甫《送魏二十四司直充嶺南掌選》詩云:"選曹分五嶺,使者歷三湘。才美膺推薦,君行佐紀綱。"⑥唐朝中央試圖以這種方式保證朝廷對官僚的統一控制和任用過程的公正性。

　　而在嶺南與"南選"並存的"北選",則能從另一方面進一步説明

---

① 《新唐書》卷四六《百官志一》,第 1186 頁。
② 《唐會要》卷七五《南選》,第 1623 頁。
③ 《全唐詩》卷一一八,第 1191—1192 頁。。
④ 《全唐詩》卷一三四,第 1365 頁。
⑤ 《全唐詩》卷一三五,第 1369 頁。
⑥ (唐)杜甫《送魏二十四司直充嶺南掌選崔郎中判官兼寄韋韶州》,《全唐詩》卷二三三,第2576 頁。

"南選"的實質。《唐會要》記載武則天大足元年(701)七月敕云:"桂、廣、泉、建、賀、福、韶等州縣,既是好處,所有闕官,宜依選例省補。"①敕令即是把這些地區的闕官完全納入中央直接銓選的範圍之內。唐玄宗天寶十三年(754)七月敕令又云,嶺南"其前資官并常選人等,有詞理兼通,才堪理務者,亦任北選,及授北官"②。至貞元二年(786),嶺南參加全國性的吏部銓選即"北選"的範圍,已不再限於較發達的州縣的闕官以及特別優秀者,而是規定桂、廣、泉、建、福、賀、韶等州的所有官員均由吏部銓選補授③。唐文宗開成五年(840),潮州刺史林郁陽奏:"州縣官請同漳、汀、廣、韶、桂、賀等州吏曹注官。"敕旨稱:"潮州是嶺南大郡,與韶州略同,宜下吏部,準韶州例收闕注擬,餘依。"④以上表明嶺南州縣官員選任的趨勢,在某種意義上是逐步向中央主持的全國統一的銓選發展。

唐代南選在嶺南舉行的地點,唐前期主要設在作爲嶺南道政治中心的廣州⑤。《唐會要》記載開元八年八月唐玄宗敕云:"其嶺南選補使,仍移桂州安置。"⑥嗣後,桂州一直是嶺南南選的中心。至唐代後期,《舊唐書·韓佽傳》云:"桂管二十餘郡,州揆而下至邑長三百員,

---

① 《唐會要》卷七五《南選》,第 1621—1622 頁。

② 《唐會要》卷七五《南選》,第 1621—1622 頁。

③ 《唐會要》卷七五《南選》(第 1623 頁)記載是貞元十二年;按《册府元龜》卷六三〇《銓選部·條制二》(第 7558 頁)和《四庫全書》本《唐會要》却作貞元二年(《景印文淵閣四庫全書》第 607 册,第 147 頁)。

④ 《唐會要》卷七五《南選》,第 1624 頁。

⑤ (宋)贊寧撰,范祥雍點校《宋高僧傳》卷六《惟愨傳》,北京:中華書局,1987 年,第 113 頁;《舊唐書·玄宗紀》開元二年"柳澤爲嶺南監選使"條,第 174 頁;《册府元龜》卷五四六《諫諍部·直諫》,第 6547 頁。

⑥ 《唐會要》卷七五《南選》,第 1622 頁。

由吏部而補者什一,他皆廉吏量其才而補之。"①值得探究的是,唐朝爲什麼要將桂州作爲嶺南南選的中心呢?除了廣州以東僅有循、潮二州等地理因素以及"北選"範圍在逐步擴大外,我們認爲最主要的原因,是適應了唐代嶺南溪洞社會的重大變化。自秦漢以降,桂州即成爲中央王朝經營嶺南的重要通道。六朝時期,這裏大都屬於俚獠聚集的"溪洞"地區。唐朝在前代基礎上新開闢的州縣,其絶大多數也都集中在嶺南西部溪洞地區。而桂州則成爲控馭嶺南西部溪洞的政治軍事重鎮。唐代任華《桂林送前使判官蘇侍御歸上都序》稱,桂林"南臨天池,東枕滄溟,西馳牂牁,北走洞庭,地方三千里,帶甲數萬卒,實五府一都會矣"②。崔嘏《授鄭亞桂府觀察使制》云:"地連五嶺,川束三江,直千里之奥區,雜夷風之阜壤。静則可理,動則難安,思得長才,以綏裔俗。"③而唐朝已把大量溪洞地區納入其經制州或羈縻州體系。李商隱稱桂州"控聯谿洞,參錯蠻髳"④;"俗雜華夷,地兼縣道"⑤;"夷貊半參於編户,賦輿全視于奥區"⑥。此即在桂州的編户中,有一半的民户均爲蠻夷之民。王建《送嚴大夫赴桂林》詩云:"水驛門旗出,山巒洞主參。"⑦所謂"洞主"即溪洞的蠻酋首領。例如,《隋書·何稠傳》記隋文帝開皇末期,"桂州俚帥李光仕聚衆爲亂",何稠"遣使者諭其渠帥洞主莫崇解兵降款"⑧。而郡縣制度的推行引起了嶺南溪洞社會

① 《舊唐書》卷一○一《韓伜傳》,第 3150 頁。
② 《全唐文》卷三七六,第 3820—3821 頁。
③ 《全唐文》卷七二六,第 7481 頁。
④ (唐)李商隱《爲滎陽公舉王克明等充縣令主簿狀》,《全唐文》卷七七二,第 8051 頁。
⑤ (唐)李商隱《爲滎陽公桂州謝上表》,《全唐文》卷七七二,第 8042 頁。
⑥ (唐)李商隱《爲滎陽公上門下李相公狀》,《全唐文》卷七七四,第 8068 頁。
⑦ 《全唐詩》卷二九九,第 3398 頁。
⑧ 《隋書》卷六八《何稠傳》,第 1596 頁。

的深刻變遷。柳宗元《柳州文宣王新修廟碑》云"惟柳州古爲南夷"，"至于有國，始循法度，置吏奉貢，咸若采衛，冠帶憲令，進用文事"①。柳宗元《爲安南楊侍御祭張都護文》一文稱："交州之大，南極天際，禹績無施，秦强莫制，或賓或叛，越自漢世。聖唐宣風，初鮮寧歲，稍臣卉服，漸化椎髻，卒爲華人，流我愷悌。"②唐代嶺南西部貴州又稱懷澤郡，宋初《懷澤志》曰："有唐盛時，更置州縣，風俗一變，車書混同，迄今衣冠文物之盛蓋彬彬矣。"③郡縣制度的推行打破了嶺南溪洞社會長期孤立封閉隔絕的狀態，爲建立統一的政治社會生活以及經濟社會的發展創造了重要前提。顯然，由唐朝中央直接控制並制訂統一考核內容的南選取代唐初都督府除授制，即可以不斷地把這些地區社會各階層的優秀人士納入到唐王朝的官僚體系，並由此形成王朝國家內部的向心運動，這完全是維繫中央集權統治的迫切需要。

　　唐玄宗開元十八年至十九年(730—731)，張九齡由中書舍人出任桂州都督兼嶺南選補使，史載"張公受命之日，以爲五嶺荒服，不同於他邦。百蠻獷俗，不可以獨理"，乃薦監察御史蘇澥同掌銓選④。徐浩所撰《張九齡神道碑》稱其"黜免貪吏，引伸正人，任良登能，亮賢勞事，澤被膏雨，令行祥風"⑤。唐玄宗天寶八載(749)，著名高僧鑒真一行漂流至海南，然後取道桂州，其時正值嶺南"南選"。日本真人元開

①　《柳河東集》卷五，第 77—78 頁。
②　《柳河東集》卷四〇，第 651 頁；《全唐文》卷五九三，第 5999 頁。
③　《輿地紀勝》卷一一一《貴州》"風俗形勝"條引，第 3671 頁。
④　(唐)任華《桂林送前使判官蘇侍御歸上都序》，《全唐文》卷三七六，第 3821 頁。另《全唐文》卷三五五蕭昕《唐銀青光祿大夫嶺南五府節度經略採訪處置等使張公(九皋)神道碑》亦有張九齡主持南選的記載(第 3599 頁)。
⑤　(唐)徐浩《唐尚書右丞相中書令張公(九齡)神道碑》，《全唐文》卷四四〇，第 4490 頁。

《唐大和上東征傳》記載"州縣官人","填滿街衢",始安（即桂州）都督
馮古璞,"其所都督七十四州官人、選舉試學人併集此州"①。其中所
謂"官人"指參加銓選的官員,至於"選舉試學人"則指參加科舉考試
的士人。而這裏實際上也説明,至遲在唐玄宗天寶七載,以桂州爲中
心的嶺南"南選"已具有官員銓選和科舉選舉兩方面的内容。唐玄宗
天寶十三載七月敕稱:

> 如聞嶺南州縣,近來頗習文儒。自今已後,其嶺南五府管内
> 白身,有詞藻可稱者,每至選補時,任令應諸色鄉貢。仍委選補使
> 准其考試,有堪及第者,具狀聞奏。如有情願赴京者,亦聽。其前
> 資官并常選人等,有詞理兼通,才堪理務者,亦任北選,及授
> 北官。②

以上敕令中所謂"應諸色鄉貢",是指中央禮部主持的秀才、明經、進士
等科舉考試。而"北選"則是指吏部主持的官員銓選。唐代銓選與科
舉考試雖有密切關係,但仍判若兩途。進士等科舉考試只是給予出
身,並不能憑此得官,須在吏部再試以宏詞拔萃人等方可授以最低級
的從九品官。其他不就宏詞拔萃試以及凡有入官資格的人都由吏部
按期召集,試以身、言、書、判,然後注以適當官闕,經門下省審覆而加
以確定。這些等候官闕的人名爲"選人"。天寶十三載詔令規定嶺南
士人參加州縣貢舉,"南選使"准其考試後被録取者上報中央尚書省再
參加省試。

　　衆所周知,唐朝建立了從中央到地方基層社會一整套進行儒學傳

授的學校教育系統及貢舉系統[①]。隨着郡縣制度向嶺南各地包括溪洞地區的推進，作爲推行儒家教化的州縣學校制度及其相應的科舉考試制度也普遍建立起來。天寶十三載敕令中"如聞嶺南州縣，近來頗習文儒"，反映嶺南已有不少士人參加了唐朝科舉考試。《明一統志·梧州府》稱有李堯臣，鐔津（今廣西藤縣）人，"貞觀中第進士，累官至交州刺史，賜其里門曰登俊"[②]。白居易稱嶺南粵北始興張家族曰："在唐張氏，世爲儒宗。"[③]張宏雅是唐開元時著名宰相和詩人張九齡的伯父，《廣東通志》卷三〇四《列傳》記載高宗顯慶四年（659），"嶺南帥府舉宏雅明經，填帖皆中，首得及第，粵俗自是霶霶多經學之士矣"[④]。張九齡，《登科記考》卷四稱其武周長安二年（702）進士及第[⑤]。《唐會要》卷七六《制科舉》記其又在中宗、睿宗時連中制舉[⑥]。其弟張九皋，蕭昕《張九皋神道碑》云其"弱冠孝廉登科，始鴻漸也"[⑦]。明代郭棐《粵大記》記載南海縣人鄧信夫，以開元十年進士及第，官至左補闕[⑧]。唐開元中昭州昭平縣有"前進士陳滿堂"[⑨]。據胡三省《通鑑》注稱：

---

① 《通典》卷一五《選舉三》"歷代制下"條，第 353 頁；（五代）王定保著《唐摭言》卷一《貢舉釐革并行鄉飲酒》，北京：中華書局，1959 年，第 1 頁。

② 《明一統志》卷八四《梧州府》"人物"條，《景印文淵閣四庫全書》，第 473 冊，第 778 頁。

③ （唐）白居易《唐故銀青光禄大夫秘書監張公（仲方）墓志銘并序》，《全唐文》卷六七九，第 6944 頁。

④ （清）阮元（道光）《廣東通志》卷三〇四《張宏雅傳》，《廣東歷代方志集成》，第 4853 頁。

⑤ （清）徐松撰，趙守儼點校《登科記考》卷四《進士》，北京：中華書局，1984 年，第 134 頁。

⑥ 《唐會要》卷七六《制科舉》，第 1642、1643 頁。

⑦ （唐）蕭昕《唐銀青光禄大夫嶺南五府節度經略採訪處置等使張公（九皋）神道碑》，《全唐文》卷三五五，第 3598 頁。

⑧ （明）郭棐撰，黃國聲、鄧貴忠點校《粵大記》卷四《科第》，廣州：中山大學出版社，1998 年，第 63 頁。

⑨ （清）汪森《粵西文載》卷一五《山川志》，《景印文淵閣四庫全書》第 1465 冊，第 708 頁。

"進士及第而於時無官,謂之前進士。"①唐莫休符《桂林風土記》"桂州陳都督"條記載富州人陳思應"少居鄉里,以博學爲志",開元中入於京師,"以文業干之,凡諸要地,盡知其名……遂特除桂州都督"②。以上材料證實,即使在唐代以"蠻荒"著稱的昭州、富州等溪洞深遠地區,也出現了不少勤於舉業志在通顯的士人。而這些無疑反映了嶺南溪洞地區建立在租佃制基礎上的一般地主經濟的發展和中小地主階級的成長③。

值得注意的是嶺南溪洞豪族首領與唐朝科舉制度的關係。不少重新發現的隋唐碑刻材料證實,隋唐嶺南不少被稱爲"蠻酋"、"洞主"的豪族,原是歷史上從中原以各種途徑遷移嶺南的衣冠大族,其在邊徼蠻荒之地仍在一定程度上世代保持了濃厚的中原文化風尚④。因而在唐代也出現了一些以科舉通顯的士人。據唐代林寶《元和姓纂》卷一"馮氏"條云:"高州都督、耿公馮盎,代爲酋領;竇州刺史、合浦公馮士翽,代爲酋領。兄煜,進士。"⑤《資治通鑑》武德六年七月條載馮士翽爲岡州刺史⑥,高宗龍朔三年(663)五月條記載右武衛將軍馮士翽發嶺南兵討柳州蠻⑦。則馮士翽之兄馮煜進士及第應在唐太宗時或唐

① 《資治通鑑》卷二五三,唐僖宗廣明元年,第8222頁。

② (唐)莫休符《桂林風土記》,《景印文淵閣四庫全書》第589册,第76頁。

③ 參見王承文《唐代北方家族與嶺南溪洞社會》,《唐研究》第二卷,北京:北京大學出版社,1996年。

④ 參見本書第二章第一節、第一章第一節。另見王承文《越南現存〈大隋九真郡寶安道場之碑文〉考释》,《文史》2009年第四期,第59—86頁;《中古嶺南沿海甯氏家族淵源及其夷夏身份認同——以隋唐欽州甯氏碑刻爲中心的考察》,《魏晉南北朝隋唐史資料》第31輯,上海:上海古籍出版社,2015年,第196—228頁。

⑤ 《元和姓纂(附四校記)》卷一"馮氏"條,第15頁。

⑥ 《資治通鑑》卷一九〇,唐高祖武德六年,第5969頁。

⑦ 《資治通鑑》卷二〇一,唐高宗龍朔三年,第6335頁。

高宗前期。欽州人甯純、甯原悌、甯道務等均出身於著名溪洞豪族甯氏家族。《新唐書‧南蠻傳》云西原蠻“有甯氏者，相承爲豪”①。而明代黃佐《廣東通志》記載甯純，字如和，廉州人，“純少警敏，通章句，頗善書，父宣甚愛之。伯父猛力，陳禎明時爲安州刺史，役服不賓，輸貢於陳，令（甯）宣治大廉洞，而自居欽江”。唐初，甯純爲合州（即廉州）刺史，“唐遣中庶子張玄素鎮撫至廉，見純謹厚有禮，教其子弟讀書，蠻俗向化，甚稱獎之。後卒於官”②。甯純從孫甯原悌，早年入郎濟山讀書，登唐永昌（689）第，累官至諫議大夫。《唐會要》卷六八和《資治通鑑》卷二一〇均載睿宗景雲元年十二月議大夫甯原悌上疏之事③。《全唐文》卷二七八輯錄其《論時政疏五篇》④。盛唐著名詩人宋之問還爲其撰有《宋公宅送甯諫議》一詩⑤。先天元年（712），甯原悌曾充嶺南道宣勞使⑥。唐玄宗時監修國史，因“忤旨，去官致仕而卒”⑦。又據前引撰刻於唐開元二十年的《刺史甯道務墓志銘》記甯道務“涉獵乎六藝之場，牢籠乎百氏之苑，海內之學，盡在公門”。其三子均“克承詩禮之風，滿門修學之英，各擅簪纓之望”⑧。

我們證明唐代開元時期中央王朝把桂州作爲嶺南南選的中心，是爲了適應唐代溪洞地區社會發展的新情況，那麼，嶺南羈縻州是否也

①　《新唐書》卷二二二下《南蠻傳》，第 6329 頁。
②　（明）黃佐《廣東通志》卷五五《甯純傳》，第 1395 頁。
③　《唐會要》卷六八《刺史上》，第 1420 頁；《資治通鑑》卷二一〇，唐睿宗景雲元年，第 6659 頁。
④　《全唐文》卷二七八，第 2818—2820 頁。
⑤　《文苑英華》卷二六七，第 1349 頁；《全唐詩》卷五三，第 650 頁。
⑥　唐睿宗《遣宣勞使誥》，《全唐文》卷一九，第 226 頁。
⑦　《輿地紀勝》卷一一九《欽州‧人物》，第 3832 頁。
⑧　陳公佩修，陳德周纂《欽縣志》卷一三《藝文志下》，第 1050—1056 頁。

屬於南選的範圍呢？我們的回答是否定的。唐代嶺南道有羈縻州九十二個，主要集中在安南以及欽、柳江以西的地區，都是"即其部落列置州縣"。雖然其都督、刺史須經朝廷册命，但並非由朝廷委派，而是以原有部落首領世代承襲，其户籍也不需呈報户部①。前引《唐大和上東征傳》所載桂州爲中心的南選，其"七十四州官人、選舉試學人"，即全部來自嶺南的直隸州府。黔中道也是南選實施的重要地區。胡三省注《資治通鑑》曰："黔中一道皆溪峒蠻、僚雜居。"②盧僎《季冬送户部郎中使黔府選補》詩曰："握鏡均荒服"，"補吏五谿中"③。權德輿《送主客仲員外充黔中選補使序》云："選部每歲以四才三實銓署群吏，每三歲則有詔以諸曹郎分命南轅，調其任次。有黔江辰溪十五郡五十餘城，賦其吏員，便其習俗，主客郎仲君實司之。"④此所謂"十五郡五十餘城"，有關學者解讀爲黔中道所管轄的十五個經制州以及五十多個羈縻州⑤。按"五十餘城"應是指五十餘縣。以"城"代表行政區劃的"縣"是古代的傳統。例如《後漢書》之《郡國志五》即稱南海郡所轄有"七城"，蒼梧郡有"十一城"⑥。據唐李吉甫《元和郡縣圖志》記載，黔州觀察使"管州十五"和"縣五十二"⑦。又據《文苑英華》卷八〇〇權德輿《黔州觀察使新廳記》記黔中"凡四使十五郡，五十餘城。裔夷巖險，以州部脩貢職者（即羈縻州）又數倍焉。"⑧據此則黔中地區的

① 《新唐書》卷四三下《地理志七下》，第 1119 頁。
② 《資治通鑑》卷二一五，唐玄宗天寶六載，第 6878 頁。
③ 《全唐詩》卷九九，第 1071—1072 頁。
④ 《全唐文》卷四九一，第 5013—5014 頁。
⑤ 劉統《唐代羈縻府州研究》，西安：西北大學出版社，1998 年，第 28 頁。
⑥ 《後漢書·郡國志五》，第 3530 頁。
⑦ 《元和郡縣圖志》卷三〇《江南道六·黔州觀察使》，第 735 頁。
⑧ 《文苑英華》卷八〇〇，第 4231 頁。

"南選"並不包括五十餘羈縻州。唐代中後期,南選推行到根本沒有羈縻州府的閩中甚至江淮等地區,也從另一方面證實了這一點。南選所實行的"溪洞"地區,一般是民族雜居,豪族勢力較强,但是唐代已完全推行郡縣鄉里制度的地區。而"南選"正是從地方豪族政治向高度中央集權體制下的官僚政治發展的中間環節。天寶十三載敕令明確規定嶺南士人參加州縣貢舉,其重要意義就是代表嶺南新興中小地主階級的興起,亦代表晉唐之際興盛達幾個世紀的嶺南溪洞豪族的最後衰滅。

三　唐代"南選"制度與嶺南溪洞豪族的衰滅

嶺南溪洞豪族從東晉到唐初幾個世紀的興盛發展,是以其對嶺南地方政治權力的實際操縱和官爵的世代傳襲爲前提的。在高度中央集權制基礎上建立起來的唐王朝,爲了力矯積弊,不得不在選官制度上作釜底抽薪的改革。從唐太宗貞觀後期最初實行,至唐高宗上元年間開始長期推行不輟的南選,從本質上來說就是要將嶺南地方官員的選任權收歸中央,官吏必須憑藉個人的能力服務於朝廷。由中央直接控制的南選代替了以同豪族勢力相妥協爲特徵的地方都督府除授制,就從根本上否定了嶺南豪族賴以存在發展的政治基礎。從唐高宗、武則天到唐玄宗時代,溪洞豪族世代簪纓而爲嶺南地方高級官員的現象不斷消失。由中央直接選派的官員包括大量左降官[①],越來越多地出仕包括溪洞地區在内的嶺南各地。而溪洞豪族出仕本身的流官化傾向,也反映了這些豪族業已喪失與其宗族鄉里的緊密聯繫,從而表明

---

① 王承文《唐代的左降官與嶺南文化》,載鄭學檬主編《唐代文化研究論文集》,上海:上海人民出版社,1994 年,第 514—524 頁。

地方豪族勢力的削弱。而大量依附於豪族的溪洞部族成員,則被改變爲封建國家的編户齊民。而這些現象都昭示了唐中央王朝統治權力在嶺南地區的深入發展。

而唐代前期南選的實行又是與嶺南溪洞豪族的不斷反叛以及唐王朝對豪族頻繁而大規模的用兵聯繫在一起的。據《資治通鑑》記載,武則天垂拱元年(685),廣州都督王果討反獠①;垂拱三年,桂州司馬曹玄静征討安南反叛俚帥李思慎②;延載元年(694),容州都督張玄遇征討"嶺南獠"③;開元十年,驃騎將軍楊思勖率軍十萬征討安南俚帥梅叔焉④;開元十四年,楊思勖率軍征討邕州"封陵獠"梁大海,斬首二萬級⑤。而唐朝前期高凉馮氏、欽州寗氏和瀧州陳氏等著名溪洞豪族的衰滅則更具有典型意義。

嶺南南部沿海的高凉馮氏興起於南朝劉宋初期,至唐高宗之後則走向式微。唐玄宗寵信的宦官高力士就是馮盎曾孫。譚其驤先生認爲高凉馮氏的衰敗,緣於不知遭遇過什麼嚴重的不幸事件⑥。唐長孺先生也認爲似高力士幼年遭到什麼禍難⑦。《舊唐書》本傳則記其"潘州人,本姓馮。少閹,與同類金剛二人,聖曆元年(698)嶺南討擊使李千里進入宮。則天嘉其黠惠,總角修整,令給事左右。後因小過,撻而

---

① 《資治通鑑》卷二〇三,唐武則天垂拱元年,第 6435 頁。
② 《資治通鑑》卷二〇四,唐武則天垂拱三年,第 6445 頁。
③ 《資治通鑑》卷二〇五,唐武則天延載元年,第 6497 頁。
④ 《資治通鑑》卷二一二,唐玄宗開元十年,第 6751 頁。
⑤ 《資治通鑑》卷二一三,唐玄宗開元十四年,第 6771、6774 頁。
⑥ 譚其驤《自漢至唐海南島歷史政治地理》,《歷史研究》1988 年第五期,第 17 頁。
⑦ 唐長孺《唐代宦官籍貫與南口進獻》,載《紀念陳寅恪先生誕辰百年學術論文集》,北京:北京大學出版社,1989 年,第 279 頁。

逐之。内官高延福收爲假子"①。《新唐書・高力士傳》記載其聖曆
（698—700）初，嶺南討擊使李千里上閹兒高力士入宮②。張説《贈廣
州大都督馮府君神道碑》記載高力士之父馮衡"以聖曆之歲終於本
城"，且"子幼家艱，喪禮蓋闕"③。以上表明聖曆元年高力士入宮與是
年其父馮衡之死有關。又據近年廣東電白縣出土的馮氏墓志銘記載，
墓主是馮盎曾孫，其祖馮智戴，其父馮子游爲光禄大夫、恩州刺史。又
四庫本張説《張燕公集・馮潘州墓志》亦稱馮子游④。然而，兩《唐書》
等正史却將其誤爲馮子猷。另外，正史稱馮子游爲馮盎"猶子"，即侄
子。《禮記・檀弓上》稱："喪服，兄弟之子，猶子也，蓋引而進之也。"
然而，根據廣東電白所出馮氏墓志銘，馮子游實爲馮盎之孫。至於墓
主本人則以"祖績"歷任潘州刺史和恩州刺史。也就是説，在馮盎曾孫
輩即高力士同族兄弟中，仍有出任刺史者。可見，前引明代黄佐《廣東
通志》卷二〇《姓氏》所稱唐代高凉馮氏爲刺史者數十人，並非虛言。
而尤其值得注意的是，墓志又稱墓主"捐館舍"於"神功元年（697）十
二月廿六日"。即這位馮氏恩州刺史也死於聖曆元年僅四天前。據
此，則聖曆元年高凉馮氏家族確實遭受了家破人亡的重大變故。潘炎
《唐故開府儀同三司兼内侍監高力士神道碑》稱高力士"入侍玉階。
則天矜其覆巢，知必成器，選内官而母之，命近侍以□之。錫一嘉

---

①　《舊唐書》卷一八四《高力士傳》，第 4757 頁。

②　《新唐書》卷二〇七《高力士傳》，第 5858 頁。

③　《張燕公集》卷一九，《景印文淵閣四庫全書》第 1065 册，第 819 頁；《文苑英華》卷九一
　　三，第 4808 頁。

④　《張燕公集》卷二三，第 871 頁；而《文苑英華》卷九五〇所收《馮潘州墓志》作"馮子猷"
　　（第 4999 頁）。

名"①。至於馮氏敗亡的具體原因,《舊唐書·李勣傳》云李勣本姓徐,唐中宗嗣聖元年(684)七月,李勣之孫徐敬業叛亂,討伐武則天,曾詐言"高州首領馮子猷(子游)叛逆,奉密詔募兵進討"②。《新唐書·李勣傳》亦記徐敬業自稱奉"密詔募兵,討高州叛酋"③。則高凉洗馮氏的敗亡,與潘州刺史馮子游也有一定關係。馮子游在唐太宗時即"以豪俠聞",並囚禁唐高宗親自派出的御史許瓘④。垂拱三年(687),安南都護劉延祐激起當地俚人叛亂,遂閉門堅守,"以候鄰境之援"⑤。《新唐書·劉延祐傳》記載"廣州大族馮子猷(游)幸立功,按兵不出"⑥。劉延祐最後被殺。馮子游顯然公開違抗了朝廷命令。此應爲唐朝與高凉馮氏家族走向決裂的主要原因之一。

而唐代潘炎以尚書駕部員外郎知制誥的身份,先後兩次奉敕爲高力士撰寫墓志,也都直接提及到高凉馮氏敗亡的原因。根據其《唐故開府儀同三司兼内侍監贈揚州大都督陪葬泰陵高公(力士)神道碑并序》記載,唐初馮盎爲使持節高州都督、廣韶等十八州總管,封耿國公。耿公有三子,智戣爲高州刺史,智戴爲恩州刺史,智垈爲潘州刺史,而"潘州府君生君衡。潘州薨薨而君衡襲位。象賢之禮,主記守封。且有舊章,斯爲代禄。使有軺軒□察者,不知承式,高下在心。因以矯誣

---

① 陶仲雲、白心瑩《陝西蒲城縣發現高力士殘碑》,《考古與文物》1983 年第二期,第 37 頁。

② 《舊唐書》卷六七《李勣傳》,第 2490 頁。

③ 《新唐书》卷九三《李勣傳》,第 3822 頁。

④ 王昶《金石萃編》卷一〇〇(北京:中國書店,1985 年)以及《全唐文》卷九九三闕名《唐故開府儀同三司贈揚州大都督高公神道碑》收有殘碑録文(第 10289—10290 頁)。

⑤ 《舊唐書》卷一九〇上《劉延祐傳》,第 4995 頁。

⑥ 《新唐書》卷二〇一《劉延祐傳》,第 5733 頁。

罪成,於乎。裂冠毀冕,籍没其家”①。潘炎又奉敕撰《大唐故開府儀同三司兼内侍監上柱國齊國公贈揚州大都督高公(力士)墓志銘并序》,其文稱:“聖曆中,潘州府君捐館,舍子君衡襲其位焉。父没子繼,南州故事。且持榮戟,方俟絲綸。按察使摧折高標,撻抉瑕釁。禍心潛構,飛語上聞。帝闇難叫,家遂籍没。”②根據以上記載,從表面上來看,高涼馮氏家族的敗亡是直接緣於武則天聖曆年間某位按察使的指控,並導致最終被唐朝軍隊所剿滅。而高力士之兄高元珪的墓志則叙述得更加明確。其《大唐故左威衛將軍贈陳留郡太守高府君墓志銘》稱高元珪“本姓馮,隋荆州長史盎之曾孫,皇高州都督智戣之孫,廣州都督君衡之子也。垂拱中,武則天臨朝,公時尚幼,屬姦臣擅權,誅滅豪族,避此禍,易姓高氏”③。碑文將高涼馮氏家族的敗亡,歸因於武則天時期的“姦臣擅權,誅滅豪族”。正因爲如此,我們認爲最根本的原因,還是唐朝中央要徹底翦除這一盤根錯節具有嚴重割據色彩的地方勢力。自開元、大曆以後,嶺南海北馮氏遂基本不見於史。唐玄宗時期著名宦官將領楊思勖爲嶺南羅州石城人,也出身於羅州大首領蘇氏家族,其入宫也有與高力士大致相同的背景④。

　　欽州甯氏,根據《資治通鑑》記載,武則天光宅元年(684),唐中宗的岳父韋玄貞被流放欽州而卒,而蠻酋甯承基兄弟逼取其女,妻崔氏不與,甯承基等殺之,及其四男。至神龍二年(706),唐中宗命廣州都

①　陶仲雲、白心瑩《陝西蒲城縣發現高力士殘碑附拓本及録文》,《考古與文物》1983 年第二期;另參見《金石萃編》卷一百;《八瓊室金石補正》卷六四;《全唐文補遺》第一輯,第35—37 頁。

②　《全唐文補遺》第七輯,第 59 頁。

③　周紹良、趙超主編《唐代墓志彙編續集》,上海:上海古籍出版社,2001 年,第 664 頁。

④　王承文《從碑刻資料論唐代粤西韋氏家族淵源》,《華學》1995 年創刊號,第 227 頁。

督周仁軌將兵二萬討之,承基等亡入海,仁軌斬之,以其首祭崔氏墓,殺掠其部衆殆盡①。張鷟《朝野僉載》稱:"韋氏遭則天廢廬陵之後,后父韋玄貞與妻女等並流嶺南,被首領甯氏大族逼奪其女,不伏,遂殺貞夫妻,七娘等並奪去。及孝和即位,皇后當途,廣州都督周仁軌將兵誅甯氏,走入南海。軌追之,殺掠並盡。"②而前述唐玄宗先天元年(712)甯原悌曾充嶺南道宣勞使或與此有關。前引《刺史甯道務墓志銘》云甯道務開元二十年卒於新州刺史任上,雖然表明欽州甯氏家族仍有一部分保持了政治地位,但甯道務及其多位子嗣的仕宦經歷表明,其出仕始終遠離其宗族鄉里,而且開元以後即再無聞人。《新唐書·南蠻傳》已將其併入"西原蠻"中一起敘述,大抵甯氏家族的勢力已退縮到粵西羈縻州附近地區。

瀧州陳氏,唐初瀧州刺史陳龍樹之子陳集原,根據《新唐書·孝友傳》記載,在武則天時官至右豹韜衛大將軍③。但據其所作《龍龕道場銘》實爲左豹韜衛將軍④。又據《明一統志》卷八一《陳集原傳》記載,其子陳仁謙官至銀青光禄大夫,都知兵馬使⑤。瀧州陳氏的覆滅在開元年間。根據《新唐書》卷二〇七《楊思勗傳》記載,開元十六年,"瀧州蠻陳行範自稱天子,其下何游魯號定國大將軍,馮璘南越王,破州縣

---

① 《資治通鑑》卷二〇八,唐中宗神龍二年,第6603—6604頁;又見《舊唐書》卷一八三《外戚·韋溫傳》;《新唐書》卷二〇六《外戚·韋溫傳》。

② 《朝野僉載》附《補輯》,第171頁。

③ 《新唐書》卷一九五《陳集原傳》,第5583頁。

④ 《全唐文》卷二〇三,第2049—2051頁;《廣東通志·金石略》,第55頁;陸增祥《八瓊室金石補正》卷四四,第303頁。

⑤ 《景印文淵閣四庫全書》第473冊,第713頁。

四十"①。《資治通鑑》則稱陳行範爲春、瀧等州獠②。正史中陳行範政治身份不明。《册府元龜》卷九八六《外臣部·征討五》則稱"獠首領瀧、澄州刺史陳行範、廣州首領馮仁智、何遊魯反叛,遣驃騎大將軍楊思勗討之"③。而近年出土的《唐故虢虢國公楊思勗墓誌銘并序》則稱"澄州刺史陳行範,構數十州渠魁,欲割據江嶺"④。以上兩條記載其爲澄州刺史的資料可補正史之闕。同時,陳行範被調往非常偏遠同時也是粤西西原蠻韋氏家族勢力中心的澄州⑤,竟能聯合數十州溪洞豪族首領發動規模巨大的反叛戰争,無疑與此時唐朝中央憑藉强盛國力而加緊推行的南選等限制和打擊嶺南豪族的政策有關。《楊思勗墓誌》云"公盡覆巢穴,俘虜凱歸"⑥。《新唐書·楊思勗傳》則云:"思勗悉衆窮追,生縛之,阬其黨六萬。"⑦經過這場大規模的戰争,瀧州陳氏以及大量其他溪洞豪族基本上都銷聲匿迹了。從"安史之亂"直至唐末,嶺南一些地方勢力的反叛主要來自羈縻州地區。

宋人章粢評論嶺南歷史稱:"帶山並海,依險阻以爲固。秦漢以來,常爲奸雄桀黠竊據其地。其後廢國爲郡,置吏統治。至者彈擊豪强,鉏剪寇盜之不暇,尚何及教化之事哉?"⑧自六朝以來,嶺南溪洞地

① 《新唐書》卷二〇七《楊思勗傳》,第5857頁。
② 《資治通鑑》卷二一三,唐玄宗開元十六年,第6781頁。
③ 《册府元龜》卷九八六《外臣部·征討五》,第11585頁。
④ 《唐故驃騎大將軍兼左驍衞大將軍知内侍事上柱國虢國公楊公(思勗)墓誌銘并序》,《唐代墓誌彙編》開元五一五號,第1509頁。
⑤ 王承文《從碑刻資料論唐代粤西韋氏家族淵源》,《華學》1995年創刊號,第222頁。
⑥ 《唐故驃騎大將軍兼左驍衞大將軍知内侍事上柱國虢國公楊公(思勗)墓誌銘并序》,《唐代墓誌彙編》開元五一五號,第1509頁。
⑦ 《新唐書》卷二〇七《楊思勗傳》,第5857頁。
⑧ (宋)章粢《廣州移學記》,載廣州市地方志編纂委員會辦公室編《元大德南海志殘本(附輯佚)》,廣州:廣東人民出版社,1991年,第160—161頁。

區部族遺制以及相對封閉隔離的地域環境，一直就是王朝國家控制以及推行儒家教化的重大障礙。其叛服無常的性格亦使之成爲中原王朝需要時常剿撫的地區。而造成這一切最主要最深刻的根源，就在於嶺南地方"溪洞豪族"勢力的長期存在。至唐玄宗時代，延續幾個世紀的"溪洞豪族"已基本走向衰滅，這無疑反映了中古嶺南"溪洞社會"的重大變遷，同時也代表王朝國家統治權力在嶺南地方社會的深入發展。

四　結語

晉唐之際嶺南地區一批溪洞豪族的形成和發展，曾經是中國南方社會歷史發展中非常引人注目的現象。隋至唐初嶺南都督府（或總管府）主持的地方官員除授制，以及唐高宗上元年間開始正式推行的南選，其實都是選擇嶺南本地士人爲地方官員的選官制度。但是，都督府除授制本質上是中央王朝與嶺南溪洞豪族相妥協的產物，而"南選"却是要將嶺南選官納入中央集權體制。而且南選制度使選拔人才的範圍大大突破了溪洞豪族的小圈子，而擴大到嶺南溪洞社會的各個階層。至唐代中後期，隨着延續幾個世紀的嶺南豪族勢力走向衰滅，唐代南選也逐漸失去了其最初遏制和打擊嶺南豪族的政治意義。由於嶺南道途遐遠，不少中原士人視爲"禁地"和"絕域"，唐統治者也希望以諳熟風土民情的嶺南本地士人擔任州縣官職，南選遂向一般意義的銓選轉化。《唐會要》卷七五記載德宗興元元年，時京師寇盜之後，"選人不能赴調"，仍命吏部侍郎劉滋知洪州選事，"以便江嶺之人"[1]。唐文宗開成年間，嶺南節度使盧均奏稱："海嶠擇吏與江淮不同，若非

---

[1]　《唐會要》卷七五《南選》，第 1623 頁。

諳熟土風,即難搜求民瘼,"要求"特循往例,不令吏部注擬,且委本道求才。"①後唐明宗天成四年(929)十月詔云:"本朝一統之時,除嶺南、黔中去京地遠,三年一降選補使,號爲南選。"②長慶二年、大和三年、大和七年、開成二年唐中央都詔令南選權停一、二年或三年③。但是,這些權停詔令並不證明如有些學者所稱的南選已由原來的每四年或三年一度發展到每年舉行。《册府元龜》卷六三一《銓選部》所載元和十年九月格、開成四年五月詔,稱南選"更宜停五年"等,表明南選確實愈來愈少舉行,其政治意義亦在逐漸淡化。歐陽修《新唐書·選舉志》作爲唐代選官制度的總志亦説:"其後江南、淮南、福建大抵因歲水旱,皆遣選補使即選其人。而廢置不常,選法又不著,故不復詳焉。"④唐代"南選"選任嶺南本地人士出任本地州縣官員的制度,也在一定意義上爲宋代所繼承。北宋余靖所撰《宋故光禄寺丞梁君墓表》云:"嶺南按察者,皆專選補。州、縣吏員闕,即擇前資及土之豪俊而署之。試守三歲,克有成效,則薦於吏部而授其真秩。"⑤而其所撰《宋故大理寺丞知梅州王君墓碣銘》又記載:"舊制:嶺表按察官歲調郡縣掾佐闕員,取進士再舉明經,三舉不入太常第者,試攝其事。三載不瘝厥職,乃送吏部爲品官。邦人目爲南選。"⑥南宋周去非《嶺外代答》卷四亦云:"廣西去朝廷遠,士夫難以一一到部,令漕司奉行吏部銓法,謂之南選。"⑦

---

① 《唐會要》卷七五《南選》,第 1624 頁。
② 《册府元龜》卷六三二《銓選部·條制四》,第 7585 頁;《舊五代史》卷一四八《選舉志》,北京:中華書局,1976 年,第 1983 頁。
③ 《唐會要》卷七五《南選》,第 1623—1624 頁。
④ 《新唐書》卷四五《選舉志下》,第 1180 頁。
⑤ (宋)余靖撰,黄志輝校箋《武溪集校箋》卷二〇,天津:天津古籍出版社,2000 年,第 619 頁。
⑥ 《武溪集校箋》卷一九,第 592 頁。
⑦ 《嶺外代答校注》卷四,第 166 頁。

而顧炎武則將唐宋兩代“南選”完全等量齊觀。由於有關唐代南選實施原委的記載異常闕略，使南選在唐代前後期意義的轉換長期隱晦不彰。因而歐陽修、顧炎武等著名史家都把南選理解爲一般意義的地方性銓選制度。其實，與唐代前期相比較，唐代“安史之亂”以後直至宋代在嶺南推行的南選，在政治涵義上存在着重大區別。

第三節　唐代“南選”制度相關問題新探索

唐代“南選”是在嶺南道、黔中道和福建地區所推行的一種特殊的選官制度。這一制度最突出的特點，是選拔這些地區的土著居民出任本地的州縣官員。“南選”制度的創設與唐代嶺南、黔中和福建等地區經濟社會發展的特殊性有關。而“南選”制度在這些地區實施的具體背景、範圍、時間長短以及社會影響等却又各不相同。至唐文宗（827—840）統治後期，由於嶺南等地方藩鎮權力的擴大，作爲嚴格意義上的由唐朝中央直接控制的“南選”制度已經走向終結。但是，直到唐末，甚至包括兩宋時代，“南選”作爲一種選拔嶺南等地本土人士爲官的方式，却仍然以一種新的形式被繼續沿用。近三十年來，中外學術界對唐代“南選”制度已有不少專門研究①。然而，有關唐代“南選”

---

① 相關研究參見：〔日〕中村裕一《唐代の南選制と嶺南地方に就いて》，《武庫川女子大學紀要·教育學科編》30，1982年，第1—32頁；張澤咸《唐代“南選”及其產生的社會前提》，《文史》第二十二輯，1984年，第77—90頁；王承文《唐代“南選”與嶺南溪洞豪族》，《中國史研究》1998年第一期，第89—101頁；戴顯群《唐代的南選制度》，《福建師範大學學報》1998年第三期，收入氏著《唐五代社會政治史研究》，哈爾濱：黑龍江人民出版社，2008年，第161—174頁。唐代政治制度史、區域史研究的論著中涉及唐代“南選”的例子也有很多。

制度的具體内容及其演變，“南選”在嶺南、黔中和福建各地運作的特點，以及宋代對唐朝“南選”制度的繼承和變革等等，仍然是需要繼續討論的問題。本節將圍繞與“南選”制度相關的部分問題展開討論，一方面試圖進一步探討“南選”制度的具體内涵，另一方面則從一個具體方面揭示中古時期南方各地開發的歷史進程。

一　唐朝創設“南選”相關記載的沿革與辨析

(一)唐朝“南選”制度各種相關記載的“史源學”考察

對於唐代“南選”制度的創設，唐宋時期主要典章著作和史書等都有詳略不同的記載。然而，仔細對比這些典籍中的相關内容，就可以發現這些記載往往既淵源有自，同時又具有某些關鍵性的差異，甚至還存在比較明顯的闕略訛誤的情況。正因爲如此，這些記載之間的傳承因襲關係值得重新梳理和辨析。有關唐代創設“南選”的記載，我們認爲可以劃分爲四個系統。

(1)唐高宗頒布的“南選”詔令及其在後來的沿襲。《册府元龜》編纂於宋真宗大中祥符六年(1013)，該書記載高宗上元三年八月詔曰：“桂、廣、交、黔等州都督府，比來所奏擬士人，任官揀擇，未甚得所。宜準舊例，至應選補時，差内外官位(五)品以上清正官，充使選補，仍令御史同往注擬。其有應任五品以上官者，奏取處分。”①按清人編《全唐文》所收高宗《更定選補桂廣交黔等州選士例詔》即出於此②。《唐會要》成書於宋太宗建隆二年(961)，所載上元三年八月七日敕却有較大不同：

---

① 《册府元龜》卷六二九《銓選部·條制》一，第7547頁。
② 《全唐文》卷一三，第159頁。

　　　　桂、廣、交、黔等州都督府,比來所奏擬土人首領,任官簡擇,
未甚得所。自今已後,宜準舊制,四年一度,差强明清正五品已上
官,充使選補,仍令御史同往注擬。其有應任五品已上官者,委使
人共所管督府,相知具條景行藝能,政術堪稱所職之狀,奏聞。①

以上兩份文本的差別表現在:一是根據《册府元龜》和《全唐文》的版
本,上元三年以前在嶺南和黔中地區都督府所選拔的是"士人",即一
般意義上的士大夫群體。然而,《唐會要》却記載是"土人首領"。《册
府元龜》之《銓選部·總序》則稱"士人首領"②。這裏的"士人首領"
應是"土人首領"的錯誤。所謂"土人首領",我們認爲是指嶺南和黔
中地區的土著部族首領。嶺南和黔中地區的"土人首領"早在六朝時
期就已經大量出現,並對這些地區的政治和社會都産生了極爲深刻的
影響。在以往的討論中,我們將這些"土人首領"稱之爲"溪洞豪
族"③。而《資治通鑑》和《新唐書》等則稱之爲"土人",意即嶺南和黔
中地區的土著居民。總之,"士人"與"土人"或"土人首領"之間實際
上有非常重要的區别。史書中的這一訛誤又比較明顯地影響了後人
對唐朝創設"南選"歷史背景的認識。二是《唐會要》明確記載"南選"
是每"四年一度",而《册府元龜》却闕略。三是《唐會要》的版本强調
"南選"選官,是中央派出的"南選使"會同嶺南、黔中等地的都督府都
督共同完成的。而《册府元龜》中的詔令則闕此内容。
　　唐宋時代不少典籍就是直接依據唐高宗以上詔令來記載"南選"

---

① 《唐會要》卷七五《南選》,第 1621 頁。
② 《册府元龜》卷六二九《銓選部·總序》,第 7539 頁。
③ 參見本章第二節,另見王承文《唐代"南選"與嶺南溪洞豪族》,《中國史研究》1998 年第
　一期,第 89—101 頁。

制度的。《舊唐書》成書於後晉開運二年(945)，其《高宗紀》記載：上元三年(676)八月壬寅，"置南選使，簡補廣、交、黔等州官吏"①。《册府元龜·銓選部》的《總序》曰：

> 其南選，先以桂、黄(廣)、交、黔等州都督府所奏擬士(土)人首領，任官未甚精選，乃令五品以上强明清正官，充南選使以補，仍令御史同往注擬。其有應任五品以上官者，皆使人供所管都督府相知，其條景行藝能政術，堪稱所職之狀開奏，故謂之南選。然或廢或置，不嘗(常)其任。②

如前所説，以上"士人首領"即"土人首領"的訛誤。而以上内容又與前引《唐會要》所載"南選"詔令非常接近，從而進一步證明了《册府元龜》所收"南選"詔令的闕略和失誤。唐高宗上元三年十一月又改元儀鳳。《資治通鑑》成書於宋神宗元豐七年(1084)，該書記載唐高宗儀鳳元年(676)秋八月敕曰："桂、廣、交、黔等都督府，比來注擬土人，簡擇未精。自今每四年遣五品已上清正官充使，仍令御史同往注擬。"並稱"時人謂之南選"③。除了以上幾種直接根據唐高宗"南選"詔令所作的記載之外，還有幾種獨立的撰述。

(2)李林甫等所撰《唐六典》成書於開元二十七年(739)，該書記載："其嶺南、黔中，三年一置選補使，號爲南選。"其原注稱："應選之人，各令所管勘責，具言出身、由歷、選數，作簿書預申省。所司具勘曹名、考第，造歷子，印署，與選使勘會，將就彼銓注訖，然後進甲以

---

①　《舊唐書》卷五《高宗紀下》，第102頁。
②　《册府元龜》卷六二九《銓選部·總序》，第7539頁。
③　《資治通鑑》卷二○二，唐高宗儀鳳元年，，第6380頁。

聞。"①《舊唐書·職官志》應直接沿襲了《唐六典》的記載,稱:"其嶺南、黔中,三年一置選補使,號爲南選。"②

(3)杜佑《通典》成書於唐德宗貞元十七年(801),該書《選舉典》記載了唐朝選官制度,其中稱:"其黔中、嶺南、閩中郡縣之官,不由吏部,以京官五品以上一人充使就補。御史一人監之,四歲一往,謂之南選。"③《通典》與上述各種資料最大的不同,是"南選"實行的地區,在嶺南和黔中之外,又增加了"閩中"即福建地區。《册府元龜》又稱:"其黔中、嶺南、閩中郡縣之官,不由吏部,以京官五品以上一人充使就補,御史一人監之,四歲一往,謂之南選。"④這一記載明顯又是以《通典》爲依據的,宋代鄭樵《通志·選舉略》亦與此相同⑤。

(4)歐陽修等著《新唐書》成書於宋仁宗嘉祐五年(1060),其《選舉志》記載:

> 太宗時,以歲旱穀貴,東人選者集于洛州,謂之"東選"。高宗上元二年,以嶺南五管、黔中都督府得即任土人,而官或非其才,乃遣郎官、御史爲選補使,謂之"南選"。其後江南、淮南、福建大抵因歲水旱,皆遣選補使即選其人。而廢置不常,選法又不著,故不復詳焉。⑥

以上內容與前面各種記載相比,有幾點值得注意。首先,關於唐高宗

---

① 《唐六典》卷二,第34頁。
② 《舊唐書》卷四三《職官二》,第1820頁。
③ 《通典》卷一五《選舉三》,第360—361頁。
④ 《册府元龜》卷六二九《銓選部·條制一》,第7545—7546頁。
⑤ (宋)鄭樵《通志》卷五八《選舉略一》,北京:中華書局,1987年,第709頁。
⑥ 《新唐書》卷四五《選舉志》,第1180頁。

頒布"南選"詔令的時間。絕大多數典籍均記載爲唐高宗上元三年。唯有《新唐書》記載爲唐高宗上元二年。因此,《新唐書》的"上元二年"應是"上元三年"的訛誤。其次,《新唐書》没有像《通典》那樣,將福建記載成與嶺南和黔中並列的又一個實行"南選"的地區,而是將福建與江南、淮南這樣一些非"南選"地區並列。第三,《新唐書》所稱"而廢置不常",應根據了前引《册府元龜》之《銓選部·總序》所稱"然或廢或置,不常其任"。馬端臨《文獻通考·選舉考》既在内容上直接依據了《新唐書》,也沿襲了《新唐書》時間記載的訛誤,其文稱:"高宗上元二年,以嶺南五管、黔中都督府得即任仕(土)人,而官或非其才,乃遣郎官、御史爲選補使,謂之南選。"①

以上,我們對唐朝創設"南選"制度相關記載的因襲和演變過程作了梳理。至於各種史料中"南選"年限的矛盾記載,我們亦需要作專門討論。

(二)有關唐代舉行"南選"年限的辨析

唐代舉行"南選"的年限,史籍中有每三年一次或每四年一次這樣不同的記載。《唐六典》記載爲每三年一次。權德輿《送主客仲員外充黔中選補使序》稱:"選部每歲以四才三實,銓署群吏;每三歲則有詔以諸曹郎分命南轅,調其任次。"②意即唐朝中央吏部的銓選每年舉行一次,而"南選"却是每三年一次派遣"南選使"到嶺南、黔中等地選任官員。前引《舊唐書·職官志》記載:"其嶺南、黔中,三年一置選補使,號爲南選";五代後唐明宗於天成四年(929)冬十月所發布的詔令

---

① (元)馬端臨《文獻通考》卷三七《選舉考》,北京:中華書局,1986年,第348頁。
② 《全唐文》卷四九一,第5013—5014頁。

稱:"本朝一統之時,除嶺南、黔中去京地遠,三年一降選補使,號爲南選。"①

　　然而,前引《唐會要》所載唐高宗上元三年的"南選"詔令,却稱"宜準舊制,四年一度,差强明清正五品已上官,充使選補"。《通典》也記載爲"南選使"每"四歲一往"。除此之外,前引《册府元龜》卷六二九《銓選部·條制一》、《資治通鑑》卷二○二、《通志·選舉略》等等,均記載"南選"是每四年舉行一次。爲什麼以上這些重要的歷史資料對"南選"的年限却有完全不同的記載呢?幾乎所有的研究者對此都似乎頗感困惑。因爲無論是從以上這些史料形成的時間,還是從這些典籍本身的權威性等,都難以判定究竟哪一種記載更加具有可靠性。

　　我們認爲造成這種差異最根本的原因,是源於兩種不同的計算時間的方法。唐朝全國性的銓選每年舉行一次,"凡選始於孟冬,終於季春"②。意即開始於每年冬季第一月,即十月,結束於第二年的春季第三月。而"南選"則與此有別,一是每隔數年才舉行一次;二是從時間的起止上亦有不同。唐玄宗開元六年(718)八月敕稱:

　　　嶺南及黔中參選人(《唐會要》作"吏")曹,如文解每限五月三十日到省,八月三十日內簡勘使了。選使及選人,限十月三十日到選所。正月三十日內,銓注使畢。③

---

① 《舊五代史》卷一四八《選舉志》,第1983頁;《册府元龜》卷六三二《銓選部·條制》四,第7585頁。
② 《册府元龜》卷六二九《銓選部·條制一》,第7545頁。
③ 《册府元龜》卷六三○《銓選部·條制二》,第7551頁;按《唐會要》卷七五《南選》將該敕時間確定在開元八年(第1622頁)。

根據以上規定,在"南選"之年,嶺南和黔中兩地的都督府要在五月三十日前,將"選人"文解遞交到尚書省。尚書省在八月三十日前完成對"選人"的資格審核和結階定品。而"南選使"和"選人"在十月三十日之前在指定的選所集中。因此,"南選"正式開始於每年十月,而結束於第二年的一月三十日以前。因而,由唐朝中央吏部派遣的"南選使",在"南選"地所停留的時間實際上跨越了兩年。如果是從"南選使"在"南選"地停留的時間來算,應爲每三年出使一次,即如《唐六典》所稱,"其嶺南、黔中,三年一置選補使"。但是,如果是從朝廷每次開始派出"南選使"的時間來計算,則是每四年舉行一次。因此,《通典》等記載爲"南選使"每"四歲一往",即每四年一次派遣"南選使"赴嶺南、黔中等地進行"南選"。

另外,"南選"每四年舉行一次的規定,也與唐朝對六品以下官員銓選的制度規定相符合。唐制規定:"凡居官以年爲考,六品以下四考爲滿。"[1]唐朝對官員每年都有考核,五品以上的官員每三年爲一個任期。六品以及六品以下的官員則每四年爲一個任期。而唐朝"南選使"所選補的對象,確實都是六品及以下的官員。例如,唐德宗貞元二年(786)三月敕稱:"五品準式,不合選補使注擬,宜付吏部簡勘訖,送中書門下,其據資叙。却合授六品以下官,任便處分。"[2]意即需要充任五品以上官的選人,"選補使"需要將其簿籍上交吏部審核,由中書門下省根據其官資任官。而"選補使"所直接選補的是六品及以下官員。正因爲如此,唐朝每次"南選"的真正間隔時間就是四年。

然而,從唐憲宗元和十年(815)開始,唐朝後期"南選"年限一度

---

① 《册府元龜》卷六二九《銓選部·條制一》,第7546頁。
② 《册府元龜》卷六三〇《銓選部·條制二》,第7557頁。

也從每四年延長到五年舉行一次。根據《册府元龜》記載,唐文宗開成四年(839)正月吏部奏:"嶺南五管及黔中道選補,準元和十年九月二十九日格,五年一集。"①説明從唐憲宗元和十年至唐文宗開成年間,"南選"一度延長至每五年舉行一次。唐後期"南選"年限延長的原因,應與唐後期"南選"意義的變化有關②。對此,我們將在後面進一步討論

二 唐代"南選使"的兩種來源和監察問題辨析

(一)唐朝"南選使"的兩種來源

唐朝"南選"一般是由吏部分別向嶺南、黔中等地派出"南選使"進行選官。"南選使"又稱"選補使",一般是由五品以上京官充任。《通典》稱"不由吏部,以京官五品以上一人充使就補"。而《新唐書·選舉志》則稱:"乃遣郎官、御史爲選補使,謂之南選。"可見,吏部派出的郎官和監察御史均可稱爲"選補使"。我們試舉一些具有代表性的"選補使"來説明。

徐浩,字季海,越州人,擢明經,有文辭,史載其"遷累都官郎中,爲嶺南選補使。又領東都選"③。其爲"嶺南選補使"的時間大致在唐玄宗天寶後期。張式《國公贈太子少師東海徐公神道碑銘》亦記載其以都官郎中,"充嶺南□□□□□□□求成,俗事多詐濫","信義必行於夷獠,廉平可動於鬼神。五嶺百越,頌聲四合"④。

---

① 《册府元龜》卷六三一《銓選部·條制三》,第 7573 頁。
② 《册府元龜》卷六三〇《銓選部·條制二》記載:唐德宗貞元九年(793)七月,"以縣令四考爲限,無替者宜至五考",第 7560 頁。
③ 《新唐書》卷一六〇《徐浩傳》,第 4965 頁。
④ 《全唐文》卷四四五,第 4542 頁。

　　仲子陵。權德輿《尚書司門員外郎仲君墓志銘并序》記載其大曆十三年(778)舉進士甲科,貞元十年(794)舉賢良方正,拜太常博士,"轉主客、司門二員外郎",其"爲郎三歲,受詔典黔中選補,賦禄清平,南人悦焉"①。前引其《送主客仲員外充黔中選補使序》稱:"選部每歲以四才三實銓署群吏;每三歲則有詔以諸曹郎分命南轅,調其任次。有黔江辰溪十五郡五十餘城,賦其吏員,便其習俗,主客郎仲君實司之。"②可見,仲子陵是以主客員外郎的身份出任黔中"選補使"的。

　　獨孤愐。唐德宗興元元年(784)十一月,《册府元龜》記載:"嶺南選補使、右司郎中獨孤愐奏:'伏〔準〕建中四年(783)九月一日敕,選補條件所注擬官,便給牒放上,至上都付吏部團奏,給告身。'"③

　　王潔和姚向。史載唐憲宗元和二年(807)八月,"以職方員外郎王潔爲嶺南選補使"④。段成式《酉陽雜俎》記載"姚向曾爲南選使"⑤。《唐詩紀事》記載姚向在唐穆宗長慶二年(822)爲西川節度判官⑥。因而其出任"南選使"可能是在唐穆宗長慶前後。

　　然而,唐代"南選使"實際上還有另外一種重要來源,即由嶺南桂州都督府都督和黔州都督府都督兼任"選補使"。這種方式雖然並不見於唐代典章制度的明確記載,然而卻是"選補使"一個極爲重要的來源。我們試舉一批最有代表性的"選補使"來證明。

　　(1)張九齡。唐玄宗開元十八年至十九年(730—731),張九齡爲

---

①　《全唐文》卷五○二,第5110頁。

②　《全唐文》卷四九一,第5013—5014頁。

③　《册府元龜》卷六三○《銓選部·條制二》,第7556頁;《唐會要》卷七五《南選》,第1623頁。

④　《舊唐書》卷一四《憲宗紀上》,第422頁。

⑤　(唐)段成式《酉陽雜俎》卷一九,北京:中華書局,1981年,第186頁,

⑥　(宋)計有功《唐詩紀事》卷五○,上海:上海古籍出版社,2008年,第759頁。

桂州刺史、桂州都督兼嶺南道按察使。《舊唐書·張九齡傳》記載其由洪州都督"俄轉桂州都督,仍充嶺南道按察使"。其"嶺南道按察使"又稱"五嶺按察使"①。而《新唐書·張九齡傳》則記載其"徙桂州,兼嶺南按察選補使"②。説明作爲桂州都督的張九齡,除了兼有嶺南道按察使一職外,還兼任嶺南道"選補使"。任華《桂林送前使判官蘇侍御歸上都序》稱:"桂林秦所置郡也。南臨天池,……連帥之任,朝廷難其人。往年命御史中丞張公,公號爲稱職。去年又命我以佐之。初,張公受命之日,以爲五嶺荒服,不同於他邦,百蠻獷俗,不可以獨理,乃薦武功蘇澣,自祕書省校書郎除金吾掾,攝監察御史以佐焉。澣在幕中,多所匡輔。泊張公家艱去職,澣統其留務,凜其正色,操持紀綱,而十州之地晏如也。"③可見,此時嶺南的"南選"並不是吏部派出的郎官,而是桂州都督兼任嶺南按察使和嶺南選補使。而中央又派監察御史前往桂州與之協同完成。

桂州都督府,《舊唐書·地理志》則記載爲下都督府,其都督爲從三品。而敦煌博物館所藏唐天寶初年地志殘卷、《元和郡縣圖志》和《新唐書·地理志》,均記載其爲中都督府,其都督爲正三品。此與唐代典章著作規定的"南選使"一般爲五品郎官頗不相同。

(2)遊子騫。中國歷史博物館所藏唐李華《燕故魏州刺史司馬垂墓志銘》,是一份學術界很少關注的材料④,記載"桂州都督兼御史中丞遊子騫按察嶺南,奏(司馬垂)爲判官,副掌南選","德周人心,威静

---

① 《册府元龜》卷一〇〇《帝王部·聽納》,第1199頁,

② 《新唐書》卷一二六《張九齡傳》,第4427頁。

③ 《全唐文》卷三七六,第3820—3821頁。

④ 參見周錚《司馬垂墓志考證》,《中國歷史博物館館刊》1996年第一期,第118—125頁。

徼外,則銓署之明可知也"。遊子騫爲桂州都督的時間大致在開元天寶之際,郁賢皓《唐刺史考全編》"桂州"條亦未收録。遊子騫以桂州都督的身份"按察嶺南",即兼任嶺南按察使。而司馬垂以判官身份"副掌南選"①,説明遊子騫也同樣兼任嶺南選補使。

(3)趙國珍。趙國珍爲黔中道牂牁蠻著名首領,約天寶十載(751)至唐代宗寶應元年(762)爲黔州都督府都督,兼本管經略等使②。現存史書中並未記載其兼任黔中道"選補使",然而,今四川黔江縣收藏的一唐代銅鐘銘文却證明了這一點,其上鎸刻有"金紫光禄大夫工部尚書兼黔府都督御史大夫持節充本道觀察處置選補等使汧國公趙國琛"③。趙國琛即趙國珍④。他以黔州都督和黔中道觀察處置等使的身份兼任了黔中道"選補使"。

(4)薛舒。趙國珍卒後,薛舒繼爲黔州都督兼黔中經略招討觀察處置等使,時間從唐代宗寶應元年(762)至大曆十年(775)。薛舒是隋朝名臣薛道衡之後,河東人。韋建《黔州刺史薛舒神道碑》記載:"府君諱舒,字仲和,醴泉府君之長子也。……累遷巫、溪二刺史,兼少府監、殿中侍御史。溪洞雜類,蠻夷徼外,綏有素服,小有底寧。言語之所不通,撫柔之化風靡。寶應初,皇上以四郊多壘,五谿未安,乃拜黔州刺史、黔中經略招討觀察處置鹽鐵選補等、大理卿、兼御史中丞,……示之以威信,興之以禮讓,華風變於夷裔,膏雨浹於殊壤。"⑤

①　《新唐書》卷四八《百官志三》稱:"凡十道巡按,以判官二人爲佐。"(第1240頁)
②　《舊唐書》卷一一五《趙國珍傳》,第3374—3375頁。
③　參見龔節流、陳世雄《唐代銅鐘》,《文物》1981年第九期,第52頁。
④　付艷麗《唐代牂牁蠻趙氏家族與首領趙國珍事迹考》,《貴州民族研究》2011年第二期,第167—173頁。
⑤　《文苑英華》卷九二四,第4862—4863頁;《全唐文》卷三七五,第3813頁。

薛舒也是以黔州都督和黔中觀察使等地方方鎮的身份兼任黔中道"選補使"的。也就是說,在趙國珍和薛舒前後執掌黔中道長達二十六年期間,唐朝並未專門派遣京官充任"南選使"到黔中道舉行"南選"。其"南選"一直是由黔州都督定期主持完成的。

(5)韓佽。唐文宗大和九年(835)四月至開成二年(837)三月,韓佽任桂州都督兼桂管觀察使。《舊唐書·韓佽傳》記載其爲京兆長安人,由遷給事中出爲桂州觀察使。又稱:

> 桂管二十餘郡,州掾而下至邑長三百員,由吏部而補者什一,他皆廉吏量其才而補之。佽既至桂,吏以常所爲官者數百人引謁,一吏執籍而前曰:"具員請補其闕。"佽戒曰:"在任有政者,不奪所理;有過者,必繩以法。缺者當俟稽諸故籍,取其可者,然後補之。"會春衣使內官至,求賄於郵吏,二豪家因厚其資以求邑宰,佽悉諾之。使去,坐以撓法,各笞其背。自是豪猾斂迹,皆得清廉吏以蘇活其人。……開成二年,卒於官,贈工部侍郎。[1]

以上內容對於我們瞭解唐後期嶺南等地選官制度的運作具有重要價值。首先,在唐文宗大和九年至開成二年期間,桂州觀察使所轄二十多州[2],從州佐到縣令、主簿、縣尉等官職共計三百多員,其中真正由吏部銓選而除授的官員僅有十分之一,而十分之九的官員都是由桂州觀察使來主持選任的。《舊唐書》所稱"他皆廉吏量其才而補之",此"廉吏"一詞意義不明確。《册府元龜》相關記載爲:"韓佽爲桂州觀察使。

---

[1] 《舊唐書》卷一〇一《韓佽傳》,第3150頁。

[2] 按桂州觀察使管轄二十多州,與《新唐書·地理志》等所載州額不合。其原因是唐後期特別是唐文宗時期,唐朝幾度短期廢除了邕州都督府,將邕州都督府原所轄十多州合併歸桂州都督府管轄。

桂管二十餘郡,州掾而下至邑長簿尉三百員,繇吏部而補者什一,他皆廉使量其才而補之。"①所謂"廉使"就是唐代對觀察使的一種稱呼②。而《新唐書·韓佽傳》則記載爲:"桂管觀察使,部二十餘州,自參軍至縣令無慮三百員,吏部所補纔十一,餘皆觀察使商才補職。"③

其次,這條材料提供了唐後期桂管觀察使選拔官員的範圍和程式。其選補的官員,是"州掾而下至邑長";《册府元龜》記載爲"州掾而下至邑長簿尉";《新唐書》記載爲"自參軍至縣令"。即桂管所轄各州的佐官以及各縣的縣官。與唐初"南選"的規定一樣,其選任的均爲六品和六品以下官員。從《舊唐書》有關"二豪家因厚其資以求邑宰"的記載來看,這些官員絶大多數都是桂管本地的豪族或土著勢力代表。最後,韓佽到官後,"吏以嘗爲官者數百人引謁",即有數百名嘗爲官者參加選拔。而觀察使韓佽考察選補的内容,分爲三個部分,一是"在任有政者",即通過考察確認有才幹的官員,將讓其繼續理政;二是在任期間"有過者",將繩之以法;三是對桂管地區所出現的"缺者"即官員闕額,又簡稱"官闕",指每年因各種原因(如停替、死亡、病免、丁憂、獲譴、解任、致仕等)而空闕的正員職事官的名額,加上因需要而增設的員額④,將通過考核相關候選官員的簿籍等,挑選合適的"選人"

---

① 《册府元龜》卷六七四《牧守部·公正》,第 8056 頁。

② 唐中宗神龍二年(706)置十道巡按使。唐睿宗景雲二年(711)置十道按察使。張九齡《故襄州刺史靳公遺愛銘并序》稱"開元十二年,以理迹尤異,廉使上達,天子嘉之"(《全唐文》卷二九一,第 2953 頁),此"廉使"是指按察使。唐玄宗開元二十一年(733)設置十五道採訪處置使(簡稱採訪使)。唐肅宗乾元元年(758),採訪處置使改名觀察處置使。

③ 《新唐書》卷一一八《韓佽傳》,第 4274 頁。

④ 寧欣《唐代的選人與官闕》,收入氏著《唐史識見録》,北京:商務印書館,2009 年,第 53—65 頁。

來補充。可見，韓佽作爲觀察使應兼任"選補使"，而其在桂州主持"南選"的時間應該是在唐文宗大和九年。

這種由地方都督兼任觀察使和"選補使"的情況，應是唐後期嶺南和黔中地區"南選"最主要的形式。宋朝在嶺南繼續推行的所謂"南選"，一般是由按察使或兩廣地方轉運司代行吏部銓選職權，在很大程度上其實就是對唐朝這種"南選"方式的繼承和發展。

(二)唐朝"南選"與監察制度的實施

唐高宗上元三年"南選"詔令規定在"南選使"之外，"仍令御史同往注擬"，意即"南選"選官，均是在監察御史等的監察之下進行的。《唐六典》稱唐設監察御史十人，正八品上，其職掌包括："凡嶺南及黔府選補，亦令一人監其得失。"①《舊唐書·職官志》稱監察御史"掌分察巡按郡縣、屯田、鑄錢、嶺南選補"等②；而《新唐書·百官志》則稱"監察御史十五人，正八品下"，其職掌中有："屯田、鑄錢，嶺南、黔府選補，亦視功過糾察。"③唐朝監察"南選"運作的官員，除了監察御史之外，事實上還包括殿中侍御史和大理司直等等。

唐玄宗開元二年(714)十二月，"右威衛中郎將周慶立爲安南市舶使，與波斯僧廣造奇巧，將以進内。監選使、殿中侍御史柳澤上書諫，上嘉納之"④。《新唐書·柳澤傳》記載柳澤"拜監察御史，開元中，轉殿中侍御史，監嶺南選"⑤。《舊唐書·元載傳》記載監察御史韋鑑"充

---

① 《唐六典》卷一三《御史臺·監察御史》，第 382 頁。
② 《舊唐書》卷四四《職官三》，第 1863 頁。
③ 《新唐書》卷四八《百官志三》，第 1239—1240 頁。
④ 《舊唐書》卷八《玄宗紀上》，第 174 頁；《册府元龜》卷一〇一《帝王部·納諫》，第 1209 頁。
⑤ 《新唐書》卷一一二《柳澤傳》，第 4176 頁。

使監選黔中,引(元)載爲判官,載名稍著,遷大理評事"①。韋鎰"充使監選黔中",其時間應在唐玄宗天寶年間。寇錫在"安史之亂"中一度"受羈僞職",其後"復以才能,授高安令,俄轉大理司直,擢爲監察御史。風憲克舉,受命監嶺南選事,藻鑒惟精,遷殿中侍御史"②。寇錫作爲監察御史出使嶺南,應在唐代宗大曆年間。杜甫《送衛二十四司直充嶺南掌選崔郎中判官兼寄韋韶州》詩云:"選曹分五嶺,使者歷三湘。才美膺推薦,君行佐紀綱。"而杜詩原注稱:"嶺南交、黔等州,得任土人,以郎中、御史充使選補,謂之南選。"③所謂"司直"是指大理寺司直。《新唐書·百官志》記載唐大理寺設司直六人,官階爲從六品上,"掌出使推按"④。孫逖《送張環攝御史監南選》稱:"漢使得張綱,威名攝遠方。恩霑柱下史,榮比選曹郎。江帶黔中闊,山連峽水長。莫愁炎暑地,秋至有嚴霜。"⑤權德輿《唐故朝散大夫守祕書少監致仕周君墓志銘并序》記載,周渭,字兆師,其先汝南人,大曆以後,"歷富平長安尉,拜監察御史,董選補於南方。南方吏理清而風俗阜,抑君是賴,復命其勞,轉殿中侍御史"⑥。

　　張説撰《常州刺史平貞眘神道碑》所載平貞眘監選黔中的事迹頗具典型意義。其文曰:"(平貞眘)擢監察御史裏行,奉使黔中監選。有牂柯謝鳳節仁,奏罷漢官,專任首領。公上其挾姦樹黨,倣擾藩落,

① 《舊唐書》卷一一八《元載傳》,第 3409 頁。
② (唐)崔祐甫《有唐朝議郎守尚書工部郎中寇公錫墓志銘并序》,《全唐文補遺》第一輯,第 206—207 頁。
③ 《文苑英華》卷二六九,1358 頁;按《全唐詩》卷二三三《寄韋韶州》其"衛二十四司直"作"魏二十四司直"(第 2576 頁)。
④ 《新唐書》卷四八《百官志三》,第 1257 頁。
⑤ 《全唐詩》卷一一八,第 1191—1192 頁。
⑥ 《全唐文》卷五〇六,第 5149 頁。

天子悟焉,再使置吏,遠夷騷而旋定,舊貫改而復完。"①這條材料極少被人關注和討論。平貞眘以監察御史裏行的身份前往黔中監察"南選",時間大致在唐玄宗統治前期。而其時牂柯蠻首領謝鳳節仁,極可能就是黔州都督府都督並兼"選補使"。魏晉以降,黔中地區牂柯蠻的勢力以謝氏和趙氏爲主。杜佑《通典》稱其"渠帥姓謝氏,舊臣中國,代爲本土牧守。隋末大亂,遂絶。大唐貞觀中,其酋遣使修職貢。勝兵戰士數萬,於是列其地爲牂州"②。又據《唐會要》記載,貞觀二年,"首領謝龍羽遣使朝貢,授牂牁州刺史,封夜郎郡公。開元十年閏五月,大酋長謝元齊死,詔立其嫡孫嘉藝,襲其官封。至二十五年,其大酋長趙君道來朝正,獻方物。"③唐代張鷟《朝野僉載》記載武則天時期,"周黔府都督謝祐凶險忍毒"④。可見,自唐初至開元二十五年以前,唐朝主要依靠謝氏家族治理黔中。此後,則主要依靠趙氏家族,我們在前面討論了牂牁蠻著名首領趙國珍,他在唐玄宗天寶十載至唐代宗寶應元年爲黔州都督府都督兼"選補使",即有這樣的背景。

張説記載謝鳳節仁"奏罷漢官,專任首領",説明謝鳳節仁通過"南選"有意地排斥漢族官員,專門任用黔中當地蠻夷出身的"首領"爲官,從而擴大自己的勢力。所以,作爲監御史裏行的平貞眘遂向朝廷舉報其"挾姦樹黨,倛擾藩落",皇帝於是"再使置吏",即再專門派出"南選使",重新舉行"南選"。而這條材料也能證明這種由桂州都

---

① 《張燕公集》卷二〇,《景印文淵閣四庫全書》第 1065 册,第 840 頁;《文苑英華》卷九二一,第 840 頁。

② 《通典》卷一八七《邊防三·南蠻上》,第 5049 頁。

③ 《唐會要》卷九九《牂牁蠻》,第 2090—2091 頁。

④ 《朝野僉載》卷二,第 35 頁。

督和黔州都督主持的"南選",往往都有由中央派出的監察御史等官員
負責監察。

　　唐代"南選"的監察體制發生改變是在大曆十四年(779),十二月
二日,唐德宗詔"南選使可以專達,勿復以御史臨之"①。《唐會要》記
載唐德宗敕文爲:"南選已差郎官,固宜專達。自今已後,不須更差御
史監臨。"②即自此只派出郎官充任"南選使",而不再派監察御史與之
同行。顧炎武據此認爲大曆十四年以後,唐朝即已終止了對"南選"的
監察③。不過,這一情形其實不久又發生了改變。唐德宗貞元二年
(786)三月,陳歸爲考功員外郎充嶺南選補使,史載其"選人流放,注官
美惡,違背令文,唯意出入。復供求無厭,郵傳患之。監察御史韓泰奏
劾其罪,配流恩州"④。此次嶺南"南選"就是在沒有監察御史監督的
情況下進行的,然而,却帶來了嚴重的後果。唐憲宗元和二年(807)八
月,"以職方員外郎王潔爲嶺南選補使,監察御史御史崔元方監之"⑤。
説明由監察御史監控"南選"的制度已重新恢復。唐朝試圖通過這種
方式,儘可能保證對"南選"制度運作過程的監控。

三　唐代"南選"與嶺南道和黔中道"溪洞"社會的關係辨析

(一)唐代"南選"與嶺南道"溪洞"社會的關係

　　根據《新唐書·地理志》等的記載,唐朝嶺南道、黔中道大量新增

①　《舊唐書》卷一二《德宗紀上》,第324頁。
②　《唐會要》卷七五《南選》,第1622頁。
③　(清)顧炎武撰,黃汝成集釋,欒保群、吕宗力點校《日知錄集釋》卷八《選補》,上海:上海古籍出版社,2006年,第495頁。
④　《册府元龜》卷六三八《銓選部》,第7655頁;《唐會要》卷七五《南選》,第1623頁。
⑤　《舊唐書》卷一四《憲宗紀》,第422頁;《唐會要》卷七五《南選》,第1623頁。

加的州縣,絕大多數都是唐朝前期"開山洞"、"開蠻洞"而新成立的。福建地區的部分州縣亦有這樣的特點。對此,我們將在後面進一步討論。唐代"南選"所實施的範圍,一般就是在這種民族雜居,溪洞豪族勢力比較強大,但是又已完全推行郡縣鄉里制度的地區。由於唐朝在嶺南道和黔中道設有大量的羈縻州府,一部分從事民族史或區域史研究的學者,認爲這些地區的羈縻州府亦屬於"南選"的範圍。對此,我們試根據學術界認爲最具有典型意義的兩條材料加以討論。

根據唐代日人元開《唐大和上東征傳》記載,唐玄宗天寶八載(749),著名僧人鑒真一行到達桂林,恰逢嶺南道舉行"南選"。始安郡(即桂州)都督上党公馮古璞等步出城外,"其所都督七十四州官人、選舉試學人並集此州"①。元開所説的"都督七十四州官人、選舉試學人",説明參選人分成兩部分,一是參加選補的官員,二是"選舉試學人",即參加科舉考試的考生。劉統先生認爲:"按《新唐書地理志》桂府管下只有梧、賀等十一個正州,其餘相當一部分應是羈縻州。"②這一論點或可商討。首先,《新唐書·地理志》記載嶺南道有經制州七十四州,此與《唐大和上東征傳》所記相合。據《新唐書·地理志》記載,嶺南道羈縻州爲"諸蠻州九十二"。而桂州都督府所轄的羈縻州則僅爲七個。其次,從唐玄宗開元八年(720)開始,唐朝在嶺南道所設置的"南選使",已經從廣州移至桂州③。所以,天寶八年在桂州舉行的"南選",實際上是整個嶺南道的"南選"。而馮古璞很可能如桂州都督張九齡、遊子騫等那樣,兼有"嶺南選補使"一職,從而主持了該年整

---

① 《唐大和上東征傳》,第 72 頁。
② 劉統《唐代羈縻府州研究》,西安:西北大學出版社,1998 年,第 34 頁。
③ 《唐會要》卷七五《南選》,第 1622 頁。

個嶺南道的"南選"。

《隋書·南蠻傳》稱:"南蠻雜類,與華人錯居,曰蜒,曰獽,曰俚,曰獠,曰爸,俱無君長,隨山洞而居,古先所謂百越是也。其俗斷髮文身,好相攻討,浸以微弱,稍屬於中國,皆列爲郡縣,同之齊人。"[1]其稱中古時期的"南蠻雜類"是古代百越的後裔,而"隨山洞而居"則是對這些民族生活方式的高度概括。貞觀元年(627)十月,唐太宗發布的《安撫嶺南詔》稱:"嶺表遐曠,山洞幽深,雖聲教久行,而風俗未一。"[2]至貞觀五年(637),唐太宗在給嶺南高州都督亦爲高涼大首領馮盎的敕文中又稱:"海隅遼曠,山洞幽深,蠻夷重譯之方,障屬不毛之地,得之未有所益,失之固無所損。"[3]唐太宗兩次提到嶺南"山洞幽深",都是指"山洞"在嶺南占有很大的比重。蕭昕《殿中監張(九皋)公神道碑》亦稱:"五府之人,一都之會,地包山洞,境潤海壖。"[4]史籍中的所謂"溪洞"和"山洞",又稱爲"洞"、"村洞"、"川洞"、"獠洞"、"黃洞"、"蠻洞"、"俚洞"、"黎洞"等等。嶺南道新開闢的州縣大多與"山洞"或"溪洞"關係密切。我們試列舉其中一些最有代表性的州縣來説明。中古時代的"溪洞"或"山洞"等,主要是指南方山區少數民族聚集的農耕性村落。自六朝以來,史書中不斷有王朝國家"征伐川洞"或"招撫山洞"的記載。至唐朝,嶺南道、黔中道以及福建等地不少新的州縣就是因爲"開山洞"而設置的。

(1)勤州。《新唐書·地理志》記載,唐武德四年(621)析春州置,

---

① 《隋書》卷八二《南蠻傳》,第1831頁。

② 唐太宗《貞觀年中安撫嶺南詔一首》,《日藏弘仁本文館詞林校證》卷六六四,第247頁。

③ 唐太宗《與馮盎敕》,《日藏弘仁本文館詞林校證》之《文館詞林卷次不明殘簡》,第478—479頁;《全唐文補編》卷二,第16頁。

④ 《文苑英華》卷八九九,第4732頁;《全唐文》卷三五五,第5599頁。

五年州廢。唐玄宗開元十八年(730),平春、瀧等州,"首領陳行範餘黨
保銅陵北山,廣州都督耿仁忠奏復置州,治富林洞,因以爲縣"①。其
所稱"富林洞"即是"溪洞"。

　　(2)瓊州。根據《新唐書·地理志》記載,貞觀五年(631)以崖州
之瓊山置,"自乾封(666—668)後没山洞蠻,貞元五年,嶺南節度使李
復討復之"②。《舊唐書·地理志》記貞元五年(789)十月,嶺南節度使
李復奏曰:"瓊州本隷廣府管内,乾封年,山洞草賊反叛,遂兹淪陷,至
今一百餘年。"③《舊唐書·憲宗紀》記載,元和二年(807)四月,"嶺南
節度使趙昌進瓊管儋、振、萬安六州《六十二洞歸降圖》"④。杜牧稱瓊
州等地"地遠京邑,俗雜蠻夷,不知文律,易爲欺奪。朝廷選置,多無名
人,小則抑鬱不伸,大則聚以爲寇"⑤。

　　(3)黨州。《舊唐書·地理志》稱黨州爲"古西甌所居"⑥。《新唐
書·地理志》則稱本鬱林州地,唐高宗永淳元年(682)"開古黨洞
置"⑦。

　　(4)竇州。《舊唐書·地理志》稱武德四年,置南扶州及五縣,貞
觀中,改爲竇州,"取州界有羅竇洞爲名也"⑧;唐《十道志》稱竇州"先
管羅竇洞,因爲名"⑨。

---

①　《新唐書》卷四三上《地理志七上》,第1099頁。

②　《新唐書》卷四三上《地理志七上》,第1100頁。

③　《舊唐書》卷四一《地理志四》,第1763頁。

④　《舊唐書》卷一四《憲宗紀上》,第421頁。

⑤　(唐)杜牧《授吴從蓬州賈師由瓊州蕭蕃羅州刺史等制》,《文苑英華》卷四一一,第2083
　　頁。

⑥　《舊唐書》卷四一《地理志四》,第1739頁。

⑦　《新唐書》卷四三上《地理志七上》,第1110頁。

⑧　《舊唐書》卷四一《地理志四》,第1724頁。

⑨　《太平御覽》卷一七二《州郡部一八》引《十道志》,第839頁。

　　(5)廉州及蔡龍縣。《新唐書·地理志》記載廉州合浦郡,本合州。唐武德四年曰越州。貞觀八年(634)更名,"以本大廉洞地"。而廉州所轄的蔡龍縣,"以蔡龍洞名之"①。

　　(6)籠州。《舊唐書·地理志》記貞觀十二年(638),清平公李弘節遣冀州大同縣人龔固興"招慰生蠻,置籠州"②。《新唐書·地理志》亦記載爲貞觀十二年,李弘節"招慰生蠻置"③。而唐《十道志》云籠州扶南郡,"古越地。在南越之西界。唐貞觀十二年大使清平公李弘節招降獠,置籠州,以籠洞爲名"④。顧祖禹《讀史方輿紀要》稱其地爲"古蠻峒地,唐貞觀十二年清平公李弘節招撫降附,開置籠州,天寶初曰扶南郡,乾元初仍爲籠州,尋復荒塞"⑤。

　　(7)田州。《舊唐書·地理志》稱"土地與邕州同,失廢置年月,疑是開元中置"⑥。《新唐書·地理志》稱田州橫山郡,"開元中開蠻洞置,貞元二十一年(805)廢,後復置"⑦。宋人吳儆稱"邕州溪洞有田州、安平州,化外有自杞國,皆兵彊地大,驕悍難制"⑧。《讀史方輿紀要》記田州"古百粵地,漢屬交趾郡,晉、宋以後皆没於蠻。唐開元初置田州,天寶初曰橫山郡,乾元初復故。後爲羈縻蠻洞地。宋亦置田州,

①　《新唐書》卷四三上《地理志七上》,第1111頁;《元和郡縣圖志》則記載"古越地也","取大廉洞以爲名"(《元和郡縣圖志》附《闕卷逸文》卷三,第1095頁)。

②　《舊唐書》卷四一《地理志四》,第1760頁。

③　《新唐書》卷四三上《地理志七上》,第1105頁。

④　《太平御覽》卷一七二《州郡部一八》引《十道志》,第843頁。

⑤　《讀史方輿紀要》卷一一〇《廣西五》,第4947頁。

⑥　《舊唐書》卷四一《地理志四》,第1740頁。

⑦　《新唐書》卷四三上《地理志七上》,第1105頁。

⑧　(宋)吳儆《竹洲集》卷二《論廣西帥臣兼知漕計》,《景印文淵閣四庫全書》第1142册,第218—219頁。

隷邕州横山砦”，其“州山川平曠，控帶百粤，翼蔽南荒”①。唐代田州
應屬於“黄洞蠻”的勢力範圍。

（8）環州。《舊唐書・地理志》記載貞觀十二年（638），“清平公李
弘節開拓生蠻，置環州，以環國爲名”②。而唐《十道志》則稱環州正平
郡，州隷桂州，“貞觀〔十〕二年，李弘節招尉（慰）款附環落洞，故以名
州”③。可見，環州的建立應與環落洞有關。《太平寰宇記》記載環州
正平郡，唐貞觀十二年，“太史清平公李弘節遣融州、柳州首領慰安，由
是歸附。環落洞是諸洞要衝，故以環名州”④。

（10）海南振州落屯縣。《元和郡縣圖志》記載海南振州有落屯
縣，唐高宗“永徽元年（650）置，在落屯洞，因以爲名”⑤。

（11）邕州之思籠縣、封陵縣和如和縣。《新唐書・地理志》記載
邕州思籠縣，“乾元後開山洞置”；封陵縣，“乾元後開山洞置”⑥。《資
治通鑑》記載開元十四年（726），“邕州封陵獠梁大海等據賓、横州
反”。胡三省注曰：“封陵本山峒，唐世以漸開拓，乾元後始置爲縣。”⑦
《讀史方輿紀要》稱“封陵廢縣，亦唐乾元後開山洞所置也，屬邕州。
開元十四年封陵獠梁大誨等據賓、横州反，討平之”⑧。封陵縣治所在
今廣西邕寧縣東北。《太平寰宇記》又記載唐代邕州如和縣，“開谿洞

---

①　《讀史方輿紀要》卷一一一《廣西六》，第4975頁。

②　《舊唐書》卷四一《地理志四》，第1761頁。

③　《太平御覽》卷一七二《州郡部一八》引《十道志》，第843頁。

④　《太平寰宇記》卷一六八《環州》，第3220頁。

⑤　《元和郡縣圖志》附《闕卷逸文》卷三，第1091頁。

⑥　《新唐書》卷四三上《地理志七上》，第1102頁。

⑦　《資治通鑑》卷二一三，唐玄宗開元十四年，第6770頁。

⑧　《讀史方輿紀要》卷一一〇《廣西五》，第4936頁。

漸置"①。

（12）巖州之恩封縣。《舊唐書·地理志》稱："唐置巖州，失起置年月。天寶元年，改爲安樂郡。至德二年，改爲常樂郡。乾元元年，復爲巖州。"②據《新唐書·地理志》記載巖州常樂郡，唐高宗調露二年（680）析横、貴二州置，以巖岡之北因爲名。其所屬恩封縣，"本伏龍洞，當牢、白二州之境，調露二年與高城、石巖同置"③。

（13）宜州。宜州是唐朝在廣西西北邊境新設置的一個州，也是獠人比較集中的溪洞山區。《太平寰宇記》記載宜州龍水郡，"按郡同環州之地，招降所置"④。先是唐朝招降當地獠人設置粵州，後改爲宜州。《舊唐書·地理志》稱："唐置粵州，失起置年月。天寶元年，改爲龍水郡。乾元元年，復爲粵州。領縣四，無户口數，亦無兩京道里及四至州府也。"⑤該州既無建置年月，亦無户口和"四至"記載，可見其簡陋和原始的程度。《太平寰宇記》又記宜州"風俗"曰："江山險峻，人風獷戾，常持兵甲以事戰争。皆左袵椎髻，禮異俗殊，以巖穴爲居止。"⑥而宋初《武經總要前集》則稱宜州龍水郡，"唐乾封中以桂管溪洞地置宜州"⑦。

（14）牢州。《新唐書·地理志》記載牢州定川郡，本義州，"武德二年以巴蜀徼外蠻夷地置。貞觀十一年以東北有牢石，因更名，徙治

---

① 《太平寰宇記》卷一六六《邕州》，第 3173 頁。
② 《舊唐書》卷四一《地理志四》，第 1748 頁。
③ 《新唐書》卷四三上《地理志七上》，第 1104 頁。
④ 《太平寰宇記》卷一六八《宜州》，第 3214 頁。
⑤ 《舊唐書》卷四一《地理志四》，第 1751 頁。
⑥ 《太平寰宇記》卷一六八《宜州》，第 3215 頁。
⑦ （宋）曾公亮《武經總要前集》卷二〇《邊防廣南西路》，《景印文淵閣四庫全書》第 726 册，第 575 頁。

南流,後廢。乾封三年,將軍王杲平蠻獠復置"①。《輿地紀勝》引宋初《廣西郡邑志》稱唐"武德初,以猛洞置牢州"②。

(15)羅州。羅州屬於廣州都督府,與屬於容州都督府的竇州相毗鄰,均爲"溪洞"、"夷獠"勢力相當强大的地區。史書記載唐太宗貞觀五年(631),"羅竇諸洞獠反,敕(馮)盎帥部落二萬,爲諸軍前鋒。獠數萬人,屯據險要,諸軍不得進"③。杜牧《授吳從蓬州賈師由瓊州蕭蕃羅州刺史等制》云:"羅(州)居百越,溪洞深阻。"④

唐代嶺南還有大量州縣雖然没有"溪洞"、"山洞"的明確記載,但實際上也是"溪洞"和"夷獠"集中的地區。例如,瀼州臨潭郡,《舊唐書·地理志》記載唐太宗貞觀十二年(638),"清平公李弘節遣欽州首領寧(宣)師京,尋劉方故道,行達交趾,開拓夷獠,置瀼州"⑤。《新唐書·地理志》記載貞觀十二年(638),"清平公李弘節開夷獠置"⑥。古州樂興郡,《新唐書·地理志》記載"貞觀十二年,李弘節開夷獠置"⑦。嚴州循德郡,《舊唐書·地理志》記"秦桂林郡地,後爲獠所據。乾封元年(666),招致生獠,置嚴州及三縣"⑧。而《新唐書·地理志》記載唐高宗"乾封二年(667)招致生獠,以秦故桂林郡地置"⑨。唐代嶺南

---

① 《新唐書》卷四三上《地理志七上》,第1109頁。
② 《輿地紀勝》卷一二一《鬱林州》條,第3860頁。
③ 《資治通鑑》卷一九三,唐太宗貞觀五年,第6092頁。
④ (唐)杜牧《授吳從蓬州賈師由瓊州蕭蕃羅州刺史等制》,《文苑英華》卷四一一,第2083頁。
⑤ 《舊唐書》卷四一《地理志四》,第1748頁。
⑥ 《新唐書》卷四三上《地理志七上》,第1105頁。
⑦ 《新唐書》卷四三上《地理志七上》,第1108頁。
⑧ 《舊唐書》卷四一《地理志四》,第1740頁。
⑨ 《新唐書》卷四三上《地理志七上》,第1108頁。

道的所謂"生蠻"或"生獠"，都是指未歸附唐朝亦不承擔任何賦税徭役尚處於部族社會狀態的蠻獠民衆。柳州洛封縣，《元和郡縣圖志》稱"本烏蠻所住村名，乾封二年（667），招懷蠻户，因爲縣"①。桂州陽朔縣，《太平寰宇記》引唐代《郡國志》稱："陽朔縣有夷人名烏滸，在深山洞内，能織文布，以射翠取羽，割蚌取珠爲業。"②所謂"在深山洞内"，這裏的"洞内"，實際上是指"溪洞"或"山洞"之内。

（二）唐代"南選"與黔中道"溪洞"社會的關係

唐代黔中道轄十五個經制州，五十多個縣，另外還有五十多個羈縻州。而唐代在黔中道所設經制州縣絶大多數都是唐朝新開闢的"溪洞"或"山洞"地區。吕頌《黔州刺史謝上表》稱："黔巫遠僻，山洞阻深，地極荒陬，人多逋梗，不生五穀，不識桑蠶，迫之則鳥獸同群，緩之則木石爲伍。"③前引韋建《黔州刺史薛舒神道碑》稱"溪洞雜類，蠻夷徼外，綏有素服，小有底寧。言語之所不通，撫柔之化風靡"④。《太平寰宇記》卷一二〇《黔州》亦稱黔州"雜居溪洞，多是蠻獠，其性獷悍，其風淫祀，禮法之道，故不知之"⑤。胡三省注《通鑑》曰："黔中一道皆溪峒蠻、傜雜居，貶謫而不過嶺者處之。"⑥又稱唐代"黔中觀察使領辰、錦、施、叙、獎、夷、播、思、費、南、溪、溱等州，又有羈縻州五十，大率皆溪洞蠻也"⑦。也就是説，無論是黔中地區的經制州還是羈縻州，其

① 《元和郡縣圖志》卷三七《嶺南道四·柳州》，第 927 頁。
② 《太平寰宇記》卷一六二《桂州》引《郡國志》，第 3104 頁。
③ 《全唐文》卷四八〇，第 4906 頁。
④ 《文苑英華》卷九二四，第 4863 頁
⑤ 《太平寰宇記》卷一二〇《黔州》，第 2395 頁。
⑥ 《資治通鑑》卷二一五，唐玄宗天寶六年，第 6878 頁。
⑦ 《資治通鑑》卷二三八，唐憲宗元和六年，第 7686 頁。

民衆都以"溪洞蠻"爲主。那麼,唐朝在黔中道實行的"南選",對此是如何加以區分的呢?

前引權德輿《送主客仲員外充黔中選補使序》稱"選部每歲以四才三實,銓署群吏;每三歲則有詔以諸曹郎分命南轅,調其任次,有黔江辰溪十五郡五十餘城,賦其吏員,便其習俗,主客郎仲君實司之"①。最值得注意的是此所謂"十五郡五十餘城",一部分學者解讀爲黔中道的"南選",已包括了其所管轄的十五個經制州以及五十多個羈縻州,如劉統先生就認爲:"五十餘城,即指黔州都督府管下五十一羈縻州,與《新唐書·地理志》記載相合。但是還有更多的羈縻州,連都督府也不清楚。"②按唐代黔中道所謂"十五郡五十餘城"的表述還見於其他多種記載。例如,權德輿《送李十兄判官赴黔中序》稱:"武陵辰溪四封十五郡,大凡五十餘城。"③我們認爲這裏的"五十餘城"是指五十餘縣。因爲以"城"代表行政區劃的"縣"是中國古代的傳統。如《後漢書·郡國志》稱南海郡所轄有"七城",蒼梧郡有"十一城",就是將"縣"稱爲"城"④。另據李吉甫《元和郡縣圖志》記載,黔州觀察使"管州十五"和"縣五十二"⑤。權德輿《黔州觀察使新廳記》又稱黔中道"凡四使十五郡,五十餘城。裔夷巖險,以州部脩貢職者又數倍焉。察廉經理,招徠教化,以柔遠人,以布王澤"⑥,所謂"裔夷巖險,以州部脩貢職者又數倍焉",其實就是指黔中道的五十多個羈縻州,其數量是十

① 《全唐文》卷四九一,第5013—5014頁。

② 劉統《唐代羈縻府州研究》,第28頁。

③ 《全唐文》卷四九二,第5019頁。

④ 《後漢書》志第二三《郡國志五》,第3530頁。

⑤ 《元和郡縣圖志》卷三〇《江南道六·黔州》,第735頁。

⑥ 《文苑英華》卷八〇〇,第4231—4232頁。

五個經制州的數倍。《舊唐書·地理志》記黔州都督府除了管轄十餘個經制州之外，"又領充、明、勞……等五十州。皆羈縻，寄治山谷"[1]。因此，唐代黔中地區的"南選"並不包括五十餘羈縻州。

　　唐代經制州和羈縻州在官員的選任方面有根本的差別。唐朝羈縻州制度，實行的是"即其部落列置州縣"[2]。雖然羈縻州府的都督、刺史須經朝廷冊命，但並非由朝廷委派，而是以原有部落首領世代承襲，其户籍也不須呈報户部。而唐朝推行"南選"的地區，其州縣地方官員則由唐朝中央（包括由中央指派的"南選使"）負責任免。唐代實行"南選"的地區往往也是朝廷大量安置貶謫官員以及流放犯罪官員的地區。但是，終唐一代，唐朝卻從來没有將貶官謫往羈縻州任職的例子。而唐代"南選"推行到根本没有羈縻州府的福建地區，也從另一方面證實了"南選"並不包括羈縻州地區。

　　唐朝南選制度的實行，黔中道是僅次於嶺南道的地區。黔中道的社會狀況等，對於我們更加深入地理解"南選"制度的本質、背景和作用等，具有重要意義。

　　唐李吉甫《元和郡縣圖志》根據元和二年（807）的《國計簿》，記載黔州觀察使："管州十五：黔州，涪州，夷州，思州，費州，南州，珍州，溱州，播州，辰州，錦州，叙州，溪州，施州，奬州。縣五十二。"[3]《舊唐書·地理志》的州縣資料根據天寶十一載（752），其文曰："黔中觀察使。治黔州，管涪、溪、思、費、辰、錦、播、施、珍、夷、業、溱、南、巫等

———————————

① 《舊唐書》卷四〇《地理志三》，第 1620 頁。
② 《新唐書》卷四三下《地理志七下》，第 1119 頁。
③ 《元和郡縣圖志》卷三〇《江南道六·黔州》，第 735 頁。

州。"①兩書記黔中道轄州十五,縣五十二。

(1)黔州。唐代《十道志》記載周武帝保定四年(564),"蠻帥田思鶴以地内附置奉州。建德三年,改爲黔州"②。唐代黔州治所所在的彭水縣,《元和郡縣圖志》記載:"隋開皇十三年蠻帥内屬,於此置彭水縣。"③《太平寰宇記》記載黔州風俗稱"雜居溪洞,多是蠻獠","蠻獠混雜,風俗多同"④。

(2)施州。唐代《十道志》記載,周武帝建德二年(573),"酋長向鄒兄弟四人相率内附,置施州"⑤。唐德宗貞元(785—804)年間,陳皆曾出任黔中道施州刺史和叙州刺史。《唐故台州刺史陳公(皆)墓志銘并序》稱:"先時夷人未和,且阻方命,卅(四十)餘載,教令莫達,""屬黔巫地偏,種落相梗,公遂有施(州)、叙(州)之拜。乃寬夷禮以安豪家,反吏權以申王化,報政周月,夷人不勝其和。"⑥唐朝黔中所轄的施州屬於溪洞豪族勢力比較强大的地區。至宋代仍然如此。《宋史》記載:"施州蠻者,夔路徼外熟夷,南接牂牁諸蠻,又與順、富、高、溪四州蠻相錯。"⑦宋真宗咸平六年(1003),"施州叛蠻譚仲通等三十餘人來歸"⑧。

(3)涪州。《華陽國志》描述涪陵郡的風俗時稱"土地山險水灘,

① 《舊唐書》卷三八《地理志一》,第 1392 頁。
② 《太平御覽》卷一七一《州郡部一七》,第 835 頁。
③ 《元和郡縣圖志》卷三〇《江南道六·黔州》,第 736—737 頁。
④ 《太平寰宇記》卷一二〇《黔州》,第 2395 頁。
⑤ 《太平御覽》卷一七一《州郡部一七》,第 836 頁。
⑥ 《唐代墓志彙編》貞元一三〇《唐故中散大夫使持節台州諸軍事守台州刺史上柱國賜紫金魚袋潁川陳公墓志銘并序》,第 1933 頁。
⑦ 《宋史》卷四九六《蠻夷四》,第 14242 頁。
⑧ 《宋史》卷四九三《蠻夷一》,第 14175 頁。

人多戀勇,多獽、蜑之民。縣邑阿黨,鬭訟必死。"①至唐朝,《太平環宇記》引《新圖經》記賓化縣"此縣民並是夷獠,露頂跣足,不識州縣,不會文法,與諸縣户口不同"②,而永安縣則是"地連庸蜀,俗號蠻夷"③。

(4)南州。《新唐書·地理志》記載:"武德二年開南蠻置,三年更名㽉州,四年復故名。"④《元和郡縣圖志》記述南州風俗習慣稱"其男女露頭徒跣,衣皆左衽"⑤。《九州要記》曰:南州"㽉溪生獠招慰以置之"⑥。

(5)思州。《舊唐書·地理志》記載:"武德四年,招慰使冉安昌以務川當牂柯要路,請置務州。"⑦《太平寰宇記》記思州風俗稱其"地在荒徼之外,蠻獠雜居,言語各異"⑧。其思邛縣,《元和郡縣圖志》稱"開元四年招輯生夷所置"⑨,兩《唐書·地理志》並稱"開生獠置"⑩,而《太平寰宇記》稱"招集生夷獠以置"⑪。

(6)夷州。唐梁載言稱夷州乃是"古徼外蠻夷之地",其民"歷代恃險,不聞臣附"⑫。《新唐書·地理志》稱:"武德四年以思州之寧夷

① (晉)常璩撰,劉琳校注《華陽國志校注》卷一《巴志》,成都:巴蜀書社,1984年,第83頁。
② 《太平寰宇記》卷一二〇《涪州》,第2392頁。
③ 《唐代墓志彙編》貞觀一四〇《唐故涪州永安縣令輕車都尉樂君墓志銘并序》,第96—97頁。碑主隋開皇元年(581)生,貞觀二十一年(647)卒。
④ 《新唐書》卷四一《地理志五》,第1076頁。
⑤ 《元和郡縣圖志》卷三〇《江南道六·南州》,第742—743頁。
⑥ 《太平寰宇記》卷一二二《南州》,第2423—2424頁。
⑦ 《舊唐書》卷四〇《地理志三》,第1627頁。
⑧ 《太平寰宇記》卷一二二《思州》,第2421頁。
⑨ 《元和郡縣圖志》卷三〇《江南道六·思州》,第741頁。
⑩ 《舊唐書》卷四〇《地理志三》,第1627頁;《新唐書》卷四一《地理志五》,第1075頁。
⑪ 《太平寰宇記》卷一二二《思州》,第2423頁。
⑫ 《太平御覽》卷一七一《州郡部一七》,第836頁。

縣置,貞觀元年州廢,四年復以黔州之都上縣開南蠻置。"①而《通典》稱"貞觀中開南蠻地,置夷州"②;而《太平寰宇記》記夷州風俗稱"同黔中,而蠻夷之俗頗有不通"③。

(7)費州。唐《十道志》記費州的開置曰:"江山阻遠,爲俚獠所居,多不臣附。周宣政元年,獠王元殊、多質等歸國,遂立州,取費水爲名。"④《舊唐書·地理志》記載爲"信州總管、龍門公裕,招慰生獠王元殊、多質等歸國,乃置費州"⑤。所謂"獠王"即獠人部落首領。《新唐書·地理志》稱費州"析思州之涪川、扶陽,開南蠻置"⑥,而《資治通鑑》亦稱"開南蠻地置費州、夷州"⑦。又据唐代戴孚《廣異記》記載,"費州蠻人,舉族姓費氏,境多虎豹,俗皆樓居以避之"⑧。

(8)播州。播州爲隋牂柯郡之牂柯縣地,南接牂柯蠻。《太平寰宇記》稱其地風俗"同黔州",即所謂"雜居溪洞,多是蠻獠"⑨。

(9)珍州。兩漢時期屬牂柯郡。珍州爲"古山獠夜郎國之地"⑩。唐梁載言《十道志》記載:"唐貞觀十七年,廓闢邊夷,置播川鎮。後因川中有降珍山,因以鎮爲珍州,取山名郡也。"⑪唐代,仍是"其俗多雜,

① 《新唐書》卷四一《地理志五》,第 1074 頁。
② 《通典》卷一八三《州郡十三》"夷州"條,第 4890 頁。
③ 《太平寰宇記》卷一二一《夷州》,第 2409 頁。
④ 《太平御覽》卷一七一《州郡部一七》,第 835 頁。
⑤ 《舊唐書》卷四○《地理志三》,第 1627 頁。
⑥ 《新唐書》卷四一《地理志五》,第 1075 頁。
⑦ 《資治通鑑》卷一九三,唐太宗貞觀四年,第 6083 頁。
⑧ (唐)戴孚撰,方詩銘輯校《廣異記》之"費忠"條,北京:中華書局,1992 年,第 167 頁。
⑨ 《太平寰宇記》卷一二一《播州》,第 2413 頁。
⑩ 《太平御覽》卷一七一《州郡部一七》,第 836 頁。
⑪ 《太平御覽》卷一七一《州郡部一七》,第 836 頁。

生獠語言或通"①。珍州之夜郎縣、麗皋縣、樂源縣,《元和郡縣圖志》均記載"開山洞與州同置"②。

（10）溱州。《新唐書·地理志》稱:"貞觀十六年開山洞置。"③《元和郡縣圖志》記置溱州的緣由和過程曰:"貞觀十六年有渝州萬壽縣人牟智才上封事,請於西南夷寶渝之界招慰不庭,建立州縣。至十七年置,以南有溱溪水爲名。"④溱州之榮懿縣,《太平寰宇記》稱"唐貞觀十七年與州同置,以領獠户"⑤;《舊唐書·地理志》亦稱"開山洞置"⑥。溱州之扶歡縣,《舊唐書·地理志》稱"開山洞置"⑦。

（11）辰州。李吉甫《元和郡縣圖志》稱"辰州蠻戎所居也,其人皆槃瓠子孫。或曰巴子兄弟立爲五谿之長"⑧。《新五代史·馬殷傳》記載,唐末雷彦恭敗亡後,"澧州向瓌、辰州宋鄴、漵州昌師益等率溪洞諸蠻皆附于殷"⑨。

（12）叙州。《元和郡縣圖志》之"叙州"條引《荆州記》曰:"舞溪獠、狿之類,其縣人但羈縻而已。溪山阻絶,非人迹所履。又無陽烏狿萬家,皆咬地鼠之肉,能鼻飲。"⑩唐憲宗元和六年（811）,嚴綬爲荆南節度,"有叙州蠻酋張伯請殺長史,據辰、錦諸州,連九洞以自固,詔綬

---

① 《太平寰宇記》卷一二二《西高州》,第 2426 頁。
② 《元和郡縣圖志》卷三〇《江南道六·珍州》,第 744 頁。
③ 《新唐書》卷四一《地理志五》,第 1076 頁。
④ 《元和郡縣圖志》卷三〇《江南道六·溱州》,第 744 頁。
⑤ 《太平寰宇記》卷一二二《溱州》,第 2427 頁。
⑥ 《舊唐書》卷四〇《地理志三》,第 1629 頁。
⑦ 《舊唐書》卷四〇《地理志三》,第 1629 頁。
⑧ 《元和郡縣圖志》卷三〇《江南道六·辰州》,第 746 頁。
⑨ 《新五代史》卷六六《馬殷傳》,第 823 頁。
⑩ 《元和郡縣圖志》卷三〇《江南道六·叙州》,第 750 頁。

出兵討之"①。《資治通鑑》記載,元和六年(811)閏十二月黔州奏:
"辰、溆賊帥張伯靖寇播州、費州。"②《資治通鑑》又記載後梁開平四年
十二月,"辰州蠻酋宋鄴,溆州蠻酋潘金盛,恃其所居深險,數擾楚
邊"③。

(13)錦州。《舊唐書·地理志》記載,武則天垂拱二年(686),"分
辰州麻陽縣地并開山洞置錦州及四縣"④。《新唐書·地理志》則稱:
"以辰州麻陽縣地及開山洞置。"⑤錦州的溪洞豪族包括向氏、舒氏、田
氏等。據宋代陳均《九朝編年備要》記載,宋初辰州布衣張顒與流人李
資詣闕獻書言:"辰州之南北江乃古錦州,地接施、黔、牂牁,世爲蠻人
向氏、舒氏、田氏所據。"⑥

(14)溪州。唐代溪州溪洞豪族勢力強大,其著名的豪族有覃氏、
向氏。五代以後則有田氏、彭氏等族。《新唐書·玄宗本紀》記載開元
十二年(724)十一月,"溪州首領覃行章反,伏誅"⑦;《舊唐書·楊思勖
傳》記載開元十二年,"五谿首領覃行璋作亂,思勖復受詔率兵討之,生
擒行璋,斬其黨三萬餘級"⑧。郗士美以唐德宗建中年爲黔中觀察使,
"時溪州賊帥向子琪連結夷蠻,控據山洞,衆號七八千。士美設奇略,

---

① 《册府元龜》卷四二六《將帥部·招降》,第5080頁。
② 《資治通鑑》卷二三八,唐憲宗元和六年,第7687頁。
③ 《資治通鑑》卷二六七,後梁太祖開平四年,第8733頁。
④ 《舊唐書》卷四○《地理志三》,1622頁。
⑤ 《新唐書》卷四一《地理志五》第1073頁。
⑥ (宋)陳均《九朝編年備要》卷一九《神宗皇帝》"熙寧六年",《景印文淵閣四庫全書》第
328册,第499頁。
⑦ 《舊唐書》卷五《玄宗本紀》,第131頁。
⑧ 《舊唐書》卷一八四《楊思勖傳》,第4756頁。

討平之"①；又據《舊唐書・郗士美傳》記載爲："時溪州賊帥向子琪連結夷獠，控據山洞，衆號七八千，士美設奇略討平之。"②

（15）獎州。根據《新唐書・地理志》記載："獎州龍溪郡，下。本舞州，長安四年（704）以沅州之夜郎、渭溪二縣置。"③獎州爲五溪諸州之一。

唐朝在黔中地區共開闢二十州，在李吉甫所記的黔、涪、夷、思、費、南、珍、溱、播、辰、錦、叙、溪、施、獎十五州外，還有業、牢（義、智）、南潊、廢夷、廢思五州；開闢的直屬縣累計多達八十五個，至元和時廢棄三十三縣，仍存五十二縣。而這些州縣的開闢、分割、廢棄、改隸都與諸州的蠻夷與溪洞豪族直接相關，並與其民族社會狀況相適應。唐朝通過"開山洞"、"開南蠻"、"開生獠"等方式將前代的"蠻荒"之地真正納入到王朝國家的版圖之内，而將蠻獠編入户籍；又通過析置、分割舊有州縣，削弱和分化溪洞豪族的勢力，從而加强中央政權對地方社會的控制。通過郡縣制度和編户制度，黔中的大部地區和居民都納入到了王朝國家的直接控制之下，"蠻荒"變爲"州縣"，"蠻獠"變爲"齊民"④。而唐朝黔中道之所以成爲"南選"的重要地區，就是爲了適應黔中道社會的特點。

四　唐代福建地區的"南選"問題辨析

（一）唐代福建地區"南選"實行的時間、背景和範圍

根據杜佑《通典》的記載，唐代福建是除嶺南和黔中之外另一個推

---

① 《册府元龜》卷六九四《牧守部・武功二》，第 8283 頁。
② 《舊唐書》卷一五七《郗士美傳》，第 4146 頁。
③ 《新唐書》卷四一《地理志五》，第 1074 頁。
④ 付艷麗《唐代黔中道的開發和社會變遷研究》，中山大學博士學位論文，指導教師：王承文，2013 年 11 月，第 105—106 頁。

行"南選"的地區。部分研究者往往依據這一記載,把福建全境而且終唐一代都看成是"南選"推行的地區。這種認識在某種意義上可能是對唐代"南選"制度的誤解。因此,唐代福建地區實行"南選"的具體背景、起迄時間和地域範圍等,還需要專門討論。

關於福建地區"南選"開始的時間。《資治通鑑》記載,唐高宗總章二年(669),"其黔中、嶺南、閩中州縣官,不由吏部,委都督選擇土人補授"①。雖然《通鑑》記載唐初閩中與黔中和嶺南一樣,都實行了由都督府選拔"土人"充當州縣官的做法,但唐高宗上元三年正式頒布的"南選"詔令卻沒有包括福建地區。唐玄宗開元二十七年成書的《唐六典》有關"南選"的地域,也沒有提及福建地區。而成書於德宗貞元十七年(801)的《通典》記載"南選"的地區,則在黔中、嶺南之後提到了閩中。

唐高宗上元三年的"南選"詔令和開元時期的《唐六典》爲什麼都沒有提到福建地區實行"南選"呢? 我們認爲是因爲從唐初以來,福建的泉州、福州、建州等一直都實行由吏部主持的"北選"。武則天大足元年(701)七月二十九日敕稱:"桂、廣、泉、建、連、賀、福、韶等州縣,既是好處,所有闕官,宜依選例省補。"②而且我們認爲,早在武則天大足元年以前,福建的泉州、福州、建州就同嶺南的廣州、韶州和桂州等一樣,其"闕官"就已納入中央尚書省吏部銓選的範圍。武則天的這一敕令,一直到唐後期還被唐德宗等所重申。因此,福建地區有專門的"南選"應開始在《唐六典》編成之後,而且其實行的範圍主要是在泉州、

---

① 《資治通鑑》卷二○一,唐高宗總章二年,第 6362 頁。
② 《册府元龜》卷六二九《銓選部·條制一》,第 7548 頁;《唐會要》卷七五《南選》,第 1621—1622 頁。

福州、建州之外的福建其他地區。爲此,我們需要探討福建地區實行
“南選”的具體背景。

　　福建在兩漢時期的開發還比較有限。《通典》稱“閩越遐阻,僻在
一隅,憑山負海,難以德撫”。其原注稱:“漢武帝時,東越王數反,朱買
臣上言曰:故東越王居泉山之上,一人守險,千人不得上。”①南朝陳永
定初(557)始建閩州。其後屢經興廢、更改。公元589年隋平陳,改名
泉州,唐初改建州,不久改爲泉州,後又改爲閩州。直到開元十三年
(725)才改定爲福州。六朝時期,福建因爲北方人口遷入而得到發展。
然而,至隋朝,福建地區仍只設有建安一郡四縣,而且都集中在閩江流
域。宋代梁克家《淳熙三山志》記載福州:“始州,户籍衰少,耘鋤所
至,逋邐郡邑。穹林巨澗,茂木深翳,小離人迹,皆虎豹猿猱之墟。”②
該書又稱“異時地曠民稀,事簡役少,在隋猶以爲一閩縣耳。唐初撫
定,遂復以州名之③。可見,六朝至隋,福建的開發主要集中在治所
和交通要道附近的地區。然而,唐朝福建地區則有重要開發。至唐開
元年間,福建已發展爲福、建、泉、汀、漳五州,從四縣擴展到二十五縣。
而唐朝在福建地區實行“南選”的原因,即緣於閩中地區與嶺南、黔中
一樣,有一部分州縣是新開闢的“溪洞”地區。

　　(1)漳州。《舊唐書·地理志》稱,武則天垂拱二年(686)十二月
九日置。天寶元年,改爲漳浦郡,“舊屬嶺南道,天寶割屬江南東
道”④。根據敦煌市博物館藏唐天寶初年地志殘卷的記載,其時漳浦

---

① 《通典》卷一八二《州郡·揚州》,第4850頁。
② (宋)梁克家《淳熙三山志》卷三三,《寺觀類一·僧寺》,福州:海風出版社,2000年,第
　512頁。
③ (宋)梁克家《淳熙三山志》卷一〇《版籍類一·墾田》,第122頁。
④ 《舊唐書》卷四〇《地理志三》,第1601頁。

郡即漳州亦屬於嶺南道管轄①。《元和郡縣圖志》記載漳州,垂拱二年
"析龍溪南界置,因漳水爲名"。開元十二年,"自州管内割屬福州,二
十二年又改屬廣州,二十八年又改屬福州"②。陳元光所上《請建州縣
表》反映了漳州創建之初的情形:

> 況茲鎮地極七閩,境連百粵,左衽居椎髻之半,可耕乃火田之
> 餘。原始要終,流移本出於二州(指泉州、潮州);窮凶極暴,積弊
> 遂踰於十稔。元惡既誅,餘凶復起。……揆諸陋俗,良由職方久
> 廢,學校不興,所事者鬼獵爲生,所習者暴橫爲尚。誅之則不可勝
> 誅,徙之則難以屢屣。倘欲生全,幾致刑措,其本則在創州縣,其
> 要則在興庠序。③

可見,唐代漳州地區還有大量少數民族,他們是今天畲族等山地民族
的祖先。明代何喬遠《閩書》卷四〇《君長志》記載:"總章二年(669),
泉潮間蠻獠嘯亂,居民苦之,僉乞鎮帥,以靖邊方。"④清代顧祖禹稱:
"《志》云:州境自隋以來地荒人稀,未霑王化。儀鳳三年(678)寇陳謙
等連結諸蠻,侵軼潮州。翊府左郎將陳元光討平之,始開屯列戍于漳
水北,且耕且守。尋請於泉、潮間建一州以抗嶺表,從之,即屯所爲州
云。"⑤可見,唐代"南選"在汀州和漳州實行,有其特定的歷史背景。

唐德宗貞元年間吳與《漳州圖經序》稱,"皇唐垂拱二年十二月九

---

① 王仲犖著,鄭宜秀整理《敦煌石室地志殘卷考釋》,上海:上海古籍出版社,1993年,第73頁。

② 《元和郡縣圖志》卷二九《江南道五》,第721頁。

③ 《全唐文》卷一六四,第1674頁。

④ (明)何喬遠《閩書》卷四一《君長志》,福州:福建人民出版社,1994年,第1012頁。

⑤ 《讀史方輿紀要》卷九九,第4542頁。

日,左玉鈐衛翊府左郎將陳元光平潮州寇,奏置州縣。敕割福州西南地置漳州","自初置州,隸福州都督府。開元二十二年四月二十二日敕割隸廣州。二十八年敕復隸福州"①。朱熹《漳州守臣題名記》稱:"漳以下州領軍事,唐垂拱二年,用左玉鈐衛翊府左郎將陳元光奏置,領漳浦、懷恩二縣,而治漳浦。"②藍鼎元《漳州府圖説》:"漳於閩地爲極南,負山臨海,介閩廣之衝,控引番禺,襟喉嶺表,唐總章間,玉鈐衛將軍陳元光平崖山寇及諸蠻,開屯漳水之北,疏請建州,漳州之名,自此始。"③

唐漳州的開創與地方豪族陳元光關係密切。唐代張鷟《朝野僉載》即將"陳元光"記載爲"周嶺南首領陳元光"④。很顯然,唐朝是把陳元光作爲"溪洞豪族"來對待的。《全唐詩》小傳稱:"陳元光,字廷炬,光州人,高宗朝以左郎將戍閩,進嶺南行軍總管,奏開漳州爲郡,世守刺史。"⑤美國學者 Hugh R.Clark 亦提出唐代福建存在刺史"世襲"現象⑥。而這種刺史"世襲"現象在唐朝嶺南和黔中"溪洞"地區相當常見。而其所謂"世守刺史",主要是指陳元光、陳珦兩代。根據明代何喬遠《閩書·君長志》記載,陳元光之子陳珦字朝佩,"丁父憂,朝命以嶺南多故,令奪情代州事。珦懇辭終喪。開元已卯(715),率武勇衛枚緣阻夜襲巢峒,斬藍奉高首級並俘餘黨,父仇以復……二十五年乞

---

① (唐)吴與《漳州圖經序》,《全唐文》卷五一三,第 5209 頁。

② (宋)朱熹《晦庵集》卷八〇,《景印文淵閣四庫全書》第 1145 册,第 655 頁。

③ (清)藍鼎元《鹿洲初集》卷一二,《景印文淵閣四庫全書》第 1327 册,第 761 頁。

④ 《朝野僉載》卷二,第 30 頁。

⑤ 《全唐詩》卷四五《陳元光傳》,第 550 頁。

⑥ Hugh R.Clark, "Bridles, Halters, and Hybrids: A Case Study in T'ang Frontier Policy," *T'ang Studies* 6(1988) , pp.49-68.

衰齡,允之。天寶元年卒,謚文英"①。至唐憲宗元和(806—820)年間,鄭易撰《唐故絳州刺史鄭敬墓志并序》,尚稱漳州"郡居海嶠,人俗生梗"②。所謂"人俗生梗"是説當地的民風習尚還很原始粗獷剽悍。

(2)汀州。《元和郡縣圖志》記載,開元二十一年(733),"福州長史唐循忠於潮州北、廣州東、福州西光龍洞,檢責得諸州避役百姓共三千餘户,奏置州,因長汀溪以爲名"③;該書又稱汀州寧化縣"開元二十二年開山洞置"。《新唐書》卷四一《地理志五》記汀州臨汀郡,"開元二十四年開福、撫二州山洞置,治新羅"。

中古時期的所謂"洞"或"山洞",一般都是指南方山區少數民族的村落。尤其是唐代嶺南和黔中地區的"山洞",一般都是專指"夷獠"之民。唐代福建大部分尚屬於偏僻多山開發較晚的地區。從唐代汀州等州縣的設置情況來看,福建地區的一些"山洞"居民,其中也有一部分是逃避賦役的漢族民衆。有部分研究者提出唐代福建已經很少有少數民族活動的記載。但是,宋、元、明、清的資料中,福建少數民族的記載却還有不少。因此,我們認爲唐代福建所謂"山洞"地區的少數民族勢力仍很强大。根據蘇源明《唐故中大夫福州刺史管府君神道碑》記載,管元惠,平昌人,開元十七年(729),除使持節福州諸軍事福州刺史兼泉建等六州經略軍使,碑文又稱:"及領福也,風俗輕剽,封域險澀,置汀州以綏蠻,作泉山府四屯以威撫,加中散大夫,凡增級至中

① 《閩書》卷四一《君長志》,第 1013 頁。
② (唐)鄭易《唐故朝散大夫絳州刺史上柱國賜紫金魚袋鄭公(敬)墓志銘并序》,《全唐文補遺》第一輯,第 227 頁。
③ 《元和郡縣圖志》卷二九《江南道五·汀州》,第 722—723 頁。

大夫,凡册勳至上柱國。"①可見,唐開元年間設置汀州的目的就是爲了"綏蠻"。而其在汀州所設"泉山府",是指建立作爲府兵制的軍府。

《資治通鑑》記載唐昭宗景福元年(892),王潮率軍進攻福州,"民自請輸米餉軍,平湖洞及濱海蠻夷皆以兵船助之"。胡三省注稱:"平湖洞在泉州莆田縣界外。"②泉州莆田縣的"平湖洞"及其"蠻夷"顯然就是指"溪洞"。而"濱海蠻夷"則與泉州等地被稱爲"泉郎"的水上居民有關。對此,我們將在後面作進一步討論。又據《資治通鑑》記載,唐昭宗乾寧元年(894),"黃連洞蠻二萬圍汀州,福建觀察使王潮遣其將李承勳將萬人擊之,蠻解去"。胡三省注稱:"黃連洞,在汀州寧化縣南。"③可見,汀州一帶也是黃連洞蠻勢力很大的地區。前引《元和郡縣圖志》稱汀州寧化縣爲"開元二十二年開山洞置",説明汀州一帶的民衆仍以少數民族爲主。清道光年間長汀人楊瀾所撰《臨汀匯考》卷一《方域》稱:"長汀爲光龍洞,寧化爲黃連洞,洞者苗人散居之鄉。大曆後始郡縣,其巢穴招集流亡,闢土殖穀而納貢賦。其地環萬山之中。"該書卷三《畬民》又稱:"唐時初置汀州,徙内地民居之,而本土之苗仍雜居其間,今汀人呼曰畬客。"④當然,唐代有不少逃避賦役的漢族民衆進入"山洞",應是開元年間汀州得以創設的重要條件之一。

《太平寰宇記》記載:"唐開元二十四年,開福、撫二州山洞置汀州。"又引唐代牛肅《紀聞》云:

---

① 《文物》1983 年第三期刊載拓片;陳尚君輯校《全唐文補編》卷四二,中華書局,2005 年,第 509 頁。
② 《資治通鑑》卷二五九,唐昭宗景福元年,第 8427 頁。
③ 《資治通鑑》卷二五九,唐昭宗乾寧元年,第 8459 頁。
④ (清)楊瀾《臨汀匯考》,清光緒四年刻本。

　　江東採訪使奏于虔州南山洞中置汀州,州境五百里,山深,林木秀茂,以領長汀、黄連、雜羅三縣。地多瘴癘,山都、木客叢萃其中。……州初移長汀,長汀大樹千餘株,……凡斬伐諸樹,其樹皆楓松,大徑二三丈,高者三百。山都所居,其高者曰人都,在其中者曰猪都,處其下者曰烏都,人都即如人形而卑小,男子婦人自爲配耦。猪都皆身如猪。烏都皆人首,盡能人言,聞其聲而不見其形,亦鬼之流也。三都皆在樹窟宅,人都所居最華。人都或時見形。[①]

牛肅生活在武周到唐肅宗時期,官至岳州刺史,其《紀聞》十卷,多載開元、天寶中事[②]。漢晉及唐宋時期,史書中有不少“山都”、“木客”的記載,他們分布在中國古代南方各地,特別是贛、粵、閩交界的山區。史籍往往將其描述成神鬼或怪獸,他們其實是一種生活在山林中後來已經消亡了的原始族群[③]。

　　唐代福建地區的社會風俗與中原內地亦有較大的差別。元和四年(809)三月,翰林學士李絳和白居易等上言:“嶺南、黔中、福建風俗,多掠良人賣爲奴婢。”[④]唐憲宗隨後發布的詔令也稱:“嶺南、黔中、福建等道百姓,雖處遐俗,莫非吾人,多罹掠奪之虞。”[⑤]

　　唐文宗太和二年(828)十月敕:“嶺南、福建、桂管、邕管、安南等道

---

① 《太平寰宇記》卷一〇二《汀州》,第 2034 頁。
② 參見卞孝萱《〈紀聞〉作者牛肅考》,《江海學刊》1962 年 7 月號,第 14 頁;李劍國《唐五代志怪傳奇叙錄》,天津:南開大學出版社,1993 年,第 238 頁。
③ 參見陳國强《福建的古民族——“木客”試探》,《厦門大學學報》1963 年第二期,第 1—12 頁;蔣炳釗《古民族“山都木客”歷史初探》,《厦門大學學報》1983 年第三期,第 87—94 頁。
④ 《資治通鑑》卷二三七,唐憲宗元和四年,第 7657 頁。
⑤ 唐憲宗《亢旱撫恤百姓德音》,《全唐文》卷六二,第 666 頁。

百姓,禁斷掠買餉遺良口,前後制敕,處分重叠,非不明白。"①可見,一直到唐代後期,福建與嶺南道、黔中道一樣,都是公開掠賣人口最盛行的地區。獨孤及在大曆(766—779)年間所作《送王判官赴福州序》稱"閩中者,左滄海,右百越,嶺外峭峻,風俗剽悍,歲比饑饉,民方剳瘵,非威非懷,莫可綏也"②。其《福州都督府新學碑銘》又稱:"閩中無儒家流。"③唐德宗貞元時,劉禹錫稱"閩有負海之饒,其民悍而俗鬼,居洞砦家桴筏者,與華言不通",又稱"閩悍而囂,夷風脆急"④。蔣炳釗認爲,居洞寨與家桴筏的少數民族,應是指後來的畲族和蜑民⑤。唐代福州和泉州等地沿海的蜑民還較爲普遍。《太平寰宇記》記載泉州"風俗"稱:

> 泉郎,即州之夷户,亦曰遊艇子,即盧循之餘。晉末,盧循寇暴,爲劉裕所滅,遺種逃叛,散居山海,至今種類尚繁。唐武德八年,都督王義童遣使招撫,得其首領周造、麦細陵等,並受騎都尉,令相統攝,不爲寇盗。貞觀十年,始輸半課。其居止常在船上,結兼盧海畔,隨時移徙,不常厥所。船頭尾尖高,當中平闊,冲波逆浪,都無畏懼,名曰了鳥船。⑥

唐昭宗《授王潮威武軍節度使制》稱:"閩越之間,島夷斯雜,非威望不

① 《唐會要》卷八六《奴婢》,第 1862 頁;《册府元龜》一六〇《帝王部·革弊二》,第 1931 頁。

② 《全唐文》卷三八七,第 3934 頁。

③ 《文苑英華》卷八四七,第 4477 頁。

④ (唐)劉禹錫《唐故福建等州都團練觀察處置使福州刺史薛公神道碑》,《全唐文》卷六〇九,第 6155 頁。

⑤ 蔣炳釗《關於畲族來源問題》,《中央民族學院學報》1984 年第三期,第 90—95 頁。

⑥ 《太平寰宇記》卷一〇二《江南東道十四·泉州》,第 2030 頁。

足以懾伏。"①這裏的"島夷"即與蜑民有關。唐末王審知割據福建,翁承贊《閩王王審知墓志銘并序》稱:"西北洞穴之甿,昔聚陸梁之党,齊民廢業,封豕爲妖,持險憑淩,據巖旅拒。"②所謂"洞穴之甿",就是指居於"山洞"的少數民族民衆。

(3)福州所屬三縣。除了汀州和漳州之外,唐代福建地區其他州不少縣的創設也與開闢"山洞"有關。《舊唐書·地理志》記載福州古田縣,"開元二十九年,開山洞置"③。《太平寰宇記》卷一〇〇《江南東道》記載福州古田縣,在"(福州)西北七十里,元四鄉。唐開元二十九年開山洞置"④。福州尤溪縣,《元和郡縣圖志》記載"開元二十九年開山洞置"⑤。而《太平寰宇記》稱:"其地與漳州龍巖縣、汀州沙縣及福州侯官縣三處交界,山洞幽深,溪灘嶮峻,向有千里,其諸境逃人,多投此洞。開元二十八年,經略使唐修忠使以書招諭其人,高伏等千餘户請書版籍,因爲縣。人皆胥悦。此源先號尤溪,因爲縣名,屬福州。"⑥明嘉靖《尤溪縣志》稱其地山洞:"唐以前民率岩居谷汲,怙寶險蠙選,觀望不内屬,中國賓之。開元二十二年經略使唐修忠以書風其民,酋長高伏以千户附,始娓娓臣中國,二十九年即其地縣之,隸福州。"⑦另有福州永泰縣,《元和郡縣圖志》記載唐代宗永泰二年(766)觀察使李

---

① 《文苑英華》卷四五七,第2328頁。
② 《全唐文補遺》第七輯,第183頁。
③ 《舊唐書》卷四〇《地理志三》,第1599頁。
④ 《太平寰宇記》卷一〇〇《福州·古田縣》,第1994頁。
⑤ 《元和郡縣圖志》卷二九《江南道》,第718頁。
⑥ 《太平寰宇記》卷一〇〇《南劍州·尤溪縣》,第2000頁。
⑦ (明)李文袞等編《尤溪縣志》卷一《地理志》,上海:上海古籍出版社影印天一閣藏本,第1頁。

承昭"開山洞置"①。

中古時期南方的"山洞"、"蠻洞"往往都與土著豪族有關②。由於漳州和汀州從其創建到唐玄宗天寶元年以前,主要屬於嶺南道管轄,因此,兩州亦自然屬於嶺南道"南選"的範圍。而唐代福建成爲除嶺南道和黔中道之外又一個實行"南選"的地區,應該是在開元末年這兩州從嶺南道正式劃歸福州都督府管轄之後。

根據以上討論,唐代福建地區實行"南選"的範圍,其實主要限定在漳州和汀州。汀州與漳州同唐朝嶺南道和黔中道大量新開闢的州縣一樣,原本都屬於典型的所謂"夷獠雜居"的"溪洞"地區。唐朝在這些新開發的地區直接推行與北方內地一樣的選官制度,顯然有很大的困難。而嶺南和黔中各地這種情況則更加突出。

(二)唐後期福建地區"南選"制度的終結

唐代"南選"制度對福建地方社會產生了較大影響。歐陽詹是唐後期著名閩籍士人。韓愈《歐陽生哀辭》稱:"歐陽詹世居閩越。自詹已上皆爲閩越官,至州佐縣令者,累累有焉。閩越地肥衍,有山泉禽魚之樂;雖有長材秀民通文書吏事與上國齒者,未嘗肯出仕。"至唐德宗建中元年(780),宰相常袞出爲福建諸州觀察使,並推行文教,"歐陽詹

---

① 《元和郡縣圖志》卷二九《江南道》,第 718 頁。

② 福建地方豪族的研究,參看佐竹靖彥《唐宋期福建的家族和社會——從閩王朝的形成到科舉制度的興盛》,"中研院"史語所編《中國近世家族與社會學術研討會論文集》,1998年,第 371—419 頁;吳修安《從豪族到姓望:梁唐福建沿海地方大族的演變》,載甘懷真編《身分、文化與權力——士族研究新探》,臺北:臺灣大學出版中心,2012 年,第 303—341 頁。

于時獨秀出,袞加敬愛,諸生皆推服,閩越之人舉進士繇詹始"①。韓愈記載歐陽詹的先輩"皆爲閩越官",並且"至州佐縣令者,累累有焉"。而這種情况恰恰也證明了歐陽詹的先輩們,一般就是通過"南選"而走上仕途的。至於其出仕的地點,應該多是唐朝"南選"在福建所推行的地區。而《新唐書·歐陽詹傳》則記載歐陽詹,字行周,泉州晉江人,"其先皆爲本州州佐、縣令。閩越地肥衍,有山泉禽魚,雖能通文書吏事,不肯北宦。及常袞罷宰相爲觀察使,始擇縣鄉秀民能文辭者,舉爲賓主鈞禮","閩人第進士,自詹始"②。《新唐書》的記載明顯直接依據了韓愈《歐陽生哀辭》。然而,《新唐書》却將韓愈所説的歐陽詹先輩"皆爲閩越官",改寫成"其先皆爲本州州佐、縣令",即其先輩均仕爲其家鄉泉州本地的州佐、縣令。根據我們在前面的討論,唐代泉州基本上屬於唐朝吏部銓選即"北選"的範圍,並不屬於"南選"所推行的地區。因此,《新唐書》的改寫很可能並不準確。歐陽詹在貞元八年(792)參加長安的進士考試,與當時著名文士賈稜、韓愈、李觀、崔群等同登金榜,當時稱"龍虎榜"。其在長安官至國子監四門助教。

蕭希甫《唐故充租庸使孔謙夫人劉氏夫人王氏合祔玄堂銘并序》稱:"昔者天寶末,(安)禄山自燕薊犯順,四海沸騰,首尾六七十年,逆者帝,大者王,小者侯,跨裂土疆,各各自有。以是地産翹俊,不復得出境而仕矣。直至天祐(904—907)初,□僞梁世亦然也。"③《唐故大理

① (唐)韓愈著,馬其昶校注,馬茂元整理《韓昌黎文集校注》卷五,上海:上海古籍出版社,2014年,第337頁。

② 《新唐書》卷二〇三《歐陽詹傳》,第5786頁。

③ (唐)蕭希甫《唐故豐財瞻國功臣光禄大夫充租庸使孔謙夫人劉氏夫人王氏合祔玄堂銘并序》,《全唐文補遺》第五輯,西安:三秦出版社,1998年,第61頁。

丞趙郡府君(李震)夫人太原王氏合葬銘并序》稱："及中原盜賊,士多
以江海爲安。"①以上説明從唐朝"安史之亂"直到唐末,北方中原的長
期戰亂使得全國各地的士人出仕的意願受到了很大影響。然而,唐代
後期却有很多福建籍士人對出仕抱有比較高的熱情,往往通過參加唐
朝科舉考試的方式走上仕進之路②。我們認爲這一歷史現象與唐後期
福建"南選"制度的變化也有一定關係。

　　唐代福建既是"南選"制度最晚開始實行的地區,同時又是"南
選"最早結束的地區。而其結束的具體時間也值得討論。《唐會要》
載德宗貞元十二年(796)十一月敕令稱："嶺南、黔中選,舊例補注訖,
給票放上,其俸除手力、紙筆,團除雜給之外,餘並待奏申敕到後,據上
日給付。其福建選補司宜停。其桂、廣、泉、建、福、賀、韶等州,宜依選
例稱補。"③有關"福建選補司"特別是"選補司"的説法僅見於此。中
村裕一先生認爲唐朝"南選"制度,實際上還存在一種稱爲"選補司"
的官方機構④。不過,《唐會要》這一敕令的準確性還需要進一步討
論。《册府元龜》所載唐德宗貞元二年(786)十一月十日敕文爲:

　　　嶺南、黔中選,舊例補注訖,給牒放上,其俸除手力紙筆團厨
　　雜給之外,餘並待奏申,敕到後,據旨給付。其福建選補使宜停。

①　《全唐文補遺》第八輯,西安:三秦出版社,2005年,第77頁。
②　凍國棟《唐代閩中進士登場與文化發展管見》,《魏晉南北朝隋唐史資料》第十一輯,武
　　漢:武漢大學出版社,1991年,第157—166頁;陳弱水《中晚唐五代福建士人階層興起的
　　幾點觀察》,張國剛主編《中國社會歷史評論》第三卷,北京:中華書局,2001年,第88—
　　106頁。
③　《唐會要》卷七五《南選》,第1623頁。
④　〔日〕中村裕一《唐代の南選制と嶺南地方に就いて》,第4—9頁。

其桂、黄（廣）、泉、建、賀、福、韶等州,宜依選例省補。①

《册府元龜》和《唐會要》對這條敕文的記載明顯有別。前引《唐會要》爲貞元十二年,《册府元龜》却非常明確地記載是貞元二年,而《四庫全書》本《唐會要》亦作貞元二年。《册府元龜》明確稱"福建選補使",而非"福建選補司"。由於其他所有典籍均作"選補使",因此,《唐會要》的"福建選補司"很可能是在流傳過程中出現的訛誤。而這條材料也證明除了嶺南、黔中之外,唐朝在福建也曾專門設置"選補使",使之會同福州都督府都督來進行"南選"。顧炎武《日知録》卷八亦稱:"是黔中、嶺南、閩下各一掌選也。"另外,《唐會要》中的"據上日給付",其"上日"二字應爲"旨"的訛誤。《唐會要》卷七五《南選》輯録唐代"南選"資料最爲全面。然而,將該書中的資料與《舊唐書》、《册府元龜》等其他資料對校,可以發現其錯誤亦最多②。

以上德宗貞元二年敕令還有兩點值得特別注意,一是該敕令再次重申了武則天大足元年(701)的敕令,即福建地區泉州、福州、建州以及嶺南地區的桂州、廣州和韶州的選官,一直都屬於唐朝吏部銓選的範疇。而且從"福建選補使"設置開始,"福建選補使"所選補的地區,就只有漳州和汀州。二是該敕令規定"福建選補使宜停"。有一種觀點認爲,此敕令代表福建地區的"南選"至此已經徹底終結③。我們認

---

① 《册府元龜》卷六三〇《銓選部·條制二》,第 7558 頁;《唐會要》卷七五《南選》,第 1623 頁。
② 近年劉安志先生對現存《唐會要》版本的錯訛有專門討論,參見劉安志《〈唐會要〉"補亡四卷"考》,《魏晉南北朝隋唐史資料》第三十三輯,上海:上海古籍出版社,2016 年,第 211—241 頁。
③ 〔日〕中村裕一《唐代の南選制と嶺南地方に就いて》,第 23 頁;吳修安《從豪族到姓望:梁唐福建沿海地方大族的演變》,第 331 頁。

爲這一説法還可以繼續討論。因爲如果福建地區的"南選"在貞元二年即已徹底停廢的話,那麼,在貞元十七年成書的《通典》記載唐朝"南選"的地區,很可能就不會在黔中、嶺南之外,還特意加上閩中地區。《册府元龜》又記載唐文宗開成五年(840)七月,潮州刺史林郇陽上奏:"(潮州)州縣官諸(請)同漳、河(汀)、廣、韶、桂、賀等州例,吏曹注官。"敕旨:"潮州是嶺南大郡,與韶州略同,宜下吏部,準韶州例,收闕注擬。餘依。"①潮州刺史林郇陽上奏,請求將潮州的州佐縣官的選拔如同福建的漳州、汀州以及嶺南道的廣州、韶州、桂州、賀州一樣,實行由中央吏部統一進行的銓選,將其官闕納入吏部銓選的範圍。林郇陽的奏請一度也得到了唐文宗的准許。而這條關鍵性的材料也證明了至遲在唐文宗開成五年之前,福州都督府所屬的漳州和汀州同福州、建州、泉州一樣,已全部實行"北選",而不再有任何"南選"的實施。

　　中村裕一先生認爲唐代中後期"南選"制度在福建和嶺南地區的終結,主要源于唐代後期福建和嶺南的開發以及經濟社會發展的結果②。而學術界對唐朝後期閩中大量人士科舉及第現象所作的專門研究③,也在某種意義上證明了這一點。但是,正如凍國棟先生所指出的,對唐代福建地區經濟社會發展的程度又不宜作過高的估計,因爲

---

① 《册府元龜》卷六三一《銓選部·條制三》,第 7574 頁;引文根據《唐會要》卷七五《南選》校勘。

② 〔日〕中村裕一《唐代の南選制と嶺南地方に就いて》,第 23—24 頁。

③ 凍國棟《唐代閩中進士登場與文化發展管見》,第 157—166 頁;陳弱水《中晚唐五代福建士人階層興起的幾點觀察》,第 88—106 頁;吳修安《從豪族到姓望:梁唐福建沿海地方大族的演變》,第 303—341 頁。

其真正的發展是在五代以後①。特別是作爲唐代福建開發較晚地區的汀州和漳州，我們認爲，其“南選”制度的停廢應同嶺南一樣，均與唐後期地方藩鎮權力的擴張有着密切關係。對此，我們將在後面作進一步討論。

五　唐代嶺南道“南選”與“北選”範圍的劃分及變動

自高宗上元三年開始，唐朝在嶺南和黔中地區正式推行“南選”，但是嶺南“南選”實施的範圍却有多次改變。前引武則天大足元年（701）七月二十九日敕稱：“桂、廣、泉、建、連、賀、福、韶等州縣，既是好處，所有闕官，宜依選例省補。”②根據以上敕文，嶺南道的桂州、廣州、連州、賀州、韶州以及屬於福建的泉州、建州和福州等地，因爲屬於“好處”，所以要求將這些地方的官闕納入吏部直接銓選的範圍，又稱“北選”。而歷史資料也證明，這些州確實是經濟社會發展較快的地區。而這條敕令也證明了唐朝在嶺南道地方官員中，長期同時實行着兩種不同的選官方式。嶺南道共有七十多個州，其中桂州、廣州、連州、賀州、韶州等納入中央吏部的銓選，即每年一次的選任，同中原内地已經没有任何差别；而占嶺南道絕大多數的其他州縣，却實行“南選”，即“南選使”每四年一次的官員選任。

前引唐德宗貞元二年十一月十日敕文稱：“嶺南、黔中選，舊例補注訖，給牒放上，……其福建選補使宜停。其桂、黄（廣）、泉、建、賀、

---

①　凍國棟《唐代閩中進士登場與文化發展管見》，第 165 頁。

②　《册府元龜》卷六二九《銓選部·條制一》，第 7548 頁；《唐會要》卷七五《南選》，第 1621—1622 頁。

福、韶等州,宜依選例省補。"①與大足元年的武則天敕文相比,貞元年間嶺南道實行"北選"的州缺了連州。其原因在於唐代連州行政歸屬的改變。根據唐《十道志》的記載,唐太宗時期連州屬於江南道。唐玄宗時則屬於嶺南道,《唐六典》卷三、敦煌本唐天寶初年地志殘卷即記載連州屬於嶺南道。然而,在唐肅宗乾元(758—760)以後的較長時間連州連山郡則屬江南西道。《通典》卷一八三《州郡》、《元和郡縣圖志》卷二九以及《舊唐書·地理志》即記載連州屬於江南西道。

　　至唐文宗開成五年(840),嶺南節度使盧鈞奏文稱:"臣當管二十二州,唯韶、廣(兩)州官寮,每年吏部選授。"②所謂"當管二十二州",是指廣州都督府(又簡稱"廣管")所管轄的二十二州中,唯有廣州和韶州兩地的官員,納入唐朝吏部每年舉行的銓選,即"北選"。至於其他二十州則均屬於"南選"的範圍。

　　唐敬宗寶曆年間,嶺南道"南選"範圍再次發生改變。《舊唐書·敬宗紀》記載,敬宗寶曆二年(826)二月辛丑:"容管經略使嚴公素奏:'當州普寧等七縣,請同廣、昭、桂、賀四州例北選。'從之。"③《册府元龜》將此記載爲:"容管經略使嚴公素上言:'容州及普寧等七縣,請同廣、韶、桂、賀四州例比(當作北)選。'從之。"④而《唐會要》的記載爲:"容管經略使嚴公素奏:'當州及普寧等七縣,乞準廣、韶、貴、賀四州例

---

①　《册府元龜》卷六三〇《銓選部·條制二》,第 7558 頁;《唐會要》卷七五《南選》,第 1623 頁。

②　《册府元龜》卷六三一《銓選部·條制三》,第 7574 頁。按《唐會要》卷七五《南選》所載則爲"臣當管二十五州"(第 1624 頁)。根據考證應爲"二十二州"。

③　《舊唐書》卷一七《敬宗紀》,第 518 頁。

④　《册府元龜》卷六三一《銓選部·條制三》,第 7565 頁。

南選。'從之。"①

　　按以上三種重要資料的記載其實均有十分明顯的失誤。首先，《舊唐書‧敬宗紀》中的"昭州"，應是與"韶州"形近而造成的訛誤，因爲《册府元龜》和《唐會要》相關的記載，均是"韶州"而非"昭州"。前引武則天大足年間敕令、唐德宗貞元二年敕文規定嶺南道"北選"的也是韶州而非昭州。唐代粵北韶州屬於開發最早的地區之一，而昭州的發展水準則遠不能與廣州、桂州、韶州等相比。其次，《册府元龜》中所謂"容州及普寧等七縣"的表述有誤。因爲嚴公素上書所指的其實是容州所轄的普寧、北流、陵城、渭龍、欣道、陸川等七縣。而根據《新唐書‧地理志》，容州都督府兼經略使所管轄的除了容州之外，還有牢州、白州、順州、繡州、鬱林州、党州、竇州、禺州、廉州、義州等。而這些州則依然繼續實行"南選"②。最後，《唐會要》的失誤有三處：一是其"當州及普寧等七縣"的表述，如同《册府元龜》一樣，錯誤地將容州與其所轄的普寧等七縣分割開來。二是"貴州"應是"桂州"的錯誤。武則天大足年間敕令和唐德宗貞元二年敕文，實行"北選"的是"桂州"而非"貴州"。唐代貴州屬於經濟社會比較落後的地區，不能與廣州等這樣的較發展地區相提並論。三是嚴公素上奏的本意，是要求容州同廣、韶、桂、賀州等較發展地區一樣，實行中央吏部主持的"北選"。然而《唐會要》在此却正好顛倒了嚴公素奏文的本意，將嚴公素所說的"北選"誤爲"南選"。因此，唐敬宗寶曆二年二月容管經略使嚴公素所上奏文以及相關記載應當是："'當州普寧等七縣，請同廣、韶、桂、賀

---

① 《唐會要》卷七五《南選》，第 1623 頁。
② 《舊唐書‧地理志》卷四一稱"容管十州在桂管西南"（第 1742—1749 頁），其容州都督府所轄十州爲：容州、辯州、白州、牢州、欽州、禺州、湯州、瀼州、巖州、古州。

四州例北選。' 從之。"

唐敬宗寶曆年間將容州從原來"南選"改變爲"北選"的原因,應與唐代後期容州的經濟社會發展水準較容州經略使所管轄的其他各州高有一定關係①。也就是説,唐代嶺南道從最初的有關"南選"和"北選"範圍的劃分及其在后來的變動,經濟社會發展水準是一個比較重要的參考依據。然而,唐文宗後期"南選"制度所出現的根本性變化,則與唐代後期嶺南地方藩鎮權力的擴大密切相關。

六 唐文宗時期嶺南等地"南選"制度的變動和終結

(一)唐穆宗和唐文宗時期"南選"制度的變動

從唐穆宗朝(821—824)開始,嶺南、黔中的"南選"進入了一個特殊的時期。《舊唐書·穆宗紀》記載,長慶二年(822)正月己未,"權停嶺南、黔中今年選補"②。即將本該在長慶二年舉行的"南選"暫停舉行。而唐朝爲了"權停"當年嶺南和黔中地區的"南選",還爲此專門發布詔令,恰恰説明"南選"作爲唐朝選官制度的重要組成部分,一直都在正常地運作。然而,自此嶺南等地的"南選"開始進入一個充滿變動和爭議的時期。

唐文宗朝(827—840)"南選"制度變動最爲頻繁。唐文宗多次停止"南選",並引發了唐朝中央有關"南選"存廢問題的爭論。唐文宗太和三年(829)二月敕文稱:"領(嶺)南選補,雖是舊制,遠路行李,未免勞人。當處若有才能,廉使宜委推擇。待兵息事簡,續舉舊章,其南

---

① 王承文《晉唐時期嶺南地區的金銀生產和流通——以敦煌市博物館所藏唐天寶初年地志殘卷爲中心的考察》,《唐研究》第十三卷,北京:北京大學出版社,2007年,第535—542頁。

② 《舊唐書》卷一六《穆宗紀》,第496頁。

選使,可更停一二年。"①規定將嶺南"南選"推遲一到兩年。其最主要的理由是"遠路行李,未免勞人"。至於對那些有才能的地方官員的選拔,敕令特別規定將委託"廉使"即嶺南地區的觀察使來推薦和選擇。

史載至太和五年三月十八日,唐文宗"敕權停"②;太和七年正月,唐文宗敕"嶺南五管及黔中等道選補使,宜權停一二年"③;至太和九年(835),嶺南地區的"南選"應該舉行過。我們在上文討論過唐文宗大和九年桂州觀察使兼"選補使"韓佽在桂州舉行的"南選"。至唐文宗開成二年(837)正月,"又權停三年"④。唐文宗先後四次將"南選"人爲地暫停,這種情況在整個唐代實屬罕見。

直至開成四年(839)正月,吏部上奏稱:"嶺南五管及黔中道選補,准元和十年(815)九月二十九日格,五年一集,至選前一年,南曹先牒五管等道,催索文解。又準太和五年(831)三月十八日敕權停令。欲準格簡舉排比,伏請裁下。"⑤根據以上奏文,唐憲宗曾經於元和十年九月頒布格文規定,將"南選"從每四年舉行一次延長至每五年舉行一次,每次"南選"之前的一年,先由尚書省通告嶺南五管和黔中等地區,"催索文解",即將選人簿狀遞交吏部南曹審核。另外,按照太和五年三月十八日的敕文,"南選"又再次暫停。所謂"伏請裁下",意即以上這兩種矛盾的敕令,請求文宗親自裁決,該年的"南選"是否將如期舉行。唐文宗對此作出回復,詔曰:

---

① 《册府元龜》卷六三一《銓選部·條制三》,第7568頁;《唐會要》卷七五《南選》,第1624頁;唐文宗《暫停嶺南選使敕》,《全唐文》卷七四,第773頁。
② 《册府元龜》卷六三一《銓選部·條制三》,第7573頁。
③ 《舊唐書》卷一七《文宗紀》,第548頁;《唐會要》卷七五《南選》,第1624頁。
④ 《唐會要》卷七五《南選》,第1624頁。
⑤ 《册府元龜》卷六三一《銓選部·條制三》,第7573頁。

　　兩道選補,停罷多時,極爲利便;隔年舉奏,撓動遠情。宜更停五年。議者以爲人遠地便,不足爲慮。曾不知舊制,無遺於遠人。事可經久,令一方之政得其人,則一境之人受其福;苟非其人,則假攝之官皆授里人。至有胥賈用賄,求假本州令録,哀斂剥下,而又恣其喜怒,以報己私。自罷選補使,今藩方差官,杼軸之歎,南人益困。①

所謂"兩道選補,停罷多時,極爲利便",是指自從唐文宗太和三年三月敕權停以來,嶺南道和黔中道的"南選"停止已多次,並且已帶來了極大的便利。而"隔年舉奏,撓動遠情。宜更停五年",是説每隔一年就爲此事上奏,會造成了對嶺南等地方的干擾。因此,唐文宗命令將"南選"再停止五年。然而,有部分官員却因此認爲嶺南、黔中等地處遐遠,不必太過看重。唐文宗對此又提出了批評,稱"曾不知舊制,無遺於遠人",意即唐朝創設"南選"制度的初衷,恰恰就是爲了不遺棄"遠人",其目的是爲了達到對嶺南、黔中等邊遠地區的長久治理。

　　唐代後期,隨着地方藩鎮勢力的增長,諸道長官往往自擇州縣代理官員,所以全國各地都普遍存在"攝官"和"假攝官"等現象。唐文宗認爲,如果嶺南、黔中等地選官不當,就會造成"假攝之官皆授里人"的狀況,即嶺南和黔中兩地的地方胥吏和商賈,通過賄賂等方式獲得了假攝縣令和州佐等官職身份。而這些人又反過來橫徵暴斂,橫斷鄉里。所謂"自罷選補使,今藩方差官,杼軸之歎,南人益困",是説隨着"南選"的停止,嶺南、黔中等地却又出現了缺乏官員來管理的結果。

　　《册府元龜》記載了唐文宗開成五年(840)七月嶺南道的潮州圍

---

① 《册府元龜》卷六三一《銓選部·條制三》,第7573頁。

繞"南選"和"北選"的變動:"潮州刺史林郇陽奏:'州縣官諸(請)同漳、河(汀)、廣、韶、桂、賀等州例,吏曹注官。'敕旨:'潮州是嶺南大郡,與韶州略同,宜下吏部,準韶州例,收闕注擬。餘依。'"①林郇陽奏請將潮州的州佐縣官的選任,如同福建的漳州、汀州以及嶺南道的廣州、韶州、桂州、賀州一樣,納入中央吏部統一的銓選範圍。此請得到唐文宗的准許。唐文宗亦強調潮州與韶州的情形相同,即都屬於嶺南大郡。可見,文宗等也有擴大嶺南地區"北選"範圍的意圖。不過,這種情形不久又重新改變。至開成五年十一月,嶺南節度使盧鈞奏稱:

> "當道伏以海嶠,擇吏與江淮不同。若非諳熟土風,即難搜求人瘼。且嶺中往〔日〕之弊是南選,今〔日〕之弊是北資(選)。臣當管二十二州,唯韶、廣〔兩〕州官僚,每年吏部選授,道途遐遠,瘴癘交侵,選人若家事任持,身名真實,孰不自負,無緣肯來。更以俸入單微,每歲號爲比遠。若非下司貧弱令使(史),即是遠處無能之流,比及到官,皆有積債,十中無一,肯識廉恥。臣到任四年,備知情狀。其潮州官吏,伏望特循往例,不令吏部注擬,且委本道求才。若攝官廉慎有聞,依前許觀察使奏正。事堪經久,法可施行。"敕旨依奏。②

盧鈞對擴大"北選"的作法提出了反對意見。首先是強調嶺南選官與江淮有很大的差異,如果官員不諳熟嶺南風土人情,則難以瞭解民間疾苦。在廣州都督府所屬的二十二州中,只有廣州和韶州兩州參加

---

① 《册府元龜》卷六三一《銓選部·條制三》,第7574頁;引文根據《唐會要》卷七五《南選》(第1624頁)校勘。
② 同上注。

"北選",即吏部的銓選。至於其他二十州,則主要屬於"南選"。然而,從韶州和廣州等地實行"北選"的情況來看,由於道途遐遠,瘴癘交侵,加上俸祿微薄,因此北方選人中有才能者一般都不願出任。而願出任者大多是低級官吏,或是其他邊遠地區的無能庸才。這些人到官之後,絕大多數都通過貪黷來償還債務。林郁陽在同年七月奏請將潮州選官從"南選"改變爲"北選",得到准許。然而僅在四個月之後,盧鈞却要求朝廷將潮州"北選"的選官方式重新改變,這一上奏也得到了文宗的批准。

其次,盧鈞稱"嶺中往〔日〕之弊是南選,今〔日〕之弊是北資(選)",是説無論是"南選"還是"北選",其實都已經不太符合嶺南的實際情況。那麼,究竟一種什麼樣的選官方式才符合嶺南的實際情況呢? 盧鈞奏文稱:"其潮州官吏,伏望特循往例,不令吏部注擬,且委本道求才。若攝官廉慎有聞,依前許觀察使奏正。事堪經久,法可施行。"所謂"本道求才",是指由嶺南觀察使來負責選拔合適的官員。觀察使一般又是節度使。唐朝後期,全國各地的節度使都掌握有行政、軍事、財政、刑法等系列大權,而其轄境內的人事任免權,往往也是各地節度使爭奪的對象。盧鈞的上奏是説,由嶺南觀察使負責推薦官員人選先充當"攝官",如果這些"攝官"在職位上清廉謹慎有名聲,再由觀察使奏請中央批准,正式充當州縣官員。

盧鈞在此實際上提到了唐代後期一種極爲重要的地方選官制度——"攝官"。所謂"攝官",意即權攝官職,指因官位缺人,暫由別的官員臨時代理的制度。"攝官"具有代理官的性質。"安史之亂"後,由於各地藩鎮勢力強大,藩鎮長官自行委任的官員就稱爲"攝官"

或"假攝官"①。隋唐中央集權加強,州縣正官一律都由中央吏部任命。而唐後期地方州县"摄官"的任命却掌握在地方藩鎮手中。至晚唐五代,史稱"諸道州縣,悉是攝官"②,這是中央集權削弱,地方藩鎮壟斷人事權的集中表現。

總之,嶺南節度使兼嶺南觀察使盧鈞的上奏,並非是要求使潮州等地從"北選"重新回歸"南選"體制,而是要求在嶺南實行在全國各地已普遍存在的"攝官"制。而唐文宗時代"南選"的多次停止以及朝廷圍繞"南選"存廢的爭論,並不是偶然的,實際上代表"南選"作爲一種對嶺南、黔中等地區影響深遠的選官制度即將發生重大變化。

(二)唐後期地方藩鎮權力的擴大與嶺南、黔中等地"南選"
　　制度的終結

學術界討論唐代"南選"制度,一般都認爲"南選"制度從高宗上元三年正式實行,一直延續到唐朝結束。還有一种意见認爲,唐代後期"南選"的規模和影響越來越擴大。然而,《唐會要》和《册府元龜》等輯録"南選"的資料,其年代却都止于唐文宗時代。唐代"南選"在唐文宗之後是已經走向最後終結,還是以另外一種新的形式在繼續存在呢? 史書對此並沒有任何明確的記載,我們需要透過歷史現象從不同側面加以考察和考證。

首先,我們認爲唐朝"南選"作爲一種每四年一度特定的選官制度,在文宗後期已經徹底終結。而一系列唐朝詔令也證明,從文宗後

---

① 參見賴瑞和《論唐代的州縣"攝"官》,《唐史論叢》第九輯,西安:三秦出版社,2007年,第66—86頁。

② 《册府元龜》卷六三二《銓選部‧條制四》,第7581頁;《五代會要》卷一七,上海:上海古籍出版社,2006年,第279頁。

期直至唐末,一種由嶺南觀察使主導的每年一度的官員選拔,已經取代了由中央所派"南選使"所主持的"南選"。對此,我們試列舉一些最具有典型意義的材料來說明。

(1)唐文宗大和七年(833)五月二十五日,中書門下奏:"今後請令京兆、河南尹及天下刺史,各于本府本道嘗選人中,揀勘擇堪爲縣令、司録、録事參軍人,具課績才能聞薦。其諸州先申牒觀察使,都加考覈,申送吏部……""從之"①。以上中書門下的奏文和皇帝的批復是通行全國的。奏文要求各州刺史在本州的"嘗選人"中,推薦堪爲州佐縣令的人選,由各地觀察使加以考察確認後,再申報中央吏部。學界研究也證明,在唐後期出現的地方軍政長官中,觀察使具有越來越突出而特殊的地位。在行政事務上,觀察使要負責對地方州縣的監察權和直接處置權,還有考課州縣官的權力②。

(2)唐文宗開成四年(839)三月,中書門下奏:"嶺南小州,多是本道奏散、試官及州縣官,充司馬知州事,不三兩考,便請正除,僥倖之門,莫甚於此。須作定制,令得其中。應奏授上佐知州事,起今已後,一周年在本任無破缺,即任奏請充權知刺史。宦途之內,猶甚徑捷,仍須事一周年考,不得將兩處相續。""敕旨依奏"③。所謂"多是本道奏散、試官及州縣官,充司馬知州事",是指嶺南觀察使所推薦的一些散官、試官和州縣官等,多以州司馬的身份來充當知州事,即臨時代理州長官的職務。"不三兩考,便請正除",是說這些官員在其官位不到兩三年,就被中央授予正式官職。顯然,嶺南這些散官、試官以及上佐等

---

① 《唐會要》卷七五《選部》,第 1619 頁。
② 陳志堅《唐代州郡制度研究》,上海:上海古籍出版社,2005 年,第 221—234 頁;
③ 《唐會要》卷六八《刺史上》,第 1429 頁。

州縣官的升遷流轉,與原來由"南選使"主持的"南選"已經没有什麽關係。改變爲嶺南道觀察使以屬官充任知州事,再奏聞中央,加以正式承認。

(3)唐武宗於會昌五年(845)正月三日所發布的《南郊赦文》稱:

> 比來山、劍、湖、嶺間刺史,多居周行散位,日久而選縣佐,率是諸曹胥徒,年滿則授,生人舒慘,屬在此流。朝廷典章,罕能具舉。自今已後,每除湖、嶺、山、劍間刺史,取其流品稍高,兼曾歷三四任已上州官者,如有政績,委本道觀察使具以名聞。其遠處縣邑,多是中下縣。其縣丞簿尉等,例是入流令史。苟求自利,豈知官業。其中下縣丞中縣簿等,自今已後,有衣冠士流,經業出身,經五選如願授者,每年便許吏部投牒,依當選人例,下文書磨勘注擬。如到任清白幹能,刺史申本道觀察使,每年至終,使司都爲一狀申中書門下。得替已後,許使上縣簿尉選數赴選,與第二任好官。①

以上有几点值得注意,一是所謂"山、劍、湖、嶺",是指山南、劍南、湖南、嶺南等地。唐武宗的詔令提到這些地區地方州縣官的選拔,明顯是將嶺南與這些地區相提並論的。二是嶺南地區的選官已同全國其他地區完全一樣,實行的都是每年一度的銓選,從而與唐朝原來每四年一次的"南選"判然有别。三是嶺南等地區州縣官的選拔同全國其他地區一樣,其觀察使具有舉足輕重的地位。唐宣宗大中元年至二年

---

① 唐武宗《加尊號後郊天赦文》,《全唐文》卷七八,第818頁。

（847—848），鄭亞爲岭南道桂州刺史兼桂管觀察使①。李商隱所作
《爲滎陽公舉王克明等充縣令主簿狀》②就表明作爲桂管觀察使的鄭
亞有直接舉薦縣令、主簿等地方官員的權力。而這些官職原來屬於
"南選使"掌握的範圍。

（4）唐宣宗大中六年（852）五月，中書門下奏："嶺南、桂管、容管、
黔中、安南等道刺史，自今已後，伏請於每年終，薦送各官，選擇校量資
序，稍議遷獎。本道或知有才能，亦許論薦。仍須量資相送，歷任分
明，更不在奏散試官、充司馬、權知州事限。""敕旨依奏"③。這份材料
證明嶺南和黔中地區的選官，是由這些地區的刺史每年年終時，根據官
員的官資等加以遷轉。而所謂"本道或知有才能，亦許論薦"，則是指嶺
南、黔中地區的觀察使還可以向中央舉薦有才能的官員。特別是其稱
"於每年終，薦送各官"，與唐朝每四年一度的"南選"有重要區別。

（5）唐懿宗於咸通七年（866）所發布的《大赦》稱：

> 如聞邕、容、桂、廣等道管內刺史，每州皆管三縣，人户不少，其
> 間選用，尤要得人。訪聞本道觀察使所奏監州官，多是本土富豪，百
> 姓兼雜色人，例皆署爲本道軍職，或作試衛，便奏司馬權知軍州事，
> 既不諳熟文法，又皆縱恣侵欺，多取良家，以爲奴婢，遂使豪酋搆怒，
> 溪洞不安。若不條流，生人轉困。其邕、容、桂、廣等道管內，自今已
> 後，刺史必須精選賢良，久歷官途，不越資序者，始許奏請。其軍職
> 試衛，並不在奏署限。……自今已後，委觀察使專刺舉之職，如郡守

---

① 《舊唐書》卷一八下《宣宗紀》；（唐）崔嘏《授鄭亞桂府觀察使制》，《全唐文》卷七二六，
　　第7481頁。
② 《文苑英華》卷六三九，第3288頁。
③ 《唐會要》卷六九《刺史下》，第1433—1434頁。

不理，或臨財不廉，酬飲是營，獄訟靡息，以時聞奏，當劾按罪定刑。①

值得注意的是，此時嶺南觀察使向朝廷所推舉的"監州官"，即代理州長官等官員，"多是本土富豪"，即嶺南的土著豪族。至於嶺南本地的百姓和"雜色人"，則多被任命爲嶺南道的軍職，又推舉其爲司馬權知軍州事，屬於事實上的州長官。這些人既不諳習文書和律法，又欺壓百姓，因此造成了嚴重的社會問題。而這道赦文也證明了隨着晚唐中央王朝統治力量的衰弱，嶺南觀察使作爲地方藩鎮勢力的代表，越來越嚴重地壟斷了嶺南地方的人事權。

(6)《舊唐書》卷一九上《懿宗紀》記載咸通十二年(871)七月中書門下奏稱：

> 准今年六月十二日敕，釐革諸道及在京諸司奏官并請章服事者。其諸道奏州縣官司録、縣令、録事、參軍，或見任公事，敗闕不理，切要替換，及前任實有勞效，并見有闕員，即任各舉所知。每道奏請，仍不得過兩人。其河東、潞府、邠寧、涇原、靈武、鹽夏、振武、天德、鄜坊、滄德、易定、三川等道觀察防禦等使及嶺南五管，每道每年除令、録外，許量奏簿、尉及中下州判司及縣丞共三人。……其黔中所奏州縣官及大將管内官，即任準舊例處分。……其幽、鎮、魏三道望且準承前舊例處分。
>
> 敕旨從之。②

以上這道奏文正好包括了唐朝原"南選"制度所實施的三個地區。而

---

① 唐懿宗《咸通七年大赦》，《唐大詔令集》卷八六，第490頁。
② 《舊唐書》卷一九上《懿宗紀》，第678頁；《册府元龜》卷六三二《銓選部·條制四》，第7575—7576頁。

其三地官員的選任途徑亦各有不同。一是規定"嶺南五管"同河東、潞府、邠寧、涇原、靈武、鹽夏、振武、天德、鄜坊、滄德、易定、三川等道一樣,其每位觀察防禦等使"每年除〔縣〕令、録〔事參軍〕外,許量奏〔主〕簿、〔縣〕尉及中下州判司及縣丞共三人",即其奏請朝廷核准的州縣官員共五人。二是黔中觀察使則與幽、鎮、魏三道一樣,均"準承前舊例處分"。而此時魏博等河北三道屬於藩鎮勢力最强大的地區,其州縣官大多自辟。因而其所奏請的官員數目亦必然相當驚人①。

　　總之,從唐文宗後期到唐末,"南選"作爲一種特定的選官制度已不再實行。然而,唐朝任用嶺南本地人士出任嶺南地方州縣官員的做法却一直存在。

七　"南選"終結後唐朝對嶺南土著官員的繼續選任及其原因

(一)唐文宗以後繼續選任嶺南土著官員的主要原因

　　對於唐代"南選"制度走向終結的深層原因,中村裕一先生有專門的分析,他認爲:"從唐代中期,出現廢止南選制的州縣,其原因在於此些州縣和內地諸州處於同樣的狀態。福建於唐代後半期全面廢止南選制,於鄰接江南的嶺南道諸州縣,廢止南選制的州縣也增加。嶺南的諸州之所以和內地諸州產生同樣的現象在於受江南開發的影響,南選制的廢止就是起因於此的措置。"②如果從我們前面對有關唐代嶺南道"南選"與"北選"範圍的劃分及其變動的討論來看,中村裕一先生的解釋似乎頗具有合理性。然而,我們認爲這一觀點却還需要作進

---

① 《唐會要》記載唐憲宗元和七年(812)十二月,"魏博奏:'管內州縣官二百五十三員,內一百六十三員見差假攝,九十員請有司注擬。'從之(卷七五《雜處置》,第1615頁)。
② 〔日〕中村裕一《唐代の南選制と嶺南地方に就いて》,第23—24頁。

一步討論。原因在於三個方面：一是中村先生實際上認爲，在唐文宗朝"南選"制度停廢後，整個嶺南道都已同江南和内地一樣，實行了由中央吏部統一舉行的銓選，即"北選"；二是他認爲從唐文宗朝開始，嶺南道被納入"北選"範圍的根本原因，是因爲嶺南"受江南開發的影響"，或者是因爲嶺南各州縣都已經"和内地諸州處於同樣的狀態"，所以唐朝需要將嶺南納入到中央吏部統一實行的銓選；三是"南選"制度最本質的内容，就是大量選拔嶺南等地土著人士出任本地州縣官員。而他實際上認爲在唐文宗朝後期"南選"制度停廢後，唐朝已經從根本上改變了選拔嶺南等地土著人士出任本地州縣官員的狀況。

我們認爲唐文宗後期"南選"作爲一種特定的制度雖然已經終結，但是直到唐末，唐朝在嶺南却仍然延續了作爲"南選"制度最本質最核心的内容，就是繼續大量選拔和任用嶺南本地土著人士充當州縣官員。而其最主要的原因，就是因爲唐代北方内地官員一般都不願出仕嶺南、黔中等地區。而這種情況決定了唐朝在這些地區州縣官員的選拔，必須仍然以本地人士爲主。由於相關研究牽涉對唐後期至宋代嶺南經濟社會發展水準的評價問題，加上唐朝後期相關史料相當闕略，因此，我們有必要將唐宋兩代嶺南史料結合來討論。

首先，唐朝北方内地官員一般不願出仕嶺南的原因很多，但是最主要的還是嶺南氣候炎熱，瘴癘嚴重，北方内地官員長期將嶺南視爲畏途。唐朝大量史料證明，官員因不服水土而殁於嶺南者衆多①。也

---

① 唐代碑文中相關例子極多。有關中古時期嶺南地理環境和氣候對疾病的影響，參見蕭璠《漢宋間文獻所見古代中國南方的地理環境與地方病及其影響》，原載《"中研院"歷史語言研究所集刊》第六十三本第一分，收入李健民主編《生命與醫療》，北京：中國大百科全書出版社，2005年，第193—298頁；范家偉《六朝時期人口遷移與嶺南地區瘴氣病》，《漢學研究》第十六卷第一期，1998年，第27—58頁。

正因爲如此,唐朝始終都把嶺南當作處置流人和安置貶謫官員最主要的地區①。柳宗元稱:"過洞庭,上湘江,非有罪左遷者罕至。又況逾臨源嶺,下灕水,出荔浦,名不在刑部而來吏者,其加少也固宜。"②也就是説,出仕嶺南的北方内地人士大量是屬於因被貶謫而被迫出仕的情況。公元805年的"永貞革新"以失敗告終,韓愈《順宗實録》記載了宰相韋執誼貶往海南崖州的經歷:

> (王)叔文敗後數月,乃貶執誼爲崖州司馬,後二年,病死海上。……(執誼)雖尚爲相,常不自得,長奄奄無氣,……執誼自卑,嘗諱不言嶺南州縣名。爲郎官時,嘗與同舍郎詣職方觀圖,每至嶺南圖,執誼皆命去之,閉目不視,至拜相,還所坐堂,北壁有圖,不就省,七八日試就觀之,乃崖州圖也,以爲不祥,甚惡之,憚不能出口,至貶,果得崖州焉。③

韋執誼等北方官員對仕宦嶺南可見已經達到了諱莫如深的程度。德宗貞元三年至八年(787—792),李復爲嶺南節度使兼嶺南觀察使,其上奏稱:"南方事宜素異,地土之卑,上佐多是雜流,大半刺史見闕。請於判官中揀擇材吏,令知州事。"④説明了嶺南地區的刺史等官員存在大量闕員的情況。而其最主要原因之一,就是氣候潮濕炎熱,瘴癘嚴重。至元和四年(809)十二月,嶺南節度使兼嶺南觀察使楊於陵又上奏:"臣伏見近日諸道,差判官監領州務,朝廷以爲非宜。臣謂現今州縣凋殘,刺史闕員,動經數歲,至於上佐,悉是貶人。若遣知州,必致撓

---

① 王承文《唐代北方家族與嶺南溪洞社會》,《唐研究》第二卷,第377—382頁。

② (唐)柳宗元《送李渭赴京師序》,《全唐文》卷五七八,第5840頁。

③ 《全唐文》卷五六〇,第5672—5673頁。

④ 《唐會要》卷六八《刺史上》,第1423頁。

敗。伏緣李復所奏，降敕年月稍遠，懼違朝旨，伏乞天恩，許臣遵守當
道所奏文，量才差擇，以便荒隅，""敕旨依奏。"①楊於陵的奏文，一方
面證明了嶺南刺史長期存在大量闕員的情况，另一方面，所謂"至於上
佐，悉是貶人"，又反映了在嶺南州府佐官中貶降官佔有很大的比例。
從唐文宗朝直至唐末，這種情况應該更加嚴重。

　　其次，唐代嶺南、黔中等地區"夷獠雜居"等複雜的仕宦環境，也讓
北方內地士人望而却步。且叛服无常，風土人情特殊，北方內地官員
仕宦嶺南有很大的困難②，而在語言上的差異和隔閡即是其中之一。
貞觀十五年（641）正月，唐太宗誡朝集使稱："若南方諸州，多統夷獠，
官人於彼，言語不通。"③德宗貞元十九年（803），韓愈貶任粵北連州陽
山縣令，其《送區册序》稱"陽山，天下之窮處也"，"陸有丘陵之險，虎
豹之虞；江流悍急，橫波之石，廉利侔劍戟"，"縣郭無居民，官無丞尉，
夾江荒茅篁竹之間，小吏十餘家，皆鳥言夷面，始至言語不通，畫地爲
字，然後可告以出租賦，奉期約"④。宋初《邕州圖經》稱邕州"俗悷嗇
澆薄，內險外㤥，椎髻跣足，尚雞卜及卵蔔。提包、俚、獠有四色，語各
別，譯而方通也"⑤。至於黔中地區，前引《通鑑》胡三省注曰："黔中一
道皆溪峒蠻、傜雜居。貶謫而不過嶺者處之。"⑥唐朝後期更有"西原

---

① 《唐會要》卷六八《刺史上》，第1423頁。
② 參見本書第二章第三節、第五章第二節。另見王承文《晚唐高駢開鑿安南"天威遥"運河
　事迹釋證——以裴鉶所撰〈天威遥碑〉爲中心的考察》，《"中研院"歷史語言研究所集
　刊》第八十一本第三分，2010年，第597—650頁；《論唐宋嶺南南部沿海的雷神崇拜及其
　影響——以唐人房千里所撰〈投荒雜録〉爲起點的考察》，《"中研院"歷史語言研究所集
　刊》第八十四本第三分，2013年，第387—452頁。
③ 《册府元龜》卷一五七《帝王部·誡勸二》，第1896頁。
④ 《韓昌黎文集校注》卷四，第298—299頁；《文苑英華》卷七三〇，第3797頁。
⑤ 《太平寰宇記》卷一六六《邕州》，第3172頁。
⑥ 《資治通鑑》卷二一五，唐玄宗天寶六載，第6878頁。

蠻"和"黄洞蠻"等相繼崛起,在嶺南西部大片地區攻城掠地,擄略人口,造成了很大的破壞,其危害前後長達百年以上①。唐宣宗大中(847—860)初年,李商隱所作《爲滎陽公舉王克明等充縣令主簿狀》稱:"伏以臣所部控聯谿洞,參錯蠻髦,水接重湖,山當五嶺,縱有天官注擬,多緣地理幽遐,或不出上京已發徒勞之嘆,或暨來屬邑即聞歸去之辭,既經久而不謀,亦柔良而曷寄。"②以上是說,由於桂管觀察使所屬州縣"控聯谿洞,參錯蠻髦",治理困難,再加上道程遥遠,即使有被朝廷吏部注擬的官員到此任職,也是"不出上京,已發徒勞之嘆;或暨來屬邑,即聞歸去之辭"。

最後,雖然唐代後期嶺南經濟社會有比較明顯的發展,但是對於整個嶺南在唐代後期包括宋代經濟開發的水準不宜作過高的估計。唐代嶺南、黔中等地的大多數州府都因州小俸薄,對北方内地官員缺少吸引力。敦煌市博物館所藏唐天寶初年地志殘卷證明,嶺南西部大量新開闢的州縣往往管轄地盤小,多數州的大小實際上只相當於一個縣,户口數額也少,官員的薪俸也相當有限。晚唐杜荀鶴《送人遊南海》詩云:"南海南邊路,君遊祇爲貧。山川多少地,郡邑幾何人?花鳥名皆别,寒暄氣不均。相期早晚見,莫待瘴侵身。"③唐代嶺南一些邊遠地區户口統計也相對疏鬆。韓愈稱嶺南徵發賦稅,"常薄其徵入,簡節而疏目,時有所遺漏,不究切之"④。唐憲宗元和十二年至十五年(817—820),孔戣爲嶺南節度使,其所上《奏加嶺南州縣官課料錢

① 參見本章第四節。另見王承文《唐朝嶺南地區的奴婢問題與社會變遷》,《中山大學學報》2005 年第六期,第 39—47 頁。
② 《文苑英華》卷六三九,第 3288 頁。
③ 《全唐詩》卷六九一,第 7944 頁。
④ (唐)韓愈《送鄭尚書序》,《全唐文》卷五五六,第 5626 頁。

狀》稱：

> 右，伏以前件州縣，或星布海壖，或雲絶荒外，首領强點，人户
> 傷殘，撫御緝綏，尤藉材幹。刺史、縣令，皆非正員，使司相承，一
> 例差攝。貞廉者戀不願去，貪求者苟務狥私。臣自到州，深知其
> 弊，必若責之以理，莫若加給料錢。今具分折如前，並不破上供錢
> 物。輒陳管見，務在遠圖。伏乞天恩，允臣所請。①

所謂“刺史、縣令，皆非正員，使司相承，一例差攝”，説明了由於嶺南地
處荒遠，州县官員闕額嚴重，嶺南觀察使於是大量任命“攝官”來代行
職權。開成三年（838）五月，中書門下省上書唐文宗，論及邊遠地區的
州刺史在職務交接停留期間的貧困狀况，稱“刺史禄俸固薄，留滯可
矜。又嶺南諸管及福建、黔府，皆是遠僻，須有商量，並請除到後未交
割已前，據俸料雜給之中，三分之一，以資其停費”②。元和十四
年（819），韓愈被貶潮州刺史，嶺南節度使孔戣“特加優禮，以州小俸
薄，慮有闕乏，每月别給錢五十千，以送使錢充者”③。唐宣宗大中初
年，宰相李德裕被貶爲崖州司户，其在給友人的信中稱：“大海之中，無
人拯恤，資儲蕩盡，事室一空。百口嗷然，往往絶食，塊獨窮悴，終日苦
飢。惟恨垂没之年，頓作餒死之鬼。”④前引開成五年嶺南節度使盧鈞
奏：“且嶺中往〔日〕之弊是南選，今〔日〕之弊是北資（選）。臣當管二
十二州，唯韶、廣〔兩〕州官僚，每年吏部選授，道途迢遠，瘴癘交侵，選
人若家事任持，身名真實，孰不自負，無繇肯來。更以俸入單微，每歲

---

① 《全唐文》卷六九三，第 7110 頁。
② 《唐會要》卷六八《刺史上》，第 1428 頁。
③ （唐）韓愈《潮州謝孔大夫狀》，《全唐文》卷五五〇，第 5573 頁。
④ （唐）李德裕《與姚諫議郎書》，《全唐文》卷七〇七，第 7260 頁。

號爲比遠。"①所謂"俸入單微",反映了唐朝嶺南官員俸禄整體情況偏低。

根據以上討論,我們認爲唐文宗後期朝廷圍繞"南選"和"北選"的爭議,並非是爲了在"南選"停廢後,在嶺南全部實行"北選"。北方內地官員也不會因爲"南選"的停止而開始樂意出仕嶺南。至於"南選"制度停廢最深層的原因,也不是因爲嶺南大部分州縣因"受江南開發的影響",或者因爲嶺南各州縣已經"和內地諸州處於同樣的狀態",因而唐朝廷需要在官員選拔上將其與江南和內地一視同仁。

(二)唐文宗以後對嶺南本地土著官員的繼續選任

在唐文宗後期"南選"制度停廢後,嶺南地方州縣官的選任,主要是由作爲地方藩鎮的嶺南觀察使負責,而其選拔的對象則仍然以本地人士爲主。正如前引唐懿宗於咸通七年(866)發布的《大赦》所稱,嶺南"訪聞本道觀察使所奏監州官,多是本土富豪,百姓兼雜色人,例皆署爲本道軍職,或作試銜,便奏司馬權知軍州事"②。可見,嶺南"本土富豪,百姓兼雜色人"等,仍然是唐文宗後期"南選"制度停廢之後嶺南官員選任的重要來源。而其原因之一,亦如前引盧鈞所稱:"當道伏以海嶠,擇吏與江淮不同。若非諳熟土風,即難搜求人瘼。"嶺南土著官員諳熟本地的風土人情,其治理嶺南地方會具有不少先天的優勢。除此之外,我們認爲唐朝也需要將嶺南各地的地方精英儘量納入中央王朝的政權體系中。我們在上一節證實,唐朝前期"南選"的實行,具有其明顯的削弱嶺南地方"溪洞豪族"的意圖,並最終導致了六朝以來

---

① 《册府元龜·條制三》卷六三一《銓選部·條制三》,第7574頁。

② 唐懿宗《咸通七年大赦》,《唐大詔令集》卷八六,第490頁。

嶺南主要"溪洞豪族"的衰亡①。但是,在嶺南西部一些新開闢的溪洞地區,直至唐末,"溪洞豪族"或"溪洞首領"仍然是地方社會中一種不可忽略的力量。根據薛愛華(Edward H. Schafer)的統計,唐代近三百年間,嶺南各地蠻獠叛亂多達八十多次②。而其中大部分均與這些"溪洞首領"密切相關。會昌五年(845),唐武宗詔曰:

> 入蕃,嶺南溪峒有生梗處須鎮壓者,交、廣、邕、桂、容五州都督,每三年一度,領兵巡壓,至時仍以狀奏聞。諸邊郡須有接行及引接諸蕃仗首領應備儀式者,蜀郡、南海、安南各聽三百騎以下。桂、廣、邕、容、安南、黔南等都督府管內首領,有强宗部落大族,問取甲兵頭數,及父兄具景行幹能、文武才略,每年各以名聞,應追宿衛,量事處分。③

唐武宗的這道詔令僅見於《安南志略》。前人關注者極少。所謂"首領"即溪洞部族的頭領。而以上所謂"桂、廣、邕、容、安南、黔南等都督府管內首領",既包括有羈縻州的首領,也應包括經制州內的部族首領,因爲廣州都督和容州都督府境內都没有設立羈縻州。唐懿宗咸通二年至三年(861—862),段文楚爲邕州刺史兼邕管經略使,温庭筠《爲前邕府段大夫上宰相啓》稱,"頃年初忝邕南,頗常釐弊,事皆條奏,不敢曠官","溪洞酋豪,準詔懷来,署之軍職"④。至咸通七年(866),唐

---

① 又見王承文《唐代"南選"與嶺南溪洞豪族》,第89—101頁。
② Edward H. Schafer, *The Vermilion Bird: T'ang Images of the South*, University of California Press, 1967, pp.18-47, pp.61-68.
③ 〔越〕黎崱撰,武尚清點校《安南志略》卷一六《雜記》,北京:中華書局,2000年,第374頁。
④ 《文苑英華》卷六六六,第3419—3420頁。

懿宗所發布的《大赦文》亦稱："應安南、邕州、容州、黔南、西川諸溪洞酋長首領,多加優恤,喻以恩信。若須節級賜官秩賞給者,委當管速具分析聞奏。"①可見,"諸溪洞酋長首領"仍然是唐朝嶺南等地地方官員的來源之一。咸通十二年至唐僖宗乾符元年(871—874),鄭從讜爲廣州刺史兼嶺南東道節度觀察處置等使,史載"先是林邑蠻(實爲南詔——筆者注)内侵,召天下兵進援。會龐勳亂,不復遣,而北兵寡弱。從讜募土豪,署其酋右職,爲約束,使相捍禦,交、廣晏然"②。可見,唐朝通過選官制度將嶺南等地邊遠地區的"溪洞豪族"或"溪洞首領"納入唐朝官僚體制中,對於鞏固唐朝在嶺南的統治,仍然具有非同尋常的意義。

總之,在唐文宗統治後期"南選"結束以後,由於影響北方内地官員出仕嶺南的各種因素依然長期存在,因而唐朝對嶺南地方官員的選任,嶺南土著人士仍然占有重要地位。即使在宋代,我們也能看到相關制度的沿襲和進一步發展。

八　兩宋時期對嶺南本土官員的繼續選任及其原因

(一)宋朝繼續選任嶺南本土官員的主要原因

宋朝在嶺南地區所推行的官員選任制度已有重要變化,然而卻仍然通過"攝官"制度等方式,繼續選任嶺南本土人士充當地方州縣官員。宋代"攝官"制度實施的具體原因與唐代"南選"制度有很多相似或相通之處,然而其基本内容卻又存在不少差別。限於本節篇幅,我們對此僅作概要性討論。

---

① 《全唐文》卷八五,第 897 頁。
② 《新唐書》卷一六五《鄭從讜傳》,第 5062 頁。

　　首先是宋代嶺南瘴癘情況未見有明顯改善,其相關記載反而還要遠多於唐朝。正是這種獨特的自然環境,使宋代官員士人將嶺南視爲畏途。宋代史書稱:"嶺南多曠土,茅菅茂盛,蓄藏瘴毒。"①劉攽稱:"異時仕宦嶺南者,常患其地荒雜,惡草毒蛇,海祲山霧,鬱蒸蓄積,中人爲病,或以爲死不得盡其天年。"②楊億稱:"嶺南諸州多瘴毒,歲閏尤甚。近年多選京朝官知州,及吏部選授三班使臣,生還者十無二三,雖幸而免死,亦多中嵐氣,容色變黑,數歲發作,頗難治療。"③宋仁宗景祐(1034—1038)年間,梅摯作《五瘴説》稱:"瀕海之地,嶺表之區,皆有瘴焉。"④南宋紹熙元年(1190),廣西轉運使朱希顔所作《跋龍圖梅公瘴説》稱:"嶺以南,繇昔曰瘴,士人畏往,甚於流放。蓋嵐烟氛霧,蒸鬱爲厲,中之者死。人之畏往,畏其死也。"⑤朱弁稱"嶠南山水極佳而多奇産,説似中州,人輒顰蹙莫有領其語者。以其有瘴霧,世傳十往無一二返也"⑥。南宋楊萬里稱:

　　　　官吏之行者,若江淮之間,道里之遠,飢寒之恤,猶忍言也。至於二廣,則風土之惡,瘴癘之禍,不忍言也。父母妻子,哭其去,又哭其歸。去則人也,其哭猶忍聞也。歸則喪也,其哭不忍聞也。大抵去而人者十焉,歸而鬼者七八焉,而人者二三焉。二三人者,雖不死而死矣,何也? 病也。病而全者又十而一二焉。外路之官

---

① (宋)李燾《續資治通鑑長編》卷一九七,宋仁宗嘉佑七年,第4768頁。
② (宋)劉攽《彭城集》卷三七《右侍禁江君墓志銘》,《景印文淵閣四庫全書》第1096册,第366頁。
③ (宋)江少虞《宋朝事實類苑》卷六一《風俗雜志·仕宦嶺南》,上海:上海古籍出版社,1981年,第806頁。
④ (清)汪森輯《粵西文載》卷五八,《景印文淵閣四庫全書》第1466册,第709頁。
⑤ 杜海軍輯校《桂林石刻總集輯校》,北京:中華書局,2013年,第246頁。
⑥ (宋)朱弁撰,孔凡禮點校《曲洧舊聞》卷四,北京:中華書局,2002年,第138頁。

吏何辜,而使之至於此也。①

可見不少宋代官員士大夫及其家屬將出仕嶺南看成是一種生離死別的經歷。宋代官員選任中還有"惡弱水土處"或"水土惡弱去處"等説法。例如,南宋理宗景定(1260—1264)時期編纂的《吏部條法》之《差注門》規定:

> 新州、循州、欽州、廉州、邕州、宜州、瓊州、融州、賓州、容州、高州、化州、雷州、昭州、橫州、梅州、南寧軍、吉陽軍、萬安軍、南恩州陽春縣、惠州河源縣、漳州龍巖縣、漳浦縣、汀州上杭縣、武平縣、贛州安遠縣、龍南縣,右爲惡弱水土處。②

以上所謂"惡弱水土處",除了福建漳州和汀州外,其他均爲嶺南州縣。南宋慶元元年(1195)十月四日宋寧宗敕亦稱:

> 吏部狀,廣東經略安撫提刑轉運提舉司奏,契勘本路管下知縣縣令内,有久闕正官去處,緣拘銓法,無本等人指射,畫降指揮,許監司奏辟壹次。上件窠闕,多有水土惡弱去處,所奏辟人到任,近不及數旬,遠未及數月,已有事故,依舊無人注授,即與不曾奏辟一同。③

南宋嘉定九年(1216)四月二日,臣僚言:"二廣氣候惡弱,西廣尤甚,今資格之合入縣令者,必不肯深入瘴烟之地。今欲使文臣之爲令

---

① (宋)楊萬里《誠齋集》卷九〇《刑法上》,《景印文淵閣四庫全書》第1161册,第188頁。
② (明)解縉等纂《永樂大典》卷一四六二〇,北京:中華書局,1986年,第6515頁。
③ 《吏部條法》之《奏辟門》,《永樂大典》卷一四六二五,第6565頁。

者,不憚深入,以惠吾民,惟有減舉員以示激勸耳。"①以上説明貫穿整個宋代,瘴癘肆虐仍是困擾嶺南地區官員選任最嚴重的問題。而宋朝亦直接仿效唐朝,將嶺南作爲處置流人和安置貶謫官員最主要的地區。

很多歷史資料亦證明,宋朝官員士大夫對於出仕嶺南比較普遍持輕視的態度。曾鞏所作《送李材叔知柳州》稱:"談者謂南越偏且遠,其風氣與中州異。故官者皆不欲久居,往往車船未行,輒以屈指計歸日。又咸小其官,以爲不足事。"②歐陽修稱:"國家自削除僭僞,東南遂無事,偃兵弛備者六十餘年矣,而嶺外尤甚。其山海荒闊,列郡數十,皆爲下州,朝廷命吏,常以一縣視之,故其守無城,其戍無兵。"③張擴稱:"嶺外郡縣之衆,不減中州。然而風土卑惡,士大夫視官府猶傳舍,然吏以去朝廷且遠,並緣爲姦,相煽成俗。財賦所聚,非詳練疏通之人,其能究心乎?"④南宋吳儆《論二廣官吏》稱:"以臣目所親見廣南西路二十五州,其間官吏,固多食貧累衆,難待遠缺,或武臣援寡,難入內地,或資格所拘,苟就遠小,皆非其心之所樂爲。往往多貪墨苟且,而無功名自喜之心,是以所至州縣,財賦不給,獄訟不平,盜賊公行,姦贓多有。"⑤汪藻爲皇帝擬定的《都官員外郎尹忠臣廣南東路轉運判官

---

① (清)徐松輯,劉琳、刁忠民、舒大剛校點《宋會要輯稿》職官四八《縣令》,上海:上海古籍出版社,2014年,第4320頁。

② (宋)曾鞏《元豐類藁》卷一四,《景印文淵閣四庫全書》第1098冊,第476頁;《粤西文載》卷四七,《景印文淵閣四庫全書》第1466冊,第479頁。

③ (宋)歐陽修撰,李逸安點校《歐陽修全集》卷二五《集賢校理丁君墓表》,北京:中華書局,2001年,第391頁。

④ (宋)張擴《東窻集》卷八《林勛除廣南東路轉運判官制》,《景印文淵閣四庫全書》第1129冊,第71頁。

⑤ (宋)吳儆《竹洲集》卷一,《景印文淵閣四庫全書》第1142冊,第212—213頁。

制》稱："朕惟嶺海去京師萬里之遠,民弱而陋,吏貪而愚,法令詔條所存無幾。"①乾道四年(1168)五月二十六日,尚書省言:"勘會二廣州軍多係荒僻瘴癘之地,無人願就,有久闕守臣去處。"②。淳熙十二年(1185)八月十三日,吏部侍郎王藺言:"二廣見闕縣令三十六處,有十餘年無正官者,或係尚書左選與本選通差窠闕,或係本路轉運司定差窠闕。其間四分之三已承指揮破格,並未見有人指射及定差到人。遠惡之地具無賞格,縱有賞格處,亦不過任滿得不依名次家便差遣而已。"③南宋袁説友《重閩廣奏狀》稱:"二廣郡守,多係部闕。凡以資序而得者,率是癃老罷贏之人。"④由於宋代北方内地官員士大夫並不樂意出仕嶺南,致使嶺南地方州縣闕官現象始終大量存在,在某種意義上甚至比唐朝還要嚴重。而宋朝亦需要通過"攝官"制度等方式選任嶺南本地人士充任州縣官員。

其次,宋代地方官員的俸禄來源往往與各地的賦稅收入狀況直接相關。與北方和内地相比,宋代嶺南很多地區經濟社會發展水準還有較大的差距。南宋時周去非論"廣右風氣"稱:"人生其間,率皆半贏而不耐作苦,生齒不蕃,土曠人稀,皆風氣使然也。"⑤又稱"廣西地帶蠻夷,山川曠遠,人物稀少,事力微薄,一郡不當浙郡一縣"⑥。宋神宗熙寧元年(1068),文彦博奏稱:"廣西稅入至薄,糧餉不給,皆向内地轉

---

① (宋)汪藻《浮溪集》卷八,《景印文淵閣四庫全書》第 1128 册,第 78 頁。

② 《宋會要輯稿》職官四七《判知州府軍監》,第 4285 頁。

③ 《宋會要輯稿》職官四八《縣令》,第 4318 頁。

④ (宋)袁説友《東塘集》卷一二,《景印文淵閣四庫全書》第 1154 册,第291 頁。

⑤ 《嶺外代答校注》卷四《風土門·廣右風氣》,第 149 頁。

⑥ 《嶺外代答校注》卷一《地理門·廣西省併州》,第 7 頁。

輸而往。"①楊萬里稱"廣西去朝廷絕遠,土曠民貧,常賦不支","所統州二十有五,荒殘多盜,徼外群蠻,尚仇殺,喜侵掠,間亦入塞爲暴,而州兵皆脆惰,又乏廩給死亡不補,鄉有保伍,名存實亡"②。南宋淳熙(1174—1189)年間,張栻所作《靖江府廳壁題名》,稱廣南西路"合一路所領郡二十有五","然其土素瘠,多荒茅篁竹,風氣異於北,民之生理甚艱,是以賦入寡少,郡縣亦例以迫束"③。《宋史·食貨志》稱"廣南去中州絕遠,土曠民貧,賦入不給,故漕司鬻鹽,以其息什四爲州用,可以粗給"④。

嶺南地方財政收入的局限,使宋朝難以負擔大量正式地方官員的俸禄。李心傳稱:"初,祖宗朝以廣南地遠,利入不足以資正官。"⑤宋代嶺南州縣不少在職的正式官員,其俸禄往往也普遍都低於其他地方。楊萬里《馭吏中》稱:"今天下之吏禄,二浙之簿尉,月給至於踰百緡。而二廣之縣令,不及其半。"⑥也就是説,南宋時期浙東、浙西一些縣的主簿和縣尉等官,其每月的俸禄超過了一百緡。而嶺南正式的縣令其月俸却不到他們的一半。顯然,這種待遇上的差別是非常明顯的。而且嶺南一部分官員的俸禄還不能按時發放。南宋王炎《與潘徽

① (宋)文彦博《奏減廣南東西路戍兵》,載《粤西文載》卷四《奏狀》,《景印文淵閣四庫全書》第 1465 册,第 486 頁。

② (宋)楊萬里《誠齋集》卷一一六《張左司傳》,《景印文淵閣四庫全書》第 1161 册,第 477 頁。

③ (宋)張栻《南軒集》卷一一,《景印文淵閣四庫全書》第 1167 册,第 518—519 頁;載《粤西文載》卷四二,《景印文淵閣四庫全書》第 1466 册,第 390 頁。

④ 《宋史》卷一八三《食貨志下五》,第 4467 頁。

⑤ (宋)李心傳撰,徐規點校《建炎以來朝野雜記》卷十二《廣南攝官》,北京:中華書局,2000 年,第 247 頁。

⑥ (宋)楊萬里《誠齋集》卷八九,《景印文淵閣四庫全書》第 1161 册,第 180 頁。

獻》一文稱:"蓋聞諸道路之言,謂廣西州縣之吏,有累月不得俸給者。夫千里宦遊,深入瘴雨蠻烟之間,而其妻孥乃有號寒啼飢之患。若是,而責以廉勤其可哉!"①建炎四年(1130)三月丁卯,廣東轉運副使趙億上言:"本路地瘠民貧,倉廩皆竭,乞宗室自遥郡刺史以上,俸給人從並減半。"②

　　宋代嶺南攝官的薪俸比朝廷的正式命官要低很多。宋朝在嶺南大量選用攝官,一方面即可以減輕嶺南地方財政的負擔。紹興五年(1135)五月四日,前充瓊州州學教授鄥大昕亦上言:"二廣地理遥邈,利入不足以資正官,故有攝職。"③宋仁宗嘉祐五年(1060)三月詔:"廣南東、西路攝官處,皆荒遠災瘴之地,而月俸不足以自給。"④史稱"非惟攝官得以供贍,亦所以省小郡財賦也"⑤。另一方面,從整體來看,宋代嶺南經濟文化發展水準比北方內地要低,讓嶺南士人通過省試、殿試等取得入仕資格的難度亦比較大,而由兩廣轉運司定期考試録用攝官,就可以有效地將嶺南地方士人納入宋朝政治體系,從而起到籠絡當地士人人心的作用⑥。

　　(二)宋代"攝官"制度以及對嶺南本土官員的繼續選任

　　宋代兩廣路轉運司代替中央吏部銓注嶺南州縣官員,即通過考試

①　(宋)王炎《雙溪類稿》卷二二,《景印文淵閣四庫全書》第1155册,第685頁。

②　(宋)李心傳編撰,胡坤點校《建炎以來繫年要録》卷三二,建炎四年三月,北京:中華書局,2013年,第738頁

③　《宋會要輯稿》職官六二《攝官》,第4746頁。

④　《續資治通鑑長編》卷一九一,宋仁宗嘉祐五年,第4616頁;《宋會要輯稿·職官六二·攝官》,第4744頁。

⑤　《宋會要輯稿》職官六二《攝官》,第4748頁。

⑥　苗書梅《宋代官員選任和管理制度》,鄭州:河南大學出版社,1996年,第204頁。

直接選任攝官。宋代"攝官"制度沿用了唐代"南選"制度的某些形式,甚至被宋人直接稱爲"南選"。北宋余靖所撰《宋故光禄寺丞梁君墓表》稱:"舊制:嶺南按察者,皆專選補。州、縣吏員闕,即擇前資及士之豪俊而署之。試守三歲,克有成效,則薦於吏部而授真秩。"[1]而其所撰《宋故大理寺丞知梅州王君墓碣銘》又記載:"舊制:嶺表按察官歲調郡縣掾佐闕員,取進士再舉明經:三舉不入太常第者,試攝其事。三載不瘝厥職,乃送吏部爲品官。邦人目爲南選。"[2]南宋周去非《嶺外代答》亦云:"廣西去朝廷遠,士夫難以一一到部,令漕司奉行吏部銓法,謂之南選。"[3]

至於宋代"攝官"制度實施的具體辦法,前引李心傳稱:"初,祖宗朝以廣南地遠,利入不足以資正官,故使舉人兩與薦送者,試刑法於漕司,以其合格者攝。兩路正攝凡五十人,月俸人十千,米二斛,滿二年則錫以真命。"[4]"二廣舉人兩舉到省試下,家貧親老,無以贍給,即就本路轉運司試刑法、敕令格式、斷案五場,考中者補爲南選攝官,迺祖宗優異遠方,永爲不刊之典。"[5]可見,參加"攝官"考試的人,一般是兩次獲得各州解發資格參加全國性考試而没有中第的嶺南籍舉人。考試的內容以司法、敕令格式、斷案等爲主。而攝官考試録取的標準要低於全國性考試。周去非《岭外代答》稱:"二廣兩得解士人,許赴漕司試攝,以闕員爲額。綴名者,漕司給公據,服緑參南選,出而莅民矣。今律所謂假版官是也。攝官有三等:一,待次攝官;二,正額攝官;三,

---

① 《武溪集校箋》卷二〇,第 619 頁。
② 《武溪集校箋》卷一九,第 592 頁。
③ 《嶺外代答校注》卷四《法制門·定擬》,第 166 頁。
④ 《建炎以來朝野雜記》卷一二《廣南攝官》,第 247 頁。
⑤ 《宋會要輯稿》職官六二《攝官》,第 4748 頁。

解發攝官。"①宋代"攝官"制度於是成爲嶺南士人一種很重要的入仕途徑。歐陽修所作《論逐路取人劄子》稱："今廣南東、西路進士,例各絶無舉業,諸州但據數解發。其人亦自知無藝,只來一就省試而歸,冀作攝官爾。朝廷以嶺外烟瘴,北人不便,須藉攝官,亦許其如此。"②周去非《嶺外代答》又稱:"嶺外科舉,尤重於中州,蓋有攝官一門存焉。"③

　　大量歷史資料證明,宋代"攝官"制度在嶺南地方州縣官的選任中發揮了十分重要的作用。北宋包拯《請廣南添差職官一》稱:"臣先曾上言廣南東西兩路諸州,元無職官處,各令置一員,關掌郡事。尋蒙降指揮下銓司,至今未聞有人注擬。雖該敕恩放選,又例注家便及次遠,以嶺外遐僻,憚其地遠。兼訪聞兩路闕員甚多,其十數年無正官處,并差土人充攝官。"④南宋紹興四年(1134)五月六日,廣東路提點刑獄公事曾統言:"本路州縣水土惡弱,多是闕官,至有差攝癃老疾病及疲懦不任事之人。令提刑司於本路見任官内選擇,兩易其任,見闕正官處令逐司奏辟。"⑤南宋初期廖剛(1070—1143)所作《消旱暵劄子》稱:"廣南州郡,多是土人權攝,動經年歲。蓋内地經任人往往不肯屑就。"⑥宋寧宗開禧元年(1205)二月二十七日,"臣僚言:'二廣烟瘴之地,吏部牓闕無人願就,故諸司有辟差之法,漕司有定差之法。然皆已

---

① 《嶺外代答校注》卷四《攝官》,第 170 頁。
② 《歐陽修全集》卷一一三,第 1717 頁。
③ 《嶺外代答校注》卷四《試場》,第 169 頁。
④ (宋)包拯撰,楊國宜校注《包拯集校注》卷一,合肥:黃山書社,1999 年,第 84—85 頁。
⑤ 《宋會要輯稿》職官四八《縣尉》,第 4360 頁。
⑥ (宋)廖剛《高峰文集》卷二,《景印文淵閣四庫全書》第 1142 册,第326 頁。

受命,或尚闕人,則又有攝官之法。'"①

宋代"攝官"制度在其長期運作實施過程中,也暴露了監管不力以及用人不當等所導致的吏治問題。南宋嘉泰元年(1201)二月十七日,"臣僚言:'廣西一路諸縣,縣令少有正官,若無以次官處,多是於他州別縣差官權攝,甚至差寄居待闕右選攝官。多者一年,少者數月,倏去忽來,志在苟得,職事廢弛,冤枉莫伸。間有貪夫掊尅自營,則一意聚斂,席卷而去,恬不顧恤。於是縣益廢壞,至有一二十年無敢注授者。其間有水土惡弱、嵐瘴至重去處,加之經久權攝,事皆廢壞。'"②宋寧宗嘉泰三年(1203)十一月十一日南郊赦文稱:"廣南州郡擅差權攝、借補,或白牒,或冒名,或使臣之不識字者,皆得以規圖差權,專爲民害。前後指揮禁戢甚嚴,其監司、郡守奉行不虔,未嘗杜絕。"③

至於宋朝對唐代"南選"制度的具體繼承和變革等問題,我們將另文討論。

九 結語

以上我們對唐朝"南選"制度一系列相關問題作了進一步探討,我們試將主要内容簡約地總結如下:唐宋史籍中對唐代創設"南選"的相關記載,既存在明顯的因襲關係,也存在不少闕略訛誤的情況。至於史籍記載中有關"南選"期限三年與四年的差異,其原因僅僅在於計算的方法不同而已。唐朝主持"南選"的"南選使",實際上存在着由中央吏部所派"南選使"和嶺南、黔中地方都督兼任"選補使"兩種情況。

---

① 《宋會要輯稿》職官六二《攝官》,第 4752 頁。
② 《宋會要輯稿》職官四八《試衛知縣》,第 4344 頁。
③ 《宋會要輯稿》職官六二《攝官》,第 4751 頁。

而唐朝還有專門的監察御史等負責對"南選"過程的監察,從而保證中央對"南選"的直接控制。唐代"南選"所實施的地區,主要是嶺南道和黔中道的經制州,而不包括羈縻州地區。唐朝在福建地區實行"南選"的範圍,僅僅是指汀州、漳州等新開發的地區。與嶺南和黔中相比較,福建地區"南選"開始的時間最晚,而結束也最早。而嶺南道的選官,實際上長期存在"南選"和"北選"兩套系統。至唐文宗統治後期,嶺南、黔中地區的"南選"制度已走向終結。其根本原因不是因爲唐後期嶺南受到江南開發影響,其經濟社會有重要發展所致,而是因爲嶺南地方藩鎮權力的擴大,這種由中央吏部直接控制的"南選"已無繼續實行的條件。然而,"南選"制度的停廢,却并未改變唐朝大量選拔嶺南本土人士充當州縣官員的狀況。至宋代,其在嶺南地區州縣官員的選任,仍然在相當程度上直接參照了唐朝"南選"制度。

　　唐代以後,歷代都有對唐朝"南選"制度的評價,其中尤以明末清初的顧炎武和王夫之最有代表性。顧炎武比較肯定唐代"南選"制度所具有的因地制宜的作用①,而王夫之則更多地對"南選"持批評態度:

　　　　唐初桂、廣等府,官之注擬,一聽之都督,而朝廷不問,治之大累也。邊徼之稍習文法者,居其土,知其利,則貪爲之,而不羨内遷;中州好名干進之士,惡其陋,而患其絶望於清華,則鄙夷之而不屑爲。儀鳳元年,始遣五品以上同御史往邊州注擬,庶得之矣,猶未列於吏部之選也。後世統於吏部,以聽廷除,尤爲近理。然而縣缺以處劣選,且就地授人,而雖有廉聲,不得與内擢之列,吏

---

① 《日知録集釋》卷八《選補》,第495—497頁。

偷不警,夷怨不綏,民勞不復,迫其叛亂,乃勤兵以斬刈之,亦慘矣哉!千年之積弊,明君良相弗能革也,可勝悼哉![1]

一方面,王夫之認爲唐高宗朝時期開始推行的"南選",比起唐初由嶺南等地由都督府都督所控制的選官,是一種明顯的進步。但是因爲"猶未列於吏部之選",所以仍然具有很大的局限性。至宋代則將這種選官方式由吏部直接掌控。然而,唐宋却又都規定這些被選拔的官員,終生都只能在嶺南等本地擔任州佐縣官等中下級官職。這些官員既然缺乏向上正常流動的渠道,也就缺乏在仕途上不斷進取的動力,因而在地方上往往就碌碌無爲、蠅營苟且,導致嶺南吏治窳敗,危機不斷,最後只能輔之以武力來維持其統治。

儘管如此,我們認爲唐朝"南選"制度仍然有其不能低估的歷史意義。對地方官員的選任和考核,歷來是古代王朝國家控制地方社會最重要也是最有效的方式之一。而唐朝最初在嶺南所推行的"南選",本身就具有很强的抑制嶺南"溪洞豪族"勢力的色彩,並在推動中古嶺南"溪洞"社會根本性變革方面,發揮了重要作用。而在後來的實施過程中,這一制度也比較符合嶺南、黔中、福建等地經濟社會發展特別是"溪洞"比較集中的實際情況,具有較强的因地制宜色彩。正如桑原騭藏所指出的,"南選"就是"進行程度稍低的特別考試以任用官吏"[2]。唐代"南選"選官的標準固然要低於中央吏部主持的全國統一性銓選,然而唐朝國家通過"南選"制度,則可以不斷地將嶺南、黔中、福建等地各階層人才吸收進地方州縣統治機構,促使地方官員隊伍保持活力,

---

① （清）王夫之《讀通鑑論》卷二一,北京:中華書局,1975 年,第 622 頁。
② 〔日〕桑原騭藏《歷史上所見的南北中國》,載劉俊文主編《日本學者研究中國史論著選譯》第一卷,北京:中華書局,1992 年,第 39 頁。

這對於擴大統治基礎和協調統治階級的内部關係,並促使國家權力不斷向這些邊遠地區的滲透,都發揮了重要作用。

第四節　唐代嶺南地區的奴婢問題與社會變遷

唐太宗貞觀元年(627),唐中央王朝"因山川形便"[①],將唐朝國家遼闊的疆域劃分爲十道,其中嶺南道包括了現在廣東、廣西、海南島,越南北部邊境地區。其後,嶺南道又逐步形成了廣州、桂州、容州、邕州、安南等五個都督府統屬於嶺南節度使的格局,又稱"嶺南五管"[②]。與其他各道特別是中原内地相比較,唐代嶺南地區經濟和社會還呈相對落後的狀態。其最突出的表現之一,就是嶺南還存在比較嚴重的奴隸制殘餘,特別是嶺南部分地區還盛行公開掠賣人口的習俗,奴婢充斥了社會的各個領域,同時嶺南還是當時全國最主要的奴婢供應地之一。唐代嶺南地區奴婢的大量存在,與這一地區的歷史傳統以及經濟社會結構的特殊性密切相關。在唐代中後期,從中央到地方官府都推行了一系列限制奴婢的措施,直接導致了奴婢數量的萎縮以及封建生產關係的進一步發展。而嶺南奴婢作爲一個特定社會階層,其存在和消長也從一個重要方面反映了唐代嶺南地區社會的變遷。

一　唐代嶺南地區奴婢盛行的原因和來源

（一）嶺南溪洞社會的特殊結構與豪族首領對奴婢的占有和掠賣

《唐律疏議》對於奴婢的財產屬性有非常明確的規定。該書卷六

---

① 《資治通鑑》卷一九二,唐太宗貞觀元年,第6033頁。
② 《舊唐書》卷四一《地理志四》記嶺南道在唐高宗永徽(650—655)以後,"以廣、桂、容、邕、安南府,皆隸廣府都督統攝,謂之五府節度使,名嶺南五管"(第1712頁)。

《名例》曰:"奴婢賤人,律比畜産"①;卷一四《户婚》曰:"奴婢既同資財,即合由主處分"②;卷二〇《賊盜》曰:"奴婢、畜産,即是總同財物"③;卷二五《詐偽》曰:"奴婢有價,部曲轉事無估。"④而且,奴婢的子女也是主人的財産。例如,該書卷四《名例》規定:"生産蕃息者,謂婢産子,馬生駒之類。"⑤正因爲如此,正常的和公開的奴婢買賣具有合法性,受到唐朝律令的保護。敦煌出土文書就反映了在唐代市場上,奴婢是與牛馬驢騾同處一行進行交易的,而且官方還公布統一的市估價⑥。但是,唐朝允許交易的奴婢,必須是原爲奴婢身份或爲"家生奴"並且已經過"立券"等手續者。唐朝法律嚴屬禁止掠賣人口,對於壓良爲賤,掠賣人口者處以重刑⑦。

然而,在五嶺以南的嶺南地區,不僅奴婢數量衆多,而且還長期盛行公開掠賣奴婢的風俗。其最深層的原因,在於六朝以來嶺南地區社會結構的特殊性。自從秦朝平定南越,封建制度即開始在嶺南地區不斷確立和發展。但是,嶺南各地的發展存在嚴重的不平衡性。六朝以來,中央王朝在嶺南俚獠蠻等少數民族比較集中的地區,一般都實行依靠地方部族首領治理的政策。雖然這些部族首領本身已開始向封建地主轉化,但是這些地區却長期保存了比較濃厚的部族制和奴隸制

---

① (唐)長孫無忌等撰,劉俊文點校《唐律疏議》卷六《名例》,北京:中華書局,1983 年,第132 頁。
② 《唐律疏議》卷一四《户婚》,第 270 頁。
③ 《唐律疏議》卷二〇《賊盜》,第 368 頁。
④ 《唐律疏議》卷二五《詐偽》,第 468 頁。
⑤ 《唐律疏議》卷四《名例》,第 88—89 頁。
⑥ 參見朱雷《敦煌所出〈唐沙州某市市時價簿口馬行時沽〉考》,載《敦煌吐魯番文書初探》,武漢:武漢大學出版社,1983 年,第 500—518 頁。
⑦ 《唐律疏議》卷二〇《賊盜》,第 369—374 頁。

的殘餘。《隋書·食貨志》記載東晉南朝以來，"諸蠻陬俚洞，霑沐王化者，各隨輕重，收其賧物，以裨國用。又嶺外酋帥，因生口翡翠明珠犀象之饒，雄於鄉曲者，朝廷多因而署之，以收其利。歷宋、齊、梁、陳，皆因而不改"[①]。這種政策最直接的後果之一，是嶺南形成了一批特殊的"溪洞豪族"[②]，他們除了擁有世襲的地方政治特權外，還擁有大量的土地和財富，尤其是擁有爲數衆多的"生口"即奴隸。而占有奴婢的數量往往也是衡量其"豪富"程度的重要標志。

　　溪洞豪族奴役本部族的成員，或販賣人口。而部族之間的掠奪戰爭通常是擴大奴婢數量最主要的方式。《南史·蕭勱傳》記南朝梁時，"俚人不賓，多爲海暴"[③]。南朝時廣州擁有大規模的"生口"貿易市場。《梁書·王僧孺傳》記載其出爲南海太守，"郡常有高凉生口及海舶每歲數至，外國賈人以通貨易，舊時州郡以半價就市，又買而即賣，其利數倍，歷政以爲常"[④]。《陳書·沈君高傳》記載"嶺南俚、獠世相攻伐"[⑤]。《隋書·地理志》稱"自嶺已南二十餘郡，……其俚人則質直尚信，諸蠻則勇敢自立，皆重賄輕死，唯富爲雄"。該書又記載俚獠"俗好相殺，多搆讎怨"[⑥]。《隋書·柳旦傳》記載隋煬帝大業初年，柳旦爲龍川（今廣東惠州）太守，"民居山洞，好相攻擊"[⑦]。這裏的"山洞"即"溪洞"。《隋書·譙國夫人傳》也記載："越人之俗，好相攻擊。夫人

---

① 《隋書》卷二四《食貨志》，第 673 頁。
② 參見本章第一節。另見王承文《唐代"南選"與嶺南溪洞豪族》，《中國史研究》1998 年第一期，第 90 頁。
③ 《南史》卷五一《蕭勱傳》，第 1262 頁。
④ 《梁書》卷三三《王僧孺傳》，第 470 頁。
⑤ 《陳書》卷二三《沈君高傳》，第 301 頁。
⑥ 《隋書》卷三一《地理志》，第 887—888 頁。
⑦ 《隋書》卷四七《柳旦傳》，第 1273 頁。

兄南梁州刺史挺,恃其富強,侵掠傍郡,嶺表苦之。"①而掠奪人口和買賣奴隸正是部族制和奴隸制殘餘的主要特徵。

　　進入唐朝,唐中央王朝一方面在嶺南"夷獠雜居"的"溪洞"地區大舉開拓,另一方面卻又仍然依靠這些豪族首領進行統治。隋煬帝大業初年在嶺南設置十九郡(州),一百十二縣。唐朝則猛增至七十三州,三百十四縣。在這些新開闢的州縣中,有不少原來尚處於部族制和奴隸制的社會狀態②。因此,雖然封建制度在這些地區已基本確立,衆多的"溪洞"部族首領已轉變成爲唐朝地方官吏,但是原有的前封建時代的傳統仍在相當程度上得以延續。杜佑《通典》曰:"五嶺之南,人雜夷獠,不知教義,以富爲雄。珠崖環海,尤難賓服,是以漢室嘗罷棄之。大抵南方遐阻,人強吏懦,豪富兼并,役屬貧弱,俘掠不忌,古今是同。"③唐太宗貞觀初年《安撫嶺南詔》稱:"嶺表遐曠,山洞幽深。雖聲教久行,而風俗未一。廣州管内,爲弊尤甚,蠻夷草竊,遞相侵掠,強多陵弱,衆或暴寡。"④武則天時,宋慶禮爲嶺南採訪使,時海南崖州、振州等五州"首領更相掠,民苦于兵"⑤。李翱所撰《唐廣州刺史兼嶺南節度使徐申行狀》稱"蠻夷俗相攻擊"⑥。《新唐書·孔戣傳》記載嶺南"鬻口爲貨,掠人爲奴婢"⑦。一部分溪洞豪族首領占有的奴婢數量達到了驚人的程度。隋末中原戰亂,高涼首領馮盎乘機擴大自己的勢

①　《隋書》卷八〇《譙國夫人傳》,第1801頁。
②　《新唐書》卷四三《地理志七上》,第1095—1115頁;王承文《唐代"南選"與嶺南溪洞豪族》,《中國史研究》1998年第一期,第93頁。
③　《通典》卷一八四《州郡十四·古南越風俗》,第4961頁。
④　《日藏弘仁本文館詞林校證》卷六六四,第247頁。
⑤　《新唐書》卷一三〇《宋慶禮傳》,第4493頁。
⑥　《全唐文》卷六三九,第6459頁。
⑦　《新唐書》卷一六三《孔戣傳》,第5009頁。

力,有人勸其稱南越王,馮盎稱:"吾居越五世矣,牧伯惟我一姓,子女玉帛吾有也,人生富貴,如我希矣。"①《資治通鑑》記載其"所居地方二千里,奴婢萬餘人,珍貨充積"②。貞觀五年,嶺南"羅、竇諸洞獠叛,詔盎率衆二萬爲諸軍先鋒",馮盎"縱兵乘之,斬首千餘級。帝詔智戴還慰省,賞予不可計,奴婢至萬人"③。

　　而這些溪洞豪族首領往往還公開把在籍的民户等掠爲奴婢。武周時嶺南恩州刺史陳承親,"嶺南大首領也,專使子弟兵劫江。有一縣令從安南來,承親憑買二婢,令有難色。承親每日重設邀屈,甚殷勤。送别江亭,即遣子弟兵尋復劫殺,盡取財物。將其妻及女至州,妻叩頭求作婢,不許,亦縊殺之。取其女。前後官人家過親,禮遇厚者,必隨後劫殺,無人得免"④。陳承親公然殺害路過其境的縣令,並掠奪其妻女。中國國家博物館館藏唐代李華撰寫的《燕故魏州刺史司馬垂墓志銘》,這是一方學術界很少關注的唐碑。該碑記載唐玄宗時期,"桂州都督兼御史中丞遊子騫按察嶺南","士族坐法移竄者,男女爲百越所略,地偏法弛,自白無由"⑤。意即唐朝大量官員士大夫因犯罪被流放嶺南後,其子女往往被嶺南少數民族首領所掠奪。根據柳宗元《唐故邕州刺史李公墓銘》記載,唐憲宗元和(806—820)年間,邕州(今廣西南寧)的"烏猎夷刺殺郡吏,毆縛農民"⑥。烏猎夷又稱烏武夷,是嶺南

① 《新唐書》卷一一〇《馮盎傳》,第4112頁。
② 《資治通鑑》卷一九三,唐太宗貞觀五年,第6092頁。
③ 《新唐書》卷一一〇《馮盎傳》,第4113頁。
④ 《朝野僉載》卷二,第29頁。
⑤ 見周錚《司馬垂墓志考證》,載《中國歷史博物館館刊》1996年第一期,第119頁;又見《全唐文補編》之《全唐文又再補》卷四,第2280—2281頁。
⑥ 《柳河東集》卷一〇《唐故邕管經略招討等使朝散大夫持都督邕州諸軍事守邕州刺史兼御史中丞賜紫金魚袋李公墓銘并序》,第154頁。

西部俚人中的一種。元和四年(809)三月,翰林學士李絳和白居易等上言:"嶺南、黔中、福建風俗,多掠良人賣爲奴婢。"①唐憲宗隨後發布的詔令也稱:"嶺南、黔中、福建等道百姓,雖處遐俗,莫非吾人,多罹掠奪之虞。"②

唐朝在嶺南道除了七十多個經制州之外,在嶺南西部的桂管、邕管和安南都護府地區都設置有大量羈縻州。羈縻州一般是"即其部落列置州縣",並"以其首領爲都督、刺史,皆得世襲"③。這些羈縻州部族首領一般已完成了向封建領主或奴隸主的轉變④。至唐朝中後期,以"西原蠻"和"黄洞蠻"等爲代表的嶺南羈縻州地方勢力,發動了長期而大規模的反叛,構成了對唐朝在嶺南統治的嚴重威脅。史籍中就有"黄洞蠻"首領黄少卿向唐朝地方官轉贈奴婢的記載⑤。唐肅宗時期,左右江地區的西原蠻等大規模反叛,其時任廣州都督的楊譚在其《兵部奏桂州破西原賊露布》稱西原蠻:

> 據其險要,恣其寇攘。西原羈縻,……誘引同惡者,多僭稱王侯,僞署官爵,旌旗蔽野,鼓角沸天,恣殺戮以威人,將玉帛而濟衆。方圓數千里,控帶十八州,丁壯並執其干戈,子女盡充其僕隸。自謂强盛,轉加凶頑。迫之則鳥散獸驚,緩之則蟻結蜂聚,老幼奔走,耕稼失時,萬井無烟,兆人失業,不賓王化……每行攻劫,

① 《資治通鑑》卷二三七,唐憲宗元和四年,第7657頁。
② 唐憲宗《亢旱撫恤百姓德音》,《全唐文》卷六二,第666頁。
③ 《新唐書》卷四三《地理志七下》"羈縻州",第1119頁。
④ 參見〔日〕塚田誠之撰,陳偉明編譯《唐宋時期華南少數民族的動向——以左右江流域爲中心》,《貴州民族研究》1994年第三期,第162—172頁。
⑤ 《太平廣記》卷一二二"樂生"條引《逸史》,第863頁。

管内州縣,日漸流離。村落焚燒,廬井空竭。①

所謂"子女盡充其僕隸",表明西原蠻首領反叛最主要的目標之一,就在於虜掠人口。《新唐書·南蠻傳》也記載西原蠻"攻桂管十八州,所至焚廬舍,掠士女"②。唐代宗廣德元年至大曆三年(763—768),元結爲道州刺史,《新唐書·元結傳》記載西原蠻在攻入道州(今湖南道縣)後,"掠居人數萬去,遺户裁(纔)四千"③。元結在其《謝上表》中稱:"臣州(道州)先被西原賊屠陷","城池井邑,但生荒草,登高極望,不見人烟"④;其《奏免科率狀》也稱:"臣當州被西原賊屠陷,賊停留一月餘日,焚燒糧儲屋宅,俘掠百姓男女,驅殺牛馬老少,一州幾盡。賊散後,百姓歸復,十不存一,資産皆無。"⑤由此可見,被掠奪去的爲數衆多的在籍漢族民衆,一般已淪落爲西原蠻首領的奴婢。

唐憲宗元和十年至十四年(815—819),柳宗元任柳州刺史,其《寄韋珩》一詩反映了柳州一帶人口掠賣的普遍性及其嚴重後果:"桂州西南又千里,灕水鬬石麻蘭高。陰森野葛交蔽日,懸蛇結虺如蒲萄。到官數宿賊滿野,縛壯殺老啼且號。"⑥自大中十二年至咸通七年(855—866),興起於雲南的南詔政權多次進攻嶺南道所屬的安南都護府和邕州都督府。唐懿宗咸通四年,"南詔兩陷交趾,所殺虜且十五萬人"⑦。

① 《全唐文》卷三七七,第 3834 頁。
② 《新唐書》卷二二二下《南蠻傳》,第 6329 頁。
③ 《新唐書》卷一四三《元結傳》,第 4685 頁。
④ 《全唐文》卷三八〇,第 3863 頁。
⑤ 《全唐文》卷三八一,第 3866 頁。
⑥ 《柳河東集》卷四二,第 690 頁。
⑦ 《資治通鑑》卷二五〇,唐懿宗咸通四年正月,第 8103 頁。

咸通五年南詔攻邕州,唐朝"五道兵八千人皆没,惟天平軍後一日至,得免"①。可見,南詔在安南、邕管俘虜了大量漢人包括戰俘至南詔,而且其中絶大部分應已淪落爲南詔貴族的奴隸。

總之,唐朝嶺南有關掠賣奴婢記載的地域分布,尤以嶺南西部特別是"夷獠"雜居的溪洞地區最爲集中。這一點應與當地經濟社會發展水準特別是這些地區特殊的社會結構密切相關。而這些也證明了掠賣奴隸的習俗,已成爲嶺南社會發展的嚴重障礙。

(二)唐代嶺南地區的親屬相賣習俗與債務奴隸

唐朝法律明確規定禁止因負債而淪爲奴婢。《唐律疏議》卷二六《雜律》規定:"諸妄以良人爲奴婢,用質債者,各減自相賣罪三等;知情而取者,又減一等。仍計庸以當債直。"②但是,這種法律規定並不能真正阻止一般民户淪爲奴婢。尤其在嶺南,債務奴婢也是奴婢的重要來源。嶺南地區這種親屬相賣的現象長期被認爲是習俗使然。三國時萬震《南州異物志》曰:"俚人不愛骨肉,而貪寶貨。見賈人財物牛犢,便以子易之。"③《隋書·地理志》記載:"自嶺已南二十餘郡,……其俚人則質直尚信,諸蠻則勇敢自立,皆重賄輕死,唯富爲雄。巢居崖處,盡力農事,……父子別業,父貧,乃有質身於子。諸獠皆然。"④《舊唐書》記載西南地區的南平獠等,"土多女少男,爲婚之法,

---

① 《資治通鑑》卷二五〇,唐懿宗咸通五年三月,第8108—8109頁。
② 《唐律疏議》卷二六《雜律》,第486頁。
③ 《太平御覽》卷四九二引,第2250頁。
④ 《隋書》卷三一《地理志下》,第887—888頁。

女氏必先貨求男族，貧者無以嫁女，多賣與富人爲婢。俗皆婦人執役"[1]。《新唐書》則記載其俗女多男少，婦人任役，"昏法，女先以貨求男，貧者無以嫁，則賣爲婢"[2]。唐人《南海異事》記載："南海貧民妻方孕，則詣富室，指腹以賣之，俗謂指腹賣。或己子未勝衣，隣之子稍可賣，往貸取以鬻，折杖以識其短長，俟己子長與杖等，即償貸者。鬻男女如糞壤，父子兩不戚戚。"[3]柳宗元在柳州所作《童區寄傳》即反映了當地的習俗，其文云："越人少恩，生男女必貨視之。自毀齒以上，父兄鬻賣，以覬其利。不足則取他室，束縛鉗梏之，至有鬚鬣者，力不勝，皆屈爲僮。當道相賊殺以爲俗。幸得壯大，則縛取么弱者，漢官因以爲己利。苟得僮，恣所爲不問。以是越中戶口滋耗，少得自脱。"[4]可見，嶺南地區盛行親屬相賣背後所反映的，其實是嚴重的社會分化和債務奴婢的存在。

而柳宗元所提及的"漢官因以爲己利"，則説明由於嶺南地處遐遠以及中央王朝監察力量有限，地方官員爲貪圖私利，往往與溪洞豪族相勾結，助長甚至直接參與了奴婢的非法買賣。前引貞觀初年唐太宗《安撫嶺南詔》即稱："又在官之徒，多犯憲法，刑罰淫濫，貨賄公行，吏有懷姦，人未見德。"[5]貞觀十五年正月，唐太宗訓誡各地朝集使，稱"若南方諸州，多統夷獠，官人於彼言語不通，里吏鄉首侵漁，匹庶不勝忿怨，挺刃相讐，因是叛亡，輕犯州縣"，"又不肖長吏，或與富室交通，

---

① 《舊唐書》卷一九七《南蠻·南平獠》，第 5277 頁；《册府元龜》卷九六〇《外臣部·土風二》，第 11294 頁。
② 《新唐書》卷二二二下《南蠻傳·南平獠》，第 6326 頁。
③ 《太平廣記》卷四八三"南海人"條引《南海異事》，第 3980 頁。
④ 《柳河東集》卷一七，第 307 頁。
⑤ 《日藏弘文本文館詞林校證》卷六六四，第 247 頁。

積成歎狎,怠忽刑典,是惟蠹政,特宜禁絶"①。唐朝嶺南地方官既有來自北方内地的官員,也有本地的土著豪族。唐太宗貞觀十八年(644),蕭齡之爲廣州刺史,"受左智遠及馮盎妻等金銀、奴婢等"②。多年後事發,唐高宗指斥其"聚歛無厭,不憚典章,唯利是視,豪門富室,必與交通,受納金銀二千餘兩,乞取奴婢一十九人"③。唐文宗太和(827—835)年間,韋公幹爲海南島瓊山郡守,史載其性極貪,"掠良家子爲臧獲,如驅犬豕"④。"臧獲"即奴隸。唐宣宗《禁嶺南貨賣男女敕》也提到有地方官員"更有假託事由,以販賣爲業,或虜劫谿洞,或典買平民,潛出券書,暗過州縣"⑤。唐懿宗《大赦文》稱:"如聞邕、容、桂、廣等道管内刺史,每州皆管三縣,人户不少,其間選用,尤要得人,訪聞本道觀察使所奏,監州官多是本土富豪百姓,兼雜色人……既不諳熟文法,又皆縱恣侵欺,多取良家以爲奴婢。遂使豪酋搆怨,溪洞不安。"⑥

　　唐朝國家繁重的賦税和徭役也是嶺南百姓淪爲債務奴婢的原因之一。唐宣宗《禁嶺南貨賣男女敕》即稱:

　　　　如聞嶺外諸州居人,與夷獠同俗,火耕水耨,晝乏暮飢,迫於徵税,則貨賣男女,姦人乘之,倍討其利,以齒之幼壯,定估之高下,窘急求售,號哭踰時,爲吏者謂南方之俗,服習爲常,適然不

---

① 《册府元龜》卷一五七《帝王部·誡勵二》,第 1896 頁。
② 《唐會要》卷三九《議刑輕重》,第 828 頁。
③ 唐高宗《流蕭齡之嶺南詔》,《册府元龜》卷六一六,第 7404 頁;《全唐文》卷一一,第 141 頁。
④ 《太平廣記》卷二六九《韋公幹》引房千里《投荒雜録》,第 2113 頁。
⑤ 《全唐文》卷八一,第 848 頁。
⑥ 《全唐文》卷八五,第 898 頁。

怪,因亦自利,遂使居人男女,與犀象雜物,俱爲貨財。①

所謂"嶺外諸州居人",應是指在籍的漢族户口。因爲沉重的賦税和徭役,而被迫典賣子女。唐僖宗《南郊赦文》記咸通五年(864),嶺南梧州糴十萬石米,停貯數載後,方令盤送邕州和交州,但因"卑濕損傷,雀鼠耗折,計其所言,六萬石餘……主持軍將十餘輩,攤保累數百家,或科決不輕,或資財蕩盡,典男鬻女,力竭計窮"②。據此可知,典賣子女的決不止於夷獠等少數民族。而這種親屬相賣習俗的背後其實是殘酷的剥削和壓迫。

(三)唐中央王朝和地方官員的掠奪及其戰俘奴婢

中古王朝國家通過向邊境少數民族發動戰争以獲取奴婢的方式由來已久。根據前引《南史·蕭勱傳》記載,南朝梁時廣州刺史蕭勱率兵征討俚人,其"所獲生口寶物,軍賞之外,悉送還臺"③。"生口"即奴婢。《南史·歐陽頠傳》記載南朝陳時,歐陽頠爲征南將軍、平越中郎將和廣州刺史,其弟歐陽盛爲交州刺史,次弟歐陽邃爲衡州刺史,"合門顯貴,威振南土,又多致銅鼓生口,獻奉珍異,前後委積,頗有助軍國"④。《陳書·華皎傳》記載湘州刺史華皎,"征伐川洞,多致銅鼓、生口,並送于京師"⑤。由於地方軍政長官的這種征伐也成爲國家財政和奴婢的重要來源之一,因而也得到朝廷的支持。而官員往往也因此中飽私囊。《陳書》記都督湘衡桂武四州軍事的始興王陳叔陵,"日益

①　《唐大詔令集》卷一〇九,第 567 頁;《全唐文》卷八一,第 848 頁。
②　《全唐文》卷八九,第 933 頁。
③　《南史》卷五一《蕭勱傳》,第 1262 頁。
④　《南史》卷六六《歐陽頠傳》,第 1615 頁。
⑤　《陳書》卷二〇《華皎傳》,第 271 頁。

暴横,征伐夷獠,所得皆入己"①。公元589年,隋文帝準備平定南方的陳朝,李德林爲隋文帝撰《安邊詔》,指斥陳朝"歲歲起兵,西南征討,多縛良善,以充賊隸"②。通過征討將"良善"變爲"賤隸",是陳朝在嶺南主要的惡政之一。但是隋朝的情形其實也基本如此。

戰俘也是唐朝奴婢的重要來源之一。《新唐書·百官志·兵部》稱"入鈔之俘,歸於司農"③。即將戰俘籍没爲官奴婢。《唐六典》卷六《刑部·都官郎中員外郎》記載,刑部都官郎中、員外郎掌管官奴婢事務,其職責之一就是"掌配没隸,簿録俘囚"④。《新唐書·南蠻傳》記載,唐太宗貞觀十四年(640),廣州都督党仁弘率軍"擊羅、竇諸獠","虜男女七千餘人"⑤。這七千多獠人男女戰俘應該大多已淪爲官奴婢。《新唐書·刑法志》記載廣州都督党仁弘爲"交通豪酋,納金寶,没降獠爲奴婢"⑥。《册府元龜》則記載其"坐王(枉)法,聚財百餘萬","有上書告仁弘没降僚爲奴婢,擅賦斂夷獠甚多"⑦。據此,党仁弘完全有可能也將其中不少戰俘變成了自己的私人奴婢。

一直到唐宣宗(847—859)時期,嶺南邕州等地其實都還有爲宫廷供奉奴婢的制度,而其主要來源就是嶺南的戰俘。唐德宗貞元元年至貞元三年(785—787),李復爲容州刺史兼本管招討使,《新唐書·李復

---

① 《陳書》卷三六《始興王陳叔陵傳》,第494頁。
② 《日藏弘仁本文館詞林校證》卷六六四,第244頁;(清)嚴可均輯《全上古三代秦漢三國六朝文》,北京:中華書局,1995年,第4117頁。
③ 《新唐書》卷四六《百官志一》,第1196頁。
④ 《唐六典》卷六,第193頁。
⑤ 《新唐書》卷二二二下《南蠻傳》,第6327頁。
⑥ 《新唐書》卷五六《刑法志》,第1412頁。
⑦ 《册府元龜》卷四五五《將帥部·貪黷》,第5394頁。

傳》記載"先是,西原亂,吏獲反者没爲奴婢,長役之"①。唐憲宗元和
年間,"桂管經略使楊旻、桂仲武、裴行立等騷動生蠻,以求功伐,遂至
嶺表累歲用兵"②。元和十五年(820),韓愈向唐憲宗上《黄家賊事宜
狀》,稱"臣伏以臣去年貶嶺外刺史,其州雖與黄家賊不相鄰接,然見往
來過客,并諳知嶺外事人所説至精至熟,其賊並是夷獠","比緣邕管經
略使多不得人,德既不能綏懷,威又不能臨制,侵欺虜縛,以致怨恨,蠻
夷之性,易動難安,遂致攻劫州縣,侵暴平人","邕、容兩管,因此彫弊,
殺傷疾患,十室九空,百姓怨嗟,如出一口"③。所謂"侵欺虜縛",就是
指通過戰争把俘虜變爲奴隸。應該説,韓愈對唐後期嶺南"西原蠻"的
大規模反叛的緣由,還是有比較深刻的瞭解的。

(四)唐代嶺南所見來自北方内地的籍没人口與戰俘

　　唐朝嶺南奴婢的大量存在,除了來源於嶺南本地外,還有不少是
來源於北方内地。唐朝有"籍没"制度。《唐律疏議》卷一七《賊盗》
稱:"諸謀反及大逆者,皆斬;父子年十六以上皆絞,十五以下及母女、
妻妾(子妻妾亦同)、祖孫、兄弟、姊妹若部曲、資財、田宅並没官。"④
《唐六典》又記載:"凡反逆相坐,没其家爲官奴婢。反逆家男女及奴
婢没官,皆謂之官奴婢。男年十四以下者,配司農;十五已上者,以其
年長,命遠京邑,配嶺南爲城奴。"⑤因此,嶺南也成爲重刑罪犯家屬特
别是犯罪的貴族官僚子弟配流爲奴的重要地區。

① 《新唐書》卷七八《李復傳》,第3533頁。
② 《舊唐書》卷一五四《孔巢父附孔戣傳》,第4098頁。
③ 《全唐文》卷五四九,第5565—5566頁。
④ 《唐律疏議》卷一七《賊盗》,第321頁。
⑤ 《唐六典》卷六,第193頁;《唐會要》卷八六《奴婢》與此相同。

　　唐太宗貞觀十七年,兵部尚书侯君集因謀反罪被誅,《舊唐書·侯君集傳》記載其被"斬於四達之衢,籍没其家"①。《新唐書·侯君集傳》則記載其臨刑前,"丐一子以守祭祀,帝聞,原其妻及一子,徙嶺表"②。不過,劉餗《隋唐嘉話》則記載侯君集將被誅,言於太宗曰:"臣常侍陛下幕府左右,乞留小子。"唐太宗"許之,流其子嶺南爲奴"③。唐高宗顯慶年間,韓瑗以黄門侍郎兼宰相的身份貶爲海南振州刺史,其死後又"追削官爵,籍其家,子孫謫廣州官奴"④。大臣柳奭,《新唐書》卷一一二《柳奭傳》記其與宰相褚遂良等朋黨,罪大逆,"遣使殺之,没其家,期以上親並流嶺表,奭房隸桂州爲奴婢"⑤。而《資治通鑑》則記載,唐高宗顯慶四年(659)七月,"籍没(長生无忌、柳奭、韓瑗)三家,近親皆流嶺南爲奴婢"⑥。武則天改制,大肆誅殺唐朝宗室,"自是宗室諸王相繼誅死者,殆將盡矣。其子孫年幼者咸配流嶺外,誅其親黨數百餘家"⑦;"壯者誅死,幼皆没爲官奴,或匿人間庸保"⑧。終唐一代,嶺南一直是北方内地官員和士人流放與籍没爲奴的重區⑨。

　　唐初國家即專門設有"抗拒王師,應没爲奴婢"的制度⑩。而來自吐蕃和西北邊境等地的戰俘,也是嶺南官奴婢的一個來源。史書記

---

① 《舊唐書》卷六九《侯君集傳》,第 2514 頁。
② 《新唐書》卷九四《侯君集傳》,第 3828 頁。
③ (唐)劉餗撰,程毅中點校《隋唐嘉話》卷上,北京:中華書局,1979 年,第 8 頁。
④ 《新唐書》卷一○五《韓瑗傳》,第 4031 頁。
⑤ 《新唐書》卷一一二《柳奭傳》,第 4177 頁。
⑥ 《資治通鑑》卷二○○,唐高宗顯慶四年七月,第 6316 頁。
⑦ 《舊唐書》卷六《則天皇后紀》垂拱四年九月條,第 119 頁。
⑧ 《新唐書》卷八○《太宗諸子·曹王明傳》,第 3580 頁。
⑨ 參見本書第四章第三節。另見王承文《唐代北方家族與嶺南溪洞社會》,《唐研究》第二卷,北京:北京大學出版社,1996 年,第 373—413 頁。
⑩ 《舊唐書》卷一九九上《高麗傳》,第 5326 頁。

載,唐朝軍隊與吐蕃作戰,"俘獲其人,必遣中官部統徙江、嶺,因緣求財及給養之費,不勝其弊"。即將戰俘由宦官發配到江南和嶺南。唐德宗時大曆年間,四川軍將所獲取的"戎俘"即吐蕃戰俘,有司建議"準舊事頒爲徒隸"①。唐宣宗大中五年(851)二月敕:"邊上諸州鎮送到投來吐蕃、回鶻奴婢等,今後所司勘問了,宜並配嶺外,不得隸内地。"②唐懿宗咸通七年(866)十月,唐朝軍將拓跋懷光擒吐蕃將領論恐熱,傳首京師,"其部衆東奔秦州,尚延心邀擊,破之,悉奏遷於嶺南。吐蕃自是衰絶"③。元和十四年,韓愈在貶任潮州刺史途中,作《武關西逢配流吐蕃》一詩,其中有"嗟爾戎人莫慘然,湖南地近保生全"④;元稹《縛戎人》一詩原注曰:"近制:西邊每擒蕃囚,例皆傳置南方,不加剿戮。"其詩稱:"邊頭大將差健卒,入抄擒生快於鶻。但逢禎面即捉來,半是蕃人半戎羯。大將論功重多級,捷書飛奏何超忽。聖朝不殺諧至仁,遠送炎方示微罰。萬里虚勞肉食費,連頭盡被氈裘喝。華茵重席卧腥臊,病犬愁鴟聲咽嗢。中有一人能漢語,自言家本長安窟。小年隨父戍安西,河渭瓜沙眼看没。"⑤元稹還特地記載了這些戰俘中間一個能説漢語的人,其原籍實爲長安,幼年隨父出征戍守安西,因爲唐玄宗天寶後期河西地區淪陷,遂淪落爲"戎人"。唐憲宗元和四年,白居易所作《縛戎人》一詩曰:"縛戎人,縛戎人,耳穿面破驅入秦。天

①　《舊唐書》卷一九六下《吐蕃傳下》,第 5245 頁;《册府元龜》卷九八〇《外臣部》,第 11513 頁。
②　《唐會要》卷八六《奴婢》,第 1863 頁。
③　《資治通鑑》卷二五〇,唐懿宗咸通七年,第 8115 頁。
④　《全唐詩》卷三四四,第 853 頁。
⑤　《元氏長慶集》卷二四,上海:上海古籍出版社,1994 年,第 131 頁。

子矜憐不忍殺,詔徙東南吳與越,黄衣小使録姓名。"①常衮《賀收涇州表》也反映了將戰俘配往福建,其文曰:"中使王開諫、李重芝等至,伏奉敕旨,送吐火邏王子并曹義臣家口共四十四人,配漳、泉等州安置。"②唐朝將這些戰俘作爲奴隸安置於江南和嶺南等地區,其目的是爲了保證其西部邊境地區的安全。

唐代筆記、小説反映嶺南和兩京等地,還有從東南亞輸入的"崑崙奴"。唐代詩人張籍《崑崙儿》詩稱:"崑崙家住海中州,蠻客將來漢地遊。言語解教秦吉了,波濤初過鬱林洲。金環欲落曾穿耳,螺髻長卷不裹頭。自愛肌膚黑如漆,行時半脱木綿裘。"③唐代嶺南"崑崙奴"的人數比較有限,前人也有不少研究④。兹不贅述。

二 唐朝嶺南奴婢的使用和對北方貢奉

奴婢作爲唐朝嶺南一個特定的社會階層,被廣泛使用於社會生産和社會生活的各個行業。首先是用於農業生産領域。北京國家圖書館藏敦煌本唐代開元户部格殘卷,其中有曰:

太極 元 年三月 ▢▢▢▢▢▢ 敕:如聞嶺南首 領 ▢▢▢▢

▢▢▢▢史上佐及▢▢▢▢▢多因官置莊,抑買百姓田園,招誘

---

① (唐)白居易撰,朱金城箋校《白居易集箋校》卷三,上海:上海古籍出版社,1988年,第197頁。

② 《全唐文》卷四一六,第4255頁。

③ (唐)張籍《張司業集》卷五;《全唐詩》卷三八五,第4339頁。

④ 參見張星烺《中西交通史料彙編》第二册第二編附《昆侖與昆侖奴》,北京:中華書局,1977年。〔美〕謝弗著,吳玉貴譯《唐代的外來文明》,北京:中國社會科學出版社,1995年,第46—48頁。DonJ·Wyatt,*The Blacks of Premodern China*,Philadelphia:University of Pennsylvania Press,2010.

　　　　　　　稱是子弟,以爲逋藪。夷獠户等,不勝　　　　　　　　　　　　。①

唐睿宗太極元年(712)敕令中所提到的"莊",又稱莊田、莊園,或莊
宅。有關唐代中原内地莊園和土地兼併的發展,學術界多有研究,對
嶺南地區則因材料非常匱乏而甚少説明。而以上這份珍貴的敦煌敕
文材料,則反映了嶺南地區一批集地方長官和部族首領爲一身的溪洞
豪族,"多因官置莊,抑買百姓田園"。因而非常真實地反映了嶺南
"溪洞"地區大土地所有制的發展。在這種莊園裏的勞動者,除了一般
佃户外,應有相當多的奴婢。南朝至唐前期,高涼馮氏雄據嶺南南部
沿海,唐代韓炎《高力士神道碑》記載高涼馮氏"式是炎州,代爲諸侯,
衣冠甚偉,弈葉濟美。有甲三屬,有田千里","家雄萬石之榮,囊有千
金之直"②。而馮盎所擁有的上萬奴婢,除了部分用於家庭役使外,應
主要用於莊田的農業生産。張鷟《朝野僉載》記載:"安南都護鄧祐,
韶州人,家巨富,奴婢千人。恒課口腹自供。"③鄧祐是粤北韶州的漢
族地主,其出任安南都護大致是唐中宗時期。而元代陶宗儀《説郛》卷
二所引《朝野僉載》,在"奴婢千人"之後,實際上還有"莊田縣亘"四
字④。顯然,這上千的奴婢應是鄧祐莊田裏的勞動生産者。

　　陳集原,嶺南瀧州(今廣東羅定縣)開陽人。瀧州陳氏自南朝以來
爲當地著名溪洞豪族,"代爲嶺表酋長",其父陳龍樹,欽州刺史。陳集

---

① 有關録文參見池田温《北京圖書館藏開元户部格殘卷簡介》,載《敦煌吐魯番學研究論
　　集》,北京:書目文獻出版社,1996年,第161—162頁。
② (唐)韓炎《唐故開府儀同三司兼内侍監贈揚州大都督陪葬泰陵高公(力士)神道碑并
　　序》,《全唐文補遺》第一輯,第35頁。
③ 《朝野僉載》卷一,第15頁。
④ (明)陶宗儀《説郛》卷二,《説郛三種·涵芬樓一百卷本》,上海:上海古籍出版社,1988
　　年,第30頁。

原本人官至左豹韜衛將軍，尤以孝友著稱。唐高宗永徽（650—655）中喪父，"資財田宅及僮僕三十餘人，並以讓兄弟"①。其"僮僕三十餘人"應與其"田宅"密切相關。而且顯然只是陳集原本人所應分得的部分財産。1985 年，在廣東南部高州縣考古發現的唐天寶六年（747）南巴縣令買地券，其中有"南潘郡南巴縣曲譚鄉進墨里故大首領前南巴縣令陳敏聰"、"合門大小良賤，延年保壽"、"大小良賤安吉"等字樣②。其中"賤"即指奴婢和部曲等等，也反映了嶺南溪洞豪族普遍擁有奴隸。根據日本真人元開《唐大和上東征傳》記載，唐玄宗天寶年間，海南萬安州大首領馮若芳，其"奴婢居處，南北三日行，東西五日行，村村相次，總是若芳奴婢之（住）處也"③。《舊唐書·地理志》記載唐置萬安州，"失起置年月"，"領縣四，無户口"④。《新唐書·地理志》則記載萬安州，領縣四，户爲二千九百九十七户⑤。唐朝奴婢一般不入户籍。這就説明在國家編户之外，海南島尚有大量的從事農業生産的奴婢。而這也正是唐代嶺南大量州縣户口數量相當偏少的重要原因之一。

　　唐代郴州人孟琯爲唐憲宗元和年間進士，其《嶺南異物志》記載邕州首領甯洞"資産巨萬，僮伎數百"⑥。所謂"僮伎"就是指家庭奴隸。晚唐廣州人鄭愚官至嶺南節度使，有關典籍記載其"家世殷富，騶童布

①　《舊唐書》卷一八八《孝友傳》，第 4922—4923 頁。
②　見張均紹《唐代南巴縣令買地券考》，《廣東省博物館館刊》1988 年第一期。
③　《唐大和上東征傳》，第 68 頁。
④　《舊唐書》卷四一《地理志》，第 1765 頁。
⑤　《新唐書》卷四三上《地理志七上》，第 1101 頁。
⑥　《太平御覽》卷九○八引唐代孟琯《嶺南異物志》，第 4027 頁。

滿溪谷"①。所謂"騶童"亦是指奴婢。宋代的資料也能反映溪洞豪族首領的情況。范成大《桂海虞衡志》記"洞官之家，婚嫁以粗豪汰侈相高"，"女婢妾百餘，婿僮僕至數百"，"攻剽山獠及博買嫁娶所得生口，男女相配，給田使耕，教以武伎，世世隸屬，謂之家奴，亦曰家丁"②。這裏反映的是宋朝廣南西路羈縻州的情況。

　　唐朝嶺南地區的奴婢也被使用於官私手工作坊。《新唐書·百官志》稱"凡俘馘，酬以絹，入鈔之俘，歸於司農"③。所謂"入鈔之俘"，就是指戰俘被籍沒爲官奴婢者。《舊唐書·李復傳》記載，"先時西原叛亂，前後經略使征討反者，獲其人皆沒爲官奴婢，配作坊重役"④。根據房千里《投荒雜錄》記載，唐文宗時韋公幹爲海南島瓊山郡守，"掠良家子爲臧獲，如驅犬豕。有女奴四百人，執業者太半。有織花縑文紗者，有伸角爲器者，有鎔鍛金銀者，有攻珍木爲什具者。其家如市，日考月課，唯恐不程。……（瓊）多烏文咕晻，皆奇木也。公幹驅木工沿海探伐，至有不中程以斤自刃者"。其文又稱："公幹不道，殘人以得貨，竭夷獠之膏血以自厚。"⑤前引真人元開《唐大和上東征傳》記載，萬安州大首領馮若芳的住宅後"蘇芳木露積如山"⑥，也應該主要是奴隸的生産。

　　嶺南奴婢也被大量用於唐朝國家對貴族官員的充賞。唐朝爲了

①　（明）郭棐撰，黃國聲、鄧貴忠點校《粵大記》卷一七《鄭愚傳》，中山大學出版社 1998 年，第 449 頁。

②　（宋）范成大著，齊治平校補《桂海虞衡志校補》，南寧：廣西民族出版社，1984 年，第 33、35 頁。

③　《新唐書》卷四六《百官志一·兵部》，第 1196 頁。

④　《舊唐書》卷一一二《李晟傳附李復傳》，第 3337 頁。

⑤　《太平廣記》卷二六九《韋公幹》引《投荒雜錄》，第 2113 頁。

⑥　《唐大和上東征傳》，第 68 頁。

保證貴族官員奢侈生活的需要,規定可以按身份和官階占有數量不同的官奴婢。《唐六典》記載:"凡諸行宮與監、牧及諸王、公主應給(奴婢)者,則割司農之户以配。"①唐朝對貴族官員的奴婢賞賜一般由都官郎中負責。《通典》記載唐玄宗天寶七載(748)九月敕曰:"五品以上正員清官、諸道節度使及太守等,並聽當蓄絲竹,以展懽娛,行樂盛時,式覃中外。"天寶八載六月敕又曰:"其南口給使,王公家不過二十人,其職事官一品不得過十人,三品不得過八人,四品不得過六人,五品不得過四人,京文武清官六品七品不得過二人,八品九品不得過一人。"②唐朝將嶺南、福建、黔中等地貢奉的奴婢稱爲"南口"。"南口給使"都是指嶺南等南方地區進獻的奴婢。而《唐會要》所載唐玄宗天寶八載六月十八日敕則爲:

> 京畿及諸郡百姓,有先是給使在私家驅使者,限敕到五日内,一切送付内侍省。其中有是南口及契券分明者,各作限約,定數驅使。雖王公之家,不得過二十人。其職事官,一品不得過十二人,二品不得過十人,三品不得過八人,四品不得過六人,五品不得過四人。京文武清官,六品、七品不得過二人,八品、九品不得過一人。其嗣、郡王、郡主、縣主、國夫人、諸縣君等,請各依本品,同職事及京清資官處分。其有别承恩賜,不在此限。其蔭家父祖先有者,各依本蔭職減。③

從唐玄宗以上詔令内容來看,其本意應該還是從數量上限制貴族官員

---

① 《唐六典》卷六《尚書刑部·都官郎中》,第 193 頁。
② 《通典》卷三五《職官一七》,第 968 頁。
③ 《唐會要》卷八六《奴婢》,第 1860 頁。

對官奴婢的占有。

　　《新唐書·李大亮傳》記武德初年,李大亮帥兵擊破輔公祏,唐高祖李淵"以功賜奴婢百口",李大亮縱遣之,"高祖聞,咨美,更賜俚婢二十"①。"俚婢"很可能就是來自嶺南的女口。張籍《蠻中》就是描寫嶺南女口的詩:"銅柱南邊毒草春,行人幾日到金麟? 玉鐶穿耳誰家女,自抱琵琶迎海神。"②薛愛華指出,"有許多迹象表明,正如同在高麗人中一樣,在南方土著居民中,奴隸販子尋求的主要獵物也是年輕的女奴"③。元稹《估客樂》一詩亦稱:"越婢脂肉滑,奚僮眉眼明。"④裴次元爲廣州地方官所作的《降誕日進物狀》,其所列降誕日進物狀稱:"前件女口及銀器、衣箱等,稽《禹貢》之文,敢遵任土。"⑤而進入貴族官僚家庭的男奴隸則有不少已是被閹割的"私白"或"白身"。

　　唐朝中後期,由於中央王朝限制奴婢政策在中原内地的推行,使唐朝的官僚貴族家庭奴婢的來源局限在嶺南等邊遠地區。唐敬宗寶曆二年至唐文宗太和二年(826—828),胡証爲嶺南節度使,史載"証善蓄積,務華侈,厚自奉養,童奴數百,於京城修行里起第,連亘閭巷。嶺表奇貨,道途不絶,京邑推爲富家"⑥;"証厚殖財自奉,養奴數百人,營第脩行里"⑦。唐憲宗元和十二年至十五年(817—820),孔戣爲廣州

---

① 《新唐書》卷九九《李大亮傳》,第3913頁。
② 《全唐詩》卷三八六,第4361頁。
③ 〔美〕謝弗著,吳玉貴譯《唐代的外來文明》,第101頁;另參見 Edward H. Schafer, *The Vermilion Bird : Tang Images of the South*, University of California Press,1967, p.81.
④ (唐)元稹《元氏長慶集》卷二三,第124頁。
⑤ 《全唐文》卷六一一,第6175頁。
⑥ 《舊唐書》卷一六三《胡証傳》,第4260頁。
⑦ 《新唐書》卷一六四《胡証傳》,第5049頁。

刺史、嶺南節度使,史載"先是帥南海者,京師權要多託買南人爲奴婢"①。唐文宗開成(836—840)年間,有前浙西胡司馬,"曩以當家使於南海,蒙攜引數年,記於嶺中,偶獲婢僕等三數十人。自浙右已歷南荊,貨鬻殆盡,今但有六七人"②。胡司馬在任職嶺南期間,得到三十多個奴婢。其後在任職内地時又先後轉手賣掉了其中絶大部分。

　　嶺南也是唐朝宫廷宦官最主要的貢奉地之一。唐朝宫廷的宦官貢奉有專門制度。《唐律疏議》對"工樂雜户"規定曰:"依令:諸州有閹人,並送官,配内侍省及東宫内坊,名爲給使。諸王以下,爲散使。多本是良人。"③除了因爲天閹而成的"良人"之外,實際上應有相當多是來自於地方官府的强制閹割。根據《新唐書·吐突承璀傳》記載,"是時,諸道歲進閹兒,號'私白',閩、嶺最多,後皆任事,當時謂閩爲中官區藪"④。《資治通鑑》稱:"諸道進私白者,閩中爲多,故宦官多閩人。"⑤唐人撰寫的《玉泉子》一書也有詳細記載。其文云:"諸道每歲進閹人,所謂私白者,閩爲首焉,且多任用,以故大閹以下桑梓,多係于閩,時以爲中官藪澤。"⑥顧况所寫的《囝》一詩,很真切地反映了福建

---

① 《舊唐書》卷一五四《孔巢父附孔戣傳》,第4098頁。
② 《太平廣記》卷三七二《張不疑》條,第2958頁。
③ 《唐律疏議》卷三《名例》"工樂雜户"條,第75頁。
④ 《新唐書》卷二〇七《吐突承璀傳》,第5870頁。
⑤ 《資治通鑑》卷二五〇,唐懿宗咸通六年,第8111頁。
⑥ 《太平廣記》卷二三九《杜宣猷》引《玉泉子》,第1845—1846頁;(清)趙翼著,王樹民校證《廿二史劄記校證》卷二〇"唐宦官多閩廣人"條:"唐時諸道進閹兒,號私白,閩、嶺最多。如高力士本高州馮盎之後,嶺南討擊使李千里進之。後吐突、承璀及楊復光皆閩人,時號閩爲中官區藪。"(北京:中華書局,1984年,第429頁)又據《全唐文》卷九四哀帝《停貢橄欖敕》稱"福建一道,遠在海隅,嘗勤土貢,每年所進橄欖子,頗甚勞役往來,本因閹豎生長甌閩,自爲就愛,率令供進,以爲定規。至唐末,因朱全忠剿滅宫廷宦官,故哀帝敕令此後"不要進奉橄欖子,永爲常例"(第974—975頁)。

地方官府强行將良民之子閹爲宦官進貢的史實,其詩曰:“囝生閩方,閩吏得之,乃絶其陽。爲臧爲獲,致金滿屋。爲髡爲鉗,如視草木。天道無知,我罹其毒。神道無知,彼受其福。郎罷別囝,吾悔生汝……囝別郎罷,心摧血下,隔地絶天,及至黄泉,不得在郎罷前。”①

　　晚唐牛希濟所撰的《治論》一文論及唐代宦官的來源,稱有唐一代,“自京達於閩、嶺,豪右兼并之家,或累思進達其身,或求恃勢以庇鄉里者,多以其子納於黄門,俾爲之侍。且北宫之中,唯有四星,蓋上以備左右灑掃之用。國家自開元、天寶以來,中官之盛,不下萬人。出詔旨使於四方,或恃寵錫之命,宣慰勞之恩,……出入乃權倖之門,指揮愈僕隸之中”②。這是一條前人很少關注的材料,一方面反映了唐朝宦官人數之衆,以及宦官勢力在唐朝政治生活中的重要地位;另一方面也突出了福建和嶺南作爲唐朝宦官來源地的特殊性。然而,牛希濟將唐朝宫廷内龐大的宦官集團的來源,僅僅解釋爲“豪門兼并之家”等爲了趨附權勢而“多以其子納於黄門”,顯然失之偏頗。其實宦官更多是來自於社會下層包括掠賣的奴隸,或者是被迫淪爲宦官者。

　　早在隋朝,往往就將掠奪來的少數民族人口變成宦官供奉朝廷。《隋書·元巖傳》記載,隋文帝時,“蜀王性好奢侈,嘗欲取獠口以爲閹人”;蜀王“又共妃出獵,以彈彈人,多捕山獠,以充宦者”③。唐宣宗《禁嶺南貨賣男女敕》本來是專門禁止嶺南奴隸買賣的敕令,然而其中却仍然規定,“其白身除準敕常數進送外,亦準此處分”④。説明即使

<hr />

① （唐）顧況《囝一章》,《全唐詩》卷二六四,第2930頁。
② 《全唐文》卷八四五,第8880頁。
③ 《隋書》卷六二《元巖傳》,第1476頁。
④ 《全唐文》卷八一,第848頁。

在嚴厲限制嶺南奴婢的時代,嶺南"白身"即宦官的進獻却一直都被保留。陳寅恪先生《唐代政治史述論稿》指出,唐代宦官多出自今之四川、廣東、福建諸省,"在當時皆邊徼蠻夷區域",不少宦官姓氏又不類漢人姓,因此疑其多是蠻族或蠻夷化之漢人①。

　　唐代嶺南出現了一批有名的宦官。其中不少還是一些著名溪洞豪族的後裔,因爲其家族爲唐朝剿滅而淪落爲宦官。唐長孺先生指出,唐代宦官的來源與嶺南等地"南口"掠賣之間有密切關係。唐朝楊思勖、高力士很大可能都是被掠南口進獻宮廷的"給使"或"白身"。唐玄宗雖曾禁止以南中之少數族人作爲閹人進獻,但如上引《會要》、《册府》所載敕文,掠賣、餉遺南口的情況仍然存在,閹人想必也仍多出其中。並認爲這就是唐代宦官多南方少數族人的原因②。除以上楊思勖、高力士二人外,我們從《全唐文補遺》等書所收唐代碑刻中,發現出身于嶺南的宦官還有不少。例如,杜玄禮,"本南容府人也。家惟豪傑,代襲酋渠",即本爲嶺南容州(今廣西容縣)都督府人,世世代代爲溪洞豪族首領。顯然因其家族的覆亡,"今爲京兆府萬年縣人也"。從唐高宗朝到唐玄宗朝開元中,其官至朝議郎行内侍省宮闈局丞③。蘇永,本爲嶺南羅州人,因"山嶽遷移,每因風雨星辰感召",而爲雍州雲陽人,從太宗貞觀年間到武周在内侍省,官至司宮臺内給事④。宦官仇士良在唐後期朝廷曾權傾一世,鄭薫《内侍省監楚國公仇士良神道碑》

① 陳寅恪《唐代政治史述論稿》,第 209 頁。
② 唐長孺《唐代宦官籍貫與南口進獻》,《唐長孺文存》,上海:上海古籍出版社,2006 年,第 589 頁。
③ 《大唐朝議郎行内侍省宮闈局丞上柱國公士杜君(玄禮)墓志并序》,見《全唐文補遺》第 五輯,第 347 頁。
④ 《大周故司宮臺内給事蘇君墓志銘并序》,見《唐代墓志彙編》長壽〇二七號,第 851 頁。

記其嶺南海豐興寧(今廣東興寧縣)人。其家世叙述雖然有其發迹後皇帝對其父祖的封贈,然而却看不出有如同楊思勗、高力士那樣的溪洞豪族的背景。因而有可能本爲嶺南貢奉的"南口"①。唐朝以後,割據嶺南的南漢王朝可以説繼承了這樣的傳統。《資治通鑑》記載南漢後主劉鋹以宦官龔澄樞爲左龍虎觀軍容使、内太師,"軍國之事皆取决焉。凡群臣有才能及進士狀頭,或僧道可與談者,皆下蠶室,然後得進。亦有自宫以求進者。亦有免死而宫者。由是宦者近二萬人。貴顯用事之人,大抵皆宦者也"②。南漢後期其宫廷内外竟有多達兩萬人的宦官,其規模堪稱歎爲觀止。

與嶺南毗鄰的湖南道州,在隋唐時代有把當地土著侏儒當作常貢項目的制度。史載:"道州土地産民多矮,每年常配鄉户貢其男,號爲'矮奴'。"③這是一種把"良人"或"編氓"變成"賤人"而上貢的殘酷制度。川本芳昭認爲,"道州人仍較多繼承蠻族的血統。换句話説,他們是有蠻族血統的漢人"④。根據有關資料,我們認爲至少從隋朝開始,這些侏儒就已經被當作宦官進奉宫廷⑤。

①　《全唐文》卷七九〇,第 8271 頁。

②　《資治通鑑》卷二九四,後周世宗顯德六年,第 9606 頁。另參見(清)梁廷枏《南漢書》卷一五《宦官傳》,《五代史書彙編》,杭州:杭州出版社,2004 年,第 6518 頁;吳蘭修《南漢紀》卷五《閫外人》,《五代史書彙編》,第 6651 頁。

③　《舊唐書》卷一九二《隱逸·陽城傳》,第 5133 頁。

④　〔日〕川本芳昭撰,馬寧譯《六朝時期蠻族考——以山越及蠻漢融合問題爲中心》,《世界民族》1989 年第 4 期,第 46 頁(原載《史學雜志》1986 年第 8 期)。

⑤　《全隋文》卷二八《王義小傳》曰:"義,道州人,大業四年,以矮民充貢自宫,得出入内寢。"(隋)王義《上煬帝書陳成敗》曰:"臣本南楚卑溥之地,逢聖明爲治之時,不愛此身,願從入貢。"其《又奏》曰:"臣田野廢民,作事皆不勝人,生於遼曠絶遠之域,幸因入貢,得備後庭掃除之役。陛下特加愛遇。"以上收入《全上古三代秦漢三國六朝文》,北京:中華書局 1995 年,第 4190 頁。

據上可知,唐朝嶺南奴婢不僅廣泛使用於社會的各個領域,而且還通過"貢奉"、買賣等方式被大量轉輸到中原内地。而對奴婢的需求反過來又加劇了嶺南地區奴婢的掠奪和買賣。但是,人口的掠奪和奴婢買賣的盛行,一方面嚴重破壞了嶺南社會生産的正常發展,另一方面也必然與唐朝高度發達的封建制度和生産方式形成尖銳的矛盾。

三 唐朝中後期推行的限奴措施與嶺南社會變遷

在奴婢問題上,唐朝一方面是允許其在一定範圍内存在,另一方面却又從法律制度等多方面限制奴婢的數量。因爲避免負擔國家租税徭役的在籍民户淪爲奴婢,是封建國家賦税收入的保證。二十世紀出土的吐魯番文書以及有關唐代判文等材料説明,唐朝法典中嚴禁壓良爲賤的法律規定在北方内地得到了嚴格執行,奴婢作爲一個特定的社會階層必然不斷走向萎縮。而唐代後期有關限制奴婢的詔令之所以高度集中在嶺南,恰恰是嶺南"溪洞"社會在完成封建化過程中所表現的現象。

如前所述,六朝隋唐嶺南溪洞豪族既占有大量奴婢,同時也是人口掠賣盛行的主要根源,並因此損害了王朝國家的編户制度和賦税制度。唐代前期,中央王朝在地方選官制度上通過實行"南選",逐步從根本上革除了嶺南溪洞豪族的政治特權,又通過一系列大規模的戰争平定了溪洞豪族的反叛。至唐玄宗時代,傳統的嶺南溪洞豪族勢力已基本上歸於消亡[1]。至於溪洞豪族所控制的部族民衆和奴婢,則被改變爲承擔國家賦税的編户齊民。至唐代中、後期,由於嶺南地區在國

---

[1] 參見本章第二節。另見王承文《唐代"南選"與嶺南溪洞豪族》,《中國史研究》1998年第一期,第97頁。

家政治和財政中的地位日益重要,因此,限制奴婢已成爲唐中央王朝
必須要解決的問題。

　　唐代中、後期,中央王朝多次發布詔令明確禁止掠賣奴婢。而這
些詔令大多與嶺南有關。主要有:

　　(1)唐玄宗天寶八載(749)六月十八日敕:"……其南口請禁
蜀蠻及五溪、嶺南夷獠之類。"①

　　(2)唐代宗大曆十四年(779)五月詔:"邕府歲貢奴婢,使其
離父母之鄉,絶骨肉之戀,非仁也,宜罷之。"②

　　(3)唐憲宗元和四年(809)閏三月敕:"嶺南、黔中、福建等道
百姓,雖處遐俗,莫匪吾人,多罹掠奪之虞,豈無親愛之戀。以兹
興念,良用憫然。應緣公私買賣奴婢,宜令所在長吏,切加捉搦,
并審細勘責,委知非良人百姓,然許交關。有違犯者,準法條
處分。"③

　　(4)唐憲宗元和八年(813)九月詔:"比聞嶺南五管并福建、
黔中等道多以南口餉遺及於諸處博易,骨肉離折(析),良賤難
分……自今嶺南諸道,輒不得以口餉遺,及將諸處博易。又有求
利之徒,以口博易,關鎮人吏,容縱頗多。並勒所在長吏嚴加捉
搦。如更違犯,必重科懲。如長吏不存勾當,委御史臺察訪
聞奏。"④

---

① 《唐會要》卷八六《奴婢》,第1860頁。
② 《唐會要》卷八六《奴婢》,第1860頁。
③ 《亢旱撫恤百姓德音》,《文苑英華》卷四三五,第2205頁;《全唐文》卷六二,第666頁;
　 《唐會要》卷八六《奴婢》,第1861頁。
④ 《册府元龜》卷一六〇《帝王部·革弊二》,第1929頁。

（5）唐文宗太和二年（828）十月敕："嶺南、福建、桂管、邕管、安南等道百姓，禁斷掠買餉遺良口，前後制敕，處分重疊，非不明白。"①

（6）唐宣宗大中九年（855）閏四月二十三日敕："嶺南諸州，貨賣男女，奸人乘之，倍射其利，今後無問公私土客，一切禁斷。若潛出券書，暗過州縣，所在搜獲，以強盜論。如以男女傭賃與人，貴分口食，任於當年立年限爲約，不得將出外界。"②

以上這些詔令的前後時間跨度長達一百多年，而這些詔令顯然也不能説得到了徹底的執行。而且從前面的討論來看，唐朝中央王朝限制嶺南奴婢的措施，實際上也與統治階層的既得利益存在一定的矛盾衝突。然而，如果我們把這一問題放在更長遠的歷史背景中，就會理解這些詔令畢竟代表了嶺南奴婢問題發展的總趨勢，而且在中古嶺南"溪洞"地區封建化的進程中，具有非常重要而深遠的歷史意義。

從唐代具體的史料記載來看，也可以發現這些詔令在相當程度上得到了執行。永貞元年至元和八年（805—813），房啓爲容管經略招討使，後改任桂管觀察使，《新唐書》記載房啓"自陳獻使者南口十五，帝怒，殺宦人，貶啓虔州長史，死。始詔五管、福建、黔中道不得以口饋遺、博易，罷臘口等使"③。唐憲宗元和年間，李絳上《論德音事狀》，稱"嶺南風俗，百姓多賣買。不得驅掠百姓爲口，禁止條約，犯者依前令，

---

① 《唐會要》卷八六《奴婢》，第 1862 頁；《册府元龜》一六〇《帝王部·革弊二》，第 1931 頁。
② 《唐會要》卷八六《奴婢》，第 1864 頁。
③ 《新唐書》卷一三九《房琯附房啓傳》，第 4629 頁。

有司糾察聞奏。橫賊擾亂,皆由於此。今有明敕處分,足以感動其心。"①《新唐書》亦記載李絳上奏,稱"嶺南之俗,鬻子爲業,可聽;非券劑取直者,如掠賣法,敕有司一切苛止"。史書又稱"帝皆順納"②。

嶺南不少地方官員推行限制奴婢的政策,且令行禁止,卓有成效。唐德宗貞元三年(787)至四年,李羿爲容管經略使,"開置屯田五百餘頃,以足軍實。舍寇賊之爲縲囚者,釋而遣之,以除其怨,而徂獷以順。禁人民之相虜賣者,執而誅之,以去其害。而童昏以安"③。貞元十七年至十八年,徐申爲邕州刺史兼本管經略招討使,"詰俚盜,除其暴,掠良聚攻,禁下如令"④。貞元十七年至永貞元年(805),韋丹爲容州刺史、容管經略使,治理一方很有成績。史稱其教民耕織,興學校,築容州城,開墾屯田,教種茶、麥,"民貧自鬻者,贖歸之,禁吏不得掠爲隸"⑤。元和十二年(817)至十五年,孔戣爲廣州刺史、嶺南節度使,"嶺南以口爲貨,其荒阻處父子相縛爲奴,公一禁之。有隨公吏得無名兒,蓄不言官;有訟者,公召殺之"。及元和十五年遷尚書吏部侍郎北歸,"不載南物,奴婢之籍,不增一人"⑥。史載過去節度嶺南者,京師權要多託買南人爲奴婢,然而,孔戣"不受託。至郡,禁絕賣人口"⑦。

---

① 《全唐文》卷六四六,第 6542 頁。

② 《新唐書》卷一五二《李絳傳》,第 4838 頁。

③ (唐)于邵《唐檢校右散騎常侍容州刺史李公去思頌并序》,《文苑英華》卷七七六,第 4090 頁;《全唐文》卷四二九,第 4371 頁。

④ (唐)李翶《唐故金紫光禄大夫檢校禮部尚書使持節都督廣州諸軍事兼廣州刺史兼御史大夫充嶺南節度使徐(申)公行狀》,《全唐文》卷六三九,第 6459 頁。

⑤ 《新唐書》卷一九七《循吏·韋丹傳》,第 5629 頁。

⑥ (唐)韓愈《唐正議大夫尚書左丞孔公墓志銘》,《韓昌黎文集校注》卷七,上海:上海古籍出版社,2014 年,第 592、594 頁。

⑦ 《册府元龜》卷六七四《牧守部·公正》,第 8056 頁。

《新唐書·孔戣傳》也稱:"由是閭里相約不敢犯。"①

　　唐朝後期還通過擴大直接選官的範圍以及選派更多北方官員等方式,以改進嶺南地方吏治。對於溪洞地區出現的因觀察使等所奏官員"多是本土富豪",而出現的"縱恣侵欺,多取良家以爲奴婢"的現象,唐懿宗詔令"其邕、容、桂、廣等道管内,自今已後,刺史必須精選賢良,久歷官途,不越資序者,始許奏請"②。從而加强對這些"本土富豪"的控制。唐後期嶺南部分羈縻州首領依仗權勢欺壓本部族民衆,包括掠賣人口。貞元三年至四年,李佐由京兆少尹改授桂管觀察經略使,"部内不及朝貢之羈縻州者十八。舊例首領費於官署爲刺史,一州所貢,悉以奉之。其或魚肉斯人之甚;有來訟者,率以遐遠阻險,非文法所及,置之。公於是易之以中土溫良之吏,越人之男女不爲所鬻,資産不爲所奪,悦而戴之"③。桂管所屬的十八個羈縻州原來一直都由其當地首領擔任刺史,因其魚肉百姓,鬻人男女,被桂管經略使李佐革除,而"易之以中土溫良之吏"。

　　在與嶺南毗鄰的湖南道州,其"矮奴"貢奉宮廷制度的最終廢止也頗具典型意義。貞元十四年,陽城出任道州刺史,他對於將在籍"良人"當作"矮奴"貢奉的制度表示憤慨,《舊唐書》記載,陽城"不平其以良爲賤,又憫其編甿歲有離異之苦,乃抗疏論而免之,自是乃停其貢,民皆賴之,無不泣荷"④。《新唐書》則記載爲陽城"哀其生離,無所進。帝使求之,城奏曰:'州民盡短,若以貢,不知何者可供。'自是罷。州人

---

① 《新唐書》卷一六三《孔戣傳》,第5009頁。
② 唐懿宗《咸通七年大赦》,《唐大詔令集》卷八六,第490頁。
③ (唐)穆員《京兆少尹李公墓志銘》,《全唐文》卷七八四,第8204頁。
④ 《舊唐書》卷一九二《隱逸·陽城傳》,第5133—5144頁。

感之，以'陽'名子"①。陽城的舉動在當時朝野俱有相當大的影響。白居易特作《道州民》一詩曰：

> 道州民，多侏儒，長者不過三尺餘，市作矮奴年進送，號爲道州任土貢。任土貢，寧若斯？不聞使人生別離，老翁哭孫母哭兒。一自陽城來守郡，不進矮奴頻詔問。城云臣按《六典》書，任土貢有不貢無。道州水土所生者，只有矮民無矮奴。吾君感悟璽書下，歲貢矮奴宜悉罷。道州民，老者幼者何欣欣！父兄子弟始相保，從此得作良人身。道州民，民到于今受其賜，欲説使君先下淚。仍恐兒孫忘使君，生男多以陽爲字。②

至唐朝後期，唐朝君臣對待戰俘的政策包括觀念也有重要變化。《全唐文》收有大致作於唐朝前期的《對克狄拏來判》和《對獲五甲首判》③。前者反映的是將少數民族戰俘充爲奴隸的情況。而後者反映的是出征將士因戰功受賜俘虜的制度。但是，《全唐文》卷九七八所載《對還生口判》，則反映唐朝中期以後，已逐步改變了原來將戰俘充爲奴隸的政策，往往予以放還④。在唐後期的嶺南地區，也出現了將戰俘放還讓其從事農業生產，或者成爲國家的在籍編户的情況。唐肅宗時期，嶺南西原蠻的"睦州、武陽、珠蘭、金溪、黄橙等一百餘洞"，"約二十萬衆"，發動大規模反叛。唐朝在平定叛亂後，對投降的首領和部

---

① 《新唐書》卷一九四《卓行·陽城傳》，第 5572 頁；另見《太平寰宇記》卷一一六《江南西道·道州》，第 2342—2343 頁。

② 《白居易箋校》卷三，第 183 頁；《全唐詩》卷四二六，第 4696 頁。

③ 《全唐文》卷九七八，第 10126 頁。

④ 參見李天石《中國中古良賤身份制度研究》，南京：南京師範大學出版社，2004 年，第 397—400 頁。

衆，"宣傳聖恩，示其生路"，"兼賫匹帛，散於營農，各分疆界，使其斥堠，遞相轄控，永絶憂虞"①。唐代宗大曆十二年(777)，西原蠻首領潘長安稱安南王，"誘脅夷蠻，連跨州邑，鼠伏蟻聚，賊害平人，南距雕題交趾，西控昆明夜郎，北洎黔巫衡湘，彌亘萬里"。桂管觀察使李昌夔興兵討伐，"斬首二百餘級，擒獲元惡并其下將率八十四人，生獻闕下。其餘逼逐俘虜廿餘萬，並給耕牛種糧，令還舊居"②。李昌夔將二十多萬戰俘釋放，發放耕牛種糧，使之從事農業生産。貞元初李復爲容州刺史兼本管招討使，也改變了此前將征討西原蠻所獲戰俘作爲作坊奴隸的政策，而是"使訪親戚，一皆原縱。在容三年，人以賴安"③。

對於嶺南參與反叛的西原蠻和黄洞蠻等夷獠之民，唐王朝還多次發布專門詔令予以招撫和安置。唐文宗《彗星見修省詔》稱："桂管聚集妖人，或始於計窮，或迷於誘導，嘯聚未散，伏藏山林者，各委本處長吏遣人宣諭恩旨，便令放歸鄉貫田里，俾安家業，勿更根尋所犯。如不從制命，不在此限。"④唐文宗发布的《大和三年(829)疾愈德音》稱：

> 董昌齡自邕州累平溪洞，兵威所向，首惡皆擒，言念蒼生，無非赤子，况在荒徼，尤當撫循。其溪洞如有未歸附者，向後非因侵擾，更不用進討，仍加存撫，各使懷安。所獲溪洞百姓，並分配附

---

① (唐)楊譚《兵部奏桂州破西原賊露布》，《全唐文》卷三七七，第3835頁。
② (唐)韓雲卿《平蠻頌》，(清)陸增祥《八瓊室金石補正》卷六四，北京：文物出版社，1985年，第444頁；《全唐文》卷四四一，第4500頁。
③ 《新唐書》卷七八《宗室傳·李復傳》，3533頁；《舊唐書》卷一一二《李暠傳附李復傳》，第3337頁。
④ 《全唐文》卷七三，第764頁。

近州縣,令自營生,不得没爲奴婢,將充賞賜。如元是奴婢者,即任充賞。①

而唐初以來將西方北方邊境戰俘向嶺南配流爲奴的方式,至唐後期也同樣發生了新的變化。陸贄所撰《放淮西生口歸本貫敕》有云:"應從李希烈作亂以來,諸道所有擒獲淮西生口配隸嶺南、黔中等道,宜一切釋放歸本道。其投降人等權於諸州縣安置者,亦任各從所適。"②唐後期相同的詔令還有不少,如長慶四年(824)三月,"敕其諸軍先擒獲吐蕃生口配流諸處者,宜委本道資給放還本國"③。唐敬宗寶曆元年(825)正月詔,稱"敕先擒獲吐蕃生口配流諸處者,委本道資給放還邊土,仍不得更受投降人,並擒捉人生口"④。

最後,唐朝兩税法的推行也促進了奴婢階層雇傭化趨勢的重要發展。唐德宗建中元年(780),開始推行"以資産爲宗","不以丁身爲本"的兩税制,代表了生産關係的重大變化。而兩税制在嶺南一些極爲荒遠的溪洞地區也得到了有效的推行。在兩税法下,奴婢作爲僅次於田産屋舍的財産内容,開始成爲國家徵收賦税的重要對象。大量占有奴婢反而要負擔沉重的資産税。在社會生産領域,官僚地主自然減少奴婢的使用量而代之以更多的契約租佃農民或雇傭勞動力者。而

---

① 《册府元龜》卷九一《帝王部·赦宥一〇》,1086 頁;《册府元龜》卷一六五《帝王部·招懷三》,第 1996 頁;《唐大詔令集》卷一〇作《太和三年疾愈德音》(第 64—65 頁);《全唐文》卷七五爲《太和八年疾愈德音》,第 784 頁。
② 《全唐文》卷四六三,第 4738 頁。
③ 《册府元龜》卷四二《帝王部·仁慈》,第 482 頁,輯録有關這方面的詔令很多。
④ 《册府元龜》卷四二《帝王部·仁慈》,第 482 頁。

這些必然促使奴婢身份的提高和奴婢制度的重大變化①。唐代中期以後奴婢的雇傭化主要體現在"典身制"的發展。其實早在唐朝前期就已開始實行。敦煌文書 S.1344 號《開元户部格殘卷》中收有武則天天授二年(691)七月二十日敕文曰:

> 敕:諸州百姓,乃有將男女質賣,託稱傭力,無錢可贖,遂入財主,宜嚴加禁斷。②

這是一種計傭折直的變相賣身形式。唐朝政府多次頒布詔令,對質賣爲奴婢者採取計傭折直的辦法放免。唐宣宗大中九年《禁嶺南貨賣男女敕》稱:"如有貧窮不能存濟者,欲以男女庸雇與人,貴分口食,任於行止,當立年限爲約,不得將出外界。"③這也是唐朝第一次以皇帝詔令的形式確認自唐中期以來事實上已經存在的雇傭奴婢的合法性。

唐代後期,嶺南是有關奴婢雇傭折直記載最爲集中的地區之一。其中以韓愈和柳宗元的有關活動尤具典型意義。史載唐後期江西袁州地區,"以男女爲隸,過期不贖,則没入之",至韓愈爲袁州刺史,"悉計庸得贖所没,歸之父母七百餘人。因與約,禁其爲隸"④。李翺《故行尚書吏部侍郎韓愈行狀》亦稱其由潮州刺史量移爲袁州刺史,"百姓

---

① 參見楊際平《唐宋時期奴婢制度的變化》,《中國社會歷史評論》第四輯,北京:商務印書館,2002 年,第 57—64 頁;李天石《中國中古良賤身份制度研究》,第 350—361 頁;戴建國《唐宋奴婢制度的變化》,見戴建國《唐宋變革時期的法律與社會》,上海:上海古籍出版社,2010 年,第 293—358 頁。

② 黄永武主編《敦煌寶藏》第十册(斯 1300—1443 號),臺北:新文豐出版公司,1981 年,第 195 頁。

③ 《唐大詔令集》卷一〇九,第 567 頁。

④ 《新唐書》卷一七六《韓愈傳》,第 5263 頁。

以男女爲人隸者,公皆計傭以償其直而出歸之"①。其實,唐憲宗元和十四年上半年,韓愈在先貶任潮州刺史期間,就已經推行相關措施。皇甫湜《韓愈神道碑》曰:"大官謫爲州縣,薄不治務,先生臨之,若以資遷。洞究海俗,海夷陶然,遂生鮮魚稻蟹,不暴民物,掠賣之口,計庸免之,未相直,輒與錢贖。及還,著之赦令。轉刺袁州,治袁州如潮,徵拜國子祭酒。"②韓愈所撰《應所在典帖良人男女等狀》亦曰:

> 右:準律不許典帖良人男女作奴婢驅使。臣往任袁州刺史日,檢責州界內,得七百三十一人,並是良人男女。準律計傭折直,一時放免。原其本末,或因水旱不熟,或因公私債負,遂相典帖,漸以成風。名目雖殊,奴婢不別,鞭笞役使,至死乃休。既乖律文,實虧政理。袁州至小,尚有七百餘人;天下諸州,其數固當不少。今因大慶,伏乞令有司重舉舊章,一皆放免。仍勒長吏嚴加檢責,如有隱漏,必重科懲。③

桂管所屬的柳州地處臨近羈縻州的邊遠地區,其掠賣奴婢的現象相當嚴重。柳宗元在任柳州刺史期間所採取的措施也頗有成效。韓愈所撰《柳州羅池廟碑》曰:"先時,民貧以男女相質,久不得贖,盡没爲隸;我侯之至,按國之故,以傭除本,悉奪歸之。"④韓愈所撰《柳子厚墓誌銘》也記柳宗元"因其土俗,爲設教禁,州人順賴。其俗以男女質錢,約不時贖,子本相侔,則没爲奴婢。子厚與設方計,悉令贖歸;其尤

---

① (唐)李翱《故正議大夫行尚書吏部侍郎上柱國賜紫金魚袋贈禮部尚書韓公(愈)行狀》,《全唐文》卷六三九,第6460頁。
② 《全唐文》卷六八七,第7038頁。
③ 《韓昌黎文集校注》卷八,第715頁;《全唐文》卷五四九,第5566—5567頁。
④ 《韓昌黎文集校注》卷七,第550頁。

貧力不能者,令書其備,足相當,則使歸其質。觀察使下其法於他州,比一歲,免而歸者且千人"①。所謂"觀察使下其法於他州",是指桂州觀察使裴行立將柳宗元的措施,又推廣到桂管所管轄的其他十一個州。而典帖即以勞力贖身,應是其中最主要的方式。

　　唐朝嶺南地方官府推行訂立契約和計傭折直等措施,必然產生相當重要的社會影響。因爲雇傭奴婢可以通過在一定時期內爲雇主勞動來償清賣身錢。而雇傭奴婢年限的規定,一方面改變了奴婢爲其所有者終身占有的性質,同時也改變了奴婢世代相承的賤民身份,從而爲奴婢向良人的轉變提供了可能②。因而,唐代奴婢階層的雇傭化,對奴婢制度產生了決定性的影響,並從根本上瓦解了中古良賤制度的基礎。

四　結論

　　嶺南是唐朝境內有關奴婢記載最爲集中的地區,並因此成爲一個非常引人注目的歷史現象。以上我們較爲詳細地討論了唐代嶺南地區奴婢盛行的歷史原因、奴婢的使用範圍以及作爲一個特定社會階層逐步走向萎縮的歷史過程。我們認爲六朝隋唐嶺南"溪洞"地區特殊的社會結構,是嶺南奴婢問題最主要的歷史根源。而唐朝中、後期在嶺南所推行的一系列限制奴婢的措施,既促使嶺南溪洞地區奴婢制的不斷萎縮,也構成了嶺南"溪洞"社會完成封建化過程的重要內容。宋代是中古良賤身份制度走向最後解體的時代。在嶺南,我們也能看到這種趨勢。宋代前期,嶺南地區長期延續的南口掠賣傳統習俗也已基

---

① 《韓昌黎文集校注》卷七,第571頁。
② 參見李天石《中國中古良賤身份制度研究》,第412—420頁。

本上被消除。有關記載一般僅限於羈縻州地區。至於唐代開始的奴婢的雇傭化趨勢，宋朝中央王朝也將其作爲重要的政策加以繼承和推行。北宋開寶四年(971)二月，宋朝軍隊平定割據嶺南的南漢政權。三月，宋太祖詔"廣南有買人男女爲奴婢轉傭利者，並放免"①。《續資治通鑑長編》記載，開寶四年(971)十月，宋太祖"詔嶺南諸州：劉鋹日煩苛賦斂並除之，平民爲兵者釋其籍，流亡者招誘復業"②；開寶五年三月，史載"嶺南民有逋賦者，縣吏或爲代輸，或於兼并之家假貸，則皆納其妻女以爲質。知容州毋守素表其事，甲申，詔所在嚴禁之"③。《文獻通考》記載開寶四年詔爲："應廣南諸郡民家，有收買到男女爲奴婢，轉將傭僱以輸其利者，今後並令放免。敢不如詔旨者，決杖配流。"④開寶五年四月，"禁嶺南諸州略賣生口"⑤。宋太祖所發布的《禁廣南奴婢詔》稱："昔漢高祖既定天下，乃詔'民以飢餓自賣爲奴婢者，皆免爲庶人'。蓋革污俗之弊。睠惟嶺表，方已削平，猶習餘風，所宜禁止。廣南諸州縣民，家有收買到男女奴婢，使轉將傭顧以輸其利者，自今並令放免；有敢不如詔旨者，當決杖配流。"⑥《續資治通鑑長編》將以上內容記爲："禁嶺南民買良人黥面爲奴婢庸雇取直。"⑦至宋仁宗景祐二年(1035)，廣南西路的邕州"獠戶緣逋責，没婦女爲庸者二千

①　《宋史》卷二《太祖紀》，第32頁。

②　《續資治通鑑長編》卷一二《宋紀太祖啓運皇帝》，開寶四年十月，第272頁。

③　《續資治通鑑長編》卷一三《宋紀太祖啓運皇帝》，開寶五年三月，第282頁。

④　《文獻通考》卷一一《户口二》，第120頁。

⑤　《續資治通鑑長編》卷一三，開寶五年四月，第283頁。

⑥　《宋大詔令集》卷一九八《政事五一》，北京：中華書局，1962年，第730頁。

⑦　《續資治通鑑長編》卷一二，開寶四年三月，第262頁。

餘人"①,宋仁宗即詔令"禁廣西路民庸雇溪洞婦女,犯者以違制論"②。宋仁宗爲此所發布的詔令稱:"廣南西路諸色人不得容留溪洞婦女在家驅使,見在者不問契約年月,並放逐便。"③北宋前期,魏瓘出任提點廣南西路刑獄,"邕州獠户緣逋負没婦女爲俾者一千餘人,悉奏還其家"④。魏瓘將邕州因債務而淪落爲奴婢的少數民族婦女一千多人放還回家。可見,在嶺南這些十分邊遠荒僻的溪洞地區,唐王朝通過行政強制手段加以推行的解放奴婢的辦法,在宋代也得到了相當發展。北宋時周湛出任提點廣南東路刑獄,"初,江、湖民略良人,鬻嶺外爲奴婢。湛至,設方略搜捕,又聽其自陳,得男女二千六百人,給飲食還其家"⑤。意即江西、湖南等地存在將良民掠賣到嶺南的現象,而周湛則加以嚴厲禁止。而這些政策推行的結果,必然是嶺南進一步擺脱落後生產關係的束縛和社會的重要進步。

---

①　《續資治通鑑長編》卷一一六,景祐二年六月,第2740頁。
②　《續資治通鑑長編》卷一二〇,景祐四年四月,第2825頁。
③　(清)徐松輯,劉琳、刁忠民、舒大剛校點《宋會要輯稿》刑法二之二二,上海:上海古籍出版社,2014年,第8294頁。
④　《宋史》卷三〇三《魏瓘傳》,第10035頁。
⑤　《宋史》卷三〇〇《周湛傳》,第9967頁。

第二章
隋唐碑刻所見中央王朝對交州
地區的經略及其影響

第一節　南朝隋至唐初中央王朝與交州關係論考

——以越南現存《大隋九真郡寶安道場之碑文》
爲中心的考察

　　自從秦皇漢武開闢南越，中央王朝在嶺南交州地區實行郡縣統治長達一千多年①。然而，由於交州地處極爲遙遠的炎徼荒裔，正史中的相關記載非常匱乏，因而學術界的關注和研究成果也相對較少。《大

---

① 漢唐時期交州的管轄範圍變化較大。《後漢書》卷二三《郡國志》和《宋書》卷三八《州郡志》等資料記載，交州原稱交趾刺史部。東漢建安八年（203）改稱交州，轄南海、蒼梧、鬱林、合浦、交趾、九真、日南七郡。吳黃武五年（226），孫權分交趾、九真、日南三郡爲交州，其餘四郡爲廣州。不久復舊。吳永安七年（264），復分爲交、廣二州。而本書所討論的交州地區，主要是指在今越南境内的原漢代交趾、九真和日南三郡。

隋九真郡寶安道場之碑文》是越南境内現存最早的漢文碑銘之一①。該碑原立於越南清化省東山縣東明社長春村黎玉廟左邊,因此又稱"長春古碑",現收藏於越南首都河内歷史博物館②。兩漢至隋唐時期的九真郡位於交趾(今越南河内)以南,這裏已經接近於漢唐國家最南的邊界,同時又因爲緊鄰北部灣沿海國際航道,所以在相當長的歷史時期,一直都是中國與東南亞、南亞、西亞等外部世界聯繫的重要通道。我們認爲這方碑刻資料反映了南朝至唐初交州地區的政治格局及其與中央王朝關係的發展演變,在許多方面均可以補正史之闕,因而具有十分重要的史料價值。

一 《大隋九真郡寶安道場之碑文》錄文與九真黎氏家族的北方淵源

中國歷代金石著作以及今人所編《全隋文補遺》等均未著錄該碑。兹將碑文迻錄如次:

　　　　大隋九真郡寶安道場之碑文

---

① 2013年在越南北寧省順城縣清姜社清懷村廟新發現了《晉故使持節冠軍將軍交州陶列侯碑》,碑陽刻有"建興二年(314)",碑陰刻有"元嘉二十七年(450)"。該碑應是目前越南所知最早的漢文碑銘。參見〔越〕丁克順、〔中〕葉少飛《越南新發現"晉故使持節冠軍將軍交州陶列侯碑"初考》,載《元史及民族與邊疆研究集刊》第三十輯,上海:上海古籍出版社,2015年,第1—11頁。

② 該碑字迹目前大部分已頗模糊,尚能辨識者僅八十餘字。早在越南黎朝永慶三年(1731),當地會社組織抄錄該碑時,碑文已不甚完整。至阮朝紹治二年(1842),當地會社首領阮奉龍編敕曾查看石碑,但此時字迹已甚模糊,大多已無法辨認,於是他們將1731年的抄本重抄。二十世紀初期,創設於越南河内的法國遠東學院對原碑做了拓片。1998年,法國遠東學院和越南漢喃研究院合作整理出版的《越南漢喃銘文匯編》(簡稱《匯編》),將該碑作爲第一篇加以收錄。該書收錄碑文時依據了1842年的重抄本和後來的拓本,糾正了不少錯誤,並對碑文做了較詳細的注釋,因而方便了學術界的研究利用。然而,由於該碑本身殘闕比較嚴重,碑文不少文句至今仍難以索解。北京大學歷史系榮新江教授惠貽了該碑1842年鈔本的謄寫本,在此致以深切謝意!

檢校交趾郡贊治、日南郡丞、前兼内史舍人河南元仁器撰

夫法理靈符，非世智之可求；法性幽深，豈石言之所測。故梵魔之境，猶爲化城；三界之間，方稱火宅。郞引疾怠逆謗□道□使□□□□徇。隨機利物，式育王寶繙（幡）；帝釋仁祠，皆仰則尊容。

津梁庶品，其廻迥福凈土者，維黎侯□□□□天機，學道漸具。先號刺史，是曰黎侯；哲玉郜廓，因乃命氏。永嘉之□，□□□□□□□□□□□□□社（祖）高爲宣總將帥、潮州刺史。有梁御曆，都督愛、德、明、利、驪五州諸軍事，愛〔州〕〔刺〕〔史〕、□□□□□□□將軍，改封穆風侯。〔故〕知故□，自位三代，享年眉壽。靜〔居〕生地，思遂福民。□□□□□，□學時有，德有法門，家行圓滿。每常懺禮，靈像放光；無門隨心，是焉遊處。而年世浸邈，□□壽長，平□□道將軍，郡州刺史。陳貢水〔發〕，賜常侍、威武將軍，愛州刺史，黎穆風侯、左衛使君之□，□挺生靈，□□□望，情當追慕，崇立洞回。乃收□□□。□□祠宗哲人，宜委是黎社民。長子□慈，嗣□□史□□□□□之〔弟〕，八和雅□，□威將軍、日南太守。尊人大□，使□□侯德州逐江海亂離，選從螺〔?〕□道□□，□合徒宣威□□之憑，奔竄荒□□□□□□。五常永而深蒙嗟賞，□詔三洞，行從祛未，訓學人之所行，加愛州□□碑及金□永□□□上□□□司三洞愛州諸將軍，愛□又川〔?〕大將軍而屛斥愛州，改金〔紫〕大夫，九真太守，〔又〕□□□□□□□□□□〔連〕右光禄大〔夫〕，□…□馬之功而山民□□求□□□□□日月不動□□□□□□以公□□□□□□□□率十二機兵，隨〔機〕□潫瀝□□□山民。交趾之南郡

□□□法。□符而臨本郡,杖劍而制兵□。□□臣之。□郡□□
吴相□之建整修之禮□□□□□□□洛地而主洞爲溪。風樹難
追,憑得物緣,用物□□□祚洞哲行。馨竭心□…□成□…
□〔太〕〔武〕尉九真縣令憑(馮)丞祠大敬之禮,信□□□□□五
兄李尉九真道戌造大六□□□□□□。從兄□武尉衛(隆)安縣
令信武□世□□□□□□□福必□□□祈仰生寵净臺□□□
□□愃(煊)瀁□□□□□□□□□□□真人□□□□□揎若
□□□收集移。聚道徒迹求□場。而法師道耀則學明,開法印
階,指圿裡(理)究開善若黎攜之祀□□東□…□禽之□從行江左
□□□□□□□□□□□□何□盛□…□故幾諅然石。播
此芳猷〔義〕〔之〕〔重〕〔宣〕。乃總銘曰:

　　□□真宗,心法難窮。德生□御,示迹王宫。慈悲正印,學道
大通。長然智炬,導此惛懷。是稱調御,方爲世〔尊〕。□惰□法,
□皆空稱。黎皇靈鬱,四海攸同。欽明馭電,須造薰戎。美矣欲
收,心存紹隆。層臺巒嶵,講室之□。□□□□,性毗長虹。在殿
正覺,更似神工。慧水迴溜,仙花灌□。當觀鑿碣,取則仁風。花
銀□□,□□□□。大業十四年太〔歲〕戊寅四月八日建舉碑銘,
使君黎　作造。①

　　碑文中的隋朝九真郡,始建於秦末漢初的趙佗南越國。從漢晉直
至南朝宋、齊時代,九真郡均屬於交州。至南朝梁始稱愛州。古代交

---

① 據法國遠東學院、越南漢喃研究院《越南漢喃銘文匯編》,巴黎,1998 年,第 7—9 頁。按
以上録文也參考了 1842 年抄本,因而字句和標點都有所不同。

州地區地處荒服絶域,西漢揚雄稱"交州荒裔,水與天際"①。東漢蔡
邕稱"交州殊遠"②。西晉人張華《博物志》稱:"南越之國,與楚爲鄰。
五嶺已前至於南海,負海之邦,交趾之土,謂之南裔。"③北魏酈道元
《水經注》稱:"古人云:五嶺者,天地以隔内外。況綿途於海表,顧九
嶺而彌邈,非復行路之徑阻,信幽荒之冥域者矣。"④唐代王勃《江寧吳
少府宅餞宴序》亦稱:"九江爲別,帝里隔於雲端。五嶺方踰,交州在於
天際。"⑤而九真郡的地理位置則更在交趾以南,與封建中央王朝的政
治中心相隔萬里⑥,堪稱真正的南徼荒裔。而越南境内現存的這方漢
文碑銘⑦,在一定意義上即屬於漢唐中央王朝長期統治這一地區的重
要證明。

　　兩漢時期九真郡治所在胥埔縣(今越南清化省東山縣),其轄境相
當今越南清化省、河静省,以及義安省東部。自孫吳末以後,因在九真
郡境内分置九德郡,其轄境漸小。南朝劉宋時移治移風縣(今越南清

---

① (漢)揚雄《揚子雲集》卷六《交州牧箴》,《景印文淵閣四庫全書》第1063册,第129頁;
　　(唐)歐陽詢《藝文類聚》卷六引,上海:上海古籍出版社,1999年,第116頁。
② (漢)蔡邕《蔡中郎集》卷六《劉鎮南(表)碑》,《景印文淵閣四庫全書》第1063册,第214
　　頁。
③ (晉)張華撰,范寧校證《博物志校證》卷一,北京:中華書局,1980年,第9頁。
④ 《水經注校證》卷三六《温水注》,第834頁。
⑤ (唐)王勃《江寧吳少府宅餞宴序》,《文苑英華》卷七一八,第3714頁。
⑥ 《後漢書·郡國志》稱"九真郡,(漢)武帝置,雒陽南萬一千五百八十里"(第3532頁)。
　　《宋書》卷三八《州郡志》稱"九真太守,漢武元鼎六年立","去京都水一萬一百八十
　　(里)"(第1205頁)。
⑦ 自從宋代歐陽修《集古錄》以來,不少金石著作均著錄有三國時期《九真太守谷朗碑》,
　　該碑撰成於三國吳孫皓鳳凰元年(272)。谷朗爲桂陽郡耒陽人,曾任廣州督軍校尉,拜
　　五官郎中,遷大中正,因交州"竊邑叛國,戎車屢駕,干戈未戢。帝思俾乂,誚咨群司,僉
　　以君任部南州,威恩素著,遷九真太守"。谷郎卒於九真太守任上(見陸增祥《八瓊室金
　　石補正》,第43頁)。根據歐陽修至清代陸增祥等記載,該碑一直保留在湖南耒陽北杜
　　公祠。

化省清化縣北）。梁在此設置愛州，然其所轄僅九真一郡。隋煬帝大
業三年（607）改愛州爲九真郡。唐武德五年（622）復置愛州，治所在
九真縣（今越南清化省清化縣），其轄境相當今越南清化省、義安省
地①。《舊唐書・地理志》稱愛州"南與日南接界，西接牂柯界，北與巴
蜀接，東北與鬱林州接，山險溪洞所居"②。所謂"山險溪洞所居"，一
方面説明九真郡一帶地形以山地爲主，另一方面則是指漢唐九真郡管
治下的民衆或編户，雖然也有一部分屬於早期北方漢族移民及其後
裔，但主要還是非漢族的俚、獠，即所謂"夷獠之民"。早在東漢初期，
著名"循吏"九真太守任延所推行的政策以及伏波將軍馬援的南征，分
別代表了漢朝在交州地區的兩種不同統治方式，然而都對九真地區的
社會發展有極爲深遠的影響③。

　　《大隋九真郡寶安道場之碑文》詳細地記載了從南朝梁至隋末九
真黎氏家族在交趾以南地區的開拓發展。在越南古代歷史上，黎氏是
最爲顯赫的家族之一。特別是自從五代時期越南獨立後，黎氏先後建
立起了前黎（980—1009）和後黎（1418—1789）兩個王朝。由於這兩個
黎氏王朝均發源於歷史上的九真郡，我們認爲都與《大隋九真郡寶安
道場之碑文》中的黎氏家族有關。根據碑文記載，該碑立於隋煬帝大
業十四年（618）四月，其建造者是"使君黎"，即隋朝九真郡守黎某。

---

① 《太平御覽》卷一七二《愛州》引唐代《方輿志》，第 842 頁；《元和郡縣圖志》卷三八《愛
　　州》，第 959 頁。
② 《舊唐書》卷四一《地理志四》，第 1752 頁。《太平寰宇記》亦稱愛州"南與日南接界，西
　　連牂柯界，北與巴蜀接，東北與鬱林州接，皆山嶮溪洞所居"（《太平寰宇記》卷一七一，
　　第 3268 頁）。
③ 參見 HenryMaspero，L'expédition de Ma Yuan，*Bulletin de l'École Française d'Extrême-Ori-
　　ent*XVIII：3，1918，p.11-28；Keith Weller Taylor，*The Birth of Vietnam*，University of Cali-
　　fornia Press，1983，p.34-37、p.45-57。

根據當地傳説和文字資料，立碑者是隋朝九真郡太守黎玉，又稱黎谷。而碑文也證實黎氏是當地最有影響的著名家族，與中央王朝的關係相當密切。黎氏家族在九真等地區的開拓發展跨越了梁、陳、隋、唐幾個朝代，然而在正史中却没有任何相關記載。

關於九真黎氏家族的來源和郡望，碑文中的"哲玉鄁鄘，因乃命氏"一句至關重要。《越南漢喃銘文匯編》一書將其解釋爲："此句比喻黎刺史所管理之地方政權對中央政權之順從。"這樣的解釋或許有誤，因爲碑文在此實際上是説明九真黎氏的郡望和姓氏的來源。"哲玉"意在形容其家族的出身和血統都很高貴①。而"鄁"與"鄘"則爲周代周王畿附近十五個小國中的兩個國名。按邶與鄁相通，《説文·邑部》云："邶，故商邑，自河内朝歌以北是也。"《詩經·邶風》小序稱："武王克商，分朝歌而北謂之邶。"《史記·周本紀》稱："封商紂子禄父殷之餘民。"唐張守節所作《史記正義》曰："邶以封紂子武庚。"②可見，周武王滅商後，曾經封商紂王之子武庚於邶，其地點在今河南省湯陰縣東南三十里邶城村。鄘，亦可作庸。《左傳·昭二十一年》記載："宋城舊鄘。注：舊鄘故城也。"《集韻》稱鄘爲"紂畿内地名"。邶、鄘、衛作爲三個古國名，最早見於《詩經·國風》。漢代鄭玄《毛詩譜》將"邶鄘衛"列爲一譜，一般又將它們稱爲"三衛"③。《漢書·地理志》之

---

① 晉愍帝建興五年（317），劉越石勸司馬睿稱帝的《勸進表》稱其"賴先后之德、宗廟之靈，皇帝嗣建，舊物克甄。誕授欽明，服膺聰哲，玉質幼彰，金声夙振"。唐代李善注引漢代應劭《漢官儀》曰："太子太傅，琢磨玉質。言太子有玉之質，琢磨以道也。"（見蕭統《文選》卷三七，北京：中華書局，1977 年，第 526 頁）

② 《史記》卷四《周本紀》，第 126—127 頁。

③ 王國維《北伯鼎跋》，見氏著《觀堂集林》卷第一八，石家莊：河北教育出版社，2003 年，第 438 頁；劉起釪《周初的"三監"與邶、鄘、衛三國及衛康叔封地問題》，氏著《古史續辨》，北京：中國社會科學出版社，1991 年，第 514—543 頁。

"魏地"一節稱:"河內本殷之舊都,周既滅殷,分其畿内爲三國,《詩·風》邶、庸、衛國是也。邶,以封紂子武庚;庸,管叔尹之;衛,蔡叔尹之。以監殷民,謂之三監。"後因"三監"叛亂,"周公誅之,盡以其地封弟康叔,號曰孟侯,以夾輔周室;遷邶、庸之民於雒邑,故邶、庸、衛三國之詩相與同風"。唐代顏師古注曰:"自紂城而北謂之邶,南謂之庸,東謂之衛。"①總之,邶、鄘、衛均屬於古代中原華夏文化的興盛之地。

碑文所謂"哲玉鄁鄘,因乃命氏",是指九真黎氏家族原本發源於鄁、鄘這樣的中原之地,而其姓氏的來源則與鄁、鄘一帶一個叫"黎"的侯國有關。唐代林寶所撰《元和姓纂》卷三"黎氏"條曰:"周時侯國。《風俗通》云,九黎之後。《尚書》,西伯戡黎。亦見《毛詩》。《左傳》,齊大夫黎彌、且。字亦作犂。"②可見,西周初年平定九黎之後,曾經設立了一個叫"黎"的諸侯國。《戰國策·趙策三》記載:"趙以公子郚爲質於秦,而請内焦、黎、牛狐之城,以易藺、離石、祁於趙。"③可見,"黎"在戰國時也是趙國的城邑,其地點在今河南浚縣東。與"黎"這一古老地名有關的還有黎水和黎山等等。《尚書·洛誥》有"我卜河朔黎水"。黎水,即今河南浚縣衛河河段。黎山,一作黎陽山,又名大伓山,在今河南浚縣東南。三國時成書的《水經》稱河水即黃河"又東北過黎陽縣南"。北魏酈道元注曰:"黎,侯國也。《詩·式微》,黎侯寓於衛是也。晉灼曰:黎山在其南,河水迳其東。其山上《碑》云:縣取山之名,取水之陽,以爲名也。王莽之黎蒸也。今黎山之東北故城,蓋黎陽

---

① 《漢書》卷二八下《地理志》,第1647—1648頁。唐代杜佑《通典》記載衛州之新鄉縣,"縣西南三十二里有鄘城,即鄘國"(《通典》卷一七八《衛州·新鄉縣》,第4695頁)。
② 《元和姓纂(附四校記)》卷三,第318頁。
③ 《戰國策》卷二○《趙策三》,上海:上海古籍出版社,1978年,第683頁。

縣之故城也。山在城西,城憑山爲基,東阻於河。"並徵引漢末"建安七子"之一的劉楨(？—217)所作《黎陽山賦》曰:"南蔭黄河,左覆金城,青壇承祀,高碑頌靈。"①唐代李吉甫《元和郡縣圖志》稱黎陽縣,"古黎侯國,漢以爲黎陽縣,在黎陽山北,屬魏郡","大伾山正南去縣七里。即黎山也"②。黎陽縣,因古爲九黎之地,亦曾設置爲黎陽郡等等。總之,碑文非常明確地將黎氏家族的發源地確定在鄴、鄘這樣的中原之地。

　　而最能夠直接證明隋朝九真黎氏家族出於中原的也是唐代林寶的《元和姓纂》。林寶《元和姓纂》修成於唐憲宗元和七年(812),其自序云:"因案據經籍,窮究舊史,諸家圖牒,無不參詳,凡二十旬,纂成十卷。"③據此,該書主要是通過匯聚當時所能見到的各種姓氏書、氏族志和士族家狀、譜牒等資料編成,其目的在於備朝廷封爵之用。該書卷三又記載"宋城黎氏"曰:

　　　　唐右拾遺犂昕。洛陽尉黎迴,愛州人。京兆尹黎幹,生姚、炬、常、燧、煟、熉。煟生植,右常侍也。④

《元和姓纂》點校整理本作"洛陽尉黎迴,愛州人"。而在該書的《四庫全書》本中,"黎迴"則作"黎回"。而且其他典籍更多作"黎回"。元代越南史家黎崱《安南志略》記載:"黎回,愛州人,爲洛陽尉。"⑤明代李文鳳所編《越嶠書》卷三與此相同。而《元和姓纂》所載作爲黎氏郡望

①　《水經注校證》卷五,第134頁。
②　《元和郡縣圖志》卷一六《河北道一》,第462頁。
③　(唐)林寶《元和姓纂》原序,《元和姓纂(附四校記)》,第1頁。
④　《元和姓纂(附四校記)》,第318頁。
⑤　〔越〕黎崱撰,武尚清點校《安南志略》卷一五,北京:中華書局,2000年,第347頁。

發源地的"宋城",隋開皇十八年(598)改睢陽縣置,爲宋州治。治所在今河南商丘縣南。隋煬帝大業三年爲梁郡治。唐武德四年復爲宋州治。

宋代謝維新撰《古今合璧事類備要續集》和章定撰《名賢氏族言行類稿》,均在《元和姓纂》基礎上有新的發展,例如在"洛陽尉黎回"之前均添加有"九真"二字①。可見,唐代九真黎氏家族的郡望屬於河南宋城。至於《元和姓纂》所提及的唐代京兆尹黎幹,據唐貞元六年(790)《唐故銀青光禄大夫尚書兵部侍郎壽春郡開國公黎公墓誌銘并序》記載:"公諱幹,字貞固,壽春人也。"②黎幹籍貫爲壽春人,但是《元和姓纂》稱其郡望則仍稱爲"宋城黎氏"。唐朝黎氏這種籍貫與郡望分離的現象,其實在中古時代十分普遍。岑仲勉先生稱:

> 故就最初言之,郡望、籍貫,是一非二。歷世稍遠,支胤衍繁,土地之限制,饑饉之驅迫,疾疫之蔓延,亂離之遷徙,遊宦之僑寄,基於種種情狀,遂不能不各隨其便,散之四方,而望與貫漸分,然人仍多自稱其望者,亦以明厥氏所從出也。……此風逮唐,仍而未革,或久仕江南而望猶河北,或世居東魯而人曰隴西,於後世極糅錯之奇,在當時本通行之習。後儒讀史,代易境遷,昧望、貫之兩通,惟辯爭其一是,雖曰學貴多疑,要未免徒勞筆墨矣!③

曾任唐朝洛陽尉的黎回出身於愛州九真郡黎氏家族,然而林寶《元和

---

① (宋)謝維新《古今合璧事類備要續集》卷二四《類姓門》,《景印文淵閣四庫全書》第940冊,第566頁;(宋)章定《名賢氏族言行類稿》卷八,《景印文淵閣四庫全書》第933冊,第123頁。

② 《唐代墓誌彙編》貞元〇三四號,第1861頁。

③ 岑仲勉《唐史餘瀋》卷四《唐史中望與貫》條,北京:中華書局,2004年,第229頁。

姓纂》明確標示其郡望爲"宋城黎氏"。這也是進入唐朝以後所見唯一的一條關於九真黎氏家族的記載。作爲九真黎氏後裔的黎回,爲什麽要離開作爲其籍貫所在地的九真郡,而任職於東都洛陽呢? 對此,我們將在後面進一步討論。

碑文中的黎氏家族究竟是如何從中原地區遷移到中國極南邊陲的九真郡的呢? 該碑實際上也提供了某些綫索。碑文中有"永嘉之□",其後總共闕十四字。《越南漢喃銘文匯編》一書的注文稱,"永嘉之□"既是年號,也可能是指永嘉這一地名。我們認爲,該碑在叙述其家族的淵源之後,隨即出現的"永嘉之□",應是指"永嘉之末"、"永嘉之亂"、"永嘉之際",或"永嘉之後"等等,是指其家族從中原開始向長江以南遷徙的時間。

西晉末期的"永嘉之亂"是中國歷史上具有深遠影響的重大事件。在後代的大量歷史記載中,這一特殊年號既代表中國走向南北數百年分裂的開始①,也往往代表由於北方戰亂中國北方規模空前的人口大遷徙。尤其是北方家族在"永嘉之亂"中大量遷移江南②。《晉書·王導傳》稱"洛京傾覆,中州仕女避亂江左者十六七。"杜佑《通典》叙述揚州(今江、浙、皖、閩、贛諸省)稱:"永嘉之後,帝室東遷,衣冠避難,多所萃止。"③《宋書·州郡志》南徐州序稱:"晉永嘉大亂,幽、冀、青、并、兗州及徐州之淮北流民,相率過淮,亦有過江在晉陵郡界者。"④

---

① 《北史》卷九三《僭僞附庸傳》稱"晉自永嘉之亂,宇縣瓜分,胡羯憑陵,積有年代"(第3061頁)。
② 參見譚其驤《晉永嘉喪亂後之民族遷徙》,收入氏著《長水粹編》,石家莊:河北教育出版社,2000年,第272—298頁。
③ 《通典》卷一八二《州郡·古揚州下》,第4850頁。
④ 《宋書》卷三五《州郡一》,第1028頁。

　　近年來學術界有一種觀點，認爲在西晉末年"永嘉之亂"中，北方家族南遷的地點主要集中在江南，並不包括閩越和嶺南等這樣一些更南也更遙遠的地區①。然而這種觀點還可進一步討論。歷史資料證明"永嘉之亂"後福建閩越地區北方移民亦比較集中。《太平御覽》引唐代《十道志》云："東晉南渡，衣冠士族多萃其地，以求安堵，因立晉安郡。"②《太平寰宇記》亦稱泉州清源郡，"東晉南渡，衣冠士族多萃其地，以求安堵，因立晉安郡"③。唐代詹琲《永嘉亂衣冠南渡流落南泉作憶昔吟》一詩云："憶昔永嘉際，中原板蕩年。衣冠墜塗炭，輿輅染腥膻。國勢多危厄，宗人苦播遷。南來頻灑淚，渴驥每思泉。"④宋代陳振孫《直齋書錄解題》卷八引唐林諝撰《閩中記》稱"永嘉之亂，中原仕族林、黃、陳、鄭四姓先入閩"。陳振孫認爲此"可以證閩人皆稱光州固始之妄"⑤。宋王象之《輿地紀勝》之《福州·風俗形勝》又引宋初《福州圖經》曰："晉永嘉中，衣冠趨閩，自是畏亂，無復仕者。故六朝之間，仕宦名迹晦如也。"⑥宋代梁克家《淳熙三山志》稱："永嘉之亂，衣冠南渡，時如閩者八族。"⑦該書又稱："爰自永嘉之末，南渡者率入閩，陳、鄭、林、黃、詹、丘、何、胡，昔實先之。"⑧明代何喬遠《閩書》卷一五二亦

① 吳修安《從豪姓到姓望：梁唐福建沿海地方大族的演變》，載甘懷真編《身分、文化與權力——士族研究新探》，臺北：臺灣大學出版中心，2012 年，第 303—304 頁。

② 《太平御覽》卷一七〇引唐《十道志》，第 831 頁。

③ 《太平寰宇記》卷一〇二《江南東道十四·泉州》，第 2029 頁。

④ 《全唐詩》卷七六一，第 8643 頁。

⑤ （宋）陳振孫著，徐小蠻、顧美華點校《直齋書錄解題》卷八，上海：上海古籍出版社，1987年，第 257 頁；《文獻通考》卷二〇五《經籍三二》，第 1703 頁。

⑥ 《輿地紀勝》卷一二八《福州》引《圖經》，第 4024 頁。

⑦ （宋）梁克家《淳熙三山志》卷一〇《版籍類一·户口》，福州：海風出版社，2000 年，第125 頁。

⑧ （宋）梁克家《淳熙三山志》卷二六《人物类一·科名》，第 310 頁。

稱："永嘉二年,中原板蕩,衣冠始入閩者八族,所謂林、黄、陳、鄭、詹、丘、何、胡是也。"一部分唐宋碑刻資料也能加以證實。唐代後期閩籍士人歐陽詹撰《有唐君子鄭公墓志銘并序》稱:"公諱晚,字季實,其先宅滎陽,永嘉之遷,遠祖自江上更徙於閩。今爲清源晉江人。"[1]陳俊卿(1113—1186)爲南宋名相,福建莆田人。朱熹所撰《少師觀文殿大學士致仕魏國公贈太師諡正獻陳公行狀》稱:"公諱俊卿,字應求。其先世蓋出潁川。晉永嘉之亂,太尉廣陵郡公準之孫西中郎將逵南遷泉江,始爲閩人。其居莆田者,歷唐五季,而太尉十九世孫真、二十二世孫嶠、沆,始班班見於碑碣。然世遠不可得而詳矣。"[2]楊萬里撰《丞相太保魏國正獻陳公墓志銘》亦稱:"公諱俊卿,字應求。其先潁川人,永嘉之亂,太尉廣陵郡公準之孫西中郎將逵南遷泉江,歷唐五季,而太尉十九世孫真、二十二世孫嶠、沆,始居莆田。"[3]據此可見,福建閩越地區是北方移民遷徙的重要地區。

而在"永嘉之亂"後,北方中原的家族遷移嶺南者也有不少[4]。隋朝薛道衡《祭淮文》稱:"自晉人喪道,彝倫攸斁,天隔内外,地毁東南。三吴成危亂之邦,百越成逋逃之藪。"[5]其中"百越"應主要是指嶺南。唐代張説所撰《潁川郡太夫人陳氏碑》稱潁川郡太夫人陳氏,爲唐朝嶺南雷州大首領陳元之女,羅州大首領楊曆之妻,驃騎大將軍兼左驍衛

---

① (唐)歐陽詹撰《歐陽行周文集》卷四,《景印文淵閣四庫全書》第 1078 册,第 221 頁。《文苑英华》卷九六二,第 5059 頁。

② (宋)朱熹《晦庵集》卷九六,《景印文淵閣四庫全書》第 1146 册,第 287 頁。

③ (宋)楊萬里撰《誠齋集》卷一二三,《景印文淵閣四庫全書》第 1161 册,第 571 頁。

④ 參見王承文《從碑刻資料論唐代粤西韋氏家族淵源》,饒宗頤主編《華學》第一輯,廣州:中山大學出版社,1995 年。

⑤ 《全上古三代秦漢三國六朝文》之《全隋文》卷一九,第 4128 頁。

大將軍號國公楊思勖之母也，"陳氏家富兵甲，代莫嶠外。夫人誕靈豪右"，"原夫陳本嬀水，楊承赤泉。九貞(真)爲郡，良吏出守(乎)中國；五馬浮江，僑人占守南海"①。嬀水，在今山西永濟縣，源出歷山，西流入黄河；赤泉，在今甘肅武威縣西南。所謂"五馬浮江"，在歷史上特指西晉"永嘉之亂"後，司馬睿等南渡長江，在建康建立起東晉王朝②。而所謂"僑人占乎南海"，據《隋書·食貨志》稱："晉自中原喪亂，元帝寓居江左，百姓之自拔南奔者，並謂之僑人。皆取舊壤之名，僑立郡縣，往往散居，無有土著"③。陳寅恪先生亦認爲西晉末北人南徙包括嶺南在內的孫吳舊壤，並徵引多次在廣州出土的晉代墓磚銘文云："永嘉世，天下災。但江南，皆康平；""永嘉世，九州空。餘吳土，盛且豐；""永嘉世，九州荒，餘廣州，平且康。"④東晉郭璞稱："南海之間，有衣冠之氣者，斯其地也。"⑤元代大德年間陳大震所編《南海志》云："廣州爲嶺南一都會，户口視他郡爲最。漢而後，州縣沿革不同，户口增減，亦各不一。大抵建安、東(西?)晉永嘉之際至唐，中州人士避地入廣者衆。由是風俗革變，人民繁庶。"⑥《古今圖書集成》卷一三○八引《舊志》："自漢末建安，至於東(西?)晉永嘉之際，中國之人士，避地者多入嶺表，子孫往往家焉。其風流遺韻，衣冠氣息，薰陶漸染，故習漸

---

① 《文苑英華》卷九三四，第 4914 頁。
② 《宋書》卷三一《五行志》亦稱："晉惠帝太安中，童謡曰：'五馬游度江，一馬化爲龍。'後中原大亂。宗蕃多絕。唯琅邪、汝南、西陽、南頓、彭城同至江表，而元帝嗣晉矣。"(第915 頁)
③ 《隋書》卷二四《食貨志》，第 673 頁。
④ 陳寅恪《述東晉王導之功業》，《金明館叢稿初編》，上海：上海古籍出版社，1980 年，第 68頁。
⑤ 《太平御覽》卷一七二《廣州》條引，第 837 頁。
⑥ (元)陳大震《元大德〈南海志〉殘本》卷六《户口》，廣州：廣東人民出版社，1991 年，第 1頁。

變,而俗庶幾中州。"①桑原騭藏認爲"嶺南風氣的開發,亦不能不認爲有不少地方來自晉室之南渡"②。總之,雖然由於碑文的殘闕,我們已無法確定九真黎氏家族南遷的具體地點,但其屬於"永嘉之亂"中南遷的中原家族應是没有疑問的。

碑文稱"社高爲宣總將帥、潮州刺史",《越南漢喃銘文匯編》一書的注解認爲"社"字可能爲"祖"字。其説甚是。也就是説,至碑主黎玉的祖父黎高,"爲宣總將帥、潮州刺史"。其中"宣總將帥"疑爲宣總將軍。而碑文中所謂"潮州刺史"一職應屬於叙述錯誤。因爲隋朝纔設置潮州。《隋書》稱義安郡,"梁置東揚州,後改曰瀛州,及陳州廢。平陳,置潮州"③。又根據《元和郡縣圖志》記載,東晉安帝義熙九年(413),始於漢南海郡揭陽縣地立義安郡以及海陽縣。開皇十年,"罷郡省海陽縣,仍於郡廨置義安縣,以屬循州"。十一年於義安縣立潮州,"以潮流往復,因以爲名"④。黎高出仕今潮州一帶大致在南朝蕭齊時代。南齊時只有義安郡而未設潮州,因此黎高應是義安郡守。

黎高率領其家族再遷移至極南的九真郡,應在南朝蕭衍建立梁朝並設立愛州以後。碑文稱:"有梁御曆,都督愛、德、明、利、驩五州諸軍事,愛州刺史、□□□□□□□將軍,改封穆風侯。故知故□,自位三代。"公元502年,蕭衍正式代齊稱帝,即梁武帝,改年號爲天監。又根據《梁書》卷三《武帝紀》記載,普通四年(523)六月,"分交州置愛

---

① 《古今圖書集成・職方典》卷一三〇八,中華書局、巴蜀書社,1985年,第19620頁。
② 〔日〕桑原騭藏《歷史上所見的南北中國》,載劉俊文主編《日本學者研究中國史論著選譯》第一卷,北京:中華書局,1992年,第45頁。
③ 《隋書》卷三一《地理志》,第881頁。
④ 《元和郡縣圖志》卷三八,第894—895頁。

州,分廣州置成州、南定州、合州、建州"①。梁武帝在梁朝建立二十一
年後,分交州所屬的九真郡而設置愛州,因此黎高出任愛州刺史,應在
梁武帝普通四年六月之後。碑文所謂"故知故□,自位三代",是指黎
氏家族自從黎高出任愛州刺史並定居於兹,至隋末黎玉立碑時已經延
續了三代,也跨越了梁、陳、隋三個朝代。

　　自從梁武帝中期黎高出任愛州刺史並定居於愛州之後,黎氏家族
長期依靠中央王朝的支持,在交趾以南的地區開拓發展,的確已成爲
當地最具影響的著名家族。黎高在九真等地區的作爲應受到梁武帝
的器重和高度讚賞,先是任愛州刺史,都督愛、德、明、利、驩五州諸軍
事,後又拜爲將軍,最後還被封爲"穆風侯"。"穆風侯"一名有其特殊
意義。"穆風"之名,源自《詩經》之《大雅·烝民》篇,詩稱"吉甫作誦,
穆如清風"。東漢經學家鄭玄解釋爲:"清微之風,化養萬物者也。穆,
和也。""穆,和至其心。"唐初孔穎達所作正義曰:"山甫有德,周人愛
之,不用使久在於外。""以清微之風,化養萬物,故以比清美之詩,可以
感益於人也。清微者,言其不暴疾也。""穆是美之貌,故爲和也。穆下
即云如清風,是穆爲清之用,故和爲調和人之性也。"②因此,"穆風侯"
這一名號也説明黎高及其家族雖然遠在南徼蠻裔,但一方面表現了對
中央王朝很强的向心力,另一方面則積極推廣傳播儒家文化,即如清
風化育萬物。兩漢至隋唐時期,漢文化向嶺南包括交州地區的輻射和
擴展,確實在相當程度上依賴如同黎氏這樣南遷的北方內地家族。

　　在整個六朝時期,交州地區地方行政長官兼任將軍尤其是被封侯

---

① 《梁書》卷三《武帝紀》,第 67 頁。
② (唐)孔穎達《毛詩正義》卷一八,見(清)阮元校刻《十三經注疏》,北京:中華書局,1980
　年,第 569 頁。

的情況其實非常少見。漢末士燮爲交趾太守,其家族控制了差不多整個交州,漢獻帝詔拜安遠將軍,封龍度亭侯。建安(196—219)末年,孫權封士燮爲衛將軍、龍編侯。其弟合浦太守士壹爲偏將軍、都鄉侯①。漢獻帝建安十五年(210),孫權派步騭爲交州刺史,因經營交州有功,拜平戎將軍,封廣信侯②。吳交州刺史陶璜歸附西晉後,繼續爲交州刺史,封宛陵侯,改爲冠軍將軍③。東晉後期,杜慧度爲交州刺史,拜龍驤將軍,因功被封爲龍編縣侯。杜慧度卒後,其長子杜弘文爲振威將軍、交州刺史,襲爵龍編侯④。以上數位官員均在交州地區極有建樹,而且掌握重兵,其勢力一度足以能控馭整個交州地區。而《大隋九真郡寶安道場之碑文》證明梁武帝賦予了黎高很高的地位和權力。黎高在交趾以南地區直接統率軍隊,鎮守一方,具有獨立的軍事權力。黎氏家族歷經梁、陳、隋三朝,從黎高到黎谷三代均爲刺史,長期是中央王朝治理交州所倚重的對象。

　　泰勒(Keith Weller Taylor)研究了六朝交州歷史上具有北方背景的士氏、陶氏和杜氏等家族,認爲極有意義的就是,"那些永久定居在越南的中國移民絕大多數具有來自上層階層的背景。他們的到來並不像普通移民那樣僅僅是爲了尋找一個生活的地方。他們經常帶來典籍和教育以及帝國的任命,而且有時還具有一種將其文明帶到蠻荒邊疆的使命感。他們不同於那些只暫時居住在越南人中並想在返回北方之前儘快致富的一般官員群體。士氏家族、陶氏家族和杜氏家族

① 《三國志》卷四九《士燮傳》,第1191—1193頁。
② 《三國志》卷五二《步騭傳》,第1237頁。
③ 《晉書》卷五七《陶璜傳》,第1558—1561頁。
④ 《宋書》卷九二《良吏·杜慧度傳》,第266頁。

都是帝國忠誠的擁護者。同時,他們又扎根於南越社會中"①。總之,
正史中雖然沒有九真黎氏家族的任何記載,但是其在交趾以南地區的
開拓和發展應與這些家族相類似。

二　九真郡黎氏家族在梁武帝中期崛起的原因

　　《大隋九真郡寶安道場之碑文》證明九真黎氏家族在交趾以南地
區長期占有舉足輕重的地位。值得進一步深究的是,在梁武帝中期黎
高爲什麼會被派往九真地區並委以重任? 黎氏家族在交趾以南地區
崛起的原因是什麼? 我們認爲有必要將這些具體問題置於六朝歷史
的背景和交州地區的政治局勢中進一步考察。

　　首先,黎高被派往九真任職與漢晉至南朝九真郡地位的變化以及
梁武帝開拓海外有關。漢唐時期,從廣州等著名沿海口岸至東南亞、
南亞和西亞等地的海上航線,基本上是以沿海航道爲主②。南朝時期,
交州"外接南夷,寶貨所出,山海珍怪,莫與爲比"③;"商舶遠屆,委輸
南州,故交、廣富實,物積王府"④。《舊唐書》總結説:"其海南諸國,大
抵在交州南及西南,居大海中洲上,相去或三五百里,三五千里,遠者
二三萬里。乘舶舉帆,道里不可詳知。自漢武已來朝貢,必由交趾之
道。"⑤正因爲如此,整個交州地區的安危和經營狀況,往往對整個南
海國際貿易的興衰具有決定性的影響。尤其是九真以南的日南郡作

---

① K. W. Taylor, *The Birth of Vietnam*, p.130.
② 參見本章第三節,另見王承文《晚唐高駢開鑿安南"天威遥"運河事迹釋證——以裴鉶所
　撰〈天威遥碑〉爲中心的考察》,《"中研院"歷史語言研究所集刊》第八十一本第三分,
　2010 年,第 597—650 頁。
③ 《南齊書》卷一四《州郡志》,第 266 頁。
④ 《南齊書》卷五八《蠻傳》,第 1018 頁。
⑤ 《舊唐書》卷四一《地理志》,第 1750 頁。

爲漢晉國家最南的門戶,其日南太守一職在漢晉外交和南海國際貿易中占有十分重要的地位①。然而,公元192年前後,日南郡最南的象林縣區姓功曹的兒子區連殺死縣令,自立爲王,建立了林邑國②。林邑國通過向周邊的擴張形成了一個地區國家,尤其是其不斷向北擴展,導致了與中國中央王朝之間的不斷衝突和邊境戰爭③。

今越南河静省和廣平省之間的横山(Hoanh Son)山脈,自古以來就是一條著名的地理分界綫。它是西漢所設置的日南郡和九真郡之間的界山。北魏酈道元《水經注》記載,太和三年(368),林邑王范文"侵交州,於横山分界"④。此後疆界雖多有變化,但是至南齊時,林邑已經占據有漢代日南全郡之地,其北部邊界直抵横山南麓。需要特別指出的是,從南朝齊正式廢除日南郡直到隋唐的四百多年中,中國與林邑(或稱環王國)之間基本上都是以横山山脈爲分界綫⑤。至於隋朝日南郡(唐稱驩州)等的位置實際上在漢朝九真郡境内。因此,隋唐史志中所見日南郡以及比景、朱吾、西卷等地名所指實際上與漢代並不相同。伯希和《交廣印度兩道考》對此有專門論述⑥。正是在這樣

---

① 〔新〕尼古拉斯・塔林主編,賀聖達等譯《劍橋東南亞史》第一卷,昆明:雲南人民出版社,2003年,第215頁;另見K. W. Taylor, *The Birth of Vietnam*, p.78。

② 《晉書》卷九七《南蠻傳・林邑傳》,第2545頁;《通典》卷一八八《邊防・林邑》稱:"林邑國,秦象郡林邑縣地。漢爲象林縣,屬日南郡,古越裳之界也。"(第5089頁)

③ 參見陳序經《林邑史初編》,收入陳序經《東南亞古史研究合集》之三,深圳:海天出版社,1992年; YAMAGATA Mariko, "The Early History of Lin-I Viewed from Archaeology", *ACTA ASIATICA*, 92, 2007。

④ 《水經注校證》卷三六《温水注》,第836頁。

⑤ 參見嚴耕望《唐代盛時與西南鄰國之疆界》,《"中研院"歷史語言研究所集刊》第五十九本第四分,1988年,第974頁,第957—974頁。

⑥ 〔法〕伯希和著,馮承鈞譯《交廣印度兩道考》上卷陸道考,北京:中華書局,2003年,第213—214頁。

的背景下,梁武帝對交趾以南的行政地理格局作了重要改革。《梁書》卷三《武帝紀》記載,普通四年六月,"分交州置愛州",梁武帝將九真郡提升爲愛州,雖然其所轄實際上還是原來的九真郡一郡,但是却有重要的政治軍事意義。另外,梁武帝又在沿横山山脈北麓(原漢朝九真郡境内分置的九德郡等地)新設了德、明、利、驩四個小州,使之具有捍蔽愛州的意義。因此,從梁代開始,愛州已經成爲南朝南部邊陲的重鎮和門户。黎高出任愛州刺史並兼任"都督愛、德、明、利,驩五州諸軍事",而且作爲一個極其邊遠地區的地方長官得以封侯,其意義是非同尋常的,一方面説明黎高具有統管交州以南地區一切軍政事務的權力,既要統馭和安撫交趾以南的"夷獠"之地,也在軍事上抵禦林邑北進和捍蔽交州地區的政治中心交阯。另一方面,梁武帝積極開拓海外,使南海國際貿易呈現前所未有的發展態勢。"自梁革運,其奉正朔,脩貢職,航海歲至,踰於前代矣"[1]。結合漢晉以來中西海上交通中的發展以及梁武帝統治中期的形勢來看,梁武帝此舉亦是爲了保證南海國際貿易通道的暢通。

其次,與梁武帝的崇佛運動和佛教外交有關。根據碑文,九真地區雖然地處荒徼絶域,溪洞深阻,但却是佛教傳播發展的重鎮。碑文證實,從南朝梁至隋,黎高、黎叔及其家族均與佛教具有極深的關係,對於佛教在交趾以南地區的傳播發展作用很大。九真地區佛教的傳播發展,首先與古代交州地區在漢魏六朝中印佛教文化交流中的重要地位有關。漢魏以後,由於大量印度等地佛教高僧途經交州來華傳法,許多漢地僧人也途徑交州前往印度求法,交州地區因此成爲中印

---

[1] 《梁書》卷五四《海南諸國傳》,第 783 頁。

之間佛教傳播交流的通道。交州本地佛教因此得到重要發展,並與北方内地建立了密切的關係①。漢末的士燮家族、晉宋之際的杜氏均以奉佛著稱②。唐釋道世所撰《法苑珠林》記載"南人李叔獻"即南朝宋齊之際交州地區最著名的地方豪族首領之一。其在出任交州刺史之前曾經活動在都城建康,並且同佛教關係密切③。六朝交州李氏家族與佛教關係頗深,如梁末交州首領李賁的後嗣李佛子也與佛教關係密切。

　　梁武帝時代堪稱六朝歷史上佛教最爲興盛的時期。梁代釋僧祐稱佛教"宋、齊之隆,實弘斯法。大梁受命,道冠百王,神教傍通,慧化冥被"④。《梁書》稱"高祖方鋭意釋氏,天下咸從風而化"⑤。元代胡三省評論梁武帝的崇佛亦稱:"上有好者下必有甚者焉,釋教盛行,可以媒富貴利達,江東人士孰不從風而靡乎!"⑥因此,《大隋九真郡寶安道場之碑文》稱黎高爲愛州刺史後,"静〔居〕生地,思遂福民。□□□□□,□學時有,德有法門,家行圓滿。每常懺禮,靈像放光;無門隨心,是焉遊處"。另外,梁武帝時期與南海、南亞、西亞諸國的海上貿易的高度發展與佛教外交是相輔相成的⑦。在梁武帝統治中期佛教

---

① 參見何勁松《漢魏兩晉南北朝時期的交州佛教及其同中原佛教的關係》,《世界宗教研究》1989 年第 2 期。

② K. W. Taylor, *The Birth of Vietnam*, pp.80-84、p.114.

③ (唐)釋道世《法苑珠林》卷四九引《梁京寺記》,《景印文淵閣四庫全書》第 1049 册,第728 頁。

④ (梁)釋僧祐撰,蘇晉仁、蕭煉子點校《出三藏記集》卷一二《法苑雜緣原始集目録序第七》,北京:中華書局,1995 年,第 477 頁。

⑤ 《梁書》卷一二《韋叡傳》,第 225 頁。

⑥ 《資治通鑑》卷一五五,梁武帝中大通三年五月胡三省注,第 4810 頁。

⑦ 參見河上麻由子《佛教與朝貢的關係——以南北朝時期爲中心》,《傳統中國研究集刊》第一輯,上海:上海人民出版社,2006 年,第 1—19 頁。

外交的高潮中,梁武帝將具有深厚佛教背景的黎高及其家族派往作爲梁朝國家南部門户的九真一帶,並給予崇高的地位,與梁武帝的崇佛運動和佛教外交相一致。

最後,梁武帝一方面繼續了漢末以來中央王朝通過不斷分割交州以加强統治的趨勢。另一方面,委派具有北方家族背景的黎高掌管交趾以南地區,具有明顯的牽制和抗衡交州土著豪族勢力的意圖。漢武帝設交趾刺史部掌控嶺南九郡。至西漢末年和東漢時期減爲七郡①。由於交州與中央王朝的政治中心距離遥遠,而其所管轄地域又十分遼闊,因此中央王朝賦予了交州刺史這一職位很大的權力。西晉司馬彪作《續漢書·百官志》稱:"考諸州刺史皆不持節,而交趾獨持節,以所部絶遠,故重其事權也。"②由於交州地理位置相當特殊,境内地方豪族勢力强大,境外有林邑國的不斷進擾,因而漢魏以來交州局勢長期呈現複雜不穩定的狀態。西晉武帝太康元年(280),交州刺史陶璜上書稱:"交土荒裔,斗絶一方,或重譯而言,連帶山海。"③《南齊書》稱交州"民恃險遠,數好反叛"④;"交州斗絶海島,控帶外國,故恃險數不賓"⑤;"交州夐絶一垂,寔惟荒服,恃遠後賓,固亦恒事"⑥。

孫吳黄武五年(226),掌控交州長達數十年的交趾太守士燮卒,孫權應交州刺史吕岱之請,首次將交州分置交、廣二州。史載吕岱"表分

① 西漢昭帝始元五年(前82年)罷儋耳入珠崖郡。漢元帝初元三年(前46年)而罷珠厓郡。東漢因之。
② 《東觀漢紀》卷四,及整理者注引司馬彪《續漢書·百官志》,《景印文淵閣四庫全書》第370册,第92頁。
③ 《晉書》卷五七《陶璜傳》,第1560頁。
④ 《南齊書》卷一四《州郡志》,第266頁。
⑤ 《南齊書》卷五八《蠻傳》,第1017頁。
⑥ 《南齊書》卷四〇《竟陵王子良傳》,第695頁。

海南三郡爲交州，以將軍戴良爲刺史，海東四郡爲廣州，岱自爲刺
史”①。即將交趾以南的交趾、九真和日南所謂“海南三郡”劃歸交州
管轄；將蒼梧、南海、鬱林、合浦所謂“海東四郡”劃歸廣州管轄。孫吳
政權通過變更交州版圖以削弱士氏家族的意圖非常明顯。待士氏家
族被剗除後，尋復舊。但是至永安七年（264），孫吳政權又重新正式分
交州置交、廣二州。交、廣分治使孫吳政權加强了對交州地區的控制。

　　至南朝劉宋明帝泰始七年（471）二月，詔“分廣、交州三郡，合九
郡，立越州”②。即在原交州北部和廣州西部交接地另外設置越州。
將原交州所管轄的雷州半島、南流江和北流江地區分割出來，從而使
交州所轄地區大爲縮小。劉宋王朝的用意在於削弱交州本地的豪族
特別是李氏家族勢力。在梁武帝統治時期，隨着國力日趨强盛，梁武
帝力圖對周邊地區實行更有效的治理。《隋書・地理志》稱梁武帝
“奄有舊吳，其後務恢境宇，頻事經略，開拓閩、越，克復淮浦，平俚洞，

---

① 　《三國志》卷六〇《呂岱傳》，第1384頁；《三國志》卷四九《士燮傳》稱：“權以交趾縣遠，
　　乃分合浦以北爲廣州，呂岱爲刺史；交趾以南爲交州，戴良爲刺史。”（第1193頁）。《資
　　治通鑑》也記載：“是歲，吳交趾太守士燮卒，吳王以燮子徽爲安遠將軍，領九真太守，以
　　校尉陳時代燮。交州刺史呂岱以交趾絶遠，表分海南三郡爲交州，以將軍戴良爲刺史；
　　海東四郡爲廣州，岱自爲刺史。”胡三省注稱：“海南三郡，交趾、九真、日南也。海東四
　　郡，蒼梧、南海、鬱林、合浦也。”（《資治通鑑》卷七〇，魏文帝黃初七年，第2231頁）然
　　而，《晉書》卷一五《地理志》則記載謂“吳黃武五年（226），割南海、蒼梧、鬱林三郡立廣
　　州，交趾、日南、九真、合浦四郡爲交州”（第465頁）。由於合浦郡應屬於“海東四郡”之
　　一，因此《晉書》記載有誤。《元和郡縣圖志》卷三八《安南》沿襲了《晉書・地理志》的錯
　　誤，稱“吳黃武五年，分交趾、日南、九真、合浦四郡爲交州，南海、鬱林、蒼梧三郡爲廣州”
　　（第956頁）《資治通鑑》又記載西晉太康元年（280），“交州統合浦、交趾、新昌、武平、九
　　真、九德、日南。廣州統南海、臨賀、始安、始興、蒼梧、鬱林、桂林、高凉、高興、寧浦郡”
　　（《資治通鑑》卷八一，晉武帝太康元年，第2575頁）。西晉時合浦郡確實歸於交州。可
　　見，《晉書・地理志》和《元和郡縣圖志》的錯誤，緣於將西晉時的情況與三國孫吳初年
　　的史實混淆所致。
② 　《宋書》卷八《明帝紀》，第167頁。

破牂柯。又以舊州遐闊,多有析置"①。梁武帝大量增加了地方州郡
的數目。梁朝在交州地區的州郡建置以天監十年(511)爲分期。此
前,梁武帝基本上沿襲了宋、齊兩朝格局。此後,又在南齊交州所轄範
圍內,在交州以北增置了安州、黄州,在交州以南,則於普通四年六月,
分交州置愛州、德州、明州、利州、驩州五個獨立的州,使交州所轄範圍
進一步縮小。而碑文證明梁代即已設置驩州,且德州與驩州屬於兩個
不同的各自獨立的州。而《隋書·地理志》和《元和郡縣圖志》等則誤
記爲至隋朝將德州改名爲驩州,纔有驩州一名②。因此,史志實際上闕
記了梁朝這一州名。明州,至隋朝其治所在交谷縣(今越南義靜省河
静南)。隋大業初廢。唐武德五年(622)重置,貞觀十三年(639)廢。
利州,其治所在今越南義靜省河静西南,至隋開皇十八年改爲智州。

　　還要指出的是,梁武帝在其統治中期對交趾以南行政地理版圖進
行重要調整,並重用九真黎氏家族,還與梁武帝試圖遏制李氏家族等
交州地方土著豪族勢力膨脹的政策有關。從東晉後期開始,李氏家族
就是交州地區最主要的豪族之一,而且其對交州地方政局的深刻影響
長達數百年。李氏家族在交州的崛起以東晉孝武帝太元五年(380)爲
標志。該年十月,"九真太守李遜據交州反"③。這一年,朝廷任命滕
遯之爲交州刺史,史載"九真太守李遜父子勇壯有權力,威制交土,聞

①　《隋書》卷二九《地理志》,第807頁。
②　《隋書》卷三一《地理志》記載"日南郡,梁置德州,開皇十八年改曰驩州"(第886頁)。
　　《元和郡縣圖志》卷三八《驩州》稱驩州日南郡,漢爲九真郡地,"吳歸命侯天紀二年
　　(278),分九真之咸驩縣置九德縣,屬交州。梁武帝於此置德州,開皇十八年改爲驩州,
　　取咸驩縣爲名也。大業三年改爲日南郡"(第961頁)。
③　《晉書》卷九《孝武帝紀》,第231頁。

刺史滕遯之當至,分遣二子斷遏水陸津要"①。可見,李氏家族以九真郡爲依託,公然以武力阻止交州刺史滕遯之上任。其後又有李遜之子李弈、李脱反叛。至宋明帝泰始四年(468)三月,"交州人李長仁據州叛"②。泰始七年二月,劉宋朝廷又分割交、廣二州而正式立越州,但是李長仁及其家族仍左右交州的局勢。及李長仁卒,其從弟李叔獻仍以武平、新昌二郡太守"行交州事"③,控制着交州的實權。南齊建立,李叔獻被正式任命爲交州刺史。直至永明三年(485),齊武帝纔任命新的交州刺史。李氏兄弟割據交州凡十八年。呂士朋認爲,"李長仁、李叔獻兄弟以交州本地人割據抗命,實開後來交州人士自謀獨立之先聲"④。至南齊後期,李氏家族成員李凱又重新據有交州刺史一職。

梁武帝試圖要扭轉李氏家族長期控制交州的局面。天監四年(505)二月,"交州刺史李凱據州反"⑤。説明李氏家族對梁朝加強對交州控制的政策持抗拒態度。李凱後爲交州長史李畟殺死。《大越史記全書》對此記載爲:梁天監四年春二月,"交州刺史李元凱據州反,長史李畟討平之。初,元凱代登之爲刺史,以梁受齊禪,而恩威未加,因舉州叛。至是,畟以宗兵討元凱,殺之"⑥。可見,李畟也是交州李氏家族成員。李畟"以宗兵"即李氏宗族的軍隊討伐李凱,表示歸順梁朝。李畟被任命爲交州刺史。李畟雖然重新歸附於梁朝中央政權,但

①　《宋書》卷九二《良吏·杜慧度傳》,第2263頁。

②　《宋書》卷八《明帝紀》,第163頁。

③　《南齊書》卷五八《扶南傳》,第1017頁。

④　呂士朋《北屬時期的越南——中越關係史之一》,臺北:華世出版社,1977年,第68頁。

⑤　《宋書》卷八《明帝紀》,第163頁。

⑥　〔越〕吳士連撰,陳荆和編校《大越史記全書》卷四《前李紀》,東京:東京大學東洋文化研究所,1984年,第147頁。

是李氏家族勢力仍然妨礙了中央王朝對交州的控制。從普通四年開始,梁武帝"分交州置愛州",又在愛州以南設置了德州、利州、明州和驩州。總之,梁武帝在其統治中期,委派具有北方背景的黎高掌控愛州(原九真郡)及其以南地區,並加以重用,其牽制和削弱交州李氏家族勢力並直接連通南海諸國的意圖是非常明顯的。

以上,我們從三個方面分析了黎氏家族在交趾以南地區崛起的背景。碑文又稱黎高"享年眉壽","眉壽"一詞原出自《詩經‧豳風‧七月》,其詩云:"八月剥棗,十月獲稻。爲此春酒,以介眉壽。"西漢毛亨傳曰:"眉壽,豪眉也。"鄭玄曰:"人年老者,必有豪毛秀出者。"①眉壽又稱毫壽,即眉毛特長的耄耋壽星。説明黎高享有高壽,我們推測其在七八十歲纔卒於刺史任上。然而,值得注意的是,碑文在叙述黎高"享年眉壽"之後,竟然又稱"而年世浸邃,□□壽長,平□□道將軍、郡州刺史",其中"年世浸邃,□□壽長"是意味深長的,應該是指黎高因爲在愛州刺史任上時間相當長久,而且年歲也高,至後來又改任"平□□道將軍"和"郡州刺史"。至於碑文中的"郡州刺史"一職,唐朝史志中纔見郡州的記載,屬於唐朝安南都護府所屬的一個州。《新唐書》將郡州記載爲安南都護府所轄的羈縻州②。而《元和郡縣圖志》則記載爲正州,稱"郡州,西北至(安南都護)府約一百五十九里"③。其地大致在紅河入海口附近。爲什麽碑文記載的郡州不見於南朝梁至隋

---

① (唐)孔穎達《毛詩正義》卷八,(清)阮元《十三經注疏》,第 391 頁。
② 《新唐書》卷四三下《地理志》,第 1145 頁。
③ 《元和郡縣圖志》卷三八,第 965 頁;晚唐崔致遠《補安南録異圖記》所記安南都護府:"安南之爲府也,巡屬一十二郡:峰、驩、愛、陸、長、郡、諒、武定、武安、蘇茂、虞林,羈縻五十八州。"其所轄十二州中有郡州。見(新羅)崔致遠撰,党銀平校注《桂苑筆耕集校注》卷一六,北京:中華書局,2007 年,第 553 頁。

朝的史志呢？根據《資治通鑑》記載，由於梁武帝大量增置新州，"五品之外，又有二十餘州不知處所"①。説明宋朝已出現了"二十餘州不知處所"的情形。根據《大隋九真郡寶安道場之碑文》，梁代即已設置郡州。而該州在陳與隋朝已不存。至唐初則又根據梁代的事實重新設置。因而碑文的記載亦可以補史志之闕。

值得進一步深究的是，黎高爲什麽會從原來的愛州刺史兼都督五州諸軍事一職改爲在小州郡州任刺史呢？我們認爲與梁武帝后期防範邊遠地區豪族勢力過大的政策有關。梁武帝在位長達四十八年之久。從普通四年梁武帝分交州而置愛州，至梁武帝末年亦達二十三年。因此，在梁武帝統治的後期，極可能是鑒於交州割據先例很多，爲了避免黎氏家族重新控制和稱雄於交趾以南，而將黎高改派到地位更爲低下的郡州。我們這種推斷還基於這樣一些材料，唐代林寶所撰《元和姓纂》卷九"欽州甯氏"記載，南朝至唐初今廣西欽州著名的甯氏家族，"梁有愛州刺史甯達，居欽州。甯頃曾孫師表、師宗"②。元代黎崱《安南志略》卷九爲"唐安南都督（都）護經略使交愛驩三郡刺史"，其中稱"甯達，則天時，愛州刺史"③。根据清朝道光年间出土的隋朝甯氏碑刻，"甯達"應爲"甯逵"之誤④，而且甯逵本爲梁朝愛州刺史。又根據《梁書·武帝紀》記載，大同八年（542）三月，"遣越州刺史

---

① 《資治通鑑》卷一五八，梁武帝大同五年，第4903—4904頁。
② 《元和姓纂（附四校記）》卷九，第1353頁。關於隋唐欽州甯氏，參見王承文《從碑刻資料論唐代粵西韋氏家族淵源》，《華學》1995年創刊號。
③ 《安南志略》卷九，第211頁。
④ （清）朱椿年修，杜以寬、葉輪纂《欽州志》卷一一《古迹志》著錄了《隋寧越郡欽江縣正議大夫之碑》，道光十四年（1834）刻本，收入《廣東歷代方志集成》，廣州：嶺南美術出版社，2009年，第201—203頁；（清）陸增祥《八瓊室金石補正》卷二七，第174—175頁；

陳侯、羅州刺史寧巨、安州刺史李智、愛州刺史阮漢,同征李賁於交州"[1]。説明梁武帝大同八年,阮漢也曾經出任愛州刺史,並率兵參與了平定交州李賁的叛亂。阮漢亦屬於東晉開始定居於愛州境内的北方家族。而這些也説明,從梁武帝普通四年六月之後,至大同八年的近二十年中,愛州刺史除了黎高之外,至少還有阮漢和甯逵兩人。

從三國時期的孫吳到東晉王朝,皇室成員從未有受藩於嶺南的例子。《南齊書》稱"江左以其遼遠,蕃戚未有居者,唯宋隨王誕爲(廣州)刺史"[2]。即直至劉宋王朝纔有皇室成員隨王劉誕出爲廣州刺史。蕭齊時有所增加。至梁武帝時期,皇室成員出掌廣州等嶺南諸州刺史的現象則大爲增加,如蕭郎、蕭恭、蕭昌、蕭元簡、蕭昂、蕭勱等等。然而,在整个六朝時期,皇室成員出鎮交州則已晚至梁武帝統治的後期,梁武帝的侄子武林侯蕭諮被委任爲交州刺史,這既説明了隨着南海國際關係和海上貿易的發展,梁武帝對交州事務的高度重視,同時也證明了中央王朝對交州地區控制的大爲加强。

三 梁末至陳朝交州的形勢與九真黎氏家族

梁武帝大同七年(541),交州爆發了交趾人李賁發動的大規模叛亂[3]。李賁正式叛亂時的身份是"監德州",即任職在愛州(九真郡)之南,其"連結數州豪傑"應該包括了愛州等交趾以南各州的地方豪族。李賁的叛亂是交州歷史上第一次有人公開稱帝建國。這場戰事持續數年,參與的軍隊數以萬計,對南朝梁、陳兩朝的歷史均産生了十分深

---

① 《梁書》卷三《武帝紀》,第 85 頁。

② 《南齊書》卷一四《州郡志》,第 262 頁。

③ 《資治通鑑》卷一五八,梁武帝大同七年十一月,第 4909 頁。《大越史記全書》卷四《前李紀》,第 147 頁。

遠的影響。

　　大同八年三月，梁武帝派遣越州刺史陳侯、羅州刺史寧巨、安州刺史李智、愛州刺史阮漢同征討李賁於交州。中大同元年（546）正月，"交州刺史楊瞟剋交趾嘉寧城，李賁竄入屈獠洞，交州平"①。太清二年（548）三月，"屈獠洞斬李賁，傳首京師"。五月，"曲赦交、愛、德三州"②。可見，除了交州外，交趾以南的愛州和德州也是受李賁叛亂影響最嚴重的地區。李賁雖被平定，但是交州仍有李賁部將趙光復和族人李佛子兩種勢力並各自稱王。至陳宣帝太建三年（571），李佛子攻殺趙光復。趙光復稱王前後共二十二年。李佛子於該年仍號南越帝，都峰州。李佛子控制交趾和峰州的狀態延續至隋文帝後期。陳朝共存在三十三年時間。陳朝國力衰弱，主要力量集中於應對北方政權。那麼，陳朝在交州地區是否還行使管轄治理權力呢？近數十年來，中外學術界有相當一致的看法，就是陳朝對交州地區的統治已經名存實亡，交州地區已經完全脫離了陳朝的統治③。

　　然而，通過考察《大隋九真郡寶安道場之碑文》和相關史料，我們認爲以上觀點還可以重新討論。碑文稱："陳貢水〔發〕，賜常侍、威武將軍，愛州刺史。黎穆風侯、左衛使君之□。"所謂"陳貢水〔發〕"難以理解，《匯編》稱"貢水"疑是"員外"字。我們認爲這裏的"陳"應是指梁之後的陳朝。意即在陳朝建立後，黎高被陳朝重新任命爲愛州刺史，被賜予常侍、威武將軍。"黎穆風侯"是指黎高再次被陳朝封爲穆

---

①　《梁書》卷三《武帝紀》，第 90 頁。

②　同上，第 92 頁。

③　〔越〕陶維英著，鍾民岩譯，岳勝校《越南歷代疆域——越南歷史地理研究》，北京：商務印書館，1973 年，第 117 頁；呂士朋《北屬時期的越南》，第 58、81-82、117 頁；K. W. Taylor, *The Birth of Vietnam*, p.147。

風侯。至於碑文所稱:"尊人大□,使□□侯德州逐江海亂離,選從螺〔?〕□道□□,□合徒宣威□□之憑,奔竄(荒)□□□□□。五常永而深蒙嗟賞,□詔三洞,行從祛未,訓學人之所行,加愛州□□□碑及金□永□□□上□□□司三洞愛州諸將軍(軍事),愛□又川〔?〕大將軍而屏斥愛州。"由於碑文殘闕較多,已經難以確切地瞭解原文内容,但是我們認爲這段碑文還是追述其祖黎高的事迹,尤其是黎高及其家族在梁末李賁叛亂中的堅貞表現。

至於碑文中兩次出現的"三洞"一詞,在《陳書》等典籍中則稱爲"三山獠洞",應是指愛州境内三個夷獠聚居的溪洞部族。《陳書》卷一《高祖紀》記載,梁太平二年(557)九月,徐陵進陳霸先册文稱:"大同之末,邊政不脩,李賁狂迷,竊我交、愛。敢稱大號,驕恣甚於尉他;據有連州,雄豪熾於梁碩。公英薔雄筭,電掃風行,馳御樓船,直跨滄海,新昌、典澈,備履艱難,蘇歷、嘉寧,盡爲京觀。三山獠洞,八角蠻陬,逖矣水寓之鄉,悠哉火山之國,馬援之所不届,陶璜之所未聞,莫不懼我王靈,爭朝邊候,歸睞天府,獻狀鴻臚。"[1]至於碑文中所謂"五常永而深蒙嗟賞,□詔三洞,行從祛未,訓學人之所行","五常"是指作爲儒家最根本信條的仁、義、禮、智、信等内容。漢代大儒董仲舒明確將仁、義、禮、智、信推崇爲與天地長久的經常法則,號稱"常道"或"正常",即所謂"仁、誼(義)、禮、知、信,五常之道"[2]。碑文是指因爲黎高及其家族用儒家倫理綱常教化愛州以及"三山獠洞"等夷獠民衆,使這些地方的"夷獠"民衆並未捲入到梁朝末年李賁的大規模叛亂中。而

---

① 《陳書》卷一《高祖紀》,第15頁;(南朝)徐陵《册陳公九錫文》,《文苑英華》卷四四七,第2260頁。
② 《漢書》卷五六《董仲舒傳》,第2505頁。

這一點也印證了前面有關黎氏在九真等地傳播儒家文化的討論。

　　碑文中所謂"深蒙嗟賞"，應是指黎高及其家族的作爲，得到了當時鎮壓李賁叛亂的最高將領陳霸先的高度讚賞，因爲陳霸先曾經率軍在愛州境内征討李賁殘部。《南史》記載："賁兄天寶遁入九真，與劫帥李紹隆收餘兵，殺德州刺史陳文戒，進圍愛州，帝討平之。"①《陳書》卷一《高祖紀》則爲："賁兄天寶遁入九真，與劫帥李紹隆收餘兵二萬，殺德州刺史陳文戒，進圍愛州，高祖仍率衆討平之。"②碑文之所以不直書陳霸先的名字，應與隋朝對被其滅亡的陳朝的敵視態度有關。黎高並因此獲得陳朝的高度信任和重用。而這也證明交趾以南的愛州等地區，仍在陳朝的管轄之下。

　　陳文帝天嘉四年(563)至五年，福建爆發了陳寶應的叛亂。陳文帝徵召陳朝各地的軍隊合力圍剿陳寶應，《陳書》記載其中有"明州刺史戴晃"③。我們在前面證實，明州始建於梁武帝中期，亦屬於九真黎氏家族的勢力範圍。因此，這裏的"明州刺史戴晃"，也應該是交趾以南地區仍然效忠於陳朝中央的證明。而更强有力的證據之一來自唐朝，《新唐書》記載，唐開元年間大臣楊瑒爲華州華陰縣(今陝西華陰市)人，"五世祖緒爲陳中書舍人，名屬文，終交、愛九州都督，武康郡公。子林甫代領都督。隋滅陳踰三年乃降，徙長安"④。《安南志略》卷八亦稱"楊緒，陳交、愛二州都督，封武康郡公"。而楊緒之子"楊休浦，字衛卿，緒亡，代領交州都督"⑤。這是一條非常具有典型意義的

---

① 《南史》卷九《梁武帝紀》，第 258 頁。
② 《陳書》卷一《高祖紀》，第 3 頁。
③ 《陳書》卷三五《陳寶應傳》，第 489 頁。
④ 《新唐書》卷一三〇《楊瑒傳》，第 4494 頁。
⑤ 《安南志略》卷八，第 206 頁。該書中"楊休浦"應爲"楊林浦"之誤。

材料，説明在陳朝後期楊緒及其子楊林甫相繼擔任交、愛九州都督。由於在陳朝和隋朝滅陳之初交趾仍爲李佛子控制，所以楊氏父子擔任的不是交州刺史，而是"交、愛九州都督"，即交、愛等地區的最高軍事長官。其駐地應在交趾以南。也正因爲如此，擔任交、愛九州都督的楊緒纔會在隋滅陳三年之後歸順隋中央王朝，並被遷移至長安。

陳武帝永定二年（558）正月，歐陽頠被授予"都督廣交越成定明新高合羅愛建德宜黄利安石雙十九州諸軍事、鎮南將軍、平越中郎將、廣州刺史"。在以上十九州中，屬於兩晉時期交州範圍的包括交州、南新州、爱州、德州、利州、明州、安州、黄州等。而"时頠弟盛为交州刺史，次弟邃为衡州刺史，合门显贵，名振南土"。天嘉四年（563）歐陽頠卒後，其子歐陽紇又"督交廣等十九州諸軍事、廣州刺史。在州十餘年，威惠著於百越，進號輕車將軍"①。據此，也不能説陳朝完全失去了對整個交州地區的控制。

陳宣帝太建二年（570）二月，陳朝派章昭達平定了歐陽紇在嶺南的割據勢力。《陳書》記載："及平歐陽紇，交阯夷獠往往相聚爲寇抄，卓奉使招慰。交阯通日南、象郡，多金翠珠貝珍怪之産，前後使者皆致之，唯卓挺身而還，衣裝無他，時論咸伏其廉。"②所謂"交阯夷獠往往相聚爲寇抄"，應主要是指交趾地區以李佛子爲代表的割據勢力對南海國際貿易的嚴重影響。至於這裏的"日南"和"象郡"僅沿用了漢代地名。陳朝史料中的"日南"、"象郡"，應主要是指驩州和愛州等交趾

---

① 《陳書》卷九《歐陽頠傳》，第158頁。
② 《陳書》卷三四《文學·阮卓傳》，第472頁。

以南地區①。由於交趾先後被趙光復、李佛子所控制,所以使得驩州和黎氏家族所控制的愛州等地形成了懸隔在南徼的態勢,但是這些地區仍然保持了對陳朝的隸屬關係。史書記載,陳後主至德元年(583)四月戊辰,"交州刺史李幼榮獻馴象"②。泰勒認爲李幼榮是李佛子的真名③。而李幼榮(李佛子)對陳朝的貢奉,則表明陳朝後期李佛子已經改變了其公開稱帝立國的方式,接受了陳朝交州刺史的官職,重新在名義上臣屬於陳朝。前引《新唐書》所載華州華陰人楊瑒的五世祖陳中書舍人楊縉,"終交、愛九州都督,武康郡公。子林甫代領都督。隋滅陳踰三年乃降,徙長安"④。這條記載就是在這樣的歷史背景下出現的。因此,如果考慮到交趾以南的愛州、明州、德州、利州等情況,我們認爲陳朝仍在一定程度上維持着對交趾以南地區的統治。

四　隋朝在交州和海外的經略及其與九真黎氏家族的關係

隋開皇九年(589)隋文帝平定南方的陳朝。越南史書和中外學術界一般都認爲,在隋文帝仁壽二年(602)出兵滅交州李佛子之前,隋朝並未對交州實行過真正的統治。或稱交州地區仍保持了事實上的獨立狀態⑤。現在看來這種觀點也需要重新討論。根據《大隋九真郡寶

---

① 〔法〕鄂盧梭(L.Aurousseau)《秦代初平南越考》,載馮承鈞《西域南海史地考證譯叢》第九編,北京:商務印書館,1962年,第56、60頁。

② 《陳書》卷六《陳後主本紀》,第109頁。

③ K. W. Taylor, *The Birth of Vietnam*, p.150.

④ 《新唐書》卷一三〇《楊瑒傳》,第4494頁。

⑤ 《大越史記全書》卷三四《後李紀》,第158頁;《越史通鑑綱目》;K. W. Taylor, *The Birth of Vietnam*. p.147.例如吕士朋稱"實際上,其時交州方面,李佛子割據,建國稱號,陳之政治勢力,始終未曾進入。故陳時對交州之郡縣建置,雖有若無,名存實亡","自李賁叛亂稱號以來,歷經趙光復、李佛子,交州脫離中國統治,凡六十二年(541—602)"(吕士朋《北屬時期的越南——中越關係史之一》,第117頁)。

安道場之碑文》，隋文帝平定南方陳朝後，黎高應被隋朝繼續任命爲愛州刺史，並以很高的年齡卒於任上。而黎高的長子名爲"黎□慈"，則繼承了黎高的愛州刺史一職。至於"黎□慈"的弟弟黎某，則擔任了"□威將軍、日南太守"等官職。這裏的"日南太守"應爲隋朝官職，因爲日南郡只在兩漢、吳、兩晉、劉宋時存在，南齊時廢，隋大業三年改驩州爲日南郡，纔重新有"日南郡"之名，其治所在九德縣（今越南義靜省榮市）。至於建碑的"黎使君"黎谷或黎玉應爲"黎□慈"之子，因爲隋煬帝大業三年改愛州爲九真郡，所以黎谷繼承了"九真太守"一職，並被隋朝授予了"大將軍"、"金紫（光禄）大夫"等官職。碑文開頭部分所稱："維黎侯□□□□天機，學道漸具。先號刺史，是曰黎侯。"黎玉也被隋文帝封爲"黎侯"，而不是梁、陳所封的"穆風侯"。至於碑末的"使君黎作造"，也是指黎谷。

　　黎氏家族之所以仍被隋朝中央王朝所重用，我們認爲應與黎氏家族一直擁護中央王朝的政治傾向有關。隋文帝開皇十年，原陳朝境内大量反叛，史稱"陳之故境，大抵皆反"，其中"交趾李春等皆自稱大都督，攻陷州縣"[1]。隋文帝派越國公楊素討平。泰勒認爲"交趾李春"很可能就是自梁末以來割據交趾的李佛子的另一真名[2]。如果屬實，李佛子自稱"大都督"，説明他已取消了原來的帝號。而且這場遍及陳朝故境的叛亂很快被平息。黎氏家族與割據交趾的李氏應一直保持了距離，並始終傾向於隋中央王朝，纔能得到隋中央王朝統治者的高度信任。隋朝九真郡的治所在九真縣。陶維英稱："我們曾在清化省東山縣東明社長春村發現了一塊由隋朝九真太守黎谷立於其郡内生

---

① 《隋書》卷二《高祖本紀》，第35頁。

② K. W. Taylor, *The Birth of Vietnam*, p.159.

壙前的碑石（這是我國最早的碑，紀年爲大業十四年）。在長春村之旁有銅鋪村（也是紀念黎谷的祠廟），當地居民傳説此地古時是一個城鎮，現在還有筆直的街道和石砌水井的遺迹，每眼石井是屬於城鎮的一個區的。當地居民説，黎谷的根據地是在該城，而長春是其附近之地，黎谷常常到此遊玩，發現這裏有塊好地方，因此就建了生壙，並設有‘寶案（安）道場’以作爲静修之地。”①自隋朝以來，黎谷事迹一直都有較大影響，被當地人奉爲福神。今越南清化省仍有百餘座紀念黎谷的祠廟。

　　隋朝對交州政策根本性的轉變發生在隋文帝仁壽二年。隨着隋文帝統治後期國力的高度强盛，隋朝開始更積極地開拓海外，發展同南海諸國的貿易關係。在這樣的背景下，隋朝同長期盤據交趾的李氏家族之間的矛盾必然走向公開化。仁壽二年十二月，“交州人李佛子舉兵反，遣行軍總管劉方討平之”②；“交州俚帥李佛子作亂，據越王故城，遣其兄子大權據龍編城，其別帥李普鼎據烏延城”③。隋文帝接受左僕射楊素的建議，以劉方爲交州道行軍總管率軍南征。《隋書》卷五三《劉方傳》記載：“仁壽中，會交州俚人李佛子作亂，據越王故城，遣其兄子大權據龍編城，其別帥李普鼎據烏延城。左僕射楊素言方有將帥之略，上於是詔方爲交州道行軍總管，以度支侍郎敬德亮爲長史，統二十七營而進。方法令嚴肅，軍容齊整，有犯禁者，造次斬之。”又稱“進兵臨佛子，先令人諭以禍福，佛子懼而降，送於京師”④。

<hr />

①　〔越〕陶維英《越南歷代疆域》，第113—114頁，
②　《隋書》卷二《高祖本紀》，第48頁。
③　《資治通鑑》卷一七九，隋文帝仁壽二年，第5598頁。
④　《隋書》卷五三《劉方傳》，第1357頁。

　　值得注意的是,元代黎崱所撰《安南志略》卷四《前朝征討》亦記載:"仁壽二年,李佛子作亂,據越王故城。遣其兄子大權據龍編城,別帥李普鼎據烏延城。"①而無名氏所作《越史略》卷一《歷代守任·劉方》略同。二書均沒有李佛子在仁壽二年稱帝的記載,更沒有李佛子在仁壽二年以前一直稱帝的記載。然而,一些較後期的越南史書以及衆多近人著作,却均稱李佛子在交趾稱帝凡三十二年②。這一説法值得重新考慮,因爲沒有更加可靠的資料證明在開皇九年隋滅陳之後,李佛子仍然保持了帝號。而李佛子集團應只有長期保持着對隋中央王朝的隸屬關係,纔有可能延續到隋文帝仁壽二年。

　　從隋文帝仁壽四年到隋煬帝大業元年(605),隋朝發動了對林邑的戰爭③。一度在林邑境内設置蕩州、農州、沖州三郡。《隋書》稱"高祖受命,克平九宇,煬帝纂業,威加八荒。甘心遠夷,志求珍異,故師出於流求,兵加於林邑,威振殊俗,過於秦、漢遠矣"④。雖然沒有材料證明九真黎氏家族在這兩次歷史事件中的政治態度,但却可以推測,黎氏家族應是隋中央王朝的堅定追隨者。尤其是隋朝大將劉方率軍隊對林邑的戰爭,其行軍路綫必然要經過九真郡。

　　從隋文帝後期派劉方遠征交趾的李佛子之後,雖然交州等地州縣官員的任用仍吸納了不少如黎氏這樣的本地豪族,但是也有很多北方官員進入交州地區,使交州地區官員的構成體現了"華夷兼參"的特點。而這也表明,隋朝已通過對官吏的任免,開始對交州進行更加有

---

① 《安南志略》卷四《前朝征討》,第97頁。
② 《大越史記全書》卷四《後李紀》,第 152—153 頁;吕士朋《北屬時期的越南——中越關係史之一》,第 117 頁。
③ 《隋書》卷五三《劉方傳》,第 1357 頁。
④ 《隋書》卷八二《南蠻傳》之"史臣曰",第 1838 頁。

效的治理。高士廉(575—647)，渤海蓨县(今河北景县)人,在隋文帝仁壽中,"舉文才甲科,補治禮郎,斛斯政奔高麗,坐與善,貶爲朱鳶主簿"[①]。朱鳶縣屬於交州。説明北方士人也進入交州地區縣級佐官的行列。而現存《大隋九真郡寶安道場之碑文》撰寫在大業十四年,應比較真實地反映了隋煬帝晚期交州地區的政治狀况。九真郡(愛州)統有九真、移風、胥浦、隆安、軍安、安順、日南七縣。碑文中提到"九真縣令馮丞祠大敬之禮",又有"衛安縣令信武"。其"衛安縣"地名不見於《隋書·地理志》、《元和郡縣圖志》和新、舊《唐書》等史志。《隋書·地理志》記載九真郡有隆安縣,"舊曰高安,開皇十八年改名焉"[②]。因此,"衛安縣令"可以推測屬於碑文抄寫者的錯誤,本爲隆安縣令。據此亦可見九真郡所統轄的不少縣令等官職,並不屬於黎氏家族掌握。

至於《大隋九真郡寶安道場之碑文》的撰寫者元仁器,根據《隋書·元暉傳》,元仁器爲河南洛陽人,其曾祖元琛,魏恒、朔二州刺史。祖元翌,尚書左僕射。父元暉"頗好學,涉獵書記。少得美名於京下,周太祖見而禮之,命與諸子遊處"。隋朝建立,官至兵部尚書。卒後,子肅嗣,官至光禄少卿。肅弟仁器,"性明敏,官至日南郡丞"[③]。唐代林寶《元和姓纂》"元氏"條記載,河南洛陽縣,"紇根生虔,陳留王。孫建,生琛、永壽。琛孫暉,隋兵部尚書。暉生仁器"[④]。碑額中元仁器所任"檢校交趾郡贊治、日南郡丞",應是元仁器先後擔任的官職。史志稱開皇十八年改德州爲驩州,大業三年又稱日南郡。隋朝的日南郡

---

①　《新唐書》卷九五《高士廉傳》,第 3839 頁。
②　《隋書》卷三一《地理志》,第 886 頁。
③　《隋書》卷四六《元暉傳》,第 1256 頁。
④　《元和姓纂(附四校記)》卷四,第 399—400、412 頁。

即驩州兼併了原愛州以南各州，屬於隋朝最南邊的門户。此時的日南郡守應是李畯①。隋煬帝改制，先設有郡贊務或贊治，後改爲郡丞。《隋書·百官志》記載隋煬帝即位，“罷州置郡，郡置太守”，“罷長史、司馬，置贊務一人以貳之”。“其後諸郡各加置通守一人，位次太守，京兆、河南，則謂之内史。又改郡贊務爲丞，位在通守下。”②贊務又稱贊治。《通典》記載：“煬帝又罷長史、司馬，置贊治一人，後又改郡贊治爲丞，位在通守下。”③至於元仁器所任“前兼内史舍人”一職，根據《通典》記載，隋初“以吏部散官及校書、正字有叙述之才者”，掌皇帝起居之職，由起居舍人和内史舍人組成。又稱“隋内史舍人八員，專掌詔誥。煬帝減四人，後改爲内書舍人。大唐初，爲内史舍人，至武德三年，改爲中書舍人”④。也就是説，隋煬帝將自己身邊掌管機要的内史舍人元仁器遠派到南徼邊裔，擔任交趾郡贊治和隋朝國境最南方的日南郡郡丞。而這也正説明了隋煬帝對交州地區事務和南海國際貿易的高度重視。在隋煬帝統治後期，丘和（552—637）出任交趾太守也很能説明這一點。《舊唐書·丘和傳》記載，丘和爲河南洛陽人，“大業末，以海南僻遠，吏多侵漁，百姓咸怨，數爲亂逆，於是選淳良太守以撫之。黄門侍郎裴矩奏言：‘丘和歷居二郡，皆以惠政著聞，寬而不

---

① 《册府元龜》卷一二六（第 1513 頁）及《資治通鑑》卷一九〇（第 5951 頁）均記載，武德五年（622）四月，隋日南太守李畯遣使降唐。我們推測李畯有可能仍出自交州李氏家族。早在隋文帝仁壽末年对林邑的战争中，驩州刺史为李暈（《隋書》卷五三《劉方傳》及《隋書》卷八二《南蠻·林邑傳》）；《安南志略》卷八記載：“李□□，隋仁壽之年，爲驩州刺史。”（第 206 頁）如屬實，則這種權力結構頗類似於唐朝在邊州實行的“華夷兼參”體制。

② 《隋書》卷二八《百官志》，第 802 頁。

③ 《通典》卷三三《職官·州郡·總論·郡佐》，第 911 頁。

④ 《通典》卷二一《職官三》，第 556、564 頁。

擾.'煬帝從之,遣和爲交趾太守。既至,撫諸豪傑,甚得蠻夷之心"①。
這裏的"海南"即指交趾及其以南地區。

　　《大隋九真郡寶安道場之碑文》所記載的隋朝九真地區的佛教狀
況,亦能證明隋朝中央王朝與交州地區的密切關係。碑銘中"寶安道
場"之名,根據《通典》記載,隋文帝爲了管理佛教與道教事務,"隋初,
置崇玄署令、丞,至煬帝,改郡縣佛寺爲道場,置道場監一人;改觀爲玄
壇,監一人"②。又根據《佛祖統紀》記載,大業九年隋煬帝下詔改"寺"
爲"道場"③。此"寶安道場"應該原爲寶安寺。碑文中還提到寶安道
場有"法師道耀則學明,開法印階",這裏的"法師道耀"應屬於九真郡
寶安道場內具有國家正式僧籍的佛教法師。銘文的開首就記載了隋
朝九真地區佛教的高度興盛和刺史黎谷及其家族的傳播之功。碑文
稱"津梁庶品,其廻迥福淨土者",其中"津梁庶品"一句,在隋朝皇帝
所發布的有關佛教的詔令中比較常見④。全句是説九真等地的民衆百
姓虔誠地皈依佛教,是因爲黎谷及其家族的推廣傳播之功。這通碑銘
成於大業十四年四月八日,該日亦屬於"佛誕日"。

　　隋文帝於仁壽元年(601),曾經從全國選出三十個州,然後派遣三
十位沙門分送佛舍利到這些州加以供奉。在隋文帝親自指定的三十
州中,屬於嶺南地區的有桂州緣化寺、番州(即廣州)靈鷲山寺和交州

---

① 《舊唐書》卷五九《丘和傳》,第 2325 頁。
② 《通典》卷二五《職官七》,第 704 頁。
③ (宋)釋志磐《佛祖統紀》卷三九,《大正新修大藏經》第 49 卷,第 362 頁。
④ 例如,隋文帝開皇十一年詔曰:"門下:如來設教,義存平等。菩薩用心,本無差別。故能
　津梁庶品,濟渡群生。朕位在人王,紹隆三寶。"(隋費長房《歷代三寶紀》卷一二,《大正
　新修大藏經》卷四九,第 108 頁)隋文帝仁壽元年《隋國立舍利塔詔》開首稱:"門下:仰
　惟正覺,大慈大悲,救護群生,津梁庶品。"(唐道宣《廣弘明集》卷一七,《大正新修大藏
　經》第 52 卷,第 212 頁)

的禪衆寺。隋文帝在仁壽元年六月十三日正式頒布《隋國立舍利塔詔》①。隋文帝要求仿照印度阿育王的造塔故事,並在同年十月十五日三十州同時起造奉安舍利的佛塔。敕令要求地方官吏和百姓共襄盛舉。隋著作郎王劭所撰《舍利感應記》亦稱"交州於禪衆寺起塔"②。可見,隋中央王朝的詔令在交州得到了有效的執行。

　　而以上這些非常信實可靠的材料,一方面証明了李佛子及其家族雖然長期掌控交趾,但是在仁壽二年十二月正式與隋朝中央王朝決裂並發動叛亂之前,一直接受隋朝的管轄。而李佛子本人則仍屬於隋朝的官員。當然,也就不可能像越南《大越史記全書》、《越史通鑑綱目》等資料所記載的,李佛子從陳朝以來還一直保有帝號。另一方面,這些材料也證明,隋中央王朝一直把交州地區的佛教看成是隋朝佛教的組成部分。

五　隋末至唐初交州的形勢與九真黎氏家族的衰落

　　《大隋九真郡寶安道場之碑文》撰寫在"大業十四年太歲戊寅四月八日",即公元 618 年 5 月 18 日。該年三月,隋煬帝因在江都遭遇"江都之變"被杀。而李淵已於大業十三年五月在太原起兵,十一月攻克長安,立隋代王楊侑爲帝,並改元義寧。大业十四年五月唐朝建立。從大業十四年三月隋煬帝被殺,到唐高祖武德五年初唐軍進入嶺南,中原内地經歷了從群雄逐鹿到漸次統一的過程。而在遠離中原内地的交州地區,其政治勢力基本可以分爲兩種:一種是以丘和、高士廉、元仁器等爲代表的因戰亂而滯留於交州的前隋北方官員。這批人一

---

① 《廣弘明集》卷一七,《大正新修大藏經》第 52 卷,第 213 頁。
② 《廣弘明集》卷一七,《大正新修大藏經》第 52 卷,第 216 頁。

方面據地自保,同時又密切關注北方中原的局勢,尋找可以最終投靠的真命天子。還有一種則是交州當地的土著豪族,其中也包括像九真黎氏這樣已經完成了土著化過程的家族,他們乘機擴充勢力,具有潛在的割據傾向。陶維英稱,"黎谷的事迹反映了隋末交州群雄紛起割據一方的實際。我們可以由此推測,除了是中國人的太守們割據像丘和那樣而外,本地豪右,或爲越人的子孫像過去的趙光復,或爲久居越地而已越化的中國人後裔,像過去的李賁、李佛子,也乘機起事,在自己所在的地方自立"[1]。

　　在兩種勢力的比較和博弈過程中,來自北方的舊隋官員勢力顯然更占有上風。也正因爲如此,整個交州地區纔能在唐初比較順利地歸附唐中央王朝。前引《舊唐書·丘和傳》記載,丘和在交趾"撫諸豪傑,甚得蠻夷歡心",是指丘和在交州善於籠絡當地的溪洞豪族首領。《大隋九真郡寶安道場之碑文》的作者元仁器與九真黎氏郡望相近。出自中原的元仁器顯然因滯留在九真,與當地的大族黎氏拉上了關係。而《大越史記全書》記載:"初,隋末,丘和爲交州太守,恃隋威勢,巡邊徼諸溪洞,居州凡六十年餘。"[2]其稱丘和"居州凡六十餘年"應屬於記載錯誤[3]。而其稱丘和"恃隋威勢,巡邊徼諸司洞",則説明丘和憑藉隋中央王朝所賦予的政治地位和權勢,成爲整個交州地區最核心的政治人物。

---

① 〔越〕陶維英著《越南歷代疆域》,第118頁。

② 《大越史記全書·外紀》卷五《屬隋唐紀》,第158頁。

③ 《資治通鑑》記載武德五年(622)三月,唐朝"以隋交趾太守丘和爲交州總管,和遣司馬高士廉奉表請入朝,詔許之"(卷一九○,第5948頁)。《資治通鑑》又記武德七年九月"日南人姜子路反,交州都督王志遠擊破之"(卷一九一,第5993頁)。可見丘和出任交趾太守和交州刺史,是從隋煬帝大業末年至唐武德七年,時間大致在六年左右。

　　《舊唐書·丘和傳》又記載,隋末割據江南的梁朝皇室後裔蕭銑,因垂涎於丘和掌控南海國際貿易所獲取的巨額財富,遂指派歸順於他的欽州著名豪族首領甯長真"率百越之衆"跨海進攻交趾。丘和與高士廉"率交、愛首領擊之",甯長真敗退。隋九真郡太守黎谷及其家族大概也屬於所謂"交、愛首領"之一①。《新唐書·高士廉傳》記載隋文帝仁壽中,高士廉被貶爲朱鳶主簿,"會世大亂,京師阻絕,交趾太守丘和署司法書佐,時欽州俚帥甯長真以兵侵交趾","和因命爲行軍司馬"②。在得悉隋朝已經滅亡的情況下,丘和歸附了蕭銑。然而,蕭銑隨之爲唐朝所滅,丘和即歸附了唐朝。《新唐書·丘和傳》記載,唐高祖"詔李道裕即授和交州大總管,爵譚國公"。《資治通鑑》記載唐高祖武德五年四月,"廣州賊帥鄧文進、隋合浦太守甯宣、日南太守李畯並來降"③。李畯很可能屬於交州本地的李氏豪族。唐初經略嶺南的是著名將領李靖。李靖"撫循嶺外,承制選補,百越率從,敕授嶺南道安撫大使檢校桂州總管,東漸閩區,南逾象浦,雕題鑿齒,並口淳風。斷髮文身,盡口宏德"④。所謂"南逾象浦"即代表交趾以南的地區⑤。至於九真黎氏家族在唐初的政治動向,陶維英認爲,在隋交趾太守丘和臣服於唐朝的同時,"九真太守黎谷也抵抗唐軍,不肯臣服。黎谷的

---

① 《舊唐書》卷五九《丘和傳》記載蕭銑"遣(甯)長真率百越之衆渡海侵和,和遣高士廉率交、愛首領擊之,長真退走,境内獲全"(第2325頁)。
② 《新唐書》卷九五《高士廉傳》,第3839頁。
③ 《資治通鑑》卷一九〇,唐高祖武德五年四月,第5951頁;《册府元龜》卷一二六《帝王部》,第1513頁。
④ (唐)許敬宗《大唐故尚書右僕射特進開府儀同三司衛景武公碑》,《全唐文》卷一五二,第1552頁。
⑤ 《隋書》卷三一《地理志》記載林邑郡,"大業元年平林邑,置沖州,尋改爲郡"。統縣四,其中有象浦縣(第886頁)。

事迹不見於正史記載,我們只是通過黎谷所立至今尚存的碑刻和黎玉(即黎谷)祠及其妻子、兒女祠的神迹纔得以知道的"①。

與前代相比,唐初中央王朝大大加强了對交州地區的控制。唐初設置了交州總管府和南德州總管府,管轄從今中越邊境到南部橫山的地區。唐太宗《貞觀年中與于乾長敕》稱:"交州重鎮,控馭夷夏。"②唐太宗還明確稱"交州重鎮,自非宗枝,莫處其任"③。唐初多次派遣皇室成員出任交州都督,由此也反映了唐朝對交州地區事務的高度重視。而唐中央王朝還通過大量增設新的州縣以削弱交州地區的豪族勢力。隋煬帝大業年間在交州地區僅設置有交趾、九真、日南三郡。而唐初州的數目最多時却達到二十多州。雖然在正史中没有關於唐初九真黎氏家族的任何記載,但是我們仍可推斷包括黎氏在内的豪族勢力是唐中央王朝所力圖削弱的對象。《舊唐書》明確記載了唐初愛州行政版圖的重要變化,其文曰:

> 愛州,隋九真郡。武德五年,置愛州,領九真、松源、楊山、安順四縣。又於州界分置積、順、安、永、胥、前真、山七州;(七年)改永州爲都州。九年,改積州爲南陵州。貞觀初,廢都州入前真州。其年,廢前真、胥二州入南陵州。又廢安州以隆安縣,廢山州以建初縣,並屬(愛)州。又廢楊山、安順二縣入九真縣。改南陵州復爲真州。八年,廢建初入隆安。九年,廢松源入九真。十年,廢真州,以

① 〔越〕陶維英《越南歷代疆域》,第116頁。
② 《日藏弘仁本文館詞林校證》卷六九一,第408頁。
③ 《册府元龜》卷一七五《帝王部·悔過》,第2108頁。

胥浦、軍安、日南、移風四縣屬愛州。天寶元年改爲九真郡。①

唐初愛州行政地理的重要變化,一是其管轄縣數從隋朝七縣減爲四縣。二是在愛州境內及周邊竟然新增置了七個州。在唐初愛州這樣極爲遙遠荒僻的地區竟然發生如此劇烈的變動決不是偶然的,它反映了唐朝試圖通過對愛州地區版圖的重新設置而削弱黎氏家族等豪族的勢力。

唐初在交州地區實行的是主要委派北方或外地官員進行治理的辦法②。以愛州爲例,《舊唐書·竇德明傳》記載:"貞觀初,歷常、愛二州刺史。尋卒。"③竇德明爲京兆始平人,屬於唐高祖李淵皇后竇氏家族。在唐朝創立過程中,竇德明跟隨唐高祖和唐太宗征戰有功。唐太宗貞觀初年,竇德明以外戚兼功臣的身份出任愛州刺史,其意義是非同尋常的。又根據唐林寶《元和姓纂》卷八京兆三原"路氏"條,"(路)文昇,唐平、愛、秦三州刺史"④。《新唐書·宰相世系表五下》路氏略同。路文昇爲隋兵部侍郎路裦之子,其出任愛州刺史亦在唐太宗貞觀初年。柳奭爲唐高宗皇后的外祖父,永徽三年(652)柳奭代褚遂良爲中書令,至永徽六年,"及后廢,累貶愛州刺史。尋爲許敬宗、李義府所構……高宗遣使就愛州殺之"⑤。褚遂良爲高宗朝中書令,唐高宗顯慶二年(657)至三年,貶爲愛州刺史⑥。李强爲河南人,出任"行愛州

---

① 《舊唐書》卷四一《地理志》,第 1752 頁;另參見《太平寰宇記》卷一七一《嶺南道》,第 3268 頁。

② 參見郁賢皓《唐刺史考全編》卷三一〇至三一九,合肥:安徽大學出版社,2000 年,第 3338—3368 頁

③ 《舊唐書》卷一八三《外戚·竇德明傳》,第 4724 頁。

④ 《元和姓纂(附四校記)》卷八"路氏"條,第 1217 頁。

⑤ 《舊唐書》卷七七《柳奭傳》,第 2682 頁。

⑥ 《資治通鑑》卷二〇〇,唐高宗顯慶二年八月,第 6304 頁。

司馬,毗贊方牧,備盡六條;宣暢仁風,俗移千里”,“越以永徽四年(653)八月十二日,終於愛州官舍,春秋五十五”①。這些並不完整的資料却能證明,唐朝在愛州實行的是流官化的統治方式。

尤爲值得注意的是,武則天長安(701—704)年間至唐睿宗景雲(710—711)年間,愛州刺史是嶺南欽州豪族首領甯道務②。前述隋末欽州著名豪族首領甯長真受蕭銑的指派,“率百越之衆”跨海進攻交趾,結果爲丘和與高士廉所“率交、愛首領”所擊敗,其所謂“交、愛首領”應該就包括了九真黎氏家族。而甯道務恰恰就是隋唐兩朝欽州刺史甯長真的嫡孫。1920年在廣西欽州出土的唐代《刺史甯道務墓志》記載:

> ……授愛州司馬。長安中,□旨授朝散郎,官如□□□□□□□□□□□□□聞奏,授愛州牧。神龍(705—707)歲,官依舊□。府君出言無二,法惟劃一。權豪喪膽,奸吏亡魂。恩威互施,畏愛□齊。跋扈□□□□□作梗,王師出征。率精甲以從戎,尅職元師;立懸功以簡帝,旌德策勳。神龍中,授上柱國。景雲歲,改牧鬱林。③

甯道務在掌控愛州(九真郡)期間,以高壓手段嚴厲打擊當地豪強之事,應與黎氏家族直接相關。而這一點也説明了進入唐朝以後,黎氏

---

① 《唐故行愛州司馬騎都尉李君(强)墓志銘并序》,《全唐文補遺》第四輯,第343—344頁。

② 郁賢皓《唐刺史考全編》根據《初學記》卷二〇所收沈佺期《答甯愛州報赦書》一詩,認爲唐中宗“神龍初”愛州刺史有“甯某”(第3361頁)。根據唐《刺史甯道務墓志》,可以確定“甯某”即甯道務,而且自武則天長安年間至唐睿宗景雲年間一直爲愛州刺史。

③ 陳公佩修,陳德周纂《欽縣志》卷一三《藝文志下》則著録隋唐兩朝文,1947年石印本,收入《廣東歷代方志集成》,第1050—1056頁;《全唐文補遺》第七輯,西安:三秦出版社,2000年,第374—376頁。

家族在九真郡從梁武帝時代即開始延續的政治特權已經徹底衰落。

我們在前面討論了《元和姓纂》所載唐朝前期愛州（九真郡）的黎回出仕爲“洛陽尉”，即洛陽縣尉。《元和郡縣圖志》卷五記載河南道所屬河南府管有洛陽等二十六縣。根據《舊唐書》卷四四《職官志》記載，長安、萬年、河南、洛陽、太原、晉陽六縣爲京縣。令各一人，正五品上。尉六人，從八品下。而這條記載説明九真黎氏已有部分成員離開了世代居住的九真郡而出仕中原內地，其時間大致在唐高宗和武則天時期。唐朝建立後，由於在嶺南等地逐步推行“南選”等限制豪族政治特權的政策，使包括交州在內的嶺南各地世襲州刺史的現象逐步消失，地方豪族勢力走向衰微①。而愛州地區社會的變革是唐朝前期在交州都督府範圍內推行中央集權管治的縮影。然而，《元和姓纂》中的這條材料也同時證明，九真黎氏家族雖然從唐初開始已經失去了過去的權勢和影響，但是其家族本身則還依然存在。

六　九真黎氏家族在唐以後的重新崛起

九真黎氏家族的重新崛起在五代和宋初時期。越南前黎王朝的建立者黎桓（942—1006），越南清化省愛州人，丁朝（968—980）時封副王十道將軍。公元980年七月，宋兵南進，丁帝尚幼，軍士擁黎桓即皇帝位，改元天福元年，在位二十四年。據黎崱所撰《安南志略》記載，“黎桓，愛州人。有志略，得士心。丁璉委以兵權，因篡丁氏。自稱交州三使留後，遣貢於宋”。宋太宗雍熙二年（985）十月，“制授桓金紫光禄大夫、檢校太保、使持節、都督諸軍事、安南都護，充静海軍節度、交州管內觀察處置等使、上柱國、京兆郡開國侯，食邑三千户。仍賜號

---

① 參見王承文《唐代“南選”與嶺南溪洞豪族》，《中國史研究》1998年第1期。

'推誠功臣'"。淳化四年(993)三月,"制封桓交阯郡王"①。前黎王朝(980—1000)共傳三世,歷時二十九年。

　　至於黎桓的家世淵源,清朝雍正年間《廣西通志》記載桂林府陽朔縣,"宋黎桓祖墓,在縣東南白面寨江東一里。桓,五代時遁入交阯,宋初封郡王"②。康熙年間《陽朔縣志》卷二記載:"黎氏墓在白麵寨江東一帶,五代中遁入交阯爲酋長。宋初,有黎桓者篡(丁氏)而廢之,僞作璿上表,令桓代之。太祖(當作太宗)封桓爲王,安南爲黎氏所有始此,三傳二十年(當作二十九年)爲李公所奪。"③張秀民先生《安南王朝多爲華裔創建考》一文根據以上這些地方志材料,認爲越南前黎王朝的建立者黎桓,是五代時期從廣西桂林遷入越南的華裔④。

　　不過,清朝地方志中有關記載的可靠性還可以重新討論。首先,在唐朝到五代時期,廣西未見有任何有關黎氏家族活動的記載;其次,我們認爲實際上也是最重要的證據,就是《大隋九真郡寶安道場之碑文》和唐朝林寶《元和姓纂》證明,從南朝中期到唐朝,九真郡(愛州)一直都有黎氏家族存在。另外,1986年5月初,在越南河西省青威縣青梅社底江龍灘,出土了唐德宗貞元十四年(798)的《青梅社鐘銘》⑤。該鐘銘文中有大量人名,其中也有"黎氏妙"。

　　今越南清化省紹化縣紹中社香嚴寺中,原立有一方《乾尼山香嚴

<hr />

① 《安南志略》卷一一《黎氏世家》,第284頁。
② (清·雍正)金鉷等監修《廣西通志》卷四四《古迹》,《景印文淵閣四庫全書》第566册,第294頁。
③ (清)陳洪疇纂修《陽朔縣志》卷二,《中國地方志集成》,南京:鳳凰出版社等,2014年,第108頁。
④ 張秀民《安南王朝多爲華裔創建考》,載氏著《中越關係史論文集》,臺北:文史哲出版社,1992年,第11—22頁。
⑤ 《越南漢喃銘文匯編》第一集《北屬時期至李朝》,第19—22頁。

寺碑銘》，該碑銘刻於越南李朝天符睿武五年(1125)，記載了愛州(九真郡)黎氏家族在丁朝、黎朝和李朝的發展興盛以及在當時越南佛教中的特殊地位。碑銘曰：

> 乾尼山香嚴寺即道融禪師諱□重修葺也。師先祖越愛州九真郡令族，鎮國僕射黎公，家富豪盛，積穀一百餘拾廩，門養三千客。篤懷善本，恢崇像教，拓兹嘉境，銘傳香嚴、貞嚴、明嚴三禪院，各勒銘紀之。時，州郡民悉被歲飢，公振貸其穀而濟之。迫丁先皇聞公有道，封爲愛州九真郡都國袯使、金紫光禄大夫。敕賜半畿，東自分易，南自舞龍，西自摩羅山頂，北自金谷峇(岩)脚；代代子孫充爲管界。到黎大行皇帝巡遊五縣江，見其寺已頹然，續補構之。到李家太宗皇帝南幸愛州，覽兹梵宇，綿曆代祀，棟樑隳毀，而復崇之，兼敕賜公之的姪道光長老充爲禪主，及賜代形五名而主持焉。長老即師之嚴父也。時，太宗擇彼郡民，師從兄太傅劉公卓然有異，詔入内庭。暨聖宗立極，公侍帷幄之中，累承寵眷。迫當今明孝皇帝踐祚御寶，念公弼亮三代有功，封爲入内内侍省都都知、檢校太傅兼宫袯使、大將軍、金紫光禄大夫、上柱國、開國公。食邑六千七百户，食實封三千户，並敕赦其宗祖。[①]

根據碑文，黎氏家族一直堪稱爲愛州九真郡的"令族"。據越南《禪苑集英》卷下《法融傳》記載，碑文中所出現的"黎公"就是中國五代後唐(923—936)時期的愛州牧黎良，籍貫在愛州九真郡貝里甲(今越南清化省紹化縣紹中社)人。香嚴寺就是由黎良於五代後唐時期所建[②]。

---

① 《越南漢喃銘文匯編》第一集《北屬時期至李朝》，第153頁。
② 〔越〕陶維英《越南歷代疆域》，第142頁。

碑文稱其時黎氏"家富豪盛,積穀一百餘拾廩,門養三千客",堪稱實力雄厚的地方豪姓大族。碑文又稱黎氏"篤懷善本,恢崇像教",建有香嚴等寺院,其佛教信仰与《大隋九真郡寶安道場之碑文》中黎氏信奉佛教的狀況亦可謂一脈相承。而以上這些也能説明前黎朝的建立者黎桓,並非是五代時期纔從廣西北部遷來愛州的。碑中的"丁先皇"即丁部領於968年自稱皇帝,建立大瞿越國,建都今越南清化省康縣之華閭。黎氏家族得到重用,黎良被丁部領封爲愛州九真郡都督驛使並得封邑。而前黎朝的建立者黎桓本人,就是在980年以丁朝軍中大校的身份取得政權的①。

　　在越南歷史上,由於九真地區地理位置的特殊性,使得九真在越南國家發展過程中具有特殊的地位。在逐漸脱離中國政治直接統轄的丁朝與前黎朝,其領導人物都發源自九真地區。前黎王朝被李朝取代後,九真黎氏也並未退出政治的權力核心。根據臺灣學者耿慧玲的研究,自(李朝)聖宗時期開始的婚姻關係,説明代表九真黎氏的黎大行皇帝(即黎桓)和他的後裔,繼續和李朝皇室維持密切的婚姻關係,影響皇室的政治決定②。前引《乾尼山香嚴寺碑銘》也證明,在前黎王朝之後,九真黎氏家族仍受到越南其他王朝的優待,在越南國家政治生活中發揮重要影響。至於越南歷史上的後黎王朝,公元1418年由愛州人黎利建立。黎利先號平定王,至1428年稱帝。1789年爲阮氏所滅。總之,九真黎氏家族對中古時期交州地區的開發和後來越南歷

---

① 《續資治通鑑長編》卷二一,太宗太平興國五年第474頁、第480頁;《宋史》卷四八八《外國·交趾傳》第14060頁。

② 參見耿慧玲《李英宗朝婚姻關係與權力結構研究》,收入氏著《越南史論——金石資料之歷史文化比較》,臺北:新文豐出版公司,2004年,第93頁。

史的發展都曾經有過重要而深遠的影響。

七 結語

本節圍繞越南現存的《大隋九真郡寶安道場之碑文》,討論了中古九真郡黎氏家族的北方淵源及其在交趾以南地區的開拓發展,並從一個具體方面探討南朝中期至唐初交州地區政治格局及其與中央王朝關係的演變。雖然黎氏家族在正史中未見任何記載,但是碑文證實這一家族在相當長的歷史時期,對於維護中國中央王朝在南部邊陲地區的統治以及推行儒家教化等都發揮了重要作用。而從整個交州地區來看,九真郡的經濟文化發展水準要比更南的日南郡高出很多,這一多山地帶後來卻成爲文化發達、人才輩出的地區。唐德宗時期,由科舉進士出身的宰相姜公輔也是愛州人。姜公輔的家族源出甘肅天水,其父姜挺大致因官遂占籍爲愛州日南縣人[1]。公元十世紀安南獨立後,九真郡(唐稱愛州)改稱爲清化府。張秀民先生指出,其地"西控長林,扼北圻中圻之咽喉,形勢雄壯,越南各省無與爲匹,故黎季犛定爲西都。安南歷朝王氏中如黎桓、黎利,舊阮,執政鄭氏,均發祥於此。史學家如黎文休,稱爲安南司馬遷,首創《大越史記》。著《安南志略》之元黎崱,均愛州人也。《大南一統志》謂:清化省尚文學,歷代英才。《皇越地輿志》亦稱:"清化鎮山奇水秀,迭生王相,精華之氣,復出文儒。盡其地靈人傑,迥出尋常,旺氣鍾英,文儒繼出,科目爲甚。"[2]馮承鈞先生指出,

---

[1] 《新唐書》卷一五二《姜公輔傳》,第4831頁。參見王承文《唐代北方家族與嶺南溪洞社會》,載榮新江主編《唐研究》第二卷,北京:北京大學出版社,1996年。

[2] 張秀民《安南王朝多爲華裔創建考》,第11—24頁。

"昔之四裔漫染中國文化最深者莫逾越南"①。越南姓氏的起源與古代中國一樣,也是宗法社會的産物。據有關學者研究,"越南人的姓,原是從中國'百家姓'中移植過去的。這當然與歷代中國移民南下有關","宋代鄭樵統計,全國單姓、複姓共有 1745 姓。越南人的單姓、複姓總共只有 200 姓。歷代開國之君和貴族官僚均致力於突出自己的姓氏,以示榮顯。同時,由於小姓依附大姓,寒門攀緣望族,這樣,在越南全國人口中,約有半數人以上都集中于黎、阮、陳、李、黄、武、潘、范、鄭、吴、裴、杜諸姓,其中尤以姓黎、阮的人爲最多,可以説是大姓中的大姓。阮、陳、黎且爲國姓。"②總之,漢唐時代的九真郡一直都屬於漢文化影響較大的地區,並對其後漢文化在越南的繼續傳播發展具有十分深遠的影響。

第二節　越南新出隋朝《舍利塔銘》及相關問題考釋

越南現存三萬多件漢文碑銘是國際漢學和國際東南亞史研究最重要的課題之一。越南首都河内歷史博物館所收藏的《大隋九真郡寶安道場之碑文》,立于隋煬帝大業十四年(618)四月八日。長期以來,該碑一直被國際學術界公認爲是越南境内現存最早的漢文碑銘③。然而,2004 年,越南北寧省順城縣又出土了隋文帝仁壽元年(601)的《舍利塔銘》。該碑早於《大隋九真郡寶安道場之碑文》十七年,堪稱越南目前所發現最早的漢文碑銘之一。隋文帝在仁壽(601—604)年間分

---

① 馮承鈞《占婆史譯序》,〔法〕鄂盧梭、馬伯樂撰,馮承鈞譯《秦代初平南越考·占婆史》附《占城史料補遺》,上海:上海古籍出版社,2014 年,第 95 頁。
② 陳玉龍等著《漢文化論綱》,北京:北京大學出版社,1993 年,第 374 頁。
③ 《越南漢喃銘文匯編》第一集《北屬時期至李朝》,第 6 頁。

三次向各州頒賜舍利並建塔供養,是隋朝乃至整個中古佛教史上具有重要影響的歷史事件①。宋、清兩代金石著作都有對隋《舍利塔銘》的記載或著錄②。近年來,相關遺物在中國北方亦有所發現,學術界對此已有一些專門討論③。而越南新出隋朝《舍利塔銘》等遺物,一方面爲這一重要問題的研究提供了迄今爲止最爲完整的珍貴實物材料,另一方面對於我們重新認識中古時期嶺南交州的歷史以及隋中央王朝在環南海的開發和經略,亦具有重要學術價值。

一 隋代《舍利塔銘》在越南的出土及其錄文

越南隋《舍利塔銘》發現於該國北寧省順城縣知果鄉春官村④。根據越南國家社會科學院漢喃研究所丁克順博士等學者的介紹,該《舍利塔銘》是刻在石碑上的銘文。塔碑包括緊扣在一起的兩塊。碑身接近正方形,尺寸爲45×46釐米。底碑面更厚,碑腳剖面的厚度9釐米,四周比較平滑。底面表面周圍有弧形淺浮雕。上碑面的厚度4釐米,有圓柱形角。與這個石碑連在一起的還有一個石製舍利盒,當年應是專門用來放置舍利子的。這個盒子屬圓柱形,包括一個尺寸爲

---

① 湯用彤《隋唐佛教史稿》,北京:中華書局,1982年,第7頁。

② 屬於隋文帝仁壽元年的舍利塔銘,如《岐州鳳泉寺舍利塔下銘》(王昶《金石萃編》卷五,北京:中國書店,1985年);《同州大興國寺舍利塔下銘》(《金石萃編》卷四〇);《青州舍利塔下銘》(《金石萃編》卷四〇);《大興縣龍池寺舍利塔下銘》(陸增祥《八瓊室金石補正》卷二六,北京:文物出版社1985年,第171頁),等等。

③ 相關研究,參見張馭寰《關於隋朝舍利塔的復原研究》,《故宮博物院院刊》2001年第5期;游自勇《隋文帝仁壽頒天下舍利考》,《世界宗教研究》2003年第1期;李森《青州隋仁壽元年〈舍利塔下銘〉石刻考鑒》,《北方文物》2005年第2期;趙建平《敦煌隋代舍利塔始末》,《敦煌學輯刊》2009年第2期;聶順新《〈番州弘教寺分安舍利塔銘〉考僞》,《世界宗教研究》2011年第4期。

④ 本節有關越南新出隋《舍利塔銘》資料,得到了越南國家社會科學院漢喃研究所丁克順博士和廣州中山大學歷史系牛軍凱博士等的大力幫助,謹致謝忱!

45×46 釐米、深度爲 20 釐米的石蓋，以及一個尺寸 45×46 釐米、厚度爲 8 釐米的底蓋。另外，還有一塊厚 25 釐米、寬 65 釐米、長 100 釐米的矩形石頭。這塊石頭一面平坦，用於放置塔碑與舍利盒，其他各面則未特意加工過。它的質料與用於鐫刻銘文的碑石質料也不一樣。用於做碑的那塊石頭很特別，是砂岩石，灰色。碑面很硬，很平滑。這種石頭的質料與中國隋唐時期用於做佛像石的質料有相同的地方。碑石和石製舍利盒未被風化侵蝕，但這塊矩形石頭却因爲風化，很多地方都被弄破了。以上遺物是 2004 年當地村民阮文德在農田勞作時發現的。他在離春觀村廟二十米的地方找到了這些遺物。據他介紹，當時石碑等遺物在離地面兩米多的地下。挖到塔碑時發現是彼此靠近的兩部分，他們得用力才能把這兩部分分開，所以這個墓碑也被弄破了一點，但對刻字部分沒有什麼影響。上述這些遺物現均已收藏于越南北寧省博物館。

越南新出隋《舍利塔銘》碑及舍利石盒等文物

《舍利塔銘》連標題共十三行。今將其銘文迻録如次:

　　　舍利塔銘
　　維大隋仁壽元年歲次辛酉十月
　　辛亥朔十五乙丑,
　　皇帝普爲一切法界幽顯生靈,謹
　　于交州龍編縣禪衆寺奉安舍利,
　　敬造靈塔,願
　　太祖武元皇帝、元明皇后、皇帝、皇
　　后、皇太子、諸王子孫等,並内外群
　　官,爰及民庶,六道三塗,人非人等,
　　生生世世,值佛聞法,永離苦空,同
　　升妙界。
　　敕使大德慧雅法師、吏部羽騎尉
　　姜徽送舍利於此造塔。

隋代《舍利塔銘》就是修建舍利塔時的紀事碑，又稱《舍利塔下銘》。從清代金石著作所保留的《舍利塔銘》以及後世新發現的塔銘資料來看，隋仁壽元年《舍利塔銘》的書寫具有程式化的特點，其内容基本相同。隋朝安放舍利時一般都有不少隨葬品，其"建軌制度一準(阿)育王"①。另據相關研究，隋文帝仁壽年間建舍利塔的材料均爲木料②。因此，隋朝各地的舍利塔本身應早已消逝在歷史長河中。

二　越南新出《舍利塔銘》與隋文帝仁壽元年舍利塔的建造

"舍利"一詞是梵文 Sarira 的音譯，代表死屍、遺骨，通常是指釋迦牟尼去世後，其屍體經火化後所遺留的珠狀之物，又稱佛骨、佛舍利。佛舍利一直被佛教徒奉爲靈物而加以崇拜。舍利後來亦指高僧火化後所遺留之骨。衆所周知，隋文帝在歷史上尤以崇佛著稱。隋文帝欲仿照印度阿育王造塔供養舍利的故事，在仁壽元年(601)六月十三日正式頒布《隋國立舍利塔詔》，詔令首先列舉了三十個州及其奉安舍利的佛寺，然後稱：

> 朕歸依三寶，重興聖教。思與四海之内，一切人民，俱發菩提，共修福業，使當今見在，爰及來世，永作善因，同登妙果。宜請沙門三十人諳解法相兼堪宣導者，各將侍者二人，並散官各一人，薰陸香一百二十斤，馬五匹，分道送舍利，往前件諸州起塔。其未注寺者，就有山水寺所起塔，依前山。舊無寺者，於當州内清静寺處建立其塔。所司造樣，送往當州。僧多者三百六十人，其次二

---

①　(唐)道宣《續高僧傳》卷一八《曇遷傳》，《大正新修大藏經》卷五〇，第 570 頁。

②　張馭寰《關於隋朝舍利塔的復原研究》，《故宮博物院院刊》2001 年第 5 期，第 13—17 頁。

百四十人,其次一百二十人。若僧少者,盡見僧。爲朕、皇后、太
子廣、諸王子孫等,及内外官人、一切民庶,幽顯生靈,各七日行道
並懺悔。起行道日打刹,莫問同州異州,任人布施,錢限止十文已
下,不得過十文。所施之錢,以供營塔。若少不充,役正丁及用庫
物。率土諸州僧尼,普爲舍利設齋。限十月十五日午時,同下入
石函。總管、刺史已下,縣尉已上,自非軍機,停常務七日,專檢校
行道及打刹等事。務盡誠敬,副朕意焉。主者施行。

仁壽元年六月十三日内史令豫章王臣暕宣。①

隋文帝要求全國三十州按照統一規制建造舍利塔,並於該年十月十五
日午時同時安放舍利。隋文帝親自指定的三十州分別是:雍州、岐州、
涇州、秦州、華州、同州、蒲州、并州、定州、相州、鄭州、嵩州、亳州、汝
州、泰州、青州、牟州、隋州、襄州、揚州、蔣州、吳州、蘇州、桂州、番州、
益州、廓州、瓜州、交州、衡州。以上均屬於在隋朝疆域内具有代表性
的大州和要州。其中屬於嶺南地區的有桂州、番州(即廣州,隋仁壽元
年因避太子楊廣之諱改廣州而置)和交州。此三州均位於交通要衝,
經濟較爲發展,同時也是佛教較爲興盛的地區②。特別是交州在漢魏
六朝隋唐中印佛教文化交流中占有重要地位。漢魏以後,由於大量印
度等地佛教高僧途經交州來華傳法,許多漢地僧人途經交州前往印度
求法,交州因此成爲中印之間佛教傳播交流的通道。而交州本地佛教

① 隋文帝《立舍利塔詔》,載釋道宣《廣弘明集》卷一七,《大正新修大藏經》第 52 卷,第
213 頁。
② 相關研究,參見羅香林《唐代桂林磨崖佛像考》,收入氏著《唐代文化史研究》,上海:上
海文藝出版社,1992 年,第 73—126 頁;羅香林《唐代廣州光孝寺與中印交通之關係》,香
港:中國學社,1960 年;何方耀《晉唐時期南海求法高僧群體研究》,北京:宗教文化出版
社,2008 年,第 81—93 頁。

也因此得到重要發展,並與北方内地建立了密切的關係①。隋文帝親自指定的嶺南奉安舍利的佛寺,分別是桂州緣化寺、番州靈鷲山寺和交州禪衆寺。而越南新出《舍利塔銘》中所稱"於交州龍編縣禪衆寺奉安舍利,敬造靈塔",與隋文帝的詔令完全符合。

　　隋朝著作郎王劭所撰《舍利感應記》,對這一重要事件的原委和影響等也作了詳細記載。其文曰:

> 皇帝以仁壽元年六月十三日御仁壽宮之仁壽殿,本降生之日也。歲歲於此日,深心永念,修營福善,追報父母之恩,故延諸大德沙門,與論至道,將於海内諸州,選高爽清静三十處,各起舍利塔。皇帝於是親以七寶箱,奉三十舍利,自内而出,置於御坐之案,與諸沙門燒香禮拜,願弟子常以正法護持三寶,救度一切衆生,乃取金瓶琉璃各三十,以琉璃盛金瓶,置舍利於其内,熏陸香爲泥塗其蓋,而印之三十州,同刻十月十五日正午入于銅函石函,一時起塔。諸沙門各以精舍,奉舍利而行,初入州境,先令家家灑掃,覆諸穢惡,道俗士女,傾城遠迎。總管、刺史、諸官人,夾路步引。四部大衆,容儀齊肅,共以寶蓋旛幢,華台像輦,佛帳佛輿,香山香鉢,種種音樂,盡來供養。各執香華,或燒或散,團繞贊唄,梵音和雅,依《阿含經》舍利入拘尸那城法,遠近翕然,雲蒸霧會,雖盲躄老病,莫不匍匐而至焉,沙門對四部大衆作是唱言。②

隋文帝對於舍利子的護送和迎接、舍利塔的建造、舍利子的安放等均

---

① 參見何勁松《漢魏兩晉南北朝時期的交州佛教及其同中原佛教的關係》,《世界宗教研究》1989 年第 2 期,第 69—79 頁;參見本章第三節。另見王承文《越南現存〈大隋九真郡寶安道場之碑文〉考釋》,《文史》2009 年第 4 期,第 59—86 頁。
② (唐)《廣弘明集》卷一七,《大正新修大藏經》第 52 卷,第 213—214 頁。

有統一的規定。根據《立舍利塔詔》，隋文帝奉安舍利的原委，是因其"歸依三寶，重興聖教，思與四海内一切人民俱發菩提，共修福業。使當今現在，爰及來世，永作善因，同登妙果"，"爲朕、皇后、太子廣、諸王子孫等，及内外官人、一切民庶，幽顯生靈"作功德。而越南新出《舍利塔銘》銘文亦稱：

> 願太祖武元皇帝、元明皇后、皇帝、皇后、皇太子、諸王子孫等，並内外群官，爰及民庶，六道三塗，人非人等，生生世世，值佛聞法，永離苦空，同升妙界。

其中"太祖武元皇帝"和"元明皇后"，分別是指隋文帝楊堅的父親和母親。《隋書》記載開皇元年（581）二月，楊堅即皇帝位，正式取代北周，"追尊皇考（即楊忠）爲武元皇帝，廟號太祖，皇妣爲元明皇后"[1]。塔銘中的"皇帝"和"皇后"則分別指隋文帝以及皇后獨孤氏。而"皇太子"則是指新立的儲君楊廣，即後來的隋煬帝。

而隋朝派往全國三十州護送舍利子的專使亦是僧俗兩界的代表。《續高僧傳》記載奉送番州靈鷲山寺的高僧是僧朗[2]；奉送桂州緣化寺的高僧是道顏[3]。而奉送交州禪衆寺的高僧名字史籍記載則闕。今據越南新出《舍利塔銘》，應是"大德慧雅法師"。而越南《舍利塔銘》中的"吏部羽騎尉姜徽"，應爲護送舍利子的中央吏部官員。所謂"羽騎尉"，據《通典》記載，武騎尉、羽騎尉等共十六尉，"並隋置，以爲武散

---

① 《隋書》卷一《高祖紀上》，第 13 頁。
② （唐）道宣《續高僧傳》卷一七《隋西京禪定道場釋僧朗傳》稱："仁壽置塔，下敕令送舍利於番州。今所謂廣州靈鷲山果實寺寶塔是也。"（《大正新修大藏經》第 50 卷，第 507 頁）
③ （唐）道宣《續高僧傳》卷二六《釋道顏傳》，《大正新修大藏經》第 50 卷，第 676 頁。

官"①。又據史書記載,武騎尉、屯騎尉、驍騎尉、游騎尉、飛騎尉、旅騎尉、雲騎尉,羽騎尉等"八尉",均爲隋"開皇六年置",而其中羽騎尉爲"從九品"②。

　　隋文帝仁壽元年奉安舍利並建塔,亦成爲隋朝各地佛教傳播和發展中的盛事。根據王劭《舍利感應記》的記載,在全國三十州營建舍利塔的過程中,有二十九個州都出現了各種各樣十分神異的"感應"現象,其中嶺南桂州和番州分別爲:

　　　　桂州於緣化寺起塔,舍利未至城十餘里,有鳥千數,夾輿行飛,入城乃散。舍利將入塔,五色雲來覆之。番州于洪揚鄉崇楊里之靈鷲山寺起塔,掘得宋末所置石函三,其二各有銅函盛二小銀像,其一有銀瓶子盛金瓶,疑本有舍利,今乃空矣。既而坑内有神仙雲氣之像。昔宋王劉義隆之時,天竺有聖僧求那跋摩,將詣揚都,路過靈鷲寺,謂諸僧曰:"此間尋有異瑞,兼值王者登臨,徵應建立,終逢菩薩聖主,方大修弘。"其年冬,果有群燕共銜繡像,委之堂内。及齊主蕭道成初爲始興太守,游于此寺,而起白塔。陳天嘉三年(562),寺内立碑,其文也如此。聖主修弘,驗於今日。③

以上這些神奇的"感應"事迹,顯然都與地方官員極力迎合隋文帝崇佛以及"雅好符瑞"的心理有關。然而,尤爲值得注意的是,在三十州中,却惟獨交州龍編縣禪衆寺造舍利塔没有任何相關的"感應"記載。唐

①　《通典》卷三四《職官一六·武散官》,第942頁。
②　《資治通鑑》卷一八〇,隋煬帝大業三年,第5627頁。
③　(隋)王劭《舍利感應記》,道宣《廣弘明集》卷一七,《大正新修大藏經》第52卷,第216頁。

釋道世《法苑珠林》亦稱"交州文缺"①。至於交州出現這種罕見例外情況的原因,我們認爲應與此時交州特殊的政治局勢密切相關。對此,我們將在後面進一步討論。

繼仁壽元年之後,隋文帝於仁壽二年正月,"廣召名僧,用增像化"②,令天下五十三個州起塔,一如前式。於四月八日午時同下舍利,封入石函。此次嶺南地區有循州(今廣東惠州),奉送舍利之僧爲智光。至仁壽四年(604),隋文帝又詔天下三十個州起塔,此次再次包括了廣州化城寺,奉送舍利之僧是圓超。隋文帝先後三次向全國一百多個州頒賜舍利,共建立有一百十三座舍利塔。隋文帝年幼時被尼姑智仙在寺院中撫養,因此對佛教一直甚爲虔誠。前引王劭《舍利感應記》稱"皇帝每以神尼爲言,云'我興由佛'。故天下舍利塔内各作神尼之像焉"。《續高僧傳》亦記載:"仁壽元年,帝及後宮,同感舍利,並放光明,砥礪試之,宛然無損,遂散於州部。前後建塔百有餘所。隨有塔下皆圖神尼,多有靈相。"③隋文帝又令天下所有舍利塔内均繪製有神尼智仙的圖像。於此亦可見隋文帝對這些舍利塔的重視。

三 越南新出《舍利塔銘》與隋文帝仁壽年間交州的政治形勢

在仁壽元年隋文帝所選定建造舍利塔的三十州中,交州是最南的一個州。而此時交州地區的政治局勢卻十分複雜和特殊。自秦朝開闢南越,交州地區即被納入中國的版圖,中央王朝在交州等越南北部地方一直實行郡縣統治。元代越南史家黎崱稱"安南,古交趾也。唐

---

① (唐)釋道世著,周叔迦、蘇晉仁校注《法苑珠林》卷四○,北京:中華書局,2003 年,第 1278 頁。

② (唐)道宣《續高僧傳》卷一一《釋法侃傳》,《大正新修大藏經》第 50 卷,第 513 頁。

③ (唐)道宣《續高僧傳》卷二六《釋道密傳》,《大正新修大藏經》第 50 卷,第 667 頁。

虞三代,中國聲教所暨;兩漢以來爲内郡"①;又稱"安南,古越地,雖在
九州之外,或以禹舊服也。自昔置刺史,若守若牧,有地有治,教化所
及"②。漢朝更設有交阯刺史部。因此,在相當長的歷史時期,交阯既
是統馭整個嶺南地區的政治中心,亦是中央王朝開拓經略海外的重
鎮③。然而,由於交州地處南徼炎荒,遠離封建王朝的統治中心,中央
王朝要維持在這一地區的治理存在很大的困難。西晉武帝太康元年
(280),交州刺史陶璜上書稱:"交土荒裔,斗絶一方,或重譯而言,連帶
山海。"④《南齊書》稱交州"民恃險遠,數好反叛"⑤;"交州斗絶海島,
控帶外國,故恃險數不賓"⑥;"交州复絶一垂,寔惟荒服,恃遠後賓,固
亦恒事"⑦。在整個六朝時期,由於中央王朝統治權威的衰弱,交州地
方溪洞豪族勢力因此得到較大發展。開皇九年(589),隋滅陳,建立起
强大而統一的中央帝國。然而,直至隋文帝仁壽元年(601),交州卻仍
然處於李佛子等割據勢力的控制之下。

　　交州李氏家族的崛起可以追溯至東晉後期,其對交州地方政局的
重要影響長達數百年之久⑧。而李佛子割據交州,則與南朝後期交州
政局的演變有關。梁武帝大同七年(541),交州爆發了李賁發動的大

---

① 《安南志略》卷一《風俗》,第40—41頁。
② 《安南志略》卷一七,第405頁。
③ 參見本章第三節。另見王承文《晚唐高駢開鑿安南"天威遥"運河事迹釋證——以裴鉶
　　所撰〈天威遥碑〉爲中心的考察》,《"中研院"歷史語言研究所集刊》,第八十一本第三
　　分,2010年9月,第597—650頁。
④ 《晉書》卷五七《陶璜傳》,第1560頁。
⑤ 《南齊書》卷一四《州郡志》,第266頁。
⑥ 《南齊書》卷五八《蠻傳》,第1017頁。
⑦ 《南齊書》卷四〇《竟陵王子良傳》,第695頁。
⑧ 參見本章第一節。另見王承文《越南現存〈大隋九真郡寶安道場之碑文〉考釋》,《文史》
　　2009年第4期,第59—86頁。

規模叛亂。《大越史記全書》記載：

> 　　前李南帝（賁），在位七年。……帝姓李，諱賁，龍興太平人
> 也。其先北人，西漢末苦於征伐，避居南土，七世遂爲南人。有文
> 武才。初仕梁，遭亂歸太平。時，守令暴刻，林邑寇邊，帝起兵攻
> 逐之，稱爲南帝，國號萬春，都龍編。①

根據記載，李賁之先祖本是北方中原人，西漢末年，因苦於征伐而避居
嶺南，到第七代遂變爲交趾人，完成了由僑姓入爲土著的過程。李賁
的叛亂是交州歷史上第一次有人公開稱帝建國。《梁書》卷三《武帝
紀》記載大同十年（544）正月，“李賁於交趾竊位號，署置百官”②。《大
越史記全書》稱李賁“自稱南越帝，即位，建元，置百官。建國號曰萬
春，望社稷至萬世也。起萬壽殿以爲朝會之所，以趙肅爲太傅，並詔、
范修等並拜將相官。”③中大同元年（546）正月，“交州刺史楊瞟克交趾
嘉寧城，李賁竄入屈獠洞，交州平”④。梁太清二年（548）三月，“屈獠
洞斬李賁，傳首京師”⑤。但是，該年八月，建康“侯景之亂”爆發，在交
州平定李賁之亂的武將陳霸先率軍北上平定“侯景之亂”，其後又建立
陳朝。然而，陳霸先的率軍北上卻致使交州軍力空虛。至梁簡文帝大
寶元年（550），李賁餘黨趙光復重新入據龍編城，稱趙越王。《大越史
記全書》記載：“王姓趙，諱光復，趙肅之子，朱鳶縣人，威壯勇烈，從南

---

① 〔越〕吳士連撰，陳荆和編校《大越史記全書·外紀》卷之四《前李紀》，東京：東京大學東
　　洋文化研究所，1984年，第147頁。
② 《梁書》卷三《武帝紀下》，第88頁。
③ 《大越史記全書·外紀》卷之四《前李紀》，第148頁。
④ 《梁書》卷三《武帝紀下》，第90頁。
⑤ 《梁書》卷三《武帝紀下》，第93頁。

帝(即李賁)征伐有功,拜左將軍。南帝薨,乃稱王,都龍編,遷武寧。"①而李賁之兄李天寶則稱桃郎王。《大越史記全書》記載:"南帝兄(李)天寶居夷獠中,稱桃郎王,立國曰野能國。先是,南帝避居屈獠之時,天寶與族將李佛子率三萬人入九真,陳霸先追擊之,天寶兵敗,及收餘衆萬人,奔哀牢境夷獠中,見桃江源頭野能洞,地廣衍沃可居,築城居之。因地名建國號,至是衆推爲王,稱桃郎王。"②至梁敬帝紹泰元年(555),李天寶卒,因其無嗣,"衆推李佛子爲嗣,統其衆"。至陳宣帝太建三年(571),李佛子攻殺趙光復,於該年仍號南越帝,都峰州。

　　隋朝統一江南後,隋文帝對嶺南溪洞豪族包括交趾李佛子的政策應以"羈縻"和安撫爲主。至於李佛子起兵時究竟是屬於隋朝地方官員,還是依然保持原來的"南越帝"的名號,史書却有不同的記載。《資治通鑑》記載仁壽二年(602),"交州俚帥李佛子作亂,據越王故城,遣其兄子大權據龍編城,其别帥李普鼎據烏延城"③。元代黎崱所撰《安南志略》卷四《前朝征討》記載:"仁壽二年,李佛子作亂,據越王故城。其兄子大權據龍編城,別帥李普鼎據烏鳶城。"④無名氏所作《越史略》卷一《歷代守任·劉方》略同。以上兩部越南史書既没有李佛子在隋文帝仁壽二年稱帝的記載,也没有李佛子在仁壽二年以前一直稱帝的記載。然而,一些較後的越南史書却稱自陳至隋李佛子在交

---

①　《大越史記全書·外紀》卷之四《趙越王紀》,第150頁。

②　《大越史記全書·外紀》卷之四《趙越王紀》,第150頁;(越)潘清簡、范春桂等纂修《欽定越史通鑑綱目》卷四,臺北:"中研院"歷史語言研究所印,1969年,第331頁。

③　《資治通鑑》卷一七九,隋文帝仁壽二年,第5598頁。

④　《安南志略》卷四《前朝征討》,第97頁。

趾稱帝凡三十二年。例如,《大越史記全書》卷四《後李紀》稱"後李南帝,在位三十二年";"帝姓李,諱佛子,前南帝族將也。逐趙越王,襲南帝位號,都烏鳶,遷峰州","帝遣其兄子代權據龍編城,別帥李普鼎據烏鳶城。時,帝都峰州"①。而近年來,一部分越南史研究的學者也認爲從陳宣帝太建三年至隋仁壽二年(571—602),李佛子一直保持帝號②。

我們認爲隋朝統一江南後,史書中雖然沒有明確記載交州李佛子在隋朝的官職,但是李佛子在名義上應屬於隋朝交州刺史,而不是"南越帝"。隋文帝開皇十年(590),原陳朝境內發生大規模反叛,史稱"陳之故境,大抵皆反",其中"交趾李春等皆自稱大都督,攻陷州縣"③。泰勒(Keith W.Taylor)認爲"交趾李春"就是自梁末以來割據交趾的李佛子的另一真名④。而李佛子自稱"大都督",説明進入隋朝後,他已取消了原來"南越帝"的稱號。又根據近年在西安發現的撰成於隋文帝開皇十四年(594)的《薛寶墓志》記載:

> 自爲(僞)陳內化,餘燼未寶。開皇九年,(薛寶)募從柱國、襄陽公,押伏江左。蓲蒲之盗,自此歸仁。郊(交)趾、日南,道路無擁。其年十月,奉使送廣州首領入京,又奉勅令陁還送桑梓,達至嶺南,即充九州慰勞大使,到安州遇疾,薨於治下。⑤

所謂"郊(交)趾、日南,道路無擁",也説明交趾郡和日南郡均在名義

---

① 《大越史記全書》卷四《後李紀》,第152—153頁。
② 吕士朋《北屬時期的越南——中越關係史之一》,臺北:華世出版社,1977年,第117頁。
③ 《隋書》卷二《高祖紀下》,第35頁。
④ Keith Weller Taylor, *The Birth of Vietnam*, University of California Press,1983,p.159.
⑤ 胡戟主編《珍稀墓志百種》,西安:陝西師範大學出版社,2016年,第36頁。

上已經歸順了隋朝。

　　這場遍及陳朝故境的叛亂很快被平息。而且其後李佛子應仍然保留了交州刺史的職位。《隋書·令狐熙傳》記載，開皇十七年（597），令狐熙被隋文帝任命爲“桂州總管十七州諸軍事，許以便宜從事，刺史以下官得承制補授”，其所轄十七州中即應包括了交州。《隋書·令狐熙傳》又記載：

> 　　（令狐）熙至部，大弘恩信，其溪洞渠帥……相率歸附。……時有甯猛力者……在陳日，已據南海，平陳後，高祖因而撫之，即拜安州刺史。然驕倨，恃其限阻，未嘗參謁。……熙以州縣多有同名者，於是奏改安州爲欽州，黃州爲峰州，利州爲智州，德州爲驩州，東寧爲融州，上皆從之。在職數年……熙奉詔，令交州渠帥李佛子入朝，佛子欲爲亂，請至仲冬上道，熙意在羈縻，遂從之。有人詣闕，訟熙受佛子賂而舍之，上聞而固疑之。既而佛子反問至，上大怒，以爲信然。遣使者鎖熙詣闕，熙性素剛，鬱鬱不得志，行至永州，憂憤發病而卒，時年六十三。上怒不解，於是没其家財。及行軍總管劉方擒佛子送於京師，言熙實無贓貨，上乃悟。[①]

這條材料有重要參考價值。首先，在隋平陳之初，安州溪洞豪族首領甯猛力被隋文帝任命爲安州（即後來欽州）刺史，而交州李佛子的境遇應與此情形相同，即被任命爲交州刺史。其次，此時令狐熙具有“令交州渠帥李佛子入朝”的權力。而這一材料證明李佛子及其家族雖然自南朝後期以來一直掌控交州，但是在仁壽二年（602）十二月正式與隋

---

① 《隋書》卷五六《令狐熙傳》，第 1386—1387 頁；《資治通鑑》卷一七八，隋文帝開皇十七年，第 5552 頁。

中央王朝決裂並發動叛亂之前,交州在名義上應一直接受隋朝的管轄。最後,李佛子"欲爲亂,請至仲冬上道",李佛子許諾前往長安朝觀隋文帝的時間,應是指仁壽二年。因爲仁壽二年十二月李佛子的叛亂即正式開始。可見,隋文帝仁壽元年十月交州舍利塔的興建,恰恰正值李佛子反叛前夕。

　　隋文帝仁壽元年六月頒布《隋國立舍利塔詔》,要求三十個州的地方官吏和百姓共襄盛舉,其中規定:"率土諸州僧尼,普爲舍利設齋。總管、刺史已下,縣尉已上,自非軍機,停常務七日,專檢校行道及打刹等事。務盡誠敬,副朕意焉。"王劭《舍利感應記》也稱:"諸沙門各以精舍,奉舍利而行,初入州境,先令家家灑掃,覆諸穢惡,道俗士女,傾城遠迎,總管、刺史、諸官人,夾路步引,四部大衆,容儀齊肅。"而越南新出隋《舍利塔銘》,恰恰證明了隋中央王朝的詔令在交州得到了有效的執行。李佛子本人應是以隋朝交州刺史的身份出現的。而李佛子集團實際上也只有長期保持對隋中央王朝的隸屬關係,才有可能延續到隋文帝仁壽二年。

　　自六朝以來,交州李氏家族與佛教關係很深,李佛子本人也與佛教關係密切①。但是在仁壽元年十月奉安舍利的三十州中,却唯獨交州沒有任何"感應"的記載。我們認爲並不是一種偶然的現象。隋文帝統治後期,隨着國力强盛,隋文帝積極開拓經略南海,而李佛子因爲長期割據交州,在相當大程度上妨礙了隋朝經略南海的戰略,二者之間必然形成尖鋭的矛盾。李佛子雖然參與了仁壽元年十月在交州奉安舍利的活動,但是對於隋文帝這種帶有宣示隋朝主權色彩的舉動仍

①　王承文《越南現存〈大隋九真郡寶安道場之碑文〉考釋》,《文史》2009 年第 4 期。

是有所抵觸的。《隋書》一方面稱隋文帝"有大略"，"足稱近代之良主"，然而另一方面，卻又稱其"天性沉猜，素無學術，好爲小數，不達大體"，至晚年又"雅好符瑞"①。從隋文帝的性格來看，他對於唯獨交州缺乏"感應"事迹必然也很在意，而這一點亦是其逼使李佛子到長安"入朝"的重要原因之一。

隋文帝仁壽二年（602），隋朝對交州政策發生了根本性的轉變。該年十二月，"交州人李佛子舉兵反，遣行軍總管劉方討平之"②。《隋書·劉方傳》稱"仁壽中，會交州俚人李佛子作亂，據越王故城，遣其兄子大權據龍編城，其別帥李普鼎據烏延城。左僕射楊素言方有將帥之略，上於是詔方爲交州道行軍總管，以度支侍郎敬德亮爲長史，統二十七營而進。……至都隆嶺，遇賊二千餘人來犯官軍，方遣營主宋纂、何貴、嚴願等擊破之。進兵臨佛子，先令人諭以禍福，佛子懼而降，送於京師。其有桀黠者，恐於後爲亂，皆斬之"③。《大越史記全書》亦稱劉方率隋兵征討，"進軍臨帝營，先諭以禍福，帝懼請降。北歸薨"④。正因爲如此，隋仁壽元年十月交州舍利塔的興建，實際上也折射出交州李佛子割據集團與隋中央王朝之間一段複雜而微妙的關係史。

四　結語

史書記載公元589年隋平陳之初，林邑國"乃遣使獻方物，其後朝貢遂絕"⑤。林邑等南海諸國在其後十多年中拒絕對隋朝朝貢的原

---

① 《隋書》卷二《高祖紀下》，第54、55頁。
② 《隋書》卷二《高祖紀下》，第48頁。
③ 《隋書》卷五三《劉方傳》，第1375頁。
④ 《大越史記全書·外紀》卷之四，第153頁。
⑤ 《隋書》卷八二《南蠻傳》，第1832頁

因,在很大程度上其實是因爲交趾李佛子割據勢力的阻撓。由於漢唐時代的"海上絲綢之路"主要沿北部灣近海航行,因而交趾既是南海國際貿易的重要港口,也是中國通往外部世界的門户①。史載"其海南諸國,大抵在交州南及西南,居大海中洲上,相去或三五百里,三五千里,遠者二三萬里。乘舶舉帆,道里不可詳知。自漢武已來朝貢,必由交趾之道"②。隋文帝早在平陳之初所發表的《安邊詔》即稱:"南海諸國,欲向金陵。常爲官非法盤檢,遠人嗟怨,致絶往還。"③可見,經略南海一直就是隋朝最高統治者的長期目標。在平定交趾李佛子之亂後,隋朝對交州以及環南海地區的經略隨之大規模展開。史載"時天下無事,群臣言林邑多奇寶者。仁壽末,上遣大將軍劉方爲驩州道行軍總管,率欽州刺史甯長真、驩州刺史李暈、開府秦雄步騎萬餘及犯罪者數千人擊之"④。隋朝平定林邑後,一度在其境内設置有蕩州、農州、充州三州。《隋書》稱"劉方號令無私,治軍嚴肅,克剪林邑,遂清南海,徼外百蠻,無思不服"⑤。隋文帝仁壽四年(604)在交州"置總管府"⑥。《隋書》稱:"高祖受命,克平九宇,煬帝纂業,威加八荒。甘心遠夷,志求珍異,故師出於流求,並加於林邑,威振殊俗,過於秦、漢遠矣。"⑦其中"流求"是指臺灣。《隋書》記載大業三年(607),隋煬帝

---

① 參見本章第三節;另參見王承文《晚唐高駢開鑿安南"天威遥"運河事迹釋證——以裴鉶所撰〈天威遥碑〉爲中心的考察》,《"中研院"歷史語言研究所集刊》第八十一本第三分,2010年,第579—650頁。
② 《舊唐書》卷四一《地理志》,第11750頁。
③ 《日藏弘仁本文館詞林校證》,第244頁。
④ 《隋書》卷八二《南蠻傳》,第1833頁。
⑤ 《隋書》卷五三《劉方傳》之"史臣曰",第1360頁。
⑥ 《元和郡縣圖志》卷三八,第956頁。
⑦ 《隋書》卷八二《南蠻傳》之"史臣曰",第1838頁。

“令羽騎尉朱寬入海求訪異俗”，因到流求國。大業六年，“遣武賁郎將陳棱、朝請大夫張鎮州率兵自義安泛海擊之”。而且陳棱還“將南方諸國人從軍”①。也就是說，在隋朝開拓臺灣所派軍隊中，還集結有南海周邊國家的軍隊。《資治通鑑》則記載爲“遣武賁郎將廬江陳棱、朝請大夫同安張鎮周(州)發東陽兵萬餘人，自義安泛海擊之”②。而隋朝義安郡即今廣東潮州。

　　隋文帝和隋煬帝對環南海的經略，有力地促進了“海上絲綢之路”的暢通，亦爲“海上絲綢之路”在唐朝更大的繁盛和發展奠定了基礎。《隋書》稱隋煬帝“方勤遠略，蠻夷朝貢，前後相屬”③；“大業中，南荒朝貢者十餘國”④。杜佑《通典》稱“海南諸國，漢時通焉。大抵在交州南及西南，居大海洲上，相去或三五千里，遠者二三萬里。乘舶舉帆，道里不可詳知”，“晉代通中國者蓋少。及宋齊，至者有十餘國。自梁武、隋煬，(海南)諸國使至踰於前代”⑤。大業三年，隋煬帝“募能通絕域者”，“屯田主事常駿、虞部主事王君政等請使赤土”。從大業四年三月開始，常駿等遂出使赤土等東南亞二十餘國⑥。《隋書·地理志》又記載：“南海、交趾，各一都會也，並所處近海，多犀象瑇瑁珠璣，奇異珍瑋，故商賈至者，多取富焉。”⑦這種記載應是隋文帝后期至隋煬帝初年出兵平定交趾李佛子和林邑國之後所出現的情形。也正因爲如此，

①　《隋書》卷八二《東夷傳》，第 1825 頁。
②　《資治通鑑》卷一八一，隋煬帝大業六年，第 5650 頁。
③　《隋書》卷四一《蘇夔傳》，第 1191 頁。
④　《隋書》卷八二《南蠻傳》，第 1831 頁。
⑤　《通典》卷一八八《邊防·海南序略》，第 5088 頁。
⑥　《隋書》卷八二《南蠻傳》，第 1834 頁；《資治通鑑》卷一八一，隋煬帝大業四年，第 5338 頁。
⑦　《隋書》卷三一《地理志下》，第 887—888 頁。

越南新出隋朝《舍利塔銘》,對於我們研究隋中央王朝對環南海地區的經略也具有重要史料價值。

第三節　晚唐高駢開鑿安南"天威遥"運河事迹釋證及推論
——以裴鉶所撰《天威遥碑》爲中心的考察

　　唐懿宗咸通七年(866),高駢率領大軍從南詔手中收復安南都護府,是晚唐中央王朝在邊疆地區所進行的重大軍事行動。高駢在鎮守安南期間,曾經有過一系列的政治軍事作爲,其中最重要的措施之一,是開鑿"天威遥"以疏通安南海上通道。"天威遥"實際上也是中國古代唯一的一條海上運河。然而,令人遺憾的是,在相當長的歷史時期,這條工程浩大的運河差不多已經被人們徹底遺忘了。高駢開鑿運河的直接原因,是晚唐對安南地區數額巨大的軍需糧餉運輸,而更深層的原因則是唐朝安南海上通道在政治、軍事和海外貿易中所發揮的重要作用。這一事件無論在當時還是後來都産生了深遠影響。正史等資料對此均有專門而簡略的記載。作爲高駢幕僚的裴鉶則撰有《天威遥碑》,詳盡地記載了這一歷史事件的來龍去脈,具有十分重要的史料價值。不過,由於高駢和裴鉶都與道教有十分密切的關係,又使得這篇碑文充滿了撲朔迷離的神異色彩。因此,這篇碑文中具有傳奇性的記載與歷史事實本身之間的關係,則尚需要加以詳細辨析。本節首先考察了歷史上《天威遥碑》文本的流傳、"天威遥"的確切地點以及漢唐時期安南海上通道的重要意義。同時認爲,《天威遥碑》等大量資料將這一工程的最終完成歸功於"雷公電母",是北方官員士大夫與北部灣沿岸所盛行的"雷神"信仰關係密切的反映。然而,歷史的真相却是唐代後期道教發現的火藥在軍事和重大工程中的使用。我們還認爲，高駢作爲晚唐政壇上具有重大影響而又充滿爭議的歷史人物，這篇碑文亦從一個重要方面揭示了其政治命運轉變的內在原因。

一　裴鉶所撰《天威遥碑》及其文本的流傳

晚唐裴鉶所撰《天威遥碑》目前存世的錄文共有三種版本，最早的收入元代越南史學家黎崱的《安南志略》，稱爲《天威徑新鑿海碑》[①]；其次是明代後期李文鳳所編《越嶠書》，稱爲《天威涇廳（新）鑿海碑記》[②]；最後是清朝嘉慶十九年（1814）編成的《全唐文》，稱爲《天威徑新鑿海派碑》[③]。該碑在南宋周去非的《嶺外代答》和清代阮元的《廣東通志金石略》中，又簡稱爲《天威遥碑》[④]。

現存《天威遥碑》三種版本之間差異亦比較明顯。《安南志略》所收碑文雖然最早，然而文字闕損訛誤很多。近年來，國內外研究者多以《全唐文》的錄文來校正和補充[⑤]。《越嶠書》早於《全唐文》二百多年，其錄文字句最爲完整，然而錯字較多。由於該書在《四庫全書》中未收，因而其所收碑文前人甚少關注。《全唐文》所收碑文雖然文義較

---

① 《安南志略》卷九，第 232—236 頁。
② （明）李文鳳編《越嶠書》卷一七（此據北京大學圖書館藏明藍格鈔本，收入《四庫全書存目叢書》史部第 163 册，濟南：齊魯書社，1997 年，第 163—164 頁）。根據清代朱彝尊《曝書亭集》之《〈越嶠書〉跋》和汪森《粤西文載》的記載，李文鳳爲明朝廣西慶遠人，嘉靖十一年（1532）進士，歷官雲南按察司僉事。見朱彝尊《曝書亭集》卷四四，《景印文淵閣四庫全書》第 1318 册，第 156 頁。汪森《粤西文載》卷七〇，《景印文淵閣四庫全書》第 1467 册，第 227 頁。
③ 《全唐文》卷八〇五，第 8463—8464 頁。
④ 《嶺外代答校注》卷一，第 33 頁；（清）阮元主修，梁中民校點《廣東通志金石略》，廣州：廣東人民出版社，1994 年，第 111 頁。
⑤ 《越南漢喃銘文匯編》第一集《北屬時期至李朝》，巴黎，法國遠東學院，1998 年，第 33—35 頁；《安南志略》卷九，第 232—236 頁。

爲通雅,然而清人加工的痕迹也比較明顯。除了一些錯字外,甚至可能還有意删削了某些字句,致使一些文句難以索解。因此,我們試將《全唐文》中的《天威徑新鑿海派碑》迻録,並根據《安南志略》尤其是《越嶠書》的録文校正補充如次:

〔唐静海節度掌書記朝議郎右侍御史内供奉賜緋魚袋裴鉶撰〕

巨浸無涯,接天茫茫。狂飆卷處,駭浪屹起。若流〔玉〕堆而走雪岫,瞬息萬里瞪瞪然。縱天英(吴)之神威,亦不能抑遏其勢。長鯨憂其蹭蹬,巨鰲困其擺闔。水族之偉者尚不得安,况横越之舳艫,焉能利涉耶? 即摧檣裂帆,覆溺而不可拯。有之乎? 今天威徑者,自東漢馬伏波欲剪二徵,將圖交趾,煎熬饋運,間關滄溟,乃鑿石穿山,遠避海路。及施功用,死役者不啻萬輩,竟不遂其志。多爲霆震山之巨石,自巔而咽之。伏波無術,不能禁,乃甘其息。自唐皇(皇唐)有三都護,〔聆〕其舊迹,俱〔扼腕忿禁〕,〔盡〕欲繼其事。遂命叠燎沃醨,力殫物耗,踵前功而不就。又各殞數千夫,積骸於迤之畔。邇者無有敢議其事者。

自僕射渤海公剪蕩蠻夷,跨逾滄漲,削平交趾,克服郡城,錯磨鋋殳,駐罩卒伍。然運粟走食,尚阻洪濤。召術徵謀,未閲長策。渤海公曰:我再有丹徼,重闡皇風,聚兵安人,須便於事。遂命攝長吏(史)林諷(訊)、湖南軍都將余存古等,部領本將兵士並水手等一千餘人,往天威徑而疏鑿之。渤海公諭之曰:天道助順,神力扶直。今鑿海派,用拯生靈。苟不狥私,何難之有? 前時都護,乃犒師不至,持法不堅,博約營私,人須怠惰;今我則不然,只要濟其王事耳。諷(訊)等遂唯而去。自咸通九年四月五日起手,操持鍬鎬,豐備資糧,鋭斧剛鑿,刊山琢石。是石堅而頑,盤而厚,併手揭折，蠡力鐫槌，逾月之間，似欲開濟，但中間兩處，值巨石嶄嶄焉。繚亘數丈，勁硬如鐵，勢不可減。鑿下刃卷，斧施柄折。役者相顧，氣沮手柔，莫能施其巧矣。至五月二十六日當晝，忽狂雲興，怒風作，窺林若暝，視掌如瞽。俄有轟雷燐電，自勵石之所，大震數百里，役者皆股慄膽動，掩聰蔽視。移時而〔視〕，四境方廓。衆奔驗視，其艱難之石，倏而碎矣。或有磊磊者，落落者，約人而不能舉〔者〕，俱為雷之攫挈擲於兩峰耳。又其西堅碻之石，至六月十一日，後（復）大震如初，霆雷之赫怒迅烈，復逾於東之所震者。衆復驗之。是日以磨泯若有所失，旁之盤陁者，亦碎裂數十丈。又其西復值巨石，亦不可措手。工人息攻，皆仰恃穹昊，意有所待。復興雲，雷又大震，巨石乃隤裂，有泉迸出，味如甘醴。

此乃乾坤拯助，造化扶持，迴換艱難，一瞬夷坦，皆渤海公心無私契，精貫上元，使列缺之與豐隆，矜神功而誇妙用。〔靈祇陰相〕，風雲接助，增益勳庸。感應如斯，古無儔匹。遂使決泄一派，接引兩湖。中間合流，無纖阻窒（滯）。經過卒校，梯溟漲而不艱危；趨運倉儲，棹舟航而無覆没。凡涉交趾，履險之處，〔其處三焉〕，昔如履冰。宋洞沙之鏵觜，耕其淪漣；女漚灣之石頭（角），涌其沸騰；大蒙神之山腳，蹴其洶涌。舟人所歷，毛髮自寒。今則安流坦途，不復經斯險矣！於戲！渤海公之功績，與鑿汴渠、開桂嶺，可等肩而濟其寰區耳。諷（訊）與存古，勤潔奉公，精專辦事；指麾之外，更能審曲面勢，伐山徵材，結構高亭，創修別館。泉驅來而走碧，橋架險以橫虹。神室雷祠，道堂僧署，無不克備，皆能顯宏。至其年九月十五日畢工。諷（訊）、存古等堅請刻石紀次（功），以示曠代。渤海公從之。因命於掌記直書其事。鉬謬當秉筆,不敢退讓。銘曰:天地汗漫,人力微茫。渡危走食,冒險駕航。脫兔者稀,傾沈是當(常)。我公振策,勵山鑿石。功施艱難,霆助震激。溟海成派,泛舟不窄。渤海(溟漲)坦夷,得餉我師。天道開泰,神威秉持。

〔咸通十一年正月十三日建〕

歷史上有關《天威遙碑》作者裴鉶身世的記載比較缺乏。《新唐書·藝文志》著録其書,稱之爲"高駢從事"。《新唐書·宰相世系表》記載裴氏出於絳州聞喜(今山西聞喜縣),其"中眷"裴氏在裴行儉之後,裔孫有裴鉽、裴鋗、裴鍔等人,均從金旁取名,而年輩又與裴鉶相當①。因此,裴鉶的族姓里籍極可能與此有關。宋代計有功《唐詩紀事》稱裴鉶"作《傳奇》行於世"②。裴鉶所撰《傳奇》是一部對後世小説、戲曲影響最大的唐人傳奇集③。該書雖已散佚,然而其主要内容仍保存在《太平廣記》等典籍中。北宋著名道教學者張君房所編《雲笈七籤》,收録有《道生旨》一篇長文,題爲"谷神子裴鉶述",反映了作者具有非常深厚的道教義學修養。該文開篇曰:"鍾陵郡之西山,有洪崖壇焉。壇側有棲真子楊君,知余有道,詣予,請述道生之宗旨。"④説明裴鉶早年是一個典型的道教信徒,有道號名谷神子,曾經修道於鍾陵郡(或稱豫章郡)即洪州的西山(今江西南昌市附近的新建縣西)。洪

① 《新唐書》卷七一下《宰相世系表一上》,第 2213—2214 頁。參見王夢鷗《唐人小説研究—〈纂異記〉〈傳奇〉校釋》,臺北:藝文印書館,1971 年,第 78 頁。
② (宋)計有功輯撰《唐詩紀事》卷六七,上海:上海古籍出版社,1987 年,第 1011 頁;《新唐書》卷五九《藝文志》裴鉶《傳奇》注稱:"高駢從事。"(第 1543 頁)
③ (明)胡應麟《少室山房筆叢》卷四一《莊嶽委談》下,北京:中華書局,1958 年,第 555 頁。
④ (宋)張君房編,李永晟點校《雲笈七籤》卷八八,北京:中華書局,2003 年,第 1958—1966 頁。

州西山主要奉祀晉朝著名道士許遜,從東晉南朝以來,一直是江南道教傳播發展的重鎮之一,也是後來宋元時期重要道派净明道的發源地。裴鉶的《傳奇》中有《許棲巖》一文,也反映了其對《老子》、《莊子》和《黄庭經》秘旨的深入領悟[①]。因而,與同類的唐代其他小説相比,裴鉶《傳奇》一書也表現了更加濃厚的宗教色彩。

自唐宣宗大中十二年(858)開始,崛起於今雲南的南詔政權在安南部分溪洞豪族的配合下,三次大規模進攻安南都護府,兩次攻陷了安南都護所在的交趾,"所殺虜且十五萬人","豀洞夷獠無遠近皆降之"[②]。並進而攻陷了嶺南西部重鎮邕州(今南寧市)。唐朝數路大軍先後敗亡,朝野震驚。唐懿宗咸通五年(864)七月,幽州人秦州刺史高駢(?—887)臨危受命,出任安南都護,率軍抵禦南詔。至咸通七年十一月,高駢大敗南詔,收復了安南。唐朝遂於安南設置静海軍,高駢升爲静海軍節度使。

裴鉶結識並追隨高駢應在高駢出征安南之前,並隨之在安南擔任了高駢幕府從事。咸通九年(868)九月,高駢辭静海軍節度使之職,轉赴長安出任右金吾大將軍。咸通十年(869)十二月,任天平軍節度使、鄆州刺史(治所在今山東東平縣境内)。隨後,南詔再次向唐朝西川等地發動大規模進攻,並圍攻成都。唐僖宗乾符元年(874)十二月,高駢奉命赴西川"制置蠻事"。從乾符二年(875)正月至乾符五年(878)正月,高駢任成都尹、西川節度使,多次挫敗南詔進犯,迫使南詔求和。計有功《唐詩紀事》記載,乾符五年,裴鉶"以御史大夫爲成都節度副

---

① 《太平廣記》卷四七《神仙·許棲巖》,第 294 頁;(元)趙道一《歷世真仙體道通鑑》卷三二《許棲巖》更爲詳細,《道藏》第 5 册,北京:文物出版社等,1987 年,第 284—285 頁。
② 《資治通鑑》卷二五○,唐懿宗咸通四年正月,第 8103 頁。

使”,“時高駢爲使”。自咸通九年至乾符五年僅十年時間,裴鉶即從官階較低的“節度掌書記”,超升爲成都這一著名方鎮的“節度副使”,即高駢的副手,關鍵應在於其與高駢之間的密切關係。乾符五年正月,高駢自劍南西川節度使移鎮荆南,六月又被唐朝任命爲鎮海軍節度使、潤州刺史,以阻遏王仙芝的起義軍。裴鉶其時所作《題石室詩》稱:“更歎沱江無限水,爭流只願到滄溟。”①表示有意再追隨高駢東行。

宋代趙彥衛認爲裴鉶《傳奇》一書,屬於準備參加唐朝進士考試的“温卷”作品②。《太平廣記》中所保存的裴鉶《傳奇》諸篇,故事所涉及的年代,大多爲貞元(785—805)至大和(827—835)年間,最晚至唐宣宗大中(847—860)年間,地點大多在長安附近和河洛地區。另有涉及江淮者六篇、邊塞五原者二篇、南海交州者五篇,而基本不涉及四川和山東者。李宗爲據此認爲,《傳奇》的成書應在高駢改授天平軍節度使、鄆州刺史之前。根據該書中故事發生的地點,可以確定裴鉶完成於其任職於高駢安南幕府時③。由於裴鉶親身經歷了開鑿“天威遥”運河這一歷史事件,因而其《天威遥碑》的記載具有極高的可信性。

至於裴鉶《天威遥碑》撰成的時間,1998 年,法國遠東學院和越南漢喃研究院整理出版了《越南漢喃銘文匯編》。該書根據黎崱的《安南志略》收録了這篇碑文,並稱該碑撰寫於咸通十一年正月十三日,即公元 870 年 2 月 17 日④。然而,《安南志略》録文中的“咸通十一年

---

① 《唐詩紀事》卷六七《裴鉶》,第 1011 頁。
② (宋)趙彥衛撰,傅根清點校《雲麓漫抄》卷八,北京:中華書局,1996 年,第 115 頁。
③ 李宗爲《唐人傳奇》,北京:中華書局,2003 年,第 139 頁。
④ 《越南漢喃銘文匯編》第一集《北屬時期至李朝》,第 31 頁。

正月十三日建",可能並非裴鉶撰寫碑文的時間。裴鉶在《天威遥碑》中已經明確記載:"至其年(即咸通九年)九月十五日畢工。(林)諷、(余)存古等堅請刻石紀次(功),以示曠代。渤海公從之。因命於掌記直書其事。鉶謬當秉筆,不敢退讓。"説明裴鉶撰寫這篇碑文其實是親受高駢之命。根據《資治通鑑》記載,咸通九年(868)八月,高駢"請以從孫(高)潯代鎮交趾,從之"①。由於長安與安南之間道程十分遥遠,從朝廷發布詔令到高駢正式離開安南,大概需要三個月以上。因此,碑文應撰寫在高駢離任之前。宋代王象之《輿地碑記目》稱《天威經新鑿海派》,"咸通九年靜海軍管書記裴鉶撰"②。可見碑文實撰成於咸通九年,清代學者阮元也稱:"謹案:碑無年月。《通鑑》:'懿宗咸通七年置靜海軍於安南,以高駢爲節度使。八年,駢以安南至邕、廣,海路多潛石覆舟,募工鑿之,漕運無滯。'據此,則碑之刻當在是時矣。"③不過,《天威遥碑》撰成在咸通九年,而其以"巨石勒功徑上"④,即正式刊刻在"天威遥"運河工程的原址,則應晚至咸通十一年正月了。

　　《安南志略》卷九《高駢傳》後所附《天威徑新鑿海碑》録文⑤,黎崱已注明該碑"見《邕志》"。所謂《邕志》即《邕州志》,其作者不明,撰成年代大致在南宋時期。明初《永樂大典》之《南寧府》多次徵引《邕州

---

① 《資治通鑑》卷二五一,唐懿宗咸通九年八月,第 8121 頁。
② (宋)王象之《輿地碑記目》卷三《邕州碑記》,《景印文淵閣四庫全書》第 682 册,第 555 頁。
③ (清)阮元主修,梁中民校點《廣東通志金石略》,第 111 頁。
④ 《安南志略》卷九《天威徑新鑿海碑》的宋人跋文,第 235 頁。
⑤ 《安南志略》卷九,第 232—236 頁。

志》①。明英宗正統六年(1441)楊士奇等編定的《文淵閣書目》卷一九即著録有《邕州志》一册。然而該書至清朝"已佚"②。

與《越嶠書》和《全唐文》的録文比較,雖然《安南志略》的録文在流傳中已出現多處闕略和文字訛誤,但是仍可判定三者出自同一來源。《安南志略》和《越嶠書》的録文前,還署有"唐静海節度掌書記朝議郎右侍御史内供奉賜緋魚袋裴硎(鉶)撰"。但是《全唐文》編纂者在收入該文時則削去了碑前題署。另外,《安南志略》和《越嶠書》所録碑文後尚有"咸通十一年正月十三日建"。而且碑文之後還録有宋代佚名所刻跋文。《安南志略》所收跋文原文中闕字較多。法國遠東學院出版的《越南漢喃銘文匯編》對原文作了一定的校補和標點,其文爲:

> 交趾南〔越〕故封,咸通中,渤海公高駢南征,開治糧道。其助真順震師。巨石勒功徑上。〔皇〕名天威。下迨昭、僖,中原多故,逐(遂)置疆埸之外。我宋因之,以威〔德〕懷得不治。外□道霍侯守邕,霍中謹也,偶得模本,慮在異域,堙廢無傳,於是命工刊石於大廳之右;蓋其意者,欲示遠人,使知皇家聖度,歲修職貢而不息也。紹聖五年正月二十一日③。

由於《越嶠書》中所保存的這段宋人跋文還非常完整,因而可以將《安南志略》中的跋文校正補充完備,並重新標點。其文如下:

---

① 《永樂大典》卷八五〇六《南寧府·分野》;卷八五〇七《南寧府二》,第 3931、3934 頁。

② (清)謝啓昆等編《廣西通志》卷二一四《藝文·史部·地理類》,《續修四庫全書》第 680 册,上海:上海古籍出版社,2002 年,第 105 頁。

③ 見《越南漢喃銘文匯編》第一集《北屬時期至李朝》,第 35 頁;《安南志略》卷九,第 235 頁。

　　交趾,〔安〕南故封。咸通中,渤海公高駢南征,開治糧道。其
助真順震師,巨石勒功徑上。皇名"天威"。下迫昭、僖,中原多
故,逐(遂)置疆場之外。我宋因〔懷〕之以德,得不治〔之道〕。霍
侯守邕,霍中謹(《越嶠書》作霍中謹)也,偶得模本,慮在異域,堙
廢無傳,於是命工刊石,〔植之〕於大廳之右;蓋其意者,欲示遠人,
使知皇家聖度,歲修職貢而不怠也。紹聖五年正月二十一日。

在以上北宋哲宗紹聖五年(1098)正月的跋文中,所謂"下迫昭、僖,中
原多故,逐(遂)置疆場之外。我宋因〔懷〕之以德,得不治〔之道〕",是
指在唐末開始的中原地區的戰亂中,安南得以自立於中國中央王朝的
管轄之外。北宋建立後,中央王朝對安南實行的是"懷柔"和"羈縻"
的政策,從而維持了安南對宋朝的藩屬和朝貢關係。至北宋哲宗紹聖
年間,鎮守邕州的霍中謹"偶得模本"即該碑的拓本,因憂慮這一通具
有重要政治意義的碑銘地處南部邊陲和"異域"而"堙廢無傳",所以
特地命令將該碑重新刊刻在邕州政事大廳。其用意在於使安南李氏
王朝"知皇家聖度,歲修職貢而不怠"。

　　兩宋時代,在原唐朝安南都護府所統轄的地區已出現了獨立的交
趾國。交趾李氏王朝(1010—1225)在與宋朝接壤的邊界地區不斷挑
釁和進犯。由於宋代北方邊患始終十分嚴重,因此宋朝對此大多採取
息事寧人的態度。宋神宗熙寧八年(1075)冬,交趾分三路入寇,連陷
欽、廉二州,殺守臣蘇緘,吏民被殺者數十萬人。第二年春又攻陷了作
爲廣南西路政治軍事重鎮的邕州①。宋神宗與宰相王安石遂下令征

① 《續資治通鑑長編》卷二七一、卷二七二,第6638、6664頁;《宋史》卷三三二《趙禼傳》,
　 第10685頁。

討,收復了欽、廉、邕三州。交趾國王李乾德被迫上表請和①。

宋代"伏波廟"在嶺南各地大量興起。東漢初伏波將軍馬援出兵交趾征討二徵,在一定意義上也是中央王朝經營南部邊疆的象徵②。而晚唐的高駢則是一個充滿爭議的歷史人物,其前期軍功顯赫,爲唐王朝立下了汗馬功勞。然而其晚年則因所謂"玩寇崇妖"最終身敗名裂。歐陽修編纂《新唐書》即直接將其列入《叛臣傳》。但是,高駢在國力已經極度衰弱的晚唐時代,率大軍一舉收復安南,其輝煌的功業也很爲宋人稱道。因此,宋哲宗紹聖五年(1098),鎮守邕州的霍中謹命令將《天威徑新鑿海碑》重新鎸刻在邕州政事大廳,即有藉此緬懷高駢功業和宣示宋朝國威的意義。

南宋孝宗乾道八年至淳熙四年(1172—1177),温州永嘉人周去非在廣西欽州、桂林等地出任地方官,其成書於淳熙五年(1178)的《嶺外代答》,詳細記載了其在廣西的見聞,具有極高的史料價值。兩宋時代,"天威遥"所在的江山半島已歸屬於欽州管轄,且離欽州治所不遠,因此,先後兩次擔任欽州州學教授的周去非③,完全有可能曾經親臨"天威遥"一帶考察過。《嶺外代答》卷一專門記載了《天威遥碑》,其文曰:

> 欽之士人曾果,得唐人《天威遥碑》,文義駢儷,誠唐文也。碑

---

① 〔日〕河原正博《漢民族華南發展史研究》,東京:吉川弘文館,1984 年,第 345—368 頁。

② 《漢書·西南夷傳》記載元鼎五年(前 112)秋,"衛尉路博德爲伏波將軍,出桂陽,下湟水"(第 3857 頁)。宋代吴曾撰《能改齋漫録》卷五"伏波將軍廟"條稱:"後漢馬援及路博德,俱有功於南方,仍皆爲伏波將軍。嶺外有伏波將軍廟,莫能定其名。政和(1111—1118)中,修《九域圖志》,遂以雙廟爲例,祀兩神。"(上海:上海古籍出版社,1979 年,第 114 頁)

③ (宋)張栻撰,朱熹編《南軒集》卷九《欽州學記》,《景印文淵閣四庫全書》第 1167 册,第 501 頁;楊武泉《周去非與〈嶺外代答〉——校注者前言》,見其《嶺外代答校注》,第 2—4 頁。

旨言:安南静海軍地皆濱海,海有三險,巨石矹立,鯨波觸之,晝夜
震洶。漕運之舟,涉深海以避之。少爲風引,遵崖而行,必瓦碎於
三險之下。而陸有川遥,頑石梗斷焉。伏波嘗加功力,迄不克就。
厥後守臣屢欲開鑿,以便漕運。錐鑹一下,火光煜然。高駢節度
安南,齋戒禱祠,將施功焉。一夕大雨,震電於石所者累日,人自
分淪没矣。既霽,則頑石破碎,水深丈餘。旁有一石猶存,未可通
舟。駢又虔禱,俄復大雨震電,悉碎餘石,遂成巨川。自是舟運無
艱,名之曰天威遥。退而求諸傳,載天威遥事略同,但不若是
詳爾。[1]

周去非强調當時欽州人曾果所得《天威遥碑》"誠唐文也",據此可以
推斷,原立在"天威遥"原址的唐《天威遥碑》,至南宋時已經被欽州人
曾果所收藏。而《安南志略》、《越嶠書》和《全唐文》所收《天威徑新鑿
海派碑》,與周去非親自看到並記載的《天威遥碑》,應源出於同一種
版本[2]。

　　王象之的《輿地紀勝》大致成書於南宋理宗寶慶三年(1227),在
有關邕州碑記中著録有《天威經新鑿海派》碑[3]。其《輿地碑記目》卷
三《邕州碑記》也有著録。顯然,以上均是指宋哲宗紹聖年間重刻於邕
州政事大廳的《天威遥碑》。

---

① 《嶺外代答校注》卷一,第33頁。
② 也有學者根據《全唐文》的録文中没有周去非所提到的"海有三險",加上"文非駢驪",
　　認爲該碑"必非曾果、周去非所見之文"(見楊武泉校注《嶺外代答校注》卷一,第34
　　頁)。不過,在《安南志略》和《越嶠書》的版本中,即專門有"凡涉交趾,履險之處,其處
　　三焉",並列舉了"三險"的具體名稱。且現存這篇碑文也是典型的駢體文。
③ 《輿地紀勝》卷一〇六《邕州·碑記》,第3571頁。

　　《全唐文》所收《天威遥碑》應抄録自嘉慶年間尚在流傳的文獻①。
至清朝道光二年（1822），由阮元主持編纂的《廣東通志》正式刊刻。
該書之《金石略》通過抄録各種前世文獻，也收入了不少道光年間已
"佚"的石刻碑銘。然而，對於已"佚"的唐《天威遥碑》，阮元却僅著録
碑名。阮元本人雖然也是嘉慶年間負責《全唐文》編纂的最主要學者
之一，但他不從《全唐文》等文獻中迻録，而是完整地徵引了《嶺外代
答》的考證内容，説明他考慮到了各種傳世文本之間的差異。不過，我
們認爲，流傳至今的《天威遥碑》幾種録文之間即使有一定的差異，但
是其内容的可靠性及其史料價值仍是勿庸置疑的。

二　關於唐朝"天威遥"的名稱和確切地點

　　歷史上"天威遥"還有多種不同的名稱。《新唐書·高駢傳》和宋
代王應麟所編《玉海》均作"天威道"②。宋代王象之《輿地碑記目》、清
康熙年間汪森的《粤西叢載》、雍正《廣西通志》等等均作"天威經"。
《安南志略》和《全唐文》的《天威遥碑》録文作"天威徑"。然而《越嶠
書》的録文，包括1461年完成的《明一統志》、1617年成書的張燮《東
西洋考》、明代《廣輿記》、《越史略》，還有顧祖禹（1631—1692）的《讀
史方輿紀要》、1764年的嘉慶《大清一統志》、清代徐延旭《越南山川

---

①　按著録碑名的有：康熙年間編成《御定佩文齋書畫譜目録》卷六三著録有《天威徑新鑿海
　　派碑》（《景印文淵閣四庫全書》第 821 册，第 792 頁）；康熙年間汪森《粤西叢載》卷一
　　《邕州碑記》有《天威經新鑿海派》（《景印文淵閣四庫全書》第 1467 册，第 347 頁）；雍正
　　年間金鉷《廣西通志》卷四五《古迹·南寧府》著録《天威經新鑿海派》（《景印文淵閣四
　　庫全書》第 566 册，第 320 頁）。不過以上均只録碑名而未輯録碑文。

②　《玉海》卷一七四《宫室·唐安南城》，《景印文淵閣四庫全書》第 947 册，第 499 頁。

略》等等,均作"天威涇"①。由於僅有宋代周去非《嶺外代答》稱"天威遥",因此有學者推斷"天威遥"一名屬於錯誤②。

我們認爲之所以出現如此衆多的不同名稱,可能與唐、宋時代嶺南西南部方言有關。周去非《嶺外代答》卷四《風土門》有專門的"方言"和"俗字"條,均反映唐、宋時代廣西方言和俗字相當普遍③。《嶺外代答》卷一《天分遥》稱:"欽江南入海,凡七十二折。南人謂水一折爲遥,故有七十二遥之名。七十二遥中,有水分爲二川。其一,西南入交阯海;其一,東南入瓊廉海,名曰天分遥。"④阮元根據周去非的記載,認爲"天威遥"之外的其他所有名稱均誤,其文曰:

> 碑云"名之曰天威遥"。《新書·高駢傳》云"鑿徑道五所,因名道曰天威",而《舊書》、《通鑑》但載鑿海路潜石事,《北夢瑣言》又稱駢奏開本州海路,並不言鑿徑道五所,則《新書》誤也。碑云

---

① 《明一統志》卷九〇《安南》,《景印文淵閣四庫全書》第 473 册,第 889 頁;(明)張燮《東西洋考》卷一《西洋列國考》之《交阯·形勝名迹》之"天威涇"條,《景印文淵閣四庫全書》第 594 册,第 147 頁;(明)陸應陽《廣輿記》卷二四《外譯·安南國》,《四庫全書存目叢書·史部》第 173 册,第 497 頁;(佚名)《越史略》卷上,《景印文淵閣四庫全書》第 466 册,第 569 頁;(清)顧祖禹撰,賀次君、施金和點校《讀史方輿紀要》卷一一二《廣西七·外國附考·交州府》,北京:中華書局,2005 年,第 4996 頁;《大清一統志》卷四二二《安南》,《景印文淵閣四庫全書》第 483 册,第 693 頁;(清)徐延旭《越南山川略》,收入王錫祺輯《小方壺齋輿地叢鈔·補編、再補編》,杭州:杭州古籍書店,1985 年。
② 參見楊武泉校注《嶺外代答校注》卷一,第 35 頁。
③ 至今仍保存在廣西上林縣的兩通唐代前期摩崖石刻《澄州無虞縣六合堅固大宅碑頌》(682 年)和《智城洞碑》(697 年),反映了當時嶺南西南部方言和俗字的狀况(見廣西民族研究所編《廣西少數民族地區石刻碑文集》,南寧:廣西人民出版社,1982 年,第 1—3 頁);《太平寰宇記》卷一六六引唐代《邕州圖經》稱:"提狏、俚、獠有四色,話各别,譯而方通也。"(第 3173 頁)
④ 《嶺外代答校注》卷一,第 34、35 頁。《越南山川略》記載:"天威涇,自交州至邕州,海多潜石,運道不通。唐高駢鑿開五涇,涇有青石不可治,既而雷震碎其石,涇始通,因名天威涇,涇亦作港。"

"陸有川遥",《嶺外代答》:"南人謂水一折爲遥。"蓋方俗語,歐、宋不解,以字形相近,乃臆改爲"道"爾①。

據此,高駢開鑿的地點確實稱爲"天威遥"。由於"遥"是唐、宋時代嶺南西南部尤其是欽州一帶的方言,這種人工開鑿的運河"天威遥"即代表"水一折"。而後來的北方内地士人對此並不瞭解,所以才出現了各種不同説法。至於"天威遥"之所以號稱"天威",前引宋人《天威遥碑》"跋文"稱"皇名天威",説明"天威"之名可能爲唐懿宗所題。

關於歷史上"天威遥"的確切地點,中外歷史資料記載歧異較大。1886年越南官方所編《同慶地輿志略》,提出"天威港"在越南中部乂安省興元地區②。然而,1884年由越南阮朝所編《欽定越史通鑑綱目》稱:"舊史云駢巡視邕、廣,疏海路,名曰天威港。考之唐《地理志》,博白縣有北戍灘,咸通中高駢募人平險石,以通舟楫。《清一統志》博白縣今屬鬱林州,高駢所鑿非我國界。或謂乂安鐵港,一名天威港,非也。舊史所載,恐未是。"③《欽定越史通鑑綱目》的作者徵引中國典籍文獻,意在證明"天威遥"的地點在今廣西博白縣境内。中國大陸也有學者認爲高駢開鑿的"天威遥"其位置"在合浦附近的博白沿海"④。

高駢在今廣西博白縣境内開鑿的"北戍灘"與歷史上的"天威遥",應是兩個完全不同的地方。《新唐書·地理志》記載,容州都督府所轄的白州博白縣,"西南百里有北戍灘,咸通中,安南都護高駢募

---

① 《廣東通志金石略五》,第112頁。
② 〔越〕《同慶地輿志略·乂安省》,河内:法國遠東學院,2002年,第1289頁。
③ 〔越〕潘清簡、范春桂等纂修《欽定越史通鑑綱目》卷五,臺北:"中研院"歷史語言研究所印,1969年,第396—397頁。
④ 見馮漢鏞《宋代國内海道考》,載《文史》第26輯,北京:中華書局1986年,第145頁。

人平其險石,以通舟楫"①。王象之《輿地紀勝》稱:"北戍灘,在博白縣,昔高駢平蠻,取海道由合浦而歸,見其湍險,囑防遏使疏治之,人賴其利。"②其《輿地碑記目》著録有《唐乾符中碑》,稱:"北戍灘在博白縣西南一百里馬門灘之下。唐咸通末,都護高駢平蠻獠,詔歸闕,自海路由合浦而上,經是灘,險不可行。又中伏巨石,駢因留俸錢,遣海門防遏使揚俊營治之。至今舟楫通行,人無難阻。乾符中,俊立碑以紀其事。碑今存焉。"③不過,"北戍灘"與"天威遥"兩處工程又是有聯繫的,正如漢學家薛愛華(Edward H. Schafer)所指出的,在鄰近雷州半島的容管白州,高駢所進行的疏浚河道工程,與他開闢的直通紅河河口和安南首府的水上通道直接相關④。

　　廣西博白縣境内還有東漢馬援開鑿過的"馬門灘"⑤。清初顧祖禹所著《讀史方輿紀要》將這三地的差别作了清楚的説明。他首先記載廣西博白縣境内有"北戍灘"和"馬門灘",然後又記載了境外的"天威涇",稱"自廣東欽州而西南,歷烏雷山以至南境之大長海口,其可入之支港以數十計。馬援討徵側緣海而進,高駢復安南亦自海道而前。今有天威涇,駢所鑿也"。又徵引了《新唐書》關於高駢開鑿"天威涇"的記載⑥。前引北宋邕州政事大廳所刻《天威遥碑》的宋人跋文明確稱:"震師巨石,勒功徑上。皇名'天威'。下迨昭、僖,中原多故,遂置

①　《新唐書》卷四三《地理志》,第 1109 頁。

②　《輿地紀勝》卷一二〇《鬱林州·景物下》,第3866 頁。

③　《輿地碑記目》卷三《鬱林州碑記》,《景印文淵閣四庫全書》第 682 册,第 557 頁。

④　Edward H. Schafer, *The Vermilion Bird*: *T' ang Images of The South*, University of California Press,1967,p.32.

⑤　(宋)王存等撰,王文楚、魏嵩山點校《元豐九域志》附録《新定九域志》卷九,北京:中華書局,1984 年,第 705 頁。

⑥　《讀史方輿紀要》卷一一二《廣西七·外國附考·交州府》,第4996 頁。

疆場之外。"説明在唐末五代十國時期,"天威遥"一帶曾經處在已實際獨立的安南政權控制之下。然而,明清時期的《明一統志》、陸應陽撰《廣輿記》①、《東西洋考》、《越嶠書》卷一、《大清一統志》、《讀史方輿紀要》等等,都是把"天威涇"作爲中國疆域之外安南國的山川形勝來叙述的②。

按晚唐高駢開鑿的"天威遥",實際上位於今廣西壯族自治區防城港市江山區所在的江山半島上。早在南朝梁武帝大同(535—546)年間,即在此設置有黄州,治所在安平縣(今廣西防城港市西南東興市東南),其轄境相當於今廣西防城港市、欽州市部分地區及越南芒街一帶。隋開皇十八年(598)改爲陸州,"以在海南,有陸路通海北,因以爲名。州在窮海"③。隋煬帝大業初廢。唐武德四年(621)置玉州,治所在安海縣(今越南芒街東南玉山)。貞觀二年(628)廢。唐高宗上元二年(675)復置,改爲陸州,領烏雷、華清、寧海三縣,治所在烏雷縣(今廣西欽州市東南烏雷村)。而江山半島一帶屬於寧海縣。唐初陸州屬於交州都督府管轄。至唐高宗調露元年(679)後,交州都督府改稱安南都護府。

至北宋開寶(968—976)年間,由於原唐朝陸州管轄之地已分屬於宋朝和已獨立的安南王朝,宋朝因而正式廢除陸州。在宋朝境内的原陸州之地則改屬於欽州。元代,今防城一帶屬於欽州路。明初則屬於廣東欽州府,後改欽州。因此,自宋代以來,"天威遥"所在的防城一帶

① (明)陸應陽《廣輿記》卷二四《外譯・安南國》,《四庫全書存目叢書・史部》第173册,第497頁。

② 《明一統志》卷九〇《安南》,《景印文淵閣四庫全書》第473册,第889頁;《大清一統志》卷四二二《安南》,《景印文淵閣四庫全書》第483册,第693頁。

③ 《元和郡縣圖志》卷三八,第962頁。

主要屬於欽州管轄①。明、清兩代典籍都没有將"天威遥"列入欽州叙述,而是錯誤地將其歸於中國疆域之外。其原因是早在明代以前,"天威遥"運河工程已經被徹底廢棄了,所以,一般學者已不瞭解唐朝"天威遥"的確切位置。

唐安南都護府所管轄的陸州因緊鄰北部灣,扼守着從中原内地經由海上通往安南的必經之地,因而地理位置十分重要。《元和郡縣圖志》稱陸州"西南至安南都護府百餘里"。《舊唐書·地理志》稱陸州"南至大海","東南際大海"。今"天威遥"遺址所在的江山半島,距離中越邊界僅十多公里,而離作爲越南首都河内海上門户的海防市也僅有一百多海里。唐代陸州也是通往東南亞各國的起點之一。義净所撰《大唐西域求法高僧傳》記載,唐高宗年間,"義朗律師者,益州成都人也"。"發自長安,彌歷江漢。與同州僧智岸,並弟一人名義玄","既至烏雷,同附商舶。掛百丈,陵萬波,越舸扶南,綴纜郎迦"②。所謂"烏雷"即指陸州所屬的烏雷縣或烏雷山。

今江山半島以南的珍珠灣盛産名貴的珍珠。其實早在唐朝陸州沿海一帶的珍珠生産即已著名,唐開成三年(838),安南都護馬植在給

---

① 根據顧祖禹《讀史方輿紀要》記載,明初設置有防城營作爲欽州西南邊的門户,在"州南二百里"。明永樂十四年(1416),設置有管理海上通航的"防城水驛"(卷一〇四《廣東五·欽州》,第4761頁)。清朝乾隆十二年(1747),於此設防城巡司,屬於廣東欽州。至光緒十四年(1888)改爲防城縣。

② (唐)義净原著,王邦維校注《大唐西域求法高僧傳校注》卷上,北京:中華書局,1988年,第72頁。《嶺外代答校注》卷一"欽廉溪峒都巡檢使"條稱"欽、廉皆號極邊,去安南境不相遠。異時安南舟楫多至廉,後爲溺舟,乃更來欽","廉之西,欽也。欽之西,安南也。交人之來,率用小舟。既出港,遵崖而行,不半里即入欽港"。"交人之至欽也,自其境永安州,朝發暮到"。

朝廷的上奏中就專門提及①。歷史上這裏分布着蠻獠、烏滸等衆多少數民族②。至今,這裏除了漢族之外,還分布有壯、瑶、京等少數民族。廣西防城市一帶是中國境内京族唯一的聚居地。

　　江山半島也是廣西最大的半島,因其形狀似龍,所以當地又稱爲白龍半島。顧炎武等即記載了通往安南水路所經過的白龍半島頂端的"白龍尾"③。江山半島面積六十三平方公里,海岸綫共三十二公里。半島上大多是連綿的丘陵山地,平地很少。今半島上尚有"潭蓬古運河",位於江山半島北部月亮灣附近的潭蓬村和潭西村之間,又稱"天威遥"、"仙人壟"。因爲這條運河所經之處仙人壟全是海石結構的丘陵地帶,工程異常艱巨浩大,人們認爲只有神仙才能完成這樣的壯舉,因而在當地又被稱爲"仙人壟"。

　　爲了更真切地瞭解唐代"天威遥"運河工程的過去和現在的情况,2008年10月初,我曾經專程前往江山半島一帶考察。由於"天威遥"運河工程已經廢棄達數百年之久,其遺迹大多已湮没在荒山榛莽和溝壑中。這條運河原長應爲五公里左右。而現存運河的大部分已於1934年、1957年分别築成兩座水庫以灌溉農田,其長約一點六公里,頂寬約二十五米,底寬約七米,平均深約十米,而底部和兩側多爲沙岩。從運河工程遺迹的走向來看,當年的建造者應盡可能地利用了山

---

① 《册府元龜》卷四九四《臺省部·邦計部·山澤》,第5906頁。

② 《元和郡縣圖志》卷三八記載,陸州玉山郡,"州在窮海,不生菽粟,又無絲緜,惟捕海物以易衣食,蓋'島夷卉服'之類也"(第962頁);《太平寰宇記》記載陸州風俗,"人采珠煮海爲業,皆蠻獠、烏滸諸夷所居,不爲編户,率以封頭爲名,大封者數百口,以一户税布五匹、米百斛爲恒賦"(《太平寰宇記》卷一七一,第3277頁)。可見唐、宋時期的陸州,尚保留有相當明顯的部族社會特徵。

③ (明)顧炎武撰,黄坤點校《天下郡國利病書》之《廣東備録中·運道遺迹》,上海:上海古籍出版社,2012年,第3279頁。

嶺之間的谷地和一些地勢較低的平地。而工程最主要的困難，還是必須要鑿通多處地勢頗高的山峪。

新、舊《唐書》等不少資料將這一工程記載爲開鑿海中的"巨石"，而《資治通鑑》、《北夢瑣言》等文獻典籍則記載爲開鑿"潛石"或"隱石"，意即海面之下的巨大礁石。以上這些記載都是不確切的。因爲古代工程技術等條件，也決定了不可能在海水中或海面下完成這樣巨大的工程。所謂"天威遥"就是在伸入北部灣的江山半島上，開鑿出一條橫貫半島的人工運河，以溝通和連接江山半島南部的珍珠灣和北部的月亮灣。這條運河鑿通後，不僅使海上航程縮短了十五公里，而特別重要的是，可以使海上航行的船舶避開半島頂端白龍尾一帶的礁石險灘和颶風巨浪的搏擊。

現在古運河中部西南段的石壁上仍留有許多石刻文字，然經過一千多年的風雨侵蝕，大多已模糊不清。目前尚能辨別的摩崖刻字尚有"元和三年"、"湖南軍，咸通九年三月十三日下手"等字樣。"天威遥"作爲中國古代唯一的一條海上運河，1982 年已被正式確定爲廣西壯族自治區重點文物。然而，令人遺憾的是學術界至今尚未見有專門的研究。

公元 1479 年成書的越南《大越史記全書》，主要依據唐朝裴鉶《天威遥碑》記載了高駢開鑿"天威遥"的過程，並稱："港乃成，因名天威港。"[①]可見，自晚唐至《大越史記全書》撰成的十五世紀，"天威遥"一帶曾經是海上交通貿易的港口。然而作爲海上運河的"天威遥"本身，則在歷史上已經逐步廢棄了。至於廢棄的原因，有人認爲與宋代以來

---

① 《大越史記全書·外紀》卷五，第 168 頁。

中越邊境較多的戰爭有關。我們認爲,除此之外,可能還與宋代以來航海技術的發展有關。因爲唐朝開鑿"天威遥"的直接原因,是使海上船舶避開江山半島附近的礁石和颶風巨浪。而宋代以後造船技術發展,海上船舶一般較能夠抗擊海上巨浪,因此不再需要經過"天威遥"而行。從現存很多遺迹仍能發現古代這一工程的異常艱巨和宏偉壯觀。值得我們深究的是,唐朝爲什麼要花費如此巨大的人力和物力,在這裏開鑿大規模的海上運河工程呢?

三 漢唐安南海上通道狀況與高駢開鑿"天威遥"的背景

(一)漢唐時期通往安南海上通道的狀況

自從秦始皇三十三年(前214)平定南越,今越南北部地區即進入中國版圖。北魏酈道元所著《水經注》稱:"秦始皇開越嶺南,立蒼梧、南海、交趾、象郡。漢武帝元鼎二(應爲六)年,始併百越,啓七郡。於是乃置交趾刺史,以督領之。""時又建朔方,明已始開北垂。遂闢交趾於南,爲子孫基址也。"[1]元鼎六年(前111),漢武帝派路博德征服南越國,設置了南海、蒼梧、鬱林、合浦、交趾、九真、日南、儋耳、珠厓九郡,置交趾刺史部,爲全國十三部刺史之一。除了南海和蒼梧之外,其中有七郡集中在北部灣沿岸和紅河三角洲地區[2]。這裏既是當時嶺南户口最集中的地區,也是漢代中央王朝在嶺南開發最重要的地區之一[3]。湘桂走廊即成爲溝通南北交通的主要通道。而日南、龍編、合浦、徐聞等都是中國南部通往東南亞、印度洋、非洲的海上絲綢之路的始發港

[1] 《水經注校證》卷三七《葉榆河注》,第860頁。

[2] 參見河原正博《漢民族華南發展史研究》第一章《秦漢時代の嶺南經略》,東京:吉川弘文館,1984年,第25頁。

[3] Keith Weller Taylor, *The Birth of Vietnam*, University of California Press, 1983, p.54-55.

之一。

　　漢唐時期,經由交趾的沿海航道對於中國與東南亞、南亞和西亞各國之間使節的往來一直都具有重要意義①。而這一時期的安南地區堪稱是南海國際貿易和中國連接外部世界的重要通道②。而安南的地理位置相當特殊,其地域狹長,孤懸南疆,北部有山脈阻隔,境內蠻夷種類繁多,地方豪族首領叛服無常。還有林邑等國家的不斷進擾。六朝史書稱"交土荒裔,斗絕一方,或重譯而言,連帶山海"③。"交州斗絕海島,控帶外國,故恃險數不賓"④。"交州復絕一垂,寔惟荒服,恃遠後賓,固亦恒事"⑤。唐代柳宗元總結了秦漢以來交州地區與中央王朝的關係,稱:"交州之大,南極天際,禹績無施,秦強莫制,或賓或叛,越自漢世。聖唐宣風,初鮮寧歲,稍臣卉服,漸化椎髻,卒爲華人。"⑥晚唐詩人于濆《南越謠》一詩稱:"迢迢東南天,巨浸無津壖。雄風卷昏霧,干戈滿樓船。此時尉佗心,兒童待幽燕。三寸陸賈舌,萬里漢山川。若令交趾貨,盡生虞芮田。天意苟如此,遐人誰肯憐。"⑦總之,由於安南地理位置的特殊性,決定了秦漢至隋唐的中央王朝都需要在此不斷安撫和大力經略。

　　從安南與中原內地的陸路交通情況來看,至唐代主要有兩條通

①　《舊唐書》卷四一《地理志四》"安南都督府"條,稱"其海南諸國,大抵在交州南及西南","乘舶舉帆,道里不可詳知","自漢武已來朝貢,必由交趾之道"(第 1750 頁)。
②　參見本章第一節。另參見王承文《越南現存〈大隋九真郡寶安道場之碑文〉考釋》,《文史》2009 年第 4 輯。
③　《晉書》卷五七《陶璜傳》,第 1560 頁。
④　《南齊書》卷五八《東南夷·扶南傳》,第 1017 頁。
⑤　《南齊書》卷四○《竟陵王子良傳》,第 695 頁。
⑥　(唐)柳宗元《爲安南楊侍御祭張都護文》,《柳河東集》卷四○,第 651 頁。
⑦　《全唐詩》卷五九九,第 6926 頁。

道,一條是自安南的交趾經由紅水河從雲南到達成都,然後由成都輾轉抵達長安①。這條通道早在漢代就已經存在。一條是在唐太宗貞觀年間,已經開通了由邕州(今南寧)經過今中越邊境憑祥市友誼關到達安南交趾的通道②。不過,這兩條陸上通道沿途都要穿越大量崇山峻嶺,道路崎嶇。特別是經由雲南的道路,路途十分遙遠。中唐以後,南詔已經發展成強大的地方政權,與唐王朝衝突戰爭不斷,因而在多數時間都阻隔了長安與安南兩地的交通。在交通尚不發達的古代,通往安南的陸路交通狀況,決定了其運量和速度都相當有限,運輸成本也必然很高。通往安南的沿海航道則具有明顯的優勢,不僅在於運輸規模大,成本較低,而且還在於運輸速度的快捷。因此,自秦漢直至隋唐,中央王朝與安南地區之間頻繁而大規模的人員往來、軍隊的調遣、賦稅的徵收和貨物運輸,都極大地依賴海上航運通道。

然而,裴鉶《天威遙碑》的開篇,即描述了安南海上通道艱險而又驚心動魄的情形:"巨浸無涯,接天茫茫。狂飆卷蠆,駭浪屹起。若流〔玉〕堆而走雪岫,瞬息萬里皚皚然。縱天英(吳)之神威,亦不能抑遏其勢。長鯨憂其蹭蹬,巨鰲困其擺闔。水族之偉者尚不得安,況橫越之舳艫,焉能利涉耶? 即摧檣裂帆,覆溺而不可拯。"因此,安南海上通道的艱險又在相當程度上阻礙了安南與中國內地的正常交通。漢唐時代,沿着"瘴江"即今廣西南流江至合浦附近的入海口,再越海前往安南是通往安南的最重要通道。唐代張均的詩反映了這條海路的危

---

① 參嚴耕望《唐代交通圖考》第四卷《山劍滇黔區》圖十七《唐代蜀江以南川黔滇越交通圖》,臺北:臺灣商務印書館,1986 年,第 1335 頁。

② 《資治通鑑》卷一九五,唐太宗貞觀十三年六月條稱:"渝州人侯弘仁自牂柯開道,經西趙,出邕州,以通交、桂。"(第 6148 頁)

險性："瘴江西去火爲山，炎徼南窮鬼作關。從此更投人境外，生涯應在有無間"①。

　　根據裴鉶《天威遙碑》的記載，海上航行最主要的危險還是颶風和巨浪。唐人對南海的颶風多有記載。李肇《唐國史補》記載："南海人言，海風四面而至，名曰颶風。颶風將至，則多虹霓，名曰颶母。"②白居易《送客春遊嶺南二十韻》稱："天黃生颶母，雨黑長楓人"③。元稹《送嶺南崔侍御》詩稱："海氣常昏海日微，蛟龍變爲妖婦女。"④晚唐劉恂《嶺表錄異》稱："南海秋夏間，或雲物慘然，則見其暈如虹，長六七尺，此候則颶風必發，故呼爲颶母。見忽有震雷，則颶風不作矣。舟人常以爲候，預爲備之。"⑤韓愈於元和十四年（819）貶任潮州刺史，其到達廣州後是經由海上到達潮州的。他在給唐憲宗的上書中稱，潮州"去廣府雖才二千里，然往來動皆經月，過海口，下惡水，濤瀧壯猛，難計程期，颶風鱷魚，患禍不測"，"漲海連天，毒霧瘴氛，日夕發作"⑥。

　　變化莫測的氣候使航海者在浩瀚的大海上難以掌握自己的命運。《後漢書》記載："舊交阯七郡貢獻運轉，皆從東冶泛海而至，風波艱阻，沉溺相係。"⑦東漢末年，許靖在給曹操的信中敘述了其前往交州的經歷，"浮涉滄海，南至交州，經歷東甌、閩、越之國，行經萬里，不見

---

① （唐）張均《流合浦嶺外作》，載《唐詩紀事》卷二二，第331頁；《全唐詩》卷九〇，第985頁。

② （唐）李肇《唐國史補》卷下，《唐五代筆記小說大觀》，上海：上海古籍出版社，2000年，第199頁。

③ 《全唐詩》卷四四〇，第4898頁。

④ 《全唐詩》卷四一二，第4572頁。

⑤ 《太平廣記》卷三九四《雷二·南海》引《嶺表錄異》，第3149頁。

⑥ （唐）韓愈《潮州刺史謝上表》，《全唐文》卷五四八，第5554頁。

⑦ 《後漢書》卷三三《鄭弘傳》，第1156頁。

漢地,漂薄風波,絕糧茹草,飢殍薦臻,死者大半"①。宋代人稱:"炎荒之極,南海在望。洪濤瀾漫,萬里無際,風濤洶涌;"②"天下之至險者,莫如海道,""鯨波浩渺,實爲危道。非神力助順,豈能必濟!"③唐高宗上元二年(675),作爲"初唐四傑"之首的著名詩人王勃,爲了探望謫任交趾縣令的父親,從廣州乘船前往交州,然在途中遭遇風暴即墮海身亡④。周去非明確記載,從廣西欽州和廉州通往安南的海路,"亂流之際,風濤多惡"⑤。而五代《續仙傳》記載,唐憲宗元和(806—820)初年,元徹、柳實二人從内地"至於廉州合浦縣,登舟而欲越海,將抵交阯,艤舟於合浦岸。夜有村人饗神,簫鼓喧嘩,舟人與二公僕吏齊往看焉。夜將午,俄颶風歘起,斷纜漂舟,入於大海,莫知所適。突長鯨之鬐,搶巨鰲之背,浪浮雪嶠,日涌火輪。觸蛟室而梭停,撞蜃樓而瓦解。擺簸數四,幾欲傾沉"⑥。

唐德宗貞元(785—805)年間,賈耽所撰《海内華夷圖》證明從廣州出發,經海南島東部橫越南海的深海航綫,即"廣州通海夷道"已經開通⑦。不過,廣州至東南亞等地的海上航綫,在相當長時期仍以沿海航道爲主。唐德宗貞元年間,安南交趾的海外貿易一度超過廣州就是

① 《三國志》卷三八《許靖傳》,第964頁。
② 宋太祖開寶六年(973)裴麗澤奉敕撰《大宋新修南海廣利王廟碑銘》,載阮元主修、梁中民校點《廣東通志·金石略五》,第139頁。
③ (宋)真德秀《聖妃祝文》、《海神祝文》,《西山文集》卷五四,《景印文淵閣四庫全書》第1174册,第863、858頁。
④ 《舊唐書》卷一九〇《王勃傳》,第5005頁;《新唐書》卷二〇一《王勃傳》,第5739頁。
⑤ 《嶺外代答校注》卷一"欽廉溪峒都巡檢使"條,第53頁。
⑥ 《太平廣記》卷二五《神仙·元柳二公》引《續仙傳》,第166—167頁。
⑦ 《新唐書》卷四三下《地理志七》,第1153頁。

明證①。陳序經認爲即使到了近代,這條近海航綫仍在發揮比較大的作用②。其原因在於沿北部灣海岸航行,雖然道程迂遠,但是其優越性也是顯而易見的,首先是其續航條件更爲突出,船舶物資包括淡水的補充更爲容易,也更容易辨認方向。其次是沿海航行相對容易靠岸以規避海上狂風巨浪。從宋代開始,一方面因爲安南已經獨立,另一方面則因爲海上船舶規模的日益增大,加上包括指南針等航海技術的進步,船舶越來越多地放洋橫越南海,並最終導致了中國沿海主要對外貿易口岸逐漸北移。

　　除了颶風巨浪之外,古代北部灣沿海航道還有幾種在今天可能爲人們所忽略的危險。首先,是海中遊弋的鯨魚給航行的船舶帶來了很大的危險。《天威遥碑》所稱"長鯨憂其蹭蹬",長鯨就是鯨魚。唐朝北部灣一帶鯨魚的活動相當頻繁。北宋初樂史撰《太平寰宇記》記載:"南海,側海寓連雲,多鯨鯢,其大吞舟,大者數千里,小者亦千里,去海門猶一二望,漁人往往見之。又馬援伐林邑,於海嶼上得鯨頭骨,如數百斛,岡頂上一孔大於甕,俗以爲珠穴。"③"海門"是指唐代後期在合浦附近興起的軍事重鎮海門鎮,是跨越海道前往安南的起點。《太平寰宇記》引《嶺表録》云:"交趾迴人多捨舟取雷州陸岸而歸,不憚辛苦。蓋避海鰌之患也。"④按《嶺表録》又名《嶺表録異》或《嶺表異

① 《資治通鑑》卷二三四記貞元八年(792)六月,"嶺南節度使奏:近日海舶珍異,多就安南市易,欲遣判官就安南收市"(第7532頁)。陸贄《論嶺南請於安南置市舶中使狀》稱:"嶺南節度使奏:近日舶船多往安南貿易,進奉事大。"(《全唐文》卷五七三,第4828頁)
② 參見陳序經《東南亞古史初論》,收入陳序經《東南亞古史研究合集》之一,深圳:海天出版社,1992年,第99頁。
③ 《太平寰宇記》卷一六〇《嶺南道四·潯州》,第3068頁。
④ 《太平寰宇記》卷一六九《雷州海康郡》引《嶺表録》,第3230頁。

録》，爲晚唐廣州司馬劉恂所撰。《太平廣記》等所引《嶺表録異》"海
鰌"條對此有更詳細的記載：

> 海鰌，即海上最偉者也。小者亦千餘尺，吞舟之説，固非謬
也。每歲，廣州常發銅船，過安南貿易。北人有偶求此行，往復一
年，便成斑白。云：路經調黎（原注：地名，海心有山，阻東海濤，險
而急，亦黄河之三門也），深闊處，又見十餘山，或出或没。初甚訝
之。篙工曰："非山，海鰌魚背也。"果見雙目閃爍，鬐鬣若簸米箕。
危沮之際，日中忽雨霑霶。舟子曰："此鰌魚噴氣，水散於空，風勢
吹來若雨耳。"及近魚，即鼓船而噪，倏爾而没去（原注：魚畏鼓，物
類相伏耳）。交趾迴，乃捨舟，取雷州緣岸而歸。不憚苦辛，蓋避
海鰌之難也。乃静思曰：設使老鰌瞋目張喙，我舟若一葉之墜智
井耳，寧得不爲人皓首乎！[1]

這條記載反映了廣州與安南之間透過沿海通道有相當頻繁的貿易往
來，然而鯨魚所造成的危險則也觸目驚心。所謂"交趾迴，乃捨舟，取
雷州緣岸而歸"，則説明從安南的交趾到雷州半島的北部灣沿海鯨魚
的危險更加嚴重。而其所稱船舶"近魚，即鼓船而噪"，與公元九世紀
大食人伊本·胡爾達兹比赫撰《道里邦國志》的描述相似。該書記載
了鯨魚對東西方海上航行的嚴重威脅，稱波斯灣中有一百巴厄（一巴
厄約等於五市尺）和二百巴厄長的魚，"由這些大魚，因此人們爲船舶
而憂慮，於是，他們用木板相敲擊的辦法來嚇走這些大魚"[2]。

---

① 《太平廣記》卷四六四"海鰌"條引《嶺表録異》，第 3820 頁；《太平御覽》卷九三八"海鰌
　魚"條引《嶺表録異》與此略異，第 4168 頁。
② 〔阿拉伯〕伊本·胡爾達兹比赫著，宋峴譯注《道里邦國志》，北京：中華書局，1991 年，第
　64 頁。

六朝時代,史籍中開始越來越多地出現關於鯨魚的記載①。至唐代,隨着人們海洋活動的頻繁,有關南海鯨魚的記載也大大增加。大致成書於唐德宗貞元(785—805)間由戴孚所撰《廣異記》,稱嶺南節度使何履光,朱崖人也。所居傍大海,海中有二山,相去六七百里,"開元末,海中大雷雨,雨泥,狀如吹沫,天地晦黑者七日,人從山邊來者云:有大魚,乘流入二山,進退不得。久之,其鰓掛一崖上,七日而山拆,魚因爾得去。雷,魚聲也。雨泥是口中吹沫也。天地黑者,是吐氣也"②。孟琯《嶺南異物志》也有相同的記載③。唐朝衆多的詩人也留下了描述南海鯨魚的詩句④。唐玄宗開元二十九年(741),北天竺高僧不空從廣州出發,"附昆侖舶,離南海至訶陵國界,遇大黑風。衆商惶怖,各作本國法禳之,無驗,皆膜拜求哀,乞加救護","又遇大鯨出

---

① 《太平御覽》卷九三八"鯨鯢魚"條引西晉崔豹《古今注》,第 4167 頁;《初學記》卷三〇《鱗介部》引東晉裴淵《廣州記》,北京:中華書局,1962 年,第 741 頁。

② 《太平廣記》卷四六四"南海大魚"條引《廣異記》,第 3818 頁。

③ 《太平御覽》卷九三六《鱗介部八》引,第 4185 頁。

④ 其中有代表性的如:楊衡《送王秀才往安南》:"君爲蹈海客,客路誰諳悉。鯨度乍疑山,雞鳴先見日。"(《全唐詩》卷四六五,第 5283 頁)劉禹錫《酬南海馬大人》詩稱:"連天浪静長鯨息,映日帆多寶艀來。"(《劉賓客詩集》卷四;《全唐詩》卷三六一,第 4075 頁)貫休《南海晚望》:"海上聊一望,舶帆天際飛。狂蠻莫掛甲,聖主正垂衣。風惡巨魚出,山昏群獠歸。"(《全唐詩》卷八三四,第 9405 頁)許渾《歲暮自廣江至新興往復中題峽山寺》:"夜醉晨方醒,孤吟恐失群。海鰌潮上見,江鵠霧中聞。"(《全唐詩》卷五三七,第6131 頁)按古代珠江主幹之一的北江關水深,據《太平寰宇記》卷一五七記載廣州清遠縣有中宿硤,並引譚子《海嶠志》稱:"二月、五月、八月,有潮上二禺峽,逐浪返五羊,一宿而至,故曰中宿硤。"説明南海潮水可以沿北江到達廣東清遠峽山寺,因而可能有鯨魚隨潮水而上。元稹《送嶺南崔侍御》詩:"蜃吐朝光樓隱隱,鰲吹細浪雨霏霏。"(《全唐詩》卷四一二,第 4572 頁)元稹《和樂天送客遊嶺南二十韻》:"舶主腰藏寶(原注:南方呼波斯爲舶主,胡人異貨,多自懷藏,以遊强丐),黄家砦(原注:南夷之區落)起塵。歌鐘排象背,炊爨上魚身(原注:夷民大陳設,則巨象背上作樂,大魚出浮,身若洲島,海人舶舟於旁,因而炊爨其上,魚之不覺),電白雷山接,旗紅賊艦新。"(《全唐詩》卷四〇七,第4533 頁)

水, 噴浪若山, 甚於前患"①。佛經《雜譬喻經》記載: "昔有五百賈客乘船入海, 值摩竭魚出頭張口, 欲食衆生。"②總之, 以上這些爲數衆多而又充滿誇張和想像的記載, 一方面是當時南海海洋生態狀況的反映, 同時也説明了鯨魚的危險在南海航行中的普遍性。

其次, 是沿海航道海底磁石對船舶的威脅。從廣州到安南以及南海諸國之間的近海航道, 沿途要經過不少接近陸地的地方, 特別是一些由陸地伸入海上的岬角地點。這些岬角之所以能伸入海中, 就是因爲岬角是由堅硬的岩石所成, 如石英岩、石英砂岩、火山岩等。如果這些岩石含有大量磁鐵礦, 就會成爲來往船隻的障礙。船舶上的鐵釘、鐵葉、鐵板、鐵碇、鐵鏈等鐵器用品都可能被强大的磁力吸附, 其結果就是導致船舶進退兩難甚至解體③。

宋代周去非《嶺外代答》記載了廣西沿海航綫因有海底"磁石山", 以致"深廣沿海州軍, 難得鐵釘桐油, 造船皆空板穿藤約束而成。於藤縫中, 以海上所生茜草, 幹而窒之, 遇水則漲, 舟爲之不漏矣。其舟甚大, 越大海商販皆用之"④。可見, 宋代廣西水師和商貿的船舶大多不用鐵釘, 其主要原因就是爲了規避海底的"磁石山"。而早期的東西方文獻都記載了馬來半島地峽西邊海中有磁石, 例如, 比《嶺外代答》早九百年左右的萬震《南州異物志》, 即提到了海中存在磁石之事, 其文曰: "句稚去典遊八百里, 有江口西南向, 東北行極大崎頭, 出

---

① (宋)贊寧撰, 范祥雍點校《宋高僧傳》卷一《唐京兆大興善寺不空傳》, 北京: 中華書局, 1987 年, 第 7 頁。
② (唐)釋道世撰, 周叔迦、蘇晉仁校注《法苑珠林校注》卷三四注引, 北京: 中華書局, 2003 年, 第 1081 頁。
③ 參見曾昭璇《嶺南史地與民俗》, 廣州: 廣東人民出版社, 1994 年, 第 87 頁。
④ 《嶺外代答校注》卷六, 第 218 頁。

漲海,中淺而多磁石。"①該書又稱:"漲海崎頭,水淺而多磁石,外徼人乘大舶,皆以鐵鍱鍱之。至此關以磁石不得過。"②《南州異物志》,《隋書》卷三三《經籍志》著録,稱"吴丹陽太守萬震撰"③。六朝道經《太清金液神丹經》卷下也記載,在句稚附近的海中,"水淺而多磁石,外徼人乘舶船皆鐵葉,至此崎頭,閡磁石不得過,皆止句稚貨易而還也"④。公元二世紀托勒密《地理志》記載,馬尼奥萊群島有十個相互毗連的島嶼,"裝有鐵釘的船隻都要被吸住難行,也許是由於島嶼中大磁石的緣故"⑤。公元四世紀聖·安布盧瓦兹的著作和四五世紀之間的巴拉迪尤斯在《論婆羅門教》一書中也有相同的記載⑥。

前引晚唐劉恂《嶺表録異》所稱每年"廣州常發銅船,過安南貿易",也是因爲以銅代鐵,就可以在礁頭、岬角及遇上磁鐵礦區或含磁鐵礦岩石地區時,不受磁力影響,使海船能航行自如。古代南越人善於用舟,很早就能製造航海的大船⑦。嶺南沿海"銅船"的使用大致就開始於秦漢時代的越人。東晉人劉欣期《交州記》稱:"越人鑄銅爲船,在江潮退時見。"⑧《水經注》所引《林邑記》稱葉榆河自贏陵縣東逕安定縣,"江中有越王所鑄銅船,潮水退時,人有見之者"⑨。可能早在

① 《太平御覽》卷七九〇《句稚國》條引,第3501頁。
② 《太平御覽》卷九八八《磁石》條引,第4372頁。
③ 《隋書》卷三三《經籍志二》,第983頁。
④ 《太清金液神丹經》卷下,《道藏》第18册,北京:文物出版社等,1987年,第759頁。
⑤ 〔法〕戈岱司編,耿昇譯《希臘拉丁作家遠東古文獻輯録》,北京:中華書局,1987年,第44頁。
⑥ 《希臘拉丁作家遠東古文獻輯録》,第74、75頁。
⑦ 參見沈福偉《兩漢三國時期的印度洋航業》,《文史》第26輯,北京:中華書局,1986年。
⑧ 《後漢書·郡國志》交趾郡條注引《交州記》,第3532頁。
⑨ 《水經注校證》卷三七"葉榆水"引《林邑記》,第862頁。

秦末南越王趙佗攻滅交趾一帶的安陽王時,即已製作銅船。唐代安南
都護府所轄的愛州境內有"銅船湖",又據劉欣期《交州記》記載,
"九真有一湖,去合浦四十(千)里,至陰雨日,百姓見有銅船出水
上"①。

　　東漢初年馬援征討交趾所鑄造的銅船,即可能借鑒了古代南越民
族的造船方法。南朝劉宋時沈懷遠的《南越志》記載,"馬援昔鑄銅爲
船以濟海。今在交趾程安縣,諸天清水澄,往往見之"②。唐代《郡國
志》亦云,"馬援造銅舡濟海,既歸,付程安令沈於渚,天晴水澄,往往望
見船樓,上恒有四層水,不知幾十丈也。一名越王船"③。《太平寰宇
記》記載"廢廉州"有"銅船湖,馬援銅船五隻,一留此湖中,四隻將過
海征林邑"④。《元和郡縣圖志》記載安南之朱鳶江,"北去鳶州(作者
注:縣名)一里,後漢馬援南征,鑄銅船於此,揚排然火,炙船頭令赤,以
燋涌浪及殺巨鱗橫海之類"⑤。説明馬援所造銅船的船頭可能還設置
有專門的銅制裝置,以便燒紅後驅殺鯨魚之類。

　　最後,是通往安南的近海航道上還分布有大量的暗礁險灘。周去
非《嶺外代答》記載海上"舶商"稱:"自廣州而東,其海易行;自廣州而
西,其海難行;自欽、廉而西,則尤難行。"該書又記載,欽州、廉州海面
交界處有"象鼻砂","長數百里,在欽境烏雷廟前,直入大海,形若象
鼻,故以得名。是砂也,隱在波中,深不數尺,海舶遇之輒碎。去岸數
里,其磧乃闊數丈,以通風帆。不然,欽殆不得而水運矣"。"若廣西海

①　《太平寰宇記》卷一七一《愛州》,第3271頁。
②　《北堂書鈔》卷一三七"舟"引《南越志》,北京:中國書店,1989年,第4頁。
③　《太平寰宇記》卷一六五《郁林州》引,第3157頁。
④　《太平寰宇記》卷一六九《嶺南道·太平軍》,第3229頁。
⑤　《元和郡縣圖志》卷三八"安南"之朱鳶江,第958頁。

岸皆砂土，無多港澳，暴風卒起，無所逃匿。至於欽、廉之西南，海多巨石，尤爲難行，觀欽之象鼻，其端倪已見矣"①。

　　在通往安南的所有海上暗礁險灘中，可能以"天威遥"所在的江山半島一帶最具有危險性。前引周去非《嶺外代答》根據裴鉶《天威遥碑》稱："安南静海軍地皆濱海，海有三險，巨石矹立，鯨波觸之，晝夜震洶。漕運之舟，涉深海以避之。少爲風引，遵崖而行，必瓦碎於三險之下。而陸有川遥，頑石梗斷焉。"②所謂"漕運之舟"，即唐朝國家負責安南與内地之間海上運輸的船隊。而周去非所提到的"海有三險"，在裴鉶《天威遥碑》中的原文表述爲：

　　　　凡涉交趾，履險之處，〔其處三焉〕，昔如覆冰，宋洞沙之鏵觜，耕其淪漣；女漚灣之石頭（角），涌其沸騰；大蒙神之山脚，蹴其洶涌。舟人所歷，毛髮自寒。

由於《全唐文》的録文闕漏了具有關鍵意義的"其處三焉"這句話，導致後面的多處文句難以解讀，也直接影響了國内外相關學者對相關碑文的斷句和整理。所謂"三險"，一是指宋洞沙之鏵觜，以其"淪漣"即波浪和漩渦著稱；二是指女漚灣之石角，即從陸地延伸至海水中的礁石，以其巨浪翻滾咆哮著稱；三是大蒙神山脚下，以其潮水狂野洶涌著稱。《天威遥碑》稱："渡危走食，冒險駕航。脱兔者稀，傾沈是當（常）。"而這"三險"都應集中在江山半島頂端的白龍尾一帶。唐懿宗咸通八年（867）三月，高駢在給唐懿宗的上奏中，形容這一帶的艱險

---

① 《嶺外代答校注》卷一，第37—38頁。
② 《嶺外代答校注》卷一，第33頁。

曰:"人牽財利,石限衡津,才登一去之舟,便作九泉之計。"[1]五代孫光憲《北夢瑣言》記載高駢開鑿"天威遥"的原因,是因"交趾以北,距南海有水路,多覆巨舟"[2]。

2008年10月初,我曾親臨江山半島的最頂端考察,試圖更直接地瞭解歷史上"天威遥"開鑿的緣由。江山半島猶如一隻碩長的牛角深深插入北部灣中,而深海潮汐、洋流和風浪與這種特殊的地形相遇,必然造成這一帶海面晝夜常有驚濤駭浪。江山半島的白龍尾總寬約二點五公里。而其北部屬於白龍尾的最頂端,寬約一公里。在這裏,南北兩端各有一排巨型的礁石突出,而且從陸地一直綿延至深海中。中間則凹陷,形成了一個巨大的弧形缺口。靠近北端的一排礁石則連接着陸地上的一座石山,大致就是裴鉶《天威遥碑》所説的"大蒙神山",現在則稱爲燈架嶺。今嶺上還建有指示海上航向的燈塔。嶺下海灘上則是大片狰獰怪異的巨大礁石,所以又稱"怪石灘"。怪石灘上分布的無數碩大的礁石嶙峋高聳,堅硬如鐵,利如刀斧,因海浪千百萬年的沖刷而形成的海蝕地貌呈褐紅色,因此又稱爲"海上赤壁"。稍稍起風就可見"亂石穿空,驚濤拍岸,卷起千堆雪"的壯觀場面。而周圍方圓十多公里大片水域的海面下還潛伏着無數的暗礁,更增加了這一帶航行的凶險。因此,負責唐朝漕運的船舶和其他各種海舶,經過這一帶必須盡可能地駛入深海繞道而行。裴鉶《天威遥碑》所稱"即摧檣裂帆,覆溺而不可拯",反映的就是如果船舶因被海風牽引吹向礁石灘或崖壁,船體很可能就徹底瓦解覆没。

---

[1]　《册府元龜》卷六七八《牧守部·興利》,第8103頁。
[2]　(五代)孫光憲撰,賈二强點校《北夢瑣言》卷二,北京:中華書局,2002年,第36頁。

江山半島背靠着西南東北走向的十萬大山。而廣西欽州以西的沿海地區絕大部分都是丘陵山地，雖海拔不高，但極難通行。至於陸地上的河流也因爲"頑石梗斷"而難通航。只有親自到過廣西南部，才能瞭解古代前往安南爲什麼如此倚重海上航行。只有到過江山半島的白龍尾，才能瞭解古代海上航運在這一帶是多麼凶險艱難，也才能瞭解古代爲什麼會花如此巨大而罕見的人力和物力，去開鑿一條貫通江山半島的人工運河。

(二)漢唐時期"馬援故道"及高駢以前"天威遥"的幾次開鑿

至於晚唐高駢開鑿"天威遥"的直接原因，裴鉶《天威遥碑》稱："自僕射渤海公剪蕩蠻夷，跨逾滄漲，削平交趾，克服郡城，錯磨鋌殳，駐罩卒伍。然運粟走食，尚阻洪濤，召術徵謀，未閲長策。渤海公曰：我再有丹徼，重闢皇風，聚兵安人，須便於事。"所謂"聚兵安人"和"重闢皇風"，即在唐朝重新恢復對安南的統治後，需要調遣軍隊，安撫民衆，運輸軍糧。碑文首先揭示了這條通道所具有的重大軍事價值和戰略意義。然而，碑文也揭示了江山半島一帶作爲通往安南海上航道的最大威脅，中央王朝開鑿"天威遥"運河並非始於晚唐的高駢。高駢實際上是繼續並最終完成了前人未竟的事業。而且高駢實際上是把東漢初期的馬援作爲自己效法的對象。

碑文追溯了馬援開鑿"天威遥"的首創之功："自東漢馬伏波欲剪二徵，將圖交趾，煎熬饋運，間闊滄溟，乃鑿石穿山，遠避海路。"東漢建武十六年(40)，交趾徵側、徵貳自立爲王。光武帝派軍征討，詔令長沙、合浦、交趾等地"具車船，修道橋，通障蹊，儲糧穀"。遣伏波將軍馬

援、樓船將軍段志發長沙、桂陽、零陵、蒼梧兵萬餘人前往征討①。馬援
率軍抵達今廣西合浦後,《後漢書》記載"遂緣海而進,隨山刊道千餘
里。十八年春,軍至浪泊上"②。即從合浦附近的出海口出發,經過今
欽州、防城一帶,渡過北侖河進入今越南境內,並開闢了一條長達一千
多里即從合浦到浪泊(今越南北寧省境內)的沿海交通綫。

至於《後漢書》所謂"緣海而進,隨山刊道千餘里",馬伯樂(Henry
Maspero)評論馬援的行軍路綫稱:

> 可能沿着路博德從廣西到廣東的老路,到達合浦或現今廉州
> 府附近。這是前往東京的上船港口,段志帶給他的兩千艘帆船的
> 船隊停泊在此。但是大船在數量上是不夠的;段志到達合浦時發
> 病身亡。馬援決定帶領他的軍隊由陸路進發。他出發穿越不出
> 名且帶有敵意的烏滸領地,此地由山嶽和叢林所覆蓋,必須費力
> 地開闢道路,沿海岸而行,這是爲了與補充軍需的船隊保持
> 聯繫。③

不過,我們認爲,由於今欽州西南的沿海分布如此衆多難以逾越的丘
陵山地,以馬援有限的軍力和緊迫的軍情,顯然是無法開鑿出一條可
用於行軍的沿海陸地通道的。而且兩千艘帆船運載兩萬人的軍隊本
身也還是可行的。因此,馬援率軍從合浦到達交趾,應主要是依賴海
上航運。

《後漢書》似乎並未直接記載馬援開鑿"天威遥"運河之事。《新

---

① 《後漢書》卷八六《南蠻西南夷列傳》,第 2836 頁。
② 《後漢書》卷二四《馬援傳》,第 838 頁。
③ Henry Maspero, " L'expédition de Ma Yuan," *Bulletin de l'École Française d'Extrême-Orient* XVIII: 3, 1918, p.14–15.

唐書・高駢傳》也稱"其徑青石者,或傳馬援所不能治"。有研究者據"或傳"一詞,懷疑裴鉶《天威遙碑》中馬援開鑿"天威遙"事迹的真實性①。我們認爲,《天威遙碑》有關馬援開鑿"天威遙"海上運河的記載具有可信性。根據《後漢書》的記載,馬援於建武十八年(42)春率軍至浪泊上,與徵側等戰。接着馬援又"將樓船大小二千餘艘,戰士二萬餘人,進擊九真賊徵側餘黨都羊等,自無功至居風,斬獲五千餘人,嶠南悉平"。建武十九年九月馬援上言:"臣謹與交趾精兵萬二千人,與大兵合二萬人,船車大小二千艘,自入交趾,於今爲盛。"②可見,馬援南征交趾是以水軍和樓船爲主。

　　除了前引馬援鑄造"銅船"等資料與此相關外,歷史資料也證明馬援極爲重視水上運輸通道的疏通。馬援率軍進入嶺南,即首先疏通古代靈渠。自從秦朝史禄主持開鑿連接珠江流域和長江流域的靈渠後,至東漢馬援也有開鑿。史載"桂有灕水,出海陽山,世言秦命史禄伐粤,鑿爲漕。馬援討徵側,復治以通饋"③。其主要内容包括"開川浚濟,水急曲行回,互用遏其衝,節斗門以駐其勢"④。即疏通航道,以斗門蓄水。《宋史》記載"靈渠源即灕水","其初乃秦史禄所鑿","馬伏波南征之師餉道亦出於此"⑤。

　　靈渠連接了湘江和灕江(或稱桂江),沿灕江在梧州附近經潯江(或稱灕江)往西,到達藤州(今廣西藤縣),溯北流江往南,到達容州,再經過桂門關(鬼門關)沿南流江到達合浦附近的入海口。這條内河

---

① 《嶺外代答校注》卷一楊武泉校注,第35頁。
② 《水經注校證》卷三七《葉榆河》,第862頁。
③ 《新唐書》卷一一八《李渤傳》,第4286頁。
④ (唐)莫休符《桂林風土記》,《景印文淵閣四庫全書》第589册,第70頁。
⑤ 《宋史》卷九七《東南諸水下》,第2417頁。

通道就是秦漢至隋唐時期由中原內地前往安南的捷徑,也是最重要的交通路綫。唐朝在合浦以北所設置的容州都督府是嶺南五管之一,號稱容管,即扼守在南流江和北流江的交匯點。杜佑《通典》稱容州,"州南去三十餘里,有兩石相對,狀若關門,闊三十步,俗號鬼門關。漢伏波將軍馬援討林邑蠻,路由於此。立碑石龜尚在。昔時往交趾,皆由此關。其南尤多瘴癘,去者罕得生還。諺云:十人去,九不還"①。《舊唐書·地理志》也記載,容州北流縣,州所治。漢合浦縣地,隋置北流縣。"縣南三十里,有兩石相對,其間闊三十步,俗號鬼門關。漢伏波將軍馬援討林邑蠻,路由於此,立碑石龜尚在。昔時趨交趾,皆由此關"②。

根據李吉甫《元和郡縣圖志》記載,唐朝從安南都護府所在的交趾到長安、洛陽,即須經由這條通道而往,其里程"北至上都六千四百四十五里,水路六千六百四十里。北至東都五千七百八十里,水路六千三百八十里"③。而容州既是捍蔽安南的軍事重鎮,也是連接安南及海外與中原內地商貿聯繫的中轉站。于邵《送紀奉禮之容州序》稱:"容州經略之府,南據交趾,北達蒼梧。"④開元年間,盧藏用撰《景星寺碑銘》稱容州"此地南馳日户,北走石門,海陸當天下之衝,琛贐總寰中之貴,珠還浦媚,商旅之所往來"⑤。陳陶《贈容南韋中丞》詩曰:"普寧都護軍威重,九譯梯航壓要津。十二銅魚尊畫戟,三千犀角擁朱輪。

① 《通典》卷一八四《州郡十四》,第4941頁。
② 《舊唐書》卷四一《地理志》,第1743頁。
③ 《元和郡縣圖志》卷三八,第956頁。
④ 《全唐文》卷四二七,第4351頁。
⑤ 《全唐文》卷二三八,第2409頁。

風雲已靜西山寇,閭井全移上國春。"①沈佺期在容州有《入鬼門關作》詩:"昔傳瘴江路,今到鬼門關。土地無人老,流移幾客還?"又曰:"馬危千仞谷,舟險萬重灣。問我投何地?西南盡百蠻。"②可見這條通往安南道路的重要性。"瘴江"又稱合浦江,即今南流江③。

從容州沿南流江往南,今廣西博白縣境内還有"馬門灘",北宋《元豐九域志》稱:"馬援南征,以江流迅激,舟楫不通,乃疏作盡去其石。餘有二巨石,雙立若門,因謂之馬門,如奔馬。"④

馬援在進軍交趾的過程中,爲了解決軍需糧餉的饋運和軍隊的調遣,也同樣非常重視海上通道的疏浚和整治。不過,歷史上多種典籍對此記載的差異較大。東晉時劉欣期所撰《交州記》記載:"鑿南塘者,九真路之所經,去州五百里焉。(馬)援積石爲塘,以通於海。達於象浦,建標爲南極之界。"⑤北魏酈道元《水經注》記載爲:"鬱水又南自壽冷縣注入海。昔馬文淵積石爲塘,達於象浦,建金標爲南極之界。"⑥所謂"金標",即是馬援曾經建立過作爲漢朝最南邊疆標志的"銅柱"。《太平寰宇記》記載愛州軍寧縣有"鑿口","即馬援開石道處",並引東晉成書的《廣州記》爲:"馬援鑿九真山,即石爲隄,以遏海

---

① 《全唐詩》卷七四六,第8749頁。
② 《全唐詩》卷九七,第1050頁。
③ 《元和郡縣圖志》記載,廉州有"瘴江,州界有瘴江,名爲合浦江。自瘴江至此,瘴癘尤甚,中之者多死,舉體如墨。春秋兩時彌盛,春謂青草瘴,秋謂黄茅瘴,馬援所謂'仰視鳥鳶,跕跕墮水中',即此也。土人諳,則不爲病。"(見王象之《輿地紀勝》卷一二○《廉州》所引《元和郡縣圖志》闕文,第3847、3848頁)
④ 《元豐九域志》附錄《新定九域志》卷九,第705頁。
⑤ 《太平御覽》卷七四"塘"條引,第346頁;《水經注》卷三六《温水注》徵引部分。
⑥ 《水經注校證》卷三六《温水注》,第840頁。然而,根據宋代王應麟《玉海》卷二五《地理·標界》的記載,《水經注》的這段文字實出自東漢楊孚的《南裔異物志》,《景印文淵閣四庫全書》第943册,第619頁。

波，自是不復遇海漲。"①晉宋之際的沈懷遠所撰《南越志》亦稱："馬援鑿通九真山，又積石爲坻，以遏海波，由是不復過漲海。"②據上，馬援"鑿通九真山，又積石爲坻"的目的，都是爲了防禦海中的風浪，使得海上航行的船舶在此可以避開漲海。

　　唐、宋史料對此也有專門的記載。唐李吉甫《元和郡縣圖志》稱愛州日南縣有"鑿山"，在縣北一百三十里，"昔馬援征林邑，阻風波，乃鑿此山灣爲通道，因以爲名"③。根據以上記載，馬援開鑿海道的地點在交趾以南的九真郡。九真郡爲西漢趙佗所置，治所在胥浦縣（今越南清化省東山縣），轄境相當於今越南清化、河靜兩省及乂安省東部。梁改九真郡爲愛州。唐初爲愛州。唐玄宗天寶元年（742）改愛州爲九真郡。乾元元年（758）復改爲愛州。然而，《舊唐書》記載驩州九德縣則曰：

　　　　後漢遣馬援討林邑蠻，援自交趾循海隅，開側道以避海，從蕩昌縣南至九真郡，自九真至其國，開陸路，至日南郡，又行四百餘里，至林邑國。又南行二千餘里，有西屠夷國，鑄二銅柱於象林南界，與西屠夷分境，以紀漢德之盛。其時，以不能還者數十人，留於其銅柱之下。至隋乃有三百餘家，南蠻呼爲"馬留人"。其水路，自安南府南海行三千餘里至林邑，計交趾至銅柱五千里。④

根據《舊唐書》的記載，馬援"自交趾循海隅，開側道以避海"，說明其

---

①　《太平寰宇記》卷一七一《嶺南道十五·愛州》引《廣州記》，第3270頁。
②　《初學記》卷八《嶺南道》引《南越志》，第193頁。
③　《元和郡縣圖志》卷三八《嶺南道·愛州》，第960頁。
④　《舊唐書》卷四一《地理志四·嶺南道·驩州》，第1755頁。

開鑿海道是在漢代交趾郡境內。北宋初成書的《太平寰宇記》記載相同①。據此可知,馬援在交趾一帶海隅"開側道以避海難",與其在九真以南"隨山刊木,開陸路",應屬於兩件性質不同的事情。

　　由於今江山半島一帶已經很接近於漢代交趾郡的範圍,因此,我們認爲,《舊唐書》所謂"援自交趾循海隅,開側道以避海",以及《太平寰宇記》所謂"援自交趾循海隅,開側道以避海難",都可能與馬援在江山半島"天威遥"一帶的開鑿有關。我們的推測基於這樣一些理由:第一,由於今天越南河內以南即原九真郡境內的"鑿口",並没有發現古代大規模海上工程的遺迹。馬伯樂指出,"馬援率其軍隊及約兩千艘帆船的船隊離開東京。他沿紅河而下,然後沿 Song Day 進發,到達鑿口(即今日神投),距交州郡治五百里。在這一地點,現代地圖提供了漢代地形的一個錯誤觀念"。"在較後的幾個世紀,一個傳説講述稱:馬援到達此地時,鑿穿了山嶽,在海上設立堤壩"②。馬伯樂認爲,這一帶海灣的形狀和特點,決定了在此並不需要進行大型海上工程。第二,從合浦通往交趾的海上航道以江山半島一帶最危險。而且這裏保留了進行大規模工程的遺迹。馬援在交趾停留的時間並不長,如果着手開鑿"天威遥"工程,而且"死役者不啻萬輩",很難設想還能在其他地方進行過大規模工程。第三,史書所記載的馬援"隨山刊道",以及因"阻風波,乃鑿此山彎爲通道","以遏海波,由是不復過漲海"等等,我們推測以上所有記載,其實都是指在今江山半島上開鑿"天威遥"一帶的人工運河。裴鉶《天威遥碑》稱馬援"鑿山穿山,遠避海

---

① 《太平寰宇記》卷一七一《嶺南道十五·驩州》,第 3274 頁。

② Henry Maspero, "L'expédition de Ma Yuan," *Bulletin de l'École Française d'Extrême-Orient* XVIII: 3, 1918, p.22.

路”，與《舊唐書》所謂“開側道以避海”所指應相同，而且也與今天江山半島地形相符。今“天威遙”遺迹穿越了不少山谷和山地。特別是這一巨大工程的目的，確實是爲了避開半島頂端海面上的颶風巨浪。第四，由於“天威遙”一帶遠在炎徼蠻荒之地，一般史家無法瞭解實際情況，所以很容易將其誤記爲交趾以南的地區。

根據裴鉶《天威遙碑》的記載，馬援開鑿“天威遙”所遇到的最大障礙，是運河所經過之地，“多爲霆震山之巨石，自巔而咽之。伏波無術，不能禁，乃甘其息”，雖然“死役者不啻萬輩”，但是“竟不遂其志”。“霆震山”説明當地雷霆頻繁。而馬援未鑿通的關鍵原因，在於有巨石橫亘而無法鑿通。今江山半島上“天威遙”遺址所經的確有山地橫亘。也就是説，從漢代以來各種關於馬援開鑿海道的記載，可能實際上是一件没有真正完成的大型運河工程。然而，由馬援開闢的以合浦附近爲起點前往交趾的這條海上通道，在其後很長時期都具有極爲重要的軍事意義，歷史上又稱爲“馬援古道”、“馬援故道”，或“伏波故道”。顧炎武稱：“自馬伏波以來，水軍皆由之。自欽州南大海揚帆一日，至西南岸，即交州潮陽鎮也。”[1]秦漢時代，合浦能夠成爲南海國際貿易的重要口岸，即在於這裏是北部灣地區海陸交通的樞紐，是中國東南沿海航道與從中原內地前往交趾陸上通道的交匯點。從東漢馬援開始，廣西合浦一帶即成爲控馭安南的軍事戰略要地[2]。這一帶長期都

---

[1] （明）顧炎武撰，黄坤等校點《天下郡國利病書》之《廣東備録中·運道遺迹》，第3279頁。

[2] 《三國志·吴書·孫皓傳》記載：寶鼎三年（268），吴軍攻交趾，敗，“兵散還合浦”（第1167頁）；建衡元年（269），吴遣軍由建安海道“就合浦擊交趾”。吴永安三年（260）置建安郡，治所在今福建建安縣。《晉書》卷五七《陶璜傳》記載建衡三年（271），吴將陶璜率軍擊交趾之初，“敗，退保合浦”（第1558頁）。説明合浦一直是中央王朝經營交州的戰略要地。

有祭祀馬援的烏雷廟①。

　　根據裴鉶《天威遥碑》，繼馬援之後，唐朝的幾任安南都護都進行過"天威遥"運河的大規模開鑿，碑文稱："自唐皇（皇唐）有三都護，〔聆〕其舊迹，俱〔扼腕忿悁〕，〔盡〕欲繼其事。遂命叠燎沃醿，力殫物耗，踵前功而不就。又各殞數千夫，積骸於逕之畔。邇者無有敢議其事者。"説明在高駢治理安南之前，唐朝已經有三位安南都護開鑿過江山半島的"天威遥"運河。

　　根據我們的研究，這些開鑿均與唐朝在安南的大規模軍事行動相關。唐玄宗開元年間，安南大都護光楚客應爲"皇唐三都護"之一。開元十年（722）八月，"安南蠻渠梅叔鸞叛，號黑帝，舉三十二州之衆，外結林邑、真臘、金鄰等國據海南，衆號四十萬"②。據此，安南梅叔鸞的反叛與唐朝境外的林邑、真臘和金鄰等外國勢力糾結在一起，並攻陷了安南都護府所在的交趾城③。唐玄宗遂派右監門衛將軍宦官楊思勖率軍征討。史載楊思勖"至嶺表，鳩募首領子弟兵馬十餘萬，取伏波故道以進，出其不意。玄成遽聞兵至，遑惑計無所出，竟爲官軍所擒，臨陣斬之，盡誅其黨與"④。不過，以上記載忽略了另一位重要人物，即

---

① 《嶺外代答校注》卷一稱："欽廉海中有砂磧，長數百里，在欽境烏雷廟前。"（第37頁）《輿地紀勝》卷一一九《廣南西路·欽州·碑記》引《烏雷廟記》稱："自唐以來所有碑記，今猶存。廟在城外半里。"（第3833頁）《明一統志》卷八二《廉州府》記載"烏雷廟在欽州南五里，自唐以來碑記尚存。本朝永樂初重修"（《景印文淵閣四庫全書》第473册，第724頁）。（清·乾隆）周碩勛等修《廉州府志》卷六《建置壇廟》稱烏雷廟"祀馬伏波將軍。唐以來碑記尚存"《廣東歷代方志集成》，第83頁。

② 《新唐書》卷二〇七《宦官傳》，第5857頁；《舊唐書》卷一八四《宦官·楊思勖傳》。周紹良、趙超主編《唐代墓志彙編》開元五一五號，第1509頁。

③ 《册府元龜》卷六六七《内臣部·將兵》，第7976頁。

④ 《册府元龜》卷六六七《内臣部·立功》，第7981頁。《舊唐書》卷一八四《楊思勖傳》、《資治通鑑》卷二一二等記載相同。

安南大都護光楚客。《新唐書》卷二〇七《楊思勖傳》記載,楊思勖“詔募首領子弟十萬,與安南大都護光楚客繇馬援故道出不意,賊駭眙不暇謀,遂大敗,封尸爲京觀而還”①。據此,楊思勖和安南大都護光楚客都是由“馬援故道”出奇不意進軍安南剿滅梅叔鸞的。

　　唐玄宗開元元年(713),曾任黄門侍郎的盧藏用因依附太平公主被流放到安南都護府所管轄的驩州,途中受容州都督光楚客之邀,撰有《景星寺碑》,碑文記載光楚客此前曾經擔任過“檢校邕州都督,充開馬援古路使。北轉安南副都護”②。説明早在唐玄宗開元之前光楚客擔任邕州都督期間,還充當過“開馬援古路使”。隨後又轉任安南副都護。所謂“開馬援古路使”,其使命必然包括了重新開鑿“天威遥”運河。從光楚客擔任“開馬援古路使”到開元十年又被唐玄宗任命爲安南大都護,協同楊思勖鎮壓安南梅叔鸞的反叛,可見唐朝重新開鑿“天威遥”具有明顯的軍事意圖。

　　唐代“安史之亂”後,安南的形勢也日趨嚴峻。而張舟在江山半島重新開鑿“天威遥”運河也頗具典型意義。唐憲宗元和元年(806)至五年,張舟爲安南都護,其政績十分突出,包括安撫民衆,擊退林邑等國的進犯。柳宗元《唐安南都護張公(舟)志并序》記載:“文單、環王,怙力背義,公於是陸聯長轂,海合艨艟,再舉而克殄其徒,廓地數圻(原注:圻,千里地),以歸於我理。”③《舊唐書·憲宗紀》記載元和四年八月,“安南都護張舟奏破環王國三萬餘人,獲戰象、兵械,並王子五十九

---

① 《新唐書》卷二〇七《楊思勖傳》,第5857頁。
② 《全唐文》卷二三八,第2408頁。
③ 《柳河東集》卷一〇,第150頁。

人"①。環王國即林邑。《唐會要》亦記載元和四年八月,"安南都護奏破環王國僞號愛州都統三萬餘人,及獲王子五十九人,器械、戰船、戰象等稱之"②。張舟的這次出征應以唐朝在安南創建的水師爲主。

　　張舟開鑿"天威遥"即與唐朝在安南建立的大型水師有關。元和四年九月,安南都知兵馬使兼押衙安南副都護杜英策等五十人,狀舉安南都護張舟到任以來政績稱:"諸道求市,每月造成器械八千事。四年以來,都計造成四十餘萬事,於大廳左右,起甲仗樓四十間收貯。安南戎寇,難利鬭戰,先有戰船,不過十數隻,又甚遲鈍,與賊船不過相接。張舟自創新意,造艨艟舟四百餘隻,每船戰手二十五人、棹手三十二人、車弩一支、兩弓弩一支,掉出船内,迴船向背,皆疾如飛。"敕旨:"宜付所司"③。據此可知,張舟在安南建造的海上戰艦可以裝備水軍兩萬人以上。柳宗元《唐安南都護張公(舟)志并序》記載,"公患浮海之役,可濟可覆,而無所恃,乃刳連烏,以闢坦途,鬼工來并,人力罕用。沃日之大,束成通溝;摩霄之阻,筶爲高岸。而終古蒙利。"④所謂"患浮海之役,可濟可覆,而無所恃",即唐朝派兵跨越海道在安南等地進行的作戰,其水上戰艦的安全無法保證。因此,張舟遂組織大量人力開闢海上通道,其中最主要的工程就是"天威遥"運河。

　　今"天威遥"運河中部西南段石壁上的刻字,尚見有"元和三年"字樣,字迹拙樸,大約是工匠或士兵的手迹,應該就是張舟開鑿"天威遥"過程中所留下的遺迹。同時,由張舟主持的開鑿"天威遥",應當是晚唐

---

① 《舊唐書》卷一四《憲宗紀上》,第 428 頁。
② 《唐會要》卷七三《安南都護府》,第 1565 頁,
③ 《唐會要》卷七三《安南都護府》,第 1566 頁。
④ 《柳河東集》卷一〇,第 151 頁;《全唐文》卷五八九,第 5955 頁。

高駢以前三任安南都護中最重要的一次。然而,柳宗元所説"沃日之大,束成通溝;摩霄之阻,砉爲高岸。而終古蒙利",顯然並不真正符合歷史事實。根據《天威遥碑》的記載,其結果是"力殫物耗,踵前功而不就。又各殞數千夫,積骸於逕之畔。逓者無有敢議其事者"。

唐朝幾任安南都護多次開鑿"天威遥",突顯了安南海上通道在軍事上的極端重要性。史載唐高宗永徽(650—655)以後,"以廣、桂、容、邕、安南府,皆隸廣府都督統攝,謂之五府節度使,名嶺南五管"①。《通典》記載:"嶺南五府經略使,理南海郡,管兵萬五千四百人,輕税當道自給。綏静夷獠,統經略軍(原注:南海郡城内,管兵五千四百人)、清海軍(恩平郡城内,管兵二千人)、桂管經略使(始安郡,管兵千人)、容管經略使(普寧郡,管兵千一百人)、鎮南經略使(安南都護府,管兵四千二百人)、邕管經略使(朗寧郡,管兵千七百人)。"②從嶺南五府的布局以及後來不少沿海軍鎮的創設來看③,唐朝在嶺南建立了相當完整的陸、海結合的軍事防禦體系。

唐朝在安南所進行的多次大規模軍事行動,需要調動嶺南五管之兵以及中原内地的軍隊,均與這條"馬援故道"有關。武則天垂拱三年(687),安南酋領李嗣仙殺安南都護劉延祐,劫州縣,武則天詔廣州都督馮元常討之,馮元常"率士卒航海,馳檄先示禍福,賊黨多降,元常縱

---

① 《舊唐書》卷四一《地理志》,第 1712 頁。
② 《通典》卷一七二《州郡二》,第 4483 頁。
③ 例如唐玄宗開元年間在珠江入海口創設的屯門鎮,《唐會要》卷七三記載,開元二十四年(736)正月,"廣州寶安縣(後改東莞)新置屯門(今香港)鎮,領兵二千人,以防海口";貞元七年(791)五月,"置柔遠軍於安南都護府"(第 1565 頁);至於在廣西合浦南流江入海口創建的海門鎮,見後面的討論。

兵斬首惡而還"①。開元七年至十年(719—722)裴仙先爲廣州刺史，"尋安南反叛，邊荒告急"，唐玄宗即加裴仙先雲麾將軍，"公擐甲執兵，淩山泛海。摧元凶於烏雷之浦，走謁者於馬援之窟。誅叛柔服，振凱頒師"②。"烏雷之浦"即安南都護府陸州所轄的烏雷縣或烏雷山。天寶十載至十二載(751—753)，張九皋爲廣州刺史兼五府節度經略採訪處置等使，"公招募敢勇，繕治樓船，綏懷遠人，安集獷俗。或指劍山之路，或出銅柱之鄉，以回船運糧，省泛舟之役，以於來授甲寬土著之人，寄重務殷，用省功倍，天子嘉之"。"且五府之人，一都之會，地包山洞，境闊海壖，異域殊鄉，往來輻凑"③。所謂"銅柱之鄉"指安南都護府境内，説明嶺南節度經略使負有防衛嶺南五管的職責。而"繕治樓船"和"以回船運糧"，則説明廣州地區的樓船水師一直都負責從廣州到安南的沿海巡防。

　　唐玄宗天寶後期，唐朝與南詔之間發生大規模的戰爭。除了從四川進軍外，唐朝還調集嶺南五府之兵從安南進攻，藉此形成對南詔東、北兩面鉗攻的形勢。《資治通鑑》記載，天寶十二載(753)五月，"以左武衛大將軍何履光將嶺南五府兵，擊南詔"。胡三省注"五府"爲："廣、桂、邕、容、交。"④《全唐詩》卷二一二高適《李雲南征蠻詩並序》："天寶十一載，有詔伐西南夷，右相楊公兼節制之寄，乃奏前雲南守李

① 《新唐書》卷一一二《馮元常傳》，第 4179 頁；《舊唐書》卷一八五上《良吏·馮元常傳》，第 4800 頁。
② 《全唐文補遺》第八輯，第 44—45 頁。
③ (唐)蕭昕《張九皋神道碑》，《文苑英華》卷八九九，第 7431 頁；《廣東通志·金石略》，第 81 頁。
④ 《資治通鑑》卷二一六，唐玄宗天寶十二載，第 6918 頁。

宓涉海自交趾擊之,道路險艱,往復數萬里,蓋百王所未通也。"①《南
詔德化碑》稱:"天寶十三載,雲南(姚州)都督李宓、廣府節度何履光
及中使薩道懸遜總秦隴英豪,兼安南子弟,伐南詔。"②清人顧祖禹稱,
唐天寶九載鮮于仲通伐南詔,"統大軍出南溪路(今四川叙州府)",
"安南軍出步頭路(步頭,今臨安府)";至天寶十三載李宓伐雲南,"亦
分二道:宓自蜀入,廣南節度使何履光督軍自海道入","安南路即所謂
海道也"③。

　　唐順宗永貞元年(805)八月,西川度支副使劉辟發動叛亂,以"甲卒
三萬"進攻東川。唐憲宗敕令高崇文即高駢祖父等統領七千神策軍,與
山南西道節度使嚴礪、劍南東川節度使李康形成犄角之勢進討④。其時
嶺南節度使徐申"表請發卒五千,循馬援故道,由爨蠻抵蜀,搗闕不備。
詔可"⑤。權德輿《嶺南節度使徐申行狀》稱徐申"以御史大夫督南海
二十一州軍事而節制焉。時庸蜀未靖,公密疏請發率徒五千,循伏波
故道,由爨蠻抵瑠峨,以會師期誅不恪。召可其奏"⑥。唐德宗貞元以
後,唐朝與南詔關係一度和好。以上記載意味着嶺南駐軍"循馬援故
道"即由合浦越海至交趾,再由交趾往西北經紅水河道進入雲南爨蠻的
通道。而這條道路恰恰也是東漢馬援準備從交趾進軍益州的路綫⑦。

----

① 《全唐詩》卷二一二,第 2209 頁。
② (清)王昶編《金石萃編》卷一六〇,北京:中國書店,1985 年。
③ 《讀史方輿紀要》卷一一三《雲南一》,第 5041 頁。
④ 唐憲宗《討劉辟制》,《全唐文》卷五六,第 606 頁。
⑤ 《新唐書》卷一四三《徐申傳》,第 4965 頁。
⑥ 《全唐文》卷五〇二,第 5109 頁。
⑦ 按《水經注校證》卷三七"葉榆河"記載:"建武十九年,伏波將軍馬援上言:從麋泠出賁
　　古,擊益州。臣所將駱越萬餘人,便習戰鬬者二千兵以上,⋯⋯愚以爲行兵此道最便,蓋
　　承藉水利。"(第 859 頁)。

以上説明唐朝的"馬援故道"不僅關係到安南的局勢,而且與唐朝對西南的雲、貴、川地區的經營都有直接關係。裴鉶《天威遥碑》記載,東漢馬援在開鑿"天威遥"時"死役者不啻萬輩",而唐朝前三任安南都護的開鑿,"又各殞數千夫,積骸於遥之畔",一方面説明了"天威遥"運河工程異常艱險,同時也説明了安南海上通道對於中央王朝所具有的重要戰略意義。從東漢馬援到唐代張舟,雖然没有開通"天威遥"運河,但是無疑爲晚唐高駢的最後完成創造了條件。

(三)晚唐海門鎮的崛起與安南前綫的軍糧運輸

(1)晚唐安南的局勢與海門鎮的崛起

唐"安史之亂"後,嶺南道西部的"西原蠻"和"黄洞蠻"開始了長達一百多年的叛亂。而安南境内一方面有地方溪洞豪族的反叛,另一方面則有南詔、林邑等政權的多次進犯。在此情況下,確保"馬援故道"的暢通無阻,就成爲唐中央王朝控馭安南以至穩定整個嶺南局勢的關鍵。唐朝爲此特地創設了具有重要軍事戰略意義的海門鎮。關於海門鎮的位置,歷來有三種説法:一爲今越南海防省安陽北[1];二爲今廣西博白縣東南[2];三爲廣西博白縣西南[3]。按唐朝在嶺南創設的海門鎮的確切地址,應在今廣西博白縣西南的南流江的出海口附近。而這裏也正是歷史上通往安南"馬援故道"的起點。

---

[1] 此説最早大致出自清代盛慶紱編著的《越南地輿圖説》。該書稱"安廣省,領(海東)府一。古安邦,秦屬南海,漢屬交阯,唐改武安州,後置海門鎮"(載王錫祺輯《小方壺齋輿地叢鈔》第十帙二册,上海:上海著易堂,1891 年);又見譚其驤主編《中國歷史地圖集》第五册《唐朝嶺南道東部》,北京:中國地圖出版社,1982 年,69—70 頁。

[2] 《資治通鑑》卷二四一、憲宗元和十五年二月,胡三省注曰:"海門鎮,在白州博白縣東南。"(第 7779 頁)另見《讀史方輿紀要》卷一〇八《廣西三》,第 4876 頁。

[3] (清)《大清一統志》卷三六七《廉州》,《景印文淵閣四庫全書》第 482 册,第 522 頁。

關於唐代海門鎮開始設置的時間,根據《資治通鑑》記載,唐憲宗元和十五年(820)二月,裴行立赴任安南都護,"至海門而卒"①。因此,海門鎮創設的時間應在此之前。近年出土的由崔元略於唐元和十年(815)撰寫的《唐李輔光墓志銘》曰:

> 由是方隅重事,咸所委屬。嶺嶠之南,漸於海日,邕管地偏人狹。□□□將有缺,溪洞連結爲盜者僅廿萬衆。王命稽擁,逮於周歲,鄰道節使,咸請進討。德宗皇帝且曰:以吾人伐吾人,尅之非利。於是命公招諭。……公乃訊詰疑懼,昭示恩威,浹辰之間,咸知所嚮。公素練兵機,具見腰領,巡視川谷,占其要害,奏請於海口置五鎮守捉。至今帖然,人受其賜。②

唐德宗時期,嶺南邕管、容管均有不少州縣爲"黄洞蠻"占據,原經由北流江和南流江前往安南的河運通道也受到嚴重威脅。宦官首領李輔光曾經被派往嶺南招撫。《新唐書·南蠻傳》記載貞元十年(794),黄洞蠻首領黄少卿攻邕管,邕管經略孫公器"請發嶺南兵窮討之。德宗不許,命中人招諭,不從,俄陷欽、横、潯、貴四州"③。所謂"中人",即指被唐德宗派遣前來招撫的著名宦官李輔光。根據以上的記載,李輔光雖然未能真正平息反叛,但却促成了在"海口置五鎮守捉"。這裏的"海口"即是"海門"。而海門鎮設置的時間,可以確定在唐德宗貞元十年。按照唐朝軍制,每一上鎮爲五百人。而在海門鎮"置五鎮守捉",説明其規模相當大。

---

① 《資治通鑑》卷二四一,憲宗元和十五年二月,第7779頁。
② 周紹良、趙超主編《唐代墓志彙編》元和八三號,第2007頁;《全唐文》卷七一七,第7375頁。
③ 《新唐書》卷二二二下《南蠻傳下》,第6330頁。

從唐宣宗大中十二年（858）開始，南詔多次大舉進攻安南和邕管，嶺南西南部形勢急劇惡化，海門鎮和"馬援故道"的重要性更加突出。咸通三年（862）二月，南詔再攻安南。朝廷以蔡襲爲安南經略使，"仍發許、滑、徐、汴、荆、襄、潭、鄂等道兵各（合）三萬人，授襲以禦之。兵勢既盛，蠻遂引去"①。此時在安南境内一度聚集有來自北方的軍隊三萬人。

唐懿宗咸通四年正月，南詔攻陷交趾（今河内）。唐朝遂於同年六月，"廢安南都護府，置行交州於海門鎮；以右監門將軍宋戎爲行交州刺史，以康承訓兼領安南及諸軍行營"②。說明唐朝的統治力量一度完全退出了安南。而海門鎮則成爲安南都護府軍政機構的臨時駐所，並聚集了經由海上從安南撤回的大量官兵。唐懿宗在咸通四年七月發布的詔令稱："安南寇陷之初，流人多寄溪洞，其安南將吏、官健走至海門者人數不少，宜令宋戎、李良瑛察訪人數，量事救恤"③。

在這種嚴峻形勢下，唐朝採取了多方面的重要措施。首先，唐朝在海門鎮開始大量集結軍隊和準備渡海作戰的大型帆船以及大量糧食，使之成爲收復安南都護府的軍事基地。其次，唐朝對嶺南道行政區劃也進行了重大改革。咸通三年五月，唐朝爲了加強對嶺南西部的控制，正式將原嶺南道一分爲二，在廣州設嶺南東道節度使，在邕州設

① 《資治通鑑》卷二五〇，唐懿宗咸通三年，第 8096 頁。

② 《資治通鑑》卷二五〇，唐懿宗咸通四年，第 8105 頁；《新唐書》卷二二二中《南詔傳》，第 6284 頁。

③ 《册府元龜》卷一四七《帝王部·恤下》，第 1784 頁；唐懿宗《恤民通商制》，《全唐文》卷八三，第 871 頁。

嶺南西道節度使①。這是具有深遠影響的歷史事件。從此以後,嶺南就正式分爲東、西兩部分。唐朝從全國各地徵調重兵,咸通四年三月,任命康承訓爲嶺南西道節度使,"發荆、襄、洪、鄂四道兵萬人與之俱"②。《新唐書·南蠻傳》則記載爲授康承訓嶺南西道節度使,"發荆、襄、洪、鄂兵萬人從之。承訓辭兵寡,乃大興諸道兵五萬往"。任命宋戎爲安南經略使,"發山東兵萬人鎮之"③。咸通五年(864)一月,"以容管經略使張茵兼句當交州事(原注:時交州寄治海門),益海門鎮兵滿二萬五千人,令茵進取安南";三月,"康承訓至邕州,蠻寇益熾,詔發許、滑、青、汴、兖、鄆、宣、潤八道兵以授之。承訓不設斥候;南詔帥群蠻近六萬寇邕州,將入境,承訓乃遣六道兵凡萬人拒之,以獠爲導,紿之。敵至,不設備,五道兵八千人皆没"④。

據此可知,唐朝從北方内地徵集的五萬以上精鋭,主要集結在海門鎮和邕州兩地。另外,唐朝還在洪州(今江西南昌)等地建立後備軍以策接應嶺南。咸通六年(865)四月,宰相楊收建議"蠻寇積年未平,兩河兵戍嶺南冒瘴霧物故者什六七,請於江西積粟,募强弩三萬人,以迎接嶺南"。該年五月,唐朝爲此正式"置鎮南軍於洪州"⑤。

直到咸通六年七月,安南都護高駢率五千禁軍從海門鎮出發,沿"伏波故道"一舉收復交趾,結束了安南地區長達十年的戰亂。高駢所作《南征叙懷》一詩稱:"萬里驅兵過海門,此生今日報君恩。回期直

① 《舊唐書》卷一九上《懿宗紀》,第652頁;唐懿宗《分嶺南爲東西道敕》,《唐大詔令集》卷九九,第501頁。
② 《資治通鑑》卷二五〇,唐懿宗咸通四年三月,第8104頁。
③ 《新唐書》卷二二二中《南蠻傳中》,第6248頁。
④ 《資治通鑑》卷二五〇,唐懿宗咸通五年,第8108頁。
⑤ 《資治通鑑》卷二五〇,唐懿宗咸通六年四月條,第8111頁。

待烽烟静,不遣征衣有淚痕。"①即與此有關。史載安南都護高駢"自
海門進軍破蠻軍,收復安南府。自李琢失政,交阯陷没十年。蠻軍北
寇邕、容界,人不聊生,至是方復故地"②。《舊唐書·高駢傳》記載,自
從安南陷落,"自是累年亟命將帥,未能收復。五年,移駢爲安南都護。
至則匡合五管之兵,期年之内,招懷溪洞,誅其首惡,一戰而蠻卒遁去,
收復交州郡邑"③。可見,高駢也是從海門鎮出發,循"馬援故道"出奇
不意地跨海收復安南的。

清光緒二十一年(1895),廣西容縣出土了《容管經略押衙安子遠
墓志銘》,一般金石著作未及收録。碑主安玄朗,字子遠,其先武威人,
實爲華化的西域人。其祖及父三代均任官嶺南,遂落籍嶺南容管。碑
文稱:

> 屬者地連溪洞,境接交、邕,蠻蜑頪繁,烽鼓歲警,藉其式遏,
> 必在良能。前政廉問,以公負統衆之才,出於流輩,委帥師之任,
> 允位得人。乃命公充海門防戍軍都知兵馬使。……以乾符二年
> (875)八月廿三日,終於海門軍營官舍。④

説明此時的海門已經從"海門鎮"進一步升格爲"海門防戍軍"。五代
十國時期海門鎮仍具有重要戰略意義,至北宋初則升格爲海門軍⑤。

---

① 《全唐詩》卷五九八,第6923頁。
② 《唐會要》卷七三《安南都護府》,第1567頁。
③ 《舊唐書》卷一八二《高駢傳》,第4703頁。
④ (清)易紹修,封祝唐纂《容縣志》卷二四《金石志》,清光緒二十三年(1897)刊本,收入《中國方志叢書》,第196號,臺北:成文出版有限公司印行,1989年,第967—971頁。
⑤ (宋)曾鞏撰《隆平集》卷一稱:"太平興國八年(983)以海門鎮爲太平軍。"又見《續資治通鑑長編》卷二四,宋太宗太平興國八年,第537頁;《文獻通考》卷三二三《輿地考九·廉州》,第2544頁。

裴鉶《天威遥碑》稱自從高駢收復安南,駐扎軍隊,"然運粟走食,尚阻洪濤"。前引北宋人爲《天威遥碑》所寫的跋文亦稱:"咸通中,渤海公高駢南征,開治糧道"。説明高駢在收復安南後,開鑿"天威遥"最直接和最緊迫的原因,除了軍隊的調遣,還是安南前綫數額巨大的軍需糧餉運輸。唐朝前期的律令明確規定,嶺南五府經略使,管兵萬五千四百人,"輕税當道自給"①。然而,由於唐後期嶺南戰事頻仍而且持久,特別是至晚唐安南形勢的惡化,全國各地軍隊大量集結在嶺南,其所需糧餉大部分則需要由江南東道、江南西道等内地承擔。而此時承擔大規模軍糧運輸的主要通道分海上、陸上兩路。對安南軍糧的運輸一時竟成爲唐朝整個國家最緊迫的任務之一。

(2)從靈渠經海門鎮到安南的軍糧運輸

唐宣宗大中元年(847)二月至二年二月,鄭亞因爲受宰相李德裕的牽連,由給事中出爲桂州刺史、桂管防禦觀察等使。李商隱被鄭亞辟爲幕府掌書記。李商隱爲鄭亞所作《爲滎陽公論安南行營將士月糧狀》,真實地反映了桂管的兵力配置、出界征戍及供應給養等情况,尤其是反映了從桂州往安南發遣將士和錢糧運輸的艱難。其文曰:

> 使當道先准詔發遣行安南行營將士五百人,其月糧錢米,並當道自般運供送者。右臣當道繫敕額兵,數止一千五百人。内一千人散於西原防遏,三百人扭在邕管行營,入界内分捉津橋,專知鎮戍。計其抽用,略無孑遺。至於堅守城池,備禦倉庫,供承職掌,傳遞文書,並是當使方圓衣糧,招收驅使。其安南行營將士,皆是敕額外人。又當管去安南三千餘里,去年五月十五日發遣,

---

① 《通典》卷一七二《州郡二》,第4483頁。

八月二十日至海門。遭惡風漂溺官健一十三人,沉失器械一千五
百餘事。其年十二月六日,差綱某等般送醬菜錢米,今年五月八
日至烏雷,又遭颶風,打損船三隻,沉失米五百餘石,見錢九十貫。
其月十八日至昆侖灘,又遭颶風,損船一隻,沉失米一百五十石。
至今姜士贇等,尚未報到安南。臣到任已來,為日雖淺,懸軍在
遠,經費為虞。竊檢尋見在行營將士等,從去年六月已後,至今年
六月已前,從發赴安南,用夫船程糧及船米賞設,並每月醬菜等,
一年約用錢六千二百六十餘貫,米麵等七千四百三十餘石。大數
雖破上供,餘用悉資當府。不惟褊匱,且以遐遙。有搬灘過海之
勞,多巨浪颶風之患。須資便信,動失程期。①

以上是一條相當重要的材料。從中可知唐後期桂管的實際兵員已遠
超規定兵額。其中"散於西原防遏",即指桂管部分兵力用於抵禦嶺南
西部西原蠻的大規模反叛。唐宣宗大中初年,安南形勢尚較穩定,但
是遠離安南的桂管即負擔了安南都護府境內相當繁重的兵員和軍需
的供應。從中可見陸上河道運輸也極為艱難。從桂州(桂林)出發到
達出海口附近的海門鎮,所需時間竟長達三個月還加五天。且途中因
遭遇惡風,致使"漂溺官健一十三人,沉失器械一千五百餘事"。李商
隱在狀文中所提及的"海門",就是指當時海運和陸上河運的交匯
點——海門鎮。從海門鎮前往安南的海上通道也十分艱險。由陸州
的烏雷所到達的"昆侖灘",是否就是今江山半島白龍尾的"怪石灘",
尚難以最後確定。"巨浪颶風"和船難等頻繁見於記載。可見,即使是
當時最為便捷的水上航運交通,其艱險也要遠遠超出我們的想像。

---

① 《全唐文》卷七七二,第8052頁。

在相當長的歷史時期内,秦朝史禄開鑿的靈渠一直是連接長江水系和珠江水系的咽喉。唐懿宗咸通年間,靈渠以及從靈渠通往海門鎮的陸上河運通道,承擔着向安南輸送軍糧的繁重任務。史載咸通三年(862)夏,"南蠻陷交阯,徵諸道兵赴嶺南。詔湖南水運,自湘江入澪渠,江西造切麪粥以饋行營。湘灘泝運,功役艱難"①。咸通五年五月,唐懿宗《以南蠻用兵特恩優恤制》亦提及:"南蠻奸宄不率,侵陷交阯,突犯朗寧,爰及巂州,亦用攘寇。""如聞湖南、桂州,是嶺路係口,諸道兵馬綱運,無不經過,頓遞供承,動多差配,凋傷轉甚,宜有特恩。潭、桂兩道各賜錢三萬貫文,以助軍錢,亦以充館驛息利本錢。"②

唐僖宗在乾符二年(875)所發布的《南郊赦文》尚提及,咸通五年(864),"梧州糴十萬石米,停儲數載之後,方令盤送邕、交,如聞卑濕損傷,雀鼠耗折,計其所言六萬石餘。……邕南、交阯,屯駐兵士,全無運糧,俾其足食。湖南、江西管内諸郡,出米至多,豐熟之時,價亦極賤,綱官若得錢收糴,每斗必有盈餘,道途既可經營。……所以經年累月,舳艫相交,江路多有沉淪,軍食常憂欠缺。……邕州、安南、晏州見屯諸道行營兵士,合食米錢等,三處兵數近四萬,日食錢米費用極多,全在諸道州使巡院,饋運相繼,免失支持"③。地處灘江與潯江交匯點的梧州④,在當時是爲安南轉運、貯存軍糧的中心之一。"綱官"即負責國家漕運的官員。所謂"經年累月,舳艫相交,江路多有沉淪,軍食常憂欠缺",也説明了從靈渠到海門鎮的陸上河運十分艱難。而所謂"日

---

① 《舊唐書》卷一九上《懿宗紀》,第 652 頁;《唐會要》卷八七《漕運》,第 1895 頁。
② 《全唐文》卷八三,第 871—872 頁;《舊唐書》卷一九上《懿宗紀》,第 656 頁。
③ 唐僖宗《乾符二年南郊赦》,《唐大詔令集》卷七二,第 403 頁。
④ 《讀史方輿紀要》卷一〇八《梧州府》稱:"蒼梧爲兩粵都會,北自灘江建瓴而下,西則牂牁及鬱合爲巨浸,縮轄三江之流而注之大壑。"(第 4858 頁)

食錢米,費用極多",根據《唐六典》的記載,"給公糧者,皆承尚書省符。丁男日給米二升,鹽二勺五撮"①。我們姑且以每名士兵每天需要二升(斤)糧食計算,海門鎮和邕州等地集結的五萬官兵每天就需要十萬斤糧食,全年則需要三千六百五十萬斤。可見這一數字在當時無論徵集還是運輸,都是一種多麼沉重的負擔。

唐懿宗咸通九年(868),也就是高駢開鑿"天威遥"的同一年,時任桂州刺史的魚孟威大規模的重新整修靈渠,也與安南的形勢直接關。魚孟威《桂州重修靈渠記》曰:

> 靈渠乃海陽山水一派也,謂之灕水焉。舊說:秦命史禄吞越嶠而首鑿之,漢命馬援征徵側而繼疏之。所用導三江,貫五嶺,濟師徒,引饋運,……則所繫實大矣。年代寖遠,隄防盡壞,江流且潰,管道遂淺,潺潺然不絶如帶,以至舳艫經過,皆同囊盞。雖篙工檝師,駢臂束立,睊眙而已,何能爲焉? ……況近歲來蠻寇猶梗,王師未罷,或宣諭旁午,晦暝不輟;或屯戍交還,星火爲期。……咸通九年,余自黔南移鎮於此,……自九年興工,至十年告畢。其鏵隄悉用巨石堆積,延至四十里,切禁其雜束篠也。其斗門悉用堅木排竪,至十八里,切禁其間散材也。浚決磧礫,控引汪洋,防阨既定,渠遂洶涌。雖百斛大舸,一夫可涉。……咸通十一年四月十五日,謹記②

所謂"況近歲來蠻寇猶梗,王師未罷",即主要與安南的形勢直接相關。與高駢開鑿"天威遥"一樣,魚孟威整治靈渠的直接原因就是爲安南等

---

① 《唐六典》卷一九《太倉署》,第527頁。
② 《文苑英華》卷八一三《河渠》,第4297頁。

地饋運軍糧。碑文稱靈渠經過這次治理,"雖百斛大舸,一夫可涉"。
《新唐書》記載桂州興安縣有靈渠,"引灘水,故秦史禄所鑿,後廢。寶
曆初,觀察使李渤立斗門十八以通漕,俄又廢。咸通九年,刺史魚孟威
以石爲鏵隄,亘四十里,植大木爲斗門,至十八重,乃通巨舟"①。魚孟
威爲此亦專門作《桂州重修靈渠記》以示紀念。前引宋王象之《輿地
碑記目》卷三《鬱林州碑記》著録的《唐乾符中碑》,稱北戍灘在博白縣
西南一百里馬門灘之下。唐咸通末,高駢歸闕,自海路由合浦而上,
"經是灘,險不可行,又中伏巨石,駢因留俸錢,遣海門防遏使揚俊營治
之",其原因就是要進一步疏浚這條河運通道。

(3)從揚州至海門鎮再到安南的海路運輸

唐朝從江淮等地沿海上航道向安南等地大規模運輸軍糧,開始於
咸通三年(862)。該年夏,由於南詔攻陷交趾,唐朝徵集諸道重兵集結
在嶺南。然而由於自湘江入靈渠饋運軍糧十分艱難,致使"軍屯廣州
乏食"。《舊唐書·懿宗紀》記載:

> 潤州人陳磻石詣闕上書,言:"江西、湖南,泝流運糧,不濟軍
> 師,士卒食盡則散,此宜深慮。臣有奇計,以饋南軍。"天子召見,
> 磻石因奏:"臣弟聽思曾任雷州刺史,家人隨海船至福建,往來大
> 船一隻,可致千石。自福建裝船,不一月至廣州。得船數十艘,便
> 可致三萬石至廣府矣。"又引劉裕海路進軍破盧循故事。執政是
> 之。以磻石爲鹽鐵巡官,往揚子院專督海運。於是康承訓之軍皆

---

① 《新唐書》卷四三上《地理志》,第1105頁。

不闕供。①

即從江淮等地徵集軍糧集中在揚州的鹽鐵院，由國家的運輸船隊經過東南沿海航運到廣州，再由廣州沿近海航道運送至合浦附近的海門鎮，或再轉運至安南。衆所周知，江淮是唐朝後期最重要的賦稅來源地，揚州則是南北漕運的樞紐。陳磻石在上奏中所提到的地處雷州半島隨即成爲這條運輸綫上的一個重要中繼站。《太平寰宇記》稱雷州東至海岸二十里，渡小海抵化州界地名碙洲泛海，"通恩等州並淮、浙、福建"等地。西至海六十里圍洲，"通連安南諸蕃路"②。恩州鄰近雷州，《太平寰宇記》引唐房千里《投荒雜録》稱"恩州爲恩平郡，涉海最爲蒸濕，當海南五郡泛海路，凡自廣至勤、春、高、潘等七州，舊置傳舍"，"既當中五州之要路，由是頗有廣陵、會稽賈人船循海東南而至。故吳越所産之物，不乏於斯"③。

晚唐從揚州經由海道爲安南大規模運輸軍糧，也對江淮及東南沿海的水上商業運輸造成了嚴重影響。唐懿宗在咸通五年五月制文中提及，由於大量徵集船舶，"淮南、兩浙海運，虜隔舟船，訪聞商徒，失業頗甚，所由縱捨，爲弊實深。亦有搬貨財委於水次，無人看守，多至散亡，嗟怨之聲，盈於道路。宜令三道據所搬米石數，牒報所在鹽鐵巡院，令和雇入海舸船，分付所司。通計載米數足外，輒不更有隔奪，妄

① 《舊唐書》卷一九上《懿宗紀》，第652—653頁；《資治通鑑》卷二五〇，唐懿宗咸通四年，第8228頁；《册府元龜》卷四九八《邦計部·漕運》，第5971頁；《唐會要》卷八七《漕運》，第1895頁。
② 《太平寰宇記》卷一六九《雷州》，第3230頁。
③ 《太平寰宇記》卷一五八《恩州》，第3037—3038頁。

稱貯備。其小舸短船到江口，使司自有船，不在更取商人舟船之限"①。《資治通鑑》也記載："然有司以和雇爲名，奪商人舟，委其貨於岸側，舟入海或遇風濤没溺，有司囚繫綱吏、舟人，使償其米，人頗苦之。"②説明由於安南軍情緊急，唐朝中央還强行徵調大量商人海舶以運送軍糧。《新唐書·鄭畋傳》也記載："交、廣、邕南兵，舊取嶺北五道米往餉之，船多敗没。"③

據此，我們可以看到在當時形成了一個巨大的軍糧轉輸網絡，東起江淮，從揚州經東南沿海，經廣州至雷州半島，沿北部灣近海至海門鎮；或由贛江經過吉州、虔州，從大庾嶺梅關古道南越五嶺，沿北江直至廣州④。也可從廣州溯西江至梧州，與從靈渠到海門鎮的河運路綫重合。而海門鎮即成爲海上運輸和陸上河運的交匯點，並由此再轉運到安南。直到光啓元年（885）三月，避難於成都的唐僖宗返還長安，其所發布的《車駕還京師德音》還稱：

> 自蠻寇侵擾，連歲用兵。耗盡生靈，海運爲甚。驅我赤子，深入滄波，睹駭浪而魂飛，汎洪濤而心死，繼有覆溺，多不上聞。仍遣賠填，急於風火。哀其已死之衆，不可復追；念兹將斃之徒，用延餘息。應江淮四道運糧，所有沉覆米損船綱官，所由船户及元發州縣合賠填者，並從放免，更不得校料追徵。應闕海運留繫勘者，並一時釋放。唯造船官吏須有勘覆者，不在此限。⑤

---

① 《舊唐書》卷一九上《懿宗紀》，第 657 頁；唐懿宗《嶺南用兵德音》，《唐大詔令集》卷一○七，第 557 頁；《册府元龜》卷四九八《邦計部·漕運》，第 5972 頁。
② 《資治通鑑》卷二五○，唐懿宗咸通四年七月，第 8106 頁。
③ 《新唐書》卷一八五《鄭畋傳》，第 5402 頁。
④ 《新唐書》卷一八五《鄭畋傳》，第 5402 頁。
⑤ 《全唐文》卷八九，第 926 頁；《唐大詔令集》卷八六作《光啓三年七月德音》（第 493 頁）。

唐僖宗在詔令中特地提到了自宣宗大中後期以來,唐朝舉全國之力在北部灣一帶所進行的大規模軍隊調遣和軍糧的運輸。詔令反映出這種海上運輸既是唐朝整個國家的沉重負擔,而其中的艱難困苦也是當時唐朝君臣和民衆不堪回首的記憶。

　　晚唐中央王朝與南詔争奪安南的戰争,實際上使雙方都元氣大傷。《舊唐書》之"史臣曰"總結了從唐宣宗到唐懿宗時期唐朝歷史的轉變,稱"當大中時,四海承平,百職修舉,中外無粃政,府庫有餘貲,年穀屢登,封疆無擾"。然而至唐懿宗在位,"及釁結蠻陬,奸生戍卒。發五嶺之轉輸,寰海動摇"[1]。《新唐書》記載僖宗時宰相盧攜叙述當時南詔犯邊的情形曰:"咸通以來,蠻始叛命,再入安南、邕管,一破黔州,四盗西川,遂圍盧耽,召兵東方,戍海門,天下騷動,十有五年,賦輸不内京師者過半,中藏空虚,士死瘴癘,燎骨傳灰,人不念家,亡命爲盗,可爲痛心。"[2]《資治通鑑》稱自從南詔"酋龍嗣立以來,爲邊患殆二十年,中國爲之虚耗,而其國中亦疲弊"。至乾符四年(877),嶺南西道節度使辛讜上奏:"諸道兵戍邕州歲久,饋餉之費,疲弊中國,請許其和,使羸瘵息肩。"[3]

　　這場戰争對唐朝的影響可謂極其深遠,歷史學家一般都認爲是唐王朝走向最後衰落的起點。即所謂"蠻蜑未賓於遐裔,寇竊復蠱於中原"[4]。"時屬南蠻騷動,諸道徵兵,自是聯翩,寇亂中土。"[5]《新唐書》對此曾反復評論,稱"唐北禽頡利,西滅高昌、焉耆,東破高麗、百濟,威

---

①　《舊唐書》卷一九《懿宗紀》,第 684—685 頁。

②　《新唐書》卷二二二中《南蠻傳中·南詔》,第 6292 頁。

③　《資治通鑑》卷二五三,唐僖宗乾符四年,第 8190 頁。

④　《舊唐書》卷一九上《懿宗紀》,第 667 頁。

⑤　(唐)王定保《唐摭言》卷三《散序》,北京:中華書局,第 24 頁。

制夷狄,方策所未有也。交州,漢之固封,其外瀕海諸蠻,無廣土堅城可以居守,故中國兵未嘗至。及唐稍弱,西原、黃洞繼爲邊害,垂百餘年。及其亡也,以南詔"①。"懿宗任相不明,藩鎮屢畔,南詔內侮,屯戍思亂,龐勛乘之,倡戈橫行。雖凶渠殲夷,兵連不解,唐遂以亡"。"唐亡於黃巢,而禍基於桂林"②。宋代范祖禹亦稱:"戎狄自古迭爲中國患。由秦以來,未有得志於南蠻者也。蓋以瘴毒險阻,不得天時、地利,所恃者人和者而已。而民從征役,皆知必死,如往棄市,則是三者皆亡矣。……明皇之末……南詔盛强。至於懿宗,陷安南,圍成都,中國首尾疲於奔命。其後龐勛之亂起於桂林之戍,黃巢之寇本於徐方之餘。唐室之衰,宦者蠹其内,南詔擾其外,財竭民困,海内大亂,而因以亡矣。"③

　　我們認爲只有將晚唐高駢開鑿"天威遥"運河這一事件,置於漢唐時期中央王朝經營安南的歷史以及晚唐特定的時代背景中,我們才能更好地理解這一歷史事件。由於漢唐時期安南海上通道所具有的極爲特殊而重要的意義,"天威遥"運河開鑿始於東漢初年的馬援,而且本身就是"馬援故道"的組成部分。唐朝的幾次開鑿包括高駢的開鑿,都是試圖要盡力保障"馬援故道"的暢通。至於海門鎮的創設,就是爲了保證"伏波故道"的暢通。

　　當然,"天威遥"海上運河開鑿的原因並不僅限於政治和軍事方面。高駢在其給朝廷的上奏中就明確稱"人牽財利","今若稍加疏

---

① 《新唐書》卷二二二下《南蠻傳下》"贊曰",第 6333 頁

② 《新唐書》卷二二二中《南蠻傳中》"贊曰",第 5295 頁。

③ (宋)范祖禹《唐鑒》卷一一,上海:上海古籍出版社 1984 年,第 310—314 頁。

鑿,以導往來,自然貨殖貿遷,華戎利涉"①。説明其在南海國際貿易中的意義也很突出。對此,我們有专文討論②。至於《天威遥碑》所載運河開鑿過程中所蘊涵的複雜而豐富的歷史內容,則是我們需要用心發掘和探討的課題。

四　碑文所見"天威遥"運河開鑿與北部灣沿岸"雷神"信仰

晚唐高駢開鑿安南海上通道之事,在當時是具有重要影響的歷史事件。因此,無論是正史還是早期的相關典籍文獻,都有專門而又簡約的記載。我們有必要加以辨析。

(1)成書於五代後晉開運二年(945)的劉昫《舊唐書·懿宗紀》記載,咸通八年(867)三月,"安南高駢奏:'〔安〕南至邕管,水路湍險,巨石梗塗,令工人開鑿訖,漕船無滯者。'降詔褒之"③。從安南通往邕管的所謂"水路"應指海路。欽州灣畔的欽州即屬於邕管。欽州灣亦是沿北部灣沿海前往安南的必經之地。至於"水路湍險",前引周去非即記載這條海路一方面是"亂流之際,風濤多惡",另外還有不少暗礁險灘。《舊唐書·高駢傳》稱高駢收復安南郡邑,"又以廣州饋運艱澀,駢視其水路,自交至廣,多有巨石梗途,乃購募工徒,作法去之。由是舟楫無滯,安南儲備不乏,至今賴之。天子嘉其才"④。

(2)五代宋初孫光憲(896—968)所撰《北夢瑣言》記載:"安南高

---

① 《册府元龜》卷六七八《牧守部·興利》,第 8103 頁。

② 王承文《越南現存〈大隋九真郡寶安道場之碑文〉考釋》,《文史》2009 年第 4 期,第 59—86 頁;《晉唐時代嶺南地區金銀的生產和流通——以敦煌所藏唐天寶初年地志殘卷爲中心》,《唐研究》第十三卷,北京:北京大學出版社,2008 年,第 505—548 頁。

③ 《舊唐書》卷一九上《懿宗紀》,第 661 頁。按現標點本原文中"南至邕管",應是"安南至邕管"的錯誤。

④ 《舊唐書》卷一八二《高駢傳》,第 4703 頁。

駢奏開本州海路。初,交趾以北,距南海有水路,多覆巨舟。駢往視之,乃有橫石隱隱然在水中。因奏請開鑿,以通南海之利。其表略云:'人牽利楫,石限橫津。才登一去之舟,便作九泉之計。'時有詔聽之。乃召工者,啖以厚利,竟削其石。交、廣之利,民至今賴之以濟焉。或言駢以術假雷電以開之,未知其詳。"①

(3)宋太宗建隆二年(961)成書的王溥《唐會要》記載,咸通八年三月,"安南都護高駢奏:'安南至邕管,水路湍險,已令工人鑿去巨石,漕船無滯。'詔褒美之"②。

(4)宋真宗大中祥符六年(1013)成書的《册府元龜》卷六七八《牧守部·興利》記載:"高駢咸通末爲安南都護,奏開本州海路,從之。初,交阯以北,距南滇(海)有水路,多覆巨舟。駢往視之,乃有橫石隱然在於水中,因奏請開鑿,以通南海之利。其表略云:'人牽財利,石限衡津。才登一去之舟,便作九泉之計。今若稍加疏鑿,以導往來,自然貨殖貿遷,華戎利涉。'時有詔聽之。駢乃召工者,啖以厚利,竟削其石。交、廣之民,至今賴之以濟焉。"③然而,《册府元龜》卷四四七《將帥部》却又記載,高駢"自咸通中復交阯之後,於安南開鑿河道,西川板築羅城,心匠天機,謂能驅役鬼神"④。

(5)北宋仁宗慶曆四年(1044),曾公亮等奉敕編成的《武經總要前集》,稱邕州"南至交州界七百里,舊至交趾,水路隘險,巨石梗塗,高

<hr>

① (五代)孫光憲撰、賈二强點校《北夢瑣言》卷二,北京:中華書局,2002年,第36頁。
② 《唐會要》卷八七《漕運》,第1895頁。
③ 《册府元龜》卷六七八《牧守部·興利》,第8103頁。
④ 《册府元龜》卷四四七《將帥部·縱敵》,第5304頁。

駢在安南鑿開,迄今舟楫無滯"①。

(6)宋仁宗嘉祐五年(1060)成書的歐陽修等著《新唐書》記載高駢在安南:"始築安南城。由安南至廣州,江漕梗險,多巨石,駢募工劚治,由是舟濟安行,儲餉畢給。又使者歲至,乃鑿道五所,置兵護送。其徑青石者,或傳馬援所不能治。既攻之,有震碎其石,乃得通,因名道曰'天威'云。加檢校尚書右僕射。"②

(7)宋神宗元豐七年(1084)成書的司馬光《資治通鑑》,記載咸通八年二月,"自安南至邕、廣,海路多潛石覆舟,静海節度使高駢募工鑿之,漕運無滯"③。

在宋、元、明、清時期的地理書和其他各種文獻中,尚有大量的關於晚唐高駢開鑿"天威遥"的記載,然而一般都是在以上材料的基礎上形成的。

綜合以上各種記載,我們要指出幾點:第一,高駢向朝廷提出開鑿"天威遥"的上奏應在咸通八年三月。但是,根據裴鉶《天威遥碑》的記載,"天威遥"的真正開鑿始於咸通九年四月,而鑿通的時間應在咸通九年九月十五日。因此,《舊唐書》、《唐會要》和《資治通鑑》等,顯然是將高駢的上奏與開鑿完成誤爲同一個時間。第二,高駢所上奏文在以上《册府元龜》與孫光憲的《北夢瑣言》中都有保存。二者雖略有差異,但應爲同一個來源。《全唐文》所收高駢《請開本州海路表》即

---

① (宋)曾公亮《武經總要前集》卷二〇《邊防·廣南西路·邕州》,《景印文淵閣四庫全書》第 726 册,第 577 頁。
② 《新唐書》卷二二四下《叛臣下·高駢傳》,第 6392 頁。
③ 《資治通鑑》卷二五〇,唐懿宗咸通八年二月,第 8118 頁。

源於此①。至於《唐會要》中的高駢奏文應源自《舊唐書・懿宗紀》。不過,《舊唐書》中的高駢奏文明顯是經過了編者的剪裁改寫,而且其意義已經相當含糊不清。第三,以上材料大多都是講開海道,而沒有提到在江山半島陸上開鑿運河之事。應該是高駢在上奏中所提到的"石限衡津"和"今若稍加疏鑿",直接影響了新、舊《唐書》和《資治通鑑》等大量文獻典籍的記述,一般都錯誤地認爲,高駢所開鑿的就是海中阻礙航運交通的"巨石"或"隱石"。我們認爲這種記載一方面不符合當時工程技術所能達到的實際水平,另一方面,在今廣西江山半島的白龍尾一帶海面仍有大量礁石橫亘,即使在今天,在相當大程度上仍然是海上船舶航行的嚴重威脅。不過,《册府元龜》卷四四七《將帥部》又記載,高駢"自咸通中復交阯之後,於安南開鑿河道,西川板築羅城,心匠天機,謂能驅役鬼神"。與該書前面記載開鑿海中"巨石"具有明顯不同。所謂"於安南開鑿河道",說明所開鑿的是陸地上的河道,實際上已經接近開鑿人工運河了。

我們在此要特別強調的是,高駢開鑿的"天威遥"應是江山半島上的人工運河而非海中的通道。碑中最後的銘文先備述"天威遥"海道的凶險,然後稱"我公振策,勵山鑿石。功施艱難,霆助震激"。所謂高駢"勵山鑿石",就是指開鑿江山半島上的石山。碑文中提到"或有磊磊者,落落者,約人而不能舉〔者〕,俱爲雷之攫挐擲於兩峰耳",是説"轟雷爍電"將河床上巨大的石塊拋向河道兩邊的山峰上。至於碑文中所謂"巨石乃隳裂,有泉迸出,味如甘醴",應是指高駢在開鑿"天威遥"陸上運河的過程中,開通了山石間的地下水流。毫無疑問,無論是

---

① 《全唐文》卷八〇二,第 8429 頁。

開鑿海水中的"巨石",還是開鑿海水下面的"潛石"或"暗石",都不可能出現"有泉迸出,味如甘醴"的情形。這種情況只有在陸地上才會出現。而這一點也恰恰是歷史上江山半島古運河區淡水河流形成並至今仍長流不息的主要原因。碑文所謂"泉驅來而走碧,橋架險以橫虹",説明當時高駢等還在"天威遥"運河上架設了橋樑。

前引宋《嶺外代答》記載《天威遥碑》稱,高駢三次"虔禱"雷電之神,"悉碎餘石,遂成巨川。自是舟運無艱,名之曰天威遥"。所謂"巨川"當然是指陸地上的"天威遥"這條運河。周去非又稱"退而求諸傳,載天威遥事略同,但不若是詳爾"。意即新、舊《唐書·高駢傳》等資料所載開海道事迹,與《天威遥碑》開鑿運河本身是完全相同的一件事情,只是記載詳略的差別。而且碑文已經明確記載,從東漢初年的馬援開始到晚唐的高駢,這條運河工程"乃鑿石穿山",其目的恰恰就是爲了"遠避海路"。

至於高駢開鑿"天威遥"的具體情形,在裴鉶《天威遥碑》中有詳細的記載。碑文中的"攝長吏林諷"應爲"攝長史"之誤①。同時,參與開鑿"天威遥"運河工程的人員構成,並非是《舊唐書》、《唐會要》和《資治通鑑》等所記載的是"購募"而來的"工人"或"工徒",而主要是隨高駢出征在安南的湖南官兵以及水手共一千多人。在今運河中部的西南段石壁上所鐫刻的"湖南軍"、"咸通九年三月十日下手"等字樣,即與此直接相關。

從咸通八年三月高駢上奏獲得朝廷批准,到第二年四月五日正式動工之前,大概屬於工程的勘察設計和準備階段。碑刻記載,高駢也

①　《通典》卷三二《職官十四》"都護"條稱都護府有"長史、司馬各一人"(第896頁)。

一反"前時都護,乃犒師不至,持法不堅,博約營私,人須怠惰"的情形,而是親自踏勘。並且"豐備資糧,銳斧剛鑿",做好了開鑿工程在物質上和精神上的充分準備。《北夢瑣言》和《册府元龜》還稱"唊以厚利"。以上均顯示了高駢謀略幹練和勇於事功的特點。

高駢的鑿通實際上所花費的時間是五個多月,時間不算太長,人員規模也未超過前面幾次。高駢《請開本州海路表》稱"今若稍加疏鑿,以導往來",因此,高駢應是在漢代馬援和唐朝幾位前任安南都護已有的基礎上進行的。高駢的工程應主要是將幾處地勢頗高的山峪鑿通。鑿開堅硬的海石結構的石床極其艱巨,而這一點既是前人沒有成功的原因,也同樣是高駢等所面臨的嚴重困難。碑文稱:"是石堅而頑,盤而厚,併手揭折,蒃力鐫槌,逾月之間,似欲開濟,但中間兩處,值巨石嶄嶄焉。繚亘數丈,勁硬如鐵,勢不可減。鑿下刃卷,斧施柄折。役者相顧,氣沮手柔,莫能施其巧矣。"

值得注意的是裴鉶在碑文中用超乎尋常的篇幅,叙説了雷電之神的關鍵作用。碑文稱:"渤海公心無私契,精貫上元,使列缺之與豐隆,矜神功而誇妙用。〔靈祇陰相〕,風雲接助,增益勳庸。感應如斯,古無儔匹","功施艱難,霆助震激"。所謂"使列缺之與豐隆,矜神功而誇妙用",是指高駢用法術請來"雷公電母"而競相施展神力。"豐隆"或稱"豐崇",古代指雷師或稱雷公、雷神;"列缺"則指閃電之神①。碑文詳細地描述了在工程最艱難時,高駢祈請雷電之神三次轟開巨石的經

----

① 　根據東漢王逸《楚辭章句》卷一,屈原詩有"吾令豐隆乘雲兮",王逸注曰:"豐隆,雷師。"《景印文淵閣四庫全書》第 1062 册,第 10 頁)《水經注校證》卷一《河水注》稱:"豐隆,雷公也。"(第 3 頁)據《漢書》卷八七《揚雄傳》,揚雄賦有"辟歷列缺,吐火施鞭",唐顏師古引東漢應劭曰:"辟歷,雷也;列缺,天際電照也。"(第 3546 頁)

過。《天威遥碑》在銘文中再次稱:"天地汗漫,人力微茫。""天道開泰,神威秉持。"總之,碑文極力強調"天威遥"最終開鑿成功的主要原因,在於高駢得到了天神雷電之神的幫助。

碑文所謂"遂使決泄一派,接引兩湖,中間合流,無纖阻窒(滯)。經過卒校,梯湙漲而不艱危;趲運倉儲,棹舟航而無覆没。""洩海成派,泛舟不窄。渤海(湙漲)坦夷,得餉我師"。以上都是指由於"天威遥"的鑿通,使江山半島以南的珍珠灣和以北的月亮灣得以連接,無論是軍隊的調遣,還是軍糧的饋運,都可以在此通行無阻。至於碑文前面提及的白龍尾一帶最危險的所謂"三險",碑文又稱:"今則安流坦途,不復經斯險矣!"説明海上船舶在此終於可以繞開白龍尾一帶的三種巨大危險。"渤海公之功績,與鑿汴渠、開桂嶺,可等肩而濟其寰區耳",碑文認爲高駢的功績完全可以與秦朝史禄開鑿靈渠、東漢時開鑿汴渠一樣造福人間[1]。而且碑文在此所列舉的也都是歷史上著名的人工運河。

如果比較裴鉶《天威遥碑》和相關正史等資料的記載,我們就會發現一個非常值得關注的現象,那就是碑文所描述的大量神異情節,在正史中大都被删除無遺,往往只記載開海路以便於糧餉運輸之事。《新唐書》僅僅略載以雷震碎巨石之事。《資治通鑑》則完全不予提及。《舊唐書》僅簡單地提及高駢"作法"打碎巨石一事。五代孫光憲《北夢瑣言》稱"或言駢以術假雷電以開之,未知其詳",反映了其對此事持某種懷疑的態度。然而,孫光憲在記載唐末王審知以同樣的方法

---

[1]　《後漢書》卷二《明帝紀》記載永平十二年(69),"遣將作謁者王吴修汴渠"(第114頁)。工程爲引黄河水南流入淮水。

在福州開甘棠港後,又稱:"即渤海假神之力,又何怪焉?"①"渤海"即指渤海公高駢,因而還是肯定高駢是"假神之力"完成了這一工程。《册府元龜》的兩處記載則差異較大,該書卷六七八《牧守部·興利》完全不涉及任何神異情節,而該書卷四四七《將帥部》則記載高駢"自咸通中復交阯之後,於安南開鑿河道","心匠天機,謂能驅役鬼神",顯然也是指高駢得到了雷電之神的幫助。元代黎崱《安南志略》雖然收録了《天威遥碑》,但是僅稱高駢"以南海至交州,有石隱水中,常覆巨舟,遂奏削去其石。交、廣之民,舟楫安行"②。

　　高駢和裴鉶親身經歷過這一歷史事件,却都對此深信不疑。《天威遥碑》和《嶺外代答》記載高駢多次通過特定的齋戒儀式祈請雷神施法,而且還在"天威遥"一帶建置了專門祭祀雷電之神的"神室雷祠",也説明高駢對雷電之神有虔誠的信奉。公元880年至884年,崔致遠(857—?)擔任時任淮南節度使的高駢的重要幕僚,崔致遠所撰《補安南録異圖記》記載了唐朝安南都護府的地理狀況以及高駢治理安南的業績,其文稱高駢:

　　　　然後使電母雷公,鑿外域朝天之路;山靈水若,偃大洋沃日之波(原注:安南經岸口、天威,神功所開,播在遠邇)。遂得絶蠻諜之北窺,紆漢軍之南戍。乃鳳傳徵詔,鷁泛歸程,至於洞獠海蠻,莫不醉恩飽義,遠投聖闕,請建生祠。則知善政可行,殊方可誘。……今聖上省方,蒙王獻款,不敢弄吠堯之口,永能除猾夏之心。皆由燕公收交州、鎮蜀郡,威振於奔魑走魅,功成於金壘湯

---

① 《北夢瑣言》卷二,第36頁。
② 《安南志略》卷四《前朝征討》,第99頁。

池。所謂蘊先見之能,察未來之事,呼吸而陰陽不測,指蹤而神鬼交馳。實爲天工,人其代之,斯實可爲異矣。[1]

崔致遠在高駢淮南幕府時距離安南開鑿"天威遥"已經過去了十多年。其追述雷電之神在開鑿"天威遥"中的關鍵作用,顯然是受到高駢本人影響的結果。崔致遠在揚州爲高駢所作《幽州李可舉太保五首》之第五曰:

> 《安南開海圖》一面,《西川羅城圖》一面,並八幅紫綾緣。……頃者銅柱南標,金墉西建,開八百里之險路,則雲將驅石,雷師劈山;築四十里之新城,則水神滲泉,地媪供土。蓋乃感忠誠於上鑒,標壯觀於外藩。敢言簡在帝心,實匪率由人力。今則八蠻歸化,萬乘省方,既能有備無虞,亦所當仁不讓。去年嘗傳雅旨,欲覽微功,乃徵於墨妙筆精,遍寫彼長途峻壘。宛如縮地,不止移山。[2]

以上説明高駢曾經命人繪製《安南開海圖》,以地圖的形式"遍寫彼長途峻壘"。所謂"開八百里之險路",當是指高駢率軍從今廣西境內的海門鎮向安南交趾等地進軍的路綫。而"雲將驅石,雷師劈山",則是指開鑿"天威遥"運河過程中得到了雷電之神的大力幫助。至於《西川羅城圖》是指高駢在其後任西川節度使期間曾經重修成都城。在這一過程中,高駢也同樣得到了"水神"和"地媪"的幫助。

崔致遠《天威徑》一詩又稱:"鑿斷龍門猶勞身,擘分華嶽徒稱神。

---

① (新羅)崔致遠撰,党銀平校注《桂苑筆耕集校注》卷一六,北京:中華書局,2007 年,第554—555 頁。

② 《桂苑筆耕集校注》卷一〇,第302—303 頁。

何如劈開海山道,坐令八國爭來賓。"①所謂"鑿斷龍門",是指大禹借助神力疏浚黃河的傳説。《史記·秦皇本紀》中有"禹鑿龍門"②。東漢袁康所著《越絶書》卷一一稱大禹"鑿伊闕,通龍門,決江導河,東注於東海";至於所謂"擘分華嶽",根據唐代李善所作《文選》注,傳説太華、少華本爲一山,擋黃河,黃河神以手擘開,中分爲二,以通水流③。崔致遠認爲,高駢得到"雷公電母"的幫助而"劈開海山道",並引來了雲南八國爭相來朝貢,其神奇性要遠超大禹和黃河神的傳説;其《岸口徑》一詩又稱:"濟物能回造化心,驅山偃海立功深。安南真得安南界,從此蠻兵不敢侵。"④據此,高駢主持的開鑿海上通道工程除了"天威遥"之外,還有"岸口徑"等。崔致遠還有《執金吾》一詩稱:"一陣風雷定八蠻,來趨雲陛悦天顔。王孫仕宦多榮貴,新爲匡君不暫閑。"⑤所謂"一陣風雷"也是指借雷電之神的幫助。

崔致遠,新羅國人,字海夫,號孤雲,謚文昌侯。唐懿宗咸通九年(868)隨新羅商船渡海入唐求學,時年十二歲。咸通十五年(874),進士及第。唐僖宗中和元年(881),入淮南節度使、諸道行營兵馬都統高駢揚州幕中,甚爲高駢禮遇,先後任都統巡官、館驛巡官等職。至中和四年(884),崔致遠以唐使節身份回歸新羅。光啓二年(886)編成《桂苑筆耕集》二十卷。雖然崔致遠没有親歷安南"天威遥"工程,但是明確記載是高駢祈請"雷公電母"鑿開了作爲"外域朝天之路"上的"天

---

① 《桂苑筆耕集校注》卷一七,第 595 頁。
② 《史記》卷六《秦始皇本紀》,第 271 頁。
③ 漢代張衡《西京賦》及李善注,見蕭統編、李善注《文選》卷一,北京:中華書局,1977 年,第 37 頁。
④ 《桂苑筆耕集校注》卷一七,第 596 頁。
⑤ 《桂苑筆耕集校注》卷一七,第 597 頁。

威遥”。

與崔致遠同在淮南節度使府爲高駢核心幕僚的顧雲也有相同的記載,《全唐詩》所收顧雲《天威行》一詩曰:

> 蠻嶺高,蠻海闊,去舸迴艓投此歇。一夜舟人得夢間,草草相呼一時發。颶風忽起雲顛狂,波濤擺掣魚龍殭。海神怕急上岸走,山燕股慄入石藏。金蛇飛狀霍閃過,白日倒掛銀繩長。轟轟砢砢雷車轉,霹靂一聲天地戰。風定雲開始望看,萬里青山分兩片。車遥遥,馬闐闐。平如砥,直如弦。雲南八國萬部落,皆知此路來朝天。耿恭拜出井底水,廣利刺開山上泉。若論終古濟物意,二將之功皆小焉。①

顧雲在《天威行》詩中,詳細描述了高駢開鑿“天威遥”過程中雷公電母施展神功驚心動魄的情形。認爲東漢征討匈奴的西域都護戊己校尉耿恭,以及西漢征討大宛的貳師將軍李廣利二人用神奇方式引出泉水的傳説②,尚遠不足以與高駢開鑿“天威遥”並引出泉水奔流的事迹相提並論。

在雲南大理地區的太和縣有一處稱爲“石門”的關隘遺址,三國時期諸葛亮征討西南少數民族首領孟獲曾經過此地,歷史上爲紀念諸葛亮又稱此地爲“天威徑”或“天威逕”。由於高駢後來還在西川節度使任上征討過南詔,加上顧雲詩中有“雲南八國萬部落,皆知此路來朝天”,明、清兩代不少知名學者都錯誤地把以上顧雲《天威行》和高駢

---

① 《全唐詩》卷六三七,第 7302 頁。按《雲南通志》誤將該詩作爲雲南“天威徑”的詩收入。見(雍正)《雲南通志》卷二九之十三《古歌謡》,《景印文淵閣四庫全書》第 570 册,第 664 頁。

② 《後漢書》卷一九《耿恭列傳》,第 721 頁。

自己的《過天威徑》，當作是描寫雲南"天威徑"的詩①。伯希和、嚴耕望等學者研究過唐代安南與雲南的交通②。此處所謂"雲南八國萬部落，皆知此路來朝天"，實際上應是指由於高駢在安南對南詔戰爭的勝利，雲南各部落亦可通過安南並經由高駢開鑿的"天威遥"來向唐朝朝貢了。

　　顧雲爲唐末著名文人。根據宋代計有功《唐詩紀事》等記載，顧雲，字垂象，池州人。咸通十五年（874）進士。授校書郎，高駢爲淮南節度使，辟爲從事，屬於高駢的核心幕僚。畢師鐸之亂，退居霅川。唐昭宗大順（890—891）中分修德宗、宣宗、懿宗三朝實録。書成，加虞部員外郎，乾寧（894—898）初卒③。顧雲與崔致遠是同榜進士。崔致遠在給高駢的《獻詩啓》中提及："某竊覽同年顧雲校書獻相公長啓一首，短歌十篇，學派則鯨噴海濤，詞鋒則劍倚雲漢。備爲讚頌，永可流傳。"④所謂"短歌"即包括《築城行》和《天威行》等。總之，無論是當年親身經歷的高駢和裴鉶，還是高駢後來的幕府官員，都深信高駢是

①　（明）謝肇淛《滇略》卷二，《景印文淵閣四庫全書》第 494 册，第 113 頁。（清）顧祖禹稱雲南麗江的"重險"有石門，其地亦名天威遥，"以武侯（即諸葛亮）七擒孟獲而名"，引唐朝顧雲詩"雲南八國萬都（部）落，皆從此路來朝天"。並稱"蓋石門之係於雲南非淺鮮矣"（《讀史方輿紀要》卷一一三《雲南·西洱河》，第 5056 頁）。（嘉慶）《大清一統志》卷三七八《大理府圖·古迹·天威遥》，《景印文淵閣四庫全書》第 483 册，第 91 頁。按以上各書誤附有高駢《過天威徑》和顧雲《天威行》詩。

②　參見〔法〕伯希和撰，馮承鈞譯《交廣印度兩道考》，北京：中華書局，2003 年；嚴耕望《唐代滇越道》，載嚴耕望《唐代交通圖考》第四卷，臺北："中研院"史語所專刊之八三，1986 年，第 1321—1335 頁。

③　《唐詩紀事》卷六七《顧雲》；《全唐文》卷八一五《顧雲小傳》，第 8577 頁。另可參見凍國棟《顧雲籍貫、歷官考》，見陳國燦、劉健明主編《〈全唐文〉職官叢考》，武漢：武漢大學出版社，1997 年，第 417 頁。

④　《桂苑筆耕集校注》卷一七，第 583 頁。

依靠"雷公電母"的巨大神力,才最終完成了安南"天威遙"運河的開鑿。

《大越史記全書》作爲越南古代最重要的史書,該書叙述高駢開鑿天威遙之事直接依據了《天威遙碑》,而且其中大量語句直接出自碑文。其文又有:

> 史臣吳士連曰:高駢鑿港之役,何其異耶? 蓋所〔行〕合理,故得天之助也。天者理也。地道有險夷,理之常也。人力有濟險,亦理之常也。苟險而不能濟,天何假於人哉! 禹之治水,苟不合於理,天何由成,地何由平也。其效至於洛龜呈祥,非天之助乎? 觀駢之言,曰"今鑿海派,用濟生靈,苟不徇私,何難之有?"誠發於言,言豈不順乎? 孚信所感,通乎金石,況於天乎! 天所助者助也。《易》曰:履信思乎順,自天祐之,吉無不利。雷震巨石以助之,何足爲怖也![1]

越南史家吳士連將高駢鑿通"天威遙"運河與神話傳説中大禹治水得到天神幫助相提並論[2]。明代安南無名氏所撰《越史略》卷上《高駢傳》有關"天威涇"的開鑿,也直接依據《天威遙碑》,其中有高駢祈請雷電之神的事迹。

值得進一步探討的是,高駢和裴鉶等爲什麽會如此强調雷電之神在"天威遙"運河工程中的特殊作用? 泰勒(Keith Weller Taylor)認爲,在這一事件中,高駢因爲能夠獲得具有超自然力量的雷神的恩寵和幫

---

[1]　《大越史記全書·外紀》卷五,第167—168頁。

[2]　按(東漢)袁康著,吳平點校《越絶書》卷一一稱大禹"鑿伊闕,通龍門,決江導河,東注於東海,天下通平,治爲宫室,豈非聖主之力哉?"(上海:上海古籍出版社,1985年,第81頁)

助,從而證明了自己的美德①。《越南漢喃銘文匯編》的整理者也認爲,碑文經過這樣的神異情節,高駢就被描述成爲一個有氣魄,大公無私,又博得神祇扶助的武將②。

在這種非常罕見的現象背後,我們認爲還有更深層的歷史原因值得進一步探討。歷史資料證明,高駢是一個信奉鬼神極其虔誠的人。一生所到之處,幾乎都與各地的地方神靈有關。而這篇碑文最重要的史料價值之一,就是真實地反映了唐朝北方官員士大夫與嶺南沿海地區極爲盛行的雷神信仰之間的密切關係。高駢所祈請的"雷公電母"應是雷州半島和北部灣沿岸地區所信奉的最主要神靈③。雷神亦稱"雷公"、"雷師"或"雷君"。唐朝很多地方都有雷神的記載,其形象大多爲豬首鱗身,有翼能飛④。雖然雷神的信仰在各地都較爲普遍,但是在古代中國的正統宗教和祭祀禮制中,雷電之神的地位都很低。然而,遙在唐朝嶺南道北部灣沿岸地區,雷神却是當地民間信仰中最重要的神靈。薛愛華認爲,"所有唐朝的資料都認同雷神的祭祀以雷州半島的雷州爲中心"⑤。

雷州成爲唐朝全國各地雷神崇拜最盛地區的原因,首先與雷州一帶特殊的自然環境有關。雷州一直以多雷著稱。唐代郎士元《送林宗

① Keith Weller Taylor, *The Birth of Vietnam*, Berkeley and Los Angeles, University of California Press, 1983, p.251.

② 《越南漢喃銘文匯編》,第 32 頁。

③ 參見本書第五章第二節。另見王承文《論唐宋嶺南南部沿海的雷神崇拜及其影響——以唐人房千里所撰〈投荒雜録〉爲起點的考察》,《"中研院"歷史語言研究所集刊》第八十四本第三分(2013 年 9 月),第 387—453 頁。

④ 見《太平廣記》卷三九三《雷一》至卷三九五《雷三》,第 3136—3162 頁。

⑤ Edward H. Schafer, *The Vermilion Bird*: *T'ang Images of The South*, Berkeley and Los Angeles, University of California Press, 1967, p.105.

配雷州》一詩，稱雷州一帶"海霧多爲瘴，山雷乍作鄰"①。李肇《唐國史補》卷下稱："雷州春夏多雷，無日無之。"唐宣宗大中（847—860）年間，房千里爲嶺南高州刺史，其地鄰近雷州。房千里在其所著《投荒雜錄》中詳細記載了雷州地區盛行雷神信仰的根源，稱"唐羅州之南二百里，至雷州，爲海康郡。雷之南瀕大海，郡蓋因多雷而名焉。其聲恒如在簷宇上。雷之北，高（州）亦多雷，聲如在尋常之外。其事雷，畏敬甚謹。"②其次，唐代雷州和北部灣沿岸一帶的雷神崇拜，已經與古代南越和俚獠等少數民族的宗教信仰融合在一起。宋代蔡絛記載嶺南少數民族將雷神作爲"天神"崇祀的風俗，其文稱："獨五嶺以南，俚俗猶存也。今南人喜祀雷神者，謂之天神。"③古代南越民族流行的文身圖紋以及銅鼓上雷形紋樣均與對雷神的崇祀有關④。南越民族的文身源於對龍的崇拜。龍興風作雨，被看成是雷電産生的根源。古代越族及其後裔也把鼓聲作爲雷的象徵。銅鼓既是迎神賽會驅鬼祈雨的法物，又是擁有權威的象徵，同時還是一種象徵雷神的製作。海南島的黎人自古至今都有其祖先爲雷攝蛇卵而誕生的傳説。關於古代嶺南俚獠民族中雷攝蛇卵的傳説，現存最早的記載亦見於唐朝房千里《投荒雜錄》⑤。因此，嶺南沿海的雷神信仰具有鮮明的地域特徵。

---

① 《全唐詩》卷二四八，第 2781 頁。
② 《太平廣記》卷三九四"陳義"條引《投荒雜錄》，第 3150 頁。
③ （宋）蔡絛撰，馮惠民、沈錫麟點校《鐵圍山叢談》卷五，北京：中華書局，1983 年，第 74 頁。
④ 徐松石《粵江流域人民史》，收入氏著《民族學研究著作五種》，廣州：廣東人民出版社，1993 年，第 231 頁；羅香林《古代越族文化考》，武漢：中南民族學院民族研究所編印《南方民族史論文選集》，1982 年。
⑤ 《太平廣記》卷三九四"陳義"條引《投荒雜錄》，第 3150 頁。

　　歷史資料證明在唐朝中期以前雷州已建有專門祠祀"雷神"的雷公廟①。根據宋初《太平寰宇記》記載,雷州有"雷公廟,在州西南七里。咸通十二年置"②。大致從唐懿宗咸通十二年(871)開始,唐朝國家即修建了正式的雷公廟,並將其納入國家的祀典。晚唐劉恂《嶺表錄異》記載,"雷州之西雷公廟,百姓每歲配連鼓雷車。有以魚虯肉同食者,立爲霆震,皆敬而憚之"③。所謂"連鼓雷車",古代以雷爲鼓。雷車,雷神布雷,將雷放在鼓上推而散之。雷州當地的百姓用連鼓雷車配享雷神。因此,前引顧雲《天威行》詩中有"轟轟砢砢雷車轉,霹靂一聲天地戰"。

　　雷神作爲雷州等地最重要的神靈,其對當地社會的深刻影響包括了生產、生活和人們的精神世界等各個方面。首先是當地有對雷神禁忌森嚴的祭法。李肇《唐國史補》卷下稱,將虯肉"與黃魚同食者,人皆震死"。《嶺表錄異》也稱:"有以魚虯肉同食者,立爲霆震,皆敬而憚之。"房千里《投荒雜錄》記載:"人或有疾,即掃虛室,設酒食,鼓吹旛蓋,迎雷於數十里外。既歸,屠牛虯以祭,因置其門。鄰里不敢輒入,有誤犯者爲唐突,大不敬,出豬牛以謝之。三日又送,如初禮。"④如前所述,鯨魚是北部灣沿海航行中最大的威脅之一。我們也能看到雷神在消除鯨魚危險中的作用。大致在唐貞元(785—805)年間成書的戴孚《廣異記》記載:"開元末,雷州有雷公與鯨鬪,(鯨)身出水上,雷公數十在空中上下,或縱火,或詬擊,七日方罷。海邊居人往看,不

----

① 《太平廣記》卷三九四《雷二》引裴鉶《傳奇》,第3145頁。
② 《太平寰宇記》卷一六九《雷州》,第3232頁。
③ 《太平廣記》卷三九四引《嶺表錄異》,第3149頁。
④ 《太平廣記》卷三九四"陳義"條引,第3150頁。

知二者何勝,但見海水正赤。"①

　　唐、宋時代雷州雷神的影響既包括北部灣沿岸,也包括嶺南西部各地。周去非《嶺外代答》記載:"廣右敬事雷神,謂之天神,其祭曰祭天。蓋雷州有雷廟,威靈甚盛,一路之民敬畏之,欽人尤異。"②周去非所說的"一路之民",是指宋代包括雷州在内的廣南西路全部。然而"欽人尤異",則説明包括江山半島在内的欽州一帶的民衆,對雷州雷神廟的崇拜和祭祀特別突出。

　　以上我們討論唐代雷州半島盛行的雷神信仰及其對北部灣沿岸各地的深刻影響。那麼,至懿宗咸通年間,《天威遥碑》所揭示的高駢、裴鉶等的雷神崇拜,是否與北部灣沿岸的雷神信仰有關呢? 回答是肯定的。《天威遥碑》的作者裴鉶所撰《傳奇》一書,則提供了有關唐後期雷州半島雷神傳説最詳細和最完整的記載③。對此,我們將有專文討論。唐朝雷州又稱海康郡,與"天威遥"運河所在的陸州均屬於北部灣沿岸,且兩地相距不遠。公元八世紀末期,雷州一度還隸屬於安南都護府管轄④。高駢鎮守在安南前後數年,因此對於唐後期雷州半島和北部灣沿岸的雷神信仰必然有相當的瞭解。

　　唐代不少宦遊嶺南的北方内地士大夫的記載,爲我們提供了嶺南沿海等地民間信仰巫風流被的圖景。唐朝北方官員士大夫對於嶺南

---

① 《太平廣記》卷四六四"鯨魚"條引《廣異記》,第 3818 頁;該書卷三九三"雷鬥"條引《廣異記》略同,第 3139 頁。

② 《嶺外代答校注》卷一〇《志異門·天神》,第 433 頁。

③ 《太平廣記》卷三九四《雷二》引裴鉶《傳奇》,第 3145—3146 頁。參見本書第六章第二節。

④ 《通典》卷一八四《州郡十四·安南都護府》,第 4953 頁;《舊唐書》卷四一《地理志四·嶺南道》"安南都督府",第 1795 頁。

各地民間信仰,大概有三種態度,一是主張嚴厲禁毀,試圖移風易俗。二是因俗設教。韓愈、柳宗元、劉禹錫、鄭亞、李商隱等等都有在嶺南仕宦的經歷,其在嶺南對於大量不見於國家祀典的地方神靈,大都採取因勢利導和因俗設教的方式。三是尊崇並深信不疑。而高駢大概最具有典型性。

　　綜合有關高駢的歷史資料來看,高駢雖然幹練雄毅過人,但其人一生篤信鬼神。《全唐詩》卷五九八收有高駢《南海神祠》一詩:"滄溟八千里,今古畏波濤。此日征南將,安然渡萬艘。"[1]該詩應是其率大軍從海門鎮沿"馬援故道"跨海收復安南途中所作。詩中透露出高駢也是將其率水軍渡海成功,歸功於南海神的蔭庇[2]。《嶺南摭怪》是一部越南古代的民間傳說、故事和神話集,其中即收錄了不少高駢在安南時崇祀當地神靈的傳說。總之,當高駢、裴鉶等北方内地官員置身於北部灣沿岸如此普遍而濃厚的雷神崇拜的環境中,必然感受到巨大的心靈震撼,對雷神的存在及其神聖的法力篤信不疑。正因爲如此,裴鉶在《天威遥碑》中,才用如此大的篇幅專門描述雷神在"天威遥"開鑿中的作用,高駢也才會特地在"天威遥"運河原址建有專門祭祀雷神的"神室雷祠"。

五　高駢與道教的關係以及火藥在"天威遥"工程中的使用

（一）高駢與道教的關係以及火藥在"天威遥"工程中的使用

　　裴鉶《天威遥碑》將高駢開鑿"天威遥"能超越前人而竟克其功,

---

① 《全唐詩》卷五九八,第 6918 頁。
② 高駢拜謁的南海神祠不是隋唐國家祭祀的廣州黄浦的南海神廟,應是合浦一帶沿海的南海神廟。

直接歸因於"雷公電母"。顯然,我們今天已經不能再以"雷公電母"的神力來解釋。《舊唐書·高駢傳》提到高駢通過"作法"而除去巨石,雖然並未説明"作法"的任何具體内容,但已經暗示並不完全是人力開鑿的結果。裴鉶《天威遙碑》也强調東漢馬援因"無術"而未成功。以上都説明高駢在開鑿"天威遙"的工程中曾經使用過一種完全不同於前人的"異術"。根據我們的研究,高駢極可能使用了道教已經發現的火藥進行爆破。由於現存的文獻中並没有關於高駢使用火藥的直接記載,加上在唐朝道教内部,火藥的最初發現和使用都具有非常隱晦神秘的色彩,因此,我們須作較詳細的論證。

首先,公元八至九世紀唐代道教中的煉丹術士已經發現了火藥。火藥的主要成分包括硝石、硫磺(或雌、雄黄)和炭素(木炭、油脂、蜜、瀝青)三部分。到了唐代,道教經書中已有關於火藥的明確資料。唐代道教煉丹著作《龍虎還丹訣》卷下《點紅銀暈法》、《諸家神品丹法》卷五收有 758—760 年整理的《孫真人丹經》,還有元和(806—820)初年金華洞方士清虛子撰《太上聖祖秘訣》,證明至遲在唐代中後期已具有發現原始火藥的技術條件和實踐經驗[1]。而火藥也就在道士們屢遇災難性的爆炸事故中,慢慢發展到可以人爲控制,並加以自如利用下産生了[2]。

託名爲魏晉道士鄭思遠大致在晚唐時期出世的《真元妙道要略》記載,將硝石與硫黄、雄黄等物混合和加熱,會立刻發生劇烈燃燒和爆

---

[1]　Siven N. *Chinese Alchemy*, *Preliminary Studies*. Harvard Uuiversity Press, 1968; Needham J, Ho Ping-Yü, Lu Gwei-Djen. *Science and Civilization in China*, vol. 5, pt. 3, Spagyrical Discovery and Invention. Cambridge University Press, 1976, 137–138.

[2]　參見趙匡華《中國煉丹術》,香港:中華書局,1989 年,第 206—207 頁。

炸。著名中國科技史專家李約瑟（Joseph Needham）曾給予高度評價："在任何一個文明國家中，最早提到火藥的，是一部題爲《真元妙道要略》的道教煉丹著作，不管作者是否是鄭思遠（220—300 在世），還是什麼別的人，但可以確定，其年代爲公元 850 年前後。"①雖然李約瑟將道經《真元妙道要略》的年代確定爲公元 850 年前後，但是，由於道教內部煉丹法術的傳授有極爲嚴格的保守秘密的規定②，因此，道教中人經過反復試驗得以發現火藥，其時間必然要比以經典的形式記録下來早得多。

其次，高駢與道教和煉丹術的特殊關係使火藥用於"天威遥"工程的爆破成爲可能。唐朝道教與軍事和戰爭的關係是一個值得進一步討論的新課題。2004 年 5 月，法國著名道教學者施舟人（Kristofer Schipper）教授來廣州中山大學講學，曾提示本人古代華南道教的傳播發展可能與來自北方的軍隊有關。高駢作爲晚唐最著名的高級將領之一，其與道教密切關係不是偶然的。在唐朝軍隊及許多重要軍事行動中，我們往往都能發現道教的深刻影響和道士的活動。永隆二年（681），唐高宗詔令在東都洛陽創建弘道觀，並任命侯敬忠爲觀主。武則天萬歲通天（696—697）年間，"契丹叛逆，有敕祈五嶽恩請神兵冥

---

① 〔英〕李約瑟、魯桂珍撰，李天生譯《關於中國文化領域內火藥與火藥史的新看法》，《科學史譯叢》，1982 年第 2 輯，第 2 頁。有關該道經年代的判斷，也可參見 Kristofer Schipper and Franciscus Verellen ed，*The Taoist Canon：A Historical Companion to the Daozang*，The University of Chicago Press，2004.p.407。

② （東漢）魏伯陽《周易參同契》卷下《鼎器歌》規定："諦思之，不須論，深藏守，莫傳文。"葛洪《抱扑子內篇》卷一四《勤求》稱："不以其方文傳之，故世間道士，知金丹之事者，萬無一也。"

助,尊師銜命衡、霍,遂致昭感"①。説明弘道觀觀主侯敬忠等親受皇帝之命前往五嶽祈請"神兵"參與平定契丹的戰爭。垂拱四年(688),越王李貞及其子琅邪王李沖起兵反對武則天,命令"道士及僧轉讀諸經,以祈事集",而且還特地讓家僮、戰士"咸帶(道教)符以辟兵"②。唐玄宗時期,福唐觀道士鄧紫陽,"以道法佑明皇帝,爲元門之師。嘗用下元術,使神卒朱兵討西戎之犯境,若雷霆變化,犬戎大敗,時稱爲神人"③。唐肅宗乾元二年(759),叛將史思明再次攻陷東都洛陽,威逼關中,唐肅宗遂於"大明宮三(清)殿前設河圖羅天大醮"④。唐武宗會昌四年(844),爲討伐澤潞藩鎮劉稹,唐武宗敕召道士八十一人於皇宮中"作九天道場","於道場安置天尊、老君之像,令道士轉道經、修煉道術"⑤。唐懿宗咸通十年(869)九月,龐勛領從黨三千餘人來亳州太清宮,其日宮北百姓三百餘人見太上老君自宮中乘空而南,"須臾黑霧遍南川中。群賊迷路自相殺戮,龐勛溺水而死,群凶自此殄滅"⑥。亳州太清宮使李蔚將此事奏報朝廷,唐懿宗特頒《答亳州太清宮使李蔚表進老君靈應詔》⑦。總之,唐朝道教和道士往往與國家的重大軍事行動關係十分密切。

　　高駢爲世代禁軍高級將領出身,其祖父高崇文曾率唐朝神策軍大

① 《大唐大弘道觀主故三洞法師侯尊志文》,周紹良主編《唐代墓志彙編》開元○七六號,第 1207 頁。
② 《舊唐書》卷七六《太宗諸子·越王貞傳》,第 2662 頁。
③ (唐)鄭畋《唐故上都龍興觀三洞經籙賜紫法師鄧先生墓志銘》,《全唐文》卷七六七,第7981 頁。
④ 《册府元龜》卷五四《帝王部·尚黄老二》,第 605 頁。
⑤ 〔日〕圓仁《入唐求法巡禮行記》卷四,上海:上海古籍出版社,1986 年,第 176 頁。
⑥ (唐)杜光庭《歷代崇道記》,《道藏》第 11 册,第 5 頁。
⑦ 《全唐文》卷八四,第 880 頁。

破吐蕃軍,又鎮壓四川劉辟的叛亂,被唐憲宗視爲"元和初功臣",封南
平王,加同中書門下平章事。《舊唐書》之"史臣曰"稱:"高崇文以律
貞師,戎麾指蜀,遽立奇功,可謂近朝之良將也。"①高駢的伯父高承簡
拜右金吾衛大將軍、邠寧慶等州節度使。其父高承明,亦爲神策軍虞
侯。高駢出身於這樣的軍事世家並發迹於禁軍中,與道教方士有關是
可能的。

　　而大量史料亦證明高駢與道教方士之間確實具有非同尋常的密
切關係。宮川尚志認爲,高駢與道教的交往開始於公元 875 年他在成
都任西川節度使時②。然而,高駢與道教的關係可能要比這個時間早
得多。高駢所作《聞河中王鐸加都統》一詩曰:"煉汞燒鉛四十年,至
今猶在藥爐前。不知子晉緣何事,只學吹簫便得仙。"③高駢寫這首詩
的時間大致在唐僖宗乾符五年(878)。史書記載該年"黃巢大掠江
淮"。四月,唐朝廷以宰相王鐸爲諸道行營兵馬都統。宋代計有功《唐
詩紀事》收錄了高駢這首詩,並稱"其驕傲不平如此"④。隨後,朝廷也
委任高駢以鎮海節度使的身份兼任諸道行營兵馬都統⑤。高駢作此詩
雖然是表達自己的不滿,但却反映了其信奉道教並親自燒煉服用金
丹,其時間可能已達四十年之久。

　　宋代周去非《嶺外代答》之"天威遥"條記載,"高駢節度安南,齋
戒禱祠,將施功焉"。綜合相關資料來看,所謂"齋戒禱祠"應指其舉

---

① 《舊唐書》卷一五一《高崇文傳》及"史臣曰",第 4063 頁。
② MIYAKAWA Hisayuki," Legate Kao P'ien and a Taoist Magician Lü Yung-chih in the Time of Huang 年 Chao's Rebellion,"*Acta Asiatica* 27,1974,p.79.
③ 《全唐詩》卷五九八,第 6924 頁。
④ 《唐詩紀事》卷六三《高駢》,第 951 頁。
⑤ 《唐會要》卷七八《諸使中·都統》,第 1685 頁。

行道教的儀式。在"天威遥"工程進行過程中,又建"神室雷祠,道堂僧舍,無不克備,皆能顯宏"。"道堂僧舍"是指高駢在"天威遥"一帶分別創立的道教宮觀和佛教寺院。高駢後來在任淮南節度使期間,在揚州也建有專門從事道教活動的"道院"①。唐代嶺南容管所轄的白州處於從中原內地前往交趾的通道上,今廣西博白縣城西南三十五公里南流江畔的宴石山,至今仍保留有不少古代佛教摩崖造像佛②。這些造像真正的開創者應是高駢。根據南漢時期劉崇遠所撰《新開宴石山記》記載,宴石山"在白州博白縣之西鄉,與馬門灘伏波公之祠鄰近","唐咸通中高相座□統十道兵師,禦八蠻疆境,經行之際,於此□塑造佛像"。"高相"就是高駢。這裏除有相當規模的佛教寺院外,亦出現了道教建築"道院","以黑金鑄玉皇、道君、老君、天地水三官。並塑左空右元真人、玉童玉女、左右龍虎君元中大法師"等等衆多道教神像③。我們推測宴石山的佛像和道教造像均始於高駢。而且,高駢兼祀佛像並不影響對他有道教信仰的判斷。南朝茅山著名的道教上清派宗師陶弘景(456—536)等道教中人往往亦兼祀佛像④。

如前所述,現存《嶺南摭怪》和《粵甸幽靈集録》是越南最古老、最重要的神話傳説集,編纂成書在十四五世紀間。《嶺南摭怪》記載,高駢"通天文地理,相地形勢,築大羅城於瀘江之西,周三十里,以居焉"。一日,高駢在羅城之東瀘江江畔,"見大風自起,波濤洶涌,雲霧昏暗。有異人立於水上,高二丈餘,身著黄衣,頭戴紫冠,手執金簡,空中光

---

① 《舊唐書》卷一八二《高駢傳》,第 4711 頁。
② 參見封紹柱《廣西博白縣宴石山摩崖造像初探》,《文物》1991 年第 4 期。
③ (嘉慶)謝啓昆《廣西通志》卷二一六《金石略》,《續修四庫全書》第 680 册,第 127 頁;《全唐文》卷八六一,第 9029 頁。
④ 參見王承文《敦煌古靈寶經與晉唐道教》,北京:中華書局,2002 年,第 77—78 頁。

彩,升降飛揚",高駢遂"設壇轉咒,以金銅鐵符爲壓。是夜,雷轟奮迅,風雨大作,天地昏暗,神將咆哮,驚天動地。頃刻間,復見金銅鐵符盡出地上,化爲灰燼,飛三空中。駢尤驚異,歎曰:'此處有靈異之神,不可久留,以取凶禍'"。而該書的西貢本作"明日設壇行醮,以金銀銅鐵爲符,誦咒三晝夜,埋符壓之"①。以上這些情節,都説明高駢精通道教的符籙和齋醮儀式。而且曾經施用道教的符籙法術以對抗安南的地方神靈②。

又根據越南《粵甸幽靈集録》的記載,高駢征南詔時,"好鬼神之事,設祭求神默助。夜三更,忽聞空中有人聲云:'若要成官事,須崇道德人。'高駢聞之大喜,遂立道宮,名護國宮。設土神像於宮側。其後土人尊爲福神"③。其後該土神被越南尊爲"善護國公"。高駢出鎮安南數年,其道教活動必定也促進了道教在安南地區的傳播和發展。根據耿慧玲的研究,越南獨立後道教在越南一直頗盛,並仿照中國設置有專門的道官和僧官制度④。

高駢在安南之外的大量材料也能證明其與道教的密切關係。唐僖宗乾符二年(875),高駢鎮守成都。杜光庭撰《道教靈驗記》記載,其時"樂營之內有狸魅焉","符禁禳禱,皆不能已",有大德何彝范對

① 戴可來、楊保筠校點《〈嶺南摭怪〉等史料三種》,鄭州:中州古籍出版社,1991年,第35頁。
② 參見 Keith Weller Taylor, *The Birth of Vietnam*, University of California Press,1983,p.253。
③ 《粵甸幽靈集録》,載陳慶浩、鄭阿財、陳義主編《越南漢文小説叢刊》第二輯,第二册,臺北:臺灣學生書局,1992年,第38頁。
④ 耿慧玲《越南官職初釋——僧道官與爵秩》,載耿慧玲著《越南史論——金石資料之歷史文化比較》,臺北:新文豐出版公司,2004年,第225—270頁。

高駢稱，"公素有《洞神經》"，可"依而用焉"。最終"其魅遂絕"①。所謂"公素有《洞神經》"，説明高駢一直都擁有六朝道教中的著名經典《三皇經》和《五嶽真形圖》等。這是道士用以召神劾鬼、治病消災以及禁制虎豹水妖的符籙圖書。《道教靈驗記》又記載，有綿竹道士甘玠爲高駢所器重，時南詔軍進攻成都，然唐朝大量守軍因染疫癘死亡，甘玠與"道流人"，"詣殿上轉《神咒經》十卷"，"自此士衆安全，無復疾苦"②。所謂《神咒經》是指東晉南朝之際開始問世的天師道《洞淵神咒經》，該經在唐朝仍有重要影響。

在中國古代，道教方術與兵書關係十分密切。漢代崇信神仙的劉安所撰《淮南子》即有《兵略訓》。《黃帝陰符經》歷來是道教方士和兵家均高度重視的典籍。葛洪、陶弘景、孫思邈等所遺留的著作反映了這些道教中人都深通軍事與方術。唐代道士李筌所撰《神機制敵太白陰經》，其前半專講用兵，後半則專講方士説法。而高駢指揮用兵往往也與道教法術有關。《北夢瑣言》記載唐懿宗咸通年間，南詔蠻圍西川，"朝廷命太尉高駢自天平軍移鎮成都，戎車未屆，乃先以帛，書軍號其上，仍書一符，於郵亭遞之，以壯軍聲。蠻酋懲交阯之敗，望風而遁"。"不假兵以詐勝，斯之謂也"③。即高駢在給南詔軍將的帛書上畫有特定的道教符籙。《北夢瑣言》又記載，高駢對南詔用兵，"先選驍鋭救急，人背神符一道；蠻覘知之，望風而遁"④。唐朝南詔民族一

---

① （唐）杜光庭《道教靈驗記》卷一一"高相《三皇内文》驗"，《道藏》第 10 册，第 839—840 頁。
② （唐）杜光庭《道教靈驗記》卷一二"甘玠《神咒經》驗"，《道藏》第 10 册，第 843 頁。
③ 《太平廣記》卷一九〇《將帥二·雜謡智附》"高駢"條引《北夢瑣言》，第 1422 頁。
④ 《北夢瑣言》卷一一"高太尉請留蠻宰相事"，第 235 頁。

直都有虔誠的道教信仰,向達等學者已有研究①。又據《資治通鑑》記載:"駢好妖術,每發兵追蠻,皆夜張旗立隊,對將士焚紙畫人馬,散小豆,曰:'蜀兵懦怯,今遣玄女神兵前行。'軍中壯士皆恥之。"胡三省注曰:"高駢之好妖術,終以此敗。"②在此提到的"玄女"是古代傳説中的神女,也是道教中的著名女神,又稱"元女"、"九天玄女"、"九天娘娘"等,爲聖母元君弟子,黄帝之師。其外形爲人首鳥身。黄帝與蚩尤大戰於涿鹿之野,玄女從天而降,向黄帝傳授六壬、遁甲之術,以及兵符、圖策、印劍等物,遂破蚩尤③。根據晚唐問世的道經《黄帝太一八門逆順生死訣》記載:"昔貞觀二年(628)八月,李靖將兵四十餘萬與突厥戰,夜至三更,九天玄女賜孤虚法與李靖。"④高駢是晚唐時代具有傑出軍事才能的高級將領,其對九天玄女異乎尋常的崇拜,反映了高駢在戰術計謀方面確實從道教典籍中受益甚多。今天應該怎樣解釋高駢這些奇異的行爲呢? 在科學技術尚不發達的古代,高駢運用這些具有高度神秘和巫術色彩的方法,的確能起到提升士氣安撫部衆同時又震懾敵軍的效果。

宮川尚志認爲高駢内心並没有真正的道教信仰⑤。高駢的確不是

---

① 參見向達《南詔史略論》,載向達《唐代長安與西域文明》,北京:三聯書店,1957年,第171—175頁。

② 《資治通鑑》卷二五二,唐僖宗乾符二年,第8178頁。

③ (宋)張君房《雲笈七籤》卷一一四《九天玄女傳》,第2538—2540頁;(元)趙道一《歷世真仙體道通鑑後集》卷二《九天玄女傳》,《道藏》第5册,第457頁。

④ 《黄帝太一八門逆順生死訣》,《道藏》第10册,第785頁。關於該經考證,參見 Kristofer Schipper and Franciscus Verellen ed, *The Taoist Canon : A Historical Companion to the Daozang*, The University of Chicago Press,2004.pp.761-762。

⑤ MIYAKAWA Hisayuki," Legate Kao P'ien and a Taoist Magician Lü Yung-chih in the Time of Huang Chao's Rebellion,"*Acta Asiatica* 27,1974,pp.75-99.

正式的道教徒,但是其内心則可能有真正的道教信仰。我們在前面證明了《天威遥碑》的作者裴鋼原是一個在洪州西山修道的道教信徒,高駢出征安南之前將其辟爲幕府,極可能與裴鋼所擁有的道教背景有關。高駢晚年因極度崇道信巫而致身敗名裂,宋代晁公武和明代胡應麟等甚至將其原因直接歸咎於本文所討論的《天威遥碑》作者裴鋼①。《資治通鑑》又記載,高駢在成都,曾經在夜中掩殺其部下突將等數千人,"突將有自戍役歸者,駢復欲盡族之。有元從親吏王殷諫曰:'相公奉道,宜好生惡殺,此屬在外,初不同謀,若復誅之,則自危者多矣!'駢乃止"②。可見,在高駢最親近的部屬隨從看來,高駢確實是有道教信仰的。唐朝後期,大量貴族、官僚士大夫一方面在政治和仕途上積極進取,另一方面則又沉醉於道教的服食和修煉,二者往往並行不悖③。

高駢在鎮守安南期間所作《羅浮山別業》一詩曰:"不將真性染埃塵,爲有烟霞伴此身。帶日長江好歸信,博羅山下碧桃春。"④晉唐時

---

① (宋)晁公武撰《郡齋讀書志》著録《傳奇》三卷,稱"右唐裴鋼撰。《唐志》稱鋼高駢客。故其書所記皆神仙恢譎事。(高)駢之惑吕用之,未必非鋼輩導諛所致"(見宋晁公武撰,孫猛校證《郡齋讀書志》卷一三,北京:中華書局,1990年,第555頁;另見馬端臨《文獻通考》卷二一六《經籍考四三》引,第1761頁;胡應麟撰《少室山房筆叢》卷四一,第555頁)。

② 《資治通鑑》卷二五二,唐僖宗乾符二年,第8180頁。

③ 參見 T.H.Barrett, *Taoism under the T'ang*, The Wellsweep Press,1996,pp.74–101。李斌城《道教與中晚唐政治與社會》,載黃正建主編《中晚唐社會與政治研究》,北京:中國社會科學出版社,2006年,第456—497頁;王永平《道教與唐代社會》,北京:首都師範大學出版社,2002年,第414—453頁。

④ 《全唐詩》卷五九八,第6921頁。

代,羅浮山是嶺南著名的道教聖地①。高駢並未到過位於粵東博羅縣的羅浮山,但是其嚮往之情溢於言表。高駢所作詩中有《步虛詞》一首:"青溪道士人不識,上天下天鶴一隻。洞門深鎖碧窗寒,滴露研朱點《周易》。"②高駢也長期直接從事道教的金丹燒煉和服食。前引高駢所作《聞河中王鐸加都統》一詩稱自己"煉汞燒鉛四十年,至今猶在藥爐前"。而其《和王昭符進士贈洞庭趙先生》一詩稱:"藥將雞犬雲間試,琴許魚龍月下聽。自要乘風隨羽客,誰同種玉驗仙經。"③其欲通過金丹煉養得道成仙的願望十分强烈。《宋史》卷二○五《藝文志四》道家"神仙類",著録有高駢所撰《性箴金液頌》一卷。該書應與其金丹實驗有關。杜光庭《神仙感遇傳》記載,唐僖宗乾符三年(876),丞相燕國公高駢募人築成都羅城甕門,於石穴中獲得道教金丹,高駢遂"於道場中炷香禮敬,來晨,丹砂七粒,紅鮮異常,公盡吞服之"④。《北夢瑣言》記載:"唐高駢鎮成都,甚好方術。有處士蔡畋者,以黄白干之。""蔡生自負,人皆敬之,以爲地仙。燕公(即高駢)求之不得。"⑤以上均説明高駢確實有道教信仰,而且有親自燒煉和服食金丹的經歷。而這也是高駢周圍長期都有道教煉丹術士的原因。我們討論這些,是要證明高駢等有可能將唐代道教中煉丹術士發現的火藥用於"天威遥"運河工程。

① 參見王承文《葛洪晚年隱居羅浮山事迹釋證——以東晉袁宏〈羅浮記〉爲中心》,載陳
　　鼓應主編《道家文化研究》第二十一輯,北京:三聯書店,2004年;王承文《唐代羅浮山
　　地區文化發展論略》,《中山大學學報》1992年第3期。
② 《全唐詩》卷二九《雜歌謡辭》,第428頁;《全唐詩》卷五九八,第6920頁。
③ 《全唐詩》卷五九八,第6917—6918頁。
④ (唐)杜光庭《神仙感遇傳》卷五"燕國公高駢"條,《道藏》第10册,第1679頁。
⑤ 《北夢瑣言》卷一一,第238頁;又見《太平廣記》卷二八九《妖妄二》引《北夢瑣言》,第
　　2303頁。

最後,我們還要進一步證明高駢在鑿通"天威遙"運河工程過程中使用火藥爆破的可能性。唐朝道教煉丹術士所發現的火藥火力之猛前所未有,因此其用於軍事是必然的趨勢。中外研究中國科技史的學者比較一致的看法,火藥第一次使用於軍事是在唐末昭宗天佑元年(904)。路振(957—1014)所撰《九國志》記載,鄭璠攻打豫章(今南昌),"以所部發機飛火,燒龍沙門,率壯士突火先登入城。焦灼被體,以功授檢校司徒"①。五代宋初人許洞於公元962年所撰《虎鈐經》稱:"飛火者,謂火炮、火箭之類也。"②學術界一般認爲,鄭璠的"發機飛火"就是以機械彈力拋擲火藥球,這是中國古代火藥使用於軍事的發端③。而潘吉星則認爲,"在8—9世紀的唐代有了原始火藥的記載,10世紀前半葉唐、五代之際是軍用火藥的實驗研製時期,而10世紀後半葉的五代、北宋之際,火藥已處於實用階段"④。

雖然沒有最直接的材料來證明,但是我們認爲仍可推測火藥在軍事上的使用要早於這一時間數十年。根據晚唐道教宗師杜光庭(850—933)所撰《道教靈驗記》記載:

> 鄒聽希,毗陵道士也。精誠章醮,以三洞經法化導於人。邕

---

① (宋)路振《九國志》卷二《鄭璠傳》,收入《五代史書彙編》,杭州:杭州出版社,2004年,第3252頁。

② (宋)許洞《虎鈐經》卷六,《景印文淵閣四庫全書》第727册,第34頁。許洞是宋真宗咸平三年(1000)進士,其撰寫《虎鈐經》一書開始於宋太祖建隆三年(962),至宋真宗景德元年(1004)獻於朝廷。

③ 參見馮家升《火藥的發明和西傳》,上海:上海人民出版社,1978年,第15頁;另參見馮家升《火藥的發現及其傳播》,原載《史學集刊》第5期,收入傅傑編《二十世紀中國文史考據文録》上册,昆明:雲南人民出版社,2001年,第823—828頁;趙匡華《中國煉丹術》,香港:中華書局,1989年,第207頁。

④ 潘吉星《中國古代四大發明——源流、外傳及世界影響》,合肥:中國科技大學出版社,2002年,第248頁。

州節度使李躭、相國李蔚、御史中丞李昭執弟子之禮，以師奉焉。
先是李躭持節邕南，溪洞蠻乘間伺隙，俘掠封壤，焚燒廬井，稱兵
入寇。躭命神將出師以拒之，隔水結壘。時天下承平，兵甲不用
久矣，人心危懼，遠近震驚。雖驛騎乞師，飛章上奏，而鄰救未至，
莫知所圖。（鄒）聽希請作洞淵神咒道場，得道士三十餘人，告齋
虔祝，已二日矣。是夕壇中，香燭精豐，星月融朗，城中士女，通夕
瞻禮，亦無夜禁之法，人情翕然，唯蠻壘之上，雲物陰翳，雷電交
馳，震霹一聲，亦旋澄霽，及明覘者馳報，群蠻遁去矣。翌日，境上
擒得蠻酋一人，耽問其遠犯封疆，不俟闘敵而遁去，何也？蠻酋
曰：「某日雷霆震擊之後，諜者云北軍大至，旋已濟矣。由是棄甲
而遁。」數年，連寇安南，相國高駢討平之。竟不敢犯邕南封部者，
乃躭與聽希神咒之功也。①

這是一條極具典型意義的重要材料。李躭，唐懿宗咸通七年（866）至
十年爲邕州節度使，即嶺南西道節度使。咸通七年唐懿宗大赦詔令稱
"安南、邕管、西川三道軍士"，"仍委劉潼、高駢、李躭等具此慰勞，以
副予懷"②。根據《資治通鑑》該年的記載，高駢鎮守安南，劉潼鎮守西
川，而李躭無疑即鎮守邕管。也就是説，邕州節度使李躭與安南都護
高駢同時都在抗擊南詔的最前綫。而此時的所謂"溪洞蠻"，就是南詔
貴族聯合安南都護府境内溪洞豪酋首領所組成的蠻軍。

鄒聽希是毗陵郡（即今江蘇常州市）的著名道士。邕州節度使李
躭等"執弟子之禮"，也就意味着其信奉道教，而且甚至可能還兼有道

---

① （唐）杜光庭《道教靈驗記》卷一五《齋醮拜章靈驗·李躭神咒齋驗》，《道藏》第10册，第
852頁。
② 唐懿宗《咸通七年大赦》，《唐大詔令集》卷八六，第488—489頁。

士的身份。咸通七年，鄒聽希等道士亦隨李矞遠赴嶺南邕州。在與
"溪洞蠻"的對峙過程中，鄒聽希召集衆多道士以"作洞淵神咒道場"，
即道教的洞淵神咒齋爲掩護，通過作法而攻破了"蠻壘"。其攻破"蠻
壘"極可能是道士通過使用火藥爆破而完成的。杜光庭一方面強調當
夜邕州一帶"星月融朗"，也就完全排除了作爲自然界中雷電現象的可
能。尤其是杜光庭所描述的"雷霆萬震擊"的具體情形爲："唯蠻壘之
上，雲物陰翳，雷電交馳，震霹一聲，亦旋澄霽。"顯示的也明顯不是自
然界中的雷電現象。因此，這是高駢將火藥直接用於開鑿"天威遙"運
河的重要旁證。根據同時的邕州節度使李矞幕府和軍營中有鄒聽希
等三十多位道士，我們推測，高駢作爲一位與道教關係十分密切的將
領，其在安南的幕府和軍營中，有道士出身的應遠不止《天威遙碑》的
作者裴鉶一人。

　　我們再回到裴鉶《天威遙碑》所記述的高駢開鑿"天威遙"運河的
具體情節。碑文記載因爲"天威遙"一帶的山石堅硬無比，使工程嚴重
受阻。在這種情況下，高駢得到雷電之神的幫助。根據碑文的記載，
高駢親自祈請雷電之神幫助開鑿分成三次，即五月二十六日白晝一
次，六月十一日一天之中前後兩次。前後三次均爲雷電大震，並伴有
"狂雲興，怒風作"。其情形爲："艱難之石，倏而碎矣。或有磊磊者，
落落者，約人而不能舉〔者〕，俱爲雷之攫擲於兩峰耳。"由於我們在前
面證明整個工程都是在江山半島陸上進行的，因此可以完全排除在海
水中甚至海面下的爆破作業。宋代周去非《嶺外代答》對《天威遙碑》
的記載固然有其重要價值，但他自己也添加了不少原碑中實際上並没
有的内容，其文曰：

　　　　一夕大雨，震電於石所者累日，人自分淪没矣。既霽，則頑石

> 破碎,水深丈餘。旁有一石猶存,未可通舟。駢又虔禱,俄復大雨
> 震電,悉碎餘石,遂成巨川。①

然而根據《天威遙碑》原文的記載,三次都是白晝而非夜晚。尤其是其
過程始終都只有"狂雲興,怒風作",即只有雷電霹靂,並沒有周去非根
據自己的想像所描述的雷電交加而大雨如注的情節。而這一細節,我
們認爲恰恰也是當時進行火藥爆破的重要條件之一。而且這三次中
的每一次都準確地發生在工程中最艱巨同時也是最需要的地方,顯然
是一種通過人工加以操控的結果。《舊唐書·高駢傳》提到高駢通過
"作法"而打碎巨石。《天威遙碑》則將東漢馬援不能成功的原因歸結
於其"無術"。碑文稱"此乃乾坤拯助,造化扶持"。中國古代有"雷公
電母"闢山的傳説。韓愈的詩即有:"雷公擘山海水翻,齒牙嚼齧舌腭
反。"②由於唐朝道教本身對火藥爆炸所産生的巨大威力尚無法作出
合乎科學的解釋,因此,晚唐的高駢和裴鉶等將其與雷電比附並加以
神化有其必然性。

(二)唐末王審知開闢福州"甘棠港"與火藥爆破的關係

　　唐末王審知(862—925)是五代十國時期閩國的建立者。他曾經
於唐昭宗天祐元年(904)在福州開鑿甘棠海港,其方法與高駢開鑿"天
威遙"海道工程極爲類似,並因此被稱爲"天威路"。甘棠港位於閩江
的入海口。根據記載,該港口内原有一從岸邊伸入海中名爲"黄琦"的
石山,嚴重地妨礙了海上航運,王審知遂祈請神靈成功除之。宋王象
之《輿地紀勝》也記載:"甘棠港在閩縣。舊名黄崎港,先有巨石,爲舟

---

① 《嶺外代答校注》卷一,第33頁。
② (唐)韓愈《陸渾山火和皇甫湜用韻》,《全唐詩》卷三三九,第3800頁。

楫之患。唐天祐中,閩王命工鑿之,忽然震碎,敕改甘棠港。"①學術界對於唐末五代時期"甘棠港"的確切地址有不少爭議。根據福建學者歐潭生和李磊的研究和實地考察,其地點在今福州市馬尾區浪岐島②。

有關唐末福州甘棠港開闢的歷史背景和具體過程,天祐三年(906)唐哀帝准敕建立的《恩賜瑯琊忠懿王德政碑》有較詳細的記載。該碑今立於福州市鼓樓區慶城路閩王廟內,唐禮部侍郎于兢撰文。碑文曰:

> 佛齊諸國,雖同照臨,靡襲冠裳,舟車罕通,琛贊罔至,亦踰滄海,來集鴻臚。此乃公示以中孚,致其內附。宛土龍媒,寧獨稱於往史;條支雀卵,諒可繼以前聞……閩越之境,江海通津,帆檣蕩漾以隨波,篙檝崩騰而激水,途經巨浸,山號黃崎,怪石驚濤,覆舟害物。公乃具馨香黍稷,薦祀神祇,有感必通,其應如響。祭罷一夕,雷震暴雨,若有冥助。達旦則移其堅險,別注平流。雖畫鶃爭馳,而長鯨弭浪,遠近聞而異之。優詔獎飾,乃以公之德化所及,賜名其水爲甘棠港,神曰顯靈侯。與夫召神人以鞭石,驅力士以鑿山,不同年而語矣……黃崎之勞,神改驚濤。役靈祇力,保千萬艘。③

碑文記載晚唐福建與三佛齊等東南亞諸國有頻繁的貿易往來,而福州附近海面上的黃崎山却"怪石驚濤,覆舟害物",因而嚴重阻礙了海上航行,王審知通過祭祀神祇,導致"雷震暴雨,若有冥助。達旦則移其

---

① 《輿地紀勝》卷一二八《福州·景物下》,第 4030 頁。
② 歐潭生、李磊《福州甘棠港考辨》,載《"唐代東南社會與海上絲綢之路"國際學術研討會暨中國唐史學會第十二屆年會論文集》,福州:福建師範大學,2015 年 11 月,第 290—306 頁。
③ 《全唐文》卷八四一,第 8847 頁。

堅險,別注平流"。遠近皆以爲"公之德化所及",唐哀帝爲此賜名"甘棠港"。歐陽修《新五代史》亦稱王審知"招來海中蠻夷商賈。海上黄崎,波濤爲阻,一夕風雨雷電震擊,開以爲港。閩人以爲審知德政所致,號爲甘棠港"①。

翁承贊爲福唐(今福建省福清市)人,唐昭宗乾寧三年(896)進士,爲王審知所重用,在閩國官至宰相。而其在後唐同光四年(926)所撰《大唐故閩王王審知墓志銘》,於1981年在福州出土。該碑記載閩王審知開甘棠港事迹曰:

> 古有島外巖崖,蹴成驚浪,往來舟楫,動致敗亡。王遥祝陰靈,立有玄感。一夕風雷暴作,霆電呈功,碎石巨於洪波,化安流於碧海。敕號甘棠港。至今來往蕃商,略無疑恐。國家以閩越得人,可以均皇澤,可以律守臣。②

翁承贊的記載與于兢和歐陽修的記載有明顯不同,于兢和歐陽修均强調"一夕雷震暴雨"、"一夕風雨雷電震擊",而翁承贊却僅記載"一夕風雷暴作,霆電呈功"。也就是説,並不是自然界中一般雷電暴雨的情形。五代孫光憲《北夢瑣言》卷二專門設置有"高駢開海路,王審知開海附"條,明確將高駢在安南開鑿"天威遥"與唐末王審知在福州開鑿"天威路"即"甘棠港"相提並論。該書在記載"高駢開海路"之後,又稱:

① 《新五代史》卷六八《閩世家第八》,第846頁。相同記載很多,如翁承贊《大唐故威武軍節度等使閩王王審知墓志銘并序》,《全唐文補遺》第七輯,第183頁;于兢撰《大唐威武軍節度使王審知德政碑》,載福建省博物館《唐末五代閩王王審知夫婦墓清理簡報》,《文物》1991年第5期。

② 福建省博物館《唐末五代閩王王審知夫婦墓清理簡報》,《文物》1991年第5期;《文史》第28輯刊石刻;《全唐文補遺》第七輯,第182—186頁;《全唐文補編》卷一一六,第1448—1451頁。

　　葆光子嘗聞閩王王審知患海畔石碕爲舟楫之梗，一夜，夢吳安王（原注：即伍子胥也），許以開導，乃命判官劉山甫躬往祈祭。三奠才畢，風雷勃興，山甫憑高觀焉，見海中有黃物，可長千百丈，奮躍攻擊。凡三日，晴霽，見石港通暢，便於泛涉。於時錄奏，賜名甘棠港。即渤海假神之力，又何怪焉？亦號此地爲"天威路"，實神功也。①

該書卷七"玄德感"條又記載：

　　福建道以海口黃碕岸橫石巉峭，常爲舟楫之患。閩王瑯琊王審知思欲制置，憚於力役。乾寧中，因夢金甲神自稱吳安王，許助開鑿。及覺，話於賓寮，因命判官劉山甫躬往設祭，具述所夢之事。三奠未終，海內靈怪具見。山甫乃憩於僧院，憑高觀之。風雷暴興，見一物，非魚非龍，鱗黃鬣赤，凡三日，風雷止霽，已別開一港，甚便行旅。當時錄奏，賜號甘棠港。②

　　以上也是僅强調"風雷勃興"和"風雷暴興"。與于兢和歐陽修所描述的"一夕雷震暴雨"和"一夕風雨雷電震擊"判然有別。而所謂"見海中有黃物，可長千百丈，奮躍攻擊"、"風雷暴興，見一物，非魚非龍，鱗黃鬣赤"的描述，極可能就是進行大規模火藥爆破的情形。

　　我們推測唐末福州甘棠港的開闢與道教所發現的火藥有關也是有現實依據的。在五代十國時期的各政權中，王審知家族及其閩國政

① 《北夢瑣言》卷二，第36頁。
② 《北夢瑣言》卷七"玄德感"條，第169—170頁。《十國春秋》卷九五《劉山甫傳》記載："劉山甫，彭城人。太祖入閩，署山甫威武軍節度判官。時海口黃崎岸橫石巉峭，常爲舟楫之患，太祖思去之，憚於力役。乾寧中，夜夢金甲神，自稱吳安王，許助開鑿，因命山甫躬往設祭，具述所夢事。三奠未畢，海內靈怪俱見。山甫乃憩僧院，憑高視之，風雷暴興，見有黃鱗赤鬣非魚非龍者。凡三晝夜，風雷始息，已別開一港，甚便行旅，即所賜號甘棠港者是也。"（北京：中華書局，1983年，第1378頁）

權與道教的關係尤其突出。宋代陶岳《五代史補》記載了王潮和王審知兄弟在福建崛起,而王氏祖先即有道士身份,並以煉丹著稱[①]。又根據近年出土的《閩王王審知夫人任内明墓誌銘並序》記載,王審知夫人任内明家族與道教的關係也非常密切。任内明,樂安郡人,爲六朝著名道教信仰者任敦、任昉後代。碑文追溯了王審知與其妻任内明兩個家族的道教淵源,並稱其爲"神仙之疋偶"[②]。王審知的繼承者崇道也突出。例如,王昶爲王審知的次子王延鈞的長子,其即皇帝位後,重用道士陳守元,"賜洞真先生陳守元號天師"[③];"用陳守元言","焚香禱祀求神丹"[④]。王昶"亦好巫,拜道士譚紫霄爲正一先生,又拜陳守元爲天師,而妖人林興以巫見幸","日焚龍腦、薰陸諸香數斤,作樂於台下,晝夜聲不輟,云如此可求大還丹"[⑤]。可見閩越王氏堪稱典型的崇道世家。因此,我們有理由推斷唐末王審知開鑿甘棠港,其破除所謂"黄碕岸横石",亦使用了高駢在安南開鑿"天威遥"運河所實施的火藥爆破的方法。

總之,在唐代,由於道教與火藥的特殊關係,使以上的大量記載都被賦予了非常神秘與神異的色彩。從晚唐以後火藥在軍事和大規模工程中的使用,是中國古代科學技術長足發展的重要標志。而火藥爆破在安南"天威遥"運河和福州"甘棠港"(亦稱"天威路")工程中的先後使用,亦從

---

① (宋)陶岳《五代史補》卷二"王氏據福建"條,見《五代史書彙編》第5册,杭州:杭州出版社,2004年,第2489頁。
② 《梁威武軍節度使閩王王審知夫人任氏(内明)墓誌銘并序》,《全唐文補遺》第七輯,第437—439頁。
③ 《十國春秋》卷九一《閩世家二》,第1329頁。
④ 《資治通鑑》卷二八二,後晉高祖天福四年,第9202頁。
⑤ 《新五代史》卷六八《閩世家第八》,第851頁。

一個具體方面説明自唐代以來中國南部沿海航路的重要性越來越明顯。

六　後論

在相當長的歷史時期,環北部灣地區都是國際性的水陸交通要衝,是中國與外部世界聯繫的通道和紐帶,因而其地理位置十分重要。近十多年來,中國加强了環北部灣地區的開發,並將其視爲中國西南内陸地區通向東南亞與世界的門户和橋樑。2007 年,中國正式成立了環北部灣經濟開發區。中外學術界也不斷重新審視環北部灣地區的歷史和現實,甚至直接將北部灣稱爲“亞洲小地中海”①。但是,從總體上來看,學術界對古代嶺南西南部歷史的研究還相當缺乏。現存裴鉶《天威遥碑》對中古嶺南區域史和晚唐史的研究,具有十分重要的史料價值。本節討論了晚唐裴鉶所撰《天威遥碑》的版本源流、“天威遥”運河的具體地點等等相關問題,並試圖進一步説明唐朝在嶺南西部和安南地區的開拓。

漢唐時期中央王朝對安南地區的經略,在極大程度上依賴於通往安南的海上通道。因此,早在漢代即有“馬援故道”的正式開闢,並在其後發揮了十分重要的政治和軍事作用。由於今廣西江山半島白龍尾一帶海面獨特的地形和地貌,給這條通道上的海上航運帶來了嚴重的困難,所以從漢代馬援到晚唐高駢都進行過“天威遥”運河的開鑿,其目的都是要在半島中部開鑿出一條貫通南北的人工航運通道,從而使來往的海上船舶避開半島頂端“白龍尾”一帶的險灘暗礁以及海上的颶風巨浪。因此,“天威遥”運河在本質上仍然是漢唐時期“馬援故

---

① 澳大利亞國立大學、廣西社會科學院東南亞研究所編《亞洲小地中海——北部灣:歷史與未來國際研討會論文集》,南寧,2008 年 3 月。

道"的重要組成部分。由於這條穿越江山半島的運河工程異常浩大而艱巨,因此,無論是東漢的馬援,還是晚唐以前的三任安南都護,實際上都沒有能完成這一運河工程。至晚唐,隨着安南地區形勢的日益嚴峻以及大規模戰事甫定,使鑿通"天威遥"以保證"馬援故道"的暢通具有了前所未有的緊迫性。正是在這種特殊背景下,高駢繼續了"天威遥"運河的開鑿,並極有可能是依靠道教發現的火藥進行爆破,最終鑿通了這條人工運河。

"天威遥"運河無論在當時還是後來都曾經有過十分重要的影響。高駢《過天威徑》一詩稱:"豺狼坑盡却朝天,戰馬休嘶瘴嶺烟。歸路險巇今坦蕩,一條千里直如烟。"①高駢的這首詩應作於咸通九年(868)九月或十月,即他在離開交趾經過"天威遥"運河到長安赴任途中。前引《新唐書》稱高駢"又使者歲至,乃鑿道五所,置兵護送"②。《天威遥碑》記載高駢等又特地在"天威遥"等地"結構高亭,創修別館",這些都與連通交趾的道路和驛站等有關。崔致遠《補安南錄異圖記》稱"天威遥"的開鑿,"遂得絶蠻諜之北窺,紓漢軍之南戍"③。《舊唐書·高駢傳》稱"由是舟楫無滯,安南儲備不乏,至今賴之"④。歷史也證明"天威遥"運河的開鑿,對於保障此後到唐末安南局勢的相對穩定確實發揮了重要作用⑤。北宋仁宗慶曆四年(1044),曾公亮等奉敕

---

① 《全唐詩》卷五九八,第 6921 頁。
② 《新唐書》卷二二四下《高駢傳》,第 6392 頁。
③ 《桂苑筆耕集校注》卷一六,第 555 頁。
④ 《舊唐書》卷一八二《高駢傳》,第 4703 頁。
⑤ LÊ THÀNH KHÔI, *Le Viêt-nam Histoire et Civilisation-Le Milieu et L' Histoire*, Paris: Les Editions de Minuit, 1955. p. 127. 與此相類似的論述參見 Keith Weller Taylor, *The Birth of Vietnam*, p. 250。

編成的《武經總要前集》，稱邕州"南至交州界七百里，舊至交趾，水路
隘險，巨石梗塗，高駢在安南鑿開，迄今舟楫無滯"①。説明至宋代前
期，"天威遥"運河還在發揮作用。越南史家吴時仕(1726—1780)稱：
"高駢在我交南，破南詔，以拯一時之生靈；築羅城，以壯萬年之都邑。
其功韙矣。至於通漕路，置使驛，凡事皆奉公而行，無一毫之私。"又
稱："張舟破占、環，城驩、愛，高駢累敗雲詔，保全安南，皆有功於我土，
而駢之任久於舟，今國中婦孺猶能言之。前後牧守將帥皆不能及駢，
蓋駢之功名獨盛也。"②越南史家 LÊ THÀNH KHÔI 指出，高駢在被任
命爲静海軍節度使後，"致力於在這個被衆多混亂所分裂的地區重建
秩序。他重組政府，駐軍部署在邊界，改造税收登記。他重建了雙重
城墙圍繞的大羅城。城中設有官署、財庫、軍士以及用於軍隊的五千
住房。居民則生活在城墙之外的村野周圍。由於這些重築道路、開鑿
航道的大型工程，這個地區逐步重現繁榮"③。歷史也證明了在高駢
收復安南後，這一地區維持了較長時間的穩定和繁榮④。

　　高駢是晚唐政壇上具有重大影響而又充滿争議的歷史人物，其前
期堪稱是唐朝國家的英雄，其晚期則是作爲唐朝的"叛臣"而被載入史
册。高駢崛起於風雲變幻的晚唐時代，表現了非常傑出的軍事和政治
才能。唐宣宗末年至唐懿宗咸通年間，南詔大舉進犯安南和邕州等

---

① （宋）曾公亮《武經總要前集》卷二〇《邊防・廣南西路・邕州》，《景印文淵閣四庫全書》
　　第 726 册，第 577 頁。
② 《大越史記・外紀》卷六《内屬隋唐紀》之"唐咸通七年"、"唐哀帝天祐二年"條，北京：國
　　家圖書館館藏本。
③ LÊ THÀNH KHÔI, *Le Viêt-nam Histoire et Civilisation - Le Milieu et L' Histoire*, Paris：Les
　　Editions de Minuit, 1955.p.127.
④ Keith Weller Taylor, *The Birth of Vietnam*, University of California Press,1983,p.250.

地,對唐朝南部邊境構成了重大威脅。唐朝雖然有從全國各地徵調的數萬大軍集結在海門鎮和邕州等地,然屢戰屢敗,棄城失地,朝野憂心。最後高駢僅率五千禁軍,沿"伏波故道"一舉收復安南,結束了在安南地區持續十年之久的戰爭。唐僖宗乾符元年(874),南詔再次大舉進攻成都,聲言將攻取長安。唐軍接連失利,西南大門洞開。乾符二年初,高駢臨危受命,出任西川節度使。高駢至成都後,多次大敗南詔,"自是蠻不復入寇"①。

　　高駢在工程建造方面也表現了非常傑出的才能,除了開鑿安南"天威遥"運河之外,還重新修建了安南大羅城。唐朝安南都護府的府城曾經歷幾次修建,然而以高駢興建安南都護府大羅城最具有代表性。《新唐書·高駢傳》記載高駢在安南"始築安南城"。《資治通鑑》記載,咸通七年(866)十一月,高駢"築安南城,周三千步,造屋四十餘萬間"②。越南相關史書對此有更詳細的記載③。根據《大越史記全書》記載,該城"周迴一千九百八十二丈零五尺,城身高二丈六尺。脚闊二丈五尺,四面女墙高五丈五寸,望敵樓五十五所,甕門六所,水渠三所,踏道三十四所。有築堤子,周迴二千一百二十五丈八尺,高一丈五尺,脚闊二丈,及造屋四十餘萬間"④。《安南志略》記載大羅城路,"古交趾,漢仍之。唐置安南都護府。其城在瀘江西岸,唐張伯儀始築,張舟、高駢繼增修之。宋真宗時,郡人李功蘊於此建國。陳繼李,以其屬邑,增置龍

① 《資治通鑑》卷二五二,唐僖宗乾符二年,第8176頁。
② 《資治通鑑》卷二五〇,唐懿宗咸通七年,第8117頁。
③ 《大越史記全書·外紀》卷五,第167頁;按《越史略》卷上《高駢傳》所記載的建築數量與此有所不同(見《景印文淵閣四庫全書》第466册,第569頁);《安南志略》卷一《郡邑》,第17頁。
④ 《大越史記全書·外紀》卷五,第167頁。

興、天長、長安"①。元代陳孚《陳剛中詩集》卷二有詩句稱:"士燮祠將壓,高駢塔未蕪。"其原注曰:"高駢既定交州,遂於富良江上橋市之左立石塔,巋然猶存。"②明初解縉(1369-1415)所著《文毅集》卷五《交趾即事》一詩稱:"交趾名藩百雄雄,高駢塔在古城東。弓刀選士軍容蕭,鐃角迎風奏節同。"③而同時代的王偁(1370—1415)所著《虛舟集》卷五《交州即事》一詩亦稱:"一騎衝嚴到市橋,夕陽烟樹草蕭蕭。居人猶指高駢塔,碧瓦朱甍尚未凋。"④可見,該塔至明代永樂年間仍然存在。高駢修建大羅城應參照了中國傳統的城市建築樣式,並且對今越南首都河內的格局都有影響⑤。高駢在工程方面的傑出才能還表現在成都城的修建上。自秦漢以來,成都城在歷代屢經修築,然而以唐僖宗乾符三年(876)高駢修築成都羅城尤其具有深遠的影響。高駢的修築既大大加強了成都城的防禦功能,改善了成都城的自然環境,同時也奠定了其後一千多年間成都城市的基本格局⑥。

《大越史記全書》還記載秦始皇時,交趾慈廉人李翁仲,"身長二丈三尺,少時往鄉邑供力役,爲長官所笞。遂入仕秦,至司隸校尉。始皇得天下,使將兵守臨洮,聲振匈奴,及老歸田里卒。始皇以爲異,鑄銅爲像,置咸陽司馬門,腹中可容數十人,潛搖動之,匈奴以爲生校尉,不敢犯"。後世墓道石像即以翁仲爲名。至唐朝"趙昌爲交州都護,常

---

① 《安南志略》卷一《郡邑》,第 17 頁。
② 《景印文淵閣四庫全書》第 1202 册,第 643 頁。
③ 《景印文淵閣四庫全書》第 1236 册,第 660 頁。
④ 《景印文淵閣四庫全書》第 1237 册,第 74 頁。
⑤ 〔法〕馬司帛洛《唐代安南都護府疆域考》,載馮承鈞譯《西域南海史地譯叢》四編,北京:商務印書館,1962 年,第 70 頁。
⑥ 參見劉琳《中古泥鴻——劉琳史學論文自選集》,成都:巴蜀書社,1999 年,第 129—134 頁。

夜夢與翁仲講《春秋左氏傳》，因訪其故宅，在焉。立祠致祭。迨高王破南詔，常顯應助順。高王重修祠宇，雕木立像，號‘李校尉’。其神祠在慈廉縣瑞香社”①。所謂“高王”就是越南史書對高駢的尊稱。高駢爲李翁仲修神祠，意在强化安南人對唐中央王朝的歸屬意識。

　　自古至今越南在很多地方都保留有專門祭祀高駢的祠廟“高王廟”或“高王神祠”等。越南《大南一統志》稱越南“各省轄各祠凡三百餘所”②。前引唐崔致遠所撰《補安南録異圖記》記載：“至於洞獠海蠻，莫不醉恩飽義，遠投聖闕，請建生祠。”崔致遠所作《生祠》一詩稱：“古來難化是蠻夷，交趾何人得去思？萬代聖朝青史上，獨傳溪洞立生祠。”③説明安南當時就建有高駢的“生祠”。崔致遠《安南》一詩曰：“西戎始定南蠻起，都護能摧驃信威。萬里封疆萬户口，一麾風雨盡收歸。”其《收城碑》一詩又稱：“功業已標征北賦，威名初建鎮南碑。終知不朽齊銅柱，況是儒宗綴色絲。”其詩原注有：“碑今度支裴僕射撰詞。”④收城指收復安南都護府交趾城。高駢在安南的戰功爲他贏得了巨大的榮譽和威望。

　　高駢政治命運和歷史評價逆轉的關鍵，一是源於他在鎮守揚州期間的“玩寇”或“縱賊”，即放縱黄巢渡過淮河去攻取洛陽、長安，從而加速了唐朝的最後崩潰；二是因爲其後期的“崇妖”，即完全沉迷於崇

① 《大越史記全書·外紀》卷一，第101—102頁。
② 〔越南阮朝〕國史館編《大南一統志》第4册《清化省》，嗣德版，重慶：西南師範大學出版社，北京：人民出版社，2015年，第89頁。
③ 《桂苑筆耕集校注》卷一七，第593頁。
④ 《桂苑筆耕集校注》卷一七，第595、597頁。

道信巫，誤國誤己①。由於高駢的所謂“縱賊”又主要是聽信了身邊寵信道士吕用之等的建議，因此，一般史家都認爲，高駢的崇道信巫對於其政治命運的轉變具有決定性的影響。雖然高駢與道教的關係由來已久，但是高駢受吕用之等的蒙蔽，則是在其擔任淮南節度使駐節揚州以後。在風雲際會的晚唐時代，高駢以其卓越的才能被推到歷史的最前臺，一度成爲維繫唐王朝國家安危的關鍵人物，但歷史最終證明在一定意義上又是他加速了唐王朝的最後崩潰。對此，我們將有專文討論。

裴鉶的《天威遥碑》恰恰撰寫在高駢人生最輝煌的時期，但是仍相當真實地展示了高駢的性格及其人生的複雜性。一方面，碑文中的高駢堪稱是唐朝國家的英雄，表現了其憂國憂民、雄姿英發，以及卓越的才能，但是碑文也同樣展示了高駢内心深處對鬼神的沉迷、崇信和高度依賴。高駢在鎮守成都期間，有關崇道信巫的活動更加頻繁和走向公開化。從裴鉶所撰《天威遥碑》來看，高駢最後完全沉溺於道教和巫術並導致其政治命運的逆轉，確實應有其内在發展的軌迹和必然性。高駢的確是一位充滿矛盾具有悲劇色彩的歷史人物，在歷史上有過輝煌並且是那樣耀眼奪目，但隨即就被掩埋在一層非常厚重的歷史塵埃之下。在漫長的歲月中，高駢一直都只是作爲一個叛逆昏聵甚至禍國殃民的反面形象而被後人不斷提及。

由於“天威遥”運河遺址地處邊陲海隅，多爲人迹罕至的荒山野嶺，而且廢棄已達數百年之久，因此，長期以來差不多已經被人們徹底

---

① 《舊唐書》卷一二八《高駢傳》，第 4705 頁；《新唐書》卷二二四下《叛臣下·高駢傳》，第 6395 頁；《册府元龜》卷四四七《將帥部·縱敵》，第 5304 頁。

遺忘了。當我來到唐"天威遥"遺址考察的時候,感觸很深。晚唐國力衰頹,内憂外患,然而仍舉全國之力苦心經營安南,從一個重要方面反映了唐中央王朝對南部邊疆的高度重視。在當年,這一運河工程也與唐朝國家的命運具有千絲萬縷的聯繫。對於淹没在荒榛溝壑中的"天威遥"運河遺址,我們今天應該設法加以發掘、保護和研究。因爲這樣宏偉而艱巨的古代工程,在很大程度上是漢唐國家開拓南部邊疆的象徵。

第三章

晉唐時代嶺南地區金銀生產和流通論考

——以敦煌博物館所藏唐天寶地志殘卷爲綫索的考察

第一節　六朝時期嶺南地區金銀生產和流通論考

一　引言

甘肅省敦煌市博物館收藏的 76 號地志文書,具有十分重要的學術研究價值①。近數十年來,海內外學術界對該文書所反映的唐玄宗天寶初年全國各地州縣的設置,尤其是唐代公廨本錢制度等方面進行了專門而深入的研究②。衆所周知,"錢帛兼行"是唐代貨幣流通的基

---

① 該敦煌文書的圖版,見段文傑主編《甘肅藏敦煌文獻》第六卷,蘭州:甘肅人民出版社
　1999 年,第 224—227 頁。

② 參見向達《西征小記》,《國學季刊》第七卷第一期,收入其《唐代長安與西域文明》,北京:
　三聯書店,1957 年;吳震《敦煌石室寫本唐天寶初年〈郡縣公廨本錢簿〉校注並跋》,《文史》
　第 13、14 輯,北京:中華書局,1982 年;馬世長《敦煌縣博物館藏地志殘卷——敦博第五八
　號卷子研究之一》、《地志中的"本"和唐代公廨本錢——敦博第五八號卷子研究之二》,均
　載北京大學中古史研究中心編《敦煌吐魯番文獻研究論集》,北京:中華書局,1982 年;鄭炳林
　《敦煌地理文書彙輯校注》,蘭州:甘肅教育出版社,1989 年;王仲犖《唐天寶初年地志殘卷考
　釋》,載王仲犖著、鄭宜秀整理《敦煌石室地志殘卷考釋》,上海:上海古籍出版社,1993 年;羅彤
　華《唐代州縣公廨本錢數之分析——兼論前期外官俸錢之分配》,(臺灣)《新史學》第十卷第
　一期,1999 年;榮新江《敦煌本〈天寶十道録〉及其價值》,唐曉峰等編《九州》第二輯,1999 年,
　第 116—129 頁。

本特徵,錢即唐朝國家法定的銅錢,帛則是絲織品的統稱,這是一種主要以金屬貨幣和實物貨幣兼而流通的貨幣制度。然而,敦煌市博物館所藏唐天寶初年地志文書却反映了在當時全國十道中,嶺南道是唯一的主要以白銀和銅錢作爲公廨本錢的地區。對於這樣一種極爲特殊的歷史現象,中外學術界似乎還一直缺乏足夠的關注和專門研究。唐朝嶺南地區金銀貨幣的流通,至少可以追溯到東晉南朝時代,而唐代則有重要發展。歷史上嶺南作爲貨幣流通特殊區域的最初形成,首先與六朝中央王朝禁止銅錢流入嶺南的政策有關,嶺南作爲海上國際貿易的通道則是其形成的外在因素,而嶺南本地相當普遍的金銀生產則是其形成最主要的原因。從六朝至隋唐,嶺南實際上一直是全國最主要的金銀生產地和供應地。嶺南地區金銀的生產和流通,又在相當程度上直接推動了唐宋國家白銀貨幣化的進程,因而具有全局性的重要意義。而中古嶺南金銀生產和流通又與嶺南的開發和社會變化密切相關,因此,本章試從前人很少關注的這一特定視角,討論六朝以來特別是唐代嶺南區域的開發和社會變遷。

二　六朝時期嶺南地區金銀生产和流通的形成

嶺南地區金銀貨幣的流通可以追溯到六朝時代。唐初撰成的《隋書·食貨志》是南北朝時期梁、陳和北齊、北周以及隋五個朝代的總志。《隋書·食貨志》記載這一時期貨幣流通的情形曰:

> 梁初,唯京師及三吳、荊、郢、江、湘、梁、益用錢。其餘州郡,則雜以穀帛交易。交、廣之域,全以金銀爲貨。……河西諸郡,或

用西域金銀之錢，而官不禁。①

《隋書・食貨志》的記載反映了南北朝中期，嶺南和河西走廊是兩個以金銀爲貨幣的特殊地區。河西諸郡是中國與中亞西域陸路貿易的門户，而交州和廣州則是當時海上國際貿易最主要的口岸和通道。但是從《隋書》的記載，仍可看出這兩個地區金銀流通的情形存在明顯的差異。首先，《隋書》稱"交、廣之域，全以金銀爲貨"，而河西諸郡"或用西域金銀之錢"，"而官不禁"，則反映了兩地金銀作爲貨幣在使用程度上和合法性程度上的差别。其次，河西地區很少見有出産白銀的記載，所使用的主要是"西域金銀之錢"。這一點從河西地區考古所發現的不少古羅馬、波斯等西域的金銀貨幣得到了證實②。其銀錢應來自於古絲綢之路上的西域商人。而嶺南交、廣地區流通的金銀，固然也有中古海上貿易因素的影響，但主要應出産於嶺南本地。而且無論是嶺南金銀的生産還是流通，都可以追溯到梁初以前的時代。

　　早在漢代，我們就能發現嶺南地區金銀使用的某些記載③。自從

---

① 《隋書》卷二四《食貨志》，第 689、691 頁。至於河西諸郡使用金銀，《周書》卷五〇《高昌傳》記載高昌"賦税則計輸銀錢，無者輸麻布"（第 915 頁）。

② 參見夏鼐《綜述中國出土的波斯薩朝銀幣》，《考古學報》，1974 年第 1 期，收入中國社會科學院考古所編《夏鼐文集》（下），北京：社會科學文獻出版社，2000 年，第 51—70 頁。按唐代慧立撰《大唐大慈恩寺三藏法師傳》卷二記載西域焉耆境内有銀山，"山甚高廣，皆是銀礦，西國銀錢所從出也"（《大正新修大藏經》第 50 卷，第 226 頁）。

③ 《史記・陸賈傳》記載，西漢初年，漢高祖劉邦派陸賈出使南越國，南越王趙佗"賜陸生橐中裝直千金，他送亦千金"（第 2698 頁）。漢代的"千金"是指一千斤黄金。二十世紀七十年代，廣西貴縣羅泊灣二號漢墓中，曾出土作爲貨幣使用的金餅。《漢律・金布令》曰："大鴻臚食邑九真、交阯、日南者，用犀角長九寸以上若瑇瑁甲一。鬱林用象牙長三尺以上若翡翠各二十，准以當金。"（《後漢書》卷九四《禮儀上・上陵條》注引，第 3104 頁）其中所謂"准以當金"，可以理解爲漢朝設置在嶺南各地的"食邑"本來用黄金來計算的賦税，也可以用嶺南各地的特産來支付。

東晉建都建康,嶺南開始成爲南北對峙中的戰略後方,中央王朝因此大大加强了對嶺南的經營,而北方内地移民的南遷也加快了嶺南地區的開發,有關嶺南地區的記載開始較多地見之於史乘。《太平御覽》卷八一二《珍寶部》引《廣州記》曰:

> 廣州市司用銀易米。遂成縣任山又有銀砂。①

按《太平御覽》所徵引的《廣州記》有裴淵撰和顧微撰兩種版本,均已佚。這裏的《廣州記》未注明撰人,然而從現在所保存的片段來看,兩種《廣州記》均成書於東晉末期。以上是東晉後期廣州地方官府把白銀作爲通用貨幣的確切記載。至南朝劉宋時,嶺南有不少地區的賦稅當是以白銀繳納的,因爲官府徵收的"課銀"即以白銀交納國家租稅的制度,已經推廣到一些並不産銀的少數民族地區。《宋書・徐豁傳》記載劉宋元嘉(424—453)初年始興太守徐豁上書稱:

> 中宿縣俚民課銀,一子丁輸南稱半兩。尋此縣自不出銀,又俚民皆巢居鳥語,不閑貨易之宜,每至買銀,爲損已甚。又稱兩受入,易生姦巧,山俚愚怯,不辨自申。②

廣州中宿縣等地的"俚民"等少數民族課銀,很可能是東晉後期以來就已經存在的現象。沈約的《宋書》是把徐豁作爲一個"循吏"來記載的。但是這種買銀輸官的現象並沒有因此停止。史載南齊時范雲爲始興内史,"舊郡界得亡奴婢,悉付作。部曲即貨去,買銀輸官。云乃

---

① 《太平御覽》卷八一二《珍寶部》引,第3069頁,根據(唐)徐堅《初學記》卷二七《銀第二》引(第647頁)校勘。
② 《宋書》卷九二《徐豁傳》,第2266頁。

先聽百姓志之,若百日無主,依判送臺"①。所謂"買銀輸官"也反映了白銀是地方官府法定的貨幣。總之,雖然《隋書·食貨志》的叙述是以梁朝初年開始的,但是"交、廣二州,全以金銀爲貨"的現象,應是東晉後期以來嶺南金銀貨幣流通的進一步發展。

值得進一步探討的是,在以銅錢和實物爲主要交換媒介的東晉南北朝時代,遠在五嶺之南的交、廣地區爲什麽會把金銀作爲主要流通貨幣呢?

首先,我們認爲與東晉南朝中央王朝禁止銅錢流入嶺南的政策有關。《晉書·食貨志》載東晉孝武帝太元三年(378)詔令曰:

> 錢,國之重寶,小人貪利,銷壞無已,監司當以爲意。廣州夷人寶貴銅鼓,而州境素不出銅,聞官私賈人皆於此下貪比輸錢斤兩差重,以入廣州,貨與夷人,鑄敗作鼓。其重爲禁制,得者科罪。②

東晉孝武帝太元三年限制銅錢流入嶺南的詔令,與《廣州記》所記載的"廣州以銀易米",應是兩件具有内在聯繫的事件。東晉孝武帝頒布這條詔令,與東晉後期流通貨幣本身的嚴重緊缺有直接關係。《晉書·食貨志》稱"晉自中原喪亂,元帝過江,用孫氏舊錢,輕重雜行","錢既不多,由是稍貴"③。東晉官方長期没有鑄幣,南朝流通的貨幣始終也嚴重不足,因此東晉南朝通貨緊缺的情況一直比較嚴重。其原因之一就是因爲銅材比較匱乏,但是最根本的原因,還是由於東晉南朝時期

---

① 《南史》卷五七《范雲傳》,第1418頁。
② 《晉書》卷二六《食貨志》,第795頁;《通典》卷八《食貨八》,第179頁。
③ 《晉書》卷二六《食貨志》,第795頁。亦見《通典》卷八《食貨八》,第179頁。

江南的開發和商品交換的發展,貨幣經濟進入上升過程,由於江南社
會流通的貨幣總量有一定的限度,商品價格總額超過通貨總量,因此
出現了貨幣緊缺的現象。史載宋武帝劉裕即位,"時言事者多以錢貨
減少,國用不足,欲悉市民銅,更造五銖錢"①。劉宋元嘉年間,中領軍
沈演之云:"晉遷江南,疆境未廓,或土習其風,錢不普用,其數本少,爲
患尚輕。今王略廣開,聲教遐暨,金鎔所布,爰逮荒服,昔所不及,悉已
流行之矣。用彌廣而貨愈狹,加復競竊剪鑿,銷毀滋繁,刑禁雖重,奸
避方密,遂使歲月增貴,貧室日虛,瞥作肆力之氓,徒勤不足以供贍。
誠由貨貴物賤,常調未革,弗思釐改,爲弊轉深。"②宋文帝元嘉二十四
年,"以貨貴,制大錢一當兩。二十五年,罷大錢當兩。先是貨少,鑄四
銖錢,民間頗盜鑄,多剪鑿古錢以取銅,文帝患之③。東晉南朝中央
針對貨幣不足現象所採取的政策缺乏連貫性,造成了貨幣體系的混
亂,或發行惡貨引起經濟領域混亂,或緊縮銀根引致社會上貨幣極度
枯竭。又因爲奉佛的需要如建造寺院和佛像等原因,導致銅器因爲銅
材稀缺而價格倍增。當貨幣本身金屬的價值超過了貨幣的面值時,又
直接導致了社會上通過剪鑿銷毀錢幣以獲取銅材現象的大量出現。
梁武帝時代,貨幣經濟的進一步發展已造成了人民流亡和社會矛盾的
加劇④。

---

① 《宋書》卷六○《范泰傳》,第 1618 頁。
② 《宋書》卷六六《何尚之傳》,第 1736 頁。
③ 《冊府元龜》卷五百《邦計部·錢幣第二》,第 5984 頁。
④ 參見川勝義雄《侯景之亂與南朝的貨幣經濟》,原文載《六朝貴族制社會研究》,東京:岩
 波書店,1983 年;譯文見劉俊文主編《日本學者研究中國史論著選譯》第四卷《六朝隋
 唐》,北京:中華書局,1992 年,第 247—293 頁;有關東晉南朝貨幣經濟的發展,可以參見
 何兹全《東晉南朝的錢幣使用與錢幣問題》,《"中研院"史語所集刊》第十四本,1949 年。

　　而嶺南地區的特殊情況又加劇了東晉南朝通貨緊缺狀況的發展。六朝時代,嶺南俚獠等"溪洞"豪族勢力相當强大且叛服無常①。當時流入嶺南的銅錢不少曾被熔鑄爲兵器。早在太康二年(281),亦即西晉滅吳的第二年,西晉王朝即"詔禁廣州銅鐵,毋得與夷人貨幣"②。貨幣當然是指銅錢。東晉成帝(326—342)時,"東土多賦役,百姓乃從海道入廣州,刺史鄧嶽大開鼓鑄,諸夷因此知造兵器"。其時荆州刺史庾翼即因此上書稱:"東境國家所資,侵擾不已,逃逸漸多,夷人嘗伺隙,若知造鑄之利,將不可禁。"③而鑄造銅鼓既是古代嶺南俚獠等民族的傳統,也是溪洞豪族雄富的象徵。東晉末年裴淵的《廣州記》記載"俚獠貴銅鼓,唯高大爲貴。面闊丈餘,方以爲奇","風俗好殺,多構讎怨。欲相攻擊,鳴此鼓集衆,到者如雲。有是鼓者,極爲豪强"④。而六朝嶺南地區產銅相當有限,"溪洞"豪族首領鑄造銅鼓,主要是將官府和商賈輸入嶺南的銅錢進行重新熔鑄。

　　羅香林先生認爲"越族舊所居地,非全不產銅,如范成大《桂海虞衡志》謂邕州產銅,取之甚便,故蠻人盛用銅器。周去非《嶺外代答》亦謂史稱駱越多銅銀。即據近日地質與礦產之實地調查,凡滇、黔、桂、粵等舊越族居地,亦頗富銅礦。昔時越人所以必求銅料於中原人

---

① 參見本書第一章第二節;另見王承文《唐代"南選"與嶺南溪洞豪族》,《中國史研究》1998 年第一期。

② (明)黄佐《廣東通志》卷二五《民物志·墟市》引,廣州:廣東省地方史志辦公室謄印,1997 年,第 608 頁。

③ 《晉書》卷七三《庾翼傳》,第 1932 頁;《册府元龜》卷四九九《邦計部·錢幣一》,第 5982 頁。

④ 《太平御覽》卷七八五引,第 3478 頁。按《隋書·地理志》有關嶺南俚獠鑄造銅鼓風俗的記載依據於此。

士者,當以其鼓鑄繁多,或居地所采供不應求耳"①。不過,羅香林先生所徵引的《桂海虞衡志》和《嶺外代答》成書已晚至南宋時代,因此,難以直接證明東晉南朝嶺南少數民族地區已有大量銅礦開採。我們認爲南宋時期嶺南少數民族地區銅礦的大量開採,主要還是唐宋以來嶺南開發的結果。

根據東晉太元三年的詔令,當時内地的銅錢在大量流入嶺南後被改鑄成了銅鼓,而官私商人通過向嶺南販運銅錢得以牟取暴利。但是這種情況已經嚴重影響了國家的財政,因此中央王朝需要明令加以禁止。可以推測,南朝宋、齊、梁、陳等王朝也基本上沿用了東晉後期限制銅錢流入嶺南的政策。總之,從東晉後期廣州地方官府以白銀作爲貨幣到梁初"交、廣之域,全以金銀爲貨",主要是中央王朝人爲地禁止銅錢流入嶺南造成的,不應該是貨幣自然流通的結果。

其次,東晉南朝時期嶺南地區金銀貨幣流通的形成,與交州、廣州等地海外貿易的發展也有一定的關係。衆所周知,早在秦漢時代,番禺、徐聞、合浦、交址等就已經成爲一些相當重要的中外貿易的港口城市。《漢書·地理志》記載:"自日南障塞、徐聞、合浦船行可五月,有都元國;又船行可四月,有邑盧没國;……自武帝以來皆獻見。有譯長,屬黄門,與應募者俱入海市明珠、璧流離、奇石異物,齎黄金雜繒而往。"②可見,黄金和絲綢均是這種國際貿易中的主要支付手段。東晉南朝統治中心的南移以及河西走廊陸上通道的相對阻隔,促進了交、廣等地海上國際貿易的重要發展。《宋書·夷蠻傳》記載:

---

① 羅香林《古代越族文化考》,中南民族學院民族研究所編印《南方民族史論文選集》,1982年,第94頁。
② 《漢書》卷二八下《地理志下》,第1671頁。

　　晉氏南移，河、隴夐隔，戎夷梗路，外域天斷。若夫大秦、天竺，迥出西溟，二漢銜役，特難斯路，而商貨所資，或出交部，泛海陵波，因風遠至。又重峻參差，氏衆非一。殊名詭號，種別類殊，山琛水寶，由兹自出，通犀翠羽之珍，蛇珠火布之異，千名萬品，並世主之所虛心，故舟舶繼路，商使交屬。①

《晉書》記載："初，徼外諸國嘗齎寶物自海路來貿貨，而交州刺史、日南太守多貪利侵侮，十折二三。"②晉時有諺曰："廣州刺史但經城門一過，便得三千萬。"③《南齊書・東南夷傳》記載："至於南夷雜種，分嶼建國，四方珍怪，莫此爲先，藏山隱海，環寶溢目。商舶遠屆，委輸南州，故交、廣富實，牣積王府。"④其書《州郡志》又稱交州"外接南夷，寶貨所出，山海珍怪，莫與爲比"⑤。《梁書・海南諸國傳》記載："自梁革運，其奉正朔，修貢職，航海歲至，逾於前代矣。"⑥《陳書・阮卓傳》記陳留阮卓奉使交阯，"交阯通日南、象郡，多金翠珠貝珍怪之産，前後使者皆致之"⑦。

　　在這種日趨頻繁的海上貿易中，除了以貨易貨外，金銀應是其中最重要的支付手段。歷史記載也反映了六朝時代存在一個以金銀爲通貨的南海國際貿易圈。金鄰，一作金陳，在扶南西北，其地在今泰國

---

① 《宋書》卷九七《夷蠻傳》，第 2399 頁。
② 《晉書》卷九七《林邑傳》，第 2546 頁。
③ 《南史》卷二三《王琨傳》，第 627 頁。
④ 《南齊書》卷五八《東南夷傳》，第 1018 頁。
⑤ 《南齊書》卷一四《州郡志上》，第 266 頁。
⑥ 《梁書》卷五四《海南諸國傳》，第 783 頁。
⑦ 《陳書》卷三四《阮卓傳》，第 472 頁。可參見劉淑芬《六朝南海貿易的開展》，原載《食貨月刊》復刊第十五卷第九、十期，收入劉淑芬《六朝的城市與社會》，臺北：學生書局，1992年，第 317—349 頁。

境内。《異物志》稱金鄰,去扶南可二千餘里,地出銀[①]。狼脈,古國名,地在林邑以西,與林邑接壤,也與扶南相連。《異物志》記有狼脈國,其人"出與漢人交易,不以晝市,暮夜會,俱以鼻齅金,則知好惡"[②];《水經注》記載狼脈國,所謂裸國者也,"闇中臭金,便知好惡,明朝曉看,皆如其言"。扶南是印度支那半島的重要國家,這裏盛産黄金,並且與交、廣等地有相當密切的貿易關係。三國孫吳時康泰出使扶南,其所撰《扶南傳》稱其地"金寶委積,山川饒沃"[③]。《晉書·四夷傳》稱扶南去林邑三千餘里,"貢賦以金銀珠香"[④]。《南齊書·扶南國傳》記載,自東晉劉宋以來,扶南國"世通職貢",常"遣商貨至廣州","貨易金銀彩帛"[⑤]。即以其商貨在廣州口岸換取金銀和絲綢。劉宋時代的劉敬叔記載扶南國"治生皆用黄金。僦船東西遠近雇一斤。時有不至所屆,欲減金數,舡主便作幻詭,使船底砥折"[⑥]。説明黄金就是扶南國人進行貿易最主要的貨幣。又據劉宋時沈懷遠所撰《南越志》記載,廣州有赤石崗,"其色若丹,占氣者謂其下有金,扶南國人欲以金鎰市之,刺史韋明謂南州之鎮,弗許"[⑦]。可見,扶南國商賈在廣州甚至要以黄金買下貯藏有金礦的赤石岡,以進行專門的開採。

---

① 《太平御覽》卷七九〇引,第3502頁。

② 《太平御覽》卷七九〇引,第3501頁;又《異物志》稱:"狼脈民與漢人交關,嘗夜市,以鼻齅金,知其好惡"(《太平御覽》卷八一一引,第3604頁)。

③ 《水經注校證》卷一引《扶南傳》,第7頁。

④ 《晉書》卷九七《四夷傳》,第2547頁。扶南國以金納税和充當貢賦的情況,亦見於《通典》卷一八八《邊防四·扶南》(第5093頁)和《新唐書》卷二二二下《扶南傳》(第6310頁)。

⑤ 《南齊書》卷五八《東南夷傳》,第1014、1017頁。

⑥ (劉宋)劉敬叔撰,范寧校點《異苑》卷九,北京:中華書局,1996年,第91頁。

⑦ 《輿地紀勝》卷八九《廣州》引《南越志》,第3059頁。按韋明實爲韋朗,避宋諱,其出任廣州刺史在劉宋元嘉十二年(435)。

　　林邑和杜薄等國也盛產金銀,或以金銀作爲流通貨幣。《林邑記》
曰:"從林邑往金山,三十日至,遠望金山,嵯峨如赤城,照耀似天光。
澗壑谷中,亦有生金,形如虫矛,細者似蒼蠅,大者若蜂蟬,夜行燿熠,
光如熒火。"①據《南齊書·林邑傳》記載:"林邑有金山,金汁流出於
浦。"②《梁書·林邑國傳》亦稱:"其國有金山,石皆赤色,其中生金。
金夜則出飛,狀如螢火。"③《晉書·地理志》記載日南郡象林縣稱:"自
此南有四國,其人皆云漢人子孫。今有銅柱,亦是漢置此爲界。貢金
供稅也。"④宋代司馬光《馬伏波》一詩曰:"漢令班南海,蠻兵避鬱林。
天涯柱分界,徼外貢輸金。"⑤宋文帝元嘉二十二年(445),交州刺史檀
和之率兵討伐林邑,其王輸金萬斤,銀十萬斤,銅三十萬斤,並歸還日
南地⑥。"又銷其金人,得黃金數十萬斤。其後累代,自宋、齊、梁、陳、
隋皆遣使朝貢"⑦。《隋書》記載林邑"其國延袤數千里,土多香木金
寶,物產大抵與交阯同"⑧。隋煬帝大業元年(605)平定林邑國,置沖
州,尋又改爲林邑郡,其所統領四縣中有一個就叫金山縣⑨。其"金
山"之名顯然應與黃金的生產密切相關。杜薄,據六朝人所作《太清金
液神丹經》卷下記載,杜薄,"闍婆國名也,在扶南東漲海中洲","土地
饒金及錫鐵,丹砂如土,以金爲錢貨","風俗似廣州人也"⑩。《通典》

① 《太平御覽》卷八一一《珍寶部·金》,第 3605 頁。
② 《南齊書》卷五八《東南夷傳》,第 1013 頁。
③ 《梁書》卷五四《海南諸國傳》,第 784 頁。
④ 《晉書》卷一五《地理志》,第 466 頁。
⑤ 《輿地紀勝》卷一二一《鬱林州》注引,第 3872 頁。
⑥ 《南齊書》卷五八《東南夷傳》,第 1013 頁。
⑦ 《太平寰宇記》卷一七六《林邑國》,第 3357 頁。
⑧ 《隋書》卷八二《南蠻傳》,第 1832 頁。
⑨ 《隋書》卷三一《地理志》,第 886 頁。
⑩ 《正統道藏》第 18 冊,北京:文物出版社等,1987 年,第 759 頁,

卷一八八亦稱杜薄國在扶南東漲海中,"出金銀鐵,以金爲錢";林揚,《太清金液神丹經》卷下稱林揚在扶南西二千餘里,"用金銀爲錢"①。

　　南洋群島特別是蘇門答剌一帶,自古就有金洲之名,中外古籍中都記載其産金非常豐富。桑原騭藏指出:"南海諸國介於印度和中國之間,自古以産黄金名,希臘地理家所謂黄金島之 Chrysê,普通以之當馬來半島。梵語之 Souvarna-drîpa(即黄金島)有謂即馬來半島者,有謂即唐義净所謂金洲以之當蘇門答剌者。""又阿拉伯人所謂黄金國,亦不外蘇門答剌或爪哇,而馬來半島與蘇門答剌島,至近代仍以産金聞也。"②

　　大秦、大宛,特別是波斯,與南海貿易圈和金銀的流通也有直接關係。自漢代以來,"大秦"一名主要指羅馬帝國東部,包括叙利亞和巴勒斯坦。《晉書》記載大秦國,一名犁鞬,"在西海之西","其土多出金玉寶物","以金銀爲錢,銀錢十當金錢之一。安息、天竺人與之交市於海中,其利百倍"。又有大宛國,南至大月氏,北接康居,"善市賈,争分銖之利,得中國金銀,輒爲器物,不用爲幣也"③。位於西亞的波斯在中古中西海上交通中占有重要地位。自南北朝以來,阿拉伯人在南洋一帶的貿易上很活躍,阿拉伯正是以産金著名,據説其金礦無須熔解④。波斯薩珊王朝自沙普爾二世之後(310—651),曾經大量鑄造銀幣,史載其"市買用金銀"⑤,"賦税則准地輸銀錢"⑥。波斯薩珊王朝

---

①　《正統道藏》第 18 册,第 759 頁。

②　〔日〕桑原隲藏撰,陳裕菁譯《蒲壽庚考》,北京:中華書局,1954 年,第 84 頁。

③　《晉書》卷九七《四夷傳》,第 2543—2544 頁。

④　彭信威《中國貨幣史》,上海:上海人民出版社,1988 年,第 324 頁。

⑤　《南史》卷七九《波斯傳》,第 1986 頁。

⑥　《周書》卷五〇《異域傳下》,第 920 頁。

（226—651）金幣、銀幣和金銀器在中國都有大量出土。僅以廣東境内爲例，1960 年在廣東英德縣洺洸鎮郊南齊墓中，發現波斯薩珊朝銀幣三枚，屬於波斯薩珊朝卑路斯（Prouz，457—483）時所鑄。1973 年在廣東曲江縣南華寺附近南朝古墓中，發現九片被剪割開的波斯銀幣。而被剪開的波斯銀幣極可能是作爲秤量貨幣在嶺南流通的結果。1984 年在廣東遂溪縣附城區邊灣村出土南朝窖藏，其中有銀器 7.1 斤，金環二，鎏金盅二，波斯薩珊銀幣二十枚①。河原正博的研究證實了六朝嶺南南部沿海的高涼馮氏和甯氏等溪洞豪族與海上貿易有關②。1983 年，在地理位置相當偏阻的廣東羅定縣鶴嘴山南朝豪族墓葬中，也出土了明顯具有西亞風格的金器③。

　　由東南亞和西域等地輸入的黄金往往被稱爲“南金”。南朝陶弘景説：“金之所生，處處皆有。梁、益、寧三州及建、晉多有，出水沙中，作屑，謂之生金。辟惡而有毒。不煉服之，殺人。建、晉亦有金沙出石中，燒熔鼓鑄爲碼，雖被火，亦未熟，猶須更煉。又高麗、扶南及西域外國成器，金皆熟煉可服。”④陶弘景指出了中國本土所産黄金與舶來黄金在品質上的差别。漢唐時代，因西域和南方諸國的黄金冶煉得最好，因而有“南金”的美稱。葛洪稱：“剛柔有不易之質，貞橈有天然之性。是以百煉而南金不虧其真。”⑤説明“南金”是經過百煉而成的金。

①　陳學愛《廣東遂溪縣發現南朝窖藏金銀器》，《考古》1986 年第 3 期，第 243—246 頁。
②　〔日〕河原正博《漢民族華南發展史研究》，東京：吉川弘文館，1984 年，第 83—124 頁。
③　羅定縣博物館《廣東羅定縣鶴咀山南朝墓》，《考古》1994 年第 3 期。
④　（宋）唐慎微撰，尚志均輯釋《重修政和經史證類備用本草》卷四引，北京：華夏出版社，1993 年，第 104 頁。
⑤　（晉）葛洪撰，杨明照校箋《抱朴子外篇校箋》（下）卷三八《博喻》，北京：中華書局 1997 年，第 248 頁。

唐代李茂貞亦稱:"南金煉質,經大冶而彌堅。"①三國時魏人魚豢的
《魏略》稱"大秦國多南金"②。北方的前秦掠上都郡,於豐陽縣立荆
州,"以引南金奇貨","通關市,來遠商,於是國用充足,而異賄盈積
矣"③。《水經注》記載,元嘉二十年(443 年),南朝劉宋"以林邑頑凶,
歷代難化,恃遠負衆,慢威背德。北寶既臻,南金闕貢,乃命偏將與龍
驤將軍交州刺史檀和之陳兵日南"④。雖然六朝隋唐時代"南金"亦可
以比喻爲出類拔萃的人才,但以上記載中的"南金",應主要是指從境
外輸入的黃金。而東晉南朝時代以金銀爲主要通貨的南海國際貿易,
也必然在一定程度上影響了嶺南地區金銀貨幣流通的形成。

最後,東晉南朝嶺南地區的金銀流通與嶺南本地金銀生產的發展
有密切關係。嶺南地區金銀的生產開始得很早。《漢書·地理志》記
載漢朝在桂陽郡設置有"金官"。東漢初年,桂陽郡地跨作爲"五嶺"
之一的騎田嶺南北,其中就包括了今廣東北部如韶關等地區。湘、粵
邊境地區金礦的開採和金官的設置可能即與番禺等地的海外貿易
有關。

而前引《廣州記》在記載"廣州市司以銀市米"之後,緊接着又記
載了廣西遂成縣出產銀砂,反映了嶺南地區白銀的流通主要是以嶺南
本地的生產爲主。嶺南是東晉南朝境内白銀最重要的產地。而嶺南
白銀的開採又主要集中在西江流域和粵北這些開發較早的地區。遂
城縣,東晉始置,在今廣西蒼梧縣。南朝初年沈懷遠《南越志》也記載:

---

①　(唐)李茂貞《請再降東川節度使顧彦暉制命表》,《全唐文》卷八四三,第 8860 頁。

②　《三國志》卷三〇引,第 861 頁。

③　《晉書》卷一一二《苻健載紀》,第 2870 頁。

④　《水經注校證》卷三六,第 834 頁。

"遂城縣天任山之東北有銀穴焉。銀沙自是出。"①説明這裏的銀砂暴露在外,幾乎不需要開採。北宋初年的《太平寰宇記》則記載梧州遂城縣"有銀穴,俚人常採,煉沙成銀"②。説明西江流域的少數民族也參與了白銀的生產。與遂城縣相距不遠的臨賀縣也出產"黑銀",三國魏人楊元鳳《桂陽記》曰:"臨賀,山有黑銀。"③臨賀即地處西江流域的廣西賀縣。所謂"黑銀"則説明銀礦含有較多的硫化物。西江流域的新州(今廣東新興縣)有"銀山出銀","盧循採之"④。盧循領導的起義軍從東晉元興三年(404)十月占領廣州,到義熙六年(410)北上進攻建康,其在嶺南休養生息長達六年之久,因而在此也有過白銀開採。

　　粵北是白銀生產的重要地區,東晉後期庾穆之《荊州記》記載,粵北連州境内大黄山,"山出銀礫,人常采之"。又稱"左思賦'金華銀朴',蓋謂此"⑤。粵北始興一直是東晉南朝境内最重要的白銀產地。《後魏書》稱:"銀出始興陽山縣。又出桂陽陽安縣,驪山有銀礦,二石得銀七兩。"⑥南朝劉宋時期的甄烈《湘州記》稱始興郡曲江縣"有銀山,山多素霧"⑦。劉宋王韶之《始興記》也記載:

　　　冷君(山)西北有小首山,宋元嘉元年(424)夏,霖雨山崩,自

---

①　《北堂書鈔》卷一五八引,第 14 頁;《太平御覽》卷八一二引,第 3609 頁。

②　《太平寰宇記》卷一六四,第 3144 頁。

③　《太平御覽》卷八一二引,第 3609 頁。

④　《太平寰宇記》卷一六三,第 3118 頁。

⑤　《太平寰宇記》卷一一七,第 2366 頁。

⑥　《初學記》卷二七《銀第二》,第 647 頁;《太平御覽》卷八一二引,第 3607 頁;梁代任昉《述異記》卷下記載:"桂陽郡有銀井,鑿之轉深。"(《叢書集成初編》,北京:中華書局,1985 年,第 27 頁)

⑦　《太平御覽》卷八一二引,第 3609 頁。

顏及麓,崩處有光耀,有若星辰焉。居人往觀,皆是銀鑠,鑄得
銀也。①

從礦石的光耀程度可以推測銀礦的含銀量很高。該書又記載曲江縣
林源山有石室,室前磐石上羅列十甕,其中"悉是餅銀"②。"餅銀"的
存在是這裏生產的白銀被用於儲存、支付乃至流通的證明。該書又記
載了一段故事,其文曰:

> 晉太元(376—396)初,林駉家僕竊三餅,有大蛇傷而死。其
> 夜,林駉夢神語曰:"君奴不良,盜銀三餅,已受顯戮,願以銀相
> 償。"駉覺,奴死,銀在其傍。有徐道者,自謂能致,乃集祭酒,盛奏
> 章書,擊鼓吹,入山須臾,雷震雨石,倒樹折木,道遂懼走。③

這是一條很重要的材料。東晉孝武帝太元初年製作成的"銀餅",很可
能即與太元三年的詔令有關。而所謂"徐道",實際上是指東晉末年孫
恩、盧循"五斗米道"起義中的首領徐道覆④。晉安帝元興三年即公元
404 年,盧循占領廣州,並被東晉朝廷任命爲廣州刺史,直至義熙七年
即公元 411 年敗亡。徐道覆爲盧循姐夫,被封始興相。因而粵北始興
就是徐道覆活動的重鎮。所謂"祭酒"就是天師道中宗教事務的管理
者,而"盛奏章書"是指天師道通過特定的儀式向天神上書以祈福禳

---

① 《太平御覽》卷八一二引,第 3609 頁;《初學記》卷二十七"銀"引。
② 《水經注校證》卷三八《溱水注》,第 901 頁;《初學記》卷八《嶺南道》。
③ 《太平御覽》卷八一二《珍寶部》十一"銀"條引,第 3609 頁;另外,《太平寰宇記》卷一五
九"曲江縣"也有記載(第 3054—3055 頁)。"徐道",《太平寰宇記》作"徐道覆",並稱
"自此迄今莫敢取"。
④ 《宋書》卷一《武帝紀上》:義熙元年(405),"盧循浮海破廣州,獲刺史吳隱之。即以循爲
廣州刺史,以其同黨徐道覆爲始興相","二年三月,督交、廣二州"(第 13 頁)。

災。而東晉末年盧循、徐道覆割據嶺南期間在新州和始興等地的采銀活動，極可能與東晉太元三年禁錢流入嶺南的詔令有關。

《宋書》卷九二《徐豁傳》記載了東晉南朝之際粵北始興地區銀礦的開採，其文曰：

> 郡領銀民三百餘户，鑿坑采砂，皆二三丈，功役既苦，不顧崩壓，一歲之中，每有死者。……（銀民）千有餘口，皆資他食，豈唯一夫不耕，或受其饑而已。所以歲有不稔，便致甚困。①

以采銀爲生的“銀民三百餘户”、“千有餘口”，説明始興地區這種由官府控制的銀礦開採已達到相當規模。廣西南部的鄣平縣也有銀礦開採。裴淵《廣州記》稱鄣平縣有石膏山，“又一嶺，東爲銀石，南是鐵石，西則丹沙，北乃銅石”②。根據歷史記載，廣州也有銀器的製造。《宋元嘉起居注》稱，元嘉十六年（439）御史中丞劉楨上書，稱“前廣州刺史韋朗於廣州所作銀塗漆屏風二十三床，又綠沈屏風一床，請以見事”，於是“追朗前所居官”③。而且廣州很可能還有專門的銀器作坊。

東晉南朝境内黄金生產的地域分布相對比較廣泛。前引南朝陶弘景稱“金之所生，處處皆有。梁、益、寧三州多有”。而嶺南也是黄金最重要的産地之一。東晉顧微《廣州記》記載廣州四會縣“有金岡，行人往往見金於岡側”④。《太平寰宇記》記載南海縣有金山，“一名金岡山，在四會縣北六十五里”，並引南朝劉宋沈懷遠《南越志》云：“金沙

①　《宋書》卷九二《徐豁傳》，第 2266 頁。
②　《太平御覽》卷九八五引，第 4361 頁。
③　《初學記》卷二五引，第 599 頁。
④　《藝文類聚》卷六“岡”條引，第 104 頁；《太平御覽》卷五三“岡”條引，第 260 頁。

自是出，採金人往往見金人形于山巔，望氣者以爲山之精。"①《南越志》又記載，廣東舊廉州府境内的丹城縣"有釜塘，金沙自是而出"②。海南珠崖地區的黄金生産在六朝唐宋時代都比較有名。晉宋之際的劉欣期著《交州記》，其文曰："金有華，出珠崖，謂金華采者也。雪山在新昌南。人曾於山中得金塊如升，迷失道，還置本處，乃得出。"③《交州記》又記載交州日南郡盧容縣"有采金浦"④。又記載有居風山，去郡四里，"夷人從太守裴庠求市此山，云出金"⑤。居鳳山在唐代安南都護府所轄的愛州境内，唐代這裏尚出産黄金。《陳書》卷九《歐陽頠傳》稱"交州刺史袁曇緩密以金五百兩寄頠"⑥。

　　總之，從東晉後期《廣州記》所載"廣州市司用銀易米"，和南朝劉宋時代廣州中宿縣等地的少數民族"俚民"等必須要用白銀繳納課税，到《隋書·食貨志》記載南朝梁初"交、廣之域全以金銀爲貨"，顯然都不是偶然的歷史現象。東晉南朝中央王朝嚴格限制銅錢的流入，與嶺南金銀礦産資源的開發以及金銀在流通領域的廣泛使用，應是一個相輔相成的關係。而海外貿易的發展則是東晉南朝嶺南金銀流通形成的外在原因。梁朝末年，周文育在粤北始興大庾嶺客棧與商賈賭博，一次赢得白銀兩千兩⑦。這些身懷兩千兩白銀的商賈極可能與廣州口岸的海外貿易有關。

---

① 《太平寰宇記》卷一五七"南海縣"條，第3014頁。
② 《太平御覽》卷七十四"塘"條引，第346頁。
③ 《太平御覽》卷八一一《珍寶部·金》引，第3605頁。
④ 《後漢書》卷一一三《郡國志》日南郡條注，第3533頁。
⑤ 《太平御覽》卷六四四"鎖"引，第2885頁；《太平寰宇記》卷一七一《愛州·軍寧縣》引，第3270頁。
⑥ 《陳書》卷九《歐陽頠傳》，第159頁。
⑦ 《南史》卷六六《周文育傳》，第1602頁。

當然,我們認爲又不能過分誇大海外貿易在其中的影響。南朝蕭梁之後南海海上貿易仍在進行,但是《隋書·食貨志》却記載南朝陳時,"其嶺南諸州,多以鹽米布交易,俱不用錢云"[1]。這説明嶺南一度又回復到"以鹽米布交易"的實物貨幣狀態。其根本原因,顯然緣於陳朝沿襲了東晉禁止銅錢流入嶺南的政策,才可能出現即使"以鹽米交易"也"俱不用錢"的情况。六朝時代所遺留的相關資料畢竟太少,然而這種情况到了唐代則已經相當明暸。唐朝在嶺南一方面沿續了六朝以來以金銀爲主要流通貨幣的傳統,另一方面,大量歷史記載表明,金銀的生產和流通已擴大到嶺南大多數州縣,尤其是在嶺南西部那些新開闢的偏阻深遠的溪洞地區。這就説明海外貿易並不是嶺南地區金銀流通形成的決定性因素。對此,我們將在後面作進一步討論。

第二節　唐代嶺南地區金銀生產的重要發展

金銀在古代社會中一直被看成是財富和身份的象徵。唐朝國力强盛,經濟繁榮發展,社會生活豐饒富足,在上層統治階層中彌漫着追求奢侈浮華的風氣,因此唐朝對金銀的需求大大增加。齊東方先生認爲,"中國古代金銀器的發展直到唐朝才發生改觀","唐代金銀器以從未有過的嶄新面貌出現在歷史舞臺","中國古代金銀器,發展至唐代才興盛起來。目前考古發現的唐以前歷代的金銀器皿,總共不過幾十件,唐代的數量猛增,已發現幾千件"[2]。這種金銀器的製作與金銀的大量增加密切相關。而嶺南則成爲唐朝金銀最重要的來源地。

---

① 《隋書》卷二四《食貨志》,第 690 頁。
② 齊東方《唐代金銀器的研究》,北京:中國社會科學出版社,1999 年,第 2、9 頁。

一 嶺南作爲唐朝最主要金銀來源地的形成

唐朝嶺南首先是海外金銀輸入的重要通道。唐朝廣州的海外貿易形成了前所未有的發展，前人對此已多有討論。我們在此要强調的是金銀通貨在唐朝南海國際貿易中占有越來越重要的地位。一方面，有關"南金"的記載更爲頻繁。公元784年至787年，杜佑爲嶺南節度使，權德輿所撰《杜公(佑)遺愛碑銘》記載因其推行"善政"，以至"南金象齒，航海貿遷"，"萬船繼至，百貨錯出"①。公元802年至806年，徐申爲嶺南節度使，李翱記載"蕃國歲來互市，奇珠瑇瑁，異香文犀"，"皆浮海舶以來"②。權德輿則記載爲"溟漲之外，巨商萬艦，通犀南金，充牣狎至"③。唐玄宗天寶十載(751)至十二載，張九皋爲廣州刺史，蕭昕《張九皋神道碑》稱：

> 　五府之人，一都之會，地包山洞，境潤海壖，異域殊鄉，往來輻輳，金貝惟錯，齒革實繁。雖言語不通，而贄幣交致。公禁其豪奪，招彼貿遷。④

所謂"金貝惟錯"和"贄幣交致"，喻示着金銀在廣州口岸的國際貿易中充當了通用貨幣。唐玄宗時代儲光羲《述韋昭應畫犀牛》一詩有："遐方獻文犀，萬里隨南金。大邦柔遠人，以之居山林。"⑤唐穆宗長慶三年(823)，鄭權出任廣州刺史兼嶺南節度使，王建《送鄭權尚書之南

---

① 《全唐文》卷四九六，第5056頁。
② (唐)李翱《嶺南節度使徐申行狀》，《全唐文》卷六三九，第6459頁。
③ (唐)權德輿《廣州刺史徐申墓志》，《全唐文》卷五〇二，第5109頁。
④ (唐)蕭昕《嶺南五府節度經略採訪處置等使張九皋神道碑》，《全唐文》卷三五五，第3599頁。
⑤ 《全唐詩》卷一三六，第1373頁。

海》一詩曰：

> 七郡雙旌貴，人皆不憶迴。戍頭龍腦鋪，關口象牙堆。敕設熏鑪出，蠻辭咒節開。市喧山賊破，金賤海船來。白氎家家織，紅蕉處處栽。已將身報國，莫起望鄉臺。[①]

王建的這首詩反映了由於大量舶來的黃金導致了廣州金價的跌落。而其他相關材料也證明了域外金銀曾經通過嶺南輸入。早在隋朝末年，因中原內地戰亂，丘和其時爲交趾太守，史載"林邑之西諸國，並遣遺和明珠、文犀、金寶之物，富埒王者"[②]。唐太宗《正日臨朝》詩曰："百蠻奉遐贐，萬國朝未央。"[③]晚唐诗人王貞白《長安道》一詩稱："梯航萬國來，爭相獻金帛。"[④]宋代《政和證類本草》卷四引大致唐代人所作《廣州記》稱"金屑出大食國。彼方出金最多，凡是貿易並使金"[⑤]。唐開元年間，新羅人慧超所撰《往五天竺國傳》"波斯國"條稱："土地人性愛交易，常於西海泛舶，入南海，向獅子國，取諸寶物，所以彼國云出寶物，亦向昆侖國取金，亦泛舶漢地，直至廣州，取綾絹絲綿之類。"[⑥]

　　在廣州，這種以黃金等舶來品換取中國絲綢等商品的貿易，往往都是由唐中央王朝直接控制的。顯慶六年（657）二月，唐高宗敕文稱："南中有諸國舶，宜令所司，每年四月以前，預支應須市物。委本道長史，舶到十日內，依數交付價值。市了，任百姓交易。其官市物，送少

---

①　《全唐詩》卷二九九，第 3400 頁。

②　《舊唐書》卷五九《丘和傳》，第 2325 頁。

③　《全唐詩》卷一，第 3 頁。

④　《全唐詩》卷七〇一，第 8058 頁。

⑤　（宋）唐慎微撰，尚志均輯釋《重修政和經史證類備用本草》卷四，第 104 頁。

⑥　見《遊方記抄》，《大正新修大藏經》第 51 卷，第 978 頁；敦煌文書 P.3532 號，黃永武編《敦煌寶藏》，臺北：新文豐出版公司，1981 年，第 128 冊，第 584 頁。

府監簡擇進内。"①而唐朝在廣州所設市舶使的主要職責之一,就是市珍奇之貨而納貢。于蕭《韋公神道碑》記載唐玄宗開元年間,宮廷宦官韋公"充市舶使,至于廣府,睬贓納貢,寶貝委積,上甚嘉之"②。因此可以推測,在廣州海外貿易中,必定曾經有大量舶來的金銀直接進入了唐朝中央或皇家的府庫。加藤繁指出:"從唐朝輸出到南方諸國的貨物雖無明白的記録,然大體是些絹帛、陶瓷器,因爲這種種是宋代的輸出品,故亦可推測其爲唐代的輸出品。又在宋代金銀亦爲輸出品之一,在唐代對於金銀的輸出,也許亦有其事,不過尚無徵驗可考。蓋唐與南方諸國,在經濟方面雙方關係既密切,則金或銀,或由唐輸出南方,或由南方輸入唐境,皆有其可能性。"③

　　然而,嶺南作爲唐朝最重要的金銀供應地,我們認爲主要還是以嶺南本地的金銀生産爲前提的。唐代嶺南金銀生産在東晉南朝的基礎上有重大發展,一方面表現爲生産地域的大爲擴大,另一方面則表現爲金銀産量的大大提高。早在二十世紀二十年代,加藤繁先生所撰《唐宋時代金銀之研究》一書對此即有所討論。唐朝金銀出産和貢奉的記載,集中在《唐六典》、《通典》、《元和郡縣圖志》和《新唐書·地理志》。《新唐書·地理志》載唐代産、貢金銀的州府大都在南方地區,全國産金地南方占百分之九十二,産銀地南方占百分之九十四。僅嶺南道産金、銀之地分别占全國的百分之五十三和百分之六十九④。

---

① 《唐會要》卷六六《少府監》,第 1366 頁。
② （唐）于蕭《内給事諫議大夫韋公神道碑》,《文苑英華》卷九三一,第4897 頁。
③ 〔日〕加藤繁《唐宋時代に于ける金銀の研究》,東京:東洋文庫,1924 年;中譯本《唐宋時代金銀之研究》,北京:中國聯合準備銀行,1944 年,第 127 頁。
④ 加藤繁《唐宋時代金銀之研究》第二編《唐代金銀採礦、冶煉及徵收》。

　　成書於開元二十七年（739）的《唐六典》所記的土貢，反映的是開元二十五年（737）的情形。《唐六典》卷三"戶部郎中員外郎"條曰："任土所出而爲貢賦之差。"①唐朝的賦與貢均是以當地所產作爲依據的。《唐六典》記貢金之州十九，山南道有利州、金州、萬州；隴右道有廓州、宕州；江南道有饒州、衡州、巫州、台州；劍南道有龍州、雅州、眉州、嘉州、資州、姚州；嶺南道有融州、象州、驩州、蒙州四州。其中融州、蒙州貢麩金，象州貢金，驩州貢金箔。

　　至於白銀的出產和貢奉，《唐六典》卷二〇稱"右藏署令掌邦國寶貨之事"，其"雜物州土"所列舉的有："安西于闐之玉，饒、道、宣、永、安南、邕等州之銀"等等②。而該書卷三"戶部郎中"條，又記載嶺南道有"桂、邕、昭、柳等五十餘州貢銀"③。

　　杜佑在貞元十七年（801）進獻於朝廷的《通典》卷六《食貨典·賦稅下》稱："天下諸郡每年常貢，按令文，諸郡貢獻皆盡當土所出。"④《通典》記載有唐玄宗天寶年間各郡每年的常貢，貢金之州有：宕、廓、金、萬、饒、衡、巫、眉、資、嘉、雅、龍、蒙、驩十四州。其中嶺南道蒙州貢麩金十兩，驩州貢金箔。

　　《通典》記載全國貢銀之郡（州）計有：江夏（鄂州）、邵陽（邵州）、始安（桂州）、臨賀（賀州）、高要（端州）、平樂（昭州）、新興（新州）、南潘（潘州）、陵水（辯州）、高涼（高州）、臨江（龔州）、潯江（潯州）、修德（嚴州）、臨封（封州）、南陵（春州）、招義（羅州）、定川（牢州）、懷德

***

① 　《唐六典》卷三，第 64 頁。
② 　《唐六典》卷二〇，第 545 頁。
③ 　《唐六典》卷三，第 72 頁。
④ 　《通典》卷六《食貨六》，第 112 頁。

（竇州）、寧浦（橫州）、象郡（象州）、開陽（瀧州）、感義（藤州）、平琴
（平琴州）、合浦（廉州）、連城（義州）、寧仁（党州）、龍城（柳州）、晉康
（康州）、恩平（恩州）、珠崖（崖州）、萬安（萬安州），共三十二郡（州）。
以上除了江夏（鄂州）、邵陽（邵州）屬於江南道外，其他三十郡（州）全
屬於嶺南道。《通典》還記載了各州貢銀的具體數額，其中江夏郡爲五
十兩，邵陽郡爲二十兩。在嶺南道三十郡（州）中，始安郡（桂州）爲一
百兩，新興郡（新州）爲五十兩，其餘各郡均爲二十兩。不過，杜佑《通
典》所載嶺南貢奉白銀具體的州郡雖然比《唐六典》大爲增加，但還不
是完整的記載，因爲《唐六典》記載嶺南道“厥貢金銀”等，其中“融、象
二州貢金，桂、邕、昭、柳等五十餘州貢銀”。可見嶺南貢銀之州實爲五
十餘州。

　　李吉甫於唐憲宗元和八年（813）所上《元和郡縣圖志》，記產金和
貢金之州有山南道的利州、江南道的潤州、衡州、涪州；劍南道的蜀州、
資州、嘉州、雅州、眉州、陵州、瀘州、龍州；隴右道有河州、廓州、宕州、
肅州、伊州；嶺南道有廣州、融州、蒙州、欽州、安南上都護府、驩州、演
州、長州，共二十六州府。其中嶺南道有廣州產金，融州元和貢金二
兩；蒙州，開元貢麩金，元和貢麩金十兩；欽州，開元貢麩金；安南上都
護府，開元貢金；驩州，元和貢金箔；演州開元貢金箔，元和貢金箔；長
州，貢金。

　　根據《元和郡縣圖志》的記載，共有二十一州府產銀或稅銀。除了
河南府、陝州、鄂州、郴州、潤州、邵州之外，嶺南道則有端州、康州、封
州、韶州、桂州、賀州、昭州、象州、柳州、龔州、富州、思唐州、賓州、澄

州、橫州、欽州貢銀。其中嶺南端州“開元貢”中有“銀四鋌”[1]。這是
《元和郡縣圖志》所載各地常貢中唯一以“銀鋌”貢奉的記載,也是一
條前人未關注的材料。若以唐代銀鋌一般爲五十兩來計算,“銀四鋌”
應相當於白銀二百兩,因而其常貢白銀數額真正堪爲全國之冠。嶺南
道還有一些州有貢銀的具體數額:桂州開元貢銅鏡四十四面,元和貢
銀一百兩[2];賀州元和貢銀三十兩;昭州開元貢銀三十兩,元和貢同;象
州開元貢銀二十兩,元和貢同;柳州開元貢銀二十兩,元和貢同;龔州
開元貢銀二十兩;思唐州開元貢銀十兩。但是,由於《元和郡縣圖志》
有關嶺南道的第三十五卷、三十六卷整整兩卷已經殘闕,因此生產貢
奉金銀之州應遠不止這些數目。

　　歐陽修主持編纂的《新唐書·地理志》有關金銀產地的記載最爲
詳細。唐代產金、貢金的七十三個府州,其中關内道一州,河南道道地
一州,山南道八州,隴右道四州,江南東道二州,江南西道十州,劍南道
十八州,嶺南道二十九州。以嶺南道最多。

　　《新唐書·地理志》記載產銀、貢銀的共有六十九府州。包括關内
道一州,河南道二州,河東道一州,山南道一州,江南東道五州,江南西
道十州,劍南道一州。而嶺南道則爲四十八州。也以嶺南道爲最多。
同時也接近了《唐六典》所記嶺南“五十餘州貢銀”的記載。現將《新
唐書·地理志》中嶺南貢金銀之州臚列如次:

---

① 《元和郡縣圖志》卷三四,第897頁。
② 按加藤繁在其《唐宋時代金銀之研究》第94—95頁有關《元和郡縣圖志》中出銀或稅銀
　地圖表,將桂州元和貢銀一百兩誤爲十四兩,並在分析中稱:“嶺南道桂州貢銀十四兩,
　而前述《通典》所記則爲百兩。這大概是當編纂《通典》的時期,桂州是貢銀最多的一
　州,所以也是產銀最旺的一州,至元和中,產額大大的減退,所以就成爲二流以下的產銀
　地。”因此,加藤繁以上的分析也是錯誤的。

《新唐書·地理志》嶺南道土貢中有金銀的州府

州名	土貢	州名	土貢	州名	土貢	州名	土貢
廣州	銀	振州	金	桂州	銀	黨州	金、銀
康州	金、銀	儋州	金	梧州	銀	竇州	銀
瀧州	銀	萬安州	金、銀	賀州	銀	禺州	銀
端州	銀	邕州	金、銀	柳州	銀	廉州	銀
新州	金、銀	澄州	金、銀	富州	銀	義州	銀
封州	銀	橫州	金、銀	昭州	銀	陸州	銀
潘州	銀	潯州	金、銀	蒙州	麩金、銀	峰州	銀
春州	銀	巒州	金、銀	嚴州	銀	驩州	金、金箔
勤州	金、銀	欽州	金、銀	融州	金	長州	金
羅州	銀	貴州	金、銀	思唐州	銀	湯州	金
辯州	銀	龔州	銀	容州	銀	演州	金
高州	銀	象州	銀	牢州	銀	武安州	金
恩州	金、銀	藤州	銀	白州	金、銀		
崖州	金、銀	岩州	金	順州	銀		
瓊州	金	宜州	銀	繡州	金		

　　以上反映的是嶺南州府土貢中有金銀的情況,但是,却還未能完全反映出嶺南金銀的出産。例如,連州雖未有金銀貢奉内容,但《新唐書·地理志》却明確記載連州多處出産金銀。韶州雖未有金銀貢奉,但是《元和郡縣圖志》反映自六朝以來其曲江縣的銀場一直很重要。唐朝規定,設置在邊境少數民族地區的羈縻州,"雖貢賦版籍,多不上户部"[1]。

---

① 《新唐書》卷四三下《地理志七下》,第1119頁。

但是嶺南有些羈縻州也有土貢的内容。《新唐書》卷四三《地理志》記載,桂州都督府所屬的羈縻州温泉州的土貢即有黄金。至於唐朝各地土貢的貢奉,近年發現的宋《天聖令》卷二二有關唐《賦役令》也有具體的規定:"諸朝集使赴京貢獻,皆盡當土所出。其金銀、珠玉、犀象、龜具(貝),凡諸珍異之屬;皮革、羽毛、錦、罽、羅、紬、綾、絲、絹、絺、希(布)之類"等等,"皆準絹爲價,多不得過五十匹,少不得減二十匹。"[1]

《新唐書》所載出産貢奉金銀州的數目爲什麽會與其他各書存在這樣大的差别呢? 清代學者王鳴盛稱《新唐書・地理志》"疆域則以開元十五道爲正,叙户口則以天寶爲正,叙州郡建置沿革則以天祐爲正。三者似屬多歧,其實乃苦心參酌所宜而定"[2]。加藤繁認爲,"《地理志》産金之地的記事或許可以想象是根據元和以後昭宗以前某時期的記録"[3]。至於《唐六典》、《通典》、《元和郡縣圖志》等各種資料與《新唐書・地理志》差距大的原因,一是因爲前者所列舉者是只舉出主要的貢金地,而後者則是將一切大小貢金地都計算在内的緣故。例如唐前期的《唐六典》即明確記載嶺南道有"桂、邕、昭、柳等五十餘州貢銀"。其次,是因爲自唐中葉以後,金的應用愈廣,金坑的發掘與發現也愈興盛,因此其結果貢金之州也愈增加起來。除此之外,我們認爲在唐朝近三百年中,各地金銀礦藏本身的枯榮也會有直接影響。

_____

[1]　天一閣博物館、中國社會科學院歷史研究所天聖令整理課題組校證《天一閣藏明鈔本天聖令校證》,北京:中華書局,2006 年,第 66 頁。

[2]　(清)王鳴盛《十七史商榷》卷七九"新志據天祐"條,上海:上海書店出版社,2005 年,第 682 頁。

[3]　加藤繁《唐宋時代金銀之研究》,第 91 頁。有關唐代土貢資料的年代,王永興《唐代土貢繫年》(《北京大學學報》1982 年第四期)認爲:《唐六典》所記爲開元二十五年;《元和郡縣圖志》中"開元貢"爲開元二十六至二十九年,"元和貢"爲元和初年;《通典》爲天寶年間;《新唐書・地理志》爲長慶年間。

二 唐代嶺南各地金銀生產的重要發展

隋朝在嶺南共設二十餘郡,一百四十多個縣。唐朝建立後,中央王朝在嶺南的統治大爲加强。《新唐書·地理志》記載唐朝在嶺南共設有七十三個州,一個都護府,三百十四個縣,另設有九十二個羈縻州。而州縣數量的大量增加,主要是將許多溪洞地區開闢成中央王朝直接控制的州縣。嶺南道貢賦中有金銀的州府達五十七個,已接近嶺南州府總數的百分之八十。從上表中可以看到一個引人相當注目的現象,即唐代在嶺南西部少數民族比較集中的"溪洞"地區新建立的州府,絶大多數已經成爲貢奉金銀的地區。漢學家薛愛華(Edward H. Schafer)即認爲,嶺南山區本身所擁有的豐富的金銀礦産資源,是唐朝中央向這些山區積極開拓的重要原因,並指出熱帶的巖石和土壤本身富含礦物質,"南方丘陵潛在的財富,必然曾經是唐朝向這些地區擴張的重要因素。而對這裏珍稀石頭和有用金屬的關注已經通過數百個地名的出現得到了體現。儘管我是在一本宋代的地志中找到了其中的大部分,但很多地名可能早在唐代就已經存在。金山、銀江、鸞山、鉛山、寶山和磁山僅僅是其中的少數幾個"①。薛愛華(Edward Schafer)又指出:"唐朝最重要的黄金産地是嶺南、安南的金礦。這些金礦往往分布在只有土著人居住的崎嶇深險的地方。"②

加藤繁先生《唐宋時代金銀之研究》一書對於唐宋金銀的研究無疑有其重要開拓性。不過,該書史料蒐集雖頗用力,但是對於有關唐

---

① Edward H. Schafer, *The Vermilion Bird*: *T'ang Images of the South*, University of California Press, 1967, P.152.

② 〔美〕謝弗(薛愛華)撰,吳玉貴譯《唐代的外來文明》,北京:中國社會科學出版社,1995年,第548頁。

代嶺南地區的資料則有較多忽略和遺漏。唐朝嶺南金銀生産在地域上有相當重要的擴展，並且是嶺南地區開發和經濟社會發展的反映。而相當豐富的歷史資料也證明了唐代嶺南尤其是廣大溪洞地區金銀的普遍開採。《新唐書·武則天本紀》記載武則天垂拱三年(687)七月，"京師地震，雨金于廣州"①。《新唐書·五行志》亦記載其時"廣州雨金"，"金位正秋，爲刑、爲兵。占曰：人君多殺無辜，一年兵災于朝"②。唐朝人將"廣州雨金"這一極爲罕見的天氣現象，與武則天朝政的嚴酷和國家的休戚相聯繫。其實這種特定的天氣現象，應同武則天時代嶺南地區普遍而大量的金銀開採密切相關。我們有必要考察唐代嶺南各地金銀生産的具體情況。

（一）廣州和韶州。

《元和郡縣圖志》卷三四記廣州四會縣有"金山，一名金岡山，在縣北六十五里。出金沙"③。《太平寰宇記》稱廣州"有金山，見金人遊焉。又有銅石山。又有銀銅山，又有鉛穴山，出錫、鉛"④。《新唐書·地理志》記載，廣州新會縣在唐初爲岡州，"以地有金岡以名州"⑤。《輿地紀勝》記廣州有"金山"，"在新會縣西百五十里。唐《地理志》（記）山容焦赤，下有昔人所掘窟"，"有金沙如糠粃狀"；又有"寶山"，"在東莞縣，舊以山有寶，置場烹銀，名石甕場。今山中銀渣猶存"⑥。

---

①　《新唐書》卷四《則天順聖武皇后紀》，第 86 頁。

②　《新唐書》卷三五《五行志二》，第 913 頁。

③　《元和郡縣圖志》卷三四，第 891 頁。

④　《太平寰宇記》卷一五七，第 3023 頁。

⑤　《讀史方輿紀要》卷一〇一記載，廣州新會縣之"金岡山"，"在縣西八十里，《唐志》：'岡州以金岡而名。'其地産金，下有淘金坑"。"今皆爲民田，不復有金坑矣"（第 4614 頁）。

⑥　《輿地紀勝》卷八九《廣州》，第 706 頁。

唐後期孟琯《嶺南異物志》記廣州浛洭縣有"金池",附近黃氏"嘗於鴨糞中見皾金片,遂多收淘之,日得一兩,緣此而致富。其子孫皆爲使府劇職"[1]。在粤北韶州,自東晉以來始興郡曲江縣就有較大規模的銀礦開採冶煉。《元和郡縣圖志》記載韶州曲江縣有"銀山,在縣西二十二里。出銀"[2]。至宋代,國家在韶州還設有專門的銀場。

(二)連州。

唐代連州的行政歸屬多有變化。根據唐《十道志》的記載,唐太宗時期連州屬江南道。唐玄宗開元天寶年間時屬嶺南道。唐肅宗乾元(758—760)以後的較長時間則屬江南西道[3]。然至晚唐又再度歸屬於嶺南東道。這裏有極爲豐富的礦藏資源,自六朝以來一直就是金銀銅等多種礦産資源開採冶煉的重鎮。《新唐書·地理志》記連州州府所在的桂陽縣"有桂陽山,有銀,有鐵";陽山縣"有鐵",連山縣"有金,有銅,有鐵"[4]。《太平寰宇記》引唐代《郡國志》稱連州"連山縣出金及石碌、鍾乳";又記連山縣有"銅山五所"[5]。唐末黃巢起義軍進入嶺南並占領廣州,其後又北上。《新唐書·鄧處訥傳》記黃巢餘黨魯景仁"以千騎留連州","與州戍將黃行存誘工商四五千人據連州"[6]。這批多達數千人的工商業者應與連州一帶金銀銅等礦的開採和轉輸有關。

---

① 《太平御覽》卷九一九引,第 4078—4079 頁。
② 《元和郡縣圖志》卷三四,第 901 頁。
③ 《太平寰宇記》卷一一七《連州》原闕,見《太平寰宇記補闕》,《續修四庫全書》地理類,第585 册,第 595 頁;又見《太平寰宇記》卷一一七,第 2365 頁。
④ 《新唐書》卷四三上《地理志七上》,第 1107 頁。
⑤ 《太平寰宇記》卷一一七,第 2366、2368 頁。
⑥ 《新唐書》卷一八六《鄧處訥傳》,第 5422 頁。

（三）高州、新州、端州。

晚唐的段公路有在嶺南遊歷和生活的經歷，其《北户錄》卷三曰：
"今高凉有銀坑"，"相傳是馮盎之家，昔掘地遇於此"。隋唐之際馮盎
是廣東南部最大的溪洞豪族首領。新州，據《元和郡縣圖志》記載新州
新興縣古岱嶺，"在縣西南三十里，出銀"①。《太平寰宇記》記載新州
有"銀山出銀"②。宋人潘自牧《記纂淵海》卷一五記載新州有"金山、
銀山在信安"。唐朝端州四會縣自東晉以來就有金砂開採。南漢王朝
在此設置有較大規模的"金場"。《輿地紀勝》記載有"金場"在四會縣
西一百里，"昔（南漢）劉氏置場採金于此"③。

（四）梧州、昭州、蒙州、容州、藤州、賀州等。

《太平寰宇記》記梧州有"金坑"，並記孟陵縣古錢村有"金坑三
所"④。梧州所屬的戎城縣在南朝又稱遂城縣，從六朝到宋初，這裏一
直也是重要的白銀産地。唐李吉甫《元和郡縣圖志》卷三七記昭州恭
城縣有銀殿山，有銀。該書卷三七記蒙州貢賦爲："開元貢：麩金；元和
貢：麩金十兩。"《太平寰宇記》記載容州陸川縣有"金溪"，"水中常出
金"⑤。《輿地紀勝》記載鬱林州"有金坑，在南流縣者三。今廢"。宋
代鬱林州即在唐代容州境內。宋周去非《嶺外代答》稱："廣西所在産
生金，融、宜、昭、藤江濱，與夫山谷皆有之。"⑥賀州，《宋史》卷二《太祖

① 《元和郡縣圖志》附《闕卷逸文》卷三，第1086頁。
② 《太平寰宇記》卷一六三，第3118頁。
③ 《輿地紀勝》卷九六，第3285頁。
④ 《太平寰宇記》卷一六四《梧州》，第3142頁。
⑤ 《太平寰宇記》卷一六七《容州》，第3192頁。
⑥ 《嶺外代答校注》卷七，第269頁。

紀》記開寶四年(971)六月,"罷賀州銀場"①。按開寶四年北宋方滅南漢,因此賀州的銀場應是唐朝至南漢所設置的銀場。而賀州更是多種礦藏開採和冶煉的重鎮。元和六年(811)八月甲子唐憲宗敕文,提到"賀州知場官李楡"②。根據史料記載,賀州臨賀縣縣北四十里有大山,山有東遊、龍中二冶,"百姓采沙燒煉錫,以取利焉";馮乘縣有"錫冶三"③。而《新唐書·地理志》記載,賀州臨賀縣"東有銅冶,在橘山"。此地實際上亦產銀④。《新唐書》又記桂嶺縣"朝岡、程岡皆有鐵";馮乘縣,"有錫冶三";富川縣,"有錫"⑤。

(五)富州、賓州、澄州。

均在今廣西西部山區,是唐代新設置的州。晚唐曾任廣州司馬的劉恂所撰《嶺表異錄》記載:"五嶺內,富州(今廣西昭平縣)、賓州(廣西賓陽)、澄州(廣西上林)江溪間皆產金。側近居人以木箕淘金爲業。自旦至暮,有不獲一星者。就中澄州者最爲良金。"而且澄州金"貴其夜明","有異於常金"⑥。澄州所產金可能是呈赤紅色的黃金,這種上好的黃金晚至近代仍在繼續開採。民國年間成書的《上林縣志》一方面徵引了唐代劉恂《嶺表異錄》有關澄州產金的記載,一方面又稱唐代澄州所屬的上林縣馬村萬嘉虛沿溪一帶,"皆產赤金,色甚鮮燦,超過黃金之上,各處所產,皆不能逮。近來出產甚旺,以故每日淘

---

① 《宋史》卷二《太祖本紀》,第 33 頁。
② 《册府元龜》卷一五三《帝王部·明罰二》,第 1852 頁。
③ 《元和郡縣圖志》卷三七,第 922 頁。
④ 《讀史方輿紀要》卷一〇七《廣西二》稱:《唐志》:'山有銅冶。'又嘗產銀,宋置太平銀場。今皆廢。"(第 4864 頁)
⑤ 《新唐書》卷四三上《地理志七上》,第 1106 頁。
⑥ 《太平御覽》卷八一一《珍寶部·金》引,第 3606 頁。

金者無慮五六百人云"①。

（六）宜州。

宜州是唐朝在廣西西北邊境新設置的一個州，也是少數民族獠人比較集中的溪洞地區。宋初《太平寰宇記》記宜州龍水郡稱："此一郡見《貞元録》，即不述創制年月。《通典》與諸志不載。"②按《新唐書·地理志》稱"宜州龍水郡，唐開置，本粵州，乾封中更名。有銀、丹沙。户千二百二十，口三千二百三十"③。可見其創設在唐前期，屬於桂州都督府。而且《新唐書》的記載特地突出了宜州"有銀、丹沙"。《太平寰宇記》引《圖經》云："見管四縣一場，又管羈縻十六州，砂、銀兩監。"又稱"皇朝因之"④。我們認爲宜州境內"監"和"場"的設置，應是唐朝就已有的情況。所謂"場"，是唐朝基層政權中負責稅收的經濟管理機構。而"砂、銀兩監"則是指國家直接經營的丹砂和白銀的專門生產。《太平寰宇記》又記宜州所管撫水州在宜州西北一百八十里，"元（原）無州縣廨署，亦不供通户口"。該州所領四縣一場，又管富安、富仁兩監。其中"富安砂監，在宜州西一百三十里。並是貴州差人主管，轄人户一百六十八丁，采朱砂一千八十斤。富仁銀監，在宜州西二百一十

---

① 楊盟等修，黃誠沅纂《上林縣志》卷一六《軼事》，《中國方志叢刊》（華南地方），第 134 册，臺北：臺灣成文書局，1968 年，第 957 頁。

② 《太平寰宇記》卷一六八《宜州》，第 3214 頁。

③ 《新唐書》卷四三上《地理志七上》，第 1104 頁。

④ 《太平寰宇記》卷一六八《宜州》，《景印文淵閣四庫全書》第 470 册，第 555 頁。按成書于北宋元豐三年（1080）的王存《元豐九域志》稱富仁監置於乾德二年（964），富安監置於淳化二年（991）（見王存撰，王文楚、魏嵩山點校《元豐九域志》卷九，北京：中華書局，1984 年，第 430 頁）。以上記載明顯有誤。因爲宋太祖開寶四年（971）才平定南漢，控制嶺南宜州，因而不可能在乾德二年設置富仁監。同時，成書於太平興國年間（976—984）的《太平寰宇記》已經記載了二監，因此也不可能遲至淳化二年（991）才置富仁監。

里,屬交州,並是貴州差人主,管轄人户元無定數"①。唐代貴州從屬
於邕州都督府。而五代十國時期,交州已經獨立,可見《太平寰宇記》
所引《圖經》反映的應是唐代的情況②。這也説明唐朝在如此偏阻荒
僻的地區也設置了比較專門的"銀監"和"砂監",用以監督當地白銀
和朱砂的生產。

(七)邕州。

唐代邕州是嶺南最重要的金銀生產地之一。《唐六典》卷二〇
"太府寺右藏署令"條,記右藏署令"掌邦國寶貨之事",其中包括饒、
道、永、安南、邕等州之銀③。《新唐書》卷四三《地理志》記載邕州有
"金坑"。唐德宗的詔令還專門講到過邕州一帶"金坑"的黃金生產。
唐代後期段成式有在嶺南仕宦的經歷,其《酉陽雜俎》續集卷一《支諾
皋上》記録了一個在邕州流傳的傳説,稱南人相傳,秦漢前有洞主吳
氏,土人呼爲"吳洞",其女名葉限,"少惠,善淘金"。西南大海中有
島,"島中有國名陀汗,兵强。王數十島,水界數千里"。其後陀汗王
"以葉限爲上婦"。故事結尾,段成式記"成式舊家人李士元所説。士

---

① 《太平寰宇記》卷一六八《宜州》,《景印文淵閣四庫全書》第 470 册,第 561 頁。
② 根據《舊唐書·地理志》和《通典·州郡典》,地處廣西北部的粵州(治今廣西宜山縣)屬
  於安南都護府。但是粵州與安南都護府之間又被邕管和桂管隔斷。根據《新唐書·地
  理志》,唐高宗乾封(666—668)中將粵州更名爲宜州,屬於邕管。又根據《新唐書·方
  鎮表六》,天寶十年(751)安南都護府所領州中没有粵州或宜州。因此,《太平寰宇記》
  所引《圖經》有關粵州(即宜州)所管轄的富安、富仁兩監"屬交州,並是貴州差人主管"
  的記載,應屬於唐乾封以前某一特定時期的情況。《元和郡縣圖志》卷三八記載安南上
  都護府,"武德四年(621)爲交州總管府。永徽二年(651)改爲安南都督府"。由於粵州
  與交州都督府之間被邕州都督府隔斷,所以才有"屬交州,並是貴州差人主管"的情況。
  貴州屬於邕州都督府。
③ 《唐六典》卷二〇,第 545 頁。

元本邕州洞中人，多記得南中怪事"①。楊憲益先生認爲這個記載受
到西方民間傳說中掃灰娘（cinderella，即灰姑娘）故事的影響②。而這
個故事透露了邕州溪洞地區的黃金生產應該有相當悠久的歷史，並且
同東南亞地區也有一定的聯繫。

　　唐朝時邕州黃金生產相當著名，但真正留下的資料却很少。我們
可以通過宋代邕州的黃金生產推測唐朝的情形。周去非《嶺外代答》
卷七"生金"條記載："邕州溪峒及安南境，皆有金坑，其所產多於諸
郡。"③宋朝中央十分熱心於邕州等地的黃金開採。景祐年間，朝廷查
對諸路坑冶金數，邕州以產金七百零四兩爲各州之冠。宋神宗熙寧七
年（1074），廣西經略司上言："邕州填乃峒產金，請置金場。"五年之
間，"得金爲錢二十五萬緡"④。周煇《清波雜志》記京畿轉運司奏："邕
州等處產金寶，共收到金二千四十六兩，數内采到生大黃金，不經烹煉
者。"⑤《宋史·地理志》稱邕州有金場一。然宋代邕州實有金場二。
據宋人編纂的《建武志》記載："金出兩江，產於右江鎮，乃寶隆二場者
爲最赤，左江永豐場亦產之。"又稱："銀產於右江萬承州多激場。"⑥
《續資治通鑑長編》記載，宋仁宗景祐二年（1035）十月，詔令廣東每年
以錢十萬貫、廣西以錢八萬貫"市銀上供"⑦。其時銀錢比率大致是一
貫錢值銀一兩餘。如此，則廣東每年需上供白銀十多萬兩，廣西上供

① （唐）段成式《酉陽雜俎》續集卷一，《唐五代筆記小説大觀》，上海：上海古籍出版社，
　2000年，第713頁。
② 見楊憲益《零墨新箋》之一〇《中國的掃灰娘故事》，北京：中華書局，1947年。
③ 《嶺外代答校注》卷七，第269頁。
④ 《文獻通考》卷一八《征榷五·坑冶》，第180頁。
⑤ （宋）周煇著，劉永翔校注《清波雜志校注》卷八，北京：中華書局，1994年，第357頁。
⑥ 《永樂大典》卷八五〇七引，北京：中華書局影印，1986年，第3941頁。
⑦ 《續資治通鑑長編》卷一一七，宋仁宗景祐二年，第2761頁。

白銀八萬多兩。其後,銀產量逐步有所減少。史載宋神宗熙寧七年(1074),"清海軍節度推官、監邕州填乃金坑鄧闢爲著作佐郎,以歲課得金爲錢十萬緡故也。後五年,又得金爲錢十五萬緡,遷太常博士。於是,廣南西路經略安撫司言:'此坑產金至多,乞從本司舉使臣二人爲監押、巡檢兼監坑,並先轉一資。任滿課額不虧,依橫山寨使臣例。又增防守兵三百人。'從之"①。《宋史·食貨志》亦記載熙寧七年,"廣西經略司言:'邕州右江填乃洞產金,請以鄧闢監金塲。'後五年,凡得金爲錢二十五萬緡,闢遷官者再焉"②。宋神宗熙寧九年(1076)七月詔稱:"訪聞邕、欽二州溪峒及外界山獠,以所居之地寶產至厚,素所擅有,深慮一旦交賊(即宋代交趾政權)蕩滅,朝廷列其土爲郡縣,美利悉歸公上。"③所謂邕、欽二州溪峒及外界山獠"所居之地寶產至厚",主要就是指金銀礦藏相當豐富。宋神宗元豐四年(1081)五月,廣南路經略安撫使司言:"昨被旨賜錢六萬五千貫,許人請貸出息,及往外州回易,以牟羡利,專備經撫夷賊。自後用錢興置邕州填乃等洞金坑,每年採買金三千兩上供。"④從北宋的情況可以推斷,唐代邕州"金坑"的生產規模應當也相當可觀。

(八)海南儋州和安南愛州。

《太平寰宇記》卷一六九《瓊州》條稱舊崖州出真珠,出"金華,金有花綵者貢。金,碁子"⑤。薛愛華認爲,唐朝最重要的黃金產地是嶺南和安南的金礦。前引劉欣期《交州記》證明六朝時代兩地均是黃金

① 《續資治通鑑長編》卷二五六,宋神宗熙寧七年,第6262頁。
② 《宋史》卷一八五《食貨志下七》,第4526頁。
③ 《續資治通鑑長編》卷二七七,宋神宗熙寧九年七月,第6767頁。
④ 《續資治通鑑長編》卷三一二,神宗元豐四年五月庚寅,第7573頁。
⑤ 《太平寰宇記》卷一六九《瓊州》,第3236頁。

的重要産地。柳宗元《送詩人廖有方序》稱：“交州多南金、珠璣、玳瑁、象犀，其産皆奇怪。至於草木亦殊異。吾嘗怪陽德之炳耀，獨發於紛葩璀麗。”①《元和郡縣圖志》記安南都護府所轄愛州九真縣有居風山，“其山出金”②。《太平寰宇記》記愛州又有“流金澗，多金沙”③。交州所屬的日南郡驩州在唐代供奉一種特殊的“金薄”。

　　從以上比較豐富的歷史記載來看，唐代嶺南金銀生産確實主要集中在夷獠雜居的“溪洞”地區。其黄金的生産主要有自然金和從礦石中提煉兩種方式。唐宣宗大中二年（848），李商隱受桂州刺史、桂管防禦觀察等使鄭亞之命，攝守昭平郡（昭州）事。其所作《昭州》一詩稱：“桂水春猶早，昭州日正西。虎當官渡鬭，猿上驛樓啼。繩爛金砂井，松乾乳洞梯。”④其所謂“繩爛金砂井”，即與一種“金坑”的生産有關。“金坑”應是一種較大規模的金礦的採掘。前引資料證明唐代邕州、梧州、容州等地有“金坑”。唐中央王朝曾經高度重視邕州等地的“金坑”生産⑤。

　　唐朝金礦來源主要有生金（裸塊金）、麩金（砂金）兩種。而對自然金的收集和淘取則更多地見諸記載。唐代藥物學家陳藏器《本草拾遺》云：“生金生嶺南夷獠洞穴山中。”⑥所謂“生金”，指砂金，産於漂砂礦床中，不是從礦石中提煉而出的，是未經冶煉的金。宋代范成大《桂

---

①　《柳河東集》卷二五，第 418—419 頁；《文苑英華》卷七三一，第 3805 頁；《全唐文》卷五七九，第 5849 頁。

②　《元和郡縣圖志》卷三八《愛州》，第 960 頁。

③　《太平寰宇記》卷一七一《愛州》，第 3271 頁。

④　《文苑英華》卷二九四，第 1499 頁；《全唐詩》卷五四〇，第 6210 頁。

⑤　唐德宗《放邕州府金坑敕》，《唐大詔令集》卷一一二，第 583 頁。

⑥　（明）李時珍《本草綱目》卷八，《景印文淵閣四庫全書》，第 772 册，603 頁。

海虞衡志》記載的多是其仕宦廣西的親身經歷,該書之"志金石"條曰:"生金,出西南州峒山谷田野沙土中,不由礦出也。峒民以淘沙爲生,抔土出之,自然隔結成顆,大者如麥粒,小者如麩片。"又稱:"欲令精好,則重煉,取足色,耗去什二三。既煉,則是熟金。"①周去非《嶺外代答》記載:"廣西所在産生金,融、宜、昭、藤江濱,與夫山谷皆有之。邕州溪峒及安南境,皆有金坑,其所産多於諸郡。邕管永安州與交阯一水之隔爾,鵝鴨之屬,至交阯水濱遊食而歸者,遺糞類得金,在吾境水濱則無矣。凡金不自礦出,自然融結於沙土之中,小者如麥麩,大者如豆,更大者如指面,皆謂之生金。昔江南遺趙韓王瓜子金,即此物也。亦有大如雞子者,謂之金母。"②周密《癸辛雜識續集》之"金紫銀青"條云:"廣西諸洞産生金,洞丁皆能淘取。其碎粒如蚯蚓泥,大者如甜瓜子,故世名瓜子金。其碎者如麥片,則名麩皮金。金色深紫,比之尋常金色復加二等,此金之絶品也。"又稱:"故官品有金紫銀青之目,蓋金至於紫,銀至於青,爲絶品也。"③這種收取生金的方式當是晉唐時代嶺南黃金生産最重要的方式之一。陳藏器總結了嶺南地方收取生金的辦法,稱"南人云:毒蛇齒脱在石中,又云蛇屎著石上,又鷓鳥屎著石上,皆碎,取毒處爲生金。""常見人取金,掘地深丈餘,至紛子石,石皆一頭黑焦,石下有金。大者如指,小者猶麻豆,色如桑黃,咬時極軟,即是真金。夫匠竊而吞者,不見有毒。其麩金出水沙中,甀上淘取。或鴨腹中得之。"④

---

① (宋)范成大撰,嚴沛校注《桂海虞衡志》,南寧:廣西人民出版社,1986年,第20頁。
② 《嶺外代答校注》卷七《金石門·生金》條,第269頁。
③ (宋)周密《癸辛雜識續集》卷下,《景印文淵閣四庫全書》第1040册,第108頁。
④ (唐)陳藏器撰,尚志鈞輯釋《〈本草拾遺〉輯釋》,合肥:安徽科學技術出版社,2003年,第11頁。

唐武宗會昌四年(844),許渾受嶺南節度使崔龜從之邀前往廣州任職其幕府,其《歲暮自廣江至新興往復中題峽山寺》一詩中有:“洞丁多斲石,蠻女半淘金。”其詩原注爲:“端州斲石,瀧涯縣淘金爲業。”①所謂“端州斲石”,可能是指端州(今廣東高要縣)地區“端硯”的加工生產。嶺南端州出產的“端硯”在唐朝中後期已成爲風行一時的著名特產。當然,“斲石”也可能就是指金礦的開採。所謂“洞丁”則可以理解爲在嶺南溪洞地區依附於豪族首領的丁壯男子②。而“蠻女半淘金”則反映了嶺南溪洞地區少數民族婦女參加黃金生產的普遍性③。

通過手工淘取麩金是一項非常艱辛勞苦的工作。《太平御覽》卷八一一《珍寶部》在徵引了唐代劉恂《嶺表異録》有關嶺南黃金生產的記載後,又在原注中引用了唐代鄭玘的《傷淘者》一詩,其詩云:“披沙辛苦見傷懷,往往分毫望亦乖。力盡半年深水裏,難全爲一鳳凰釵。”④這首《傷淘者》詩在清朝康熙年間編纂的《全唐詩》中未予收録。鄭玘,王定保《唐摭言》卷九記載唐懿宗咸通(860—874)年間長安文壇的所謂“芳林十哲”,鄭玘即爲其中之一⑤。唐憲宗元和十年(815)至十四年,劉禹錫貶任連州刺史,《全唐詩》卷三六五所載其《浪淘沙》九首,其六爲:“日照澄洲江霧開,淘金女伴滿江隈。美人首飾侯王印,

---

① 《全唐詩》卷五三七,第 6132 頁。
② 《嶺外代答校注》卷三《峒丁戍邊》條稱“羈縻州之民,謂之峒丁,强武可用。溪峒之酋,以爲兵衛”,第 135 頁。
③ (清)屈大均《廣東新語》卷一五《金》:“大抵晉康以掘鐵爲生,開建、河源以淘金銀爲業。一鐵爐可養千人,一金潭銀瀨可活數百室,皆天之所以惠貧民也。”(北京:中華書局,1985 年,第 403 頁)
④ 《太平御覽》卷八一一《珍寶部·金》,第 3606 頁。
⑤ (五代)王定保《唐摭言》卷九,北京:中華書局,1959 年,第 100—101 頁。

盡是沙中浪底來。"白居易《贈友五首并序》之二云："銀生楚山曲,金生鄱谿濱。南人棄農業,求之多苦辛。披砂復鑿石,砿砿無冬春。手足盡皴胝,愛利不愛身。"①"鑿石"代表銀礦開採。白居易所記載的是江西鄱陽湖地區的黃金生產,但是嶺南淘金人的艱辛是相同的。由於嶺南很多州縣貢賦往往都有黃金的項目,而且"洞丁"和"蠻女"又是依附於溪洞豪族的,因此這種淘金顯然並非"愛利不愛身"。

唐代白銀的開採和提煉則要比黃金複雜得多,而且相關的資料也很少。宋代藥物學家蘇頌撰《圖經本草》曰："銀在礦中,則與銅相雜,土人采得之,必以鉛再三煎煉方成,故不得爲生銀也。故下別有生銀條云出饒州、樂平諸坑生銀礦中,狀如硬錫,文理粗錯自然者真。"②該書又記一種名叫"密陀僧"的"銀鉛腳","今嶺南、閩中銀銅冶處亦有之,是銀鉛腳。其初採礦時,銀銅相雜,先以鉛同煎煉,銀隨鉛出。又采山木葉燒灰,開地作爐,填灰其中,謂之灰池。置銀鉛於灰上,更加火大煅,鉛滲灰下,銀住灰上,罷火,候冷出銀。其灰池感鉛銀氣,置之積久成此物"③。鉛是冶煉白銀時所必需的助熔金屬。《元和郡縣圖志》記載廣州化蒙縣有鉛穴山,在縣西六十里,"出鉛錫"④。《新唐書·地理志》記貴州等地貢鉛器。

唐朝金銀的開採、冶煉、徵收都有比較完備的組織和制度。《唐六典》卷二二記少府監的職責是"掌冶五署之官屬"⑤。而且直接管理設

① 《全唐詩》卷四二五,第 4677 頁。
② (宋)蘇頌撰,胡乃長、王致譜輯注《圖經本草(輯復本)》,福州:福建科學技術出版社,1988 年,第 27 頁。
③ 《圖經本草(輯復本)》,第 43—44 頁。
④ 《元和郡縣圖志》卷三四,第 888 頁。
⑤ 《唐六典》卷二二《少府監》,第 571 頁。

置在全國各礦產產地的諸冶監。諸冶監每監設監一人，正七品下；丞一人，從八品上；監作四人，從九品下。另有錄事一人，府一人，史二人，典事二人，掌固四人。其職責之一是"掌鎔鑄銅鐵之事，以供少府監(掌冶署)"[1]。唐朝採礦經營有官府和私人兩種方式。《舊唐書·職官志》掌冶署條稱："凡天下出銅鐵州府，聽人私採，官收其稅。"[2]唐朝允許並鼓勵私人的開採，以徵取稅收。銀礦的冶煉往往通過比較專門的銀場，設有專門的"銀監"。

唐朝在湘粵邊境所設置的"桂陽監"具有典型意義。唐代桂陽監在行政上屬於江南西道的郴州郴縣。五代十國的大部分時間屬於割據湖南的楚。公元 951 至 963 年則屬於割據嶺南的南漢王朝。近年來，漢學家杜希德(Denis Twichett)和思鑒(Janice Stargardt)研究在印尼海域所發現的十世紀沉船上的銀錠等材料，也討論了桂陽監生產的銀錠與五代十國時期南海貿易的關係，很具有啓發性[3]。

從六朝以來，桂陽監一帶因爲有極其豐富的礦產資源而成爲銀、銅、鐵等多種礦藏開採和冶煉的重鎮。韓愈《送廖道士序》解釋了郴州礦藏等物產豐富的原因，稱"衡(山)之南八九百里，地益高，山益峻，水清而益駛；其最高而橫絕南北者嶺。郴之爲州，在嶺之上"，"中州清淑之氣，於是焉窮"，"其水土之所生，神氣之所感，白金水銀丹砂石英鍾乳桔柚之包，竹箭之美，千尋之名材，不能獨當也"[4]。《元和郡縣圖

---

① 《唐六典》卷二二《諸冶監》，第 577 頁。

② 《舊唐書》卷四四《職官志》，第 1894 頁。

③ 杜希德(Denis Twichett)、思鑒(Janice Stargardt)《沉船遺寶：一艘十世紀沉船上的中國銀錠》，《唐研究》第十卷，北京：北京大學出版社，2004 年。

④ (唐)韓愈著，馬其昶校注，馬茂元整理《韓昌黎文集校注》卷四，上海：上海古籍出版社，2014 年，第 287 頁；《全唐文》卷五五五，第 5619 頁。

志》記桂陽監"在城内,每歲鑄錢五萬貫"。桂陽監除了大量冶銅和鑄
造銅錢外,也是一個重要的銀礦開採和冶煉的中心。該書又記郴州平
陽縣有"銀坑",在縣南三十里,"所出銀,至精好,俗謂之'偶子銀',別
處莫及。亦出銅礦,供桂陽監鼓鑄"①。宋初樂史《太平寰宇記》原文
有關郴州和桂陽監的部分已經殘缺。所幸《古逸叢書》卷二六所收
《宋太平寰宇記補闕》保存了相當珍貴的有關桂陽監的資料。其文曰:

> (桂陽監)在桂陽洞之南。歷代已來,或爲監出銀之務也。晉
> 天福四年(939)割出郴州平陽、臨武兩縣人户屬監。監境:東西一
> 百一十五里。南北二百一十里……户:今管主客户四千四十七,
> 丁九千二百六十,口只納銀,無秋夏税。主(户)一千五,計丁三千
> 三百四十二。每月係銀九百二兩零。客二千七百八十,計丁五千
> 四百八十八,每月係銀一千四十二兩有零。又有山河户二百六十
> 二,計丁四百三十,每月銀五十四兩有零。②

據此可見,桂陽監控制着大量專門從事銀銅礦開採冶煉的"坑户"。而
這些"坑户"又都是以繳納白銀來充當國家的賦稅的。成書於北宋太
平興國年間的《太平寰宇記》記載桂陽監其時每月税銀達一千九百九
十八兩,每年則爲二萬三千九百七十六兩。這個數位無疑是相當可觀
的。據此也可以推測唐朝和五代十國時期的情況。根據《宋史·齊廓
傳》記載,北宋齊廓出任提點荆湖路刑獄時,"平陽縣(治今湖南桂陽
縣)自馬氏時,税民丁錢,歲輸銀二萬八千兩,民生子,至壯不敢束髮,

---

① 《元和郡縣圖志》卷二九《郴州》,第707、708頁。
② 《宋太平寰宇記補闕》,《續修四庫全書》第585册,上海:上海古籍出版社,2002年,第
597頁;又見《太平寰宇記》卷一一七《桂陽監》,第2369頁。

廓奏蠲除之"①。《太平寰宇記》又記桂陽監之下所"管烹銀冶處",有太宜坑、石鷔場、毛壽坑、大龍、大湊岡、白竹岡、晉嶺、九鼎岡、藍嶺、潭流嶺等十處。其中大湊岡"在縣監西。出銀、鉛礦砂"。又據宋初《桂陽圖經》記載:"大湊山出銀礦。當其盛時,爐烟翁然,上接雲漢,烹丁紛錯,商旅往來輻湊,因以爲名。"該書又記載有寶山廟在軍治之西,古有盤氏兄弟三人,"以鑿山治銀自業","既没有靈,禱之礦溢,遂祀焉。梁正明四年誥猶存"②。其梁正明四年當爲五代後梁貞明四年,即公元 918 年。

桂陽監正因爲能進行如此大規模的白銀生產,因而亦成爲五代十國時期各種割據政權竞相追逐的目標。先是歸屬於馬楚,至後晉天福四年(939),專門從郴州割出平陽和臨武"兩縣人户屬監"。公元 951 年,割據嶺南的南漢占領了這一地區。南漢《崇福寺銅鐘款》稱:

> 大漢桂陽監敬鑄造鐘壹口,重二百伍十斤,謹捨於崇福寺,永充供奉。特冀殊因,上資國祚,次及坑鑪民衆,普獲利饒。大寶四年(961)太歲辛酉十一月二十四日,設齋慶讚訖。謹記。③

以上南漢桂陽監的"坑鑪民衆",即與當地專門從事銀銅等生產的"坑户"有關。至公元 963 年北宋收復湖南後,又從南漢手中奪取了桂陽監。北宋曾鞏記載:"嶺南既平,(宋)太祖因覽桂陽監歲入白金數,謂

---

①　《宋史》卷三〇一《齊廓傳》,第 10005 頁。

②　《輿地紀勝》卷六一《桂陽軍》引《桂陽圖經》,第 2256 頁。

③　《湖南通志金石》卷一〇;陳尚君輯校《全唐文補編》卷一四五,第 1764 頁。

宰相曰：'山澤之利雖多，頗聞採納不易，自今減舊額三分之一以寬之。'"①而以上記載一方面說明了宋朝統治者對桂陽監的高度重視，另一方面也說明唐和五代時期桂陽監白銀生產的規模比北宋初還要大。

　　唐朝嶺南生產金銀的諸州除了負擔每年的"常貢"外，更重要的是向國家交納課稅，或折役。《唐六典》記載州士曹、司士參軍職掌條稱："凡州界內有出銅、鐵處，官未採者，聽百姓私採。若鑄得銅及白鑞，官爲市取，如欲折充課役，亦聽之。"②說明百姓可以用私採所得銅鐵等礦物折役。至於國家所實行的課稅制度的稅率，加藤繁認爲，"唐時的金礦稅恐不出銀礦稅的十分之一③"。唐憲宗元和十二年（817）至十五年，孔戣爲嶺南節度使，曾大幅減免嶺南賦稅。韓愈所撰《南海神廟碑》記載孔戣"免屬州負逋之緡錢廿有四萬，米三萬二千斛。賦金之州，耗金一歲八百，困不能償，皆以丐之"④。《新唐書》則記載爲"免屬州逋負十八萬緡、米八萬斛、黃金稅歲八百兩"⑤。唐文宗開成元年（836）至五年，盧鈞出任嶺南節度使，又"除采金稅"⑥。可見孔戣所免

---

① （宋）曾鞏撰，王瑞來校證《隆平集》卷三《愛民》，北京：中華書局，2012年，第113頁；《續資治通鑑長編》卷一一記載開寶三年（970），"上覽桂陽監歲入白金數，謂宰相曰：山澤之利雖多，頗聞採納不易。十一月乙巳，詔減舊額三分之一，以寬民力"（第251頁）。

② 《唐六典》卷三〇，第749頁。

③ 加藤繁《唐宋時代金銀之研究》，第148頁。按《太平寰宇記》卷一〇七記高宗上元二年（675）於饒州德興縣銀山設置場監，"令百姓任便採取，官司什二稅之"（第2146頁）。《元和郡縣圖志》卷五《河南道一》記載河南府伊陽縣有"銀礦窟，在縣南五里，今每歲稅銀一千兩"（第136頁）；卷二八《江南道四》載饒州樂平縣有"銀山，在縣東一百四十里。每歲出銀十餘萬兩，收稅山銀七千兩"（第672頁）。

④ 《韓昌黎文集校注》卷七，第545頁。

⑤ 《新唐書》卷一六三《孔戣傳》，第5009頁。

⑥ 《新唐書》卷一八二《盧鈞傳》，第5367頁。

除的每年八百兩黃金實際上是"采金稅"。據此也可見在嶺南地區由唐朝國家控制的黃金產量還是相當可觀的。

三　唐代嶺南金銀生產與地方政治和社會的關係

嶺南作爲唐朝境內最重要的金銀生產地和供應地,對嶺南地方政治和社會也產生了深刻的影響。唐朝中央高度重視嶺南地區的金銀生產。《新唐書·德宗紀》記載大曆十四年(779)七月,唐德宗敕令"弛邕州金坑禁"[1]。《册府元龜》記爲:"其金坑任人開採,官不得占"[2]。《唐大詔令集》卷一一二《放邕州府金坑敕》有關於這條敕令的詳細內容,其文曰:

> 邕州所奉金坑,誠爲潤國,語人於利,非朕素懷。方以不貪爲寶,惟德其物,豈尚此難得之貨,生其可欲之心耶? 其金坑宜委康澤差擇清强官專勾當,任貧下百姓採劚,不得令酋豪及官吏影占侵擾。聞奏當科重貶。俾夫俗臻富壽,人識廉隅,副朕意焉。[3]

這條敕令一方面説明嶺南邕州等地"金坑"的黃金生產長期是由唐朝中央直接控制的。至大曆十四年,唐朝中央要將由官府壟斷的邕州等地的"金坑"開採轉變爲民間經營,任由百姓開採,而由國家委任的"清强官"負責徵收采金稅。另一方面,這道敕令中特別提到"不得令酋豪及官員影占侵擾",則揭示了嶺南溪洞豪族及地方官員在金銀開採經營上與唐朝中央王朝的尖鋭矛盾。

晉唐時代,嶺南溪洞地區一批溪洞豪族的興起是中國南方歷史發

① 《新唐書》卷七《德宗皇帝紀》,第184頁。
② 《册府元龜》卷四九三《邦計部·山澤一》,第5897頁。
③ 《唐大詔令集》卷一一二,第583頁;《全唐文》卷五四,第578頁。

展中引人注目的現象①。而溪洞豪族的出現與嶺南的開發有關。擁有大量金銀財富是"酋豪"、"洞主"得以雄富並控制一方的重要原因之一。史稱"廣州包山帶海,珍異所出,一篋之寶,可資數世"②。廣州鎮"濱際海隅,委輸交部,雖民户不多,而俚獠猥雜","西南二江,川源深遠,别置督護,專征討之。卷握之資,富兼十世"③。前引東晉裴淵《廣州記》稱俚獠豪族崇重銅鼓,《隋書·地理志》和《通典》記載嶺南風俗也沿用此④,説明隋唐的情況也大致如此。隋潭州總管權武在討平桂州俚帥李世賢後,"多造金帶,遺嶺南酋領,其人復答以寶物,武皆納之,由是致富"⑤。隋唐之際,高涼馮氏雄據嶺表,在嶺南溪洞豪族中最有代表性。史載馮盎"所居地方二千里,奴婢萬餘人,珍貨充積"⑥,唐代韓炎《高力士神道碑》稱高涼馮氏"式是炎州,代爲諸侯,衣冠甚偉,弈葉濟美。有甲三屬,有田千里","家雄萬石之榮,橐有千金之直"⑦。唐高祖武德年間,唐朝派王湛奉使嶺南,"馮盎等稽首稱臣,獻琛奉贄"⑧。馮盎之孫馮子猷官至潘州刺史,尤以"豪俠"著稱,唐太宗貞觀年間入朝,"載金一舸自隨"。所謂"舸"指大船。西漢揚雄的《方言》稱"南楚江湘凡船大者謂之舸"。唐高宗專門派遣侍御史許瓘至

---

① 王承文《唐代"南選"與嶺南溪洞豪族》、《唐朝嶺南地區的奴婢問題與社會變遷》,《中山大學學報》2005 年第六期。河原正博《漢民族華南發展史研究》,第 83—124 頁。
② 《晉書》卷九〇《吳隱之傳》,第 2341 頁。
③ 《南齊書》卷一四《州郡志》,第 262 頁。
④ 《通典》卷八《食貨·錢幣上》,第 180 頁。
⑤ 《隋書》卷六五《權武傳》,第 1537 頁。
⑥ 《資治通鑑》卷一九三,唐太宗貞觀五年,第 6092 頁。
⑦ (唐)韓炎《唐故開府儀同三司兼内侍監高公(力士)神道碑》,《全唐文補遺》第一輯,第 35 頁。
⑧ 楊炯《瀘川都督王湛神道碑》,《全唐文》卷一九三,第 1954 頁。

其"洞","視其貲"。馮子猷又贈侍御史楊璥金二百兩,銀五百兩[1]。加藤繁和河原正博都認爲嶺南馮氏以上巨額金銀財富與其參與海上貿易有關[2]。不過,由於南朝到唐初馮氏家族掌控了廣東南部包括海南島的廣大地區,我們認爲這些金銀財富應主要出自本地。前引段公路《北户録》稱高凉有銀坑,"相傳是馮盎之家昔掘地遇於此",也證明了溪洞豪族直接經營了金銀的開採。

隋唐之際嶺南馮氏家族鉅額的金銀財富又影響到地方政治。唐太宗貞觀十四年(640)至十六年,党仁弘爲廣州都督,"坐枉法取財及受所監臨贓百餘萬當死"[3]。史書記載其"交通豪酋,納金寶,没降獠爲奴婢",其任滿北歸,"有舟七十"[4]。貞觀十八年蕭齡之出任廣州都督。至唐高宗永徽二年(651)蕭齡之在華州刺史任上,其在廣州贓賄之事被揭發,唐高宗指斥其"聚斂無厭,不憚典章,唯利是視。豪門富室,必與交通,受納金銀二千餘兩"[5]。而《唐會要》則明確稱是"受左智遠及馮盎妻等金銀、奴婢等"[6]。唐高宗時,禮部尚書許敬宗嫁女於嶺南"蠻酋馮盎子",多納金寶,爲有司所劾[7]。《大唐新語》卷九稱許敬宗"納資數十萬,嫁女與蠻首領馮盎子"。可見許敬宗嫁女南裔,確實有貪圖嶺南馮氏金銀財富的性質。

---

① 《新唐書》卷一一〇《馮子猷傳》,第 4109 頁。

② 〔日〕河原正博《隋唐時代の嶺南酋領馮氏と南海貿易》,載《山本達郎博士古稀紀念東南アジア・イソドの社會と文化》,東京:山川出版社,1980年。收入氏著《漢民族華南發展史研究》,第 83—104 頁。

③ 《册府元龜》卷一五〇《帝王部・寬刑》,第 1813 頁。

④ 《新唐書》卷五六《刑法志》,第 1412 頁。

⑤ 《册府元龜》卷六一六《刑法部・議讞第三》,第 7404 頁。

⑥ 《唐會要》卷三九《議刑輕重》,第 828 頁。

⑦ 《新唐書》卷二二三上《許敬宗傳》,第 6336 頁。

溪洞豪族依靠其金銀財富往往也可以獲取地方官職。唐開元初，張鷟貶任嶺南地方官，其《朝野僉載》記載嶺南人陳懷卿於其家鴨欄中汰得黃金十兩。又於其屋後山腳，"因鑿有鈇金，銷得數十斤，時人莫知。卿遂巨富，仕至梧州刺史"[1]。該書又記載陳懷卿家經營一種專門醫治蠱毒的特殊藥材[2]。段成式《酉陽雜俎前集》卷一七則記這種特殊的藥材"出梧州陳家洞"。據此，則陳懷卿很可能本爲梧州的溪洞豪族。

在唐人的記載中，嶺南溪洞豪族往往是與金銀財富相聯繫的。開元十六年（728），唐玄宗派楊思勖征討嶺南瀧州（今廣東羅定）豪族首領陳行範的大規模反叛，史載"獲馬金銀鉅萬計"[3]。唐代孟琯《嶺南異物志》記邕州溪洞毫族首領甯洄"資産巨萬，僮伎數百"[4]。按《嶺南異物志》是唐憲宗元和時（806—820）孟琯所撰，早佚。唐代海南島的情形頗具有代表性。唐文宗（827—840）時，房千里出爲嶺南高州刺史，其所撰《投荒雜錄》記載，"瓊守雖海渚，歲得金錢，南邊經略使不能及"。所謂"歲得金錢"則可能與西域波斯等國的商舶和金幣有關。海南瓊山郡太守韋公幹還有專門鍛造金銀器的作坊。瓊山郡太守韋公幹"貪而且酷，掠良家子爲臧獲，如驅犬豕。有女奴四百人，執業者太半。有織花縑文紗者，有伸角爲器者，有鎔鍛金銀者，有攻珍木爲什具者，其家如市，日考月課，唯恐不程"，"公幹以韓約壻受代，命二大舟，一實烏文器雜以銀，一實呿陁器雜以金，浮海東去，且令健卒護行，

---

① （唐）張鷟撰，趙守儼點校《朝野僉載》卷二，北京：中華書局1979年，第37頁。
② 《朝野僉載》卷一，第4頁。
③ 《新唐書》卷二〇七《楊思勖傳》，第5857頁。
④ 《太平御覽》卷九〇八引《嶺南異物志》，第4027頁。

將抵廣,木既堅密,金且重,未數百里,二舟俱覆,不知幾萬萬也"①。與韋公幹同時代的海南振州豪酋陳武振,"家累萬金,爲海中大豪,犀象玳瑁倉庫數百。先是西域賈漂泊溺至者,因而有焉","武振由是而富。招討使韋公幹以兄事武振。武振没入,公幹之室亦竭矣"②。當然,海南振州豪酋陳武振"家累萬金",這裏的"萬金"也可以理解爲價值高達一萬兩黄金。這種鉅額的財富除了來源於海上貿易之外,可能也與其直接經營金銀礦藏的開採有關係。柳宗元作於元和六年(811)的《故大理評事柳君墓志》,稱嶺南"其地多貨,其民輕亂"③。所謂"其地多貨"主要是指金銀財富。而"其民輕亂"則是指嶺南地方豪族常常憑藉其巨額財富反叛朝廷。

唐宋時代,嶺南西南部左右江流域一些羈縻州酋領豪族勢力的崛起往往也與金銀開採有關。《新唐書・南蠻傳》記載:"西原蠻,居廣、容之南,邕、桂之西。有寗氏者,相承爲豪。又有黄氏,居黄橙洞,其隸也。其地西接南詔。天寶初,黄氏强,與韋氏、周氏、儂氏相脣齒,爲寇害,據十餘州。"④唐代李翱撰《徐申行狀》記唐德宗貞元十七年(801),徐申出任邕州刺史,"黄氏、周氏、韋氏、儂氏皆群盗也。黄氏之族最强,盤亘十數州"⑤。塚田誠之認爲,以上大多是一些通過"部族聯合"的組織形式確立的"地域集團",而各個强大部族之間常常是通過領土

① 《太平廣記》卷二六九"韋公幹"條引,第2113頁。
② 《太平廣記》卷二八六"陳武振"條引,第2282頁。
③ 《柳河東集》卷一一,第170頁;《全唐文》卷五九〇,第5965頁。
④ 《新唐書》卷二二二下《西原蠻傳》,第6329頁。《太平廣記》卷二八六"陳武振"條引,第2282頁。
⑤ 《全唐文》卷六三九,第6459頁。

及金銀珠寶財富的交換而實現部族聯合①。其中儂氏，據《通鑑輯覽》記載，"儂氏自唐初即雄于西原，世爲廣源州首領"②。而其發迹又與廣源州一帶的黃金生產有關。根據《續資治通鑑長編》記載："廣源州在邕州西南鬱江之源，地峭絕深阻，產黃金、丹砂，頗有邑居聚落。俗椎髻左衽，善戰鬪，輕死好亂。其先韋氏、荒氏、周氏、儂氏爲酋領，互相劫掠，唐邕管經略使徐申厚撫之。黃氏納職貢，而十三部二十九州之蠻皆定。"③而其稱"頗有邑居聚落"，説明在這些地區，其聚落的形成與黃金的生產也有一定關係。《宋史》卷四九五《蠻夷三·廣源州條》也稱："廣源州蠻儂氏，州在邕州西南鬱江之源。地峭絕深阻，產黃金、丹砂。"④以上雖然是宋代的記載，但是這種情形本身早在唐代就已經存在。唐中宗神龍（705—707）年間，趙臣禮被授領軍衛中郎將、招慰桂永等卅二州副節度大使，《趙臣禮志文》稱其"安百越之衆獠，慰五溪之諸蠻"，"督首領，制羈縻，審土物之有無，定封略之遠邇。度職貢，每歲充于王國；會車賦，應期奉於軍郡。因是請獻海外白璧之寶，願賂囊中黃金之裝。計議而還，朝廷説服"⑤。宋仁宗嘉祐六年（1061），提點廣南西路刑獄李師中彈劾邕州知州蕭注"治邕八年，有峒兵十餘萬，不能撫而用之。乃入溪峒貿易，掊斂以失人心，卒致將卒覆

① 〔日〕塚田誠之撰，陳偉明譯《唐宋時期華南少數民族的動向——以左右江流域爲中心》，載《貴州民族研究》1994年第7期；也可參見河原正博《漢民族華南發展史研究》，第172—203頁。
② （清）高宗批，傅恒等纂《御批歷代通鑑輯覽》卷七五，《景印文淵閣四庫全書》第338册，130頁。
③ 《續資治通鑑長編》卷一六七，宋仁宗皇祐元年九月，第4014頁。
④ 《宋史》卷四九五《蠻夷傳三》，第14214頁。
⑤ 《唐故右領軍中郎將使持節招慰僕羅大使趙臣禮志文》，《全唐文補遺·千唐志齋新藏專輯》，西安：三秦出版社，2006年，第211頁。

敗”。又稱“注贖貨阻威，誘略儂智高所閫民羅寨五輩爲奴，又擅發溪峒丁壯采黃金，無簿籍可鈎考，爲國生事”①。

　　宋仁宗皇祐四年（1052）廣西儂智高的反叛，是宋朝西南地區最大規模的少數民族起義。司馬光記載儂智高“世爲廣源州酋長”，“有金坑”。其前期被迫依附於交趾李朝，“歲輸金貨甚多”。又有黃師宓者，廣州人，“以販金常往來智高所”②。黃師宓後來成爲儂智高反宋時的軍師。儂智高反叛最直接的原因之一，是其同邕州互市以通兩界之貨的要求被拒絕。司馬光又稱“廣源州本屬（唐朝）田州……廣源州地產金，一兩直一縑，智高父（儂存福）由是富强，招誘中國及諸洞民，其徒甚盛”。宋代滕甫《征南録》稱儂智高“乞每南郊貢金千兩，願常於邕管互市，皆不許，至令入寇”③。宋仁宗皇祐三年（1051）二月，“廣源州首領儂智高奉表，獻馴象及生熟金銀。詔轉運、鈐轄司止作本司意，答以廣源州本隸交趾，若與其國同貢舉，即許之”④。可見，金銀和貿易在儂智高事件中始終發揮着比較關鍵性的作用。《嶺外代答》之“生金”條曰：“峒官之家，以大斛盛金鎮宅，博賽之戲，一擲以金一杓爲注，其豪侈如此。則其以金交結内外，何所不可爲矣！”⑤

　　而嶺南西部溪洞豪族首領參與的邊境互市貿易早在唐朝就已經存在。唐劉恂《嶺表録異》記載：“夷人通商於邕州石溪口，至今謂之

---

①　《續資治通鑑長編》卷一九三，宋仁宗嘉祐六年，第 4664 頁。

②　（宋）司馬光撰，鄧廣銘、張希清點校《涑水記聞》卷一三，北京：中華書局，1989 年，第 256、257、270 頁。

③　（宋）滕甫撰《征南録》，《景印文淵閣四庫全書》第 460 册，第 831 頁。

④　《宋會要輯稿·蕃夷》七之二九，上海古籍出版社，2014 年，第 9953 頁。

⑤　《嶺外代答校注》卷七《金石門·生金》，第 270 頁。

獠市。"①石溪口應在邕州都督府所屬的羈縻州石西州境内,其治所在今廣西憑祥市東南上石鎮,宋代稱上石西州。《太平寰宇記》卷一六六《邕州》所引《邕州圖經》,稱"提包、俚獠有四色,語各別,譯而方通也"。《太平寰宇記》又稱:"又在州晉城縣,蠻渠歲時於石溪口通商,有馬會。《説文》云:'馬會,今之獠市。'"②又記載沛溪場在融州"西北一百八十里,本融水縣沛溪洞,以其偏遠,輸賦甚艱,因置場,以便于民"③。沛溪場應爲唐朝所設置,在今廣西融水苗族自治縣西北。《全唐詩》卷二九九王建《南中》詩云:"野市依蠻姓,山邨逐水名。"④在這些荒僻邊遠的溪洞州縣,經濟的聯繫依然比較密切。前引《新唐書·地理志》證明嶺南有羈縻州也將黃金作爲土貢項目。而邊境的互市貿易也必將使這些荒遠之地出產的金銀得以輸出。這一方面説明了唐代嶺南溪洞地區甚至包括羈縻州地區也有不少豪酋首領直接經營了金銀開採,另一方面也説明唐朝嶺南的金銀流通實際上已經包括了一些極其偏遠的地區。對此,我們將在後面進一步討論。

　　而唐代嶺南地區豐富的金銀出產也成爲影響地方吏治的重要因素。在唐朝大量詩文中,遥在五嶺之南的嶺南常常給人以相當矛盾的印象,一方面,這裏瘴癘橫侵,榛莽蔽天,蠻夷之民叛服無常,因而只有罪謫之人才遷徙於此。但是另一方面,嶺南所具有的迷人的熱帶色彩甚至異國情調,尤其是奇珍異寶等驚人的財富,又使北方人相當神往。

---

① （唐）劉恂撰,商壁、潘博校補《嶺表録異校補》,南寧:廣西民族出版社,1988 年,第52 頁。
② 《太平寰宇記》卷一六六《邕州》,第 3172 頁。
③ 《太平寰宇記》卷一六六《融州》,第 3170 頁。
④ 《全唐詩》卷二二九,第 3390 頁。

杜牧稱“五嶺之表,地遠京邑”,“延袤萬里”,“若當其才,非唯山澤之饒歸於公上,亦得以遠人利病聞於朝廷”①。嶺南因爲遠離封建王朝的統治中心,中央監控力量相對薄弱,從漢魏六朝到隋唐,地方官員往往攫取金銀財富而盡力中飽私囊,並成爲嶺南吏治的一大特色。《舊唐書·盧鈞傳》記載:“南海有蠻舶之利,珍貨輻湊。舊帥作法興利以致富,凡爲南海者,靡不捆載而還。”②《舊唐書·盧奐傳》記載:“時南海郡利兼水陸,環寶山積,劉巨鱗、彭杲相替爲太守、五府節度,皆坐贓鉅萬而死。”③

其實這種情況在除廣州之外的嶺南其他地區也比較普遍。劉肅《大唐新語》稱:“嶺南利兼山海,前後牧守贓污者多。”④蕭昕稱“桂林巨鎮,臨川荒服,居五嶺之表,控兩越之郊”,“然而洞居峇止,人好阻兵。有殊貨重裝,吏無廉政,選其任者,實難其才”⑤。唐昭宗大順二年至景福元年(891—892),周嶽爲邕州刺史兼嶺南西道節度使,陸扆撰《授周嶽嶺南西道節度使制》稱:“必令嶺嶠蠻陬,欽我之風化;無使黃金翠羽,累爾之清廉。”⑥《朝野僉載》記載安南都護崔玄信命其女婿裴惟岳攝愛州刺史,裴惟岳以貪暴著稱,“取金銀財物向萬貫”⑦。唐代宗大曆十年(775),嶺南節度使路嗣恭平定叛將哥舒晃等的反叛,“俚洞之宿惡者皆族誅之,五嶺削平。……及平廣州,商舶之徒,多

① (唐)杜牧《李鄠充鹽鐵嶺南留後制》,《全唐文》卷七四九,第7762頁。
② 《舊唐書》卷一七七《盧鈞傳》,第4591頁。
③ 《舊唐書》卷九八《盧奐傳》,第3070頁。
④ 《大唐新語》卷三,第241頁。
⑤ (唐)蕭昕《夏日送桂州刺史邢中丞赴任序》,《全唐文》卷三五五,第3598頁。
⑥ 《全唐文》卷八二七,第8716—8717頁。
⑦ 《朝野僉載》卷三,第77頁。

因晃事誅之。嗣恭前後没其家財寶數百萬貫，盡入私室，不以貢獻。代宗心甚銜之"①。其時宰相元載上奏稱"嗣恭多取南人金寶，是欲爲亂"②。高適《餞宋八充彭中丞判官之嶺南》一詩曰："彼邦本倔强，習俗多驕矜，翠羽干平法，黄金撓直繩。"③晚唐安南地區戰事頻仍，皮日休有詩稱："軍容滿天下，戰將多金玉。刮得齊民瘡，分爲猛士禄。"④

　　明代顧炎武對歷史上嶺南吏治的特點有比較深刻的分析，稱："漢魏以還，守官廣南者多以貪墨坐激吏民之叛，啓蠻獠之寇，實由於此。蓋古今之同患也。"又稱："廣南之地，去京華爲尤遠，瘴癘蠱毒，種種穢惡，内地之人，南轅越嶺，不啻斥逐，必罪戾屏庸，不得已，然後膺其選。既百舍登途，往返重費，不過厚取於民耳。而又地産珍奇，掌握之物，足富數世。疆域曠邈，按察稀臨。"⑤根據薛愛華(Edward H.Schafer)的統計，終唐一代，嶺南各地蠻獠叛亂多達八十多起⑥。而地方吏治的窳敗應是其最主要的原因之一。

　　唐朝嶺南地區金銀的大量生産也促進了金銀器製作的發展，並成爲嶺南地方官員向中央統治者進獻邀寵的重要内容。唐朝金銀器的製作及其技術與西域波斯人密切相關。而唐代廣州一直有大量波斯

---

①　《舊唐書》卷一二二《路嗣恭傳》，第3500頁。

②　(宋)王讜撰，周勛初點校《唐語林》卷五，北京：中華書局，1987年，第502頁。

③　《全唐詩》卷二一四，第2239頁。

④　(宋)孫光憲《北夢瑣言》卷二"授任致寇"條載此詩，未有作者(第35頁)。按黎崱《安南志略》卷一六《雜記》之"皮日休刺都護李琢虐政民叛"收此詩(第386頁)。

⑤　(明)顧炎武《天下郡國利病書》之《廣東備録上·山堂考索·兩廣論》，第3148頁。

⑥　Edward H.Schafer, *The Vermilion Bird: T'ang Images of the South*, University of California Press1967, pp.18-47, pp.61-68.

人活動和居住①。《舊唐書・玄宗紀》記載,開元二年(714)十二月,
"時右威衛中郎將周慶立爲安南(應爲廣州)市舶使,與波斯僧廣造奇
巧,將以進內。監選使、殿中侍御史柳澤上書諫,上嘉納之"②。所謂
"奇巧"主要指金銀器皿③。《册府元龜》記載:"柳澤開元二年爲殿中
侍御史、嶺南監選使,會市舶使、右威衛中郎將周慶立、波斯僧及烈等,
廣造奇器異巧以進。澤上書諫曰:'臣聞不見可欲使心不亂,是知見欲
而心亂必矣。竊見慶立等雕鐫詭物,製造奇器,用浮巧爲珍玩,以譎怪
爲異寶,乃理國之所巨蠹,聖王之所嚴罰,紊亂聖謀,汨斁彝典。'"④
《舊唐書》卷五一《楊貴妃傳》記載"揚、益、嶺表刺史,必求良工造奇器
異服,以奉貴妃獻賀,因致擢居顯位"⑤。《資治通鑑》亦記載,唐天寶
五載(746),"楊貴妃方有寵","中外争獻器服珍玩。嶺南經略使張九
章,廣陵長史王翼,以所獻精美,九章加三品,翼入爲户部侍郎;天下從
風而靡"⑥。廣陵即揚州,這兩個地方均是唐朝波斯等西域人大量聚
集的城市。可見,作爲廣州刺史、嶺南經略使的張九章,亦在廣州"求
良工造奇器"以進獻楊貴妃。

　　近年出土的《大唐故隴西郡李公墓志銘并序》記載墓主李素的祖
父爲天寶年間歸華的西域波斯人,特賜姓李。其父李志皇,任朝散大

---

① 參見王承文《唐代嶺南的波斯人與波斯文化》,《中山大學史學集刊》第一輯,廣州:廣東
　　人民出版社,1992年,第68—82頁。
② 《舊唐書》卷八《玄宗紀》,第174頁;另見《唐會要》卷六二《諫諍》,第1271頁;《新唐書》
　　卷一一二《柳澤傳》,第4177頁。
③ 唐中宗《禁進獻奇巧制》提及禁止進奉的"奇巧"中,包括"雕金鏤玉,採六合之珍奇"
　　(《全唐文》卷一六,第196頁),可見"奇巧"主要包括金銀器皿。
④ 《册府元龜》卷五四八《諫諍部・直諫一三》,第6547—6548頁。
⑤ 《舊唐書》卷五一《玄宗楊貴妃傳》,第2179頁。
⑥ 《資治通鑑》卷二一五,唐玄宗天寶五載,第6872頁。

夫守廣州別駕上柱國。別駕爲廣州都督府的副長官,榮新江先生考證其時間在肅宗或代宗時期(756—779),並認爲廣州是波斯等國商胡從海上進入中國的門户,又是由海陸兩道進入中國的商胡、使者、傳教士離華的口岸,因之聚居了大量的外國僑民。唐中央朝廷任命李志皇這樣一位波斯人來作廣州別駕,顯然是爲了便於對當地業已存在的大批胡人進行統治①。而《舊唐書·肅宗紀》記載肅宗乾元元年(758)九月,"廣州奏大食國、波斯國兵衆攻城,刺史韋利見棄城而遁"②。《舊唐書》卷一九八《西戎傳·波斯傳》亦記載乾元元年,"波斯與大食同寇廣州,劫倉庫,焚廬舍,浮海而去"③。李志皇的出任廣州極可能與這次事件有關。

日人元開《唐大和上東征傳》記載唐天寶年間海南島萬安州大首領馮若芳"每年常劫取波斯舶二三艘,取物爲己貨,掠人爲奴婢"④,因此在萬安州附近應安置了不少波斯人。前引房千里《投荒雜録》有關唐文宗年間海南島瓊州有相當規模的金銀作坊,即可能與波斯舶和波斯人有關。

唐朝安南都護府所轄的驩州以其金箔的製作和貢奉著稱。《唐六典》卷三記驩州貢金箔。《通典》卷六稱爲金薄。《元和郡縣圖志》卷三八稱驩州元和貢金薄,另有演州元和貢金薄。《新唐書·地理志》記驩州日南郡土貢爲:金、金薄、黄屑、象齒、犀角、沉香、班竹。《太平寰

---

① 榮新江《一個入仕唐朝的波斯景教家族》,載榮新江《中古中國與外來文明》,北京:三聯書店,2001年,第238—257頁。

② 《舊唐書》卷一〇《肅宗紀》,第253頁。

③ 《舊唐書》卷一九八《波斯傳》,第5313頁。

④ 〔日〕真人元開撰,汪向榮校注《唐大和上東征傳》,北京:中華書局,2000年,第68頁。

宇記》記驩州"土產金箔"。薄的金片即稱爲金箔或金薄等①,這是一種極爲名貴的裝飾材料。《舊唐書·敬宗本紀》記載寶曆元年(825),"詔度支進銅三千斤、金薄十萬翻,修清思院新殿及升陽殿圖障"②。薛愛華(Edward H.Schafer)指出,在唐朝之前,金銀很少作爲盤子、瓶子甚至珠寶類飾物的基礎材料。將黄金打成爲薄片的波斯工藝,赢得了唐朝金屬工匠的喜愛——或許在唐朝境內有一些從大食逃出來的波斯工匠,並由他們傳授唐朝的工匠——從而取代了在鑄模中澆鑄金屬器物的古老的工藝。金葉、金箔、雕花金等金屬材料,全都是唐朝的藝術家使用的材料,所謂雕花金就是金葉帖花的一種類型。在唐朝至少有一座城鎮中的金箔工是專門製作這些輝煌華美的器物所需要的材料的,這座城鎮就是安南的驩州③。

　　武則天曾經重修河內郡(懷州)佛教大雲寺,賈膺福所撰《大雲寺碑》稱,"徵玉西崑,求金南海,刊木少室"④。意即使用的玉石來源於昆侖山,木材來源於少室山,黄金則來源於嶺南。而來自南海的黄金顯然與佛寺中以金鑄造的佛像或以金裝飾即鎏金的佛像等有關⑤。李賀《相勸酒》一詩稱:"會須鍾飲北海,箕踞南山,歌淫淫,管愔愔,横波

---

① 有關金箔的製作,據明代宋應星《天工開物》卷一四記載:"凡造金箔,既成薄片後,包入烏金紙內,竭力揮椎打成"(潘吉星校注本,成都:巴蜀書社,1989年,第349頁)。
② 《舊唐書》卷一七上《敬宗本紀》,第16頁。
③ 〔美〕謝弗(薛愛華)著,吳玉貴譯《唐代的外來文明》,第549頁。
④ 《全唐文》卷二五九,第2624頁。唐朝以金鑄成佛像的現象應比較多,圓仁《入唐求法巡禮行記》卷四記會昌五年(845)八月有敕云:"天下金銅佛像,當州縣司剥取其金,稱量進上者。"(上海:上海古籍出版社1986年,第193頁)
⑤ 《太平御覽》卷八一一《珍寶部·金》引,第3606頁。

好送雕題金，人生得意且如此。"①所謂"雕題金"就是出産於嶺南的黃金，同時也説明嶺南出産的黃金具有突出的品質。

自"安史之亂"以後，唐朝"進奉"之風盛行，地方節鎮爲向皇帝邀寵請官，往往在常賦之外以降誕、端午、冬至、元正等名義"任以土貢修其慶賀"。史載唐德宗興元（784）初克復京師後，"府藏盡虚，諸道初有進奉，以資經費。復時有宣索。其後諸賊既平，朝廷無事，常賦之外，進奉不息"②。《資治通鑑》也記載："代宗之世，每元日、冬至、端午、生日，州府於常賦之外競爲貢獻，貢獻多者則悦之。武將、姦吏，緣此侵漁下民。"胡三省注："自代宗迄於五代，正、至、端午、降誕，府州皆有貢獻，謂之四節進奉。"③嶺南即成爲金銀和金銀器進奉的重要地區。近數十年考古發掘發現了不少唐朝嶺南貢奉的銀鋌。王長啓、高曼《西安西郊發現唐銀鋌》一文，記載大曆十二年左右，最遲不晚于德宗建中三年，由廣州刺史兼御史大夫、充嶺南節度支度營田等副大使知節度事張伯儀和宦官監軍市舶使劉楚江共同進貢的銀鋌④。陝西藍田出土的唐末廣明元年（880）銀鋌，其上刻字爲："容管經略使進奉廣明元年賀冬銀壹鋌，重貳十兩，容管經略招討處置等使臣崔焯進。"⑤唐僖宗廣明元年，容管經略使崔焯獻一賀冬銀鋌，重二十兩。以上表明這種"常貢"之外的進奉確實曾有某種制度化的趨勢。

---

① 《全唐詩》卷三九三，第 4428 頁。"雕題"，《禮記》卷四《王制篇》稱"南方曰蠻，雕題交趾"。《通典》卷一八四《州郡典·古南越》稱："自嶺而南，當唐、虞、三代爲蠻夷之國，是百越之地，亦謂之南越，古謂之雕題。"（第 4910 頁）
② 《舊唐書》卷四八《食貨志》，第 2087 頁。
③ 《資治通鑑》卷二二六，唐德宗建中元年四月，第 7280 頁。
④ 王長啓、高曼《西安西郊發現唐銀鋌》，《中國錢幣》2001 年第一期。
⑤ 周偉洲《陝西藍田出土的唐廣明元年銀鋌》，《文物資料叢刊》第一輯，北京：文物出版社，1977 年。

唐朝初年曾規定技藝高超的工匠不許納資代役，必須到中央作坊爲國家服役，"安史之亂"後失去控制，一些文人名士避難江南，官府的工匠、長安的商人也有流入南方的情況，金銀器作坊也隨之由北向南轉移。齊東方先生指出，目前出土的九世紀的金銀器，南方産品占絶大多數。唐代中晚期，皇室和中央需要的金銀器越來越依賴於南方，皇帝不時向南方州府宣索金銀器物，地方官府爲滿足供應，需要建立專門的金銀作坊。中晚唐地方官都通過進獻財物，争相邀寵，進奉財物的主要物品也是金銀器物①。我們在《唐代北方家族與嶺南溪洞社會》一文中曾經證明，從唐代"安史之亂"一直到五代十國時代，嶺南一直是中原内地移民遷移的重要地區②，因而其金銀器製造也得到了很大發展。

桂州特别是桂林主要是銀器的製造地。陝西藍田楊家溝窖藏出土一批唐代金銀器，其中有呈葵花形的"鴛鴦綬帶紋李杆銀盤"，盤底圈足内刻有"桂管李杆進"③。陝西扶風法門寺地宫出土了銀籠子，上面刻有"桂管臣李杆進"的銘文。柳宗元有《上桂州李中丞薦盧遵啓》④；其《送内弟盧遵遊桂州序》又稱盧遵"以予棄于南服，來從余居五年矣……以桂之邇也，而中丞之道光大，多容賢者，故洋洋焉樂附而趨"⑤。郁賢皓先生據此考證唐憲宗元和四年（809）至元和五年的桂

---

① 齊東方《唐代金銀器研究》，第 197—198、289 頁。
② 參見本書第五章第四節。另見王承文《唐代北方家族與嶺南溪洞社會》，《唐研究》第二卷，北京：北京大學出版社，1996 年。
③ 樊維岳《陝西藍田發現一批唐代金銀器》，《考古與文物》1982 年第一期。
④ 《柳河東集》卷三五，第 562 頁。
⑤ 《柳河東集》卷二四，第 405 頁。

州刺史爲"李某"①。而根據以上陝西出土銀器可以確定,所謂"李某"實爲李杆。李杆在唐憲宗元和年間出任桂州刺史兼桂管觀察使。而其所供奉的銀器當是桂州本地製造。

　　唐宣宗大中元年(847)至二年,鄭亞出鎮桂州,其在任時多次進賀正銀,進賀端午銀,進賀壽昌銀,進賀冬銀。李商隱《爲滎陽公進賀正銀狀》稱"臣受國恩深,守藩地阻","前件銀出非大冶,貨在中金,敢以元正,式陳方賄"。李商隱在桂州爲鄭亞撰寫的進奉銀器的狀文還有不少,並一再强調所獻銀器是"且自地徵"②。《唐語林》卷四記京兆尹楊憑謫任以出產銀而著稱的嶺南桂管所屬的賀州臨賀縣縣尉,派人向南嶽道士田良逸"遺以銀器"。唐朝嶺南地方官員以金銀進奉的對象也包括一些當朝的權臣。唐代劉恂《嶺表異錄》記富州、賓州、澄州等地產金,其中以澄州所產"最爲良金","余頃年使於上國,親友(原注:不欲書其姓字)附澄州金二十兩與當時權臣,余訝其單鮮。友人曰:'金雖少,貴其夜明,有異於常金耳。'遂留宿驗之,信然也"③。

　　唐朝覆亡後,劉隱集團割據嶺表,並最終建立起南漢王朝。而從公元907年唐朝滅亡到公元917年南漢劉巖正式稱帝十年之間,嶺南對北方後梁王朝的頻繁而大規模的金銀等進獻,也從一個側面反映了嶺南對於唐王朝的重要意義。《册府元龜》記載,梁太祖開平元年

①　郁賢皓《唐刺史考全編》,合肥:安徽大學出版社,2000年,第3248頁。
②　(唐)李商隱《爲滎陽公進賀正銀狀》、《爲滎陽公赴桂州在道進賀端午銀狀》、《爲滎陽公進賀壽昌節銀零陵香麂靴竹靴狀銀等狀》、《爲滎陽公進賀冬銀等狀》,以上均見《全唐文》卷七七三,第8054—8055頁。
③　《太平御覽》卷八一一《珍寶部·金》,第3606頁。

(907)十月,廣州進獻助軍錢二十萬,又進龍腦、腰帶、珍珠枕、玳瑁、香藥等;十一月廣州進龍形通犀腰帶、金托裹、含稜玳瑁器百餘副,香藥、珍巧甚多[①];梁太祖乾化元年(911),"廣州貢犀象、奇珍及金銀等,其估數千萬;安南兩使留後曲美進筒中蕉五百疋,龍腦、鬱金各五瓶,他海貨等有差。又進南蠻通好金器六物,銀器十二";乾化二年四月"廣州獻金銀、犀牙、雜寶貨及名香等,合估數千萬。是月,客省引進使韋堅使廣州迴,以銀茶上獻,其估凡五百餘萬。福建進供御金花銀器一百件,各五千兩。是年,天下郡國各助郊天及賀正獻相次而至"[②]。而《舊五代史》卷五《梁太祖紀》則記載後梁乾化元年十二月,劉隱向後梁貢奉犀象奇珍及金銀等,"其估數千萬"[③]。《十國春秋》卷五八記後梁乾化三年(913),劉隱"貢金銀等","價凡數十萬"。緊接着又以銀等上獻,"估直合五百余萬"。

公元 917 年,南漢劉巖正式稱帝建國,對北方王朝的貢奉即告終止。《資治通鑑》記載南漢高祖劉龑時,"嶺南珍異所聚,每窮奢極麗,宮殿悉以金玉珠翠爲飾"[④]。北宋初佚名所撰《五國故事》卷下記南漢高祖劉巖,"唯以治宮殿爲務",建昭陽諸殿,"以金爲仰陽,銀爲地面,簷楹椽桷,亦皆飾之以銀","每引領行商以示奢侈"。又記後主劉鋹建萬政殿,"飾一柱,凡用銀三千兩,而以銀爲殿衣"[⑤]。劉隱集團的鉅額貢奉以及後來南漢王朝統治者的窮奢極侈,我們認爲主要還是以徵斂嶺南本地的財富爲基礎的。

---

① 《册府元龜》卷一九七《閏位部·納貢獻》,第 2380 頁。
② 《册府元龜》卷一九七《閏位部·納貢獻》,第 2381 頁。
③ 《舊五代史·梁書》卷六《太祖紀第六》,第 100 頁。
④ 《資治通鑑》卷二八三,晉高祖天福七年(942),第 9236 頁。
⑤ (宋)佚名《五國故事》卷下,《景印文淵閣四庫全書》第 464 册,第 215—216 頁。

　　以上,我們討論了唐朝嶺南道金銀生産的重大發展及其對嶺南地方政治和社會的影響。而唐朝嶺南金銀大量而普遍的生産正是金銀貨幣流通得以形成的重要基礎和前提。

第三節　敦煌本唐天寶初地志與嶺南銀錢流通和商品經濟發展

一　敦煌本唐天寶初地志與金銀在嶺南的貨幣職能

　　甘肅省敦煌市博物館館藏敦煌第 76 號地志殘卷,依隴右道、關內道、河東道、淮南道和嶺南道的順序,共記録了一百三十八州(府)包括至京都里程、土貢、公廨本錢、鄉數、州縣等第等項目。1950 年向達先生在其《西征小記》中將其定名爲《唐天寶初殘地志》。1982 年,吳震先生定名爲《唐天寶初年郡縣公廨本錢簿》,馬世長先生定名爲《地志殘卷》。1999 年,榮新江先生認爲是《天寶十道録》[1]。這份文書最重要的價值,是反映了唐代天寶初年郡縣公廨本錢的設置情況,是除《新唐書·食貨志》之外載録唐代州縣公廨本錢數規模最大、最詳細的文獻。

---

① 向達《西征小記》,《國學季刊》第七卷第一期,收入其《唐代長安與西域文明》,北京:三聯書店,1957 年;吳震《敦煌石室寫本唐天寶初年〈郡縣公廨本錢簿〉校注並跋》,《文史》第十三、十四輯,北京:中華書局,1982 年;馬世長《敦煌縣博物館藏地志殘卷——敦博第五八號卷子研究之一》、《地志中的“本”和唐代公廨本錢——敦博第五八號卷子研究之二》,均載北京大學中古史研究中心編《敦煌吐魯番文獻研究論集》,北京:中華書局,1982 年;王仲犖《唐天寶初年地志殘卷考釋》,載王仲犖著、鄭宜秀整理《敦煌石室地志殘卷考釋》,上海:上海古籍出版社,1993 年;榮新江《敦煌本〈天寶十道録〉及其價值》,唐曉峰等編《九州》第二輯,上海:上海古籍出版社,1999 年,第 116—129 頁。

　　近年來,學術界對於其中的公廨本錢制度多有關注和研究。吳震認爲,該簿編寫在天寶元年冬至次年春。其年代確定在天寶一、二年間①。馬世長考證認爲,該卷地志的輯録和抄寫年代,在晚唐或五代初期,其輯録的地點在隴右或敦煌。其所據底本主要是開元和天寶兩件不同年代的地志寫本。但是強調就地志寫本所載内容來説,仍可作爲開、天時期的記載看待。又稱:"應該特別説明的是本卷地志的嶺南道,它與其他四道又有所不同,如該道僅連州有土貢,其餘諸州均失載;本卷地志中幾處縣名更改年代無改或記載抵牾者,均在嶺南道,該道所領州數、州名與《唐六典》所載差異較大;州縣公廨本錢數額與開元年間的數額差別較多。凡此種種,可能與本卷嶺南道所依據的原底本有關。本卷嶺南道與其他四道的差異,或許與該道所據底本年代不同有關。"②

　　該卷地志唯存唐十道中的五道,隴右、關内、河東尚屬完整,淮南、嶺南則有殘缺。其中載有公廨本錢的州府是一百十二個,縣五百十三個。這份文書極爲重要而獨特的價值之一,是它相當具體而真實地反映了唐玄宗天寶初年嶺南州縣公廨本錢中白銀與銅錢一起作爲貨幣流通的情形。因此,我們首先有必要將該文書中嶺南道的公廨本錢加以整理和統計。

---

①　吳震《敦煌石室寫本唐天寶初年〈郡縣公廨本錢簿〉校注並跋》。

②　馬世長《敦煌縣博物館藏地志殘卷——敦博第五八號卷子研究之一》、《地志中的"本"和唐代公廨本錢——敦博第五八號卷子研究之二》。

敦煌石室所出唐天寶初年地志嶺南道州縣公廨本錢表[①]

郡名	州名	等第	縣數	郡本	縣本共計	州縣本合計	備注
始安	桂府	中	10	1,871 貫	2,119 貫	3,990 貫	
臨賀	賀	下	6	3,800 兩	1,655 兩	5,455 兩	其中兩縣無本
平樂	昭	下	3	1,500 兩	992 兩	2,492 兩	
蒼梧	梧	下	3	1,100 兩	735 兩	1,835 兩	其中一縣無本
臨江	龔	下	6	1,100 兩	430 兩	1,530 兩	其中兩縣無本
正平	環	下	8				不記本錢
象	象	下	3	1,025 兩	580 兩	1,605 兩	
潯江	潯	下	3	200 兩	370 兩	570 兩	
龍城	柳	下	5	664 兩	282 兩	946 兩	其中兩縣無本
融水	融	下	3	415 兩	135 兩	550 兩	其中兩縣無本
蒙山	蒙	下	3	760 兩	932 兩	1,692 兩	
樂興	古	下	3				未記本錢數
武峨	武峨	下	6				未記本錢數
開江	富	下	3	445 兩	329 兩	774 兩	
忻城	芝	下	1				未記本錢數
龍水	粵	下	4				未記本錢數
南海	廣府	中	13	2,662 貫	5,128 貫	7,790 貫	
始興	韶	下	6	1,185 貫	2,305 貫	3,490 貫	

---

① 本表中的資料主要依據該卷圖版,見段文傑主編《甘肅藏敦煌文獻》第六卷,甘肅人民出版社,第224—227頁。另也參考了吳震《敦煌石室寫本唐天寶初年〈郡縣公廨本錢簿〉校注並跋》;馬世長《敦煌縣博物館館藏地志殘卷》;王仲犖《唐天寶初年地志殘卷考釋》。但是由於嶺南道存在白銀和銅錢兩種貨幣,其總計數額經反復核算與前人有較大差異。

續表

郡名	州名	等第	縣數	郡本	縣本共計	州縣本合計	備注
高要	端	下	2	2,101 兩	670 兩	2,771 兩	
新興	新	下	3	1,100 兩	867 兩	1,967 兩	
連山	連	下	3	770 貫	1,100.235 貫	1,870.235 貫	
晉康	康	下	4	2,860 兩	1,248 兩	4,108 兩	
臨封	封	下	2	1,300 兩	500 兩	1,800 兩	
海豐	循	下	6	774 貫	1,130 貫	1,904 貫	
延德	振	下	4	774 貫	1,137 貫	1,911 貫	
高涼	高	下	3	774 貫	510 貫	1,284 貫	
恩平	恩	下	3	580 兩	805 兩	1,385 兩	
陵水	辨	下	3	1,800 兩	80 兩	1,880 兩	
昌化	儋	下	5	90 兩	260 兩	350 兩	其中兩縣無本
南潘	潘	下	3	748 兩	490 兩	1,238 兩	
南陵	春	下	4	530 兩	162 貫	530 兩 加 162 貫	郡本以銀， 縣本以錢計
海康	雷	下	3	1,368 兩	416 兩	1,784 兩	
招義	羅	下	5	939 兩	1,255 兩	2,194 兩	
瓊山	瓊	下	5				不言本錢數
珠崖	崖	下	5	1,618 兩	530 兩	2,148 兩	
開陽	瀧	下	4	473 兩	1,166 兩	1,639 兩	
安南		下	7	200 兩	3,618 兩	3,818 兩	
九真	愛州	下	6	523 貫	1,321 貫	1,844 貫	
湯泉	湯	下	3				不記本錢數
福禄	福禄	下	2				不記本錢數

續表

郡名	州名	等第	縣數	郡本	縣本共計	州縣本合計	備注
日南	驩	下	6		153 貫	153 貫	不記郡本數
承平	峰	下	5	645 兩	342 兩	987 兩	其中一縣無本
萬安	萬安	下	4				不記本錢數
龍池	山	下	2				不記本錢數
文陽	長	下	4				不記本錢數
普寧	容府	下	10	5,200 兩	1,385 兩	6,585 兩	
感義	藤	下	3	1,268 兩	900 兩	2,168 兩	
定川	牢	下	3	1,010 兩	300 兩	1,310 兩	其中二縣無本
懷德	竇	下	4		1,121 兩	1,121 兩	不記郡本數
常山	繡	下	3		221 兩	221 兩	郡無本
安樂	岩	下	4				不記郡縣本數
連城	義	下	3	970 兩	420 兩	1,390 兩	
平琴	平琴	下	4				不記郡縣本數
合浦	廉	下	4	1,300 兩	800 兩	2,100 兩	其中一縣未記本數
鬱林	鬱林	下	6				未記郡縣本數
玉山	陸	下	3	185 兩	270 兩	455 兩	
南昌	白	下	5		450 兩	450 兩	郡本闕
寧仁	黨	下	4	110 兩		110 兩	諸縣無本
溫泉	禺	下	4		600 兩	600 兩	郡本未記,一縣無本
朗寧	邕府	下	7	4,300 兩	770 兩	5,070 兩	
懷澤	貴	下	4	1,585 兩	655 兩	2,240 兩	

續表

郡名	州名	等第	縣數	郡本	縣本共計	州縣本合計	備注
安城	賓	下	3	51 貫	109 貫	160 貫	
寧越	欽	下	5	260 兩	334 兩	594 兩	其中一縣無本
漳浦	漳	下	2	96.800 貫	90 貫	186.800 貫	
賀水	澄	下	4	700 兩	400 兩	1,100 兩	其中三縣無本
永定	淳	下	3				不記郡縣本數
總計				9480.800 貫 44249 兩	15264.235 貫 27313 兩	23815.035 貫 77041 兩	

　　以上敦煌地志殘卷記録了嶺南道六十六個州府，二百八十三個縣。其中明確記載有公廨本錢的爲四十四州，一百九十二縣。其他州縣則缺載。而四十四個置有公廨本錢的州，以銅錢爲本錢的共十二州：桂州、廣州、韶州、連州、循州、振州、高州、愛州、廉州、黨州、賓州、漳州。其他三十一州府均以白銀爲公廨本錢。情況比較特殊的南陵郡春州，其州本爲五百三十兩白銀，但是其所轄四縣的公廨本錢則是銅錢，合計共一百六十二貫。由此我們可以設想，雖然唐朝中央對於嶺南道各州府的公廨本錢分別有白銀和銅錢的不同規定，但是在整個嶺南道，銅錢與白銀的混合流通和相互折換應是極其普通的事情。

　　顧炎武《日知録》稱："唐、宋以前，上下通行之貨，一皆以錢而已，未嘗用銀。"[①]但是敦煌唐天寶地志中的公廨本錢設置，却明白無誤地説明了白銀已經在嶺南成爲國家法定的流通貨幣。上表也説明唐玄

――――――

① （清）顧炎武著，黄汝成集釋，欒保群、吕宗力校點《日知録集釋》卷一一，上海：上海古籍出版社，2006 年，第 646 頁。

宗天寶初年,嶺南地區白銀的流通範圍要遠大於銅錢的流通。雖然以銅錢作爲公廨本錢的廣州、韶州、連州和桂州等,在唐代確實屬於嶺南經濟發展水平比較高的地區,但是却不能由此得出銅錢流通區一定就比白銀流通區經濟發達的結論,因爲在極爲荒僻的繡州和海南振州,也是以銅錢作爲公廨本錢。而以白銀作爲公廨本錢的州縣高度集中在嶺南西部的溪洞地區,我們認爲恰恰是與唐代溪洞地區白銀的出産直接相關聯的。至於這一點,我們在前面已有專門討論。

而唐朝嶺南金銀作爲貨幣的流通顯然也並非開始於唐玄宗天寶初年。在前面,我們討論了東晉後期到南朝嶺南的金銀貨幣流通,那麼,唐玄宗天初年嶺南公廨錢中白銀作爲貨幣是否就是東晉南朝情況的直接延續呢?能夠説明問題的相關歷史資料極度匱乏。晚清時代在廣州出土了由隋唐之際著名書法家歐陽詢"書丹"的隋朝《番州弘教寺分安舍利塔銘》①。該塔銘記載隋文帝仁壽元年(601)五月:

> (隋文帝)詔南海省方長史建塔弘教寺,分安舍利。復捨大比丘曉玄白金千兩,蜀絹五十匹,璽綸温吘,公德巍焕,和尚率大小沙門陳設作禮。

歷史上隋文帝以奉佛著稱。仁壽元年,隋文帝派遣三十位沙門分送舍利到三十州。並仿照印度阿育王的造塔故事,乃在同年十月十五日三十州同時起造奉安舍利的佛塔。敕令要求地方官吏和百姓共襄盛舉。

---

① 丁仁長、吳道鎔、汪兆鏞等編《番禺縣志續志》卷三三《金石志》,載《中國方志叢書》(華南地方),第49册,臺北:成文書局,第433頁。按清趙之謙《寰宇訪碑録》卷二著録有《番州弘教寺分安舍利塔銘》。

在隋文帝親自指定的三十州中,有"番州靈鷲山寺"①。而其建造舍利佛塔的資金來源,隋文帝在詔令中也有明確規定:"任人布施,錢限止十文已下,不得過十文。所施之錢,以供營塔。若少不充,役正丁及用庫物。率土諸州僧尼,普爲舍利設齋。"②至於在番州即廣州所建舍利塔所使用的"庫物"即"白金千兩"和"蜀絹五十匹",明顯是廣州地方官員根據隋文帝的詔令從官府的倉庫中支付的,具有貨幣的性質。這也是我們所發現的隋朝嶺南地方官府使用白銀唯一的一條證據。

而在唐朝前期,金銀作爲貨幣在嶺南流通我們則有更多的證據。敦煌文書 S.1344 號《唐開元户部格殘卷》中武則天長安元年(701)十二月廿日敕文提到嶺南風俗。其文曰:

> 嶺南土人任都督、刺史者,所有辭訟别立案判官,省司補人,竟無幾案;百姓市易,俗既用銀。村洞之中買賣無秤,乃將石大小,類銀輕重;所有忿爭,不經州縣,結集朋黨,假作刀排,以相攻擊,名爲打戾;並娶婦必先强縛,然後送財;若有身亡,其妻無子,既斥還本族,仍徵聘財;或同族爲婚,成後改姓:並委州縣長官漸加勸導,令其變革。③

以上敕文反映的正是嶺南溪洞地區的情形。"百姓市易,俗既用銀",證明白銀充當了貨幣的職能,而且應是東晉南朝以來金銀流通的繼續和發展。而所謂"村洞之中",即是夷獠等嶺南少數民族雜居的所謂

---

① 《元和郡縣圖志》卷三四記載,隋開皇九年(589)置廣州總管府,仁壽元年(601)改廣州爲番州,爲避太子楊廣之諱。又根據隋王邵《舍利感應記》記載,"番州於洪楊鄉崇楊里之靈鷲山寺起塔"(見唐道宣《廣弘明集》卷一七,《大正新修大藏經》第 52 卷,第 216 頁)。

② (唐)道宣《廣弘明集》卷一七《隋國立佛舍利塔詔》,《大正新修大藏經》第 52 卷,第 213 頁。

③ 黃永武主編《敦煌寶藏》第 10 册,臺北:新文豐出版公司,1981 年,第 195 頁。

"溪洞"地區。正是由於白銀長期充當了貨幣的職能,所以這些地區竟然出現了"買賣無秤,乃將石大小,類銀輕重"的特殊現象。當然,武則天也注意到這種現象出現的前提就是"百姓市易,俗既用銀",是嶺南歷史上延續下來的以白銀作爲貨幣的風俗和傳統。而這條敕令也説明了與中古時代河西地區主要使用銀幣或銀錢不同,嶺南所使用的白銀是銀兩,是秤量貨幣而非鑄造貨幣。

唐代判文中有一種是士人應唐朝吏部銓選身言書判考試的內容。《文苑英華》卷五三〇收有闕名《水石類銀判》,其文稱:"嶺南村洞間百姓,水石大小類銀,因忿争打戻,按察使科由縣令罪,訴云:因市易,不伏。"其判詞爲:

> 閩甌地隔,粤嶠天嶮。五隣爲里,辨方言之異華;三品稱金,徵土物之惟錯。禮不變俗,市貴從宜。貿遷海壖,集朝夕於泉寶;交易嶺徼,得關石於他山。義在隨時,更法於易幣;各得其所,和均於類銀。既來謀於我人,有殊抱布;俄必事於彼衆,暫似遺錢。打戻爲嫌,窒惕興訟。輶軒按罪,瞻繡服之增華;邑宰移風,聽琴堂而未静。實之於理,孰謂非宜?[①]

這道判文的時代應該是在武則天天授二年(691)七月二十七日敕文發布後不久。該判文的作者對於因"百姓市易,俗既用銀"而帶來的在交易中"以水石大小類銀"以及"忿争打戻"的情況,主張"禮不變俗,市貴從宜",意即尊重這種歷史久遠的傳統,不必强行改變。而以上武則天的敕令和唐人的判文,也説明唐代前期嶺南溪洞地區百姓普遍把金

---

① 闕名《水石類銀判》,《文苑英華》卷五三〇,第 2714—2715 頁;又見闕名《對水石類銀判》,《全唐文》卷九八四,第 10184 頁。

銀作爲貨幣。

　　唐代前期嶺南地區的金銀作爲貨幣的流通，還有其他一些資料可以證明。禪宗六祖惠能自幼生長在唐初嶺南新州，五代時期南唐招慶寺静筠二禪師所編纂的《祖堂集》記載惠能早年於市賣柴，後因聞安道誠説《金剛經》，欲往湖北黄梅五祖弘忍處求法，安道誠"遂與惠能銀一百兩，以充老母衣糧"[①]。大乘寺本《韶州曹溪六祖師壇經》則記爲"蒙一客取銀十兩與某甲，將充老母衣糧"。唐朝初年，廣東德慶人陳頵歷任嶺南勤、白二州刺史，"諭洞俚皆輸租賦，違令者以金贖罪。綏輯有功，進位奮武將軍"[②]。武則天聖曆二年（699），由嶺南瀧州（今廣東羅定市）溪洞豪族首領陳集原撰寫至今仍得以保存的摩崖石刻《龍龕道場銘》，記載其家族主持的龍龕寺興建時，其鄰里居人，"或捨衣資，或傾銀帛"[③]。所謂"銀帛"就是指白銀和絹帛。

　　以上我們討論了唐朝前期金銀在嶺南民間流通的情形。而金銀在嶺南也與唐朝國家行爲密切相關，至少表現在以下幾個方面。

　　第一，敦煌唐天寶初年地志反映了白銀直接充作具有官方高利貸性質的公廨本錢。唐朝的公廨本錢是官府經營的高利貸資本。公廨本錢的設置大約開始於北朝。《隋書·食貨志》記載隋文帝時："先是京官及諸州並給公廨錢，迴易生利，以給公用。"至隋文帝開皇十四年（594）六月，工部尚書蘇孝慈等的上書稱："所

---

① （南唐）静筠二禪師編《祖堂集》卷二《惠能和尚傳》，上海：上海古籍出版社，2011年，第45頁。

② （明）黄佐《廣東通志》卷五五《陳頵傳》，廣州：廣東省地方史志辦公室謄印，1997年，第1397頁。

③ 《全唐文》卷二〇三，第2051頁；（清）阮元修，梁中民點校《廣東通志·金石略》，廣州：廣東人民出版社，1994年，第57頁。

在官司,因循往昔,以公廨錢物,出舉興生,唯利是求,煩擾百姓,敗損風俗,莫斯之甚。"①隋朝公廨錢制度亦因此而停止。然而,這條資料也就説明從開皇九年(589)隋朝削平南方的陳朝之後,到開皇十四年六月之前,源自於北朝的公廨本錢制度已經在江南和嶺南各州都得到推行。

　　唐初朝廷爲了提供京官的俸料,在京城的各司正式實行公廨本錢制度,設立"諸司令史,捉公廨本錢",使之"任居市肆,恣其販易"②。《舊唐書》卷四《高宗紀上》記載永徽六年(655)七月,"均天下州縣公廨"③。這是目前有關唐朝地方州縣設置公廨本錢最早的記載。然而既然明確標明"均"天下公廨,説明當時各州本數並無等級差别,而是比照京司情況實行。至於地方州縣依等級分配公廨本錢數,應是唐高宗永徽年間稍後出現的情況④。公廨本錢是逐月取息,其利率在唐朝前後期不同。武德或貞觀年間,月利率一般爲百分之八⑤,而年利率則爲百分之九十六。唐玄宗開元二十六年(738),月利率爲百分之五⑥,年利率則爲百分之六十。唐朝將州縣所置公廨本錢的利息收入充作公用,作爲地方官員俸禄和食料的主要來源之一,因而唐朝公廨本錢制度在經濟生活中占有重要地位。

---

① 《隋書》卷二四《食貨志》,第568頁。
② 有關具體情形參見唐太宗貞觀十五年諫議大夫褚遂良的上疏,見《通典》卷三五《職官·禄秩》(第963頁)與《舊唐書》卷五五《食貨志》。
③ 《舊唐書》卷四《高宗本紀》,第74頁。
④ 參見羅彤華《唐代州縣公廨本錢數之分析——兼論前期外官俸錢之分配》,《新史學》第十卷第一期,1999年,第52頁。
⑤ 《册府元龜》卷五〇五《邦計部·俸禄一》,第6066—6067頁;《唐會要》卷九三,第1985頁;《新唐書》卷五五《食貨志》,第1397頁。
⑥ 大谷文書第三五〇〇號,龍谷大學佛教文化研究所編《大谷文書集成》第二卷,東京:法藏館,1989年,第113頁。《唐六典》卷六記載了開元十六年以後利率(第195頁)。

　　唐玄宗在天寶五年（746）發布的《安養百姓及諸改革制》曰：“天下郡縣，先有欠公廨本處，今既分稅錢，並準式依本足例支給，使厚其祿，以竭其心。”①公廨本錢是官吏和官府自我營利和自我補充的重要財源。在唐玄宗天寶初年，唐朝在嶺南道除了設置二萬三千八百十五貫銅錢作爲公廨本錢外，還把七萬七千四十一兩白銀作爲固定的公廨本錢流通。其利率如果按月息百分之五計算，唐朝在嶺南每年可獲取利息銅錢一萬四千二百八十九貫，白銀四萬六千二百二十五兩。正因爲如此，嶺南道白銀本錢數額其實是相當驚人的。唐玄宗時代全國白銀的總產量和國家徵取白銀礦稅的數額史書沒有明確的記載。唐代後期白銀產量比前期有很大的提高。《新唐書·食貨志》記載，元和初（806），“天下銀冶廢者四十，歲采銀萬二千兩”②。岑仲勉先生考證“采銀”是“稅銀”之誤③。《新唐書》卷五四《食貨志四》記載宣宗朝“天下歲率銀二萬五千兩、銅六十五萬五千斤、鉛十一萬四千斤、錫萬七千斤、鐵五十三萬二千斤”④。此應是稅銀二萬五千兩。齊東方認爲元和初年唐朝年產白銀二十餘萬兩⑤。

　　至於公廨錢的來源，開元十八年（730），御史大夫李朝隱“奏請籍百姓一年稅錢充本，依舊令高戶及典正等捉，隨月收利，將供官人料錢”⑥。《新唐書·食貨志》記載，開元十八年，“復給京官職田。州、縣

①　《文苑英華》卷四三三，第 2191 頁；《全唐文》卷二五，第 285 頁。
②　《新唐書》卷五四《食貨志》，第 1383 頁。
③　岑仲勉《隋唐史》，北京：中華書局，1982 年，第 402 頁。
④　《新唐書》卷五四《食貨志四》，第 1380 頁。
⑤　齊東方《唐代金銀器研究》，第 275 頁。
⑥　《唐會要》卷九三，第 1986 頁。參見馬世長《地志中的“本”和唐代公廨本錢——敦博第五八號卷子研究之二》，第 458 頁。

籍一歲税錢爲本，以高户捉之，月收贏以給外官。復置天下公廨本錢"①。説明開元十八年各州、縣公廨本錢總額相當於一年的税錢額。因此，嶺南道公廨本錢中的白銀主要來自於唐朝國家在嶺南徵收的賦税。

　　公廨本錢制度在唐後期實際上一直都有實行。唐武宗會昌元年（841）正月赦文稱："宜委本道觀察使條流，量縣大小，及道路要僻，各置本錢，逐月收利。"②馬世長對唐朝公廨錢資料作了比較詳細的搜集和編年，認爲唐代公廨本錢只是在開元以前有過幾次短暫的停廢，而開元以後，記載停置公廨本錢的資料極少。而且根據唐後期貞元、元和、長慶年間的統計，諸司公廨本錢數額，較唐初和開元時期，又有了成倍的增長。總的説來，唐代公廨本錢幾乎是相繼不斷地設置着③。

　　第二，唐朝國家對嶺南不少地區租庸調的徵收即是以白銀來進行的。《新唐書·食貨志》記租庸調曰："唐制，……凡授田者，丁歲輸粟二斛，稻三斛，謂之租。丁隨鄉所出，歲輸絹二匹，綾、絁二丈，布加五之一，綿三兩，麻三斤。非蠶鄉則輸銀十四兩，謂之調。"④在唐初，雖然標準的庸調指定要以一定的絲綢和麻布來抵付，但它們也可以折納爲其他貨物，在不從事養蠶的地區，銀就是其中的一種。然而以上"非蠶鄉則輸銀十四兩"的記載，因爲不見於《唐六典》、《通典》、《舊唐書》、《唐律疏議》等，從清代以來人們一直懷疑其可靠性。錢大昕稱

---

① 《新唐書》卷五四《食貨志》，第1398頁。
② 《唐會要》卷九三《諸司諸色本錢下》，第1996頁。
③ 馬世長《地志中的"本"和唐代公廨本錢——敦博第五八號卷子研究之二》，第474、450頁。
④ 《新唐書》卷五一《食貨志一》，第1342—1343頁。

“此爲新志妄增之詞”，“歐、宋諸公不應荒唐至此，得無鈔之妄增耶”①？ 意即唐代根本就不存在以銀輸庸調的事實。而考古發現最終證明了《新唐書》記載的準確性。1970 年，西安南郊何家村窖藏出土了唐開元年間廣州地區上繳的四塊有銘文的銀餅②。其中兩塊銘文爲：

> 洊安縣開元十九年(731)庸調銀拾兩；專知官令彭崇嗣，典梁誨，匠王定；

一塊刻有：

> 洊安縣開元十九年庸調銀拾兩；專知官令彭崇嗣，典梁誨，匠陳寳；

還有一塊刻有：

> 懷集縣開(元)十(年)(722)庸調銀拾兩；專當官令王文樂，典陳友，匠高童。

《唐六典》記載户部度支郎中員外郎，“掌國用租賦少多之數”，“每歲計其所出而支其所用”，“轉運、徵斂、送納，皆准程而節其遲速。凡和市、糴皆量其貴賤，均天下之貨，以利於人。凡金銀、寶貨、綾羅之屬，皆折庸、調以造焉”③。説明了唐朝地方政府確實可以將租庸調折成錢帛以及金銀等輕貨轉輸中央。按《唐六典》卷二〇“左藏令”條又記

---

① （清）錢大昕《廿二史考異》卷四五，南京：鳳凰出版社，2008 年，第 564 頁；另見盧文弨《鍾山劄記》卷二，北京：中華書局，2010 年，第 51 頁。
② 秦波《西安近年來出土的唐代銀鋌銀板和銀餅的初步研究》，《文物》1972 年第七期。
③ 《唐六典》卷三，第 80 頁。

載:"凡天下賦調,先於輸場,簡其合尺度斤兩者,卿及御史監閱,然後納于庫藏,皆題以州縣、年月,所以別粗良,辨新舊也。"①天一閣藏明鈔本宋《天聖令》卷二三載唐《倉庫令》規定:"諸輸金、銅、銀者,皆鑄爲鋌,鑿題斤兩、守主姓名。其麩金,不在鑄限。"②可見西安出土的這批銀餅即充當了開元年間廣州地區上繳國庫的庸調。

我們認爲,《新唐書·食貨志》有關非鹽鄉以銀輸調的規定也主要就是針對嶺南的。天一閣藏宋《天聖令》卷二五載唐《關市令》規定:

　　諸錦、綾、羅、縠、繡、織成、紬、絲絹、絲布、犛牛尾、真珠、金、銀、帖(鐵),並不得與諸蕃互市及將入蕃,綾(?)不在禁限。所禁之物,示(亦)不得將度西邊、北邊。諸關及至緣邊諸州興易,其錦、繡、織成,亦不得將過嶺外,金銀不得將過越巂道。如有緣身衣服,不在禁例。③

所謂"嶺外"就是指嶺南道。顯然,嶺南不但產絲的地方很少,而且唐朝中央還將嶺南等同於緣邊之州,嚴格禁止中原內地的絲織品進入嶺南。而敦煌本唐天寶地志嶺南公廨本錢中的白銀,進一步印證了嶺南不少地區以白銀交納庸調的可能。同時,由於敦煌本天寶地志中廣州的公廨本錢爲銅錢,而唐開元廣州庸調銀的出土也説明,白銀在唐朝嶺南實際的使用範圍可能比敦煌地志所反映的範圍要大。

由於嶺南道程遙遠,唐朝中央爲了減少運輸成本,往往明文規定嶺南庸調賦税可以折納。敦煌文書 P.2507《唐開元水部式》殘卷中規

① 《唐六典》卷二〇,第 545 頁。
② 《天一閣藏明鈔本天聖令校證》,第 76 頁。
③ 《天一閣藏明鈔本天聖令校證》,第 125 頁。

定："桂、廣二府鑄錢,及嶺南諸州庸調並和市、折租等物,遞至揚州訖,令揚州差綱部領送。都應須運脚,於所送物內取充。"①唐開成四年(839)十二月,"邕管經略使唐弘實奏,當管上供兩稅錢一千四百七十三貫文,其見錢,請每年附廣州綱送納。敕宜委嶺南西道觀察使,每年與受領,迴易輕貨附綱送省。其儻運脚錢,仍令數內抽折。"②其意爲嶺南西道觀察使將徵收的兩稅錢變換成輕貨,附於從嶺南廣州運送賦稅的船隊,輸送到京師。"迴易"即指買賣。而"輕貨"則是指金銀絹帛等。由於嶺南西部出產絹帛很少③,因此,"輕貨"在嶺南應主要是指金銀。加藤繁也稱:"無論在租庸調時代,兩稅時代,金銀是被選擇爲折換上供錢物品之一。"④

　　第三,嶺南地方官府將白銀用於對皇帝的進獻。1956 年 12 月,在西安大明宮遺址曾出土四笏唐天寶年間的銀鋌⑤,內有楊國忠進奉銀二,彭果進奉銀一,郎寧郡貢銀一。其中一鋌正面刻有"嶺南採訪使兼南海太守臣彭果進"。按彭果爲南海太守兼嶺南五府經略等使在天寶四年(745)至天寶六年;另一銀鋌正面刻有:

　　　　郎寧郡都督府天寶二年貢銀壹鋌,重五十兩。朝議郎權懷澤

---

① 《敦煌寶藏》第 121 册,第 271 頁。

② 《册府元龜》卷四八八《邦計二·賦稅二》,第 5838 頁;《唐會要》卷八四《租稅下》,第 1828 頁。

③ 唐懿宗《分嶺南爲東西道敕》即稱邕州都督府所管八州"俗無耕桑,地極邊遠"(《全唐文》卷八四,第 882 頁);嶺南還有很多地方不宜桑蠶。《太平寰宇記》卷一六三《潯州》即明確記載"不出絲蠶"(第 3126 頁);卷一六六《貴州》稱貴州懷澤郡"多何、滕、黃、陸等姓,以水田爲業,不事蠶桑"(第 3187 頁)。《太平寰宇記》卷一六九《雷州》稱其地"不宜蠶桑,唯績葛種紵爲衣"(第 3231 頁)。

④ 加藤繁《唐宋時代金銀之研究》,第 52 頁。

⑤ 李問渠《彌足珍貴的天寶遺物》,《文物參考資料》1957 年第 4 期。另可參見礪波護《唐代社會における金銀》,《東方學報》(京都)第 62 册,1990 年。

> 郡太守、權判太守、兼管諸軍事、上柱國何如璞。專知官户曹參軍
> 陳如玉、陳光遠。

郎寧郡即邕州,懷澤郡即嶺南邕州都督府所屬的貴州。《唐六典》卷二〇"太府少卿"條稱"金銀之屬謂之寶,錢帛之屬謂之貨。……金銀曰鋌,錢曰貫。"唐代銀鋌一般爲五十兩。既是一種等價物,又是一種價值尺度,而且本身也可以作爲貨幣流通。前引《元和郡縣圖志》卷三四記嶺南端州"開元貢"中有"銀四鋌"[①]。這是《元和郡縣圖志》所載全國各地常貢中唯一以"銀鋌"貢奉的記載,顯然也與端州一帶的白銀流通有關。

第四,唐朝在嶺南道以白銀來徵收商税。1977 年 4 月,陝西省博物館徵集到唐代税商銀鋌兩笏[②]。每鋌正中刻有"嶺南道税商銀伍拾兩官秤"十一字。甲鋌上有"黃泰匠"三字。經實測,甲鋌重 2107 克,每兩折合 42.14 克;乙鋌重 2115 克,每兩折合 42.3 克。學術界對於唐代是否實施過商税,以及何時開始徵收商税的問題,並未有完全一致的看法。但是這兩笏税商銀鋌的出土,至少證明了唐朝在嶺南道曾徵收過商税。這些銀鋌未有具體的年代,日野開三郎撰有《唐代商税考》一文,認爲商税作爲國税創立於德宗建中元年(780),與兩税法的實行同時。《資治通鑑》記載該年唐朝明確規定:"爲行商者,在所州縣税三十之一。使與居者均,無僥利。"[③]即對行商的課税,是在其所在州縣徵收販運商品價額的三十分之一。其後税額不斷上升。"商税"又

---

① 《元和郡縣圖志》卷三四,第 897 頁。
② 劉向群、李國珍《西安發現唐代税商銀鋌》,《考古與文物》1981 年第 1 期,第 127—128 頁。
③ 《資治通鑑》卷二二六,唐德宗建中元年,第 7275 頁。

稱"率税"、"雜税"、"権税"等等。日野開三郎指出，唐朝"商税發達的背景，不用説是遠距離販運商業的發展，以及作爲商業承擔者的客商力量的活躍與增大"①。唐德宗貞元十一年至十七年（795—801），王鍔爲廣州刺史兼嶺南節度使，《舊唐書·王鍔傳》稱"鍔能計居人之業而権其利，所得與兩税相埒"②。説明廣州地區的商業税相當可觀。

第五，唐代嶺南白銀可充作軍餉和國家賞賜。唐玄宗天寶十五年（756），嶺南節度使何履光率軍北上前往河南南陽參與平定"安史之亂"。何履光原爲溪洞豪族首領，"本是邕管貴州人，舊嘗任交、容、廣三州節度"③。史載"嶺南、黔中、荆襄子弟半在軍，多懷金銀爲資糧"④。我們認爲只有嶺南籍的士兵才最有可能"懷金銀爲資糧"。唐代宗年間，安南節婦金氏的事迹尤其具有代表性。《新唐書·列女傳》記載："金節婦者，安南賊帥陶齊亮之母也。常以忠義誨齊亮，頑不受，遂絶之。自田而食，紡而衣，州里矜法焉。大曆初，詔賜兩丁侍養，本道使四時存問終身。"⑤然而，《册府元龜》的記載無論是時間還是具體的侍養内容都有所不同。其文曰：

　　（唐代宗永泰）二年（766）六月，賜安南節婦金氏兩丁侍養。
　　金氏本賊帥陶齊亮之母，以忠義訓，齊亮不受，遂與齊亮絶，自績而衣，自田而食，州里稱之。仍詔本道使每季給銀二兩并衣服，以

---

① 〔日〕日野開三郎《唐代商税考》，原載《社會經濟史學》第三十卷第六號，1965 年 12 月。黄正建譯，載劉俊文主編《日本學者研究中國史論著選譯》第四卷《六朝隋唐》，北京：中華書局，1992 年，第 405—444 頁。
② 《舊唐書》卷一五一《王鍔傳》，第 4060 頁。
③ （唐）樊綽撰，向達原校，木芹補注《雲南志補注》卷七，昆明：雲南人民出版社，1995 年，第 102 頁。
④ 《舊唐書》卷一一四《魯炅傳》，第 3362 頁。
⑤ 《新唐書》卷二〇五《列女傳》，第 5824 頁。

終其身。①

這是一條非常具有典型意義的材料。由於金銀在唐朝安南地區是具有法定意義的貨幣,所以在"安史之亂"甫定,遠在長安的唐代宗也考慮到安南地區的實際情況,除了賞賜兩丁侍養之外,還特地詔令嶺南節度使供奉節婦金氏每季白銀二兩。

以上我們主要通過敦煌發現的唐天寶初地志討論了唐朝前期嶺南金銀貨幣的流通。但是,正如敦煌天寶地志所反映的,嶺南也同樣是銅錢流通的地區。

二　敦煌本唐天寶初地志與金銀和銅錢在嶺南的同時流通

《新唐書·食貨志》記載大曆(766—779)以前,"嶺南雜以金、銀、丹砂、象齒"②。黃宗羲《明夷待訪録·財計》亦稱:"唐時民間用布帛處多,用錢少;大曆以前,嶺南用錢之外,雜以金銀、丹砂、象齒。"③金銀、丹砂和象齒均是嶺南本地的特産,在唐大曆以前在嶺南商品流通領域都充當了貨幣的功能。"雜以金銀"則非常典型地反映了金銀與銅錢混合使用的狀況。《新唐書·食貨志》記載,早在武德四年(621),唐高祖下令鑄"開元通寶",令"洛、并、幽、益、桂等州皆置監"④。嶺南桂州即是唐初鑄錢中心之一。敦煌文書 P.2507 號《開元水部式》殘卷也有"桂、廣二府鑄錢"等規定⑤。説明了開元年間,桂州

① 《册府元龜》卷一三九《帝王部·旌表三》,第 1683 頁。
② 《新唐書》卷五二《食貨志二》,第 1360 頁。
③ (明)黃宗羲撰,孫衛華校釋《明夷待訪録校釋·財計一》,長沙:岳麓書社,2011 年,第 89 頁。
④ 《新唐書》卷五四《食貨志四》,第 1384 頁。
⑤ 《敦煌寶藏》第 121 册,第 271 頁。

和廣州都是鑄錢的重鎮。而其所鑄之錢應主要是在嶺南流通。《新唐書·地理志》記載嶺南連州土貢中有"赤錢"[1]。唐德宗建中四年（783），因鎮壓李希烈的叛亂，判度支趙贊請采連州白銅鑄大錢，史載"判度支趙贊采連州白銅鑄大錢，一當十，以權輕重"[2]。至元和二年（807），劉晏在"江、嶺諸州"，"廣鑄錢，歲得十餘萬緡，輸京師及荆、揚二州，自是錢日增矣"[3]。說明嶺南所鑄錢也轉輸中原內地。而嶺南使用銅錢的事例也有很多，例如，貞元十八年至元和元年（802—806），徐申任嶺南節度使，"以己俸薄，月加三十萬"[4]。

　　唐憲宗元和四年（809），唐朝中央一度正式禁止銅錢流入嶺南。這一事件對嶺南的影響值得討論。唐朝限制銅錢流入嶺南的原因，與唐中期以後"錢荒"的出現直接相關。一方面，唐德宗建中元年（780）兩稅法的實行，唐國家更多地以貨幣徵收賦稅，因而擴大了對銅錢的需求。另一方面則是中唐以後商品經濟的發展進入了新的時期，商品交換對銅錢的大量需求和銅錢本身的短缺，造成了"錢重物輕"、"錢少物多"等"錢荒"現象[5]。唐政府鑄造的銅錢，唐玄宗天寶年間爲三十一萬七千貫，唐憲宗元和年間爲十三萬五千貫。而銅錢的短缺又加劇了社會上鎔錢爲銅器的現象。《唐會要》記載，貞元九年（793）張滂奏："諸州府公私諸色鑄造銅器雜物等，伏以國家錢少，損失多門。興販之徒，潛將銷鑄。每銷錢一千，爲銅六斤，造寫雜物器物，則斤直六千餘。其利既厚，銷鑄遂多。江淮之間，錢實減耗。伏請準前敕文，除

① 《新唐書》卷四三上《地理志七上》，第 1104 頁。
② 《新唐書》卷五四《食貨志四》，第 1388 頁。
③ 《新唐書》卷五四《食貨志四》，第 1385 頁。
④ 李翱《唐故尚書右僕射致仕楊於陵墓誌銘》，《全唐文》卷六三九，第 6450 頁。
⑤ 參見喬幼梅《從中唐到北宋錢荒問題的考察》，《歷史研究》1990 年第 2 期。

鑄鏡外,一切禁斷。"①唐德宗貞元十年(794)六月敕:"今後天下鑄造買賣銅器,並不須禁止。其器物約每斤價值,不得過一百六十文,委所在長吏及巡院同勾當訪察。如有銷錢爲銅,以盜鑄錢罪論。"②

其次是唐代宗大曆(766—779)以後銅錢較多地流入嶺南,並成爲唐朝出現"錢荒"的重要原因之一。這一方面是因爲銅錢無論是作爲金屬還是貨幣,其他國家均有極大的需求③。廣州、安南等地海上貿易的發展使銅錢大量流入東南亞、印度、波斯灣甚至東非沿岸。《蘇萊曼東遊記》稱:"這種中國銅幣,在波斯灣的西拉夫(Siraf)地方也可以找得到,上面鑄的是中國字。"④因此,限制銅錢流入嶺南,意在防止銅錢從廣州、安南等貿易口岸流失境外。另一方面則是唐後期各地將銅錢鎔鑄爲佛像或銅器的風氣仍然很盛,《新唐書·食貨志》也記載"江淮、嶺南列肆鬻之,鑄千錢爲器,售利數倍"⑤。這裏特別強調了江南和嶺南兩個地區。而隋唐嶺南俚獠等少數民族地區鑄造銅鼓的傳統也在一定範圍內仍有保留。《隋書·地理志》稱嶺南俚獠"並鑄銅爲大鼓"⑥。《舊唐書·音樂志》記載:"銅鼓,鑄銅爲之,虛其一面,覆而擊其上。南夷扶南、天竺類皆如此。嶺南豪家則有之,大者廣丈餘。"⑦五代周世宗時令竇儼所編《大周正樂》亦稱:"銅鼓,鑄銅爲之。

---

① 《唐會要》卷八九《泉貨》,第 1932 頁。
② 《唐會要》卷八九《泉貨》,第 1932 頁。
③ 宋代史料記載外國人喜愛中國銅錢,"得中國錢,分庫藏貯,以爲鎮國之寶。故入蕃者非銅錢不往,而蕃貨亦非銅錢不售"(清徐松輯,劉琳、刁忠民、舒大同校點《宋會要輯稿》刑法二之一四四,上海:上海古籍出版社,2014 年,第 8372 頁)。
④ 劉半農、劉小惠譯《蘇萊曼東遊記》,北京:中華書局,1937 年,第 64 頁。
⑤ 《新唐書》卷五四《食貨志四》,第 1387 頁。
⑥ 《隋書》卷三一《地理志下》,第 888 頁。
⑦ 《舊唐書》卷二九《音樂二》,第 1078 頁。

虛其一面,覆而擊其上,南蠻、扶南、天竺類皆如此,嶺南豪家則有之,大者廣尺餘。"①

　　以上這些情況與東晉太元三年(378)孝武帝頒布禁錢流入嶺南時相比較,歷史經過四百多年之後却又出現了很多驚人的相似之處。唐憲宗元和三年(808),鹽鐵使李巽奏請"五嶺以北,採銀一兩者流他州,官吏論罪"②。而元和三年六月唐憲宗所頒布的詔令,即是國家正式禁止銅錢入嶺南的前奏。其詔令稱:

> 天下有銀之山,必有銅礦。銅者可資於鼓鑄,銀者無益於生民。權其重輕,使務專一。天下自五嶺以北,見采銀坑,並宜禁斷。恐所在坑户,不免失業,各委本州府長吏勸課,令其采銅,助官中鑄作。③

這條詔令要求嶺南之外所有銀坑和采銀之户都要改爲采銅。而規定唯獨嶺南除外,其寓意在於爲全面禁止銅錢流入嶺南作準備。唐憲宗元和四年六月敕曰:"五嶺已北,所有銀坑,依前任百姓開採,禁見錢出嶺。"④"五嶺已北銀坑任人開採,禁錢不過嶺南。"⑤將五嶺以北銀礦開採全面禁止顯然並不能直接帶來銅礦開採的大發展,也損害了唐朝國家的利益。因而重新允許開採。但是對嶺南銅錢的禁運則正式實行。直至唐穆宗長慶元年(821)秋,時任兵部侍郎的韓愈上《錢重物輕狀》,提出:

---

① 《太平御覽》卷五八二《樂部二〇·鼓》徵引,第2625頁。
② 《新唐書》卷五四《食貨志四》,第1389頁。
③ 《唐會要》卷八九《泉貨》,第1933頁;《新唐書》卷四八《食貨志上》,第2102頁。
④ 《舊唐書》卷四八《食貨志》,第2102頁。
⑤ 《舊唐書》卷一五《憲宗紀》,第428頁。

> 禁人無得以銅爲器皿；禁鑄銅爲浮屠佛像鐘磬者；……禁錢
> 不得出五嶺，買賣一以銀。盜以錢出嶺，及違令以買賣者，皆坐
> 死；五嶺舊錢，聽人載出，如此則錢必輕矣。①

韓愈一方面要求禁止以銅鑄造銅器包括佛像等，尤其是以死刑等嚴刑
峻法限制銅錢輸入嶺南；另一方面則要求正式規定嶺南"買賣一以
銀"，即完全以白銀作爲貨幣以取代銅錢與金銀混同使用的情況。並
設法將一直在嶺南流通的"舊錢載出"，試圖通過增加內地銅錢流通的
總量以扭轉"錢荒"的嚴重局面。而這種方式也明顯借鑒了東晉南朝
的政策。

元稹《錢貨議狀》反映了嶺南等一些邊遠地區貨幣流通的具體情
況，其文曰：

> 自嶺已南，以金銀爲貨幣；自巴已外，以鹽帛爲交易；黔巫溪
> 峽，大抵用水銀、硃砂、繒綵、巾帽以相市。②

《全唐文》卷七八四穆員《陝虢觀察使盧公墓志銘》又曰：

> 南越獷俗，井稅之入鮮具。其布帛之幅，通流之貨，悉異
> 中土。③

"錢帛兼行"是唐代貨幣流通的基本特徵。而所謂"通流之貨，悉異中
土"，正是嶺南地區流通貨幣迥異於中原內地的反映。《全唐詩》卷三
八四張籍《送南遷客》一詩中有：

---

① 《韓昌黎文集校注》卷八，第 663—664 頁；《全唐文》卷五四九，第 5561 頁。
② （唐）元稹撰，冀勤點校《長慶集》卷三四，北京：中華書局，1982 年，第 456 頁；《全唐文》
　　卷六五一，第 6621 頁。
③ 《全唐文》卷七八四，第 8197 頁。

去去遠遷客,瘴中衰病身。青山無限路。白首不歸人。海國
戰騎象,蠻州市用銀。一家分幾處,誰見日南春。①

所謂"蠻州"應當是指嶺南"溪洞"地區的州府。有關元和四年之後嶺
南以金銀爲貨幣的材料還有不少。唐文宗開成(836—840)年間,滄州
故將蘇閏被任命爲康州(今廣東德慶)刺史,康州悦城縣境内的龍母廟
香火極盛,蘇閏"心知其非,且利其財,益神之,得金帛用修佛寺官
舍"②。金帛即黄金和絹帛。唐人張讀(834—886)所撰《宣室志》記
載,吴郡人陸顒在長安太學讀書,有胡人數輩自稱"吾南越人,長蠻貊
中","航海梯山來中華,將觀太學文物之光"。其後陸顒隨胡人南下,
並以其所遺"珍貝數品","貨於南越,獲金千鎰,由是益富"③。唐宋時
代金之度量單位,金一兩稱爲一金,金二十四兩稱爲一鎰④。孫光憲
《北夢瑣言》記載廬山書生張璟,"乾寧中以所業之桂州","神喜,以白
金十餅爲贈"⑤。晚唐莫休符撰《桂林風土記》,其"菩提寺道林和尚"
條記載,桂州人薛元嘗精心供養道林和尚十多年,其後道林和尚留一
經函而去,薛氏"開鎖,有金滿函,可數千兩。後賣一半,買地造菩提
寺"⑥。

然而,唐憲宗的詔令包括韓愈的上奏並没有真正改變嶺南金銀與
銅錢混合流通的情況。有關銅錢使用的記載也有很多。唐憲宗元和

① 《全唐詩》卷三八四,第 4304 頁。
② 《太平廣記》卷四五八"蘇閏"條,第 3747 頁。
③ 《太平廣記》卷四七六"陸顒"條引《宣室志》,第 3921—3922 頁。
④ (梁)蕭統編,(唐)李善注《文選》卷五左思《吴都賦》,北京:中華書局,1977 年,第 89
頁。
⑤ 《北夢瑣言》卷一二,第 263 頁。
⑥ (唐)莫休符《桂林風土記》,《景印文淵閣四庫全書》第 589 册,第 71 頁。

十二年至十五年(817—820),孔戣任嶺南節度使,前引韓愈《南海神廟碑》記載孔戣曾免除"屬州負逋之緡錢廿有四萬"①。《新唐書》卷一六三《孔戣傳》則記孔戣任節度使,"先是,屬刺史俸率三萬,又不時給,皆取部中自衣食。戣乃倍其俸,約不得爲貪暴"②。元和十四年,韓愈因諫迎佛骨被貶授潮州刺史,其《潮州謝孔大夫狀》稱嶺南節度使孔戣"特加優禮,以州小俸薄,慮有闕乏,每月別給錢五十千,以送使錢充者"③。穆宗長慶元年(821)九月,户部尚書楊於陵針對"錢日重,物日輕"的局面,上奏稱:"大曆以前淄青魏博貿易雜用鉛鐵,嶺南雜用金、銀、丹砂、象齒,今一用錢。如此,則錢焉得不重,物焉得不輕!"④他要求更多地以實物徵收賦稅。而楊於陵所稱"今一用錢",顯然也包括了嶺南地區。唐宣宗時房千里《投荒雜録》記載,海南"崖州東南四十里至瓊山郡,太守統兵五百人,兼儋、崖、振、萬安五郡招討使,凡五郡租賦,一供于招討使,四郡之隸於瓊。瓊隸廣海中,五州歲賦,廉使不得有一緡,悉以給瓊。軍用軍食,仍仰給於海北諸郡。每廣州易帥,仍賜錢五十萬以犒鈇"⑤。《册府元龜》記載唐文宗開成四年(839),"邕管經略使唐弘實奏,當管上供兩稅錢一千四百七十三貫文,其見錢請每年附廣州送納"⑥。開成四年十二月唐文宗敕云:"邕管兩稅錢八百餘千,自令輸納,頗甚艱弊,宜委嶺南西道觀察使,每年與受領過(迴)易

① 《全唐文》卷五六一,第5678頁。
② 《新唐書》卷一六三《孔戣傳》,第5009頁。
③ 《全唐文》卷五五〇,第5573頁。
④ 《資治通鑑》卷二四二,唐穆宗長慶元年,第7799頁。
⑤ 《太平廣記》卷二六九《酷暴三·韋公幹傳》引,第2113頁。
⑥ 《册府元龜》卷四八八《邦計部·賦稅二》,第5838頁。

輕貨,附綱送省。其蹴運脚錢,仍令于放數内抽折。"①可見唐後期兩
稅法在嶺南的推行,其賦稅也有以銅錢來徵收的情況。

唐文宗大和五年(831)二月,鹽鐵使上奏提到各地私鑄云:

> 衡、道數州,連接嶺南,山洞深遠,百姓依模監司錢樣,競鑄造
> 到脆惡奸錢,轉將賤價博易,與好錢相和行用。其江西、鄂岳、桂
> 管、嶺南等道,應有出銅錫處,亦慮私鑄濫錢,並請委本道觀察使
> 條流禁絶。②

所謂"山洞"就是指溪洞。唐代湘粤邊境也是"溪洞"記載比較集中的
地區。《舊唐書·食貨志》記載大和五年(831)二月,應鹽鐵使之請,
唐文宗救令江西、鄂岳、桂管諸道觀察使負責禁斷本道惡錢③。而且唐
後期嶺南地區的公廨錢也包括有銅錢,例如,唐懿宗咸通五年(864)五
月詔稱,"如聞湖南、桂州是嶺路係口,諸道兵馬綱運無不經過",因此
"潭、桂兩道,各賜錢三萬貫文,以助軍錢,以充館驛息利本錢"④。

以上説明唐憲宗元和四年所頒布的"禁錢不過嶺"的詔令,並没有
得到真正的執行。其根本原因就在於嶺南道在唐後期經濟和財政的
地位越來越重要,嶺南與中原内地經濟上的聯繫越來越緊密,因此,人
爲地禁止銅錢流入嶺南的政策很難有效地實行。而中原内地與嶺南
之間商業活動的頻繁,一方面使内地流通的銅錢向嶺南輸出,同時也
使嶺南流通的金銀包括這種風尚進而向内地擴展。張籍《送邵州林使

---

① 《唐會要》卷八四《租税下》,第 1828 頁。
② 《册府元龜》卷五〇一《邦計部·錢幣三》,第 6005 頁。
③ 《舊唐書》卷四八《食貨志上》,第 2106 頁。
④ 《册府元龜》卷四八四《邦計部·經費》,第 5791 頁;《舊唐書》卷一九上《懿宗紀》,第
　656 頁。

君》一其詩曰：

> 　　詞客南行寵命新，瀟湘郡入曲江津。山幽自足探微處，俗樸
> 應無爭競人。郭外相連排殿閣，市中多半用金銀。知君不作家私
> 計，遷日還同到日貧。①

以上"林使君"是指林緼。根據郁賢皓《唐刺史考全編》考證，林緼在
唐敬宗寶曆元年(825)出任邵州刺史②。而在與嶺南毗鄰的江南西道
的邵州，其商品交換中所出現的"多半用金銀"的現象，説明嶺南金銀
流通的範圍已經擴展到了並没有將金銀作爲法定貨幣的邵州。張籍
希望林緼在金銀流通這樣特殊的環境中仍能保持原來的操守。

　　如果説東晉南朝嶺南金銀流通的形成，確實尚有中央王朝有意限
制銅錢流入嶺南的因素的話，那麽，唐朝在絶大部分時間内明顯並未
真正限制銅錢在嶺南的流通，敦煌唐天寶初地志中銅錢與白銀的並存
本身就是最好的説明。而廣州等地的海外貿易以及金銀貨幣的輸入，
顯然對整個嶺南道尤其是溪洞地區影響相當有限，因此可以這樣説，
唐朝嶺南的金銀流通主要建立在嶺南本地金銀普遍生產的基礎之上。

　　在南漢王朝割據的半個多世紀中，嶺南經濟和海外貿易進一步發
展。現存歷史資料記載南漢鑄造了銅錢和鉛錢，然而對於南漢時期嶺
南是否還有金銀流通，歷史文獻中並無明確記載。《資治通鑑》記載南
漢宮廷衛士"掠商人金帛，商人不敢訴"③。杜希德和思鑒通過研究在
印度尼西亞海域所發現的十世紀沉船上的銀錠等材料，討論了五代十

---

① 《全唐詩》卷三八五，第4342頁。
② 郁賢皓《唐刺史考全編》卷一七一，第2489頁。
③ 《資治通鑑》卷二七九，後唐潞王清泰元年，第9127頁。

國時期桂陽監白銀的生産以及南漢王朝與南海貿易的關係。這艘名爲印坦(Intan)的沉船殘骸原屬東南亞籍。沉船上發現的銀錠共九十七份,大部分銀錠皆重約五十兩,總計多達五千餘兩。殘骸中有鉛錢一百四十五枚,其中的銘文證明是由南漢王朝發行的。杜希德研究認爲,這些銀錠原鑄造於官方的機構"桂陽監",最初在國内税政系統中充當鹽税而進入南漢的國庫,並成爲政府支付鉅額款項的媒介。印坦沉船上的這批銀兩顯然是南漢王朝用來抵付自商人(或外國使節)處購買的一些名貴南洋貨品如香料等的。因而作爲純銀進入一個嶄新的用途——成爲在南中國海與印度洋的十字路口的遠洋貿易中交易的一項高價商品①。據此我們可以推斷,在南漢統治的半個多世紀,金銀與銅錢等貨幣同時流通的情形可能依然存在。

三　敦煌唐天寶地志中公廨錢設置與嶺南商品經濟的發展

唐朝設置公廨本錢最主要的目的是爲了營利。而各地公廨本錢數額的設定,與當地經濟發展程度有關。特别是地志殘卷中州縣等第高低與貧富狀態,既與本錢生息能力密切相關,也是導致州縣本數能否維持法定水準之要因。而"本錢生息能力"則與商業活動的水平有關②。因而敦煌天寶地志資料反映了唐朝開元、天寶年間從兩京到邊遠地區商品經濟的普遍發展。幾乎所有研究過這份文書的學者,都非常强調其中嶺南道州縣公廨本錢數額的極爲特殊性。有一種觀點認

---

① 杜希德(Denis Twichett)、思鑒(Janice Stargardt)《沉船遺寶:一艘十世紀沉船上的中國銀錠》,《唐研究》第十卷,北京:北京大學出版社,2004年。
② 羅彤華《唐代州縣公廨本錢數之分析——兼論前期外官俸錢之分配》,《新史學》第十卷第一期,1999年。

爲"本卷嶺南道與其他四道的差異,或許與該道所據底本年代不同有關"①。唐代嶺南地處炎徼遐荒,尤其是在許多新開闢的溪洞地區,相關歷史記載極其匱乏。我們認爲敦煌唐天寶地志殘卷最重要的史料價值之一,恰恰就在於它相當全面而真實地反映了開元天寶之際嶺南各地經濟發展和商品交換的狀況。而且從該地志文書的形成時間來看,嶺南道也應該與其他四道完全相同。

《新唐書·食貨志》記載了唐朝公廨錢制度的基本情況,其文曰:

> 天下置公廨本錢,以典史主之,收贏十之七,以供佐史以下不賦粟者常食,餘爲百官俸料。京兆、河南府錢三百八十萬,太原及四大都督府二百七十五萬,中都督府、上州二百四十二萬,下都督、中州一百五十四萬,下州八十八萬。京兆、河南府京縣一百四十三萬,太原府京縣九十一萬三千,京兆、河南府畿縣八十二萬五千,太原府畿縣、諸州上縣七十七萬,中縣五十五萬,中下縣、下縣三十八萬五千。②

《新唐書·食貨志》所載公廨錢數額是以文作爲單位的。"一千"爲一貫或一緡,合一千文。我們可以將以上數位轉換如下:京兆府、河南府:3800貫;太原府及四大都督府:2750貫;中都督府、上州:2420貫;下都督府、中州:1540貫;下州:880貫;京兆、河南府京縣:1430貫;太原府京縣:913貫;京兆、河南府畿縣:825貫;太原府畿縣、諸上縣:770貫;中縣:550貫;中下縣、下縣:385貫。

---

① 馬世長《敦煌縣博物館藏地志殘卷——敦博第五八號卷子研究之一》、《地志中的"本"和唐代公廨本錢——敦博第五八號卷子研究之二》。

② 《新唐書》卷五五《食貨志五》,第1397頁。

　　而《新唐書・食貨志》中公廨本錢數額的規定,時間大致在開元十一年(723)至開元十六年之間。敦煌地志殘卷記有公廨本錢的州府共一百十二個,縣五百十三個。該地志殘卷各道州、縣公廨本錢數額是:(1)隴右道,各州合計爲:11518.200貫。各縣合計爲:10500.200貫。州、縣合計爲:22018.400貫。(2)關內道,各州合計爲:40317.920貫。各縣合計爲:65844.789貫。州、縣合計爲:106162.709貫。(3)河東道,各州合計爲:30805貫。各縣合計爲:61803貫。州、縣合計爲:92608貫。(4)淮南道,各州合計爲:19962貫。各縣合計爲:33998貫。州、縣合計爲:53960貫。(5)嶺南道,各州合計爲:錢9480.800貫,銀44249兩。各縣合計爲:錢15264.235貫,銀27313兩。州、縣合計爲:錢23815.035貫,銀77041兩①。

　　敦煌地志殘卷記録嶺南道尾有殘缺,嶺南道存六十五州,而淳州被誤記在隴右道,因此實存六十六州。嶺南道諸州府公廨本錢數額與其他各道最大的不同,在於嶺南道竟無一州是按法定標準的數額配置的。然而除嶺南道之外,其他各道的州府公廨本錢的實際數額往往與法定標準的吻合率達到67.27%。至於這種現象形成的原因,馬世長先生認爲:"等第較高,户數較多的州縣,大多能依照規定數額置公廨本錢。與此相反,等第越低,户數較少的州、縣,其公廨本錢則大多與規定不合。這又表明,州、縣在置公廨本錢時,可以從當州、當縣具體條件出發,不必一律照定額置本。"②羅彤華先生認爲:"越是核心地

---

①　按隴右、關内、河東、淮南道統計數位,依據了馬世長《地志中的"本"和唐代公廨本錢——敦博第五十八號卷子研究之二》的統計。而嶺南道因有白銀和銅錢兩種貨幣,各位學者的統計數字差别較大,因此本文依據了前面表格中我們自己所作的統計。

②　馬世長《地志中的"本"和唐代公廨本錢——敦博第五十八號卷子研究之二》,第438頁。

區,或州等較高,較富庶的地區,依規定置公廨本錢的可能性就越大;反之,邊陲地帶或較貧窮落後的化外之地,則愈難照原先的規劃置本。""公廨本錢的多寡、足否,更重要的影響因素,其實在各州縣自身的生息能力。州縣等第大致與户數、所在地對應,户數愈多,愈接近核心地區,通常該地愈富庶,生息愈容易,維持本數,甚或超越本數的可能性便愈大。"①以往學者的研究,無一例外都得出了嶺南經濟發展水準很低以及商品交換並不活躍的結論。

唐朝嶺南道州縣實際置本數額與制度規定存在很大差距。我們認爲其中原因相當複雜,需要根據嶺南道的實際情況作出具體分析,而且也未必會得出嶺南道商品經濟一定要比其他各道落後的結論。

首先,我們認爲嶺南道公廨本錢的總額和很多州府的公廨本錢的數額實際上都相當可觀。由於嶺南州縣的公廨本錢是銅錢與白銀並存,因此,只有將唐代白銀與銅錢的比價換算出來,才能夠瞭解嶺南道公廨錢的實際數額及其在全國的水平。遺憾的是唐代並沒有留下白銀與銅錢比價的直接材料②。唐朝近三百年間,金銀銅相互兑換的比率一直變動不居,而且時間以及地域的差別也可能會影響到銀錢的比價。加藤繁研究認爲,"在唐代銀的價格雖全不得而知,然根據唐末時之金價與宋初時之銀價推測之,恐在六七八百文之間"③。彭信威認

---

① 羅彤華《唐代州縣公廨本錢數之分析——兼論前期外官俸錢之分配》,《新史學》第十卷第一期,1999年。

② 《通典》卷一〇《食貨典十·鹽鐵門》引開元二十五年(737)《屯田格》,反映了在四川各地官營鹽井收取鹽課中銅錢銀兩的折納,其文曰:"任以錢銀兼納。其銀兩別常以二百價爲估。"(第232頁)即一兩白銀相當於二百文銅錢。這一比率明顯偏低。《續資治通鑑長編》卷二三宋太宗太平興國七年條,記西蜀孟昶統治的廣政(938)年間,"凡銀一兩,直錢千七百。絹一匹,直錢千二百"(第525頁)。

③ 加藤繁《唐宋時代金銀之研究》第七章《唐宋時代之金銀價格》,第71頁。

爲在唐朝的時候，"中國當時的金銀比價是一比五到一比六之間。所以開成年間的銀價大概每兩自八九百文到一千一二百文，整個九世紀的銀價大約是每兩一千文"[①]。吳震認爲敦煌唐天寶地志中公廨本錢白銀一兩折錢一千文[②]。考慮到嶺南道戶口與經濟發展水平大致相同的州府所置公廨錢的銅錢或白銀的數額，我們認爲白銀以每兩合七百文銅錢來計算，可能比較符合唐天寶初年嶺南道的實際情況[③]。那麽，嶺南道州縣公廨本錢總數 23815.035 貫，加白銀 77041 兩，折合成銅錢總共應爲 77743 貫左右。而這一數額不但遠遠高於隴右道的 22018.400 貫，也比經濟比較發展的淮南道 53960 貫高出很多[④]。

　　唐朝嶺南道所統領的廣州、桂州、容州、邕州四都督府和安南都護府，合稱嶺南五府。其中廣州、桂州爲中都督府，其公廨本錢的標準數額同於上州，應爲銅錢 2420 貫。在這份敦煌地志殘卷中，超過這一標準的全國各地中都督府僅有兩個，一是作爲淮南道重鎮的揚州，爲 3557 貫，其次就是廣州，爲 2662 貫。而桂州則爲 1871 貫，低於法定標準。容州、邕州爲下都督府，同於中州，其法定標準爲 1540 貫。而容州實際數額爲 5200 兩白銀，折合錢 3640 貫，遠遠高出法定標準。唐長安京兆府的公廨錢按規定應爲 3800 貫，而地志中則爲 3013 貫，所

①　彭信威《中國貨幣史》，上海：上海人民出版社，1988 年，第 327 頁。

②　吳震《敦煌石室寫本唐天寶初年〈郡縣公廨本錢簿〉校注並跋》，第 136 頁。

③　在敦煌本唐天寶初地志嶺南公廨錢表中，幾乎所有各州的本錢都不相同。然而惟有六個州除外，其中梧州、龔州、新州的公廨錢數均爲 1100 兩白銀，而循州、振州、高州則均爲錢 774 貫。而《新唐書·地理志》記載，新州爲 9500 戶，龔州爲 9000 戶，循州爲 9525 戶。而以上三州經濟發展水平相當。我們認爲，州本 1100 兩白銀和 774 貫銅錢很可能曾經是唐中央王朝在嶺南道各州設置公廨本錢的重要指標，亦可能是當時嶺南道白銀和銅錢兌換的比率。

④　參見全漢升《唐宋時代揚州經濟景況的繁榮與衰落》，收入《中國經濟史論叢》，香港：新亞研究所，1976 年，第 5—19 頁。

置不足。因此容州竟然高過了長安京兆府。邕州實際數目爲 4300 兩,折合錢 3010 貫,遠高於法定標準,也與京兆府的實際數額相當。安南都護府當同於下都督府,然而其公廨錢僅爲白銀 200 兩。

除了以上五府外,嶺南其他各州均爲下州,其法定標準爲 880 貫。然而,韶州却爲 1185 貫;賀州爲 3800 兩,合 2660 貫,是法定標準的三倍多;昭州爲 1500 兩,合 1053 貫;端州爲 2101 兩,合 1471 貫;康州 2860 兩,合 2002 貫;封州爲 1300 兩,合 910 貫;辨州爲 1800 兩,合 1260 貫;雷州爲 1368 兩,合 958 貫;崖州爲 1618 兩,合 1133 貫;藤州爲 1268 兩,合 888 貫;廉州爲 1300 兩,合 910 貫;貴州爲 1585 兩,合 1110 貫。以上各州均超出或者遠遠超出了唐朝法定標準。而比較接近法定標準的則有連州 770 貫,循州、振州、高州均爲 774 貫。梧州、龔州、新州均爲 1100 兩,合 770 貫。

其次,以往研究者往往只是從嶺南道各州府公廨本錢的絕對數字,得出了嶺南道公廨錢嚴重不足的結論。其實唐代嶺南道州縣的設置有其特殊性,不能直接以中原內地的情形來對比。隋煬帝初年在嶺南地區設置十九州,一百五十二縣。唐代開元天寶之際嶺南道則達到七十四州,三百十四縣。而這些新開闢的州縣大多集中在嶺南西部"夷獠雜居"的溪洞地區。唐朝前期嶺南州縣數量大量增加一個很重要的原因,是唐朝中央統治者有意將溪洞豪族勢力强大叛服無常的地區分割成面積不大的州縣,以便加强對這些地區的控制。但是這種情況造成了嶺南道各州府所轄縣數普遍偏少。唐朝的詔令亦稱邕州都督府和容州都督府等地,"每州皆管三縣"①。而州縣所轄鄉數亦相當

①　唐懿宗《咸通七年大赦》,《唐大詔令集》卷八六,第 490 頁。

偏少。從敦煌天寶地志殘卷來看,很多的縣管轄僅兩三個鄉,甚至一個鄉。説明在這些新開闢的溪洞地區基層行政機構尚未完善。該地志記載鄉數的計有一百二十七州,在嶺南道載有鄉數的五十九州中,賀、昭、梧、潯、柳、融、蒙、古、武峩、富、封、振、辯、儋、瀧、福禄、山、長、岩、義、平琴、陸、黨、禺、漳共二十五州鄉數均在十個以下。其中福禄州和山州均只有兩個鄉。桂州屬於中都督府,統三十八鄉。廣府爲八十九鄉,安南爲五十三鄉,容府爲三十七鄉,邕州爲十四鄉。而舉淮南道爲例,揚州爲一百十五鄉。淮南道其所轄有鄉數的十四州中,其中除兩州低於三十鄉之外,其他十二州鄉數都在三十五至六十二鄉之間。

　　與嶺南大多數州府所轄縣鄉數目偏少相聯繫的是嶺南在籍人口的相對稀少。嶺南道絶大多數州縣所統領的户口數往往遠遠低於法定標準。唐玄宗開元十八年(730)三月敕稱:“太平時久,户口日殷,宜以四萬户已上爲上州,二萬五千户爲中州,不滿二萬户爲下州。”[①]嶺南邕州本爲下都督府,相當於中州,然而根據《元和郡縣圖志》記載,邕州開元户口僅有 1624 户,只相當於法定標準的 6%。而邕州所置公廨錢折合錢爲 3010 貫,約相當於法定標準的 194%。也就是説,邕州只有法定標準 6%的在籍户口,却設置了相當於法定標準 194%的公廨本錢。如果從這樣的角度來理解,這個數額又是非常驚人的。邕州在隋朝爲晉興縣,唐高祖武德四年始建州,其後一度又“爲夷獠所據”。賀州爲下州,《元和郡縣圖志》載其開元户數爲 2537,僅爲法定標準的 12%,而其公廨本錢則爲白銀 3800 兩,合 2660 貫,已是法定標準的 3.3

---

① 《唐會要》卷七〇《量户口定州縣等第例》,第 1457 頁。

倍多。其戶數與公廨本錢的比例非常可觀。容州爲下都督府,《元和郡縣圖志》中其戶口數闕載,《新唐書·地理志》載其天寶戶爲4970,僅達到法定標準的25%,然其公廨本錢折合3640貫則是法定標準的235%。海南島的崖州爲下州,《元和郡縣圖志》中其戶口數闕載,《新唐書·地理志》記其天寶戶爲819,而州公廨本錢爲1618兩,各縣本合計爲530兩,州縣合計爲2148兩,每戶平均爲2.62兩白銀。振州爲下州,《新唐書·地理志》載其戶口數僅819戶,而其州公廨錢竟達774貫。也就是説只有法定標準0.4%的人口,却設置了相當於法定標準88%的公廨本錢。振州所轄各縣置公廨本錢爲1137貫,州縣合計爲1911貫。振州平均每戶2.333貫,這一數位顯得極爲驚人。而以上這一切説明不能完全以嶺南道每州公廨本錢的絕對數字來看待嶺南經濟和社會的發展水平。

復次,敦煌本唐天寶地志一方面反映了嶺南經濟社會發展的不平衡性,同時也説明了唐朝完全是根據嶺南各地的實際情況而設置公廨本錢的。在敦煌本天寶地志中,應該説嶺南很多州都沒有達到法定標準。需要我們進一步探討的是,嶺南道爲什麼會出現這種極爲特殊的情況? 嶺南道所置公廨本錢明顯偏低的州有:潯州爲200兩,柳州664兩,融州415兩,蒙州760兩,富州445兩,恩州580兩,儋州90兩,潘州748兩,春州530兩,瀧州473兩,愛州523貫,峰州645兩,陸州185兩,黨州110兩,賓州51貫,欽州260兩,漳州96.8貫,澄州700兩。

嶺南道還有不少州縣未著本數,有的還特別標注"並無本"。這樣的州有環州、古州、武峨州、芝州、粵州、瓊州、湯州、福禄州、驩州、萬安州、山州、長州、竇州、繡州、巌州、平琴州、鬱林州、陸州、白州、禺州、淳州等,共二十一州。而敦煌本地志已標明"並無本"的州府,絕大多數同時也没有户口的記載。例如環州屬於桂州都督府，下轄八縣，地志注明"已上並不言户數"。據《新唐書·地理志》記載，環州爲貞觀十二年"李弘節開拓生蠻置"，且無户口、貢賦的記載，説明天寶初年唐王朝實際上已喪失對環州的管治。桂府所屬的龍水郡粵州，轄四縣，注明"惡處不言户數"。安南都護府所屬的芝州，敦煌本地志中的原注稱芝州"惡處不言户數"。《舊唐書》記載芝州，"土地與交州同。唐置芝州，失起置年月"，僅轄忻城一縣，"無户口及兩京道里、四至州府。最遠惡處"①。至北宋初年，《太平寰宇記》亦稱："芝州，土地與交州同。唐置芝州。天寶元年改爲忻城郡，乾元元年復爲芝州。最遠惡之處。元領縣一：忻城。"又稱："已上五州（指福禄州、長州、武峨州、粵州、芝州）獨見《通典》。按開元、貞元及《郡國郡縣》、《嶺南海圖志記略》並無此郡。"②長州，《元和郡縣圖志》卷三八記載長州其户（未分開元、元和年間）曰："户六百四十八"；山州，《舊唐書》卷四一《地理志四》記載"失起置年月"，領縣二，户一千三百二十，"無四至及京洛里數"。安南管内的驩州，郡無本，其所轄六縣均有設置，然六縣合計才 153 貫。這種設置在很大程度上只具有象徵性。直至南宋時代，周去非還感歎稱："廣西地帶蠻夷，山川曠遠，人物稀少，事力微薄，一郡不當浙郡一縣。"③

　　以上這些少置甚至未著公廨本錢的州絶大多數是新開闢的州府，其境内"夷獠"之民甚衆。安南都護府所轄的福禄州，《新唐書·地理志》記載，唐高宗總章二年（669），智州刺史謝法成"招慰生獠昆明、北

---

① 《舊唐書》卷四一《地理志四》，第 1752 頁。
② 《太平寰宇記》卷一七一《嶺南道十五·芝州》，第 380 頁。
③ 《嶺外代答校注》卷一，第 7 頁。

樓等七千餘落,以故唐林州地置"①。又記其戶數僅爲 317 戶。敦煌地志所載福祿州管轄僅兩個鄉。《太平寰宇記》卷一七一《交州》記載福祿州,"土俗同九真郡之地,後爲生獠所據"②。又如安南都護府所轄的陸州公廨錢州本爲 185 兩,《太平寰宇記》記載陸州唐朝開元戶僅爲 494 戶,又記其風俗曰:"人採珠煮海爲業,皆蠻獠、烏滸諸夷所居,不爲編戶,率以封頭爲名,大封者數百口,以一戶稅布五匹、米百斛爲恒賦。"③可見唐宋時期的陸州尚保留有相當明顯的部族社會結構特徵。《新唐書·地理志》記載瀼州、籠州、田州,均爲貞觀年間或開元年間"開夷獠置","招慰生蠻置",也没有貢賦記載;古州,貞觀十二年"李弘節開夷獠置",其戶口僅爲 285 戶。而瓊山郡瓊州,貞觀五年(631)以崖州之瓊山縣置,《新唐書》記載僅有 649 戶。在敦煌本天寶地志中屬於安南都護府,下轄五縣,並特別注明"並不言戶數"。其根本原因就在於自從唐高宗乾封(666—668)以後,瓊州"没山洞蠻"。直到唐德宗貞元五年(789)嶺南節度李復出兵討復之④。也就是説,唐朝中央喪失對瓊州的管治權長達一百多年之久。而以上這些正説明了唐玄宗年間中央王朝在嶺南各地設置公廨本錢,確實曾經充分考慮過當地的經濟社會發展的實際狀況。

又如桂州都督府所屬的賀州,其州本高達 3800 兩,所轄六縣,臨賀縣管兩鄉,縣本 1000 兩;桂嶺縣,管兩鄉,縣本才 5 兩;馮乘縣,管一鄉,縣無本;封陽縣,管一鄉,縣本 553 兩;富川縣,管一鄉,縣無本;蕩

---

① 《新唐書》卷四三《地理志七上》,第 1114 頁。
② 《太平寰宇記》卷一七一,《交州》,第 3277 頁。
③ 《太平寰宇記》卷一七一《嶺南道十五·陸州》,第 3276 頁。
④ 《新唐書》卷四三《地理志七上》,第 1100 頁。

山縣,管一鄉,縣本 97 兩。可見在一州之内,各縣所置公廨本錢數額也可以有極大的差別。造成賀州境内各縣差別大的原因,在於賀州境内銀、鉛、錫等礦場的分布。而以上這些也進一步説明了唐朝在嶺南公廨本錢的設置,是從嶺南各地的具體實際情況出發的。

最後,敦煌本天寶地志殘卷在相當程度上反映了唐代嶺南各地經濟尤其是商品經濟的發展。特別是該文書所載公廨本錢高於法定標準的共二十一個州府,其中嶺南道就達十五個。這一歷史現象背後的原因值得進一步探討。廣州所置公廨本錢高於法定標準,應與其作爲嶺南最大的都會以及海外貿易的發展直接相關。陸贄《論嶺南請於安南置市舶中使狀》稱廣州"地當要會,俗號殷繁,交易之徒,素所奔湊"①。于邵稱:"南海,有國之重鎮,北方之東西,中土之士庶,緃連轂擊,合會於其間者,日千百焉。"②直至晚唐,陸扆撰《授陳珮廣州節度使制》尚稱:"漲海奥區,番禺巨屏,雄藩夷之寶貨,冠吳越之繁華。"③

在敦煌唐天寶地志中,容州都督府公廨本錢數額堪稱天下之冠,其原因就在於自漢代以來,這裏就是連接安南和海外與中原内地的重要交通樞紐④。于邵《送紀奉禮之容州序》曰:"容州經略之府,南據交趾,北達蒼梧。"⑤《輿地紀勝》引唐人《容州太守制》稱:"漢控百蠻,關

---

① （唐）陸贄撰,王素點校《陸贄集》卷一八,北京:中華書局,2006 年,第 575 頁;《全唐文》卷四七三,第 4828 頁。

② 于邵《送劉協律序》,《全唐文》卷四二七,第 4351 頁。

③ 《全唐文》卷八二七,第 8717 頁。

④ 參見本書第二章第三節。另見王承文《晚唐高駢開鑿安南"天威遥"運河事迹釋證——以裴鉶所撰〈天威遥碑〉爲中心的考察》,《"中研院"歷史語言研究所集刊》第八十一本第三分,2010 年 9 月;廖幼華《唐宋時代鬼門關與瘴江水系》,載《第四届唐代文化學術研討會論文集》,臺灣成功大學印行,1999 年,第 547—589 頁。

⑤ 《全唐文》卷四二七,第 4351 頁。

實難雄於林邑;唐維五管,鎮尤重於銅州(即容州,本文作者注)。"①唐玄宗開元年間,盧藏用所撰《景星寺碑銘》稱容州:"此地南馳日户,北走石門,海陸當天下之衝,琛賮總寰中之貴,珠還浦媚,商旅之所往來。"②至於容府所屬的合浦郡廉州地處粵西沿海,《新唐書·地理志》記其爲下州,天寶年間爲 3032 户,而公廨本錢則達 1300 兩,超過 880 兩的法定標準。其原因一方面在於唐朝的合浦仍在一定程度上保留了秦漢以來沿海港口城市的地位,另一方面更重要的是以珍珠採集和制鹽爲主要内容的海洋資源開發及長途販運亦極具特色。對此,我們將有專門討論。清初顧祖禹稱廉州府"南濱大海,西距交阯,固兩粵之藩籬,控蠻獠之襟要,珠官之富,鹽池之饒,雄于南服"③。唐朝的情況應與此相同。

邕州都督府的公廨本錢數額也遠高於法定標準,其原因就在於邕州在唐朝首先是嶺南西南部水陸交通的要衝。《資治通鑑》記載,貞觀十三年(639),"渝州人侯弘仁自牂柯開道,經西趙,出邕州,以通交、桂、蠻、俚降者二萬八千餘户"。元代胡三省注:"今廣西買馬路,自桂州至邕州横山寨二十餘程,自横山至杞國二十二程,又至羅殿十程,此即侯弘仁所通者也。"④渝州即今重慶。牂柯指唐牂州,西趙指明州,兩地均在今貴州境内。因此,邕州既連接安南與桂州和内地的交通,也連接通往黔中和巴蜀的通道。而邕州本身又緊鄰邕江。元代至元十九年(1282)撰成的《南寧府城隍廟碑》稱:"邕接交蠻溪峒之地,衆

① 《輿地紀勝》卷一○四《容州》引,第 3518 頁。
② 《全唐文》卷二三八,第 2409 頁。
③ 《讀史方輿紀要》卷一○四《廣東五·廉州府》,第 4753 頁。
④ 《資治通鑑》卷一九五,唐貞觀十三年六月,第 6148 頁。

水皆在上流,近州四十里,合爲一江,始深闊浩瀚,直透海道。"[1]其次,隨着唐朝在嶺南西部的大舉拓展,邕州也逐步成爲唐朝統馭經略嶺南西部廣大地區的政治軍事重鎮。鄭璘即稱邕州"接服嶺之要衝,連駱越之奧壤"[2]。至唐懿宗咸通三年(862),邕州正式成爲與廣州並列的嶺南西道節度使所在地。唐懿宗《分嶺南爲東西道敕》稱"嶺南分爲五管",而"邕州西接南蠻,深據黄洞,控兩江之獷俗,居數道之遊民"[3]。唐懿宗《授蔡京嶺南西道節度使制》稱:"朕惟濱海而南,邕爲重地,城臨甌駱,俗本剽輕。居常則委經略之權,有事則付節制之任。"[4]而邕州無疑也是西南邊境貿易的中心之一。宋代周去非稱"邕境極廣,管溪峒羈縻州、縣、峒數十。右江直西南,其外則南昭也。左江直正南,其外則安南也。自邕稍東南,曰欽州。欽之西南,接境交阯,陸則限以七峒,水則舟楫可通。自欽稍東,曰廉州。廉之海,直通交阯"。正因爲如此,所以"邊方珍異,多聚邕矣"[5]。我們認爲這一點實際上也符合唐朝的情形。

安南都護府是唐朝嶺南道所屬"五管"之一。雖然敦煌地志殘卷載安南都護府的公廨本錢僅爲白銀200兩,但是其所屬各縣的公廨本

---

① (清)汪森《粤西文載》卷三八,《景印文淵閣四庫全書》第1466册,第310頁。杜軍海輯校《廣西石刻總集輯校》,北京:社會科學文獻出版社,2014年,第183頁。

② (唐)鄭璘《授李鏡邕州節度使制》,《全唐文》卷八二一,第8656頁。

③ 《全唐文》卷八四,第882頁。

④ 《全唐文》卷八三,第868頁。

⑤ 《嶺外代答校注》卷一"並邊"條,第4頁;其"邕州兼廣西路安撫都監"條,第47頁。按宋代《建武志》反映了邕州與黔中、雲南等西南地區以白銀爲貨幣以馬匹等長途貿易關係(見《永樂大典》卷八五〇七,第3941頁)。但是唐代《嶺表錄異》記載,"夷人通商於邕州石溪口,至今謂之'獠市'"。《太平寰宇記》卷一六六記載邕州晉城縣,"蠻渠歲時于石溪口通商,有馬會",即"今之獠市"(第3172頁)。説明宋代以邕州爲中心的邊境貿易是唐朝的發展。

錢却高達 3618 兩,在嶺南道僅次於廣州。尤其是安南都護府所在的交趾縣,屬於中國南部的一個重要港口城市,其公廨本錢數達 900 兩。另外,安南都護府的朱鳶縣也僅次於交趾縣,達 853 兩。這説明安南都護府境内的公廨本錢主要是通過交趾等縣來經營的。漢晉六朝時代,交趾一直就是中外海上交通的重要門户。至隋唐則有進一步發展。《隋書·地理志》稱"南海、交趾,各一都會也,並所處近海,多犀象玳瑁珠璣,奇異珍瑋,故商賈至者,多取富焉"①。《舊唐書·丘和傳》稱隋末丘和爲交趾太守,"林邑之西諸國,並遣遣和明珠、文犀、金寶之物,富埒王者"②。1995 年在西安發現的唐初《大唐故使持節都督交州諸軍事交州刺史柱國遂安王墓誌銘》稱:"交阯奥區,寔惟藩要。"③而近年發現的《唐故交州司馬韋君之墓誌銘并序》亦記載,唐太宗貞觀年間,韋慶嗣"加中散大夫,拜交州司馬,殊方夐俗,是稱都會,商旅駢實,華夷紛雜。君贊之以權信,著之以綱紀,故使五嶺無伐鼓之虞,九譯有納琛之貢"④。

　　唐玄宗天寶(742—756)年間,出身於中亞昭武九姓的富商康謙出任安南都護一職,也頗能説明交趾的重要性。史書稱"胡人康謙善賈,資產億萬計。楊國忠爲相,授安南都護"⑤;"有商胡康謙者,天寶中爲安南都護,附楊國忠,官將軍"⑥;"先是胡人康謙以賈富,楊國忠輔政,

①　《隋書》卷三一《地理志》,第 887 頁。
②　《舊唐書》卷五九《丘和傳》,第 2325 頁。
③　《全唐文補遺》第七輯,第 244—246 頁。
④　西安市長安博物館編《長安新出墓誌》,北京:文物出版社,2011 年,第 49 頁。
⑤　《舊唐書》卷一八六下《敬羽傳》,第 4861 頁。
⑥　《新唐書》卷二二五上《逆臣上·孫孝哲傳》,第 6425 頁。

納其金,授安南都護"①;"康謙者,善賈,資產億計"②。可見,權臣楊國忠授予康謙安南都護一職,明顯具有共同牟利聚斂財富的性質。貞元八年(792),陸贄向唐德宗上《論嶺南請於安南置市舶中使狀》,稱嶺南節度經略使奏:"近日舶船多往安南市易,進奉事大,實懼闕供。臣今欲差判官就安南收市,望定一中使與臣使司同鉤當,庶免隱欺。"③可見,交趾作爲中國南方海上貿易的港口,曾經一度有超越廣州的趨勢。唐憲宗元和元年(806)至元和五年,張舟爲安南都護,柳宗元稱其"道阻而通百貨,地偏而具五人","奇琛良貨,溢于玉府;殊俗異類,盈於藥街。優詔累旌其忠良,太史嗣書其功烈"④。唐憲宗元和五年(810)七月至八年,馬總爲安南都護,柳宗元記載:"由海中大蠻夷連身毒之西,浮舶聽命,咸被公德,受旌纛節戟,來莅南海,屬國如林。"⑤可見,一直到唐後期,交趾始終保持了其作爲海上交通重要港口的地位。

以上這些情況説明了唐朝公廨本錢的設置,特別是在嶺南的設置,其本錢的生息能力確實是一個極爲重要的考慮因素。而公廨本錢的生息能力又與商業活動的水平密切相關。唐人的大量記載也反映了嶺南民間商品交換的普遍性以及由此形成的社會風尚。《新唐書·王鍔傳》稱"廣人與蠻雜處,地磽薄,多牟利於市"⑥。《舊唐書·王鍔傳》則稱"廣人與夷人雜處,地征薄而叢求於川市。鍔能計居人之業而

---

① 《新唐書》卷二〇九《敬羽傳》,第 5919 頁。
② 《册府元龜》卷八八三《總録部·形貌》,第 10476 頁。
③ (唐)陸贄撰,王素點校《陸贄集》卷一八,第 574—575 頁。《全唐文》卷四七三,第 4828 頁。
④ 《柳河東集》卷一〇《唐安南都護張舟墓志銘》,第 150—151 頁;《全唐文》卷五八九,第 5955 頁。
⑤ 《柳河東集》卷六《曹溪第六祖賜謚大鑒禪師碑》,第 92 頁;《全唐文》卷五八七,第 5933 頁。
⑥ 《新唐書》卷一七〇《王鍔傳》,第 5169 頁。

榷其利,所得與兩税相垺”①。其商業税竟能“與兩税相垺”,説明了商業活動相當頻繁而繁榮。李絳《論德音事狀》稱“嶺南風俗,百姓多買賣”②。獨孤及稱“閩粤舊風,機巧剽輕,資貨産利,與巴蜀垺富,猶有無諸餘善之遺俗,號曰難治”③。蕭鄴《嶺南節度使韋公神道碑》也稱:“百粤之地,其俗剽輕,獵浮淫之利,民罕著本。”④其所謂“民罕著本”,非常典型地反映了嶺南地區商品經濟發展的特徵。而唐朝嶺南州縣城市的興起,鄉村墟市的大量出現,也證實了唐朝嶺南商品交換的普遍性⑤。因此,從唐朝嶺南道的整體情況來看,除了一部分極度偏遠以“夷獠”爲主的州縣之外,嶺南道商品交換和經濟發展的水平還是比較可觀的。

總之,唐朝嶺南地區金銀貨幣的流通,既源於六朝既已形成的傳統,更源於嶺南地區比較普遍的金銀生産,同時與嶺南地區比較活躍的商品交換也有一定的關係。金銀作爲硬通貨具有便於攜帶和價重物輕的特點,因而有利於大宗貿易和長途販賣。在唐朝統治的近三百年中,嶺南地區金銀與銅錢同時存在並一起流通,是商品交換和經濟生活自然發展的結果。

四　後論

中國古代金銀鑄幣最早可以追溯至春秋戰國時楚國的“郢爰”和

① 《舊唐書》卷一五一《王鍔傳》,第4060頁。
② 《全唐文》卷六四六,第6542頁。
③ (唐)獨孤及《福州都督府新學碑銘并序》,《全唐文》卷三九〇,第3964頁。
④ 《文苑英華》卷九一五,第4818頁;《全唐文》卷七六四,第7944—7945頁。
⑤ 參見何格恩《唐代嶺南的墟市》,《食貨》第五卷第二期,1937年;王承文《唐代羅浮山的“藥市”和“墟市”考論》,李慶新《唐代廣東“民罕著本”與商業經濟的發展》,以上兩篇均載《嶺嶠春秋:嶺南文化論集》(二),北京:中國社會科學出版社,1995年。

“銀布幣”。《史記》卷三〇《平準書》記載,秦朝以黄金“爲上幣”。至於白銀,則作爲“器物飾寶藏,不爲幣”[1]。漢代以後貨幣經濟經歷了較長的衰退時期。《晉書》卷二六《食貨志》稱百姓多“以穀帛爲市”[2],即是這一歷史時期的真實反映。而河西和嶺南兩個地區金銀貨幣的流通,則是中古貨幣經濟發展史上非常值得注意的歷史現象。

　　古代絲綢之路上波斯人的國際貿易和粟特商人的經商活動,帶來了貴重金屬金銀幣的東傳。池田温先生總結了六到七世紀吐魯番地區貨幣流通的狀況,認爲七世紀末期之前,銀錢作爲基本通貨使用。在武則天政權時期,銀錢與銅錢並用。至八世紀開元時期,銀錢表面上從流通中消失了[3]。姜伯勤先生從吐魯番文書中輯出高昌延昌二十四年(584)到唐武則天長安二年(702)共四十八條提到銀錢的紀年文書。這些銀錢被廣泛用作賦稅徵收、計田輸銀錢、稱價錢、藏錢、遠行馬價錢、丁正錢、入俗錢等[4]。從而證明了金銀曾經作爲貨幣在吐魯番地區長期流通。而河西地區特別是吐魯番一帶盛行銀錢的現象,主要是“絲綢之路”上過境貿易發展的一種産物。這是來自外部世界的貨幣力量,對該地區本不發達的商品經濟衝擊的結果[5]。但是在七世紀中葉以後,隨着波斯薩珊王朝的覆亡以及中國内地商品經濟的復蘇,這種外來影響逐漸減弱。内地以銅錢爲主的貨幣經濟在吐魯番地區的地位日益上升。至七世紀末前後,西域金銀錢已基本退出。至於晚

---

① 《史記》卷三〇《平準書》,第 1442 頁。

② 《晉書》卷二六《食貨志》,第 794 頁。

③ 〔日〕池田温《敦煌的流通經濟》,《敦煌講座》第三册,東京:大東出版社,1980 年,第 310 頁。

④ 姜伯勤《敦煌吐魯番文書與絲綢之路》,北京:文物出版社,1994 年。

⑤ 郭媛《試論隋唐之際吐番地區的銀錢》,《中國史研究》1990 年第 4 期。

唐五代時期敦煌一帶市場上與布匹和糧食一起作爲通貨流通的少量金銀，從記載來看，占不到整個支付物價的百分之一①，而其來源則可能主要是一度占領河西的吐蕃，還有西域等地。

與此相對應，從東晉孝武帝太元三年（376）開始到宋太祖開寶四年（971）平定南漢，金銀在嶺南作爲貨幣的流通有長達接近六百年的歷史。與河西地區主要使用外來的金銀錢不同，晉唐時代嶺南金銀的流通主要建立在嶺南本地金銀的普遍生產的基礎之上。尤其是唐朝，作爲外來金銀貨幣因素的影響並不明顯，而是與嶺南比較發展的商品交換相適應的，並進而影響了唐朝中後期包括宋代白銀貨幣化發展的進程。

衆所周知，貨幣的基本職能是價值尺度和流通手段。中外學術界對於唐朝的金銀究竟是否發揮了貨幣的職能，長期有兩種完全不同的觀點，加藤繁認爲，唐代"金銀對於社會全般已發揮其貨幣的機能。金銀在唐代已得貨幣的資格。不過在實際上的使用則以上層階級爲主"②。彭信威指出，"唐代文獻中沒有直接用黄金或白銀來表示價值的。所以金銀不是價值尺度。有極少數例子似乎是用金銀來作爲購買手段，但都不是正常的買賣，不能看作真正的流通手段。所以金銀在唐代不是十足的貨幣"，"白銀自唐代起，在支付上逐漸取得重要性。這可能又是受了中亞各民族的影響"③。李埏則認爲，"整個唐代仍屬於錢帛兼行時期"，"金銀在唐時不可能充當貨幣"，因爲"看不到唐代

---

① 鄭炳林《晚唐五代敦煌貿易市場的等價物》，《中國史研究》2002 年第 3 期；鄭炳林《晚唐五代敦煌貿易市場的國際性》，《中國經濟史研究》2003 年第 2 期。
② 加藤繁《唐宋時代金銀之研究》，第 88 頁。
③ 彭信威《中國貨幣史》，第 323 頁。

的金銀具備價值尺度和流通手段的職能。而不具備這兩種職能的，就不能叫做貨幣"。而白銀在唐代没有成爲貨幣的根本原因，在於交換的水平"不唯未曾達到使用白銀的程度，連銅錢的流通也尚待普及"①。而敦煌博物館所藏唐天寶地志的重大價值在於，在唐朝前期的嶺南，白銀與銅錢完全一樣，不但充當了價值尺度，也完全具有流通手段的職能，因此已經是一種完全意義上的法定貨幣。

晚唐五代時期，由於通貨嚴重不足，貴金屬白銀已經相當廣泛地進入了流通領域②。至宋代，白銀可以交納賦税，其貨幣職能是顯而易見的③。至於宋代白銀貨幣化的歷史淵源，彭信威認爲，"唐代的節制，是承襲兩晉南北朝的傳統。流通手段以錢帛爲主，黄金除寶藏手段以外，有時也用作價值尺度和支付手段，白銀在唐末五代漸占優勢"，"歸根結蒂，宋代的通行白銀還是受了中亞細亞的影響"④。而唐長孺先生則明確指出："我們認爲唐代銀鋌基本上具有貨幣的職能，爲宋代之先河。以金銀作爲交換媒介前代固然有涼州和交廣兩個區域，但唐代内地使用金銀，主要是嶺南的推廣。"⑤這一結論的確體現了很高的史識。《宋史》記載宋仁宗景祐二年（1035），"詔諸路歲輸緡錢，

---

① 李埏《略論唐代的"錢帛兼行"》，《歷史研究》1964 年第 3 期。
② 參見加藤繁《唐宋時代金銀之研究》，第 69—92 頁；張澤咸《唐代工商業》，北京：中國社會科學出版社，1995 年，第 356 頁。
③ 參見汪聖鐸編《兩宋貨幣史料匯編》第四章《官方賦税等收入中的金銀》，北京：中華書局，2004 年。另參見加藤繁《唐宋時代金銀之研究》，第 122—212 頁；王文成《宋代白銀貨幣化研究》，昆明：雲南大學出版社，2001 年。
④ 彭信威《中國貨幣史》，第 292、419 頁；另見馬力《論宋代白銀貨幣化問題》，《宋遼金史論叢》第一輯，北京：中華書局，1985 年。
⑤ 唐長孺《魏晉南北朝隋唐史三論》，武漢：武漢大學出版社，1992 年，第 325 頁。

福建、二廣易以銀,江東以帛"①。顧炎武據此稱"於是有以銀當緡錢者矣"②。這應該是宋中央王朝正式發布的可以用白銀交納賦税最早的詔令。而嶺南被確定爲其中的兩個地區之一,顯然與晉唐時代嶺南地區金銀的生產和長期流通直接相關。

---

① 《宋史》卷一〇《仁宗紀》,第 200 頁;《續資治通鑑長編》卷二八九記載宋元豐元年(1078)五月又詔:"廣西轉運司官員、使臣、諸軍料錢等物,願以其半折銀者聽。"(第 7073 頁)
② 《日知録集釋》卷一一,第 646 頁。

唐代環南海開發與地域社會變遷研究

王承文 著

下冊

中華書局

第四章
唐代北方家族與嶺南開發
和社會變遷論考(上)

　　六朝隋唐時代,"溪洞"一詞頻繁地出現於史乘,其地域分布幾乎遍及長江以南極其廣大的中國南方,而嶺南則是"溪洞"記載最集中和最有代表性的地區之一。所謂"溪洞"又稱"山洞"、"村洞"、"洞"、"獠洞"、"俚洞"、"蠻洞"、"猺洞"等等。陳寅恪《魏書司馬叡傳江東民族條釋證及推論》一文,對東晉南朝南方溪洞部族源流及其社會狀況有過重要論述①。徐中舒則指出"洞"乃西南少數民族地區的農村公社,是一種"原始形態的村社共同體","它就是以一夫一妻制父系家庭,在土地公有的基礎上合耦共耕,共同分配生産物的耕作制的社會團體",而且從商代一直延續到明清②。河原正博《漢民族華南發展

---

① 陳寅恪《金明館叢稿初編》,上海:上海古籍出版社,1980年,第69—106頁。
② 徐中舒《論商於中、楚黔中和唐宋以後的洞——對中國古代村社共同體的初步研究》,《四川大學學報》1978年第1期,第59頁。收入氏著《徐中舒歷史論文選輯》,北京:中華書局,1998年,第1264—1289頁。

史研究》討論了秦至宋元嶺南南越、俚獠等部族的社會形態及其與中央王朝的關係①。川本芳郎《六朝時期蠻族考》一文指出六朝江南地區"溪洞"一詞具有濃厚的南方蠻族村落性質,然而"由於蠻漢接觸的加深","溪洞又呈現漢化的趨勢"②。岑仲勉曾依據在廣州發現的晚唐《王渙墓志》,指出唐末有不少北方官員士人流落嶺南③。近年來,凍國棟的《唐代人口問題研究》一書,則揭示了唐代各種移民活動的背景和方式,並給我們以重要啓發④。眾所周知,唐代"安史之亂"後北方人口大量向南方遷移,是促使南方開發和中國南北經濟重心發生轉變的根本原因。然而,迄今爲止,國內外學術界的相關研究一般多限定在江南地區,而唐代嶺南地區則由於歷史資料匱乏且極爲分散,學術界相關討論還非常缺乏。唐朝也是嶺南經濟社會發生重要變化的時期。我們認爲其中最主要的原因之一,就是北方家族大量向嶺南移民。因此,我們將在對歷史資料作盡可能廣泛蒐集的基礎上,分多個專題從各方面探討唐代北方家族向嶺南移民的具體背景、主要方式及其對嶺南社會的重要影響。

第一節　唐代北方家族與嶺南地域文化意象嬗變論略
——以唐代張九齡和粵北始興張氏家族爲例

　　"文化意象"是一種特定的文化符號,是人們對某一地域文化特色

①　〔日〕河原正博《漢民族華南發展史研究》,東京:吉川弘文館,1984 年。
②　〔日〕川本芳郎《六朝時期蠻族考》,《史學雜志》1986 年第 8 期。
③　岑仲勉《從王渙墓志解決了晚唐史一兩個問題》,《歷史研究》1957 年第 9 期,第 57 頁;收入岑仲勉著《金石論叢》,北京:中華書局,2004 年,第 441—452 頁。
④　凍國棟《唐代人口問題研究》,武漢:武漢大學出版社,1993 年。

所産生的直覺聯想。文化意象主要根源於各地區人們的生存環境和文化傳統,並有多種多樣的表現形式。早在二十世紀六七十年代,美國著名漢學家薛愛華(Edward H. Schafer)相繼撰有多種研究中古嶺南區域史的論著,其中最有代表性的是其《赤雀——唐代的南方意象》,該書從多方面論述了唐代嶺南地域文化意象的形成①。張九齡(678-740)是盛唐時期嶺南籍的著名宰相和詩人。自二十世紀三十年代以來,中外學術界對於張九齡的仕宦經歷、政治作爲和文學成就等,都已有專門而深入的研究②。張九齡通過科舉進士考試走上仕途,並進入唐朝中央權力的核心。而粵北始興張氏作爲一個出自邊遠蠻荒之地而且地位比較低微的家族,也因此崛起成爲唐代嶺南最爲顯赫的名門望族,而且一直延續至唐後期。這一歷史現象既在一定意義上代表了唐代嶺南區域社會和文化的發展,是"中古社會革命"③在嶺南地區的反映,同時也對唐以後嶺南地域文化意象的嬗變産生了重要影響。因此,我們有必要將這一問題置於更加長遠的歷史背景中,進行更加專門的考察和研究。

一　唐代嶺南粵北始興張氏家族的淵源和崛起

南宋時期著名粵籍學者李昴英(1201—1257)所撰《重修〈南海

---

① Edward H. Schafer, *The Vermilion Bird*: *T' ang Images of The South*, University of California Press, 1967.

② 何格恩《張九齡的政治生活》,《嶺南學報》1935 年第三卷第四期;《張曲江著述考》,《嶺南學報》1935 年第六期;《張九齡年譜》,《嶺南學報》1935 年第三卷第四期。關於張九齡的政治事迹,還可參見 P · A · Herbert, *Under the Brilliant Emperor Imperial Authority in Tang China as Seen in the Writings of Chang Chiu-ling*, Oriental Monograph Series No, 21, Faculty of Asia Studies in Association with Australian National Univsity Press, Canberra, 1978。

③ 陳寅恪《唐代政治史述論稿》,上海:上海古籍出版社,1982 年,第 102—103 頁。

志〉序》指出：

> 唐賢相起炎方者三，曰韶之張（九齡），曰日南之姜（公輔），
> 最後得劉瞻於湟。是時閩聚猶未有此。然皆奇拔于支郡筦府，以
> 廣名甚大，山偉海鉅，秀靈鳩凝。①

李昴英從地域傑出人物的視角，揭示了唐代嶺南文化發展較之福建閩越地區所具有的先進性。張九齡，粵北韶州人（今廣東韶關），是唐玄宗開元年間的著名宰相；姜公輔，唐嶺南道安南都護府所屬愛州（今越南清化省）人，唐德宗時期宰相；劉瞻，粵北連州（今廣東連縣）人，唐懿宗時期宰相。以上三位宰相均是通過科舉進士考試進入政壇的。唐代閩越地區的科舉進士登第，唐代著名文學家政治家韓愈認爲開始於晉江歐陽詹②。歐陽詹與韓愈爲貞元八年（792）同榜進士，不過其官職僅至唐國子監四門助教。

李昴英《重修〈南海志〉序》所稱道的三位嶺南籍宰相，其籍貫在

① （宋）李昴英撰，楊芷華點校《文溪存稿》卷三，廣州：暨南大學出版社，1994 年，第 33 頁。
② （唐）韓愈《歐陽生哀辭》稱"閩越之人舉進士由詹始"（《韓昌黎集》卷二二；《新唐書》卷二〇三《歐陽詹傳》）。宋代孔平仲《珩璜新論》卷三亦稱："福建人好文學，自唐常袞爲觀察使，歐陽詹爲諸生始也。"（《景印文淵閣四庫全書》第 863 冊，第 121 頁）然而，宋代吳曾撰《能改齋漫錄》卷四"閩人登第不自林藻始"條稱："唐人以閩人第進士自歐陽詹始。予嘗以《唐登科記》考之，貞元七年林藻登第，貞元八年詹始登第，二人皆閩人。"吳曾又引王定保《唐摭言》考定，"神龍二年（706）閩人薛令之登第，開元中爲東宮侍讀"，後因仕途困頓，"謝病東歸"。因此，吳曾稱："案神龍二年乃唐中宗時，然則閩人第進士不惟不始於詹，亦不始於藻，當以薛令之爲始"（上海：上海古籍出版社，1979 年，第 89 頁）。有關唐代福建科舉考試的研究，參見凍國棟《唐代閩中進士登場與文化發展管見》，《魏晉南北朝隋唐史資料》第十一期，武漢：武漢大學出版社，1991 年；陳弱水《中晚唐五代福建士人階層興起的幾點觀察》，《中國社會歷史評論》第三卷，北京：中華書局，2001 年，第 88—106 頁。

唐代均屬於交通要衝,而其家世均可以追溯至唐代南遷的北方家族①。至於其所謂"奇拔于支郡筦府",則反映了唐代嶺南經濟社會文化發展在地理空間格局上的重要變化,即並不局限於作爲嶺南政治經濟核心的廣州及其附近地區,而是逐步向更大範圍擴展。

唐代徐浩所撰《張九齡神道碑》,將張九齡與唐玄宗時期的著名宰相姚崇、宋璟、張説一起,都看成是"開元盛世"的重要締造者②。白居易稱張九齡"以儒學詩賦獨步一時。及輔弼明皇帝,號爲賢相"③。張九齡實際上也是歷史上嶺南籍人士第一次直接參與中央王朝中樞事務。在秦漢至隋唐歷史中,其政治地位是空前的。明代大學士著名粵籍學者海南人丘浚就提出,張九齡不僅是"嶺南第一流人物",也是"江南第一流人物",而且還是"唐一代第一流人物"④。並高度評價其文章和功業對後世嶺南地域文化發展的深遠影響。值得指出的是,唐朝粵北始興張氏不但産生了像張九齡這樣傑出的人物,而且其衆多家族成員也出任唐朝中央和地方,使粵北始興張氏成爲唐代嶺南當之無愧的名門望族。

(一)關於唐朝粵北始興張氏的家族淵源

《新唐書·張九齡傳》稱張九齡爲"韶州曲江人"⑤。《舊唐書·張

---

① 參見王承文《唐代北方家族與嶺南溪洞社會》,《唐研究》第二卷,北京:北京大學出版社,1996年。
② 《全唐文》卷四四〇,第4489頁。
③ (唐)白居易《唐故秘書監張仲方墓志銘》,《白氏長慶集》卷六一;《文苑英華》卷九四五,第4972頁;《全唐文》卷六七九,第6944頁。
④ (明)丘浚《張文獻公曲江集序》,丘浚《重編瓊臺稿》卷九,《景印文淵閣四庫全書》第1248册,第169—170頁。
⑤ 《新唐書》卷一二六《張九齡傳》,第4424頁。

九齡傳》稱張九齡"曾祖君政,韶州別駕,因家於始興,今爲曲江人"①。
而白居易則稱粵北始興張氏源於河北范陽,爲西晉司空張茂先即張華
(232—300)之後,"永嘉南遷,始徙居於韶之曲江縣,後嗣因家焉"②。然
而,唐代始興張氏移居粵北山區,却並非始於西晉末年的"永嘉之亂"。

　　在二十世紀六十年代初,考古工作者在韶關市西北郊羅源洞張九
齡墓葬中,發現了唐中書侍郎集賢學士徐安貞於開元二十九年(741)
撰寫的《唐故尚書右丞相贈荆州大都督始興公陰堂志銘并序》,該碑稱
張九齡"其先范陽人,四代祖因官居此地"③。又據蕭昕《殿中監張公
(九皋)神道碑》記載,始興張氏的先世在西晉末永嘉年間南渡,"遷于
江表。皇朝以因官樂土,家於曲江"④。意即始興張氏在"永嘉之亂"
中先遷居江南。直至唐朝,因出仕韶州並喜愛這個地方,才開始定居
在韶州曲江縣。《新唐書·宰相世系表》亦稱,"始興張氏亦出自晉司
空華之後,隨晉南遷,至君政,因官居於韶州曲江"⑤。明代黄佐《廣東
通志·姓氏》多是依據族譜寫成,其稱張氏,"姬姓,黄帝子青陽之後揮
爲弓正,因命氏焉","始興張氏,出自晉司空華,隨晉南遷。隋塗山丞
守禮子韶州別駕君政,因官於曲江,生六子"⑥。

　　尤爲值得重視的是唐代徐浩所撰寫的《唐尚書右丞相中書令張九

---

① 《舊唐書》卷九九《張九齡傳》,第3097頁。
② (唐)白居易《唐故秘書監張仲方墓志銘》,四部叢刊本《白氏長慶集》卷六一;《文苑英
　　華》卷九四五,第4972頁;《全唐文》卷六七九,第6944頁。
③ 《唐張九齡墓發掘簡報》,《文物》1961年第10期;周紹良主編《唐代墓志彙編》開元五二
　　五號,第1517頁;《全唐文補遺》第一輯,第145頁。
④ 《文苑英華》卷八九九,第4731頁;《全唐文》卷三五五,第3598頁。
⑤ 《新唐書》卷七二下《宰相世系表二下》,第2681頁。
⑥ (明)黄佐《廣東通志》卷二〇《民物志·姓氏》,廣州:廣東省地方史志辦公室騰印,1997年,第
　　522頁。

齡神道碑》,碑文詳細記載了始興張氏家族的來源,其文曰:

> 公諱九齡,字子壽,一名博物。其先范陽方城人。軒轅建國,
> 弦弧受氏。(張)良,位爲帝師;(張)華,才稱王佐。或相韓五葉,
> 或佐漢七貂。代有大賢,時稱盛族。四代祖守禮,隋鍾離郡塗山
> 令;曾祖諱君政,皇朝韶州別駕,終於官舍,因爲土著姓。大父諱
> 胄,越州剡縣令,列考諱宏愈,新州索盧縣丞。①

按以上"因爲土著姓",我們認爲是指自張九齡曾祖張君政之後,張氏
家族就成爲韶州這一地方的"著姓",即當地的名門望族。這裏的
"土",如同前引蕭昕所稱"因官樂土"的"土"一樣,應該是指嶺南韶州
曲江縣這個地方。

近年來,研究唐代文學的知名學者戴偉華先生發表了《張九齡"爲
土著姓"發微》一文,對張九齡生平事迹多有補闕發微之功。他將徐浩
《張九齡神道碑》中的"因爲土著姓",解讀成爲韶州當地的"土著"姓
氏,認爲"是指世世代代生於其地的人"。並以此作爲出發點,重新討
論了張九齡的出仕經歷以及唐朝科舉考試中的譜牒世系等問題②。不
過,我們認爲這樣的解讀或許並不完全符合徐浩撰寫碑文的本意。對
此,我們試作簡要討論。

首先,中古時代的"土著"一詞與現代意義的"土著"概念在含義
上有很大的差別。今天的"土著"概念,往往是指世世代代居住在當地
的原始居民。然而,在漢晉至唐宋時期的"土著"一詞,一般是指定居

---

① (唐)徐浩《唐尚書右丞相中書令張公(九齡)神道碑》,《全唐文》卷四四〇,第4489頁。
② 戴偉華《張九齡"爲土著姓"發微》,《文學遺產》2011年第4期,第38—44頁。

的農耕生活方式,是相對於北方遊牧民族逐水草而居的生活方式來説
的①。作爲現代意義的唐朝嶺南的"土著",即居住於嶺南的原始居
民,一般都是指嶺南俚獠等少數民族。衆所周知,《六祖壇經》記載六
祖惠能即被五祖弘忍稱爲"獦獠"。而張九齡因其出身於邊遠的嶺南,
因此他對嶺南土著"獠人"這樣帶有蔑視性的稱呼其實也非常忌諱②。
而且唐朝的姓氏著作如《元和姓纂》、敦煌氏族志、《新唐書·宰相世
系表》等等,並未見將某個姓氏稱爲"土著姓"的例子③。

---

① 《漢書》卷六一《張騫傳》稱"身毒國在大夏東南可數千里。其俗土著,與大夏同"。唐初
顏師古注曰:"土著者,謂有城郭常居,不隨畜牧移徙也。"(第 2689—2690 頁)《漢書》卷
九五《西南夷傳》稱"南夷君長以十數,夜郎最大","自冄以東北,君長以十數,冉駹最
大。其俗或土著,或移徙"。顏師古注曰:"土著,謂有常居著於土地也。"(第 3837—
3838 頁)《漢書》卷九六《西域傳》稱:"北道西踰葱嶺則出大宛、康居、奄蔡、焉(耆)。西
域諸國大率土著。"顏師古注曰:"言著土地而有常居,不隨畜牧移徙也。"(第 3872 頁)
《新唐書》卷一〇〇《裴矩傳》稱,隋煬帝"引内矩,問西方事,矩盛言:'胡多環怪名寶,俗
土著,易併吞。'帝由是甘心四夷,委矩經略"(第 3932 頁)。《新唐書》卷二二一《西域
傳》記載黨項以"拓拔最強。土著,有棟宇,織犛尾,羊毛覆居,歲一易,俗尚武"(第 6214
頁);又稱吐火羅"與挹怛雜處,勝兵十萬。國土著,少女多男"(第 6252 頁)。唐代龐嚴
《對賢良方正能直言極諫策》稱:"國家自幽、薊兵興,人無土著,土者、農者,遷徙不常,慕
政化則來,苦苛暴則去。"(《全唐文》卷七二八,第 7511 頁)。所謂"人無土著",是指唐
"安史之亂"後,大量户口放棄了原有的定居農耕生活,而是"遷徙不常",儘量逃往唐朝
官府控制相對薄弱的地區。
② (唐)封演撰,趙貞信校注《封氏聞見記》卷一〇《諷切》,北京:中華書局,2005 年,第
92 頁。
③ 我們檢索《文淵閣四庫全書》所收古代文獻典籍,其中"土著姓"三个字相連接的表述僅
有四例,然而均無今天土生土長的原住民含義的表達。這四例是:(1)《晉書》卷四八
《段灼傳》稱:"段灼,字休然,敦煌人也,世爲西土著姓。"(2)《晉書》卷六八《顧榮傳》
稱:"顧榮,字彦先,吳國吳人也。爲南土著姓。祖雍,吳丞相,父穆,宜都太守。"(3)《建
康實録》卷一九記載陳寶應,"晉安侯官人,世爲閩土著姓,多變詐,梁朝晉安數爲反叛,
屢殺守將,陳寶應因官軍鄉導,討平之。由是一郡兵權,皆自己出"。(4)《太平廣記》卷
九七"從諫"條引《出三水小牘》記載:"東都敬愛寺北禪院大德從諫,姓張氏,南陽人,徙
居廣陵,爲土著姓。"意其成爲廣陵這一地方的著姓。

　　其次,從徐浩和張九齡之間的特殊關係來看,徐浩也不太可能將始興張氏稱爲嶺南的"土著"。徐浩自己在該碑中結銜爲"銀青光禄大夫廣州刺史兼御史大夫持節充嶺南節度支度營田五府經略觀察處置等使上柱國會稽開國公"①。宋代《寶刻叢編》卷一九引《集古録目·唐中書令張曲江碑》,稱"唐廣州都督嶺南節度使徐浩撰並書"②。可見徐浩撰寫《張九齡神道碑》是在其任職廣州刺史之時。而徐浩出任廣州刺史,是在唐代宗大曆二年(767)至大曆三年③。徐浩在碑文中記載其與張九齡的交往稱:"浩義深知己,眷以文章,禮接同人,惠兼甥舅。"可見,張九齡在政治上和文學上都有對徐浩的推獎提攜之恩。而且徐浩實際上還是張九齡的外甥。宋代著名書法家米芾《書史》記載:

　　　　唐彭王傅徐浩書《贈張九齡司徒告》。(徐)浩,九齡之甥。在其孫曲江仲容處,用一尺絹書,多渴筆,有鋒芒。④

米芾所撰《寶章待訪録》又稱:

　　　　唐彭王傅徐浩書《張九齡司徒告》。右真迹,用一尺高絹書,多渴筆,詞云:"正大廈者,柱石之力;匡帝業者,輔相之功。生則保其雄名,没猶稱其盛德。"今在其孫曲江人嶺南縣令張仲容處。某官于桂林借留半月,仍以紙覆裹,欲爲重背。仲容惜其印縫古

---

① (唐)張九齡《曲江張文獻公集》,《叢書集成續編》第 99 册,上海:上海書店,1994 年,第257—261 頁。而《全唐文》所收徐浩《張九齡神道碑》已删去這一内容。
② 《景印文淵閣四庫全書》第 682 册,第 479 頁。
③ 郁賢皓《唐刺史考全編》,合肥:安徽大學出版社,2000 年,第 3165 頁。
④ (宋)米芾《書史》之"唐彭王傅徐浩書《贈張九齡司徒告》"條,《景印文淵閣四庫全書》第 813 册,第 32 頁。

紙,不許。《九齡神道碑》亦浩書。①

又根據《舊唐書·張九齡傳》記載,唐肅宗至德(756—758)初年,"上皇在蜀,思九齡之先覺。下詔褒贈"②。徐浩所書唐德宗《贈張九齡司徒告》,即指此。於此亦可見徐浩對張九齡一直深懷感恩之心。而在唐朝這樣還比較講究門第和郡望的時代,徐浩既然在碑文前面特地詳細地追溯了其家族的北方源流,也就不太可能再將始興張氏稱爲嶺南的"土著"。

最後,至唐代宗大曆初年徐浩撰寫神道碑之時,張九齡已去世約二十八年,而此時始興張氏確實已成爲韶州也是嶺南的大族。除了張九齡曾經位極人臣,以及張九齡之弟張九章和張九皋曾經擔任廣州刺史、嶺南節度史、殿中監、鴻臚卿等地方和中央的高官之外,始興張氏尚有不少家族成員出仕中央或地方。這種情況即使在北方中原地區也是相當少見的。因此,此時的始興張氏確實已屬於名副其實的"著姓"或名門望族。

總之,唐朝粵北始興張氏在西晉"永嘉之亂"中自范陽遷居江南。而其遷居粵北山區的韶州,則是唐朝初年的事情。始興張氏在定居嶺南後,雖然籍貫屬於韶州(始興郡),但長期仍然以北方范陽爲郡望。對於唐人這種籍貫與郡望分離的現象,岑仲勉先生曾有專門的論述③。

(二)唐初張氏家族因官留居粵北韶州的原因

值得進一步探討的是,具有北方家族背景的始興張氏家族在唐朝

---

①　(宋)米芾《寶章待訪録》,《景印文淵閣四庫全書》第813册,第53頁。
②　《舊唐書》卷九九《第九齡傳》,第3100頁。
③　岑仲勉《唐史餘瀋》卷四《唐史中望與貫》條,北京:中華書局,2004年,第229頁。

初年爲什麼會留居在韶州曲江呢？首先，自秦漢六朝以來，粵北韶州一直就是中原内地進入嶺南的交通要衝。唐朝皇甫湜《朝陽樓記》稱："嶺南屬州以百數，韶州爲大。其地高，其氣清，南北之所同，貢朝之所途。"[①]所謂"其地高，其氣清"，是説韶州因其接近内地而且地勢高朗，氣候比較宜人，使得這裏既没有嶺南沿海一帶的颶風，也没有嶺南腹地的濕熱和瘴癘[②]。北宋"名臣"余靖(1000—1064)也是韶州曲江縣人，他在其《韶州新修望京樓記》中稱："廣之旁郡一十五，韶最大。在楚爲邊邑，在越爲交衝……境壓騎田、大庾二嶺，古地最善。"[③]其《韶州新修州衙記》又稱韶州："控扼五嶺，韶爲交衝……唇齒江湘，咽喉交廣，地之重也；霜露北均，疫癘南盡，氣之和也；霞駁萬栱，雲蒸千礎，暑之廣也。合是數美，爲郡國最，不亦善乎！"[④]在六朝至唐宋衆多文人筆下，粵北韶州既有雄奇壯麗的山水，又有比較適宜的氣候條件[⑤]。而這一點在古代嶺南其實極爲重要。也正因爲如此，韶州既是北方移民

---

① 《全唐文》卷六八六，第 7026 頁。

② 《三國志》卷六一《吴書·陸凱傳》稱："蒼梧、南海，歲有暴風瘴氣之害，風則折木，飛砂轉石，氣則霧鬱，飛鳥不經。"《隋書·地理志》記載："自嶺已南二十餘郡，大率土地下濕，皆多瘴癘，人尤夭折。"唐劉恂《嶺表録異》稱："嶺表山川，盤鬱結聚，不易疏泄，故多嵐霧作瘴。人感之多病，腹脹成蠱。"關於中古嶺南的氣候環境及其對疾病的影響，參見蕭璠《漢宋間文獻所見古代中國南方的地理環境與地方病及其影響》，原載《"中研院"歷史語言研究所集刊》第六十三本第一分，收入李建民主編《生命與醫療》，北京：中國大百科全書出版社，2005 年，第 193—298 頁；范家偉《六朝時期人口遷移與嶺南地區瘴氣病》，《漢學研究》第 16 卷第 1 期，1998 年，第 27—58 頁。

③ (宋)余靖撰，黄志輝校箋《武溪集校箋》卷五，天津：天津古籍出版社，2000 年，第 177 頁。

④ 《武溪集校箋》卷五，第 183、184 頁。

⑤ (唐)韓愈《將至韶州先寄張端公使君借圖經》詩稱："曲江山水聞來久，恐不知名訪倍難。願借《圖經》將入界，每逢佳處便開看。"(《全唐詩》卷三四四，第 3860 頁)宋代梁寺丞《韶石圖記》稱："韶州佳山水之名聞於天下，而韶石爲之最。"(《輿地紀勝》卷九〇《廣南東路·韶州"風俗形勝"》引，第 3122 頁)

進入嶺南首先到達並定居的地區,同時也是嶺南開發最早的地區之一。南朝至隋,史籍中有不少韶州地方大族活動的記載,還有侯安都、張偲、麥鐵杖等人出任朝廷高官和地方刺史等官職①。這些現象均與韶州的經濟社會發展有關。有資料表明,張氏遷居韶州曲江後,曾與當地大姓——譚氏家族聯姻②。薛愛華甚至還把張九齡等稱爲"克里奧爾人(creole)"③,意即祖先是北方漢族而生於南越土著民族中的人。

其次,粵北韶州特定的地理環境使其文化的發展在嶺南地區有其先進性。韶州雖是多山地帶,但却是文化較爲發達的地區。例如,韶州就是嶺南佛教發展最早的地區之一。根據南朝劉宋王韶之《始興記》記載,韶州在東晉時期即有嶺南最大的佛教寺院④。而羅香林的研究也證明,六朝時代,韶州也是中印佛教文化交流的重地⑤。從六朝至唐初,韶州已先後建立了衆多的佛教寺院。禪宗六祖惠能於唐貞觀十二年(638)出生於嶺南新州(今廣東省新興縣)。唐高宗儀鳳元年(676)在廣州法性寺薙髮,次年至韶州曲江縣曹溪大梵寺弘揚佛法,韶州因此成爲嶺南佛教最興盛的地區,一直到先天二年(713)去世。惠能在韶州曲江共住了三十七年。惠能與張九齡堪稱唐代嶺南地域文

① 參見《陳書》卷八《侯安都傳》,第143—150頁;(宋)李渤《司空侯安都廟記》,屈大均《廣東文選》卷一七;(明)黃佐《廣東通志》卷五四《張偲傳》,第1388頁。《隋書》卷六四《麥鐵杖傳》,第1511—1512頁。
② (明)黃佐《廣東通志》卷五四《譚瑱傳》,第1392頁。
③ Edward H. Schafer, *The Vermilion Bird: T'ang Images of The South*, University of California Press, 1967, p.21.
④ 《太平寰宇記》卷一五九《韶州·曲江縣》引劉宋王韶之《始興記》曰:"靈鷲山,臺殿宏麗,面象巧妙,嶺南佛寺,此爲最也。"(第2055頁)另見《水經注校證》卷三八《溱水注》,第901頁。
⑤ 羅香林《唐代廣州光孝寺與中印交通之關係》,香港:中國學社,1960年。

化兩位最傑出的代表，二人之間也有交往。五代至北宋初期，嶺南藤州（今廣西藤縣）籍的著名禪宗學者契嵩就記載：“昔唐相始興公張九齡方爲童，其家人攜拜大鑒，大鑒撫其頂曰：此奇童也，必爲國器。其先知遠見皆若此類。”①粤北韶州這樣特殊的社會文化環境，往往能哺育出傑出的歷史人物。

　　當然，始興張氏在定居韶州曲江後，也是經過幾代人的積累才有張九齡這一輩的崛起。現存的一些較晚出的始興張氏家譜，往往都詳細地叙述其在隋朝以前顯赫的世系與官職②。然而，這些記載與唐朝的歷史資料有較大差距，其可信度並不高。根據徐浩《張九齡神道碑》的記載，其四代祖張守禮，爲隋鍾離郡塗山縣令。曾祖張君政，因出任唐朝韶州別駕，張氏遂定居在韶州。祖父張胄，爲越州（今浙江紹興）剡縣令。父張弘愈，爲新州（今廣東新興縣）索盧縣（即六祖惠能的家鄉）的縣丞。《新唐書·宰相世系表》所載與此基本相同③。歐陽修等編修《宰相世系表》還依據了唐、宋時代的族譜。而且至宋代，唐代出世的《張九齡家傳》一書還在被人多次引用④。

　　總之，從郡望和世系來看，始興張氏雖然發源於范陽，但是明顯只屬於范陽張氏的疏支。而且在西晉末年“永嘉之亂”遷居江南後，族史難徵，長期湮没不顯。唐代徐浩的碑文以及歐陽修等編修的《宰相世

①　（宋）契嵩《傳法正宗記》卷六，《大正新修大藏經》第 51 卷，第 748 頁。
②　例如張有源、張永堂等纂修《始興頓岡張氏族譜》，宣統三年（1911）修，始興文淵堂木刻本。參見羅香林《家譜叙録》，《國立中山大學文史學研究所月刊》第一卷第四期，1933年。
③　按《新唐書》卷七二下《宰相世系表》將“索盧丞”誤爲“索廬丞”，第 2678 頁。
④　見（宋）胡仔《漁隱叢話前集》卷一一“杜少陵”條引，《景印文淵閣四庫全書》第 1480 册，第 103 頁；（宋）佚名《錦繡萬花谷前集》卷一八引，《景印文淵閣四庫全書》第 924 册，第 241 頁。

系表》,其記載始興張氏的家世,僅僅能上溯至隋朝曾任鍾離郡(今安徽鳳陽、蚌埠等地)塗山縣令的四代祖。從張九齡父祖的官爵來看,也僅屬於州佐縣令等中下級地方官員,且多仕宦邊遠的嶺南,因此,始興張氏確實只能屬於地位比較低微的家族。然而,張氏自從定居在嶺南之後,經過幾代人的努力,確實已逐步成爲冠冕蟬聯、簪纓不絕的儒學世家。正如唐文宗朝宰相韋處厚(773—828)所説:"張曲江自蓬户發揮於嶺底,而繼播休名。"①

唐代家族發展所表現的重要特徵之一,就是整個家族往往隨爲官的家長輾轉遷徙,爲官者試圖以此來實現對其大家族的庇護和統治。毛漢光先生認爲唐代舊士族遷徙的主因,是由於選制亦即科舉制度所造成的巨大吸引力②。而凍國棟先生則指出因官移貫也是舊士族遷徙的重要原因③。嶺南作爲一個逐漸被人認識和重視的區域,其有利於大宗族發展的經濟社會環境、北方官僚在任職地的政治社會地位,尤其是這些北方家族本身所擁有的文化優勢,使他們在定居嶺南後一方面形成"宗族盤亘",充當地方著姓,另一方面則憑藉宗族纍積的實力在仕宦與文化上不斷脱穎而出。這也是不少北方官僚士大夫及其家族"樂在南國,不欲北轅"④的真正原因。

(三)始興張氏家族在唐朝崛起的原因

始興張氏家族在唐朝前期的崛起仍是有迹可尋的。如前所述,張

① (唐)韋處厚《上宰相薦皇甫湜書》,《全唐文》卷七一五,第7350—7351頁。
② 毛漢光《從士族籍貫遷徙看唐代士族之中央化》,《中國中古社會史論》,上海:上海書店,2002年,第333頁。
③ 凍國棟《唐代人口問題研究》,武漢:武漢大學出版社,1993年,第262—264頁。
④ (唐)徐浩《唐尚書右丞相中書令張公(九齡)神道碑》,《全唐文》卷四四○,第4491頁。

九齡作爲嶺南籍士人通過科舉進士考試走上仕途，並因此進入唐中央王朝權力的核心，本身是"中古社會革命"的反映。因爲這種情況在唐朝以前的時代是完全不可能的。

我們首先有必要瞭解唐朝以前中央王朝選官制度對嶺南士人的影響，以及中原內地人士對於嶺南的認識。西晉張華是張九齡的遠祖，其所著《博物志》就稱："南越之國，與楚爲鄰。五嶺已前至於南海，負海之邦，交趾之土，謂之南裔。"①北魏酈道元《水經注》稱："古人云，五嶺者，天地以隔內外。"②因此，在相當長的歷史時期中，五嶺不但是一個重要的地理分界綫，同時也是一條華夏與蠻夷在文化上的分界綫。一直到唐朝，著名宰相狄仁傑在給武則天的上書中尚稱："臣聞天生四夷，皆在先王封疆之外，故東拒滄海，西隔流沙，北橫大漠，南阻五嶺，此天所以限夷狄而隔中外也。"③唐中宗神龍元年（705），宋之問被貶嶺南瀧州（今廣東羅定縣）參軍，途經作爲五嶺通道的大庾嶺，其《蚤發大庾嶺》一詩稱，"嶻起華夷界，信爲造化力"，"登嶺恨辭國，自惟勤忠孝"，"適蠻悲疾首，懷輦涕霑臆"④。唐朝杜佑《通典》云："五嶺之南，人雜夷獠，不知教義，以富爲雄……大抵南方遐阻，人強吏懦，豪富兼併，役屬貧弱，俘掠不忌。古今是同。"⑤因此，嶺南長期被視爲"蠻荒"和"絶域"。秦漢時期，嶺南籍士人參與中央王朝政治事務的記載完全是空白。在魏晉南北朝的門閥統治時期，由於九品中正制的選官方式高度重視門第和郡望，也基本上排除了嶺南籍士人通過正常

① （西晉）張華撰，范寧校證《博物志》卷一，北京：中華書局，1980 年，第 9 頁。
② 《水經注校證》卷三六，第834 頁。
③ 《舊唐書》卷八九《狄仁傑傳》，第 2889 頁。
④ 《文苑英華》卷二九〇，第 1478 頁；《全唐詩》卷五一，第 623 頁。
⑤ 《通典》卷一八四《州郡十四·古南越》，第4916 頁。

途徑參與中央王朝政治事務的可能。

梁武帝大同七年(541)交州豪族李賁的叛亂,即充分地反映了六朝時期嶺南籍士人與貴族門閥政治的矛盾。《資治通鑑》記載:"交趾李賁世爲豪右,仕不得志。同郡有并韶者,富於詞藻,詣選求官,吏部尚書蔡撙以并姓無前賢,除廣陽門郎;韶恥之。賁與韶還鄉里,會交州刺史武林侯(蕭)諮以刻暴失衆心,時賁監德州,因連結數州豪傑俱反。"①而《大越史記全書》却記載李賁"其先北人,西漢末苦於征伐,避居南土,七世遂爲南人。有文武才"②。在梁朝末年的"侯景之亂"中,雖然也有始興豪族侯安都因率軍追隨陳霸先而一度躋身於陳朝中央權力集團③,但是却不代表嶺南士人獲得了在政治上正常升遷的途徑。六朝時期嶺南各地的豪族首領雖然也可能世代擔任本地的州縣長官,甚至可以横斷鄉里,但是,這一特殊階層在整個國家政治生活中的地位必然還比較低,而且也難以獲得進一步向上流動的渠道。

而唐朝開始正式實行的科舉制度,則代表了中古政治和社會結構的重大變化。陳寅恪先生稱"(張)九齡本爲武后所拔擢之進士出身新興階級","始興張氏實爲一文學進用之寒族","宜乎張説與九齡共通譜牒,密切結合,由二人之氣類本同也"④。並將此稱之爲"中古社會革命"。唐朝建立以後,嶺南經濟和社會開始得到較快的發展。尤其是科舉制度的實行,使一般地主階層也可以依靠自己的才學走上仕途,並獲得進一步向上流動的管道。

---

① 《資治通鑑》卷一五八,梁武帝大同七年,北京:中華書局,1956年,第4909頁。
② 〔越〕吴士連撰,陳荆和編校《大越史記全書》卷四《前李紀》,東京:東京大學東洋文化研究所,1984年,第147頁。
③ 《陳書》卷八《侯安都傳》,第143—150頁。
④ 陳寅恪《唐代政治史述論稿》,上海:上海古籍出版社,1982年,第102—103頁。

在張九齡之前，嶺南已出現了通過科舉走上仕途的士人。值得注意的是嶺南溪洞豪族首領與唐朝科舉制度的關係。根據唐代林寶《元和姓纂》卷一"高州馮氏"條記載："高州都督、耿國公馮盎，代爲首領；竇州刺史、合浦公馮士翽代爲酋領。兄煜，進士。"①馮煜進士及第應在唐太宗統治後期或唐高宗前期。甯原悌出身於欽州著名溪洞豪族甯氏家族②。他於武則天永昌元年(689)進士及第，而且在全國排名爲第九。史稱甯原悌"出荒服，得上第，朝野咸歎異之"③。甯原悌後監修國史，在唐玄宗前期累官至諫議大夫④。以上兩位均出身於嶺南最著名的溪洞豪族，屬於典型的"蠻夷"。雖然這兩個家族在唐朝前期都已走向式微甚至衰滅⑤，但是却説明唐朝科舉制度的實行，確實爲嶺南籍士人參與國家政治生活打開了方便之門。

唐代粵北始興張氏的崛起，也應歸結於這一家族所世代保持的儒學特徵。白居易就稱贊始興張氏説："在唐張氏，世爲儒宗。"⑥蕭昕《殿中監張公神道碑》稱贊張氏數代祖先"皆世濟明德，不隕令名"⑦。徐浩所撰碑文則稱始興張氏"皆藴德葆光，力行未舉。地積高而成嶽，雲久蓄而作霖。是生我公，蔚爲人傑"⑧。意即始興張氏家族成員一

---

① 《元和姓纂(附四校記)》卷一"馮氏"，第 15 頁。

② 王承文《中古嶺南沿海甯氏家族淵源及其夷夏身份認同——以隋唐欽州甯氏碑刻爲中心的考察》，《魏晉南北朝隋唐史資料》第三十一輯，上海：上海古籍出版社，2015 年，第 196—228 頁。

③ (明)黃佐《廣東通志》卷五五《甯原悌傳》，廣州：廣東省地方史志辦公室謄印，1997 年，第 1398 頁。

④ 《輿地紀勝》卷一一九《欽州·人物》，第 3832 頁。另見《唐會要》卷六八，第 1420 頁；《資治通鑑》卷二一〇，唐睿宗景雲元年，第 6659 頁。

⑤ 參見王承文《唐代"南選"與嶺南溪洞豪族》，《中國史研究》1998 年第 1 期。

⑥ (唐)白居易《唐故秘書監張仲方墓志銘》，《全唐文》卷六七九，第 6944 頁。

⑦ 《文苑英華》卷八九九，第 4731 頁；《全唐文》卷三五五，第 3598 頁。

⑧ (唐)徐浩《張九齡神道碑》，《全唐文》卷四四〇，第 4489 頁。

直都以德行和儒學家風著稱,雖然長期並未通顯於世,然而當這一家
族的德行和學術的積纍達到相當程度後,就會産生像張九齡這樣傑出
的人物。

中古時代,一個家族在政治上的崛起,往往確實需要幾代人的努
力以及在學術和財富等方面的積纍。根據《新唐書‧宰相世系表》的
記載,張九齡伯父張弘雅,即在唐朝科舉考試中明經及第。明代黄佐
《廣東通志》記載:

> 張弘雅,韶州曲江人。晉司空華之後。其先家范陽方城,隨
> 晉南遷。曾祖守禮,隋塗山丞。祖君政,韶州別駕,因留家焉。
> 父子虔,竇州司録參軍。高宗顯慶四年,嶺南帥府舉弘雅明經,
> 填帖皆中,首得及第。粤俗自是霶霶多經學之士矣。其弟三
> 人,弘矩,洪州都督府參軍;弘載,端州録事;弘顯,戎城令。從
> 子,九齡。①

張弘雅於唐高宗顯慶四年(659)科舉明經及第。唐朝科舉明經科以考
試儒家經典爲主要内容,張弘雅的經歷即能證明其家族中有濃厚的儒
家文化氛圍。從張弘雅開始,始興張氏確實把科舉當成了最重要的入
仕途徑。

張九齡在武則天長安二年(702)第一次考中進士,並在中宗景龍
元年(707)和睿宗景雲三年(712)連中制舉②。至開元二十一年

---

① (明)黄佐《廣東通志》卷五五《張弘雅傳》,第1399頁。
② (清)徐松《登科記考》卷四,北京:中華書局,1984年,第134頁。《册府元龜》卷六四五
《貢舉部》稱神龍三年(707),"材堪經邦科:張九齡、康元瓌及第"(第7729頁);《唐會
要》記載張九齡中制舉是在神龍二年(706)和先天二年(713)(卷七六,第1642—1643
頁)。

(733),張九齡升爲中書侍郎同中書門下平章事。第二年又遷中書令。至此,可謂位極人臣。至開元二十四年(736)罷相。在張九齡任官宰相之前,唐玄宗曾對張九齡稱:"比以卿爲儒學之士,不知有王佐之才。今日得卿,當以經術濟朕。"①唐代始興張氏家族成員的確表現了相當明顯的以儒學入仕經世的特徵。在中國古代社會中,獲取國家官職對於維繫一個家族的社會地位往往具有決定性的影響。

從張九齡開始,始興張氏的家族成員大量出仕京城和地方,終唐不絕。《新唐書》卷七二《宰相世系表》比較詳細地記載了張九齡之後始興張氏歷代仕宦的情況。根據統計,始興張氏在唐朝共有九十五人獲得官職,而且其中有很多是五品以上的高官。至宋代,始興張氏的後裔還有張威、張浚、張栻、張忠恕等歷任高官②。

(四)張九章和張九皋及其後代的任官與遷徙

(1)張九皋及其後裔的仕宦及遷徙。

張九齡、張九章、張九皋三兄弟曾備受唐玄宗的榮寵。《舊唐書·張九齡傳》記載,張九齡"俄轉桂州都督,仍充嶺南道按察使。上又以其弟九章、九皋爲嶺南道刺史"③。唐朝地方官員的任命,除了部分邊遠地區之外,一般都有"仕宦避本籍"的規定。清代學者趙翼就將張九齡三兄弟出仕嶺南的現象,看成是唐朝的一種特例④。徐浩《張九齡神道碑》稱:"公仲弟九皋,宋、襄、廣三州刺史,採訪節度經略等使,殿

---

① (唐)徐浩《張九齡神道碑》,《全唐文》卷四四〇,第4490頁。
② 《宋史》卷三六一《張浚傳》,第11297—11311頁;《宋史》卷四〇九《張忠恕傳》,第12328—12331頁;《宋史》卷四二九《張栻傳》,第12770—12774頁。
③ 《舊唐書》卷九九《張九齡傳》,第3098—3099頁。《資治通鑑》卷二一五,唐玄宗天寶五載七月,第6872頁;《新唐書》卷七六《楊貴妃傳》,第3494頁。
④ (清)趙翼《陔餘叢考》卷二七《仕宦避本籍》,上海:商務印書館,1957年,第577頁。

中監。季弟九章,温、吉、曹等州刺史,鴻臚卿。腰金拖紫,三虎爲榮。立德行政,二馮推美。"①

　　張九皋(689—755)以"弱冠孝廉登科",唐玄宗天寶十載(751)至十二載,出任廣州刺史、嶺南五府經略節度使。遷殿中監。以天寶十四載(755)四月卒於京城長安長樂里之私第。有子十一人。其中張捷,爲端州刺史;張擢,爲金吾參軍;張撝,爲韶州刺史;張抗,爲侍御史;張捍,爲建陽令。而張抗之子張仲方,在張九皋的孫輩中最爲知名。《新唐書》將張仲方記載爲張九皋曾孫,即屬於一明顯失誤②。《舊唐書·張仲方傳》稱其"韶州始興人。祖九皋,廣州刺史、殿中監、嶺南節度使。父抗,贈右僕射。仲方伯祖始興文獻公九齡,開元朝名相。仲方,貞元中進士擢第,宏辭登科,釋褐集賢校理",仕爲京兆尹,唐文宗開成元年(836),任秘書監。又稱"仲方貞確自立,綽有祖風"。其有文集三十卷。張仲方之弟張仲孚,登進士,爲監察御史③。根據前引白居易所撰《張仲方墓志銘》,張仲方於唐德宗貞元十二年(796)進士及第,又以博學選登科,著文集三十卷,纂制詔一百卷,尤工五言章句,爲詩家所稱。張仲方之子張茂元進士及第,張智周明經及第。《全唐文》卷六八四收有張仲方《披沙揀金賦》、《駁贈司徒李吉甫諡議》。

　　至宋代,張九皋的後裔仍多有位至高官者。《明一統志》記載:"初,九皋嘗節度劍南,一子留成都,宋宰相張浚,其後也。"④這一記載有誤,因爲没有其他資料能證明張九皋曾經出任過劍南節度使。其實

①　《全唐文》卷四四〇,第4491頁。
②　《新唐書》卷一二六《張九齡傳》,第4430頁。
③　《舊唐書》卷一七一《張仲方傳》,第4443頁。
④　《明一統志》卷八〇《南雄府》,《景印文淵閣四庫全書》第473册,第689頁。

際情況是，張九皋後來徙家長安，至其孫張仲方的五世孫即國子祭酒張璘，因唐末黄巢之亂，隨唐僖宗遷蜀。張仲方的十世孫張浚（1097—1164），爲南宋高宗紹興年間的中興名相，抗金派領袖，封魏國公。朱熹所撰《張忠獻公浚行狀》稱，張浚，字德遠，"本貫漢州綿竹縣仁賢鄉武都里"，"本唐宰相張九齡弟節度使九皋之後。自九皋徙家長安，生子抗，抗生仲方，仲方生孟常，孟常生克勤，克勤生緕，緕生紀，紀生璘，即公五世祖，仕僖宗時，爲國子祭酒，從幸蜀，因居成都，壽百有二十歲。長子庭堅以蔭爲符寶郎，後不仕，符寶之子，即沂公也。沂公文矩，符寶之子也。沂公没，夫人楊氏攜三子徙綿竹，依外家，遂爲綿竹人"[1]。而張浚之子張栻（1133—1180），即爲南宋"大儒"，著名理學家，曾與朱熹齊名。張栻所作《夔州路提點刑獄張君墓志銘》亦稱：

> 予家自唐嶺南節度使（張九皋）由曲江徙長安。國子祭酒由長安徙成都，再世高祖，諱文矩，早捐館舍。夫人楊氏，挈孤依外家於漢之綿竹。今綿竹之張，皆自高祖出也。[2]

以上材料證明，張九皋的一支經歷了幾次主要遷徙：一是在唐玄宗天寶（742—756）年間，張九皋因在長安任殿中監等官職，其家人遂定居長安；二是唐僖宗廣明元年（880）因黄巢之亂，時任國子祭酒的張璘隨唐僖宗逃往成都，並定居成都；三是北宋初年，因沂國公張文矩早逝，其妻楊氏攜三子徙家綿竹，依外家而爲四川綿竹人。可見，張九皋之後一百餘年中，張九皋的後代主要居住在包括京城長安、洛陽等北方

---

① （宋）朱熹《少師保信軍節度使魏國公致仕贈太保張公行狀上》，收入朱熹《晦庵集》卷九五上，《景印文淵閣四庫全書》第 1146 册，第 221 頁；（宋）杜大珪編《名臣碑傳琬琰之集中》卷五五，《景印文淵閣四庫全書》第 450 册，第 637 頁。

② （宋）張栻《南軒集》卷三九，《景印文淵閣四庫全書》第 1167 册，第 738 頁。

地區。至於唐末遷往四川綿竹的一系亦成爲當地望族。根據宋代文獻和地方志記載，卜葬於綿竹的張氏家族成員至少有七位。其相關遺迹包括爲紀念張浚而建的紫岩書院（今綿竹中學），爲紀念張栻而建的南軒書院（今南軒書院）①。而張浚和張栻的墓，均在湖南省長沙市寧鄉縣官山鄉官山村，東距縣城約七十公里。係國務院公布第七批全國重點文物保護單位。

值得指出的是，張九齡、張九皋和張九章三兄弟先後卒後，最後却又都歸葬於韶州曲江縣一個"近於先塋"且被稱爲"洪義里武臨原"的地方②。2008 年 10 月，我們曾專門參訪張九齡三兄弟的墓地。張九齡的墓位於今韶關市區北郊墩子頭村羅源山麓。此地因爲歷朝均有官方祭祀，所以又稱丞相山。張九皋墓在張九齡墓右面山下，張九章墓則在張九齡墓左面山下。1960 年 7 月，廣東省文管會對張氏兄弟墓葬進行過發掘。1978 年，該山周圍被列爲"張氏家族墓地"。而張九皋的後代主要是在長安、洛陽以及北方内地繁衍。據蕭昕所作《張仲方墓志》記載，張仲方卒後，"歸葬於河南府（今河南洛陽市）某縣某鄉某原，袝僕射府君之封域焉"③。所謂"僕射府君"，據《舊唐書·張仲方傳》記載，張仲方之父張抗，曾任侍御史，大致由於張仲方政績突出，張抗被朝廷追"贈右僕射"。也就是説，在張九皋的子孫中，張抗、張仲方等已經把河南洛陽邙山作爲家族歸葬地。

唐代由於科舉制度的逐步推行，使社會各階層的流動性大爲增

---

① 參見趙海萍、蔡東洲《綿竹張栻祖墓的歷史考察》，《中華文化論壇》2005 年第 5 期，第 43—46 頁。

② （唐）徐浩《張九齡神道碑》，《全唐文》卷四四〇，第 4491 頁。

③ （唐）蕭昕《唐故秘書監張仲方墓志銘》，《文苑英華》卷九四五，第 4973 頁；《全唐文》卷六七九，第 6945 頁。

强,士大夫及其家族呈現出不斷向兩京等中心城市集中的趨勢①。而這樣一些向中心地區遷移的家族,比起那些留居在原籍地的家族,往往更容易獲得政治上和文化上的優勢。張九皋的後裔從嶺南遷居北方中原的現象即符合這種趨勢。而這一點,很可能也是在張九齡、張九皋、張九章兄弟的後裔中,以張九皋一系最爲顯赫的主要原因之一。

(2)張九章後裔的仕宦及遷徙。

張九章,歷任温州、吉州、曹州三州刺史。徵拜鴻臚卿。唐玄宗天寶五載(746)前後,任廣州刺史、嶺南經略節度使②。後爲義王府長史,奉册書封南海神爲廣利王,刻碑於廟。張九章有子九人,其中張招爲大理評事,張據爲金華縣令,張授爲陽川主簿,張操爲沂州司馬,張采爲雷州刺史③。宋王象之《輿地紀勝》卷一一八《雷州·官吏》引《太守題名序》云:"雷在唐爲下洲(州),置刺史,見於《紀表》者惟張採、陳聽思而已。"④黄佐《廣東通志》卷二〇《民物志·姓氏》又稱張九章之子張採,爲雷州刺史,"子孫處閩、浙、江、廣之間。宋自閩清徙東莞者曰淑,傳至登辰,以儒業著"⑤。其《廣東通志》卷四六《列傳名宦三》却又記載,張採,韶州曲江人,"祖九章,鴻臚卿,曲江公之弟也","奕世顯仕。至採以明經仕至雷州刺史。蒞事寬弘,不尚苛細"⑥。然而其稱張採爲張九章之孫應有誤。

① 參見毛漢光《從士族籍貫遷移看唐代士族之中央化》,收入毛漢光《中古社會史論》,上海:上海書店出版社,2002 年。
② 《資治通鑑》卷二一五,唐玄宗天寶五載七月,第 6872 頁;《舊唐書》卷五一《玄宗楊貴妃傳》,2179 頁。《新唐書》卷七六《楊貴妃傳》,第 3494 頁。按郁賢皓《唐刺史考全編》闕收。
③ 《新唐書》卷七二下《宰相世系表》,第 2702—2703 頁。
④ 《輿地紀勝》卷一一八《雷州》,第 3805 頁。
⑤ (明)黄佐《廣東通志》卷二〇《民物志·姓氏》第 522 頁。
⑥ (明)黄佐《廣東通志》卷四六《列傳名宦三》,第 1146 頁。

以上這些材料也説明在張九齡、張九皋、張九章之後,始興張氏已有不少家族成員因宦北上或散居其他地方。而這一點,則是我們研究古代嶺南家族和北方移民問題時所應注意到的另一方面。

二　唐宋時期圍繞張九齡有無後嗣的爭論

根據我們對歷史資料的考察,唐代著名文學家劉禹錫可能是歷史上爲數極少的對張九齡持貶抑態度的人之一。究其主要原因,是張九齡曾經建議將遭朝廷貶逐的左降官,安置在邊遠險惡之地以示懲戒。而劉禹錫一生仕途多舛,屢遭朝廷貶逐,其所撰《讀張曲江集作并序》遂對此借題發揮。其文曰:

> 世稱張曲江爲相,建言放臣不宜與善地,多徙五溪不毛之鄉。及今讀其文,自內職牧始安(今桂林),有瘴癘之歎;自退相守荊門,有拘囚之思。託諷禽鳥,寄詞草樹,鬱然與騷人同風。嗟夫,身出於遐陬,一失意而不能堪。矧華人士族而必致醜地,然後快意哉!議者以曲江爲良臣,識胡雛有反相,羞凡器與同列,密啓廷爭。雖古哲人不及。而燕翼無似,終爲餒魂。豈忮心失恕,陰譴最大,雖二美莫贖邪?不然,何袁公一言明楚獄而鍾祉四葉?以是相較,神可誣乎?予讀其文,因爲詩以弔。聖言貴忠恕,至道重觀身。法在何所恨,色傷斯爲仁。良時難久恃,陰譴豈無因。寂寞韶陽廟,魂歸不見人。①

---

① 劉禹錫《劉賓客文集》卷二一,《景印文淵閣四庫全書》第 1077 冊,第 454 頁;(宋)計敏夫撰《唐詩紀事》卷三九;《全唐詩》卷三五四劉禹錫《讀張曲江集作并引》。宋人多引用劉禹錫此文,如祝穆撰《古今事文類聚前集》卷三一《仕進部》"忮心陰責"條引《劉禹錫曲江序》,《景印文淵閣四庫全書》第 925 冊,第 501 頁;(宋)葉廷珪撰《海録碎事》卷七下《聖賢人事部上》"餒魂"條,《景印文淵閣四庫全書》第 921 冊,第 314 頁。

衆所周知,唐憲宗元和初年,劉禹錫因參與王叔文等人在唐順宗永貞元年(805)發動的"永貞革新"事件,被貶爲朗州(今湖南常德)司馬。《舊唐書·劉禹錫傳》記載:"禹錫積歲在湘、澧間,鬱悒不怡,因讀《張九齡文集》,乃叙其意曰",並引用了以上序文①。在劉禹錫看來,所謂張九齡"終爲餧魂"和"陰謫豈無因",即因其絶嗣而使得其祖先成爲無人祭祀的餓鬼,完全是因爲其爲政背離忠恕之道而遭報應的結果。然而,在今天留存的張九齡《張曲江集》中,却並未發現這一要求更嚴屬懲處左降官的奏文。當然,也不能完全排除正是由於劉禹錫等人的攻擊,才使得後代流傳的《張曲江集》已經剔除了這樣的奏文。又如宋初編纂的《册府元龜》中就專門列有"褊急"類,稱"人雖萬物之靈,五行之秀,然其禀受,蓋有蔽錮。其或位處通顯,而性過峻急,至於口不擇言,與物多忤,掇親友之嫌,失縉紳之歡者多矣,成同寮之憤,閱遭明庭之譴怒,大則致於殞斃,次則貽於困躓,比比有焉"。該門類還專門列舉歷代"褊急"的例子,其中就有張九齡,並稱:"唐張九齡爲荆州大都督府長史,性躁急,動輒忿詈,議者以此少之。"②這是一條非常罕見的有關張九齡性格的資料,雖然與歷史上張九齡近乎完美的形象有所抵觸,然而,其真實性却不能被輕易地排除掉。

衆所周知,在古代社會中,有無後代祭祀祖先是一個極爲重要的問題。《孟子·離婁上》稱:"不孝有三,無後爲大。"東漢趙岐注釋曰:"於禮有不孝者三事,阿意曲從,陷親不義,一不孝也;家貧親老,不爲禄仕,二不孝也;不娶無子,絶先祖祀,三不孝也。三者之中,無後爲

---

①　《舊唐書》卷一六〇《劉禹錫傳》,第 4211 頁。
②　《册府元龜》卷九一六《總錄部·褊急》,第 10843 頁。

大。"①張九齡是否絕嗣即成爲後世特別是宋人極爲關注的話題。由
於這一問題也關係到後人對張九齡的評價,因此,我們須作較多的
考辯。

首先,張九齡並非如劉禹錫所說的没有後嗣。二十世紀六十年代
初,在張九齡墓葬中出土的唐徐安貞所撰《張九齡陰堂志銘并序》稱:
"嗣子拯,號訴罔逮,而謀遠圖,刻他山之石,志於玄室。"②前引徐浩
《張九齡神道碑》稱:"嗣子拯,居喪以孝聞,立身以行著。陷在寇逆,
不受僞官,及收復兩京,特制拜朝散大夫,太子右贊善大夫。孫藏器,
河南府壽安尉,永保先業,克秉義方。侄,殿中侍御史抗,文吏雅才,清
公賢操,以兄拯早世,侄藏器幼孤,未建豐碑,乃刻樂石,用展猶子之
慕。"不過,這條資料也説明張九齡之子張拯去世較早。《新唐書》卷
一二六《張九齡傳》稱其"子拯","居父喪有苦行",其拒絕安禄山僞官
事迹與徐浩碑相同。《新唐書·宰相世系表》所載張九齡後嗣的仕宦
情況爲:張九齡之子張拯,官右贊善大夫;張拯之子張藏器,官長水縣
丞;張藏器之子張敦慶,官袁州司倉參軍;張敦慶之子張景新;張景新
之子張洎,官嶺南觀察衙推;張洎之弟張郎,官湖南鹽鐵判官;張洎之
子張皓,官仁化縣令;張皓之孫張文嵩,官監東太倉③。宋代吴曾即據
此指出:"自九齡至文嵩,凡八代,仕宦不絶。"④宋代鄧名世《古今姓氏

① 《孟子注疏》卷七,阮元校刻《十三經注疏》,北京:中華書局,1980年,第2723頁。

② 《唐張九齡墓發掘簡報》,《文物》1961年第10期;周紹良主編《唐代墓志彙編》開元五二
五號,第1517頁;《全唐文補遺》第一輯,第145頁。按《陰堂志銘》稱"公之生歲六十有
三,以開元廿八年五月七日薨。"此證明《新唐書》卷一二六《張九齡傳》稱其壽六十八歲
有誤。

③ 《新唐書》卷七二《宰相世系表下》,第2687—2692頁。

④ (宋)吴曾撰《能改齋漫録》卷四《辯誤》,上海:上海古籍出版社,1979年,第82頁。

書辯證》記載張九齡後代的情況爲："九齡子、孫、曾孫皆一人，四世孫二人，五世孫四人，六世孫七人，七世孫十七人，八世孫三十一人。"①南宋王象之還特地强調，張九齡"子孫盡在南雄，至今不絶"②。至宋理宗嘉熙三年（1239）七月，南雄州學教授翁甫所作《張文獻公碑》稱："南雄州學（翁）甫謹按《圖志》，公生於今州之始興縣清化鄉，縣有丞相户，公子孫在焉。十世孫（張）唐輔元祐間嘗貴矣。唐無雄州，始興隸於曲江，故天下謂公曲江公云。"③而宋朝一代學者之所以如此重視對張九齡後嗣的記載，顯然都與劉禹錫對張九齡的攻擊有關。

　　其次，劉禹錫對張九齡的貶損，亦招致了宋代及後來大量學者的强烈批評。宋代晁補之特地撰"劉禹錫詆張曲江"條，稱："禹錫若守正比義而以獲罪，如是言之，可也。既不自愛，朋邪近利，以得譴逐，流離遠徙。不安於窮，又不悔咎（也作咨）己失，而以私意不便詆曲江。當國嫉惡之。言盜憎主人，物之常態。誰爲忮心失恕耶？故凡小人詆君子，不足瑕疵，適增其美。孟子所謂詖辭知其所蔽，淫辭知其所陷者。要以觀照，如是等輩，窮本見情，使善者伸爾。"④另外，朱熹《朱子語類》、吴曾《能改齋漫録》均有專門批駁⑤。王得臣所撰《麈史》，特列舉張九齡第十世孫曲江人張君唐事迹，稱："夫以夢得（即劉禹錫）去

① （宋）鄧名世撰，王力平點校《古今姓氏書辯證》卷一三，南昌：江西人民出版社，2006年，第193頁。
② 《輿地紀勝》卷九三《廣南東路·南雄州人物》，第3223頁；又見《能改齋漫録》卷四《辯誤》，第82頁。
③ 馬蓉等點校《永樂大典方志輯佚》，北京：中華書局，2004年，第2540頁。
④ （宋）晁補之撰《雞肋集》卷四八《唐舊書雜論》，《景印文淵閣四庫全書》第1118册，第801頁；亦見晁補之《蘇門六君子文粹》卷五九《濟北文粹六·舊唐書雜論》，《景印文淵閣四庫全書》第1361册，第405頁。
⑤ （宋）朱熹《朱子語類》卷一四〇《論文下》，《景印文淵閣四庫全書》第702册，第811頁；（宋）吴曾《能改齋漫録》卷四《辯誤》，《景印文淵閣四庫全書》第850册，第554頁。

曲江才五六十年,乃言燕翼無嗣……豈夢得因遷謫有所激而言也!"①
明代黃佐一方面認爲劉禹錫如此貶損張九齡的原因,在於劉禹錫謫爲
朗州司馬,"至州以詩文自適,語多不平",並斥責其"謬妄如此"②;"由
曲江之罷相也,小人如劉禹錫者,猶加謗於其没世,矧林甫之同時者
哉! 君子處睽可歎也已"③。另一方面,則專門記載張九齡之後,"其
後仕者多至百餘人"④;又稱張九齡之子張拯,"其後昆多至數百人,散
處江南、荆、閩,至今不絕"⑤。然而,這條資料也説明,隨着張九齡的
後代出仕各地方,不少家族成員也隨之遷徙定居在異地他鄉。

唐宋時代圍繞這一具體問題的爭論,一方面間接地反映了在張九
齡之後,留居在韶州曲江的張九齡後代,其人數可能較少,而且較爲沉
寂。而遠徙他鄉的張九皋、張九章的後裔却有更大發展。另一方面則
與宋代士大夫的政治取向有關。因爲宋代士大夫對劉禹錫參與的"永
貞革新"以及"二王八司馬"的政治品格,普遍持批評甚至否定的態
度⑥。而對張九齡在政治上的忠貞氣節則極爲推崇。

三 宋代君臣對張九齡的高度評價及其原因

唐人對張九齡的評價,主要集中在政治和文學兩方面。《新唐
書·張九齡傳》記載,"開元後,天下稱曰曲江公而不名云。建中元年,

---

① (宋)王得臣《麈史》卷三《真僞》,《景印文淵閣四庫全書》第 862 册,第 641 頁。
② (明)黃佐《廣東通志》卷五二《劉禹錫傳》,第 1329 頁。
③ (明)黃佐《廣東通志》卷五五"論曰",第 1423 頁。
④ (明)黃佐《廣東通志》卷二〇《民物志·姓氏》,第 522 頁。
⑤ (明)黃佐《廣東通志》卷五五《張九齡傳》,第 1403 頁。
⑥ 例如,歐陽修等所撰《新唐書》卷一六八"贊曰:(王)叔文沾沾小人,竊天下柄,與陽虎取
大弓,《春秋》書爲盜無以異。(柳)宗元等橈節從之,徼幸一時,貪帝病昏,抑太子之明,
規權遂私。故賢者疾,不肖者媚,一債而不復,宜哉!"(第 5143 頁)

德宗賢其風烈,復贈司徒"①。吕温《張荆州畫贊并序》稱:"中書令始
興文獻公,有唐之鯁亮臣也。"②杜甫撰有專門懷念張九齡的《哀詩》。
釋皎然《讀張曲江集》稱:"相公乃天蓋人文,佐王成立。"③史載元和年
間,宰相崔群曾對唐憲宗説:"願陛下以開元爲法,以天寶爲戒,社稷之
福也。又言世謂禄山反,爲治亂分時。臣謂罷張九齡,相林甫,則治亂
固已分矣。"④崔群大概是唐代最早將張九齡在政治上的進退,與唐玄
宗時期的政治乃至整個唐朝的治亂的轉變相聯繫的人之一。

　　宋代君臣和士大夫對張九齡歷史地位的評價要遠高於唐朝。究
其原因,首先,張九齡憂國憂民和在政治上直道而行的特徵,非常符合
宋代士大夫所極力崇尚的忠貞氣節。陳寅恪稱歐陽修、司馬光爲代表
的宋代史學"貶斥勢利,崇尚氣節,遂一匡五代之澆漓,返之淳正"⑤。
其次,宋朝君臣極爲重視對唐朝統治經驗和教訓的總結。尤其是唐玄
宗一朝的政治成爲了宋代君臣評議的中心。唐玄宗早年勵精圖治,促
成了中國歷史上罕見的"開元盛世"的出現。然而,其晚年則荒於政
事,尤其是用人問題上重用佞幸的嚴重失誤,最終導致了"安史之亂"
的爆發,強盛的唐王朝由此走向衰落。在這一重大歷史轉變中,張九
齡所提出的一系列具有遠見的政治主張以及他在政治上的升降沉浮,
就具有了十分重要的象徵意義和借鑒意義。張九齡作爲一個正直、忠
貞、富有遠見卓識的政治家的形象,也因此被定格在中國古代歷史的

---

①　《新唐書》卷一二六《張九齡傳》,第 4430 頁。

②　(唐)吕温《吕衡州集》卷九,《景印文淵閣四庫全書》第 1077 册,第 664 頁。

③　(唐)釋皎然《杼山集》卷六,《景印文淵閣四庫全書》第 1071 册,第 822 頁。

④　《新唐書》卷一六五《崔群傳》,第 5081 頁。

⑤　陳寅恪《贈蔣秉南序》,《寒柳堂集》,北京:三聯書店,2001 年,第 182 頁。

尖峰,被後代的政治家、歷史學家反復借鑒和評說。根據我們對《續資治通鑑長編》等宋代歷史資料的考察,宋代君臣圍繞張九齡等與唐玄宗時期盛衰關係的公開討論,就達數十次之多。

從宋代開始,中央王朝還屢屢將張九齡作爲"褒表"的"名賢"。根據宋代王栐的記載,"前代名賢之後,累聖褒表最顯著有四人,一曰狄梁公仁傑,二曰張曲江公九齡,三曰段太尉秀實,四曰郭汾陽王子儀"①。其中狄仁傑是武則天時期的著名宰相,以公正嚴明敢於直諫聞名,尤其是暗助李唐王室完成了復辟大業。段秀實爲軍將出身,官至司農卿,唐德宗建中四年(783),因公開反對藩鎮朱泚的叛唐稱帝而被朱泚殺害。唐德宗詔贈太尉,謚"忠烈"。郭子儀在平定"安史之亂"中功居第一,唐德宗賜號"尚父",封汾陽王。唐肅宗和後代史家將其尊奉爲再造唐室的功臣。而張九齡顯然是以忠貞奉國而在宋代成爲被"褒表"的"名賢"的。

張九齡所受"褒表"以及對其世孫的錄用,其中比較重要的有:(1)宋太宗太平興國三年(978)五月壬申,"韶州言準詔訪唐相張九齡事迹,得其畫像及文集九卷獻之"②。(2)宋真宗景德三年(1006)正月,王栐《燕翼貽謀録》記載張九齡九世孫張元吉,"詣闕,獻明皇墨迹,並張公寫真告身,詔以爲韶州文學"③。《續資治通鑑長編》則記載爲,"以唐張九齡九世孫元吉爲韶州文學。元吉詣闕獻明皇墨迹及九齡真圖告身,故録之"④。(3)宋仁宗天聖元年(1023)八月,"録唐張九

①　(宋)王栐《燕翼貽謀録》卷二,《景印文淵閣四庫全書》第 407 册,第 726 頁。
②　《續資治通鑑長編》卷一九,宋太宗太平興國三年六月壬申,第 431 頁。
③　(宋)王栐《燕翼貽謀録》卷二,《景印文淵閣四庫全書》第 407 册,第 727 頁。
④　《續資治通鑑長編》卷六二,宋真宗景德三年,第 1387 頁。

齡後"①。（4）天聖六年（1028）七月，張九齡九世孫張錫，"又以公告身並明皇批答來獻，補試國子四門助教"②。《續資治通鑑長編》記載爲，"唐中書令張九齡九代孫錫，以九齡告身及明皇批答來獻。上謂輔臣曰：'九齡，唐名相也，宜旌其後。'即授試國子四門助教。王曾曰：'安禄山反狀未萌，九齡獨先見，請誅之。明皇不聽。及禄山反，乃自蜀遣使致祭於曲江，雖悔無及也。今録其後，足以勸忠矣。'"③《宋史》記載爲，"仁宗嘗録唐張九齡九代孫錫、狄仁傑裔孫國寶、郭子儀孫元亨、長孫無忌孫宏，皆命以官"④。（5）宋仁宗皇祐（1049—1054）年間，在平定嶺南西部少數民族首領儂智高叛亂之後，"朝廷推恩，凡名舉人者悉官之"，張九齡十世孫張唐輔名列其中。其後遷安州刺史，"當塗諸公往往以名相之後稱薦之"⑤。（6）宋高宗紹興元年（1131），"録唐宰相張九齡十二世昭爲中州文學"⑥。（7）明武宗正德（1506—1521）年間，詔"真定祀顔杲卿、真卿。韶州附祀張九齡子拯。沂州祀諸葛亮。蕭山祀游酢、羅從彦"⑦。在唐朝"安史之亂"以及藩鎮反叛唐朝的危機中，顔杲卿和顔真卿均以忠貞於唐朝著稱。張九齡之子張拯則因拒絕安禄山的官爵利誘而聞名。諸葛亮以興復漢室著稱。至於游酢和羅從彦的事迹，均見《宋史》卷四二八《道學傳》，二人以道學著稱。總

---

①　《宋史》卷九《仁宗本紀》，第185頁。

②　（宋）王栐《燕翼詒謀録》卷二，《景印文淵閣四庫全書》第407册，第727頁。

③　《續資治通鑑長編》卷一〇六，宋仁宗天聖六年，第2480—2481頁。

④　《宋史》卷一〇五《禮志》，第2560頁。

⑤　（宋）王得臣《麈史》卷三《真僞》，《景印文淵閣四庫全書》第862册，第641頁。

⑥　（宋）李心傳《建炎以來繫年要録》卷四八，宋高宗紹興元年，北京：中華書局，1988年，第868頁。

⑦　《明史》卷五〇《禮四》，第1310頁；《五禮通考》卷一二三，《景印文淵閣四庫全書》第137册，第992頁。

之,以上也説明了張九齡在唐朝以後歷史評價的上升,與宋、明中央王朝所崇尚的綱常倫理和政治道德密切相關。

四　張九齡在嶺南地域文化意象嬗變中的意義

(一)從張九齡的仕宦經歷看唐人對嶺南的地域意象

我們今天重讀《張曲江集》,一方面能從中深切地感受到張九齡對粵北故鄉山水的强烈熱愛。但是,另一方面,我們亦能發現其一生都似乎揮之不去的因出身於嶺南所帶來的自卑情結。唐代社會中尚保留有相當濃厚的地域意識和門第觀念,因此,我們還不能説張九齡在主觀上已有明確的嶺南地域文化的自覺意識。唐代始興張氏極爲重視其河北范陽的郡望,張九齡還與同樣以范陽爲郡望的張説共通譜牒及叙昭穆,均是其門第觀念的反映。張九齡所作《益州長史叔置酒宴別序》一文亦有這樣的背景。該文作於開元十二年(724),是張九齡爲張敬忠赴任益州大都督府長史置酒宴別所作。其文稱"叔父"張敬忠"備聞於朝廷","今以美濟,俾我張氏,鬱彼士林","所以前拜小司馬,兼擁旄於五命。今爲左常侍,仍總戎於三蜀"①。張敬忠在益州任上的官銜爲左散騎常侍、益州大都督府長史、劍南道節度大使、攝御史中丞、本道採訪經略大使、上柱國②。張九齡將其尊稱爲同姓族叔。對於這種現象,唐朝李涪所撰《刊誤》卷上"座主當門生拜禮"條有相當準確而透徹的解釋,其文稱:

> 春官氏每歲選升進士三十人,以備將相之任。是日,自狀元已下同詣座主之宅。座主立於庭,一一而進,曰某外氏某家,或曰

---

① 《全唐文》卷二九〇,第 2946 頁。

② 郁賢皓《唐刺史考全編》卷二二二《益州》,第 2944 頁。

甥,或曰弟。又曰某大外氏某家,又曰外大外氏某家,或曰重表弟,或曰表甥孫。又有同宗,座主宜爲侄而反爲叔。言叙既畢,拜禮得申。予輒議曰:春官氏選士得其人,止供職業耳。而後造之士以經術待聘,獲采拔於有司,則朝廷與春官氏皆何恩於舉子?今使謝之,則與選士之旨,豈不異乎? 有海東之子,嶺嶠之人,皆與華族叙中表從。使拜首而已,論諸事體,又何有哉?①

以上所謂"海東",即指唐代渤海國,是臣屬於唐朝的藩屬政權。從公元 698 年大祚榮創建,到公元 926 年被契丹所滅,渤海國存世二百二十九年,曾經一度統轄整個中國東北地區,又稱"海東盛國"。所謂"海東之子",即是指渤海國參加唐朝科舉考試的士人。而"嶺嶠之人"與"海東之子"一樣,其所謂"皆與華族叙中表從",正是地域觀念在唐代嶺南士人中的反映。宋代晁公武《郡齋讀書志》著録有張九齡所著《唐姓源韻譜》一卷。該書已佚。晁公武對該書體例、來源等等均有較詳細的介紹,並稱"此周齊以來,譜牒之學,所以貴於世也與"②。在門第閥閲之風尚盛行的唐代,來自嶺南的張九齡必然亦同樣重視門第和出身。對於這一點,我們無法苛求於古人。

　　從張九齡的仕宦經歷來看,我們也可以窺見唐朝君臣濃厚的門第和地域觀念對他的影響。開元二十四年(736),張九齡因反對任命胥吏出身的牛仙客爲宰相,而觸怒了唐玄宗,並因此成爲張九齡被罷相的主要原因之一。劉肅《大唐新語》記載爲:"玄宗怒曰:'卿以仙客寒士嫌之耶? 若是,如卿豈有門籍!'九齡頓首曰:'荒陬賤類,陛下過聽,

---

① （唐）李涪《刊誤》卷上,瀋陽:遼寧教育出版社,1998 年,第 9 頁。
② （宋）晁公武撰,孫猛校證《郡齋讀書志》卷九《譜牒類》,北京:中華書局,1990 年,第395 頁。

以文學用臣。'"①《新唐書・張九齡傳》記載："帝怒曰：'豈以仙客寒士嫌之邪？卿固素有門閥哉？'"②《資治通鑑》則記載爲，張九齡對玄宗説："臣嶺海孤賤，不如仙客生於中華。"③以上記載雖然各有差別，但一方面説明在唐玄宗心目中，張九齡即屬於没有任何門第閥閲之人；另一方面，在唐玄宗的嚴責之下，張九齡自己也承認出身低微，且承認來自嶺南邊遠之地，在地望上甚至還比不上來自隴右道涇州鶉觚縣（今甘肅省靈台縣）的牛仙客。

根據唐代封演《封氏聞見記》記載，賀知章（659—744）爲秘書監，纍年不遷，及張九齡罷相，賀知章稱："知章蒙相公庇陰不少。自相公在朝堂，無人敢罵知章作'獠'。罷相以來，爾汝單字，稍稍還動。"賀知章，唐越州會稽永興（今浙江省蕭山市）人，早年遷居山陰（今浙江紹興）。所謂"爾汝單字"，即"獠"字，意即賀知章以張九齡出身於邊遠的嶺南，故意以嶺南"獠人"相譏。《封氏聞見記》稱"九齡大慚"④。此則説明出身於江南吴越之地的賀知章，對於張九齡也有地域觀念上的歧視。衆所周知，唐代禪宗六祖惠能的父親本是河北范陽人，因罪

---

① （唐）劉肅《大唐新語》卷七《識量》，北京：中華書局，1984 年，第 105 頁。
② 《新唐書》卷一二六《張九齡傳》，第 4428 頁。
③ 《資治通鑑》卷二一四，唐玄宗開元二十四年，第 6823 頁。
④ （唐）封演撰，趙貞信校注《封氏聞見記》卷一〇《諷切》，北京：中華書局，2005 年，第 92 頁。唐代稱南方人爲"獠"，具有明顯的貶義。杭州錢塘人褚遂良爲唐太宗的顧命大臣，因其一再阻止唐高宗立武則天爲皇后，立簾後竊聽的武則天怒不可遏地大聲説："何不撲殺此獠！"（《资治通鑑》卷一九九，第 6290 頁）唐代宰相陸贄，爲蘇州嘉興人（今浙江嘉興市），科舉進士出身，唐德宗貞元八年（792）任中書侍郎同平章事，因事觸怒唐德宗，《唐語林》卷六記載唐德宗斥其爲"獠奴"。而《太平廣記》卷二七五所引《異聞集》，稱唐德宗怒稱陸贄爲"老獠奴"（第 2169 頁）。何謂"獠奴"？《全唐詩》卷二二九杜甫《示獠奴阿段》詩原注稱："獠乃南蠻别種，無名字，男稱阿蒼、阿段，女稱阿夷、阿等之類。"（第 2499 頁）

流放嶺南。而六祖本人則出生於嶺南新州（今廣東新興縣），其前往湖北黃梅馮墓山向五祖弘忍求法，而弘忍"遂責惠能曰：汝是嶺南人，又是獦獠，若爲堪作佛"①！可見，在佛門内部也有歧視嶺南籍人士的傾向。即使到了明代，著名海南籍士人丘濬升任國子祭酒，有同僚竟然對此大加毁傷，稱："南獠止可爲教官耳。"②可見，北方内地人士對嶺南人的這種歧視和偏見可謂既深而且由來已久。而張九齡在給朝廷的上表中亦自稱："臣山藪陋材，豈有此堪國用。"③與此類似的表述還有很多，例如，"臣實單人，本無大用"，"臣獨何人，謬居此地"（《讓起復中書侍郎同平章事》）、"臣本單族，過蒙獎拔"（《謝工部侍郎集賢學士狀》）、"微軀賤貌"（《謝賜藥狀》）、"生身蓬蓽"（《讓賜宅狀》），都説明張九齡的内心一直都有揮之不去的自卑情結。至於劉禹錫則更是直接地從地域門閥觀念出發，指斥張九齡"身出於遐陬"，而非"華人士族"④。正如前引陳寅恪《唐代政治史述論稿》所説，"始興張氏實爲以文學進用之寒族"。

　　至唐代後期，粤北韶州的另外一位文化名人劉軻的事迹亦可爲旁證。劉軻原籍江蘇沛縣。"安史之亂"後，其家族南遷嶺南，據唐代范攄《雲溪友議》卷中記載："劉侍郎軻者，韶右人也。"⑤《大明一統志》也記載劉軻爲韶州曲江縣人⑥。又根據徐松《登科記考》卷一八記載，劉

① 郭朋《〈壇經〉導讀》，成都：巴蜀書社，1987年，第65頁。
② （明）黃佐《廣東通志》卷六一《丘濬傳》，第1551頁。
③ 張九齡《謝兩弟移官就養狀》，《文苑英華》卷六二九，第3254頁。
④ （唐）劉禹錫《劉賓客文集》卷二一《讀張曲江集作并序》，《景印文淵閣四庫全書》第1077冊，第454頁。
⑤ （唐）范攄《雲溪友議》卷中，上海：古典文學出版社，1957年，第22頁。
⑥ 《明一統志》卷七九《韶州府》，《景印文淵閣四庫全書》第473冊，第683頁。

軻爲元和十三年(818)進士。唐末王定保所撰《唐摭言》稱之"進士登第,文章與韓(愈)、柳(宗元)齊名"①。而劉軻在其《上座主書》中説:

> 軻本沛上耕人,代業儒爲農人家,天寶末流離于邊,徙貫南鄙。邊之人嗜習玩味,異乎沛,然亦未嘗輟耕舍學,與邊俗齒。且曰:言忠信,行篤敬。雖夷貊行矣,故處邊如沛焉。②

劉軻雖然出身嶺南韶州曲江,但是却認爲作爲邊徼蠻夷之地的嶺南與其祖籍地沛郡(即今江蘇沛縣)是不能相提並論的。而在現存劉軻以及其他唐代嶺南籍人士的著作中,我們都難以看到他們對於張九齡這位嶺南先賢有何相關評論。

(二)唐以後張九齡與嶺南地域意象的變化

在唐代以後,張九齡則確實已經逐步成爲嶺南地域文化的象徵。其在歷史上的重要意義主要體現在兩方面,一是他使中原内地人士對嶺南的看法大爲改觀;二是後來大量的嶺南籍士人都把他推崇爲嶺南地域文化的代表。對此,我們試舉一些最具有典型意義的例證來説明。

根據史書記載,宋真宗景德二年(1005),撫州(今江西臨川市)進士晏殊年僅十四,大名府(今河北大名縣)進士姜蓋年僅十二,"皆以俊秀聞,特召試。殊試詩賦各一首,蓋試詩六篇。殊屬辭敏贍,上深歎賞。宰相寇準以殊江左人,欲抑之而進蓋。上曰:'朝廷取士,惟才是

---

① (五代)王定保《唐摭言》卷一一。有關唐朝劉軻事迹,參見〔日〕吉川忠夫《劉軻傳》,《中國中世史研究續編》,京都:京都大學學術出版會,1995 年,第 473—502 頁;王承文《唐代北方家族與嶺南溪洞社會》,《唐研究》第二卷,北京:北京大學出版社,1996 年。

② (宋)姚鉉《唐文粹》卷八八,《景印文淵閣四庫全書》第 1344 册,第 321 頁;《全唐文》卷七四二,第 7673 頁。

求，四海一家，豈限遐邇？如前代張九齡輩，何嘗以僻陋而棄置耶？'乃賜殊進士出身"①。寇準（961—1023），字平仲，華州下邽（今陝西渭南）人。身爲宰相的寇準欲從其根深蒂固的南北地域觀念出發，用出身河北大名府的姜蓋來壓制出身江西撫州的晏殊。而宋真宗却特地以唐代名相張九齡爲例，來證明作爲邊遠之地的嶺南亦能誕生傑出的人才。

宋哲宗元祐二年（1087），廣州知州蔣之奇撰《廣州州學記》稱："抑余又聞之，有教無類，立賢無方。蓋上之行教也，無華蠻之限；天之生賢，無遠近之間。韶之曲江，越在荒服，愛之日南，介於外夷，而猶有張九齡、姜公輔之儔出焉。"②北宋梁寺丞作《清淑堂記》稱贊韶州曰："張文獻、余襄公父母之國，卓然清風，振起百世。"③江西饒州人汪藻（1079—1154）所撰《畫繡堂記》稱，"自古人物與山川相爲輕重"，"隆中由諸葛亮而顯，曲江由張九齡而大。此山川以人物爲重也。故爲名山大川者，不以生明堂大輅之材，九鼎之金，照乘之珠，連城之璧爲貴，而以毓英賢爲貴"④。宋代著名詩人楊萬里（1127—1206）爲江西吉州人，稱"人物粤産，古不多見，見必奇傑也。故張文獻公（九齡）一出，而曲江名天下。至本朝余襄公（靖）繼之。兩公相望，揭日月，引星辰，粤産亦盛矣！蓋自唐以後於今，五百有餘歲，粤産二人而止耳，則亦希矣！然二代各一人，而二人同一州，又何富也！世謂以文取人抑末也。

---

① 《續資治通鑑長編》卷六〇，宋真宗景德二年，第 1341 頁；《宋史》卷三一一《晏殊傳》，第 10195 頁。

② 《永樂大典》卷二一九八四《郡縣學三十》引《南海志》，第 7842 頁。

③ 《輿地紀勝》卷九〇《廣南東路·韶州"風俗形勝"》引，31222 頁。

④ （宋）汪藻《浮溪集》卷一八《畫繡堂記》，《景印文淵閣四庫全書》第 1128 册，第 161 頁。

兩公俱以文學進,以名節顯"①。楊萬里又記載:"往董之鑠闈,語考官曰:'諸君無陋南州。異時張曲江、余襄公,皆一代人物之英。願留意,勿草草。'既揭牓,士稱得人。"②張浚、張栻都是唐代張九皋的後代。張栻曾出任經略安撫廣南西路,其於宋孝宗淳熙四年(1177)所作《宜州學記》稱:"奇才之出,何間遠邇。遠方固曰寡士,然如唐之張公九齡出於曲江,姜公公輔出於日南,皆表然著見於後世。"③以上説明張九齡確實在較大意義上改變了人們對嶺南的偏見。劉克莊(1187—1269)是南宋著名文士,福建莆田人。他寫詩稱贊韶州曰:"是邦亦洙泗,人可牛與弓。良知盡虛市,妙質老耕農。彼時張曲江,此時余襄公。二子稍脱穎,一洗凡馬空。斯文隔裔土,後生昧華風。"④

由於曲江縣位於經由五嶺通往廣州的交通要道上,張九齡的故居和墓地也因此成爲歷代大量官員士大夫參訪憑弔的勝地。宋徽宗大觀四年(1110),時任提舉京畿常平的唐庚(1070—1120),因依附宰相張商被貶斥惠州,其所作《張曲江畫像贊》稱:"大觀四年冬,吾南遷,至曲江……吾欲訪其故居而吊其墓,識其子孫,以求其遺風餘烈。時方遷斥,勢有所未暇,獨得其遺像,流涕而贊之。"⑤至南宋末年,潭州人楊大異任提點廣東刑獄,"訪張九齡曲江故宅,建相江書院,以祀九齡"⑥。

---

① (宋)楊萬里《誠齋集》卷七三《韶州州學兩公祠堂記》,《景印文淵閣四庫全書》第1161冊,第18頁。

② (宋)楊萬里《誠齋集》卷一三〇《端溪主簿曾東老墓志銘》,《景印文淵閣四庫全書》第1161冊,第666頁。

③ (宋)張栻《南軒集》卷九《宜州學記》,《景印文淵閣四庫全書》第1167冊,第505頁。

④ (宋)劉克莊編《後村詩話》卷七,《景印文淵閣四庫全書》第1481冊,第379頁。

⑤ (宋)唐庚《眉山文集》卷四,《景印文淵閣四庫全書》第1124冊,第345頁。

⑥ 《宋史》卷四二三《楊大異傳》,第12645頁。

　　宋人也强調嶺南特別是粤北韶州學風與張九齡之間的關係。王
十朋(1112—1171),温州樂清(今浙江省樂清市)人,著名政治家,其
於宋孝宗乾道七年(1171)所撰《廣州重建學記》稱:"異日揚王庭,立
名節,姓名光史册,如張曲江、姜日南、余襄公者,不一而足,又豈止讀
紙上語,工文詞,取科第,抗衡上國而已哉!"①宋孝宗淳熙十年(1183)
五月,著名理學家朱熹所作《韶州州學濂溪先生祠記》稱:"韶故名郡,
士多願愿,鮮浮華,可與進於善者,蓋有張文獻、余襄公之遺風焉。"②
宋歐陽守道(1208—1272)是南宋教育家,吉州廬陵(今江西吉安)人。
其所撰《青雲峰書院記》稱:"曲江,嶺南名郡,山川之産多秀民,自張
子壽(即張九齡)顯開元,余安道(即余靖)鳴慶曆,文獻承承,越至於
今。業進士者,有企慕前修之意,求師取友,走千百里外,或累歲而後
還家。江湖間有以所學教授其徒,曲江士必在列,而歲至吾廬陵者尤
衆。其人大率純實茂作,爲文章輕巧不足而質實有餘。予甚愛其有古
之遺風。使遇名師良友,以古道相誘掖,其所成就,宜有大絶人者。"③
元代人所作《宋史》之"論曰"稱:"唐張九齡、姜公輔,宋余靖,皆出於
嶺嶠之南,而爲名世公卿,造物者曷嘗擇地而生賢哉? 先王立賢無方,
蓋爲是也。番禺崔與之晚出,屹然大臣之風,卒與三子者方駕齊
驅。"④明初方孝孺撰《送梁宏省親還廣東序》稱:"昔嘗稱南士輕剽,不
可當大事,此北人自私之論……三國魏晉以後,士之可稱者,多南方之
人。唐之時,與魏徵齊名者曰陸贄。爲宰相有行義者曰張九齡。贄,

---

① (宋)王十朋《梅溪後集》卷二六,《景印文淵閣四庫全書》第1151册,第592頁。
② (宋)周敦頤撰《周元公集》卷六,《景印文淵閣四庫全書》第1077册,第454頁;(宋)朱熹
　　《晦庵集》卷七九,《景印文淵閣四庫全書》第1145册,第641頁。
③ (宋)歐陽守道《巽齋文集》卷一六,《景印文淵閣四庫全書》第1183册,第641頁。
④ 《宋史》卷四〇六"論曰",第12277頁。

吴人。九齡,南粤人也。宋之盛世,有杜祁公衍、范文正公仲淹,皆居吴越間。其後立功名有文學者,率多江淮以南之士,孰謂不足用哉?"①以上均説明唐代張九齡作爲嶺南地域文化的代表,確實在相當程度上改變了北方内地士人視嶺南爲"蠻荒"和"絶域"的傳統看法。

自宋代開始,隨着嶺南地區經濟的逐步開發和社會文化的發展,嶺南籍人士也越來越多地把張九齡推崇爲地域文化的代表。張省元,原名張宋卿,廣東惠州博羅縣人,紹興二十七年(1157),以"春秋魁爲天下第一",擢進士,歷任秘書省正字,校書郎等職,其所撰《韶石圖記》稱:"自唐張文獻公以忠烈崛起是邦,我朝余襄公繼之,亦大有聞。論者以爲山川英氣所鍾。"②宋代韶州進士出身的李渤,就把韶州曲江稱爲"將相之鄉",稱"侯師成(指侯安都)以功業爲陳將軍。張子壽(張九齡)以德業爲唐宰相。韶之曲江,所謂將相之鄉也"③。宋理宗端平(1234—1236)年間,鄭州人張端義坐"妄言"而被安置韶州,其在韶州所撰《貴耳集》記載:"曲江有二奇,張相國以鐵鑄,六祖禪師以銅鑄。俗語云鐵胎相公,銅身六祖。鐵胎有二身,一在廟,一在郡庠。銅身在大鑒寺。"④宋代韶州人已把張九齡和六祖惠能以銅鐵鑄像,二人顯然已被看成是粤北地域文化的代表。

宋代曲江縣和南雄州均建有專門祠祀張九齡的祠。至南宋嘉定

---

① (明)方孝孺《遜志齋集》卷一四,《景印文淵閣四庫全書》第 1235 册,第 432 頁。

② 《輿地紀勝》卷九〇《廣南東路·韶州"風俗形勝"》引,第 3123 頁。

③ (宋)李渤《司空侯安都廟記》,屈大均《廣東文選》卷一七。按《全唐文》卷七一二將該文誤收在唐朝著名文士洛陽人李渤(773—831)名下(第 7310—7311 頁)。有關考證,見王承文《屈大均〈廣東文選〉論略》,《嶺嶠春秋:嶺南文化論集(四)》,廣州:廣東人民出版社,1997 年,第 416—425 頁。

④ (宋)張端義《貴耳集》卷下,《景印文淵閣四庫全書》第 865 册,第 465 頁。

十二年(1219),南雄州所屬始興縣亦建立起專門祭祀張九齡和始興縣十大夫的祠廟。該縣縣尉兼主簿張庚所撰《張文獻公宋十大夫二祠記》記載:"粵惟有唐丞相文獻公生於始興之律水,始隸曲江。公先封始興伯,開元後,天下稱曲江公而不名。律水在始興邑之南,其地石峭水清,風氣爽豁,意公鍾山川之秀,風度醞藉,故以文章勳節著名。膏馥沾溉,氣類感召,至於我宋,是邑人才輩出。許致、許牧,椿桂同芳。鄧戒、鄧闢,□蕚相映。譚焕以八行居甲科,鄧酢由萬言至秘閣。躋華顯而登仕版者,有十大夫之稱。同時還鄉,閭里榮之。雖庠序教育使然,亦遺風餘烈所及,有如文獻公之文章勳業載在史册,有如青天白日人皆知之。是祠之立,姑叙其尤大彰明者。"①可見,宋人將南雄始興縣科舉人才的大量出現,也看成是張九齡"文章勳業"的影響所致。

至明清時代,嶺南特別是廣東經濟文化的發展已在全國占有相當重要的地位,而廣東本土士人的地域文化自覺意識也大爲發展②。對於唐代張九齡在嶺南地域文化史上的特殊意義,明代海南瓊山籍人士丘濬(1420—1495)有最爲系統亦最爲深刻的論述。丘濬歷事景泰、天順、成化、弘治四朝,先後出任翰林院編修、侍講學士、翰林院學士、國子監祭酒、禮部尚書、文淵閣大學士等職,弘治七年(1494)升爲户部尚書兼武英殿大學士。被明孝宗御賜爲"理學名臣"。他説:"蓋自三代至於唐,人材之生,盛在江北。開元天寶以前,南士未有以科第顯者。自公(張九齡)生後,大嶺以南,山川燁燁有光氣,士生是邦,北仕於中

---

① 馬蓉等點校《永樂大典方志輯佚》,北京:中華書局,2004年,第2543頁。

② 關於古代廣東士人本土地域文化意識的發展,參見程美寶《地域文化與國家認同:晚清以來"廣東文化"觀的形成》,北京:三聯書店,2006年。Steven B. Miles, "Rewriting the Southern Han(917-971): The Production of Local Culture in Nineteenth-Century Guangzhou", *Harvard Journal of Asiatic Studies*,62:1(2002), pp.39-75.

州,不爲海内士大夫所鄙夷者,以有公也。"①丘濬《送梁弘道教諭序》稱:

> 嶺南人才在古,莫盛於始興唐相張文獻公。史雖稱其爲韶之曲江人,然其所生之地,今實隸雄之始興焉……方唐盛時,公之風度德業非獨嶺南士所間有,唐三百年來,中州人士亦不多見焉。然當是時,越俗猶未甚變,曼胡之纓尚仍。其故章甫來適,無所用之。蓋終唐之世,惟公一人而已。他未之前聞焉。今之世則不然,衣冠禮樂,蓋彬彬然,與中州等矣。求其一人德業風度如公者,雖不可得,然其間服章縫掖周孔者,在在而有。豈所謂扶輿清淑之氣,在古專鍾於一人,今則分而散於衆歟。②

他於明成化九年(1473)所作《張文獻公曲江集序》稱:

> 古今説者咸曰:唐相張文獻公,嶺南第一流人物也。嗟乎!公之人品,豈但高出嶺南而已哉!蓋自三代以至於唐,人材之生,盛在江北。開元、天寶以前,南士未有以科第顯者,而公首以道侔伊吕科進;未有以詞翰顯者,而公首掌制誥内供奉;未有以相業顯者,而公首相玄宗。公薨後四十餘年,浙士始有陸敬輿(贄),閩士始有歐陽行周(詹)。又二百四十餘年,江西之士始有歐陽永叔(陽修)、王介甫(安石)諸人,起于易代之後。由是以觀,公非但超出嶺南,蓋江以南第一流人物也。公之風度先知見重于玄宗,氣節功業著在信史,播揚於天下後世。唐三百年賢相,前稱房(玄

---

① (明)丘濬《唐丞相張文獻公開鑿大庾嶺碑陰記》,《重編瓊臺稿》卷一七,《景印文淵閣四庫全書》第1248册,第339頁。
② 《重編瓊臺稿》卷一四,《景印文淵閣庫全書》第1248册,第270頁。

齡）、杜（如晦），後稱姚（崇）、宋（璟）。胡明仲謂姚非宋比。可與宋齊名者，公也。由是以觀，公又非但超出江南，乃有唐一代第一流人物也。①

丘濬为宋代"名臣"余靖所作《武溪集序》又稱：

> 嶺南人物首稱唐張文獻公、宋余襄公，二公皆韶人也。韶郡二水夾城流，自瀧來者曰武溪。湞水自庾嶺下與武溪合，是爲曲江。張公既以曲江名其集，余公之集名以武溪，蓋有意以匹張歟！予家嶺表極南之徼，自少有志，慕二公之高風，每恨其文不行於世。於張公文僅見其《羽扇》、《感遇》等數篇。余公文僅得其《潮說》及諸書判，蓋莫能睹其全也。求之天下，幾三十年。今始與《曲江集》並得於館閣群書中。昔孔子言夏殷之禮，杞宋不足徵，徒以文獻不足之故。解者，謂文，典籍也；獻，賢人也。二公之集之存，豈非嶺南文獻之足徵者乎！予嘗怪柳子厚謂嶺南山川之氣，獨鍾於物不鍾於人。曾南豐氏亦謂越之道路易於閩蜀，而人才不逮。其然，豈其然乎！夫人才莫大於相業，南士入相，在唐僅三數人。張公之後，有姜公輔、劉瞻，皆嶺南人也。當是之時，南方之士以功業顯，蓋未有或先之者也。進士科興，江以南士固有與者，然多在中葉以後，且終唐之世，未得掄魁者。張公在開元時已以道侔伊呂科進，而大中間開建之莫宣卿亦已魁天下選矣，然則二子之言，果可信乎？史冊所載嶺南人才固若落落，然間有一二，率皆秉忠貞礪名節。求其所謂巧宦佞幸者，蓋絕書也。世之人因二子之言，往往輕吾越產。予故因序余公此集，而發之初，

---

① 《重編瓊臺稿》卷九，《景印文淵閣四庫全書》第1248冊，第170頁。

得公集手自鈔録僅成帙。①

丘濬從多方面論證了嶺南在唐代整個長江以南地區文化發展中的卓越表現，其稱"予家嶺表極南之徼，自少有志，慕二公之高風"，其對嶺南地域文化的自覺意識可謂溢於言表。而其《贈增城吳君澮榮登進士第序》又稱："進士科始于隋而盛于唐，故南士之登第者自唐始。江右之有進士，始于某。七閩之有進士，始于歐陽詹。然皆在唐中葉以後。而曲江張子壽則在開元前已以道侔伊吕科進矣。然則南方之士之登第者，其權輿於嶺南乎！豈甯惟是，南士在唐未有爲狀元者，而大中（847—860）中，開建之莫宣卿已魁天下士。唐三百年間，南士登宰輔者，纔一二人。而嶺海之間得三人焉。説者乃謂山川之氣獨鍾於物不鍾於人，不亦誣乎！"②以上所謂"説者"，其實是指唐代著名文學家柳宗元。柳宗元所撰《送詩人廖有方序》稱："交州多南金、珠璣、玳瑁、象犀，其産皆奇怪。至於草木亦殊異。吾嘗怪陽德之炳耀，獨發於紛葩瓌麗，而罕鍾乎人。"③明代黄佐（1490—1566）是著名文獻學家和理學家，廣東香山（今中山市）人，其所編《廣東通志》稱："韶本荆州裔土，氣習大抵與郴、桂相類。張曲江、余武溪（余靖）以傑出之才，前後振起頹靡。故宋朱熹《濂溪祠記》謂韶故名邦，士多願愨，可與進於道者，蓋有張九齡、余靖之遺風焉。"④。在丘濬、黄佐等這些在明代廣東本土文化中最具有代表性的人物看來，嶺南地域文化的真正發展，都

---

① 《重編瓊臺稿》卷九，《景印文淵閣四庫全書》第 1248 册，第 170 頁。

② 《重編瓊臺稿》卷一四，《景印文淵閣四庫全書》第 1248 册，第 279 頁。

③ 《柳河東集》卷二五，第 418—419 頁；《文苑英華》卷七三一，第 3799 頁；《全唐文》卷五七九，第 5849 頁。

④ （明）黄佐《廣東通志》卷二〇《民物志·風俗》，第 506 頁。

是以唐朝張九齡的出現作爲開端的。

五　結語

　　嶺南區域文化真正在中國大一統的文化系統中占有重要地位已晚至明、清時期。然而,正如黄佐所稱:"廣本俚鄉,風俗丕變,日新而月盛,實非一朝風化所能成。"①明末清初著名粵籍學者屈大均也説,粵東"蓋自秦漢以前爲蠻夷,自唐宋以後爲神州"②。屈大均敏鋭地指出了唐宋時期在嶺南文化意象從"蠻夷"向"華夏"和"神州"這一歷史轉變中的重大意義。本文開頭所徵引的宋代李昂英《重修南海志序》也説:"惟廣素號富饒……而文風彪然,日以張。雖蕉皐桃林之墟,蠣田蟹窟之嶼,皆渠渠齋廬,幣良師以玉其子弟,弦歌琤〔管〕相聞,每連聯登名與中州等。"③唐宋之際嶺南社會文化與風俗這種重要轉變,其原因是多方面的。但是,北方内地家族向嶺南的移民應是其中最主要的原因之一。唐代是北方家族大量遷移嶺南的重要時期。元代《大德南海志》稱:"廣州爲嶺南一都會,户口視他郡爲最。漢而後,州縣沿革不同,户口增减,亦各不一。大抵建安、東晉永嘉之際至唐,中州人士避地入廣者衆,由是風俗革變,人民繁庶。至宋,承平日久,生聚愈盛。"④而唐代名相張九齡和粵北始興張氏家族,則爲我們研究唐代北方移民在嶺南的開拓及其對嶺南社會文化發展的深刻影響,提供了一個非常具有典型意義的範例。

---

① 　(明)黄佐《廣東通志》卷二〇《民物志·風俗》,第 504 頁。
② 　(清)屈大均《廣東新語》卷二《地語》,北京:中華書局,1985 年,第 29 頁。
③ 　(宋)李昂英撰,楊芷華點校《文溪存稿》卷三,第 33 頁。
④ 　(元)陳大震《元大德〈南海志〉殘本》卷六《户口》,廣州:廣東人民出版社,1991 年,第
　　1 頁。

第二節　唐代嶺南籍宰相姜公輔和劉瞻新考

——兼論唐代北方家族與嶺南地域文化的關係

在唐朝多達數百位的宰相群體中,有三位來自嶺南的宰相,除了唐玄宗時期的張九齡之外,還有唐德宗時期的姜公輔以及唐懿宗和唐僖宗時期的劉瞻。眾所周知,自秦漢以來,嶺南一直被視爲化外蠻荒之地。而唐朝三位嶺南籍宰相的先後出現,顯然是嶺南開發史上一種非常引人注目的歷史現象。然而迄今爲止,學術界對張九齡的研究比較多,對姜公輔和劉瞻的研究則非常少①。同張九齡一樣,姜公輔和劉瞻均爲唐朝前期因官移貫的北方家族後裔,而且也都是通過唐朝科舉進士考試而仕至宰相的。因此,本文試對姜公輔和劉瞻的家族來源、出仕方式和歷史影響等問題進行討論,並從一個具體方面揭示唐代嶺南地域文化發展與北方家族之間的關係。

一　姜公輔家族來源及其主要事迹辨析

(一)姜公輔的籍貫和主要事迹辨析

姜公輔是唐德宗朝宰相,《舊唐書》雖然爲其專門立傳,然而却明確稱"不知何許人"②。説明姜公輔出身並非名門望族。《新唐書・姜公輔傳》則記載其爲愛州(今越南清化省)日南縣人③。唐代愛州屬於嶺南道所管轄的安南都護府。自漢武帝始設置九真郡,至梁武帝又改

---

① 關於姜公輔的專門研究,參見張秀民《唐宰相安南人姜公輔考》,張秀民《中越關係史論文集》,臺北:文史哲出版社,1992年,第23—33頁。

② 《舊唐書》卷一三八《姜公輔傳》,第3787頁。

③ 《新唐書》卷一五二《姜公輔傳》,第4831頁。

九真郡爲愛州。愛州地處北部灣沿岸,這裏已接近大唐帝國的最南邊疆,堪称炎徼荒裔。然而愛州也因臨近漢唐時期的"海上絲綢之路",屬於中外交通比較頻繁的地區①。《舊唐書·地理志》記載安南愛州九真郡,"南與日南接界,西接牂柯界,北與巴蜀接,東北與鬱林州接,山險溪洞所居","至京師八千八百里,至東都八千一百里"②。《太平寰宇記》直接沿襲了《舊唐書》以上相關記載,亦稱愛州"皆山險溪洞所居"③。而在唐朝宰相群體中,姜公輔無疑應屬於籍貫最南的一位宰相。也正因爲如此,姜公輔作爲來自炎徼蠻荒之地的士人,竟然能進入唐朝中央權力的中心並出任宰相,本身就是一種非常罕見亦值得研究的現象。

　　姜公輔是通過唐朝科舉考試步入仕途的。唐德宗建中元年(780),姜公輔以制舉中的"賢良方正能直言極諫科"進士及第④。先爲校書郎,後又應制策科高等,授右拾遺,翰林學士,兼京兆尹户曹參軍。根據《册府元龜》記載,姜公輔爲右拾遺、翰林學士,"以侍母家貧,求爲京兆府户曹參軍。從之,學士如故"⑤。於此可見,姜公輔確實出身於嶺南寒微家族。其母親也跟隨他從極南的愛州來到了京城長安。至於其母親的籍貫和出身,我們將在後面作進一步討論。《太平寰宇記》有記載唐順宗永貞元年(805),"金州刺史姜公輔復奏:'本

---

① 參見本書第二章第一節,另見王承文《越南現存〈大隋九真郡寶安道場之碑文〉考釋》,《文史》2009年第四期,第59—86頁;參見本書第二章第三節,另見《晚唐高駢開鑿安南"天威遥"運河事迹釋證——以裴鉶所撰〈天威遥碑〉爲中心的考察》,《"中研院"歷史語言研究所集刊》第八十一本第三分,2010年,第579—650頁。

② 《舊唐書》卷四一《地理志四》,第1752頁。

③ 《太平寰宇記》卷一七一《嶺南道一五·愛州》,第3268頁。

④ 《唐會要》卷七六《貢舉中》,第1644頁。

⑤ 《册府元龜》卷四八《帝王部·從人欲》,第545頁。

州先廢石泉縣，以地併入漢陰縣，山谷重阻一千餘里，來往輸納，民不爲便。請復舊所。'詔從之"①。唐代金州的治所在今陝西省安康市。可見，姜公輔還曾出任過金州刺史。此可補正史之闕。然而該書將出任金州刺史的時間確定在永貞元年（805）應有誤。因爲該年姜公輔已卒於泉州別駕任上。

《舊唐書》本傳記載姜公輔"才高有器識，每對見言事，德宗多從之"②。《新唐書》本傳則稱姜公輔"有高材，每進見，敷奏詳亮，德宗器之"③。建中三年（782）至建中四年，在唐朝平定所謂"二帝四王"事件即多個藩鎮大規模叛亂中，姜公輔以其忠貞耿直和才智謀略傑出为唐德宗高度重視。先是朱泚之亂，姜公輔能識其未叛之先，提醒唐德宗預作防範；其後又察覺鳳翔諸將領內部不穩的先兆，使唐德宗脫離危險處境。因此，唐德宗任命其爲諫議大夫，又以本官同中書門下平章事，即宰相。陸贄在爲唐德宗起草的任用姜公輔爲相的制詞中稱："姜公輔志懷濟物，鑒必通理。主文而諫，忠靡退言，經始以謀，事皆前定，道無屈撓，智適變通。並可以參贊大猷，允膺僉矚。"④應該說，唐德宗對姜公輔的評價還是比較公允和客觀的。

然而，僅在半年之後，姜公輔卻恰恰因爲諫厚葬唐安公主而觸怒唐德宗，被罷爲左庶子，以母喪解。後授右庶子，久不得遷。後又

---

① 《太平寰宇記》卷一四一《山南西道九·金州》，第 2733 頁。《陝西通志》卷五二《名宦三·姜公輔傳》記載："姜公輔，愛州日南人，第進士，爲翰林學士。歲滿，當遷，以母老賴祿而養，求兼京兆户曹參軍事。公輔有高材，每進見，敷奏詳亮，德宗器之。永貞初爲金州刺史，有政略，嘗奏置石泉縣。"《景印文淵閣四庫全書》第 554 册，第 234 頁。該書記載姜公輔"永貞初爲金州刺史"，亦屬於訛誤。

② 《舊唐書》卷一三八《姜公輔傳》，第 3787 頁。

③ 《新唐書》卷一五二《姜公輔傳》，第 4831—4832 頁。

④ （唐）陸贄《蕭復劉從一姜公輔平章事制》，《唐大詔令集》卷四五，第 226 頁。

貶爲泉州別駕。至永貞元年(805)順宗即位,拜爲吉州刺史,然未到任,卒於泉州。唐憲宗時,贈禮部尚書。柳宗元稱:"姜公輔爲内學士,以奇策取相位,好諫諍,免。後以罪貶爲復州刺史,卒。"①其稱姜公輔被貶爲復州刺史應有誤。從貞元八年(792)十一月貶泉州別駕,至順宗永貞元年(805)卒於貶所,姜公輔謫居泉州長達十四年之久。

在謫居福建泉州期間,姜公輔曾經築室於南安縣九日山麓,並與隱居於此的名士會稽人秦系交往頗深。《新唐書·秦系傳》記載:"姜公輔之謫,見系輒窮日不能去,築室與相近,忘流落之苦。公輔卒,妻子在遠,系爲葬山下。"②根據王象之《輿地紀勝》記載,宋代泉州不少名勝古迹均與姜公輔有關,包括"姜秦祠"、"二公亭"、"姜相峰"、"姜相墓",等等③。南宋福建籍理學家真德秀(1178—1235)撰《謁姜相公墓祝文》稱:"建中、貞元之相垂二十人,而以清名直道標表百代者,公與陸宣公(贄)而已。公謫於泉,陸謫於忠,皆不果召而没。天豈無意於忠臣乎!何其厄窮至是也。嗟夫!靈均弗遷,瓖辭孰傳;曲江既死,勁節愈偉。是則天之厄公也,乃所以榮公也歟!嶷嶷姜公,巉巉東峰。峰以姜名,千古並崇。我再來思,而再謁公,酹以一卮,懷哉清風。"④《宋史》還記載宋朝宗室趙令袊"知泉州,泉屬邑有隱士秦系故廬,唐相姜公輔葬邑旁,令袊建堂合祠之,郡人感其化"⑤。可見至宋代,姜公輔在泉州仍有較大影響。

---

① (唐)柳宗元《先君石表陰先友記》,《全唐文》卷五八八,第 5943 頁。
② 《新唐書》卷一九六《隱逸·秦系傳》,第 5608 頁。
③ 《輿地紀勝》卷一三〇《泉州·古迹》,第 4121—4123 頁。
④ (宋)真德秀《西山文集》卷五四,《景印文淵閣四庫全書》第 1174 册,第 865 頁。
⑤ 《宋史》卷二四四《宗室一·趙令袊傳》,第 8684 頁。

　　姜公輔的詩文多已亡佚，現僅存有《白雲照春海賦》和《對直言極諫策》兩篇①。《文苑英華》所收其《對直言極諫策》，署有"建中元年(780)正月十五日"。

　　越南史書中對姜公輔亦有專門記載。《大越史記全書》記載："九真姜公輔仕于唐，第進士，補校書郎。"②其生平事迹與兩《唐書》同。越南阮朝嗣德版《大南一統志》爲姜公輔立傳，並稱"世傳公祖墓(清化省)弘化縣鳳翅社，而母貫則在山限社，其有墓在焉"③。以上記載姜公輔母親事迹並不確切。對此我們將在後面進一步討論。越南史學家陶維英所撰《越南歷代疆域》稱："《太平寰宇記》説，軍寧縣在州(愛州)北二十一里。《唐書》載，姜公輔爲愛州軍寧縣人。今在其故鄉(清化省)安定縣錦障村有紀念公輔的祠廟。軍寧可能相當於馬江和朱江之間的紹化和安定地區。"④該祠廟又被稱爲姜狀元祠，姜公輔被封爲上等福神而受到祭祀。姜狀元祠今屬越南國家文化遺產保護單位。其祠橫匾題"狀元祠"。其門聯上聯稱"風雨已摧公主塔"，下聯爲"海雲長照狀元祠"。上聯喻示姜公輔勸諫唐德宗厚葬唐安公主而被罷相之事。下聯則與姜公輔的傳世名篇《白雲照春海賦》有關。越南姜氏後裔每年都在此舉行隆重的祭祀活動。而作爲唐代愛州九

---

① (唐)姜公輔《白雲照春海賦》，《文苑英華》卷一二，第 60 頁;《全唐文》卷四四六，第 4555—4556 頁。《對直言極諫策》，《文苑英華》卷四九一，第 2512—2513 頁;《全唐文》卷四四六，第 4556—4558 頁。

② 〔越〕吴士連撰，陳荆和編校《大越史記全書·外紀》卷五，東京:東京大學東洋文化研究所，1984 年，第 160 頁。

③ 〔越南阮朝〕國史館編《大南一統志》(嗣德版)第 4 册《清化省》，西南師範大學出版社、人民出版社，2015 年，第 96—97 頁。

④ 〔越〕陶維英著，鍾民岩譯，岳勝校《越南歷代疆域》，北京:商務印書館，1973 年，第 114 頁。

真郡所在地的越南清化省,一直也是越南境内中國文化影響最深的地區之一①。

(二)唐代愛州姜公輔家族的北方淵源

我們要特別指出的是,姜公輔的祖籍並非愛州,而是今天的甘肅天水市。因此,他其實是唐代北方家族移民的後代。唐後期福建著名文士歐陽詹(756—800)撰有《二公亭記》,記載貶任泉州別駕的姜公輔事迹,稱其爲"前相國天水姜公"②。劉禹錫亦稱"德宗朝天水姜公輔","以賢良方正徵"③。唐代甘肅天水姜氏可謂源遠流長。三國時魚豢所撰《魏略》稱:"天水舊有姜、閻、任、趙四姓,常推於郡中。"④唐代林寶《元和姓纂》稱:"炎帝生於姜水,因氏焉。生。太公封齊,爲田和所滅。子孫分散,後爲姜氏。"又記"天水上邽姜氏"曰:"漢初以豪族徙關中,遂居天水。"⑤《新唐書·宰相世系表》亦記載,"姜姓本炎帝,生於姜水,因以爲姓","漢初,姜氏以關東大姓徙關中,遂居天水"。該書又稱姜公輔家族來源曰:"九真姜氏,本出天水。"九真郡就是愛州。有關九真姜公輔家族的傳承,根據《新唐書·宰相世系表》的記載,姜公輔祖父姜神翊,爲舒州刺史。其父姜挺。姜公輔本人"相德宗";其弟姜(公)復,爲比部郎中⑥。《宰相世系表》記載九真姜氏,只能上溯至其祖姜神翊,也表明這一家族確實並非名門望族。宋代鄧名

① 張秀民《安南王朝多爲華裔創建考》,氏著《中越關係史論文集》,臺北:文史哲出版社,1992年,第11—21頁。
② 《全唐文》卷五九七,第6036頁。
③ (唐)劉禹錫《唐故中書侍郎平章事韋公集序》,《全唐文》卷六〇五,第6109—6110頁。
④ 《三國志》卷一三《王肅傳》裴松之注引《魏略》,第421頁。
⑤ 《元和姓纂(附四校記)》卷五,第583頁。
⑥ 《新唐書》卷七三下《宰相世系表三下》,第2963—2964頁。

世《古今姓氏書辯證》亦記載:"九真姜氏,本出天水。舒州刺史神翊,生挺,挺生公輔、復,公輔相德宗,復比部郎中。"①

　　元代越南史家黎崱《安南志略》記載姜公輔家世,主要根據《新唐書・宰相世系表》,稱姜公輔爲"(姜)神翊孫,(姜)挺子也。唐德宗朝,第進士"②,後爲宰相。又稱"姜公復,公輔弟也。終比部郎中"③。前引《大越史記全書》記載唐德宗興元元年(784),"九真姜公輔仕于唐,第進士,補校書郎,以制策異等,授右拾遺翰林學士兼京兆户曹參軍";"弟姜公復亦舉進士,終比部侍郎"④。《全唐文》收録有姜公復《對兵部射策判》,並爲其所撰小傳稱:"姜公復,天水人。徙居九真,官比部郎中。"⑤因此,可以確定唐代愛州姜公輔家族確實源自唐代北方天水一帶的姜氏家族。

　　(三)姜公輔家族從北方移貫嶺南及其與欽州黃氏家族的關係

　　值得深究的是,唐代姜公輔家族作爲北方天水姜氏的一支,爲什麽會出現在唐朝極南邊陲的愛州呢? 所有正史以及現存唐代文獻對此都没有任何記載。由於姜公輔家族與唐代嶺南欽州也有一定關係,因此,不少嶺南地方志資料對其家族南遷的具體過程都有比較明確的記載。然而,1994年,從事東南亞研究的學者黄國安發表《姜公輔籍貫辨析》一文,提出姜公輔的籍貫與嶺南欽州無關。其最主要也是最直接的理由,是因爲"宋代和明代的方志都没有'姜公輔是欽州人'這

①　(宋)鄧名世撰、王力平點校《古今姓氏書辯證》卷一三,南昌:江西人民出版社,2006年,第191—192頁。
②　〔越〕黎崱著、武尚清點校《安南志略》卷一五,北京:中華書局,2000年,第347頁。
③　《安南志略》卷一五,第349頁。
④　《大越史記全書・外紀》卷五,第160頁。
⑤　(唐)姜公復《對兵部射策判》,《全唐文》卷六二二,第6281頁。

樣的記載"。並認爲最早將姜公輔記載爲欽州人的,是清朝道光二十二年(1842)最後成書的《大清一統志》。其後《欽州縣志》的編纂者則沿用了這一説。黃國安又提出這種説法得以形成的原因,是因爲清朝前期長期動亂,"對歷代文獻資料未能廣泛搜集和深入研究;一些縣志的編者見識有限,未加考證,便將一些名見經傳的歷史人物列爲本地名人……因而以訛傳訛"①。

以上論點還需要繼續討論。因爲《大清一統志》之前的嶺南地方史志資料,不但明確記載了唐代姜公輔家族與欽州的關係,而且也從一個具體方面反映了唐代北方家族在移居嶺南之後的遷徙和發展等情況。

首先,現存將姜公輔記載爲欽州人的資料,至少可以追溯至明代黃佐於嘉靖四十年(1561)編纂的《廣東通志》。該書分兩次記載了姜公輔家族與欽州的關係。卷五五《姜神翊傳》記載:

> 姜神翊字祐之,欽州遵化人。其先自天水徙南海,至神翊爲欽州參軍,始貫遵化。累遷舒州刺史,修山祠,建四望樓。政令嚴整,淮南盗賊不敢入境。子挺以父任爲盛唐令,徙家九真,後占籍愛州日南縣。子(姜)公輔。②

據此可見,姜公輔家族從北方甘肅天水郡移貫嶺南的最初地點,其實是南海郡即廣州。至姜公輔的祖父姜神翊,因其出任欽州參軍,並留居於此,於是將其籍貫改爲欽州遵化縣。至其父姜挺,則又遷徙至愛

---

① 黃國安《姜公輔籍貫辨析》,《東南亞縱横》1994 年第 1 期,第 30—31 頁。
② (明)黃佐《廣東通志》卷五五《姜神翊傳》,廣州:廣東省地方史志辦公室謄印,1997 年,第 1407 頁。

州日南縣,於是又成爲愛州日南縣人。黃佐注明以上内容"據《唐書》、《舒州志》、《一統志》參修"。黃佐在以上《姜神翊傳》之後,又設有《姜公輔傳》,並注明"據新舊二《唐書》參修"[1]。黃佐作爲明代一位以嚴謹和卓越著稱的文獻學家,其記載姜公輔家族與欽州的關係,應該是有其歷史依據的。而其《廣東通志》卷二〇《民物志・姓氏》又記載:"姜氏,齊之後。唐欽州有刺史神翊,生挺。挺生同平章事公輔。"[2]黃佐《廣東通志・姓氏》多依據族譜寫成。據此,姜公輔家族移徙愛州日南縣之前,應該確實還曾經移貫欽州遵化縣。

明代張國經等於崇禎十年(1637)編纂的《廉州府志》亦記載:"姜神翊字祐之,欽州遵化人。其先自天水徙南海,至神翊爲欽州參軍,始貫遵化。累遷舒州刺史,修皖山祠,建四望樓,政令嚴整,淮南盜賊不敢入境。子挺以父任爲盛唐令,徙家日南。孫公輔。"該書又稱:"姜公輔字德文,其母黃氏,靈山人。公輔登進士第,補校書郎,應制策科高等,授右拾遺。歸掃父墓,召入翰林爲學士。"[3]這裏明確記載姜公輔的母親黃氏,是欽州靈山縣本地人。康熙六十一年(1722)徐成棟編修的《廉州府志》,其中《姜神翊傳》和《姜公輔傳》,與崇禎年間張國經《廉州府志》相同[4]。康熙二十三年(1684)馬世祿編修的《欽州志》亦稱:"姜神翊字祐之,其先自天水徙南海,至神翊爲欽州參軍,始貫遵化。"又稱:"姜公輔字德文,其父爲盛唐令。祖神翊舒州刺史,母黃氏,

---

① (明)黃佐《廣東通志》卷五五《姜公輔傳》,第1407頁。

② (明)黃佐《廣東通志》卷二〇《民物志・姓氏》,第522頁。

③ (明)張國經修,鄭抱素纂《廉州府志》卷一〇《鄉賢志》,崇禎十年(1637)刻本,收入《廣東歷代方志集成》,廣州:嶺南美術出版社,2009年,第153—154頁。

④ (清)徐成棟修《廉州府志》卷一〇《鄉賢志》,康熙六十一年(1722)刻本,收入《廣東歷代方志集成》,第527—528頁。

靈山人。公輔登進士第。"①以上相關事迹明顯參照了黃佐《廣東通志》和張國經《廉州府志》。而相同的記載亦見於雍正元年（1723）董紹美等編修《欽州志》和道光十四年（1834）朱椿年等編修的《欽州志》②。

另外，還有幾種重要資料也記載了姜公輔家族與嶺南欽州的關係。郝玉麟於雍正九年（1731）所編《廣東通志》有关姜神翊和姜公輔的記載，直接沿用了黃佐《廣東通志》③。道光二年（1822）阮元編纂的《廣東通志》亦稱："謹案：《靈山縣志》，（姜）公輔字德文，遵化人。其先自天水徙南海，至神翊爲欽州參軍，始貫遵化，累遷舒州刺史。……神翊字祐之，子挺，以父任爲盛唐令，徙家九真，占籍愛州日南縣。據此則公輔之先爲遵化，至挺始遷愛州。故諸志皆以公輔爲遵化人也。"④除了以上這些材料之外，其他地方志材料還有不少。

至道光二十二年（1842）成書的《大清一統志》，其記載廉州人物稱："姜公輔，字德文，欽州人。"⑤根據我們前面的討論，該書稱姜公輔爲欽州人，恰恰是依據前代各種資料而形成的。該書記載廉州"陵墓"條又稱："姜公輔墓，在靈山縣南，舊遵化鄉。"⑥姜公輔卒於泉州，其在

---

① （清）馬世禄修，謝蓬升纂《欽州志》卷一〇，康熙二十三年（1684）刻本，收入《廣東歷代方志集成》，第 192 頁。

② （清）董紹美等編修《欽州志》卷一〇《鄉賢志》，雍正元年（1723）刻本，收入《廣東歷代方志集成》，第 416 頁。（清）朱椿年等編修《欽州志》卷九《人物志》，道光十四年（1834）刻本，收入《廣東歷代方志集成》，第 164 頁。

③ （清·雍正）郝玉麟《廣東通志》卷四四《姜神翊傳》，《景印文淵閣四庫全書》第 564 册，第 27 頁。

④ （清）阮元編《廣東通志》卷二九九《姜公輔傳》，收入《廣東歷代方志集成》，第 4778 頁。

⑤ （清·道光）穆彰阿、潘錫恩等纂修《大清一統志》卷四五〇《廉州·人物》，上海：上海古籍出版社，2008 年，第 661 頁。

⑥ 《大清一統志》卷四五〇《廉州·陵墓》，第 660 頁。

廣西廉州的墓應當爲後人附會而成。然而這一條記載其實也有更早
的來源。例如，康熙六十一年（1722）編修的《廉州府志》記載"平章姜
公輔墓"，"在欽州城東北一百七十里遵化鄉那栖村"①。可見，《大清
一統志》有關姜公輔家族與欽州的關係，並非其編者附會而成。在此
還要指出的是，正史等資料對宋代以前的嶺南記載非常匱乏。而地方
志資料一般都具有沿襲前代的特點，往往在一定意義上能補正史之
闕。我們在使用這些資料時，既應對其史料來源做仔細的梳理和甄
別，然而也不能輕易地完全否定其史料價值。

　　其次，以上各種資料都明確記載姜神翊"其先自天水徙南海"。也
就是説，早在姜公輔的祖父姜神翊之前，其父祖輩實際上就已經從甘
肅天水遷移到了南海即廣州。其時間大致在唐朝前期。至於其具體
原因，我們推測很可能是因官移貫。而姜神翊則因其出任欽州參軍，
其家族遂再次移貫欽州遵化縣。姜神翊官至舒州刺史。舒州治所在
今安徽省潛山縣。姜公輔的父親姜挺則因爲姜神翊的關係，也出任盛
唐縣縣令。盛唐縣，唐開元二十七年（739）改霍山縣置，屬壽州。治所
在騶虞城，即今安徽省六安縣。《太平寰宇記》記載安徽六安縣"在漢
爲盛唐縣，屬廬江郡"，"縣西二十五里有盛唐山，因爲名。隋改爲霍山
縣。唐開元二十七年改爲盛唐，從舊名也"②。而姜挺後來又遷居愛
州日南縣，於是成爲愛州日南縣人。至於姜挺及其家族南遷愛州的具
體原因，我們認爲很可能與姜挺被貶任愛州有關。其時間大致在唐玄

①　（清）徐成棟修《廉州府志》卷二《地里志》，收入《廣東歷代方志集成》，第345頁。
②　《太平寰宇記》卷一二九《淮南道七·壽州》，第2552頁。

宗統治後期。唐朝有不少北方内地官員往往因貶謫而留居嶺南各地①。

　　根據以上討論,嶺南欽州雖然既非姜公輔的祖籍地,亦非其出生地,但是欽州在其家族遷徙過程中却仍占有重要的地位。在宋代以來的資料中,古代廉州境内一個叫"姜山"的地方,即與其家族在唐代欽州遵化縣的移居有關。根據北宋初年樂史《太平寰宇記》記載,廢廉州石康縣有一個歷史名勝——"姜山"②。石康縣,五代南漢置,宋代屬於廉州。其治所在今廣西合浦縣東北三十里石康鎮。然而在唐代,這裏恰恰就屬於欽州遵化縣。南宋王象之《輿地紀勝》則記載,廉州有"姜山,在古縣北三十里,遶山居人皆姓姜"③。《大明一統志》於明英宗天順五年(1461)編成,該書卷八二《廉州府》亦記載:"姜山,在府城東北一百四十里,遶山居人多姜姓,故名。"④可見,宋明時期廉州"姜山"一帶,確實存在很大一支姜姓家族。

　　《古今圖書集成》編纂始於康熙四十年(1701),印製完成於雍正六年(1728)。該書之《職方典·廉州府》記載廉州有"姜山","在东北一百四十里。按《明一统志》云唐姜神翊家於此。今所居多姜姓者,皆其裔焉"⑤。可見,至晚在《大明一统志》中,即已明確記載姜神翊及其家族居住在欽州"姜山"一帶。然此不見於《四庫全書》本《大明一統

---

① 王承文《唐代北方家族與嶺南溪洞社會》,《唐研究》第二卷,北京:北京大學出版社,1996年,第373—414頁。
② 《太平寰宇記》卷一六九《太平軍》,第3228頁。
③ 《輿地紀勝》卷一二〇《廉州·景物上》,第3848頁。
④ 《明一統志》卷八二《廉州府》,《景印文淵閣四庫全書》第473冊,第722頁。
⑤ 《古今圖書集成·職方典》卷一三六一《廉州府·山川考一》,中華書局、巴蜀書社,1985年,第20137頁。

志》中。疑在該書收入《四庫全書》時已被删削。前引雍正九年
(1731)郝玉麟所編《廣東通志》也記載:"姜山,在城東北一百二十里
(原注:舊志一百四十里誤),唐姜神翊家於此。故名。"①據此,我們認
爲唐代欽州的"姜山"一帶,應是姜公輔家族移貫欽州遵化縣的地點。
至於隨姜公輔的父親姜挺移居愛州日南縣的,很可能只是其欽州姜氏
家族的一部分。

　　最後,多種地方志資料都記載姜公輔家族與欽州靈山土著黄氏家
族的婚姻關係。如前引崇禎十年(1637)編纂的《廉州府志》就記載,
姜公輔的母親是欽州靈山縣本地人。《古今圖書集成》之《職方典·
廉州府》也記載欽州靈山縣境内有"黄姜嶺","昔黄叔達祖與姜挺結
姻在嶺之巔,故名。一名黄樓山。舊傳邑有黄氏女,招姜神邑(應爲
翊)之子爲婿,築樓居之。後徙日南。生(姜)公輔爲相"②。前引康熙
六十一年(1722)編修的《廉州府志》亦記載"黄姜嶺","昔黄叔達祖與
姜挺結姻在嶺之巔。故名"③。在本文的前面,我們曾指出,姜公輔仕
宦京城之時,其母親也跟隨之從極南的愛州來到了長安。而唐代姜公
輔母親所屬的欽州黄氏家族也值得進一步探討。

　　在唐宋文獻典籍中,嶺南欽州因其荒遠阻隔和民族源流複雜,尚
被稱爲"天外"、"南天"、"南裔"、"天涯"、"海隅"、"南徼"、"徼外"、
"丹徼"、"極邊",等等。而隋唐欽州一帶先是嶺南"西原蠻"中甯氏家

---

① (清)郝玉麟《廣東通志》卷一三《山川志四·廉州府》,《景印文淵閣四庫全書》第562
　　册,第477頁。
② 《古今圖書集成·職方典》卷一三六一《廉州府·山川考一》,第20142頁。
③ (清)徐成棟修《廉州府志》卷二《地里志》,《廣東歷代方志集成》,第331頁。

族的勢力範圍,後是"黄洞蠻"即黄氏家族的勢力範圍①。在唐"安史之亂"後"黄洞蠻"的大規模反叛中,欽州也是其中心地之一。《資治通鑑》記載,唐德宗貞元十年(794)四月,"欽州蠻酋黄少卿反,圍州城"。胡三省注曰:"(黄)少卿者,西原黄洞蠻酋也。"②該年七月,"黄少卿陷欽、横、潯、貴等州"③。唐穆宗長慶三年(823)七月,"邕州奏黄洞蠻破欽州千金鎮,刺史楊嶼奔石南砦"④;長慶四年(824)正月,"嶺南奏黄洞蠻寇欽州,殺將吏"⑤。因此,唐代欽州黄氏家族應屬於典型的溪洞豪酋。根據前引各種資料,姜公輔的父親姜挺因娶欽州靈山黄氏女而生姜公輔。然而這支黄氏家族却又是宋代欽州名人黄叔達和黄涣的祖先。

黄叔達和黄涣事迹在宋明兩朝資料中都有明確記載。明嘉靖十八年(1539)林希元纂修的《欽州志》記載,宋代靈山縣人黄叔達,字公濟,"爲人鯁介,持風節,補正額攝官。隨軍攻破交趾玉山寨,克復廣源等五州,以功轉承議郎。子五人:濤、涣、沉、漸、洌。濤、沉終辟雍士。餘俱歷官。"⑥所謂"辟雍士",是指宋朝太學外學中的貢生。宋徽宗

---

① 《新唐書》卷二二二下《南蠻傳》記載:"西原蠻,居廣、容之南,邕、桂之西。有甯氏者,相承爲豪。又有黄氏,居黄橙洞,其隸也。其地西接南詔。天寶初,黄氏彊,與韋氏、周氏、儂氏相脣齒,爲寇害,據十餘州。韋氏、周氏耻不肯附,黄氏攻之,逐于海濱。"(第6329頁)參見本書第一章第一節。另參見王承文《中古嶺南沿海甯氏家族淵源及其夷夏身份認同——以隋唐欽州甯氏碑刻爲中心的考察》,《魏晉南北朝隋唐史資料》第三十一輯,上海:上海古籍出版社,2015年。

② 《資治通鑑》卷二三四,唐德宗貞元十年,第7554頁。

③ 《資治通鑑》卷二三五,唐德宗貞元十年,第7562頁。

④ 《資治通鑑》卷二四三,唐穆宗長慶三年,第7827頁。

⑤ 《資治通鑑》卷二四三,唐穆宗長慶四年,第7830頁。

⑥ (明)林希元纂修《欽州志》卷八《人物傳》,嘉靖十八年(1539)刻本,收入《廣東歷代方志集成》,第108頁。

時,因太學規模空前,於是創立內、外學制,在太學之外又建外學,稱爲辟雍,用以接納地方貢生,專處太學外舍生。而黄佐《廣東通志》與此基本相同。並特地注明"據《欽州志》修①。明崇禎十年編纂的《廉州府志》卷一〇《鄉賢志》在《姜神翊傳》和《姜公輔傳》之後,還特設《黄叔達傳》和《黄渙傳》。並直接沿襲了林希元《欽州志》和黄佐《廣東通志》的内容。

而黄渙作爲黄叔達的次子,在更早的文獻典籍中則有專門記載。例如,南宋王象之《輿地紀勝》記載宋代欽州人物稱:"黄渙,字彦舟,靈山人。入辟雍,後權知鬱林州事。以選赴京,會敵騎入寇,率在部官奔詣南薰門外,聯表乞留聖駕。已而又奔南京,奉表勸進。高宗壯其忠,擢權兵部侍郎。建炎三年(1129),當陣戰亡,詔贈朝奉大夫,官其一子。"②《大明一統志》也記載:"黄渙,靈山人。元符(1098—1100)初進士,崇寧(1102—1106)初授密州文學,後權知鬱林州。"③其他内容與《輿地紀勝》基本相同。可見,欽州黄渙具有宋朝辟雍士和進士身份。而嘉靖年間《欽州志》和黄佐《廣東通志》以及崇禎年間《廉州府志》等,除了記載其進士身份外,則更加突出黄渙"力學,通經史百家"以及效忠宋朝皇室的事迹④。

總之,姜公輔家族在欽州与當地土著豪酋黄氏家族的聯姻,證明了唐代北方家族在移民嶺南後,與本地少數民族上層之間存在通婚關

---

① (明)黄佐《廣東通志》卷五六《黄叔達傳》,第1435頁。
② 《輿地紀勝》卷一一九《欽州·人物》,第3832頁。
③ 《明一統志》卷八二《廉州府》,《景印文淵閣四庫全書》第473册,第726頁。
④ (明)林希元《欽州志》卷八《黄渙傳》,《廣東歷代方志集成》,第108頁;(明)黄佐《廣東通志》卷五六《黄渙傳》,第1435頁;(明)張國經《廉州府志》卷一〇《黄渙傳》,《廣東歷代方志集成》,第155頁。

係。姜公輔本人亦具有比較明顯的嶺南少數民族血統。而宋代黃叔達和黃渙事迹，則證明唐宋時期欽州黃氏家族本身，也經歷了從典型的溪洞豪酋逐步向崇尚儒學的地方士人家族的轉變。

（四）唐代姜公輔崛起的原因及其對安南地域文化意象的影響

姜公輔家族在嶺南遷徙的經歷證明，唐代前期北方家族向嶺南的移民，其移居地並非僅限於粵北和廣州等開發較早的地區，還包括了嶺南南部沿海如欽州、愛州等這樣一些"夷獠雜居"的"溪洞"地區。而姜公輔出生於愛州日南縣這樣極南邊陲之地，通過唐朝進士考試走上仕途並官至宰相，也不應將其理解爲一種完全孤立和偶然的歷史現象。

首先，唐朝在安南建立了比較完善的地方行政機構，其統治網絡和政治秩序的確立，在客觀上推動了安南地區經濟開發和社會文化的發展。柳宗元《爲安南楊侍御祭張都護文》一文就稱："交州之大，南極天際，禹績無施，秦强莫制，或賓或叛，越自漢世。聖唐宣風，初鮮寧歲，稍臣卉服，漸化椎髻，卒爲華人，流我愷悌。"[1]意思是説，雖然早在秦漢時期交州就已經被納入中國的版圖，然而中央王朝在此却長期難以實行真正有效的統治。即使在唐朝初期亦是如此。然而，隨着唐朝統治在安南的不斷深入和發展，以儒家思想爲核心的漢文化得到傳播發展，很多蠻夷之民也逐步歸化爲華人。唐朝在全國各地都建立有州學和縣學。2006 年 1 月，西安碑林博物館在西安東郊徵集到一方唐代墓志——《唐故京兆府雲陽縣令廖君墓銘》，墓志主人就是中唐安南知

---

① 《柳河東集》卷四〇，上海：上海古籍出版社，2008 年，第 651 頁；《全唐文》卷五九三，第 5999 頁。

名詩人廖有方①。該墓志也從一個具體方面反映了唐朝學校制度、科舉制度以及儒家文化在安南地區的發展。而唐朝科舉制度的實行，則爲全國各地各階層士人提供了晉昇統治階層的可能。"就整個封建社會的職官制度和選舉制度來説，由於各級官吏特別是高級官吏通過科舉來進行選拔，地主階級各階層人士都可以懷牒自列於州縣，報名參加考試，這就使他們有可能通過科舉進入最高統治機構，從而打破了兩漢以來由地主階級中某一集團、某些家族世代壟斷政權，獨占高位的局面。"②因而，姜公輔的崛起，確實從一個具體方面反映了唐朝文化"容納百川"的精神以及極其廣泛的輻射力和影響力。

其次，姜公輔及其家族在唐朝南部邊陲愛州的崛起，恰恰證明了唐代包括安南在内的嶺南區域文化的發展，都與北方家族的南遷密切相關。古代家族本身就是區域社會和文化的載體，而區域社會和文化的演進，在很大程度上就是附麗於家族的遷徙而發展變化的。明代海南籍著名學者丘濬總結中古嶺南區域文化的轉換説："魏晉以後，中原多故。衣冠之族，或宦或商，或遷或戍，紛紛日來，聚廬托處，薰染過化，歲異而月或不同。世變風移，久假而客反爲主。"③由於歷史資料的嚴重匱乏，我們對姜公輔家族更加詳細的情況缺乏瞭解，但是却可以肯定姜公輔的北方家族背景，對於姜公輔在唐朝政壇上的崛起，具

---

① 趙力光主編《西安碑林博物館新藏墓志彙編》，北京：綫裝書局，2007 年，第 690—692 頁。對該碑的相關研究，參見張安興《詩人、義士、交趾人廖有方——從一方新出土唐墓志説起》，《碑林集刊》第十三輯，西安：陝西人民美術出版社，2008 年，第 64—68 頁；胡可先《新出土唐代詩人廖有方墓志考論》，《中山大學學報》2009 年第 5 期。
② 吳宗國《唐代科舉制度研究》，瀋陽：遼寧大學出版社，1992 年，第 182 頁。
③ （明）丘濬《重編瓊臺稿》卷二二《南溟奇甸賦有序》，《景印文淵閣四庫全書》第 1248 册，第 454 頁。

有至關重要的意義。

　　自宋代以來,姜公輔也逐步成爲嶺南地域文化的代表之一。宋哲宗元祐二年(1087),廣州知州蔣之奇撰《廣州州學記》稱:"抑余又聞之,有教無類,立賢無方。蓋上之行教也,無華蠻之限;天之生賢,無遠近之間。韶之曲江,越在荒服。愛之日南,介於外夷,而猶有張九齡、姜公輔之儔出焉。"①南宋著名理學家張栻曾出任廣南西路經略安撫使,他在宋孝宗淳熙四年(1177)所作《宜州學記》稱:"奇才之出,何間遠邇。遠方固曰寡士,然如唐之張公九齡出於曲江,姜公公輔出於日南,皆表然著見於後世。"②宋元之際文獻學家馬端臨稱:

> 《交州記》云:交趾之人出南定縣,足骨無節,身有毛,卧者更扶,始得起。《山海經》亦言,交脛國,人交脛。郭璞云:腳脛曲戾相交,故謂之交趾。今安南地乃漢、唐郡縣,其人百骸,與華無異。愛州,唐姜公輔實生之,何嘗有交脛等説?③

以上所謂《交州記》,是指兩晉時期劉欣期所著的《交州記》④。馬端臨認爲,從《山海經》以來,北方中原人士對安南人甚至包括其體質等方面一直都存在不少錯誤的認識,而唐代姜公輔來自極南的愛州,通過進士考試官至宰相,則在很大程度上改變了北方中原人士對安南人的誤解。至元大德十一年(1307),許善勝所撰《安南志略序》稱:"南交

---

①　《永樂大典》卷二一九八四《郡縣學三十》引《南海志》,第7842頁。

②　(宋)張栻《南軒集》卷九,《景印文淵閣四庫全書》第1167册,第505頁。

③　(元)馬端臨《文獻通考》卷三二三《輿地考九·古南越》,第8879頁。

④　該書已佚。《資治通鑑》卷二○漢武帝元鼎六年(前111)注引"劉欣期《交州記》"與此相同(第671頁);《太平寰宇記》卷一七○《交州》所引《交州記》則爲:"南定縣人足骨無節,身有毛,卧者更扶始得起,故曰交趾。"(第3251—3252頁)《嶺外代答校注》卷一○"交趾"條(第408頁),《太平御覽》卷一七二所引《交州記》與此同(第841頁)。

自唐時已通中國,其名著於《堯典》,至秦漢隋唐而益盛。獨其事散在諸史,鮮能會歸於一。前後名將刺史都督之官其地者,無慮數十百人。如馬援、士燮、陶侃、褚遂良之徒,尤表表著見;其他放臣逐客,多中朝名士;若姜公輔,則又産于粵而仕于唐者,高科異等,卓爲一代諸賢稱首。"①許善勝把唐代姜公輔的出現,看成是古代中央王朝長期經略安南的結果。明代蘇濬(1542—1599)曾出任廣西按察使,其所作《安南志》稱:"唐始分嶺南爲東西二道,置安南都護。開元間大興文教,而九真姜公輔遂用經學起家,入翰林,爲名宰輔,交人自是益向於文學矣。"②可見蘇濬更強調盛唐文化對安南的輻射和重要影響。越南史書《安南志原》也將蘇濬的以上論點吸收進越南古史叙述中,亦稱:"開元大興文教,而九真姜公輔遂經學起家,入翰林,爲名宰相,交人於是益向於學矣。"③明代海南籍大學士著名理學家丘濬(1421—1495)所作《馭外蕃》稱:

> 自秦併百郡,交址之地,已與南海、桂林同入中國。漢武立嶺南九郡,而九真、日南、交址與焉。在唐中葉,江南之人仕中國顯者猶少,而愛州人姜公輔已仕中朝,爲學士、宰相,與中州之士相頡頑矣。奈何世歷五代,爲土豪所據。宋興,不能討之,遂使兹地淪爲侏離藍縷之俗三百餘年,而不得與南海、桂林等六郡班班然,衣冠禮樂以爲聲明文物之鄉,一何不幸哉!④

明末清初思想家顧炎武在其《天下郡國利病書》和《日知録》兩書中,

---

① 《安南志略》卷首,第4頁。
② (清)黄宗羲編《明文海》卷四九一,《景印文淵閣四庫全書》第1457册,第82頁。
③ 無名氏《安南志原》卷一《總要》,河内:法國遠東學院印製,1931年,第6頁。
④ (明)丘濬《大學衍義補》卷一五三,《景印文淵閣四庫全書》第713册,第763—764頁。

都有對丘濬以上論述的徵引①。而在其《日知錄》中，他還接着稱：“按交阯，自漢至唐爲中國之地，在宋爲化外州。”以上説明丘濬和顧炎武對姜公輔出仕爲唐朝翰林學士和宰相，都持高度讚賞和肯定的態度，然而又都表現了對唐以後安南淪爲“化外”和“蠻夷之域”的感慨和惋惜。

二　唐代嶺南籍宰相劉瞻及其家族考證

（一）唐代宰相劉瞻的籍貫辨析

劉瞻在唐懿宗朝和唐僖宗朝兩度擔任宰相。《舊唐書·劉瞻傳》記載劉瞻字幾之，彭城人②。彭城是劉瞻的郡望和祖居地，指今江蘇省徐州市。至於劉瞻的籍貫，從唐朝以來主要有三種説法。

一是桂州（即廣西桂林）説。其最早的記載是司馬光的《資治通鑑》。該書明確稱：“（劉）瞻，桂州人也。”③清初汪森所編《粤西叢載》明顯是受到了《資治通鑑》的影響，亦記載：“劉瞻，桂州人。唐咸通十年（869）六月以翰林學士承旨、户部侍郎、同平章事。”④清雍正十一年（1733），金鉷編纂的《廣西通志》則前後兩次記載了劉瞻的籍貫，其《選舉志》稱：“劉瞻，桂州人。集賢殿大學士。”⑤該書《鄉賢志》所立《劉瞻傳》亦稱：“劉瞻字幾之，桂州人。登大中初進士。四年，又登博

---

① （清）顧炎武撰、黄坤等校點《天下郡國利病書》之《雲南貴州交阯備録·大學衍義補》，上海：上海古籍出版社，2012 年，第 3765 頁；（清）顧炎武著，黄汝成集釋，欒保群、吕宗力校點《日知録》卷三一，上海：上海古籍出版社，2006 年，第 1747 頁。

② 《舊唐書》卷一七七《劉瞻傳》，第 4605 頁。

③ 《資治通鑑》卷二五一，唐懿宗咸通十年，第 8145 頁。

④ （清）汪森《粤西叢載》卷一〇，《景印文淵閣四庫全書》第 1467 册，第 496 頁。

⑤ （清）金鉷《廣西通志》卷七〇《選舉》，《景印文淵閣四庫全書》第 567 册，第 169 頁。

學宏詞科。累官至刑部尚書集賢殿大學士。"①雖然作爲史書《資治通鑑》有其權威性,然而其相關記載與《新唐書》以及宋代其他各種史料記載都不符合,因而難以作爲可靠證據。

二是桂陽説。《新唐書·劉瞻傳》記載劉瞻"其先出彭城,後徙桂陽"②。而《新唐書·宰相世系表》記載劉瞻世系,則僅稱"彭城劉氏又有劉升"③。唐代"桂陽"作爲地名,既指桂陽郡即郴州(今湖南郴州市),也指作爲連州治所的桂陽縣(今廣東連縣)。而且二者在古代均相當有名。漢代桂陽郡的管轄範圍,就包括了唐代郴州和連州等地。至南朝劉宋時二者才分離。唐代劉禹錫即稱:"按宋高祖世,始析郴之桂陽爲小桂郡。後以州統縣,更名如今。"④而兩《唐書》等正史記載人物籍貫,本身一直就存在記載州(郡)縣名或直接記載某些名縣縣名兩種不同的情況⑤。也正因爲如此,史籍中有關唐代宰相劉瞻的籍貫,存在湖南郴州和廣東連州兩種不同的説法。

將劉瞻籍貫記載爲湖南郴州的現存資料,最早可以追溯到《大明

----

① (清)金鉷《廣西通志》卷七六《劉瞻傳》,《景印文淵閣四庫全書》第567冊,第292頁。
② 《新唐書》卷一八一《劉瞻傳》,第5352頁。
③ 《新唐書》卷七一上《宰相世系表一上》,第2252頁。
④ (唐)劉禹錫《連州刺史廳壁記》,《全唐文》卷六〇六,第6120頁。
⑤ 例如,自戰國以來上蔡縣就一直爲古縣名,《新五代史》卷六五《南漢世家第五》記載:"劉隱,其祖安仁,上蔡人也,後徙閩中,商賈南海,因家焉。"(第809頁)《宋史》卷四八一《世家四·南漢劉氏》稱:"南漢劉鋹,其先蔡州上蔡人。"(第13919頁)《宋史》卷三三一《祖無擇傳》:"祖無擇,字擇之,上蔡人。進士高第。歷知南康軍。"(第10659頁)宋周羽翀撰《三楚新録》卷一記載:"馬氏諱殷,上蔡人也。自云伏波之後。"(收入《五代史書彙編》,杭州:杭州出版社,2004年,第6317頁)宋代馬令撰《南唐書》卷一一《刁彦能傳》記載:"刁彦能,上蔡人也。父禮,遇亂,徙居宣城。"(收入《五代史書彙編》,第5335頁)《南唐書》卷一二《王彦儔傳》記載:"王彦儔,上蔡人也。少爲本郡軍校。"(第5343頁)

一統志》。《大明一統志》由明代吏部尚書兼翰林院學士李賢等奉明
英宗之命編撰，於天順五年（1461）編成奏上，明英宗親撰序文列於書
首，並賜名《大明一統志》。該書作爲明朝國家編纂的全國性地理總
志，具有一定的代表性。《大明一統志》之《郴州·人物》説：“劉瞻，桂
陽人。舉進士、博學宏詞，歷官翰林學士、中書平章。”①該書還記載郴
州有“劉瞻祠”，“在州學。瞻，唐相。宋大觀初，郡人思其風烈，立祠
祀之”②。可見，將劉瞻作爲桂陽郡（郴州）人，有可能早在宋代就已經
開始了。《大清一統志》也有相關記載③。

　　受《大明一統志》的影響，明朝萬曆《湖廣總志·選舉志》，在劉瞻
名下注稱其“桂陽人”④。該書設有《劉瞻傳》，也記劉瞻爲桂陽人⑤。
清康熙《湖廣通志·選舉》記載：“劉瞻，桂陽人。”⑥雍正《湖廣通志·
選舉志》稱：“劉瞻，桂陽人，平章事。”⑦嘉慶《湖南通志·選舉志》還增
加了劉瞻之父劉景，稱：“劉景，桂陽人，元和間及第……劉瞻，桂陽人，
景子，咸通初及第，尚書，同平章事。”而光緒《湖南通志·選舉志》亦
直接沿襲了嘉慶《湖南通志》⑧。明清時期的各種《郴州志》等也基本

---

① 《明一統志》卷六六《郴州》，《景印文淵閣四庫全書》第 473 册，第 402 頁。
② 《明一統志》卷六六《郴州》，《景印文淵閣四庫全書》第 473 册，第 401 頁。
③ 《大清一統志》卷二八八《郴州》，《景印文淵閣四庫全書》第 480 册，第 636 頁。
④ （明）徐學謨纂修《湖廣總志》卷三六《選舉志一》，《四庫全書存目叢書》史部第 195 册，
　　濟南：齊魯書社，1996 年，第 209 頁。
⑤ （明）徐學謨纂修《湖廣總志》卷四九《獻徵志三》，《四庫全書存目叢書》史部第 195 册，
　　第 422 頁。
⑥ （清）徐國相等纂《湖廣通志》卷一九《選舉》，收入《中國地方志集成》，鳳凰出版社、上海
　　書店、巴蜀書社，2010 年，第 414 頁。
⑦ （清）邁柱等編纂《湖廣通志》卷三二《選舉志》，《景印文淵閣四庫全書》第 532 册，第
　　252 頁。
⑧ （清）李瀚章等纂《湖南通志》卷一三四《選舉志二》，收入《中國地方志集成》，第 332 頁。

相同。據此可見,將劉瞻的籍貫確定爲湖南郴州的資料,主要是《大明一統志》以及明清時期與湖南有關的地方志。

三是連州説。現存將劉瞻的籍貫記載爲連州(今廣東連縣)的資料,最早可以追溯至五代北宋初孫光憲的《北夢瑣言》。該書明確稱:"唐相国劉公瞻,其先人諱景,本連州人。"[1]北宋王讜所著《唐語林》直接沿用了《北夢瑣言》的説法,稱:"相國劉公瞻,其先人諱景,本連州人。"[2]北宋孔平仲(1044—1111)撰《珩璜新論》,其論述嶺南歷史人物稱:

> 嶺南郡縣近世人物爲少,後漢陳元,梧州人……唐馮盎,高州人,以南粤降,高祖封爲越國公。張九齡,韶州人。姜公輔,愛州人。《北夢瑣言》:"相國劉公瞻,其先諱景,連州人。"趙觀文,桂州人,桂小軍也,狀元及第。[3]

可見,孔平仲也完全認同《北夢瑣言》有關劉瞻籍貫的記載。南宋時期著名粤籍學者李昴英(1201—1257)所撰《重修〈南海志〉序》指出:

> 唐賢相起炎方者三,曰韶之張(九齡),曰日南之姜(公輔),最後得劉瞻於湟。是時閩聚猶未有此。然皆奇拔于支郡笇府,以廣名甚大,山偉海鉅,秀靈鳩凝。[4]

所謂"得劉瞻於湟",湟指湟水。又稱洭水,指今廣東連州市東南的連江。明代大學士海南籍人士丘濬(1420—1495)所作《武溪集序》,也

---

① (五代)孫光憲撰,賈二强點校《北夢瑣言》卷三"河中餞劉相瞻"條,北京:中華書局,2002年,第47頁。

② (宋)王讜撰,周勛初校證《唐語林校證》卷三,北京:中華書局,1987年,第287頁。

③ (宋)孔平仲《珩璜新論》,《景印文淵閣四庫全書》第863册,第121頁

④ (宋)李昴英撰,楊芷華點校《文溪存稿》卷三,廣州:暨南大學出版社,1994年,第33頁。

明確地稱唐代張九齡、姜公輔和劉瞻，"皆嶺南人也"①。

我們還要特別强調的是，一部分研究者將前引《大明一統志》作爲劉瞻籍貫是郴州最早也是最主要的依據，但是《大明一統志》在《廣州府·人物》部分，却又專門記載了劉瞻。其文曰：

> 劉瞻，連州人。懿宗時舉博學宏詞科，累官翰林學士，相僖宗，制云："安數畝之居，仍非已有；却四方之賂，惟畏人知。"子贊，爲梁崇政院學士。②

而明代黄佐於嘉靖四十年（1561）編纂的《廣東通志·選舉表》記載劉瞻，連州桂陽人，大中元年進士；其書《劉瞻傳》又記載："劉瞻字幾之，連州人，其先出彭城，後徙桂陽。祖，升；父，景，郟坊從事。瞻奇偉有文學，才思豐敏，大中元年登進士第，尋中博學宏詞科。"③還有大量明清時期的廣東地方史志資料，一直都將劉瞻記載爲連州人。因此，我們認爲唐代劉瞻屬於嶺南連州人應無疑義。

至於自明代以來一部分歷史資料將劉瞻記載爲郴州人的原因，一是《新唐書·劉瞻傳》記載劉瞻"其先出彭城，後徙桂陽"，如前所述，唐代"桂陽"作爲地名，既指桂陽郡即郴州，也指連州的桂陽縣，二者之間容易造成混淆。二是在唐朝近三百年間，連州在行政地理归属上，

---

① （明）丘濬《重編瓊臺稿》卷九《武溪集序》，《景印文淵閣四庫全書》第 1248 册，第 170 頁。

② 《明一統志》卷七九《廣州府》，《景印文淵閣四庫全書》第 473 册，第 674 頁；（清·乾隆）和珅《欽定大清一統志》卷三五二《連州·人物》也專門記載了劉瞻事迹，《景印文淵閣四庫全書》第 482 册，第 290 頁。

③ （明）黄佐《廣東通志》卷五五《劉瞻傳》，第 1413 頁。

也多次在嶺南道和江南西道之間變換,而且其屬於江南西道的時間更長①。因而劉瞻的籍貫究竟屬於古代廣東還是湖南,本身也確實容易造成混淆。三是古代部分地方史志的編纂,確實比較多地存在附會某些歷史名人的傾向。正如譚其驤先生所指出的:"對歷史上一些名人,方志往往喜歡拉爲本地人,用本地的古迹附會。"②

(二)唐代劉瞻家族的北方來源及其在嶺南的崛起

正史等資料對於劉瞻的家族來源及其與嶺南的關係缺乏詳細的記載。《新唐書·劉瞻傳》僅記載劉瞻"其先出彭城,後徙桂陽"③。我們推測劉瞻大致出自唐朝前期因官而移貫嶺南連州的北方家族。《新唐書·宰相世系表》記載桂陽劉氏世系,僅及劉瞻祖父劉升,且無明確官職。而劉瞻之父名劉景,字司光,官至郇坊從事④。唐人所著《玉泉子》記載了劉景事迹,其文曰:

> 劉瞻之先,寒士也。十歲許,在鄭絪左右主筆硯。至十八九,絪爲御史,西巡荆部商山歇馬亭,俯瞻山水。時雨新霽,巖嵐奇秀,泉石甚佳。絪坐久,起行五六里曰:"此勝概,不能吟咏,必晚何妨。"即停於亭。欲題詩,顧見一絶,染翰尚濕,絪大訝其佳絶。

---

① 根據唐《十道志》的記載,唐太宗時期連州屬江南道。唐玄宗開元天寶年間屬嶺南道。唐肅宗乾元(758—760)以後的較長時間則屬江南西道(見《太平寰宇記》卷一一七《連州》,第2365頁)。然而至晚唐又再度歸屬於嶺南東道。正因爲如此,《通典·州郡志》、《元和郡縣圖志》卷二九、《舊唐書·地理志》等將連州列入江南西道。而《新唐書·地理志》等則將連州列入嶺南道。

② 譚其驤《地方史志不可偏廢,舊志資料不可輕信》,載譚其驤《長水集續編》,北京:人民出版社,1994年,第262頁。

③ 《新唐書》卷一八一《劉瞻傳》,第5352頁。

④ 《新唐書》卷七一上《宰相世系表一上》,第2252頁。

時南北無行人，顧左右，但向来劉景在後三二里。公戲之曰："莫是爾否?"景拜曰："實見侍御吟賞起予，輒有寓題。"引咎又拜。公咨嗟久之而去。比迴京闕，戒子弟涵、瀚已下曰："劉景他日有奇才，文學必超異。自此可令與汝共處於學，寢饌一切，無異爾輩，吾亦不復指使。"至三數年，所成文章，皆詞理優壯。凡再舉成名，公召辟法寺、學省清級，及生瞻，及第。①

據此可知，劉瞻之父劉景出身寒微。主要因其文學才能爲鄭絪所欣賞，從而走上科舉入仕之途。鄭絪（752—829），唐憲宗朝官至同中書門下平章事。鄭絪推薦劉景參加了科舉考試。而《北夢瑣言》記載爲："唐相國劉公瞻，其先人諱景，本連州人，少爲漢南鄭司徒掌牋劄，因題商山驛側泉石，滎陽奇之，勉以進修，俾前驛換麻衣，執贄之後致解薦，擢進士第，歷臺省。"②《唐語林》則記載爲，劉景"因題商山驛側泉石，司徒奇之，勉以進修，俾前驛換麻衣，執贄見之禮。後解薦，擢進士第，歷臺省"③。可見，劉瞻之父劉景亦爲科舉進士出身。

　　唐朝著名文學家劉禹錫在唐憲宗元和十年（815）至十四年貶任連州刺史。其《送曹璩歸越中舊隱》詩序稱："予爲連州，諸生以進士書刺者，浩不可紀。"④而劉禹錫與劉景的交往，很可能也開始於此時。劉禹錫《贈劉景擢第》一詩，就是專門爲祝賀劉景登進士第而寫的。其

① （唐）佚名《玉泉子》，收入《奉天録（外三種）》，北京：中華書局，2014 年，第 166—167 頁。《新唐書》卷五九《藝文志三》著録《玉泉子見聞真録》五卷，不著撰人，第 1543 頁。而《太平廣記》卷一七〇《鄭絪》引作《芝田録》，第 1243—1244 頁。
② 《北夢瑣言》卷三"河中餒劉相瞻"條，第 47 頁。
③ 《唐語林校證》卷三，第 287 頁。
④ （唐）劉禹錫撰，瞿蛻園箋證《劉禹錫集箋證·外集》卷八，上海：上海古籍出版社，1989 年，第 1459 頁。

詩曰:"湘中才子是劉郎,望在長沙住桂陽。昨日鴻都新上第,五陵年少讓清光。"①其稱劉景"住桂陽",是指其籍貫屬於連州桂陽縣。而其稱劉景爲"湘中才子"以及"望在長沙",應該都是指劉景參加科舉進士考試,是在潭州(即長沙)而獲得解薦資格的。唐朝進士考試有"鄉貢"和"解送"的説法。考生要由籍貫所在的州郡推薦,即所謂"皆懷牒自列於州縣",通過州縣的選拔考試,然後"州縣館監舉其成者送尚書省(後爲禮部)"②。然而,由於唐朝對各州"解送"名額有較大區別,應試士子有的爲了增加登第的機會,往往離開其原籍,而附籍於登第率高的府州參加府試,以取得解送資格,再到京師參加全國性考試。這種現象在當時有"寄應"、"冒寄"或"冒籍"等不同叫法③。到唐朝中後期,鄉貢"率多寄應者"④。説明通過改換籍貫以獲取解薦資格已成爲一種普遍現象。而劉景應該就是以潭州"解薦"的身份參加科舉進士考試的。

　　前引《新唐書·宰相世系表》記載劉景官至鄜坊從事。鄜坊爲渭北鄜坊的簡稱。唐、五代方鎮名。唐肅宗上元元年(760),置渭北鄜坊節度使,簡稱渭北或鄜坊節度使,治坊州(今陝西黃陵縣東南)。可見,劉瞻之父劉景進士及第後,主要活動在北方關中等地。從其仕宦履歷來看,應該説官職比較卑微。

　　歷史資料證明,劉瞻出生在一個宗教氛圍十分濃厚的家族中,而且這一點對於劉瞻的政治生涯以及爲人處世態度等都有重要影響。

---

① 《全唐詩》卷三六五,第4128頁。

② (宋)王應麟撰《玉海》卷一一五《選舉》,江蘇古籍出版社、上海書店,1987年,第2131頁。

③ 金瀅坤《中晚唐五代科舉與社會變遷》,北京:人民出版社,2009年,第18—21頁。

④ (五代)王定保《唐摭言》卷一《鄉貢》,北京:中華書局,1959年,第8頁。

根據《新唐書》記載,劉瞻之弟劉助,字元德,"性仁孝,幼時與諸兄游,至食飲,取最下者。及長,能文辭,喜黄老言。年二十卒"①。所謂"喜黄老言",應主要是指其有道教信仰。而《北夢瑣言》則直接記載:"唐劉瞻相公,有清德大名,與弟阿初皆得道,已入仙傳。"②可見,劉瞻與其弟阿初即劉助都有道教信仰。而唐末五代人沈汾所撰《續仙傳》,對於劉瞻之兄劉暀的奉道事迹則有更詳細的記載。該書稱:

> 劉暀,小字宜哥,瞻兄也。暀家貧好道,常有道士經其家,見暀異之,問:"知道否?"曰:"知之,性饒俗氣,業應未浄,遽可彊學?"道士曰:"能相師乎?"暀曰:"何敢?"於是師事之。道士命暀山棲求道,無必巾裹,暀遂丫角布衣,隨道士入羅浮山。暀與瞻俱讀書爲文,而暀性唯高尚,瞻情慕榮達。暀嘗謂瞻曰:"鄙必不第,則逸於山野;爾得第,則勞於塵俗,竟不及於鄙也。然慎於富貴,四十年後當驗矣。"瞻曰:"神仙迢遠難求,秦皇漢武非不區區也;廊廟咫尺易致,馬周、張嘉貞可以繼踵矣。"自後暀愈精思於道,乃隱於羅浮。瞻以進士登科,會昌七年及第,屢歷清顯,及昇輔相,頗著調燮之稱。俄被謫南行,次廣州朝臺,泊舟江濱。忽有丫角布衣少年,衝暴雨而來,衣履不濕,欲見瞻,左右皆訝,乃語之:"但言宜哥來也。"以白瞻,問形狀,具以對,瞻驚歎,乃迎入見之。暀顔貌可二十來〔許〕,瞻已皤然衰朽。方爲逐臣,悲喜不勝。暀後勉之:"與爾爲兄弟手足,所痛曩日之言,今四十年矣!"瞻益感歎,謂暀曰:"可復修之否?"暀曰:"身邀榮寵,職和遥陽,用心動静,

---

① 《新唐書》卷一八一《劉瞻傳》,第5353頁。
② 《北夢瑣言》卷一〇"劉李愚甥"條,第208頁。

能無損乎？自非弟家阿兄，已昇天仙，詎能救爾？今惟來相別，非
來相救也。"遂同舟行，話平生隔濶之事。一夕，失曙所在。今羅
浮山中，時有見者。瞻遂南適，殁於貶所矣。[1]

劉瞻之兄劉曙早年"家貧好道"，與道士交往密切。而"常有道士經其
家"的原因，主要是從南朝至唐，粵北連州之連福山爲道教七十二福地
中的第四十九福地，道教發展一直相當興盛[2]。刘瞻與劉曙早年在家
鄉雖然都"讀書爲文"，然而二者的志趣却有很大差別。劉曙畢生都從
事道教修煉，而且主要活動在嶺南著名道教聖地——羅浮山等地。唐
代羅浮山也是嶺南士人讀書習業的一個中心[3]。至於劉瞻則以唐初著
名宰相馬周、張嘉貞爲榜樣，渴望建功立業。《續仙傳》所稱劉瞻"以
進士登科，會昌七年及第"，按會昌(841—846)僅有六年。劉瞻是以唐
宣宗大中元年(847)進士及第，大中四年又登博學鴻詞科。而其稱劉
瞻最後"殁於貶所"，也與正史記載不符。劉瞻實際上又在江南等地任
職，並在唐僖宗朝再度擔任宰相。

劉瞻作爲來自粵北連州山區的北方家族後裔，爲什麽能夠通過科
舉考試走上仕途並官至宰相呢？清光緒十九年(1893)，時任翰林院編
修兼提督廣東學政的徐琪，因監督粵北的科舉考試而前往連州，一方
面他對相關史籍進行鈎沉索隱，另一方面則對唐代以來相關遺迹親自
考察踏勘，並撰寫了《唐刑部尚書中書侍郎平章事劉公神道碑》，碑文

---

① （後唐）沈汾《續仙傳》卷中"劉曙"條，《景印文淵閣四庫全書》第 1059 册，第 600 頁；《太
　　平廣記》卷五四"劉曙"條引《續仙傳》，第 332—333 頁；（宋）張君房編，李永晟點校《雲
　　笈七籤》卷一一三下"劉曙"條略同，北京：中華書局，2003 年，第 2503—2504 頁。
② （唐）蔣防《連州静福山廖先生碑銘并序》，《全唐文》卷七一九，第 7404 頁。
③ 王承文《唐代羅浮山地區文化發展論略》，《中山大學學報》1992 年第三期。

長達三千多字。碑文稱:

> 公生當唐季,叠遭坎坷,連州又□在一隅,非學臣按試,則訪
> 古之士罕到其地……按公姓劉氏,諱瞻,字幾之,一字表儒。舊書
> 稱公彭城人,新書謂其先出彭城,後徙桂陽。《北夢瑣言》謂諱家
> 連州人,是以連著也。祖昇,父景,俱見於舊書。昇之爵秩不著,
> 景字司光,官〔郇坊〕從事,蓋名進而仕未顯者也。連(州)地當萬
> 山之中,岡巒起伏,皆出意表。公秉奇崛之氣,而孤貧有藝。①

徐琪一方面强調"連州又□在一隅","連(州)地當萬山之中,岡巒起
伏,皆出意表",另一方面則是强調劉瞻出身"孤貧",因而特別感歎在
如此特殊的環境裏,竟然能産生像劉瞻這樣傑出的人物。與漢唐時代
相比,明清以來嶺南發展的格局已有巨大改變。特別是珠江三角洲等
沿海已成爲嶺南經濟文化發展最快的地區。但是,如果回到唐代特定
的時代和地理空間背景中,劉瞻崛起於連州又並非偶然。

　　唐代連州地處五嶺南麓,以及北江支流連江的上游。從秦漢以
來,連州一直就連接着嶺南和嶺北的交通要道。《漢書》記載元鼎五年
(前112)秋,"衛尉路博德爲伏波將軍,出桂陽,下湟水"②。唐朝杜佑
《通典》記載連州"有湟水,漢伏波將軍路博德討南越,出桂陽,下湟
水,即此地"③。湟水又稱洭水,即今連江。東漢章帝建初八年(83),
大司農鄭宏主持開鑿一條翻越五嶺,直達京城的道路。《後漢書》記

---

① (清)徐琪《唐刑部尚書中書侍郎平章事劉公神道碑》,載譚棣華等編《廣東碑刻集》,廣
　州:廣東高等教育出版社,2001年,第131—136頁。碑文録文相關闕字筆者據史書校
　補。
② 《漢書》卷九五《西南夷傳》,第3857頁。
③ 《通典》卷一八三《州郡典一三》,第4881頁。

載："舊交阯七郡貢獻運轉,皆從東冶泛海而至,風波艱阻,沉溺相係。弘奏開零陵、桂陽嶠道,於是夷通,至今遂爲常路。"唐李賢注曰："嶠,嶺也。夷,平也。""今謂范曄時也。"①《資治通鑑》記載："帝以侍中會稽鄭弘爲大司農。舊交趾七郡貢獻轉運,皆從東冶泛海而至,風波艱阻,沉溺相係。弘奏開零陵、桂陽嶠道,自是夷通,遂爲常路。"胡三省注曰："余據武帝遣路博德伐南越,出桂陽,下湟水,則舊有是路,弘特開之使夷通。"②自東漢南嶺古道開通後,連州更是成爲進入嶺南的門户、通衢和水陸中轉的樞紐。劉禹錫稱連州:"城下之浸曰湟水,由湟之外交流而合輸以百數,淪漣汨淯,壁山爲渠,東南入於海。"③《元和郡縣圖志》之《連州》條云:

> 秦爲長沙郡之南境,漢置桂陽郡……東至韶州陸路五百里。西南至封州六百三十里。東至廣州八百九十里。西至賀州捷路二百七十里,取道州桂嶺路三百六十里。東北度嶺至郴州三百九十里。④

而陳寅恪先生也認爲,連州所屬的桂陽縣亦爲海外商胡聚集之地,稱:"是桂陽亦近值嶺路交通要點,嶺外賈胡往來中州,其於桂陽有旅寄之所。"⑤

其次,如同歷史上的桂州、韶州一樣,連州一帶也是北方移民進入嶺南的第一站。而連州也因此得中原文明風氣之先,在漢唐嶺南開發

---

① 《後漢書》卷三三《鄭弘傳》,第 1156 頁。
② 《資治通鑑》卷四六,漢章帝建初八年,第 1495 頁。
③ (唐)劉禹錫《連州刺史廳壁記》,《全唐文》卷六〇六,第 6120 頁。
④ 《元和郡縣圖志》卷二九《連州》,第 711 頁。
⑤ 陳寅恪《劉復愚遺文中年月及其不祀祖問題》,載《金明館叢稿初編》,北京:三聯書店 2001 年,第 356 頁。

進程中有其特殊意義。從兩《唐書》的户口統計來看，連州屬於唐代嶺南户口最多的州之一。《舊唐書・地理志》記載唐初爲五千五百六十三户，三萬一千九十四口。至唐玄宗天寶年間則爲三萬二千二百十户，十四萬三千五百三十二口[1]。唐代連州經濟也有比較重要的發展[2]。劉禹錫於元和十一年七月作《連州刺史廳壁記》，稱連州"城壘赭岡，踞高負陽，土伯噓濕，抵堅而散，襲山逗谷，化爲鮮雲，故罕罹嘔泄之患，亟有華皓之齒。信荒服之善部，而炎裔之凉地也"[3]。所謂"罕罹嘔泄之患"，是指連州因爲地勢高朗，風氣疏通，因此很少有嶺南各地所常見的瘴癘對人的侵害。而連州亦因此被稱爲"荒服之善部"和"炎裔之凉地"。唐"安史之亂"後，北方家族大量向嶺南遷徙，而連州應是北方移民最集中的地區之一。根據唐宋文獻、明代黄佐《廣東通志・選舉表》以及徐松《登科記考》等資料，唐代連州也是嶺南七十餘州中科舉進士最多的州，包括：①劉景，即劉瞻之父，唐憲宗元和（806—820）年間進士；②劉瞻，大中元年（847）；③邵安石，乾符三年（876）；④黄匪躬，光啓三年（887）；⑤吳藹，光化三年（900）；⑥陳用拙，天祐元年（904）；⑦劉贊，爲宰相劉瞻之子，唐末天祐二年（905）；⑧張鴻，天祐四年（907）。也就是説，唐代連州出現了八名進士，堪稱居嶺南之冠。特別是從劉瞻開始的七位進士，都集中在唐朝最後的五十多年間，恰恰從一個具體方面説明唐後期嶺南經濟社會文化的發展在明顯加快[4]。

---

[1]　《舊唐書》卷四〇《地理志三》，第 1619 頁。

[2]　李慶新《荒服之善部，炎裔之凉地：論唐代粤北地區的經濟與文化》，《廣東社會科學》1998 年第 1 期。

[3]　《全唐文》卷六〇六，第 6120 頁。

[4]　參見本書第五章第四節之五"唐後期嶺南科舉進士登場與文化發展"。

最後還要指出的是,出身寒微的劉瞻之入仕並官至宰相,確實也有其偶然和獨特之處。《舊唐書》記載劉瞻咸通初累遷太常博士,"劉瑑作相,以宗人遇之,薦爲翰林學士"①。劉瑑为彭城人②。可見宰相劉瑑以宗親關係加以提攜,對劉瞻也很重要。《北夢瑣言》也記載:

> 瞻相孤貧有藝,雖登科第,不預急流。任大理評事日,饘粥不給。嘗於安國寺相識僧處謁湌,留所業文數軸,置在僧几。致仕劉軍容玄冀游寺,見此文卷,甚奇之,憐其貧窶,厚有濟恤。又知其連州人,朝無强援,謂僧曰:"某雖閑廢,能爲此人致宰相。"爾後授河中少尹,幕寮有貴族浮薄者蔑視之。一旦有命徵入,蒲尹張筵而祖之,浮薄幕客呼相國爲"尹公",曰:"歸朝作何官職?"相國對曰:"得路即作宰相。"此郎大笑之,在席亦有異其言者。自是以水部員外知制誥,相次入翰林,以至大拜也。③

以上説明劉瞻最後能夠進入唐朝統治權力的中心,其得到唐朝實力派人物如退休高官劉玄冀的提攜也非常關鍵。同時也説明劉瞻作爲來自嶺南的士人,也不可避免地受到北方貴族官僚的排擠和輕視。

(三)劉瞻的主要仕宦經歷及其歷史評價

根據《舊唐書·劉瞻傳》的記載,劉瞻的主要仕宦履歷爲:其進士及第後,先佐使府,咸通初升朝,累遷太常博士,翰林學士、中書舍人、户部侍郎承旨、太原尹、河東節度使、京兆尹、户部侍郎、翰林學士,等

---

① 《舊唐書》卷一七七《劉瞻傳》,第 4605 頁。
② 《舊唐書》卷一七七《劉瑑傳》,第 4606 頁。
③ 《北夢瑣言》卷三"河中餞劉相瞻"條,第 47—48 頁。

等。至咸通十年(869)，以本官同平章事，加中書侍郎，兼刑部尚書、集賢殿大學士。《舊唐書·懿宗紀》記載咸通十一年八月：

> 同昌公主薨，追贈衛國公主，謚曰文懿。主，郭淑妃所生，主以大中三年七月三日生，咸通九年二月二日下降。上尤鍾念，悲惜異常。以待詔韓宗紹等醫藥不效，殺之，收捕其親族三百餘人，繫京兆府。宰相劉瞻、京兆尹溫璋上疏論諫行法太過，上怒，叱出之。①

唐懿宗因其同昌公主薨，遷怒並收捕翰林醫官及其家屬三百餘人。百官噤聲，劉瞻上疏陳情，結果觸怒唐懿宗，被免去宰相一職，先貶爲荊南節度使，再貶爲驩州司戶參軍。驩州地處唐朝最南邊疆，屬於安南都護府。《舊唐書》只記載其在唐懿宗朝爲宰相。而在被貶斥後，又爲康州刺史、虢州刺史，再入朝爲太子賓客分司。未記載其僖宗朝重任宰相之事。而《新唐書》則記載唐僖宗即位，徙康、虢二州刺史。以刑部尚書召。唐僖宗乾符元年(874)五月，復以中書侍郎平章事。然而其居宰相位僅三個月卒。

晚唐著名道教宗師杜光庭(850—933)所撰《道教靈驗記》，記載了劉瞻從唐懿宗咸通十一年被貶斥到重新出任宰相的經歷。其文稱：

> 相國劉公瞻南遷交阯，道過江陵。既登扁舟，將欲解纜。迴首道左，見像設甚嚴，而朽殿傾圮。問其名，即真符玉芝觀也。入門昇階，拜手潛祝。是夕舟中夢青童前導，登大山之上，松徑連

---

① 《舊唐書》卷一九上《懿宗紀》，第675頁。

延,崖巘奇秀,芳芝幽草,好鳥靈花,燦然在目。行一里許,見元始天尊坐寶花座上,瞻仰睟容,乃玉芝殿中天尊也。拜祝曰:"某得罪聖朝,竄逐且遠,非敢有怨,但祈生還爾!"天尊曰:"爾之青簡,列於方諸矣!何憂於世難乎?再居相位,而後得道。自此齋一旬,戒三日,則蠻陬瘴海魑魅之鄉,無所憚矣。辰未巳午,與子爲期也。"自是劉公南征至湖嶺間,所在藩方勞問相繼,旋得金帛,寓信於荆帥,特創天尊殿齋廳廊宇,選精介焚修之士以居之。於是再徵入掌鈞軸,洎厭俗棄世,果符夢中之言,歲辰亦無爽矣。[①]

以上是一段容易爲人所忽略的重要資料。如前所述,劉瞻出生在一個有濃厚宗教氛圍的家族,而其本身也有很虔誠的道教信仰。劉瞻在貶任安南的途中,在江陵玉芝觀特向神靈祈禱,並在夢中得到神靈的指引。在被徵召回京過程中,劉瞻得到了嶺南和湖南等地不少方鎮的饋贈,而劉瞻則將這些錢財重修了江陵玉芝觀的"天尊殿齋廳廊宇",並"選精介焚修之士以居之"。

在晚唐衆多政治人物中,劉瞻在朝野都得到了很高的評價。《新唐書》記載劉瞻"爲人廉約,所得俸以餘濟親舊之窶困者,家不留儲。無第舍,四方獻饋不及門,行已終始完潔"[②]。其爲官廉潔,以俸禄救濟親舊貧弱者,雖身居宰相,然而在京城却没有置辦自己的私人住宅。其爲人處世之道,很可能也與其宗教信仰有關。《新唐書》又記載劉瞻

---

① (唐)杜光庭《道教靈驗記》卷三,《正統道藏》,上海書店、文物出版社、天津古籍出版社,1994年,第10册,第811頁;《雲笈七籤》卷一一七"相國劉瞻夢天尊言再居相位驗",第2587—2588頁。

② 《新唐書》卷一八一《劉瞻傳》,第5353頁。

以亮直上疏忤帝，遠貶萬里之外，爲驩州司户參軍。路巖等尚欲殺之，然"天下謂瞻鯁正，特爲讒擠，舉以爲冤，幽州節度使張公素上疏申解，巖等不敢害"①。《資治通鑑》記載："瞻之貶也，人無賢愚，莫不痛惜。及其還也，長安兩市人率錢雇百戲迎之。瞻聞之，改期，由它道而入。"②宋代葉適亦稱："唐末可稱者，劉瞻、崔彦昭、鄭畋、鄭從讜、王鐸。至鐸爲收復元功，然以三百口并命於高雞泊，則士大夫力指氣使之勢蕩盡，而唐隨以亡矣；蓋識慮不及，而倚虚驕立事，唐人之敝也。"③

劉瞻去世後，很可能被歸葬連州。明孝宗弘治十一年（1498），連州知州曹鎬重修了劉瞻墓，並撰寫《劉瞻墓記碑》，稱唐"乾符元年（874）秋八月也，朝廷歸其柩於連州，葬於朝天門外半里許"，"有明弘治丙辰（1496），曹鎬來知連州事。越戊午（1498），始得拜公之墓"，並加以重修④。

現存文獻典籍對劉瞻本人的家庭和後代均罕有記載。根據《北夢瑣言》記載，劉瞻"先婚李氏，生一子，即劉贊也。相國薨後，贊且孤幼，性甚懵鈍，教其讀書，終不記憶。其舅即李殷衡侍郎也，以劉氏之門不可無後，常加楚箠，終不長進。李夫人慈念，不忍苦之，歎其宿分也。一旦不告他適，無以訪尋。聖善憶念，淚如縻縩，莫審其存亡。數年方歸，子母團聚，且曰：'因入嵩山，遇一白衣叟，謂曰："與汝開心，將來必保聰明。"'自是日誦一卷，兼有文藻。擢進士第。梁時登朝，充崇政院

---

① 《新唐書》卷一八一《劉瞻傳》，第 5353 頁。
② 《資治通鑑》卷二五二，唐僖宗乾符元年，第 8170 頁。
③ （宋）葉適《習學記言序目》卷四三，北京：中華書局，1977 年，第 631 頁。
④ （清）李鶱修《連州志》卷八《藝文志》，康熙十二年（1673）刻本，《廣東歷代方志集成》，第 124 頁。

學士,預時俊之流。其渭陽李侍郎充使番禺,爲越王劉氏所縻,爲廣相而薨。僕與劉贊猶子慇通熟,自言家世,合有一人得道矣。即白衣叟,其甥舅乎。"[1]李殷衡,趙郡人,高祖李棲筠,官御史大夫。曾祖李吉甫和祖李德裕均爲唐朝著名宰相。其父李燁,仕汴宋幕府,因李德裕被貶嶺南象州立山縣尉,"懿宗時,以赦令徙郴州。餘子皆從死貶所"[2]。《南漢書》稱"初,德裕柄國,威望獨重一時。及宣宗即位,仇人之党相繼擠陷,子弟皆坐貶謫。殷衡適當其會,故名位不獲通顯"[3]。而李殷衡本人仕後爲右補闕。梁太祖開平二年(908)充嶺南官告副使,被割據嶺南的劉隱所挽留,後爲南漢宰相而卒。據此可知,劉瞻的初婚對象是李德裕的孫女。而出身嶺南寒門士子的劉瞻能與趙郡名門大族李氏結成婚姻,很可能與李德裕被貶死海南崖州之後,李殷衡曾經任官郴州有關。

　　劉瞻與趙郡李氏所生之子劉贊,也是以科舉進士身份進入唐末政壇的,其官至後梁王朝崇政院學士。《全唐詩》卷七二七小傳稱唐末名劉贊者有三人:"一桂陽人,宰相瞻之子,擢進士,仕梁充崇政殿學士。"[4]徐松《登科記考》將其進士及第時間推斷在唐末天祐二年(905)[5]。如此,則從劉景、劉瞻到劉贊,三代均爲唐朝進士。從前引《北夢瑣言》的記載來看,劉贊也應有道教信仰。然而,劉瞻的次子却

① 《北夢瑣言》卷一〇"劉李愚甥"條,第208頁。
② 《新唐書》卷一八〇《李德裕傳》,第5343頁。有關李德裕之子李燁事迹,見《唐代墓志彙編》大中〇七一號《唐茅山燕洞宮大洞煉師彭城劉氏墓志銘并序》,上海:上海古籍出版社,1992年,第2303—2304頁;咸通〇一六號《唐故郴縣尉趙郡李君墓志銘并序》,第2390—2391頁。
③ (清)梁廷楠《南漢書》卷九《李殷衡傳》,廣州:廣東人民出版社,1981年,第47頁。
④ 《全唐詩》卷七二七,第8331頁。
⑤ (清)徐松《登科記考》卷二四,第930頁。

奉佛，並被尊稱爲光華大師。據歐陽熙《洪州雲蓋山龍壽院光化大師
寶綠碑銘》記載，光化大師俗姓劉氏，"本無諸倚郭閩縣人也，即巨唐相
國彭城劉公瞻之次子也"①。可見，與劉瞻家族的道教信仰不同，劉瞻
次子則成了佛教高僧。

最後值得指出的是，劉景、劉瞻和劉贊祖孫三代通過科舉考試並
以經學入仕，與其家族的世代宗教信仰並不矛盾。陳寅恪先生稱："蓋
自漢代學校制度廢弛，博士傳授之風氣止息以後，學術中心移於家族，
而家族復限於地域，故魏、晉、南北朝之學術、宗教皆與家族、地域兩點
不可分離。"②而粵北連州的劉瞻家族，則提供了唐代北方家族與嶺南
學術和宗教發展關係密切的一個範例。

三　餘言

嶺南雖然早在秦漢就已納入中國的版圖，但是却長期被視爲"蠻
荒"和"絕域"。兩漢時期，嶺南籍士人參與中央王朝政治事務的記載
完全是空白。在魏晉南北朝的門閥統治時期，由於九品中正制的選官
方式高度重視門第和郡望，也基本上排除了嶺南籍士人通過正常途徑
參與中央王朝政治事務的可能。因此，宋元明清時期的學者論述嶺南
史，往往都把唐代張九齡、姜公輔、劉瞻三位宰相看成是嶺南地域文化
最傑出的代表③。明代海南籍大學士著名理學家丘濬（1421—1495）
就稱："予嘗怪柳子厚謂嶺南山川之氣，獨鍾於物不鍾於人。曾南豐氏
亦謂越之道路易於閩蜀，而人才不逮。其然豈其然乎！夫人才莫大于
相業，南士入相，在唐僅三數人，張公之後，有姜公輔、劉瞻，皆嶺南人

---

① 《全唐文》卷八六九，第 9101 頁。
② 陳寅恪《隋唐制度淵源略論稿》，上海：上海古籍出版社，1980 年，第 16 頁。
③ （宋）李昴英撰，楊芷華點校《文溪存稿》卷三，第 33 頁。

也。當是之時,南方之士以功業顯,蓋未有或先之者也。"①如前所述,唐代三位嶺南籍宰相的出身和入仕也有不少共同點:一是他們的籍貫即出生地韶州、愛州和連州,在唐朝均屬於主要交通路綫所經由的地區。二是他們均爲唐朝前期北方移民的後裔。而這些北方家族本身屬於隋唐之際已經式微的中下層士族。它們在移貫嶺南之後,卻仍然世代以北方郡望和儒學相尚②。三是他們都是通過科舉進士考試步入仕途,並進入唐朝最高統治集團。而唐代三位嶺南籍宰相以及一大批科舉進士的出現,亦從一個具體方面證明了嶺南開發從唐朝開始已進入一個較快發展的時期。

在唐朝前期,還有其他不少北方家族因官而移居嶺南。唐代著名僧人義凈(635—713)撰《大唐西域求法高僧傳》,記載有貞固弟子孟懷業,梵號僧伽提婆,"祖父本是北人,因官遂居嶺外。家屬權停廣府"③。明代學者曹學佺《廣西名勝志》記載唐玄宗開元年間,有浙人毛衷爲賀州(今廣西賀縣)守,"及卒於官,家因不返。其次子曰亨曰貞,即富川(今廣西富川縣)毛氏祖也"④。而蘇妙的家世則反映唐前

① (明)丘濬《重編瓊臺稿》卷九《武溪集序》,《景印文淵閣四庫全書》第 1248 冊,第 170 頁。

② 參見岑仲勉《唐史餘瀋》卷四《唐史中之望與貫》,北京:中華書局,2004 年,第 229 頁。

③ (唐)義凈撰,王邦維校注《大唐西域求法高僧傳校注》,北京:中華書局,1988 年,第 238 頁。

④ (明)曹學佺《廣西名勝志》卷三,桂林:廣西師範大學出版社,2012 年,第 226 頁。然而,(清)汪森《粵西文載》卷六三則記載:"毛衷,江山人。政和間知賀州,有惠政,任滿將歸,值方臘亂,遂家焉。生三子,後賀與富川族姓頗繁。"(《景印文淵閣四庫全書》第 1467 冊,第 38 頁)(清)金鉷《廣西通志》:"毛衷,江山人,政和間以刑部郎知賀州,經富川,語子曰:'吾歸閩日,將於此卜居。'後以方臘亂,不能歸,卒於宦邸。其季子傳遂創居於富之秀峰,以成衷志焉。案《名勝志》作唐開元時人。"(《景印文淵閣四庫全書》第 567 冊,第 436 頁)

期北方家族移貫嶺南,也包括了唐朝兩京的名門大族。根據黃佐《廣東通志》記載:"蘇妙字觀妙,南海人。其先家本雍州武功,父乂爲京兆少尹,始徙廣州。妙幼奇穎,讀書通大義。累官至泉州刺史,有惠政。行春門樓,有白雀來巢,見妙出,每飛集車蓋上,泉民歌頌之。"該書又記載其移貫嶺南的緣由説:"先是,(蘇)乂以父環、兄頤世承台衮,每懷盛滿,出居服嶺,荒遁終身。名其二子:長曰復,取萬物並作,吾觀其復也;少曰妙,取常無欲以觀其妙也。妙兄弟皆好道,奉事老子,而儒行亦修云。五世孫紹之,最知名。"①明代郭棐《粵大記》卷二〇《蘇妙傳》直接沿襲了黃佐《廣東通志》的記載②。以上所謂"每懷盛滿",盛滿指滿盈,盛極。是指蘇妙之父蘇乂擔憂其家族過於貴盛而招致災禍。蘇乂尊崇道家學説。老子《道德經》第九章稱:"持而盈之,不如其已。揣而梲之,不可長保。金玉滿堂,莫之能守。富貴而驕,自遺其咎。功成身退,天之道。"③執持盈滿,不如適時停止;顯露鋒芒,鋭勢難以保持長久。金玉滿堂,無法守藏;如果富貴到了驕橫的程度,那是給自己留下了禍根。一件事情做的圓滿了,就要含藏收斂,這是符合自然規律的道理。《漢書・楚元王劉交傳》稱:"妻死,大將軍光欲以女妻之,德不敢取,畏盛滿也。"④東晉葛洪《抱朴子外篇・知止》稱:"禍莫大於無足,福莫後乎知止。抱盈居沖者,必全之筭也;宴安盛滿者,難保之危也。"⑤從北朝到唐朝前期,雍州武功蘇氏家族堪稱蟬聯

---

① （明）黃佐《廣東通志》卷五五《蘇妙傳》,第 1407 頁。

② （明）郭棐撰,黃國聲等點校《粵大記》,廣州:中山大學出版社,1998 年,第 572 頁。

③ （魏）王弼注,樓宇烈校釋《老子道德經注校釋》,北京:中華書局,2008 年,第 21 頁。

④ 《漢書》卷三六《楚元王劉交傳》,第 1297 頁。

⑤ （晉）葛洪撰,楊明照校箋《抱朴子外篇校箋》卷四九《知止》,北京:中華書局,1997 年,第 586 頁。

珪組,世爲顯著。蘇妙五代祖蘇綽,北周度支尚書、邡國公。高祖蘇威,隋左僕射。曾祖蘇瓌,《新唐書·蘇瓌傳》記載其唐中宗時爲尚書右僕射、同中書門下三品,進爵許國公。蘇瓌長子蘇頲,武則天長安(701—704)年間爲中書舍人,其時"父子同在禁筵,朝廷榮之"。唐睿宗時,蘇頲襲爵許國公。唐玄宗開元四年遷紫微黄門平章事①。白居易稱蘇頲爲唐玄宗開元年間的"大手筆","掌書王命,故一朝言語,焕成文章"②。唐玄宗時期宰相韓休所作《許國文憲公蘇頲文集序》云:"公四代相門,十卿崇構,海域挹其軒冕,縉紳推其軌儀。"③盧藏用《太子少傅蘇瓌神道碑》記載蘇瓌有子共七人④。林寶《元和姓纂》記載蘇瓌生頲、冰、詵、又、穎、顔⑤。但是據《舊唐書》卷八八《蘇瓌傳》、《新唐書》卷一二五《蘇瓌傳》以及《新唐書·宰相世系表四》,"又"爲"乂"之誤。《元和姓纂》又云:"乂(即又,蘇妙父),京兆尹。生復、妙。妙,泉州刺史。"⑥而《宰相世系表》則作京兆少尹⑦。《舊唐書》又記乂爲職方郎中⑧。唐玄宗有《授蘇乂右補闕敕》⑨。蘇頲《謝弟詵除給事中自求改職表》提及"臣第四弟乂右補闕"⑩。其家族成員也曾多次出仕

---

① 《新唐書》卷一二五《蘇瓌傳》,第4398—4401頁。
② 《白居易集》卷三一《馮宿除兵部郎中知制誥制》,北京:中華書局,1979年,第1009頁;《全唐文》卷六六一,第6724頁。
③ (唐)韓休《唐金紫光禄大夫禮部尚書上柱國贈尚書右丞相許國文憲公蘇頲文集序》,《全唐文》卷二九五,第2987頁。
④ 《文苑英華》卷八八三,第4653頁。
⑤ 《元和姓纂(附四校記)》卷三,第288頁。
⑥ 《元和姓纂(附四校記)》卷三,第291頁。
⑦ 《新唐書》卷七四上《宰相世系四上》,第3150頁。
⑧ 《舊唐書》卷八八《蘇瓌傳》,第2882頁。
⑨ 《全唐文》卷三四,第374頁。
⑩ 《全唐文》卷二五五,第2584頁。

嶺南。《宰相世系表》記蘇瓌弟琛官廣州都督①。又據《廣異記》記載，唐尚書蘇頲"夙蒞桂州，有二吏訴縣令，頲爲令殺吏"②。我們推測蘇妙之父蘇乂以京兆少尹出仕並定居嶺南是在開元前期。而蘇妙則以嶺南籍士人的身份出仕，官至泉州刺史。前引黃佐《廣東通志·蘇妙傳》稱蘇妙"五世孫紹之最知名"，並引唐朝張祐《送蘇紹之歸嶺南》一诗云："孤舟越客吟，萬里曠離襟。夜月江流潤，春風嶺路深。珠繁楊氏果，翠耀孔家禽。無復天南夢，相思空樹林。"③以上詩説明從蘇妙到蘇紹之，確實完成了從北方名門大族向嶺南士人的轉變。清雍正初年《廣東通志》卷三一《選舉志》，將蘇紹之作爲唐代出身廣州南海縣的"鄉貢"加以記載。至於蘇乂、蘇妙家族從長安附近的雍州遷徙嶺南的真實原因，我們認爲在很大程度上緣於唐高宗以後直至開元年間唐朝統治集團内部的殘酷傾軋。這一時期有大量唐朝皇室成員、高級官員和貴族，以左降官和流放的方式被遷徙到嶺南。因此，蘇乂很可能是爲了規避因卷入政治鬥争而家族覆没的風險而主動遷徙嶺南的。有關唐代左降官制度和流放制度與北方家族移民嶺南的關係，我們將在下一節作專門討論。

---

①　《新唐書》卷七四上《宰相世系四上》，第 3150 頁。

②　《太平廣記》卷一二一《蘇頲》引《廣異記》，第 854 頁。

③　《文苑英華》卷二七九，第 1417 頁。《全唐詩》作張祜，卷五一〇小傳記載："張祜字承吉，清河人，以宫詞得名。長慶（821—824）中，令狐楚表薦之，不報，辟諸侯府。"（第 5794 頁）

第三節 唐代流放和左降官制度與北方 家族移民嶺南論考

唐代流放制度和左降官制度是近年來學術界較多關注的問題①。前人的研究主要集中於探討這兩種制度的基本內容及其運作方式。唐代嶺南自始至終都是流人和左降官最集中也是最有代表性的地區，而這兩種制度實際上都具有一定强制性移民的色彩，並因此成爲唐代北方家族向嶺南移民的一種特殊途徑。因此，本節將側重於從人口遷移的特定視角，討論這兩種制度與北方家族移民嶺南的關係，並進而討論其對嶺南社會和文化發展所產生的影響。

一 唐代流放制度與北方家族向嶺南移民

（一）唐以前流刑的演變及其與嶺南的關係

唐代流放制度是對先秦秦漢以來流放制度的繼承和重要發展，因此，我們首先有必要對唐以前流放制度的演變及其與嶺南的關係作概要性的討論。

古代刑法中的流刑早在傳説中的堯舜時代就已經出現。《尚書·

---

① 丁之方《唐代的貶官制度》，《史林》1990 年第 2 期；齊濤《論唐代流放制度》，《人文雜誌》1990 年第 3 期；〔日〕辻正博《唐代貶官考》，《東方學報》1991（63），第 265—390 頁；〔日〕辻正博《唐代流刑考》，載梅原郁主編《中國近世の法制と社會》，京都：日本京都大學人文科學研究所，1993 年，第 79—80 頁；彭炳金《唐代貶官研究》，《人文雜誌》2006 年第 2 期；戴建国《唐代流刑的演变》，《法史學刊》第一卷，北京：社会科学出版社，2007 年；梁建國《唐宋流刑的演變》，收入氏著《唐宋變革時期的法律與社會》，上海：上海古籍出版社，2010 年，第 247—278 頁；梁瑞《唐代流貶官研究》，鄭州：中州古籍出版社，2015 年。

舜典》稱:"象以典刑,流宥五刑。"意即本族成員犯罪本應處以"五刑"的,不忍刑殺,於是流於遠方,以示其寬宥。《尚書·舜典》又稱:"流共工于幽州,放驩兜于崇山,竄三苗于三危,殛鯀于羽山,四罪而天下咸服。"其所稱共工、驩兜、三苗、鯀等則屬於異族首領。《左傳·文公十八年》稱"流四凶族","投諸四裔,以御螭魅"。而《大戴禮記·五帝德》又稱舜"流共工于幽州,以變北狄;放驩兜于崇山,以變南蠻;殺三苗于三危,以變西戎;殛鯀于羽山,以變東夷"。《史記·五帝本紀》稱舜"乃流四凶族,遷于四裔,以御螭魅"。劉宋裴駰《集解》引賈逵曰:"四裔之地,去王城四千里。"又引服虔曰:"螭魅,人面獸身,四足,好惑人,山林異氣所生,以爲人害。"唐張守節《正義》曰:"御魑魅,恐更有邪諂之人,故流放四凶以禦之也。"[1]綜合以上論述可見,早期的流刑既具有非常鮮明的懲罰色彩,但是又包含有改造四夷的用意。其流放的地點均爲四方邊遠蠻夷之地。西漢大儒孔安國將流放驩兜的"崇山"解釋爲"南裔"[2]。至於其具體地點,唐代杜佑《通典》稱澧州澧陽縣(今湖南省澧縣)"有崇山,即放驩兜之所"[3]。

地處五嶺之南的嶺南因遠離古代王朝的統治中心,既是少數民族聚集之地,又是瘴癘最嚴重的地區,因此,作爲流放重地有其非常悠久的歷史。秦朝曾經向嶺南大規模地強制性徙民。《史記·秦始皇本紀》記載:"三十三年(前214),發諸嘗逋亡人、贅壻、賈人略取陸梁地,爲桂林、象郡、南海,以適遣戍。""三十四年(前213),適治獄吏不直

---

[1] 《史記》卷一《五帝本紀第一》,第38頁。

[2] (漢)孔安國傳、(唐)孔穎達正義《尚書正義》卷三《舜典》,《十三經注疏》,北京:中華書局,1980年,第128頁。

[3] 《通典》卷一八三,第4883頁。

者,築長城及南越地。"裴駰《集解》稱:"徐廣曰:'五十萬人守五嶺。'"
張守節《正義》稱:"適音直革反。戍,守也。"①所謂"適",意為"謫",
即帶有一定流放色彩的强制性軍事移民。至於所謂"治獄吏不直者",
主要是指在司法斷案中重罪輕判或輕罪重判的犯罪官員②。秦朝的流
刑又稱為"遷"。《睡虎地秦墓竹簡》反映了對官吏瀆職罪的懲處,規
定"嗇夫不以官爲事,以奸爲事,論何也?當遷"③。將犯罪之人遷徙
邊地,其家屬必須隨同前往,而且"終身毋得去遷所"④。至西漢初年,
漢高祖劉邦在詔令中亦稱:"粵人之俗,好相攻擊,前時秦徙中縣之民
南方三郡,使與百粵雜處。"⑤

　　與秦朝流刑多爲輕微的犯罪不同,漢代的流刑大多具有免死爲流
的特點,即不忍刑殺而流之。漢代的流刑稱爲"徙"、"流徙"或"徙
邊"。元鼎六年(前111),漢武帝平定南越國,在嶺南設置九郡。根據
史書記載,從西漢中、後期開始,"大逆不道"的從犯,大多被遷徙到嶺
南的合浦等地。例如,漢成帝陽朔元年(前24),"京兆尹王章訟(王)
商忠直,言(王)鳳顓權,鳳誣章以大逆罪,下獄死。妻子徙合浦"⑥。
《漢書·王章傳》亦記載王章被處死,"妻子皆徙合浦"⑦。漢哀帝元壽

---

① 《史記》卷六《秦始皇本紀》,中華書局,1982年,第253頁。

② 秦律《法律答問》稱:"罪當重而端輕之,當輕而端重之,是謂'不直'。"(睡虎地秦墓竹簡整
　理小組《睡虎地秦墓竹簡》,北京:文物出版社,1978年,第191頁)另外,《張家山漢墓竹
　簡》之"具律"篇稱:"劾人不審,爲失;其輕罪也,而故以重罪劾之,爲不直。"(張家山二
　四七號漢墓竹簡整理小組《張家山漢墓竹簡(二四七號墓)》,北京:文物出版社,2001
　年,第148頁)

③ 《睡虎地秦墓竹簡》,第177頁。

④ 《睡虎地秦墓竹簡》,第161頁。

⑤ 《漢書》卷一下《高帝紀》,第73頁。

⑥ 《漢書》卷二七上《五行志》,第1334頁。

⑦ 《漢書》卷七六《王章傳》,第3239頁。

元年(前2),息夫躬爲光禄大夫、宜陵侯,"躬母聖,坐祠竈祝詛上,大逆不道。聖棄市,妻充漢與家屬徙合浦"。第二年,有司奏"方陽侯寵及右師譚等,皆造作姦謀,罪及王者骨肉,雖蒙赦令,不宜處爵位,在中土",於是"皆免寵等,徙合浦郡"①。漢哀帝時,"大司馬董賢第門自壞。時賢以私愛居大位,賞賜無度,驕嫚不敬,大失臣道,見戒不改。後賢夫妻自殺,家徙合浦"②。公元元年,"孔鄉侯傅晏、少府董恭等皆免官爵,徙合浦"③。董恭即爲董賢之父。當漢平帝即位,王莽執掌朝政,"追廢成帝趙皇后、哀帝傅皇后,皆自殺。外家丁、傅皆免官爵,徙合浦,歸故郡"④,"王莽秉政,諸前議立廟尊號者皆免,徙合浦"⑤。東漢和帝永元四年(92),穰侯鄧疊、其弟步兵校尉鄧磊、竇憲女婿射聲校尉郭舉、郭舉之父長樂少府郭璜,因交結外戚大將軍竇憲,"皆下獄誅,家屬徙合浦"⑥。

　　東漢時期流放嶺南的流人比較集中在最南的九真郡和日南郡。永元十四年(102),漢和帝的陰皇后被人告發"祠祭祝詛,大逆無道",於是"遷于桐宮,以憂死"。其"父特進綱自殺,軼、敞及朱家屬徙日南比景縣,宗親外内昆弟皆免官還田里"⑦。以上陰軼、陰敞爲陰皇后弟,鄧朱則爲陰皇后外祖母。漢靈帝建寧元年(168)八月,太傅陳蕃、大將軍竇武"謀欲盡誅諸宦者;其九月辛亥,中常侍曹節、長樂五官史

---

① 《漢書》卷四五《息夫躬傳》,第2178頁。
② 《漢書》卷二七中之上《五行志》,第1376頁。
③ 《漢書》卷一二《平帝紀》,第347頁。
④ 《漢書》卷二七下之下《五行志》,第1518頁。
⑤ 《漢書》卷六〇《杜周傳附杜業傳》,第2682頁。
⑥ 《後漢書》卷二三《竇憲傳》,第820頁。
⑦ 《後漢書》卷一〇上《陰皇后紀》,第417頁。

朱瑀覺之,矯制殺蕃、武等,家屬徙日南比景"①。在東漢末年"黨錮之禍"中,宦官常侍侯覽誣太山太守苑康、兗州刺史第五種以及都尉壺嘉"詐上賊降,徵康詣廷尉獄,減死罪一等,徙日南"②。漢明帝永平五年(62)十二月,陵鄉侯梁松"坐怨望懸飛書誹謗朝廷下獄死,妻子家屬徙九真"③。梁松之弟梁竦"後坐兄松事,與弟恭俱徙九真。既徂南土,歷江、湖,濟沅、湘,感悼子胥、屈原以非辜沉身,乃作《悼騷賦》,繫玄石而沉之"④。《資治通鑑》記載,漢章帝建初八年(83),竇皇后"欲專名外家,忌梁貴人姊妹,數譖之於帝,漸致疏嫌。是歲,竇氏作飛書,陷梁竦以惡逆,竦遂死獄中,家屬徙九真"⑤。

毫無疑問,兩漢時期遷徙至嶺南的重罪官員應遠遠不止這些,然而這些資料卻又在相當程度上反映了漢代流人向嶺南大量遷徙的趨勢。按照漢朝規定,犯有"不道"和"大不敬"的罪犯往往被遷徙至北方的敦煌和朔方等地⑥。漢明帝永平八年(65)十月:

> 詔三公募郡國中都官死罪繫囚,減罪一等,勿笞,詣度遼將軍營,屯朔方、五原之邊縣;妻子自隨,便占著邊縣;父母同產欲相代者,恣聽之。其大逆無道殊死者,一切募下蠶室。亡命者令贖罪各有差。凡徙者,賜弓弩衣糧。⑦

① 《後漢書》卷一〇二《天文志下》,第 3258 頁。
② 《後漢書》卷六七《苑康傳》,第 2214 頁。
③ 《後漢書》卷一〇一《天文志中》,第 3229 頁。
④ 《後漢書》卷三四《梁統傳》,第 1170 頁。
⑤ 《資治通鑑》卷四六,漢章帝建初八年,第 1491 頁。
⑥ 〔日〕大庭脩著,林劍鳴等譯《秦漢法制史研究》,上海:上海人民出版社,1991 年,第 155—156 頁。
⑦ 《後漢書》卷二《明帝紀》,第 111 頁。

唐代李賢注稱"占著謂附名籍"。所謂"占著邊縣",就是將被流放者的户籍遷往邊境郡縣。而"凡徙者,賜弓弩衣糧",則説明這些被流放的人在邊境還負有軍事防衛的職責。

漢朝國家將流人安置的地點按罪行的輕重和身份高低加以區分的做法,直接影響了後來隋唐流放制度。漢朝將大量流人安置在嶺南的做法,也對嶺南社會產生了較大的影響。《後漢書》稱漢武帝在嶺南設置九郡,"凡交阯所統,雖置郡縣,而言語各異,重譯乃通。人如禽獸,長幼無別。項髻徒跣,以布貫頭而著之。後頗徙中國罪人,使雜居其間,乃稍知言語,漸見禮化"①。可見,漢朝國家"頗徙中國罪人"雜居在嶺南少數民族中間,確實也有開發嶺南的政治考慮。

六朝時期由於各朝政權和地域疆界不穩定,所以國家刑罰中並没有明確的流刑,但是流刑作爲一種減死恤刑的方式,却又在實際政治生活中被不斷地使用。《三國志》記載孫吳騎都尉虞翻"性疏直,數有酒失",孫權"積怒非一,遂徙翻交州。雖處罪放,而講學不倦,門徒常數百人。又爲《老子》、《論語》、《國語》訓注,皆傳於世"②。孫吳揚武將軍張休"爲魯王霸友黨所譖",與平尚書事顧譚、雜號將軍顧承等"並徙交州"③。其中顧譚"坐徙交州,幽而發憤,著《新言》二十篇。其《知難篇》蓋以自悼傷也。見流二年,年四十二,卒於交阯"④。吴末帝孫皓元興元年(264)十一月,丞相濮陽興、左將軍張布因罪被收押,"徙廣州,道追殺之,夷三族"⑤。兩晉、宋、齊、梁、陳時期,均有不少重罪

---

① 《後漢書》卷八六《南蠻傳》,第 2836 頁。
② 《三國志》卷五七《吳書·虞翻傳》,第 1321 頁。
③ 《三國志》卷五二《吳書·張休傳》,第 1225 頁。
④ 《三國志》卷五二《吳書·顧譚傳》,第 1230 頁。
⑤ 《三國志》卷六四《吳書·濮陽興傳》,第 1452 頁。

流人遷徙到嶺南的記載。例如,劉宋時吳興太守謝述有三子:謝綜、謝約、謝緯。謝綜和謝約因牽涉范曄謀反案被殺,而謝緯因"尚宋文帝第五女長城公主,素爲(謝)綜、(謝)約所憎,免死,徙廣州"①。總的來説,六朝時期嶺南流放的規模都要小於秦漢時期。

隋朝繼承了北齊和北周的"五刑"(杖刑、鞭刑、徒刑、流刑、死刑)制,開始大量而普遍地使用流刑。《隋書·刑法志》稱:"流刑三:有一千里、千五百里、二千里。應配者,一千里居作二年,一千五百里居作二年半,二千里居作三年。應住居作者,三流俱役三年。"②而嶺南也一直是隋朝安置重罪流放官員最重要的地區。仁壽四年(604),隋文帝之子漢王楊諒爲并州總管,率軍防禦突厥,爲突厥所敗,"其所領將帥坐除解者八十餘人,皆配防嶺表"③。其後楊諒又以謀反罪被"除名爲民,絕其屬籍",而楊諒"所部吏民坐諒死徙者二十餘萬家"④。該年慈州刺史上官政"坐事徙嶺南"。而兵部尚書柳述、黄門侍郎元巖"並除名。述徙龍川(今廣東惠州),巖徙南海"⑤。隋煬帝時,宗室成員邵國公楊綸被指控"厭蠱惡逆,坐當死",隋煬帝"以公族不忍,除名爲民,徙始安(今廣西桂林)。諸弟散徙邊郡"⑥。宗室成員衛王楊集亦被人告發"懷左道,厭蠱君親","坐當死",隋煬帝亦"不忍加誅","於是除名爲民,遠徙邊郡"⑦。《隋故右親衛楊公(孝謩)墓志銘并序》記

① 《南史》卷一九《謝裕傳附謝緯傳》,第 532 頁。
② 《隋書》卷二五《刑法志》,第 710 頁。
③ 《資治通鑑》卷一八〇,隋文帝仁壽四年,第 5605 頁。
④ 《資治通鑑》卷一八〇,隋文帝仁壽四年,第 5613 頁。
⑤ 《資治通鑑》卷一八〇,隋文帝仁壽四年,第 5615、5604 頁。
⑥ 《隋書》卷四四《滕穆王楊瓚附楊綸傳》,第 1223 頁。
⑦ 《隋書》卷四四《衛昭王楊爽附楊集傳》,第 1225 頁。

載,楊孝謩字寶藏,弘農華陰人也,"簪黻鍾鼎,蟬聯無替",其父楊紀爲
隋黃門侍郎、宗正卿、禮部尚書、上明恭公,楊孝謩本人"起家右親衛",
因與其從侄楊玄感反叛牽連,大業九年(613)"公乃坐之,遷于嶺表",
"終於欽州(今廣西欽州)之館"①。

　　隋朝也繼承了秦漢國家大規模徵發流人以充實邊防的做法。史
載隋文帝時庫狄士文爲貝州刺史,"至州發摘姦隱,長吏尺布斗粟之
贓,無所寬,得千人,悉配防嶺南,親戚相送,哭聲遍於州境。至嶺南,
遇瘴癘死者十八九"②。隋煬帝大業四年(608),隋破吐谷渾,"其故地
皆空,東西四千里,南北二千里,皆爲隋有,置州、縣、鎮、戍,天下輕罪
徙居之"③;"置西海、河源、鄯善、且末等郡,謫天下罪人爲戍卒以守
之"④。總之,隋朝流刑制度以及流人的分布和流向狀況,都對唐朝流
刑有直接影響。

　　(二)唐代流刑的施行及其與嶺南的關係

　　唐朝在前代基礎上形成了笞、杖、徒、流、死五刑系統。其中流刑
得到了進一步發展和完善。唐朝流放在隋朝基礎上各增一千里,即流
二千里、二千五百里、三千里。唐代流刑在刑罰中得到廣泛使用。《唐
律疏議》有大量法律條文涉及流刑。《唐律疏議》卷三《名例律》規定
犯流者徙邊,"妻妾從之,父祖子孫欲隨者,聽之","移鄉人家口,亦準
此"。又"加役流者,流三千里,役三年。役滿及會赦免役者,即於配處

---

①　《全唐文補遺》之《千唐志齋新藏專輯》,西安:三秦出版社,2006年,第3頁。
②　《册府元龜》卷六九七《牧守部·酷虐》,第8315頁。
③　《資治通鑑》卷一八一,隋煬帝大業四年,第5641頁。
④　《資治通鑑》卷一八一,隋煬帝大業五年,第5645頁。

從户口例"①。唐開元二十五年《獄官令》亦規定:"諸流人科斷已定,及移鄉人,皆不得棄放妻妾。至配所,如有妄作逗留、私還及逃亡者,隨即申省。""父母及子孫,去住從其私便,至配所,又不得因使(便)還鄉。""若妻、子在遠,又無路便,預爲追喚,使得同發。"②由於唐代法律規定流人妻妾、父祖子孫可從至流放地,加役流者於當地編附户籍③,這就使流放制度已具有强制性移民的特徵。

唐代流人主要分布在嶺南、黔中、劍南、隴西等地區,並表現出某種規律性的傾向。隴西流人主要是一般輕罪的百姓,多用於邊鎮防遏的需要④。与此相對,根據我們對兩《唐書》人物傳和唐代有關制令統計,流放嶺南者大多是犯有十惡如謀反、叛逆以及官贓等重罪免死減流的官員。

唐朝被流放到嶺南的官員總數難以有精確的統計。我們試列舉唐前期一部分具有代表性的官員來説明。貞觀二年(628)六月,唐太宗處置參與隋末"江都之變"的隋朝舊將裴虔通等,稱辰州刺史裴虔通"昔在隋代,委質晉藩,煬帝以舊邸之情,特相愛幸。遂乃志蔑君親,潛圖弑逆,密伺間隙,招結群醜,長戟流矢,一朝竊發。天下之惡,孰云可

---

① (唐)長孫無忌等撰,劉俊文點校《唐律疏議》卷三《名例律》,北京:中華書局,1983年,第66—67頁。

② 天一閣博物館、中國社會科學院歷史研究所天聖令整理課題組校證《天一閣藏明鈔本天聖令校證》,北京:中華書局,2006年,第159—186頁。

③ 《唐六典》卷六《刑部尚書郎中員外郎》條亦有流人"編所在爲户"的規定(第186頁)。

④ 唐肅宗《乾元元年南郊赦文》,《全唐文》卷四五,第496頁;《唐會要》卷四一元和八年刑部侍郎王播奏文,第861—862頁。《册府元龜》卷五九《帝王部·興教化》所收天寶三載(744)十二月制曰:"自古聖王皆以孝理天下……自今已後,如有不孝、不恭、傷財破産者,宜配隸磧西,用清風教。"乾元元年四月詔:"百姓中有事親不孝,別籍異財,玷污風俗,虧敗名教,先決六十,配隸磧西。"

忍！宜其夷宗焚首,以彰大戮。但年代異時,累逢赦令,可特免極刑,除名削爵,遷配驩州^①。該年七月,唐太宗又進一步處置其他隋朝叛將,《資治通鑑》稱"並除名徙邊";《新唐書》記載爲"皆除名,徙於邊"^②。《舊唐書》所載唐太宗詔令則稱:"萊州刺史牛方裕、絳州刺史薛世良、廣州都督府長史唐奉義、隋武牙郎將高元禮,並於隋代俱蒙任用,乃協契宇文化及,構成弑逆。宜依裴虔通,除名配流嶺表。"^③《通典》記載唐高宗永徽二年(651)七月,華州刺史蕭齡之在其任廣州都督時,"受左智遠及馮益妻等金銀奴婢,詔付群臣議奏,上怒,令於朝堂處置"。御史大夫唐臨以蕭齡之爲齊高帝五世孫,奏請免死,"詔遂配流嶺南"^④。唐高宗永徽四年十二月,代州都督劉大器"坐妄説圖讖,情有窺窬,特免死流配峰州"^⑤。唐高宗調露二年(680)五月,定襄道總管曹懷舜與突厥史伏念戰於橫水,官軍大敗,"懷舜減死,配流嶺南"^⑥。唐宗室李孝逸有破徐敬業之功,功進授鎮軍大將軍,轉左豹韜衛大將軍,改封吳國公,"武承嗣等深所忌嫉,數讒毀之"。垂拱二年(686)武則天"以孝逸常有功,減死配徙儋州"^⑦。沈佺期字雲卿,相州內黃人,進士及第,任給事中,因"考功受賕"。唐中宗即位,以結交張易之,"遂長流驩州"^⑧。驩州和峰州均屬於交州都督府。唐高宗後期

① 《舊唐書》卷二《太宗紀》,第 34 頁。
② 《資治通鑑》卷一九二,唐太宗貞觀二年七月,第 6055 頁;《新唐書》卷二《太宗紀》,第29 頁。
③ 《舊唐書》卷二《太宗本紀》,第 35 頁;《册府元龜》卷一五二《帝王部·明罰一》,第 1840頁。
④ 《通典》卷一六七《雜議下》,第 4319 頁。
⑤ 《册府元龜》卷一五〇《帝王部·寬刑》,第 1814 頁。
⑥ 《舊唐書》卷五《高宗紀》,第 107 頁。
⑦ 《舊唐書》卷六〇《淮安王神通附李孝逸傳》,第 2344 頁。
⑧ 《新唐書》卷二〇二《文藝傳中》,第 5749 頁。

改交州都督府爲安南都護府。

我們在此試臚舉唐玄宗時期的幾種詔令和規定,看看唐朝對重罪流人的處置。

(1)唐玄宗開元二年(714)八月六日敕令稱:

> 詐僞制敕及僞寫官文書印,並造意與句合頭首者,斬。若轉將僞印行用,及主典盜,並欺罔用印成僞文書者,絞。並爲頭首,不在赦限,仍先決一百;其從,並依律以"僞造、寫"論,與僞寫同,並配長流嶺南遠惡處。①

(2)開元十二年(724)四月《減抵罪人決杖法詔》曰:

> 比來犯盜,先決一百,雖非死刑,大半殞斃。言念於此,良用惻然。自今已後,抵罪人合決敕杖者,並宜從寬,決杖六十,一房家口,移隸磧西。其嶺南人移隸安南,江淮人移隸廣府,劍南人移隸姚嶲州,其磧西、姚嶲、安南人,各依常式。②

(3)宋《天聖令》所載唐開元二十五年(737)《獄官令》稱:

> 諸流移人,州斷訖,應申請配者,皆令專使送省司。令量配訖,還附專使報州,符至,季別一遣。具錄所隨家口、及被符告若發遣日月,便移配處,遞差防護。專使部領,送達配所。若配西州、伊州者,並送涼州都督府;江北人配嶺以南者,送付桂、廣二都督府。其非劍南諸州人而配南寧以南及嶲州界者,皆送付益州大

① (宋)竇儀編,薛梅卿點校《宋刑統》卷二五,北京:法律出版社,1999年,第441頁。陳尚君輯校《全唐文補編》卷二四,北京:中華書局,2005年,第288頁。
② 《唐大詔令集》卷八二,第474頁;《唐會要》卷四○《君上慎恤》,841頁;《册府元龜》卷六一二《刑法部·定律令四》,第7347頁。

都督府，取領即還。其涼州都督府等，各差專使，準式送配所。……若妻、子在遠，又無路便，豫爲追喚，使得同發。……諸流移人至配所，六載以後聽仕。其犯反逆緣坐流，及因反逆免死配流，不在此例。①

(4)唐玄宗開元二十九年(741)五月制稱：

道有三寶，慈居一焉。欽若至言，爰兹宥過。天下見禁囚徒，其十惡罪及造僞頭首并謀殺妖訛宿宵人等，特宜免死配流嶺南。②

(5)唐玄宗天寶九載(750)九月十六日《關選人冒名敕》稱：

選人冒名接脚，實紊紀綱，比雖隄防，未全折中。如有此色，量決六十，長流嶺南惡處。③

(6)天寶十四載(755)八月辛卯，因天長節玄宗於勤政樓宴群臣，下制曰：

爰因歡慶之辰，用申雷雨之澤，其天下見禁囚徒，有犯十惡及謀殺僞造頭首罪至死者，特宜免死配流嶺南遠惡處。自餘一切釋放。④

以上所謂"僞造頭首"，與前引唐開元二年八月六日敕令所稱"詐僞制敕及僞寫官文書印"等相同。《資治通鑑》記載天寶六載(747)，"令削

---

① 《天一閣藏明鈔本天聖令校證》，第420頁；《唐會要》卷四一《左降官及流人》，第859—866頁。
② 《册府元龜》卷八六《帝王部·赦宥五》，第1016頁。
③ 唐玄宗《關選人冒名敕》，《宋刑統》卷二五，第446頁；《全唐文補編》卷二五，第306頁。
④ 《册府元龜》卷八六《帝王部·赦宥五》，第1029頁。

絞、斬條。上慕好生之名,故令應絞斬者皆重杖流嶺南"①。也就是
説,唐玄宗曾經一度廢除死刑,其死刑均以先決杖後配流嶺南來代替。
可見,唐代流放嶺南者大多是重罪或免死爲流的罪犯。這些被流放者
的身份,往往大量屬於皇室外戚、貴族、官僚士大夫及其子弟。而這種
犯罪大都具有家庭甚至宗族連坐的性質。史載唐太宗第十子紀王慎
被流放嶺表,高宗永徽年間太宗第五子吳王恪被殺,其四子"並流嶺
表"②。垂拱四年,武則天"大殺唐宗室,流其幼者于嶺南"③。唐高宗
王皇后被廢,"后母兄、(蕭)良娣宗族悉流嶺南"④。宰相趙國公長孫
无忌被殺,"大抵期親皆謫徙"⑤。唐高宗咸亨二年(671),"朝士坐與
(賀蘭)敏之交遊,流嶺南者甚衆"⑥。唐玄宗時户部侍郎隋朝宗室楊
慎矜以謀反罪被殺,大臣中"坐竄徙者十餘族",其莊宅等並予官收,其
家口男女並配嶺南諸處⑦。

《通典》記載武則天長壽元年(692),"有上書人言嶺表流人有陰
謀逆者,乃遣司刑評事萬國俊就按之,若得反狀,便行斬決。國俊至廣
州,徧召流人,擁之水曲,以次加戮,三百餘人一時併命。然後鍛煉,曲
成反狀。仍更誣奏云:'諸道流人,咸有怨恨。若不推究,爲變非遥。'
太后又命攝監察御史劉光業、王德壽、鮑思恭、王處貞、屈貞筠等,分往
劍南、黔中、安南、嶺南等六道按鞫流人。光業誅九百餘人,德壽誅七

① 《資治通鑑》卷二一五,唐玄宗天寶六載,第6876頁。
② 《新唐書》卷八〇《太宗諸子傳》,第3566頁。
③ 《新唐書》卷四《則天皇后傳》,第88頁。
④ 《新唐書》卷七六《高宗王皇后傳》,第3473頁。
⑤ 《新唐書》卷一〇五《長孫无忌傳》,第4022頁。
⑥ 《資治通鑑》卷二〇二,唐高宗咸亨二年夏,第6367頁。
⑦ 《新唐書》卷一三四《楊慎矜傳》,第4564頁;唐玄宗《賜楊慎矜等自盡併處置詔》,《全唐文》卷三二,第361頁。

百人，其餘少者不减數百人，亦有雜犯及遠年流人柱及禍焉"①。《新唐書·裴仙先傳》又記載，武則天時有補闕李秦授奏："今大臣流放者數萬族，使之叶亂，社稷憂也。"②有研究者根據前引武則天派酷吏誅殺流人的數額，認爲這裏"數萬族"的記載有訛誤，意即過分誇大了武則天時期官員士人被流放的規模。

我們認爲以上材料還需要進一步辨析。首先，《通典》等所記載的誅殺數百人等，是指"得反狀"或"曲成反狀"的流人，並非指在嶺南等地的全部流人。其次，這條記載的原始出處，據《資治通鑑》卷二〇五長壽二年（693）條胡三省注引唐代潘遠《紀聞》云："補闕李秦授寓直中書，進封事曰：'陛下自登極，誅斥李氏及諸大臣，其家人親族流放在外，以臣所料，且數萬人。'"③又據《舊唐書·酷吏傳》記載，武則天天授中來俊臣爲侍御史，僅其一人就致"前後坐族千餘家"④。唐代官僚士大夫之家家口一般都有百口甚至數百口⑤。可見，上述唐宗室大臣包括其家人親族流放在外有"數萬人"甚至更多，仍然是可信的。

中國歷史博物館收藏有唐代李華所撰《燕故魏州刺史司馬垂墓志銘》，這是一份學術界很少關注的唐碑⑥。該碑記載：

> 桂州都督兼御史中丞遊子騫按察嶺南，奏（司馬垂）爲判官，副掌南選。士族坐法移竄者，男女爲百越所略，地偏法弛，自白無

---

① 《通典》卷一七〇《刑法典》，第 4427 頁；《舊唐書》卷五〇《刑法志》，第 2143 頁；《唐會要》卷四一《酷吏》，第 867 頁。

② 《新唐書》卷一一七《裴仙先傳》，第 4249 頁。

③ 《資治通鑑》卷二〇五，武則天長壽二年，第 6491 頁。

④ 《舊唐書》卷一八六《酷吏傳上》，第 4837 頁。

⑤ 《通典》卷一八《選舉》六《雜議論》，第 449 頁。

⑥ 參見周錚《司馬垂墓志考證》，《中國歷史博物館館刊》1996 年第 1 期，第 118—125 頁。

由,公聞而戚之,飛傳按問,於是仰給緣道,歸鄉里者二千餘人,德周人心,威静徼外,則銓署之明可知也。

郁賢皓先生《唐刺史考全編》的"桂州刺史"條未加收録。遊子騫出任桂州都督並按察嶺南的時間,大致在唐玄宗天寶(742—756)後期。可見,在這樣政治相對比較清明的時代,其"坐法移竄"嶺南的"士族"也應遠不止二千餘人。而所謂"男女爲百越所略",則是指不少被流放到嶺南的北方内地官員士大夫及其家族,其家屬往往被嶺南各地俚獠豪酋首領所擄掠。例如,張鷟《朝野僉載》記載,唐中宗的皇后韋氏"遭則天廢廬陵之後,后父韋玄貞與妻女等並流嶺南,被首領甯氏大族逼奪其女,不伏,遂殺貞夫妻,七娘等並奪去。及孝和即位,皇后當途,廣州都督周仁軌將兵誅甯氏,走入南海。軌追之,殺掠並盡"①。《資治通鑑》亦記載韋皇后之父韋玄貞流欽州而卒,"蠻酋甯承基兄弟逼取其女,妻崔氏不與,承基等殺之,及其四男"②。張鷟《朝野僉載》又記載:"周恩州刺史陳承親,嶺南大首領也,專使子弟兵劫江。有一縣令從安南來,承親憑買二婢,令有難色。承親每日重設邀屈,甚殷勤。送別江亭,即遣子弟兵尋復劫殺,盡取財物。將其妻及女至州,妻叩頭求作婢,不許,亦縊殺之。取其女。前後官人家過親,禮遇厚者,必隨後劫殺,無人得免。"③

唐朝被流放嶺南爲數衆多的貴族官僚士大夫,大多集中在嶺南的桂、容、循、欽、崖、儋、振、雷、柳、龔、環、瀧、白、春、高、潘、新、驩、愛等州,而這些地方正是唐代所謂"夷獠雜居"的"溪洞"地區。前引《通

---

① (唐)張鷟撰,趙守儼點校《朝野僉載》之《輯補》,北京:中華書局,1979年,第171頁。
② 《資治通鑑》卷二〇八,唐中宗神龍二年,第6603頁。
③ 《朝野僉載》卷二,第29頁。

典》記載，武則天長壽年間有上書人言嶺表流人中有陰謀逆者，促使武則天遣使在嶺南等地大殺流人①。中宗神龍二年（706）張柬之、桓彦範、袁恕己等"五王"被長流於嶺南各地，爲"絶其歸望"，武三思、崔湜派侍御史周利貞至嶺南"皆鳩殺之"②。天寶六載（747），宰相李林甫又遣侍御史羅希奭"如嶺南，所過殺遷謫者"③。唐代嶺南流人之所以表現出與其他各地流人不同的命運，其根本原因就在於大量貴族官僚士人被流放嶺南，往往本身就是統治集團内部傾軋鬥爭的結果。而朝廷内部各種政治力量的此消彼長，都完全有可能直接影響到嶺南流人的命運。因此唐朝中央政權内部的鬥爭，就不可避免地從兩京延伸到作爲被流放官僚士人淵藪的嶺南地區。

　　在嶺南的這些爲數衆多的重罪流人，除非經過特赦，一般不許返回原籍。唐高宗初年，出現了具有明確放逐終身性質的"長流"。張鷟《朝野僉載》記載："唐趙公長孫無忌奏別敕長流，以爲永例。後趙公犯事，敕長流嶺南，至死不復迴。此亦爲法之弊。"④顧炎武稱："唐時贓吏多於廟堂決殺，其特宥者乃長流嶺南。"⑤《通典》卷一七〇《刑法典》録《開元格》，規定武周時期酷吏來子珣等長流嶺南遠處，縱身没，子孫亦不許仕宦⑥。建中三年（782）正月，唐德宗所發布的《左降官等許歸葬敕》稱："諸色人及左降官身死，宜並許親屬收歸本貫殯葬，其造

① 《通典》卷一七〇《刑法典》，第4427頁。
② 《舊唐書》卷一八六下《周利貞傳》，第4852—4853頁；《資治通鑑》卷二〇八，唐中宗神龍二年七月，第6605頁。
③ 《資治通鑑》卷二一五，唐玄宗天寶六載正月，第6875頁。
④ 《太平廣記》卷一二一"長孫無忌"條引《朝野僉載》，第850頁。
⑤ （明）顧炎武著，黃汝成集釋，欒保群、吕宗力校點《日知録集釋》卷一三《除貪》，上海：上海古籍出版社，2006年，第785頁。
⑥ 《通典》卷一七〇《刑法典》，第4431頁。

畜蠱毒移家口,不在此限。"①其所謂"造畜蠱毒移家口不在此限",實際上等於長流。

唐代流放制度作爲一種强制性的移民方式,其對嶺南的影響是顯而易見的。唐高宗顯慶三年(658),外戚中書令柳奭被殺,"没其家,期以上親並流嶺表,奭房隸桂州爲奴婢"②。開元初中書舍人柳涣上奏稱,其堂伯祖宰相柳奭与大臣褚遂良等同被譴戮,致使"後嗣遂編蠻服"③。唐高宗顯慶二年(657),宰相褚遂良因反對立武昭儀爲皇后,先被左遷爲譚州都督,隨後又貶爲愛州(今越南清化省)刺史,第二年卒於官。两年后,許敬宗和李義府又奏稱"長孫無忌所構逆謀,並遂良扇動","乃追削官爵,子孫配流愛州"。至弘道元年(683)二月,唐高宗遣詔放還本郡。神龍元年(705),武則天遺制復褚遂良及韓瑗爵位④。然而,褚遂良子孫其實並没有真正被放還中原。根據《唐會要》記載:

> 懿宗咸通九年(868)正月五日,安南觀察使高駢奏:"愛州日南郡北五里,有故中書令河南元忠公褚遂良墓。前都護崔耿,大中六年因訪丘墳,別立碑記云:'顯慶三年殁于海上,殯于此地,二男一孫祔焉。'伏乞尋訪苗裔,護喪歸葬。"從之,仍敕嶺南各委本道搜訪,如有褚氏事迹相類者,尋訪聞奏,當加優憫。⑤

---

① 《宋刑統》卷三;《全唐文補編》卷五〇,第602頁。
② 《新唐書》卷一一二《柳奭傳》,第4177頁。
③ 《舊唐書》卷七七《柳奭傳》,第2682頁。
④ 《舊唐書》卷八〇《褚遂良傳》,第2739頁。
⑤ 《唐會要》卷四五《功臣》,第951頁;(新羅)崔致遠《桂苑筆耕集》卷一六《補安南録異圖記》,四部叢刊本,上海:上海書店,1989年,第89頁。

唐懿宗敕令"嶺南各委本道搜訪"，恰恰説明在將近二百年後，褚遂良的後裔仍主要居留在嶺南。

　　唐文宗開成元年（836）至開成五年，盧鈞爲嶺南節度使。《舊唐書·盧鈞傳》記載"自貞元已來，衣冠得罪流放嶺表者，因而物故，子孫貧悴，雖遇赦不能自還。凡在封境者，鈞減俸錢爲營槥櫝。其家疾病死喪，則爲之醫藥殯殮，孤兒稚女，爲之婚嫁，凡數百家。由是山越之俗，服其德義"①。《新唐書·盧鈞傳》則稱："貞元後流放衣冠，其子姓窮弱不能自還者，爲營棺槽還葬，有疾若喪則經給醫藥、殯斂，孤女稚兒，爲立夫家，以奉禀資助，凡數百家。"②《册府元龜》將盧鈞誤記爲"開元初爲廣州節度使"，並稱"管内多流竄者子孫，貧困未歸，鈞以俸俾營大事者數百家，婚嫁孤弱，賙惠困窮"③。其實這數百家應遠不止是貞元（785—805）以來被流放的官僚士人。例如，李元真《請歸葬祖父於越王塋次狀》，即稱其開成三年受到嶺南節度使盧鈞出俸錢接濟④。而李元真實爲李玄真，爲唐太宗之子越王貞之玄孫。唐玄宗先天（712—713）年間，李玄真曾祖李貞被流配嶺表，李玄真祖與父皆亡殁嶺外。《新唐書·越王貞傳》記李貞"最幼息珍子謫嶺表，數世不能歸"⑤。又據《册府元龜》記載，開成四年六月，故越王李貞玄孫女道士玄貞進狀："曾祖名珍（貞），是越王第六男，先天年得罪，流配嶺南。祖父皆亡殁嶺外，雖累蒙洗雪，未還京師。去開成三年十二月内，嶺南節度使盧均出俸錢接借，哀妾三代旅櫬暴露，各在一方，特與發遣，歸

---

① 《舊唐書》卷一七七《盧鈞傳》，第 4592 頁。
② 《新唐書》卷一八二《盧鈞傳》，第 5367 頁。
③ 《册府元龜》卷六七五《牧守部·仁惠》，第 8067 頁。
④ 《全唐文》卷九四五，第 9816 頁。
⑤ 《新唐書》卷八〇《越王貞傳》，第 3577 頁。

就大塋合祔。今護四喪,已到長安,旅店櫳下,未委故越王墳所在。伏乞天恩,允妾所奏,許歸大塋。妾年已六十三,孤露家貧,更無所依。"詔曰:"越王事迹,國史著明,枉陷非辜,尋以洗雪。其子珍他事配流,數代漂零,不還京國。玄貞弱女,孝節卓然,啓護四喪,綿歷萬里,況是近族,必可加恩。行路猶或嗟稱,朝廷固須卹助,委宗正寺、京兆府與訪越王墳墓報知,如不是陪陵,任祔塋下葬,其葬事仍令京兆府接借,必使備禮。葬畢,玄貞如願住京城,便配宜觀安置。"①

唐宪宗元和十二年(817)至十五年,孔戣出任嶺南節度使。韓愈《南海神廟碑》記載:"人士之落南不能歸者與流徙之胄百廿八族,用其才良,而廪其無告者。其女子可嫁,與之錢財,令無失時。"②李肇《唐國史補》也記載孔戣爲嶺南節度使,"有殊政,南中士人死于流竄者,子女皆爲嫁之"③。《新唐書·孔戣傳》記載爲:"士之斥南不能北歸與有罪之後百餘族,才可用用之,稟無告者,女子爲嫁遣之。"④明代黄佐《廣東通志》等記載廣州有"廣恩館",在府城内北一里,後爲開善寺,"唐節度孔戣建,以居南謫子孫流落不能自存者,撥廢寺田歲收租五百石以贍之"⑤。劉長卿《送李秘書却赴南中》一詩原注曰:"此公舉

① 《册府元龜》卷三九《帝王部·睦親》,第441頁。

② (唐)韓愈撰,馬其昶校注,馬茂元整理《韓昌黎文集校注》卷七,上海:上海古籍出版社,2014年,第545頁;《全唐文》卷五六一,第5678頁。

③ (唐)李肇《唐国史补》卷中,上海:上海古籍出版社,1979年,第42頁。

④ 《新唐書》卷一六三《孔戣傳》,第5009頁。

⑤ (明)黄佐《廣東通志》卷一九《輿地志七》,廣州:廣東省地方史志辦公室謄印,1997年,第462—463頁。按宋代廣州地方官員也參照唐朝孔戣的做法。王象之《輿地紀勝》記載廣州有"廣安宅","在西城内嶽廟東。運使管鑒請于朝,買没官田三十頃,又别撥租米七百餘〔石〕,錢九百餘貫,以給士夫子孫之落南者。其扶喪出嶺,人亦量賙其行。創廣安宅五十餘間居之,月給糧米有差"(《輿地紀勝》卷八九《廣州·古迹》,第3065頁)。

家先流嶺外,兄弟數人,俱没南中。"其詩云:"炎洲百口住,故國幾人歸?"①至唐代後期,皇帝詔令屢屢提及要優憫嶺南已亡殁流貶人的家口或其孀幼孤寡,均與此有關。

二 唐朝左降官制度與北方家族向嶺南移民

根據我們的考察,"左降官"的概念大致開始於漢朝②。唐代的左降官和流人是兩個不同的概念,"貶則降秩而已,流爲擯死之刑","流爲減死,貶乃降資"③。清代阮元《廣東通志》稱:"唐以前得罪至嶺南者,皆遷徙爲民,至唐時始謫爲宦。"④但是唐代左降官制度在具體實施中,却又具備一定的流放色彩⑤。在唐代官員的任免遷轉中,一般是"京職之不稱者,乃左爲外任。大邑之負累者,乃降爲小邑。近官之不能者,乃遷爲遠官"⑥。所謂"遠官",其中不少就是左降官。

由於歷史年代久遠,我們已無法考察出唐代嶺南左降官的實際數目,但是可以肯定左降官構成了嶺南地方官比較重要的組成部分。對此,唐代詩文有較多的反映。宋之問《至端州驛見題壁慨然成詠》詩

---

① 《全唐詩》卷一四七,第 1489—1490 頁。
② 《漢書》卷一四《諸侯王表》稱漢景帝"遭七國之難,抑損諸侯,減黜其官。武有衡山、淮南之謀,作左官之律,設附益之法,諸侯惟得衣食税租,不與政事"。唐代顏師古注引服虔曰:"仕於諸侯爲左官,絶不得使仕於王侯也。"又引應劭曰:"人道上右,今舍天子而仕諸侯,故謂之左官也。"顏師古稱:"左官猶言左道也。皆僻左不正,應説是也。漢時依上古法,朝廷之列以右爲尊,故謂降秩爲左遷,仕諸侯爲左官也。"(第395—396頁)
③ 《唐會要》卷四一《左降官及流人》,第 863 頁。
④ (清)阮元《廣東通志》卷一八三《前事略三》,《廣東歷代方志集成》,第 3046 頁。
⑤ 王承文《唐代的左降官與嶺南文化》,《唐文化研究論文集》,上海:上海人民出版社,1994 年,第 514—516 頁。
⑥ 《唐會要》卷六八《刺史上》,第 1418 頁。

云:"逐臣北地承嚴譴,謂到南中每相見"。① 唐玄宗《貶責羅希奭張博濟敕》稱桂州"地列要荒,人多竄殛"②。白居易《送客春遊嶺南二十韻》詩云:"路足覊棲客,官多讁逐臣。"③《舊唐書·刑法志》記安史之亂後"大獄相繼",以至州縣之內"多是貶降人"④。元和四年(809),嶺南觀察使楊於陵奏稱嶺南州縣上佐"悉是貶人"⑤。特別是唐代後期,左降官制度已成爲朝臣排斥異己結黨傾軋的手段而被大加利用。宋朝也繼承了唐朝左降官制度。宋人稱:"五嶺炎蒸地,從來着逐臣。"⑥宋代范正敏《遯齋閒覽》戲稱"唯崖州地望最重",因爲"朝廷宰相只作彼州司户參軍,他州何可及也"⑦。陳瑩中亦稱:"嶺南之人見逐客不問官高卑,皆呼爲相公,想是見相公常來也。"⑧在唐代,僅由宰相貶官崖州的就有楊炎、韋執誼、李德裕、皇甫鎛等。白居易《寄隱者》詩云"昨日延英對,今日崖州去。由來君臣間,寵辱在朝暮"⑨。這裏典型地反映了隨着六朝門閥政治的結束和高度中央集權政治的確立,唐代君主對大臣具有生殺予奪之權,使勢族的榮辱興衰往往在轉瞬之間。嶺南許多邊遠荒僻的"溪洞"地區亦因此與唐代大量左降官結下了不解之緣。明代王守仁稱嶺南曰:"唐宋之世,地盡荒服,吏其土者,或未

---

① (唐)宋之問《至端州驛見杜五審言沈三佺期閻五朝隱王二無競題壁慨然成詠》,《全唐詩》卷五一,第626頁。
② 《全唐文》卷三五,第384頁。
③ 《全唐詩》卷四四〇,第4898頁。
④ 《舊唐書》卷五〇《刑法志》,第2152頁。
⑤ 《唐會要》卷六八《刺史上》,第1423頁。
⑥ 《輿地紀勝》卷一〇三《静江府》引沈晦詩,第3477頁。
⑦ (元)陶宗儀《説郛》卷二五上《遯齋閒覽·崖州地望最重》,《景印文淵閣四庫全書》第877册,第405頁。
⑧ (宋)王暐《道山清話》(不分卷),《景印文淵閣四庫全書》第1037册,第656頁。
⑨ 《全唐詩》卷四二四,第4669頁。

必盡皆以譴謫，而以譴謫至者居多。士之立朝，意氣激軋，與時抵忤，不容於儕，衆於是相與擯斥，必致之遠地。故以譴謫而至者，或未必盡皆賢士君子，而賢士君子居多。"①

　　韓愈一生三次前往嶺南，因而其經歷很有代表性。韓愈幼年隨其兄韓會貶居韶州。韓愈《祭鄭夫人文》云："兄罹讒口，承命遠遷，窮荒海隅，夭閼百年。萬里故鄉，幼孤在前。相顧不歸，泣血號天。微嫂之力，化爲夷蠻……遭時艱難，百口偕行。"②可見其家族上百人口亦隨之而行。元和十四年（819），韓愈貶潮州刺史。韓愈稱："愈既行，有司以罪人家不可留京師，迫遣之。"③韓愈在途經嶺南韶州時所作《過始興江口感懷》一詩稱："憶作兒童隨伯氏，南來今只一身存。目前百口還相逐，舊事無人可共論。"④其《潮州謝孔大夫狀》亦稱："其妻子男女并孤遺孫姪奴婢等尚未到官。"⑤可見左降官謫任嶺南，除其血親家族外，往往還包括奴婢僮僕等。唐敬宗即位，户部侍郎李紳被貶端州（今廣東肇慶）司馬。李紳《逾嶺嶠止荒陬抵高要》一詩原注稱："余在南中日，知家累以其年九月九日發衡州，因寄云'菊花開日有人逢，知過衡陽迴雁峰。'"⑥其《泝西江》一詩也反映其家人行程已到達五嶺一帶，故有"一身累困懷千載，百口無虞貴萬金"⑦。今廣東省肇慶市星湖有李紳所留石刻，其文云："李紳，長慶四年二月，自户部侍郎貶官至

---

① （明）王守仁《王文成全書》卷二九《送李柳州序》，《景印文淵閣四庫全書》第1265册，第773頁。
② 《全唐文》卷五六八，第5744頁。
③ （唐）韓愈《女挐壙銘》，《全唐文》卷五六六，第5732頁。
④ 《全唐詩》卷三四四，第3861頁。
⑤ 《全唐文》卷五五〇，第5573頁。
⑥ 《全唐詩》卷四八〇，第5463頁。
⑦ 《全唐詩》卷四八〇，第5465頁。

此,寶曆元年二月十四日將家累遊。"①

很多歷史記載反映唐代左降官制度確實使許多北方家族即因此定居嶺南。沈佺期《入鬼門關》一詩稱:"昔傳瘴江路,今到鬼門關。土地無人老,流移幾客還。"②柳宗元稱:"百越蓁蓁,羈鬼相望。"③所謂"羈鬼",就是指因左降或流放而亡故並埋葬在嶺南的人。宋初《賓州圖經》稱賓州(今廣西來賓縣)等嶺南西部"去天遠,中州名公巨儒罕有至者,惟遷謫入嶺,遊宦落南,間有人焉"④。韋執誼,京兆人,唐順宗朝宰相,後貶崖州司户參軍。據《崖州志·宦績志》云韋執誼死後,"因家瓊山"⑤。又據清代《瓊州府志》卷四《輿地志》記載瓊山縣有"亭塘",爲韋執誼十世孫奉訓大夫韋敬匡始開,其後裔庠生韋孝等繼筑成之⑥。

唐代"長任"就是在流放制度中的"長流"影響下發展起來的,也有放逐終身的性質。著名宰相李德裕在唐宣宗大中初年先是貶潮州刺史,後謫爲崖州司户參軍。唐宣宗在大中二年九月所發布的《李德裕崖州司户制》規定,李德裕"可崖州司户參軍員外置同正員,仍仰所在馳驛發遣,縱逢恩赦,不在量移之限"⑦。所謂"縱逢恩赦,不在量移之限",事實上就等於"長任"。李德裕在崖州作《與姚諫議郃書三首》

---

① 見《肇慶星湖石刻全録》,廣州:廣東人民出版社,1994年,第43頁。
② 《全唐詩》卷九七,第1050頁。
③ (唐)柳宗元《故襄陽丞趙君墓志》,《柳河東集》卷一一,第174頁。
④ 《輿地紀勝》卷一一五《賓州》引宋初《賓州圖經》,第3737頁。
⑤ (清)張嶲、邢定綸、趙以謙纂修,郭沫若點校《崖州志》卷一七《宦績志》,廣州:廣東人民出版社,1963年,第358頁。
⑥ (清)明誼修,張岳松纂《瓊州府志》卷四下《輿地志下》,《廣東歷代方志集成》,第104頁。
⑦ 《唐大詔令集》卷五八,第308頁。

稱"大海之中,無人拯卹","百口嗷然,往往絕食"①。其後卒於崖州。《新唐書·李德裕傳》記載李德裕除其子李燁外,"餘子皆從死貶所"②。然而,李潘所撰《唐故郴縣尉趙郡李君(燁)墓志銘》却記載李燁爲李德裕第五子,"大中初,公三被遣逐,君亦謫尉蒙山,十有餘載。旋丁大艱,號哭北嚮,請歸護伊洛。會先帝與丞相論兵食制置西邊事,時有以公前在相位事奏,上頗然之,因詔下許歸葬。君躬護顯考及昆弟亡姊凡六喪,泊僕馭輩有死於海上者,皆輦其柩悉還。親屬之家,誠節昭感,若有所衛"③。碑文强調李燁將已故的李德裕及其親屬的靈柩奉往洛陽安葬④。而《崖州志》卷一三《黎防志》"村峒"條却又記載:"抱勸,即多港峒,李德裕弟德禧,從抱班移居在此。"⑤同書卷二二《雜志》又云:"李德裕謫崖,居於畢蘭村。後故,歸葬。其弟德禧寓崖,因水沖畢蘭,徙抱班。後又見抱勸田地肥饒,移居焉。今其村李姓百餘家。"⑥

---

① 《全唐文》卷七〇七,第7260頁。案洪邁《容齋續筆》卷一"李衛公帖"條則作《答侍郎十九弟書》(北京:中華書局,2005年,第229頁)。

② 《新唐書》卷一八〇《李德裕傳》,第5343頁。

③ 《全唐文補遺》第四輯,西安:三秦出版社,1997年,第225頁。

④ (唐)劉致柔《唐茅山燕洞宮大洞煉師彭城劉氏(致柔)墓志銘并序》,《全唐文補遺》第一輯,西安:三秦出版社,1994年,第353—354頁;李莊《唐故趙郡李氏(懸黎)墓志銘并序》,《全唐文補遺》第一輯,第410頁。

⑤ 《崖州志》卷一三《黎防志》"村峒"條,第253頁。

⑥ 《崖州志》卷二二《雜志》"遺事"條,第507頁。可參見陳寅恪《李德裕貶死年月及歸葬傳說辨證》,《金明館叢稿二編》,上海:上海古籍出版社,1980年;郭沫若《李德裕在海南島上》,《光明日報》1962年3月16日版。又道光年間刻本鄧淳輯《嶺南叢述》卷二一"李德裕後"條云:《漱石閒談》載李贊皇之南遷也,卒於崖州,子孫遂爲獠族,數百人自相婚配。正德間吳人顧朝楚爲儋州同知,以事至崖,召見其族,狀與苗獠無異耳。綴銀環索垂至地,言語亦不相通。德裕誥敕尚存。"(《廣州大典》第215册,廣州:廣州出版社,2015年,第217頁)

　　宋代祝穆《方輿勝覽》記載昭州有"陶李峒,在平樂縣","相傳唐陶英太尉謫居,與李氏聯姻。後此二姓居峒,數百家世爲婚姻云"①。王象之《輿地紀勝》記載昭州平樂縣(今廣西平樂縣)有"陶李峒","有陶、李二大姓,世爲婚姻。唐陶英太尉謫居,與李氏聯姻。此洞千數百家,二姓獨存"②。至於陶英左遷昭州並留居昭州的原委,據明代學者曹學佺《廣西名勝志·平樂府》云:"唐陶英爲青州人,纍官太尉。天祐二年(905)上書言事,指斥時政,忤朱全忠,因授太尉征南將軍,領兵八萬出鎮昭州,故以疏之。明年全忠篡位,英慎禍,遂於誕山家焉。同時有李太尉者,簪纓相似,子孫累代締姻,因目爲陶李峒。"③《十國春秋》記載爲:"陶英字世民,世爲青州人。唐末累官太尉。天祐二年,上書言事,指斥時政,忤梁王朱全忠,因授征南將軍,領兵八萬,出鎮昭州以疏之。明年唐亡,英懼禍,隱於昭州之誕山,挈家以居。武穆王開國,英絕迹不與通。同時有李太尉者,後與英累代締姻,人名其山下峒曰'陶李峒'。"④以上所稱"領兵八萬"可能有誇大之處。然而唐末陶英和李太尉謫居嶺南昭州則完全有其可能。《北夢瑣言》卷一五"謀害衣冠"條云:"天祐中,朱全忠以舊朝達官尚在班列,將謀篡奪,先俾翦除,凡在周行,次第貶降。"⑤而此時左降官、流人幾乎都是集中在嶺南地區。北宋徽宗崇寧二年(1103),侍御史常州晉陵(今江蘇常州

---

① 《方輿勝覽》卷四〇《昭州》,第 732 頁。
② 《輿地紀勝》卷一〇七《昭州》,第 3589 頁。
③ (明)曹學佺《廣西名勝志》,上海:上海古籍書店抄本複印。
④ 《十國春秋》卷七五《陶英傳》,第 1028 頁。清代汪森《粵西文載》卷六七有相同的記載(《景印文淵閣四庫全書》第 1467 册,第 143 頁)。
⑤ 《北夢瑣言》卷一五"謀害衣冠"條,第 297 頁。

市)人鄒浩被謫爲昭州別駕[1],其所作《仙宮嶺》一詩亦記載了"陶李峒",其中有:"樵叟向我言,自古傳至今。去州五十里,有峒鬱森森。陶家李家女,年各勝巾衿。恍惚若逢遇,相與登崎嶇。一朝作蟬蛻,英魂不墜沉。鄉人共祠之,彷彿來顧歆。水旱禱輒應,民吏同所欽。"[2]據此可見,至宋代,昭州"陶李峒"已發展成爲以陶氏和李氏兩姓後裔爲主規模很大的村莊。

三　從唐代部分流人和左降官後裔看兩種制度對嶺南的影響

唐宋時代有不少嶺南籍的歷史名人與唐代流放制度和左降官制度有關。衆所周知,六祖惠能是中國佛教史上的巨擘,其開創的禪宗南宗代表了中古佛教思想的根本性變革。關於惠能的家世,王維《六祖能禪師碑銘》稱:"禪師俗姓盧氏,某郡某縣人也。名是虛假,不生族姓之家;法無中邊,不居華夏之地。"[3]賈島《送空公往金州》詩云:"惠能同俗姓,不是嶺南盧。"[4]所謂"嶺南盧",是指嶺南沿海的水上居民"盧亭島夷"[5]。清初檀萃撰《楚庭稗珠録》,稱禪宗六祖惠能"其實固中原名家子也"[6]。惠能先世移居嶺表有流放和左降官兩種不同的記

---

① 《宋史》卷三四五《鄒浩傳》,第 10958 頁;(清)厲鶚《宋詩紀事》卷二八,上海:上海古籍出版社,1983 年,第 721 頁。

② (宋)鄒浩《道鄉集》卷五,《景印文淵閣四庫全書》第 1121 冊,第 201 頁;(清)汪森編《粵西詩載》卷二,《景印文淵閣四庫全書》第 1465 冊,第 11—12 頁。

③ 《全唐文》卷三二七,第 3313 頁。

④ 《全唐詩》卷五七三,第 6656 頁。

⑤ 唐代劉恂《嶺表録異》稱"盧亭者,盧循昔據廣州,既敗,餘黨奔入海島野居,惟食蠔蠣,壘殼爲墻壁"(劉恂撰,商璧、潘博校補《嶺表録異校補》,南寧:廣西民族出版社,1988 年,第 60 頁)。明代田汝成《炎徼紀聞》卷四稱:"馬人本林邑蠻,相傳隨馬援北還,散處南海,其人深目猳喙,以採藤捕礦爲業,或曰盧循遺種也,故又云盧亭云。"

⑥ (清)檀萃著,楊偉群點校《楚庭稗珠録》卷六六《六祖之生》,廣州:廣東人民出版社,1982 年,第 66 頁。

載。《宋高僧傳》卷八《唐韶州今南華寺慧能傳》云慧能"南海新興人
也,其本世居范陽。厥考諱行瑶,武德中流于新州,(以)百姓終於貶
所。略述家系,避盧亭島夷之不敏也。貞觀十二年戊戌歲生能也,純
淑迁懷,惠性間出。雖蠻風獠俗,漬染不深,而詭行么形,駁雜難
測"①。其門人法海等編《壇經》亦云:"慧能慈父,本官范陽,左降遷流
嶺南,作新州百姓。"②可見實指流放嶺南,遂於當地占籍。而惠能的
母親李氏實係當地土著③。然《景德傳燈錄·慧能傳》却記載其父行
瑶,"武德中左宦于南海之新州,遂占籍焉"④。其稱慧能爲左降官後
裔,實源於唐代《六祖大師緣起外紀》。其文稱六祖之父"唐武德三年
九月,左官新州"⑤。但是唐朝軍隊直到武德四年十二月才進駐桂州
開始收復群雄割據的嶺南,武德五年七月高凉酋帥馮盎歸降唐朝,新
州始納入唐中央統治範圍⑥。所以慧能之父爲左降官的記載明顯有
誤。又據北京故宮博物院所藏乾隆本《新興縣志》卷一六記六祖故居

① (宋)贊寧撰,范祥雍點校《宋高僧傳》卷八《唐韶州今南華寺慧能傳》,北京:中華書局,
1987年,第173頁。
② (唐)慧能著,郭朋校釋《壇經校釋》,北京:中華書局,1983年,第4頁。
③ 案唐代嶺南流人和左降官婚娶之事似較常見。《太平廣記》卷一四七"裴伷先傳"條引
《紀聞》,記載裴伷先爲宰相裴炎之侄,因被流放嶺表,"在南中數歲,娶流人盧氏,生男
愿"(第1058頁)。《全唐文》卷五七三柳宗元在柳州《與李翰林建書》曰:"今僕……唯
欲爲量移官,差輕罪累,即便耕田藝麻,取老農女爲妻,生男育孫,以共力役。"(第5795
頁)
④ (宋)道原《景德傳燈錄》卷五《慧能傳》,《永樂北藏》第153册,北京:綫裝書局,2008
年,第292頁。
⑤ (唐)慧能著,郭朋校釋《壇經校釋》附錄《六祖大師緣起外紀》,第119頁。《普慧大藏
經》四本《壇經》合刊本。《外紀》原題爲六祖門人法海,據丁福保《六祖大師法寶壇經箋
注》卷首云此係後人增删《六祖大師法寶壇經略序》而成,並云"其所增之事實,間有穿
鑿附會之處,且文筆亦陋"(臺北:佛陀教育基金會,2002年,第1頁)。
⑥ 《舊唐書》卷一《高祖紀》武德五年七月丁亥條,第13頁;《新唐書·高祖紀一》武德五年
七月丁酉條,第14頁。

在仁平都下盧村，"爲六祖生身之所。師祖、父初來居此"①。該書又記"盧氏墓"實爲六祖慧能之祖父母及父母墓地，"唐神龍間賜額"②。饒宗頤先生爲此專門走訪過惠能故鄉，"知其原非閭巷編氓"，故惠能早年能受"家庭教育之薰陶"③。

　　韓澄，據《粵大記》記載爲南海人，其曾祖爲唐高宗朝宰相韓瑗④。《新唐書·韓瑗傳》記載其爲京兆三原人，唐高宗永徽三年（652）官至宰相，顯慶二年（657）被貶爲海南振州刺史，逾年卒。韓瑗既死，"追削官爵，籍其家，子孫謫廣州官奴"⑤。《粵大記》又記載："澄生長南海，勵志讀書，嘗默禱於羅浮山神，祈復世仇。義府死後，始以秀才得荐，官至汲郡太守"，後加兵部郎中⑥。《新唐書·代宗紀》永泰元年（765）條有普州刺史韓澄⑦。而韓澄從孫韓泰，唐憲宗元和中官至漳州刺史，"悉心爲治，官吏懲懼，百姓安寧。韓愈刺袁州，常舉泰以自代云"⑧。

　　歷史資料證明，唐代左降官在嶺南社會文化發展中有其重要地位⑨。而留居在嶺南的左降官後裔也有不少成爲比較傑出的人物。張

① （清）劉芳纂修（乾隆）《新興縣志》卷一六《山川志》，乾隆二十三年刻本，民國二十三年鉛印本，《廣東歷代方志集成》，第 110 頁。
② 《新興縣志》卷一七《壇祠志》，《廣東歷代方志集成》，第 116 頁。
③ 饒宗頤《談六祖出生地（新州）及其傳法偈》，《紀念陳寅恪先生誕辰百年學術論文集》，北京：北京大學出版社，1989 年，第 49 頁；另參見姜伯勤《國恩寺考》，《中山大學史學集刊》第二輯，廣州：廣東人民出版社，1994 年。
④ 《粵大記》卷一九，第 524 頁。
⑤ 《新唐書》卷一○五《韓瑗傳》，第 4031 頁。
⑥ （明）郭棐撰，黃國聲、鄧貴忠點校《粵大記》卷一九，廣州：中山大學出版社，1998 年，第 524 頁。
⑦ 《新唐書》卷六《代宗紀》，第 172 頁。
⑧ （明）黃佐《廣東通志》卷五五《韓澄傳》，第 1399 頁。
⑨ 王承文《唐代的左降官與嶺南文化》，《唐文化研究論文集》，上海：上海人民出版社，1994 年。

九齡《安南副使都護畢公墓志》記載,安南畢都護本山東東平人,其四世祖畢義雲爲北齊度支郎中、青州刺史。曾祖畢琰,貞觀初并州白馬府右果毅都尉右衛郎將。祖畢义,蒲州河東令,"坐事左轉桂州歸義縣丞,因家于始安"。始安郡即桂州。其父畢誠"舉孝廉,高尚不仕","公即孝廉府君之子",以安南副都護卒於官①。

　　唐代也有很多因流放或左降而留居嶺南的北方家族,及至五代和宋朝時才開始重新顯現並名聞於世。孟賓于是五代十國時期最傑出的詩人之一。北宋王禹偁《孟水部詩序》曰:

　　　　水部諱賓于,字某,生於連州。其先太原人,故其詩云:"吾祖并州隔萬山,吾家多難謫郴連。"幼擅詩名,吟咏忘倦,後唐長興末渡江赴舉。……由是詩名籍甚,游舉場十年。

以上明確記載孟賓于是唐代嶺南左降官的後裔,其原籍爲山西太原。王禹偁又記載:"江左士大夫如昌黎韓熙載、東海徐鉉甚重之。有《金鰲集》者,應舉時詩也;《湘東集》者,馬氏幕府詩也;《金陵集》者,李氏詩也;《玉笥集》者,吉州詩也;《劍池集》者,豐城詩也,總五百五首。"②宋代龍衮《江南野史》記載:"孟賓于,湖湘連上人。少修儒業,早失其父,事母以孝聞。長好篇詠,有能詩名。天祐末,工部侍郎李若虛廉察於湘、沅,賓于以詩數百篇,自命爲《金鰲集》獻之,大爲稱譽。因採擇集中有可舉者十數聯記之于書,使賓于馳詣洛陽,獻諸朝廷,皆爲數之,其譽藹然。至明年春,與故李司昉同年擢進士第。尋屬喪亂,遂歸

① 《文苑英華》卷九三九,第4934頁;《全唐文》卷二九三,第2968—2969頁。
② (宋)王禹偁《孟水部詩序》,《小畜集》卷二〇,《景印文淵閣四庫全書》第1086册,第198頁。

寧親。"①宋代馬令《南唐書》也記載:"孟賓于,湖湘連上人。少孤力學,事母以孝聞。天祐末,工部侍郎李若虛廉察沅湘,賓于以詩數百篇,自命爲《金鰲集》,獻之。若虛稱善。採警策數聯,譽諸朝廷,由是詩名益振。明年春,擢進士第,未幾,以離亂還鄉。會馬殷開府,辟爲零陵從事,亦不顯用。及馬氏敗,賓于自歸南唐,授豐城簿,遷塗陽令,黷貨當死。時李昉事皇朝爲翰林學士,乃賓于同年進士也。""致仕,隱于玉笥山,自號群玉峰叟。踰年,後主以水部員外郎起之。金陵平,歸老連上。"②黃佐《廣東通志》記載"孟賓于,字國儀,連州人,少聰穎,游鄉校,力學不怠","晉天福九年登進士第,仕湖南、江南,歷縣令、水部員外郎,終郎中。賓于能詩,有盛唐風","後歸老于鄉,號群玉峰叟,年八十卒。賓于以詩鳴,爲世所重,性好獎拔後進"③。據明代黃佐《廣州人物傳》卷四可知其於後晋登科後,主要仕宦南方的楚和南唐,官至水部員外郎,最後歸老連州④。

　　宋陳振孫《直齋書録解題》卷一九著録《孟賓于集》一卷。《全唐詩》卷七四〇《孟賓于小傳》稱其"有《金鰲集》二卷。今存詩八首"。《全唐文》卷八七二收有其《碧雲集序》一文⑤。宋代陳堯佐爲其《金鰲集》作序,稱其"如百丈懸流,灑落蒼翠間,清雄奔放,望之竪人毛骨。五代詩人未有過之者"⑥。《十國春秋》亦記載孟賓于"負詩才,喜獎拔

①　(宋)龍袞《江南野史》卷八,《五代史書彙編》,杭州:杭州出版社,2004年,第5214頁。
②　(宋)馬令《南唐書》卷二三《孟賓于传》,《五代史書彙編》,第5407頁。
③　(明)黃佐《廣東通志》卷五五《孟賓于傳》,第1420頁。
④　(明)黃佐著,陳憲猷點校《廣州人物傳》卷四,廣州:廣東高等教育出版社,1991年,第69頁。
⑤　《全唐文》卷八七二,第9127—9128頁。
⑥　(明)《明一統志》卷七九《人物》,《景印文淵閣四庫全書》第473冊,第674頁。

後進，士林多之"①。

　　孟賓于雖然長期游宦於外，但是對於故鄉粵北連州却有特殊的感情。《唐才子傳》記載後晉天福九年，禮部侍郎符蒙知貢舉，孟賓于於簾下投詩云："那堪雨後更聞蟬，溪隔重湖路七千。憶得故園楊柳岸，全家送上渡頭船。"②其《懷連上舊居》一詩又稱："閒思連上景難齊，樹繞仙鄉路繞溪。明月夜舟漁父唱，春風平野鷓鴣啼。城邊寄信歸雲外，花下傾杯到日西。更憶海陽垂釣侶，昔年相遇草萋萋。"③可見，像孟賓于這樣的左降官後裔，不但已把祖輩謫居地視爲"故園"和桑梓，也把相對安寧的嶺南視爲亂世中的"仙鄉"了。孟賓于最後也確實歸老連州。其子孟歸唐，"亦能詩，肆業廬山國學"，至北宋開寶（968—976）年間"累官大理丞"④。

　　北宋韶州曲江名人王式（963—1038）爲唐太宗時著名宰相王珪的後人，其祖籍爲山西太原。《舊唐書·王珪傳》記載王珪之子王敬直，"以尚主拜駙馬都尉，坐與太子承乾交接，徙于嶺外"⑤。余靖（1000—1064）是北宋"名臣"，韶州曲江人。其所撰《宋故大理寺丞知梅州王君墓碣銘》亦記載，王珪之子王敬直"尚南平公主，拜駙馬都尉，坐事貶死嶺南。子孫留者，因爲曲江著姓。雖世襲簪紳不絶，而禄卑不得譜於國史"⑥。意即王敬直貶死嶺南後，其子孫遂留居在嶺南韶州曲江

①　《十國春秋》卷七五《孟賓于傳》，第 1029 頁。

②　傅璇琮主編《唐才子傳校箋》卷一〇，北京：中華書局，1990 年，第 486 頁。

③　《全唐詩》卷七四〇，第 8438 頁。

④　《十國春秋》卷七五《孟賓于傳》，第 1030 頁。

⑤　《舊唐書》卷七〇《王珪傳》，第 2530 頁。

⑥　（宋）余靖撰，黃志輝校箋《武溪集校箋》卷一九，天津：天津古籍出版社，2000 年，第 592頁。

縣,並成爲當地著姓大族。不過,韶州曲江王氏家族在政治上的重新
崛起已在南漢和北宋时期。根據余靖的記載,南漢"劉氏自即尊號,族
人仕者皆得美官"。至北宋初年,王式的父親王臨,"皇朝以鄉邑器望,
署潮州司理參軍"。王式本人"沉厚方直,敦尚名教。自幼孤至白首,
貫以一節"。韶州曲江自唐代名相張九齡之後,很少有通過科舉而通
顯者。特別是宋朝在嶺南實行"攝官"制度(宋人亦稱之爲"南選"),
由於這種制度對入仕的門檻比較低,因而"常才趨之猶恐不及"。然而
余靖稱:

> 公尝喟然曰:"曲江自文獻公後,士大夫鮮復以科第取顯爵於
> 朝,豈南方以此選誘人爲卑耶? 吾爲州黨項領,期於展力,從官詎
> 宜碌碌齒其間?"由是自弱冠捧鄉老書,遊場屋三十年,終不屈意。
> 暨上第,時母夫人猶在堂,升堂拜嘉,閭里始歸其高焉。今天子初
> 踐祚,在諒闇不待祥禫,即臨軒急於採擷天下俊異。而曲江聯翩
> 六人中第,皆公之力。六人,即公及子陶,餘若靖輩,悉尝趨函丈
> 焉。郡守嘉尚,縷陳其事,乞改公所居之鄉曰"興文",里曰"折
> 桂"。詔可其奏,邦邑榮之。①

據上可知,作爲北方名門之後和韶州"州黨項領"的王式,不甘心只通
過"攝官"制度博取低級的地方官職,而是立志要通過科舉進士考試步
入仕途,經過長達三十年的努力,終於得以進士及第。因受王式的教
育和直接影響,曲江縣竟然接連有六人進士及第,除了王式之外,還有
王式的長子王陶、次子王防,以及余靖自己,等等。韶州知州將此事上
報給皇帝,要求改其鄉名爲"興文鄉",其里爲"折桂里",也得到了皇

---

① 《武溪集校箋》卷一九《宋故大理寺丞知梅州王君墓碣銘》,第 592—593 頁。

帝的批准。王式進士及第後,仕爲秘書省校書郎,歷廣州、虔州、南安軍司理參軍,入朝,除大理寺丞。後移知梅州,於景祐五年(1038)卒於治所。《永樂大典》所收宋代《韶州府曲江志》稱宋王式爲"唐宰相珪裔也。耿介自立,以孝行稱。舉進士,授校書郎,轉宰吉之永新。吉俗固好訟,而當官者復侵漁之,公一皆痛括其弊,民戴之如父母焉"①。余靖本人亦是移民后裔②。余靖自稱"嘗趨函丈","幸而交其父子間,兼師友之重",並於北宋天聖二年(1024)進士及第。

在王式之後,我們仍能看到其家學的傳承和發揚。《大明一統志》記載王式之子王陶,"天聖中進士,官至京東提刑度支郎中。妻朱氏,尤賢淑,善教子,五子相繼登第"③。根據明代黃佐《廣東通志》記載,王式之子王陶,"博學有俊才,登進士第,官至京東提刑度支郎中,皆有嘉政"。而王陶之妻朱氏"尤賢淑,皆善教子,有五子,皆已受室。一日,夫妻與諸婦言:'今歲吾子有預鄉薦者,其婦免執爨設食,得侍姑閑坐。'諸婦受命,各勉其夫出宿外舍讀書。是年,三子中選。次舉,二子繼之。至今鄉人言善教子者,必以王郎中夫妻爲法云。陶子履古亦登進士第。曲江惟王氏、鄧氏父子孫三世登第"④。可見,王式祖孫三代均以進士出仕,亦是韶州曲江一帶有重要影響的科舉世家。從唐初山

① 馬蓉等點校《永樂大典方志輯佚》第四册,北京:中華書局,第2474頁。
② 歐陽修所作《余襄公神道碑》記載:"余氏世爲閩人,五代之際逃亂于韶。自曾高以來,晦迹嘉遁。至于博士府君,始有禄仕,而襄公繼之以大。曲江僻在嶺表,自始興張文獻公有聲于唐,爲賢相,至公復出,爲宋名臣。蓋余氏徙韶,歷四世始有顯仕,而曲江寂寥三百年,然後再有聞人。惟公位登天臺,正秩三品,遂有爵土,開國鄉州,以繼美前哲,而爲韶人榮。"(歐陽修撰,李逸安點校《歐陽修全集》卷二三,北京:中華書局,2001年,第366頁)
③ 《明一統志》卷七九,《景印文淵閣四庫全書》第473册,第684頁。
④ (明)黃佐《廣東通志》卷五六《王陶傳》,第1433頁。

西太原王氏的南遷,到北宋韶州曲江王氏的崛起以及家族内部的家學傳承,我們認爲從一個具體方面證明了唐代流放制度和左降官制度對嶺南地域社會的深遠影響。

北宋史學家路振(957—1014)是唐後期宰相魏國公路巖的後裔。路振字子發,永州祁陽(今湖南祁東縣)人。而路巖为魏州冠氏縣(今山東冠縣)人。根據《舊唐書・路巖傳》記載,路巖之祖路季登,唐大曆六年(771)登進士第,升朝爲尚書郎,遷左諫議大夫。生三子,群、庠、單,皆登進士第。路巖之父路群,字正夫,既擢進士,又書判拔萃,累佐使府。入朝爲監察御史、翰林學士承旨,二子:嶽、巖,大中中相次進士登第。路巖"幼聰敏過人,父友踐方鎮,書幣交辟,久之方就。數年之間,出入禁署,累遷中書舍人、户部侍郎。咸通三年(862),以本官同平章事,年始三十六。在相位八年,累兼左僕射"[1]。咸通十四年(873),路巖貶嶺南新州刺史,"至江陵,免官,流儋州,籍入其家",路巖"至新州,詔賜死"[2]。路巖的家族成員應有不少因此留居在南方。北宋曾鞏《隆平集》記載,路振爲"唐相巖四世孫。巖貶死嶺外,其子孫避地湖湘,遂爲永州人。振幼穎悟,十歲聽誦《陰符經》,裁百言而止,父使終業。振曰:'百言演道足矣。'父異其對。淳化中舉進士。殿試《厄言日出賦》,獨振知所出,而文亦典贍,遂登甲科,累擢知制誥。詞命温雅,深愜物論","作詩有唐人風。有文集二十卷"[3]。王稱《東都事略》記載:"路振字子發。永州祁陽人也。唐相巖之四世孫,巖以

---

① 《舊唐書》卷一七七《路巖傳》,第 4603 頁。
② 《新唐書》卷一八四《路巖傳》,第 5397 頁。
③ (宋)曾鞏撰,王瑞來校證《隆平集》卷一三《路振傳》,北京:中華書局,2012 年,第373 頁。

貶死嶺外,子孫因避地湖湘間,遂居焉。"①《宋史·路振傳》亦稱:"路振字子發,永州祁陽人,唐相巖之四世孫。巖貶死嶺外,其子琛避地湖湘間,遂居焉。振父洵美事馬希杲,署連州從事,謝病終于家。振幼穎悟,五歲誦《孝經》、《論語》,十歲聽講《陰符》,裁百言而止。洵美責之,俾終其業。振曰:'百言演道足矣,餘何必學?'洵美大奇之。十二丁外艱,母氏慮其廢業,日加誨激,雖隆冬盛暑,未始有懈。淳化中舉進士,太宗以詞場之弊,多事輕淺,不能該貫古道","振寒素,遊京師人罕知者,所作賦尤爲典贍,太宗甚嘉之。擢置甲科,釋褐大理評事"。其官至知制誥。有集二十卷,並有《九國志》傳世②。路振雖然不是嚴格意義上的嶺南籍人,但是從晚唐路巖、五代路洵美到宋初路振所體現的其家族内部的文化傳承,我們既能看到唐朝流放和左降官制度與北方家族南遷的關係,亦能看到這些北方家族南遷對南方文化發展的重要影響。

四 結語

唐代是北方家族向嶺南大量移民的時期,其移民的原因和主要途經包括:一是整個唐朝都有不少北方官員因官而移貫嶺南;二是自"安史之亂"直至唐末五代,有大量北方家族爲逃避戰亂而移居嶺南各地;三是由於唐朝流放制度和左降官制度都具有一定的强制性移民色彩,而唐代嶺南自始至終都是流人和左降官最爲集中的地區,這兩種制度也因此成爲北方家族向嶺南移民的重要途徑③。如果說前兩種方式的

---

① (宋)王稱《東都事略》卷一一五,濟南:齊魯書社,2000 年,第 1003 頁。
② 《宋史》卷四四一《文苑三·路振傳》,第 13062 頁。
③ 王承文《唐代北方家族與嶺南溪洞社會》,《唐研究》第二卷,北京:北京大學出版社,1996 年。

北方移民一般都比較集中在粵北、廣州以及西江流域等嶺南開發較早地區的話,那麼,無論是唐代流人還是左降官,其在嶺南的空間分布,則大多集中在"夷獠雜居"同時也是開發較晚的所謂"溪洞"地區。唐懿宗咸通四年(863)七月所發布的《恤民通商制》就稱:"安南寇陷之初,流人多寄溪洞。"[1]而這兩種制度的長期實行,亦必然在一定程度上不斷改變嶺南特別是嶺南"溪洞"地區的人口結構。並進而對嶺南社會產生深刻影響。歐陽修總結晚唐至五代北方官僚士人遷移嶺南的幾種途徑,其中就包括很多來自北方的流人和左降官的後代,他稱:"(劉)隱父子起封州,遭世多故,數有功於嶺南,遂有南海。隱復好賢士。是時,天下已亂,中朝士人以嶺外最遠,可以避地,多遊焉。唐世名臣謫死南方者往往有子孫,或當時仕宦遭亂不得還者,皆客嶺表。"[2]古代嶺南開發和社會文化發展與北方內地移民密不可分。元代大德年間陳大震所編《南海志》云:"廣州爲嶺南一都會,户口視他郡爲最。漢而後,州縣沿革不同,户口增減,亦各不一。大抵建安、東晉永嘉之際至唐,中州人士避地入廣者眾。由是風俗革變,人民繁庶。"[3]明代海南籍大學士著名理學家丘濬總結中古以來嶺南區域文化的轉換説:"魏晉以後,中原多故。衣冠之族,或宦或商,或遷或戍,紛紛日來,聚廬托處,薰染過化,歲異而月或不同。世變風移,久假而客反爲主。"[4]有學者指出:"在文化傳播方面,個別官吏的教化只能是

① 《全唐文》卷八三,第 871 頁;《舊唐書》卷一九上《懿宗紀》,第 654 頁。
② 《新五代史》卷六五《南漢世家》,第 810 頁。
③ (元)陳大震《元大德〈南海志〉殘本》卷六《户口》,廣州:廣東人民出版社,1991 年,第 1 頁。
④ (明)丘濬《重編瓊臺稿》卷二二《南溟奇甸賦有序》,《景印文淵閣四庫全書》第 1248 册,第 454 頁。

墨漬式的,只有移民的文化擴散作用才能是席卷式地起到改變風俗的作用。"①古代這些北方家族作爲中原文化的代表,既爲嶺南開發帶來了比較先進的生産工具和生産技術,提供了現成的勞動人手,又對嶺南社會和文化的發展産生了深遠的影響。

第五章
唐代北方家族與嶺南開發
和社會變遷論考(下)

第四節　唐後期北方家族移民與嶺南社會文化發展

　　自秦漢以來,嶺南因爲遠离中央王朝統治中心,加上其相對隔離的地理環境,因此幾乎每一次大的戰亂,都成爲北方内地家族遷移嶺南的重要契機。隋末中原内地經歷了大規模戰亂,史稱"黄河之北,則千里無烟;江淮之間,則鞠爲茂草"①。温大雅《大唐創業起居注》記載太原起兵之初,唐高祖李淵即稱:"自頃離亂,亡命甚多,走胡奔越,書生不少。中國之禮,並在諸夷。"②反映隋末不少官僚士大夫或南逾五嶺,或北走突厥,並形成了中原儒家禮教文化向周邊地區的傳播發展。至武德六年(623),唐高祖所發布的《簡徭役詔》則更明確提到:"江淮

① 《隋書》卷七〇《楊玄感傳》,第 1617 頁。
② (唐)温大雅《大唐創業起居注》卷一,上海:上海古籍出版社,1983 年,第 9 頁。

之間,爰及嶺外,塗路懸阻,土曠人稀,流寓者多,尤宜存恤。"①以上説明唐初嶺南户籍中已有不少來自中原内地的移民。而唐"安史之亂"直至唐末五代的長期戰亂,造成了中國歷史上影響極其深遠的移民潮流。學術界對於唐代後期北方家族移民活動及其重大影響,已有不少專門而深入的研究②。然而就整體情況來看,嶺南地區由於歷史資料匱乏而且高度分散,學術界的關注和研究還相當少。因此,本節將對唐代"安史之亂"以後北方家族遷移嶺南的背景、方式、具體情形及其社會影響等問題作專門討論。

一 唐"安史之亂"後北方家族向嶺南移民

安史之亂造成了唐朝户口鋭减,這不僅表現在戰亂頻仍的黄河流域,也表現在戰亂較少而且是北方流民集中地的長江中下游地區。《唐會要》記載安史之亂後,"衣冠遷徙,人多僑寓;士居鄉土,百無一二"③。劉震所撰《唐故朗州武陵縣主簿桑公墓志銘并序》云:"天寶末,賊將禄山掩有河洛。乾元之中,思明繼禍。中原鼎沸,塗炭生靈,十室九空,人烟斷絶。"④獨孤郁《對才識兼茂明於體用策》反映了唐後期户籍情況,"自兵革以來,人多流散,版籍廢絶,户口蕩析,加以憂懼,越於異鄉"⑤。然而在安史之亂後,一些南北交通的主要路綫尤其是進入嶺南所經沿綫地區的户口却有明顯的增加。

---

① 《唐大詔令集》卷一一一,第 578 頁。
② 周振鶴《唐代安史之亂和北方人民的南遷》,《中華文史論叢》1988 年第 7 期;凍國棟《唐代人口問題研究》第四章、第五章,武漢:武漢大學出版社,1993 年;吴松弟《中國移民史》第三卷《隋唐五代時代》,福州:福建人民出版社,1997 年,第 232—411 頁。
③ 《唐會要》卷七六《孝廉舉》,第 1652 頁。
④ 《全唐文》所附《唐文拾遺》卷二四,北京:中華書局,1983 年,第 10644 頁。
⑤ 《全唐文》卷六八三,第 6984 頁。

　　湖南南部的潭、衡、郴、道、邵等州均处在通往嶺南的交通綫上。根據《舊唐書·地理志》記載："自至德後，中原多故，襄、鄧百姓，兩京衣冠，盡投江、湘，故荆南井邑，十倍其初，乃置荆南節度使。"①以上"湘"是指湘江流域。譚其驤先生指出："《元和志》中湖南一道七州，潭、衡、郴、道、邵五州皆在萬户以上，其中道州多至二萬八千户，超過開元舊數，正可以説明《舊唐志》'盡投江湘'一語不是無根之談。"②不過，學術界討論"安史之亂"後湖南南部的北方移民問題，却長期苦於闕乏更加具體的史料來加以印證。對此，我們試舉前人較少關注的兩方宋人碑銘來説明。胡宏所撰《彪君墓志銘》稱："謹按彪氏出于楚鬪穀於菟，實令尹子文俣，世著姓于衛。君七世祖避李唐中葉之患，自山東徙于潭州湘潭縣。"③鬪穀於菟，芈姓，鬪氏，名穀於菟，字子文，春秋时代楚国令尹。胡寅所撰《王氏墓志銘》又稱："彪氏與班氏出於鬪穀於菟。而彪氏自衛國彪傒之後，未有聞人。虎臣七世祖在李唐中季避山東亂，南來居於湘鄉。"④《元和姓纂》記載"班"姓曰："芈姓，楚若敖生鬪伯比。伯比生令尹子文，爲獸所乳，謂獸有文班，因氏焉。秦有班壹，避地楼煩，生孺。孺生長，長生同，同生况，况生稚，稚生彪。扶風平陵：况女爲成帝婕妤，徙平陵。彪生固，固生顗，顗生澄。陳祠部郎中班投，始居汲郡，狀稱十三代孫也。"⑤據以上兩方宋代碑銘可知，作爲楚國"芈"氏分支的彪氏和班氏家族，以及王虎臣的祖先，爲了逃避

---

① 《舊唐書》卷三九《地理志》，第 1552 頁。
② 譚其驤《歷史人文地理研究發凡與舉例》，載氏著《長水集續編》，北京：人民出版社，1994 年，第 224 頁。
③ （宋）胡宏撰，胡大時編《五峰記》卷三，《景印文淵閣四庫全書》第 1137 册，第 168 頁。
④ （宋）胡寅《斐然記》卷二六，《景印文淵閣四庫全書》第 1137 册，第 713 頁。
⑤ 《元和姓纂（附四校記）》卷四，第 526 頁。

唐朝"安史之亂"以後山東的戰亂,向南遷徙到了潭州(今長沙市)的湘潭縣和湘鄉縣。另外,元結在廣德元年(763)至大曆三年(768)出任道州刺史,曾專門"招輯流亡"①。而吕温在元和五年(810)至元和六年出任衡州刺史,也曾專門"檢責隱户"②。所謂"招輯流亡"和"檢責隱户",其中都應當包括有不少北方移民。

至晚唐,湖南南部亦是北方移民集中的地區之一。韋莊《湘中作》一詩稱:"千重烟樹萬重波,因便何妨弔汨羅。楚地不知秦地亂,南人空怪北人多。"③根據宋代夏竦所撰《故金紫光禄大夫朱公(昂)行狀》記載,朱昂"世京兆渼陂人,唐天復(901—904)末,烈考避地穰中。梁太祖革命,與唐舊臣顔充、李濤等數十家南趨衡嶽下。每冬至、歲旦,必序立于南嶽司天祠前,北望號慟,日月昏曀,天地悽慘,殆二十年。淪喪垂盡,唯李濤一族北歸。公以家世儒業,與進士熊若谷、鄧洵美力學"④。《宋史》也記載朱昂字舉之,"其先京兆人,世家渼陂,唐天復末,徙家南陽。梁祖篡唐,父葆光與唐舊臣顔蕘、李濤數輩挈家南渡,寓潭州。每正旦夕至,必序立南嶽祠前,北望號慟,殆二十年。後濤北歸,葆光樂衡山之勝,遂往家焉"⑤。據此可見,遷徙至衡州(今湖南衡陽)等地的北方家族數量應該很多。

位於江西贛江流域的洪州(今南昌)、吉州(治今吉安市)、虔州(治

---

① (唐)元結《次山集》卷一〇《謝上表》,《景印文淵閣四庫全書》第 1071 册,第 570 頁;(唐)顔真卿《顔魯公文集》卷五《容州都督兼御史中丞本管經略使元君表墓碑》,《景印文淵閣四庫全書》第 1071 册,第 619 頁;《新唐書》卷一四三《元結傳》,第 4686 頁。

② (唐)吕温《簡獲隱户奏》,《全唐文》卷六二七,第 6325 頁;《唐會要》卷八五《定户等第》,第 1846—1847 頁。

③ 《全唐詩》卷六九八,第 8035 頁。

④ (宋)夏竦《文莊集》卷二八,《景印文淵閣四庫全書》第 1087 册,第 275 頁。

⑤ 《宋史》卷四三九《文苑傳·朱昂傳》,第 13005 頁。

今贛州市)等地,是北方中原和内地進入嶺南最重要的通道之一。根據《元和郡縣圖志》記載,洪州,開元户爲五萬五千四百五户,元和户則遽增爲九萬一千一百二十九户;吉州,開元户爲三萬四千四百八十一户,元和户則增爲四萬一千二十五户①。同時不少其他典籍也能證明以上户籍的大量增加,其最主要的原因是北方移民的進入。例如,唐代《隴西縣君李氏墓志銘》記載李氏原住洛陽,因"盜起北方","夫人乃提挈孤弱,南奔依于二叔,自周達蔡,逾淮泝江,寓于洪州","中外相依,一百八口"②。《舊唐書·盧簡辭傳》記載盧簡辭爲范陽人,後徙家于蒲。其父盧綸,"天寶末舉進士,遇亂不第,奉親避地於鄱陽"③。

吉州位於贛江中游,又稱盧陵郡。崔祐甫《上宰相牋》稱"頃屬中夏覆没,舉家南遷,内外相從,百有餘口","仲姊寓吉郡"④。皇甫湜《吉州刺史廳壁記》稱"自江而南,吉爲富州","流亡既來,徭税先具"⑤。李建勳《送王郎中之官吉水》詩稱:"南望盧陵郡,山連五嶺長。吾君憐遠俗,從事輟名郎。移户多無土,春畬不滿筐。惟應勞贊畫,溪峒况彊梁。"⑥以上所謂"移户多無土",顯然是指在吉州的北方移民很多,且没有可用於耕種的土地。吉州下轄盧陵、安福、永新、太和、新淦五縣。皇甫湜《吉州盧陵縣令廳壁記》稱,吉州盧陵縣"駢山貫江,扼嶺之衝"。僅盧陵一縣就有"户餘二萬"⑦。

---

① 《元和郡縣圖志》卷二八《江南道四》,第 669、673 頁。
② 《唐朝散大夫行著作佐郎襲安平縣男□□崔公夫人隴西縣君李氏墓志銘并序》,《唐代墓志彙編》貞元〇六二號,上海:上海古籍出版社,1992 年,第 1881 頁。
③ 《舊唐書》卷一六三《盧簡辭傳》,第 4268 頁。
④ 《全唐文》卷四〇九,第 4190 頁。
⑤ 《全唐文》卷六八六,第 7028 頁。
⑥ 《全唐詩》卷七三九,第 8426 頁。
⑦ 《全唐文》卷六八六,第 7027 頁。

虔州又稱南康郡,其地緊鄰南嶺山脈。唐五代人稱"虔居江嶺,地扼咽喉,有兵車之繁,賦役之重"①;"南康重鎮,番禺連封"②。賈島《送南康姚明府》詩云:"銅章美少年,小邑在南天。版籍多遷客,封疆接洞田。"③所謂"版籍多遷客",指在唐朝虔州官府所控制的編户中,有大量是來自北方的移民。而"封疆接洞田"中的"洞田",就是指"溪洞"内部的田地。以上均表明安史之亂後北方移民浪潮確實曾經不斷地沿南北交通綫向嶺南推進。

大量北方人口的移居,亦促進了唐後期江西的開發和經濟社會的發展。白居易所作《除裴堪江西觀察使制》稱:"江西七郡,列邑數十,土沃人庶,今之奧區,財賦孔殷,國用所繫。"④至唐末五代時期,贛江流域的北方移民應更加集中。文天祥《鄒月近墓志銘》稱:"廬陵,南方之上游,支水自贛興國而下曰富川,鄒氏族焉。鄒故出范陽,五季始有籍斯土。有昶者,富而禮、瀘溪王公、平園周公、誠齋楊公、艮齋謝公,皆與之游。"⑤楊萬里《宋故贈中大夫楊公行狀》記載,楊邦乂字希稷,"系出漢太尉震。五代之亂,徙居廬陵,故今爲吉州吉水縣人。世以儒學相承"⑥。楊邦乂的遠祖爲東漢太尉楊震。楊震字伯起,弘農華陰(今陝西華陰東)人。宋代江西贛江流域經濟文化得到較快發展,尤其是人才輩出,顯然都與唐代安史之亂後直至五代時期大批北方家族的移居直接相關。

---

① (唐)蔡詞立《虔州孔目院食堂記》,《全唐文》卷八〇六,第8472頁。
② (唐)陳致雍《故虔州節度使賈匡浩相公謚議》,《全唐文》卷八七五,第9152頁。
③ 《全唐詩》卷五七二,第6644頁。
④ 《全唐文》卷六六一,第6720頁。
⑤ (宋)文天祥《文山集》卷一六,《景印文淵閣四庫全書》第1184册,第647頁。
⑥ (宋)楊萬里《楊萬里集》卷一一八,《景印文淵閣四庫全書》第1161册,第304頁。

　　唐安史之亂後北方人口南遷一般都具有家族的特點。唐肅宗《加恩處分流貶官員詔》稱：

> 又緣頃經逆亂，中夏不寧，士子之流，多投江外。或扶老攜幼，久寓他鄉，失職無儲，難歸京邑。眷言憫念，實惻於懷。①

"江外"應該是指包括嶺南在内的長江以南廣大地區。而詔令中稱士子"扶老攜幼"，則反映了在移民浪潮中，傳統的家族組織發揮了很重要的作用。尤其是作爲社會下層的民衆，其財力和物力都相當有限，一般難以承擔如遷徙嶺南這樣長途跋涉所需的費用和開支，往往都是在宗族的旗幟下接受一定程度的保護，由宗族首領率領舉族南遷。

　　李吉甫《元和郡縣圖志》成書於元和八年(813)，其所載嶺南道户籍元和中有明顯增加的是廣州和安南都護府。廣州開元爲六萬四千二百五十户，元和則增加爲七萬四千九十九户②。安南都護府開元爲二萬五千六百九十四户，元和則爲二萬七千一百三十五户③。然而值得指出的是，《元和郡縣圖志》作爲記載唐代後期直至唐末唯一完備的户口資料，其對嶺南户籍的記載又表現了嚴重的缺陷。首先是在嶺南七十餘州中，有明確元和户籍記載的僅爲二十三州，其餘均已闕佚；其次，《元和郡縣圖志》所記嶺南元和户籍，除了廣州和安南之外，絶大多數州郡户口都不及開元年間的二分之一甚至十分之一，因而形成了與唐代後期實際户口的巨大差異。例如，粵北的韶州，其地連接虔州南康郡，是進入嶺南的重要通道。《元和郡縣圖志》記韶州開元爲二萬七百六十

---

① 《全唐文》卷四三，第 473 頁。
② 《元和郡縣圖志》卷三四《嶺南道一》，第 885 頁。
③ 《元和郡縣圖志》卷三八《嶺南道五》，第 955 頁。

四戶,元和則僅爲九千六百六十四戶①。唐德宗興元元年(784)至貞元四年(788),徐申爲韶州刺史。而權德輿所作《徐申墓志銘》却記載,徐申爲韶州刺史六年,"罷去之日,夫家名數,倍差於始至,而不書於籍"②。李翱《唐故紫金光禄大夫嶺南節度使徐申行狀》記載徐申任韶州刺史亦稱:

> 其始來也,韶之户僅七千,凡六年,遷合州。其去也,倍其初之數,又盈四千户焉。③

《新唐書·徐申傳》也有基本相同的記載④。亦就是説,唐德宗貞元初年韶州的實際戶口應不少於一萬八千戶。而且其中又必然有大量北方内地移民。例如,劉軻是唐後期韶州籍的著名士人。其所撰《上座主書》稱:"軻本沛上耕人,代業儒爲農人家。天寶末流離於邊,徙貫南鄙。"⑤而黄佐《廣東通志》記載:"劉軻字希仁,曲江人。其先家本沛上,天寶之亂,祖效攜家自淮入湘,至韶家焉。"⑥

　　桂州也是中原内地進入嶺南的重要通道。《元和郡縣圖志》記其開元爲三萬六千二百六十五戶,元和則僅爲八千六百五十户⑦。桂州所轄十一縣,據吴武陵在唐敬宗寶曆二年(826)寫成的《陽朔縣廳壁題

---

① 《元和郡縣圖志》卷三四《嶺南道一》,第 900 頁。
② (唐)權德輿《廣州刺史御史大夫充嶺南節度支度營田觀察處置本管經略等使徐公(申)墓志銘并序》,《全唐文》卷五〇二,第 5109 頁。
③ (唐)李翱《唐故廣州刺史兼御史大夫充嶺南節度等使徐公(申)行狀》,《全唐文》卷六三九,第 6458 頁。
④ 《新唐書》卷一四三《徐申傳》,第 4694 頁。
⑤ 《全唐文》卷七四二,第 7673 頁。
⑥ (明)黄佐《廣東通志》卷五五《劉軻傳》,廣州:廣東省地方志辦公室謄印,1997 年,第 1409 頁。
⑦ 《元和郡縣圖志》卷三七《嶺南道四》,第 917 頁。

名》,稱桂州陽朔縣"東制邕、容、交、廣之衝,南挹賓、巒、巖、象之隘",有"籍户五千,其税緡錢千萬"①。可見僅陽朔一縣實際上就有五千户。而桂州一州的户籍總數亦必然要遠高於《元和郡縣圖志》的記載。

　　我們再來看地處嶺南東南沿海的潮州。韓愈稱潮州"在廣府極東界上,去廣府雖云纔二千里,然來往動皆經月。過海口,下惡水,濤瀧壯猛,難計程期"②。《元和郡縣圖志》記載其開元户爲九千三百三十七户,而元和户則僅爲一千九百五十五户,幾乎只有開元户的五分之一③。但是韓愈在元和十四年(819)因諫迎佛骨被貶潮州刺史,他在當地所作《潮州請置鄉校牒》中,却明確稱:"夫十室之邑,必有忠信;今此州户萬有餘,豈無庶幾者耶?"④可見元和十四年潮州的實際户口與《元和志》所載相差五倍多,而且比開元年間户口也有增加。至開成五年(840)七月,潮州刺史林郇陽上奏:"(潮州)州縣官諸(請)同漳、河(汀)、廣、韶、桂、賀等州例,吏曹注官。"唐文宗敕旨稱:"潮州是嶺南

① 《全唐文》卷七一八,第 7388 頁。
② (唐)韓愈撰,馬其昶校注,馬茂元整理《韓昌黎文集校注》卷八《潮州刺史謝上表》,上海:上海古籍出版社,2014 年,第 690 頁;《新唐書》卷一七六《韓愈傳》,第 5261 頁。
③ 《元和郡縣圖志》卷三四《嶺南道一》,第 894 頁。
④ 《韓昌黎文集校注》文外集卷上,第 771 頁。按《永樂大典》卷五三四三引南宋《三陽志》之"風俗形勝"稱:"郡以東,其地曰白籠窑、曰水南,去城不五、七里,乃外操一音,俗謂之'不老',或曰韓公出刺之時,以正音爲郡人誨,一失其真,遂不復變。市井間六七十載以前,猶有操是音者,今不聞矣。惟白籠窑、水南之人相習猶故。""州之舊俗,婦女往來城市者,皆好高髻,與中州異,或以爲椎結之遺風"(北京:中華書局,1986 年,第 2450 頁)。學術界有學者用以上潮州語音材料來證明唐後期北方移民已進入潮州(吳松弟《中國移民史》第三卷《隋唐五代時代》,第 328 頁)。不過,饒宗頤先生所撰《畲瑶關係新證——邂羅〈傜人文書〉的〈游梅山書〉與宋代之開梅山》(施聯朱主編《畲族研究論文集》,北京:民族出版社1987 年)一文認爲,"畲民有平髻、崎髻之分,所謂高髻,實是畲俗。至於'不老'一名,老自是僚、佬,黎人自稱,常加唇音讀","疑三陽老之不老,即 b'lay,乃畲民自稱之號","在南宋時潮中土著必使用畲語爲主要語言,故與中原之正音大相徑庭"。

大郡，與韶州略同，宜下吏部，準韶州例，收闕注擬。餘依。"①潮州刺史林郇陽上奏，請求將潮州的州佐縣官的選拔如同福建的漳州、汀州以及嶺南道的廣州、韶州、桂州、賀州一樣，實行由中央吏部統一進行的選任，即將其官闕納入吏部銓選的範圍。而且林郇陽的上奏一度也得到了唐文宗的准許。反之，如果潮州在元和年間户口真的僅爲一千九百五十五户的話，那麽唐文宗應該也不會稱"潮州是嶺南大郡，與韶州略同"。因此，我們認爲唐代後期有比較具體記載的韶州、桂州、潮州等地，其户籍與《元和志》所載户口所存在的巨大差異決不是偶然的，而是代表了嶺南各州比較普遍的情形②。

有不少唐詩也能證明"安史之亂"後，嶺南已成爲北方家族遷居的重要地區。張叔卿，盛唐時詩人，生卒年待考，官至廣州判官。其《流桂州》一詩云："莫問蒼梧遠，而今世路難。胡塵不到處，即是小長安。"③其所謂"胡塵不到處，即是小長安"，顯然是説嶺南是躲避北方中原戰亂的一方樂土。詩人杜甫本人爲躲避戰亂，也曾流離至湖南南部的郴州耒陽縣。而其多首詩也反映了北方人口向嶺南的遷徙。其《詠懷二首》詩云："飄飖桂水遊，悵望蒼梧暮。潛魚不銜鈎，走鹿無反

---

① 《册府元龜》卷六三一《銓選部·條制三》，第 7574 頁。引文根據《唐會要》卷七五《南選》（第 1624 頁）校勘。

② 按本章最初以《唐代北方家族與嶺南溪洞社會》一文，發表在 1995 年 9 月在武漢大學召開的"中國唐史學會第六届年會暨國際唐史學術討論會"上。文中有關唐後期嶺南實際户籍與《元和郡縣圖志》記載的差異的討論屬於該文原有内容。論文正式發表在 1996 年北京大學出版社出版的《唐研究》第二卷，第 373—414 頁。臺灣著名唐史專家嚴耕望先生發表《〈元和志〉户籍與實際户數之比勘》一文，也注意到《元和志》中嶺南户籍數額差距問題（《"中研院"歷史語言研究所集刊》第六十七本第一分，1996 年，第 18 頁）爲避免掠美之嫌，特此説明。

③ 《全唐詩》卷二七二，第 3060 頁。

顧……虎狼窺中原，焉得所歷住。葛洪及許靖，避世常此路。"①所謂
"葛洪及許靖，避世常此路"，《晉書·葛洪傳》記載西晉末年，著名道
士葛洪"見天下已亂，欲避地南土，乃參廣州刺史嵇含軍事"，"遂停南
土多年"②。而《三國志·許靖傳》則記載漢末許靖避難遠至交趾③。
杜甫《奉送魏六丈佑少府之交廣》一詩曰："南游炎海甸，浩蕩從此辭。
窮途仗神道，世亂輕土宜。"④所謂"世亂輕土宜"，是説嶺南雖然歷來
爲炎徼蠻荒之地，然而北方中原的戰亂，却使人們遠避嶺南。而其作
於大曆五年（770）的《長沙送李十一》一詩，其中又有"與子避地西康
州，洞庭相逢十二秋"⑤。此西康州即康州，是指地處嶺南西江流域的
今廣東省德慶縣⑥。

　　還有不少材料也能反映"安史之亂"後北方家族在嶺南的流向。
裴鉶《傳奇》記載唐德宗貞元（785—805）中，"有崔煒者，故監察向之
子也。向有詩名於人間，終於南海從事，煒居南海，意豁然也"⑦。很
顯然，崔向在卒於廣州之任上以後，其子崔煒以及家人並未返回北方，
而是因此定居在廣州。根據唐人袁郊所撰《甘澤謡》記載，有一位在唐
朝宫廷内善吹笛者許雲封，爲"樂工之篴者"，"其年安禄山叛，車駕還
京，自後俱逢離亂，漂流南海近四十載"⑧。唐皇甫氏《原化記》記載
"唐安史定後，有魏生者，少以勳戚，歷任王友，家財累萬"，後"因避

---

① 《全唐詩》卷二二三，第 2374—2375 頁。
② 《晉書》卷七二《葛洪傳》第 1911 頁。
③ 《三國志》卷三八《許靖傳》第 964 頁。
④ 《全唐詩》卷二二三，第 2380 頁。
⑤ 《全唐詩》卷二三三，第 2571 頁。
⑥ 《方輿勝覽》卷三五《德慶府》，第 626 頁。
⑦ 《太平廣記》卷三四"崔煒"條引裴鉶《傳奇》，第 216 頁。
⑧ 《太平廣記》卷二〇四《樂二》引《甘澤謡》，第 1555 頁。

亂,將妻入嶺南"①。于邵《送從叔南遊序》云其從叔"生於台庭,長於儒門,修先王之典禮,操作者之文律……屬時艱難,流離辛苦,田園蕪没,族黨淪謝","既而……或經九嶷,或入五嶺"②;其《送紀奉禮之容州序》云紀文楚"資於事母而敬愛兼……頃屬世故家貧,背胡越嶺,執爨以養"③。其《送盛卿序》又稱其謫官桂林,"而得比鄰盛卿者……本剡中人也,家於錢塘,一入桂林,十周星矣"④。符載《荆州與楊衡説舊因送遊南越序》記"前年冬,中師……俯授高第","世之繇此而進者,必聯振六翮,聿求昇翥"。但"中師旅食淹恤,内顧勤寠,策馬南向,慰其家室……將遊炎方"⑤。徐松《登科記考》考證出楊衡進士登科爲貞元三年(787)或四年⑥。而其攜家室遠邁南越,很有可能是逃避北方戰亂。元和十年(815)至十四年,柳宗元爲柳州刺史,其《送賈山人南遊序》記載柳州有長樂儒生賈景伯,"邃於經書,博取諸史群子",寓於柳州,"召之仕,怏然不喜;導之還中國,視其意,夷夏若均,莫取其是非"⑦。所謂"夷夏若均",是説對於儒生賈景伯而言,其留居在嶺南柳州和返回北方中原其實並没有什麽差別。元和十年(815)至十四年,劉禹錫貶任連州刺史,其所作《插田歌》中有:"路旁誰家郎,烏帽衫袖長。自言上計吏,年幼離帝鄉。田夫語計吏,君家儂定諳。一來長安

---

① 《太平廣記》卷四○三"魏生"條引唐皇甫氏《原化記》,第3252頁。
② 《全唐文》卷四二八,第4362頁。
③ 《全唐文》卷四二七,第4351頁。
④ 《全唐文》卷四二八,第4363頁。
⑤ 《全唐文》卷六九○,第7075頁。
⑥ (清)徐松撰,趙守儼點校《登科記考》卷二七,北京:中華書局,1984年,第1049—1050頁。
⑦ (唐)柳宗元《柳河東集》卷二五,上海:上海古籍出版社,2008年,第420頁;《全唐文》卷五七九,第5850頁。

道,眼大不相參。計吏笑致辭,長安真大處。省門高軻硪,儂入無度數。昨來補衛士,唯用筒竹布。君看二三年。我作官人去。"①這位"上計吏"自稱"年幼離帝鄉",或與逃避北方中原戰亂有關。

　　唐代後期各地著籍户口普遍下降,與户口隱漏逃逸現象嚴重有關。龐嚴《對賢良方正能直言極諫策》云:"國家自幽、薊兵興,人無土著,士者、農者,遷徙不常,慕政化則來,苦苛暴則去。"②即是逃往官府控制相對薄弱的地區。柳宗元在永州所作《鈷鉧潭記》,記載了逃避官府於南方山林間耕墾的移民③。而前述唐代後期嶺南實際户口与登錄户口之間的差異,實際上也反映了嶺南州縣編户之外尚存在大量隱漏不報或逃逸的户口。令狐楚《爲人作薦昭州刺史張愻狀》稱:"嶺南風俗惰懶,苟避徵徭,易成逋竄。"④而北方内地移民進入嶺南後,也有不少從許多蜿蜒曲折的山脈縫隙間穿過,遷往尚待進一步開發的溪洞山區。唐代循州(今廣東惠州)地處粤東。《元和郡縣圖志》記載梁置梁化郡,隋開皇十年於此置循州,大業三年改爲龍川郡,唐武德五年復改爲循州⑤。《隋書·柳旦傳》記載隋煬帝大業(605—618)初年柳旦拜龍川太守,"民居山洞,好相攻擊,旦爲開設學校,大變其風。帝聞而善之,下詔褒美"⑥。所謂"山洞"就是"溪洞"。元和四年(809)十一月,唐後期著名儒家學者李翶(772—841)以節度掌書記身份奉牒知循州,並特地遊覽了循州境内的嶺南巨勝——羅浮山,其所作《解惑》一文

①　《全唐詩》卷三五四,第 3962 頁。
②　《全唐文》卷七二八,第 7511 頁。
③　《柳河東集》卷二九,第 471—472 頁;《全唐文》卷五八一,第 5870 頁。
④　《全唐文》卷五四二,第 5499 頁。
⑤　《元和郡縣圖志》卷三四,第 892 頁。
⑥　《隋書》卷四七《柳旦傳》,第 1273 頁。

記載：

> 王野人，名體静，蓋同州人。始游（羅浮山）浮山觀，原未有室
> 居，縫紙爲裳，取竹架樹覆以草，獨止其下，豺豹熊象過而馴之，弗
> 害也。積十年，乃構草堂，植茶成園，犁田三十畝以供食。……凡
> 居二十四年，年六十二，貞元二十五年五月卒于觀原茶園……觀
> 原積無人居，因野人遂成三百家。①

王體静又作王體觀，來自京城長安附近的同州。法國漢學家蘇遠鳴
（Michel Soymié）對王體静在羅浮山的活動有過專門研究②。根據李翱
的記載，僅在王體静居留的二十多年中，羅浮山觀原附近即"因野人遂成
三百家"。這三百家應該主要是來自北方逃避戰亂的移民。也正因爲如
此，唐代後期羅浮山地區的經濟社會和宗教文化均有重要發展③。

在安史之亂前後，唐朝在嶺南普遍推行的募民耕墾屯田，也是安
置流移人口的重要措施之一。唐睿宗景龍末年至先天元年（709—
712），王晙任桂州刺史兼桂州都督，曾奏罷屯兵，興修水利，攔河築壩，
引水灌溉，開屯田數千頃，募民耕種以增産糧食④。興元元年至貞元四
年（784—788），徐申爲韶州刺史，他在韶州"募百姓能以力耕公田者，
假之牛犁粟種與食"⑤。貞元元年（785）至貞元三年，李復任容州兼本

---

① 《全唐文》卷六三七，第 6429—6430 頁。

② Michel Soymié："Le Lo-feou Chan, étude de géogrophie religieuse"，*Bulletin Ecole Francaise d' Extreme-orient*，ⅩⅤⅢ，1956.

③ 參見王承文《從唐代羅浮山地區論嶺南的經濟和社會》，《中山大學史學集刊》第三輯，廣州：廣東人民出版社，1995 年；王承文《唐代羅浮山地區文化發展論略》，《中山大學學報》1992 年第 3 期。

④ 《舊唐書》卷九三《王晙傳》，第 2985 頁。

⑤ （唐）李翱《唐故廣州刺史兼御史大夫充嶺南節度等使徐公（申）行狀》，《全唐文》卷六三九，第 6458 頁。

管經略使,根據于邵《唐容州刺史李公去思頌》記載,李復"率浮墮,闢污萊,開置屯田五百餘頃"[1]。而李復的幕僚亦为同郡人的李罕所作《唐檢校右散騎常侍兼御史中丞容州刺史李公去思頌并序》亦稱:"率浮墮,闢污萊,開屯田五百餘頃,以足軍實。"[2]貞元十七年至永貞元年(801—805),韋丹任容州刺史,史載其"教民耕織,止惰游,興學校","始城州,周十三里,屯田二十四所,教種茶、麥"[3]。徐申和李復分別在嶺南韶州和容州組織墾荒,發展農業,均應與安頓北方移民有關。至唐宣宗大中(847—860)年間,唐朝爲加强嶺南邕州(今廣西南寧)對南詔的防禦能力,曾"調華人往屯"[4]。

　　唐宣宗大中以後,隨着北方家族移民高潮的出現,嶺南一些溪洞深遠的地區幾乎都有北方移民的蹤迹。咸通三年(862)十月,唐懿宗所發布的《分嶺南爲東西道敕》稱:"邕州西接南蠻,深據黄洞,投(控)兩江之獷俗,居數道之游民。"[5]而所謂"居數道之游民",其中當有不少是來自北方内地的移民。北宋蘇軾謫居海南島所作《伏波將軍廟碑》云:"自漢末至五代,中原避亂之人多家於此。今衣冠禮樂,蓋斑斑然矣。"[6]明代海南籍大學士丘濬所作《文昌邢氏譜系序》亦云:"海内氏族所謂故家喬木者,皆自中州來。故其遺風流俗,往往而在。蘇長

① (唐)于邵《唐檢校右散騎常侍容州刺史李公去思頌并序》,《文苑英華》卷七七六,第4090頁;《全唐文》卷四二九,第4371頁。

② 《全唐文》卷六二一,第6267頁。

③ 《新唐書》卷一九七《韋丹傳》,第5629頁。

④ 《新唐書》卷一八四《楊收傳》,第5394頁。

⑤ 《唐大詔令集》卷九九,第501頁;《舊唐書》卷一九上《懿宗紀》作"控兩江之獷俗"(第652頁)。

⑥ (宋)蘇軾《東坡全集》卷八六,《景印文淵閣四庫全書》第1108册,第388頁。

公(指蘇軾)所謂衣冠禮樂斑斑,蓋指此也。其散在四州者,瓊(州)爲多。"①南宋周去非《嶺外代答》云:"欽、廉皆號極邊,去安南境不相遠。"②該書又記欽州有"五民",其中之一爲"北人",其"語言平易,而雜以南音。本西北流民,自五代之亂,占籍於欽者也"③。值得指出的是,南宋人所説的"西北",並非專指陝西或河東。因爲南宋人習慣以"東南"代指南宋,與之相對,則以"西北"代指整個北方淪陷地區。並以"西北之人"、"西北百姓"、"西北留遇之人"等來稱北方中原南遷的百姓④。因此,周去非所記載的"自五代之亂,占籍於欽者",就是指唐末五代時遷移嶺南欽州的北方中原家族。

清初顧炎武《天下郡國利病書·廉州》引《寰宇記》稱,廉州(治今廣西合浦縣)"俗有四民,一曰客户,居城廓,解漢音,業商賈"⑤。《寰宇記》成書於明初。民國時期廣東文獻學家溫廷敬稱該書"所言當本于宋元志乘,城邑客户,當即客家,與周去非所言相合。在當時爲城邑商賈之民,與農耕者迥異,南宋時族已大著,其遷入恐尚遠在宋代以前也"⑥。根據我們的研究,明初成書的《大明一統志·廉州府》所引《圖經》就稱:"俗有四民,一曰客户,居城郭,解漢音,業商賈。二曰東人,

① (明)丘濬《重編瓊臺稿》卷一〇,《景印文淵閣四庫全書》第 1248 册,第 194 頁。

② 《嶺外代答校注》卷一《邊帥門·欽廉溪峒都巡檢使》,第 53 頁。

③ 《嶺外代答校注》卷三《五民》,第 144 頁。

④ 《宋會要輯稿》食貨六九之五六稱:"諸路州軍多有西北流寓人民,切慮闕食,因而失所。"(上海:上海古籍出版社,2014 年,第 8076 頁)南宋莊綽也稱:"建炎之後,江、浙、湖、湘、閩、廣,西北流寓之人徧滿。"(見莊綽撰,蕭魯陽點校《雞肋編》卷上《各地食物習性》,北京:中華書局,1983 年,第 36 頁)。

⑤ (清)顧炎武《天下郡國利病書·廣東備録中·雷陽志略》,上海:上海古籍出版社,2012 年,第 3288 頁。

⑥ 溫廷敬《與羅君香林論客家源流問題》,《國立中山大學文史學研究所月刊》第一卷第四期,1936 年。

雜處鄉村,解閩語,業耕種。三曰俚人,深居遠村,不解漢語,惟耕墾爲活。四曰蜑户,舟居穴處,亦能漢音,以採海爲生。"①可見其相關記載的最早出處是《圖經》。而《大清一統志・廉州府》所引則爲:"俗有四民,一曰客户,居城郭,解漢音,業商賈。一曰東人,雜居鄉村,解閩語,業耕種。一曰俚人,泳(深)居遠村,不解漢語,惟耕墾爲業。一曰蜑户,舟居穴處,亦能漢音,以採深(海)爲生。"而該書則明確注明是出自"宋《圖經》"②。宋王象之《輿地紀勝》卷一二〇《廣南西路・廉州》就多次徵引宋代《廉州圖經》。道光年間阮元編纂的《廣東通志・藝文略》亦著録該書,並稱:"《廉州圖經》,宋人撰,未詳名氏,佚,見《輿地紀勝》。"因此,宋代廉州應同欽州一樣,其聚居在廉州州城附近而且"解漢音"的"客户",應該也是專指晚唐五代時期南遷於此的北方家族。

　　唐宋潯州緊鄰唐代桂管所屬的羈縻州府,其位置十分偏僻。北宋《潯江志》亦稱:"潯雖爲古荒服,沃壤頗多,山水奇秀,民淳訟簡,人多業儒。"至於宋代潯州文化風俗顯著改善的原因,宋初《潯州圖經》即明確稱:"自唐大中以後,並服禮儀,衣服巾帶如中國焉。"③可見,宋人將這種變化追溯至唐宣宗大中年間,很可能與晚唐北方移民的進入有關。又據宋代周去非《嶺外代答》記載,"廣西諸郡,人多能合樂。城郭村落祭祀、婚嫁、喪葬,無一不用樂","聽其音韻,鄙野無足聽。唯潯州平南縣,係古龏州,有舊教坊樂甚整,異時有以教坊得官,亂離至平

---

① 《明一統志》卷八二《廉州府》,《景印文淵閣四庫全書》第 473 册,第 721 頁。
② 《大清一統志》卷三四八《廉州府》,《景印文淵閣四庫全書》第 482 册,第 215 頁。
③ 《輿地紀勝》卷一一〇《潯州》,第 3652 頁。

南,教土人合樂,至今能傳其聲"①。所謂"旧教坊",很可能是指唐朝教坊。教坊是唐代設置的管理宫廷音樂表演和培訓音樂人才的機構。劉禹錫所作《傷秦姝行》,記載河南人房開士曾在京城任虞部郎中,"得善箏人于長安懷遠里",其後房開士因赴官容州,而這一善於彈箏女子亦隨之赴任②。因此,潯州社會風氣在晚唐的變遷,很可能與北方移民的進入有關。

南漢光天二年(943)的張遇賢起義,是五代十國時期規模最大的農民起義。張遇賢主要在粤東循州等山區活動,並建立了永樂政權。《元和郡縣圖志》記載循州開元户爲九千五百二十五户,元和户僅爲二千八十九户。然而,宋代馬令《南唐書》却記載:"妖賊張遇賢聚衆十餘萬,陷虔州諸縣。"③宋王象之《輿地紀勝》卷九一《循州》所引薛居正《舊五代史》佚文稱:"南唐張遇賢據此造宫室,聚衆十餘萬。"④《南漢書》亦云張遇賢糾集"烏合之衆至十餘萬"⑤。至於其起義的原因,應該與南漢王朝試圖把散布在粤東溪洞山區的外來移民及其後裔重新納爲官府所控制的編户齊民有關⑥。

唐代後期直至五代北方家族向南遷移的地區,應該也包括了唐帝國疆域内最南的安南都護府。泰勒(Keith Weller Taylor)認爲,唐代安南一直存在來自北方一群數量穩定的軍人、高級官員、皇室成員以及

---

① 《嶺外代答校注》卷七《樂器門·平南樂》,第 251 頁。
② (唐)劉禹錫《劉賓客文集》卷三〇;《全唐詩》卷三五六,第 4002 頁。
③ (宋)馬令《南唐書》卷二,《五代史書彙編》,杭州:杭州出版社,2004 年,第5268 頁。
④ 《輿地紀勝》卷九一《循州》,第 3167 頁。
⑤ (清)梁廷楠著,林梓宗點校《南漢書》卷一八《張遇賢傳》,廣州:廣東人民出版社,1981年,第 103 頁。
⑥ 羅香林《客家研究導論》一書徵引不少族譜材料也反映唐代後期中原内地向粤東山區的移民(上海:上海文藝出版社,1992 年)。

被流放的官員。而這些人不少最後就留居在安南,並對安南地方社會有重要影響①。史書記載,宋代交趾"其國土人極少,半是省民","其祖(李)公蘊亦本閩人"②。這些所謂"省民"應以宋代入蕃的華僑爲主,但是其中也有不少應屬於唐五代以各種方式移居的漢族人口。而漢族在安南定居之後,其後代往往仍被稱爲"土生唐人"③。

總之,古代文獻典籍對於社會上層的移民活動比較容易留下記載。而對於下層民衆的移民活動一般都缺少記載。不过,我們通過很多直接和間接的資料,仍然可以看到"安史之亂"以後北方家族遷居嶺南的蹤迹。

二 晚唐以後北方官員士大夫向嶺南的遷徙

所謂"晚唐"一般是指從唐文宗開成以後直至唐亡(836—907)七十年間④。這一時期北方官員士大夫向嶺南遷移的現象大量增加,顯然與晚唐朝政的窳敗和北方中原的戰亂密切相關。蕭希甫《唐故充租庸使孔謙夫人劉氏夫人王氏合祔玄堂銘并序》稱:"昔者天寶末,(安)祿山自燕薊犯順,四海沸騰,首尾六七十年,逆者帝,大者王,小者侯,跨裂土疆,各各自有。以是地産翹俊,不復得出境而仕矣。直至天祐(904—907)初,□僞梁世亦然也。"⑤《新唐書》評論説:"懿、僖以來,王道日失厥序,腐尹塞朝,賢人遁逃,四方豪英,各附所合而奮。"⑥《唐故

① Keith Weller Taylor, *The Birth of Vietnam*, University of California Press, 1983, pp.183-187.
② 《文獻通考》卷三三〇《四裔考七》,北京:中華書局,2011 年,第 9103 頁。
③ 《宋會要輯稿》蕃夷七之五一,第 9968 頁。
④ 這裏的"晚唐"概念借用了唐代文學研究的年代劃分。
⑤ (唐)蕭希甫《唐故豐財贍國功臣光禄大夫充租庸使孔謙夫人劉氏夫人王氏合祔玄堂銘并序》,《全唐文補遺》第五輯,西安:三秦出版社,1998 年,第 61 頁。
⑥ 《新唐書》卷一八三"贊曰",第 5390 頁。

大理丞趙郡府君(李震)夫人太原王氏合葬銘并序》稱：“及中原盗賊，士多以江海爲安。”①唐末周渥形容唐朝末年形勢稱：“頃者天祐之初，天復之末，國步多難，皇綱欲傾，大澤橫蛇，中原失鹿。眉赤者，犲狼共戰；巾黄者，龍虎相争。烏兔光昏，乾坤色慘。”②正因爲如此，晚唐官員士大夫出仕嶺南在觀念上已發生了一定變化。賈島《送鄭長史之嶺南》詩稱：“擢第榮南去，晨昏近九疑。”③《北夢瑣言》記載有弘農楊蓬者，“見陽朔、荔浦山水，談不容口”，“俄而選求彼邑，挈家南去”④。黄滔《韶州刺史上柱國陳府君墓志銘》記陳讜其先潁川人，晉末避亂於閩。陳讜深爲福建觀察使裴乂賞識，後擢高第，時尤重其名，“迭登朝右”。然陳讜“堅乞一官還家”，先授韶州長史，又遷嶺南春州刺史，再爲韶州刺史。陳讜“罷牧韶陽，挈家東還”，其季弟陳誨“詞學優富”，亦爲“鄭司空愚辟署南海掌記”⑤。《唐代墓志彙編》將其列入没有年代的殘志部分⑥。據《登科記考》卷二三記陳讜爲僖宗乾符二年(875)進士⑦。南宋梁克家《淳熙三山志》記載陳讜字昌言，唐僖宗乾符二年鄭合敬榜，侯官人，終韶州刺史⑧。而其出仕嶺南則明顯具有逃避戰亂的性質。

從整體情況來看，晚唐北方内地官員在嶺南因官移貫的現象，無疑要遠多於唐朝其他任何時期。我們試以一些具有典型意義的資料

---

① 《全唐文補遺》第八輯，西安：三秦出版社，2005 年，第 77 頁。
② (唐)周渥《大唐故興國推忠功臣光禄大夫檢校太保守左金吾衛大將軍韓公(恭)墓志銘》，《全唐文補遺》之《千唐志齋新藏專輯》，西安：三秦出版社，2006 年，第 423—424 頁。
③ 《全唐詩》卷五七二，第 6649 頁。
④ 《北夢瑣言》卷五“陽朔山水”條，第 101 頁。
⑤ (唐)黄滔《朝散大夫使持節韶州諸軍事守韶州刺史上柱國陳府君墓志銘并序》，《全唐文》所附《唐文拾遺》卷二九，第 10701—10702 頁。
⑥ 《唐代墓志彙編》殘志〇二三號，第 2553—2554 頁。
⑦ 《登科記考》卷二三，第 871 頁。
⑧ (宋)梁克家《淳熙三山志》卷二六，福州：海風出版社，2000 年，第 312 頁。

來討論。清光緒二十一年（1895）在今廣西容縣出土的《容管經略押衙安子遠墓志銘》，反映了晚唐北方官員及其家族在嶺南南部沿海溪洞地區的定居和仕宦情況。由於迄今爲止學術界對該碑還未見有人關注和研究，因此，我們試作較爲詳細的徵引。其墓志云：

> 公諱玄朗，字子遠，其先武威人也。其命氏啓胤，則國史家牒之所詳焉，今可得而略也。曾祖□天定難功臣、華州鎮國軍同關鎮遏使。大父靖，朝散大夫、檢校秘書監、使持節潘州諸軍事、守潘州刺史、兼監察御史。烈考貫言，守容州普寧縣令，又招討巡官知順州軍州事。皆宗彝重器，崇構宏材。……公幼挺節操，凤礪鋒鋩。氣蘊風雲，志懷霜雪。禀穰苴之法令，敦郤縠之詩書。爰自弱齡，迺登戎秩。機謀屢中，班序寖加。頻預偏裨，亟彰勳績。屬者地連谿洞，境接交邕，蠻蜑類繁，烽鼓歲警。藉其式遏，必在良能。前政廉問，以公負統衆之才，出於流輩，委帥師之任，允位得人。乃命公充海門防戍軍都知兵馬使。……以乾符二年（875）八月廿三日，終于海門軍營官舍，享年四十有七。以其年十一月廿三日，歸祔於普寧縣安育鄉思傳里録啓原之大塋，禮也。夫人河東柳氏。簪裾茂族，珪璧貞姿……有男一人曰圖，年方髫齔，志已孤高……有女三人，長未笄……其辭曰：……颭聲夷落，防戍海壖。□□□□，忽須中年。輀車歸祔，筮宅荒阡。容山峨峨，容水漣漣。舊塋斯在，新隴建焉。①

---

①　《唐故容管經略押衙銀青光禄大夫檢校太子賓客上柱國武威安府君（玄朗）墓志》，（清）易紹德修，封祝唐纂《容縣志》卷二四《金石志上》，《中國地方志集成》，鳳凰出版社、上海書店、巴蜀書社，2016 年，第 52 册，第 225—229 頁；《全唐文補遺》第七輯，第 153—154 頁。

該碑原署"鄉貢進士顏欽撰"。末署"衙前虞候楊遵書,散將冼亞鐫"。碑文稱墓主安玄朗,"其先武威人"。而晉唐時代武威等河西地區的安氏家族本出自西域。《元和姓纂》卷四"姑臧涼州安氏"條稱:"出自安國,漢代遣子朝,國居涼土。後魏安難陀至孫盤娑羅,代居涼州,爲薩寶;生興貴,執李軌送京師,以功拜右武衛大將軍、歸國公,生恒安、生成。成生忠敬,右屯兵將軍。忠敬生抱玉,賜姓李氏,兵部尚書、平章事、涼國公。"①根據碑文,源自武威的安氏家族之定居嶺南,應從安玄朗的祖父安靖出任嶺南潘州(治今廣東高州市)刺史開始。其父安貫言則爲容州普寧縣令,後升爲招討巡官知順州(今廣西陸川縣)軍州事。而安玄朗本人則自幼就"稟穰苴之法令,敦郤縠之詩書",官至嶺南容州都督府境内的海門防戌軍都知兵馬使②。唐代容州屬於"溪洞"記載比較集中的地區。而安玄朗的歸葬地却爲容州"普寧縣安育鄉思傳里録啓原之大塋",則表明這支安氏家族祖孫三代都已經把容州普寧縣當作長久的居留地。而安玄朗的夫人河東柳氏,爲"簪裾茂族",我們認爲也是指定居在嶺南的北方河東柳氏中的一支。

于向,根據《粤西文載》記載:"于向字仁忠,祖達,邕州刺史,因家臨桂之西鄉。父輪辭官,以富豪甲於鄉里。向生三歲,始能言,八歲學書,能文。及長,形貌雄偉,力制奔牛。人皆以爲關張流亞。居父母喪,以孝聞。唐末,南詔結群蠻亂邊。向奮然曰:'王室有難,邊境不寧,予世食唐禄,可坐視乎?'因糾合義兵三千餘人,助節度使高駢擊破

---

① 《元和姓纂(附四校記)》卷四,第501—502頁。
② 參見本書第二章第三節。另見王承文《晚唐高駢開鑿安南"天威遥"運河事迹釋證——以裴鉶所撰〈天威遥碑〉爲中心的考察》,《"中研院"歷史語言研究所集刊》第八十一本第三分,2010年,第622—625頁。

南詔，撫定交趾，寇賊屏息。駢因署爲牙門將。尋授本州團練使。"①
《廣西通志》亦記載："于向字仁中，祖達，爲邕州刺史，因留家於桂，遂
爲臨桂之西鄉人。向形貌雄偉，居父母喪，以孝聞。咸通中，諸蠻陷安
南，寇邕管，秦州經略使高駢率禁兵五千赴邕管，會諸道兵禦之。向
聞，束裝往從。駢擊破諸蠻，因進復安南。駢署向爲牙門將，尋授本州
團練使。後辭歸，值黄巢寇嶺南，谿峒蠻應之，逼州城，主者執當堅守。
向曰：'徒示弱耳。'即上馬引兵，出與賊戰於都狼山，連挫其鋒。巢暫
斂衆以避，乃乘勢深入，大戰於洛陽坡。後兵不繼，向氣忿振，提刀横
擊，蠻莫敢攖。會暮，蠻散去，向被重創，亦道卒。巢遂圍城，陷桂
管。"②《廣西通志》卷一六《職官表》列有邕州刺史于達，然謂其年次待
考③。《廣西通志》卷四二《壇廟》記載桂林有于王廟，"在州南城外，唐
乾符（874—879）中建，祀團練使于向"④。現存史籍没有于向家族來
源的記載。唐代北方于氏屬於比較知名的家族⑤。從于向祖父于達出
任唐邕州刺史以及最後留居在桂州臨桂縣西鄉的經歷來看，我們推斷
于達也屬於比較典型的因官移貫的北方官員。而于向之父于輪，則
"辭官以富豪甲於鄉里"。至於于向本人則在唐懿宗咸通五年（864）
高駢率軍收復安南的戰役中，"糾合義兵三千餘人"隨高駢出征。官至
本州團練使。

　　顧蒙，王定保《唐摭言》記載其爲宛陵（今安徽宣州）人，"博覽經

①　（清）汪森《粤西文載》卷六八《于向傳》，《景印文淵閣四庫全書》第1467册，第165頁。
②　（清）金鉷《廣西通志》卷八一《于向傳》，《景印文淵閣四庫全書》第567册，第362頁。
③　（清）金鉷《廣西通志》卷五〇《職官表》，《景印文淵閣四庫全書》第566册，第461頁。
④　（清）金鉷《廣西通志》卷四二《壇廟》，《景印文淵閣四庫全書》第566册，第217頁。
⑤　《元和姓纂（附四校記）》卷二，第229—246頁。

史,慕燕許刀尺,亦一時之傑;餘力深究内典,繇是屢爲浮圖碑,倣歐陽率更筆法,酷似前人。庚子亂後,萍梗江浙間",“甲辰淮浙荒亂,避地至廣州,人不能知,困於旅食,以至書《千字文》授於聾俗,以换斗筲之資。未幾,遘疾而終。蒙頗窮《易》象,著《大順圖》三卷"①。其所謂“庚子亂後",是指唐僖宗廣明元年(880)黄巢攻占洛陽等地以及唐僖宗逃往四川。至於所謂“甲辰淮浙荒亂",則是指唐僖宗中和四年(884)前後江淮等地的藩鎮混戰。而這條資料却透露出,因爲唐末江浙地區的戰亂,不少江浙士人也因此遷徙到相對安寧的嶺南。

　　晚唐時代放棄官職以逃避嶺南的人更不在少數。《唐摭言》記載有盧大郎補闕,“升平鄭公之甥也",咸通十一年(870)進士及第,“廣明庚子歲,大寇犯闕,竄身南服。時外兄鄭續鎮南海,暉向與續同序庠"②。鄭續,乾符六年至光啓二年(879—886)爲廣州刺史兼嶺南東道節度使。以上所謂“廣明庚子歲,遇大寇犯闕",應該是指唐僖宗廣明元年(880)黄巢攻破長安。盧大郎遂放棄在朝廷的官職,轉投時任廣州的外兄鄭續。

　　1954 年 7 月,在廣州市越秀山鎮海樓附近出土了晚唐《唐故清海軍節度掌書記太原王府君墓誌銘》。該碑撰人盧光濟爲宰相盧光啓之弟,其出任嶺南東道判官也有與徐彦若、王涣同樣的背景③。故唐末李

---

① (唐)王定保《唐摭言》卷一〇“韋莊奏請追贈不及第人近代者"條,北京:中華書局,1959年,第118頁。
② 《唐摭言》卷四“節操"條,第46頁。
③ 岑仲勉《從王涣墓誌解決了晚唐史一兩個問題》,《歷史研究》1957年第9期;收入岑仲勉《金石論叢》,北京:中華書局,2004年,第441—452頁。

磩稱"元勳大臣而付以嶺表之重","以南越之雄富,類東閣之招延"①。及至王朝鼎革,大量北方官員即因此留居嶺南。對此,我們將在本章後面作更加專門的討論。

劉恂,據阮元《廣東通志·職官表》,其爲鄱陽(治今江西省鄱陽縣)人,進士,唐末任廣州司馬。宋釋贊寧《筍譜》記載劉恂"唐昭宗朝出爲廣州司馬,官滿,上京擾攘,遂居南海,作《嶺表録(異)》"②。《文獻通考》著録《嶺表録異》三卷,並引宋代陳振孫《直齋書録解題》云:"唐廣州司馬劉恂撰,昭宗時人。"③然而,該書中又有"唐乾符四年"以及"唐昭宗即位"等表述。《四庫全書總目》認爲"唐之臣子宜有内詞","不應直稱其國號,且昭宗時人不應預稱謐號,殆書成於五代時歟?粵東輿地之書如郭義恭《廣志》、沈懷遠《南越志》皆已不傳,諸家所援據者,以恂是編爲最古"④。劉恂《嶺表録異》是記載有關唐代嶺南風土最重要的文獻。

陳效,北宋余靖所撰《宋故殿中丞知梅州陳公墓碣》記載陳坦,"其先潁川人。高祖父效,官容管。屬唐季之亂,嶺道梗塞,不克北還,遂爲普寧郡人"⑤。唐代普寧郡即嶺南容州。

鄭冠卿,據今桂林棲霞洞所保存的宋人尹穡所撰摩崖石刻《仙迹記》云:

① (唐)李磩《授楊詔嶺南東道節度供軍判官張薦節度判官楊郈支使制》,《全唐文》卷八〇三,第 8436 頁。
② (宋)釋贊寧《筍譜》,《景印文淵閣四庫全書》第 845 册,第 203 頁。
③ 《文獻通考》卷二〇五《經籍考三二》,第 5852 頁。
④ (清)永瑢等撰《四庫全書總目》卷七〇,北京:中華書局,1965 年,第 623 頁。
⑤ (宋)余靖撰,黃志輝校箋《武溪集校箋》卷二〇,天津:天津古籍出版社,2000 年,第601 頁。

　　唐鄭冠卿,上都人,乾寧中以臨賀令考滿赴調,路阻,不果行,留止桂林。一日,步至棲霞峒口,遇二道士……道士曰:"今之相遇,豈不以此乎? 方今四海豆分,諸雄角立,重欲贍兵,蓋亦天數。然古今之爲政,尚寬務儉,不眩聰察。至如王喬、許遜之徒,皆臨官積功,升濟道果。汝其勉之。"……既歸,家人驚愕相語:"去何許久? 服已釋矣。"冠卿遂絶意名宦,退居馮乘,一百四歲無疾而終云。①

以上所謂"上都",即指唐都城長安。鄭冠卿作爲嶺南賀州臨賀縣令,在唐昭宗乾寧(894—898)年間任滿,然因道程阻隔,無法返回故鄉,經道士指點,於是就定居在賀州所屬的馮乘縣。

　　李郢,字楚望,根據《登科記考》卷二七"李郢"條引《全唐詩話》,李郢大中進士,終于御史②。又據《唐才子傳》李郢在大中十年(856)崔鉶榜進士及第,累遷侍御史③。《唐詩紀事》記載:"郢子璵,字魯珍,生於南海,尤能詩,每一篇成必膾炙人口,後登甲科。"④明代黄佐《廣東通志》記載李郢字楚望,"長安人,博學工於詩,大中進士。屢爲藩鎮從事,終於御史。唐末避亂嶺表,家廣州,以詩自適。子興,字魯珍,生於南海,尤能詩,每一篇成,必膾炙人口。後登甲科"。黄佐又稱:"一代名家,始終寓迹,多在五嶺三江之間,亦他邦所無也。"⑤

---

① (清)謝啓昆撰,常懷穎校勘《粤西金石略》卷七,嘉慶六年刻本;桂林市文物管理委員會編《桂林石刻》,1977年,第131—132頁;陳垣編纂,陳智超、曾慶瑛校補《道家金石略》,北京:文物出版社,1988年,第347—348頁;杜海軍輯校《桂林石刻總集輯校》,北京:中華書局,2013年,第146—147頁。

② 《登科記考》卷二七,第1069頁。

③ 傅璇琮《唐才子傳校箋》卷八,北京:中華書局,1987年,第3册,第401—402頁。

④ (宋)計有功輯撰《唐詩紀事》卷五八,上海:上海古籍出版社,2008年,第883頁。

⑤ (明)黄佐《廣東通志》卷五二《李郢傳》,第1338頁。

崔齊之,唐杜光庭《道教靈驗記》之"崔齊之遇老君驗"條,記載咸通十四年春崔齊之曾奉使山南東川,至"廣明中(881),天下亂離,干戈已起,求爲京西步驛使,駕在成都,追至行在,加將軍,稱疾辭位,與十軍私道其事,遂南遊五嶺名山,絶粒訪道"①。可見,作爲京西步驛使的崔齊之辭官後,以道士身份前往嶺南躲避戰亂。又據五代宋初著名華山道士陳摶所撰《太一宫記》記載:"自僖宗皇帝入蜀之後,兵火數至,道流潛遁。"②可見,作爲道士的崔齊之等遠適南越,亦與唐末道士在北方中原的處境密切相關。

唐承裕,明代曹學佺《廣西名勝志》記載桂林府興安縣,唐屬全義縣,其地有"唐承裕宅,在縣北二十里,五季時承裕自中原避地於此。後入宋,仕太祖,有璽書亭,藏藝祖所賜書。淳熙(1174—1189)間張栻爲之記"③。而《大明一統志》則記載爲:"唐承裕,其先中原人。父旻,唐光化中爲永州刺史,爲湖南馬氏所據掠,城陷死節,承裕避地于桂,因家焉。宋開寶初,仕至銀青光禄大夫,擢知象州,政聲著聞,璽書屢加獎異。"④《廣西通志》記載廣西興安縣有"唐承裕故宅,在縣北二十里。五代時承裕移家於此,里人至今呼爲唐家宅"⑤。《粤西文載》亦稱:"唐承裕,興安人。開寶初,王師南征,承裕率衆歸附。上嘉其忠,授知象州。繼爲臺諫,著有直聲。"⑥《十國春秋》則記載爲:"唐承裕,

① (唐)杜光庭《道教靈驗記》卷六,《道藏》第 10 册,北京:文物出版社等,1987 年,第 822 頁。

② 《道家金石略》,第 211 頁。

③ (明)曹學佺《廣西名勝志》卷二,桂林:廣西師範大學出版社,2012 年,第 159 頁。

④ 《明一統志》卷八三《桂林府》,《景印文淵閣四庫全書》第 473 册,第 750 頁。

⑤ (清)金鉷《廣西通志》卷四四《古迹》,《景印文淵閣四庫全書》第 566 册,第 293 頁。

⑥ 《粤西文載》卷六八《唐承裕傳》,《景印文淵閣四庫全書》第 1467 册,第 167 頁。

世爲□□人。自中原之亂,避地德昌縣(原注:即桂州全義縣,後改名)
大寶十四年,國亡,承裕入宋,爲顯官。今其地猶傳唐家宅。"①

趙侯,曹學佺《廣西名勝志》記載廣西全州有趙大夫廟,在城南三
十五里,"以五代時有趙侯者,河東人,爲湘源令,因家焉。即其所居立
廟祀其先祖,鄉人以感應祠之"②。

柴崇逖,曹學佺《廣西名勝志》記載廣西全州有柴侯祠,在州西四
十里大陂之陽,南宋嘉定(1208—1224)年間賜額威信侯,柴崇(走希)
"唐末人,爲河北刑州守,棄官,聞湘山寂照大師道行,來從之遊,僧衆
稱曰柴君",其殁後建廟,"鄉人以其木刻神像祀之,號柴君祠"③。

邵曄,根據《宋史·邵曄傳》記載:"邵曄字日華,其先京兆人。唐
末喪亂,曾祖岳挈族之荆南謁高季興,不見禮,遂之湖南。彭玕刺全
州,辟爲判官。會賊魯仁恭寇連州,即署岳國子司業、知州事,遂家桂
陽。祖崇德,道州録事參軍。父簡,連山令。曄幼嗜學,耻從辟署。太
平興國八年(983),擢進士第,解褐,授邵陽主簿,改大理評事、知蓬州
録事參軍。"④其稱"唐末喪亂",邵曄曾祖邵岳從京兆"挈族之荆南",
則非常典型地反映了唐末北方家族向南遷徙的家族形式。而其定居
的桂陽縣即屬於唐代連州的治所所在。至於邵曄本人則在宋真宗大
中祥符四年(1011),官至右諫議大夫知廣州。

陶英,我們在上一節已有所討論。宋代祝穆《方輿勝覽》記載昭州
有"陶李峒,在平樂縣","相傳唐陶英太尉謫居,與李氏聯姻。後此二

① (清)吴任臣《十國春秋》卷六五《唐承裕傳》,北京:中華書局,1983年,第918頁。
② 《廣西名勝志》卷二,第184頁。
③ 《廣西名勝志》卷二,第184—185頁。
④ 《宋史》卷四二六《循吏·邵曄傳》,第12695—12696頁;(明)黄佐《廣東通志》卷五六
《邵曄傳》,第1425頁。《十國春秋》卷七五《邵岳傳》與此相同(第1028頁)。

姓居峒,數百家世爲婚姻云"①。王象之《輿地紀勝》記載昭州平樂縣（今廣西平樂縣）有"陶李峒","有陶、李二大姓,世爲婚姻。唐陶英太尉謫居,與李氏聯姻。此洞千數百家,二姓獨存"②。至於陶英左遷昭州並留居的原委,據明代曹學佺《廣西名勝志·平樂府》云:"唐陶英爲青州人,纍官太尉。天祐二年(905)上書言事,指斥時政,忤朱全忠,因授太尉征南將軍,領兵八萬出鎮昭州,故以疏之。明年全忠篡位,英慎禍,遂於誕山家焉。同時有李太尉者,簪纓相似,子孫累代締姻,因目爲陶李峒。"③

今廣西靈川縣大圩鎮草圩村熊氏宗祠內,仍保留有宋太祖乾德二年(964)年刊成的《草墟村熊氏宗族碑》。碑文記載了來自江西南昌府豐城縣的熊氏家族,在唐末因官移貫靈川並逐步繁衍發展的過程,因而具有相當重要的典型意義。其碑文曰:

> 竊惟吾始祖熊秉璋公,乃江西南昌府豐城縣江里上村人也,於唐時天祐二年(905)涖任來粵,特授廣西鹽道使司。育桂子三枝,長曰國棟,次曰國樑,居住桂林,三曰國材,辭任歸農,移居東鄉湖塘。國材公育四子,名曰家福、家禄、家禎、家祥。則家禄公育六子,名曰康富、康貴、康榮、康華、康興、康旺。於後晉時天福元年(936),家禄公帶同六子又移至斯地居住,故稱名爲大熊村。厥後,兄弟六人分枝,各擇其地而居之。而吾祖康榮公擇居文昌村。生二子,長曰寧忠,次曰寧恕。忠育四子,名曰克明、克理、克

---

① 《方輿勝覽》卷四〇《昭州》,第732頁。
② 《輿地紀勝》卷一〇七《昭州》,第3589頁。
③ (明)曹學佺《廣西名勝志》,上海:上海古籍書店抄本複印。

道、克德。恕育四子,名曰克文、克武、克顯、克達。然忠、恕兄弟
二人分居,吾祖康榮公即置買之田薗、屋宇、山場等産業派爲二股
均分。寧忠分居文昌村,寧恕分居草墟村。所有寧忠、寧恕兄弟
二人分占各樣産業,計開於後,刊諸於石,俾日後忠、恕二人後代
子孫永遠遵守,各管各業,不得説長道短,藉故侵争,務宜念其同
氣連枝之誼也。是爲記。特授廣東惠州府正堂熊克明敬録。旨
宥宋乾德二年(964)歲在甲子春二月,熊寧恕、忠同立。各存一塊
爲記。①

熊秉璋在唐末出仕廣西,顯然也是因爲北方内地戰亂而最後定居在桂
州臨川縣。在其移居將近六十年後,碑文反映熊氏家族人口大量增
加,宗族分支不斷繁衍,而且這一家族在經濟上也不斷開拓進取。其
稱"置買之田薗、屋宇、山場等産業",則説明熊氏家族已成爲當地經濟
實力相當殷實的大地主。

　　簡文會,黄佐《廣東通志》記載廣東"簡氏,姬姓,晉大夫續簡伯之
後,以邑爲氏。蜀有昭德將軍雍,其後裔避亂度嶺,今廣南多此族",
"居魁岡者出南漢狀元尚書左丞(簡)文會"②。根據清康熙年間簡德
鎏撰《南漢簡文會狀元墓志》記載,簡文會,"五季後梁時,隨父一山公
由涿州(今河北涿州市)先入粤東,定居南海黎涌鄉。公幼穎異,遵父
義方,喜讀書,鋭意績學,工詩,性耿直。南漢乾亨二年(918),高祖開
進士科,如唐故事。公以進士廷試,擢第一人及第,鄉人以其選大魁
也,稱所居爲魁岡,號曰魁岡先生","公累官尚書右丞",南漢中宗劉

---

① 杜軍海輯校《廣西石刻總集輯校》上卷《五代·草墟村熊氏宗族碑》,北京:社會科學文
　　獻出版社,2014年,第30頁。
② (明)黄佐《廣東通志》卷二〇《姓氏》,第524頁。

晟時，因諫"謫禎州刺史。公蒞治所，克己愛民，凡民事，興利除弊，靡不悉心規劃，循聲大著。卒於官"①。

黃滔，福建泉州人，乾寧二年（895）進士，光化中除四門博士，後棄官南來嶺南。據黃滔《段先輩第二啓》云："某行役近已到潮州，伏以一路經過，二年飄泊，言則涕下，静而魂銷。"②嗣後，黃滔由嶺南入仕福建王審之幕府。而唐末五代時期割據福建的閩國，也是北方家族大量遷徙和集中的重要地區③。

兩宋之際以特立獨行而知名的廣州文士梁觀國，也是五代北方移民的後裔。根據同時代的胡寅所撰《進士梁君墓志銘》記載，廣州番禺人梁觀國字賓卿，"本隴右人，五季南徙，遂爲番禺人"。梁觀國"始業儒，挺挺屹屹，如孤松立石。凡再預州薦，輒報聞罷"，"哀所作科舉文畀諸火，勵志求道"，"力排老、佛二氏，窮其指歸，摘其蠱禍"，"其遺文存者有《歸正集》二十卷；《議蘇文》五卷，駁其羽翼異端者；編《正喪禮》十五卷，以革用道士僧者；《壼教》十五卷，付其女弟爲女師，訓閨

---

① 洗劍民、陳鴻鈞編《廣州碑刻集》，廣州：廣東高等教育出版社，2006年，第643頁。

② （唐）黃滔《黃御史集》卷七，《景印文淵閣四庫全書》第1084册，第173頁；《全唐文》卷八二四，第8681頁。

③ 根據《新唐書》卷一九〇《王審邦傳》記載，唐末光州固始人王審邦爲福建泉州刺史，其時"中原亂，公卿多來依之。振賦以財，如楊承休、鄭璘、韓偓、歸傳懿、楊贊圖、鄭戩等賴以免禍，審邦遺子延彬作招賢院以禮之"（第5493頁）；《新五代史》卷六八《閩世家第八》稱王審知"雖起盜賊，而爲人儉約，好禮下士。王淡，唐相溥之子；楊沂，唐相涉從弟；徐寅，唐時知名進士，皆依審知仕宦"（第846頁）。《十國春秋》卷九五"論曰"："昭武立國，賓至如歸，唐衣冠卿士跋涉來奔，若李洵、韓偓、王標、夏侯淑、王淡、楊承休、王滌、崔道融、王拯、楊贊圖、王佀、楊沂豐、歸傳懿諸人，未易指屈。"（第1372頁）又同卷《黃滔傳》稱："梁時强藩多僭位稱帝，太祖據有全閩，而終其身爲節將者，滔規正有力焉。中州名士避地來閩，若韓偓、李洵數十輩，悉主於滔。"（第1373頁）陸游所作《傅正義墓志銘》稱："唐廣明之亂，光（州）人相保聚，南徙閩中，今多爲大家。"（陸游《陸游集·渭南文集》卷三三，北京：中華書局，1976年，第2312頁）

巷童女以守禮法"。胡寅稱讚其"所謂豪傑特立之士","豈意嶺海間
有奇士如梁觀國者乎"①。又根據明代黃佐《廣東通志》記載:"梁觀國
字賓卿,南海人,志行淳懿","觀國有特操,不爲世俗所移。蘇軾父子
以文名天下,學者家傳人誦,獨觀國不與也,謂其雜以禪學,飾以縱橫,
非有道者之言。遊其門者,稱爲歸正先生。其遺文有《歸正集》二十
卷。真德秀、王應麟皆稱之。又《壺教》十五卷,訓閭巷女子以守禮法。
凡師事觀國者,喪葬不用緇黃,一時風俗丕變,學者稱爲歸正先生。"②

區觀昱,據南宋景定五年(1264)徐機所撰《宋江州提舉文溪區公
墓志銘》記載,江州提舉區端,字克明,"其先金陵人也,梁乾化間有諱
觀昱者避亂南奔,居於韶州湞昌棉圃。觀昱生文傑,爲樞密院編修官。
文傑之後七傳而至公,始自南雄遷廣州,實建炎三年(1129)中興日
也"。又稱"公始入廣,迹本僑居,詩禮傳家,簪笏不墜"③。明代孫蕡
《上舍公墓表》亦記載,後梁乾化(911—914)年間,有區觀昱者,"避江
淮盜亂,遷嶺南之韶州,隱居棉圃里"。並稱"是爲遷五羊區姓始
祖"④。五代初金陵區氏家族遷居粵北韶州之事,應有較大的代表性。

半個多世紀以來,粵北南雄特別是珠璣巷等地一直被學術界認爲
是南宋初年北方家族南遷廣東最重要的中轉站⑤。而廣州孔氏族譜等
資料證明,這種情況在晚唐五代時期就已經形成。

---

① (宋)胡寅《斐然集》卷二六,《景印文淵閣四庫全書》本,
② (明)黃佐《廣東通志》卷五七《梁觀國傳》,第1451—1452頁。
③ 按該碑今在廣州市白雲區同和街大陂村"宋江州提舉常平茶鹽公事始太祖考文溪區公
　妣蘇氏恭人庶妣吳氏安人合墓"前。碑文錄文參見《廣州碑刻集》,第554—555頁。
④ (宋)區仕衡《九峰先生集》卷首,《廣州大典》第418冊,第200頁。
⑤ 黃慈博輯《珠璣巷民族南遷記》,廣州中山圖書館藏1957年複製本。

三　廣州孔氏族譜中所見晚唐北方家族遷移嶺南考

衆所周知,族譜是我們研究古代家族移民活動最重要的資料之一。然而在嶺南族譜資料中,有關唐代北方家族移民嶺南的記載却極爲少見。正如劉志偉先生所指出的,明代廣東士大夫大量編撰族譜,他們追溯家族淵源時,其"祖先總是宋元時由外省遷徙入粵"①。而廣州孔氏家族則可以看成是一個比較罕見的例子。古代孔氏家族一直是一個特殊而又顯赫的家族,而孔氏家族在唐末向嶺南遷移,即具有比較突出的代表性和象徵意義。

漢唐時期,孔子及其家族一直受到歷代中央王朝的尊崇。唐代林寶《元和姓纂》記載"魯國孔氏"的傳人孔武,其孫爲孔霸,"霸曾孫(孔)均,漢封褒聖侯。晉封奉聖侯,魏封崇聖侯,隋汴侯,唐朝褒聖侯,並奉孔子祀。武德(618—626)時,(孔)均十六代孫褒聖侯(孔)德倫。德倫曾孫褒聖侯齊卿,仲尼三十八代孫"②。而唐代孔氏家族與嶺南的關係,也開始於作爲孔子第三十八代孫的孔戣。由於明清以來地方史志和族譜的記載一直存在很大的差異,因此,我們有必要對此作較爲詳細的考辨。

唐憲宗元和十二年(817)至十五年,身爲國子祭酒的孔戣出任廣州刺史兼嶺南節度使。其在任期間尤以政績突出而著稱③。清代廣州

---

①　劉志偉《從鄉豪歷史到士人記憶——由黄佐〈自叙先世行狀〉看明代地方勢力的轉變》,《歷史研究》2006 年第 6 期。

②　《元和姓纂(附四校記)》卷六,第 807 頁。

③　《新唐書》卷一六三《孔戣傳》,第 5008—5010 頁。參見曾一民《隋唐廣州南海神廟之探討》,《唐代文化研討會論文集》,臺北:文史哲出版社,1991 年,第 311—358 頁;《唐魯國孔公戣治廣州之政績》,載黄約瑟、劉健明合編《隋唐史論集》,香港大學亞洲研究中心1993 年,第 93—105 頁。

學者潘楳元輯、陳澧題名的《廣州鄉賢傳》,記載孔戣出爲嶺南節度使之後,"遂留家焉,是爲嶺南孔氏之祖"①。意即嶺南孔氏家族開始於孔戣出仕並留居在廣州。明代黃佐《廣東通志》記載粵北南雄府有"孔林書院","在保昌縣平林村,唐孔戣爲嶺南節度使,子孫遂家焉。孫(孔)振玉創"②;該書又記載南雄府有"孔林書屋","在平林村,相傳唐嶺南節度使孔戣子溫憲所築,以爲家塾"③。以上都是説孔戣的子孫早在孔戣出任嶺南節度使時,就已經定居在粵北南雄一帶。至乾隆十八年(1753)編成的《保昌縣志》和《南雄府志》,二書均有對粵北"孔林書院"的記載,稱:"唐孔戣爲嶺南節度使,卒於任,季子溫憲扶櫬至雄,聞安禄山亂,遂家焉。宋建隆七年(966),裔孫閏因創書院。陳叔秀記。"④以上各種記載都錯誤較多。尤其是乾隆年間《保昌縣志》和《南雄府志》,其稱孔戣在"安史之亂"前出任嶺南節度使更是錯訛明顯。

首先,唐代孔氏家族正式遷居嶺南,與孔戣仕宦廣州並無直接關系。根據韓愈所撰《唐正議大夫尚書左丞孔公(戣)墓志銘》記載,孔戣爲孔子第三十八代孫,元和十二年(817)自國子祭酒拜御史大夫、嶺南節度等使,元和十五年遷尚書吏部侍郎。"公之北歸,不載南物,奴婢之籍,不增一人"。唐穆宗長慶元年(821),改右散騎常侍。長慶二年爲尚書左丞。"長慶四年正月己未,公年七十四,告薨於家,贈兵部

---

① (清)潘楳元輯《廣州鄉賢傳》卷一,《廣州大典》,第 188 册,第 16 頁。
② (明)黃佐《廣東通志》卷一九《輿地志七·南雄府》,第 473 頁。
③ (明)黃佐《廣東通志》卷三八《禮樂志三·書院·南雄府》,第 933 頁。
④ (清)陳志儀纂修《保昌縣志》卷五《學校》,乾隆十八年刻本,《廣東歷代方志集成》,廣州:嶺南美術出版社,2009 年,第 636 頁;(清)梁宏勳等修,胡定纂《南雄府志》卷五《學校》,乾隆十八年刻本,《廣東歷代方志集成》,第 411 頁。

尚書"。墓志又稱"公夫人京兆韋氏","有四子:長曰温質,四門博士;
遵孺、遵憲、温裕,皆明經"①。《新唐書·孔戣傳》記載與此略同。並
稱長慶四年(824)卒後,贈兵部尚書,謚曰貞。其子孔温裕,登進士第。
唐宣宗朝歷官京兆尹、天平軍節度使②。其孫孔緯爲孔遵孺之子,大中
十三年(859)進士及第,唐僖宗朝官至宰相,累遷尚書左僕射。唐昭宗
即位,進司空,加司徒,封魯國公。卒,贈太尉③。孔戣之孫孔紓爲孔温
裕之子,唐僖宗、唐昭宗兩朝宰相。晚唐鄭仁表所撰《左拾遺魯國孔府
君(紓)墓志銘并序》稱:"咸通十五年(874)三月,侍講學士右僕射太
常孔公以疾辭内署職。……公諱紓,字持卿,魯司寇四十代孫,繼續承
承,世濟不墜,間生傑出,磊落相望。曾祖岑父,皇任秘書省著作佐郎,
贈司空;祖戣,皇任禮部尚書致仕,贈司徒;父温裕,皇任檢校右僕射兼
太常卿,充翰林仕講學士,册贈司空。"④總之,孔戣在嶺南任滿後回到
了長安任職,其子孫則多仕宦北方中原。而且直至唐末,孔戣後裔一
直在晚唐朝廷中占有重要地位。

其次,明清時期孔氏族譜有關唐末遷移嶺南的記載,應更加符合
實際情況。古代孔氏因其家族的特殊性,歷來比較注重其世系源流的
記載。明嘉靖十六年(1537),時任吏部尚書、武英殿大學士的廣州南
海人方獻夫(1485—1544)爲廣州孔氏族譜作序,其題署爲"賜進士第
光禄大夫少保兼太子太保吏部尚書武英殿大學士郡人樵山方獻夫謹
序",而其所作《重修孔氏家譜序》稱:

---

① 《韓昌黎文集校注》卷七,第 589—594 頁。
② 《舊唐書》卷一五四《孔戣傳》,第 4089 頁。
③ 《舊唐書》卷一六三《孔緯傳》,第 5010—5012 頁。
④ 《全唐文》卷八一二,第 8544—8545 頁。

吾廣之有孔氏也，蓋自唐昌弼公始。弼，孔子之四十一世孫，唐尚書戣之曾孫也。戣之政行具見於《昌黎集》，其賢可徵矣。及考《廣州志》，嘗謂嶺南節度使公有德于民，民實懷之。弼之避亂而南也，蓋亦趙襄子依晉陽之意云。弼之子葆也，孫承休也。官贍以廣恩寺田，歲入一千五百石。雖以孔子後，亦以民之德戣故也。……予又聞之，廣固蠻粤地也，今衣冠之族，率中州人士之裔。①

《新唐書·宰相世系表》記載孔戣爲孔子三十八代孫，其次子孔温孺（又稱孔遵孺）生子孔緯，字化文，相僖宗、昭宗。孔緯有子名孔昌弼，字佐化②。也就是説，根據明代嘉靖年間廣州孔氏族譜和方獻夫的記載，孔氏家族遷移嶺南，其實開始於孔戣曾孫孔昌弼。而其時任明吏部尚書亦爲理學家的廣州增城人湛若水（1466—1560），在其撰寫的《重修孔氏家譜又序》中也稱：

爲譜者，其知道乎？其宗法之遺乎？其喻後世之事乎？王者之風衰而封建廢，封建廢而宗法亡，宗法亡而後譜作。故譜者，存宗法以教仁孝於天下也。……考其世系，至三十八世孫戣君嚴君進士及第，授廣州刺史、嶺南節度使。君剛直清儉，交、廣大治。歷官至禮部尚書，贈兵部尚書，謚曰貞。伊子温孺，孫緯。及曾孫昌弼，進士及第，時因朱温造篡，棄官奔嶺南，暫駐南雄，是爲始遷

---

① （清）孔昭湘修《番禺小龍孔氏家譜》卷首《明嘉靖十六年重修孔氏家譜序》，光緒二十三年（1897）刻本。

② 《新唐書》卷七五下《宰相世系五下》，第3434—3435頁。

嶺南之祖。至孫承休，攜子繼明入廣州府彩虹橋居焉，是爲番禺
之祖。①

可見，作爲孔戣曾孫的孔昌弼，在唐末"因朱温造篡，棄官奔嶺南"，確
實爲孔氏家族遷居嶺南之始。孔昌弼攜其家族先是居留在粵北的南
雄，至其孫孔承休則又遷居在廣州。

　　清咸豐九年(1859)，廣州督學使者胡瑞蘭爲廣州番禺諴敦孔氏家
族所作《重修報本堂祠碑記》稱："孔氏世系，予素未悉，越十日，(孔)
道溶復攜譜來予，可即流溯源。見其先有諱戣者，唐進士，官嶺南節度
使、禮部尚書，致仕，贈兵部尚書。生子三，次子温孺，華陰丞，温孺季
子緯，唐狀元及第，同平章事輔政，生昌弼，散騎常侍，因避朱温亂，隨
宰相徐彦若來家嶺南。孫承休被薦不任，移廣州居彩虹橋，生繼明，景
山主簿，生粹及巨。粹鄉貢朝散大夫，巨進士朝奉郎。粹生元勳，知新
州，有循聲。"②可見，孔戣曾孫孔昌弼的南遷，大致是在唐昭宗光化三
年(900)，並很可能與該年宰相徐彦若出任廣州刺史兼清海軍節度使
有關③。清乾隆二十七年(1762)，由孔子第六十九代孫孔繼汾編纂的
《闕里文獻考》亦將孔昌弼記載成所謂"闕里南宗"之祖④。

　　至清光緒六年(1880)，夏家鎬所撰碑文《宋徵君孔承休公阡表》亦

---

① （清）孔昭湘修《番禺小龍孔氏家譜》卷首《重修孔氏家譜又序》，清光緒二十三年(1897)
　　刻本。

② 該碑今保存在廣州番禺鍾村鎮諴敦村天南聖裔祠内。録文見《廣州碑刻集》，第 849 頁。

③ 《資治通鑑》記載唐昭宗光化三年(900)，"崔胤以太保、門下侍郎、同平章事徐彦若位在
　　己上，惡之"，而徐彦若自己"亦自求引去，時藩鎮皆爲强臣所據，惟嗣薛王知柔在廣州，
　　乃求代之"。唐昭宗於是以徐彦若"同平章事、充清海節度使"(《資治通鑑》卷二六二，
　　唐昭宗光化三年，第 8533 頁)。

④ （清）孔繼汾《闕里文獻考》卷三〇，濟南：山東友誼出版社，1989 年。

稱:"孔徵士者,諱承休,至聖四十三代裔孫也。祖昌弼,唐進士及第,官散騎常侍,以朱溫亂,遂遵厥祖唐嶺南節度使貞公遺命南遷,隨宰相徐彥若持節南來,家於韶州正(貞)昌縣,是爲嶺南孔姓開族始,今南雄保昌珠璣巷其故迹也。生三子,其季曰葆,即公父也。公少篤學,天資絶人,精研六經,爲一時冠,性恬澹,徵辟並不就,時有張鄉宦者聘主講席,遂抵廣州,聚族教授,聽者常數十百人,世稱儒宗。居無何,復返南雄,盡其室並客廣州城西彩虹橋,始卜居焉。實宋太平興國二年(977)也。"①

最後,孔氏族譜中有關唐末孔氏家族遷移嶺南的事迹,亦可以在不少地方史志中得到印證。《古今圖書集成》卷一三〇九《廣州府部》記載"孔氏宗祠","在廣城大新街來虹橋,祀唐嶺南節度孔戣、裔孫孔承休。歷朝給衣巾陪祀,匾曰'闕里名家'、曰'天南聖裔',遺址尚存。明季嫡孫庠生孔尚東、尚紓、尚鉉等遷叠宫更修。"②其"闕里南宗"條云:"至聖三十八代孫唐嶺南節度使孔戣、曾孫昌弼,光化三年(900)避地嶺南,其子孫散處建祠,皆爲闕里南宗。在番禺者,始自昌弼裔孫巨舉,宋進士居訑敦鄉,建始祖戣祠,曰'尼山嫡派',又曰'天南聖裔',春秋子孫祀之。歷朝優免子孫差役。"③乾隆年間《番禺縣志》卷八《典禮》之"闕里南宗"條與此相同。該書又稱:"又昌弼裔孫孔粹,宋熙寧(1068—1077)間授宣教郎,出知開封,主管學事,攜子(孔)元勳登宋進士。居小龍堡之潭湖,建始祖戣祠,曰'闕里南宗'。順治八年(1651),豁免通族差役,給後裔奉祠生。"④史澄《廣州府志》稱其根據

① 《廣州碑刻集》,第708—709頁。

② 《古今圖書集成·職方典》卷一三〇九《廣州府部》,中華書局、巴蜀書社,1985年,第19626頁;

③ 《古今圖書集成·職方典》卷一三〇九《廣州府部》,第19628頁。

④ (清·乾隆)《番禺縣志》卷八《典禮》,《廣州大典》,第277冊,第121頁。

《孔氏家廟碑》和阮元《廣東通志》,將其記載爲:"至聖三十八世孫唐孔戣爲嶺南節度使,其曾孫散騎常侍昌,避五代之亂,家于南雄保昌縣。"[①]據上可知,唐末孔昌弼率京城長安孔氏家族中的一部分向嶺南遷徙,其最初的定居點是粤北南雄。其後有一部分再向廣州附近遷徙發展。從宋代開始,廣州孔氏逐步發展成爲有較大影響的地方家族[②]。

此外,广东鍾氏族譜資料亦反映唐末潁川(今河南省禹州市)鍾氏家族向嶺南遷移。明成化十八年(1482),時任奉政大夫金華府同知的廣東順德人黎瑄撰《重修祠堂記》碑,其文稱:"南海邑西里曰扶南,士君子所萃,有右族潁川郡鍾氏……詳閲其世系,敦究其淵源,本得鍾氏厥祖(鍾)頤,值唐季光啓丙午,自南雄以來,奠居三世,而祖鳳翔生焉。在宋開寶己巳,獨能擇地一所南向東建祠堂,崇奉先祖,續北立寺。"[③]所謂"唐季光啓丙午",是指唐僖宗光啓二年(886)。而"宋開寶己巳",是指宋太祖開寶二年(969)。可見,潁川鍾氏家族大致在唐末遷徙至粤北南雄。至北宋初年則又遷徙至廣州附近地區。

唐代北方家族在遷移嶺南以後,一般都聚族而居,且世代尊尚儒學,因而在漢文化傳播嶺南的過程中發揮了重要作用。而以上孔氏和鍾氏家族就是突出的典型。前引明嘉靖年間方獻夫《重修孔氏家譜序》稱:"予又聞之,廣固蠻粤地也,今衣冠之族,率中州人士之裔"。

---

① (清·光緒)史澄《廣州府志》卷六七《建置略四》,《廣東歷代方志集成》,第1019頁。

② (乾隆)《番禺縣志》卷一五《人物二·孔粹傳》,《廣州大典》,第277册,第232—233頁;(同治)《番禺縣志》卷三五《孔元勳傳》,《廣東歷代方志集成》,第477頁;(同治)《番禺縣志》卷三六《孔思範傳》,《廣東歷代方志集成》,第489頁;(同治)鄭夢玉等修《南海縣志》卷一三《孔繼勳傳》,《廣東歷代方志集成》,第610—611頁。有關孔氏家族在明清時期在廣州城市周圍的發展,可參見〔美〕施堅雅主編,葉光庭等譯《中華帝國晚期的城市》(北京:中華書局,2000年,第612頁)。

③ (清·道光)潘尚楫修《南海縣志》卷二九《金石略三》,《廣東歷代方志集成》,第565頁。

明代何維柏爲廣州番禺鍾氏家族所作《鍾氏大宗祠碑記》亦稱："廣僻
在南,然故家世族,往往敦尚禮節,敬重婚冠,至崇祠,尊祖聯族,率和
有矩度,可貽世守。"①至於唐末五代更多北方家族遷移嶺南及其與南
漢王朝的關係,我們將在本章後面另作專門討論。

四 唐後期北方家族移民與嶺南開發和文風的形成

唐代"安史之亂"後北方内地移民大量進入嶺南,其歷史影響是不
能低估的。首先,這些來自黄河流域和長江中下游地區的移民,帶來了
比較先進的生産工具和生産技術,也提供了大量現成的勞動人手,因而
促進了嶺南較大範圍内的開發。歷史資料證明,嶺南在唐代後期國家財
政中占有越來越重要的地位。于邵《與蕭相公書》云:"今大盜未除,群
寇更起,其可處置者,惟兩江、半淮、三蜀、五嶺而已。"②杜牧《李鄂充鹽
鐵嶺南留後制》稱"五嶺之表,地遠京邑,……而鹽鐵推束之籍,延袤萬
里",有"山澤之饒,歸於公上"③。劉蜕《獻南海崔尚書書》稱:"夫南海
實筦榷之地。"④《資治通鑑》亦稱廣州爲"富饒之地"⑤。唐德宗建中
(780—783)末,京師糧運告緊,杜佑上疏應疏通雞鳴岡之漕路,使"江、
湖、黔中、嶺南、蜀、漢之粟可方舟而下",運抵東都⑥。貞元(785—
805)初,唐朝"增江淮之運,浙江東、西歲運米七十五萬石,復以兩税易

---

① (同治)《番禺縣志》卷三一《金石略四》,《廣東歷代方志集成》,第 419 頁;《廣州碑刻集》,第 823 頁。
② 《全唐文》卷四二六,第 4339 頁。
③ (唐)杜牧《李鄂除檢校刑部員外郎充鹽鐵嶺南留後鄭蕃除義武軍推官等制》,《樊川文集》卷一九,上海:上海古籍出版社,1978 年,第 286 頁;《全唐文》卷七四九,第 7762 頁。
④ 《唐文粹》卷八八,《景印文淵閣四庫全書》第 1344 册,第 328 頁;《全唐文》卷七八九,第 8254 頁。
⑤ 《資治通鑑》卷二四五,唐文宗開成元年十二月,第 7928 頁。
⑥ 《新唐書》卷五三《食貨志三》,第 1369 頁。

米百萬石,江西、湖南、鄂岳、福建、嶺南米亦百二十萬石,詔浙江東、西節度使韓滉,淮南節度使杜亞運至東、西渭橋倉"①。貞元八年(792)四月,唐德宗詔令中也提到江淮、嶺南等道的財賦,以户部侍郎轉運使張滂主持,運之渭橋②。至於唐代嶺南西部的富州和藤州等荒僻之地,《唐代墓志彙編》所收咸通(860—874)年間《支氏女煉師墓》,却稱藤州"傳聞土宜,不異淮浙",而富州亦"日夕有徵發饋漕之勞"③。尤其是黄巢起義之後,嶺南成爲唐朝控制的最後幾個地區之一。《舊唐書‧僖宗紀》記載"江淮轉運路絶,兩河、江淮賦不上供,但歲時獻奉而已。國命所能制者,河西、山南、劍南、嶺南西道數十州"④。《唐故南内李府君墓銘》記載:"僖宗皇帝再復上京,留心五嶺,欲將聖旨,宣勞遠人,乃命特進弘農楊公(復恭)使焉。"⑤唐昭宗(889—904 在位)統治後期,宰相王摶要求替代宗室嗣薛王李知柔出任嶺南節度使,其理由亦是"撫諭島夷,董集徵賦,旁資國用,粗慰聖心"⑥。五代時期竇專總結説:"自唐天寶中,安史作亂,民户流亡,徵賦不時,經費多闕。惟江淮、嶺表,郡縣完全,總三司貨財,發一使徵賦,在處勘覆,目曰租庸。"⑦在竇專看來,嶺南在唐後期國家財政中,已逐步取得了僅次於江淮的舉足輕重地位。當然,竇專的評論或有某些誇張的色彩。

---

① 《新唐書》卷五三《食貨志三》,第 1369—1370 頁。

② 《唐會要》卷八七《轉運鹽鐵總叙》,第 1886 頁。

③ 《唐鴻臚卿致仕贈工部尚書琅耶支公長女煉師墓志銘并序》,《唐代墓志彙編》咸通〇二〇號,第 2393 頁。

④ 《舊唐書》卷一九下《僖宗紀》,第 720 頁。

⑤ 《唐故南内留後使承奉郎行内侍省内僕局令上柱國賜緋魚袋隴西李府君墓志銘并序》,《唐代墓志彙編》光化〇〇一號,第 2537 頁。

⑥ (唐)錢珝《代史館王相公讓相位表》(第二表),《全唐文》卷八三六,第 8805 頁。

⑦ (宋)王溥《五代會要》卷二四,上海:上海古籍出版社,2006 年,第 378—379 頁。

　　嶺南居民結構的變化和在經濟上的大面積開發,又促進了嶺南地域社會的發展和文化風尚的改善。于邵《送劉協律序》云:"南海有國之重鎮。北方之東西,中土之士庶,騃連轂擊,合會於其間者,日千百焉。"①唐朝著名文學家韓愈自己一生有過三次被迫遷徙嶺南的經歷,並因此留下了大量怨憤哀痛的詩文,同時也把嶺南描繪成蠻荒絶域。但是,當他自己能夠置身於嶺南之外後,却又肯定嶺南已經不再是瘴疫蠻荒的絶域,其所作《送竇從事序》即稱:"逾甌閩而南,皆百越之地。于天文,其次星紀,其星牽牛。連山隔其陰,巨海敵其陽。是維島居卉服之民,風氣之殊,著自古昔。唐之有天下,號令之所加,無異遠近。民俗既遷,風氣亦隨,雪霜時降,癘疫不興。瀕海之饒,固加於初。是以人之之南海者,若東西州焉。"②唐朝建立後,在全國州縣都建立有州學和縣學,以推行儒學教育。早在天寶十三載(754)七月,唐玄宗在敕書中就提到:"如聞嶺南州縣,近來頗習文儒。"③至唐代後期,嶺南州縣學校普遍建立,儒學教育得到發展,文化風氣也開始形成。柳宗元《柳州文宣王新修廟碑》稱柳州"古爲南夷","至于有國,始循法度,置吏奉貢,咸若采衛,冠帶憲令,進用文事。學者道堯、舜、孔子,如取諸左右,執經書,引仁義"④。任華《送魏七秀才赴廣州序》云:"此邦詞客往來亦云多矣。"⑤于邵《送朱秀才歸上都序》曰:"嘗喜南中之遇墨客者甚矣。"⑥柳宗元《送巽上人赴中丞叔父召序》云:"洞庭之南竟

① 《全唐文》卷四二七,第4351頁。
② 《韓昌黎文集校注》卷四,第265—266頁。
③ 《唐會要》卷七五《南選》,第1622頁。
④ 《柳河東集》卷五,第124—125頁。
⑤ 《全唐文》卷三七六,第3823頁。
⑥ 《全唐文》卷四二八,第4364頁。

南海,其士(一作土)汪汪也,求道者多半天下。"①宋代海南瓊州無名氏所作《宋進士題名記》稱:"瓊筦在古荒服之表,歷漢及唐,至宣宗朝文化始洽。"②唐代溆州位於今廣西西北部。前引宋初《溆州圖經》亦說:"自唐大中以後,並服禮儀,衣服巾帶如中國焉。"③以上兩種宋代資料都將其地社會文化的重要轉變,在時間上竟然具體到唐宣宗大中年間(847—860),顯然均與晚唐北方移民大量遷移嶺南有關。

特別是唐代後期一些左降官仕宦嶺南的經歷,也反映了嶺南文風的形成。柳宗元先後謫官素稱荒僻的永州和柳州,而"江嶺間爲進士者,不遠數千里皆隨宗元師法;凡經其門,必爲名士"④。唐人趙璘《因話錄》記載元和中,"柳柳州書,後生多師傚。就中尤長於章草,爲時所寶。湖湘以南,童稚悉學其書,頗有能者"⑤。韓愈亦稱"衡湘以南爲進士者,皆以子厚爲師,其經承子厚口講指畫爲文詞者,悉有法度可觀"⑥。

從貞元十九年(803)至貞元二十一年,韓愈本人亦謫官於號爲"天下之窮處"的粵北連州陽山縣,爲陽山縣令,然而,却仍然有文士區册"自南海挐舟而來","坐與之語,文義卓然","入吾室,聞《詩》、《書》仁義之説,欣然喜,若有志於其間也"⑦。另有一竇秀才亦以相從問文

---

① 《柳河東集》卷二五,第 424 頁。
② (明)上官崇修,唐胄纂《瓊臺志》卷七《風俗》注引,正德十七年(1522)刻本,《廣東歷代方志集成》,第 84 頁。
③ 《輿地紀勝》卷一一〇《溆州》,第 3652 頁。
④ 《舊唐書》卷一六〇《柳宗元傳》,第 4214 頁。
⑤ (唐)趙璘《因話錄》卷三,上海:上海古籍出版社,1979 年,第 84 頁。
⑥ 《韓昌黎文集校注》卷七《柳子厚墓志銘》,第 571 頁。
⑦ 《韓昌黎文集校注》卷四《送區册序》,第 298—299 頁。

章爲事①。元和十年(815)至十四年,劉禹錫貶任連州刺史。其《送曹璩歸越中舊隱》詩序稱:"予爲連州,諸生以進士書刺者,浩不可紀。"②張楚字公表,河間人,會昌四年(844)進士,唐懿宗咸通(860—874)末年,由户部侍郎學士承旨貶爲封州司馬,"封民語不可解,楚時以文義教之,漸知讀書,士子日來請益,與論文章無倦時"③。特别是唐代後期一大批嶺南籍士人的科舉進士及第,則更有力地證明了唐代嶺南社會的重要發展和文風的形成。

五 唐代後期嶺南科舉進士登場與文化發展

唐代嶺南地域遼闊,各地經濟社會發展的差異比較明顯,唐朝中央根據嶺南各地實際情况,實行了"南選"和"北選"兩種不同的選官制度,即在一些經濟文化較爲發達的地區,如廣州、桂州、連州、韶州等地,實行全國統一的由吏部主持的官吏銓選,又稱爲"北選"。而在一些經濟文化較爲落後特别是"溪洞"比較集中的地區,則實行"南選",即選拔本地的人士充當這些地區的州縣基層官員。唐朝用這兩種選官方法以吸收嶺南籍人士參與政治④。與此同時,唐朝也在嶺南各地推行科舉制度,以選拔優秀士人參與政治事務。

唐代一般每年都設科取士。來自各級學館者,稱爲生徒。未入學館而直接來自州縣者,稱爲鄉貢,韓愈稱:"始自縣考試定其可舉者,然後升於州若府——其不能中科者,不與是數焉;州若府總其屬之所升,

---

① 《韓昌黎文集校注》卷二《答竇秀才書》,第155頁。
② (唐)劉禹錫撰,瞿蜕園箋證《劉禹錫集箋證·外集》卷八,上海:上海古籍出版社,1989年。
③ (明)黄佐《廣東通志》卷四六《張楚傳》,第1152頁。
④ 王承文《唐代"南選"與嶺南溪洞豪族》,《中國史研究》1998年第1期;《唐代南選制度相關問題的新探索》,《唐研究》第十九卷,北京:北京大學出版社,2013年。

又考試之如縣,加察詳焉,定其可舉者,然後貢於天子而升之有司——其不能中科者,不與是數焉:謂之鄉貢。"①唐玄宗開元二十五年(737)二月規定:"應諸州貢士:上州歲貢三人,中州二人,下州一人;必有才行,不限其數。"②唐代嶺南七十餘州,其中絶大多數都屬於下州。應該説,唐朝嶺南所有經制州都可以按照這樣的規定推舉鄉貢舉人。唐玄宗天寶十三載(754)七月敕稱:"如聞嶺南州縣,近來頗習文儒。自今已後,其嶺南五府管内白身,有詞藻可稱者,每至選補時,任令應諸色鄉貢。仍委選補使准其考試,有堪及第者,具狀聞奏。如有情願赴京者,亦聽。"③以上敕令中所謂"應諸色鄉貢",是指中央禮部主持的秀才、明經、進士等科舉考試。

唐武宗會昌五年(845)所發布的《舉格節文》,則對各節鎮所送明經和進士人數作了進一步限定,其中稱:"金汝、鹽豐、福建、黔府、桂府、嶺南、安南、邕、容等道,所送進士不得過七人,明經不得過十人。"④以上"桂府"指桂州都督府,"嶺南"在此是代指廣州都督府,"安南"指安南都護府,"邕"指邕州都督府,"容"指容州都督府。以上五個都督府號稱嶺南"五管"或"五府"。也就是説,鑒於嶺南等地經濟文化發展與北方中原和江南等地的差距,唐朝規定嶺南各都督府每年所貢生員,參加進士考試的貢生不得超過七人,參加明經考試的不得超過十人。

在唐朝科舉制度中,以進士考試最重要,其社會地位亦最高。《唐國史補》卷下:"進士爲時所尚久矣。是故俊乂實集其中,由此出者,終

① 《韓昌黎文集校注》卷四《贈張童子序》,第 279 頁。
② 《唐摭言》卷一《貢舉釐革並行鄉飲酒》,第 1 頁。
③ 《唐會要》卷七五《南選》,第 1622 頁。
④ 《唐摭言》卷一《會昌五年舉格節文》,第 2 頁。

身爲聞人……故位極人臣,常十有二三,登顯列十有六七。"①王定保《唐摭言》稱:"進士科始於隋大業中,盛於貞觀、永徽之際;搢紳雖位極人臣,不由進士者,終不爲美,以至歲貢常不減八九百人。"②宋代洪适稱:"進士在唐最重,公卿達官不以是仕者,常怏然不滿。"③而在唐代後期的科舉考試中,却有相當一批嶺南籍士人得以進士及第,成爲唐後期政壇和文壇中一個非常引人注目的現象。

根據我們對有關資料的統計,從公元 618 年唐朝建立到 755 年"安史之亂"爆發,時間長達一百三十七年,整個嶺南地區科舉進士僅爲四人。即岡州(今廣東新會縣)馮煜、韶州張九齡、欽州甯原悌、廣州鄧信夫④。然而從"安史之亂"到公元 906 年唐朝滅亡共一百五十一年間,嶺南籍進士却達到了三十五人。唐後期嶺南籍科舉進士數量的大幅增加,一方面說明唐後期唐朝在嶺南統治的加強和深化,另一方面也證明了北方家族南遷對嶺南經濟社會文化發展的重要影響。

有關唐後期嶺南籍進士,明代黃佐《廣東通志·選舉表》、郭棐《粵大記·科第》以及清代徐松《登科記考》等資料都不夠完整。因此,我們將在盡可能全面蒐集歷史資料的基礎上,按照進士及第的時

---

① (唐)李肇《唐國史補》卷下,上海:上海古籍出版社,1979 年,第 55—56 頁。
② 《唐摭言》卷一《散序進士》,第 4 頁。
③ (宋)洪适《盤洲文集》卷三四《重編唐登科記序》,《景印文淵閣四庫全書》第 1158 册,第 477 頁。
④ 岡州馮煜,見《元和姓纂(附四校記)》卷一"馮氏"條,第 15 頁。(明)黃佐《廣東通志》卷一一《選舉表上》列舉了張九齡、甯原悌、鄧信夫。(清)郝玉麟《廣東通志》卷三一《選舉》記載顯慶四年(659),韶州曲江人張宏雅進士及第,並爲廣東歷史上第一個進士(《景印文淵閣四庫全書》第 563 册,第 334—335 頁)。然而,根據《新唐書》卷七二下《宰相世系表二下》(第 2681 頁)以及黃佐《廣東通志》卷一一《選舉表上》、卷五五《張弘雅傳》,均明確記載張弘雅實爲明經及第。

間先後，對唐後期這些嶺南籍士人的籍貫、家族背景、科舉考試和從政經歷、文學成就及歷史影響等多方面進行鈎稽補證。

（一）潮州趙德

明代黄佐《廣東通志·選舉表》記載趙德爲大曆十三年（778）进士，潮州潮陽人，官觀察衙推、勾當軍事①。而黄佐《廣東通志·趙德傳》又稱：“趙德，海陽人，進士。元和間韓愈刺潮，置鄉校，延德攝海陽尉，爲衙推官，勾當州學事。”②趙德的知名，在很大程度上與韓愈在元和十四年（819）貶任潮州刺史有關。潮州位於嶺南東南沿海，在嶺南屬於開發較晚的地區。韓愈《潮州請置鄉校牒》稱：

> 此州學廢日久。進士明經，百十年間，不聞有業成貢於王庭，試於有司者。……趙德秀才，沈雅專静，頗通經，有文章，能知先王之道，論説且排異端而宗孔氏，可以爲師矣。請攝海陽縣尉，爲衙推官，專勾當州學，以督生徒，興愷悌之風。③

韓愈很看重與趙德的交往，在其離別潮州改任袁州（今江西宜春）刺史時，又撰有《别趙子》一詩，其詩原注曰：“趙子名德，潮州人。愈刺潮，德攝海陽尉，督州學生徒，愈移袁州，欲與俱，不可，詩以别之。”其詩曰：“我遷於揭陽，君先揭陽居。揭陽去京華，其里萬有餘。不謂小郭中，有子可與娱。心平而行高，兩通詩與書。婆娑海水南，簸弄明月珠。及我遷宜春，意欲攜以俱。擺頭笑且言，我豈不足歟。又奚爲於

---

① （明）黄佐《廣東通志》卷一一《選舉表上》，第 240 頁。
② （明）黄佐《廣東通志》卷五五《趙德傳》，第 1410 頁。
③ 《韓昌黎文集校注》外集卷上，第 691—692 頁。

北,往來以紛如。海中諸山中,幽子頗不無。"①不過,韓愈既然稱潮州
"進士明經,百十年間,不聞有業成貢於王庭,試於有司者",那麼作爲
潮州人的趙德是否擁有唐朝進士的身份,就還需要進一步來證明。

蘇軾《潮州韓文公廟碑》稱:"始潮人未知學,公命進士趙德爲之
師,自是潮之士皆篤於文行,延及齊民,至于今,號稱易治。"②而蘇軾
《又與吳子野》一文稱:"文公廟碑近已寄去。潮州自文公未到,已有
文行之士如趙德者。蓋風俗之美久矣。"③蘇軾認爲從趙德的經歷可
見,潮州在韓愈出任刺史之前,很可能並沒有像韓愈描述的那麼原始
落後。宋初《潮陽圖經》亦稱:"州人之知書者,或以爲自文公(指韓
愈)始。雖然,趙德潮人也,人不知學,奚而有德,德蓋其知名。公《請
置鄉校牒》亦曰'進士明經,百十年間不聞于有貢于王庭者',則非冥
然不知學也。公之意豈亦勉邦人爲進取計,有若閩之舉進士自歐陽詹
如之意耶? 至《別趙子詩》則曰:'海中諸山中,幽子頗不無。'……則
其當時同門合志若德之輩行者,不無人也。自是以後,業儒者益衆。
太平興國(976—984)間,始有聯名桂籍者出。"④後代典籍亦都把趙德
看成是古代潮州開發史上具標志性的人物。《大明一統志》記載:"唐
趙德,潮州人。舉進士,沈雅專静,通經,有文章,能知先王之道,其論
説排異端而宗孔子。韓愈刺潮,請置鄉校,命德爲師。邦人知學自此
始。今郡學韓愈廟皆祀之,號天水先生。"⑤明代梅州籍學者李士淳

---

① 《全唐詩》卷三四一,第3828頁。
② (宋)蘇軾《東坡全集》卷八六,《景印文淵閣四庫全書》第1108册,第386頁。
③ (宋)蘇軾《東坡全集》卷八三,《景印文淵閣四庫全書》第1108册,第333頁。
④ 馬蓉等點校《永樂大典方志輯佚》第四册引作《(潮州府)圖經志》(第2609頁)。按南宋
　王象之《輿地紀勝》卷一〇〇《潮州》引作《潮陽圖經》,第3400頁。
⑤ 《明一統志》卷八〇《潮州府》,《景印文淵閣四庫全書》第473册,第701頁。

(1585—1665)撰《梅州書院記》稱:"潮州自唐以前,聲教罕通,文物未著。山川靈異之氣,半湮於荆榛瘴癘山林海市之中。自昌黎出守,趙德爲師,士始知學。山川之色亦遂爛然一新。"①明代海南籍著名學者丘濬亦很推崇趙德,稱:"自此潮人日趣文學,立祠祀之至今。"②

(二)愛州姜公輔和姜公復

姜公輔,唐安南都護府所屬愛州(今越南清化省)日南縣人。唐德宗建中元年(780),姜公輔以制舉中的"賢良方正能直言極諫科"而進士及第③。其官至唐德宗朝宰相。我們證明了姜公輔屬於北方家族的後裔。而姜公輔本人也屬於唐後期嶺南籍士人通過科舉進士考試步入唐朝政壇的典型④。

姜公復为姜公輔之弟。《大越史記全書·外紀》卷五記載唐德宗興元元年(784),"九真姜公輔仕于唐,第進士,補校書郎,以制策異等,授右拾遺翰林學士兼京兆户曹參軍";"弟姜公復亦舉進士,終比部侍郎"⑤。《全唐文》收錄有姜公復《對兵部射策判》,並爲其所撰《小傳》稱:"姜公復,天水人。徙居九真,官比部郎中。"⑥

(三)廣州姜誠

姜誠,黃佐《廣東通志·選舉表》和郭棐《粤大記·科第》均記載

---

① (清)郝玉麟《廣東通志》卷五一《風俗志》,《景印文淵閣四庫全書》第 564 册,第 405 頁。
② (明)丘濬《大學衍義補》卷八二,《景印文淵閣四庫全書》第 712 册,第 933 頁。
③ 《唐會要》卷七六《貢舉中》,第 1644 頁。
④ 參見本書第四章第二節。另見王承文《唐代北方家族與嶺南溪洞社會》,《唐研究》第二卷,北京:北京大學出版社,1996 年。
⑤ 《大越史記全書·外紀》卷五,第 160 頁。
⑥ 《全唐文》卷六二二,第 6281 頁。

爲唐德宗貞元六年(790)進士,廣州東莞人,官少府少監①。清雍正年間《廣東通志·選舉志》誤作少府太監②。

　　(四)韶州張仲方

　　張仲方,黃佐《廣東通志·選舉表》記載爲貞元六年(790)進士③。張仲方出自唐朝粵北始興張氏家族,亦屬於唐初因官移貫的北方家族後裔。白居易撰《唐故銀青光禄大夫秘書監張仲方墓志銘并序》,比較詳細地記載了其家族及其事迹,其文稱:"公諱仲方,字靖之,其先范陽人。晉司空茂先之後,永嘉南遷,始徙居于韶之曲江縣,後嗣因家焉。唐朝贈太常卿諱弘愈,公之曾祖也。嶺南節度使、廣州刺史、殿中監諱九皋,公之王父也。贈尚書右僕射諱抗,公之皇考也。贈潁川郡太夫人陳氏,公之皇妣也。都昌令仲端以下四人,公之兄也。監察御史仲孚以下二人,公之弟也。……公即僕射府君第五子。貞元中進士舉及第,博學選登科,初補集賢院校書郎。"張仲方的祖父是曾任廣州刺史的張九皋,其伯祖父則是開元年間宰相張九齡。可見其出身相對顯赫。然而白居易將西晉末年"永嘉南遷",看成是始興張氏家族定居韶州曲江縣的開始,則屬於記載有誤④。

　　根據白居易所撰墓志,張仲方歷官殿中侍御史、金州刺史、度支郎中、曹州刺史、鄭州刺史、諫議大夫、福建觀察使兼御史中丞、京兆尹、

①　(明)黃佐《廣東通志》卷一一《選舉表上》,第 240 頁;(明)郭棐撰、黃國聲等點校《粵大記》卷四《科第》,廣州:中山大學出版社,1998 年,第 63 頁。
②　(清)郝玉麟《廣東通志》卷三一《選舉》,《景印文淵閣四庫全書》第 563 册,第 335 頁。
③　(明)黃佐《廣東通志》卷一一《選舉表上》,第 240 頁。
④　王承文《唐代北方家族與嶺南溪洞社會》,《唐研究》第二卷,北京:北京大學出版社,1996 年。

華州刺史、御史大夫、秘書監,等等。白居易稱其"勳至上柱國,階至銀青光禄大夫,封至曲江縣開國伯,食邑七百户"。開成二年(837)四月卒,詔贈禮部尚書。白居易又稱其"幼好學,長善屬文,俯取科第如拾地芥","文獻始興公九齡,即公之伯祖,開元中以儒學詩賦獨步一時,及輔弼明皇帝,號爲賢相。餘慶濟美,宜在于公。公沿其業,襲其文,而不嗣其位,惜哉! 矧公爲人溫良沖淡,恬然有君子德,立朝直清貞諒……在唐張氏,世爲儒宗。文獻既没,鬱生我公。我公颯颯,學奥詞雄。緣情體物,有文獻風。慶襲于家,道積厥躬"①。

《舊唐書·張仲方傳》在很大程度上直接依據了白居易所作《張仲方墓志銘》,又稱"張仲方,韶州始興人","仲方貞確自立,綽有祖風。自駁諡之後,爲德裕之黨擯斥,坎坷而殁,人士悲之。有文集三十卷"②。與唐後期很多出身貧寒的嶺南籍士人相比,張仲方的入仕之路,則在較大程度上得益於其父祖輩在唐朝政壇的影響。史書記載"高郢爲僕射,張仲方之父友也。初,仲方爲兒童時,郢見而奇之,曰:此子非常,必爲國器。吾獲高位,必振發之。後郢爲御史大夫,首請仲方爲御史"③。而唐代韶州曲江張氏家族在張九齡、張九皋、張九章兄弟之後,亦以張仲方及其後裔最爲顯赫。郝玉麟編纂的《廣東通志》也稱:"仲方徙家長安,五世孫國子祭酒璘遷蜀。十世孫浚仕宋爲丞相,

---

① (唐)白居易撰,朱金成箋校《白居易集箋校》卷七〇《唐故銀青光禄大夫秘書監曲江縣開國伯贈禮部尚書范陽張公墓志銘并序》,上海:上海古籍出版社,1988年,第3776—3777頁。《文苑英華》卷九四五,第4972—4973頁。
② 《舊唐書》卷一七一《張仲方傳》,第4442—4446頁。
③ 《册府元龜》卷八四三《總録部·知人二》,第10013頁。

封魏國公。浚生栻,爲世大儒。"①張仲方著述頗豐。白居易稱其"著文集三十卷,藏於家,纂制詔一百卷行於代,尤工五言章句,詩家流稱之。嘗譔《先僕射府君神道碑》及《丞相文獻始興公廟碑》,由文得禮,秉筆者許之"②。《新唐書·藝文志》亦著録《張仲方集》三十卷。然《文苑英華》和《全唐文》僅收録其《駁贈司徒李吉甫諡議》、《竹箭有筠》、《披沙揀金賦》二篇③。而《全唐詩》則僅收録其《賦得竹箭有筠》、《贈毛仙翁》二首④。

(五)韶州張仲孚

張仲孚,前引白居易《張仲方墓志銘》記載"監察御史(張)仲孚以下二人,公之弟也"。《舊唐書·張仲方傳》則記載張仲方之弟張仲孚,"登進士第,爲監察御史"⑤。黃佐《廣東通志·選舉表》和郭棐《粤大記·科第》均記載張仲孚爲貞元十年(794)進士,官監察御史。清代《廣西通志》還記載唐張仲孚曾出任嶺南節度判官⑥。

(六)交州廖有方

(1)《廖有方墓志》與廖有方的家世及早年經歷。

廖有方是唐後期安南著名文士。宋代計有功《唐詩紀事》稱:

---

① (清)郝玉麟《廣東通志》卷四四《張仲方傳》,《景印文淵閣四庫全書》第564册,第24頁。
② 《白居易集箋校》卷七〇《唐故銀青光禄大夫秘書監曲江縣開國伯贈禮部尚書范陽張公墓志銘并序》,第3777頁;《文苑英華》卷九四五,第4973頁。
③ 《文苑英華》卷一一八,第539—540頁;卷一八七,第918頁;卷八四一,第4448—4449頁。《全唐文》卷六八四,第7004—7005頁。
④ 《全唐詩》卷四六六,第5300頁。
⑤ 《舊唐書》卷一七一《張仲方傳》,第4446頁。
⑥ (清)金鉷《廣西通志》卷五〇《秩官》,《景印文淵閣四庫全書》第566册,第458頁。

“（廖）有方，交州人。柳子厚以序送之。”①元代越南史家黎崱《安南志略》也是把廖有方作爲唐代交州“名人”來記載的②。《全唐詩》卷四九〇小傳稱廖有方：“交州人，元和十一年（816）進士第。改名游卿，官校書郎。”③然而僅收其《題旅櫬》詩一首。《全唐文》卷七一三小傳相同，也僅收其《書胡倌板記》一篇④。2006 年 1 月，西安碑林博物館在西安東郊徵集到一方唐代墓志——《唐故京兆府雲陽縣令廖君墓銘》，墓志主人就是唐後期交州詩人廖有方。其碑文曰：

> 序曰：君諱游卿，字秦都。本諱有方，字游卿，□□□□□□□
> 更名者，時政咸許，故君得以字爲名，而新其字。□□臨湘□尋其
> 襄貫，今户籍既易。君有頃田於杜陵南一里，父母□□祔葬其中，
> 實曰□原，雖板圖無筭，是宜爲京兆人也。曾祖懷恩，潮州刺史。
> 祖芬，衡陽□□。父伯元，嚴州刺史。君嚴州次子。嚴州大曆以
> 還，宦于廣州。君自嬰抱，值哥舒晃、吕太一之亂。逮弱冠，始事
> 宗人廖從正於□□□習通經傳，後有談於廉郡者，遂館於郡學。
> 由是仍振文筆，聞□交趾。次游太學，知文戰可必，故南啓二親，
> 盡室而北。元和十一年歲歲次景申，今太師李公掌貢，果登名天
> 子，爲進士及第。明年誅蔡州叛逆，宰相督軍，供芻食者，請于宰
> 相。俾君分其勞。勞成得推於家君，由是家君有裕德之寵。自十
> 三年以降，歷同、泗二州從事、試太子正字、太常寺協律郎，後爲夏

---

① （宋）計有功輯撰，王仲鏞校箋《唐詩紀事校箋》卷四九“廖有方”條，北京：中華書局，2007 年，第 1338 頁。

② 〔越〕黎崱著，武尚清點校《安南志略》卷一五“名人”條，北京：中華書局，2000 年，第 349 頁。

③ 《全唐詩》卷四九〇，第 5550 頁。

④ 《全唐文》卷七一三，第 7317 頁。

州節度掌書記,改判官。入奏天子,天子嘉其對,授大理評事。黨項交惡,有中郎將選其介和之。君特充詔,訖事,達于天子,天子賜章服焉。丁家君憂,服除,佐邠州幕。罷府,調太子文學,遷殿中御史、充滄州佐府。移鄆州,仍其本役。無何,除雲陽令。大和六年十月三日,卒於官。前娶支氏,杜相國黃裳之親。君尚未□,杜公異之而托其姻。有子曰群,實小宗也。繼娶段氏,男子曰閣老、律律、劉七。女子曰正正、評評、梁七。于嗟,共七孤耳。疇與君同年,忝第寢相情好,睹君孝悌材度,四者甚熟。勒石銘記,無媿今昔。銘曰:孝而父母,悌而兄姊。立身揚名,事無□止。九原朱紱,從先君子。祥光藹藹,漢陵孔邇。①

　　以上墓志爲我們進一步研究廖有方的生平事迹,提供了極其珍貴的歷史資料。首先,根據以上碑文,廖有方又名廖游卿。其初名廖有方,字游卿。後以字爲名,並重新取字秦都。至於“廖有方”名字的本義,《論語·里仁》稱:“父母在,不遠游,游必有方。”②因此是表示對於父母的孝敬。至於碑文所稱“更名者,時政咸許,故君得以字爲名,而新其字”,唐代范攄《雲溪友議》和宋代《唐詩紀事》等有記載,均稱廖有方在元和十一年進士及第後,改名爲廖游卿③。至於其改字“秦

①　趙力光主編《西安碑林博物館新藏墓志彙編》,北京:綫裝書局,2007年,第690—692頁。對該碑的相關研究,參見張安興《詩人、義士、交趾人廖有方——從一方新出土唐墓志説起》,《碑林集刊》第十三輯,西安:陝西人民美術出版社,2008年,第64—68頁;胡可先《新出土唐代詩人廖有方墓誌考論》,《中山大學學報》2009年第5期。本文部分觀點參考了胡可先文。

②　(清)劉寶楠撰、高流水點校《論語正義》卷四《里仁》,北京:中華書局,1990年,第157頁。

③　(唐)范攄《雲溪友議》卷下“名義士”條,上海:古典文學出版社,1957年,第61頁。《唐詩紀事校箋》卷四九《廖有方》,第1338頁。

都",則與其後來定居京兆長安有關。

其次,廖有方的籍貫爲交州州治所在的交趾。至於廖有方的郡望或祖籍,碑文稱"□□臨湘□尋其曩貫",因碑文殘損無法完全確定。根據唐代林寶《元和姓纂》,唐代"廖氏"主要分"汝南廖氏"、"襄陽廖氏"和"武陵臨沅廖氏"三支①。因此,根據碑文,廖有方的祖籍有可能是湖南。碑文載明了其家世情況。碑文稱:"曾祖懷恩,潮州刺史。祖芬,衡陽□□。父伯元,嚴州刺史,君嚴州次子。嚴州大曆以還,宦于廣州。君自嬰抱,值哥舒晃、吕太一之亂。逮弱冠,始事宗人廖從正於□□□習通經傳,後有談於廉郡者,遂館於郡學。由是仍振文筆,聞□交趾。"據此可知,其曾祖廖懷恩官嶺南潮州刺史,祖父廖芬任官衡陽,其父廖伯元,嶺南嚴州刺史。嚴州,唐高宗乾封二年(667)置,治所在今廣西來賓縣。唐代宗大曆(766—779)前後,其父曾任官廣州,而此時亦正值廖有方幼年之時,先後遭遇了廣州兩次大的變亂:一是唐代宗廣德元年(763)十一月,"宦官廣州市舶使吕太一發兵作亂,節度使張休棄城奔端州,太一縱兵焚掠,官軍討平之"②。二是大曆八年(773)九月,"循州刺史哥舒晃殺嶺南節度使吕崇賁,據嶺南反"③。至大曆九年十一月才告平定。根據以上碑文,廖有方父祖曾祖三代的出仕地點,均在嶺南或與嶺南相近的衡州。

(2)《墓志》所見廖有方將其籍貫遷往京兆的原因及其科舉仕宦經歷。

關於其求學、科舉考試以及改換户籍的經歷。碑文稱:"逮弱冠,

① 《元和姓纂(附四校記)》卷九,第1359—1360頁。
② 《資治通鑑》卷二二三,唐代宗廣德元年十一月,第7157頁。
③ 《资治通鑑》卷二二四,唐代宗大曆八年九月,第7221頁。

始事宗人廖從正於□□□習通經傳，後有談於廉郡者，遂館於郡學。由是仍振文筆，聞□交趾。次游太學，知文戰可必，故南啓二親，盡室而北。"以上説明廖有方最初是跟隨其族人廖從正修習儒家經典。後來進入交州的州學中讀書。唐朝在全國各州均設有州學，各縣設有縣學。而在交州州學中，廖有方即以其傑出的文學才能著稱。於是北上京城長安，到太學中游學。而游學的經歷使廖有方確信，自己可以在科舉進士考試中勝出，因此又返回交趾，啓請父母和家人一起北遷長安。而且還將其籍貫改爲京兆長安。碑文稱："今户籍既易，君有頃田於杜陵南一里，父母□□祔葬其中，實曰□原，雖板圖無等，是宜爲京兆人也。"可見，廖有方將其籍貫從交趾遷移至長安後，還在長安杜陵一帶置田一頃。而碑文稱之"孝而父母，悌而兄姊。立身揚名，事無□止"，也説明廖有方非常崇重儒家孝悌觀念。

　　然而，這裏牽涉到一個很重要的問題，廖有方爲什麼要將其户籍甚至包括其父母從遙遠的南方交趾遷移到京兆長安呢？廖有方究竟是以嶺南交州"鄉貢"的身份，還是以京兆"解薦"的名義參加唐朝進士考試的呢？胡可先先生認爲廖有方是以交州"鄉貢"的身份考中進士的①。我們認爲廖有方實際上是以京兆"解薦"的身份考中進士的。而且其改換户籍，包括將其父母從交趾遷到長安，並在長安杜陵置辦田産，其主要的目的就是爲了在京兆獲得"解薦"的身份。

　　廖有方爲參加進士考試，特地將其籍貫包括其父母從交趾遷往京兆長安，我們認爲應與唐代中後期科舉考試中普遍存在的"冒籍取解"現象密切有關。所謂"取解"，等同於"鄉貢"，就是獲得州府推薦以參

---

① 胡可先《新出土唐代詩人廖有方墓志考論》，《中山大學學報》2009 年第五期。

加全國性考試的資格。而所謂“冒籍取解”，是指唐代士子離開自己原來的籍貫，到其他州縣參加府試，以取得解送資格，再到京師參加全國性考試，這一現象在當時又稱“寄應”、“冒寄”或“冒籍”等①。而“冒籍取解”的出現，其根本原因是唐朝各地區政治、經濟、文化發展的不平衡性。唐朝前期對於各地“鄉貢”人數都有具體而明確的規定。例如，唐開元二十五年二月敕：“應諸州貢士：上州歲貢三人，中州二人，下州一人；必有才行，不限其數。”②然而，在科舉制度的實際運作過程中，其省試登第人數與發解諸州之間逐漸出現了很不平衡的現象。有的應考士子爲了增加登第的機會，往往就從解額少和登第率低的地區，向解額多和登第率高的府州冒寄。由於人口流動較爲普遍，唐朝對取解者的身份亦無法做到嚴格審察。到了唐中宗景龍元年（707），已經是“鄉貢漸廣，率多寄應者”，以至鄉貢“蓋假名就貢名而已”③。例如，詩人王維本貫蒲州，却到京兆府應試獲得取解。白居易因在家鄉洛陽取解無望，於是投靠在宣州做官的叔父，通過獲取宣州解而得以進士登第。

特別是作爲都城長安所在地京兆府的解送，在省試中最受矚目。首先是京兆府解送的人數要遠遠超出一般州府的水準，每次都多達數十人，甚至有時超過一百人。其次是京兆解在省試中的登第率最高。《唐摭言》稱：“神州解送，自開元、天寶之際，率以在上十人，謂之等第。”④“天府之盛，神州之雄，選才以百數爲名，等列以十人爲首。起

---

① 金瀅坤《中晚唐五代科舉與社會變遷》，北京：人民出版社，2009 年，第 18—21 頁；《唐代的冒籍取解現象》，《光明日報》2010 年 8 月 24 日。
② 《唐摭言》卷一《貢舉厘革並行鄉飲酒》，第 1 頁。
③ 《唐摭言》卷一《鄉貢》，第 7—8 頁。
④ 《唐摭言》卷二《京兆府解送》，第 13 頁。

自開元、天寶之世,大曆、建中之年,得之者摶躍雲衢,階梯蘭省"①。凡被列入京兆解送等第的前十名,往往就等同省試及第,因此世人將其稱爲"神州等第解"。柳宗元也稱:"京兆尹歲貢秀才,常與百郡相抗。"②甚至在京兆附近的同州、華州,其解送録取的比例亦很高,唐人稱"同(州)、華(州)解最推利市,與京兆無異。若首送,無不捷者"③;士子皆"以京兆爲榮美,同(州)華(州)爲利市"④。也正因爲如此,京兆府一直就是唐朝科舉考試冒籍現象最爲集中也是最嚴重的地區。史稱唐代宗大曆(766—779)年間,"選人不約本州所試,悉令聚於京師","入試非正身十有三四"⑤。東海人徐申在永泰元年(765)"寄籍京兆府,舉進士"⑥。"諸道舉人多於京兆府寄應,例以洪固鄉貴胄里爲户"⑦。

而唐朝的鄉貢舉人參加禮部省試時,還必須接受禮部和户部對舉人的户籍核查。因此,舉子若要到他州取解,勢必還要在他州重建自己的户籍,方能通過户部的户籍核查。因此,《唐故京兆府雲陽縣令廖君墓銘》稱廖有方將其户籍包括父母從交趾遷到京兆長安,並特地在長安杜陵一帶購置田一頃,其真正的原因即在此。

唐憲宗元和十年(815),廖有方在長安參加進士科考試,以落選告終。然而其後廖有方的一件慷慨義舉,卻使自己一舉成爲流譽千載的

---

① 《唐摭言》卷二《元和元年登科記京兆等第榜叙》,第13頁。
② 《柳河東集》卷二三《送辛生下第序略》,第400頁。
③ 《唐摭言》卷二《爭解元》,第17頁。
④ 《唐摭言》卷一《兩監》,第5頁。
⑤ 《通典》卷一七《選舉五‧雜論議中》,第421頁。
⑥ (唐)李翱《廣州刺史兼嶺南節度徐申行狀》,《文苑英華》卷九七六,第5136頁。
⑦ 《册府元龜》卷六四一《貢舉部》,第7691頁。

著名義士,而且也成爲第二年得以進士及第的重要原因。唐代范攄
《雲溪友議》之"名義士"條,比較完整地記載了這一事件的原委,其
文曰:

　　廖有方校書,元和十年失意後遊蜀,至寶雞西界館,窆於旅逝
之人,天下譽爲君子之道也。書板爲其記耳:"余元和乙未歲,落
第西征,適此公署,聞呻吟之聲,潛聽而微愵也。乃於暗室之内,
見一貧病兒郎,問其疾苦行止,强而對曰:'辛勤數舉,未遇知音眜
眜。'叩頭,久而復語,唯以殘骸相託,餘不能言;擬求救療,是人俄
忽而逝。余遂賤鬻所乘鞍馬於村豪,備棺瘗之禮,恨不知其姓字。
苟爲金門同人,臨歧凄斷。復爲銘曰:'嗟君没世委空囊,几度勞
心翰墨場。半面爲君申一慟,不知何處是家鄉!'"廖君自西蜀取
東川路還,至靈合驛。驛將迎歸私第。及見其妻,素衣,再拜嗚
咽,情不可任。徘徊設辭,有同親懿。淹留半月,僕馬皆飫啜熊鹿
之珍,極賓主之分。有方不測何緣如此,悚惕尤甚。臨别,其妻又
至,相别悲啼,又贈贐繒錦一晾,其價直數百千。驛將曰:"郎君
今春所埋胡綰秀才,即某妻室之季兄也。"始知亡者姓字,復叙
平生之弔。所遺之物,終不納焉。少婦及夫,堅意拜上。有方
又曰:"僕爲男子,粗察古今。偶然葬一同流,不可當兹厚惠。"
遂促轡而前。驛將奔騎而送。逾一驛,尚未分離。廖君不顧其
物,驛將竟不挈還。執袂各恨東西,物乃棄于林野。鄉老以義事
申州,州以表奏中朝。其於文武宰僚,願識有方,共爲導引。明
年,李侍郎逢吉,放有方及第,改名遊卿,聲動華夷。皇唐之義士
也。其主驛戴克勤,堂牒本道節度,甄升至於極職。克勤名義,與

廖君同述矣。①

廖有方在遊歷途中鬻馬救助和瘞葬陌生寒士的慷慨義舉,感動了很多人,"聲動華夷",被譽爲"皇唐之義士也","鄉老以義事申州,州以表奏中朝。其於文武宰僚,願識有方,共爲導引"。第二年,"李侍郎逢吉,放有方及第"。《唐摭言》也記載:"元和十一年,中書舍人權知貢舉李逢吉下及第三十三人,試策後拜相,令禮部尚書王播署榜,其日午後放榜。"②《唐詩紀事》卷四九《廖有方》條稱:"李逢吉擢有方及第。"③而爲廖有方撰寫墓志者,即爲廖有方同年進士任疇④。

唐代著名文學家柳宗元有兩篇文章專門提到了廖有方,可見其對廖有方的高度重視。從永貞元年到元和十年(805—815),柳宗元謫任永州司馬十年。而廖有方兩次從交趾北上長安,有可能前後四次都途經柳宗元所在的永州貶所,二人有頗深的交往,故柳宗元有序文之作。韓愈《柳子厚墓志銘》云:"衡湘以南爲進士者,皆以子厚爲師。其經承子厚口講指爲文詞者,悉有法度可觀。"⑤而廖有方應屬於其中之一。柳宗元《送詩人廖有方序》稱:"交州多南金、珠璣、瑇瑁、象犀,其產皆奇怪,至於草木亦殊異。吾嘗怪陽德之炳耀,獨發於紛葩環麗,而罕鍾乎人。今廖生剛健重厚,孝悌信讓,以質乎中而文乎外,爲唐詩有大雅之道。夫固鍾於陽德者耶?是世之所罕也。今之世,恒人其於紛葩瓌麗,則凡知貴之矣,其亦有貴廖生者耶?果能是,則吾不謂之恒人

① 《雲溪友議》卷下"名義士"條,第 60—61 頁;《太平廣記》卷一六七"廖有方"條,第1222 頁。
② 《唐摭言》卷一四"主司稱意"條,第 154 頁。
③ 《唐詩紀事校箋》卷四九《廖有方》,第 1338 頁。
④ 胡可先《新出土唐代詩人廖有方墓志考論》,《中山大學學報》2009 年第 5 期。
⑤ 《韓昌黎文集校注》卷七,第 512 頁。

矣，實亦世之所罕也。"①柳宗元稱讚廖有方"剛健重厚，孝悌信讓，以質乎中而文乎外，爲唐詩有大雅之道"，從道德和文章兩方面，都給廖有方以極高的評價。

柳宗元《答貢士廖有方論文書》又稱："三日，宗元白：自得秀才書，知欲僕爲序。然吾爲文，非苟然易也。於秀才，則吾不敢愛。吾在京都時，好爲文寵後輩，後輩由吾文知名者，亦爲不少焉。自遭斥逐禁錮，益爲輕薄小兒譁囂，群朋增飾無狀，當途人卒謂僕垢污重厚，舉將去而遠之。今不自料而序秀才，秀才無乃未得嚮時之益，而受後事之累，吾是以懼。潔然盛服而與負塗者處，而又何賴焉？然觀秀才勤懇，意甚久遠，不爲頃刻私利，欲以就文雅，則吾曷敢以讓？當爲秀才言之。然而無顯出於今之世，視不爲流俗所扇動者，乃以示之。既無以累秀才，亦不增僕之詬罵也，計無宜於此。若果能是，則吾之荒言出矣。宗元白。"②柳宗元在長安時曾經提攜過很多文士。然而在其謫爲永州司馬後，不少人"爲輕薄小兒譁囂，群朋增飾無狀"。因此，文壇的世態炎涼使柳宗元特別推重廖有方的人品。而柳宗元對廖有方詩文以及人品的大力揄揚和推舉，對於廖有方得以進士及第和譽滿天下也有重要意義。

根據碑文，從元和十三年開始，其所出任的官職包括同州、泗州從事、試太子正字、太常寺協律郎、夏州節度掌書記改判官、大理評事、太子文學、殿中御史等等。至太和六年（832）十月，以京兆府雲陽縣令卒於任上。雲陽縣爲京赤縣，其縣令職級爲正五品上。碑文稱其"前娶

① 《柳河東集》卷二五，第418—419頁。
② 《柳河東集》卷三四，第549頁。

支氏,杜相國黃裳之親。君尚未□,杜公異之而托其姻"。杜黃裳,京兆人,是唐德宗、唐順宗、唐憲宗時期的宰相。

(七)韶州劉軻

劉軻字希仁,韶州曲江縣人。元和十三年(818)進士,累官侍御史,唐文宗朝宏文館學士,史館修撰,出爲洺州刺史①。據劉軻《上座主書》云:

> 軻本沛上耕人,代業儒爲農人家。天寶末流離於邊,徙貫南鄙。邊之人嗜習酖味異乎沛,然亦未嘗輟耕舍學,與邊俗齒。……故處邊如沛焉。貞元中,軻僅能執經從師。元和初,方結廬於廬山之陽,……或農圃餘隙,積書窗下,日與古人磨礱前心,歲月悠久,寖成書癖。②

徐松《登科記考》亦稱劉軻爲元和十三年(818)進士,其原籍爲河南道徐州沛縣(今江蘇沛縣)③。安史之亂後,其家族"徙貫南鄙"。至於其移居的具體地點,據唐代范攄《雲溪友議》記載:"劉侍郎軻者,韶右人也。"④《大明一統志》記載:"劉軻,唐沛人,流離郴湘,至韶家焉。博學無所不通,詣長安爲馬植所奇,遂登第。歷官至侍御史。所著有《春秋指要》、《翼孟子》諸書數十卷。"⑤黃佐《廣東通志》記載:"劉軻,字希仁,曲江人。其先家本沛上,天寶之亂,祖效攜家自淮入湘,至韶家焉。

---

① 案《全唐文》卷七四二《劉軻小傳》誤記爲洛州刺史(第7669頁),據《唐詩紀事校箋》卷四六應爲洺州刺史(第1260頁)。唐代洺州治所在今河北武安縣。
② 《全唐文》卷七四二,第7673頁。
③ 《登科記考》卷一八,第674頁。
④ 《雲溪友議》卷中"葬書生"條,第22頁。
⑤ 《明一統志》卷七九《韶州府》,《景印文淵閣四庫全書》第473冊,第683頁。

軻生大曆中,父綺方商於郴,感異夢,亟買舟歸,見其風骨奇秀,大異之,曰:'興我家者,此兒也。吾夢孟子顧臨。'因以軻名之。成童嗜學,博洽靡所不通。從學月華寺僧慧朗禪師,遂窮內典。貞元初,扶風馬植見其文,歎曰:'韓愈之流也。'自是入廣求師,聞壽春楊生寓羅浮,講授《春秋》,軻杖策從之遊者數年。……後以韶籍登進士第,歷官史館。"①據此,劉軻在唐代宗大曆(766—779)年間出生於韶州曲江縣,並且是以韶州鄉貢舉人的身份進士及第的。而其早年曾经耕讀的羅浮山,亦是唐代後期嶺南士人山林習業的一大中心②。根據《雲溪友議》記載:

> (劉軻)幼之羅浮、九疑,讀黃老之書,欲學輕舉之便。又於曹溪探釋氏關戒,遂披僧服焉(原注:僧名溢納)。北之筠川方等寺、廬岳東林,習《南山鈔》及《百法論》,咸得宗旨焉。……後乃精於儒學,而隸文章,因策名第,歷任史館,欲書夢中之事,不可身為傳記,吏部尚書退之,素知焉。③

吉川忠夫指出其早年行迹實出入於儒釋道三教之間④。元和十年(815)白居易謫任江州司馬,其《代書》一文記載當時廬山結廬習業者一二十人,"即其中秀出者,有彭城人劉軻。軻開卷慕孟軻為人,秉筆慕揚雄、司馬遷為文,故著《翼孟》三卷,《豢龍子》十卷,雜文百餘篇。

---

① (明)黃佐《廣東通志》卷五五《劉軻傳》,第 1409 頁。
② 嚴耕望《唐人習業山林寺院之風尚》,收入《嚴耕望史學論文選集》,北京:中華書局,2006 年,第 253 頁;王承文《唐代羅浮山地區文化發展論略》,《中山大學學報》1992 年第 3 期。
③ 《雲溪友議》卷中"葬書生"條,第 22 頁。
④ 〔日〕吉川忠夫《劉軻傳》,《中國中世史研究續編》,京都:京都大學學術出版會,1995 年,第 473—502 頁。

而聖人之旨,作者之風,雖未臻極,往往而得。予佐潯陽郡三年,軻每著文,輒來示予。予知軻志不息,異日必能跨符(載)楊(衡)而攀陶(淵明)謝(靈運)。軻一旦盡賣所著書及所爲文訪予,告行,欲舉進士"①。《白氏長慶集》卷一七所收《問劉十九》、《劉十九同宿》等四首詩中,其"劉十九"即指劉軻②。南宋計有功《唐詩紀事》稱劉軻"與吳武陵並以史才直史館"③。唐末王定保《唐摭言》直稱其"文章與韓、柳齊名"④。宋代姚鉉在《唐文粹序》中,稱其所編之書"纂唐賢文章之英粹"⑤。而其中就選録劉軻文有九篇⑥。除以上白居易《代書》所引列舉劉軻著作之外,根據《新唐書·藝文志》、陳振孫《直齋書録解題》、晁公武《郡齋讀書志》等記載,尚有《三傳指要》十五卷、《漢書古史》十卷、《黃中通理》三卷、《翼孟》三卷、《隋鑑》一卷、《十三代名臣議》十卷、《唐年曆》一卷、《牛羊日曆》一卷等共十二種。清代學者輯有《劉希仁文集》⑦。另外,近年出版的《全唐文補遺》收有新出的由劉軻所撰《唐故朝議郎行陝州硤石縣令上柱國侯公(續)墓志銘》⑧。撰此志時劉軻署爲"朝議郎、行尚書膳部員外郎、史館修撰、上柱國"。

----

① 《白居易集箋校》卷四四,第 2760 頁;《全唐文》卷六七七,第 6920 頁。
② 《白居易集箋校》卷一七,第 1075、1086 頁。
③ 《唐詩紀事校箋》卷四六"劉軻"條,第 1260 頁。
④ 《唐摭言》卷一一"反初及第"條,第 120 頁。
⑤ 《唐文粹》卷一,《四部叢刊初編》,上海:商務印書館,第 3 頁。
⑥ 《唐文粹》卷七六、卷七九、卷八二、卷八八、卷八九、卷九〇、卷九五,《景印文淵閣四庫全書》,第 1344 册,第 177—178、219—223、250—252、321、334—335、341—342、348—349、413—414 頁。
⑦ 譚瑩覆校《劉希仁文集》,被輯入《嶺南遺書》,后被收入《叢書集成初編》,北京:中華書局,1985 年。
⑧ 《全唐文補遺》第四輯,西安:三秦出版社,1997 年,第 140—141 頁。

(八)廣州盧宗回

黄佐《廣東通志·選舉表》和郭棐《粤大記·科第》均記載盧宗回爲元和十年(815)進士,廣州南海人,官至集賢校理。《唐詩紀事》亦記載盧宗回"登元和進士第"①。宋代沈括《梦溪筆談》記載:"長安慈恩寺塔有唐人盧宗回一詩頗佳,唐人諸集中不載,今記於此:'東来曉日上翔鸞,西轉蒼龍拂露盤。渭水冷光揺藻井,玉峰晴色墮欄干。九重宮闕參差見,百二山河表裏觀。暫輟去蓬悲不定,一凭金界望長安。"②《全唐詩》卷四九〇小傳記載:"盧宗回,字望淵,南海人。登元和十年進士第,終集賢校理。"收其《登長安慈恩寺塔》詩一首。黄佐《廣東通志》又記載:"盧宗回,字望淵,南海人,少時讀書,日夜忘寝食,同舍生見其所作,嫉之,假以他事毆宗回,宗回遜謝,恬不與校。由是爲鄉鄙所重,舉元和十年進士,終集賢校理。久之,聞父有疾,浩然乞予告歸,卒。宗回嘗寓長安,有《題慈恩寺塔詩》,時人傳誦,愛之爲刻以牓,至今存焉。"③

(九)連州劉景

劉景,連州人。黄佐《廣東通志·選舉表》和郭棐《粤大記·科第》均不載。劉景爲唐懿宗和唐僖宗時期宰相劉瞻的父親。唐人所著《玉泉子》記載曰:"劉瞻之先,寒士也。十歲許,在鄭絪左右主筆硯。至十八九,絪爲御史……至三數年,所成文章皆詞理優壯。凡再舉成

---

① 《唐詩紀事校箋》卷四八,第1311頁。
② (宋)沈括撰,胡道靜校正《新校正梦溪笔谈》卷一四,上海:上海人民出版社,2011年,第109頁。
③ (明)黄佐《廣東通志》卷五五《盧宗回傳》,第1410頁。

名,公召辟法寺學省清級,及生瞻及第。"①而《北夢瑣言》記載爲:"唐
相國劉公瞻,其先人諱景,本連州人,少爲漢南鄭司徒掌牋劄,因題商
山驛側泉石,滎陽奇之,勉以進修,俾前驛換麻衣,執贄之後致解薦,擢
進士第,歷臺省。"②《唐語林》則記載爲,劉景"因題商山驛側泉石,司
徒奇之,勉以進修,俾前驛換麻衣,執贄見之禮。後解薦,擢進士第,歷
臺省"③。可見,劉瞻之父劉景亦爲科舉進士出身。根據《新唐書·宰
相世系表》記載,劉景官至鄜坊從事。唐憲宗元和十年(815)至十四
年,劉禹錫貶任連州刺史。前引劉禹錫所作《送曹璩歸越中舊隱》詩序
稱:"予爲連州,諸生以進士書刺者,浩不可紀。"④而劉禹錫與劉景的
交往,很可能也開始於此時。而劉禹錫爲祝賀劉景登進士第而寫的
《贈劉景擢第》詩曰:"湘中才子是劉郎,望在長沙住桂陽。昨日鴻都
新上第,五陵年少讓清光。"⑤其稱劉景"住桂陽",應指連州所屬桂陽
縣。而劉景進士及第大致在元和(806—820)年間的後期。

(一〇)循州韋昌明

　　韋昌明,郭棐《粤大記·科第》記載爲長慶元年(821)進士,循州
龍川縣人。官秘書監丞。黄佐《廣東通志·選舉表》記載其唐穆宗長
慶(821—824)年間進士及第。而該書又記載:"韋昌明,循州龍川人,
家素饒富,昌明勵志讀書,工於詩律詞賦,長慶中進士及第,嘗上書宰

---

① (唐)闕名《玉泉子》,收入《唐五代筆記小説大觀》,上海:上海古籍出版社,2000 年,第
　　1436 頁。《新唐書·藝文志》著録《玉泉子見聞真録》五卷,不著撰人。而《太平廣記》卷
　　一七〇《鄭綱》引作《芝田録》,第 1243 頁。
② 《北夢瑣言》卷三,第 47 頁。
③ (宋)王讜撰、周勛初校證《唐語林校證》卷三,北京:中華書局,1987 年,第 287 頁。
④ 《劉禹錫集箋證·外集》卷八,上海:上海古籍出版社,1989 年,第 1459 頁。
⑤ 《全唐詩》卷三六五,第 4218 頁。

相李逢吉，責以協恭和衷之義，並獻所作《鼎實（寶）賦》，逢吉稱重之。累官校書郎，轉秘書丞。秘書清華之職，自吳郡張率之後，東南胄緒未有任者。昌明就閱麟署，慣乘鹿車，雖荀勗之注寫竹書，薛夏之移坐蘭閣，莫能過也，竟以勤瘁，卒于官。”①《全唐文》卷八一六小傳稱：“（韋）昌明，嶺南人。乾符五年官翰林學士。”而其所收韋昌明《越井記》，對於研究唐代粵東循州的開發以及韋氏家族的來源等有重要意義。由於該文極爲罕見，而迄今爲止學術界似乎也未見有人關注過，因此我們試作完整的徵引。其文稱：

> 南越王趙佗氏，昔令龍川時，建池於嵇湖之東，阻山帶河，四面平曠，登山景望，惟此爲中。厥土沃壤，草木漸包，墾闢定規制。北距嵇十里，東距五馬峰五里，南距河里許，相對即海珠山也。鑒井於治之東偏曰越井，取春秋時爲南越，戰國屬楚爲百粵。秦首置南海，即以龍川隸焉。則越之封，肇於春秋。而龍之壤，則啓自越王佗也。井周圍爲二丈許，深五丈，雖當亢旱，萬人汲之不竭。其源出嵇山，泉極清冽，味甘而香。自秦距今，八百七十餘年，其迹如新。稽《史記》列傳，稱漢既平中國，而佗能集揚越，以保南藩稱職貢，則佗之績，良足爲多。又秦徙中縣之民於南方三郡，使與百越雜處，而龍有中縣之民四家。昌明祖以陝中人來此，已幾三十五代矣！實與越井相終始，故記之如此。乾符五年十月之吉，邑人翰林學士韋昌明記。②

以上所謂“秦徙中縣之民於南方三郡，使與百越雜處”，據《史記·秦

---

① （明）黄佐《廣東通志》卷五五《韋昌明傳》，第 1412 頁。
② 《全唐文》卷八一六，第 8592—8593 頁。

皇本紀》記載:"三十三年(前214),發諸嘗逋亡人、贅壻、賈人略取陸梁地,爲桂林、象郡、南海,以適遣戍。"①而漢高祖劉邦在詔令中亦稱:"粵人之俗,好相攻擊,前時秦徙中縣之民南方三郡,使與百粵雜處。"②根據以上記載,韋昌明實爲秦朝强制性"徙民"的後裔。其原籍爲陝中。陝中縣,漢代稱陝縣,北魏改爲陝中縣,屬恒農郡。其治所在今河南省陝縣東南一百里。北周廢③。

而地處粵東東部山區的龍川建縣歷史悠久,秦始皇三十三年始置龍川縣,趙佗爲龍川令,因此,龍川是南越王趙佗的"興王之地",也是廣東最早立縣的四個古邑之一。而所謂"龍有中縣之民四家",是指龍川趙、韋、官、任四姓居民,也是最早進入龍川與當地土著族群雜居的中原人。至唐僖宗乾符五年(878),韋氏等四家自秦朝從北方中原被遷徙至粵東循州龍川縣,已經過去八百七十餘年,整整三十五代了。這些北方家族在嶺南與越人雜處,但是却又聚族而居。黃佐《廣東通志》稱韋昌明"家素饒富,昌明勵志讀書,工於詩律詞賦,長慶中進士及第"等等,説明這些家族仍在較大程度上頑强地保持着北方中原文化的風尚。而韋昌明在其《越井記》中,明確記載自己的身份爲唐朝翰林學士,而此則可以補史志之闕。

(一一)潮州黃僚

黃佐《廣東通志·選舉表》記載黃僚爲寶曆二年(826)進士,潮州程鄉人。郭棐《粵大記·科第》記載相同。雍正年間郝玉麟《廣東通志·選舉志》也記載黃僚,程鄉人,寶曆二年進士,官朝奉郎、大理寺

① 《史記》卷六《秦始皇本紀》,第253頁。
② 《漢書》卷一下《高帝紀》,第73頁。
③ 《元和郡縣圖志》卷六,第156頁。

丞,知瓊州①。

(一二)桂州曹唐

　　曹唐爲唐後期有重要影響的詩人。對於其籍貫,歷史上有兩種不同的説法。北宋陶岳《五代史補》記載曹唐爲柳州人②。然而其他所有典籍均記載其爲桂州(即桂林)人。對於曹唐是否爲科舉進士及第,歷史上也有兩種不同的記載。唐代張讀(834—886?)所撰《宣室集》稱:"進士曹唐,以能詩,名聞當世。"③孫光憲《北夢瑣言》稱:"唐進士曹唐《遊仙詩》,才情縹緲。"④《唐才子傳》稱:"曹唐字堯賓,桂州人。初爲道士,工文賦詩。大中間舉進士,咸通中爲使府從事。"⑤元代郝天挺注《唐詩鼓吹》稱:"曹唐字堯賓,桂州人,爲道士,太和(827—835)中舉進士中第,累爲諸府從事。因暴病卒於家。"⑥《四庫全書》收有曹鄴《曹祠部集》二卷,後附《曹唐詩》一卷。明嘉靖年間蔣冕所作《曹祠部集序》稱"桂林在唐有二曹詩人,皆負重名于時","其一諱唐,字堯賓,桂林附郭人,嘗爲道士,太和中舉進士中第,累爲諸府從事,以暴疾卒於家。"⑦清初汪森《粤西文載》記載:"曹唐字堯賓,桂州人。爲

---

① (清)郝玉麟《廣東通志》卷三一《選舉志》,《景印文淵閣四庫全書》第563册,第335頁。
② (宋)陶岳《五代史補》卷一"曹唐死"條,《五代史書彙編》,杭州:杭州出版社,2004年,第2482頁。
③ 《太平廣記》卷三四九原引作唐張薦(744—804)所著《靈怪集》(第2768頁)。然而據李劍國考證,此實出張讀《宣室志》(見李劍國《唐五代志怪傳奇叙録》,天津:南開大學出版社,1993年,第460、829頁)。
④ 《北夢瑣言》卷五"李遠譏曹唐"條,第96頁。
⑤ 《唐才子傳校箋》卷八《曹唐傳》,第三册,第489—490頁。
⑥ (金)元好問編,(元)郝天挺注《唐詩鼓吹》卷四,《景印文淵閣四庫全書》第1365册,第428頁。
⑦ (唐)曹鄴《曹祠部集》,《景印文淵閣四庫全書》第1083册,第129頁。

道士。太和中進士，咸通中，仕爲府從事。"①其《粤西叢載》亦稱："曹
唐，初爲道士，太和中舉進士。"②《廣西通志》記載爲："曹唐字堯賓，臨
桂人，初爲道士，有詩名，太和中舉進士。累爲諸府從事，及仕諸幕，頗
多贈答。"③也有一部分資料並未明確記載其進士身份。例如，宋代晁
公武《郡齋讀書志》稱他爲"桂州人。初爲道士。咸通中，爲府從事，
卒"④。而《唐詩紀事》亦稱："唐字堯賓，桂州人。初爲道士，後爲使府
從事。咸通中卒"。⑤

　　然而清初編成的《全唐詩》小傳却明確稱："曹唐，字堯賓，桂州
人。初爲道士，後舉進士不第。咸通中，累爲使府從事。"⑥徐松《登科
記考》亦未將曹唐確定爲唐朝進士。至於《全唐詩》小傳明確稱曹唐
"後舉進士不第"的原因，我們認爲很可能是受到了前引唐代張讀《宣
室集》相關記載的影響。《宣室集》的原文爲："進士曹唐，以能詩，名
聞當世。久舉不第，常寓居江陵佛寺中亭沼。"⑦以上一方面說曹唐
"久舉不第"，另一方面又說曹唐在仕途上頗多困頓坎坷，確實容易造
成曹唐未考中進士的印象。然而需要指出的是，《宣室集》雖然稱其
"久舉不第"，却又明確記載其爲"進士"，而且唐朝有進士身份的士人
窮困潦倒者也不罕見。因此，綜合以上各種資料來看，我們認爲曹唐
作爲唐朝進士的身份是可以成立的。其進士及第大致在唐文宗太和

① 《粤西文載》卷六八《曹唐傳》，《景印文淵閣四庫全書》第 1467 册，第 165 頁。
② （清）汪森《粤西叢載》卷五，《景印文淵閣四庫全書》第 1467 册，第 420 頁。
③ （清）金鉷《廣西通志》卷八四《曹唐傳》，《景印文淵閣四庫全書》第 567 册，第 412 頁。
④ （宋）晁公武撰，孫猛校證《郡齋讀書志》卷一八，上海：上海古籍出版社，1990 年，第
　927 頁。
⑤ 《唐詩紀事校箋》卷五八，第 1590 頁。
⑥ 《全唐詩》卷六四〇，第 7336 頁。
⑦ （唐）張讀《宣室志》附《輯佚》，北京：中華書局，1983 年，第 198 頁。

(827—835)年間。

　　《新唐書·藝文志》著錄《曹唐詩》三卷①。曹唐有虔誠的道教信仰,其詩亦具有濃厚的道教色彩。而且其詩對後世一直都有重要而深遠的影響。《北夢瑣言》稱"唐進士曹唐《遊仙詩》,才情縹緲,岳陽李遠員外每吟其詩而思其人"②。陶岳《五代史補》記載曹唐:"少好道,爲大小《遊仙詩》各百篇。又著《紫府玄珠》一卷,皆叙三清十極紀勝之事。其《遊仙》之句,則有《漢武帝宴西王母詩》云:'花影暗回三殿月,樹聲深鎖九門霜。'又云:'樹底有天春寂寂,人間無路月茫茫。'皆爲士林所稱。"③《唐才子傳》記載曹唐"與羅隱同時,才情不異。唐始起清流,志趣澹然,有淩雲之骨,追慕古仙子高情,往往奇遇,而己才思不減,遂作《大遊仙詩》五十篇,又《小遊仙詩》等,紀其悲歡離合之要,大播於時……有詩集二卷,今傳於世"④。《郡齋讀書志》稱曹唐"作《遊仙詩》百餘篇,或靳之曰:'堯賓嘗作鬼詩。'唐曰:'何也?'"井底有天春寂寂,人間無路月茫茫。'非鬼詩而何?'唐乃大哂。今集中不見,然他詩及神仙者尚多。"⑤元代方回編《瀛奎律髓》收其《仙子送劉阮出洞》,其評論説:"曹唐專借古仙會聚離別之事,以寓寫情之妙。有如鬼語者,有太粗者。選此二首,極其精婉。"⑥《文苑英華》卷一六一收其《題武陵洞》四首;卷一六七收其《三年冬大禮》五首;卷二一六收

①　《新唐書》卷六〇《藝文志四》,第 1614 頁。

②　《北夢瑣言》卷五"李遠譏曹唐"條,第 96 頁。

③　《五代史補》卷一"曹唐死"條,第 2482 頁。

④　《唐才子傳校箋》卷八,第三册,第 492、495 頁。

⑤　《郡齋讀書志》卷一八,第 927 頁。

⑥　(元)方回選評,李慶甲集評校點《瀛奎律髓彙評》卷四八,上海:上海古籍出版社,2005年,第 1793 頁。

其《長安客舍懷邵陵宴寄永州蕭使君》五首;卷二二五收其《大遊仙》十三首,《小遊仙》十三首;卷二二九收其《送羽人王錫歸羅浮》,《送劉尊師祗詔闕庭》三首;卷三三〇收其《病馬》五首①。宋王安石編《唐百家詩選》,收曹唐《暮春戲贈吳端公》、《和周侍御買劍》二詩②。宋人洪邁編《萬首唐人絕句》,收其《小遊仙詩》九十八首③。《全唐詩》之小傳稱其"詩三卷,今編二卷"。該書卷六四〇、卷六四一均收曹唐詩,共一百四十餘首④。

(一三)廣州鄭愚

黃佐《廣東通志·選舉表》和郭棐《粵大記·科第》均將鄭愚進士及第時間確定爲開成二年(837)。《北夢瑣言》記載:"唐鄭愚尚書,廣州人。雄才奧學,擢進士第,歷清顯,聲稱烜然。"⑤按唐文宗開成二年,高鍇司貢籍,取進士四十人。著名文學家李商隱即爲該年進士,並曾作《寄在朝鄭曹獨孤李四同年》一詩⑥。徐松《登科記考》一方面依據前引《北夢瑣言》,確定了鄭愚的進士身份,然而不能確定其具體年份⑦;另一方面却又依據李商隱《寄在朝鄭曹獨孤李四同年》一詩推測"鄭或即鄭憲"⑧。而李商隱另有《和鄭愚贈汝陽王孫家箏妓二十韻》

---

① 《文苑英華》卷一六一,第 766 頁;卷一六七,第 805 頁;卷二一六,第 1077—1078 頁;第卷二二五,第 1127—1129 頁;卷二二九,第 1152—1153 頁;卷三三〇,第 1720—1721 頁。
② (宋)王安石編《王荆公唐百家詩選》卷一五,瀋陽:遼寧教育出版社,2000 年,第 216 頁。
③ (宋)洪邁編《萬首唐人絕句》卷六一,《景印文淵閣四庫全書》第 1349 册,529—538 頁。
④ 《全唐詩》卷六四〇、卷六四一,第 7336—7353 頁。
⑤ 《北夢瑣言》卷三"鄭愚尚書錦半臂"條,第 53 頁;《唐語林校證》卷三,第 288 頁。
⑥ 《全唐詩》卷五三九,第 6182 頁。
⑦ 《登科記考》卷二七,第 1073 頁。
⑧ 《登科記考》卷二一,第 774 頁。

一詩①,又根據鄭愚的從政經歷,我們認爲李商隱在《寄在朝鄭曹獨孤李四同年詩》中所提及的"鄭",應該就是指鄭隱而非鄭憲。

　　黄佐《廣東通志》又記載:"鄭愚,番禺人,世家殷富,騶僮布滿谿谷,皆紈衣鼎食。愚幼穎力學,嘗作詩有句曰:'臺山初罷霧,岐海正分流。漁浦颼來笛,鴻逵翼去舟。'隱然有濟川之志。識者知其公輔器也。開成二年,進士擢第。"②據此可知,鄭愚出身於廣州豪富家族。然而唐代資料對鄭愚從政的記載多有矛盾之處,我們認爲其經歷大致應爲:其進士擢第後,先釋褐爲秘書省校書郎,累遷尚書郎。自唐懿宗咸通二年(861)以後,先後出任桂州刺史兼桂管觀察使、邕州刺史兼嶺南西道節度使③。徵拜禮部侍郎。咸通八年,以禮部侍郎身份"知貢舉"④。而歐陽澥有《詠燕上主司鄭愚》一詩⑤。咸通九年(868)至十二年,出任廣州刺史兼嶺南東道節度、觀察處置等使⑥。並以"撫綏功",召拜尚書右僕射。在任三載卒。宋代計有功《唐詩紀事》稱鄭愚"唐末爲相"⑦。宋代姚鉉編《唐文萃》保存有鄭愚所作《潭州大潙山同

---

① 《全唐詩》卷五四一,第 6237 頁。

② (明)黄佐《廣東通志》卷五五《鄭愚傳》,第 1412 頁。

③ 《資治通鑑》卷二五〇記載咸通三年八月,"以桂管觀察使鄭愚爲嶺南西道節度使"(第 8101 頁)。《文苑英華》卷四五三《授鄭愚嶺南節度使制》,第 2297 頁。

④ 《登科記考》卷二三,第 855 頁。

⑤ 《全唐詩》卷六〇七,第 7008 頁。

⑥ 《舊唐書》卷一九上《懿宗紀》記載咸通三年,"以邕管經略使鄭愚爲廣州刺史,充嶺南東道節度、觀察處置等使"。以上在時間上應屬於誤載(第 652 頁)。《唐摭言》卷一二"設奇沽譽"條:"咸通中,鄭愚自禮部侍郎鎮南海。"(第 141 頁)此亦見《唐詩紀事校箋》卷六六"鄭愚"條,第 1795 頁。可見其出任廣州是在任禮部侍郎之後。《全唐詩》卷五九七小傳稱:"鄭愚,番禺人,咸通中,觀察桂管,入爲禮部侍郎。黄巢平後,出鎮南海,終尚書左僕射。"(第 6910 頁)

⑦ 《唐詩紀事校箋》卷六六《鄭愚》,第 1796 頁。

慶寺大圓禪師碑銘并序》①。而元代釋念常所編《佛祖歷代通載》卷一六《溈山靈祐禪師傳》，亦提到"時相國鄭愚爲之碑"②。至於鄭愚究竟是否真正具有唐朝宰相的身份，還需要有更堅實的資料來佐證。

鄭愚的詩文遺留很少。《全唐詩》卷五九七收其《幼作》、《茶詩》二首③，卷八七〇却又收其詩二首④，其一《醉題廣州使院》應屬其出任廣州刺史時所作，詩云："數年百姓受飢荒，太守貪殘似虎狼。今日海隅魚米賤，大澶慙媿石榴黄。"其二《擬權龍褒體贈鄂縣李令及寄朝右》云："鄂縣李長官，橫琴膝上弄。不聞有政聲，但見手子動。"此外，清雍正年間《廣東通志》收有鄭愚《泛石岐》一詩⑤。此不見載於《全唐詩》。

(一四) 廣州韋滂

黃佐《廣東通志·選舉表》記載韋滂，廣州南海人，唐武宗會昌(841—846)年間進士，官至象州刺史。郭棐《粤大記·科第》則記載爲會昌二年進士。《廣西通志》卷五〇《秩官》亦記載韋滂出爲唐象州刺史⑥。唐房千里所作《寄妾趙氏》一詩原序稱："余初上第，游嶺徼，有進士韋滂者，自南海邀趙氏而來，爲余妾。"⑦唐代范攄《雲溪友議》亦記載"房千里博士初上第，遊嶺徼詩序云：'有進士韋滂者，自南海邀趙氏而來。'"⑧

---

① 《唐文粹》卷六三，《景印文淵閣四庫全書》第 1344 册，第 27 頁。
② (元)釋念常《佛祖歷代通載》卷一六，《大正新修大藏經》第 49 卷，第 640 頁。
③ 《全唐詩》卷五九七，第 6910 頁。
④ 《全唐詩》卷八七〇，第 9962—9963 頁。
⑤ (清)郝玉麟《廣東通志》卷六一，《景印文淵閣四庫全書》第 564 册，第 840 頁。
⑥ (清)金鉷《廣西通志》卷五〇《秩官》，《景印文淵閣四庫全書》第 566 册，第 462 頁。
⑦ 《全唐詩》卷五一六，第 5900 頁。
⑧ 《雲溪友議》卷上"南海非"條，第 12 頁。

(一五)連州劉瞻

劉瞻,連州桂陽縣人,以唐宣宗大中元年(847)進士及第,大中四年又登博學鴻詞科。劉瞻在唐懿宗朝和唐僖宗朝兩度擔任宰相。對此,我們已有專門討論①。

(一六)廣州何鼎

黃佐《廣東通志‧選舉表》和郭棐《粵大記‧科第》均記載何鼎爲廣州番禺人,大中元年(847)進士。官容管經略使。何鼎與何澤父子均爲唐末五代有一定影響的嶺南籍進士。史書對其籍貫有兩種記載。王定保《唐摭言》記載:"何澤,韶陽曲江人也。父鼎,容管經略,有文稱。澤乾寧中,隨計至三峰行在,永樂崔公,即澤之同年丈人也;聞澤來舉,乃以一絕振之曰:'四十九年前及第,同年唯有老夫存。今日殷勤訪我子,穩將鬢鬚上龍門。'時主文與奪未分,又會相庭有所阻(原注:時崔相公徹恃權,即永樂猶子也)。因之敗於垂成。後漂泊關外,梁太祖受禪,澤假廣南幕職入貢,敕賜及第。"②《唐詩紀事》所載與此相同③。而《資治通鑑》則記載何澤,"廣州人也"。又據胡三省所引薛居正《舊五代史》佚文稱:"何澤,廣州人,梁貞明中清海節度使劉陟薦其才,以進士擢第。"④《新五代史》記載:"何澤,廣州人也。父鼎,唐末爲容管經略使。澤少好學,長於詩歌。舉進士,爲洛陽令。"⑤後唐莊

---

① 見本書第四章第二節,又見王承文《唐代北方家族與嶺南溪洞社會》,《唐研究》第二卷,北京:北京大學出版社,1996年。

② 《唐摭言》卷九,第99頁。

③ 《唐詩紀事校箋》卷六六《崔安潛》,第1781—1782頁。

④ 《資治通鑑》卷二七三,後唐莊宗同光二年,第8925頁。

⑤ 《新五代史》卷五六《何澤傳》,第647頁。

宗時,何澤拜倉部郎中,明宗時,數上書論事,拜吏部郎中、史館修撰,以太僕少卿致仕。後晉時,召爲太常少卿,以疾卒於家。黄佐《廣東通志》稱:"何鼎,其先曲江人,後徙番禺。少聰悟,日記萬言。大中初進士,筮仕著作郎,遷瀧州司馬,以能名。節度使李迢禮重之,累遷容管經略使……鼎善星曆,時朱全忠强逆不臣,鼎誡諸子曰:'汝慎毋事全忠,全忠凶惡類禄山,必有慶緒之禍。'"其後"一如所言。諸子守其訓,皆事(唐)莊宗。子澤,最知名"①。黄佐《廣東通志·選舉表》記載何澤爲後唐同光元年(923)進士。

(一七)桂州曹鄴

曹鄴,桂州陽朔縣人。大中四年(850)進士。唐代莫休符《桂林風土記》記載,桂林有"遷鸎坊,本名阜財,在市西門,因曹鄴中丞進士及第,前政令狐大夫改爲遷鸎坊"②。《唐才子傳》稱:"曹鄴字業之,桂林人。累舉不第,爲《四怨、三愁、五情詩》,雅道甚。特爲舍人韋愨所知,力薦於禮部侍郎裴休。大中四年張温琪榜中第。看榜日上主司詩云:'一辭桂巖猿,九泣都門月。年年孟春至,看花如看雪。'杏園宴間呈同年云:'岐路不在天,十年行不至。一旦公道開,青雲在平地。'又云:'忽忽出九衢,童僕顔色異。故衣未及換,尚有去年淚。'又云:'永持共濟心,莫起胡越意。'佳句類此甚多,志特勤苦。仕至洋州刺史。有集一卷,今傳。"③咸通二年(861),曹鄴任太常博士,咸通十年爲秘書監,至乾符六年(879)罷職南歸。鄭谷有《送吏部曹郎中免官南歸》一詩云:"高名向己求,古韻古無儔。風月拋蘭省,江山復桂州。賢人知

①　(明)黄佐《廣東通志》卷五五《何鼎傳》,第1414頁。
②　(唐)莫休符《桂林風土記》,《景印文淵閣四庫全書》第589册,第71頁。
③　《唐才子傳校箋》卷七《曹鄴傳》,第三册,第356—362頁。

止足,中歲便歸休。"①其所稱"中歲便歸休",是説曹鄴尚在中年却已辭官返回故里。李洞撰有《送曹郎中南歸時南中用軍》一詩②。其後李洞得悉曹鄴卒於鄉里,又撰有《弔曹監》一詩,其中有:"吟魂醉魄歸何處? 御水鳴鳴夜遶門。"③

　　根據曹鄴自己的説法,唐代桂州陽朔曹氏本是魏武帝曹操的後代。其《寄監察從兄》一詩云:"我祖居鄴地,鄴人識文星。此地星已落,兼無古時城。古風既無根,千載難重生。空留建安書,傳説七子名。賤子生桂州,桂州山水清。自覺心貌古,兼合古人情。"④其《寄賈馳先輩》一詩又云:"游子想萬里,何必登高臺。聞君燕女吟,如自薊北來。長安高蓋多,健馬東西街。盡説蒿簪古,將錢買金釵。我祖西園事,言之獨傷懷。"⑤以上所謂"我祖居鄴地"和"我祖西園事",均與其祖居地有關。明代《桂故》記載:"曹鄴字鄴之,自云魏武之後,不知徙桂所從起。其《寄監察從兄》及《賈馳詩》述鄴西園,皆云'我祖',即名字並取鄴,必其後也。頗慕建安七子詩,故其所爲亦多古體。大中間進士及第,歷祠部,終洋州刺史。"又稱:"本家陽朔,後居桂城皁財坊,坊在市西門。其時令狐觀察以鄴所居,改爲遷鸎坊。鄴於桂有《碧潯亭宴上》詩。唐兩詩人家桂州,其一名唐,字堯賓。太和間進士,曾辟爲府從事。"⑥

① 《全唐詩》卷六七五,第 7728 頁。

② 《全唐詩》卷七二一,第 8271 頁。

③ 《全唐詩》卷七二三,第 8298 頁。

④ (唐)曹鄴《曹祠部集》卷二,《景印文淵閣四庫全書》第 1083 册,第 138 頁;《全唐詩》卷五九三,第 6874 頁。

⑤ (唐)曹鄴《曹祠部集》卷二,《景印文淵閣四庫全書》第 1083 册,第 142 頁。

⑥ (明)張鳴鳳《桂故》卷六,《景印文淵閣四庫全書》第 585 册,第 773—774 頁。

　　曹鄴在晚唐文壇尤以追慕漢魏古風而著稱。《唐摭言》記載："劉駕與曹鄴爲友,俱攻古風詩。鄴既擢第,而不即出京,俟駕成名同去,果諧所志。"①《唐詩紀事》稱曹鄴"能文,有特操。咸通初,爲太常博士","鄴字業之,大中進士也。唐末,以祠部郎中知洋州"②。該書卷六三又云:"(劉)駕與曹鄴友善,工古風。鄴大中時擢第,不出京,候駕登科同去。"③《全唐詩》卷五九二、五九三均爲曹鄴的詩,共收其詩一百零八首④。《全唐詩續拾》卷三二收有曹鄴詩三首⑤。曹鄴的詩簡樸、通俗易懂。如其《官倉鼠》:"官倉老鼠大如斗,見人開倉亦不走。健兒無糧百姓飢,誰遣朝朝入君口?""州民言刺史,蠹物甚於蝗"⑥。《新唐書·藝文志》著録《曹鄴詩》三卷,又稱其"字鄴之,大中進士第,洋州刺史"⑦。宋陳振孫撰《直齋書録解題》卷一九稱:"《曹鄴集》一卷,唐洋州刺史曹鄴撰。大中四年進士。"⑧《粵西文載》稱:"曹鄴字業之,陽朔人。讀書龍頭山石巖中。大中間,舉進士。刺洋州,至祠部郎中。有詩名。學士韋燠嘗薦之於朝。時詩人如鄭谷輩,皆自以爲不及。"⑨《四庫全書》收有《曹祠部集》二卷。明嘉靖年間蔣冕所作《曹祠部集序》稱:"桂林在唐有二曹詩人,皆負重名于時。其一諱鄴,字鄴之,陽朔縣人。嘗作《四怨三愁五情詩》,爲中書舍人韋愨所知,力薦于

①　《唐摭言》卷四,第 50 頁。
②　《唐詩紀事校箋》卷六〇《曹鄴》,第 1647 頁。
③　《唐詩紀事校箋》卷六三,第 1692 頁。
④　《全唐詩》卷五九二、卷五九三,第 6861—6881 頁。
⑤　《全唐詩續拾》卷三二,北京:中華書局,1999 年,第 11373 頁。
⑥　《全唐詩》卷五九二,第 6866 頁。
⑦　《新唐書》卷六〇《藝文志四》,第 1613 頁。
⑧　《直齋書録解題》卷一九,第 572 頁。
⑨　《粵西文載》卷六八《曹鄴傳》,《景印文淵閣四庫全書》第 1467 册,第 165 頁。

主司,大中間登進士第,由天平節度掌書記遷太常博士,晉祠部郎中,
仕終洋州刺史。"①

(一八)封州莫宣卿

莫宣卿,封州(今廣東封開縣)人。《登科記考》記其爲大中五年
(851)制科狀元②。宋明時代,各種典籍對於莫宣卿作爲唐朝科舉狀
元的身份都有專門記載。宋代祝穆《方輿勝覽》稱:"莫宣卿,開建人。
唐大中間狀元及第。"③王象之《輿地紀勝》的記載與此相同④。潘自牧
《記纂淵海》卷一五《封州》之"形勝"條記載"金鏤村有莫狀元讀書
堂";其"封州人物"條亦稱"唐莫宣卿狀元登第"⑤。《大明一統志》則
記載:"莫宣卿,開建縣人。大中間進士第一。今縣之金鏤村,有莫狀
元讀書堂及片玉亭。"⑥丘濬稱唐代"進士科興,江以南士固有與者,然
多在中葉以後。且終唐之世,未有得掄魁者。張公在開元時,已以道
侔伊吕科進。而大中間,開建之莫宣卿亦已魁天下選矣。"⑦黄佐《廣
東通志》亦稱"嶺南人大魁天下自宣卿始"⑧。

唐僖宗乾符五年(878),封州刺史白鴻儒作《莫孝肅公詩集序》對
莫宣卿生平事迹有最詳細的記載,其文稱:

---

① (唐)曹鄴《曹祠部集》,《景印文淵閣四庫全書》第 1083 册,第 129 頁。
② 《登科記考》卷二二,第 817 頁。相關研究,可參見林天蔚《唐末嶺南狀元莫宣卿考》,
　《食貨月刊》復刊第七卷第五期,1977 年 8 月。
③ 《方輿勝覽》卷三五《封州》,第 629 頁。
④ 《輿地紀勝》卷九四《封州》,第 3243 頁。
⑤ (宋)潘自牧《記纂淵海》卷一五,《景印文淵閣四庫全書》第 930 册,第 361 頁。
⑥ 《明一統志》卷八一《肇慶府》,《景印文淵閣四庫全書》第 473 册,第 713 頁。
⑦ (明)丘濬《重編瓊臺稿》卷九《武溪集序》,《景印文淵閣四庫全書》第 1248 册,第 170—
　171 頁。
⑧ (明)黄佐《廣東通志》卷五五《莫宣卿傳》,第 1414 頁。

　　唐宣宗大中五年，龍集辛未，設科求賢，合天下士對策於大廷，臚傳以莫公宣卿爲第一。公字仲節，廣南封州人也。所産之鄉曰文德，所居之里曰長樂。……（公）天性迥異，聞言即悟。甫七歲，資識豁然，手不釋卷，過目輒成誦，時人目爲神童。入郡庠，從游於梁明甫先生。梁母尤嚴於内訓。試於有司，薦於大廷，對揚清問，首魁天下。初典翰林，未服官政，後以母老，具表陳請，乞官外補，以便就養。上可其奏，賜官台州別駕，歸省迎母。未至官所，而尋卒故里。葬之於文德鄉鑼鼓岡。咸通九年，封州刺史李邦昌上其事於朝，欽奉上敕爲唐正奏狀元莫孝肅公，祀以廟食，表其里居曰文德，蠲其賦稅，以充烝嘗之需，永爲常典。公自幼以至登第，所撰詞賦詩歌，皆操筆立成，誦而咏之，如真金美玉，不落形迹；如化工生物，不事妝點，而生氣宛然如在也。及今公族子姓言動氣象，猶有公之遺風。雖鄉曲五尺童子，與夫田野愚夫愚婦，皆重公名，莫不喜談樂道之。①

莫宣卿的求學和出仕經歷頗具一定的代表性。莫宣卿被賜官台州別駕，然未至官所却卒於故里。其遺集稱《莫孝肅公詩集》，爲其孫莫立之所輯。《文苑英華》收録其《百官乘月早朝聽殘漏》、《水懷珠》二首②。《全唐詩》卷五六六收其《答問讀書居》、《百官乘月早朝聽殘漏》、《水懷珠》三詩③。柳珪爲唐朝大臣、書法家柳公綽（763—832）之孫，與莫宣卿爲同年進士，其所作《送莫仲節狀元歸省》一詩稱："青驄聚送謫仙人，南國榮親不及君。椰子味從今日近，鷓鴣聲向舊山聞。

---

① 《全唐文》卷八一六，第 8590—8591 頁。
② 《文苑英華》卷一八四、一八六，第 904，911 頁。
③ 《全唐詩》卷五六六，第 6554—6555 頁。除三詩外，還收殘句一句。

孤猿夜叫三湘月,匹馬時侵五嶺雲。想到故鄉應臘過,藥欄猶有異花薰。"①

　　至於莫宣卿的族人莫休符亦以文顯。宋代陳振孫《直齋書録解題》卷八著録《桂林風土記》一卷,稱"唐融州刺史權知春州莫休符撰。昭宗光化二年(899)也"②。《四庫全書總目》著録《桂林風土記》一卷,又稱"唐莫休符撰。休符里貫未詳。作此記時,在昭宗光化二年,休符以檢校散騎常侍守融州刺史。其終於何官,亦莫能考也"③。至於莫休符的"里貫",根據黄佐《廣東通志》記載,莫宣卿"族人(莫)休符,受知鄭愚,爲融州刺史,權知春州,嘗著《桂林風土記》"④。而明代張鳴鳳《桂故》記載"莫休符其自序所著《桂林風土記》",又稱"惟桂林事迹闕然無聞,休符因退居,粗録見聞,曰《桂林風土記》。聊以爲序,時唐光化二年九月二十三日。休符,封州開建人。"⑤清初汪森《粤西文載》亦記載莫休符,封州開建人,"光化(898—901)間,官融州刺史"⑥。

　　(一九)端州黄惟堅

　　黄佐《廣東通志·選舉表》和郭棐《粤大記·科第》均記載黄惟堅爲端州高要人,大中五年(851)進士,官朝議郎⑦。同年進士有莫宣

①　《全唐詩》卷五六六,第6559—6560頁。
②　《直齋書録解題》卷八,第259頁。
③　《四庫全書總目》卷七〇,第623頁。
④　(明)黄佐《廣東通志》卷五五《莫宣卿傳》,第1414頁。
⑤　(明)張鳴鳳《桂故》卷三,《景印文淵閣四庫全書》第585册,第752頁。
⑥　《粤西文載》卷六二《莫休符傳》,《景印文淵閣四庫全書》第1467册,第19頁。
⑦　(明)黄佐《廣東通志》卷一一《選舉表》,第240頁。

卿。郝玉麟《廣東通志·選舉志》與此相同①。

(二〇)廣州楊環

楊環,黃佐《廣東通志·選舉表》記載爲廣州南海人,咸通(860—874)年間進士。該書又記載其"力學工詩,隱居羅浮,咸通末登進士第,初任省時,夢登高臺耘草得玉麟。及除弘文館校書郎,人賀曰:'子居是職,所謂麟臺芸閣也。'始悟所夢。拜官後,時事日非,即拂衣歸隱。至德令周繇與環友善,極稱許之。又有黃隱居者,家于朝臺(廣州城内),往來羅浮,與環莫逆,日以琴樽自娱,時人稱曰'南濱三隱'"②。郭棐《粤大記·科第》記載其爲咸通二年(861)進士,然此應爲咸通十二年之誤。周繇《送楊環校書歸廣南》一詩稱:"天南行李半波濤,灘樹枝枝拂戲猱。初着藍衫從遠嶠,乍辭雲署泊輕艘。山村象踏桃榔葉,海外人收翡翠毛。名宦兩成歸舊隱,徧尋親友興何饒。"③據《全唐詩》卷六三五小傳,周繇字爲憲,池州人。咸通十二年(871)進士登第④。周繇應是以同榜進士的身份撰寫該詩的。至於前引黃佐所提到的"黃隱居",應是與晚唐詩人許渾有交往的隱士。許渾《送黃隱居歸南海》曰:"瘴霧南邊久寄家,海中來往信流槎。林藏狒狒多殘笋,樹過猩猩少落花。深洞有雲龍脱骨,半巖無草象生牙。知君愛宿瓊峰頂,坐到三更見日華。"⑤而許渾在廣州所作《晚自朝臺津至韋隱居郊園》,

---

① (清)郝玉麟《廣東通志》卷三一《選舉志》,《景印文淵閣四庫全書》第563册,第335頁。
② (明)黃佐《廣東通志》卷五五《楊環傳》,第1416頁。(明)郭棐《粤大記》卷二四《楊環傳》,廣州:中山大學出版社,1998年,第699—700頁。
③ 《文苑英華》卷二八二,第1435頁;《全唐詩》卷六三五,第7292頁。
④ 《全唐詩》卷六三五,第7290頁。
⑤ (唐)許渾撰,羅時進箋證《丁卯集箋證》卷七,北京:中華書局,2012年,第436頁;《全唐詩》卷五三四,第6098頁。

亦反映了嶺南尚有許多不應辟舉遯迹嶺海的本地士人①。

(二一)封州陳萬言

根據黄佐《廣東通志》記載,陳萬言,封川(今廣東封開縣)人,唐僖宗乾符二年(875)進士及第,"爲歙州刺史,明恤民隱,能折强豪,時稱能吏。晚歸隱漁村,乃苦刻作詩,人甚稱之"②。

(二二)循州鄭隱

鄭隱,循州人。黄佐《廣東通志·選舉表》和郭棐《粵大記·科第》均不載。鄭隱爲唐僖宗乾符二年(875)進士。而其進士及第與晚唐宰相崔沆有關。崔沆(?—881)字内融。博陵郡(今河北安平)人。宰相崔鉉之子。登進士第,官員外郎,知制誥,累遷中書舍人。唐懿宗咸通十三年(872),崔沆坐事貶循州(今廣東惠州)司户③。唐僖宗乾符(874—879)初,復拜中書舍人,尋遷禮部侍郎,典貢舉。選名士十數人,多至卿相。乾符末,本官同平章事。唐末王定保《唐摭言》記載:

> 鄭隱者,其先閩人,徙居循陽,因而耕焉。少爲律賦,詞格固尋常。咸康末,小魏公沆自闕下黜循州佐,于時循人稀可與言者;隱贄謁之,沆一見甚慰意,自是日與之遊……以錢代隱輸官,復延之上席。未幾,沆以普恩還京,命隱偕行……行至商顏,詔沆知貢舉。時在京骨肉,聞沆攜隱,皆以書止之;沆不能捨,遂令就策試,然與諸親約止於此耳。暨牓除之夕,沆巡廊自呼隱者三四,矍然

---

① 《全唐詩》卷五三三,第 6090 頁。
② (明)黄佐《廣東通志》卷五五《陳萬言傳》,第 1416 頁。
③ 《舊唐書》卷一九上《懿宗紀》,第 679 頁。

頓氣而言曰:"鄭隱,崔沆不與了,却更有何人肯與之!"一舉
及第。①

宋代梁克家《淳熙三山志》稱:"鄭隱字伯超,福清人。"②乾隆初年編成
的《福建通志》,亦將其記載爲福建籍進士③。而多種明清廣東地方史
志,一般都未將鄭隱作爲唐代廣東進士加以記載。但根據《唐摭言》的
記載,雖然鄭隱的祖籍爲福建,但其籍貫其實爲嶺南東南部沿海的循
州。而且鄭隱應該也是以循州鄉貢舉人的身份得以進士及第的。古
代循州又稱循陽郡、龍川郡和海豐郡④。根據徐松《登科記考》考證,
鄭隱爲唐僖宗乾符二年(875)進士。該年爲中書舍人崔沆知貢舉⑤。
而崔沆在貶任循州期間,與鄭隱交好,並在舉業上給予鄭隱幫助和提
攜,使其得以進士及第。

(二三)連州邵安石

邵安石,黄佐《廣東通志·選舉表》記載其乾符三年(876)進士及
第⑥。而徐松《登科記考》則考定在乾符四年⑦。《唐摭言》記載:"邵
安石,連州人也。高湘侍郎南遷歸闕,途次連江,安石以所業投獻遇
知,遂挈至輦下。湘主文,安石擢第。詩人章碣,賦《東都望幸詩》刺之
曰:'懶修珠翠上高臺,眉月連娟恨不開;縱使東巡也無益,君王自領美

① 《唐摭言》卷九,第 96 頁。
② (宋)梁克家《淳熙三山志》卷二六《人物類一·科名》,第 312 頁。
③ (清)郝玉麟纂《福建通志》卷三三《選舉》,《景印文淵閣四庫全書》第 529 册,第 4 頁。
④ 《方輿勝覽》卷三七《循州》,第 662 頁。
⑤ 《登科記考》卷二三,第 870 頁。
⑥ (明)黄佐《廣東通志》卷一一《選舉表》,第 240 頁。
⑦ 《登科記考》卷二三,第 875 頁。

人來.'"①可見,邵安石能進士及第,確實得到了高湘的提攜,然而却也因此遭到了章碣(836—905)的譏諷。晚唐詩人曹松《送邵安石及第歸連州覲省》曰:"及第兼歸覲,宜忘涉驛勞。青雲重慶少,白日一飛高。轉楚聞啼狖,臨湘見疊濤。海陽沈飲罷,何地佐旌旄。"②黄佐《廣東通志》等不爲邵安石立傳,主要原因應與其後來出仕朱温的後梁王朝有關。郝玉麟《廣東通志》卷四四《張鴻傳》尚稱:"時(張鴻)同郡邵安石、黄匪躬、吴靄等並有才名,與(張)鴻相頡頏,然皆以唐進士事朱全忠,爲士論所少,視鴻有媿矣。"③

(二四)循州張昭遠

張昭遠,黄佐《廣東通志·選舉表》和郭棐《粤大記·科第》均記載爲循州歸善縣人,乾符四年(877)進士,官至起居舍人。

(二五)廣州鄧承勳

鄧承勳,黄佐《廣東通志·選舉表》和郭棐《粤大記·科第》均記載爲乾符五年(878)進士,廣州南海縣人,官至江州刺史。黄佐《廣東通志》又記載其"積學膺薦上京,師從宰相劉瞻〔習〕制誥,久之,登乾符五年(878)進士,筮仕爲虔州司馬,待選家居。時節度副使柳玭甚禮重之,録其家範,以教子孫。會黄巢破廣州,執節度使李迢,索玭甚急,承勳潛以小舟濟玭,告難長安,后巢賊平,承勳拜江州刺史,謝病歸"④。可見,在黄巢之亂被平定後,鄧承勳辭任江州刺史而返回了

---

① 《唐摭言》卷九,第95—96頁。
② 《全唐詩》卷七一六,第8233頁。
③ (清)郝玉麟《廣東通志》卷四四《張鴻傳》,《景印文淵閣四庫全書》第564册,第32頁。
④ (明)黄佐《廣東通志》卷五五《鄧承勳傳》,第1414頁。

廣州。

（二六）連州黄匪躬

黄匪躬，黄佐《廣東通志・選舉表》和郭棐《粤大記・科第》均記載爲唐光啓三年（887）進士，連州人。五代孫光憲《北夢瑣言》記載："近代李頻、黄匪躬皆嶺表人。"[1]《十國春秋》記載其爲連州人，"幼負詩名，與同郡張鴻、邵安石、吴靄並有才華，登唐光啓三年進士。後仕梁，掌江西鍾傳幕奏記，武穆王雅傾慕之。會匪躬以使事來湖南，王大喜，盡蠲其門户租役。匪躬固辭，王曰：'老夫常恨不一挹清風，今幸得見，惟恐不足以奉湯沐。'其見重如此"[2]。

（二七）韶州孔閏

《永樂大典》所收《南雄府圖經志》記載："唐孔閏，少聰敏嗜學，年十九，唐景福（892—893）初及第，官至朝散大夫、袁州刺史。"[3]《大明一統志》之《南雄府》記載："孔閏，保昌人。少聰明嗜學，景福初進士，官至朝散大夫，遷袁州刺史。"[4]黄佐《廣東通志・選舉表》亦記載孔閏爲唐昭宗景福年間進士，南雄人，官朝散大夫、袁州刺史。郭棐《粤大記・科第》記載其爲景福二年（893）進士。然而，雍正年間郝玉麟等編纂的《廣東通志・選舉志》，却將孔閏記載爲唐高宗顯慶（656—661）年間進士[5]。此應有誤。

① 《北夢瑣言》卷五"羅袞不就西川辟"條，第116頁。
② 《十國春秋》卷七五《黄匪躬傳》，第1029頁。
③ 《永樂大典方志輯佚・南雄府圖經志》，第4册，第2538頁。
④ 《明一統志》卷八〇《南雄府》，《景印文淵閣四庫全書》第473册，第689頁。
⑤ （清）郝玉麟《廣東通志》卷三一《選舉志》，《景印文淵閣四庫全書》第563册，第334頁。

（二八）桂州趙觀文

趙觀文，桂州臨桂縣人。根據莫休符《桂林風土記》和徐松《登科記考》，其於唐昭宗乾寧二年(895)狀元及第，入爲翰林侍講①。《唐摭言》稱“昭宗皇帝頗爲寒畯開路”，“趙觀文古風之作，皆臻前輩之閫閾者也”②。宋孔仲平《珩璜新論》記載“趙觀文，桂州人。桂小軍也，狀元及第”③。晚唐詩人褚載《賀趙觀文重試及第》曰：“一枝仙桂兩回春，始覺文章可致身。已把色絲要上第，又將彩筆冠群倫。龍泉再淬方知利，火浣重燒轉更新。今日街頭看御牓，大能榮耀苦心人。”④於此可見，來自嶺南桂州的趙觀文狀元及第，在晚唐長安還引起過不小的震動。其所謂“重試及第”，根據宋代計有功《唐詩紀事》記載：“案觀文乾寧二年崔凝下第八人登第，是年命陸扆重試，而觀文爲牓首。”⑤

清初汪森《粵西叢載》記載趙觀文事迹，特地徵引了《唐登科記》。傅璇琮先生在其《唐代科舉與文學》一書的開篇稱：“有關唐代科舉制的研究材料，最基本的應當是唐人的登科記。但唐代的登科記，無論是唐朝人所作，還是宋朝人所作，今天都已不可得見。”⑥正因爲如此，《粵西叢載》所保存的這份《唐登科記》，應屬於極其罕見的唐朝登科記遺文，而且應僅見於此。其文稱：

> 二月八日昭宗御武德殿，宣翰林學士陸扆重試《曲直不相入

---

① （唐)莫休符《桂林風土記》，《景印文淵閣四庫全書》第 589 册，第 71 頁;《登科記考》卷二四，第 907 頁。

② 《唐摭言》卷七，第 74 頁。

③ （宋)孔仲平《珩璜新論》，《景印文淵閣四庫全書》第 863 册，第 121 頁。

④ 《全唐詩》卷六九四，第 7990 頁。

⑤ 《唐詩紀事校箋》卷五九，第 1598 頁。

⑥ 傅璇琮《唐代科舉與文學》，西安:陝西人民出版社，1986 年，第 1 頁。

賦》、《詢于芻蕘詩》,考落九人,重放狀頭趙觀文以下十有五人。
敕趙觀文、程晏、崔賞、封渭才藻優贍,義理昭然,深窮體物之能,
曲盡緣情之妙。所試詩賦,詞義精通,皆合本意。其盧贍、盧鼎、
黄滔、崔仁寶、沈松、王貞白、李龜禎、張賓、陳饒、韋希震、盧虔等
十人,所試詩賦,義理精通,宜躋異級,用振儒風。其趙觀文四人,
並盧贍等十人,並與及第。其張貽憲、孫浦、李途、李光序、李樞等
五人,所試詩賦不副題目,兼詞句稍下,宜付有司,許復再舉。其
崔礪、杜承昭、鄭稼、蘇楷等四名,所試最下,蕪纇頗甚,不及格式,
合無守業,敢竊科名,付有司落下,不許再入舉場。其崔疑爵秩已
崇,委託殊重,依舊委中書門下商量處分,可使持節合州諸軍事、
合州刺史。①

以上引文中的主要史實,亦見於唐末黄滔《黄御史集》附録所收《唐昭
宗實録》②。然而二者仍有不少具體細節的差别。明代張鳴鳳《桂故》
記載趙觀文臨桂人,乾寧二年狀元及第,"觀文起自遠所,入取高第,意
欲藉以涉要地,多所幹濟。值宦寺竊柄,大盜蜂起,遂歸家,賫志以歿。
郡志謂其官終侍講,則不知之矣。至今堯山虞山兩廟有觀文祭器
碑"③。清雍正《廣西通志》記載:"趙觀文,臨桂人。乾寧二年狀元及
第。是年,試《觀人文化成天下賦》,内出《白鹿宣示百僚詩》,放進士
榜二十五人,觀文第八,被黜者訴不當,乃重試,觀文遂魁多士。是時,

① （清）汪森《粤西叢載》卷五引《唐登科記》,《景印文淵閣四庫全書》第 1467 册,第
　　422 頁。
② （唐）黄滔《黄御史集》卷八《唐昭宗實録》,《景印文淵閣四庫全書》第 1084 册,第
　　183 頁。
③ （明）張鳴鳳《桂故》卷六,《景印文淵閣四庫全書》第 585 册,第 774 頁。

劉季述輩專橫,觀文以爲言忤宰相崔蔭(胤)意,謝病歸。"①其"謝病歸"的主要原因,應與此時大唐帝國末年的政治混亂有關。宋代陳思《寶刻叢編》卷一九《静江府》著録有唐趙觀文撰、顏起正書並篆額的《唐新修堯舜二祠祭器記》,並記"乾寧五年(898)八月十五日建"②。《全唐文》卷八二八和《粤西文載》卷三七均收録有趙觀文《桂州新修堯舜祠祭器碑》③。而該碑文很可能是趙觀文在其回歸故里後撰寫的。

(二九)封州王國才

黄佐《廣東通志·選舉表》和郭棐《粤大記·科第》均記王國才封州封川人,唐昭宗乾寧三年(896)進士及第。

(三〇)連州吴藹

吴藹,黄佐《廣東通志·選舉表》和郭棐《粤大記·科第》均記載爲連州人,光化三年(900)進士。官節度掌書記。吴藹在後梁王朝中頗受到重用。《册府元龜》記載後梁太祖乾化元年(911)十二月,"命大理卿王鄯使于安南,左散騎常侍吴藹使于朗州,皆以旌節官告錫之也"④。該書又稱"梁吴藹爲崇政副使,太祖乾化二年,自右散騎常侍遷刑部侍郎,與宣徽副使左散騎常侍李珽並充侍講學士"⑤。而黄佐《廣東通志》等不爲其立傳,也應與其出仕朱温後梁王朝有關。

---

① (清)金鉷《廣西通志》卷七六《鄉賢·趙觀文傳》,《景印文淵閣四庫全書》第 567 册,第 293 頁。
② (宋)陳思《寶刻叢編》卷一九《静江府》,《景印文淵閣四庫全書》第 682 册,第 482 頁。
③ 《全唐文》卷八二八,第 8721—8722 頁。《粤西文載》卷三七,《景印文淵閣四庫全書》第 1466 册,第 289—290 頁。
④ 《册府元龜》卷二一三,第 2556 頁。
⑤ 《册府元龜》卷五九九,第 7197 頁。

(三一)連州陳用拙

陳用拙,黃佐《廣東通志·選舉表》記爲唐天祐元年(904)進士,官至南漢中書舍人。而黃佐《廣東通志》又記載:"陳拙字用拙,以字顯,連州人,少肄習禮樂,尤長於詩。唐天祐元年擢進士第,授著作郎,見朱温弒逆,假使節南歸,加清海軍節度使、劉隱同平章事,隱遂留用之。"[1]《十國春秋》稱"陳用拙,本名拙,連州人,用拙其字也。少習禮樂,工詩歌,長遂以字顯。唐天祐元年擢進士第,授著作郎"[2]。而司空圖於唐昭宗光化二年(899)所撰《疑經後述》,却稱"鍾陵秀士陳用拙出其宗人嶽所作《春秋折衷論》數十篇,贍博精緻,足以下視兩漢迂儒矣"[3]。這裏的"鍾陵秀士",應指陳用拙原來的籍貫或郡望。鍾陵縣,西晉太康初置,屬豫章郡。唐朝爲洪州治。在今江西省南昌市。因此,我們認爲陳用拙也屬於從鍾陵南遷嶺南的内地家族後裔。

(三二)連州劉贊

劉贊,爲宰相劉瞻之子。黃佐《廣東通志·選舉表》不載。《北夢瑣言》記載劉瞻"先婚李氏,生一子,即劉贊也……擢進士第。梁時登朝,充崇政院學士,預時俊之流"[4]。以上説明劉瞻與李氏所生之子劉贊,也是以科舉進士身份進入唐末政壇的,其官至後梁王朝崇政院學士。《全唐詩》卷七二七小傳稱唐末名"劉贊"者有三人,稱:"按唐末劉贊有

---

① (明)黃佐《廣東通志》卷五五《陳用拙傳》,第1416—1417頁。
② 《十國春秋》卷六二《陳用拙傳》,第891頁。
③ (唐)司空圖撰,祖保泉等箋校《司空表聖詩文集箋校·文集》卷三,合肥:安徽大學出版社,2002年,第213頁。《全唐文》卷八〇九,第8502頁。
④ 《北夢瑣言》卷一〇,第208頁。

桂陽人,宰相瞻之子,擢進士,仕梁充崇政殿學士。"①徐松《登科記考》將
其進士及第時間推斷在唐末天祐二年(905)②。值得注意的是,唐後期
粵北連州劉氏家族,從劉景、劉瞻到劉贊三代均爲唐朝科舉進士。

(三三) 連州張鴻

黄佐《廣東通志·選舉表》記載張鴻爲唐天祐(904—907)末年進
士,連州桂陽人。而郭棐《粵大記·科第》則記載其爲天祐四年(907)
進士。黄佐《廣東通志》還記載張鴻"方將筮仕,知運祚將易,遂隱遁
不出。天下聞而高之。爲詩清絶,世所傳誦。著述甚裕,有集十二卷
行於時"③。明成化九年(1473)編成的《廣州志》卷三六《藝文志》,亦
著録有《張鴻詩集》十二卷。《全唐詩》未收録其詩。

(三四) 康州李謹微

李謹微,郭棐《粵大記·科第》記載其天祐四年(907)進士,康州
人,官番禺令。黄佐《廣東通志》記載其唐天祐(904—907)年間進士
及第,德慶(今廣東省德慶縣)人。德慶在唐屬於康州。而該書又記載
其赴任番禺令途中,月夜遇漁父誠"世將亂矣,宜高尚雲林,以保天
年",言訖不見,"謹微悟,遂隱不仕"④。

以上,我們對唐代"安史之亂"後直至唐末嶺南籍三十五位科舉進
士的情況作了專門討論。然而還有一些嶺南進士的身份尚待進一步
明確。例如,李郢之子李興。前引黄佐《廣東通志》記載李郢字楚望,

---

①　《全唐詩》卷七二七,第8331頁。
②　《登科記考》卷二四,第930頁。
③　(明)黄佐《廣東通志》卷五五《張鴻傳》,第1416頁。
④　(明)黄佐《廣東通志》卷五五《李謹微傳》,第1416頁。

"長安人,博學工於詩,大中進士。屢爲藩鎮從事,終於御史。唐末避亂嶺表,家廣州,以詩自適。子興,字魯珍,生於南海,尤能詩,每一篇成,必膾炙人口。後登甲科"①。而宋代計有功《唐詩紀事》也記載:"(李)郢子璵,字魯珍,生於南海,尤能詩,每一篇成,必膾炙人口。後登甲科。"②黄佐一方面記載長安人李郢唐末避亂嶺表,家廣州,而其子李興又出生於南海,並在進士考試中"登甲科",然而另一方面,在《廣東通志·選舉表》中,却並未把李興作爲唐代進士加以記載。又如,韶州翁源縣人邵謁是唐後期有較大影響的詩人,但是在現存各種史籍中,其進士身份也不太明確③。

六 結論

以上我們通過對唐後期嶺南的北方家族移民和科舉進士問題的討論,可以得出幾點認識。首先,唐後期嶺南籍進士的大量出現,反映

① (明)黄佐《廣東通志》卷五二《李郢傳》,第 1338 頁。
② (宋)計有功輯撰《唐詩紀事》卷五八,上海:上海古籍出版社,2008 年,第 883 頁。
③ 晚唐韶州翁源縣人邵謁的進士身份問題,《唐才子傳》卷八小傳記載:"(邵)謁,韶州翁源縣人。少爲縣廳吏,客至倉卒,令怒其不楷床迎待,逐去。遂截髻著縣門上,發憤讀書……咸通七年抵京師,隸國子。時温庭筠主試,憫擢寒苦,乃榜謁詩三十餘篇,以振公道。曰:'……仍請申堂,并榜禮部。'已而釋褐,後赴官,不知所終。"(第三册,第 453—454 頁)傅璇琮先生曾將邵謁作爲進士"出身于縣吏"的典型(《唐代科舉與文學》,第 196 頁)。然而,邵謁究竟是否有進士出身仍值得討論。黄佐《廣東通志·選舉表》亦未記載邵謁進士及第。該書卷五五《邵謁傳》亦未記載其進士及第。《全唐詩》卷六〇五小傳記載:"邵謁,韶州翁源縣人。少爲縣吏,令怒,逐去。遂截髻著縣門,發憤讀書,工古調,釋褐赴官,不知所終。詩一卷。"(第 6992 頁)明代胡震亨撰《唐音癸籤》記載:"咸通中,温飛卿任太學博士,主秋試,以邵謁詩爲工,榜於堂,仍請之禮部,謁竟不得第而死。太學解送成事之難,與外府無異。"(《唐音癸籤》卷一八,上海:上海古籍出版社,1981 年,第 197 頁)明代黄佐《詩人邵謁傳》稱,邵謁"居京師最久,所與善皆名士,然剛躁與時戾,以是竟不第甲科"(收入黄宗羲《明文海》卷三九五,《景印文淵閣四庫全書》第 1457 册,第 554—555 頁)。可見,邵謁很可能並没有真正進士及第。

了唐後期嶺南士人階層的發展以及北方家族移民的重要影响。衆所周知,唐代進士録取人數遠比宋代少。杜佑稱:"開元、天寶之中,一歲貢舉,凡有數千。"①又稱:"其進士,大抵千人得第者百一二;明經倍之,得第者十一二。""開元以後,四海晏清,士無賢不肖,耻不以文章達,其應詔而舉者,多則二千人,少猶不减千人,所收百纔有一。"②唐代各地士人必須首先通過地方州縣考試以獲得貢舉資格,然後到京城參加省試。而在這些參加省試的舉人中,一百人中只有一兩人可以考中進士。而這也就意味着,在唐朝每年爲數很少的進士名録背後,是一個龐大的士子階層。具體到唐後期的嶺南,在三十五位進士的背後,也必然意味着有一個人數可觀的士人群體。日本學者桑原騭藏稱:"對中國人來説,科舉就是登龍門。過去中國人的學問教育,大半以科舉爲目的,因此登科者的多寡,可以説是卜算一個地方文運的指標。"③從唐後期嶺南進士的籍貫分布來看,主要集中在十一個州,包括:連州八人,廣州七人,韶州四人,桂州三人,封州三人,循州三人,潮州二人,愛州二人,交州一人,端州一人,康州一人。而唐代嶺南其他六十個左右的州,却没有出現一個進士。以上這種情況一方面説明唐代嶺南區域内部經濟社會文化發展的差異性相當明顯。另一方面,這些出現進士的州,絶大多數都屬於唐後期北方移民比較集中的地區。因而也從一個具體方面證明了唐後期北方家族移民對嶺南的重要影響。唐代三位嶺南籍的宰相即韶州張九齡、愛州姜

①　《通典》卷一八《選舉六·雜議論下》評曰,第455頁。
②　《通典》卷一五《選舉三·歷代制下》,第357頁。
③　〔日〕桑原騭藏《歷史上所見的南北中國》,載劉俊文主編《日本學者研究中國史論著選譯》第一卷,北京:中華書局,1992年,第26頁。

公輔和連州劉瞻,均爲北方家族移民的後裔。劉軻亦出自唐"安史之亂"後移居嶺南的北方家族。直到北宋時代,不少由科舉入仕的嶺南籍士人如余靖、羅孟郊等①,其家世都可以追溯到唐代安史之亂以後遷移嶺南的外地家族。當然,唐後期尚有不少並非北方移民後裔的士人科舉登場,也同樣能夠證明嶺南經濟社會和文化已有較爲明顯的發展。

其次,北宋孔平仲(1044—1111)所撰《珩璜新論》認爲"嶺南郡縣近世人物爲少"②。如果我們把唐代嶺南作縱向和橫向比較的話,就會發現孔平仲的評論並不太客觀。唐代嶺南所出現的歷史人物,無論是從數量還是從重要性來看,都要遠超秦漢至隋的任何一個時期。張九齡、姜公輔和劉瞻等通過科舉考試走上仕途並進入唐朝權力的中樞。"就整個封建社會的職官制度和選舉制度來説,由於各級官吏特別是高級官吏通過科舉來進行選拔,地主階級各階層人士都可以懷牒自列於州縣,報名參加考試,這就使他們有可能通過科舉進入最高統治機構,從而打破了兩漢以來由地主階級中某一集團、某些家族世代壟斷政權,獨占高位的局面。"③因此,唐朝科舉制度爲嶺南士人參與唐朝國家政治事務打開了通道。與同一時期中國南方其他地區作橫向比較,唐代嶺南的歷史人物也要比湖南、湖北、江西、福建等地更加突出。《北夢瑣言》卷四"破天荒解"條:"唐荆州衣冠藪澤,每歲解送舉人,多不成名,號曰'天荒解'。劉蜕舍人以荆解及第,號爲'破天荒'。爾來余知古、關

---

① 《方輿勝覽》卷三七《循州·人物》記載:"羅孟郊,五代時自南昌遷守興寧,官至翰林學士。有茆屋數間,號翰林堂。旁有泉,曰羅公滌硯池。"(第664頁)。(宋)潘自牧《記纂淵海》卷一五,《景印文淵閣四庫全書》第930册,第357—358頁。

② (宋)孔平仲《珩璜新論》卷三,《景印文淵閣四庫全書》第863册,第121頁。

③ 吳宗國《唐代科舉制度研究》,瀋陽:遼寧教育出版社,1992年,第182頁。

圖、常修,皆荆州之居人也。率有高文,連登上科。"①直到大中四年
(850),荆南地區才有劉蛻"破天荒"進士及第。江西的情況也差不
多②。唐後期福建的科舉進士也有不少③。但是從整體上來看,福建籍
士人在唐朝政壇以及文壇的地位和影響,均遠不及嶺南士人。

最後,從唐後期嶺南籍三十五位進士的經歷和活動來看,我們認
爲其中有兩種值得注意的傾向。一種傾向是越到晚唐特別是唐末,嶺
南士人進士及第的現象愈密集、愈多。例如,唐天祐元年(904),全國
共録取進士二十六人④,其中竟然有三位來自嶺南連州,除了陳用拙之
外,還有張鴻和李謹微。這種情況的出現,應緣於晚唐北方中原的長
期戰亂,加上唐朝政治的衰敗,使全國各地士人通過科舉出仕的意願
大大降低。然而在嶺南,唐朝科舉制度却在繼續發揮着重要影響。另
一種傾向是晚唐有相當一批通過科舉出仕的嶺南籍士人如莫宣卿、趙觀
文、曹鄴等却又辭官返回故里,因而也反映了晚唐嶺南士人的一種流向。
吳宗國先生指出:"五代十國時南方各國的統治者不盡是本地人,但當地
的士人始終是一支活躍的政治力量。"⑤晚唐五代大量北方官僚士大夫
及其家族遷移嶺南,還包括嶺南本地士人階層的增長,都是南漢王朝
得以建立的重要基礎和前提。對此,我們將在後面作專門討論。

---

① 《北夢瑣言》卷四"破天荒解"條,第81頁。
② 傅璇琮《唐代科舉與文學》,第206—207頁。
③ 參見凍國棟《唐代閩中進士登場與文化發展管見》,《魏晉南北朝隋唐史資料》第十一
　　輯,武漢:武漢大學出版社,1991年,第157—166頁;陳弱水《中晚唐五代福建士人階層
　　興起的幾點觀察》,張國剛主編《中國社會歷史評論》第三卷,北京:中華書局,2001年,
　　第88—106頁。
④ 《登科記考》卷二四,第927頁。
⑤ 吳宗國《唐代科舉制度研究》,第278頁。

第五節　再論南漢王室的族屬和來源

一　引言

　　1954 年 7 月,在廣州市越秀山鎮海樓附近,出土了《唐故清海軍節度掌書記太原王府君墓志銘》。著名唐史學家岑仲勉先生爲此撰寫其名篇——《從王涣墓志解決了晚唐史一兩個問題》[1]。岑先生依據墓志資料,既解決了晚唐史研究中一系列懸而未決的問題,同時又指出晚唐嶺南已成爲北方中原官員士人遷徙的重要地區。其相關研究對於我們重新認識晚唐至南漢時期的嶺南區域史,至今仍有其重要啓發意義。2000 年,在廣州市番禺區大學城建設中,又出土了南漢《高祖天皇大帝哀册文碑》[2]。碑文爲南漢翰林學士承旨知制誥盧應奉敕撰並書,楷書,共一千零六十二字。所謂“高祖天皇大帝”,是南漢王朝創立者劉龑的尊號。劉龑一生名字多有變化,初名劉巖,更名劉陟,復名劉巖,改名劉龑,終名劉龑。擁有乾亨(917—925)、白龍(925—928)、大有(928—942)三個年號。《舊五代史》記載其享年五十四歲[3]。而碑文記載劉龑崩於大有十五年(942)四月二十四日。至殤帝劉玢光天元年(942)九月二十一日,遷神於康陵。因而該碑在歷史上又稱爲《康陵碑》。南漢王朝(917—971)在嶺南區域開發史上具有非常重要而特

①　岑仲勉《從王涣墓志解決了晚唐史一兩個問題》,《歷史研究》1957 年第九期;收入岑仲勉《金石論叢》,北京:中華書局,2004 年,第 441—452 頁。

②　廣州市文物考古研究所《廣州南漢德陵、康陵發掘簡報》,《文物》2006 年第七期;伍慶禄、陳鴻鈞《廣東金石圖志》,北京:綫裝書局,2015 年,第 70—72 頁。

③　《舊五代史》卷一三五《劉陟傳》,第 1808 頁。

殊的地位。而劉龑長達二十六年的統治，則奠定了南漢割據嶺南半個多世紀的重要基礎。然而，由於南漢國遥在五嶺以南，僻處炎徼蠻裔，加上自宋代以來，歷代王朝均將南漢斥爲"僭僞"，其結果一方面使南漢許多歷史記載都顯得撲朔迷離，另一方面則使劉龑乃至整個南漢王朝在政治上主要以極度"暴虐"、奢靡和宦官專權等而著稱。近一百年來，國内外學術界對於南漢王室家族來源、政權性質以及歷史地位等，也形成了各種不同觀點。本文試以新出南漢《高祖天皇大帝哀册文碑》爲綫索，對南漢王室的族屬和家族來源及其與北方家族的關係等問題作進一步討論。

二　《高祖天皇大帝哀册文碑》與南漢王室的族屬

（一）《哀册文碑》所見南漢王室族屬及其與漢朝的關係

近一百年來，國内外學術界對南漢王室的來源形成了三種主要觀點：一是來自北方家族説。這種觀點在唐宋大量史籍中可以得到證實①。二是來自阿拉伯人後裔説。自 1916 年藤田豐八（1869—1929）首次提出以來，這一觀點在國際學術界一直都有很大的影響②。三是

---

① 唐森《南漢劉氏族屬平議》，《暨南學報》1993 年第一期；王承文《唐代北方家族與嶺南溪洞社會》，《唐研究》第二卷，北京：北京大學出版社，1996 年，第 391—401 頁。

② 〔日〕藤田豐八《南漢劉氏の祖先について》，《東洋學報》第六卷第二號，1916 年 5 月，收入藤田豐八《東西交涉史研究·南海篇》，東京：岡書院，1932 年，第 163—178 頁；又見藤田豐八《南漢劉氏祖先考》，何健民譯《中國南海古代交通叢考》，上海：商務印書館，1936 年，第 137—150 頁。李景新《廣東之國際交通史》，載《廣東文物》卷六《史地交通門》，1937 年，第 23—24 頁；陳寅恪《劉復愚遺文中年月及其不祀祖問題》，《中央研究院歷史語言研究所集刊》第八本第一分，1939 年 10 月，收入《金明館叢稿初編》，北京：三聯書店，2000 年，第 365—366 頁；楊承志《廣東人民與文化》，廣州：國立中山大學研究院文科研究所出版，1943 年，第 90 頁；陶懋炳《五代史略》，北京：人民出版社，1985 年，第 139 頁；劉文鎖《南漢〈高祖天皇大帝哀册文〉考釋——兼説劉氏先祖血統問題》，《漢學研究》第二十六卷第二期，2008 年 6 月，第 285—316 頁。

來自嶺南本地"蠻酋"說。1948 年,河原正博首次提出南漢劉氏屬於唐代嶺南封州(今廣東封開縣)以軍功起家的"蠻酋",其出身與這一地區傜、苗、獠等少數民族有關①。1989 年,劉美崧也提出南漢王室出自嶺南封州俚獠,並稱"劉謙父子是嶺南俚獠的武裝酋領出身,在建立南漢政權過程中,冒姓漢族,迅速漢化"②。2009 年出版的《劍橋中國宋史》,既高度評價和直接沿用了河原正博的觀點,同時又進一步提出:

> 在五代十國這些過渡政權的建立者中,劉隱無疑是獨特的。他不是漢人,也並非學者曾認爲的那樣是中東人的後裔。大多數文獻記載這個家族起自上蔡縣(河南)。這一說法可能來源於劉隱的家族試圖美化自己的祖先並提高他們在十世紀的漢人世界中聲譽的努力。實際上,劉氏是居住在遙遠南方的許多非漢族部落中的其中一個部落的世代相襲的首領,漢人把這些不同部落的人都混稱爲蠻。③

以上有關南漢王室族屬的分歧和差異,直接關係到對中古嶺南區域開發等一系列重要問題的認識和討論。而新出《高祖天皇大帝哀册文碑》,則爲我們重新討論南漢劉氏家族的真正來源提供了重要資料。

《哀册文碑》非常強調南漢王室與漢朝的淵源關係。碑文反復稱

---

① 〔日〕河原正博《南漢劉氏祖先考》,《東洋學報》第三十一卷第四號,1948 年,收入河原正博《漢民族華南發展史研究》,東京:吉川弘文館,1984 年,第 229—252 頁。

② 劉美崧《南漢主劉氏族屬爲俚獠》,《歷史研究》1989 年第 5 期,第 187 頁;劉美崧《論南漢政權的漢化》,《中南民族學院學報》1988 年第 4 期。

③ Denis Twitchett and Paul Jakov Smith ed., *The Cambridge History of China*, Volume 5 part one, *The Sung Dynasty and Its Precursors*, (907 – 1279), Cambridge: Cambridge University Press, 2009, p.153.

"符卯金而葉運,紹斬蛇之開基,覆同乾建,載並坤維,法成周而垂範,稽世祖而作則","帝堯貴胄,豢龍受氏。豐沛建旗,南陽倔起。代不乏聖,乾亨紹位","龍飛紹漢,虎視窺秦",等等。所謂"符卯金而葉運,紹斬蛇之開基",均與劉邦建立漢王朝的政治神話有關;而"豐沛建旗,南陽倔起",則分別代表漢高祖劉邦創建漢朝和光武帝劉秀中興漢室;至於"帝堯貴胄,豢龍受氏",則是强調漢朝和南漢的建立者均爲帝堯的後裔,並有非常顯赫的家世。唐代林寶《元和姓纂》卷五"劉氏"稱:

> 帝堯陶唐之後,受封於劉。裔孫劉累,事夏后孔甲,在夏爲御龍氏,在商爲豕韋氏,在周爲唐杜氏。杜伯子隰叔奔晉,爲士氏;孫士會,適秦,後歸晉,其處者爲劉氏。又周大夫食采於劉,亦爲劉氏。康公、獻公其後也。士會之後周末家于魏,又徙豐、沛。至豐公生煓,字執嘉,生漢高祖。至光祖至獻帝逮王莽十八帝,年計四百二十五年。①

《新唐書·宰相世系表》亦稱:"劉氏出自祁姓。帝堯陶唐氏子孫生子有文在手曰:'劉累',因以爲名。能擾龍,事夏爲御龍氏,在商爲豕韋氏,在周封爲杜伯,亦稱唐杜氏。"②有關劉氏家族源流,在唐代大量墓志中亦有反映。例如,《唐試殿中監彭城劉秀珍墓志銘》稱:"惟公之先,自帝陶唐氏光宅天下,有裔子劉累爲帝御龍,而興其祚。洎漢承赤帝之運,而斬白蛇。四百餘年,光昭大業,子孫承慶。"③《大唐故儀州遼城府左果毅劉元超墓志銘》稱:"粵若稽古諸族,咸厥所因,或天降以

---

① 　《元和姓纂(附四校記)》卷五,第 662 頁。
② 　《新唐書》卷七一上《宰相世系表》,第 2244 頁。
③ 　《唐故昭義征馬軍百人將雲麾將軍試殿中監彭城劉君(秀珍)墓志銘》,《全唐文補遺》第六輯,西安:三秦出版社,1999 年,第 481 頁。

靈文,或地資以秀氣。□母吞燕,水盛生商;魯妻會蛟,火德開漢。偉哉劉氏,興自唐侯,襲帝嚳之餘苗,蔭軒皇之□派。搢紳周魏,驅策宋齊。代有其人,英豪間出。"①

公元 917 年八月,劉龑稱帝建國,國號大越。九月,以正統自命的後梁末帝朱友貞發布敕令,指斥劉巖(龑)"妄稱漢室遺宗,欲繼尉陀醜迹。結連淮海,阻塞梯航。徒惑遠方,僭稱大號"②。第二年,劉龑又正式改國號爲漢。而劉龑也確實以漢朝皇室後裔自命。《舊五代史》記載,劉龑在其末年"起玉堂珠殿,飾以金碧翠羽,嶺北行商,或至其國,皆召而示之,誇其壯麗。每對北人自言家本咸秦,恥爲蠻夷之主。又呼中國帝王爲洛州刺史"③。所謂"咸秦",是指秦朝都城咸陽。而唐人多借此指長安④。因此,劉龑稱"家本咸秦",也是説南漢劉氏本爲漢朝帝王的後裔。

(二)南漢王室源流及其與彭城和上蔡的關係

(1)關於南漢王室的郡望彭城與大彭

藤田豐八對南漢劉氏作爲北方家族的懷疑,主要是從其先祖的籍貫和遷徙路綫開始的。而史書對南漢劉氏的郡望有彭城和大彭兩種説法。《舊五代史》記載:"劉陟,即劉龑,初名陟。其先彭城人。"⑤《册

---

① 《大唐故儀州遼城府左果毅劉府君(元超)墓志銘》,《全唐文補遺》第六輯,第 386 頁。

② (宋)錢儼《吴越備史》卷一《武肅王》,傅璇琮編《五代史書彙編》,杭州:杭州出版社,2004 年,第 6211 頁;梁末帝《命錢鏐進取海南劉巖敕》,《全唐文》卷一〇二,第 1049 頁。

③ 《舊五代史》卷一三五《劉陟傳》,第 1809 頁;《册府元龜》卷二一九《僭僞部·矜大》,第 2775 頁。

④ (唐)白居易《醉後走筆酬劉五主簿長句之贈兼簡張大賈二十四先輩昆季》稱:"出門可憐唯一身,敝裘瘦馬入咸秦。"《全唐詩》卷四三五,第 4812 頁。(唐)羅隱《上雪川裴郎中》一詩亦稱:"貴提金印出咸秦,瀟灑江城兩度春。"《全唐詩》卷六五八,第 7556 頁。

⑤ 《舊五代史》卷一三五《劉陟傳》,第 1807 頁。

府元龜》記載"前漢劉陟，其先彭城人"①。彭城，春秋時爲宋邑。西漢地節元年（前 69）改楚國置彭城郡，治所在彭城縣（今江蘇徐州市）。東漢章和二年（88）改爲彭城國。南朝劉宋永初二年（421）復爲彭城郡。彭城又爲古代大彭氏之地。所謂"大彭"，即彭祖國。夏、商時封國，也在今江蘇徐州市。《國語·鄭語》稱："大彭、豕韋爲商伯矣。"三國時韋昭注稱："大彭，陸終第三子，曰籛，爲彭姓，封於大彭，謂之彭祖，彭城是也。"②《史記·五帝本記》亦稱："彭祖自堯時而皆舉用。"唐代張守節《正義》曰："彭祖自堯時舉用，歷夏、殷封於大彭。"③《元和郡縣圖志》記載河南道徐州彭城縣，"古大彭氏國也。漢爲彭城縣，屬楚國。後漢屬彭城國，宋屬彭城郡。隋文帝罷郡爲縣，屬徐州"④。

南漢王室本身一直是以彭城或大彭作爲其郡望的。而五代十國其他割據政權，包括北宋初年統治者，亦都確認其郡望爲彭城或大彭。例如：1.後梁開平元年（907）四月，朱溫建立的後梁取代唐朝。《資治通鑑》記載割據嶺南的劉隱派人稱臣獻禮，劉隱即被任命爲檢校太尉，兼侍中，"封大彭郡王"。而其稱"大彭郡王"的原因，胡三省注《通鑑》稱："自宋武帝以彭城之裔興於江南，後多以彭城之劉爲名族。劉隱封大彭王，意蓋取此。"⑤2.後梁乾化四年（914），劉龑與吳越國國王錢鏐通好，《吳越備史》記載爲："廣帥嚴遣供軍巡官陳用拙奉禮幣，請兄事於王，王納之。"⑥然而司馬光《資治通鑑考異》所引《吳越備史》則爲：

---

①　《册府元龜》卷二一九《僭偽部·姓系》，第 2629 頁。

②　徐元誥《國語集解》卷一六，北京：中華書局，2002 年，第 467 頁。

③　《史記》卷一《五帝本紀》，第 38—39 頁。

④　《元和郡縣圖志》卷九，第 224 頁。

⑤　《資治通鑑》卷二六六，後梁開平元年，第 8680 頁。

⑥　《吳越備史》卷一《武肅王》，第 6208 頁。

"乾化四年,廣帥彭城巖遣陳用拙來使。"而《資治通鑑考異》又稱"《吳越備史》載制詞亦云'彭城巖'"①。所謂"彭城巖",就是指劉巖(劉龑)的郡望是彭城。3.根據《資治通鑑》記載後梁貞明三年(917),閩國國主王審知爲其子王延鈞"娶越主劉巖之女"②。翁承贊所撰《閩王王審知墓志銘》記載,王審知第三子王延鈞"娶彭城劉氏,封清遠縣主。霸圖令族,謝女芳華,以禮居喪,内助從政"③。而《閩王王審知夫人任氏墓志銘》亦稱其第三子王延鈞"娶大彭劉氏"④。1965年,在福州市郊發現了《唐故燕國明惠夫人彭城劉氏墓志》,該碑記載"夫人諱華,字德秀,其先世居彭城"⑤。從而證明嫁給王延鈞的是南漢清遠公主劉華。劉華卒於後唐明帝長興元年(930)。然而,劉華並非如《資治通鑑》所説是"越主劉巖之女",而是劉巖(龑)之兄劉隱的次女。4.北宋開寶四年(971)平定南漢,至開寶八年(975),宋太祖又封南漢後主劉鋹爲彭城郡公⑥。據上可見,五代十國包括北宋時期的統治者,都一直將南漢王室的郡望確認爲彭城或大彭,並未有其他説法。

(2)關於南漢劉氏的原籍蔡州上蔡

史書記載南漢劉氏的原籍是蔡州上蔡縣(見第782頁表格)。《元

---

① 《資治通鑑》卷二六八,後梁太祖乾化元年,第8741頁。

② 《資治通鑑》卷二七〇,後梁均王貞明三年,第8823頁。

③ (唐)翁承贊《大唐故扶天匡國翊佐功臣威武軍節度觀察處置三司發運等使閩王(王審知)墓志銘并序》,福建省博物館《唐末五代閩王王審知夫婦墓清理簡報》,《文物》1991年第5期;《全唐文補遺》第七輯,西安:三秦出版社,2000年,第185頁;陳尚君編《全唐文補編》卷一一六,北京:中華書局,2005年,第1450頁。

④ 《閩王王公(審知)夫人魏國尚賢夫人樂安任氏(内明)墓志銘并序》,《文史》第二十八輯刊石刻;《全唐文補遺》第七輯,第438頁;《全唐文補編》卷一一六,第1452頁。

⑤ 福建省博物館《五代閩國劉華墓志發掘報告》,《考古》1975年第1期;《全唐文補遺》第七輯,第180頁。

⑥ 《宋史》卷四八一《劉鋹傳》,第13928頁。

和郡縣圖志》記載,上蔡縣本漢舊縣也,隋文開皇十二年,“移於今理,爲上蔡縣”①。其治所在今河南省上蔡縣西南。宋代王稱《東都事略·劉鋹傳》以及《宋史·南漢世家》,皆謂南漢末主劉鋹祖先爲蔡州上蔡人②。《十國春秋》卷五八《烈宗世家》:“烈宗姓劉名隱,祖安仁,上蔡人也。”③然而,《新唐書·劉知謙傳》却稱其爲壽州上蔡人。清代學者梁廷楠《南漢書》和吳蘭修《南漢紀》,均指出唐代上蔡屬於蔡州,隸河南道,下蔡屬壽州,隸淮南道,因此《新唐書》稱壽州之上蔡有誤。

藤田豐八和河原正博懷疑南漢劉氏爲北方家族的原因之一,是史書對於南漢劉氏發源地有上蔡和彭城兩種不同的記載。藤田豐八稱“所謂劉氏之祖先,家居上蔡或彭城,似有疑義,必爲附會劉姓,以致錯誤”,並進而判定“南漢之祖仁安爲居留唐時福建之大食人”④。而河原正博亦因此將南漢劉氏確定爲嶺南俚獠蠻酋首領⑤。而以上兩種觀點均在某種意義上混淆了唐人郡望和籍貫的差別。岑仲勉先生《唐史餘瀋》之《唐史中望與貫》條稱:

> 故就最初言之,郡望、籍貫,是一非二。歷世稍遠,支胤衍繁,土地之限制,饑饉之驅迫,疾疫之蔓延,亂離之遷徙,遊宦之僑寄,基於種種情狀,遂不能不各隨其便,散之四方,而望與貫漸分,然人仍多自稱其望者,亦以明厥氏所從出也。……此風逮唐,仍而未革,或久仕江南而望猶河北,或世居東魯而人曰隴西,於後世極

---

① 《元和郡縣圖志》卷九,第 241 頁。

② (宋)王稱《東都事略》卷二三《劉鋹傳》,濟南:齊魯書社,2000 年,第 182 頁。《宋史》卷四八一《劉鋹傳》,第 13919 頁。

③ 《十國春秋》卷五八《南漢一·烈宗世家》,第835 頁。

④ 〔日〕藤田豐八《南漢劉氏祖先考》,第 143、149 頁。

⑤ 〔日〕河原正博《漢民族華南發展史研究》,第 239 頁。

> 糅錯之奇,在當時本通行之習。後儒讀史,代易境遷,昧望、貫之
> 兩通,惟辯争其一是。雖曰學貴多疑,要未免徒勞筆墨矣![1]

也就是説,史書中作爲南漢劉氏發源地的彭城與上蔡,主要是郡望與籍貫的差别。二者本身其實並不矛盾。漢唐時代,劉氏遍布全國各地,但不少仍以其最初的發源地彭城作爲郡望。近年出土的唐玄宗開元八年(720)《大唐故行左校署令劉行師墓誌銘》記載,劉行師,"彭城人也,今家於河南。門承閥閲,克茂夋龍之苗;代襲衣緌,遠紹斬蛇之胤。中山盛族,弈葉而稱焉"[2]。李方流撰《唐故朝散大夫節度押衙劉公(驄)妻清河張氏墓誌銘》,稱劉驄"其先彭城人也。沛國河間中山梁郡等廿四望而彭城爲家焉"[3]。意即分布在沛國、河間、中山、梁郡等地的二十四支劉氏家族,均仍以彭城作爲祖籍或郡望。《元和姓纂》記載了彭城、沛國、弘農、河間、中山、梁郡、南陽、高唐等地二十六支劉氏家族後,稱"以上劉氏二十六郡,並舊望"[4]。以上也是説這些遍布各地的劉氏家族均以彭城作爲郡望。因此,南漢劉氏的郡望就是彭城,而在其遷往福建之前,其原籍地就是蔡州上蔡縣。

藤田豐八和河原正博懷疑南漢劉氏爲北方家族的原因之一,是所有史書記載南漢王室的世系,都只能上溯到劉謙之父劉安仁,再往上就已模糊不清。我們認爲這種現象的出現,一方面緣於南漢劉氏在劉安仁之前,很可能本來就無特别顯赫的家世;另一方面則與唐朝社會

---

[1] 岑仲勉《唐史餘瀋》卷四《唐史中望與貫》,北京:中華書局,2004年,第229頁。

[2] 《大唐故朝議郎行左校署令上柱國劉府君墓誌銘并序》,載齊運通編《洛陽新獲七朝墓誌》,北京:中華書局,2012年,第174頁。

[3] (唐)李方流《唐故朝散大夫節度押衙兼御史中丞劉公(驄)妻清河張氏墓誌銘并序》,《全唐文補遺》第七輯,第102頁。

[4] 《元和姓纂(附四校記)》卷五,第689頁。

急劇而深刻的變化有關。特別是從"安史之亂"以後直至唐末五代時期長期的戰亂，北方家族往往向各地遷徙逃亡，造成了血統混亂和世系中絕，也必然加速譜牒之學的衰落。例如，田芳撰《唐故饒州長史天水郡趙恭墓志銘》記載趙恭，"昔世天水郡秦晉之裔。累代以英哲楊（揚）名，光於史册者寔繁"，"厥後枝葉分派，榮耀殊途。屬以皇朝天寶末，逆賊倡狂，中原喪亂，而圖諜不甚存焉，今京兆人也"①。任唐詡撰《唐鄭府君故夫人京兆杜氏墓志銘》稱："夫人京兆杜陵人也。其先本周杜伯之苗裔。夫人以幼齒，遭天寶末年，國有喪亂，至於土地分烈，衣冠淪墜。雖甲族大姓，未知厥所。於是夫人並不記三代官諱。"②可見，"安史之亂"造成了很多名門大族都譜牒喪失，竟然連其父祖三代的官爵都無法記載。

　　晚唐至五代的戰亂對於譜牒之學的破壞尤其嚴重。宋代人對此有大量論述。宋太宗稱："中國自唐季海內分裂，五代世數尤促，大臣子孫皆鮮克繼祖父之業。"③大臣韓琦稱："當五代之亂，天下兵革，子孫於歲時展祀，蓋不能及。逮今百有餘載，遂失訪辨。"④祖無擇稱"唐末五代天下喪亂，衣冠舊族往往流落閭閻間，没而不振"，"以中原版蕩，與其族轉徙四方，無常產"⑤。王明清稱："唐朝崔、盧、李、鄭及城

---

① （唐）田芳《唐故度支勾押官朝議郎守饒州長史上柱國天水郡趙府君墓志銘并序》，載趙力光編《西安碑林博物館新藏墓志續編》，西安：陝西師範大學出版社，2014 年，第 644 頁。

② （唐）任唐詡《唐鄭府君故夫人京兆杜氏墓志銘并序》，《全唐文補遺》第七輯，第 104 頁。

③ 《續資治通鑑長編》卷二五，宋太宗雍熙元年三月，第 574 頁。

④ （宋）韓琦《安陽集》卷四二《祭告四代祖鼓城府君文》，《景印文淵閣四庫全書》第 1089 册，第 477 頁。

⑤ （宋）祖無擇《龍學文集》卷九《宋故贈尚書工部侍郎清河張君神道碑》，《景印文淵閣四庫全書》第 1098 册，第 831 頁。《全宋文》卷九三六，上海辭書出版社、安徽教育出版社，2006 年，第 30 册，第 333 頁。

南韋、杜二家，蟬聯珪組，世爲顯著。至本朝絕無聞人。"①李燾稱"唐末五代之亂，衣冠舊族多離去鄉里，或爵命中絕，而世系無所考"②。《宋史》亦稱"唐末五代亂，衣冠舊族多離去鄉里，或爵命中絕而世系無所考"③。宋代蘇洵和歐陽修所編撰之族譜，被奉爲宋明以來族譜的典範。蘇洵就稱："自秦漢以來，仕者不世，然其賢人君子猶能識其先人，或至百世而不絕，無廟無宗而祖宗不忘，宗族不散，其勢宜亡而獨存，則由有譜之力也。蓋自唐衰，譜牒廢絕，士大夫不講，而世人不載。於是乎，由賤而貴者，恥言其先；由貧而富者，不録其祖，而譜遂大廢。"④

　　而唐代蔡州上蔡作爲南漢劉氏的原籍地，因其臨近作爲唐朝統治中心之一的東都洛陽，自"安史之亂"以後，是唐朝軍隊和叛軍屢次争奪的地方。劉震所撰《唐故朗州武陵縣主簿桑公墓志銘并序》云："天寶末，賊將禄山掩有河洛。乾元之中，思明繼禍。中原鼎沸，塗炭生靈，十室九空，人烟斷絕。"⑤郭子儀上書稱："夫以東周之地，久陷賊中，宫室焚燒，十不存一。百曹荒廢，曾無尺椽，中間畿内，不滿千户。井邑榛棘，豺狼所嗥……東至鄭、汴，達於徐方，北自懷覃。經于相土（相州，指今河南安陽市），人烟斷絕。千里蕭條。"⑥"安史之亂"被平定之後，河南又是唐朝與藩鎮作戰的主要戰場。特别是在晚唐時期，這裏更是戰亂連綿，廬舍府第屢遭毁壞，其譜牒散失無存應屬於正常情况。

---

① （宋）王明清《揮麈前録》卷二，北京：中華書局，1961年，第20頁。
② 《續資治通鑑長編》卷一〇三，宋仁宗天聖三年四月，第2380頁。
③ 《宋史》卷二六二《劉燁傳》，第9075頁。
④ （宋）蘇洵《嘉祐集》卷一四《譜例》，《景印文淵閣四庫全書》第1104册，第947頁。
⑤ 《全唐文》所附《唐文拾遺》卷二四，第10644頁。
⑥ 《舊唐書》卷一二〇《郭子儀傳》，第3457頁；《册府元龜》卷四〇七《將帥部·諫諍》，第4848頁。

　　從唐代後期直至唐末,有大量北方家族爲逃避中原戰亂,向長江以南包括嶺南和福建等地大舉遷徙,我們認爲南漢劉氏家族應屬於其中之一。

三　南漢劉氏家族南遷及其與福建和嶺南的關係辨析

(一)關於南漢劉氏先祖與福建的關係

　　南漢劉氏家族與福建的關係十分密切。《新五代史》記載:"劉隱,其祖安仁,上蔡人也。後徙閩中,商賈南海,因家焉。"①《文獻通考》等所載亦與此相同②。據此,劉安仁應是南漢劉氏南遷福建的始祖。其時間大致在晚唐時期。前引《唐故燕國明惠夫人彭城劉氏墓志》稱:"夫人諱華,字德秀,其先世居彭城。洎乎晉祚中興,百官南渡,遂波流一派,而家於五羊。"③其所謂"洎乎晉祚中興,百官南渡,遂波流一派,而家於五羊",是指南漢劉氏家族的向南遷移,可以追溯至西晉末年"永嘉之亂"後北方家族的大舉南遷。然而這一記載與其他史料記載均不合。

　　南漢劉氏家族所遷徙的"閩中",在歷史上主要有兩種含義:一是指秦朝所置閩中郡,治所在東冶縣(今福州市)。其轄境相當於整個福建省和浙江南部。二是對福州的別稱。王象之《輿地紀勝》引南豐《道山亭記》稱:"福於閩爲土中,所謂閩中也。"④明代陳鳴樹著《閩中考》,所考亦均爲福州境內山川、古迹。綜合各種歷史資料來看,《新五代史》等所稱劉安仁遷徙的閩中,應是對整個福建的統稱。

---

① 《新五代史》卷六五《南漢世家》,第 809 頁。
② 《文獻通考》卷二七六《封建十七》,第 7566 頁。
③ 福建省博物館《五代閩國劉華墓志發掘報告》,《考古》1975 年第一期;《全唐文補遺》第七輯,第 179—180 頁。
④ 《輿地紀勝》卷一二八《福州·景物上》,第 4025 頁。

　　至於南漢劉氏家族遷居福建的具體地點，宋代佚名《五國故事》記載：“僞漢先主名巖，後名龑。其先上蔡人，徙閩之仙遊，復遷番禺，因家焉。”①《元和郡縣圖志》記載泉州有仙遊縣。唐玄宗天寶元年（742），改清源縣置仙遊縣，屬清源郡（即泉州）。吳任臣《十國春秋》等亦稱是在泉州。早在西晉末年“永嘉之亂”以後，泉州等地就是北方家族遷移的重要地區②。唐代後期直至五代，泉州等地再次成爲北方士人及其家族遷移的重要地區。晚唐高僧本寂爲泉州蒲田人，《宋高僧傳》記載稱：

> 　　其邑唐季多衣冠士子僑寓，儒風振起，號小稷下焉。寂少染魯風，率多强學。③

《新唐書》記載唐末光州固始人王潮在福建崛起，其弟王審邦爲泉州刺史，“喜儒術，通《書》、《春秋》。善吏治，流民還者假牛犁，興完廬舍。中原亂，公卿多來依之，振賦以財，如楊承休、鄭璘、韓偓、歸傳懿、楊贊圖、鄭戩等賴以免禍，審邦遣子延彬作招賢院以禮之”④。五代時期泉州南安人錢熙記載：“閩之奧區，泉南爲最。此地帶嶺海華實之物，頗與岷峨同。其人習詩書，儒雅之俗，多與江淮類。”⑤而宋代路振記載

---

① （宋）佚名《五國故事》卷下，《五代史書彙編》，第 3192 頁。
② 《太平御覽》卷一七〇引唐梁載言《十道志》云：“東晉南渡，衣冠士族多萃其地，以求安堵，因立晉安郡。”（第 831 頁）；《太平寰宇記》卷一〇二《泉州》亦稱“東晉南渡，衣冠士族多萃其地，以求安堵，因立晉安郡”（第 2029 頁）。
③ （宋）贊寧撰，范祥雍點校《宋高僧傳》卷一三《梁撫州曹山本寂傳》，北京：中華書局 1987 年，第 308 頁。
④ 《新唐書》卷一九〇《王潮傳》，第 5492—5493 頁。
⑤ 《輿地紀勝》卷一三〇《泉州·風俗形勝》，第 4115 頁。錢熙的生平，見《宋史》卷四四〇《錢熙傳》，第 13037—13038 頁。

南漢"諸兄皆尚儒學"①。《南漢書》亦記載南漢劉龑大有(928—942)年間,"高祖盡封諸子","諸王皆習儒術"②。南漢劉氏家族有崇尚儒學的傳統,很可能即與僑寓閩中的北方家族有關。

自宋代以來,泉州實際上一直都保留有南漢王室的祖墓。《輿地紀勝》記載泉州古迹有"劉王墓",即南漢劉氏祖墓。該書注引宋代《清源志》稱在泉州南安縣,地名劉店,馬鋪之西,"即廣州僞漢劉龑之祖葬於此。蓋龑祖安仁自上蔡徙閩中,商賈南安,因家焉"③。南安縣,隋開皇九年(589)平陳後改晉安縣置。治所在今福建南安市東豐州鎮。《元和郡縣圖志》記載泉州南安縣,"因縣南安江,取以爲名"。唐景雲二年(711)後屬泉州。《大明一統志》亦稱:"劉安仁墓,在南安縣之劉店。安仁,南漢主劉龑之祖,本上蔡人,徙家閩中,卒葬於此。"④吳任臣《十國春秋》記載爲:"烈宗姓劉,名隱。祖安仁,上蔡人也。後徙閩中,商賈南海,因家於泉州之馬鋪,死遂葬焉。"⑤乾隆年間《福建通志》記載:"南安縣汰口山劉店,南漢主劉龑祖墓在焉。按《五代史》劉隱祖安仁,上蔡人。後遷閩中,商賈南海,因家焉。父謙爲廣州牙將,謙三子,曰隱,曰台,曰龑,寓居南安。"⑥

衆所周知,唐代泉州是東南海上貿易的重要港口。《新五代史》等記載在劉安仁遷徙泉州之後,其家族又"商賈南海"。可見,南漢劉氏

① (宋)路振《九國志》卷九《劉宏杲傳》,《五代史書彙編》,第3329頁。
② (清)梁廷楠《南漢書》卷八《高祖諸子列傳》,廣州:廣東人民出版社,1981年,第39頁。
③ 《輿地紀勝》卷一三〇《泉州·古迹》,第4123頁。唐天寶元年(742)改泉州爲清源郡。按《清源志》,宋慶元己未年(1199)戴溪撰《清源志》七卷。陳振孫《直齋書録解題》、《宋史·藝文志》和《文獻通考》卷三四《經籍考》著録。
④ 《明一統志》卷七五《泉州府·陵墓》,《景印文淵閣四庫全書》第473冊,第583頁。
⑤ 《十國春秋》卷五八《南漢一·烈宗世家》,第835頁。
⑥ (清)郝玉麟等編纂《福建通志》卷六六,《景印文淵閣四庫全書》第530冊,第379頁。

家族很可能亦參與了東南海上貿易。

(二)南漢劉氏祖先與嶺南潮州的關係辨析

史書中有南漢先祖劉仁安(或劉安仁)出任潮州長史和潮州剌史兩種不同的記載。《舊五代史》記載:"劉陟,即劉龑,初名陟。其彭城人,祖仁安,仕唐爲潮州長史,因家嶺表。"①《册府元龜》記載:"前漢劉陟,其先彭城人,祖仁安,仕唐爲潮州長史,因家嶺表。"②宋代以來的地方志也有相關記載③。然而,根據唐代地方行政制度,唐代潮州不應設有"潮州長史"一職。因爲根據《舊唐書·職官志》記載,上州設長史一人,從五品上;中州設長史一人,正六品上;下州只有別駕、司馬各一人,並無長史一職④。又根據《新唐書·百官志》,唐代中州和下州皆無長史⑤。唐代按戶口數額將州分成上、中、下三等。唐高宗顯慶元年下敕規定二萬戶以上爲中州。唐玄宗開元十八年規定四萬戶以上爲上州,二萬五千戶爲中州,不滿二萬戶爲下州⑥。而根據《元和郡縣圖志》記載,唐代潮州開元戶爲九千三百三十七,元和戶僅爲一千九百五十五⑦。

①　《舊五代史》卷一三五《劉陟傳》,第 1807 頁。
②　《册府元龜》卷二一九《僭僞部·姓系》,第 2629 頁。
③　南宋《三陽志》稱:"僞劉據有南海郡,今廣州也。潮雖在境内,而去廣二千里,其戲馬於此,或未可必。考諸傳記,銀祖仁安爲潮州長史,因家嶺表。後僭王南海者,其孫陟也。今曰越王云者,豈追封向日長史之謂也哉。"(見馬蓉等點校《永樂大典方志輯佚》,北京:中華書局,2004 年,第 2713 頁)另外,順治十八年刻本《潮州府志》卷九《古迹部》記載:"越王走馬埒,在縣北十里,南漢劉銀祖安仁爲潮州長史時所築,其孫隱僭王南越。追封南越王,上平坦,可容數百人,遺址尚存。"(《廣東歷代方志集成·潮州府部一》,廣州:嶺南出版社,2009 年,第 412 頁)
④　《舊唐書》卷四四《職官志三》,第 1917—1918 頁。
⑤　《新唐書》卷四九下《百官志四下》,第 1318 頁。
⑥　《唐會要》卷七〇,第 1457 頁。
⑦　《元和郡縣圖志》卷三四《嶺南道·潮州》,第 894 頁。

《新唐書·地理志》記載潮州户爲四千四百二十①。可見，唐代潮州自始至終均爲下州。因此可以確定，並不存在劉安仁出任潮州長史的可能。

至於劉安仁爲潮州刺史的記載，較早的資料見於北宋曾鞏（1019—1083）所撰《隆平集》。該書稱："劉鋹，五世祖仁安，唐潮州刺史，其子孫因家嶺南。"②南宋初年王稱編撰的《東都事略》稱："劉鋹，其先蔡州上蔡人也。五世祖安仁，唐潮州刺史，子孫因家嶺南。"③《宋史·南漢世家》根據這些記載亦稱："南漢劉鋹，其先蔡州上蔡人。高祖安仁，仕唐爲潮州刺史，因家嶺表。"④而《南漢書》的作者梁廷楠則試圖整合自宋代以來的各種不同記載，稱劉隱"其先蔡州上蔡人。祖仁安，是爲太祖。仕唐爲潮州刺史；徙閩之仙遊，復遷番禺"⑤。即南漢劉氏家族因劉仁安出任潮州刺史後，遂遷往福建泉州之仙遊縣，最後又遷往廣州番禺。然而其說難以令人信服。

後梁貞明三年（917），劉龑即皇帝位。《新五代史》記載劉龑"追尊安仁文皇帝，謙聖武皇帝，隱襄皇帝"⑥。《資治通鑑》則記載爲"追尊祖安仁曰太祖文皇帝，父謙曰代祖聖武皇帝，兄隱曰烈宗襄皇帝"⑦。而《南漢書》却記載爲"追尊祖唐潮州刺史仁安曰太祖文皇帝，父封州刺史知謙曰代祖聖武皇帝"、"兄梁南海王隱曰烈宗襄皇帝"⑧。梁

---

① 《新唐書》卷四三上《地理志七上》，第 1097 頁。
② （宋）曾鞏撰，王瑞來校證《隆平集校證》卷一二，北京：中華書局，2012 年，第 357 頁。
③ 《東都事略》卷二三《劉鋹傳》，第 181 頁
④ 《宋史》卷四八一《世家四·南漢劉氏》，第 13919 頁。
⑤ 《南漢書》卷一《烈宗紀》，第 2 頁。
⑥ 《新五代史》卷六五《南漢世家》，第 811 頁。
⑦ 《資治通鑑》卷二七〇，後梁貞明三年，第 8817 頁。
⑧ 《南漢書》卷二《高祖紀一》，第 7 頁。

廷楠的這種記載,則使得劉仁安作爲唐代潮州刺史的身份得到了强化。

　　前引《唐故燕國明惠夫人彭城劉氏墓志》雖然詳細記載了其祖劉謙以及其父劉隱在唐朝的官職,然而却完全未提及其曾祖劉安(或劉安仁、劉仁安)有任何官職。其文稱:

> 曾祖諱安,其始則荷巾蕙帶,揖讓三徵;其終則鶴侶鴻儔,優遊萬壑。大中、咸通之際,繼有恩命而褒贈焉。①

以上有兩點需要特別指出:首先是劉安仁除了有"劉仁安"這一名字之外,還可稱爲"劉安",因而可補正史之闕。藤田豐八和河原正博等研究者也因爲史籍中有"劉安仁"和"劉仁安"這樣不同的記載,從而懷疑相關記載本身的真實性。其實這種情況一般屬於文獻異文所致。而"劉安"當是雙名省稱。另外,南漢代祖劉謙、高祖劉龑、殤帝劉玢、中宗劉晟、後主劉鋹等都有不同的名字,或多次改名。而這種名字的改動,也是南漢劉氏家族本身的傳統②。其次是以上碑文表明劉安仁

---

① 《全唐文補遺》第七輯,第 180 頁。

② 《資治通鑑》卷二五五,唐僖宗中和三年,《考異》引《十國紀年》:"劉謙望,字德光,亦名知謙,後止名謙。"(第 8296 頁)可見,劉謙還有劉謙望、劉知謙等名字。而《南漢書》記載南漢高祖劉龑初名劉巖,更名劉陟,復名劉巖,改名劉龑,終名劉龑。南漢殤帝劉玢,初名劉洪度。中宗劉晟,又稱劉洪晟,初名劉洪熙。南漢後主劉鋹,《資治通鑑》卷二九四,後周世宗顯德五年條云:"南漢中宗殂,長子繼興即帝位,更名鋹,改元大寶。"(第 9586 頁)《新五代史》卷六五《南漢世家》稱"鋹初名繼興,封衛王。晟卒,以長子立"(第 817 頁);《宋史》卷四八一《南漢世家》記載南漢後主劉鋹"即晟長子也,初名繼興。封衛王,襲父位,改今名,改元大寶"(第 13920 頁)。然而宋代王稱《東都事略》卷二三却稱:"晟卒,子鋹立,鋹初名保興,封衛王,既襲位,改今名,改元大寶。"(第 182 頁)按該書稱劉鋹"初名保興"有誤。《十國春秋》卷六一記載南漢中宗之子除長子劉鋹(初名繼興)外,還有桂王璇興、荆王慶興、禎王保興、梅王崇興(第 884—885 頁)。而改名也是五代至宋一種比較普遍的風尚。明陳士元撰《名疑》卷三稱"五代至宋有一人更三四名者",南漢"劉陟更名巖,又更名龑,又更名龑","南漢劉洪度,更名玢。劉洪熙,更名晟。劉繼興,更名鋹。王繼鵬,更名昶。王近義,更名曦。劉崇,更名旻"(《景印文淵閣四庫全書》第 952 册,第 650—621 頁)。

其實未曾真正出仕唐朝。所謂"揖讓三徵",自漢晉以來一直都是指多次被朝廷徵辟却反復推辭不就①。而"荷巾蕙帶"、"其終則鶴侣鴻儔,優遊萬壑",實際上也都表明其未曾出任唐朝官職,而是以布衣身份終其一生。也就是説,史書中有關劉安仁出任潮州刺史或潮州長史的記載並不可信。至於碑文所稱"大中、咸通之際,繼有恩命而襃贈焉",則説明劉安仁卒後,確實曾經得到過唐朝的正式"襃贈"。至於所謂"大中、咸通之際",我們認爲應該只是代表一個大致的時間。從唐懿宗咸通二年(861)至咸通九年,韋宙出任廣州刺史兼嶺南東道節度使。而此時劉謙在嶺南軍中效力並嶄露頭角,得到了韋宙的賞識,而且力排衆議堅持將其從女嫁給他。因此,很有可能是因爲韋宙的大力推舉和提攜,劉謙之父劉安仁因此獲得了朝廷的"恩命"和"襃贈"。而這種"恩命"和"襃贈"又很可能就與潮州刺史這樣的官職有關。

(三)南漢王室在嶺南封州的崛起及其通往廣州的道路

南漢劉氏的崛起與嶺南封州關係尤其密切。前引《唐故燕國明惠夫人彭城劉氏墓志》記載:

> 夫人諱華,字德秀,其先世居彭城。洎乎晉祚中興,百官南渡,遂波流一派,而家於五羊,今爲封州賀水人也。……祖諱謙,字内光,卓犖宏才,經綸偉望。龍紀中,自諸衛將軍拜封州刺史,終於所

---

① 《後漢書》卷八二下《方術·董扶傳》記載:"董扶字茂安,廣漢綿竹人也。少遊太學,與鄉人任安齊名,俱事同郡楊厚,學圖讖。還家講授,弟子自遠而至。前後宰府十辟,公車三徵,再舉賢良方正、博士、有道,皆稱疾不就。"(第2734頁)《晉書》卷八八《孝友·王裒傳》記載王裒字偉元,城陽營陵人也,"少立操尚,行己以禮","隱居教授,三徵七辟,皆不就"(第2277—2278頁)。又卷九一《儒林·劉兆傳》記載劉兆字延世,濟南東平人,"漢廣川惠王之後也。兆博學洽聞,溫篤善誘,從受業者數千人。武帝時五辟公府,三徵博士,皆不就。安貧樂道,潛心著述,不出門庭數十年"(第2349—2350頁)。

任。皇考諱隱,字昭賢,起家世襲爲封州刺史、檢校司徒,入署爲清
海軍節度行軍司馬。太尉齊公寢疾之際,委以兵馬留後。遺表上
聞,遂即真拜。後加中書令,進封南平王。儀形磊落,器度汪洋。初
則標隼旆而駕熊車,後乃豎白旄而仗黄鉞。分趙他之茅土,兼馬援
之封疆。襦袴之謡,方騰闕下;棟梁之歎,遠睹民間。①

以上碑文包含一些非常重要的内容。首先,以上稱南漢清遠公主劉華
"家於五羊,今爲封州賀水人也",我們認爲封州應該就是南漢王室本
身所確認的其在嶺南的籍貫。封州屬於廣州都督府,而"賀水"可稱
"賀江",又名封溪水、臨賀江。《輿地紀勝》記載,賀水"其源出於富川
縣,地名石龍冷溪巖,分兩派:一自石龍山背北至於道,復西入於昭,東
流爲賀江,即《九域志》所載龍溪水也,亘郡城合桂嶺水,至三江口,三
江謂賀江、梧江、封江,南歷封、康、端,達羊城,入於海"②。因此,碑文
稱"今爲封州賀水人也",應該是指封州境内賀水流經的地方,大致就
是唐後期所設賀江鎮遏使所在地。自秦漢以來,封州一直屬於從北方
至桂林再沿西江進入嶺南的主要路綫,也是北方中原人口向嶺南遷移
的重要通道。《新唐書·劉知謙傳》稱"劉知謙,壽州上蔡人。避亂客
封州"③,即與此有關。《大明一統志》記載:"劉隱,封州人。祖仁安,
本上蔡人。仕爲潮州刺史。父謙,又爲封州刺史,因家焉。"④也説明
南漢劉氏確實曾經徙家於封州。明代天启年間《封川縣志》稱:"南漢

① 《全唐文補遺》第七輯,第 179—180 頁。
② 《輿地紀勝》卷一二三《賀州》,第 3905 頁。
③ 《新唐書》卷一九〇《劉知謙傳》,第 5493 頁。
④ 《明一統志》卷八一《肇庆府·人物》,《景印文淵閣四庫全書》第 473 册,第 713 頁。

劉氏先雖上蔡人,至謙及隱、巖等,皆封産也。而啓疆創業,實自兹始基也。"①該書又記載:"唐封州刺史劉謙墓、梁靖海軍節度使進封南海王劉隱墓,俱在縣北十里許,今人呼爲劉王岡。"②可見劉謙和劉隱的墓亦在此。至清雍正年間,郝玉麟編纂《廣東通志》,仍記載劉謙、劉隱墓均在封州封川縣北十里劉王岡③。

其次,南漢劉氏家族的崛起源自劉謙、劉隱在封州一帶的長期經營。以上這方墓志記載在唐昭宗龍紀(889)之年,劉謙由諸衛將軍拜爲封州刺史。然而《資治通鑑》却記載唐僖宗中和三年(883)六月,劉謙"擊群盜,屢有功。辛丑,以謙爲封州刺史"④。《資治通鑑》又記載唐昭宗乾寧元年(894),"封州刺史劉謙卒"⑤。也就是説劉謙在封州刺史任上前後達十一年之久。《册府元龜》記載劉謙"爲廣州牙校,以軍功拜封州刺史,領賀水鎮使"⑥。《新五代史》記載劉謙"爲廣州牙將。唐乾符五年(878),黃巢攻破廣州,去略湖、湘間,廣州表謙封州刺史、賀江鎮遏使,以禦梧、桂以西。歲餘,有兵萬人,戰艦百餘艘"⑦。《新唐書·劉知謙傳》比較詳細地記載了南漢劉氏從封州崛起的過程。其文稱:

> 劉知謙,壽州上蔡人。避亂客封州,爲清海牙將,節度使韋宙

① (明)方尚祖纂《封川縣志》卷三《事紀志上》,《廣東歷代方志集成》,第47頁。
② 《封川縣志》卷二二《雜事志》,第206頁。
③ (清)郝玉麟《廣東通志》卷一二《山川志·肇慶府三》記載封川縣有"劉王岡,相傳有劉謙、劉隱墓"(《景印文淵閣四庫全書》,第562册,第459頁)。
④ 《資治通鑑》卷二五五,唐僖宗中和三年,第8296頁。
⑤ 《資治通鑑》卷二五九,唐昭宗乾寧元年,第8460頁。
⑥ 《册府元龜》卷二一九《僭僞部·姓系》,第2629頁。
⑦ 《新五代史》卷六五《南漢世家》,第809頁。

以兄女妻之,衆謂不可,宙曰:"若人狀貌非常,吾以子孫託之。"黄
巢自嶺表北還,湖、湘間群盜蟻結,知謙因據封州,有詔即授刺史
兼賀水鎮使,以遏梧、桂。知謙撫納流亡,愛嗇用度,養士卒。未
幾,得精兵萬人,多具戰艦,境内肅然。久之,疾病,召諸子曰:"今
五嶺盜賊方興,吾有精甲犀械,爾勉建功,時哉不可失也!"知謙
卒,共推其子隱爲嗣。清海軍節度使劉崇龜表爲封州刺史。①

所謂"牙將",是方鎮牙軍的頭領。唐代節度使的官署稱爲使牙,節度
使專門組織一支保護牙城與使牙的軍隊,就叫牙軍,或稱衙兵。牙軍
是藩鎮的精鋭軍隊,由節度使派遣心腹將領統管。然而,史書對劉謙
其時身份還有"小將"、"小校"、"牙校"等不同的記載。《南漢書》記載
"咸通三年(862),分嶺南爲東西道,以宙爲東道節度使","時南詔陷
交趾,嶺表震動,宙撫兵積備,選練部曲,代祖(謙)適隸麾下。充賀水
鎮將"②。可見,唐懿宗咸通年間唐朝與南詔争奪安南的戰争,爲劉謙
的崛起提供了契機。從咸通二年(861)至咸通九年,韋宙爲廣州刺史
兼嶺南東道節度使。劉謙得到了韋宙的賞識,並將其侄女嫁給劉謙。
而劉謙因得到北方名門大族的支持,在大約二十年後,得以升爲封州
刺史。《舊五代史》稱劉謙"以軍功拜封州刺史兼賀水鎮使,甚有稱
譽"。前引《新唐書》稱劉謙"撫納流亡,愛嗇用度,養士卒。未幾,得
精兵萬人"③。其所招收的所謂"流亡",我們認爲應主要是指來自北
方中原的移民。例如,路振《九國志》記載潁川(治長社縣,今河南省
許昌市)人陳璠,"唐末避亂於封州,膂力絶人",入劉謙部伍,至劉隱

① 《新唐書》卷一九〇《劉知謙傳》,第5493頁。
② 《南漢書》卷七《後妃列傳》,第33頁。
③ 《新唐書》卷一九〇《劉知謙傳》,第5493頁。

代父爲封州刺史，"聞其忠勇，召至帳下，隨隱入廣州，遷雄虎將軍"①。

　　而劉謙之子劉隱的崛起則得到了劉崇龜的支持。從唐昭宗大順元年至乾寧二年（890—895），劉崇龜爲廣州刺史兼嶺南東道節度使。《資治通鑑》記載乾寧元年（894），"封州刺史劉謙卒，子隱居喪於賀江，土民百餘人謀亂，隱一夕盡誅之。嶺南節度使劉崇龜召補右都押牙兼賀水鎮使；未幾，表爲封州刺史"②。《舊五代史》記載："及謙卒，賀水諸將有無賴者，幸變作亂，隱定計誅之。連帥劉崇龜聞其才，署爲右都校，復領賀水鎮將。俄奏兼封州刺史，用法清肅，威望頗振。"③

　　最後，南漢劉氏家族是以合法的形式取得嶺南地方最高軍政大權的。唐昭宗乾寧三年（896）十二月，唐朝派宗室薛王李知柔出任廣州刺史、清海節度使，李知柔"行至湖南，廣州牙將盧琚、譚弘玘據境拒之，使弘玘守端州"，封州刺史劉隱斬殺二人，占領端州和廣州，並"具軍容迎知柔入視事，知柔表隱爲行軍司馬"④。《舊五代史》記載李知柔至，"深德之，辟（隱）爲行軍司馬，委以兵賦"⑤。至唐昭宗光化三年（900）十二月，李知柔薨於廣州任上。唐朝又派出宰相徐彥若出任廣州刺史、清海軍節度使。而劉隱則被任命爲節度副使。北宋《五國故事》稱"先時唐末，天下藩鎮不受代，而薛王知柔以石門扈蹕功，授唐廣帥，丞相齊公徐彥若復代知柔，隱皆迎納，朝論嘉之"⑥。然而，此時劉

①　（宋）路振《九國志》卷九《陳道庠傳》，《五代史書彙編》，第3331頁。其校勘記五云："粵雅堂本和叢書集成本作'潁川人'"，第3335頁。
②　《資治通鑑》卷二五九，唐昭宗乾寧元年，第8460頁。
③　《舊五代史》卷一三五《僭僞二·劉隱傳》，第1807頁。
④　《資治通鑑》卷二六〇，唐昭宗乾寧三年，第8496頁。
⑤　《舊五代史》卷一三五《僭僞二·劉隱傳》，第1807頁。
⑥　（宋）佚名《五國故事》卷下，《五代史書彙編》，第3192頁。

隱實際上已控制了嶺南的軍政大權。《宋史》稱："時唐室已季,彦若威令不振,事皆決於隱。"①至唐昭宗天復元年(901),"清海節度使徐彦若薨,遺表薦行軍司馬劉隱權留後"。胡三省稱"劉隱始得廣州"②。至後梁乾化元年(911),劉隱病卒,又以清海留後劉龑爲節度使。至後梁貞明三年(917),劉龑正式稱帝。

　　總之,與唐末地方方鎮多驅逐或殺害唐朝中央委派的官員而強行攫取權力不同,南漢劉氏是以和平與合法的形式完成了嶺南地方最高軍政權力的轉移,因而盡可能地減少了政權交替過程中的殺戮和動盪。而南漢王朝就是以唐朝嶺南節度使府爲基礎建立起來的。

有關南漢劉氏係中原家族的主要記載

原籍	遷徙者	遷徙地	資料出處
彭城	劉仁安	潮州	《舊五代史》卷一三五;《册府元龜》卷二一九
上蔡	劉安仁	閩中	《新五代史》卷六五;《文獻通考》卷二六七
	劉安仁	潮州	《隆平集》卷一二
蔡州上蔡	劉安仁	潮州	《東都事略》卷二三
蔡州上蔡	劉仁安	潮州	《宋史》卷四八一
壽州上蔡	劉知謙	封州	《新唐書》卷一九○
上蔡	劉謙	嶺南	《資治通鑑》卷二五五
上蔡	劉安仁	閩之遷遊	《五國故事》卷下
上蔡	劉安仁	閩中	《輿地紀勝》卷一三○引《清源志》

---

① 《宋史》卷四八一《世家四·南漢劉氏》,第 13919 頁。
② 《資治通鑑》卷二六二,唐昭宗天復元年,第 8565 頁。

原籍	遷徙者	遷徙地	資料出處
上蔡	劉安仁	閩中	《明一統志》卷七五
上蔡	劉安仁	閩中	《十國春秋》卷五八
蔡州上蔡	劉仁安	閩之遷遊	《南漢書》卷一

注:本表中的部分資料參考了河原正博《漢民族華南發展史研究》一書。

南漢世系表

劉安仁(太祖)—劉謙(代祖)—劉隱(烈祖,911 年卒)

劉龑(高祖,942 年卒)—劉玢(殤帝)

劉晟(中宗)—劉鋹(後主)

四　對南漢王室"大食人後裔"説和"封州蠻酋"説核心論據的重新辨析

(一)對有關南漢建立者劉謙"非我族類"含義的辨析

劉謙在南漢劉氏興起過程中具有非常重要的地位。藤田豐八將其稱之爲"奠定南漢興起之基礎者"。而其論述劉謙崛起的背景和過程稱:"蓋廣東爲海外貿易之中心地,比之泉州,較早開通,故在唐時,波斯人與阿剌伯人之居住該地者,爲數頗多,且因權勢浩大,是故於唐末,中國史上既已留其名矣。至彼輩之子孫,於五代時,有一人曾君臨於嶺南六十州,即南漢之先祖劉謙是也。"[1]而藤田豐八判定劉謙源自西域波斯人或大食人後裔最主要最核心的證據之一,是《北夢瑣言》記

---

① 〔日〕藤田豐八《南漢劉氏祖先考》,第 140 頁。

載劉謙被認爲"非我族類",因此判定劉謙本來就不是中國人。爲此,我們有必要將這一關鍵性的歷史記載還原到特定的文本中來重新解讀。五代北宋初人孫光憲(896—968)所撰《北夢瑣言》卷六云:

> 丞相韋公宙出鎮南海,有小將劉謙者,職級甚卑,氣宇殊異,乃以從猶女妻之。其内以非我族類,慮招物議,諷諸幕寮,請諫止之。丞相曰:"此人非常流也。他日吾子孫或可依之。"謙以軍功拜封州刺史,韋夫人生子,曰隱,曰巖。隱爲廣帥,巖嗣之。奄有嶺表四府之地,自建號曰漢,改名龑,在位經二紀而終,次子嗣。即京兆知人之鑒非謬也。①

其他史書也有相關記載。《資治通鑑》稱:"初,上蔡人劉謙爲嶺南小校,節度使韋宙奇其器,以兄女妻之。"司馬光《資治通鑑考異》既徵引了《北夢瑣言》,又徵引《十國紀年》曰:"劉謙望,字德光,亦名知謙,後止名謙,唐咸通中爲廣州牙將,韋宙以兄女妻之。"②而《新唐書·韋宙傳》的記載則有所不同。該書稱韋宙弟韋岫字伯起,"亦有名。宙在嶺南,以從女妻小校劉謙。或諫止之,岫曰:'吾子孫或當依之。'謙後以功爲封州刺史,生二子,即隱、龑"③。據此,堅持嫁女給劉謙的並不是韋宙,而是韋宙之弟韋岫。

至於在以上引文中具有最關鍵意義的所謂"非我族類",藤田豐八稱:"若南漢劉氏,果出自漢之劉氏,而其祖安仁或仁安,爲潮州長史或刺史,則何以韋妻謂爲非我族類耶? 其爲非純粹漢人,殆無疑義。"④

---

① 《北夢瑣言》卷六"韋氏女配劉謙事"條,第123頁。
② 《資治通鑑》卷二五五,唐僖宗中和三年,第8296頁。
③ 《新唐書》卷一九七《循吏·韋宙傳》,第5632頁。
④ 〔日〕藤田豐八《南漢劉氏祖先考》,第144—145頁。

河源正博一方面認爲"'非我族類'的用法很明確,是指與'華'相對的戎狄之意。所以藤田博士將'非我族類'理解爲並非'純粹的中國人'的見解是令人信服的";另一方面則又證明這裏的"非我族類"並非指西域蕃商後裔,而是指嶺南土著"蠻夷",認爲"韋宙不顧妻子和衆人的反對,執意將侄女嫁給牙將劉謙,是考慮到劉謙作爲蠻族中的有力者也即嶺南的蠻酋這一要素。進一步說,韋宙用對蠻融合政策來禮遇嶺南的蠻酋,是爲了防備當時嶺南西道極度猖獗的叛亂"①。然而,以上兩位研究者的結論和論證方式都可以作進一步討論。

首先,中古時代各種史籍中所謂"非我族類"的表述,並不必然都具有種族和民族的含義。我們考察了中古時期"族類"這一概念的具體運用,可以確定主要有三種含義:一是指種族和民族。其最早也是最有代表性的例子就是《左傳》。《左傳·成公四年》曰:"史佚之《志》有之,曰:'非我族類,其心必異。'楚雖大,非吾族也,其肯字我乎?"②在晉唐史書中,"族類"概念在這種意義上的運用,其種族和民族的意義仍十分明顯。二是史書中的"族類"在很多情況下,其實僅僅是指姓氏或氏族。例如,西晉建立之初,關內侯段灼以西漢以及曹魏兩朝的經驗和教訓,向晉武帝建言將宗室成員分封諸王,以拱衛皇室,稱:"昔在漢世,諸呂自疑,內有朱虛、東牟之親,外有諸侯九國之强,故不敢動搖。於今之宜,諸侯强大,是爲太山之固。非我族類,其心必異。而魏法禁錮諸王,親戚隔絕,不祥莫大焉。"③這裏的"非我族類,其心必異",顯然僅僅是指姓氏或氏族,與種族和民族無關。根據《唐律疏

① 〔日〕河原正博《漢民族華南發展史研究》,第 233、239 頁。
② 楊伯峻校注《春秋左傳注·成公四年》,北京:中華書局,1990 年,第 818 頁。
③ 《晉書》卷四八《段灼傳》,第 1339 頁。

議》,唐朝對收養異姓男爲子有非常嚴厲的處罰,其文稱:"異姓之男,本非族類,違法收養,故徒一年;違法與者,得笞五十。養女者不坐。"①這裏的"本非族類",也僅僅是指姓氏。唐中宗時左散騎常侍柳沖上表稱:"臣聞乾元資始,而庶物形焉。人倫既肇,而族類詳焉。姓氏之初,代本著其義;昭穆之序,周譜列其風。"②《册府元龜》論姓氏的功用稱:"蓋所以辨族類而定嫌疑,厚人倫而正宗祀也。"③范祖禹《唐鑑》亦稱:"古者天子建國,賜姓命氏。姓氏所以別其族類之所出也。"④以上"族類"一詞均是姓氏、氏族的代名詞。三是唐人"族類"的概念,往往是指社會人群中不同的類型、類別、層次等等。例如,白居易《請以族類求賢》一文稱:"臣以爲求賢有術,辨賢有方。方術者,各審其族類,使之推薦而已矣。近取諸喻,其猶綫與矢乎。綫因針而入,矢待弦而發。雖有綫矢,苟無針弦,求自致焉,不可得也。夫必以族類者,蓋賢愚有貫,善惡有倫,若以類求,必以類至。"⑤其所作《貢市井之子判》又稱:"惟賢是求,何賤之有?況士之秀者,而人其舍諸,惟彼郡貢,或稱市籍,非我族類,則嫌雜以蕭蘭。舉爾所知,安得棄其翹楚?"⑥白居易所説的"族類"和"非我族類",顯然都是指社會與人群中的不同類別。而這種類別的劃分,是由各自的出身、教養、習性和社會地位等因素所決定的。後唐天成二年(927),中書門下條流稱,"應諸道選人等","其請託及受囑人等,當行黜責。選人之内,族類甚多,歷

---

① 劉俊文《唐律疏議箋解》卷一二《户婚》,北京:中華書局,1996 年,第 941 頁。
② 《册府元龜》卷五六〇《國史部·譜系》,第 6727 頁。
③ 《册府元龜》卷二一九《僭僞部·姓系》,第 2622 頁。
④ (宋)范祖禹《唐鑑》卷一,上海:上海古籍出版社,1984 年,第 11—12 頁。
⑤ 《文苑英華》卷五〇二,第 2575 頁。
⑥ 《文苑英華》卷五一五《判》,第 2640 頁。

任之中,資考備在"①。其"族類甚多",也是指"選人之内"即等待授官的這一群體中的類別。總之,《北夢瑣言》所稱"非我族類",並不必然具有現代意義上的種族和民族的含義。

其次,與《北夢瑣言》差不多同時編成的《舊五代史》,其中的相關記載亦證明了"非我族類"並非指種族和民族的差別,而是指社會等級。《舊五代史·劉陟傳》稱:

> 唐咸通中,宰相韋宙出鎮南海,謙時爲牙校,職級甚卑,然氣貌殊常,宙以猶女妻之。妻以非其類,堅止之,宙曰:"此人非常流也。他日我子孫或可依之。"謙後果以軍功拜封州刺史兼賀水鎮使,甚有稱譽。②

薛居正的《舊五代史》修成於宋太祖開寶六年(973),主要本自《五代實録》。《北夢瑣言》亦參取過《五代實録》。因此,兩書的相關記載應爲同一史源,只是二者改寫的文字有所差異而已。《舊五代史》稱韋宙之妻"以非其類",其"以非其類"的"類",顯然就是指社會階層中不同的類別、種類、類群、類型等等。《舊五代史》用"以非其類"的表述,避免了《北夢瑣言》之"非我族類"所容易引起的歧義。僅從這一點來看,正史記載確實要比筆記小説慎重嚴謹得多。而韋宙之妻"以非其類"的原因,主要緣於劉謙與京兆韋氏家族在社會等級等各方面的差別。在前面,我們證明了劉謙既無閥閲可資,其世系只能追溯到其父劉安仁。而且根據前引《唐故燕國明惠夫人彭城劉氏墓志》,劉安仁終生均爲布衣,各種史書中劉安仁爲潮州刺史或潮州長史的記載均不可

①　(宋)王溥《五代會要》卷二〇,上海:上海古籍出版社,2006年,第334—335頁。
②　《舊五代史》卷一三五《劉陟傳》,第1807頁。

信。劉謙亦非科舉等正途出身。劉謙其時效力於嶺南軍旅,"職級甚卑"。史書對劉謙此時的身份有"牙將"、"小將"、"小校"、"牙校"等不同記載。因此,被韋宙夫人視爲"非我族類",應該是指彼此社會地位過於懸殊。

最後,我們再來看看韋宙夫人究竟是憑什麼判定劉謙"非我族類"和"以非其類"的。唐代京兆韋氏堪稱蟬聯珪組,世爲顯著。唐宣宗大中元年(847),薛廷範所撰《唐故昭義軍節度判官韋承素墓志銘》稱,京兆韋氏"門族清華,炳煥今古。代有高位,顯發當時"①。而京兆韋氏在婚姻方面亦尤其重視門第和門當户對。唐宣宗大中六年(852),趙橁所撰《唐故嶺南節度觀察處置等使韋正貫墓志》稱:"韋氏世登文科,掌綸修史。婚姻之盛,甲於關右。"②唐末楊篆所作《越國太夫人韋媛墓志銘》又稱:

> 唯韋始定氏,便爲赫族。組接蟬聯,累葉叠慶,代有顯德,不可勝言。周大司空、鄖國公諱孝寬。諡曰忠孝。……洎于我開元丞相諱安石鄶國公。……我外族與京兆杜氏俱世家于長安城南。諺有云:城南韋杜,去天尺五。望之比也。所居別墅,一水西注,占者以爲多貴婿之象。其實姻妻之盛,他家不侔。③

根據《新唐書》記載,韋宙之父韋丹爲"周大司空孝寬之六世孫"。貞元十七年至永貞元年(801—805),韋丹出任嶺南容州刺史和容管經略

① (唐)薛廷範《唐故昭義軍節度判官朝請郎京兆韋府君(承素)墓志銘并序》,西安市長安博物館編《長安新出墓志》,北京:文物出版社,2011年,第277頁。
② (唐)趙橁《唐故嶺南節度觀察處置等使韋正貫墓志》,《長安新出墓志》,第283頁。
③ (唐)楊篆《我大唐故天平軍節度副大使知節度事楊漢公夫人越國太夫人韋媛墓志銘》,《全唐文補遺》第六輯,第199頁。

招討使、邕管經略使，徙江南西道觀察使，政績均十分突出。史書記載唐宣宗"讀《元和實錄》，見丹政事卓然"，"命刻功于碑"。《新唐書》特地將韋丹列入《循吏傳》①。韋宙家族不但世代簪纓，而且其富豪程度在唐後期也堪稱屈指可數。《北夢瑣言》記載："唐相國韋公宙，善治生。江陵府東有別業，良田美産，最號膏腴，而積稻如坻，皆爲滯穗。咸通初，除廣州節度使，懿宗以番禺珠翠之地，垂貪泉之戒。京兆從容奏對曰：'江陵莊積穀尚有七千堆，固無所貪。'懿皇曰：'此可謂之足穀翁也。'"②韋宙本人於唐懿宗咸通二年（861）至咸通九年，出任廣州刺史兼嶺南東道節度使。咸通八年十二月，因其在廣州任上政績卓著，又加檢校尚書左僕射、同中書門下平章事。韋宙之弟韋岫亦官至福建觀察使。

而韋宙就把自己的女兒嫁給了京兆名士李巘。李巘爲科舉進士出身，根據曾做過南漢宰相的王定保所撰《唐摭言》記載，李巘先人之"舊廬"在京城長安升平里，"自所居連亙通衢，殆足一里。餘參馭輩不啻千餘人。轎馬車輿，闐咽門巷。來往無有霑濡者，而金碧照耀，頗有嘉致"。又稱李巘"時爲丞相韋都尉所委，干預政事，號爲'李八郎'。其妻又南海韋宙女。宙常資之，金帛不可勝紀"③。正如陳寅恪先生所稱："蓋唐代社會承南北朝之舊俗，通以二事評量人品之高下。此二事，一曰婚；二曰宦。凡婚而不娶名家女，與仕而不由清望官，俱爲社會所不齒。"④可見，韋宙之妻所稱"非我族類"、"以非其類"，確實

①　《新唐書》卷一九七《循吏·韋丹傳》，第5629—5630頁。
②　《北夢瑣言》卷三"韋宙相足穀翁"條，第54頁。
③　（五代）王定保《唐摭言》卷三，北京：中華書局，1959年，第42頁。
④　陳寅恪《元白詩箋證稿》，北京：三聯出版社，2001年，第116頁。

明顯具有輕視劉謙出身和社會地位的色彩。《南漢書》專門爲劉謙之妻韋氏作傳,其文曰:

> 武皇后韋氏,京兆萬年人,唐左僕射宙從女也。先世多顯宦,有孝寬者,仕隋,至尚書令。琨,仕唐,爲太子詹事,贈泰州都督,諡貞。祖丹,舉五經高第,積官晉慈隰州觀察使,封武陽郡公。咸通三年,分嶺南爲西東道,以宙爲東道節度使,挈家至南海,後亦隨侍。時南詔陷交趾,嶺表震動。宙撫兵積備,選練部曲。代祖適隸麾下,充賀水鎮將,職級甚卑,而氣宇特超異。宙見,招與語,奇之。將使后歸焉,宙夫人以貴賤懸殊,慮招物議,頗猶豫;然宙意殊決。夫人恐不可諫,乃諷諸幕僚從容勸止其事。宙弟岫因曰:"彼狀邈迥出庸流,吾就結婚媾,他日,子孫或可依托。"由是,卒以后妻代祖,生烈宗。[①]

总之,韋宙夫人之所以強調劉謙"非我族類",其根本原因是"貴賤懸殊,慮招物議",即她擔心因爲社會地位的懸殊而招致非議,與劉謙是否爲"大食人後裔"和嶺南"蠻酋"並無任何關係。但是,韋宙久經官場更有識人之明,與出身門第等相比,他更看重的是劉謙的才能和器識。在政局非常動盪不安的晚唐時代,他更希望爲自己子孫乃至整個家族在未來的生存發展培植政治上的靠山。而劉謙"後以功爲封州刺史,生二子,即隱、龑,果開霸業。韋氏之族,賴以爲安"[②]。

---

① 《南漢書》卷七《後妃列傳》,第33頁。
② (明)黃佐《廣東通志》卷四六《名宦·韋宙傳》,廣州:廣東省地方史志辦公室謄印,1997年,第1151頁。

（二）關於南漢劉謙和劉龑"狀貌非常"問題的辨析

藤田豐八有關南漢劉氏爲"大食人後裔"説最主要最核心的證據之二,是其認爲劉謙以及後主劉龑的體質容貌都與西域"蕃客"有關。其依據的主要材料包括:(1)《新唐書·劉知謙傳》稱:"韋宙以兄女妻之,衆謂不可。宙曰:'若人狀貌非常,吾以子孫托之。'"①《舊五代史·劉陟傳》則稱劉謙"氣貌殊常"②。藤田豐八據此認爲劉謙的狀貌本來就不同於華夏種族。(2)《宋史·劉龑傳》記載:"後主體質豐碩,眉目俱竦。"(3)南宋王象之《輿地紀勝》記載廣州有"劉氏銅像","在天慶觀東廡,昔劉龑及子各範銅爲像,略不肖似,即殺冶工,凡再三乃成"③;南宋方信孺《南海百詠》之"劉龑父子銅像"條也記載:"昔龑及二子各範銅爲像,少不肖似即殺冶工,凡再三乃成,今尚在天慶觀中東廡。"④清代吳蘭修《南漢金石志跋》所引《恭巖劄記》又記載:"元妙觀西院功德林,有僞南漢主劉龑及二子銅鑄像,狀豪惡可憎,俗稱番鬼。"⑤藤田豐八正是通過對以上這些材料的考證和分析,得出了南漢劉氏"其非爲純粹漢族,殆無疑義",以及"必爲波斯人或大食人"的結論。然而,我們認爲以上這些材料都難以真正成爲判定南漢劉氏出自西域大食人的證據。

---

① 《新唐書》卷一九〇《劉知謙傳》,第 5493 頁。

② 《舊五代史》卷一三五《劉陟傳》,第 1807 頁。

③ 《輿地紀勝》卷八九《廣州·古迹》,第 3065 頁。

④ (宋)方信儒《南海百詠》,《叢書集成初編》本,北京:中華書局,1985 年,第 7 頁。另据宋張端義撰《貴耳集》卷下記載:"廣州天慶觀有銅鑄劉王像。當鑄時,不像其容,殺數匠始成。袞冕具在。"(《景印文淵閣四庫全書》第 865 册,第 465 頁)

⑤ (清)吳蘭修輯,陳鴻鈞、黃著輝補徵《南漢金石志補徵》,廣州:廣東人民出版社,2010年,第96 頁。

　　首先,《新唐書》所謂"狀貌非常"以及《舊五代史》所稱劉謙"氣貌殊常",在古代文獻中往往都與對偉人豪傑的描述有關。例如,《陳書》記載駱牙爲吳興臨安人,其十二歲時,其宗人有善相者,稱"此郎容貌非常,必將遠致"。至梁武帝太清(547—549)末年,陳霸先"嘗避地臨安,牙母陵,睹世祖(即陳霸先)儀表,知非常人,賓待甚厚"①。而駱牙因與陳霸先的關係,在陳朝官至散騎將軍、豐州刺史。以上所謂"容貌非常"應與"狀貌非常"含義相同。又根據東晉虞預《會稽典録》記載,盛憲出門"逢一童,容貌非常,憲怪而問之,是魯國孔融。融年十餘歲,憲下車,執融手,載以歸舍,與融談,知其不凡,便結爲兄弟","融果以英才偉艷冠世"②。五代十國時期南唐的創立者李昇,字正倫,徐州人。世本微賤,六歲而孤,遂托迹於濠州開元寺。至唐昭宗乾寧二年(895),南吳国的建立者楊隆演"攻濠州,得之,奇其貌,養以爲子。而楊氏諸子不齒爲兄弟,吳太祖乃以與大將徐温,曰:'是兒狀貌非常,吾度渥等終不能容,故以乞汝。'遂冒姓徐氏,名知誥","逮壯,身長七尺,方顙隆準,修上短下,語聲如鐘。每緩步,而從者疾行莫能及。相工云:'此龍行虎步也。'"③宋代龍袞亦稱其"身長七尺,姿貌瑰特,目瞬如電,語音厚重,望之懍人,與語可愛"④。古史描述偉人豪傑儀表,還常常用"氣貌偉然","氣貌醇古","氣貌瓌特"等等。因此,古史中所稱劉謙"狀貌非常"、"氣貌殊常",與西域蕃客的種族和民族並無關係。

① 《陳書》卷二二《駱牙傳》,北京:中華書局,1972 年,第 296 頁。
② 《太平御覽》卷五四三引虞預《會稽典録》,第 2463 頁。
③ 《十國春秋》卷一五《南唐祖本紀》,第 183—185 頁。
④ (宋)龍袞《江南野史》卷一《先主傳》,《五代史書彙編》,第 5156 頁。

　　其次，我們再來看看大致同時代的史籍對劉謙、劉隱和劉龑父子三人的記載。《資治通鑑》記載：“初，上蔡人劉謙爲嶺南小校，節度使韋宙奇其器，以兄女妻之。”①所謂“奇其器”，應是指韋宙對其度量、器識、才幹等感到非常驚異。《舊五代史》記載劉謙“素有才識。唐咸通中，宰相韋宙出鎮南海，謙時爲牙校，職級甚卑，然氣貌殊常”②。這裏的“氣貌殊常”，顯然指劉謙雖然職級卑微，然而其氣勢和容貌儀表却非同尋常。前引《唐故燕國明惠夫人彭城劉氏墓志》記載劉謙“卓犖宏材，經綸偉望”，《南漢書》記載韋岫稱讚劉謙“彼狀邈迥出庸流”，均應與此相關。

　　劉隱爲劉謙長子，劉龑之兄。《舊五代史》記載劉隱“即韋氏女所生也，幼而奇特”③。說明劉隱年幼時其儀表就非同凡響。《唐故燕國明惠夫人彭城劉氏墓志》亦記載劉隱“儀形磊落，器度汪洋”④。所謂“儀形磊落”，《世說新語》記載桓溫“既素有雄情爽氣，加爾日音調英發，叙古今成敗由人，存亡繫才，其狀磊落，一坐嘆賞”⑤。因此，碑文稱劉隱“儀形磊落”，也是說其儀容和形體壯偉。而“器度汪洋”則比喻其氣度非常恢弘豁達。晉陸機《晉平西將軍孝侯周處碑》稱讚周處“汪洋廷闕之傍，昂藏寮寀之上”⑥。南朝梁劉孝威《重光詩》稱“風神瀟落，容止汪洋”⑦。

---

①　《資治通鑑》卷二五五，唐僖宗中和三年，第 8296 頁。

②　《舊五代史》卷一三五《劉陟傳》，第 1807 頁。

③　《舊五代史》卷一三五《劉陟傳》，第 1807 頁。

④　《故燕國明惠夫人彭城劉氏（華）墓志并序》，《全唐文補遺》第七輯，第 179—182 頁。

⑤　余嘉錫《世說新語箋疏》卷中《豪爽》條，北京：中華書局，1983 年，第 601 頁。

⑥　（晉）陸機《陸機集》卷一〇，北京：中華書局，1982 年，第 142 頁。

⑦　（唐）歐陽詢《藝文類聚》卷一六，上海：上海古籍出版社，1982 年，第 294 頁。

劉龑,《新五代史》記載其爲"謙庶子也。其母段氏生龑於外舍,謙妻韋氏素妬,聞之怒,拔劍而出,命持龑至,將殺之,及見而悸,劍輒墮地,良久曰:'此非常兒也。'後三日,卒殺段氏,養龑爲已子。及長,善騎射,身長七尺,垂手過膝"①。所謂"此非常兒也",表明劉龑的儀表狀貌自幼就與一般人不同。其長大成年後,善騎射,且"身長七尺",大致相當於今天的兩米,於此可見其身材非常高大魁梧,與普通人差別非常明顯。

最後,我們再來看看南漢後主劉鋹的狀貌體質是否與大食人有關。劉鋹,公元 948 年至 971 年在位。《宋史·劉鋹傳》記載"後主體質豐碩,眉目俱竦。有口辯,性絶巧"②。藤田豐八亦據此判定其與波斯人或大食人血統有關。按元代修成的《宋史》直接依據了《續資治通鑑長編》。《續資治通鑑長編》的原文亦爲:"鋹體質豐碩,眉目俱竦,有口辯,性絶巧。"③而《十國春秋》則記載爲"後主體質豐厚,眉目俱疏。有口辨,性絶巧"④。至於所謂劉鋹"體質豐碩"或"體質豐厚",顯然與劉謙、劉隱、劉龑一樣,都是説明其家族成員身材高大魁梧。而所謂"眉目俱竦"與"眉目俱疏"應相同,都是指五官長得比較開闊,雙眼雙眉之間的間隙比較大。我們蒐索了大量史籍,並没有發現古人用"體質豐碩,眉目俱疏"來形容外國人特別是西域胡人的例子。那麼,唐代史籍究竟是如何描述大食人的容貌和體質的呢?《通典》記載大

---

① 《新五代史》卷六五《南漢世家》,第 810 頁。
② 《宋史》卷四八一《南漢世家》,第 13928 頁。
③ 《續資治通鑑長編》卷一二,宋開寶四年,第 267 頁;(宋)彭百川《太平治迹統類》卷一與此相同,南京:江蘇廣陵古籍刻印社,1990 年,第 66 頁。
④ 《十國春秋》卷六〇《南漢後主本紀》,第 875 頁。

食人,"其國男夫鼻大而長,瘦黑多鬚鬢,似婆羅門"①。《唐會要》記載"其國男兒黑而多鬚,鼻大而長"②。《舊唐書》稱大食國"其國男兒色黑多鬚,鼻大而長,似婆羅門"③。《新唐書》記載"大食,本波斯地。男子鼻高,黑而髯"④。可見,各種史書對大食人或波斯人的容貌和體質都有非常一致的描述,而南漢後主劉鋹顯然與此具有很大的差別。

宋代廣州天慶觀始自唐代開元觀,自唐、南漢、宋直至明、清,一直是廣州最大的道觀,也是歷代廣州官方管理道教機構的所在地。至清代又改名爲元妙觀。宋代資料所載劉鋹及子在天慶觀中"各範銅爲像",很可能確有其事。自宋代開始,歷代史籍對於南漢王朝基本上持批判和否定的態度。而清中後期廣東學者吳蘭修等以此討論南漢後主劉鋹的相貌,此時上距南漢已近千年,其附會的成分更加明顯⑤。

(三)南漢劉氏源流與唐宋廣州"蕃客"中"劉"姓關係辨析

藤田豐八判定南漢王室屬於大食人後裔,也與宋代廣州西域"蕃客"中多有姓"劉"的現象有關,他还特地徵引《萍州可談》加以證明。南宋朱彧《萍州可談》卷二曰:

> 元祐(1086—1094)間,廣州蕃坊劉姓人娶宗女,官至左班殿
> 直。劉死,宗女無子,其家爭分財產,遣人撾登聞院鼓,朝廷方悟

---

① 《通典》卷一九三《邊防九》,第5279頁;《太平寰宇記》卷一八六《西戎七·大食》與此基本相同,第3575頁。
② 《唐會要》卷一〇〇《大食國》,第2125頁。
③ 《舊唐書》卷一九八《西戎傳》,第5315頁。
④ 《新唐書》卷二二一下《西域傳下》,第6262頁。
⑤ 唐森《南漢劉氏族屬平議》,《暨南學報》第15卷第1期,1993年1月。

宗女嫁夷部,因禁止,三代須一代有官,乃得取宗女。①

藤田豐八稱:"宋時廣州蕃坊已有劉姓之大食人矣。且言娶與皇帝同宗之女,官亦封至左班殿直,故必久居中國,而爲漢化之大食人,且必爲在華大食人之有力者。"並認爲南漢王室的"劉"姓,"亦爲大食名之音譯。其爲 Ala、Ali 之對音"②。《萍州可談》所載北宋哲宗元祐年間之事,上距劉安仁和劉謙活動的時代已經二百年,因此難以有真正的說服力。

晚唐古文家劉蜕字復愚,號文泉子。《北夢瑣言》卷三"劉蜕山人不祭先祖"條對其家世等有專門記載。1939 年,陳寅恪先生所撰《劉復愚遺文中年月及其不祀祖問題》一文,對劉蜕的身世、種族和宗教信仰等問題的研究,其中也牽涉到國際學術界對南漢劉氏家族來源等問題的討論。其文稱:

> 近年桑原騭藏教授《蒲壽庚事迹考》及藤田豐八教授《南漢劉氏祖先考》(見《東西交涉史之研究南海篇》),皆引朱彧《萍州可談》貳所載北宋元祐間廣州番坊劉姓人娶宗室女事,以證伊斯蘭教徒多姓劉者,其說誠是。但藤田氏以劉爲伊斯蘭教徒習用名字之音譯,固不可信,而桑原氏以廣州通商回教徒之劉氏實南漢之賜姓,今若以復愚之例觀之,其說亦非是。鄙見劉與李俱漢唐兩朝之國姓,外國人之改華姓者,往往喜採用之,復愚及其他伊斯蘭教徒之多以劉爲姓者,殆以此故歟? 關於復愚氏族疑非出自華夏一問題,尚可從其文章體制及論說主張諸方面推測,但以此類

---

① (宋)朱彧《萍州可談》卷二,北京:中華書局,2007 年,第 138 頁。
② 〔日〕藤田豐八《南漢劉氏祖先考》,第 146 頁。

事證多不甚適切，故悉不置論，謹就其以劉爲氏，而家世無九品之官，四海無强大之親，父子俱以儒學進仕至中書舍人禮部尚書，而不祭祀先祖，及籍貫紛歧，而俱賈胡僑寄之地三端，推證之如此。①

陳寅恪先生以上論述包含三層意思：一是對藤田豐八有關南漢王室的"劉"姓源於"伊斯蘭教徒習用名字之音譯"的説法持否定態度；二是否定了桑原騭藏有關"廣州通商回教徒之劉氏實南漢之賜姓"的説法；三是正式提出"劉與李俱漢唐兩朝之國姓，外國人之改華姓者，往往喜採用之"，並以劉蜕的身世證明其非華夏的身份及其與外來宗教信仰的關係。其寓意爲南漢劉氏同晚唐劉蜕一樣，均屬於"外國人之改華姓者"。因而在一定程度上肯定了藤田豐八有關南漢劉氏出自大食人後裔的結論。受陳寅恪先生的影響，羅香林先生亦撰《唐嶺南道之景教流傳與劉蜕父子不祀祖等關係》一文，進一步論證劉蜕父子不祀祖與唐代景教信仰有關②。

　　然而，陳寅恪、羅香林先生對晚唐劉蜕非華夏族身份及其與外來宗教信仰關係的判定，並不完全符合歷史事實。清代在陝西長安縣出土的劉蜕爲其母所撰《先妣（劉洽妻）姚夫人權葬石表》，則爲最終確定劉蜕家族來源及其文化取向提供了最重要的證據。光緒年間毛鳳枝《關中金石文字存逸考》卷四收錄該碑③。今人所作《唐代墓志彙

---

① 陳寅恪《劉復愚遺文中年月及其不祀祖問題》，《中央研究院歷史語言研究所集刊》第八本第一分，1939 年 10 月；收入《金明館叢稿初編》，北京：三聯書店，2000 年，第 365—366 頁。

② 羅香林《唐嶺南道之景教流傳與劉蜕父子不祀祖等關係》，收入羅香林《唐元二代之景教》，香港：中國學社，1966 年，第 71—87 頁。

③ （清）毛鳳枝《關中金石文字存逸考》，臺北：文海出版社，1974 年，第 423—425 頁。

編》和《全唐文補遺》等亦加收録①。碑文既證明劉蜕仍屬於非常典型的本土官僚士大夫家庭出身，其所謂"家世無九品之官，四海無强大之親"僅屬托詞，也證明了其"劉"姓與西域蕃客無關。饒宗頤先生所撰《劉蜕自撰母姚夫人權葬石表題後》稱：

> 志出關中，表文蜕自撰。述其"屢於寒飢，故儀衛不用，在廄儉薄"，"至於餝棺以輴，器用不就，表其權焉"。羅振玉爲跋謂："蜕傷不能備禮，其誠孝如此。而《北夢瑣言》稱其不祭先人，光憲譏其紊先王之舊行。今以此表考之，蜕之至行如此，必無不祭之事，足以雪誣謗。"按陳寅老曾疑蜕不祀祖，先世或爲胡估，而信仰異教，然無明證。羅文載《松翁未焚稿》，乃遼居時做，在陳文刊布之後，如彼獲睹是蜕母權葬表，可以釋疑矣。②

陳尚君先生亦指出："毋庸諱言，陳寅恪先生不是專治金石的金石學家，清代已出土的石刻研究專著，間或有未經寓目者，個別與他的論題直接有關的石刻未及利用。這裏試舉一例。1939 年作《劉復愚遺文中年月及其不祀祖問題》一文，據劉蜕傳世遺文，推定其生於長慶元年（821），排出其生平年表，爲遺文作了繫年，並對《北夢瑣言》、《唐摭言》等筆記中所述其不祭祖問題尋求解答，疑其族所出實非華夏族類。清代在陝西長安縣曾出劉蜕爲其母撰《先妣姚夫人權葬石表》一方，光緒間毛鳳枝《關中金石文字存逸考》卷四全録之，今人編《補遺》、《唐代墓誌彙編》亦收入。此文於姚氏家世和劉蜕早孤從學、登第及大中

---

① （唐）劉蜕《先妣（劉洽妻）姚夫人權葬石表》，《全唐文補遺》第四輯，第 211 頁；《唐代墓誌彙編》大中二三〇號，第 2353 頁。
② 饒宗頤《選堂序跋集》，北京：中華書局，2006 年，第 402 頁。

間仕歷記述較詳,叙營葬祭祀事,尤爲虔誠:'今者助教子太學,校理於集賢,又廛於寒饑,故儀衛不周,衣廕儉薄,欲終大事,所未成也。且蜕猶未羈也,今故穿土周棺,丘封四尺,同於葬口。至於飾棺以輤,器用不就,表其權焉。庶先公之祀,若不即滅,委質負擔,得有積資,當廣墳杵,以衍其阡,克從祔禮。雖其刺奢,不敢避也。……孤蜕不獲即死,歲時躬奉常事。'筆記所述傳聞,看來大可懷疑。可惜寅恪先生未能見到這方墓石。"①

根據我們對唐代歷史資料的考察,在唐朝近三百年間,"劉"姓並沒有特別尊貴之處。唐朝皇帝多賜姓李、武,亦賜姓安、愛、蒙、竇、韋、薛、元、萬年、史等姓氏。竇、韋兩姓是唐朝外戚之姓,受賜此姓即與外戚同族。而元、薛則爲當時的高門大姓,社會地位也很高,爲世人所重。如果南漢王氏確係大食人後裔的話,我們似乎很難找到其專門冒姓"劉"氏的理由。又根據相關研究,唐宋廣州蕃客的姓氏,除了由阿拉伯語音譯的大姓蒲姓以外,有取漢姓的李氏(李彥升),而漢化姓氏則有海、哈、金、米、丁等,未見有劉姓②。因此,我們認爲南漢統治期間,很可能有不少西域外商或被南漢皇帝賜以劉姓,或假冒南漢王室姓氏,因而才會出現《萍州可談》所記載的北宋"廣州蕃坊劉姓人"的特殊現象。

(四)從《哀策文碑》所見南漢王室的宗教信仰再論其家族來源

南漢劉氏家族如果確實屬於"大食人後裔"的話,則其家族成員必然有伊斯蘭教信仰,然而,目前沒有任何史料能夠加以證明。相反,卻

---

① 陳尚君《陳寅恪先生唐史研究中的石刻文獻利用》,《中山大學學報》2000 年第 1 期。

② 甘正猛《唐宋時代大食蕃客禮俗考略》,載蔡鴻生主編《廣州與海洋文明》,廣州:中山大學出版社,1997 年,第 6—14 頁。

有大量史料能證明南漢王室都是典型的本土儒道佛三教的信仰。《高
祖天皇大帝哀册文碑》稱:

> 伏維高祖天皇大帝,日月孕靈,星辰誕聖,爰本玄符,式隆景
> 命,經天緯地,武庫文房,搓堯拍舜,邁禹超湯,君臨萬國,星廛三
> 紀,四海鏡清,九州風靡,開物成務,知機其神,光宅寓縣,司牧蒸
> 民。惠施五車,葛洪萬卷,聽朝之餘,披覽罔倦,損益百氏,笙簧六
> 經,東西飛閣,周孔圖形。命鴻儒以臨菑,選碩生而讎校,鄙束皙
> 之補亡,陋鄭玄之成學。奮藻兮,魏文收譽;揮毫兮,齊武藏名。
> 品量舛謬,別白重輕……天縱聰明,凝情老釋,悉箋淵微,咸臻壺
> 奧。譚玄則變化在手,演釋乃日月浮天。神游閬苑,智洞竺乾。
> 若乃陰陽推步,星辰歷數。仰觀俯察,罔失常矩。此外留情藥品,
> 精究醫書。或南北臣庶,或羽衛勤……多才多藝,允文允武。

以上內容或有誇飾的成份,但是仍然在相當程度上反映了南漢王室的
文化傾向和宗教信仰,同時亦代表了南漢王朝所實行的基本國策。所
謂"聽朝之餘,披覽罔倦,損益百氏,笙簧六經,東西飛閣,周孔圖形。
命鴻儒以臨菑,選碩生而讎校,鄙束皙之補亡,陋鄭玄之成學。奮藻
兮,魏文收譽;揮毫兮,齊武藏名。品量舛謬,別白重輕"等等,均反映
了劉龑對儒家文化的高度重視。而這一點與相關史籍的記載也是相
互印證的。前引路振《九國志》即記載南漢"諸王皆尚儒學"[1]。《南漢
書》亦記載南漢劉龑大有(928—942)年間,"高祖盡封諸子","諸王皆
習儒術"[2]。南漢統治者自始至終都奉行優待北方"清流"和"甲族"的

---

[1] (宋)路振《九國志》卷九《劉宏杲傳》,《五代史書彙編》,第3329頁。
[2] 《南漢書》卷八《高祖諸子列傳》,第39頁。

政策,推行文官政治,重視學校、科舉和文教。《資治通鑑》記載南漢高祖劉龑"多延中國士人置於幕府,出爲刺史,刺史無武人"[1]。《資治通鑑》記載,後梁貞明六年(920)三月,"楊洞潛請立學校,開貢舉,設銓選;漢主巖(即劉龑)從之"[2]。《新五代史·南漢世家》稱劉巖"置選部,貢舉,放進士、明經十餘人,如唐故事,歲以爲常"[3]。史書的這些記載與《哀册文碑》可以相互印證。

而《哀册文碑》稱劉龑"天縱聰明,凝情老釋,悉箴淵微,咸臻壺奧。譚玄則變化在手,演釋乃水月浮天。神游閬苑,智洞竺乾",則反映了南漢王室與佛教和道教關係非常密切。所謂"凝情老釋",指其熱衷於道教和佛教。而"譚玄則變化在手"和"神游閬苑",是專指其修習道教經書;"演釋乃日月浮天"以及"智洞竺乾",則專指其對佛教經典的研習。前引《唐故燕國明惠夫人彭城劉氏墓志》記載劉隱之女劉華,"婺宿淪精,素蛾垂耀,誕慶雛陳於巾帨,儲休豈謝于熊羆。峻節可以敵松筠,温容可以喻瓊玖。加以風騷,屬思徽軫。留心佛典,常觀仙書"[4]。以上是説劉華除了遵守儒家禮儀以及對女性修身修心的要求之外,對佛教和道教經典亦都有專門涉獵。

大量歷史資料證明,南漢歷代皇帝和皇室成員都是嶺南佛教道教發展的重要推動者。《十国春秋》記載,僧如敏,福州人,住韶州靈樹山。"烈宗(劉隱)、高祖(劉龑)累加欽重,署爲知聖大師"。劉龑稱帝之初,"有事於師旅",還特地親自向如敏請教[5]。如敏去世後,劉龑又

---

① 《資治通鑑》卷二六八,後梁太祖乾化元年,第 8742 頁。
② 《資治通鑑》卷二七一,後梁均王貞明六年,第 8854 頁。
③ 《新五代史》卷六五《南漢世家》,第 812 頁。
④ 《全唐文補遺》第七輯,第 179—182 頁。
⑤ 《十國春秋》卷六六《僧如敏傳》,第 927 頁。

"賜號靈樹禪師。詔塑其形於方丈,祀之"①。特別是南漢幾位皇帝與禪宗雲門宗開創者文偃(864—949)的關係,最能説明南漢王室對佛教的態度。南漢大寶七年(964),集賢殿學士承旨左諫議大夫陳守中所撰《大漢韶州雲門山大覺禪寺大慈雲匡聖弘明大師碑銘并序》,對文偃生平事迹有詳細記載。大師諱文偃,姓張氏,吳越蘇州嘉興人,早年出家,入閩參雪峰禪師,密有傳授。後梁乾化元年(911),參訪禪宗祖庭——粵北韶州曹溪南華寺,抵靈樹寺謁如敏禪師,得到如敏賞識。乾亨二年(918),南漢高祖劉龑"駕幸韶陽",其時如敏已逝,於是文偃"奉詔對敭,便令説法,授以章服。次年,又賜於本州爲軍民開堂。師據知聖筵,説雪峰法"。又得到劉龑恩准,"領衆開雲門山,構創梵宮","敕賜額曰'光泰禪院'"。938 年,劉龑又"詔師入闕,朝對有容","授師左右街大僧録","賜師號曰'匡真大師'。延駐浹句,賜内帑、銀絹、香藥"。其後"常注宸衷,頻加賜賫"。至 943 年中宗劉晟嗣位,"復降詔旨,命師入内殿供養月餘,乃賜六銖衣錢絹香藥等","並預賜塔院額曰'瑞雲之院'、'寶光之塔'"。949 年文偃去世。958 年南漢後主劉鋹嗣位,"大振堯風,中興佛法"。至大寶六年(963),下令將文偃遺體從雲門山迎入廣州内宫,"聖上親臨寶輦,重換法衣","于是許群僚士庶、四海蕃商,俱入内庭,各得瞻禮"。逾一月,部送還寺,改寺曰"大覺禪寺",賜號"大慈雲匡聖弘大師"②。南漢歷代皇帝對禪

① 《南漢書》卷一七《僧如敏傳》,第 95 頁。
② 伍慶禄、陳鴻鈞著《廣東金石圖志》,北京:綫裝書局,2015 年,第 77—82 頁。按該碑録文亦見於《全唐文》卷八九二,第 9317 頁;(清)翁方綱著,歐廣勇、伍慶禄補注《粵東金石略》卷五,廣州:廣東人民出版社,2012 年,第 203—204 頁;(清)阮元撰,梁中民點校《廣東通志·金石略》卷六,廣州:廣東人民出版社,1994 年,第 127 頁;(清)陸增祥《八瓊室金石補正》卷八〇,北京:文物出版社,1985 年,第 559—560 頁。然部分文字有所不同。

宗雲門宗宗師文偃自始至終的尊崇和禮遇，充分證明了其王室的佛教信仰。

　　南漢境内興建了大量佛寺和佛塔。余靖（1000—1064）是北宋名臣，也是嶺南韶州曲江縣人，其《韶州樂昌縣寶林禪院記》稱：“越人右鬼，而劉氏尤佞於佛。故曲江名山秀水，膏田沃野，率歸於浮屠氏。”①受南漢統治者大力尊崇佛教的影響，在北宋前期粵北韶州竟然出現了大量民衆出家爲僧的奇觀。其《韶州善化院記》記載韶州“生齒登黄籍也三萬一千户，削髮隸祠曹者三千七百名，建刹爲精舍者四百餘區”②。

　　南漢皇帝也與道教關係密切。《新五代史》記載南漢劉龑乾亨九年（925），“白龍見南宫三清殿，改元曰白龍，又更名龑，以應龍見之祥”③。其“三清殿”建於興王府即廣州城的宮殿内，應與南漢皇室的道教信仰密切相關。又據南宋方信孺《南海百詠》記載：“國初前攝南海簿鄭熊所作《番禺雜志》云，番山在城中東北隅，禺山在南二百許步，兩山舊相聯屬，劉龑鑿平之，就番積石爲朝元洞，後更名爲清虛洞，而以沉香爲臺觀於禺之上。”④劉龑所修建的“朝元洞”或“清虛洞”，應該是一個典型的道教宫觀。在粵東羅浮山、粵西容州都嶠山等嶺南道教名山，南漢皇帝都修建宮觀建築，或親自前往祭祀⑤。

---

① （宋）余靖撰，黄志輝校箋《武溪集校箋》卷七，天津：天津古籍出版社，2000 年，第 221頁。
② 《武溪集校箋》卷九，第 264 頁。
③ 《新五代史》卷六五《南漢世家》，第 812 頁。
④ （宋）方信孺《南海百詠》，（清）阮元輯《宛委別藏》第 104 册，南京：江蘇古籍出版社，1988 年，第 1—2 頁。
⑤ 王承文《唐五代羅浮山道教宫觀考》，載黎志添主編《香港及華南道教研究》，香港：中華書局，2005 年 4 月。

前引南漢陳守中所撰《大漢韶州雲門山大覺禪寺大慈雲匡聖弘明
大師碑銘并序》,對於南漢立國的基本國策也有專門論述,其文曰:

> ……每念八紘紛擾,九土艱虞。耀干戈弧矢以宣威,救生靈
> 塗炭;用文物聲明而闡揚,致寰宇雍熙。……其於儒也,則石渠金
> 馬,刊定古今,八索九邱,洞窮淵奧。其於道也,則探元抱朴,得太
> 上之妙門;寶籙靈符,授虛皇之秘訣。於機暇既崇於儒道;注宸衷
> 復重於佛僧。是以奉三寶於虛空,福萬民於寰宇。紺宮金刹,在
> 處增修;白足黃頭,聯辰受供。

以上反映了南漢後主劉鋹所推行的儒道釋三教並重的政策,与前引
《高祖天皇大帝哀册文碑》具有异曲同工之妙。總之,無論是南漢的皇
帝,還是皇室成員,都是中國傳統佛教和道教的信仰者,而這也說明南
漢劉氏家族與信仰伊斯蘭教的大食人或波斯人無關。

五　結論

唐末各地藩鎮紛紛割地稱雄,劉謙和劉隱、劉龑"父子起封州,遭
世多故,數有功於嶺南,遂有南海"①。自唐昭宗天復元年(901)劉隱
正式掌握嶺南軍政大權,到917年劉龑建立南漢,再到971年北宋軍
隊俘虜南漢後主劉鋹,統一嶺南,南漢劉氏家族在嶺南的統治長達七
十年之久。長期以來,南漢王室的族屬和來源就成爲學術界研究南漢
史的重要起點。從以上討論來看,藤田豐八和河原正博所提出的"大
食人後裔"說以及嶺南俚獠"蠻酋"說,其局限性比較明顯。首先,從
唐末以來,各種歷史資料對南漢劉氏家族來源一直都有明確而且具有

---

① 《新五代史》卷六五《南漢世家》,第810頁。

連續性的記載，雖然五代十國和宋朝的統治者以及歷代史家都對南漢王朝持批判和否定的態度，然而却從未有人對其族屬提出過任何質疑。而藤田豐八和河原正博的學術觀點，主要建立在他們對現存史料的不同解讀上。然而這種解讀本身則存在比較明顯的牽强色彩。我們認爲史籍中有關南漢王室源於北方家族的記載是可信的。至於史料之間的某些差異，應該屬於歷史資料中比較普遍而且正常的現象。對有關差異也應該在特定的歷史背景中來理解，不能因爲有某些差異的存在，就完全否定正史等資料的可靠性。

其次，藤田豐八和河原正博所提出的學術觀點，也與他們對唐至五代嶺南區域史的基本認知有關。藤田豐八所提出南漢王室爲阿拉伯人或波斯商人後裔，在某種意義上是爲了强調唐後期廣州等東南沿海阿拉伯人和波斯商人力量强大，以至於其子孫竟然可以掌控嶺南地方最高軍政權力。嗣後近一百年來，國内外很多研究者似乎也比較樂於以此説明唐代"海上絲綢之路"的重大影響。然而實際情況則是，唐朝自始至終都高度重視廣州刺史和嶺南節度使的選任。杜佑稱唐朝"多委宿德重臣，撫寧其地"①。韓愈稱廣州刺史"常節度五嶺諸軍，仍觀察其郡邑，南方事無不統，地大以遠，故常選用重人"②；又稱"嶺之南其州七十"，"故選帥常重於他鎮"③。《新五代史》稱"唐末，南海最後亂，僖宗以後，大臣出鎮者，天下皆亂，無所之，惟除南海而已"④。直至唐末，嶺南仍是朝廷尚能直接控制並且進行官吏任免的極少數地

---

① 《通典》卷一八四《州郡十四·古南越》，，第 4961 頁。
② 《韓昌黎文集》卷七《南海神廟碑》，第 543 頁。
③ 《韓昌黎文集》卷四《送鄭尚書序》，第 318 頁。
④ 《新五代史》卷六五《南漢世家第五》，第 811 頁。

區之一。因此不存在由阿拉伯人或波斯人子孫攫取嶺南地方最高軍政大權的可能。

　　而河原正博以及《劍橋中國宋史》等所堅持的嶺南"俚獠蠻酋"說,其主要依據包含三個方面:一是認定《北夢瑣言》中"非我族類"的表述,必然等於非華夏族的蠻夷,並以此爲基礎去懷疑和否定一大批正史等資料的可靠性。根據我們前面的討論,其"非我族類"與南漢劉氏出自嶺南俚獠無關。二是河原正博强調從六朝直至唐末嶺南俚獠"蠻酋"勢力自始至終都非常强大,而唐朝在嶺南的統治十分薄弱[1]。日野開三郎也認爲,唐朝"中央權力對嶺南道行政管理的滲透很微弱,嶺南道是一個具有近於羈縻性自主權的特別區"[2]。然而從實際情況來看,唐朝對嶺南的控制和開發要遠遠超過此前任何一個時期。唐朝前期所推行的一系列重要政治措施,使六朝以來延續幾個世紀的嶺南"溪洞豪族"退出歷史舞臺,亦使王朝國家權力真正滲透深入到嶺南基層社會[3]。"安史之亂"後,嶺南少數民族"蠻酋"的叛亂基本上僅來自嶺南西南部羈縻州地區。而地處西江流域的封州等地,一直都是嶺南開發最早也是漢族移民最集中的地區,至唐末也完全不存在所謂左右嶺南政局的"俚獠武裝酋領"。三是河原正博把南漢劉氏出自北方家族與明清時期西南少數民族豪酋喜好攀附北方高門相提並論[4]。近年

---

① 〔日〕河原正博《漢民族華南發展史研究》,第 83—123、229—252 頁。
② 〔日〕日野開三郎撰,辛德勇譯《論唐代賦役令中的嶺南户稅米》,《唐史論叢》第三輯,西安:陝西人民出版社,1987 年,第 46 頁。
③ 參見本書第二章第二節、第三節。另參見王承文《唐代"南選"與嶺南溪洞豪族》,《中國史研究》1998 年第 1 期,第 89—101 頁;《唐代南選制度相關問題的新探索》,《唐研究》第十九卷,北京:北京大學出版社 2013 年。
④ 〔日〕河原正博《漢民族華南發展史研究》,第 229—253 頁。

來甚至有部分研究者提出要用明清族譜資料中普遍存在的"大槐樹記憶"現象，來重新理解和解釋南漢的家族來源。然而，我們認爲南漢王室的情況與此却有着本質的不同。一方面《舊五代史》、《册府元龜》、《新唐書》、《新五代史》、《資治通鑑》等重要史書，以及《隆平集》、《東都事略》等資料，與南漢劉氏家族的活動在時間上非常接近。另一方面從北宋以來，各種史書對南漢基本上都持批判和否定的態度，這些史書也因此完全没有必要去爲南漢王室"攀附"北方家族。

最後，藤田豐八和河原正博以及《劍橋中國宋史》等，實際上都存在把正史等資料中有關南漢王室源於北方家族的記載，看成是一種孤立和偶然歷史現象的傾向。唐朝其實是北方家族以各種方式向嶺南大量移民的重要時期。特别是自"安史之亂"直至唐末五代，大量北方家族爲了逃避戰亂而移居嶺南各地，其影響十分廣泛而深遠。歐陽修總結晚唐至五代北方官僚士人遷移嶺南的幾種途徑，稱："是時，天下已亂，中朝士人以嶺外最遠，可以避地，多遊焉。唐世名臣謫死南方者往往有子孫，或當時仕宦遭亂不得還者，皆客嶺表。"[1]以上非常真實地反映了在晚唐中原板蕩、"衣冠蕩析"的戰亂時代，嶺南已成爲北方官僚士大夫及其家族的主要避難地[2]。南漢統治時期，來自中原内地的文化得到重要發展。桑原騭藏指出："唐末五代之亂時，不少中原士人到嶺南避難，當地文運因之一代一代的得以開通。五代時期割據福建的閩和偏在嶺南的南漢，文物皆相當整備，他們從北方避難的士人

---

① 《新五代史》卷六五《南漢世家》，第810頁。
② 王承文《唐代北方家族與嶺南溪洞社會》，第373—414頁。

得到不少協助,亦自不待言。"①總之,南漢王室的北方淵源以及與北方大族的關係,既是南漢王朝得以建立的基礎和前提,也是我們研究和理解南漢以及南漢以後嶺南歷史一系列重要問題的關鍵。

第六節　南漢王朝與北方家族關係新證

——以《王涣墓志》和《高祖天皇大帝哀册文碑》爲綫索的考察

一　"梯山航海,募義歸仁":南漢王朝對北方官員士大夫的招納和重用

(一)《王涣墓志》與唐末五代北方家族南遷的背景

1954 年在廣州市出土的《唐故清海軍節度掌書記太原王府君墓志銘》,碑志共一千七百字,堪稱巨制。碑銘作於唐哀帝天祐三年(906),此時大唐王朝近三百年的統治即將落幕。《王涣墓志》記載:

> 爰我齊公……往鎮番禺,君既認舊寮,願榮介從,不以滄溟爲遠,不以扶養爲難,捧記室之辟書。②

所謂"齊公"即唐昭宗朝宰相徐彦若。而徐彦若南下廣州出任清海軍節度使是在唐昭宗光化三年(900)九月。徐彦若,河内濟源人。其父徐商在唐懿宗咸通四年(863)爲宰相。徐商、徐彦若父子均在晚唐至唐末朝廷頗有政聲。

---

① 〔日〕桑原騭藏《歷史上所見的南北中國》,載劉俊文主編《日本學者研究中國史論著選譯》第一卷,北京:中華書局,1992 年,第 24 頁。

② 岑仲勉《從王涣墓志解決了晚唐史一兩個問題》,《金石論叢》第 441—452 頁。

　　各種史籍對於宰相徐彦若出鎮南海的具體背景都有大致相同的記載。《新唐書・劉季述傳》記載，權臣崔胤恃朱温的威勢，"逐彦若於南海"①。《資治通鑑》記載"崔胤以太保、門下侍郎、同平章事徐彦若位在己上，惡之"，而徐彦若自己"亦自求引去，時藩鎮皆爲强臣所據，惟嗣薛王知柔在廣州，乃求代之"。唐昭宗於是以徐彦若"同平章事、充清海節度使"②。《新五代史》則稱"唐末，南海最後亂，僖宗以後，大臣出鎮者，天下皆亂，無所之，惟除南海而已"③。南唐尉遲偓《中朝故事》卷上稱："前朝宰相罕有不左降者，唯徐商持政公直，數十年不曾有累。其子齊國公彦若，亦以忠於上、和於衆，竟無貶謫之禍。"④而該書卷下却又稱：

> 　　徐彦若弟彦樞，大中末遇京國中元夜，觀燈於坊曲間。夜深，有一人前揖徐公，因同行，謂徐公曰："君貴人也，他年賢兄必爲輔弼之官。若近十年，即須請退，去京五千里外，方免難也。不爾，當有禍患。"……光化（898—901）末彦樞官至左諫議大夫，兄方居宰輔，遂話於兄。時四方皆爲豪傑所據，唯有廣南是嗣薛王知柔爲節度使，彦若遂請出廣州。昭皇授以節鉞而去，果免患難。⑤

以上資料也證實，嶺南作爲唐末中央能夠進行官員選任的最後幾個地區之一，不少北方官員不斷以出仕等方式遷移嶺南。而宰相徐彦若出鎮嶺南，實際上也有主動引身避禍的性質。

---

① 《新唐書》卷二〇八《劉季述傳》，第 5893 頁。
② 《資治通鑑》卷二六二，唐昭宗光化三年，第 8533 頁。
③ 《新五代史》卷六五《南漢世家第五》，第 811 頁。
④ （南唐）尉遲偓《中朝故事》卷上，北京：中華書局，2014 年，第 221 頁。
⑤ 《中朝故事》卷下，第 228 頁。另外，《文獻通考》卷一九六《經籍二》著録《中朝故事》二卷，並引晁公武言曰："僞唐尉遲偓撰，記唐懿昭哀三朝故事，故曰中朝。"（第 5672 頁）

晚唐政治衰敗特別是北方中原地區大規模戰亂,就是北方官員士大夫向嶺南遷徙的主要原因。周渥形容唐朝末年形勢稱:"頃者天祐(904)之初,天復(901—904)之末,國步多難,皇綱欲傾,大澤橫蛇,中原失鹿。眉赤者,豺狼共戰;巾黄者,龍虎相爭。烏兔光昏,乾坤色慘。"①宋人洪邁稱:"唐之末世,王綱絶紐,學士大夫逃難解散,畏死之不暇。非有扶顛持危之計,能支大厦於將傾者,出力以佐時,則當委身山棲,往而不反,爲門户性命慮可也。"②歐陽修《新五代史·南漢世家》論唐末嶺南形勢曰:

> 隱父子起封州,遭世多故,數有功於嶺南,遂有南海。隱復好賢士。是時,天下已亂,中朝士人以嶺外最遠,可以避地,多遊焉。唐世名臣謫死南方者往往有子孫,或當時仕宦遭亂不得還者,皆客嶺表。王定保、倪曙、劉濬、李衡、周傑、楊洞潛、趙光裔之徒,隱皆招禮之。③

歐陽修總結了晚唐至五代北方官僚士人遷移嶺南的幾種途徑,也非常真實地反映了在晚唐中原板蕩、"衣冠蕩析"的戰亂時代,嶺南已成爲北方官僚士大夫及其家族的主要避難地。

(二)南漢王室與一些北方著名家族的關係

唐朝後期的歷史證明,節度使的割據能夠成功主要靠武力,但是

---

① (唐)周渥《大唐故興國推忠功臣光禄大夫檢校太保守左金吾衛大將軍韓恭墓志銘》,《全唐文補遺》之《千唐志齋新藏專輯》,西安:三秦出版社,2006年,第423—424頁。
② (宋)洪邁撰,孔凡禮點校《容齋隨筆》之《容齋續筆》卷一四"盧知猷"條,北京:中華書局,2005年,第389頁。
③ 《新五代史》卷六五《南漢世家》,第810頁。

節度使能夠爲王爲帝,由方鎮割據走向分國割據,則得力於賓幕職制度①。南漢劉氏作爲從军將、名門、高級地方官僚結合中産生的地方勢力,在王綱解紐、"衣冠蕩折"的形勢下,也就必然成爲遷移嶺南的官僚士人及其家族集結擁戴的核心。而南漢一代的歷史也證明,南漢統治者自始至終都與南遷的所謂"清門望族"、"甲族"等保持十分密切的關係。而《高祖天皇大帝哀册文》稱劉龑建立的南漢王朝"梯山航海,募義歸仁",即與此直接相關。

(1)南漢王室與范陽盧氏家族的關係

《王涣墓志》記載王涣的母親盧氏,祖籍范陽,"祖分於北,門推於甲,時令稱美,無得而倫"②。唐昭宗天復元年(901)十月王涣病逝,其母盧氏等"先以適止海壖,未遑歸北。遂于尉他朝台之側,設權窆之儀。欲將俟其通寧,歸祔伊洛。竟以世踰多故,路且彌艱,太夫人遂追古人之言,謂何土不復其體魄,乃於南海縣之北石鄉瘝□原,用考龜筮,可安窀穸。以天祐三年(906)三月廿六日,改卜於是,諒非得已"③。王氏家族從原先"欲將俟其通寧,歸祔伊洛",到最後決定將王涣安葬在南海縣,固然是因爲"世踰多故,路且彌艱",即由於唐末北方中原的戰亂,使其返回之路已變得非常艱難。但是,我們認爲更重要的是王涣家族已被崛起於嶺南的劉隱所優待和重用。毫無疑問,《王涣墓志》所反映的多個北方家族,均已進入南漢劉氏政權。岑仲勉先生稱:"唐末北方的知識份子,鑒於清流之禍,多引身遠避,讀黃滔《丈六金身碑》(《黃御史集》),知結集福州者實繁有徒,讀本志有可反映

---

① 參見鄭學檬《五代十國史研究》,上海:上海人民出版社,1991年,第43頁。
② 岑仲勉《金石論叢》,第441頁。
③ 岑仲勉《金石論叢》,第443頁。

流落嶺南者爲數亦不少。"①《王涣墓志》前面題有：

> 前嶺南東道觀察判官朝議大夫尚書吏部郎中兼御史中丞上
> 柱國賜紫金魚袋盧光濟撰。

盧光濟，兩《唐書》無傳。根據《新唐書》卷七三上《宰相世系表》，盧畫
之子光濟，字子垂②。盧光濟也爲唐昭宗朝宰相盧光啓之兄。《新唐
書·盧光啓傳》稱"盧光啓字子忠，不詳何所人，第進士"，唐昭宗時拜
兵部侍郎、同中書門下平章事。後被賜死③。盧光濟稱自己曾經在長
安大明宮、尚書省和嶺南東道節度使徐彥若幕府中與王涣先後三次爲
同事。岑仲勉先生認爲，盧光濟隨徐彥若幕，"係以檢校吏部郎中領
嶺南東道觀察判官，大約因其弟光啓被朱全忠所迫害，也就流落嶺
南，不敢回到北方了"④。而新出南漢《高祖天皇大帝哀册文碑》前面
題爲：

> 翰林學士承旨銀青光禄大夫行尚書左丞知制誥上柱國范陽
> 縣開國男食邑三百户臣盧應奉敕撰並書。⑤

我們認爲南漢中後期的重臣盧應與唐末《王涣墓志》中盧光濟有密切
關係。自宋代以來，在有關南漢的記載中，一直都有"盧膺"和"盧應"
兩種不同的説法。宋代錢儼《吳越備史》記載：南漢大有十四年（941）
五月，"番禺劉龑遣僞攝太尉、工部侍郎盧膺、尚儀謝宜清、尚衣高素清

---

① 岑仲勉《金石論叢》，第444頁。
② 《新唐書》卷七三上《宰相世系表》，第2940頁。
③ 《新唐書》卷一八二《盧光啓傳》，第5377—5378頁。
④ 岑仲勉《金石論叢》，第445頁。
⑤ 《廣東金石圖志》，第70頁。

來逆我故王弟傳璫之室馬氏爲繼室,不克遣"①。又據《資治通鑑》記載,周世宗顯德四年(957),"南漢中書侍郎、同平章事盧膺卒"②。《十國春秋》則將"盧應"寫成"盧膺"③。《南漢書·盧膺傳》亦記載其"不知所自起。大有(928—942)時,累官工部侍郎","中宗襲位,拜中書侍郎、同平章事。乾和十五年(957),卒官"④。而"盧應"屬於南遷的北方家族范陽盧氏。其在南漢殤帝光天元年(942)所任官職,是翰林學士承旨、銀青光禄大夫、行尚書左丞、知制誥。而其出任中書侍郎、同平章事,大致是在南漢中宗應乾元年(943)。《十國春秋》記載"盧膺仕高祖(即劉龑),爲工部侍郎,大有中加太尉,與謝宜清等出使吳越,求聘錢傳璫之室爲繼后,無功而還。膺才藻俊茂,酷有體裁。中宗時,拜中書侍郎同平章事,乾和十五年冬,卒於官"⑤。根據新出南漢《高祖天皇大帝哀册文碑》,《資治通鑑》、《吳越備史》、《十國春秋》、《南漢書》等史籍中所有"盧膺"均爲"盧應"書寫的錯誤。

　　從以上討論來看,唐末仕宦嶺南東道節度使府的盧光濟及其家族,應一直受到南漢政權的重視。盧應不僅擔任南漢宰相長達十四年之久,而且在南漢朝廷中亦以文學著稱。從新出南漢《高祖天皇大帝哀册文碑》來看,亦確實印證了《十國春秋》所謂"才藻俊茂,酷有體

---

① (宋)錢儼《吳越備史》卷二,第6230頁;《十國春秋》卷五八:"大有十四年夏五月,遣太尉工部侍郎盧膺、尚儀謝宜清、尚衣高素清如吳越,求聘故王弟傳璫之室馬氏不克。"而《南漢書·高祖紀》記載,大有十四年五月,"遣攝太尉、工部侍郎盧膺、尚儀謝宜清、尚衣高素清如吳越,求故王弟新安侯傳璫之室馬氏爲后。"(第13頁)

② 《資治通鑑》卷二九三,後周世宗顯德四年,第9576頁;而《南漢書》卷四《中宗紀》記載,乾和十五年(957)十二月,"中書侍郎、同平章事盧膺卒"(第20頁)。

③ 《十國春秋》卷六四《盧膺傳》,第903頁。

④ 《南漢書》卷一二《盧膺傳》,第64頁。

⑤ 《十國春秋》卷六四《盧膺傳》,第903頁。

裁"的説法。

(2)南漢王室與太原王氏家族的關係

太原王氏是六朝以來的高門士族,至唐朝仍然有重要影響。而晚唐《王涣墓志》則反映了太原王氏家族與嶺南的關係。墓志記載:

> 夫太原王氏之世緒源流,清風懿美,考始本乎姬姓,因族出自縱仙。爾後則冕綬紱綖,文章禮樂,代有華德,史不絕書,應四海之圖諜,百家之龜鏡,咸已備載,此不繁文。第彼等威,是爲鼎甲,故凡百軒胄,得與王氏申叙姻好者,即其美乃具,遂使世有颯鏤之比,此之是矣。君乃厥胤,實承其休。六代祖諱子奇,在開元朝推爲門户主,備於孔氏《類例》,此大舉也。府君諱涣,字文吉。曾大父諱晤,皇楚州司倉參軍事。大父諱鎰,皇東都留守推官,試大理評事,累贈刑部郎中。烈考諱愔,皇尚書祠部員外郎,贈禮部郎中。君即禮部府君之嫡嗣,季孟之第二子也。……今司空致政聞喜裴公贊主貢籍之日,登俊造之科。明年膺美制,授秘書省校書郎。……爰屬我齊公以中外迭處,倚注斯在,遂頒龍節,往鎮番禺,君既認舊寮,願榮介從,不以滄溟爲遠,不以扶養爲難,捧記室之辟書,被金章之華寵,因授考功郎中兼御史中丞之職……無何,前數日,以膏肓受疾,癘毒寖深,曾未浹辰,奄至厭謝,時乃天復辛酉年(901)十月之三日,去府城之一舍地曰金利鎮也。①

王涣既有顯赫的家世,又在唐昭宗大順二年(891)進士及第。誠如碑文所稱"既以族推,又以文舉"②。王涣富有文學才能,且著述甚豐,

---

① 岑仲勉《金石論叢》,第441—442頁。
② 岑仲勉《金石論叢》,第444頁。

"但屬世故多艱,斯文幾墜。有藏於家而未播於人者"①。王渙在京城作爲徐彥若的部屬,至唐昭宗光化三年(900)九月徐彥若出鎮廣州,又以其僚屬身份出仕嶺南。所謂"不以滄溟爲遠,不以扶養爲難",其實也從另一方面反映了北方官員士人被迫出仕嶺南的苦衷。王渙並不適應嶺南的氣候環境,其到任不久即因身染瘴毒而亡。而其家族亦因此留居廣州。

而出任南漢宰相的王定保其實就與王渙家族有關。王定保是唐末著名文士,以唐光化三年(900)進士及第。《南漢書》稱"定保少,力學,富文詞","好諮訪朝廷典故。侍其族先輩唐丞相溥、外舅翰林吳融最久,備聞緒論。所與遊者:陸扆、李渥、顔蕘、盧延讓、楊贊圖、崔藉若,皆一時名下士。以故,見聞賅洽。著《唐摭言》十五卷,述唐代貢舉之制,至爲詳備"②。《十國春秋》稱王定保"善文辭,高祖(即劉龑)常(嘗)作南宫,極土木之盛,定保獻《南宫七奇賦》以美之,一時稱爲絶倫"③。而其流傳於世的《唐摭言》,更是研究唐朝科舉制度最爲重要的資料。宋代晁公武《郡齋讀書志》稱:"《摭言》十五卷。右唐王定保撰,分六十三門。記唐朝進士應舉登科雜事。"④

自清代以來,衆多研究者對於王定保的籍貫長期爭訟不息,有南昌、太原、琅邪等不同説法。錢大昕認爲其籍屬琅邪⑤。《四庫全書總

---

① 岑仲勉《金石論叢》,第 443 頁。
② 《南漢書》卷九《王定保傳》,第 49 頁。
③ 《十國春秋》卷六二《王定保傳》,第 892 頁。
④ (宋)晁公武撰,孫猛校證《郡齋讀書志校證》卷一三,上海:上海古籍出版社,1990 年,第 568 頁。
⑤ (清)錢大昕《十駕齋養新録》卷一二,上海:上海書店,1983 年,第 279 頁。

目提要》認爲王定保爲王溥之族①。王溥是唐昭宗時期的二十五位宰
相之一。然而《新唐書》亦稱:"王溥字德潤,失其何所人。"②《資治通
鑑》、黄佐《廣東通志》、《十國春秋》等均記載其爲南昌人③。清代梁廷
楠面對歷史資料本身的矛盾,感慨"真抵牾不可適從矣"④。而岑仲勉
先生則考證其籍貫屬於太原⑤。由於王定保所撰《唐摭言》卷三《散
序》明確提及其"從叔南海記室涣"⑥,因此晚唐《王涣墓志》在廣州的
重新發現,最終證實了其籍貫屬於太原。

王定保也是南漢立國中最關鍵的人物之一。他在所撰《唐摭言》
卷三《散序》中自稱:"定保生於咸通庚寅歲,時屬南蠻騒動,諸道徵
兵,自是聯翩,寇亂中土,雖舊第太平里,而迹未嘗達京師。"⑦可見,王
定保生於唐昭宗咸通十一年(870)。而其最後留居嶺南,則與其在唐
末出任嶺南容州都督府巡官有關。根據《新五代史·南漢世家》記載,
王定保出爲容管巡官,"遭亂不得還",劉隱辟置幕府⑧。《十國春秋》
則記載其"南遊湖湘,不爲馬氏所禮。已而爲唐容管巡官,遭亂不得
還,烈宗招禮之,辟爲幕屬"⑨。而且王定保進入劉隱幕府,恰恰也是
因爲其從叔王涣的引薦。《南漢書》記載王定保以中原戰亂,出仕嶺

---

① (清)永瑢等撰《四庫全書總目提要》卷一四〇,北京:中華書局,1965 年,第 1186 頁。
② 《新唐書》卷一八二《王溥傳》,第 5377 頁。
③ 《資治通鑑》卷二八二,後晉高祖天福五年,第 9219 頁;(明)黄佐《廣東通志》卷五二《王
　定保傳》,第 1338 頁;《十國春秋》卷六二《王定保傳》,第 892 頁。
④ 《南漢書》附《南漢書考異》卷九,第 159 頁。
⑤ 岑仲勉《跋〈唐摭言〉》,原載《中央研究院歷史語言研究所集刊》第九本,1947 年,第 262
　頁。收入《岑仲勉史學論文集》,北京:中華書局,1990 年,第 681—708 頁。
⑥ 《唐摭言》卷三《散序》,第 24 頁。
⑦ 《唐摭言》卷三《散序》,第 24 頁。
⑧ 《新五代史》卷六五《南漢世家》,第 810 頁。
⑨ 《十國春秋》卷六二《王定保傳》,第 892 頁。

南，"時從叔（王）渙爲烈宗（劉隱）記室，因知其才。招禮之，辟爲幕屬"。至公元 917 年劉龑稱帝，"軍國事多所匡正"①。至劉龑大有十三年即公元 940 年十一月，《資治通鑑》記載"漢門下侍郎、同平章事趙損卒；以寧遠節度使南昌王定保爲中書侍郎、同平章事"②。王定保在南漢朝廷中一直擔任重要官職，且官至宰相，於此也説明了南漢統治者對太原王氏家族的重視。

（3）南漢王室與京兆奉天趙氏家族的關係

趙光裔和趙損父子二人先後出任南漢宰相的經歷，最能説明南漢統治者對北方名門大族的重視。趙光裔字焕業。世居京兆奉天，遷洛陽，遂爲洛陽人。其曾祖趙植在唐德宗建中末年平定朱泚之亂有功。唐德宗貞元十七年（801）至十八年任廣州刺史、嶺南節度，並卒於廣州任上。其祖趙存約，爲興王府推官。其父趙隱，大中三年（849）進士擢第，唐懿宗咸通末（874）官至宰相，進階特進，封天水縣伯，食邑七百户。《新唐書》記載趙隱之子趙光逢、趙光裔、趙光胤"皆第進士"③。而《舊唐書》則記載趙光逢爲唐僖宗乾符五年（878）進士，趙光裔本人爲光啓三年（887）進士，趙光胤爲唐昭宗大順二年（891）進士。史書稱"光逢與弟光裔，皆以文學德行知名"④；"歷臺省華劇"，"士歆羨之"⑤；"兄弟對掌內外制命，時人榮之"⑥；"俱以詞藝知名"，"歷清顯，

① 《南漢書》卷九《王定保傳》，第 48 頁。
② 《資治通鑑》卷二八二，後晉高祖天福五年，第 9219 頁。
③ 《新唐書》卷一八二《趙隱傳》，第 5375 頁。
④ 《舊五代史》卷五八《趙光逢傳》，第 775 頁。
⑤ 《新唐書》卷一八二《趙隱傳》，第 5375 頁。
⑥ 《舊唐書》卷一七八《趙隱傳》，第 4623 頁；《册府元龜》卷七八三《總録部·兄弟齊名》，第 9313 頁。

伯仲之間,咸以方雅自高,北人聞其名者,皆望風欽重"①。因此,京兆奉天趙氏堪稱唐末最有代表性的"中朝華胄"之一。

至於趙光裔前往嶺南的身份、時間和具體原因等,《舊唐書·趙光裔傳》記載宦官劉季述廢立之後,"宰相崔胤與黃門爭雄,衣冠道喪"。趙光裔"旅遊江表以避患,嶺南劉隱深禮之,奏爲副使,因家嶺外"②。趙光裔其實是以後梁膳部郎中知制誥的身份前往嶺南的。《資治通鑑》記載後梁太祖開平二年(908)十月,"以劉隱爲清海、靜海節度使,以膳部郎中趙光裔、右補闕李殷衡充官告使,隱皆留之"③。而《十國春秋》記載爲,趙光裔兄弟"俱仕梁,會梁太祖敕烈宗(即劉隱)爲清海靜海節度使,命光裔以舊職充官告使,烈宗遂留之不遣。辟置幕府,已奏爲節度副使"④。然而,歐陽修《新五代史》卻將趙光裔與其出仕後唐的弟趙光胤相混淆,稱趙光胤(裔)"自以唐甲族,恥事僞國,常怏怏思歸。襲乃習爲光胤(裔)手書,遣使間道至洛陽,召其二子損、益並其家屬皆至。光胤(裔)驚喜,爲盡心焉"⑤。宋代蘇軾所撰《趙清獻公神道碑》稱趙抃字閱道,"其先京兆奉天人,唐德宗世,(趙)植爲嶺南節度使,植生隱,爲中書侍郎,隱生光逢、光裔,並掌內外制,皆爲唐聞人。五代之亂,徙家於越,公則植之十世從孫也"⑥。而蘇軾將趙隱記載爲趙植之子,屬於記載有誤。實際上應是趙植生趙存約,趙存約生趙隱。而蘇軾所記載的墓主趙抃本人,則在北宋景祐元年

①　《舊五代史》卷五八《趙光胤傳》,第 777 頁。
②　《舊唐書》卷一七八《趙隱傳》,第 4623 頁。
③　《資治通鑑》卷二六七,後梁太祖開平二年,第 8705 頁。
④　《十國春秋》卷六二《趙光裔傳》,第 887 頁。
⑤　《新五代史》卷六七《南漢世家》,第 811 頁。
⑥　(宋)蘇軾《東坡全集》卷八六,《景印文淵閣四庫全書》第 1108 册,第 392 頁。

（1034）進士及第。

趙光裔在南漢王朝的建立和穩定中發揮了至關重要的作用。《資治通鑑》記載公元917年南漢立國，"以梁使趙光裔爲兵部尚書"、"同平章事"①；又稱趙光裔"相漢二十餘年，府庫充實，邊境無虞。及卒，漢主復以其子翰林學士承旨、尚書左丞損爲門下侍郎、同平章事"②。《十國春秋》記載趙光裔在南漢"爲相二十餘年，府庫充實，政事清明，輯睦四鄰，邊境無恐，當時號稱賢相。又兄光逢相梁，弟光胤相後唐，及子損相繼爲相。五季之時，一家四相，當世莫不歆羨"③。所謂"一家四相"，指趙光逢爲後梁宰相，趙光胤爲後唐宰相，而趙光裔、趙損父子先後爲南漢宰相。《南漢書》稱："一家同時有四相國，談者誇爲縉紳盛事。"④趙光裔卒於宰相任上，其時間爲劉龑大有十二年（939）十二月。

趙損爲趙光裔長子，也受到南漢劉龑的重用。趙光裔卒，劉龑以其子趙損爲門下侍郎同平章事。《十國春秋》記載趙損"仕高祖爲翰林學士承旨、尚書左丞。及光裔殁，高祖復以損爲門下侍郎、同平章事。大有十三年卒"⑤。《南漢書·高祖紀》記載："門下侍郎、同平章事趙光裔卒。帝以其子翰林學士承旨、尚書左丞損爲門下侍郎、同平章事。"⑥趙損有《廢長行》詩，稱"辨其惑於無益之戲而不務恤民也"，

① 《資治通鑑》卷二七〇，後梁均王貞明三年，第8817頁。
② 《資治通鑑》卷二八二，後晉高祖天福四年，第9209頁。
③ 《十國春秋》卷六二《趙光裔傳》，第888頁。
④ 《南漢書》卷九《趙光裔傳》，第46頁。
⑤ 《十國春秋》卷六二《趙損傳》，第893頁。
⑥ 《南漢書》卷三《高祖紀二》，第12頁。

詩中有"莫令終日迷如此,不治生民負天子"①。這裏的"天子"是南漢皇帝,其對南漢皇室的忠誠和尊崇亦可見一斑。

(4)南漢王室與蘭陵蕭氏家族的關係

蕭益,祖籍東海蘭陵(今山東棗莊市),其家族在西晉末年南遷至南蘭陵(今江蘇常州市)。蘭陵蕭氏亦是南朝齊、梁兩朝的建立者。而蕭益家族爲梁昭明太子之後,"先世皆顯宦,多爲唐宰輔"②。在唐玄宗開元朝有蕭嵩爲宰相,封太師徐國公;蕭華,襲徐國公,肅宗朝宰相。至蕭益之祖蕭倣,大和元年(827)登進士及第,唐宣宗大中十三年至唐懿宗咸通元年(859—860),出爲廣州刺史兼嶺南節度使。史載咸通末年,"復爲兵部尚書、判度支。尋以本官同平章事,累遷中書、門下二侍郎、兼户部、兵部尚書。遷左右僕射,改司空、弘文館大學士、蘭陵郡開國侯"③。其父蕭廩,《舊唐書》記載爲咸通三年進士,累遷尚書郎,後"以父出鎮南海,免官侍行。中和中,徵爲中書舍人,再遷京兆尹"④。

根據《新唐書·宰相世系表》記載,蕭益本人曾爲"商州團練推官"⑤。《南漢書》稱南漢劉龑"以(蕭)益家世清顯,招致録用"。至南漢大有(928—942)年間,"累官崇文使"⑥。《資治通鑑》記載,後晉天福三年(938)十月,南漢主劉龑"問策於崇文使蕭益",並明確稱蕭益爲唐懿宗朝宰相蕭倣之孫⑦。又根據《資治通鑑》記載,公元942年,

① (清)李調元《全五代詩》卷六一,成都:巴蜀書社,1992年,第1228頁。
② 《南漢書》卷一二《蕭益傳》,第62頁。
③ 《舊唐書》卷一七二《蕭倣傳》,第4482頁。
④ 《舊唐書》卷一七二《蕭廩傳》,第4482頁。
⑤ 《新唐書》卷七一下《宰相世系表》,第2284頁。
⑥ 《南漢書》卷一二《蕭益傳》,第63頁。
⑦ 《資治通鑑》卷二八一,後晉高祖天福三年,第9192—9193頁。

南漢高祖劉龑"寢疾,以其子秦王弘度、晉王弘熙皆驕恣,少子越王弘昌孝謹有智識,與右僕射兼西御院使王翷謀出弘度鎮邕州,弘熙鎮容州,而立弘昌。制命將行,會崇文使蕭益入問疾,以其事訪之。益曰:'立嫡以長,違之必亂。'乃止"①。可見,蕭益在南漢朝政中具有舉足輕重的地位。

史書對蕭益之後蕭氏家族與南漢政權的關係缺乏具體記載。而南漢後期的重要政治人物蕭漼很可能與此相關。據《宋史‧太祖紀》,開寶四年(971)二月,"南漢劉鋹遣其左僕射蕭漼等以表來上。己丑,潘美克廣州,俘劉鋹,廣南平","偽署官仍得舊"②。又根據《宋史‧劉鋹傳》記載,宋太祖平定南漢後,釋劉鋹之罪,"以其弟保興爲右監門率府率,左僕射蕭漼爲太子中允,中書舍人卓惟休爲太僕寺丞,餘並署諸州上佐、縣令、主簿"③。其中保興指南漢中宗劉晟第四子④。而作爲南漢後主劉鋹左僕射的蕭漼,我們認爲應該與蕭益及其蕭氏家族有關。也就是説,蘭陵蕭氏家族自始至終都在南漢劉氏政權中發揮重要作用。

(5)南漢王室與趙郡李氏家族的關係

李殷衡,趙郡(今河北邯鄲市)人,其高祖李栖筠,官御史大夫。曾祖李吉甫和祖李德裕,均爲唐朝著名宰相。其父李燁,仕汴宋幕府,因李德裕政治上的失敗被貶嶺南象州立山縣尉,"懿宗時,以赦令徙郴

---

① 《資治通鑑》卷二八三,後晉高祖天福七年,第9236頁。
② 《宋史》卷二《太祖本紀二》,第32頁。
③ 《宋史》卷四八一《南漢劉氏世家》,第13928頁;《十國春秋》卷六〇《南漢‧後主本紀》作"蕭漼",第874頁。
④ 見《新五代史》卷六五《南漢世家》,第816頁;《南漢書》卷八《諸王公主列傳‧中宗諸子》,第42頁。

州。餘子皆從死貶所"①。《新唐書·李德裕傳》記載李燁之子爲李延古,並無李殷衡。然而,《新唐書·宰相世系表》則記"德裕字文饒,相文、武,生椅、渾、燁。渾,比部員外郎。燁,郴尉,生殷衡、延古。殷衡,右補闕"②。可見,李殷衡實爲李燁長子。《南漢書》稱"初,德裕柄國,威望獨重一時。及宣宗即位,仇人之黨相繼擠陷,子弟皆坐貶謫。殷衡適當其會,故名位不獲通顯"③。

李殷衡仕後梁太祖爲右補闕。開平二年(908),副趙光裔充嶺南官告副使。《資治通鑑》記載後梁太祖開平二年,"以劉隱爲清海静海節度使,以膳部郎中趙光裔、右補闕李殷衡充官告使,隱皆留之。光裔,光逢之弟;殷衡,德裕之孫也。"胡三省評論稱:"史言群雄割據,各收拾衣冠之胄以爲用。"④《北夢瑣言》稱"李侍郎(殷衡)充使番禺,爲越王劉氏所縻,爲廣相而薨"⑤。《十國春秋》稱其至嶺南,"則烈宗(劉隱)留之幕府,署節度判官,不時遣還。乾亨(917—925)初,官禮部侍郎、同平章事,居無何,終於其職"⑥。而《南漢書》則稱其"以中朝兵革相尋,惟嶺外可避亂,遂安之。烈宗折節下士,敬禮不少衰,軍事多所參畫。已而,署爲節度判官"⑦。至917年南漢立國,劉龑以李殷衡爲禮部侍郎、同平章事。根據史書記載,李殷衡的政治才能並不明顯,然

---

① 《新唐書》卷一八〇《李德裕傳》,第5343頁。有關李德裕之子李燁事迹,見《唐代墓志彙編》大中〇七一號《唐茅山燕洞宫大洞煉師彭城劉氏墓志銘并序》,第2303頁;咸通〇一六號《唐故郴縣尉趙郡李君墓志銘并序》,第2390—2391頁。

② 《新唐書》卷七二上《宰相世系表》,第2591—2592頁。

③ 《南漢書》卷九《李殷衡傳》,第47頁。

④ 《資治通鑑》卷二六七,後梁太祖開平二年,第8705頁。

⑤ 《北夢瑣言》卷一〇"劉李愚甥"條,第208頁。

⑥ 《十國春秋》卷六二《李殷衡傳》,第889頁。

⑦ 《南漢書》卷九《李殷衡傳》,第47—48頁。

而仍以宰相身份卒於官。

梁太祖於開平元年（907）九月所發布的《禁使臣逗留敕》稱：“近年文武官諸道奉使，皆於所在方外停住，逾年涉歲，未聞歸闕。非唯勞費州郡，抑且侮慢國經。臣節既虧，憲章安在？自今後，兩浙、福建、廣州、安南、邕、容等道，使到發許住一月。湖南、洪、鄂、黔、桂，許住二十日。”①唐末五代時期，由於戰亂和政治的險惡，有很多北方官員趁出使之機，向嶺南等南方地區遷徙，而趙光裔、李殷衡即屬於以這種方式留居嶺南的北方官員。

（6）南漢王室與滑州劉氏家族的關係

劉濬，字伯深，其先滑州胙（在今河南延津縣東北胙城）人。“其先世居代郡，隨元魏遷洛陽，自是占籍河南”②。其世代均爲名門望族。八世祖劉坦，爲隋朝大理卿。七世祖劉政會，爲唐太宗凌烟閣首輔功臣，官户部尚書，封渝國公。六世祖劉玄意，尚唐太宗女南平公主，歷洪、饒八州採訪使。五世祖劉奇，武則天長壽（692—694）年間，官至吏部侍郎。劉濬之父劉崇望，咸通十五年（874）進士，累官至兵部侍郎，唐昭宗龍紀元年（889），拜同中書門下平章事。其伯父劉崇龜，字子長，“擢進士，仕累華要”③。唐昭宗大順元年至乾寧二年（890—895），爲廣州刺史兼嶺南東道節度使。其在任期間，署劉隱爲賀水鎮將，又表薦劉隱爲封州刺史，因而對於南漢劉氏在嶺南的崛起有重要推動之功。劉崇龜亦卒於廣州任上。

---

① 《册府元龜》卷一九一《閏位部·立法制》，第 2303—2304 頁；《全唐文》卷一〇一，第 1039 頁。
② 《南漢書》卷一〇《劉濬傳》，第 50 頁。
③ 《新唐書》卷九〇《劉崇龜傳》，第 3769 頁。

　　《舊五代史》記載劉謙長子劉隱,"及謙卒,賀水諸將有無賴者,幸
變作亂,隱定計誅之。連帥劉崇龜聞其才,署爲右都校,復領賀水鎮。
俄奏兼封州刺史,用法清肅,威望頗振"①。《南漢書》記載劉濬"以中
原離亂相繼,避來嶺表,依崇龜"。至劉崇龜死後,劉濬"遂流寓廣
州"②。《十國春秋》記載劉濬"從崇龜流寓廣州,因占籍焉。烈宗據番
禺,辟濬居幕府,議論多所商定,與周傑等同爲賓客。高祖即位,拜宗
正卿兼工部侍郎"③。劉龑即位,官宗正卿兼工部侍郎。《南漢書》又
云劉隱"每念舊恩,遇濬有加禮,辟居幕府,與李殷衡、倪曙輩同爲賓
客,秘密皆就與謀"④。從劉崇龜擢劉隱爲封州刺史,到劉龑拜劉濬爲
宗正卿,也從一個側面證實了南漢劉氏的籍屬及其與中原大族的關
係。《資治通鑑》記載後晉高祖天福元年(936)十月,"漢主以宗正卿
兼工部侍郎劉濬爲中書侍郎、同平章事。濬,崇望之子也"。胡三省注
稱"劉崇望相昭宗"⑤。《十國春秋》記載南漢大有九年(936),楊洞潛
病故,"乃擢濬中書侍郎同平章事以代之。濬在位清簡執持,勸高祖養
民息兵。子孫在廣南多有顯者"⑥。而趙光裔、蕭益、李殷衡、劉濬等
北方名門大族與南漢的關係也能證明南漢劉氏政權的性質。

　　(三)南漢王室與其他北方家族的關係

　　(1)楊洞潛。

　　楊洞潛也是南漢立國中的元從功臣。《新五代史》記載楊洞潛

---

①　《舊五代史》卷一三五《劉陟傳》,第 1807 頁。
②　《南漢書》卷一〇《劉濬傳》,第 50 頁。
③　《十國春秋》卷六二《劉濬傳》,第 890 頁。
④　《南漢書》卷一〇《劉隱傳》,第 50 頁。
⑤　《資治通鑑》卷二八〇,後晉高祖天福元年,第 9153 頁。
⑥　《十國春秋》卷六二《劉濬傳》,第 890—891 頁。

"初爲邕管巡官,秩滿客南海,隱常師事之,後以爲節度副使,及龔僭號,爲陳吉凶禮法"①。明代黄佐《廣東通志》記載楊洞潛字昭玄,始興(今廣東韶關市)人,"先世自唐祭酒潤生遂寧太守回,回生勉,自蜀踰嶺,因家焉。勉生垂,垂生軫,軫生洞潛。居南越四世矣。少好經史,有權略,劉隱薦爲試大理評事,清海建武節度判官"②。可見,楊洞潛的曾祖楊勉因從巴蜀移居粵北始興,因爲始興人。《十國春秋》記載楊洞潛"幼好經史,開爽有政略",唐末爲邕管巡官,"秩滿客南海,烈宗師事之",表薦試大理評事、清海建武節度判官,"時時爲烈宗畫策,取湖南容管,頗爲楚人所懼,由是顯名。高祖繼立,洞潛首言刺史不宜用武流,當廣延中州人士置之幕府,選爲刺史,俾宣政教,則民受其福,從之","乾亨元年,高祖即皇帝位,擢兵部侍郎、同平章事。洞潛以梁使趙光裔故宰相光逢之弟,遜使位,居己上;高祖嘉其意,從焉。洞潛遂乘間陳吉凶禮法,請立學校,開貢舉,設銓選,國家制度,粗有次叙"③。

(2)吳存鍔。

近年在廣州發現(現收藏於廣州市博物館)的《梁使持節瀧州諸軍事守瀧州刺史吳存鍔墓志銘》,詳細記載了吳存鍔家族在唐末從北方移居嶺南以及被南漢王室重用的經歷。碑文稱:

> 公諱存鍔,字利樞,本出於秦雍,……洎乎薦昌嗣胤,不絶簪裾。遂辭北京,適兹南海。高祖諱敬,皇前守左武衛長史。曾祖諱巨璘,皇前鳳翔節度左押衙、右威衛將軍。考諱太楚,皇嶺南東道鹽鐵院都巡覆官、並南道十州巡檢務、試左武衛兵曹參軍。寬

---

① 《新五代史》卷六五《南漢世家第五》,第810頁。
② (明)黄佐《廣東通志》卷五五《楊洞潛傳》,第1417頁。
③ 《十國春秋》卷六二《楊洞潛傳》,第888—889頁。

雅洽衆,禮讓出群。……博覽典實,以秭時人。有默識者曰:此乃
非凡人,其後裔必能盛哉。遂娶扶風馬氏。公則參軍之長子
也。……乃唐朝中和之三載(883),遂入職。其年節度使鄭尚書
值聖駕幸於西蜀,因遣公入奏。……于時景福三載,是節度使陳
相公鎮臨是府。賀江鎮劉太師聞公強幹,屢發牋簡,請公屬賀江,
持委奏報之任,不虧前勞,益申精至。逮乾寧光化天復際,公由賀
江從節度使南海王就府秉節制。凡厥貢奉,皆伏於公。遂陟隨使
押衙,仍上都邸務。押詣綱進奉到闕。恩旨加御史大夫、守勤州
司馬。洎梁朝新革,時開平元年,又加康州司馬、守勤州刺史。其
年加兵部尚書、守瀧州刺史。公詳明政事,招葺閭里。所治之郡,
民俗舊一歲而得膏雨也。於是南海王重公有妙術。以雷州獷狚
之俗,雖累伐刺舉而罕歸化條。又委公臨之。由是纔及郡齋,宛
然率服,至於虬化。茲年也,又賫進奉入京,復加金紫光禄大夫、
尚書右僕射、守瀧州刺史赴任。乾化五年,本府節度使南越王統
軍府,思公舊勳,乃署元從都押衙,委賫進奉並邸務。至貞明三年
(梁末帝,917)丁丑歲,梁朝以公爲主竭忠無不精切,乃加檢校司
空。公位望愈高,揮執彌固,未嘗頃刻而踞傲也。……以其年四
月廿日遘疾,廿六日終于梁朝闕下,春秋六十九。閏十月十五日,
靈櫬自京歸於廣府故里。公娶于黄氏,封江夏縣君。長子延魯,
充客省軍將。……公即以其年十一月一日改號乾亨元年(917)丁
丑歲九日,葬於南海縣地名大水崗。①

---

① 何松《梁故嶺南東道清海軍隨使元從都押衙金紫光禄大夫檢校司空前使持節瀧州諸軍
事守瀧州刺史御史大夫上柱國吳公(存鍔)墓志銘并序》,《全唐文補遺》第四輯,第275
頁;《文物》1994年第8期。

根據碑文可知,吳存鍔祖籍秦雍即關中。至其父吳太楚,因出任唐嶺南東道鹽鐵院都巡覆官等職,遂留居嶺南。唐僖宗中和三年(883),吳存鍔因受嶺南東道節度使鄭續的委派入京上奏,並獲得官職。唐昭宗景福二年(893),被"賀江鎮劉太師"即南漢的實際建立者劉隱所重用。吳存鍔歷任嶺南數州刺史,並受劉隱等的委派長駐在京城,先後負責對唐朝和後梁王朝的貢奉等事宜。後梁貞明三年(917)卒於京城。最後,"靈櫬自京歸於廣府故里",安葬在廣州南海縣大水崗。而該年劉隱之弟劉龑正式稱帝。自唐初以來的歷史資料證明,大量北方官員卒於嶺南後,歷盡千辛萬苦亦要遷葬北方特別是兩京附近。然而吳存鍔雖爲北方官員後裔,其卒於北方後却要遷回嶺南安葬,可見唐末很多北方籍官員,確實都已经把嶺南看作是新的"故里"了。

(3)陳用拙。

《十國春秋》稱:"陳用拙,本名拙,連州人,用拙其字也。少習禮樂,工詩歌,長遂以字顯。唐天祐元年(905)擢進士第,授著作郎。"[1]連州即今廣東連縣。然而,司空圖於唐昭宗光化二年(899)所撰《疑經後述》,却稱"鍾陵秀士陳用拙出其宗人嶽所作《春秋折衷論》數十篇,贍博精緻,足以下視兩漢迂儒矣"[2]。這裏的"鍾陵秀士",應指陳用拙的祖籍或郡望。鍾陵縣,西晉太康初置,屬豫章郡。唐朝爲洪州治。在今江西省南昌市。因此,我們認爲陳用拙也出身於從鍾陵南遷嶺南的内地家族。《新唐書》卷五七《藝文志一》著録有"陳拙《大唐正聲新

---

① 《十國春秋》卷六二《陳用拙傳》,第891頁。

② (唐)司空圖撰,祖保泉等箋校《司空表聖詩文集箋校·文集》卷三,合肥:安徽大學出版社,2002年,第213頁;《全唐文》卷八〇九,第8502頁。

址琴譜》十卷"①。陳拙即陳用拙。宋代王應麟《玉海》卷一一〇《唐琴
譜》云:"《琴籍》九卷,唐陳拙撰,載琴家論議操名及古帝王名士善琴
者(第四卷今闕)。"②或作《大唐正聲琴籍》。《南漢書》稱其唐天祐中
擢進士第,除著作郎,"時梁王朱全忠將謀篡立,權勢烜赫,用拙心惡其
所爲,不樂仕進",時劉隱爲清海節度,"乃自請充官告使,假節南還。
烈宗探知用拙有欲留意,因以幕職署之"③。而《十國春秋》則記載爲
陳用拙"心惡梁王全忠所爲,假使節南歸,加烈宗清海節度、同平章事,
烈宗留用之。未幾,梁王全忠篡位,改元開平,用拙力勸仍奉天祐年
號,烈宗多其義而不能用。遂掌書記,攝觀察判官。比烈宗病革,用拙
撰表請高祖權知留後,高祖繼立,益信任之。乾化四年,奉使吳越,吳
越武肅王與語,嘉其專對,賚以金帛甚厚,用拙遜謝,歸以獻高祖。高
祖自立爲皇帝,擢用拙吏部郎中,知制誥。久之,卒。有詩集八卷傳於
世。尤精音律,著《大唐正聲琴籍》十卷,中載琴家論操名及古帝王名
士善琴者。又以古調缺徵音,補新徵音譜若干卷。"④明成化《廣州志》
卷三六《藝文》著録有《陳用拙詩集》八卷。今不傳。

(4)馮禧。

《宋史·馮元傳》記載馮元高祖馮禧,"唐末官廣州,以術數仕劉
氏。傳三世至父邴。廣南平,入朝爲保章正。元幼從崔頤正、孫奭爲
五經大義,與樂安孫質、吳陸參、譙夏侯圭,善群居講學,或達旦不寢,

---

① 《新唐書》卷五七《藝文志一》,第 1436 頁。
② (宋)王應麟《玉海》卷一一〇《唐琴譜》,江蘇古籍出版社、上海書店,1987 年,第
　　2013 頁。
③ 《南漢書》卷一〇《陳用拙傳》,第 52 頁。
④ 《十國春秋》卷六二《陳用拙傳》,第 891 頁。

號‘四友’。進士中第”①。曾鞏《隆平集》記載，馮元字道宗，“三世爲
僞漢日官，父邴從劉鋹入朝，爲保章正。元少好學，崔頤正、孫奭授以
五經大義，祥符中登進士第”，官至户部侍郎②。王稱《東都事略》記載
馮元“馮元字道宗，三世仕嶺南爲日官。劉鋹入朝，爲保章正”③。而
宋祁所撰《馮侍講行狀》記載馮元曰：

> 公之先，始平人。四代祖官廣州，唐末關輔亂，不敢歸。而劉
> 氏據南海，僑斷士人，故三世食其禄。太祖定交、廣，公之禰本劉
> 氏日御，國除始爲王官，授保章正。④

可見馮禧本爲關中始平（今陝西興平市）人。唐末官廣州，因關中戰亂
不敢回到北方，遂留居嶺南，並三代均出任南漢掌天象曆數之官。而
以上最值得注意的是所謂“劉氏據南海，僑斷士人”，説明南漢王朝曾
經倣照東晉南朝，推行“土斷”政策，將大量遷移嶺南的北方家族統一
在其所居住州縣編著户口，納税服役。而這些北方家族亦由此改變爲
嶺南籍人。南漢所推行的“僑斷士人”的政策，亦必然促使南遷的北方
人口逐步融入嶺南地方社會。《十國春秋》記載馮元“其先始平人也，
四代祖官廣州，以黄巢之亂不敢歸，而烈宗據南海，僑斷士人，故三世
居嶺南，爲日御。大寶末，元父子從後主朝宋，元父某授保章正。元由
大中祥符元年進士，累官翰林侍讀，遷户部侍郎”⑤。《南漢書》則稱馮

---

① 《宋史》卷二九四《馮元傳》，第9821頁。
② 《隆平集校證》卷一四，第408頁。
③ 《東都事略》卷四六《馮元傳》，第367頁。
④ （宋）宋祁《景文集》卷六二，《叢書集成初編》，北京：中華書局，1985年，第835頁；（宋）
　　吕祖謙編《宋文鑑》卷一三六，《景印文淵閣四庫全書》第1351册，第548頁。
⑤ 《十國春秋》卷六五《馮元傳》，第917頁。

禧"唐末官廣州,遭黃巢亂,不得還,遂注籍焉"。所謂"注籍",即重新編録户口和籍貫。而劉隱"接禮中原人士,禧精術數,策名嶺表。逮邙祖父三世,並爲日御。至邙,夙承家學,世其職"①。馮邙先出仕南漢朝,其後宋平定嶺南,遂入宋爲保章正。其孫馮元爲北宋著名儒家學者,宋真宗大中祥符元年(1008)進士。兼通《五經》,尤精于《易》。宋仁宗時任龍圖閣學士、翰林學士等官,參與編修《三朝國史》和《景祐廣樂記》。明彭大翼撰《山堂肆考》卷五五"馮孫宿儒"條稱:"宋馮元字道宗,仁宗朝判國子監。故事,國子監必宿儒典領,元與孫奭並命,輿論大服。"

(5)陳瓌。

根據北宋路振《九國志》記載,陳瓌實爲潁川(治所在今河南禹州市)人,"唐末避亂封州,膂力過人",入劉謙部伍,至劉隱代父爲封州刺史,"聞其忠勇,召至帳下,隨隱入廣州,遷雄虎將軍"②。而《十國春秋》和《南漢書》均記載其爲端州人③。《南漢書》記載陳道庠之父陳瓌,"唐末避亂封州。有膂力,烈宗召隸帳下,隨入廣州,遷雄虎將軍"。而陳道庠"幼俊爽有父風,起家虎賁郎。大有(928—942)末,給事晉王府。高祖既彌留,命道庠爲元帥府馬步軍都指揮使","中宗立,封道庠爲功臣,出領英州刺史,賞賜甚厚"④。有研究者將陳道庠作爲出身於嶺南"當地俚獠的武裝酋領"的典型,並用以證明南漢劉氏亦出自於嶺南封州的俚獠武裝酋領⑤。然而,《十國春秋》和《南漢書》等之所以將

---

① 《南漢書》卷一三《馮邙傳》,第71頁。

② 《九國志》卷九,《五代史書彙編》,第3331頁。

③ 《十國春秋》卷六六《陳道庠傳》,第926頁;《南漢書》卷一八《陳道庠傳》,第102頁。

④ 《南漢書》卷一八《陳道庠傳》,第102頁。

⑤ 劉美崧《南漢主劉氏族屬爲俚獠》,《歷史研究》1989年第5期,第190頁。

陳道庠記載爲嶺南端州人,我們認爲應與南漢王朝所推行的"僑斷士人"的政策直接相關。

(6)楊守慶。

《宋史·楊偕傳》記載:"楊偕字次公,坊州中部人。唐左僕射於陵六世孫,父守慶,仕廣南劉氏,歸朝,爲坊州司馬,因家焉。偕少從種放學於終南山,舉進士。釋褐坊州軍事推官,知汧源縣。"[①]楊於陵爲弘農郡(治所在今河南靈寶市北)人,漢太尉楊震之後。楊於陵"弱冠舉進士"[②],元和三年(808)至五年,爲廣州刺史兼嶺南節度使。唐敬宗寶曆二年(826),爲檢校右僕射。卒,册贈司空。在唐代後期的官場中,楊於陵的德行和人品堪稱官員士大夫的楷模。《舊唐書》的作者也給予其極高的評價,稱其"居朝三十餘年,踐更中外,始終不失其正","時人皆仰其風德"。又記載唐宣宗大中以後,"楊氏諸子登進士第者十人"[③]。至於作爲楊於陵五世孫的楊守慶,究竟是因什麽背景和以什麽方式進入南漢劉氏政權的,由於史料的嚴重闕如,我們已不得而知。但仍然可以說明南漢劉氏政權對北方"清門望族"的高度重視。

(7)周傑。

周傑的家族堪稱是唐宋之際的天文學世家。根據《宋史·方技傳》的記載,周傑之父周德扶,唐司農卿。周傑開成(836—840)中進士,歷弘文館校書郎。中和(881—884)中,唐僖宗在蜀,周傑上書言治亂萬餘言,遷司農少卿。周傑"精於曆算,嘗以《大衍曆》數有差,因敷衍其法,著《極衍》二十四篇,以究天地之數。時天下方亂,傑以天文占

---

① 《宋史》卷三○○《楊偕傳》,第9953頁。
② 《舊唐書》卷一六四《楊於陵傳》,第4294頁。
③ 《舊唐書》卷一六四《楊於陵傳》,第4294頁。

之,惟嶺南可以避地,乃遣其弟鼎求爲封州(治今廣東封開縣境内)録事參軍"。以上説明唐末確實有很多北方官員以出仕的方式移居嶺南。而周傑本人在天復(901—904)年間,"亦棄官攜家南適嶺表。劉隱素聞其名,每令占候天文災變。傑自以年老,嘗策名中朝,耻以星曆事僭僞,乃謝病不出,龑襲位,彊起之,令知司天監事","大有(928—942)中,遷太常少卿。卒。年九十餘"。周傑之子周茂元,"亦世其學,事龑至司天少監"。其孫周克明,亦"精於數術,凡律曆、天官、五行、讖緯及三式、風雲、龜筮之書,靡不究其指要。開寶(968—976)中授司天六壬,改臺主簿,轉監丞,五遷春官正。克明頗修詞藻,喜藏書。景德初,嘗獻所著文十編,召試中書,賜同進士出身"①。

(8)倪曙。

倪曙字孟曦,福州侯官人。是晚唐福建籍知名文士。倪曙雖非出自北方家族,但是却長期仕宦京城。倪曙於僖宗中和五年(885)進士及第②。北宋錢易《南部新書》記載:"倪曙有賦名,爲太學博士,制詞螢雪服勤,屬詞清妙。因廣明庚子避亂番禺。劉氏僭號,爲翰林學士。"③所謂"因廣明庚子避亂番禺",意即因唐僖宗廣明元年(880)的黄巢之亂,倪曙即直接避亂廣州,並最終爲南漢劉龑所重用。然而《南部新書》的記載有誤。黄巢之亂後,倪曙實際上是從長安返回其故鄉福州,後進入光州固始人王審邽的次子泉州刺史王延彬的幕府,最後才進入嶺南劉隱的幕府。

---

① 《宋史》卷四六一《方技傳》,第 13503—13504 頁。另見《十國春秋》卷六二《周傑傳》,第 892—893 頁;《十國春秋》卷六五《周茂元傳》,第 917 頁。
② 《登科記考》卷二三,第 884 頁。
③ (宋)錢易撰,黄壽成點校《南部新書》卷丙,北京:中華書局,2002 年,第 39 頁。

《十國春秋》記載倪曙"唐中和時及第,有賦名,官太學博士。黃巢之亂,避歸故鄉。會閩王從子延彬刺泉州,雅好賓客,曙與徐寅、陳郟等賦詩飲酒爲樂。未幾,西遊嶺表,烈宗(劉隱)招禮之,辟置幕中。高祖即位,擢爲工部侍郎,進尚書左丞。乾亨五年,詔同平章事。無何,以病卒。所著賦一卷行世。"①而《南漢書》則稱倪曙"除太學博士,文字雅爲唐僖宗所知","黃巢作亂,棄官歸福州",入王延彬幕府,"居久之,出遊嶺表。烈宗(劉隱)耳熟其名。既至,延接殷洽,因止就幕屬"。及劉龔稱帝,擢工部侍郎。乾亨五年(921)詔同平章事②。《資治通鑑》亦記載後梁龍德元年(921)十二月,"(南)漢以尚書左丞倪曙同平章事"③。宋梁克家《淳熙三山志》記載倪曙"仕劉隱,爲工部侍郎、平章事"④。這裏的"劉隱"應爲"劉龔"之誤。《宋史》卷二〇八《藝文志七》著錄有"倪曙《獲藁集》三卷,又賦一卷"。唐末五代時期著名禪宗詩人釋齊已撰《寄倪曙郎中》一詩稱:"風雨冥冥春闇移,紅殘綠滿海棠枝。帝鄉久別江鄉住,椿笋何如櫻笋時。海內擅名君作賦,林間外學我爲詩。近聞南國升南省,應笑無機老病師。"⑤其稱"近聞南國升南省",我們認爲與倪曙在南漢王朝內部官職的升遷有關。而釋齊已又有《送錯公、栖公南遊》一詩稱:"北京喪亂離丹鳳,南國烟花入鷓鴣。明月團圓臨桂水,白雲重叠起蒼梧。威儀本是朝天士,暫

---

① 《十國春秋》卷六二《倪曙傳》,第 890 頁。
② 《南漢書》卷九《倪曙傳》,第 48 頁。
③ 《資治通鑑》卷二七一,後梁均王龍德元年,第 8871 頁。
④ (宋)梁克家《淳熙三山志》卷二六,第 312 頁。
⑤ (唐)釋齊已《白蓮集》卷七,《景印文淵閣四庫全書》第 1084 冊,第 388 頁;《全唐詩》卷八四四作《寄倪署郎中》,其名作"倪署"有誤,第 9551 頁。

向遼荒住得無。"①其所謂"錯公"、"棲公"等,應該原本亦屬於出仕長安的官員,然而也因北方戰亂遂投奔嶺南的南漢政權。

(9)梁旻。

北宋余靖所撰《宋故光禄寺丞梁君墓表》記載梁頵原爲京兆萬年人,其祖梁旻"佐幕番禺。屬劉氏據有南海,耻非王命,不從所署,遁於東莞,世歸其高焉"②。《粵大記·梁頵傳》從其説,且稱"人稱其高。宋朝統一區夏,遂占籍高要"③。高要即今廣東省肇慶市高要縣。然而,余靖所稱"佐幕番禺",其實是諱言其進入劉隱幕府。根據余靖的記載,梁旻有二子,長曰梁光雲,"署右職";次曰梁光遠,"亦佐戎政","皆劉氏官也",即其二子均爲南漢王朝的官員。《南漢書》則稱梁文(旻),京兆萬年人,其"先世多以仕宦顯。烈宗鎮嶺南,招致中原士族。文聞,遂來就參議政務,爲烈宗所喜,署之幕職。高祖嗣節度,文以舊屬仍留佐軍府"④。及至南漢立國,梁旻雖以大唐遺臣自命,"避居東莞",然而其子孫却多出仕南漢。

(10)陳效。

余靖撰《宋故殿中丞知梅州陳公墓碣》記載陳坦然,字某,"其先穎川人,高祖父效,官容管。屬唐季之亂,嶺道梗塞,不克北還,遂爲普寧郡人。曾祖諱某,祖諱某,考諱某,並仕劉氏,爲私署官。考終於繡

---

① 《白蓮集》卷九,《景印文淵閣四庫全書》第 1084 册,第 404 頁;《全唐詩》卷八四六,第 9574 頁。
② 《武溪集校箋》卷二〇,第 619 頁。
③ 《粵大記》卷二一《梁頵傳》,廣州:中山大學出版社,第 625 頁;又見(明)黃佐《廣東通志》卷五六《梁頵傳》,第 1448 頁。
④ 《南漢書》卷一四《梁旻傳》,第 75 頁。

州營田事"①。可見，陳坦然的祖籍是潁川。其高祖陳效爲唐朝容州官員，因唐末北方戰亂無法返回原籍，遂留居在容州。陳坦然的曾祖、祖父、父親三代均爲南漢官員。而陳坦然本人則在宋仁宗明道元年（1032）卒于梅州知州任上。

（11）粤北曲江王氏家族。

北宋韶州曲江名人王式（988—1053）爲唐初宰相王珪（570—639）之後。《舊唐書·王珪傳》記載王珪字叔玠，太原祁人，"在魏爲烏丸氏，曾祖神念，自魏奔梁，復姓王氏。祖（王）僧辯，梁太尉、尚書令。父顗，北齊樂陵太守"。王珪本人爲唐太宗時一代名相，其子王敬直"以尚主拜駙馬都尉，坐與太子承乾交結，徙于嶺外"②。余靖《宋故大理寺丞知梅州王君墓碣銘》則記載王珪之子王敬直，尚唐太宗南平公主，拜駙馬都尉，"坐事貶死嶺南。子孫留者，因爲曲江著姓。雖世襲簪紳不絶，而禄卑不得譜於國史"。至南漢劉氏立國，其"族人仕者皆得美官"。進入宋朝，王式以學行見稱，舉進士，得秘書省校書郎，入朝爲大理寺丞③。《大明一統志》記載："王式，曲江人。唐宰相珪之裔。初，珪之子敬直貶嶺南，子孫遂家曲江。式耿介自立，以孝行稱。天聖（1023—1032）初，登進士第。累官大理丞，歷知梅州。卒，子陶，天聖中進士，官至京東提刑度支郎中。妻朱氏，尤賢淑，善教子，五子相繼登第。"④可見，韶州曲江王氏作爲唐代北方名門後裔，其在唐初因罪遷居嶺南後，應世代保持了儒學門風。其家族成員在南漢時得到任

---

①　《武溪集校箋》卷二〇，第 601 頁。

②　《舊唐書》卷七〇《王珪傳》，第 2527—2531 頁。

③　《武溪集校箋》卷一九，第 592 頁。

④　《明一統志》卷七九，《景印文淵閣四庫全書》第 473 冊，第 684 頁。

用。進入北宋後,則成爲粤北韶州一帶有名的科擧世家。

(12)粤東龍川羅氏家族。

1980年,在廣東省東北山區的龍川縣,出土了《宋故朝奉郎知海州軍州兼管内勤農事輕車都尉羅公墓志銘》(現收藏於該縣博物館)。該碑爲北宋元豐(1078—1085)年間知廣州軍州事曾布所撰,碑文稱羅愷字次元,"其先南昌人,五代末徙循之龍川,仕劉氏,有顯者"。所謂"仕劉氏,有顯者",就是説其家族成員得到南漢王朝的重用。而碑文又記載北宋嘉祐二年(1057),"仁宗皇帝臨軒試進士,擢公第三"[1]。碑主官至知海州軍州兼管内勤農事。

(13)裴琭。

宋王象之《輿地紀勝》記載:"裴琭子聞義。趙丞相爲作《家譜》云:'本裴晉公之十四代孫。琭守雷州時,中原亂,不能歸。子紹,爲吉陽守,遂爲吉陽人。至聞義,知昌化軍,在郡凡九年而終。子嘉瑞、嘉祥。胡澹庵題其所居之堂曰盛德唐,有唐銘。'"[2]而明代黄佐《廣東通志》則記載:"裴琭字文璧,河東聞喜人,唐晉公度十四代孫,南漢大寶(958—971)中爲雷州刺史。時中原亂,不得歸。宋初,召爲吉陽守,遂家於崖州。"[3]可見,裴琭作爲唐後期著名宰相裴度的後嗣,其家族大致也是因爲唐末北方戰亂,無法返回内地,於是定居嶺南,並出仕南漢劉氏割據政權。至北宋初又因官出仕,遂定居在海南島崖州(今海南三亞市東北)。

---

① 見曾錦初等編《古邑龍川》,廣州:廣東龍川客家聯誼會編輯出版,1997年,第372頁;另見譚棣華等編《廣東碑刻集》,廣州:廣東高等教育出版社,2001年,第862頁。
② 《輿地紀勝》卷一二五《昌化軍》,第3971頁。
③ (明)黄佐《廣東通志》卷五二《裴琭傳》,第1339頁。

（14）蒙延冰。

根據王象之《輿地紀勝》記載："南漢蒙延冰，長沙人也。知賓州，以忠義死節。後太守楊居政憐之，創田宅於郡南，使其二子居之。其後延冰之孫傳登祥符第。"[①]可見，作爲長沙人的蒙延冰出任過南漢賓州刺史。卒後，其家族就留居在賓州（今廣西賓陽縣），其孫蒙傳則在北宋大中祥符（1008—1016）年間進士及第。

（15）馬廿四娘。

清朝咸豐（1851—1861）年間，在廣州小北門外出土了南漢《馬廿四娘墓券》[②]，該墓券記載大寶五年（962）十一月一日，"大漢國内侍省扶風郡没故亡人馬氏二十四娘，年登六十四命終，魂歸後土"。所謂"大漢國"即南漢。"内侍省"即南漢宮内官。而"扶風郡"在陝西，爲魏、隋、唐歷朝所設，應爲馬氏郡望。而立石之年爲南漢末主劉鋹大寶五年。而這位馬廿四娘必然應來自一個遷居嶺南的扶風郡馬氏家族。

（四）小結

古代嶺南氣候炎熱，瘴癘嚴重，北方内地官員士人長期將嶺南視爲畏途。而唐朝始終都把嶺南當作處置流人和安置貶謫官員最主要的地區。柳宗元稱："過洞庭，上湘江，非有罪左遷者罕至。又況逾臨源嶺，下灘水，出荔浦，名不在刑部而來吏者，其加少也固宜。"[③]明代王守仁稱嶺南曰："唐宋之世，地盡荒服，吏其土者，或未必盡皆以譴

---

① 《輿地紀勝》卷一一五《賓州》，第 3742 頁。
② （清·同治）史澄《番禺縣志》卷二八《金石略一·内侍省扶風郡馬氏二十四娘墓券》有考證，《廣州大典》，廣州：廣州出版社，2008 年，第 278 册，第 359 頁；參見簡又文《南漢馬廿四娘墓券考》，《大陸雜志》第十七卷第十二期，1958 年。
③ （唐）柳宗元《送李渭赴京師序》，《全唐文》卷五七八，第 5840 頁。

謫,而以譴謫至者居多。"①然而,晚唐五代北方戰亂以及殘酷的政治環境,造成了對北方家族的摧殘和社會文化的巨大破壞。遙在五嶺之南的嶺南却因此成爲北方家族最重要的避難地之一。而南漢劉氏作爲北方家族的後裔,恰恰也是依靠這些南遷的北方家族建立起南漢王朝的。

還要指出的是,我們以上所列舉和討論的北方家族,應該僅僅是唐末五代時期南遷嶺南並被南漢任用的北方家族中很少的一部分。我們的推斷基於這樣一些理由:一是《十國春秋》和《南漢書》爲南漢文武臣僚正式立傳,有許多被記載爲"未詳其世系"、"不知其所起"、"鄉里已逸",或"不知何地人也"。其先世不明的原因,很可能就與唐末五代北方家族在遷徙過程中譜牒喪失有關。二是不少南漢歷史人物在相關資料中被記載爲嶺南籍人,但其實原來亦屬於南遷的北方家族。特別是由於南漢王朝有意識地推行"僑斷士人"的政策,從而使很多南遷的北方家族被改變成嶺南籍人。我們前面討論的馮元、陳道庠等就屬於這種類型。又如,黃佐《廣東通志》、吳任臣《十國春秋》和梁廷枏《南漢書》等,都記載南漢狀元簡文會是南海人②。然而簡文會實際上仍屬於唐末五代初期南遷的北方家族③。三是由於宋朝建立後,明確將南漢視爲"僭僞",不少與南漢王朝有關的北方家族都在相關記載

① (明)王守仁《王文成全書》卷二九《送李柳州序》,《景印文淵閣四庫全書》第 1265 册,第 773 頁。
② (明)黃佐《廣東通志》卷五五《簡文會傳》,第 1418 頁;《十國春秋》卷六四《簡文會傳》,第 905 頁;《南漢書》卷一一《簡文會傳》,第 58 頁。
③ 清康熙年間簡德鎏所撰《南漢簡文會狀元墓志》記載,簡文會,"五季後梁時,隨父一山公由涿州先入粵東,定居南海黎涌鄉"(冼劍民、陳鴻鈞編《廣州碑刻集》,廣州:廣東高等教育出版社,2006 年、第 643 頁)。

中,往往有意諱言其在南漢王時期的仕宦經歷。另外,我們的討論也證明,宋代有相當一批嶺南籍官員和科舉士人,其家世往往都可以追溯到唐代南遷的北方家族。而這一點也從另一方面證明了在南漢統治下,大量南遷的北方家族在嶺南得到了保全、維繫和繼續發展。

二　北方家族對南漢政治和文化的重要影響

(一)北方家族與南漢文官政治的實行

我們研究南漢王朝與北方家族的關係及其意義,只能將這一問題放置在唐末五代十國特定的歷史背景中來討論。唐末五代時期政治的黑暗以及大規模戰亂所引發的社會和文化破壞都是空前的。歐陽修稱:"五代之亂,可謂極矣,五十三年之間,易五姓十三君,而亡國被弒者八,長者不過十餘歲,甚者三四歲而亡。夫五代之主豈皆愚者邪,其心豈樂禍亂而不欲爲久安之計乎? 顧其力不能爲者,時也。"①而陳師錫所作《五代史記序》稱:"甚哉,五代不仁之極也,其禍敗之復,珍滅剝喪之威,亦其效耳。夫國之所以存者以有民,民之所以生者以有君。方是時,上之人以慘烈自任,刑戮相高,兵革不休,夷滅構禍,置君猶易吏,變國若傳舍,生民膏血塗草野,骸骼暴原隰,君民相眎如麋鹿草木,幾何其不胥爲夷也。"②宋代陶弼稱:"五代乏真主,奸雄紛僭僞。橫磨闊刀劍,白日相篡弒。"③宋人田況《進士題名記》稱:"唐季五代,

① (宋)歐陽修撰,李逸安點校《歐陽修全集》卷六〇《本論上》,北京:中華書局,2001 年,第862 頁;《文獻通考》卷一五二《兵制》,第 4561 頁。
② 《新五代史·序》,《景印文淵閣四庫全書》第 279 冊,第 1 頁。今中華書局標點本《新五代史》未收此序。
③ (宋)陶弼《邕州小集》之《兵器》,《景印文淵閣四庫全書》第 1096 冊,第 394 頁。

政紀昏微,斯文與人,幾至墜絶。"①歐陽修《新五代史》論曰:"五代,干戈賊亂之世也,禮樂崩壞,三綱五常之道絶,而先王之制度文章掃地而盡於是矣!"②

然而,在歷來被視爲炎徼蠻荒的嶺南,却與此形成了比較鮮明的對比。前引《高祖天皇大帝哀册文碑》記載南漢高祖劉龑稱:

> 君臨萬國,星霆三紀,四海鏡清,九州風靡,開物成務,知機其神,光宅寓縣,司牧蒸民。惠施五車,葛洪萬卷,聽朝之餘,披覽罔倦,損益百氏,笙簧六經,東西飛閣,周孔圖形。命鴻儒以臨菑,選碩生而讎校。……鑽研百氏,蹂躪六經。對峙飛閣,周孔圖形。乙夜披覽,循環罕停。群儒惕息,悚懼靡寧。③

碑文在相當程度上反映了南漢統治半個多世紀的情況。一方面嶺南遠離北方中原,戰亂相對較少。正如《新五代史·南漢世家》所稱:"漢乘唐亂,居此五十年,幸中國有故,干戈不及。"④黄滔代閩王《祭南海南平王》亦稱:"五羊奥區,番禺巨壤。漢爲列郡,唐作雄藩,總百蠻五嶺之殷,有出將入相之盛。是故地啓嘉數,天生大賢。瀋六韜三略之才謀,輯五袴二天之政術。俾其於家受詔,衣錦褵牙,控二十四州之繁難,當二十八齒之美茂。光揚千古,冠絶一時。"⑤南唐潘佑《爲李後

---

① 《成都文類》卷三〇,《景印文淵閣四庫全書》第 1354 册,第 618 頁;(明)楊慎編,劉琳、王曉波點校《全蜀藝文志》卷三六,北京:綫裝書局,2003 年,第 995 頁;《全宋文》卷六三六,第 30 册,第 53 頁。

② 《新五代史》卷一七"論曰",第 188 頁。

③ 伍慶禄、陳鴻鈞《廣東金石圖志》,第 70—72 頁。

④ 《新五代史》卷六五《南漢世家第五》,第 818 頁。

⑤ 《全唐文》卷八二六,第 8712 頁;《黄御史集》卷六,《景印文淵閣四庫全書》第 1084 册,第 159 頁。

主與南漢後主第二書》稱:"且足下以英明之資,撫百越之衆,北距五嶺,南負重溟,籍累世之基,有及民之澤,衆數十萬,表裏山川,此足下所以慨然而自負也。"①所谓"北距五嶺,南負重溟",正反映了嶺南相對獨立隔絕的地理環境,使之受北方內地大規模戰亂的影響很少。另一方面南漢統治者自始至終都奉行優待北方"清流"和"甲族"的政策,維持了嶺南一方的安定和半個多世紀的統治。而這些北方家族所帶來的人力資源和先進文化,則促進了嶺南的開發和經濟社會文化的重要發展。

我們試以《資治通鑑》和《南漢書》等資料所載一部分南漢宰相的任職情況,來看北方家族在南漢王朝中的核心地位:(1)南漢乾亨元年(917)劉龑稱帝,置百官,"以趙光裔爲兵部尚書,節度副使楊洞潛爲兵部侍郎,節度判官李殷衡爲禮部侍郎,皆同平章事。倪曙爲工部侍郎,尋改尚書左丞"②;(2)至劉龑乾亨五年(921)六月,"以尚書左丞倪曙同平章事"③;(3)劉龑大有九年(936)十月,"以宗正卿兼工部侍郎劉濬爲中書侍郎、同平章事"④;(4)大有十二年(939)十二月,"門下侍郎、同平章事趙光裔卒。帝以其子翰林學士承旨、尚書左丞損爲門下侍郎、同平章事"⑤;(5)《資治通鑑》記載後晉天福五年(940),"門下侍郎、同平章事趙損卒;以寧遠節度使南昌王定保爲中書侍郎,同平章事。不逾年亦卒"⑥。而《南漢書》則記載大有十三年(940)十一月,

---

① 《宋史》卷四八一《南漢劉氏》,第 13922 頁;《全唐文》卷八七六,第 9166 頁。
② 《南漢書》卷二《高祖紀二》,第 7 頁。
③ 《南漢書》卷二《高祖紀二》,第 8 頁。
④ 《南漢書》卷三《高祖紀二》,第 12 頁。
⑤ 《南漢書》卷三《高祖紀二》,第 12 頁。
⑥ 《資治通鑑》卷二八二,後晉高祖天福五年,第 9219 頁。

"門下侍郎、同平章事趙損卒。以寧遠節度使王定保爲中書侍郎、同平章事"①;(6)《資治通鑑》記載後晉開運元年(944)三月,"(南)漢以户部侍郎陳偓同平章事"②;(7)《南漢書》則記載盧膺(應),"中宗襲位,拜中書侍郎、同平章事。乾和十五年(957),卒官"③。盧膺(應)任中書侍郎、同平章事大致開始于南漢中宗應乾元年(943)。可見,來自北方的官員士人構成了南漢王朝的權力核心。

《資治通鑑》稱趙光裔"相漢二十餘年,府庫充實,邊境無虞"④。趙光裔卒,劉龑又以其子趙損爲門下侍郎、同平章事。至南漢大有十三年(940),又以王定保代趙損爲中書侍郎、同平章事。《十國春秋》"論曰:五季時,中原擾攘,獨嶺海承平小安,民不受兵,光裔、洞潛之功居多。段衡爲衛公之後,左右霸主,無咎無譽。曙、澤用文采顯,潛以清執稱,聲施百粤,亦庶幾名臣選焉"⑤。《南漢書》稱劉隱、劉謙、刘龑"所招用多中朝名下士,規模草創,略有可觀"⑥;"由是名流畢集,分任得宜,嶺表獲安"⑦。又稱"五嶺之南,自李唐以前,聲名文物,遠不逮夫中原。光化(898—901)、天復(901—904)之間,擾攘干戈,事益多

---

① 《南漢書》卷三《高祖紀二》,第13頁。
② 《資治通鑑》卷二八四,後晉齊王開運元年,第9270頁。按《十國春秋》卷六四《陳偓傳》記載:"陳偓,史失其世系。歷官至户部侍郎。乾和二年(944),知政事。越王弘昌既遇害,中宗於是擇相於朝臣,遂以偓同平章事。"(第903頁)《南漢書》卷一二《陳偓傳》亦強調"亡其世序"(第64頁)。《廣東通志》卷三一《選舉志》記載其爲後梁貞明四年(918)進士(《景印文淵閣四庫全書》第563册,第336頁)。我們推測陳偓實際上亦來自南遷的北方家族。
③ 《南漢書》卷一二《盧膺傳》,第64頁。
④ 《資治通鑑》卷二八二,後晉高祖天福四年,第9209頁。
⑤ 《十國春秋》卷六二《楊洞潛傳》,第891頁。
⑥ 《南漢書》卷一《烈祖本紀》,第1頁。
⑦ 《南漢書》卷九《楊洞潛傳》,第46頁。

故,一旦策以治安,恐非嶺表二、三君子所能任。趙光裔、李殷衡之徒皆出中朝華胄,竭其耳目、手足、心腹、腎腸以定規模,以匡庶績,創乘五十餘載,視他國運祚較長。雖曰天實爲之,抑微之數人者,不及此"①。正是這些具有深厚儒家文化素養又精熟唐代禮樂制度的唐朝高級官員和名門大族,將大唐帝國的典制文化比較完整地移植到嶺南。從史籍記載可以發現,南漢禮制以及中央到地方官制,都直接繼承了大唐王朝。而其中最重要也最具時代特色的是對唐朝文官政治和科舉制度的繼承。

南漢王朝從中央到地方都以文官治理爲特色。五代人杜光彦論唐末以來武人專權與地方治亂之間的關係稱:"自唐之末,兵亂相尋,郡縣殘破,守令失職,耕桑不勸,民卒流亡。或以武夫攝治,尤多苛慝。兩漢循風,於茲盡息。"②而《資治通鑑》記載南漢高祖劉龑"多延中國士人置於幕府,出爲刺史,刺史無武人"③。《十國春秋·楊洞潛傳》記劉龑即位,"洞潛首言刺史不宜用武流,當廣延中州人士置之幕府,選爲刺史,俾宣政教,則民受其福,從之"④。《南漢書》記載爲:"洞潛首言刺史不宜用武夫,當廣延中州人士置之幕府,選刺諸州,俾宣政教,則民陰受其福。高祖從之。由是名流畢集,分任得宜,嶺表獲安。"⑤在唐末五代這種王綱解紐、崇尚武力的戰亂時代,嶺南數十州的刺史竟然無"武人"。而這些文官州刺史應該以來自北方的官員士人爲主。又據五代宋初人陶穀(903—970)所撰《清異録》記載:

---

① 《南漢書》卷九"梁廷楠曰",第44頁。
② (唐)杜光彦《請旌樂壽令表》,《唐文拾遺》卷五一,見《全唐文》,第10957頁。
③ 《資治通鑑》卷二六八,後梁太祖乾化元年,第8742頁。
④ 《十國春秋》卷六二《楊洞潛傳》,第888頁。
⑤ 《南漢書》卷九《楊洞潛傳》,第46頁。

蒙州立山縣丞晁覺民自中原避兵南來,因仕霸朝,食料衣服
皆市於隣邑,一吏專主之。①

南漢蒙州立山縣即今廣西蒙山縣,在唐朝屬於相當偏僻荒遠"夷獠雜
居"的地區。而這條記載反映南遷的北方家族實際上也進入了南漢縣
級地方政權。南漢時期嶺南有州六十,縣二百一十四。南漢主要任用
中原士人任州縣地方官員,一方面保持了南漢政權中從中央到地方北
方官僚士人的核心地位,另一方面則從根本上避免了五代時期武夫稱
雄割據之禍。毫無疑問,由文人任地方官亦有利於促進文化的發展。
晚唐五代人殷文圭所撰《寄廣南劉僕射》一詩,則非常典型地反映了南
漢王朝推行文官政治的情形。其詩云:

戰國從今却尚文,品流才子作將軍。畫船清宴蠻溪雨,粉閣
閒吟瘴嶠雲。暴客卸戈歸惠政,史官調筆待儒勳。漢儀一化南人
後,牧馬無因更夜聞。②

王定保《唐摭言》記載殷文圭爲池州青陽人,唐昭宗乾寧(894—898)
中進士及第,爲吏部侍郎裴樞宣諭判官,後事楊行密③。殷文圭曾遭受
後梁建立者朱溫的追捕④。其所作《後唐張崇修廬州外羅城記》一文,
則反映其對唐末五代亂世的憂心和忿懣。其文云:"庚子歲(880),
(黄)巢寇陷秦關,僖宗幸蜀部。王綱弛壞,國制搶攘。瞻烏載飛,走鹿
爭逐。"⑤以上殷文圭《寄廣南劉僕射》一詩所寄之"廣南劉僕射",應該

① (宋)陶穀《清異録》卷上,《景印文淵閣四庫全書》第 1047 册,第 845 頁。
② 《全唐詩》卷七〇七,第 8134 頁。
③ 《唐摭言》卷九,第 99 頁;另見《十國春秋》卷一一《殷文圭傳》,第 150 頁。
④ 傅璇琮《唐才子傳校箋》卷一〇,北京:中華書局,1987 年,第四册第 362—363 頁。
⑤ 《全唐文》卷八六八,第 9093 頁。

是指曾任南漢宗正卿、中書侍郎和同平章事的劉潼。而其稱"戰國從今却尚文,品流才子作將軍","暴客卸戈歸惠政,史官調筆待儒勳。漢儀一化南人後,牧馬無因更夜聞",則是對南漢文官政治的形象描述。因而殷文圭的詩,也在一定義上反映了北方戰亂中的知識分子對南漢文官制度下偃武修文、民衆安居樂業的嚮往。

　　黃損是五代十國時期有較大影響的詩人,其出仕南漢中央和地方的經歷頗具有代表性。宋代曾慥《集仙傳》稱:"黃損,不知何許人也。五代時仕南漢爲尚書僕射。"①而宋代鍾輅的《續前定錄》則稱:"黃損,連州人,有大志,舉於廬山,與桑維翰、宋齊丘相遇,每論天下之務,皆出損下,損益自負。"②宋阮閲撰《詩話總龜後集》稱:"鄭谷與僧齊已、黃損等共定今體詩格云:凡詩用韻有數格。"③史籍又記其常"與都官員外郎鄭谷、僧齊已定近體詩格,爲湖海騷人所宗"④。《全唐詩》小傳亦稱:"黃損,字益之,連州人。梁龍德二年(922)登進士第。仕南漢劉龑,累官尚書僕射,有《桂香集》,今存詩四首。"⑤徐松《登科記考》等記其登後梁龍德二年進士⑥。北宋陶岳《五代史補》記載:

　　　　黃損,連州人,少有大志,其爲學務於該通。嘗上書三書,號曰《三要》,大約類《陰符》、《鬼谷》。同光初,應進士,以此書投於公卿間,議者以爲有王佐才。泊登第歸,會王潮南稱霸,損因獻十

① (宋)曾慥《集仙傳》,《説郛》卷四三,《説郛三種·涵芬樓一百卷本》,上海:上海古籍出版社,1988年,第711頁。
② (宋)鍾輅《續前定錄》,《説郛》卷一〇〇,《説郛三種·涵芬樓一百卷本》,第1350頁。
③ (宋)阮閲《詩話總龜後集》卷二《忠義門》,北京:人民文學出版社,1987年,第13頁。
④ (明)黃佐《廣州人物傳》卷四,廣州:廣東高等教育出版社,1991年,第63頁;《十國春秋》卷六二《黃損傳》,第894頁。
⑤ 《全唐詩》卷七三四《黃損小傳》,第8389頁。
⑥ 《登科記考》卷二五,第945頁。

策,求入幕府,其言多指斥切權要,由是衆疾之。然以其掇朝廷名
第,不可坐廢,踰年始授永州團練判官。未幾,又得足疾,遂退居
於永州北滄塘湖上,以詩酒自娛。①

按以上陶岳所記黃損事迹有失誤,一是黃損科舉進士及第是在梁龍德
二年(922),而非後唐莊宗同光(923—926)年間;二是誤記黃損出仕
福建閩越的王潮政權。黃損其實是出仕嶺南南漢劉氏王朝。蘇軾《東
坡志林》記載"連州有黃損僕射者,五代時人。僕射蓋仕南漢官也,未
老退歸,一日忽遁去,莫知其存亡","其後頗有禄仕者"②。明代黃佐
《廣東通志》記載:

> 黃損,字益之,連州人。少慷慨有大志,築室於静福山,扁
> (匾)之曰"天衢",讀書吟嘯其中,罕與浮俗接,以積學績文聞於
> 時。尤善爲詩,每遇山水會意處,操筆留題殆遍。自謂所學未廣,
> 乃遍舟遨遊洞庭、匡廬諸名勝,納交天下士。都官員外郎宜春鄭
> 谷爲湖海騷人所宗,一見亟稱揚之,舉其詩數聯謂曰:"君殆奪真
> 宰所有也。"嘗相與定近體詩格,世多傳之。又嘗著書三篇,類《陰
> 符》、《鬼谷》,論修治之術,具有宏識。議者每期以公輔器,爲有
> 司所薦,登梁龍德二年進士第。歸自京師,適廣州與梁絶,乃仕。
> 南漢主龔納損謀,國事多所諮詢,稍親任之,累遷至尚書左僕射。
> 取湖南數州,皆其策也。……久之,病卒。所撰述有《桂香集》行
> 於世。損爲人該博多能,性輕利重義,嘗捐貲築高良之邪陂,灌田

---

① (宋)陶岳《五代史補》卷二"黃損不調"條,《五代史書彙編》,第2494頁。
② (宋)蘇軾《東坡志林》卷四《黃僕射》,北京:中華書局,1981年,第44頁;(元)趙道一
  《歷世真仙體道通鑑》卷四三相同(《道藏》第5册,第349頁)。

疇,多所收,鄉邦賴之。①

黃損作爲在北方中原取得進士出身的嶺南文人,很受南漢高祖劉龑的重視,"國事多所諮詢",累遷至尚書左僕射。黃損《讀史》一詩云:

> 逐鹿走紅塵,炎炎火德新。家肥生孝子,國霸有餘臣。帝道雲龍合,民心草木春。須知烟閣上,一半老儒真。②

所謂"逐鹿走紅塵,炎炎火德新",緣於南漢劉氏自稱爲漢朝宗室後裔,亦以火德而王。而"帝道雲龍合,民心草木春。須知烟閣上,一半老儒真",則是提醒南漢統治者要注意民心,要繼續使用儒臣文人治國。

(二)北方家族與南漢科舉制度的實行

與文官政治相輔相成的就是南漢王朝對唐代科舉制度的繼承和高度重視。根據《資治通鑑》記載,後梁貞明六年(920)三月,"楊洞潛請立學校,開貢舉,設銓選;漢主巖(即劉龑)從之"③。《新五代史·南漢世家》稱劉巖"置選部,貢舉,放進士、明經十餘人,如唐故事,歲以爲常"④。《十國春秋·楊洞潛傳》載其爲劉巖"陳吉凶禮法,請立學校,開貢舉,設銓選,國家制度,粗有次叙"⑤。《南漢書》亦記載南漢乾亨四年(920)三月,"兵部侍郎楊洞潛請立學校,設銓選,開貢舉,歲放進士明經十餘人,如唐制。帝悉從之"⑥。而唐朝科舉制度通過南漢王

---

① (明)黃佐《廣東通志》卷五五《黃損傳》,廣州:廣東省地方志辦公室謄印,1997年,第1417頁;《十國春秋》卷六二《黃損傳》,第893—894頁。
② 《全唐詩》卷七三四,第8389頁。
③ 《資治通鑑》卷二七一,後梁均王貞明六年,第8854頁。
④ 《新五代史》卷六五《南漢世家》,第812頁。
⑤ 《十國春秋》卷六二《楊洞潛傳》,第889頁。
⑥ 《南漢書》卷二《高祖紀一》,第8頁。

朝在嶺南各地得到了繼續推行,南漢時期也出現了一批科舉進士出身的優秀士人。我們試以其中一些最具有代表性的人物來説明。

簡文會。黄佐《廣東通志·選舉表》記簡文會爲南漢中宗乾和二年(944)進士及第應屬訛誤。其進士及第應與南漢高祖劉龑乾亨四年"立學校,開貢舉,設銓選"有關①。黄佐《廣東通志》又記載:"簡文會,南海人。幼穎攻書,善於詩律,爲人耿直無私,南漢高祖劉龑開進士科,擢第一人及第。累官尚書右丞。逮事中宗劉晟,諫其暴酷。晟怒,謫楨州刺史,盡心民事,卒於官。所居鄉號魁崗堡,其居有簡狀元井。"②《十國春秋》記載:"簡文會,南海人。乾亨元年,改南海爲咸寧、常康二縣,遂爲咸寧人。文會幼穎異,工詩,性耿直。高祖初,開進士科,擢第一人及第。累官尚書右丞。乾和(943—958)時,切諫中宗暴酷,中宗大怒,謫禎州刺史。盡心民事,卒於官。所居里有簡狀元井。"③清康熙年間簡德鎔所撰《南漢簡文會狀元墓志》記載,簡文會,"五季後梁時,隨父一山公由涿州(今河北涿州市)先入粤東,定居南海黎涌鄉。公幼穎異,遵父義方,喜讀書,鋭意績學,工詩,性耿直。南漢乾亨二年(918),高祖開進士科,如唐故事。公以進士廷試,擢第一人及第,鄉人以其選大魁也,稱所居爲魁崗,號曰魁崗先生","公累官尚書右丞",南漢中宗劉晟時,因諫"謫禎州刺史。公蒞治所,克己愛民,凡民事,興利除弊,靡不悉心規劃,循聲大著。卒於官"④。

王宏。《十國春秋》記載:"王宏,□□人。少穎異,能工詩賦。乾

---

① 《資治通鑑》卷二七一,後梁均王貞明六年,第8854頁。
② (明)黄佐《廣東通志》卷五五《簡文會傳》,第1418頁。
③ 《十國春秋》卷六四《簡文會傳》,第905頁。
④ 冼劍民、陳鴻鈞編《廣州碑刻集》,廣州:廣東高等教育出版社,2006年,第643頁。

亨（917—925）時，由進士官翰林學士承旨，珥筆左右，甚被親信。會白虹化爲白龍，見三清殿。宏爲《白虹化白龍賦》上之，文采鉅麗，辭旨暢洽。高祖悦，改元白龍，深加欣賞。已又撰《昭陽殿賦》，亦見稱於時。"①

王誗。《十國春秋》記載："王誗，南海人也。及高祖改縣名，遂爲咸寧人。乾亨初舉進士，拜中書舍人。會白龍見南宮，誗進《白龍頌》，文采斐然。大有七年（934）昭陽殿成，誗又著《昭陽殿賦》上之，是時獻賦者數十百人，稱誗爲第一。每賜予稍緩，誗必揚言曰：'吾賦字字作金聲，何受賜之晚也！'其自負如此。"②

梁嵩。宋代祝穆《方輿勝覽》記載梁嵩爲潯州（今廣西桂平縣）人，"南漢時狀元及第，仕至翰林學士。故（劉）龑以公爲大魁。歷顯仕，因獲蠲一郡之丁賦，以迄於今。郡人感公，立白馬廟"③。《十國春秋》記載："梁嵩，潯州平南人。白龍元年（925）舉進士第一，仕至翰林學士。見時多虐政，乞歸養母，因獻《倚門望子賦》以見志。高祖憐之，聽其去，錫賚皆却不受，請蠲本州一歲丁賦，從之。及歿，州人感德，歲祀不絶。"④《粵西詩載》卷一三收有梁嵩《殿試荔枝詩》一首⑤。《全唐文》卷八九二收録其《代母作倚門望子賦》⑥。

周邦。龔州平南县（今廣西平南縣）人。南漢高祖劉龑白龍元年

① 《十國春秋》卷六三《王宏傳》，第896頁。
② 《十國春秋》卷六三《王誗傳》，第897頁。
③ 《方輿勝覽》卷四〇《廣西路·潯州》，第722頁；《輿地紀勝》卷一一〇《潯州》，"立白馬廟"作"立廟祀之"，第3659頁。
④ 《十國春秋》卷六三《梁嵩傳》，第897頁。
⑤ （清）汪森編《粵西詩載》卷一三，《景印文淵閣四庫全書》第1465册，第185頁。
⑥ 《全唐文》卷八九二，第9315頁。

进士，"歷官御史大夫，以直節著，風采凜然，秦川里青村猶有故址"①。

鍾允章。黄佐《廣東通志·選舉表》、《十國春秋》記載："鍾允章，其先邕州人，徙家番禺。博學贍文辭，爲人侃直，不畏强禦。高祖時設科取士，允章以進士及第。累遷至中書舍人。尤爲中宗所知，凡誥敕碑記多命允章屬草。允章文思敏捷，操筆立就，由是聲名藉甚。常從遊羅浮山，應制爲詩，動見褒賞，拜工部郎中、知制誥。"②《新五代史》記載南漢中宗劉晟乾和六年（948），"遣工部郎中、知制誥鍾允章聘楚以求婚"③。《資治通鑑》又記載南漢後期，"南漢主（劉鋹）以中書舍人鍾允章，藩府舊僚，擢爲尚書右丞、參政事，甚委任之"④。

鍾允章之弟鍾有章在南漢政權内的仕宦經歷亦具有一定的代表性。《十國春秋》記載："鍾有章，尚書左丞允章之弟也。少有文學，與允章齊名，累官翰林學士、中書舍人。後主初嗣位，建天華宫於羅浮山，又立雲華閣及甘露、羽蓋等亭，命有章爲之記，辭采宏贍，雅稱作者。"⑤北宋蘇軾作《天華宫》也記載："天華宫在羅浮山之西。蘇軾曰：南漢主建有甘露、羽蓋等亭，雲華閣，命中書舍人鍾有章作記。"⑥

胡賓王。黄佐《廣東通志》記載"胡賓王字時賢，曲江（今廣東韶關市曲江縣）人。少力學，以博洽知名。南漢時進士甲科。嘗讀書中宿峽，經史皆有發揮。累官中書舍人，知制誥。劉鋹淫虐，辭官歸，乃著《南漢國史》"，"凡十二卷。鋹亡，上其書于宋，號《劉氏興亡録》。

---

① （清）金鉷《廣西通志》卷七六，《景印文淵閣四庫全書》第567册，第293頁。
② 《十國春秋》卷六四《鍾允章》，第905—906頁。
③ 《新五代史》卷六五《南漢世家第五》，第815頁。
④ 《資治通鑑》卷二九四，後周世宗顯德六年，第9605頁。
⑤ 《十國春秋》卷六五《鍾有章傳》，第915頁。
⑥ （宋）蘇軾《東坡全集》卷一〇〇，《景印文淵閣四庫全書》，第1108册，第592頁。

以明經授著作郎。會詔有官者得與科試，遂登咸平庚子進士第，累遷翰林學士"①。胡賓王分別於南漢和北宋真宗咸平三年（1000）兩次進士及第，而且都是掌管朝廷中樞機要。於此亦可見南漢科舉取士的標準並不低。

在以上這些南漢科舉進士中，不少來自嶺南少數民族聚集的溪洞地區。很顯然，以唐末南遷北方官僚士人爲核心建立起來的南漢王朝，使唐朝政治制度在嶺南地區得到了有效的推行，唐朝文化也得到了進一步傳播和發展。《高祖天皇大帝哀册文碑》稱劉龑："若乃陰陽推步，星辰曆數，仰觀俯察，罔失常矩。此外留情藥品，精究醫書，或南北臣庶，或羽衛勤劬，疾瘵所縈，御方救療，名醫拱手，稽顙神妙，將聖多能。視民如傷，朝野忭蹈，億兆歡康，多才多藝，允文允武，戡難夷凶，櫛風沐雨。"劉龑確實很重視文學以及對文學之士的招納、優容和任用。日本學者桑原騭藏提出："唐末五代之亂時，不少中原士人到嶺南避難，當地文運因之一代一代的得以開通。五代時期割據福建的閩和偏在嶺南的南漢，文物皆相當整備，他們從北方避難的士人得到不少協助，亦自不待言。"②

南漢也確實出現了不少有作爲的官員。《十國春秋》和《南漢書》對他們的事迹都有專門的記載。又如宋代鄭俠（1041—1119）所撰《懷集林府君墓志銘》記載，林絢字伯素，"君廣州懷集人也，五世祖某嘗爲劉氏相，所作懷州大陂，凡溉田數萬頃，民到於今賴之。故君之家世，

---

① （明）黃佐《廣東通志》卷五六《胡賓王傳》，第 1428 頁。
② 〔日〕桑原騭藏《歷史上所見的南北中國》，載劉俊文主編《日本學者研究中國史論著選譯》第一卷，北京：中華書局，1992 年，第 24 頁。

居於石僵城之西。祖某、父漸皆不仕"①。以上不見於《十國春秋》和《南漢書》等資料中。以上是説廣州懷集(今廣東肇慶市懷集縣)人林絢,其五世祖曾經做過南漢的宰相,具體名字已不得而知,然而其主持修建的大型水利工程,直至北宋後期仍在使用。而在五代十國的所有割據政權中,南漢"號富强"②。宋神宗曾經稱南漢"内足自富,外足抗中國"③。南漢統治的半個多世紀,正是嶺南經濟社會文化比較快速發展的重要時期。

三　結論

南漢王朝在嶺南割據長達半個多世紀。從宋初以來,南漢歷史存在一個比較明顯的被"污名化"和"妖魔化"的過程。特別是作爲南漢建立者的劉龑,在歷史上尤其以極端"暴虐"和"奢靡"等著稱。五代宋初人陶穀《清異録》稱:"廣府劉龑僭大號,晚年亦事奢靡,作南薰殿,柱皆通透,刻鏤磌石,各置爐燃香,故有氣無形。嘗謂左右:'隋帝論車燒沉水,却成麁疏。争似我二十四簡藏用仙人,縱不及堯舜禹湯,不失作風流天子。"④北宋初年佚名所著《五國故事》稱:"巖性嚴酷,果於殺戮,每視事,則垂簾於便殿,使有司引罪人於殿下,設其非法之具,而屠膾之,故有湯鑊鐵床之獄。又有投湯鑊之後,更加日曝,沃以鹽醋,肌體腐爛,尚能行立,久之乃死。其餘則鎚鋸互作,血肉交飛,腥穢之氣,冤痛之聲,充沸庭廡。而巖之唇吻必垂涎及頤頷,吞噉膚血之氣

---

① (宋)鄭俠《西塘集》卷四,《景印文淵閣四庫全書》第 1117 册,第 411 頁;(清)汪森編《粤西文載》卷七三,《景印文淵閣四庫全書》第 1467 册,第 283 頁。
② 《文獻通考》卷二四《國用考二》,第 699 頁。
③ (宋)李燾著,(清)黃以周等輯補《續資治通鑑長編拾補》卷五,熙寧二年九月壬午,"宋史要籍彙編"本,北京:中華書局,2004 年,第 239 頁。
④ (宋)陶穀《清異録》卷下,《景印文淵閣四庫全書》第 353 册,第 893 頁,

者,久之,方復常態。有司俟其復常,乃引罪人而退,蓋妖蜃毒龍之類,非可待以人倫也。嚴暴政之外,唯以治宮殿爲務。"①在以上這種記載中,劉龑顯然已經被塑造成一個嗜血成性、行爲亦駭人聽聞的殘暴君主。而這些記載却又大多被正史所吸收。例如,薛居正《舊五代史》稱"陟性雖聰辯,然好行苛虐,至有炮烙、剖剔、截舌、灌鼻之刑,一方之民,若據爐炭。惟厚自奉養,廣務華靡,末年起玉堂珠殿,飾以金碧翠羽,嶺北行商,或至其國,皆召而示之,誇其壯麗"②。歐陽修《新五代史》則稱劉龑"性聰悟而苛酷,爲刀鋸、支解、剔剥之刑,每視殺人,則不勝其喜,不覺朵頤,垂涎呀呷,人以爲真蛟蜃也。又好奢侈,悉聚南海珍寶,以爲玉堂珠殿"③。歐陽修將劉龑比喻成嗜血變態、毫無人性的"蛟蜃",很明顯直接參照了作爲小説家的《五國故事》。《資治通鑑》記載爲:"高祖爲人辨察,多權數,好自矜大,常謂中國天子爲'洛州刺史'。嶺南珍異所聚,每窮奢極麗,宮殿悉以金玉珠翠爲飾。用刑慘酷,有灌鼻、割舌、支解、剔剥、炮炙、烹蒸之法;或聚毒蛇水中,以罪人投之,謂之水獄。……末年尤猜忌;以士人多爲子孫計,故專任宦官,由是其國中宦者大盛。"④然而,正如有研究者所指出的,"各史在此方面都無一例外地予以渲染,其中原因有他'僭僞'之故,但嗜血變態狂的描述也令人心生疑竇"⑤。又如宋代史家均稱劉龑極度"奢靡",然而近年考古發現的南漢"康陵"證明,劉龑作爲在位長達二十六年的南

---

① 　(宋)佚名《五國故事》,《五代史書彙編》,第 3192 頁。
② 　《舊五代史》卷一三五《僭僞·劉陟傳》,第 1808 頁。
③ 　《新五代史》卷六五《南漢世家》,第 811 頁。
④ 　《資治通鑑》卷二八三,後晉高祖天福七年,第 9236 頁。
⑤ 　劉文鎖《南漢〈高祖天皇大帝哀册文〉考釋——兼説劉氏先祖血統問題》,《漢學研究》第二十六卷第二期,2008 年,第 302 頁。

漢開國之君,與五代十國同一時期的各國君主墓葬相比,其墓葬形制規模却都比較簡略。

《資治通鑑》又記載南漢後主劉鋹重用宦官龔澄樞,"軍國之事皆取决焉。凡群臣有才能及進士狀頭,或僧道可與談者,皆下蠶室,然後得進。亦有自宫以求進者。亦有免死而宫者。由是宦者近二萬人。貴顯用事之人,大抵皆宦者也"①。可見,南漢後期其宫廷内外有多達近兩萬人的宦官。然而根據《新唐書》記載,唐中宗時"黄衣乃二千員,七品以上員外置千員";至唐玄宗開元、天寶時期,因"財用富足,志大事奢","宫嬪大率至四萬,宦官黄衣以上三千員"②。南漢是否真的有規模遠超唐朝的宦官群體也是值得懷疑的。

自清代中期以來,一部分粤籍學者開始對南漢資料進行蒐集、整理和研究。其相關著作中雖然也叙述了南漢歷史中一些值得肯定的地方,但是在總體上却仍沿襲了宋人對南漢歷史的基本看法,均以批判和否定爲主。例如,道光十五年(1835),李兆洛爲吴蘭修所撰《南漢紀》作《序》稱:"唐之末造,亂賊竊擅,隨地蠭涌。大抵莫正於北漢,莫强於南唐,莫狡於吴越,餘皆瑣細不足數,而莫穢於南漢。劉氏建國,非有恩德要結斯民也,非有奇功偉略震動一時也。其臣盡庸駑,雖文學士避地廣南者多有,徒文詞相矜爲誇美而已。龑、鋹繼迹,奢僭逾滋,淫刑無藝,奄人之禍,亘古所無。救此一方,宋祖以自興歎;牲牢視民,歐陽(修)所爲深尤也。"③正是史書中的劉龑等南漢君主有如此多極度"暴虐"、令人髮指以及明顯悖離儒家禮儀和道義的行爲,這一點

① 《資治通鑑》卷二九四,後周世宗顯德六年,第9606頁。
② 《新唐書》卷二〇七《宦者傳上》,第5856頁。
③ 《南漢紀·序》,《五代史書彙編》,第6599頁。

恰恰也成爲中外不少研究者懷疑南漢王室血統和種族的一個重要原因。

　　而新出的《高祖天皇大帝哀册文碑》,則爲我們重新認識劉龑以及整個南漢王朝的歷史地位提供了新的視角。南漢王室的北方家族淵源以及在其崛起過程中與北方名門大族的關係,既是南漢王朝得以建立的基礎和前提,也是我們理解南漢一系列重要歷史問題的關鍵。特別是劉龑所推行的文官政治和科舉制度等,在五代十國這樣的特殊時代具有鮮明的時代特徵和重要意義。《高祖天皇大帝哀册文碑》稱贊劉龑"禁暴戢兵,謳歌獄訟。龍韜虎韜,七擒七縱。扼腕北顧,中原多事,吊伐在懷,未伸睿志。炅炅王業,巍巍皇猷,三王可擬,五帝難儔"。以上是説劉龑本來也有恢復中原的壯志和宏願,無奈嶺南過於偏居一隅,難以擔當起完成統一天下的使命。然而儘管如此,我們認爲作爲南漢建立者的劉龑,其政治作爲和歷史作用仍然值得重新認識和肯定。

第七節　唐五代北方家族向嶺南移民的重要影響

　　以上我們通過多個專題從多方面討論了唐代北方家族移民嶺南的原因、方式及其影響。我們認爲還有必要把這一問題置於更長的歷史時段和更大的空間背景中,來進一步考察和認識其重要意義。

一　唐代北方家族南遷與嶺南"溪洞"含義的變遷

　　日本學者桑原騭藏在 1914 年發表的《歷史上所見的南北中國》一文提出,從某一方面來看,中國的歷史"可以説是漢族文化南進的歷史","南方開發的端緒始於秦漢,因晉室南渡進度加速,唐、宋、元、明繼其步伐,南方遂在文化、户口、物力等所有方面,凌駕於北方之上"。他認爲中國文化中心過渡期開啓的關鍵就是"永嘉之亂"或晉室南渡。他又稱:"過去一千六百年間,北方野蠻夷狄的入侵和南方優秀漢族的移住這兩個事實,是解釋南北盛衰原因的必要的和最重要的關鍵。"①研究中國古代移民史的學者,一般都認爲古代北方向南方移民有三次高潮,即西晉末年"永嘉之亂"、唐代"安史之亂"和北宋"靖康之亂"後的三次人口大量南遷,其規模都有一百萬以上甚至數百萬。近年来,葛兆光提出古代"中國"之擴大本身就是一個不斷征服、移民和併入的過程。首先是政治控制,隨着王朝軍事征服,也就是"命將出師,恣行誅討",往往最先使其成爲帝國疆域;其次是族群的生活空間,隨着移民(或者殖民)的日益加速度,越來越多的區域也漸漸"漢化"而成爲"中國";最後則是制度趨同和文化認同,這也許要到各個原本自治的夷狄蠻戎區域,最終如明清之改土歸流或如日本之撤藩置縣,才使得這個地區改變了文化與生活方式,這才算真正成爲"中國"②。

縱觀秦漢至隋唐嶺南開發史,也基本上經歷了從征服到移民再到併入這樣一種過程。而在嶺南一些"夷獠雜居"的"溪洞"地區表現得尤爲突出。秦漢時期,嶺南雖然已屬於帝國的版圖,但是中央王朝的統治長期主要限於一些郡縣治所和交通路綫所經過的平原地區。由於許多東北西南走向的山脈,把嶺南分割成很多面積不大而又互不相屬的平地或盆地,使得淵源於古代百越民族的部族社會狀態,在這些封閉性很強的地區得以長期延續。而這些就是嶺南自六朝以來"溪

---

① 〔日〕桑原騭藏《歷史上所見的南北中國》,載劉俊文主編《日本學者研究中國史論著選譯》第一卷,北京:中華書局,1992 年,第 19—68 頁。
② 葛兆光《歷史"中國"的内與外》,香港:香港中文大學出版社,2017 年。

洞"、"山洞"、"獠洞"、"俚洞"、"蠻洞"等大量出現的歷史背景和地理空間背景。當然，由於秦漢以來北方漢族移民的不斷進入，"溪洞"等概念雖然與南方俚獠蠻等少數民族相聯繫，但是很顯然又不能直接等同於早期的百越系部族。《隋書·南蠻傳序》稱"南蠻雜類，與華人錯處"，"皆列爲郡縣，同之齊人"，則高度概括了東晉以來嶺南"溪洞"地區的發展趨勢。而本書所討論的唐代北方家族向嶺南的大規模移民，則成爲中古"溪洞"涵義乃至嶺南"溪洞社會"發生深刻變化的主要原因之一。

我們首先以同嶺南相鄰的福建爲例。唐代開置的汀州位於今閩粵邊界山區。《元和郡縣圖志》記載，唐開元二十一年，"福州長史唐循忠於潮州北、廣州東、福州西光龍洞，檢責得諸州避役百姓共三千餘户，奏置州，因長汀溪以爲名"[①]。至於福州所屬的尤溪縣，《元和郡縣圖志》記載"開元二十九年開山洞置"[②]。而《太平寰宇記》則稱："其地與漳州龍巖縣、汀州沙縣及福州侯官縣三處交界。山洞幽深，溪灘嶮峻，向有千里，其諸境逃人，多投此洞。開元二十八年，經略使唐修忠使以書招諭其人，高伏等千餘户請書版籍，因爲縣，人皆胥悦。此源先號尤溪，因爲縣名，屬福州。"[③]以上説明正是因爲有不少逃避賦役的漢族民衆進入"山洞"，所以才成爲汀州和尤溪縣得以創設的重要條件之一。而唐後期至五代時期福建一些"溪洞"地區的開發，確實與外來漢族人口的大量進入具有密切關係。根據《新唐書·地理志》的記載，唐玄宗天寶元年福建五郡共有户91186，口410587；而《文獻通考》卷

① 《元和郡縣圖志》卷二九《江南道五·汀州》，第722—723頁。
② 《元和郡縣圖志》卷二九《江南道五》，第717頁。
③ 《太平寰宇記》卷一○○《南劍州·尤溪縣》，第2000頁。

——記載,至北宋元豐三年(1080),福建路共有户992087,是唐天寶初的10.88倍;口2043032,是天寶初年的4.97倍。人口的大量增加顯然與唐末北方移民的遷入有關。也從宋代開始,福建成爲經濟文化發展最快的地區之一。而唐代以後"溪洞"一詞亦極少見於福建。

古代會稽郡曾經是山越活動的中心地區,而其在唐代的發展變化也有典型意義。唐代睦、宣、歙等州古屬會稽郡,多崇山峻嶺,"地雜甌駱,號爲難理"①。這裏也是晉唐江南地區"溪洞"記載最爲集中的地區之一。但是唐宋大量資料反映安史之亂以後睦、宣、歙等地"溪洞"含義的重要變化。權德輿《與睦州杜給事書》云:"今江南多士所凑,埒於上國。"②顧况《送宣歙李衙推八郎使東都序》曰:"天寶末,安禄山反,天子去蜀,多士奔吴爲人海。……夫宣洞邑險而棲盗,古不偃兵,今則不然,革其土,樂其民,安其俗,阜其業。"③後唐莊宗《諭兖鄆群盗書》稱自唐末戰亂以來,"或中州義士,或大國遺民,困兵革而不保田園,避殘酷而深藏溪洞"④。可見江南的所謂"溪洞",往往正是唐代後期北方人口遷徙的重要地區。至宋代,方勺《泊宅編》云:"青溪爲睦大邑,梓桐、幫源等號山谷幽僻處,南趨睦西近歙,民物繁庶,有漆楮林木之饒,富商巨賈,多往來江、浙。地勢迂險,……因謂之'洞'。"⑤很顯然,這裏的"洞"的含義已經完全不同於晉唐"山洞"或"溪洞"。

最後,我們又以嶺南南部沿海的古高涼郡爲例。高涼郡(治今廣

---

① (唐)吕温《銀青光禄大夫守工部尚書致仕上柱國中山郡開國公食邑二千户贈陝州大都督博陵崔公行狀》,《全唐文》卷六三一,第6367頁。

② 《全唐文》卷四八九,第4990頁。

③ 《全唐文》卷五二九,第5370—5371頁。

④ 《全唐文》卷一〇五,第1078頁。

⑤ (宋)方勺撰,許沛藻、楊立揚點校《泊宅編》卷下,北京:中華書局,1983年,第100頁。

東恩平市北)一直是晉唐時期嶺南"溪洞"記載最集中的地區之一。唐代北方人口向嶺南溪洞地區的移民我們已有專門討論。唐後期李磎所擬《授朱塘恩州刺史等制》即云,原屬古高涼郡地的恩州(今廣東恩平縣)爲"遠郡之沃饒者也"①。《太平寰宇記》記載恩州曰:"土地多風少旱,耕種多在洞中。"②而宋代祝穆《方輿勝覽》之"南恩州"條,亦記載爲"南濱巨海","阻山瀕海",又稱"其地下濕宜稻,耕種多在洞中"③。恩州因其瀕臨南海而多颶風,將山嶺間的濕地辟爲稻田,可以免受颶風的襲擊。顯而易見,無論是在古會稽郡還是高涼郡,唐代以後的"溪洞"一詞,一般都不再特指南方的蠻族。"溪洞"所表述的往往僅僅是一種比較封閉的地理環境。而"溪洞"內部則很多已開辟成比較富庶的農耕區。至宋代,真正具有晉唐含義的"溪洞",主要集中在中國西南羈縻州地區。而唐以來"溪洞"涵義以及地域分布的變化,其最深刻的歷史背景,就是在唐代移民浪潮推動下,嶺南和江南一些比較封閉落後的丘陵山區,封建生產方式最終確立,民族融合完成,而王朝國家也將這些地區完全整合成直接統治的區域。

二　唐代北方移民與嶺南經濟開發和稻作農業的推廣

唐代北方家族移民也推動了嶺南開發在地理格局上的變化。衆所周知,漢魏六朝以來粵北和西江流域在嶺南開發中的先進性是與中原內地人口的移居密切相關的④。唐代除了這些地區仍保持一定的經

① (唐)李磎《授尚汝貞涪州刺史朱塘恩州刺史蔣瓘檢校僕射等制》,《全唐文》卷八〇三,第8436頁。
② 《太平寰宇記》卷一五八《恩州》,第3038頁。
③ 《方輿勝覽》卷三七,第674頁。
④ 張澤咸《唐代"南選"及其產生的社會前提》,《文史》第二十二輯,北京:中華書局,1984年,第83頁。

濟文化優勢外,值得注意的是嶺南其他一些經濟區的發展。首先以廣東爲例,唐宋間廣東户口布局發生了重要變化,原先人户密度居全省之首的粵北韶、連二州,與沿海潮、循、雷、南恩諸州的明顯差異,入宋以後已大爲縮小。而且隨着時間的往後推移,還出現了廣、潮二州户口密度高於韶、連,而雷州路且"超越廣、潮等路州之上,居全省首位"的趨勢。出現這人户疏密差異逐漸趨於均衡的原因,除了對外貿易的繼續發展之外,主要有兩點,一是沿海低地的開發;二是外來客户的遷移①。粵東循州山區的開發引人注目②。韓江流域的潮州在唐後期已發展成"與韶州略同"的"嶺南大郡"③。沿海屬古高凉地區的嶺南"南道"④,其經濟也有新的開發。其次又以廣西爲例,以欽州爲中心的南流江平原得到新的開發。柳江大致是隋代在粵西經營的最西界限,而唐代在前代基礎上則有重要發展。柳江盆地在唐代後期已成爲一個新的經濟區。尤其是左右江流域的邕州(即今南宁),在隋代僅是一個邊緣地帶的縣級行政機構,而在晚唐則發展成在嶺南與廣州並列的嶺南西道的政治中心⑤。

　　唐代北方移民對嶺南經濟開發的影響,還突出地表現爲嶺南稻作農業的大範圍擴展。漢魏以降,北方精耕細作的農業已得到高度發展,但是在嶺南大部尤其是廣大丘陵山區,還長期爲以廣種薄收爲特

---

① 參見唐森《古代廣東野生象瑣議》,《暨南學報》1984 年第 1 期。
② 參見拙文《從唐代羅浮山地區論嶺南的經濟和社會》,《中山大學史學集刊》第三輯,廣州:廣東人民出版社,1995 年。
③ 《唐會要》卷七五《南選》,第 1624 頁。
④ (唐)段公路《北户録》卷一"鸚鵡瘴"條云:"廣之南新勤春十州呼爲南道。"(《景印文淵閣四庫全書》第 589 册,第 33 頁)
⑤ 唐懿宗《分嶺南爲東西道敕》,《唐大詔令集》卷九九,第 501 頁。

徵的粗放性旱作,即撩荒式的火耕畬種,水稻種植僅限於一些河谷平原以及洲渚灘涂等水網地區。法國年鑒派學者布羅代爾考察了中國南方水稻種植史,認爲植物根塊及畬種的陸稻,"是一些落後民族的基本食糧",水稻種植則是"獲得文明證書的一個方式"①。因爲水稻是一種精耕細作的集約性農業,水稻種植一方面使不斷使用同一塊耕地和依靠一定的灌溉設施以保證較高產量成爲可能,同時每年能夠獲得兩季至三季的收成。水稻種植意味着人和勞動力的集中,意味着專心致志地適應環境,要有國家的權威,還要不斷地興建大規模的水利工程。唐長孺先生也指出,南方水田農作的生產率就其本質而言是高於北方旱作農業的,但這種較高生產率只有在一定的生產技術條件和集約化經營方式下纔能實現②。

嶺南許多"溪洞"地區地處亞熱帶和熱帶,雨量充沛,土壤肥沃,很適應農業生產。而唐代北方人口的南遷,則使嶺南稻作生產的潛在優勢得到前所未有的發揮。唐朝國家制令中嶺南諸州稅米的規定,就反映了嶺南水稻種植在地域上的迅速擴展③。特別是唐後期在嶺南一些地區出現的較先進的山地稻作,以及嶺南對京師米的直接供奉,都表明嶺南經濟開發向深度和廣度的發展。法國學者謝和耐指出,水稻種植業的首次大發展在八世紀時,中國社會的重心開始從渭河流域和關

---

① 〔法〕費爾南·布羅代爾《15 至 18 世紀的物質文明、經濟和資本主義》第一卷,北京:三聯書店,1992 年,第 168—172 頁。

② 唐長孺《魏晉南北朝隋唐史三論》,武漢:武漢大學出版社,1992 年,第 154 頁。

③ 《通典》卷六《賦稅下》(第 106 頁),《舊唐書》卷四八《食貨志》(第 1343 頁)以及《新唐書·食貨志》(第 2086 頁)均記嶺南諸州稅米。《續資治通鑑長編》卷一四開寶六年(973)七月條云南漢時"廣南諸州民輸稅米"(第 305 頁)。《宋會要輯稿》食貨一七(第 6 冊,第 5089 頁)以及《群書考索》後集卷五三(《景印文淵閣四庫全書》第 937 冊,第 755 頁)亦載開寶六年詔令,然作"廣南州縣,歲輸稅米"。

中平原向長江中下游平原轉移。水稻種植的這種發展在很大程度上促進了唐王朝於公元 756—763 年的大危機之後的復興,中華帝國的整個經濟從八世紀末起都要依靠該地區①。我們認爲唐後期中央王朝對嶺南的依賴性也已日趨明顯。布羅代爾强調,"隨着水稻的推廣,中國生活的重點完全顛倒了過來,新興的南方代替了歷史悠久的北方"②。而稻作農業既形成了南方遠比北方緊密的家族結構,也提供了南方地區家族發展更雄厚的經濟基礎,因而也成爲文化發展和人才大量涌現的前提。在唐代特別是唐代後期的嶺南,我們已看到了這種發展趨勢。

三　近世華南族譜資料缺少唐代北方家族移民記載的原因

對華南族譜資料中罕見唐代北方家族移民嶺南記載的原因分析。學術界對於古代北方移民嶺南問題的關注和研究,以對宋代珠璣巷與移民問題的討論最爲集中。民國初期黄慈博搜集家譜四十多種,在其所輯《珠璣巷民族南遷記》一書中,列出兩宋經由粵北保昌縣南遷廣州諸縣的"姓"(族)共一百六十七個③。陳樂素等學者則利用其中的資料,討論了宋代北方移民對珠江三角洲開發的貢獻④。近年劉志偉先

① 〔法〕謝和耐著,耿昇譯《中國社會史》,南京:江蘇人民出版社,1995 年,第 222—223 頁。
② 〔法〕費爾南·布羅代爾《15 至 18 世紀的物質文明、經濟和資本主義》第一卷,第 168—172 頁。
③ 黄慈博輯《珠璣巷民族南遷記》,廣州中山圖書館 1957 年複製本。
④ 陳樂素《珠璣巷史事》,《學術研究》1982 年第 6 期;何維鼎《宋代人口南遷與珠江三角洲的農業開發》,《學術研究》1987 年第 1 期;南雄珠璣巷人南遷後裔聯誼會籌委會編《南雄珠璣巷人南遷史話》,廣州:中山大學出版社,1991 年;曾憲珊《宋代順德南雄珠璣巷遷民考》,《嶺南文史》1994 年第 4 期;曾祥委、曾漢祥主編《南雄珠璣移民的歷史與文化》,廣州:暨南大學出版社,1995 年;曾昭璇、曾憲珊《宋代珠璣遷民與珠江三角洲農業發展》,廣州:暨南大學出版社,1995 年;曾昭璇等編著《珠璣巷人遷徙路綫研究》,廣州:暨南大學出版社,1995 年;羅晃潮《宋季南雄珠璣巷南遷移民的組織者羅貴及其家世》,《嶺南文史》2000 年第 2 期。

生指出明代廣東士大夫編撰族譜,他們追溯家族淵源,其"祖先總是宋元時由外省遷徙入粵"①。而在本書的討論中,我們證明了唐代其實有大量北方家族以各種方式向嶺南遷移。然而,在明清時期編撰的華南族譜中,除了我們在前面所討論的廣州孔氏、鍾氏等極少數家族外,却又很少有族譜將其淵源追溯至唐代南遷的北方家族,那麼,我們究竟應該如何解釋這一現象呢?

我們認爲這一點與唐代後期直至宋初中國家族社會本身的重大變化有關。唐後期至五代的長期戰亂對於北方家族社會以及譜牒之學的破壞尤其嚴重。這一點從宋代君臣的大量論述中可以得到證實。宋太宗稱:"中國自唐季海內分裂,五代世數尤促,大臣子孫皆鮮克繼祖父之業。"②祖無擇稱"唐末五代天下喪亂,衣冠舊族往往流落閭閻間,没而不振","以中原版蕩,與其族轉徙四方,無常産"③。王明清稱:"唐朝崔、盧、李、鄭及城南韋、杜二家,蟬聯珪組,世爲顯著。至本朝絕無聞人。"④李燾稱:"唐末五代之亂,衣冠舊族多離去鄉里,或爵命中絕,而世系無所考。"⑤《宋史》亦稱:"唐末五代亂,衣冠舊族多離去鄉里,或爵命中絕而世系無所考。"⑥北宋初年柳開評論北方家譜稱:"唐季盜覆兩京,衣冠譜牒爐滅,迄今不復舊物。以冒姓古名家已

---

① 劉志偉《從鄉豪歷史到士人記憶——由黃佐〈自叙先世行狀〉看明代地方勢力的轉變》,《歷史研究》2006 年第 6 期。
② 《續資治通鑑長編》卷二五,宋太宗雍熙元年三月條,第 574 頁。
③ (宋)祖無擇《龍學文集》卷九《宋故贈尚書工部侍郎清河張君神道碑》,《景印文淵閣四庫全書》第 1098 册,第 831 頁;《全宋文》卷九三六,上海辭書出版社、安徽教育出版社,2006 年,第 30 册,第 333 頁。
④ (宋)王明清《揮塵前録》卷二,北京:中華書局,1961 年,第 20 頁。
⑤ 《續資治通鑑長編》卷一〇三,宋仁宗天聖三年四月條,第 2380 頁。
⑥ 《宋史》卷二六二《劉燁傳》,第 9075 頁。

稱後者淆混無別。"①北宋大臣韓琦稱:"當五代之亂,天下兵革,子孫於歲時展祀,蓋不能及。逮今百有餘載,遂失訪辨。"②又稱:"自唐末至於五代,兵革相仍,禮樂廢缺。故公卿士大夫之家,歲時祠饗,皆因循比便俗,不能以近古制。"③宋代蘇洵和歐陽修所編撰之族譜,自宋代以來被奉爲族譜的典範。蘇洵就稱:"自秦漢以來,仕者不世,然其賢人君子猶能識其先人,或至百世而不絕,無廟無宗而祖宗不忘,宗族不散,其勢宜亡而獨存,則由有譜之力也。蓋自唐衰,譜牒廢絕,士大夫不講,而世人不載。於是乎,由賤而貴者,恥言其先;由貧而富者,不錄其祖,而譜遂大廢。"④而歐陽修亦稱:"前世常多喪亂,而士大夫之世譜未嘗絕也。自五代迄今,家家亡之,由士不自重,禮俗苟簡之使然。雖使人人自求其家,猶不可得,況一人之力,兼考於繆亂亡失之餘,能如所示者,非深甫之好學深思莫能也。"⑤總之,正是唐後期以來北方長期戰亂對家族社會的破壞,使得大量家族譜牒被毀滅喪失,而唐代很多北方內地家族遷移嶺南所要經歷的艱難困苦,也遠遠超出一般想象。除了長途跋涉之外,還有瘴癘和疾病的嚴重困擾。其家族譜牒毀滅喪失情況也必然會更加嚴重。因而使得宋明以來嶺南很多源本出自北方內地的家族,已經無法追溯更早的淵源。

---

① (宋)柳開《河東集》卷一四《試大理評事柳君墓志銘》,《景印文淵閣四庫全書》第1083冊,第337頁。
② (宋)韓琦《安陽集》卷四二《祭告四代祖鼓城府君文》,《景印文淵閣四庫全書》第1089冊,第477頁。
③ 《安陽集》卷二二《韓氏參用古今家祭式序》,《景印文淵閣四庫全書》第1089冊,第338頁。
④ (宋)蘇洵《嘉祐集》卷一四《譜例》,《景印文淵閣四庫全書》第1104冊,第947頁。
⑤ (宋)歐陽修撰,李逸安守點校《歐陽文忠公集》卷七〇《與王深甫論世譜帖》,北京:中華書局,2001年,第1017頁。

四　唐以來嶺南語音和社會風俗等的重要變化及其原因

西晉末年"永嘉之亂"後北方家族大量南遷,造成了江南語音的改變[1]。唐代詩人張籍《永嘉行》稱:"北人避胡多在南,南人至今能晉語。"[2]而中古以來嶺南語音的變化也與北方家族移民密切相關。古代南方和西南少數民族的語言被稱爲"鳥語"或"鳩舌"。《後漢書》稱:"雖服叛難常,威澤時曠,及其化行,則緩耳雕腳之倫,獸居鳥語之類,莫不舉種盡落,回面而請吏,陵海越障,累譯以内屬焉。"[3]唐代李賢注稱:"緩耳,儋耳也。獸居謂穴居。"《宋書·徐豁傳》記載廣州中宿縣俚民"巢居鳥語"[4]。所謂"鳩舌",《孟子·滕文公上》:"今也,南蠻鴃舌之人,非先王之道。"漢代趙岐注:"鴃,博勞鳥也。"[5]可見所謂"鳩舌"的含義其實與"鳥語"相同。在本書序言中,我們也討論了唐人北方士人對嶺南土著居民"鳥言"的記載和感受。

唐朝應是嶺南語音發生轉變的重要時期。《大唐故茂州刺史何溢墓志銘》就記載唐文宗開成(836—840)年間,京兆長安人何溢爲昭州(治今廣西昭平縣)刺史,"鴃變舌之異風,化獷悍之殊性"[6]。唐懿宗咸通(860—874)末年,河北河間(治今河北省滄州市)人張褐由户部侍郎學士承旨貶爲封州(治今廣東封開縣)司馬,"封民語不可解,

---

① 〔日〕桑原騭藏《歷史上所見的南北中國》,第 22 頁;陳寅恪《東晉南朝之吳語》,載《金明館叢稿二編》,北京:三聯書店,2001 年,第 304—309 頁。

② (唐)張籍《張司業集》卷二,《景印文淵閣四庫全書》第 1078 册,第 12 頁。《全唐詩》卷三八二,第 4282 頁。

③ 《後漢書》卷八六《南蠻西南夷傳》,第 2860 頁。

④ 《宋書》卷九二《徐豁傳》,第 2266 頁。

⑤ (漢)趙岐注,(宋)孫奭疏《孟子注疏》卷五下《滕文公章句上》,《十三經注疏》,第 2706 頁。

⑥ 《全唐文補遺》第一輯,第 348 頁。

（張）禓時以文義教之，漸知讀書，士子日來請益，與論文章無倦時"①。
宋代余崇龜稱："潮陽舊俗，蠻䲧居多，自韓文公（即韓愈）守潮，命趙
德爲師，人始知學。"②然而，自中古以來嶺南語音變化最主要的原因，
我們認爲還是大量北方家族移民嶺南的結果。宋代著名理學家朱熹
即稱嶺南語音更接近隋唐中原語音。他説："因説四方聲音多訛，曰：
却是廣中人説得聲音尚好。蓋彼中地尚中正，自洛中脊來，只是太偏
南去，故有些熱。若閩浙則皆偏東角矣。閩浙聲音尤不正。"③周去非
《嶺外代答》記載宋代嶺南南部沿海欽州一帶的"北人語音"，即源於
唐末五代南遷的"西北流民"④。清代郝玉麟編纂的《廣東通志》稱：
"古稱虡舌者，爲南蠻猺岐諸種是也。自秦以中土人與趙佗，風俗已
變。東晉南宋衣冠望族向南而趨，占籍各郡，於是言語不同，省會音柔
而直，歌聲清婉可聽，唯東、新各邑平韻，多作去聲。西北韶南、連州地
連楚豫，言語大略相通。"⑤晚清著名粵籍學者陳澧（1810—1882）所撰
《廣州音説》一文亦稱：

> 廣州方音合于隋唐韻書切語爲他方所不及者，約有數端……
> 余考古韻書切韻有年，而知廣州方音之善，故特舉而論之，非自私
> 其鄉也。他方之人宦游廣州者甚多，能爲廣州語者亦不少，試取
> 古韻書切語核之，則知余言之不謬也。朱子云："四方聲音多訛，

---

①　（明）黃佐《廣東通志》卷四六《張禓傳》，第 1152 頁。

②　《永樂大典》卷五三四三《潮州府·風俗形勝》引《余崇龜文集》，北京：中華書局，1986
　　年，第 2450—2451 頁。

③　（宋）朱熹《朱子語類》卷一三八，《景印文淵閣四庫全書》第 702 册，第 772 頁。

④　《嶺外代答校注》卷三《五民》，第 144 頁。

⑤　（清）郝玉麟等《廣東通志》卷五一《風俗志》，《景印文淵閣四庫全書》第 564 册，第
　　400—401 頁。

却是廣中人説得聲音尚好。"（《語類》一百三十八）此論自朱子發之，又非余今日之創論也。至廣中人聲音之所以善者，蓋千餘年來中原之人徙居廣中，今之廣音實隋唐時中原之音。故以隋唐韻書切語核之，而密合如此也。①

　　1898 年，温仲和在其所編《嘉應州志》卷七《方言》中，列舉客家方言稱人、述事説物詞語及諺語近三百條，均從古籍、古語及古韻、古義中找到例證，稱"嘉應之話，多隋唐以前古音"。或云客家"語言多合中原之音韻，其説皆有所考據"②。1919 年，章太炎所撰《新方言》附《嶺外三州語》亦稱："廣東惠、嘉應二州，東潮之大阜、豐順，其民自晉末逾嶺，宅於海濱，語言敦古，廣東人謂之客家。"章太炎還依據温仲和《嘉應州志》之《方言》及楊恭桓《客有本紀》所記載的嘉應州、惠州和潮州的客家方言中，選取單詞或片語六十多個，用《説文》、《爾雅》、《方言》、《禮記》、《毛詩》、《老子》和《戰國策》等經典進行對照，證明這些典籍對客家方言"雅訓舊音往往而在"。説明客家方言是一種保存了不少上古語音、詞義的漢語方言③。1933 年，羅香林的《客家研究導論》對此也有具體研究，認爲"客家與古代中原漢族之語言息息相通，於是客家爲漢族嫡派以明"④。衆所周知，羅香林先生是客家研究的重要開拓者和奠基人。不過近年來，境内外學術界對羅香林先生研究客家的方法和結論都頗多質疑。最主要的原因之一，就是其所依據

①　（清）陳澧《陳澧集》卷一，上海：上海古籍出版社，2008 年，第 57—58 頁。
②　（清）吳宗焯修，温仲和纂《嘉應州志》卷七《方言》，臺北：成文出版社，1968 年，第 121—122 頁。
③　章太炎《新方言》附《嶺外三州語》，北京：文學會社石印本，1911 年。
④　羅香林《客家研究導論》第四章，上海：上海文藝出版社，1933 年。

的都是明清以來甚至民國時期的族譜資料,因而懷疑這些族譜資料中有關六朝唐宋北方家族移民的記載,是否有更早的歷史資料可以作爲支撐。而我們的研究或可成爲對羅香林先生研究在資料上的補充。

從《漢書》到《隋書》等正史都把"斷髮文身"、"椎結徒跣"和"貫頭左衽"等作爲古代南越和俚獠等少數民族的主要特徵[1]。梁啓超指出:"此族(指百越及其後裔)與他族有一最顯著之異點焉,曰斷髮。……赤縣神州中斷髮之族,舍此更無他也。"[2]李思純則認爲古代習慣上把椎髻看成是苗瑶等南方和西南民族的髮式,而翦髮(斷髮)則是古代越人的傳統髮式[3]。宋代嶺南南部沿海的化州(今廣東化州縣)屬於古高涼郡地,亦是古代俚人活動的中心地區。而北宋《化州圖經》即稱:"今化(州)之爲俗,士民被禮遜之教,出入頗衣冠相尚,雖賤隸服亦襟衽,無復文身斷髮之舊。"[4]陳寅恪先生在論及中古民族問題時也特別強調文化超越於血統和種族。蠻(胡)漢之別不在其血統,只視其所受之教化[5]。唐代以後,作爲中古嶺南"溪洞"主要居民的"俚獠"等民族已很少見於記載。這無疑標識着嶺南社會風尚的重大改觀。

唐宋之際嶺南社會文化的深刻變化在廣州及其附近地區表現得最爲明顯。宋代李昂英《重修南海志序》也説:"惟廣素號富饒……而

---

[1] 《漢書》卷二八下《地理志八下》,第 1669 頁;《隋書》卷八二《南蠻傳》,1831 頁。所謂"椎結",宋代朱輔《溪蠻叢笑》稱"胎髮不薙除。長大而無櫛篦,不裹(果)巾。蓬垢狰獰,自古已然,莫可化也。名椎結"(《景印文淵閣四庫全書》第 594 册,第 51 頁)。
[2] 梁啓超《飲冰室文集》卷一一《歷史中國民族之考察》,上海:中華書局,1924 年。
[3] 李思純《説民族髮式》,原載《民族學研究集刊》第 3 期(1943 年),後修改收入氏著《江村十論》,上海:上海人民出版社,1957 年,第 45—62 頁。
[4] 《輿地紀勝》卷一一六《化州》引《化州圖經》,第 3757 頁。
[5] 陳寅恪《隋唐制度淵源略論稿》,北京:三聯書店,2001 年,第 78—79 頁。

文風彪然日以張。雖蕉阜桃林之墟,蠣田蟹窟之嶼,皆渠渠齋廬,幣良師以玉其子弟,弦歌玎相聞,挾藝待試上都者,數甚嗇,每連聯登名與中州等。"①宋代章粢撰《廣州府移學記》稱:"我宋統一海寓,百有三十七年於兹矣。崇文嚮儒,聖聖相繼,其禮義之教,道德之化,薰陶漸染,萬里一俗。雖在窮荒之裔,僻邦陋邑,畎畝閭閻之人,皆知誦《詩》《書》,窮義理,潔身砥礪,以待鄉里之選。躡高科,取顯名者,比比有之。嗚呼,盛矣哉!"②而古代文獻資料往往都把社會文化風俗的變遷歸結爲北方家族的南遷。《古今圖書集成》卷一三〇八引《舊志》:"自漢末建安,至於東(西?)晉永嘉之際,中國之人士,避地者多入嶺表,子孫往往家焉。其風流遺韻,衣冠氣息,薰陶漸染,故習漸變,而俗庶幾中州。"③元大德(1297—1307)年間陳大震所編《南海志》亦云:"廣州爲嶺南一都會,户口視他郡爲最。漢而後,州縣沿革不同,户口增減,亦各不一。大抵建安、東晉永嘉之際至唐,中州人士避地入廣者衆。由是風俗革變,人民繁庶。至宋,承平日久,生聚愈盛。"④二十世紀六十年代,宫川尚志氏提出了中國南方"儒教化"的重要論題⑤。我們認爲除了王朝國家及其地方官員以行政權力推行封建教化的不懈努力外,嶺南地方社會深層意義的"儒教化",亦有賴於這些地區家族結構

---

① (宋)李昴英撰,楊芷華點校《文溪存稿》卷三,廣州:暨南大學出版社,1994 年,第 33—34 頁。
② (元)陳大震《元大德〈南海志〉殘本(附輯佚)》,廣州:廣東人民出版社,1991 年,第 160頁。
③ 《古今圖書集成·職方典》卷一三〇八引《舊志》,中華書局,巴蜀書社,1985 年,第 1962頁。
④ (元)陳大震《元大德〈南海志〉殘本(附輯佚)》卷六《户口》,第 1 頁。
⑤ Hisayuki Miyakawa(宫川尚志),"The Confucianization of South China",Arthur F. Wright ed,*The Confucian Persuasion*,Stanford University Press. 1960.

的變遷。因爲家族是社會文化的載體,古代區域文化在歷史上的承衍推進,也主要是附麗於家族的繁衍遷徙和發展變化。

不過唐宋之際嶺南社會文化风俗的重要變化,並非只局限於作爲嶺南政治經濟中心的廣州及其附近地區。在唐代嶺南許多被視爲荒遠偏僻的地區,我們其實亦能看到這種變化。以粵東潮州爲例。在韓愈筆下,唐代潮州還是瘴癘橫侵、鰐魚肆虐、甚至還有"魑魅"雜居的"遠惡"之地。然而,至宋代潮州經濟文化都有比較重要的發展。北宋余靖作《潮州開元寺重修大殿記》,稱"潮(州)於嶺表爲富州"①。蘇軾《潮州韓文公廟碑》稱:"始潮人未知學,公命進士趙德爲之師,自是潮之士皆篤於文行,延及齊民,至于今,號稱易治。"②陳堯佐(963—1044)在宋真宗咸平(998—1003)初年曾出任潮州通判。他將潮州比喻爲"海濱鄒魯"。其《送潮陽李孜主簿》稱:"潮陽山水東南奇,魚鹽城郭民熙熙。當時爲撰元聖碑,而今風俗鄒魯爲。"其《送王生及第歸潮陽》又稱:"休嗟城邑住天荒,已得仙枝耀故鄉。從此輿載人物,海濱鄒魯是潮陽。"③余崇龜《賀潮州黄守》亦稱:"初入五嶺,首稱一潮。土俗熙熙,有廣南、福建之語;人文郁郁,自韓公、趙德而來。稻再熟而蠶五收,鳳翔集而鰐遠徙。掃除青草黄茆之瘴霧,髣髴十洲三島之仙瀛。"④宋代龔茂良《代潮州林守謝宰執》稱"惟潮陽之偏壘,實廣右之奧區。千里秀民,久已習韓昌黎之教;七朝故老,猶能言陳文惠之賢","惟時嶺表,莫盛潮陽。儒雅相承,乃韓昌黎之舊治;風流未泯,有陳文

---

① 《武溪集校箋》卷八,第239頁。

② 《東坡全集》卷八六,《景印文淵閣四庫全書》第1108册,第386頁。

③ 《輿地紀勝》卷一〇〇,第3409頁。

④ 《輿地紀勝》卷一〇〇《潮州》,第3410頁。

惠之清規"①。宋代德洪《送秦少逸李師尹序》稱："東甌之民，朴野不學，自古鮮有仕於朝者，歐陽詹以秀才倡之，至今號爲多士。潮陽在瘴海之隅，民未知學，韓文公以趙德爲之師，其俗稱爲易治。以是又激勵學行，成兩邦之美化。今之學者能知之而莫能行之。"②宋人論兩廣科舉的推行，稱"廣東則廣、潮二州，西南靜江，皆號多士"③。以上是説兩廣科舉取士，其中以廣州和潮州以及靜江即桂州（治今桂林市）最爲突出。

我們又以唐宋時期廣西中部的昭州和潯州等爲例。李商隱《昭州》一詩形象地描繪了昭州的原始蠻荒景象，其詩稱："桂水春猶早，昭州日正西。虎當官渡鬭，猿上驛樓啼。繩爛金砂井，松乾乳洞梯。鄉音呼可駭，仍有酒如泥。"④其《異俗二首》又稱："鳥言成諜訴，多是恨彤幨。户盡懸秦網，家多事越巫。"⑤然而至宋代《昭潭志》却稱，其地"風聲氣習，布衣韋帶之士肩摩袂屬，視沅、湘以南猶伯仲"。宋代鄒道鄉《得志軒記》亦稱其地"決科入仕，每每不乏。朝廷興崇學校，而中上舍者三人，貢辟雍者二人"⑥。唐宋潯州緊鄰唐代桂管所屬的羈縻州府，其位置十分偏僻。而北宋余靖《潯州新成州學記》却稱："桂林之南，州郡以十數，潯爲善地。鬱江東注，土無氛惡。蠻溪獠洞，不際其境。民之從化，豈間然哉！"⑦北宋《潯江志》亦稱："潯雖爲古荒服，

① 《輿地紀勝》卷一〇〇《潮州》，第 3410 頁。
② （宋）德洪、覺范著《石門文字禪》卷二四，《景印文淵閣四庫全書》第 1116 册，第 467—468 頁。
③ 《宋會要輯稿》選舉六之一五，上海：上海古籍出版社，2014 年，第 5366 頁。
④ 《文苑英華》卷二九四，第 1499 頁。
⑤ （唐）李商隱《異俗二首》并"原注：時從事嶺南"，《全唐詩》卷五三九，第 6146 頁。
⑥ 《輿地紀勝》卷一〇七《昭州》，第 3587 頁。
⑦ 《武溪集校箋》卷六，第 186 頁。

沃壤頗多,山水奇秀,民淳訟簡,人多業儒。"至於宋代潯州文化風俗顯
著改善的原因,宋初《潯州圖經》即明確稱:"自唐大中以後,並服禮
儀,衣服巾帶如中國焉。"①可見,宋人將這種變化的開始追溯至唐宣
宗大中年間,很可能與晚唐北方移民的進入有關。

　　唐宋之際海南島的變化也相當明顯。北宋哲宗紹聖四年(1097),著名
文學家蘇軾貶任海南瓊州別駕,昌化軍安置,其所作《伏波將軍廟碑》稱:

　　　　揚雄有言"朱崖之棄,捐之之力也。否則介鱗易我衣裳"。此
　　言施於當時可也。自漢末至五代,中原避亂之人多家於此。今衣
　　冠禮樂,蓋斑斑然矣。其可復言棄乎?②

所謂"朱崖之棄,捐之之力也",是指因爲西漢後期海南蠻夷反叛不斷,
漢元帝接受大臣賈捐之的建議,於初元三年(前46)正式撤罷朱崖郡。
自此中央王朝喪失對海南的治理權達數百年之久。然而,与漢代相
比,海南島在宋代國家中的地位和重要性,顯然已經發生極大的變化。
蘇軾認爲發生這種變化的原因,即與自漢末至五代北方家族移民密切
相關。明代海南籍著名學者丘濬總結中古嶺南區域文化的轉換説:
"魏晉以後,中原多故。衣冠之族,或宦或商,或遷或戍,紛紛來,聚廬
托處,薰染過化,歲異而月或不同。世變風移,久假而客反爲主。"③唐
代家族社會結構決定了北方人口移民嶺南的家族特徵,也形成了對嶺
南區域社會文化廣泛而深遠的影響。北方家族移民是嶺南"溪洞"社
會深刻變化的主要推動力。明正德《瓊台志》亦稱:"瓊僻居海嶠,舊

---

① 《輿地紀勝》卷一一〇《潯州》,第3652頁。
② 《東坡全集》卷八六,《景印文淵閣四庫全書》第1108冊,第388頁。
③ (明)丘濬《重編瓊臺稿》卷二二《南溟奇甸賦有序》,《景印文淵閣四庫全書》第1248冊,
　第454頁。

俗殊陋。唐宋以來，多名賢放謫，士族僑寓，風聲氣習，後先濡染，不能無今古淳漓之别。"①正因爲如此，我們認爲作爲中國大一統文化對嶺南地域社會和文化的整合，至宋代已基本上完成。嶺南區域文化真正在中國大一統的文化系統中占有重要地位，確實已晚至明、清時期。然而，正如黄佐所稱："廣本俚鄉，風俗丕變，日新而月盛，實非一朝風化所能成。"②明末清初屈大均指出，粵東"蓋自秦、漢以前爲蠻裔，自唐、宋以後爲神州"③。屈大均敏鋭地指出了唐宋時期在嶺南文化意象從"蠻夷"和"絶域"向"華夏"和"神州"這一歷史轉變中的重大意義。唐宋之際嶺南社會文化與風俗這種重要轉變，其原因是多方面的。而北方内地家族向嶺南的移民應是其中最主要的原因之一。

第六章
唐代房千里《投荒雜録》與嶺南
南部沿海社會文化的變遷

第一節　唐代房千里及其《投荒雜録》考證

　　唐代疆域非常遼闊,各地經濟社會發展很不平衡,而嶺南道則屬於唐朝境内最爲邊遠開發也相對較晚的地區之一。二十世紀六七十年代,漢學家薛愛華(Edward H. Schafer)相繼撰寫了多種研究中古嶺南區域史的論著,其中最有代表性的是《赤雀——唐代南方的意象》,該書從多方面揭示了唐人的嶺南意象及其形成過程①。房千里是唐代後期有影響的中原士人,一生兩次到過嶺南,特別是在唐宣宗大中(847—860)年間,曾經出任高州刺史。唐代高州地處嶺南南部沿海,

---

① Edward H. Schafer, *The Vermilion Bird: T'ang Images of The South*, University of California Press, 1967.

自漢末以來一直屬於古代高凉郡的範圍①。漢唐時代,這裏先後是南越和俚獠等民族活動的中心地區,相關歷史記載非常缺乏。而房千里撰寫的《投荒雜錄》一書,則從多方面專門記載了他在高州等地的所見所聞,同時又在相當長的歷史時期内,直接影響了北方中原人士對嶺南的認識。該書雖然早在明朝以前即已散佚,然而其留存的部分内容,對於我們研究唐代後期嶺南南部沿海的社會和風俗仍具有很高的史料價值,同時也提供了一個北方士人對嶺南的認知及其獨特感受,因而有助於我們具體地探討唐代北方中原士人的嶺南"文化意象"究竟是怎樣形成的。

一　房千里生平事迹與《投荒雜錄》的年代

史籍中有關唐代房千里的記載也非常闕略而且撲朔迷離。明代著名粵籍學者黄佐(1490—1566)撰寫了房千里的傳記。其文曰:

> 房千里,字鵠舉,河南人。大和(827—835)中進士。幼有才學,善爲詩文。既登上第,往遊嶺徼,僑寓南海,恣意聲色,買妾置之。西上京都得博士。少年斥跅,以罪謫廬陵,乃自悔悟,記所居竹室云:"予方窮不能奮,其處於是亦宜矣。"已而遷端州别駕,自覺奮出世俗,屏絶塵攖,遂擢高州刺史。留心政治,大得夷情,示人以《知道論》。官久不遷。開成三年(838)春,北徙。舟行次洞庭,遇有以鵾子選格爲樂者,千里序之曰:"安知數刻之樂,不及數年之榮耶?"後遂卒於途。②

---

① 按本書所指唐代嶺南南部沿海,特指古代高凉郡所轄地以及雷州半島等沿海地區。

② (明)黄佐《廣東通志》卷四六《房千里傳》,廣州:廣東省地方史志辦公室謄印,1997 年,第 1147—1148 頁。

根據黃佐自己的注解，他主要是依據宋人所編《文苑英華》和《唐文粹》撰成的。以上是歷史上有關房千里生平事迹最詳細的記載，也爲後來部分典籍所沿襲①。然而，其相關内容却與唐宋時期的歷史記載存在諸多牴牾之處。至近代，對於房千里究竟爲唐文宗（827—840 在位）時期人，還是五代十國時期南漢國（917—971）人，學術界也有不同的看法。正因爲如此，我們首先有必要對其生平事迹加以考辨。

房千里，字鵠舉，其生卒年不詳，新舊《唐書》均無其列傳。《新唐書·宰相世系表》記載，房千里爲河南洛陽人。河南房氏家族在唐朝相當顯赫，房玄齡、房融、房琯曾經先後在唐太宗、武則天、唐肅宗時期擔過宰相。而房千里祖父房説，曾任右司郎中。其父房夷則，未記載官職②。《新唐書·藝文志》著録"房千里《投荒雜録》一卷"，並注稱："字鵠舉，大和初進士第，高州刺史。"③據此可知，房千里是唐文宗大和元年（827）進士，其官至嶺南高州刺史。

房千里在進士及第後曾第一次到嶺南遊歷，並留下了爲後代文人一直傳誦的著名詩話。唐末范攄《雲溪友議》卷上《南海非》云：

> 房千里博士《初上第遊嶺徼詩序》云："有進士韋滂者，自南海邀趙氏而來。十九歲，爲余妾。余以鬢髮蒼黄，倦於遊從，將爲天水之別。尚有數秋之期，縱京洛風塵，亦其志也。趙屢對余泫然恨恨者，未得偕行。即泛輕舟，暫爲南北之夢。歌陳所契，詩以寄情，曰：'鸞鳳分飛海樹秋，忍聽鐘鼓越王樓。只應霜月明君意，

---

① （明）郭棐撰，黄國聲、鄧貴忠點校《粤大記》卷一三，廣州：中山大學出版社，1998 年，第361 頁。

② 《新唐書》卷七一下《宰相世系表一下》，第 2403 頁。

③ 《新唐書》卷五八《藝文志二》，第 1485 頁。

緩撫瑶琴送我愁。山遠莫教雙淚盡，鴈來空寄八行幽。相如若返臨邛市，畫舸朱軒萬里遊。'"（原注：萬里橋在蜀川）。房君至襄州，逢許渾侍御赴弘農公番禺之命，千里以情意相託，許具諾焉。才到府邸，遣人訪之，擬持薪粟之給，曰："趙氏却從韋秀才矣。"許與房、韋，俱有布衣之分。欲陳之，慮傷韋義；不述之，似負房言。素款難名，爲詩代報。房君既聞，幾有歐陽四門詹太原之喪（原注：歐陽太原亡姬之事，孟簡尚書已有序述之矣）。渾寄房秀才詩曰："春風白馬紫絲韁，正值蠶娘來采桑。五夜有心隨暮雨，百年無節待秋霜。重尋繡帶朱藤會，却認羅裙碧草長。爲報西遊減離恨，阮郎〔才去〕嫁劉郎。"①

唐代後期，不少北方士人爲求出仕而應嶺南使府的辟召。而房千里在唐文宗大和元年進士及第後即前往嶺南，很可能與此有關。在此期間，士人韋滂爲房千里介紹了十九歲的女子趙氏爲妾。所謂"余以鬢髮蒼黄，倦於遊從"，意即此時房千里本人已厭倦遊歷，欲返還北方中原。然而，《唐詩紀事》則稱其將"西上京都，調于天官"②，意即北還長安，實際上是爲了接受唐朝中央吏部的任命③。房千里與趙氏暫别，並相約秋天在京城長安相見。而趙氏對未能與房千里同行則極度悵戀不舍。房千里在北返途中也寫詩寄託思念之情。房千里到達襄州（今湖北襄陽市），恰逢曾擔任過侍御史一職的許渾將應廣州節度使幕府

① （唐）范攄《雲溪友議》卷二，《叢書集成初編》本，上海：商務印書館，1939 年，第 9 頁；又見（宋）計有功輯撰《唐詩紀事》卷五一，上海：上海古籍出版社，2008 年，第 776 頁。

② 《唐詩紀事》卷五一，第 776 頁。

③ 《周禮》分設六官，以天官冢宰居首，總御百官。唐武后光宅元年改吏部爲天官，旋復舊。後世亦稱吏部爲天官。

辟召赴任,房千里遂以詩相托。許渾到達廣州後,即派人尋訪趙氏下
落,並準備給予生活上的資助。不過,此時趙氏却已經嫁給韋滂了。
而許渾只能以詩相告①。房千里得詩而極度感傷,而《雲溪友議》則稱
"幾有歐陽四門詹太原之喪"。"歐陽四門詹"是指唐後期福建泉州知
名進士歐陽詹,曾任國子監四門助教,因與太原某一教坊女子的戀情
失意,雙方均先後哀慟而卒。而孟簡曾爲此賦詩並作序詳細記載②。

　　根據《雲溪友議》等的記載,房千里曾在京城擔任過國子監博士一
職。《全唐詩》卷五一六小傳亦稱:"房千里,字鵠舉,登太和進士第,
官國子博士,終高州刺史。"歷史資料還證明,房千里在出任高州刺史
之前,至少曾在兩地擔任官職,且均是因罪左遷。唐朝往往將大量犯
有罪過的官員貶斥到江南、嶺南、劍南等地一些邊遠荒僻的州縣任職
以示懲戒。范攄《雲溪友議》又記載:"(房)千里以罪居廬陵,作所居
《竹室記》云'予方窮,不能奮,其處於是,亦宜矣'。"《文苑英華》等收
錄其《廬陵所居竹室記》一文,文中亦有"予三年夏,待罪於廬陵"。廬
陵郡即吉州,指今江西吉安。"待罪"即是因罪左遷,其具體官職未知。
房千里謫官廬陵的"三年夏"究竟是哪一年,待考。房千里《骰子選格
序》又云:"開成三年春,予自海上北徙,舟行次洞庭之陽。"③唐文宗開
成三年,爲公元 838 年。所謂"洞庭之陽",即指洞庭湖以北的某地。

　　房千里在出任高州刺史之前,實際上還因罪左遷嶺南端州別駕。
端州即今廣東肇慶。《唐詩紀事》卷五一曰:

①　(唐)許渾《寄房千里博士》,《全唐詩》卷五三六。按許渾其時並非國子監博士。唐代士
　　人從進士出身到升任國子監博士是一很長的過程,其詩名可能爲清代《全唐詩》編者所
　　加。
②　《太平廣記》卷二七四《歐陽詹傳》引《閩川名士傳》,2161 頁。
③　(唐)房千里《骰子選格序》,《文苑英華》卷三七八,1931 頁。

（房）千里，字鵠舉，大和進士也，終於高州刺史。馬使君與千里俱貶端州，李群玉《留別詩》云：“俱來海上歎烟波，君佩銀魚我觸羅。經國才微甘放蕩，專城年少豈蹉跎。應憐旅夢千重思，共愴離心一曲歌。唯有管弦知客意，分明吹出感恩多。”①

李群玉，字文山，澧州（治今湖南澧縣）人，生於唐元和八年（813），約卒於唐咸通元年（860）。據考證，李群玉遊粤約在唐宣宗大中元年（847）、二年間②。《全唐詩》卷五六九收有李群玉《留別馬使君》一詩。這位“馬使君”被謫爲端州刺史，而其時房千里則被謫爲端州別駕。

根據郁賢皓《唐刺史考全編》考證，房千里爲高州刺史應在唐宣宗大中（847—860）年間的前期③。高州，南朝梁武帝大同（535—546）年間置，治所在高涼郡高涼縣。隋大業二年（606）改爲高涼郡。唐武德四年（621）復置，貞觀二十三年（649）移治良德縣（今廣東高州市東北）。天寶元年（742）改爲高涼郡，乾元元年（758）復爲高州。大曆十一年（776）徙治電白縣（今廣東電白縣）。明代淩迪知（1529—1600）所編《萬姓統譜》亦稱：“房千里，字鵠舉，河南人。太和進士，幼有才學，恣意聲色，遷端州別駕，自覺奮出世俗，屏絶塵攖，擢高州刺史，留心政治，大得夷情。”④其相關記載以及突出房千里在高州刺史任上曾經有較大作爲，也應依據了黃佐《廣東通志》。

《唐詩紀事》以及《全唐詩》、《全唐文》小傳等，均稱房千里“終高州刺史”。這種表述容易使人認爲房千里是卒於高州刺史任上。新舊

①　《唐詩紀事》卷五一，第776—777頁。
②　郁賢皓《唐刺史考全編》，合肥：安徽大學出版社，2000年，第3209頁。
③　《唐刺史考全編》，第3226頁。
④　（明）淩迪知《萬姓統譜》卷五〇，《景印文淵閣四庫全書》第956冊，第781頁。

《唐書》和唐代碑刻等資料也證實,確實有大量北方内地官員在嶺南因水土不服而卒於任上。前引黄佐等則稱房千里在唐文宗開成三年(838)卒於返回中原途中。然而,根據以上考證,房千里在唐宣宗大中前期還在高州刺史任上。房千里在《投荒雜録》中稱嶺南"新州西南諸郡,絶不産虵及蚊蠅。余竄南方十年,竟不睹虵"①。説明從謫官嶺南端州别駕到高州刺史任滿,房千里在嶺南有長達十年的仕宦經歷。同時也説明了該書是在其離開嶺南回到北方以後所作。宋代陳振孫《直齋書録解題》著録房千里《南行録》,稱"唐人房千里撰。大和中謫高州。既北歸,編山川物産之奇,人民風俗之異,爲此書,一名《投荒雜録》"②。其稱"大和中謫高州"應有誤,因爲唐文宗大和初年房千里才進士及第。不過,房千里撰寫《投荒雜録》,則確實是在其返回北方中原以後。

綜合以上考證可知,房千里主要活動在唐文宗大和年間至唐宣宗大中年間。其主要依據包括:一是史籍中有其在唐文宗"大和初年"進士及第的明確記載;二是其所作《骰子選格序》中有唐文宗"開成三年"的明確紀年;三是唐代歷史資料記載了房千里與許渾、李群玉等唐後期詩人的交往。至此,我們再來討論房千里爲南漢人的觀點是否能成立的問題。

二 有關房千里爲五代十國時期南漢人觀點的辨析

四十多年前,臺灣學者陳荆和先生撰寫的《五代宋初之越南——

---

① 《太平廣記》卷四七八"南海毒蟲"條引房千里《投荒雜録》,第3940頁。
② 《文獻通考》卷二〇五《經籍考三二》引。北京:中華書局,1986年,第1704頁。

有關安南獨立王朝成立年代之若干商榷》一文①，主要從兩個方面將房千里考定爲五代十國時期南漢國人。並判定歷史資料中有關房千里爲唐文宗（827—840）時期人的記載有誤。對此，我們試作考辨。

首先，陳荊和先生認爲在元代陶宗儀《説郛》對房千里《投荒雜録》所作輯佚本中，已出現了唐末唐昭宗的年號，稱：“吾人可發現於‘壽安土棺’條載有‘乾寧’初之事。乾寧爲唐末昭宗（889—903）之年號，所繫之年代爲公元 894 至 897 年之四年間。豈有唐文宗太和年間人之房千里來記述大約六十年後之乾寧年間之事之理？”因而陳荊和先生判定房千里只可能是唐末南漢人。

按陶宗儀《説郛》所收《投荒雜録》是對該書最早的輯佚本，然而其局限性也比較明顯。一是其資料來源有限，漏收情況較多，不少本屬於《投荒雜録》的内容未加輯佚。其輯録僅得九條，包括：（1）“南方酒”；（2）“治蟲草”；（3）“刺桐華”；（4）“南中僧”；（5）“嶺南女工”；（6）“雷公形”；（7）“雷公墨”；（8）“雷耕”；（9）“壽安土棺”。二是其輯本有明顯誤收的情況。而陳荊和先生所列舉的“壽安土棺”條，恰恰就屬於這種情況。按《説郛》所輯《投荒雜録》之“壽安土棺”條爲：

> 壽安之南有土峰甚峻。乾寧（894—898）初，因雨而圮，半壁銜土棺，棺下有木，橫亘之，〔木〕見風成塵，而土形尚固。邑令滌之，泥泊於水粉，膩而臘黄。剖其腹，依稀骸骨。因徵近代，無以

---

① 陳荊和《五代宋初之越南——有關安南獨立王朝成立年代之若干商榷》，載郭廷以等著《中越文化論集》（一），臺北：中華文化出版事業委員會，1956 年，第 230—231 頁。

土爲周身之器者。《載記》云：夏后氏聖周。蓋其時也。①

按以上輯佚明顯有誤。一方面，以上"壽安"是指壽安縣。壽安縣爲隋文帝仁壽四年(604)改甘棠縣置，屬穀州，治所在今河南省宜陽縣。隋煬帝大業初年屬於河南郡。唐貞觀七年(633)屬洛州。開元元年(713)屬河南府。而房千里的《投荒雜録》作爲一部專門記載嶺南風土人情的著作，本身就不應該出現有關北方中原考古的記載。另一方面，我們發現《説郛》的"壽安土棺"這條材料，原本出自《太平廣記》卷三九〇《塚墓二·壽安土棺》。然而，《太平廣記》却非常明確地注明是出自《唐闕史》，而非《投荒雜録》②。而現存高彦休《唐闕史》卷下"壽安土棺"條原文爲：

> 壽安之南有土峰甚峻。乾符(874—879)中，因雨西(而)圮，半壁衡土棺，棺下有木，橫亘之。木見風揉而成塵，土形尚固。邑宰滌之，泥汩於水粉，膩而蠟黃，剖其腹，依稀骸骨。因徵近代，無以土爲周身之器者。《戴記》云：夏后氏用聖周，殷人以棺，周人以槨。鄭玄注曰：聖周以土爲之也。豈錫玄圭之世空也，莫究其年代是非矣。③

《唐闕史》又稱《高氏闕史》或《闕史》。鄭樵《通志》卷六五《藝文三》雜史類著録《闕史》，稱"高彦休撰，記大曆以後至乾符事"。宋代

---

① (元)陶宗儀《説郛》卷二三上所輯房千里《投荒雜録》，《説郛三種·明刻一百二十卷本》，上海：上海古籍出版社，1988年，第1107—1108頁。所謂《載記》應爲《戴記》之誤，即指西漢初戴德所撰《大戴禮記》。有關夏商周葬俗，《淮南子·氾論訓》稱："夏后氏殯於阼階之上，殷人殯於兩楹之間，周人殯於西階之上，此禮之不同者也。有虞氏用瓦棺，夏后氏堲周(高誘注：夏后，禹世。無棺椁，以瓦廣二尺，長四尺，側身累之，以蔽土，曰堲周)，殷人用椁，周人牆置翣，此葬之不同者也。"(見劉文典撰，馮逸、喬華點校《淮南鴻烈集解》卷一三《氾論訓》，北京：中華書局，1989年，第424頁)
② 《太平廣記》卷三九〇《塚墓二·壽安土棺》，第3118頁
③ (唐)高彦休《唐闕史》卷下，《景印文淵閣四庫全書》第1042冊，第816頁。

陳振孫《直齋書録解題》小説類作《唐闕史》，稱："唐高彦休撰，自號參寥子，乾符(874—879)中人。"①南宋黄伯思稱"此書叙云甲辰歲編次，蓋唐僖宗中和四年(884)也。而其間有已書'僖'號者，或後人追改之"②。而《四庫全書總目》卷一四二則考證高彦休"蓋五代人也"。因此，在《説郛》所收房千里《投荒雜録》輯佚本中出現唐末"乾寧"之事，應屬於陶宗儀張冠李戴的錯誤所致。

　　其次，陳荆和先生認爲宋代李昉《太平御覽》所引《南方異物志》中，已經出現了五代十國時期南漢國與交趾國交往的史事，所以判定《南方異物志》的作者房千里應爲南漢人。按《太平御覽》卷九二四《羽族部十一·鸚鵡》所引《南方異物志》原文曰：

　　　　余寓番禺，曾遊新會縣，遇安南歡好使曲將軍(原注：名承美，見代爲交趾使也)。③

以上所謂"安南歡好使曲將軍"，是指五代十國前期一度割據交趾即今越南北部的土豪曲承美。根據史志資料，房千里還曾經撰有《南方異物志》一書。歷史上"異物志"特別是與嶺南有關的"異物志"頗多④。

---

① (宋)陳振孫著，徐小蠻、顧美華點校《直齋書録解題》卷一一《小説家類》，北京：中華書局，1987年，第321頁。

② (宋)黄伯思《東觀餘論》卷下《跋高彦休〈闕史〉後》，見《宋本東觀餘論》，北京：中華書局，1988年，第260頁。

③ 《太平御覽》卷九二四《羽族部十一·鸚鵡》引《南方異物志》，第4102頁。

④ 根據清代曾釗《異物志跋》(《嶺南遺書》所收)，《異物志》之名始於後漢議郎楊孚之《交州異物志》；其後，如譙周之《異物志》(《蜀都賦》注所引)、薛瑩之《異物志》(《吳都賦》所引)、孫暢之《異物志》(《初學記》所引)、曹叔之《異物志》(《爾雅翼》所引)等沿用此名以志各地特殊之風物者不鮮，其他著録於隋唐史志者尚不下數家。單就南方特殊之風俗文物，除上述《交州異物志》外，早於孫吳時則有朱應之《扶南異物志》及萬震之《南州異物志》；《宋史·藝文志》亦載録孟琯之《嶺南異物志》及劉恂《嶺南異物志》之名。

然而,陳荊和先生認爲,"但冠有'南方'之名者,古今僅有房千里《南方異物志》一卷而已"。因此,陳荊和先生認爲,《新唐書》以及《直齋書録解題》所謂"太和年間",實際上都是指五代十國時期吴國睿帝楊溥的太和(929—935,一作大和)年間,因此"房千里並非唐代人,實爲五代人"。

至於房千里《南方異物志》中記載交趾曲承美的緣由,陳荊和先生稱:"後梁乾化元年(911),劉昌魯爲高州刺史,但在同年已爲劉陟(巖)所併,歸南漢版圖。所以房千里第進士並於太和間(929—935)寓於該地,即仕官於南漢而爲南漢刺史或爲南漢劉氏所謫始有可能。據《通鑑》(卷二六八)所志,當乾化元年(911),劉巖繼任節度之時,'巖多延中國士人置於幕府出爲刺史,刺史無武人',故房千里爲南漢之高州刺史應當極其可能之事。"

按陳荊和先生的論點可以商榷。一是割據嶺南的劉氏南漢王朝不太可能會採用以揚州爲中心的楊氏吴國的年號。二是不能確定《太平御覽》所引《南方異物志》就屬於房千里所著。因爲古人引用並不特別嚴格,同書而異名的情形較爲普遍①。即以陳荊和先生所舉《南方異物志》爲例,《隋書》卷三三《經籍志》著録有《南州異物志》一卷,"吴丹陽太守萬震撰"。北魏賈思勰《齊民要術》卷一〇共四次引用了《南州異物志》,而該卷又兩次徵引了《南方異物志》。然而,以上二書名其實都是指三國時期吴人萬震所著《南州異物志》。

《太平御覽》有對萬震《南州異物志》的大量徵引。然而,《太平御覽·四夷部》既引用了《南州異物志》,也引用了《南方異物志》,並且

---

① 漢代楊孚曾撰《異物志》,而明代方以智《通雅》則稱楊孚《南州異物志》(見明方以智著《通雅》卷四一,北京:中國書店,1990年,503頁)。

稱:"萬震《南方異物志》曰:斯調國又有中洲焉。"①可見,萬震《南州異物志》確實也可以稱爲《南方異物志》。

唐代重要類書《初學記》能進一步説明這一問題。唐玄宗開元十五年(727),徐堅等奉敕編成了《初學記》。該書卷二四、卷二九均引用了"萬震《南州異物志》"。而該書卷三〇《鳥部》又稱:

> 《南方異物志》曰:鸚䳇有三種,〔一種〕青大如烏白,一種白大如鴟鴞,一種五色大於青者,交州、巴南盡有之。及五色,出杜薄州。凡鳥四指,三向前,一向後。此鳥兩指向後。②

以上也説明了早在房千里之前,已有《南方異物志》這一書名存在。而且與《齊民要術》等所引《南方異物志》一樣,都是指萬震所著《南州異物志》。

我們再來討論《太平御覽》對《南方異物志》一書的引用問題。《太平御覽》卷九二四《羽族部十一·鸚䳇》條:

> 《南方異物志》曰:鸚䳇鳥有三種,一種青大如烏白(夾注:一種大如鴟鴞,一種五色大如青而小於白者)交州以南盡有之,出杜薄州。凡鳥四指,三向後。此鳥兩指向前,兩指向後,異於凡鳥也。行則以口啄地,然後足從之。
>
> 又曰:廣管雷、羅、春、勤等州多鸚䳇,野者翠毛丹嘴,可效人言,但稍小,不及隴山者。每群飛皆數百隻,山果熟者,遇之立盡。南中云養之切忌以手捫摸其背。犯者即不飲不啄,病而卒。余寓番禺,曾遊新會縣,遇安南歡好使曲將軍(原注:名承美,見代爲交

趾使也），見養一鸚鵡，背尾有深淺翠毛，臆前淡紫，嫩紅間出，兩
腋別垂黃毛，翅尾甚奇。①

以上《太平御覽》所引《南方異物志》第一部分，與唐《初學記》所引《南
方異物志》内容基本相同，可見是指三國時期萬震的《南方異物志》。
然而，《太平御覽》所稱"又曰"，竟然出現了五代十國前期交趾曲承美
與南漢劉氏交往的歷史事實。陳荆和先生認爲，"《通鑑》（卷二七七）
及其他所有中越史書都著録南漢於長興元年（930）九月攻略交州時俘
曲承美而還，而據《新五代史南漢世家》，被俘至廣州之承美'頓首伏
罪，乃赦之'。所以南漢可能將承美安插於新會，於是與仕官於南漢之
房千里有會晤之機會"。

我們認爲，公元 917 年交趾曲顥派遣其子曲承美爲歡好使出使南
漢，與公元 930 年南漢國主劉龑出兵交趾俘獲曲承美，應是兩件不同
的史事。按《大越史記全書》記載："丁丑（……貞明三年）……曲顥遣
子承美爲歡好使，如廣州。"②後梁末帝貞明三年爲公元 917 年，也是南
漢劉巖稱帝建立南漢之年。元代越南史家黎崱《安南志略》記載，唐末
曲顥"據交趾。劉隱據番禺，卒，子（弟）龑立，稱南漢。顥遣子承美爲
勸（歡）好使，至廣州，以觀虛實。顥死，承美襲父位。梁貞明元年己
卯，遣貢求節鉞，梁因授之。龑（龑）大怒。僞漢大有三年（930）九月，
遣驍將梁克正領兵攻之，擒承美以歸，克正留守交趾"③。

可見，因爲公元 917 年"曲顥遣子承美爲歡好使，如廣州"，所以才

---

① 《太平御覽》卷九二四《羽族部十一·鸚鵡》引《南方異物志》，第 4102 頁。
② 〔越〕吳士連撰，陳荆和編校《大越史記全書》外紀卷五，東京：東京大學東洋文化研究
　　所，1984 年。
③ 〔越〕黎崱著，武尚清點校《安南志略》卷一一，北京：中華書局，2000 年，第 278—279 頁。

出現了《太平御覽》中所記載的"余寓番禺,曾遊新會縣,遇安南歡好使曲將軍",以及原注稱曲將軍"名承美,見代爲交趾使也"。曲承美作爲歡好使被南漢國主劉龑安頓在廣東新會,而《太平御覽》所引"又曰"這篇文字的作者,則確實曾在廣東新會與曲承美有過接觸。

曲承美在回到交趾接替其父曲顥執政後,又轉奉後梁、後唐等北方中原王朝。至公元930年,南漢國主劉龑遂出兵交趾,並俘獲了曲承美。《舊五代史》記載,唐朝滅亡後,"交州土豪曲承美亦專據其地,送款於梁,因正授旄鉞。陟(即劉龑)不平之,遣將李知順伐之,執承美以獻,陟自是盡有嶺表之地"①。《新五代史》記載,南漢大有三年(930),"遣將李守鄘、梁克貞攻交趾,擒曲承美等。承美至南海,龑登儀鳳樓受俘,謂承美曰:'公常以我爲僞廷,今反面縛,何也?'承美頓首伏罪,乃赦之。承美,(曲)顥子也。克貞又攻占城,掠其寶貨而歸"②。

因此,《太平御覽》所引"又曰"這篇材料,與前引《南方異物志》應屬於兩部完全不同的書。至於其具體形成時間,應該是在公元917年交趾曲顥派遣其子曲承美爲歡好使出使南漢之後,宋太宗太平興國二年(977)開始纂修《太平御覽》之前。

衆所周知,《太平御覽》具有很高的歷史文獻學價值。然而,該書引書也存在作者和書名混亂、書名提法不統一、引文不標書名、編者對引文删節改寫、文字互竄等一系列問題③。我們以上所討論的在《太平御覽》所引三國時期萬震所撰《南方異物志》中,竟然出現了五代十國南漢時期史事,即屬於《太平御覽》誤引和書名張冠李戴的典型例證

---

① 《舊五代史》卷一三五《僭僞列傳第二》,第1808頁。
② 《新五代史》卷六五《南漢世家第五》,第813頁。
③ 參見周生傑《〈太平御覽〉研究》,成都:巴蜀書社,2008年,第448—458頁。

之一。

根據以上討論,我們可以確定唐代典籍中有關房千里活動在唐文宗至唐宣宗時期的記載無誤。而將房千里考定爲南漢人的觀點,應屬於其所依據歷史材料本身的錯誤所致。

三 房千里相關著作考

(1)《投荒雜録》一卷。古代嶺南被稱爲"蠻荒"、"南荒"、"荒徼"、"荒服"、"荒裔"、"遐荒"等等。"投荒"即指被"投之荒裔"①。在唐朝,將犯罪的官員貶斥往邊遠之地爲官,或者將罪犯流放到邊州服流刑,均可稱爲"投荒"。唐代有大量官員被左遷或流放嶺南。唐懿宗時期,宰相韋執誼被貶爲海南島的崖州司馬,唐懿宗《韋執誼崖州司馬制》斥責其"不顧憲章,敢行欺罔,宜投荒服,以儆無良"②。宰相楊收被流放到極遠的安南驩州,唐懿宗《楊收長流驩州制》稱:"俾投荒裔,用塞愆尤。"③《新唐書·藝文志二》雜傳類載:"房千里《投荒雜録》一卷。"鄭樵《通志》卷六六《藝文略四》著録《投荒雜録》一卷,"房千里撰"。宋代尤袤《遂初堂書目》著録有"唐房千里《投荒雜録》"。《宋史》卷二〇三《藝文志三》著録房千里《投荒雜録》一卷。該書在元末應該已經散佚,陶宗儀遂在《説郛》中爲該書作輯佚。

值得指出的是,《投荒雜録》還有其他多種不同名稱,如《投荒録》、《大唐雜録》、《南行録》、《遐荒雜録》等。《太平御覽》卷一七二《州郡部十八·雷州》作《投荒録》;《太平寰宇記》卷一六九《嶺南道十三》亦作《投荒録》。宋王堯臣等《崇文總目》卷四《地理類》著録有《投

---

① 《左傳·文公十八年》稱"流四凶族","投諸四裔,以禦螭魅"。
② 《唐大詔令集》卷五七,第304頁。
③ 《唐大詔令集》卷五八,第309頁。

荒録》一卷。宋代程大昌《演繁露》卷一二記載"房千里《大唐雜録》載：春州土人彈小琵琶，以狗腸爲絃，聲甚悽楚"。清代陳元龍《格致鏡原》卷四六《樂器類》、吳景旭《歷代詩話》卷五六所引房千里《大唐雜録》與此相同。《大唐雜録》應該也是指《投荒雜録》。馬端臨《文獻通考》卷二〇五《經籍考三十二》著録房千里《南行録》一卷，並引宋代陳振孫《直齋書録解題》稱："唐房千里撰。太和中謫高州。既北歸，編山川物産之奇，人民風俗之異，爲此書，一名《投荒雜録》。"宋代王堯臣《崇文總目》卷四著録《南行録》一卷；又著録李德裕《南行録》一卷（原注："闕"）。衆所周知，唐後期著名宰相李德裕亦被貶斥到海南島崖州。然而，除了《崇文總目》之外，沒有其他旁證可以證明李德裕曾經撰寫過《南行録》一書。另據明萬曆年間郭棐編纂的《廣東通志》記載："《南行録》一卷，房千里撰，太和中謫高州，既北歸，編山川物産之奇，人民風俗之異爲此書，一名《遐荒雜録》，今亡。"①

　　(2)《南方異物志》一卷。《新唐書·藝文志》地理類著録房千里《南方異物志》一卷。宋代王應麟《玉海》卷一六《地理·異域圖書》著録有房千里《南方異物志》。《宋史》卷二〇六《藝文志》著録房千里《南方異物志》一卷。説明了該書一直到元代至正（1341—1367）初年撰修《宋史》時猶存。而《元史·藝文志》則未予著録，可見於明初洪武年間已經散佚。宋周去非《嶺外代答》卷一〇"獠俗"條，稱"唐房千里《異物志》言：獠婦生子即出，夫備卧如乳婦，不謹則病，其妻乃無苦"。馬端臨《文獻通考》卷三二八亦沿用了《嶺外代答》的這一條。

　　(3)《楊娟傳》。唐代士人有撰寫傳奇小説的風氣。《太平廣記》

---

① （明）郭棐編《（萬曆）廣東通志》卷六三《藝文志上》，收入《廣東歷代方志集成》，廣州：嶺南美術出版社，2006年，第1412頁。

卷四九一《雜傳記八》收録有房千里所撰小説《楊娼傳》。該文後又收入《虞初志》卷四、《青泥蓮花記》卷四等等①。《楊娼傳》叙述楊娼爲長安里中殊色，爲某嶺南節度使挈之南海，居以别室。後節帥病，擔心楊娼不爲其妻所容，乃重遺奇寶，令人護送北歸。楊娼在途中得悉節帥死訊，遂盡返節帥所贈，祭奠而死之。魯迅《唐宋傳奇集·稗邊小綴》稱"此傳或即作於得報之後，聊以寄慨者歟"。意即房千里撰寫這篇小説，是在通過許渾得知其妾趙氏已改嫁他人之後，目的在於寄託其對楊娼節義以及其妾趙氏負情的感慨。

　　(4)《寄妾趙氏》。《全唐詩》卷五一六收録該詩及其原注。

　　(5)《骰子選格序》。該文稱"開成三年(838)春，予自海上北徙，舟行次洞庭之陽，有風甚急，繫船野浦下。三日，遇二三子號進士者，以六骰(夾注：《唐文萃》作"骰")雙雙爲戲，更投局上，以數多少爲進身職官之差"，"大凡得失，酷似前所謂不繫賢不肖，但卜其偶不偶耳。……又安知數刻之樂，果不及數年之榮耶？因條所置進身職官遷黜之目，爲骰子選格序"②。該文主要感歎官場的沉浮並非由個人的才能和品德所決定，而是如同扔骰子這樣非常偶然的因素決定的。因此，不必太在意眼前的成敗得失。該文論點大概很符合傳統時代失意士人的看法，因而在宋代被大量徵引③。

　　(6)《知道》。該文專門闡述"聖人"與"恒人"即"小人"二者對於

---

① 參見李劍國《唐五代志怪傳奇叙録》，天津：南開大學出版社，1993年，第523頁。

② 《文苑英華》卷三六五，第1931頁。

③ 見(宋)姚鉉編《唐文粹》卷九四；祝穆《古今事文類聚前集》卷四三《藝術部》；阮閲《詩話總龜後集》卷五〇《技藝門》；周必大《文忠集》卷五五；黃徹《(鞏下石)溪詩話》卷七；沈作喆《寓簡》卷七。

官位和儒家之"道"態度的差別①。

(7)《廬陵所居竹室記》。該文稱："予三年夏,待罪於廬陵,其環堵,其棲者率用竹以結其四周","今予方窮不能奮,果窮也。其處於是亦宜矣。"②《全唐文》卷七六〇收録有房千里《骰子選格序》、《遊嶺徼詩序》、《廬陵所居竹室記》、《知道》四篇③。

四　結語

在房千里以上各種著作中,以《投荒雜録》的史料價值最高。古代嶺南名物茫昧,在唐人心目中既非常遙遠而又神秘陌生。房千里先後仕宦嶺南端州和高州長達十年之久,其《投荒雜録》中的相關記載大多爲其親身經歷,因而與一般北方內地人士的道聽途説或具有獵奇色彩的記載有很大的差別。該書內容涉及嶺南南部沿海的氣候、山川、動植物、交通、社會、人物、宗教信仰和風俗等等,從多方面反映了唐代後期嶺南南部的自然環境和社會人文狀況。因此,我們將對《投荒雜録》進行文獻學的輯佚。並將以《投荒雜録》的相關記載爲基礎,從多方面討論唐代後期嶺南南部沿海的社會和風俗。

第二節　論唐宋嶺南南部沿海的雷神崇拜及其影響
——以唐人房千里所撰《投荒雜録》爲起點的考察

唐朝各地雷神信仰十分普遍。而在嶺南南部雷州半島等沿海地

---

① 《文苑英華》卷三六五,第 1875 頁。
② 《文苑英華》卷八二七,第 4365 頁。
③ 《全唐文》卷七六〇,第 7901—7903 頁。

區,雷神信仰却表現了極爲鮮明的地域特徵。一是所有唐代資料都能
證明,雷州半島等地是雷神祭祀最爲興盛的地區①;二是與唐朝各地雷
神的神獸形象不同,雷州半島等地的雷神却是當地一位"卵生"的神
人;三是與唐朝各地的雷神屬於一種較低級的神靈不同,雷州半島等
地的雷神則被尊奉爲最重要的"天神",並且對當地社會生活的各個方
面都産生了非常深刻的影響。唐朝以後,這一遥在南裔海濱的地方性
神靈,又受到南漢以及宋元明清中央王朝的高度重視和不斷加封。古
代雷州的雷神廟亦得以綿亘上千年之久,而且至今仍然信衆甚多,影
響極廣,因而成爲一種非常罕見的歷史現象②。房千里是唐後期中原
士人,唐宣宗大中(847—860)初年出任高州刺史。高州亦瀕臨南海,
屬於古代高涼郡,與雷州半島鄰近。漢唐時代,古高涼郡和雷州半島
一直都屬於南越和俚獠等民族活動最爲集中的地區。而房千里撰寫
的《投荒雜録》一書③,則完整地記録了雷州半島等地雷神信仰的早期

① Edward H. Schafer, *The Vermilion Bird*: *T' ang Images of The South*, Berkeley and Los Angeles: University of California Press, 1967, p.105.

② 賀喜《亦神亦祖──廣東雷州所見正統化下的禮儀重叠》(載《新史學》第二十卷第四期, 2009 年 12 月, 第 115—167 頁; 收入賀喜《亦神亦祖: 粤西南信仰構建的社會史》, 北京: 三聯書店, 2011 年, 第 96—150 頁), 是目前對粤西雷神信仰最專門和最深入的研究。該文討論的重點, 是明清時期粤西雷神信仰與當地宗族社會之間的關係。

③ 房千里撰寫的《投荒雜録》一書在明朝以前已散佚, 而其留存的部分内容, 對於研究唐代嶺南南部沿海的社會和風俗仍具有很高的史料價值。該書作者及版本流傳, 參見本章第一節, 另見王承文《唐代房千里及〈投荒雜録〉考證》, 載中國社會科學院歷史研究所、日本東方學會、武漢大學三至九世紀研究所編《第三屆中日學者中國古代史論壇文集》, 北京: 中國社會科學出版社, 2012 年 5 月, 第 281—295 頁。

形態,具有十分重要的史料價值①。本節試以房千里《投荒雜録》的相關記載爲基礎,探討嶺南南部沿海雷神崇拜形成的歷史背景和信仰内涵的演變過程,並進而從一個具體方面説明中國古代中央王朝"神道設教"的方式及其與嶺南民間信仰之間的互動關係。

一　唐代嶺南南部沿海雷神崇拜高度興盛的歷史背景

雷州半島位於中國大陸的最南端。唐代雷州又稱海康郡。唐太宗貞觀八年(634),因改東合州而始稱雷州。宋代《太平廣記》所引房千里《投荒雜録》,最早解説了雷州得名的緣由。其文曰:

> 唐羅州之南二百里,至雷州,爲海康郡。雷之南瀕大海,郡蓋因多雷而名焉。其聲恒如在簷宇上。雷之北,高亦多雷,聲如在尋常之外。其事雷,畏敬甚謹。②

以上内容構成了唐以後各種地理書記載雷州的範本,然而其徵引的相關内容却有一定差異。例如,北宋初年樂史(930—1007)所編《太平寰宇記》稱:

> 按《投荒録》云:雷之南濱大海,郡蓋以多雷爲名,以其雷聲近在簷宇之上。雷州之北,高州之南數郡,亦多雷聲,似在尋常之

---

① 《太平廣記》卷三九四《雷二·陳義》引《投荒雜録》,第 3150 頁。按題爲唐代沈既濟所撰的《雷民傳》,其内容與唐代房千里《投荒雜録》和裴鉶《傳奇》等相關資料完全相同。《雷民傳》被收入《唐人説薈》、《龍威秘書》四集、清道光年間阮元《廣東通志》卷一五一《建置略》、《叢書集成初編》等書中。該書亦常爲當代文史研究者所徵引(見何天傑《雷州與雷神傳説考》,《北方論叢》2002 年第 1 期,第 11—15 頁)。然而,所謂唐代沈既濟《雷民傳》實際上是一部僞書,是後人根據唐宋類書中有關雷州雷神信仰的資料編纂而成的。有關討論參見《魯迅全集》第八卷《外集拾遺補編》,北京:人民文學出版社,2005年;李劍國《唐五代志怪傳奇叙録》,第 1221 頁。

② 《太平廣記》卷三九四"陳義"條引,第 3150 頁。

　　外。俗于雷時具酒肴奠焉,法甚嚴謹。①

以上説明《太平廣記》所保存的《投荒雜録》,很可能已經被後人改寫過。其中"雷之北,高亦多雷",而《太平寰宇記》則引作"雷州之北,高州之南數郡,亦多雷"②。説明了嶺南南部沿海多雷的州郡,除了雷州和高州之外,實際上還應包括介於二州之間的潘州、辯州和羅州等地。

　　嶺南炎熱而潮濕的氣候給唐代北方人士留下了極爲深刻的印象。房千里《投荒雜録》稱:"嶺南方盛夏,率一日十餘陰,十餘霽。雖大雨傾注,頃即赫日,已復驟雨。大凡嶺表,夏之炎熱,甚於北土。且以時熱多又蒸鬱,此爲甚惡。自三月至九月皆蒸熱。"③而雷州半島等沿海一帶,氣候則更加濕熱,瘴癘亦相當嚴重④。北宋初年《雷州圖經》稱雷州"居海上之極南,氣候倍熱"⑤。唐宋時代,嶺南南部沿海也是貶斥官員和流放罪犯的重要地區。潘州處於高州和雷州之間。唐宣宗大中年間,韋覲謫爲潘州司馬,監察御史李明遠作《送韋覲謫潘州》一詩,稱:"北鳥飛不到,南人誰去遊? 天涯浮瘴水,嶺外向潘州。草木春秋暮,猿猱日夜愁。定知遷客淚,應只對君流。"⑥至宋代,高州、雷州

---

① 《太平寰宇記》卷一六九《雷州》,第3230頁;《輿地紀勝》卷一一八《雷州》所引相同(第3800頁)。

② 按《太平御覽》卷一七二《州郡部・雷州》引《投荒録》與《太平寰宇記》所引基本相同。然而,其中"雷州之北,高州之南數鄉亦多雷"應有誤(第842頁)。

③ 《太平御覽》卷二二《時序部七》引《投荒録》,第106頁。

④ 有關中古時期嶺南瘴癘疾疫的研究,參見蕭璠《漢宋間文獻所見古代中國南方的地理環境與地方病及其影響》,原載《"中研院"歷史語言研究所集刊》第六十三本第一分。收入李健民主編《生命與醫療》,北京:中國大百科全書出版社,2005年,第193—298頁。范家偉《六朝時期人口遷移與嶺南地區瘴氣病》,《漢學研究》第十六卷第一期,1998年,第27—58頁。

⑤ 《方輿勝覽》卷四二《雷州》,第760頁。

⑥ 《唐詩紀事》卷五九《李明遠》,第901頁;《全唐詩》卷五六三,第6537頁。

等地尚"號爲瘴鄉",並且有諺語稱:"高(州)、竇(州)、雷(州)、化(州),説着也怕。"①北宋紹聖四年(1097),蘇轍責授化州别駕,雷州安置。其《雷州謝表》稱自己:"命微如髮,釁積成山。比者水陸奔馳,霧魚烝濕,血屬星散,皮骨僅存,身錮陋邦,地窮南服,夷言莫辨,海氣常昏。出有踐蛇茹蠱之憂,處有陽淫陰伏之病。艱虞所迫,性命豈常。念咎之餘,待盡而已。"②

歷史上雷州半島等地尤以多雷電而著稱。房千里稱雷州"蓋因多雷而名焉"。李肇《唐國史補》亦稱:"雷州春夏多雷,無日無之。"③唐代郎士元作《送林宗配雷州》一詩,稱雷州一帶:"海霧多爲瘴,山雷乍作鄰。"④清初粤籍學者屈大均認爲:"雷州乃炎方盡地,瘴烟所結,陰火所燻,舊風薄之而不散,溟海蕩之而不開,其駭氣奔激,多鼓動而爲雷,崩轟砰磕,倏忽不常,故雷神必生於雷州,以鎮斯土而辟除災害也。"⑤意即雷州半島因瀕臨南海,其濕熱多霧的氣候使之很容易形成雷電。屈大均認爲這一地區雷神崇拜的高度興盛,亦是由這樣的原因形成的。尤其是每年五至九月,雷州半島幾乎天天有雷電,甚至被稱爲是世界上幾個最大的雷區之一。1982年,廣東省湛江氣象局和南京

---

① 《方輿勝覽》卷四二《高州》,第752頁。
② (宋)蘇轍《欒城集後集》卷一八,《景印文淵閣四庫全書》第1112册,第733頁。
③ (唐)李肇《唐國史補》卷下,《唐五代筆記小説大觀》,上海:上海古籍出版社,2000年,第199頁。
④ 《全唐詩》卷二四八,第2781頁。
⑤ (清)屈大均撰《廣東新語》卷六《神語·雷神》,北京:中華書局,1985年,第201頁。

大學氣象系經過研究,基本上揭示了雷州半島多雷的成因①。

　　我們認爲古代雷州半島迥異於中國其他地區的雷神崇拜,還與歷史上這一地區的少數民族及其特定的宗教文化傳統有關。三國時期,孫吳丹陽太守萬震所撰《南州異物志》稱:

> 　　廣州南有賊曰俚,此賊在廣州之南,蒼梧、鬱林、合浦、寧浦、高凉五郡中央,地方數千里,徃徃別村,各有長帥,無君主,恃在山險,不用王〔法〕。自古及今,彌歷年紀。民俗蠢愚,唯知貪利,無有仁義道理。土俗不愛骨肉,而貪寶貨及牛犢。若見賈人有財物水牛者,便以其子易之。夫或鬻婦,兄亦賣弟。②

尤其是所謂"徃徃別村,各有長帥,無君主",説明了這一帶的俚人村落,尚處於部落聯盟的社會發展階段,中央王朝的統治尚未進入這一地區。公元280年西晉滅吳,交州刺史陶璜上書晉武帝,亦稱"又廣州南岸,周旋六千餘里,不賓屬者乃五萬餘户,及桂林不羈之輩,復當萬户。至於服從官役,纔五千餘家。二州唇齒,唯兵是鎮"③。所謂"廣州南岸",即指廣州境内包括古高凉郡和雷州半島等南部沿海地區。

　　從南朝至唐初,隨着中央王朝統治力量在嶺南的逐步發展,嶺南

---

① 其研究結論認爲,雷州半島除了緯度低之外,還三面環海。夏天氣候炎熱,氣温上升很快。由於海陸温差效應,潮濕而較冷的海洋氣流便從東、西、南三面補充進來。所以夏天的下午,半島東岸吹東南風,西岸則吹西南風。由於半島東西僅寬六十到七十公里,來自東、西兩方的海風,能很快在半島北部一帶匯合(氣象學上叫"輻合"),加上當地地勢較高,對氣流起抬升作用,因而形成了十分强烈的氣流垂直對流,於是閃電加打雷的熱雷雨便産生了(見《雷州半島爲何多雷?》,《南方日報》1982年7月5日)。
② 《太平御覽》卷七八五《四夷部六》引萬震《南州異物志》,第3478頁。
③ 《晉書》卷五七《陶璜傳》,第1560頁。

南部沿海一帶的俚、獠以及溪洞豪族越來越多地見諸史乘①。史載
"廣州諸山並俚、獠,種類繁熾,前後屢爲侵暴,歷世患苦之"②;廣州
"濱際海隅,委輸交部,雖民户不多,而俚獠猥雜,皆樓居山險,不肯賓
服"③;高涼郡冼氏"世爲南越首領,跨據山洞,部落十餘萬家","壓服
諸越"。另外還有"海南、儋耳歸附者千餘洞"④。隋朝末年,高涼通守
冼瑤徹"舉兵作亂,嶺南溪洞多應之"⑤。至唐初,高涼地區的溪洞豪
族勢力仍很強大,且叛服無常,唐中央王朝多次派兵征剿。羅州位於
高州和雷州之間。杜牧《蕭蕃除羅州刺史制》稱:"羅居百越,溪洞深
阻。"⑥貞觀五年(631),因"羅(州)、竇(州)諸洞獠反",高州總管亦是
高涼大首領的馮盎受唐太宗敕令,"帥部落二萬,爲諸軍前鋒。獠數萬
人,屯依險要,諸軍不得進"。至貞觀十四年,"羅、竇諸獠叛,以廣州都
督党仁弘爲竇州道行軍總管擊之,虜男女七千餘人"⑦。自東晉南朝
以來,嶺南南部沿海的溪洞豪族勢力延續了幾個世紀,而其最後的衰
落則發生在唐高宗(650—683)後期到唐玄宗開元(713—741)年間⑧。

　　隋唐時期,嶺南南部沿海仍然保持着比較濃厚的古代南越民族特

---

① 參見王承文《唐代"南選"與嶺南溪洞豪族》,《中國史研究》1998 年第 1 期;王家瑞《冼夫
　人與馮氏家族:隋唐間廣東南部地區社會歷史的初步研究》,北京:中華書局,1984 年;河
　原正博《漢民族華南發展史研究》,東京:吉川弘文館,1984 年,第 83—124 頁;譚其驤
　《自漢至唐海南島政治地理研究》,《歷史研究》1988 年第 5 期。
② 《宋書》卷九七《蠻夷傳》,第 2379 頁。
③ 《南齊書》卷一四《州郡志》,第 262 頁。
④ 《隋書》卷八〇《列女·譙國夫人傳》,第 1800、1801 頁。
⑤ 《隋書》卷四《煬帝紀》,第 91 頁。
⑥ 《全唐文》卷七四九,第 7757 頁。
⑦ 《新唐書》卷二二二《南蠻下》,第 6327 頁。
⑧ 王承文《唐代"南選"與嶺南溪洞豪族》,《中國史研究》1998 年第 1 期;王承文《論唐代嶺
　南地區的金銀生產及其影響》,《中國史研究》2008 年第 3 期。

有的風俗習尚。《隋書》的十志爲梁、陳、北齊、北周、隋五代史志。其
《地理志》記載梁、陳至隋朝的嶺南，"其人性並輕悍，易興逆節，椎結
跣踞，乃其舊風。其俚人則質直尚信，諸蠻則勇敢自立，皆重賄輕死，
唯富爲雄。巢居崖處，盡力農事"，"父子別業，父貧，乃有質身於子。
諸獠皆然"，"俗好相殺，多構讎怨"①。貞觀元年（627）十月，唐太宗所
發布的《安撫嶺南詔》，即與嶺南南部沿海高涼馮氏家族等直接相關。
詔令稱："嶺表遐曠，山洞幽深，雖聲教久行，而風俗未一。廣州管内，
爲弊尤甚，蠻夷草竊，遞相侵掠，强多陵弱，衆或暴寡。"②貞觀五年，唐
太宗《與馮盎敕》又稱："海隅遼曠，山洞幽深，蠻夷重譯之地方，障癘
不毛之地，得之未有所益，失之未有所損。"③以上記載説明了嶺南南
部沿海與北方中原和江南地區尊禮重儒的風尚有很大的差別。

　　五代初年，何松所撰《梁故嶺南東道清海軍隨使元從瀧州刺史吳
存鍔志墓銘》，稱"雷州獷狷之俗，雖累仗刺舉而罕歸化條"④。至宋
初，《太平寰宇記》記載雷州風俗稱："地濱大海，人雜夷獠，多居欄以
避時疫。"⑤該書又記載高州風俗曰："其俗生時布衣不充，死則盡財殯
送。父子別業，兄弟異財。無故帶刀持矛執劍，相侵則鳴春堂，鳩集子
弟，和則殺牛。"⑥北宋皇祐（1049—1054）、至和（1054—1056）年間，張

---

① 《隋書》卷三一《地理志下》，第 888 頁。
② 唐太宗《貞觀年中安撫嶺南詔一首》，（唐）許敬宗編、羅國威整理《日藏弘仁本文館詞林
　校證》卷六六四，北京：中華書局，2001 年，第 247 頁。
③ 《日藏弘仁本文館詞林校證》之《文館詞林卷次不明殘簡》，第 478 頁；陳尚君輯校《全唐
　文補編》卷二，北京：中華書局，2005 年，第 16 頁。
④ 《全唐文補遺》第四輯，第 275 頁。
⑤ 《太平寰宇記》卷一六九《雷州》，第 3230 頁。
⑥ 《太平寰宇記》卷一六一《高州》，第 3088 頁。按這一帶剽悍尚武的風尚，與原始社會的
　血族復仇遺風有關。《漢書》卷一下《高帝紀第一下》稱"粵人之俗，好相攻擊"（第 73
　頁）。《隋書》卷八〇《譙國夫人傳》亦記載"越人之俗，好相攻擊"（第 1801 頁）。

絋知雷州,其所作《思亭記》稱雷州"去上都幾萬里,海隅風氣與中華
迥異"①。其時雷州"俗未知禮遜,長子之子常爲長,易數世之後,至叔
父反拜猶子"②。蔡襄(1012—1067)稱雷州"州傅海,有蠻夷風,不知
學"③。張栻(1133—1180)是南宋著名理學家,他於乾道六年(1170)
所作《雷州學記》亦稱:"雷之爲州,窮服嶺而並南海。士生其間,不得
與中國先生長者接,于見聞爲寡,而其風聲氣習亦有未見能遽變
者。"④可見,即使到了宋代,以儒家文化爲核心的漢文化在嶺南南部
沿海地區的影響仍然比較薄弱。至元代延祐三年(1316),范杼文撰有
《海角亭記碑》,仍稱"欽、廉、雷在百粵,距中國萬里而遠,郡南皆岸大
洋","地僻遠,加瘴癘,自古以來,非謫徙流離之士鮮至焉"⑤。

　　與這種風俗習尚密切相關的就是原始巫術十分興盛。《史記》稱
漢武帝"既滅南越,越人勇之乃言'越人俗信鬼,而其祠皆見鬼,數有
效'","乃令越巫立越祝祠,安臺無壇,亦祠天神上帝百鬼,而以雞卜。
上信之,越祠雞卜始用焉"⑥。唐張守節《正義》稱"雞卜法","今嶺南
猶此法也"⑦。唐懿宗咸通(860—874)年間,山東臨淄人段公路曾活
動在嶺南高涼和雷州等地。其《北户録》一書記載了嶺南南部盛行的

① 歐陽保編《(萬曆)雷州府志》卷二〇《藝文志》,收入《廣東歷代方志集成》,廣州:嶺南美
　術出版社,2009年,第282頁。
② (宋)張栻《思亭後記》,歐陽保編《(萬曆)雷州府志》卷二〇《藝文志》,《廣東歷代方志
　集成》,第282頁。
③ (宋)蔡襄《端明集》卷三九《尚書職方郎中謝公墓志銘》,《景印文淵閣四庫全書》第
　1090冊,第675頁。
④ (宋)張栻《南軒集》卷九,《景印文淵閣四庫全書》第1167冊,第502頁。
⑤ 杜軍海輯校《廣西石刻總集輯校》,北京:社會科學文獻出版社,2014年,第193頁。
⑥ 《史記》卷一二《孝武本紀第十二》,第476頁;《史記》卷二八《封禪書第六》,第1399—
　1400頁。
⑦ 《史記》卷一二《孝武本紀第十二》,第478頁。

"雞骨卜"和"雞卵卜"等巫術,亦記載了高州巫覡祭祀的熱烈場景①。
宋哲宗元符(1098—1100)年間,蘇軾從海南島謫居地北返,曾經在雷
州寫有《雷州八首》,其中稱:"粤嶺風俗殊,有疾時勿藥。束帶趨房
祀,用史巫紛若。絃歌薦繭栗,奴至洽觴酌。呻吟殊未央,更把雞骨
灼。"②所謂"房祀",即包括雷州雷神廟等祠廟。至明朝萬曆(1573—
1620)年間,《雷州府志》仍稱:"粤俗尚鬼,未有如雷之甚者。病不請
醫而請巫,香幣牲牷,焚脩懺祝,竟與病人相終始。"③意即歷史上嶺南
雖然一直以巫覡盛行著稱,但是却仍以雷州最爲突出。這種巫風流被
的狀態反映的是國家權威的薄弱。因爲,"在一個社會裏,假如律法或
權威對行爲制裁的力量較强,則巫術出現的可能較小,反之,如行爲規
範或制裁的力量不强,則巫術出現的可能就大,因爲巫術的存在實際
上也是使人不敢超越行爲規範的一種力量。"④而雷州半島一帶雷神
崇拜的長期盛行,恰恰與這種特殊的社會環境密切相關。

雷州半島雖然至唐初才有雷州之名,然而,這裏的雷神崇拜應該
早在唐代以前就已經出現,而且是與古代南越和俚獠等少數民族的宗
教信仰融合在一起的。《漢書・地理志》云:"今之蒼梧、鬱林、合浦、
交阯、九真、南海、日南,皆粤分也。其君禹後,帝少康之庶子云,封於
會稽,文身斷髮,以避蛟龍之害。"⑤根據民族學者的研究,古代南越民

---

① (唐)段公路《北户録》卷二,《景印文淵閣四庫全書》第589册,第44—45頁。
② (宋)蘇軾《東坡全集》卷二六,《景印文淵閣四庫全書》第1107册,第376頁。
③ (明)歐陽保編《(萬曆)雷州府志》卷一一《秩祀志》,第166頁。
④ 李亦園《宗教與神話論集》,臺北:立緒文化事業有限公司,1998年,第13頁。
⑤ 《漢書》卷二八下《地理志第八下》,第1669頁。

族流行的文身圖紋顯作龍蛇紋樣,即源於對龍的崇拜①。龍能興風作
雨,因而被看成是雷電産生的根源。古代南越、俚獠等民族都極爲重
視銅鼓②。凌純聲稱"銅鼓爲古代獠族的遺物","能確知銅鼓的起源,
爲中國南部古代獠族所鑄造而使用"③。而嶺南南部沿海也是歷史上
銅鼓記載最爲集中的地區之一。在南越、俚獠等民族中,銅鼓是豪族
身份的象徵,是祈雨祭祀雷神的法物,而銅鼓聲亦被視爲雷的象徵。
至於傳世銅鼓上的雷形紋樣以及蛙狀圖案,亦與對雷神的祭祀有關④。
晚唐劉恂《嶺表録異》記載唐僖宗(874—888)年間,高州刺史林藹得
到一銅鼓,"其上隱起,多鑄蛙黽之狀"⑤。宋代文獻亦有不少記載。
對於銅鼓上所鑄蛙形,徐松石認爲:"蛙鳴像鼓,而且蛙鳴便有霖雨。
銅鼓面上有蛙,也有深意存於其中。鼓上有回文,或稱雷文。……銅
鼓表面的回文與雷雨頗多關係。"⑥直至清朝初年,雷州半島等地仍然
保留了崇重銅鼓的傳統。屈大均記載雷州英靈岡雷廟的銅鼓云:"雷

---

① 羅香林《古代越族文化考》,中南民族學院民族研究所編印《南方民族史論文選集》,
1982年,第82頁。

② 《後漢書》卷二四《馬援傳》記載:"援好騎,善別名馬。於交阯得駱越銅鼓,乃鑄爲馬
式。"(第840頁)《太平御覽》卷七八五《四夷部六·南蠻》引東晉裴淵《廣州記》稱:"俚
獠貴銅鼓,唯高大爲貴,面闊丈餘,方以爲奇。……風俗好殺,多搆讎怨,欲相攻擊,鳴此
鼓集衆,到者如雲。有是鼓者,極爲豪强。"(第3478頁)晚唐劉恂《嶺表録異》稱"蠻夷
之樂,有銅鼓焉","南蠻酋首之家,皆有此鼓也"(《太平廣記》卷二〇五《銅鼓》引,第
1546頁)。

③ 凌純聲《記臺大二銅鼓兼論銅鼓的起源及其分布》,收入凌純聲《中國邊疆民族與環太平
洋文化》,臺北:聯經出版事業公司,1979年,第522、523頁。

④ 至於古代越族銅鼓與雷神信仰之間的關係,參見羅香林《古代越族文化考》,第94、97—
98頁。

⑤ 《太平御覽》卷九四九《蟲豸部六》引,第4212頁;《太平廣記》卷二〇五《銅鼓》引,第
1546頁。

⑥ 徐松石《粤江流域人民史》,收入徐松石《民族學研究著作五種》,廣州:廣東人民出版
社,1993年,第231頁;另參見羅香林《古代越族文化考》,第100頁。

人輒擊之以享雷神,亦號之爲'雷鼓'云。雷,天鼓也。霹靂以劈歷萬物者也。以鼓象其聲,以金發其氣,故以銅鼓爲雷鼓也。"①

總之,古代雷州半島等地雷神崇拜的形成,固然與嶺南南部沿海獨特的自然環境有關,然而,其最主要的根源則是古代南越、俚獠等民族本身的宗教信仰。北宋末年,蔡絛記載嶺南對雷神的崇拜與中原內地有很大不同,稱"今南人喜祀雷神者,謂之天神"②。南宋周去非亦稱:"廣右敬事雷神,謂之天神,其祭曰祭天。"③因此,對雷神的高度崇拜與南越、俚獠等民族把雷神作爲"天"或"天神"崇祀的宗教傳統有關。而漢晉以來雷州半島等沿海地區比較特殊的社會結構及其文化形態,又爲雷神崇拜的長期盛行提供了特定的環境。

二 從"陳義"到"陳文玉":雷州本土人格化雷神的來源及其演變

(一)六朝時期嶺南南部沿海溪洞豪族與雷神"陳義"和雷神家族的形成

雷神是唐朝雷州半島等沿海地區最重要的神靈,而且無論是其來源還是其神格形象,都與其他地區有極爲重要的差別。房千里《投荒雜錄》記載:

> 《牙門將陳義傳》云:(陳)義即雷之諸孫。昔陳氏因雷雨晝冥,庭中得大卵,覆之數月,卵破,有嬰兒出焉。目(自)後日有雷扣擊户庭,入其室中,就於兒所,似若乳哺者。歲餘,兒能食,乃不復至,遂以爲己子。義即卵中兒也。又云:嘗有雷民,畜畋犬,其

---

① (清)屈大均撰《廣東新語》卷一六《器語·銅鼓》,第438頁。
② (宋)蔡絛撰,馮惠民、沈錫麟點校《鐵圍山叢談》卷四,北京:中華書局,1983年,第74頁。
③ 《嶺外代答校注》卷一〇《志異門·天神》,第433頁。

耳十二。每將獵，必笞犬，以耳動爲獲數。未嘗偕動。一日，諸耳
畢動。既獵，不復逐獸，至海傍測中噪鳴。郡人視之，得十二大卵
以歸，置於室中。後忽風雨，若出自室。既霽就視，卵破而遺甲存
焉。後郡人分其卵甲，歲時祀奠。至今以獲得遺甲者爲豪族。①

以上房千里所徵引的《牙門將陳義傳》，應該是目前所知記録雷州雷神
來源最早的文本。該書的作者及其年代，在史志目録中均無任何記
載。根據唐代杜佑《通典》的記載，"牙門將"爲雜號將軍之一，魏文帝
黃初(220—226)年間始置，爲第五品②。至唐朝後期，"牙門將"的記
載已比較常見③。唐代自"安史之亂"以後，節度使鎮守一方，其官署
稱爲使牙，主將所居之城因建有牙旗，因此稱爲牙城。而節度使的親
兵則稱作牙軍(或衙軍)，牙軍都統就是牙將，或稱牙門將，其職責是捍
衛節度使和藩鎮中樞，職銜雖低却權重。

《牙門將陳義傳》一書究竟形成於哪個更加具體的年代呢？由於房
千里所引《牙門將陳義傳》的最後，還專門記載了雷州一"雷民"與"豕首
鱗身"的獸形雷神搏鬭的奇異事件，而比房千里稍晚的裴鉶，則在其《傳
奇》一書中，非常明確地記載了這一事件發生在唐憲宗元和(806—820)
年間④。因此，我們認爲《牙門將陳義傳》的成書時間，大致在唐憲宗
元和年間到唐宣宗大中(847—860)初年房千里出任高州刺史以前。

---

① 《太平廣記》卷三九四"陳義"條引，第3150頁。
② 《通典》卷二九"雜號將軍"，第804頁。
③ 例如，《舊唐書》卷一三一《李皋傳》記載，唐憲宗元和十三年(818)至十四年，李象古爲
安南都護，有"楊清者，代爲南方酋豪，屬(李)象古貪縱，人心不附，又惡楊清之强，自驩
州刺史召爲牙門將"(第3641頁)。
④ 見《太平廣記》卷三九四《雷二》引裴鉶《傳奇》，第3145—3146頁。對此，我們將在後文
進一步討論。

值得注意的是,唐朝各地雷神形象一般都被記載爲神獸①。而
《牙門將陳義傳》中的"雷神"却是一個"卵生"的半人半神的人。雷州
的雷神爲什麽會與其他地區有如此大的差別呢? 這一"卵生"的雷神
究竟是嶺南南部沿海民族自遠古以來就擁有的觀念,抑或只是某一特
定歷史時期的産物?

我們認爲雷神"陳義"與上古時代"卵生人"的神話有關。古代東
夷族的圖騰是玄鳥(即燕子)。《詩·商頌·玄鳥》曰:"天命玄鳥,降
而生商。"《史記·殷本紀》也有相關記載②。按照傳説,有娀氏之女簡
狄,浴於河中,有燕飛過,墜其卵。簡狄吞之,因而懷孕生下了商人的
祖先契。徐松石研究了古代東南亞民族卵生神話的起源,認爲卵生神
話出現在古代遠東即太平洋的西岸,並形成了一個狹長地帶,其地域
範圍北至朝鮮半島,南至蘇門答臘,中段包括渤海灣沿岸,黄河下游,
中國東南沿海區域,海南島,臺灣和越南等地③。這種與海洋有關的

---

① 見《太平廣記》卷三九三《雷一》至卷三九五《雷三》,第 3136—3162 頁。關於宋、元時期
雷神的形象,《元史》卷七九《輿服志》稱:"雷公旗,青質,赤火焰脚,畫神人,犬首,鬼形,
白擁項,朱犢鼻,黄帶,右手持斧,左手持鑿,運連鼓於火中。"(第 1962 頁)
② 《史記》卷三《殷本紀第三》記載:"殷契,母曰簡狄,有娀氏之女,爲帝嚳次妃。三人行
浴,見玄鳥墜其卵,簡狄取吞之,因孕生契。契長而佐禹治水有功。"(第 91 頁)
③ 徐松石《百粤雄風嶺南銅鼓》,收入徐松石《民族學研究著作五種》,第 1044—1051 頁。
古代"卵生"神話多與"王者"或"始祖"有關。比較有代表性的如:《史記》卷四三《趙世
家第十三》唐張守節《正義》引張華《博物志》記載:"徐君宫人娠,生卵,以爲不祥,棄於
水濱。孤獨母有犬名鵠倉,銜所棄卵以歸,覆煖之,遂成小兒,生偃王。故宫人聞之,更
收養之。及長,襲爲徐君。"(第 1780 頁)《魏書》卷一〇〇《高句麗傳》記載:"高句麗者,
出於夫餘,自言先祖朱蒙。朱蒙母河伯女,爲夫餘王閉於室中,爲日所照,引身避之,日
影又逐。既而有孕,生一卵,大如五升。夫餘王棄之與犬,犬不食;棄之與豕,豕又不食;
棄之於路,牛馬避之;後棄之野,衆鳥以毛茹之。夫餘王割剖之,不能破,遂還其母。其
母以物裹之,置於暖處,有一男破殼而出。及其長也,字之曰朱蒙。"(第 2213 頁)朱蒙好
獵善射,其父想殺他,遂向南逃走,建立了高句麗國。

"卵生"神話在嶺南亦有其悠久歷史。《山海經》之《大荒南經》説,南海之外,"有卵民之國,其民皆生卵"。西晉郭璞注稱"生卵"實"即卵生也"①。《大荒南經》稱其地離蒼梧不遠,而且與黑水(粤江)相近,當地又有羽民族人。因此,"卵民之國"就是指海南島等嶺南南部沿海地區②。屈大均《廣東新語》記載,海南島"瓊州府城西,故有黎母廟。相傳雷攝一卵於山中生一女。有交趾人渡海采香,因與婚,子孫衆多,是爲黎母,亦曰'黎姥',蓋黎人之始祖妣云。黎本鳥獸之民,其種姓自卵而來,固與人殊,自古至今,宜王化所不能及也。"③而海南島黎族本身就是古代嶺南俚族的後裔④。

《牙門將陳義傳》中的"陳義"擔任過"牙門將"這樣的地方將領,而且還涉及到雷州"陳氏"以及其他"豪族"這樣一些明顯後出的歷史內容,説明雷神"陳義"應是一種後起的神話。根據《牙門將陳義傳》的記載,"陳義"由於被雷州陳氏所撫養,所以他是陳氏家族的繼承者。從六朝隋唐直至明清時期,雷州半島的陳氏也一直被視爲雷神的家族。該書又稱"後郡人分其卵甲,歲時祀奠。至今以獲得遺甲者爲豪族",説明因分得"卵甲"而能"歲時祀奠"的,其實都是當地具有特殊身份的溪洞豪族。因此,與雷神"陳義"具有特殊親緣關係的雷州豪族陳氏,其真實身份值得研究。

張説(667—730)是唐玄宗開元前期的宰相,其於開元九年(721)

---

① 袁珂校注《山海經校注》卷一五《大荒南經》,上海:上海古籍出版社,1980年,第368、369頁。

② 徐松石《百粤雄風嶺南銅鼓》,收入徐松石《民族學研究著作五種》,第1046頁。

③ 《廣東新語》卷八《女語·黎母》,第271頁。

④ (清)阮元《廣東通志》卷三三〇《嶺蠻傳》稱:"俚户,蠻之别落也。後漢謂之俚人,俗呼山嶺爲黎,而俚居其間,於是訛俚爲黎。"(《廣東歷代方志集成》,第5270頁)

撰寫的《潁川郡太夫人陳氏碑》,是專門爲當時著名宦官大將軍楊思勖的母親陳氏所寫的碑文。楊思勖是嶺南羅州石城縣(治所在今廣東廉江市東北龍湖)人,《舊唐書》稱"楊思勖,本姓蘇,羅州石城人。爲内官楊氏所養,以閹,從事内侍省"①。而張説《潁川郡太夫人陳氏碑》記載:

> 潁川郡太夫人者,諱某,字某,雷州大首領陳元之女,羅州大首領楊屢之妻,驃騎大將軍兼左驍衛虢國公思勖之母。陳氏家富兵甲,世首嶠外。夫人誕靈豪右,淑問幽閒。六行天至,不因師氏之學;四德生知,無待公宫之教。原夫陳本媯水,楊承赤泉。九真爲郡,良吏出乎中國;五馬浮江,僑人占乎南海。兩州接畛,二門齊望。……銘曰:陳公舜後,楊侯周裔。去國何人,南遷幾世? 酈緑嶂表,朱岸海際。兩族相高,財雄兵鋭。②

根據碑文,雷州陳氏和羅州楊氏均爲嶺南南部的"大首領",即溪洞部族酋長。二者之間還結成了姻親關係。所謂"兩族相高,財雄兵鋭","家富兵甲,世首嶠外"③,都是指這兩個家族均擁有大量財富和宗族軍隊,並世代稱雄於嶺南。至於所謂"以紀綱南土",是説以其強大的家族勢力維護了嶺南南部沿海一帶的政治秩序。

　　大量歷史資料證明,六朝至唐初嶺南南部沿海的不少溪洞豪族一方面擁有大量土地、財富和軍隊,另一方面又擁有世代沿襲的"大首

---

① 《舊唐書》卷一八四《宦官·楊思勖傳》,第4755頁。
② (唐)張説《張燕公集》卷二二,《景印文淵閣四庫全書》第1065册,第860頁;據《文苑英華》卷九三四(第4914頁)校勘。
③ 《文苑英華》所收張説《潁川郡太夫人陳氏碑》則爲"家富兵甲,世奠嶠外"(卷九三四,第4914頁)。

領"或是"州刺史"等職位,因而具有十分明顯的割據色彩。高涼馮氏是南朝至唐初嶺南南部最大的溪洞豪族首領。根據《隋書·譙國夫人傳》的記載,梁代羅州刺史馮融的先祖本爲漢族,長樂信都(今河北冀縣)人。公元409年馮安之子馮跋建立了漢族政權北燕。北魏太武帝伐北燕,馮跋之弟馮弘率國人奔入高麗。其子馮業率三百人浮海,占籍嶺南南部沿海高涼地區,並成爲當地的"大首領"①。唐代韓炎《高力士神道碑》稱高涼馮氏"式是炎州,代爲諸侯,衣冠甚偉,弈葉濟美。有甲三屬,有田千里","家雄萬石之榮,橐有千金之直"②。《資治通鑑》記載其"所居地方二千里,奴婢萬餘人,珍貨充積"③。南朝至唐初的欽州甯氏家族則是嶺南西部沿海最大的溪洞豪族④。我們在前面討論了銅鼓本身與南越、俚獠民族的宗教信仰特別是雷神崇拜有關⑤。而高涼馮氏和欽州甯氏作爲中古嶺南兩個最大的溪洞豪族,都與銅鼓關係密切。而且其統治範圍內恰恰也是"粵式銅鼓"高度集中的地區⑥。因此,我們認爲雷州半島的陳氏家族與高涼馮氏、欽州甯氏一

① 《隋書》卷八〇《列女·譙國夫人傳》,第1801頁。
② (唐)韓炎《唐故開府儀同三司兼内侍監高公(力士)神道碑》,《全唐文補遺》第一輯,第35頁。
③ 《資治通鑑》卷一九三,唐太宗貞觀五年,第6092頁。
④ 《新唐書》卷二二二下《南蠻傳下》,第6326頁。參見本書第二章第一節;另見王承文《中古嶺南沿海甯氏家族淵源及其夷夏身份認同——以隋唐欽州甯氏碑刻爲中心的考察》,《魏晉南北朝隋唐史資料》第三十一輯,上海:上海古籍出版社,2015年。
⑤ 《隋書》卷三一《地理志下》記載,嶺南俚獠"並鑄銅爲大鼓,初成,懸於庭中,置酒以招同類。來者有豪富子女,則以金銀爲大釵,執以叩鼓,竟乃留遺主人,名爲銅鼓釵。俗好相殺,多構讎怨,欲相攻則鳴此鼓,到者如云。有鼓者號爲'都老',群情推服。"(第888頁)《新唐書》卷一一〇《馮盎傳》記載馮盎族人馮子猷"以豪俠聞",唐高宗"遣御史許瓘視其贍。瓘至洞,子猷不出迎,後率子弟數十人,擊銅鼓、蒙排,執瓘而奏其罪"(第4114頁)。
⑥ 蔣廷瑜《粵式銅鼓的初步研究》,載中國古代銅鼓研討會編《古代銅鼓學術討論會論文集》,北京:文物出版社,1982年,第139—151頁。

樣,應該都傳承了南越、俚獠民族的雷神信仰。

綜合唐代《牙門將陳義傳》和宋代相關記載,我們對雷神"陳義"傳說的緣起及其寓意作這樣的推測。雷州陳氏家族在某一歷史階段,因爲"無子"①,以致出現了繼嗣危機。爲了宗族的延續,陳氏家族特地收養了某一外來嬰兒,名爲"陳義"。爲了確立這一繼承人的合法性和權威性,陳氏家族將其出身神異化,其方式是把南越民族自古以來就盛行的雷神信仰與"卵生"神話結合起來,從而將其塑造成"雷之諸孫",或直接稱爲"雷種"。

宋朝至明朝的各種資料,都將"陳義"活動的年代確定在南朝梁、陳時期,因此,有關雷神"陳義"的神話在雷州半島的出現,其時間大致是在南朝中期。至於《牙門將陳義傳》中雷神傳說的另一個版本,即雷州人因狩獵"得十二大卵",這一數字也具有十分特殊的意義。北宋吳千仞稱"雷神十二軀,應十二方位"②。屈大均亦稱"雷神十二軀,以應十二方位"③。徐松石認爲:"雷州英榜山有雷神廟,神有十二軀,相傳雷應十二方位。這與銅鼓表面中心所列十二芒的太陽,和銅鼓原始形式的十二圈,意義相合。"④

雷州陳氏家族因爲與"陳義"的關係,開始成爲當地具有神聖色彩的雷神家族。而《牙門將陳義傳》所謂"至今以獲得遺甲者爲豪族"以及"歲時祀奠"等等,其背後反映的則是六朝以來溪洞豪族對雷神祭祀

① (宋)吳千仞《英山雷廟記》,見(明)歐陽保《(萬曆)雷州府志》卷一一《秩祀志》,收入《廣東歷代方志集成》,第157頁。
② (宋)吳千仞《英山雷廟記》,見(明)歐陽保《(萬曆)雷州府志》卷一一《秩祀志》,收入《廣東歷代方志集成》,第157頁。
③ 《廣東新語》卷六《神語·雷神》,第200頁。
④ 徐松石《粵江流域人民史》,收入徐松石《民族學研究著作五種》,第232頁。

特權的共同壟斷。而這種祭祀特權在本質上就是對雷州半島等地地方政治權力的壟斷。另外，我們還應該注意到，在歷史上，無論是"雷之諸孫"的神話還是"卵生"的神話，一般都具有極明顯的"王者"或"始祖"色彩。而作爲雷州半島陳氏家族繼承者的"陳義"被賦予這樣的神異色彩，應該是與南朝時期具有割據色彩的嶺南溪洞豪族勢力的膨脹發展密切相關的。至於"陳義"曾經出任"牙門將"一職，則未必是"陳義"的真正官職，很可能是《牙門將陳義傳》的作者根據唐朝後期地方軍事制度而設定的，其目的在於反映六朝至隋唐嶺南南部沿海溪洞豪族逐步歸附於中央王朝的歷史進程。

（二）雷神"陳文玉"與唐以後雷州本土雷神神格的演變

雷州半島的雷神從"陳義"向"陳文玉"的演變，應開始於唐朝以後。北宋真宗大中祥符二年（1009），雷州知府吳千仞撰寫了《英山雷廟記》。該文詳細地追述了雷神"陳文玉"的由來、主要事迹及其在當地的影響，對雷神神格在後來的演變具有決定性的意義。其文曰：

> 雷廟也者，所謂奇異殊怪者也。按州之二里英靈村，有居民陳氏，無子，嘗爲捕獵，家有異犬，九耳而靈。凡將獵，卜其犬耳動者，所獲數亦如之。偶一日，九耳齊動。陳氏曰：今日必大獲矣。召集隣里共獵。既抵原野，間有叢棘深密，犬圍繞驚匝不出。獵者相與伐木，偶獲一卵，圍尺餘，攜而歸，置之倉屋。良久，片雲忽作，四野陰沉，迅雷震電，將欲擊其家。陳氏畏懼，抱其卵置之庭中。雷乃霹靂而開，得一男子，兩手皆有異文，左曰"雷"，右曰"州"。其雷雨止後，陳氏禱天而養之。既長，鄉人謂之雷種。至大（太）建二年（570），領鄉舉，繼登黃甲。賦性聰明，功業冠世，

授州守刺史之職,陳文玉是也。殁後,神化赫奕,震霆一方。①

吳千仞爲福建侯官人,宋真宗咸平元年(998)進士②。其《英山雷廟記》證明了在唐朝以後,雷州雷神的神格已發生了重大改變。一是"卵生"的"陳義"已轉變爲"陳文玉"。雖然這種轉變很可能早在五代十國時期的南漢就已出現,但是,在吳千仞之後,所有關於雷州雷神的記載幾乎完全不再提及最初的"陳義"。二是陳文玉出生時"兩手皆有異文,左曰'雷',右曰'州'",説明了雷神陳文玉始終與雷州這一特定地方密不可分,而且後世不少記載,更是把唐初雷州的創立及其得名均與陳文玉相聯繫。三是雷神身份及事迹的變化。《英山雷廟記》强調陳文玉在南朝陳宣帝太建年間,"領鄉舉,繼登黃甲",雖然這種記載與南朝時期官員選拔制度明顯不相符合③,但是却有利於"陳義"從武官身份的"牙門將",向"陳文玉"這樣具有科舉出身的文官州刺史轉變。四是陳文玉殁後,"神化赫奕,震霆一方",顯然已充當了雷州地區的雷神。五是"陳文玉"因被重新塑造成爲具有突出政績和神異色彩

---

① (宋)吳千仞《英山雷廟記》,見(明)歐陽保《(萬曆)雷州府志》卷一一《秩祀志》,《廣東歷代方志集成》,第157頁。按康熙十一年(1672)吳盛藻所修《雷州府志》卷一〇《藝文志》所收吳千仞《英山雷廟記》的篇末,尚有"祥符二年記"之語(《廣東歷代方志集成》,第581頁),而明朝萬曆歐陽保《雷州府志》則闕"祥符二年記"。

② (宋)梁克家《淳熙三山志》卷二六,《日本藏中國罕見地方志叢刊》,北京:書目文獻出版社,1992年,第307頁。

③ 西漢元光五年(前130)漢武帝納董仲舒之議,下令郡國舉孝察廉,從此察舉成爲定制,"察舉"又名"鄉舉里選"。唐代科舉制度確立後,"鄉舉"又稱"鄉貢"。而所謂"黃甲",是指科舉甲科進士及第者的名單。因用黃紙書寫,故名。五代十國至北宋時期才出現所謂"黃甲"這一名稱。《舊五代史》卷一四八《選舉志》記載後唐長興元年(930)三月敕,稱"其判成諸色選人,黃甲下後,將歷任文書告赤連粘"(第1983頁)。(宋)趙昇《朝野類要》卷二稱:"正奏名五甲也,吏部謂之黃甲關榜,第五甲舊多貴顯,故或稱爲相甲。"(《景印文淵閣四庫全書》第854冊,第117頁)

的"名宦",由此正式進入大量官方史志著作中。

宋仁宗天聖(1023—1032)年間,曾任參知政事的丁謂(966—1037)謫居雷州,撰文稱"舊《記》"記載:"始者,里民陳氏家無子,因射獵中獲一大卵,圍及尺餘,攜歸家,不知其何名。忽一日,霆靂而開,遂生一子,鞠育撫養,遂成其家。鄉俗異之,曰雷種。陳天(太)建二年也"①。丁謂所稱"舊《記》",應該就是指吳千仞所撰《英山雷廟記》。

北宋末年蔡絛《鐵圍山叢談》記載了有關嶺南對"天神"即雷神"陳文玉"的崇拜,其原注稱:

> 案陳時人陳鉷者,捕獵得巨卵于叢棘中,攜歸,雷雨暴至,卵開得一男子,其手有文,左"雷"右"州"。大業三年,爲雷州刺史,名文玉。既没,屢著神異。民因祀爲"雷神"。②

以上值得注意的,一是正式出現了養育陳文玉的"陳鉷"的名字。二是將陳文玉確定爲南朝陳朝人,而其任雷州刺史則是在隋煬帝大業三年(607)。不過,其時尚未有雷州之名。三是陳文玉卒後,被民衆正式尊奉爲"雷神"。《大明一統志》由明吏部尚書兼翰林院學士李賢等奉明英宗之命編撰,於天順五年(1461)編成奏上,明英宗親撰序文列於書首,並賜名《大明一統志》,是國家級的志書,也有比較高的權威性。《大明一統志》記載:

> 雷公廟,在府城西南八里。昔鄉人嘗造雷鼓、雷車置廟中。有以魚彘肉同食者,立爲霆震。舊《記》陳大建初,州民陳氏者,因

---

① 《方輿勝覽》卷四二《雷州》引,第761頁;《輿地紀勝》卷一一八《雷州》所引略異,第3804頁。

② (宋)蔡絛撰,馮惠民、沈錫麟點校《鐵圍山叢談》卷四,北京:中華書局,1983年,第74頁。

獵獲一卵，圍及尺餘，攜歸家，忽一日霹靂而開，生一子，有文在手，曰"雷州"。後養成，名文玉。鄉俗呼爲雷種，後爲本州刺史。在任多善化，殁而有靈，鄉人立廟祀之。宋元累封王爵，廟號顯震，德祐(1275—1276)中更名威化云。①

以上所稱"舊《記》"也是指吳千仞的《英山雷廟記》。而《大明一統志》編纂所具有的官方性質，説明了陳文玉事迹得到了明朝中央的確認。明代黄佐(1490—1566)修史以嚴謹著稱，其《廣東通志》在明初《雷州府志》的基礎上撰成了《陳文玉傳》，其文曰：

陳文玉，雷州海康人。生而靈異，叱聲震庭。世傳其家出獵，得鉅卵，異之，歸置諸庭中。忽一日，雷震乃拆，得一男子焉，即文玉也。長而涉獵書傳，有權智，被薦辟，以秀才中第，仕爲本州刺史。詳善吏事，懷和附衆，洞落夷酋，相繼而至。巡訪境内，甦民疾苦，梁武帝降璽書褒賞。爲人吐音洪響。既卒後，如聞其詢諾之聲。鄉人以文玉生有善政，没有靈異，立廟祀之。②

從黄佐開始，《廣東通志》正式爲陳文玉立傳。黄佐所謂陳文玉"生而靈異，叱聲震庭"，意在進一步强調其雷神的身份。值得注意的是，黄佐已將陳文玉活動的年代，從南朝陳太建年間上推到南朝梁武帝時，其"被薦辟，以秀才中第"，以及任雷州本地刺史也都是在梁朝，而且還受到了梁武帝的親自褒賞③。至於其"懷和附衆，洞落夷酋，相繼而至"，則進一步突出了南朝以來嶺南南部沿海俚獠等民族歸附中央王

---

① 《明一統志》卷八二，《景印文淵閣四庫全書》第 473 册，第 729 頁。
② (明)黄佐《廣東通志》卷五四《陳文玉傳》，嘉靖四十年(1561)刻本，第 1388 頁。
③ 又見黄佐《廣東通志》卷一一《選舉表上》，第 239 頁。

朝的過程。

明朝萬曆三十年（1602）郭棐所修《廣東通志》卷五六《陳文玉傳》記載：

> 梁陳文玉，雷州海康人，生而明敏。世傳其家出獵，得鉅卵，異之，歸置諸庭中。忽一日，雷震乃拆，得一男子焉，即文玉也。涉獵書傳，有才智，被薦辟，仕爲本州刺史，精察吏治，巡訪境内，甦民疾苦，懷集峒落，夷酋相繼輸欵。梁武帝降璽書褒賞之。比卒，鄉人立廟以祀。①

清康熙年間金光祖纂修《廣東通志》，其《陳文玉傳》與此完全相同②。至於明萬曆四十二年（1614）由歐陽保編成的《雷州府志》，是目前存世年代最早的《雷州府志》。該書中陳文玉的傳記依據了郭棐的《廣東通志》，然而又將陳文玉確定爲陳朝，並稱“陳大建時，辟茂才，仕爲本州刺史”③。其在歷史時間順序上也有明顯失誤。因爲陳文玉不可能在陳宣帝太建年間政績突出，而受到前朝皇帝梁武帝的褒獎。

清雍正九年（1731）郝玉麟纂修的《廣東通志》，則將陳文玉事迹作了最爲詳盡的發揮。該書卷一三《山川志·雷州》記載：

> 英榜山在城西八里，高三丈許。初有州民陳氏者，獵獲一卵，圍及尺餘，攜歸家。忽一日，霹靂而開，生一子，有文在手，曰“雷州”。養成，名文玉。後登第，爲本州刺史，在任多善化。殁後，神

---

① （明）郭棐《廣東通志》卷五六《陳文玉傳》，《廣東歷代方志集成》，第 1289 頁。
② （清）金光祖《廣東通志》卷一六《陳文玉傳》，康熙三十六年（1697），《廣東歷代方志集成》，第 1316 頁。
③ （明）歐陽保《（萬曆）雷州府志》卷一七《鄉賢志·陳文玉傳》，《廣東歷代方志集成》，第 259 頁。

靈顯著,州人立祠祀之。鄉稱爲雷種,故以雷名廟,即鎮海雷神祠也。宋元累封王爵,今廟存。廟中有銅鼓,其聲鏗然清越。①

該書卷四四《隱逸·陳文玉傳》記載:

> 陳文玉,海康人,生而明敏。世傳其家出獵,得鉅卵,異之,置諸庭中。忽一日,雷震卵坼,得一男子焉,即文玉也。涉獵書傳,有才智,被薦辟。仕爲本州刺史,精察吏治,巡訪境内,甦民疾苦,懷集峒落,獠蠻相繼輸欵。梁武帝降璽書褒賞之。比卒,鄉人立廟以祀。②

該書卷六四《雜事志·雷州府·雷神》又曰:

> 雷神廟在英榜山,廟貌尊嚴。相傳陳時,雷州人有陳鉷者,無子,業捕獵,家有九耳犬甚靈。凡將獵,卜諸犬耳,一耳動,則獲一獸。動多則三四耳,少則一二耳。一日出獵,而九耳俱動。鉷大喜,以爲必多得獸矣。既之野,有叢棘一區,九耳犬圍繞不去。異之,得一巨卵,徑尺。攜以歸,雷雨暴作,卵開,乃一男子。其手有文,左曰"雷"右曰"州"。有神人嘗入室中乳哺。鄉人以爲雷種也,神之。太建三年,果爲雷州刺史,名曰文玉。既殁,神化大顯,民因祀焉。③

郝玉麟在《陳文玉傳》中記載陳文玉作爲"本州刺史",因政績突出而受到了梁武帝"降璽書褒賞之",但是,在《雜事志》中又記載他在陳太

① (清)郝玉麟《廣東通志》卷一三《山川志》,雍正九年(1731),《廣東歷代方志集成》,第351頁。
② (清)郝玉麟《廣東通志》卷四四《隱逸·陳文玉傳》,《廣東歷代方志集成》,第1332頁。
③ (清)郝玉麟《廣東通志》卷六四《雜事志》,《廣東歷代方志集成》,第1994—1995頁。

建三年，"果爲雷州刺史"，因而前後矛盾。至清朝道光二年（1822），由著名學者阮元纂修的《廣東通志》，則與前面各志有很大的不同。該書卷一二《職官表三》引《雷州府志》記載：

> 陳文玉，雷州人，貞觀五年（631）膺薦，辟爲雷州刺史。①

阮元將陳文玉正式確定爲唐太宗貞觀五年（631）的雷州刺史，其依據一是清代嘉慶年間雷學海所編《雷州府志》卷一五《選舉》。二是乾隆皇帝的"敕封"。阮元在《廣東通志》中對此還作了專門考辨。其文曰：

> 陳文玉，《黃志》、《郝志》皆云梁雷州刺史。《雷州府志》文玉本傳、職官志皆以文玉生於陳大（太）建三年。至唐貞觀五年，始應徵辟爲本州刺史。至貞觀十六年，追封詔書有"養晦數十年，不仕非君"之語。今以詔書爲據，則《雷州府志》之說爲長。②

阮元爲什麼稱"今以詔書爲據"呢？今仍立於雷州市雷祖祠大殿側的《敕封碑》，爲乾隆十九年（1754）分巡雷瓊兵備道德明和雷州知府馮祖悦等所撰。該碑記載，乾隆十八年五月，當地監生員陳子良等呈書稱："海邑先民陳文玉者，上有功於國，下有德於民。唐貞觀十六年，遣禮部侍郎吳殷建祠祀之，封爲雷震王，歷朝累加封贈。"其意在於請皇帝重新加封。碑文又稱："竊查廣東雷州府城有雷祖廟，志載其神姓陳名文玉，生於前五代陳時。唐貞觀間，爲本籍合州刺史，剿平獞獠，築建州城，民被其德，殁後成神，效靈報國。唐時即加封，因改合州爲雷

---

① （清）阮元《廣東通志》卷一二《職官表三》，《廣東歷代方志集成》，第246頁。
② （清）阮元《廣東通志》卷一一《職官表二·辨誤》，《廣東歷代方志集成》，第233頁。

州。歷代除患救災,屢著威靈,梁宋元明,各加封號。"乾隆皇帝於是將其正式加封爲"宣威布德之神"①,並爲雷神廟題寫了"茂時育物"的匾額。這一匾額至今仍保存在雷祖祠正廳雷神陳文玉塑像的上方。《敕封碑》新增了不少陳文玉在唐朝活動的内容。因此,阮元將陳文玉最終確定爲唐初貞觀年間刺史,其主要原因還是因爲乾隆皇帝的正式認可。

陳文玉在唐太宗貞觀五年究竟是否有可能出任雷州刺史呢? 雷州半島自南朝開始置州,其州名則經過多次變換。梁武帝普通四年(523)在此始置合州。太清元年(547)改爲南合州。隋開皇九年(589)改爲合州。唐高祖武德五年(622)置南合州。貞觀元年(627)又改東合州,貞觀八年(634)才改東合州爲雷州。隋末至唐初的雷州半島實際上也是嶺南高凉馮氏和欽州甯氏兩大勢力集團爭奪的範圍。《舊唐書·馮盎傳》記載,武德四年,馮盎"以南越之衆降,高祖以其地爲羅、春、白、崖、儋、林等八州,仍授盎上柱國、高羅總管,封吴國公,尋改封越國公。拜其子智戴爲春州刺史,智或東合州刺史"②。説明唐武德五年擔任南合州刺史的是馮盎的兒子馮智戴。然而,又據《資治通鑑》記載,武德六年四月,"南州刺史龐孝恭、南越州民甯道明、高州首領馮暄俱反。……合州刺史甯純引兵救之"③。《資治通鑑》的"合州刺史甯純",應屬於"南合州刺史甯純"的誤稱。這一記載也證明了武德六年以後掌管南合州即雷州半島的,已是欽州豪族甯氏家族成員

① (元)《敕封碑》,見譚棣華等編《廣東碑刻集》,廣州:廣東高等教育出版社,2001年,第527—528頁。
② 《舊唐書》卷一○九《馮盎傳》,第3288頁。
③ 《資治通鑑》卷一○九,唐高祖武德六年,第5967頁。

甯純。而前引張説《潁川郡太夫人陳氏碑》,也證明了唐初雷州陳氏家族雖然有"大首領"的稱號,但是却没有州刺史或其他官職的記載。因此,没有資料能够證明唐初雷州陳氏家族的成員曾經出任過雷州刺史一職。尤其是阮元等將陳文玉記載爲唐貞觀五年雷州刺史,亦與宋明時期各種更早的資料不相符合。

總之,雷神"陳義"的傳説最初大致形成於南朝中期。房千里《投荒雜録》所徵引的《牙門將陳義傳》將雷神"陳義"稱爲"牙門將",很可能是該書作者根據唐代後期地方藩鎮的官制觀念來塑造的結果。至遲從北宋初年開始,作爲雷神的"陳文玉"已取代了原來的"陳義"。然而,有關記載仍然處於不斷變化過程中,陳文玉或爲梁武帝時期的州刺史,或爲陳朝州刺史,或爲隋朝刺史,至清代阮元等則將其最終確定爲唐太宗貞觀初年的雷州刺史。至於歷史上"陳文玉"事迹前後如此矛盾的根本原因,在於"陳文玉"從一開始就是一個特殊的具有相當多虚構色彩的歷史人物。從唐宋至明清,有關雷州雷神"陳義"或"陳文玉"的發展趨勢,一是越來越清晰地反映六朝至隋唐嶺南南部沿海俚獠等民族歸附中央王朝的歷史進程;二是"陳文玉"越來越被描繪成維護中央王朝的倫理綱常和正統統治的神靈。

然而,從宋代以來,在有關雷神"陳文玉"大量而具有連續性的記載背後,其實自始至終都存着一種懷疑的傾向。吴千仞《英山雷廟記》的開篇即稱:"雷廟也者,所謂奇異殊怪者也。"即是對這一信仰來源的懷疑。尤其是明代史家黄佐,雖然他在《廣東通志》中爲陳文玉正式立傳,然而在陳文玉傳後,又稱"宋人紀輔辯云:'予少時聞雷州布鼓之説,心已疑之,後觀他書言雷神如麂,冬月伏於地,雷州人取食之,益疑焉。近拜官徐聞,蓋雷州之支邑,始至,即求其所以名州者。或告雷種

之事,云郡有廟以祀雷師之神,即其故也。予聞而愈疑。及得郡志,考
其建置沿革之由,云城南十里許有擎雷水,州因以名。於是疑始釋,而
知前云者皆妄矣。'"①黄佐又引明代吳廷舉曰:"玄鳥生殷,大人迹生
周,則人固有異生者矣,然皆造形於人,未嘗離簡狄、姜嫄而生也。雷
卵之説,其果可信也哉?"②意即殷人始祖源於簡狄吞玄鳥蛋,以及周
人始祖爲姜嫄履大人迹的神話,都離不開簡狄和姜嫄這樣的人。而陳
文玉則完全是從卵中自然而生,其説法本身並不具有可信性。明萬曆
《雷州府志》卷一《輿圖志》亦稱:"雷自貞觀始名。説者謂其地多雷,
至冬而蟄爲虺,郡人掘而焭之。其説近誕。乃謂祈禳者,每持布鼓上
雷門山,益無據。又謂刺史陳文玉固雷種。夫玄鳥降商,犬龍啣頊,何
獨於陳文玉而疑之。及按郡圖,郡南有擎雷山,其得名以此。孔子不
語怪,總之,言擎雷者。"③意即雷神信仰的由來,本身已背離了儒家
"不語怪力亂神"的原則。至清朝初年,屈大均詳細記載了雷神陳文玉
的來歷,一方面認定"此事誕甚"!然而,另一方面却又依據易卦理論
來解説其合理性,認爲"雷與龍同體","龍本卵生,故雷神亦卵生
也"④。阮元在其《廣東通志》中,並没有像其他《廣東通志》那樣爲"陳
文玉"專門立傳,並且在該書《雜録》中,又收入了唐代房千里《投荒
録》及其所引《牙門將陳義傳》⑤。因而説明阮元對雷神"陳文玉"其人

---

① (明)黄佐《廣東通志》卷五四《陳文玉傳》引,第1388頁。按郝玉麟《廣東通志》卷四一
《名宦四》記載:"紀輔,閩縣人,任徐聞縣教諭,博洽經史,志在辟邪崇正。所著有《郡名
辨》及《雷陽》、《徐陽》二集。"(《廣東歷代方志集成》,第1256頁)
② 吳廷舉,《明史》卷二〇一《吳廷舉傳》,湖北嘉魚人,移居廣西梧州。成化二十三年
(1487)進士,曾多次任職廣東,官至南京工部尚書(第5309頁)。
③ (明)歐陽保《(萬曆)雷州府志》卷一《輿圖志》,《廣東歷代方志集成》,第15頁。
④ (清)屈大均《廣東新語》卷六《神語·雷神》,第200—201頁。
⑤ (清)阮元《廣東通志》卷三三三《雜録三》,《廣東歷代方志集成》,第5335頁。

其事也保持一定懷疑的態度。然而,像黄佐、阮元等這樣以嚴謹和卓越著稱的儒家學者,爲什麽還要將"陳文玉"這樣具有高度神異色彩的歷史人物正式編入官方史志中? 這些具有明顯"層累"色彩的記載爲什麽還能得到各朝皇帝的支持,並且在相當長的歷史時期内長盛不衰? 這將是我們要在後面進一步討論的問題。

三　唐代中後期雷州半島本土雷神和外來雷神的關係

在漢唐國家祭祀禮制中,雷神有一定的地位。《後漢書·祭祀志》記載,東漢建武二年(26)正月,"初制郊兆於洛陽城南七里,依鄗,爲圓壇八陛","凡千五百一十四神"。"背外營神,二十八宿外官星,雷公、先農、風伯、雨師、四海、四瀆、名山、大川之屬也"①。該書又記載漢安帝元初六年(119),"以尚書歐陽家説,謂六宗者,在天地四方之中,爲上下四方之宗。以元始中故事,謂六宗《易》六子之氣日、月、雷公、風伯、山、澤者爲非是。三月庚辰,初更立六宗,祀於雒陽西北戌亥之地,禮比太社也"②。

《大唐開元禮》成書於唐玄宗開元二十年(732),其中即没有對雷神的祭祀。然而,至天寶五載(746)四月,唐玄宗所發布的《每載四孟合祭天地詔》稱:

> 皇天之典,聿循於百代。郊祭之义,允属於三灵。……發生振蟄,雷爲其始,畫卦陳象,威物效靈。氣實本於陰陽,功乃施於動植。今雨師風伯,久列常祀。唯此震雷,未登群望,其已後每祀

① 《後漢書》卷九七《祭祀志上》,第3160頁。
② 《後漢書》卷九八《祭祀志中》,第3184頁。

雨師,宜雷神同祭①。

《唐會要》亦記載:"立夏後申日,祀雨師、雷師於國城西南。"②可見,直至唐玄宗天寶五載(746),唐朝國家祀典中才開始有對雷神的祭祀。其祭祀的地點就在都城長安金龍門西的雨師壇上。關於唐朝國家所祭雷神的形象,史料記載闕略。唐德宗貞元九年(793),王涇上《大唐郊祀錄》十卷,該書卷七《祀雨師雷神》引《穀梁傳》稱:"陰陽相薄感而爲雷,擊而爲電。"又引《江都集禮》曰:"雷,天地之貴氣乎,今宜祀雷爲六宗之長也。"③因此,唐朝國家祭祀禮制中的雷神,很可能只是一種非人格化的"貴氣"。

而漢唐時代民間信仰中的雷神,其形象一般爲神獸。雷神亦被稱爲"雷公"、"雷師"、"雷君"或"豐隆"等等。《山海經》記載雷神"狀如牛,蒼身而無角,一足,出入水則必風雨,其光如日月"④;雷神又爲半人半獸的龍身人首狀,"雷澤中有雷神,龍身而人頭,鼓其腹"⑤。漢初劉安《淮南子·墜形訓》亦稱:"雷澤有神,龍身人頭,鼓其腹而熙。"漢代高誘注稱:"雷澤,大澤也。鼓,擊也。熙,戲也。"⑥漢代的雷神一度又具有人的形象。王充《論衡·雷虛篇》中的雷神形象爲:"圖畫之工,圖雷之狀,纍纍如連鼓之形。又圖一人,若力士之容,謂之雷公,使

---

① 《唐大詔令集》卷六七,第 377 頁;《册府元龜》卷三三《帝王部·崇祭祀二》,第 363 頁。
② 《唐會要》卷二三《緣郊裁制》,第 515 頁。
③ (唐)王涇《大唐郊祀錄》卷七,《大唐開元禮》附,北京:民族出版社,2000 年,第 777—778 頁。
④ 袁珂校注《山海經校注》一四《大荒東經》,上海:上海古籍出版社,1980 年,第 361 頁。
⑤ 袁珂校注《山海經校注》卷一三《海內東經》,第 329 頁。
⑥ 劉文典撰,馮逸、華喬點校《淮南鴻烈集解》卷四《墜形訓》,北京:中華書局,1989 年,第 150 頁。

之左手引連鼓,右手推〔之〕,若擊之狀。其意以爲,雷聲隆隆者,連鼓相扣擊之意(音)也;其魄然若敝裂者,所〔推〕擊之聲也;其殺人也,引連鼓相推,並擊之矣。"①這種人形雷神在漢代畫像中也有反映②。然而,在魏晉以後,雷神又再次淪爲鬼獸之類。晉代干寶《搜神記》記載,扶風人楊道和,"夏末於田内獲,值天雷雨,止桑樹下。霹靂下擊之,道和以鋤格之,折其左股,遂落地,不得去。唇如丹,目如鏡,毛如牛角,長三尺餘,狀如六畜,頭似獼猴"③。至唐代,全國各地都有關於雷神的大量記載,其形象都是神獸,其中即包括豬首鱗身和有翼能飛的形象④。

而唐代房千里《投荒雜録》所引《牙門將陳義傳》,除了記載雷州本土的雷神"陳義"之外,又稱"雷民圖雷以祀者,皆豕首鱗身也",説明當時雷州百姓祭祀的對象,實際上還包括一種源自北方的用圖板繪製的獸形雷神⑤。該書又記載:

　　嘗有雷民,因大雷電,空中有物,豕首鱗身,狀甚異。民揮刀

---

① 黄暉撰《論衡校釋》卷六《雷虚篇》,北京:中華書局,1990 年,第 303 頁。
② 參見宋艷萍《漢代畫像與漢代社會》,福州:福建人民出版社,2016 年,第 98—99 頁。
③ (晉)干寶撰,李劍國輯校《新輯搜神記》卷一七《霹靂》,北京:中華書局,2007 年,第 286頁。
④ 見《太平廣記》卷三九三《雷一》至卷三九五《雷三》,第 3136—3162 頁。關於宋、元時期雷神的形象,《元史》卷七九《輿服志》稱:"雷公旗,青質,赤火焰脚,畫神人,犬首,鬼形,白擁項,朱犢鼻,黄帶,右手持斧,左手持鑿,運連鼓於火中。"(第 1962 頁)
⑤ 據唐段成式《酉陽雜俎前集》卷八記載,唐貞元中,"宣州(今安徽宣州市)忽大雷雨,一物墮地,猪首,手足各兩指,執一赤蛇齧之。俄頃,雲暗而失。時皆圖而傳之";又記載:"柳公權侍郎嘗見親故説,元和末,止建州山寺中,夜半覺門外喧鬧,因潛於牕櫺中觀之,見數人運斤造雷車,如圖畫者。"(見《唐五代筆記小説大觀》,上海:上海古籍出版社,2000 年,第 617—618 頁)據此,唐代不少雷神應延續了魏晉以來的神獸形象,而對雷神的祭祀,或以圖畫的獸形雷神爲主。

以斬，其物碚地，血流道中，而震雷益屬，其夕淩空而去。自後揮
刀民居室，頻爲天火所災。雖逃去，輒如故。父兄遂擯出。乃依
山結廬以自處，災復隨之。因穴崖而居，災方止。或云，其刀尚
存。雷民圖雷以祀者，皆豕首鱗身也。①

以上所謂"雷民"就是指雷州當地的某人。這位雷民搏殺的對象，是一
種"豕首鱗身，狀甚異"的雷神。而這種獸形雷神在唐朝各地具有普遍
性。唐代裴鉶所撰《傳奇》一書比房千里《投荒雜録》成書稍晚，爲我
們提供了這一傳奇故事更爲完整和詳細的版本，其文曰：

唐元和(806—820)中，有陳鸞鳳者，海康人也。負義氣，不畏
鬼神，鄉党咸呼爲後來周處。海康者，有雷公廟，邑人虔潔祭祀。
禱祝既淫，妖妄亦作。邑人每歲聞新雷日，記某甲子，一旬復值斯
日，百工不敢動作。犯者不信，宿必震死，其應如響。時海康大
旱，邑人禱而無應，鸞鳳大怒曰："我之鄉，乃雷鄉也。爲神不福，
況受人莫酹如斯。稼穡既焦，陂池已涸，牲牢饗盡，焉用廟爲？"遂
秉炬爇之。其風俗，不得以黄魚彘肉相和食之，亦必震死。是日，
鸞鳳持竹炭刀，於野田中，以所忌物相和啖之，將有所伺。果怪雲
生，惡風起，迅雷急雨震之，鸞鳳乃以刀上揮，果中雷左股而斷。
雷墮地，狀類熊猪，毛角，肉翼青色，手執短柄剛石斧，流血注然。
雲雨盡滅。鸞鳳知雷無神，遂馳赴家，告其血屬曰："吾斷雷之股
矣，請觀之。"親愛愕駭，共往視之，果見雷折股而已。又持刀欲斷
其頭，齧其肉，爲群衆共執之曰："霆是天上靈物，爾爲下界庸人，
輒害雷公，必我一鄉受禍。"衆捉衣袂，使鸞鳳奮擊不得。逡巡，復

---

① 《太平廣記》卷三九四"陳義"條引，第3150頁。

有雲雷，裹其傷者，和斷股而去。沛然雲雨，自午及酉，涸苗皆立
矣。遂被長幼共斥之，不許還舍。於是持刀行二十里，詣舅兄家。
及夜，又遭霆震，天火焚其室。復持刀立於庭，雷終不能害。旋有
人告其舅兄向來事，又爲逐出。復往僧室，亦爲霆震，焚爇如前。
知無容身處，乃夜秉炬，入於乳穴嵌孔之處。後雷不復能震矣。
三暝然後返舍。自後海康每有旱，邑人即釀金與鷺鳳，請依前調
二物食之，持刀如前，皆有雲雨滂沱，終不能震。如此二十餘年，
俗號鷺鳳爲雨師。至大和（827—835）中，刺史林緒知其事，召至
州，詰其端倪。鷺鳳云："少壯之時，心如鐵石。鬼神雷電，視之若
無當者。願殺一身，請蘇萬姓。即上玄焉能使雷鬼敢騁其凶臆
也。"遂獻其刀於緒，厚酬其直。①

《傳奇》的作者裴鉶曾經仕宦嶺南五管之一的安南都護府。從唐懿宗
咸通七年（866）開始，高駢鎮守安南，裴鉶即爲高駢幕府從事②。安南
都護府所在的交趾與雷州半島均在北部灣畔，兩地相距不遠。因此，
高駢和裴鉶對於唐後期雷州半島的雷神信仰必然有相當的瞭解。所
謂"鄉党咸呼爲後來周處"，是説雷州陳鷺鳳與雷神格鬥的事件，與六
朝時期周處屠龍的記載頗有相似之處③。裴鉶還特地提到了唐文宗大
和（827—835）年間，雷州刺史林緒與這一傳奇故事的主人公陳鳳鷺有
過來往。裴鉶將這一奇異事件完整地記載下來，大致是在其發生四五

① 《太平廣記》卷三九四《雷二》引裴鉶《傳奇》，第 3145—3146 頁。
② 參見本書第二章第三節。又見王承文《晚唐高駢開鑿安南"天威遥"運河事迹釋證——
以裴鉶所撰〈天威遥碑〉爲中心的考察》，《"中研院"歷史語言研究所集刊》第八十一本
第三分（2010 年 9 月），第 597—650 頁。
③ 《晉書》卷五六《周處傳》，第 1569—1571 頁。

十多年之後。唐朝各地有關雷神顯靈的記載很多。陳鸞鳳與雷神搏鬬的傳奇故事,與前引干寶《搜神記》中楊道和搏殺雷神的記載也有某些相同之處。然而其驚心動魄的程度在中國古代屬於絶無僅有。我們有必要探討這一傳奇性記載背後的深刻寓意。

首先,值得我們深究的是這種獸形雷神在雷州開始出現的時間。從目前存世的材料來看,大致最早出現在唐玄宗開元(713—741)時期。唐朝戴孚的《廣異記》有兩條關於雷州雷神的記載。其一曰:

> 開元末,雷州有雷公與鯨鬬,(鯨)身出水上,雷公數十在空中上下,或縱火,或詬擊,七日方罷。海邊居人往看,不知二者何勝,但見海水正赤。①

其二曰:

> 唐歐陽忽雷者,本名紹,桂陽人。勁健,勇於戰鬬。嘗爲郡將,有名。任雷州長史,館於州城西偏,前臨大池,嘗出雲氣,居者多死。紹至,處之不疑,令人以度測水深淺,别穿巨壑,深廣類是。既成,引决水,於是雲興,天地晦冥,雷電大至,火光屬地。紹率其徒二十餘人,持弓矢排鏘,與雷師戰,衣並焦卷,形體傷腐,亦不之止。自辰至酉,雷電飛散,池亦涸竭,中獲一蚍,狀如蠶,長四五尺,無頭目。斫刺不傷,蠕蠕然。具大鑊油煎,亦不死。洋鐵汁,方焦灼。仍杵爲粉,而服之至盡。南人因呼紹爲忽雷。②

根據唐人顧况《戴氏廣異記序》記載,《廣異記》的作者戴孚於唐肅宗

---

① 《太平廣記》卷四六四"鯨魚"條引《廣異記》,第 3818 頁;該書卷三九三"雷鬬"條引《廣異記》略同,第 3139 頁。

② 《太平廣記》卷三九三《歐陽忽雷傳》引《廣異記》,第 3142—3143 頁。

至德二載(757)進士及第,與顧況同榜。曾任校書郎,終饒州録事參軍[①]。戴孚《廣異記》的成書時間,是在唐德宗貞元五年(789)之前[②]。以上第一條稱唐玄宗"開元末","雷州有雷公與鯨鬬"。而在海中與鯨魚戰鬭的"雷公數十",應該屬於一種有翼的獸形雷神,與雷州本地原有的雷神"陳義"無關。第二條中的"雷師"則蟄伏池中,危害一方,其真形則屬於一種似蛇似鼉的怪物。歐陽紹爲桂陽(今湖南郴州)人,現存史籍中没有關於他的其他記載。至於其出任雷州長史並"與雷師戰",大致亦在唐玄宗時期。

其次,開元時期雷州半島出現北方獸形雷神的原因,我們認爲與嶺南南部沿海地區社會的重大變動有關。自唐初以來,由於中央王朝不斷推行限制和打擊嶺南溪洞豪族的政策,褫奪其具有世襲性的地方政治特權,至唐玄宗前期,自六朝以來延續了幾個世紀的嶺南溪洞豪族,如高凉馮氏、欽州甯氏以及羅州蘇氏等,均已相繼歸於衰滅[③]。近年來,考古研究者認爲,"粤式銅鼓的上限應是西漢晚期,下限至唐代。其最繁盛階段當在晉、南朝至隋代"[④]。而嶺南銅鼓的衰落也恰恰就是在唐朝前期。雖然目前没有直接資料可以證明,雷州陳氏也同上述豪族一樣走向衰滅,但是,可以推測其對雷神的祭祀特權,也已隨着其政治特權被剥奪而走向衰落。而雷州半島的雷神除了原有的"陳義"之外,還有來自北方内地的獸形雷神。大致成書於唐穆宗長慶(821—

---

① 《文苑英華》卷七三七,第 3838 頁;《全唐文》卷五二八,第5369 頁。
② 參見李劍國《唐五代志怪傳奇叙録》,第 464 頁。
③ 參見本書第二章第二節,另見王承文《唐代"南選"與嶺南溪洞豪族》,《中國史研究》1998 年第一期。
④ 蔣廷瑜《粤式銅鼓的初步研究》,載中國古代銅鼓研討會編《古代銅鼓學術討論會論文集》,第 148 頁。

824)以前的李肇《唐國史補》,即明確稱雷州的"雷公","其狀類貙"①。裴鉶《傳奇》中的"雷公",其"狀類熊豬,毛角,肉翼青色,手執短柄剛石斧"。

　　裴鉶《傳奇》極其詳盡地叙述了陳鸞鳳與雷公搏鬪的具體過程。陳鸞鳳極度憤恨獸形"雷公"的具體原因,是因爲這一獸形"雷公"完全掌控了風雨大權,又"受人奠酹如斯",但是却不願在"大旱"時節帶來雨水,"邑人禱而無應","爲神不福",以致"稼穡既焦,陂池已涸,牲牢饗盡"。而陳鸞鳳挑戰雷公的方式,一是"秉炬爇之",即拿着火炬直接焚燒了雷神廟。可以推測,此時雷神廟中供奉的可能是獸形雷神;二是特地在田野中將黄魚和豬肉放在一起吃,這是雷神最忌諱的,陳鸞鳳以此激怒雷神降臨;三是雷神降臨後又持竹炭刀砍傷雷神。雖然陳鸞鳳隨後也遭到了雷公各種各樣的報復,但終究還是最後的勝利者。前引裴鉶《傳奇》稱:"自後海康每有旱,邑人即醵金與鸞鳳,請依前調二物食之。持刀如前,皆有雲雨滂沱,終不能震。如此二十餘年,俗號鸞鳳爲雨師。"説明了此後雷州百姓求雨祈求的對象,已不再是來自外地的獸形雷公。相反,是通過陳鸞鳳用其特有的方法不斷脅迫雷公降雨,當地百姓也因此將陳鸞鳳尊奉爲"雨師"。

　　我們認爲"陳鸞鳳"的離奇故事有其深刻的寓意。陳鸞鳳極可能就是雷州本地雷神家族的子孫。根據宋代海南籍著名道士白玉蟾的記載,當時就有一種説法,認爲陳鸞鳳與雷州本地卵生雷神本來就是同胞兄弟。其《海瓊白真人語録》稱:

　　　　舊嘗記得一相知領雷州之日,初交割時,有大卵甚異,其大如

---

① (唐)李肇《唐國史補》卷下,《唐五代筆記小説大觀》,第 199 頁。

斗以上,至今留之,因是名以雷州。人謂此即陳鸞鳳之胞,然亦異哉! 陳果何物? 而弗爲五方蠻雷都總管哉![①]

而陳鸞鳳與獸形“雷公”的鬥爭,是雷州本地原來具有深厚民衆基礎的雷神——“陳義”,與來自外地的雷神之間的矛盾衝突,是雙方争奪神靈正統地位的鬥爭。根據《傳奇》的記載,外來的“豕首麟身”的雷神無法爲雷州民衆所尊奉。所謂“鸞鳳知雷無神”,尤其是陳鸞鳳所稱“上玄焉能使雷鬼敢騁其凶臆”? 一方面是對“上玄”即“上天”權威的嚴重質疑,另一方面則將獸形雷神直稱“雷鬼”,從而表現了對這種雷神的極大蔑視。另外,透過相關記載來看,唐朝官方在相當長的時間,並不願承認“陳義”這一地方性神靈,其間經過了相當激烈的矛盾衝突,才最終達成妥協。裴鉶記載“至大和中,刺史林緒知其事,召至州”。陳鸞鳳受到雷州刺史林緒的接見和肯定,喻示了官方預備重新確立雷神“陳義”在雷州的正統地位。

而以上裴鉶《傳奇》有關雷州雷神的内容,却遭到了宋明時期不少官員士大夫的强烈批判和指責。例如,南宋紹興二十二年(1152),李永年撰寫的《雷州重修威德王廟記》即稱:“昔唐裴鉶作書載:海康一男子,猝呼揮刃,與雷爲敵,且言震霆□□走,終以無患。志怪之士,肆其荒誕不經之談,布之人間,使庸人孺子,交口傳授,生慢易心,瀆净惑衆,害於教化,莫此爲甚。”[②]意即由於裴鉶《傳奇》一書使得雷神作爲

① （宋）彭耜等編《海瓊白真人語録》卷四,《道藏》第 33 册,北京:文物出版社等,1987 年,第 139 頁。

② （清）阮元《廣東通志》卷一五一《建置略二七》,上海:上海古籍出版社,1990 年,第 2770 頁。按該碑現存雷州雷祖祠東廳南室。由於碑文有殘泐,《廣東碑刻集》所作録文與此略異(見譚棣華等編《廣東碑刻集》,第 519 頁)。

神靈的威嚴喪失殆盡,民衆對雷神必生褻瀆輕慢之心,因而亦將極大地損害國家禮義教化的推行。

　　然而,裴鉶在同一時期實際上還通過《天威遥碑》塑造了另外一個完全不同的雷神。他用虔誠敬仰的態度,描述了雷神在唐朝國家開鑿安南海上運河——"天威遥"過程中神勇無比,因而給予了極其正面的頌揚①。我們認爲《天威遥碑》中的雷神,應該是指雷州本地的雷神。而且裴鉶的《天威遥碑》撰於咸通九年(868),與咸通十二年唐朝官方重建雷州雷神廟有直接關係。對此,我們將在後面進一步討論。

四　唐宋雷州半島有關雷神的神迹崇拜和祭祀禮儀

(一)唐宋雷州半島的雷神神迹崇拜

　　漢唐時代的雷神雖然被視爲天帝使者,但是,在國家祭祀禮制以及在民間信仰中,地位一直都比較低。然而,雷神在雷州半島等地却被尊奉爲最重要的神靈,並由此形成了一系列神迹崇拜和祭祀禮儀。薛愛華稱,"雖然祭祀雷神儀式的古老程度不能確定,但是至遲在唐朝已經相當完善了"②。對此,我們試作專門討論。房千里《投荒雜録》記載了雷州祭祀雷神的禁忌和禮儀,其文曰:

　　　　其事雷,畏敬甚謹,每具酒殽奠焉。有以彘肉雜魚食者,霹靂輒至。南中有木名曰棹,以煮汁漬梅李,俗呼爲棹汁,雜彘肉食者,霹靂亦至。犯必回應。……或陰冥雲霧之夕,郡人呼爲雷耕。曉視野中,果有墾迹,有是乃爲嘉祥。又時有雷火發於野中,每雨

---

① 參見本書第二章第三節,又見王承文《晚唐高駢開鑿安南"天威遥"運河事迹釋證——以裴鉶所撰〈天威遥碑〉爲中心的考察》,第631—636頁。

② Edward H. Schafer, *The Vermilion Bird*: *T'ang Images of The South*, p.105.

霽，得黑石，或圓或方，號雷公墨。凡訟者投牒，必以雷墨雜常墨書之爲利。人或有疾，即掃虛室，設酒食，鼓吹旛蓋，迎雷於數十里之外。既歸，屠牛彘以祭，因置其門，隣里不敢輒入。有誤犯者爲唐突，大不敬，出猪牛以謝之。三日又送，如初禮。①

唐末廣州司馬劉恂在其所撰《嶺表録異》中，亦記載雷州的雷神信仰曰：

> 雷州之西雷公廟，百姓每歲配連鼓雷車。有以魚彘肉同食者，立爲霆震，皆敬而憚之。每大雷雨後，多於野中得鷩石，謂之雷公墨。叩之鏗然，光瑩如漆。又如霹靂處，或土木中，得楔如斧者，謂之霹靂楔。小兒佩帶，皆辟驚邪。孕婦磨服，爲催生藥，必驗。②

宋明時期的典籍對以上兩種記載的徵引十分廣泛。唐代雷州的神迹崇拜主要表現在：（1）關於"雷耕"、"擎雷山"、"驚雷水"以及"英靈岡"。《投荒雜録》稱："或陰冥雲霧之夕，郡人呼爲雷耕。曉視野中，果有墾迹。有是乃爲嘉祥。"可見所謂"雷耕"就是田野中出現的雷神耕耘過的痕迹，雷州人將其視爲祥瑞③。雷州有與雷神相關的"擎雷山"和"驚雷水"。宋代祝穆《方輿勝覽》記載雷州有擎雷山，"在

---

① 《太平廣記》卷三九四"陳義"條引，第 3150 頁。
② 《太平廣記》卷三九四引《嶺表録異》，第 3149 頁；（宋）王存撰，王文楚、魏嵩山點校《元豐九域志》附録《新定九域志》卷九《雷州·威化雷公廟》條引，北京：中華書局，1984 年，第 704 頁。
③ （清）屈大均《廣東新語》卷一《天語·雷耕》則有對"雷耕"的不同解釋，稱"相傳雷州陰晦之夕，謂之雷耕。曉視田中有開墾迹，非雷耕也。雷州地暖，春初時雷始發聲，農則舉趾而耕，故曰雷耕。雷出田中，故疑有開墾之迹也。又雷州無日不雷，故農人無日不耕"，"雷人之耕，蓋有異乎他郡之耕也，故曰雷耕"（第 17—18 頁）。

海康縣南八里。昔被雷震而有水"①。宋代潘自牧《記纂淵海》卷一六
記載"擎雷山,在海康縣,被雷震成水,曰驚雷水"。雷州還有屬於雷神
出生地的"英靈岡","在城北五里,爲郡治主山。相傳雷出於此,英靈
顯異,故名。又名鳥卵山"②。

　　(2)關於"雷公墨"。唐、宋時代,雷州等地出産一種代表雷神降
臨的"雷公墨"。《投荒雜録》稱:"又時有雷火發於野中,每雨霽,得黑
石,或圓或方,號雷公墨。凡訟者投牒,必以雷墨雜常墨書之爲利。"將
"雷公墨"用於訴訟投牒即能獲勝,其寓意應該是雷公能夠主持公道。
"雷公墨"還可以用於治病,實際上喻示其有辟邪的功效。

　　(3)關於"雷斧"。"雷斧"又稱"霹靂斧"或"霹靂楔"等。"雷斧"
是傳說中雷神用以引發霹靂的工具。因其形如斧,故名。唐李肇《唐
國史補》卷下稱雷州人"有收得雷斧、雷墨者,以爲禁藥"。劉恂《嶺表
録異》稱"又如霹靂處,或土木中,得楔如斧者,謂之霹靂楔。小兒佩
帶,皆辟驚邪。孕婦磨服,爲催生藥,必驗"。唐代封演稱:"夫雷者,陰
陽薄觸之爲耳。激怒尤盛,或當其衝,則謂之'霹靂'";"人間往往見
細石,赤色,形如小斧,謂之'霹靂斧',云:'被霹靂處皆得此物'"③。
唐宋人都非常强調其藥用價值。宋唐慎微《證類本草》稱:"霹靂鍼,
無毒,主大驚,失心恍惚,不識人,並下淋。磨服,亦煮服。此物伺候震
處,掘地三尺得之,其形非一,或言是人所造,納與天曹,不知事實。今
得之,亦有似斧刃者,亦有如剗刃者,亦有安二孔者。一用人間石作

①　《方輿勝覽》卷四二,第 761 頁。
②　(清)郝玉麟《廣東通志》卷一三《山川志·雷州》,第 351 頁。
③　(唐)封演撰,趙貞信校注《封氏聞見記校注》卷八"霹靂石"條,北京:中華書局,1958 年,
　　第 72 頁。

也。"其注又稱"出雷州","因雷震後,時多似斧,色青黑斑文,至硬如玉。作枕,除魔夢,辟不祥,名霹靂屑也"①。宋代沈括《夢溪筆談》對此解釋稱:

> 世人有得雷斧、雷楔者,云雷神所墜,多於震雷之下得之。……楔乃石耳,似斧而無孔。世傳雷州多雷,有雷祠在焉,其間多雷斧、雷楔。按《圖經》雷州境内有雷、擎二水,雷水貫城下,遂以名州。如此則雷自是水名,言多雷乃妄也。然高州有電白縣,乃是鄰境,又何謂也?②

沈括對宋初《雷州圖經》有關雷州地名來源於雷水的説法提出了質疑。至於唐代雷州百姓崇拜"雷公墨"和"雷斧"的習俗,一直到明清時代仍然被延續和保留③。明《正統道藏》所收《道法會元》約出於明初,編撰人不詳,係匯編宋元道教諸符籙道派法術著作而成。該書記載:"大凡雷嗔木石,用鐵畫痕,或間有以雄黄填顯者。嗔人多用雷楔擊之。楔乃東海蓬萊山所産,亦名石脂,今雷州人多有收得者。可磨與小兒服餌,止驚去邪氣。醫者多不明楔出之源。雷州人云:一番大雷迅風,間有飛落。但大小形塊不同,堅如金石,磨有光艷,沉黑至重。逮至雷州,每一年之間,百十番大雷飛電,遇者常惑。原其所由,蓋雷州多雷,乃雷霆所管之分野也。又曰地近蓬萊司,故多雷,號曰雷州。州之有祠,官民甚畏其威靈也。"④

(4)關於"雷㒩"或"雷豬"、"雷子"。李肇《唐國史補》稱"雷州春

---

① (宋)唐慎微《證類本草》卷三,《景印文淵閣四庫全書》第 740 册,第 12 頁。
② (宋)沈括《夢溪筆談》卷二〇《神奇》,上海:上海書店,2009 年,第 167 頁。
③ (清)屈大均《廣東新語》卷六《神語·雷神》,第 179 頁。
④ 《道法會元》卷七三《天書雷篆上·太極沖應仙翁葛玄傳集》,《道藏》第 29 册,第247 頁。

夏多雷,無日無之。雷公秋冬則伏地中,人取而食之,其狀類彘"①。
"雷彘"爲何會在秋冬季節蟄伏在土地中,並且爲人掘出食用呢?由於
李肇從未到過嶺南,宋明時代,不少人士都在著述中對此表示疑惑,或
者直接斥爲荒誕不經。而明代方以智對此却有專門的解説,稱"雉與
斑蛇交,入土爲蛟屬。閩人謂之蛟筍,望地氣而知之,掘而食之,猶雷
州人掘雷子而食之也。雷子即蛟筍類,頭似烏味,得火土之氣而
生"②。這種埋在土壤中的所謂"雷子"或"雷彘",很可能是指一種雷
雨催生的菌類植物。至於"其狀類彘",則可能是李肇根據各地雷神的
形象而作的想像了。

(二)唐宋雷州半島等地祭祀雷神的禮儀

唐宋時期雷州等地的雷神祭祀形成了非常嚴格的儀式。前引裴
鉶《傳奇》稱"海康者,有雷公廟,邑人虔潔祭祀","邑人每歲聞新雷
日,記某甲子,一旬復值斯日,百工不敢動作,犯者不信,宿必震死。其
應如響"。可見,當地老百姓的生活作息以及各行各業都是依據雷聲
的出没來決定的。雷州等地亦形成了非常嚴格的飲食禁忌。李肇《唐
國史補》稱在雷州,將彘肉"與黄魚同食者,人皆震死"③。《嶺表録異》
也稱"有以魚彘肉同食者,立爲霆震,皆敬而憚之"。至於雷州雷神之
所以特别禁忌豬肉和魚肉同食的原因,蕭璠認爲是因爲豬食人糞便因

---

① (唐)李肇《唐國史補》卷下,《唐五代筆記小説大觀》,第 199 頁。
② (明)方以智《物理小識》卷一一"蛟筍"條,《景印文淵閣四庫全書》第 867 册,第962 頁。
③ (唐)李肇《唐國史補》卷下,《唐五代筆記小説大觀》,第 199 頁。

而雷神嫌惡猪肉的緣故①。從王充《論衡·雷虛篇》到唐代《新修本草》等不少資料,證明漢唐時期的確有用人糞便飼養猪的傳統習俗。然而,這一觀點還可進一步討論。例如,《投荒雜録》即稱:

> 有以羆肉雜魚食者,霹靂輒至。南中有木名曰桙,以煮汁漬梅李,俗呼爲桙汁,雜羆肉食者,霹靂亦至。犯必回應。

以上説明在雷州,既不能把猪肉與魚肉混合在一起食用,亦不能把桙樹汁與猪肉混合在一起。否則,雷電霹靂就會立即降臨。因此,猪肉的潔淨與否應該不是其中最關鍵的原因。

當然,以上這些記載,應該與雷州人對雷電本身的敬憚和崇拜也有關係,不能説都源於對雷神"陳義"(或"陳文玉")的信仰。

劉恂《嶺表録異》又記載"雷州之西雷公廟,百姓每歲配連鼓雷車"。雷與鼓的關係密切。漢代緯書《河圖帝通紀》稱:"雷,天地之鼓也。"②所謂"連鼓",在古代祭祀禮儀中,往往根據神靈的尊卑等級,將八面、六面、四面或兩面等數量不同的鼓連結在一起。其中"雷鼓"爲八面之鼓。《周禮·地官·鼓人》稱:"以雷鼓鼓神祀。"鄭玄注:"雷鼓,八面鼓也。神祀,祀天神也。"③因此,唐代雷州雷公廟中的"連鼓",是把雷神當作"天神"祭祀的證明。至於"雷車",東漢王充《論

---

① 蕭璠《關於兩漢至魏晉時期養猪與積肥問題的若干檢討》,原載《"中研院"歷史語言研究所集刊》第五十七本第四分,1986 年。收入蒲慕州編《生活與文化》,北京:中國大百科全書出版社,2005 年,第 146—162 頁,

② (唐)歐陽詢《藝文類聚》卷二《天部下·雷》引《河圖帝通紀》,上海:上海古籍出版社,1995 年,第 34 頁。

③ (漢)鄭玄注,(唐)賈公彦疏《周禮注疏》卷一二《鼓人》,(清)阮元校刻《十三經注疏》,北京:中華書局影印,1980 年,第 720 頁;參見(漢)許慎《説文解字》卷五"鼓"條,北京:中華書局影印,1963 年,第 102 頁。

衡》記載雷神布雷,將雷放在"雷車"上推而散之①。成書於元末明初的道教科儀書《道法會元》稱"雷州獻鼓於雷神,故知雷神亦有用人世物變化者也。至於神祇鬼物幽爽之類,亦欲得人世紙馬爲冥漠之用,是亦一變化也"②。"連鼓雷車"作爲唐朝雷州一種特定的祭祀雷神的方式,直到清朝也一直被沿用③。

古代嶺南各地長期盛行通過向神靈禱告和祭祀的方式來治病。前引蘇軾《雷州八首》稱"粵嶺風俗殊,有疾皆勿藥。束帶趨房祀,用史巫紛若",即與此相關。宋初《高州圖經》稱:"此間飲食粗足,絶無醫藥,土人遇疾,惟祭鬼以祈福。"④而"絶無醫藥",則更加突出了巫覡和鬼神祭祀的昌盛。房千里《投荒雜録》記載雷州通過祭祀向雷神禱告來治病的情形:"人或有疾,即掃虛室,設酒食,鼓吹旛蓋,迎雷於數十里外。既歸,屠牛彘以祭,因置其門。隣里不敢輒入,有誤犯者爲唐突,大不敬,出猪牛以謝之。三日又送,如初禮。"⑤

宋代還有兩條極具典型意義的記載,詳盡地叙述了唐宋時期嶺南西部祭祀雷神的禮儀以及向雷神祈禱以治病的具體情形。北宋末年,宰相蔡京之子蔡絛被流放在嶺南西部的白州(今廣西博白縣),他認爲嶺南民間社會中對雷神的祭祀與先秦國家祭祀天神的禮儀有相通之處。其文曰:

> 古者祀天必養牲,必在滌三月,他牲唯具而已。又凡祭祀之

---

① 黃暉撰《論衡校釋》卷六《雷虛篇》,第 294 頁。
② 《道法會元》卷一三一,《道藏》第 29 册,第 645 頁。
③ (清)屈大均《廣東新語》卷六《神語·雷神》,第 201 頁。
④ 《輿地紀勝》卷一一七《高州》引,第 3778 頁。
⑤ 《太平廣記》卷三九四"陳義"條引,第 3150 頁。

禮,降神迎尸矣,而後始呈牲。牲入,於是國君帥執事親射之焉。至漢魏而下有國有家者,此禮寖日闕,獨五嶺以南俚俗猶存也。今南人喜祀雷神者,謂之天神。(案陳時人陳銔者,捕獵得巨卵于叢棘中,攜歸,雷雨暴至,卵開得一男子,其手有文,左"雷"右"州"。太(大)業三年,爲雷州刺史,名文玉。既没,屢著神異。民因祀爲"雷神"。)祀天神必養大豕,目曰神牲。人見神牲則莫敢犯傷,養之率百日外,成矣始見而祀之。獨天牲如此,他牲則但取具而已。大凡祭祀之禮,既降神,而後始呈牲。於是主人者同巫覡而共殺之,迺畀諸庖烹而薦之焉。又,遇逐惡氣、禳疾病,必礫犬,與古同,殊有可喜者。則傳謂"禮失求諸野",信然。①

周去非從南宋孝宗乾道七年(1171)開始,仕宦廣西欽州和桂林長達六年,他對嶺南把雷神作爲"天神"祭祀的禮儀也作了專門記載:

> 廣右敬事雷神,謂之天神,其祭曰祭天。蓋雷州有雷廟,威靈甚盛,一路之民敬畏之,欽人尤異。圜中一木枯死,野外片地草木萎死,悉曰天神降也。許祭天以禳之。苟雷震其地,則又甚也。其祭之也,六畜必具,多至百牲。祭之必三年,初年薄祭,中年稍豐,末年盛祭。每祭則養牲三年,而後克盛祭。其祭也極謹,雖同里巷,亦有懼心。一或不祭,而家偶有疾病、官事,則鄰里親戚衆尤之,以爲天神實爲之災。②

可見,嶺南西部祭祀雷神的禮儀具有鮮明的特點。首先,以上所謂"今南人喜祀雷神者,謂之天神",而蔡絛又明確注明是指雷州的雷神陳文

---

① (宋)蔡絛撰,馮惠民、沈錫麟點校《鐵圍山叢談》卷四,第74—75頁。
② 《嶺外代答校注》卷一〇《志異門·天神》,第433頁。

玉。"嶺右"即嶺南西部(宋稱廣南西路)是用古代祭"天"的禮制來祭祀的。在中國古代傳統宗教中,其神靈系統可以劃分爲天神、地祇、人鬼、物靈四大類。其中天界的"天神"以昊天上帝爲最高神,其次是五方天帝,最後是日月星辰、風雨雷電、司命司中司民司禄等。而在儒家祭祀禮制中,"天"就是指昊天上帝,祭天即祭昊天上帝。祭天本身則屬於歷代帝王所獨擅的特權,任何人都不能染指。唐宋時期的雷州和"嶺右"將雷神"陳文玉"奉爲"天"或"天神"來祭祀,顯然不是以中原王朝的正統禮制爲基礎,而是以嶺南南部沿海本地的宗教傳統爲依據的。

其次,蔡絛所謂"至漢魏而下有國有家者,此禮寖日闕,獨五嶺以南俚俗猶存也",意思是説唐宋嶺南有關雷神的祭祀,與某些已經失傳的先秦國家祭祀上帝或祖先的禮儀有關。其中包括"神牲"或"天牲"的選定。周去非所稱"其祭之也,六畜必具,多至百牲",儒家祭祀禮制中的"六畜",指馬、牛、羊、雞、犬、豕等牲畜。對於祭"天"等極其重要的祭祀,周代禮制有"卜牲繫養"的規定。祭祀所用的牛羊豕等,在三個月之前,由君主親自視察,擇其大小毛色,通過占卜來選擇。然後,將卜定的犧牲再交由"充人"在牢圈中繫養三個月,方能充當祭品。其原因是爲了讓牲口膘肥體潔,使之符合祭品"牲牷肥腯"的要求,以表達祭祀者的慎重和虔誠。經過三個月牢養的犧牲與牧牲不同,稱之爲"牢"①。如果繫養期間卜定的犧牲受傷,就要改卜備用的牛羊;如果

---

① 《禮記正義》卷四八《祭義》稱:"古者天子諸侯,必有養獸之官。及歲時,齋戒沐浴而躬朝之。犧牷祭牲,必於是取之,敬之至也。君召牛,納而視之;擇其毛而卜之;吉,然後養之。"(《十三經注疏》,第1597頁)

改選的牛羊又受傷或死亡，就可能要廢除此次祭祀①。蔡絛所謂"祀天神必養大豕，目曰神牲。人見神牲則莫敢犯傷，養之率百日外，成矣始見而祀之。獨天牲如此"，以及周去非所謂"祭之必三年，初年薄祭，中年稍豐，末年盛祭。每祭則養牲三年，而後克盛祭"，均與此相關。另外，蔡絛所稱嶺南"遇逐惡氣、禳疾病，必磔犬"，即通過殺狗來抵禦蠱氣侵害的做法，亦與先秦時期的禮俗相通②。

周去非所稱"於是主人者同巫覡而共殺之"，證明了這種將雷神當作"天"或"天神"的祭祀，屬於嶺南民間社會中的祭祀方式，與宋代官方在雷州雷神廟的祭祀有明顯差異。而所謂"其祭之也，六畜必具，多至百牲"，則説明能進行如此大規模祭祀的亦決非普通民衆，而是嶺南西部的地方豪族。我們還要強調的是，以上宋人有關嶺南雷神祭祀禮儀的記載，應該是唐朝或唐以前一直沿襲下來的傳統。至於現存唐朝或唐以前的典籍中缺乏相關記載的主要原因，是因爲嶺南地處邊遠荒裔，相關文獻記載本身嚴重闕略，而不能將以上内容理解爲只是宋代才存在的現象。

最後，周去非所説的"廣右"和"一路之民"，是指宋代包括雷州在内的廣南西路全部，證明雷州雷神的影響已遠遠超出了雷州半島本身，已經包括了北部灣沿岸和嶺南西部各地。所謂"欽人尤異"，則説

---

① 參見詹鄞鑫《神靈與祭祀：中國傳統宗教綜論》，南京：江蘇古籍出版社，1992年，第231、286頁。

② 先秦即有"伏祭"的傳統，人們認爲初伏的日子有蠱氣侵害。《史記》卷五《秦本紀第五》記載，秦德公"二年，初伏，以狗禦蠱"（第184頁）；《史記》卷二八《封禪書第六》記載："秦德公既立……作伏祠。磔狗邑四門，以禦蠱災。"司馬貞《史記索隱》稱："服虔云'周時無伏，磔犬以禦災，秦始作之。'"（第1360頁）所謂"磔"，是將牲體剖剥乾净後，用竹片等將其腹腔張開掛在通風處，以防止其變質。

明了欽州等地的民衆對雷州雷神廟的崇拜和祭祀特別突出。而"圃中
一木枯死,野外片地草木萎死,悉曰天神降也。許祭天以禳之","一或
不祭,而家偶有疾病、官事,則鄰里親戚衆尤之,以爲天神實爲之災"。
説明雷神對人們日常生活和精神世界的影響,確實已經達到了無以復
加的程度。當然,"廣右"民衆心目中的雷神或祭祀的雷神,未必一定
都是指雷州的"陳文玉",有可能是對雷聲或雷電本身的崇拜。不過,
周去非在此特地强調雷州雷廟"威靈甚盛",則説明雷州"陳文玉"信
仰對嶺南各地雷神崇拜的發展有重要推動意義。歷史資料證明,從晚
唐開始,嶺南雷神信仰的地域空間範圍及其影響都有進一步擴大的趨
勢,其原因應與唐朝以後中央王朝的尊崇以及"神道設教"的統治方式
直接相關。

五 晚唐及以後中央王朝與雷州半島雷神崇拜的關係

(一)雷州雷神廟與晚唐中央以及南漢王朝的關係

有關雷州半島雷神廟最初修建的年代,根據北宋前期吳千仞《英
山雷廟記》等的記載,早在陳文玉作爲陳朝雷州刺史去世之後,當地就
修建了供奉他的雷神廟①。今雷州市白院雷祖祠内《重修威德王廟
記》碑,爲北宋徽宗宣和三年(1121)雷州州學教授蔣炳文所撰。碑文
亦稱:"神之聰明正直,廟食一方,積有年矣。自陳太建中,刺史以其靈
異,請更郡名爲雷,既而置宫宇,嚴貌像,春秋奠饗不輟。歷陳至隋,已
迄五代。"②

① (宋)吳千仞《英山雷廟記》,《(萬曆)雷州府志》卷一一《秩祀志》,收入《廣東歷代方志
集成》,第157—158頁。
② (宋)蔣炳文《重修威德王廟記》,載譚棣華等編《廣東碑刻集》,廣州:廣東高等教育出版
社,2001年,第517頁。

　　然而,宋初樂史《太平寰宇記》却記載,雷州有"雷公廟,在州西南七里。咸通十二年(871)置"①。唐末劉恂《嶺表録異》中也稱"雷州之西雷公廟,百姓每歲配連鼓雷車。"不過,雷州半島既然有如此興盛的雷神崇拜,不太可能晚至唐懿宗咸通十二年才有雷公廟的修建。根據前引裴鉶所撰《傳奇》,早在唐憲宗元和(806—820)年間之前,雷州即"有雷公廟,邑人虔潔祭祀,禱祝既淫,妖妄亦作"。這條資料也説明了在較長時期,雷州雷公廟可能都屬於"淫祠"的範疇。而"咸通十二年"應當是雷州雷神廟具有關鍵意義的一年。因爲這一年的雷公廟應是唐朝官方正式修建的,而且與官方對雷神祭祀的直接控制與規範有關。

　　至於晚唐官方在雷州正式建置雷神廟的原因,我們認爲與高駢開鑿安南"天威遥"運河一事有關。唐懿宗咸通七年,高駢率大軍從南詔手中收復安南都護府。唐朝於安南設置了静海軍,高駢升爲静海軍節度使。唐懿宗咸通九年,高駢在安南都護府所屬的陸州(今廣西防城港市白龍區的白龍半島上)開鑿了一條海上運河——"天威遥"。裴鉶作爲高駢的幕府從事,受命撰寫了《天威遥碑》,詳細記載了雷神在"天威遥"運河開鑿中所發揮的關鍵作用。高駢還特地在"天威遥"運河旁建立了專門祭祀雷神的"神室雷祠"。由於高駢在安南戰功顯赫,並且在晚唐政壇上獲得了極高的聲譽和地位,因此,咸通十二年唐朝特地在雷州重建了雷神廟②。與裴鉶《傳奇》一書中"爲神不福"被貶斥爲"雷鬼"的神獸雷神完全不同,裴鉶《天威遥碑》中的雷神,則被塑

①　《太平寰宇記》卷一六九《雷州》,第 3232 頁。
②　參見本書第二章第三節。另見王承文《晚唐高駢開鑿安南"天威遥"運河事迹釋證——以裴鉶所撰〈天威遥碑〉爲中心的考察》,第 631—640 頁。

造成爲"護國佑民"的國家神靈。因此,我們認爲咸通十二年雷州雷神廟主要供奉的,應是雷州本地的雷神——"陳義"。

而大量史料記載也證明了從晚唐開始,雷州雷神廟應以崇祀雷州本地的雷神爲中心。前引北宋雷州知府吳千仞《英山雷廟記》記載:

> (陳文玉)歿後,神化赫奕,震霹一方。郡民就州之西南隅中,置立廟堂三間,塑雷神十二軀,應十二方位,各飾神冠,執劍刀、斧鉞之類。至於雷公電母、風伯雨師、輪鼓電火,各以板圖像,列於廟間。春秋刺史躬祀。至乾化二年(912)八月十六夜,颶風大作,殿堂忽失二大樑,訪尋莫知所在。有地名英榜山,原立石神,去州五里許。時有軍士入山採木,忽見二大樑在石神之西,因申州,尚書率官吏詣其所,驗之,乃廟堂所失之樑也。蓋知神托風雨遷移,若有擇地而居。知州謂其靈異,構材連石神,造廟宇。自是神靈益顯,官吏祈禱,應如影響。……至僞漢大有庚子歲正月十五夜,廟門井中忽音樂振作,入抵廟正殿。詰旦,廟令陳延長以爲申州。知州封尚書率官吏詣廟,見有神龍行迹,鱗爪印地,遺流涎沫,直上正殿,久而不散。尚書具由奏聞。就當年八月,上命差內班薛譽就州,重修廟堂,增置兩廟、兩門、三門,始封爲靈震王,而石神封廟內土地……至僞漢大寶乙巳歲,命重賜冠帶、牙笏、衣帳、祭器若干件。[①]

以上記載,對於弄清從晚唐至宋代雷州雷神廟的演變過程具有十分重要的意義。首先,以上記載證明了在後梁"乾化二年"之前即唐朝供奉

---

① (宋)吳千仞《英山雷廟記》,(明)歐陽保《(萬曆)雷州府志》卷一一《秩祀志》,收入《廣東歷代方志集成》,第157—158頁。

“陳文玉”的雷神廟,是“郡民就州之西南隅中,置立廟堂三間”,此與晚唐劉恂《嶺表録異》所稱“雷州之西雷公廟”基本符合,同時也符合《太平寰宇記》有關咸通十二年雷州“雷公廟,在州西南七里”的記載。廟中所“塑雷神十二軀”,也是代表“陳文玉”的。而所謂“雷公電母、風伯雨師、輪鼓電火,各以板圖像,列於廟間”,則説明了與廟中陳文玉的塑像不同,作爲陪襯的獸形“雷公”和其他神靈,都是用圖板的形式來表現的。因而也進一步證明了唐咸通十二年經過官方重建的雷公廟,應以雷州本地的雷神即“陳文玉”爲中心。今立於雷州市附城區英山村雷祖降誕處的《重修威德王廟碑》,爲南宋雷州刺史何□顯於紹興二十八年(1158)九月撰寫,該碑亦記載:“舊廟處州西南之小崗,塑神十有三,中一爲主,侍從十二神皆穿靈衣,執叉戟劍鉞之類。風神雨師,鼓輪電丈,罔有不備。”①所謂“中爲一主”是指雷神“陳義”的真身。而其他“十二神”應爲雷神應對“十二方位”的神格。

　　至於吳千仞所稱“春秋刺史躬祀”,即唐朝雷州刺史在春、秋兩季必須親自到雷神廟進行祭祀。這説明了雷神“陳義”已被唐朝官方承認,並被正式納入官方祀典。然而,對雷州本地雷神“陳義”的祭祀權,却由唐朝官方掌握。在古代社會中,祭祀權力就是政治權力的象徵,同時又是以政治權力作爲保證的。至於與雷神“陳義”有關的雷神家族——雷州“陳氏”,可能享有“免差役”②的優待,並參與雷神廟的維護管理,但是從晚唐五代直到明清,一直都只是作爲一種輔助性的角色出現。

　　所謂“春秋刺史躬祀”還具有重要的象徵意義。春、秋祭祀與農業社會有關。春祭預示着萬物復蘇,而秋祭則代表豐收。通過祭祀以乞

① （宋）何□顯《重修威德王廟碑》,載譚棣華等編《廣東碑刻集》,第572頁。
② （乾隆）《雷祖後裔族譜記碑》,載譚棣華等編《廣東碑刻集》,第573—574頁。

求雷神保祐四季應時,風調雨順。這種官方祭祀儀式既具有宣示並强化國家存在的意義,同時也代表官方在祈求雷神的福佑中發揮了主導作用。楊慶堃指出,"官方信仰和民間信仰之間的區別是前者的祭祀總是於春秋兩季開始時舉行,而後者的祭祀則通常是在神靈生日之時舉行。春秋兩季官方的獻祭具有雙重意義。第一,它與生命輪回的重要觀念相關,這對於生活在農業社會的人非常重要,而且一定要由官方控制。第二,所有官祭舉行的時間都是固定的,宗教傳統對帝國的延續起到一體化和普及化的效果"①。

其次,現存的雷州市雷神廟應始建於五代十國後梁乾化年間。公元907年,唐朝滅亡。公元917年,劉龑正式稱帝,建立南漢王朝。因此,乾化二年(912)主持雷神廟重建的,實際上是割據嶺南的劉氏政權。而在乾化二年之前,雷神廟實際上還有一次短暫的遷徙。《太平寰宇記》記載,"朱梁開平三年(909),曾移州於驚雷江源。至劉氏僭命日,却歸海康"②。前引南宋雷州刺史何□顯所撰《重修威德王廟碑》亦稱:"開平四年庚午,黎賊剽掠,廟隨州徙"③。可見,雷神廟地址隨雷州治所而變遷,包括有關乾化二年雷神廟位址變遷的神話,其實均與南漢劉氏政權高度重視雷神廟有關。而重建的雷神廟,實際上又是以原英榜山石神廟爲基礎而成的。所謂"石神",應是當地民衆很久以來一直信奉的地方神靈。宋代蔣炳文所撰《重修威德王廟記》碑記載:"石神者,民俗所立,莫知從來,水旱祈禱,應如影響,衆尤欽之。"④

---

① 〔美〕楊慶堃著,范麗珠等譯《中國社會中的宗教》,上海:上海人民出版社,2007年,第144頁。
② 《太平寰宇記》卷一六九《雷州》,第3231頁。
③ 譚棣華等編《廣東碑刻集》,第572頁。
④ 譚棣華等編《廣東碑刻集》,第517頁。

南宋紹興二十二年（1152），李永年所撰《雷州重修威德王廟記》碑亦稱：“按《圖志》與丁丞相謂：舊廟本在西南山岡，梁開平中，廟隨州徙。又二年，一夕颶風暴作，宇内失二梁所在，舉郡駭異，尋訪乃遷於石神之廟，號英榜山者。人知神之意，即其地建廟，與石神相並。雨師風伯，鼓輪電火，咸有位序。而山形俯視城社，峻峙岑鬱，實一郡之望。”①以上所謂“丁丞相謂”，即宋仁宗天聖年間謫居雷州的前參知政事丁謂。

　　根據吳千仞記載，雷神廟經過南漢劉氏政權的重建，“自是神靈益顯，官吏祈禱，應如影響”，反映了在南漢官方的直接推動下，雷神廟的影響在不斷擴大。明萬曆《雷州府志》卷一一《秩祀志》又記載：

　　　英山雷廟，在郡城西南八里英榜山。古《記》陳太建間，陳文玉登第，爲本州刺史，殁後神靈顯著，州人立祠祀之，鄉稱爲雷種，故以雷名廟。舊在州東北五里英靈村，後梁乾化間，風飄廟宇二梁於英榜山石神堂西，因徙廟就焉。東仍塑石像，西塑漢李太尉像，列而爲三。南漢大有十三年封靈震王，大寶十三年增封靈顯明昭德王。②

以上稱“雷廟”最初是在“州東北五里英靈村”，即當年“陳義”的出生地，應有誤。因爲所有唐宋材料，均證明了最初的雷神廟建置在“州之西南隅”。不過，該書所記載的五代時期重建的雷神廟内部的格局，却有重要價值。其正殿内供奉三尊神像，中間是雷神陳文玉，其西邊是李太尉即李廣，其東邊則是英山石神。南漢王朝本身没有被稱爲李廣的太尉或大將軍。至於其中塑漢代大將李廣之像以陪祀雷神的原因，一方面應與南漢劉氏自稱漢代皇室後裔有關，另一方面則試圖借重漢代李廣作爲"飛將軍"的神威，協助雷神鎮服邊陲蠻裔。今雷祖祠大殿前崇墀庭下仍砌有石欄，欄上有數尊石人跪拜。按照地方史志的記載，石人屬於爲雷神陳文玉所收服的南方土著叛亂首領，"後梁開平四年（910）（雷）神所收黎賊孟喜等所化也"①。2010 年 2 月和 2012 年 2 月，我曾經兩次專門參訪了今湛江雷州市的雷祖祠。該廟被列爲全國重點文物保護單位，建築古樸端莊，規模宏大，面積五千多平方米，而其主殿內外則仍然沿襲了五代初期的基本格局。

　　第三，中央王朝對雷州雷神的正式賜封亦開始於南漢。最新的研究表明，與五代十國時期北方各代王朝無意封神的態度相對照，南方各國都積極推行封神運動，並形成了"南熱北冷"的現象。這些南方王國均重視那些在大一統王朝眼中"偏居一隅"的神祇，通過官爵收編祠祀信仰以積累統治威望②。南漢作爲割據嶺南的王朝，本身具有比較明顯的本土化傾向③。在南漢國家祭祀領域，包括在其"境內置五嶽"等④，對嶺南原有的各種著名的神靈或廟宇給予尊崇和封贈，如廣州南海神廟、德慶悦城龍母廟、高州洗夫人廟，與道士葛洪有關的羅浮山沖

① （清）雷學海《雷州府志》卷八《壇廟》，嘉慶十六年（1811）刻本，收入《廣東歷代方志集成》，第 256 頁。
② 參見楊俊峰《五代南方王國的封神運動》，《漢學研究》第二十八卷第二期，2010 年 6 月，第 327—362 頁。
③ 王承文《唐代北方家族與嶺南溪洞社會》，《唐研究》第二卷，北京：北京大學出版社，1996 年；Steven B. Miles，"Rewriting the Southern Han（917-971）：The Production of Local Culture in Nineteenth-Century Guangzhou"，*Harvard Journal of Asiatic Studies*，62：1（2002），pp.39-75。
④ （清）吳蘭修撰《南漢紀》卷二《高祖紀》，《五代史書彙編》第 10 册，第 6617 頁。

虛觀、與禪宗六祖惠能有關的新州國恩寺和粵北韶州南華寺等等。此外，還包括對來自嶺南邊遠之地原本名不見經傳的大量地方性神靈亦封賜爵位①。南漢王朝試圖以此和嶺南各地基層社會建立直接關係。

　　屈大均稱雷州雷神廟"廟名'靈震'，創於陳，禋祀於僞南漢"②。所謂"禋祀"，是指古代帝王祭祀昊天上帝的禮儀。而前引宋代蔡絛《鐵圍山叢談》和周去非《嶺外代答》均明確記載，在嶺南地區被奉爲"天"或"天神"的雷神就是指"陳文玉"。至於前引吳千仞所稱"僞漢大有庚子歲"，是指南漢高祖劉龑大有十三年（940）。因爲"神龍行迹，鱗爪印地，遺流涎沫"，所以南漢皇室與雷州雷神廟之間的關係得以確立。當年八月，劉龑派遣"差内班"即宮廷宦官薛譽重修了雷神廟，又封雷神爲"靈震王"。至南漢後主劉鋹大寶十三年（970），封靈明昭德王，或稱靈順明正昭德王。而原英榜山石神廟中的石神則被封爲"靈應公"。南漢皇帝除了賜給雷神"冠帶、牙笏、衣帳、祭器若干件"之外，據明朝海康知縣張和所撰《英山雷廟記》記載，英山雷廟"舊有祭田一庄五頃四畝六分，屬海康陳、吳二姓主之。銀香爐三個、銀瓶三副、銀燭臺三副、銀爵三個、銀碗三個、銀筯三雙、銀帶三圍、銀台盤一個、金盞一個，共銀二百餘兩，俱南漢朝所施物"③。南漢王朝對雷州雷神的加封王爵，既符合"爵賞有功"的封贈原則，也體現了王權高於神權。而吳千仞所記載的南漢大有年間"廟令陳延長"，應屬於與

① （清）吳蘭修撰《南漢紀》卷二《高祖紀》，《五代史書彙編》第 10 冊，第 6617 頁；（清）梁廷枏輯《南漢叢錄》卷二，《五代史書彙編》第 10 冊，第 6590-6591 頁。
② 《廣東新語》卷六《神語·雷神》，第 201 頁。
③ （康熙）吳盛藻修《雷州府志》卷一〇《藝文志》，《廣東歷代方志集成》，第 589 頁；另見歐陽保《（萬曆）雷州府志》卷一一《秩祀志》的相關記載，直接依據了張和的《英山雷廟記》（《廣東歷代方志集成》，第 158 頁）。

"雷神"陳義(或陳文玉)有關的陳氏家族後代,同時也證明了雷州陳氏家族在一定程度上參與對雷神廟的管理。

(二)雷州雷神廟與宋元中央王朝的關係

兩宋是國家封神活動發展極爲重要的時期①。而北宋初年朝廷則重視對各地神祠秩序的整頓,並編纂《正祠録》作爲全國的神祠總録②。正因爲如此,由五代時期南方王國所確立的封神傳統,實際上一度受到了宋初朝廷的壓抑。至宋神宗、宋徽宗時期,隨着南方人士主政和南方官僚集團的興起,宋代朝廷開始積極而大量的封神,其祠祀措施亦出現了"南方化"的轉變③。蔣炳文《重修威德王廟記》稱:"國家膺正統席,歸運逸典,曠章緝抶搜舉。凡山林川谷之神,能出雲雨,殖財用,有功業於民者,罔不論報。"④北宋神宗熙寧九年(1076),雷州雷神被正式敕封爲威德王⑤。至南宋紹興三十一年(1161),賜威德王廟額"顯震"。宋孝宗乾道三年(1167)十一月,加封威德顯昭王⑥。該

① 參見松本浩一《宋代の賜額・賜号について——主として〈宋會要輯稿〉にみえる史料から》,〔日〕野口鐵郎編《中國史における中央政治と地方社會》,東京:文部省,1985年度科學研究費補助金總合研究(A)研究報告書,第282—294頁;〔日〕須江隆《唐宋期における社會構造の變質過程——祠廟制の推移を中心として》,《東北大學東洋史論集》9(2003.1):247—294;須江隆《〈熙寧七年の詔〉——北宋神宗朝期の賜額・賜号》,《東北大學東洋史論集》8(2001.1):54—93;〔日〕水越知《宋代社會と祠廟信仰の展開——地域核としての祠廟の出現》,《東洋史研究》60.4(2002.3):1-38;雷聞《郊廟之外——隋唐國家祭祀與宗教》,北京:三聯書店,2009年,第255—276頁
② 《宋會要輯稿》禮二〇之二二,景德四年三月二十三日詔,第999頁。
③ 楊俊峰《五代南方王國的封神運動》,第354—355頁。
④ 譚棣華等編《廣東碑刻集》,第517頁。
⑤ 《宋會要輯稿》禮二〇之一三五,第1058頁。(宋)蔣炳文《重修威德王廟記》,載譚棣華等編《廣東碑刻集》,第517頁。
⑥ 《宋會要輯稿》禮二〇之一三五,第1058頁。

年又同時加封雷神廟中的"石神土地曰協應侯"①。

　　現存宋代史料顯示雷州雷神廟有過兩次比較重要的修建。宋徽宗宣和元年(1119)，譚鋭爲雷州刺史。蔣炳文《重修威德王廟記》稱譚鋭"來守是邦，躬詣廟下，躊躇惻然。語諸僚佐曰：頻海之州，民不夭厲，穀果靈秀，遠邇悦穆，耆艾歌詠，咸賴於神"。明確地將雷神陳文玉尊奉爲雷州的保護神。又稱"天以雷行命，萬物聽命於雷，一命而爲吉，萬不能移其福；一命而爲凶，萬物不能易其禍。所以興利除害，其功至於不測"；"宜有天下國家者，所當嚴祀"。碑文記載經過此次大規模重修後，"祀官有次，祝獻有序，執事有位，庖宰有所，與祭者有合赆之地。伉崇豐顯，非曩日苟簡所比"②。

　　宋高宗紹興二十一年(1151)至二十二年，其時雷州刺史臨川人戴克仁主持了雷神廟的重修。根據李永年所撰《雷州重修威德王廟記》的記載，其時雷神廟的規模已經從晚唐的"廟堂三間"，發展到"爲屋九十間，森嚴華焕"。碑文又稱：

　　　　環九州山林川谷之神，以功血食，載於典章，類固不一。而雷
　　獨得因神以名州。其靈迹偉異，廟祀隱然，振輝海上，舊矣。偽漢
　　之世，號雷神爲靈順明正昭德王。本朝熙寧九年，從郡守之請，詔
　　封威德王。……自五代至今，廟貌雖稱徙，至是神居妥安，又二百
　　三十餘年矣。比歲以來，海氣疏達，民服稼穡，商舶上下，風雲平
　　善。凡休咎動息，惟神是告。靈響益出，公私承事益勤……夫雷

―――――――――

① 　(宋)洪邁《夷堅支志》丙卷九"熊雷州"條，《景印文淵閣四庫全書》第 1047 册，第 442 頁。
② 　譚棣華等編《廣東碑刻集》，第 517—158 頁。

震發萬物,天之大號也。必有聰明正直之靈,司帝之權,非偶然者。①

碑文一方面强調由於雷神的護佑,使得雷州瘴癘不侵,農民勤於稼穡,而海上商舶平安往來。人們對雷神的依賴,已經達到"凡休咎動息,惟神是告"的程度。也正是由於雷神無所不在的法力和影響,使得官府和百姓的祭祀愈發虔誠而頻密。另一方面,碑文稱雷神屬於"聰明正直之靈,司帝之權",則更加突出了宋代雷神的職能及其特性。唐代以及唐以前的雷神,其懲惡揚善的道德特性還不太突出。然而,從北宋開始,雷神的職能在不斷擴大,雷神越來越多地被賦予懲惡揚善和司生司殺的權威,也越來越多地被塑造成爲道德倫理和綱常秩序的維護者。

自南漢開始,歷代皇帝對雷州雷神的多次加封,在相當程度上也是地方官員對雷神神威的宣揚和推動的結果。前引吴千仞《英山雷廟記》即記載了大量雷神司生司殺的事例,其文曰:

犯神必死,求者必應。廟宇有活雞、活羊,蓋祈禱之所捨也,爲狸、虎所捕。至旦,而狸、虎皆暴死於廟。前州之頑蠢者,假修廟之名,深入鄉村乞錢糧。未入手,就其所在,皆自絞其手,號呼痛楚,直抵神廟。其家聞之,匍匐隨至。問之,即曰:我假大王之名,勾錢於人。今爲大王使者束縛鞭拷,速爲救我,不然當死。其家急以大牲致祭,命僧道誦經謝過,始得釋。廟人夜宿廟中。天將明,廟門忽開,有車蓋侍衛直上,抵正殿。廟人驚惶,謂刺史到

① (清)阮元《廣東通志》卷一五一《建置略二七》,《廣東歷代方志集成》,第 2478 頁;又見譚棣華等編《廣東碑刻集》,第 518—519 頁。

廟,奔走迂迎,忽而不見。其靈顯如此。左右田家俱各畏懼。少有所逆,遂至亡命。①

吳千仞身爲雷州知府,宣揚以上各種雷神"靈驗"事例,其目的是使人們相信雷神的神聖權威,而且能做到天網恢恢,疏而不漏。吳千仞所稱"其靈顯如此。左右田家俱各畏懼。少有所逆,遂至亡命",説明了雷神懲惡的觀念在深化發展,並且給人以巨大的震懾。

洪邁(1123—1202)《夷堅志》記載江西崇仁縣人熊某出任廣府通判,兼攝守雷州,即因爲對雷神不敬而遭到嚴厲警告。其文曰:

> 崇仁熊某,通判廣府,攝守雷州。至之日,吏白當致敬雷廟。熊曰:"吾知有社稷山川之神,學宫之祀而已,烏有於雷祠。"言未訖,烈風驟雨,震霆飛電,四合而起。一橫板從空墮前,取觀之,乃其家以限倉户者,所題則熊手筆。不勝恐懼,急致香幣謁謝。續馳書質家人,果以其日失此板。竟没於郡。予在西掖時,曾行雷神加封,制其廟曰"顯震",其神曰威德昭顯王,其廟神土地曰協應侯。然則名載祀典,渠可忽哉!②

洪邁《夷堅支志》甲卷五"雷州雷神"條又記載:

> 淳熙丙申,桂林連月不雨。秋冬之交,農圃告病。府守張欽夫栻遣驛卒持公牒詣雷州雷王廟,問何時當雨。既至,投牒畢,宿于祝官之家。是夜,驛祝同夢神令具報云:明年上元前三日方有

---

① (宋)吳千仞《英山雷廟記》,(明)歐陽保《雷州府志》卷一一《秩祀志》,《廣東歷代方志集成》,第157頁。

② (宋)洪邁《夷堅支志》丙卷九"熊雷州"條,《景印文淵閣四庫全書》第1047册,第442頁。

微雨。……至正月十二日,果得小雨,僅能洒塵,於沾丐殊無補。①

張栻是南宋一度與朱熹齊名的理學家,亦爲洪邁之友。"淳熙丙申"即宋孝宗淳熙三年(1176),静江府即桂林發生了嚴重旱災,而時任府守的張栻即遣士卒前往雷州雷神廟禱告。而雷州半島之外的地方官員對雷神虔誠敬信的態度,對雷神信仰在地域上的擴大必定有重要推動意義。

根據《大元宣封雷祖記》碑記載,元代泰定二年(1325)十二月,元泰定帝敕封雷州雷神爲"神威剛應光化昭德王"②。至元順帝至正十一年(1351),朝列大夫同知高州路總管府事權雷州事徐容撰《雷祖富有利用碑記》,稱"州以雷名,地之靈也。廟以雷顯,神所棲也。顯震廟興,置本末兩廡,圖碑具存,揆厥端緒,所從來遠矣"。《碑記》還特地記載該年夏天:

> 郡起北門甕城,迎雷君至城棲以壓之。月餘,有司褻慢,俄而雷雨暴作,乃孟秋八日,憲府率官屬送神馭還。是日,天色即開朗,嗣後風不怒,電不激,雷不震。③

以上是强調"有司"即官府的"褻慢"導致雷神的警示。從南漢兩宋直至明清,實際上每個時期都不斷有新的雷神"靈驗"事例。地方官員往往非常正式地將這些事例書寫記載下來,一方面進一步加深了人們對雷神權威的敬畏和尊崇,使官方所提倡的道德綱常在民間信仰中

---

① (宋)洪邁《夷堅支志》甲卷五"雷州雷神"條,《景印文淵閣四庫全書》第1047册,第293—294頁。
② 譚棣華等編《廣東碑刻集》,第520頁。
③ 譚棣華等編《廣東碑刻集》,第520—521頁。

得到强化。另一方面則在某些特定的歷史時期，地方官員又將這些事例上奏作爲向皇帝懇請加封雷神的重要依據。

明代《正統道藏》所收《搜神記》稱："雷神六月二十四日生，廟在雷州之西南八里。昔鄉人嘗造雷鼓、雷車置廟中。有以魚彘肉同食者，立爲霆震。舊《記》云：'陳天（太）建初，州民陳氏者因獵，獲一卵，圍及尺餘，擁歸家。忽一日霹靂而開，生一子，有文在手，曰雷州，後養成，名文玉，鄉俗呼爲雷種。後爲本州刺史，歿而有靈，鄉人廟祀之，陰雨則有電光吼聲自廟而出。宋元累封王爵，廟號'顯震'。德祐（1275—1276）中更名威化。"①以上記載有幾點值得注意，一是每年六月二十四日已被確定爲陳文玉的生日。二是强調"陰雨則有電光吼聲自廟而出"，作爲雷神的陳文玉和雷神廟的神威以此得到進一步强化。三是"宋元累封王爵"，以此强調雷州陳文玉及其雷神廟一直都受到歷代皇帝的封賞。阮元《廣東通志·建置略》在考訂前代資料的基礎上，臚列了從五代十國的南漢至明清歷代皇帝對雷州雷神廟的主要封賜。其文曰：

> 南漢大有十三年（940）封靈震王。大寶十三年（970）封靈明昭德王。宋熙寧九年（1076）封威德王。紹興三十一年（1161）賜廟額曰顯震。乾道三年（1167）封威德昭顯王。慶元三年（1197）封威德昭顯廣佑王。淳祐十一年（1251）封英靈威德昭顯普濟王。德祐元年（1275）改封英靈威德昭順廣佑普濟王。元泰定二年（1325）易封英威剛應光化昭德王，又贈神之父爲銀青光禄大夫，母吳氏爲正一品夫人，神妃李氏爲曹禄紀妃太后。明洪武

---

① （明）佚名《搜神記》卷一，《道藏》第36册，第258頁。

(1368—1398)初改封電司神,每歲上元,知府具牲以祭……乾隆十九年(1754),封宣威布德之神。六十年(1795),封康濟宣威布德之神。廟中懸御賜區曰"茂時育物"。①

(三)明清雷州雷神廟的格局與雷神祭祀禮儀的定型

現保存於雷祖祠內爲數衆多的碑刻證明,明清時期雷州雷神廟經歷過多次重修,而主持修建的包括皇室成員、朝廷使節或宮廷宦官、地方州縣官員等等②。清初屈大均《廣東新語》比較詳細地記載了明代以來雷州雷神廟內神靈供奉的具體情形。其文曰:

> 雷州英榜山,有雷神廟。神端冕而緋,左右列侍天將,一輔髦者捧圓物色垩,爲神之所始,蓋鳥卵云。堂後又有雷神十二軀,以應十二方位;及雷公、電母、風伯、雨師像。其在堂複,則雷神之父陳氏銕也。《志》稱:陳時雷州人陳銕無子,其業捕獵,家有九耳犬甚靈……得一巨卵徑尺,攜以歸,雷雨暴作,卵開,乃一男子,其手有文,左曰"雷",右曰"州"。有神人嘗入室中乳哺,鄉人以爲雷種也,神之。天建三年,果爲雷州刺史,名曰"文玉"。既没,神化大顯,民因祀以爲雷神。……廟名"靈震",創於陳,禋祀於僞南漢,賜王爵於宋,明初改稱雷司,定祀上元,俾雷神子孫世守之。歲之二月,雷將大聲,太守至廟爲雷司開印;八月,雷將閉藏,太守至廟爲雷司封印。六月二十四日,雷州人必供雷鼓以酬雷,禱而得雷公之墨,光瑩如漆,則以治邪魅驚癇。及書訟諜得雷屑,或霹

---

① (清)阮元《廣東通志》卷一五一《建置略》,《廣東歷代方志集成》,第 2478 頁。
② 譚棣華等編《廣東碑刻集》,第 522—532 頁。

　　靋碏，則以辟嬰兒驚以催産。霹靂碏一名雷公石……①

　　根據屈大均的記載，首先，雷神廟的正殿中央有三尊神像，正中間是雷神陳文玉，"端冕而緋"，明朝一至四品高官着緋色（大紅）官服，因而陳文玉完全是朝廷高官的形象；所謂"左右列侍天將"，即其左邊是李太尉即漢代大將軍李廣，右邊爲英榜山石神。以上格局形成於五代。至於"雷公、電母、風伯、雨師像"，這些應屬於晚唐雷神廟的内容。這裏的"雷公"就是"豕首鱗身"的獸形雷神的畫像，被安置在作爲陪襯的位置。而且在現今雷祖祠的左邊偏殿，尚建有一"雷祖閣"以供奉"雷首"，其形象爲藍面鳥嘴、虯眉火紅，手中高擎雷斧。這一"雷首"恰恰就是唐代全國各地所見的獸形雷神在雷州演變的結果。至於屈大均所稱"堂後又有雷神十二軀，以應十二方位"，在今"雷祖閣"的左邊實際上還建有一閣，專門供奉作爲"雷神十二軀"的十二尊塑像。可見，今雷州雷神廟基本上延續了晚唐至五代初期所確定的格局。

　　其次，所謂"一輔髦者捧圓物色壟，爲神之所始，蓋鳥卵云"，以此象徵雷州雷神"陳文玉"信仰的起源。屈大均所稱"其在堂複，則雷神之父陳氏鉷"，今雷祖祠正殿之後，即有一閣專門供奉陳文玉之父陳鉷。我們在前面證明了南漢大有年間，負責雷州雷神廟的"廟令陳延長"，應屬於與"雷神"陳義（或陳文玉）有關的陳氏家族後代。至於屈大均所稱"俾雷神子孫世守之"，亦説明了雷州陳氏家族就是朝廷指定的專門管理者，其身份和職掌世代傳襲。而賀喜的研究則證明了至明清時期，"雷祖"陳文玉在當地宗族社會的構建中，發揮了十分重要而

---

① 《廣東新語》卷六《神語·雷神》，第 179 頁。

特殊的作用①。

今立於雷州市附城區英山村雷祖降誕處的《雷祖後裔族譜記》碑，撰於清乾隆八年（1743），該碑記載"雷祖"後裔分居英榜山白院即今雷祖祠一帶以及雷神出生地烏卵山兩地，"一支子孫，隨居白院各村，一派仍住烏卵山之源。自祖至今，卜世三十有六。皇帝屢有加封，歷朝均免差役。一以旌靈異，一以表功德。現兹散住海（康縣）、遂（溪縣）、徐（聞縣）、石（城縣）各地，老幼千有餘丁，均屬一脈流衍，無非我祖根深源遠，鍾英而毓秀也"②。根據賀喜的實地調查，現存雷祖祠與其他祠廟有很大的不同。該祠內至今仍實行兩套並行的管理系統，即地方政府所設雷祖祠管理所和陳姓族人組成的文物保護小組。小組設有理事會，理事會成員由白院雷祖祠附近四個村子選舉產生。應該說，這種由官方和陳氏家族共同管理雷祖祠的模式，也在某種程度上沿襲了晚唐五代兩宋以來的傳統。

第三，明太祖朱元璋將雷神陳文玉封爲"雷司之神"，讓陳文玉在此統領天下雷電事務。所謂"定祀上元"，萬曆《雷州府志》則稱"國朝洪武初，改封雷司之神。每歲上元，郡守具牲以祭"③。前引北宋吳千仞《英山雷廟記》，證明晚唐以降，雷州刺史須要代表朝廷在此舉行春秋兩次周期性的祭祀。至明代，其固定性的重要祭祀，包括每年"上元"節，即農曆正月十五，雷州刺史舉行祭祀。二月，雷將大聲，刺史至廟"爲雷司開印"。六月二十四日，允許雷州百姓"供雷鼓以酬雷"。

---

① 參見賀喜《亦神亦祖：粤西南信仰構建的社會史》，北京：三聯書店，2011年，第96—150頁。

② 譚棣華等編《廣東碑刻集》，第573—574頁。

③ （明）歐陽保《（萬曆）雷州府志》卷一一《秩祀志》，收入《廣東歷代方志集成》，第158頁。

而在這一天,雷州百姓亦通過祈禱儀式得到具有神迹象徵意義的"雷公墨"或"霹靂碪"。八月,雷將閉藏,刺史至廟"爲雷司封印"。清朝則比較完整地沿襲了明朝的祭祀禮儀。這種具有高度象徵性的儀式具有將宇宙秩序以及人間秩序神聖化的意義。正如葛兆光所稱:"人們通過儀式與神聖發生關係,經由象徵性的活動得到宇宙、天地、神衹的認可,人們也通過儀式與世俗發生關係,借助象徵性的行爲把天意、神意傳達給世間,由它來强化人們對秩序的認同,也由它來表達超出自身能力的願望。"[①]同時,這種周期性的融合了官方祭祀和民間祭祀的儀式,既能夠凝聚人們的社會意識,亦能促進文化認同和地方傳統的整合。

還要指出的是,明清時期的雷神陳文玉並沒有繼續擁有在南漢至宋元時期所獲得的"王"的封號。明太祖朱元璋改封陳文玉爲"雷司之神"。清朝乾隆皇帝則封其爲"宣威布德之神"。陳文玉是被當作司雷之神,即促使萬物復蘇生長的神靈來祭祀的。而嶺南民間社會中亦不再有將雷神陳文玉當作"天"或最重要的"天神"來祭祀的記載。説明雷州半島原來極具地域色彩的雷神祭祀儀式,最終已經被整合進中央王朝的禮儀秩序中。

六　從唐宋嶺南民間祠祀看古代中央王朝"神道設教"的意義

(一)唐宋嶺南地區民間祠祀的興盛及其原因

唐太宗貞觀元年(627),唐朝中央將中國遼闊的疆域劃分爲十道。嶺南道則屬於十道中最爲邊遠的地區之一。其實在相當長的歷史時期,五嶺山脈不僅是一條極爲重要的地理分界綫,同時也是一條華夏與蠻夷在文化上的分界綫。西晉人張華(232—300)所著《博物志》即

---

① 葛兆光《中國思想史》第一卷,上海:復旦大學出版社,1998年,第131頁。

稱:"南越之國,與楚爲鄰。五嶺已前,至于南海,負海之邦,交趾之土,謂之南裔。"① 北魏酈道元《水經注》稱"古人云,五嶺者,天地以隔内外"②。唐初編纂的《隋書·地理志》記載六朝至隋代嶺南社會與風俗云:

> 自嶺已南二十餘郡,大率土地下濕,皆多瘴癘……其人性並輕悍,易興逆節,椎結跣踞,乃其舊風。其俚人則質直尚信,諸蠻則勇敢自立,皆重賄輕死,唯富爲雄。巢居崖處,盡力農事,刻木以爲符契,言誓則至死不改。父子別業,父貧,乃有質身於子。諸獠皆然。並鑄銅爲大鼓,初成,懸於庭中,置酒以招同類。來者有豪富子女,則以金銀爲大釵,執以叩鼓,竟乃留遺主人,名爲銅鼓釵。俗好相殺,多構讎怨,欲相攻則鳴此鼓,到者如雲。有鼓者號爲"都老",群情推服。本之舊事,尉陀於漢,自稱"蠻夷大酋長、老夫臣",故俚人猶呼其所尊爲"倒老"也。言訛,故又稱"都老"云。③

陳寅恪《唐代政治史述論稿》論及唐代宦官供應地時,指出嶺南等地下級人民"所受漢化自甚淺薄"④。前引貞觀元年(627)十月唐太宗《安撫嶺南詔》,稱"嶺表遐曠,山洞幽深,雖聲教久行,而風俗未一。廣州管内,爲弊尤甚"。杜佑《通典》云:"五嶺之南,人雜夷獠,不知教義,以富爲雄……大抵南方遐阻,人强吏懦,豪富兼并,役屬貧弱,俘掠

---

① (西晉)張華撰,范寧校證《博物志校證》卷一,北京:中華書局,1980年,第9頁。
② (北魏)酈道元著,陳橋驛《水經注校證》卷三六《溫水注》,北京:中華書局,2007年,第834頁。
③ 《隋書》卷三一《地理志》,第888頁。
④ 陳寅恪《唐代政治史述論稿》,北京:三聯書店,2001年,第209頁。

不忌。古今是同。"①唐朝前期著名宰相狄仁傑在給武則天的上書中尚稱："臣聞天生四夷,皆在先王封疆之外,故東拒滄海,西隔流沙,北橫大漠,南阻五嶺,此天所以限夷狄而隔中外也。"②唐中宗神龍元年(705),宋之問被貶嶺南瀧州(今廣東羅定縣)參軍,途經作爲五嶺通道的大庾嶺,其《早發大庾嶺》一詩稱,"嶷起華夷界,信爲造化力","登嶺恨辭國,自惟勖忠孝","適蠻悲疾首,懷輦淚沾臆"③。因此,嶺南長期被視爲"蠻荒"和"絶域"。在唐代大量文獻記載中,嶺南既山川敻遠阻隔,瘴癘肆虐橫侵,而且民族構成複雜。尤其是在不少所謂"夷獠雜居"的邊遠地區,尚保留相當多部族制度的殘餘。這裏州縣置廢變動劇烈,基層鄉里制度尚不夠完善④。根據薛愛華的統計,唐朝嶺南俚獠蠻叛亂多達八十多次⑤。正因爲如此,唐中央王朝在這些地區推行儒家禮義教化必然面臨許多嚴重的困難。而嶺南地域社會的非向心性甚或離心性心態也因地域或地形條件的不同而異。嶺南地屬蠻夷大致代表了唐前期君臣和一般士大夫的普遍認識。

　　唐代嶺南與其他地區語言的差異和隔閡即是中央王朝推行禮義教化的主要障礙之一。貞觀十五年(642)正月,唐太宗誡朝集使稱:"若南方諸州,多統夷獠,官人於彼,言語不通。"⑥唐德宗貞元十九年(803),韓愈貶任粵北連州陽山縣令,其《送區册序》一文稱"陽山,天

---

① 《通典》卷一八四《州郡十四·古南越》,第4961頁。
② 《舊唐書》卷八九《狄仁傑傳》,第2889頁。
③ 《全唐詩》卷五一,第623頁。
④ 參見本書第三章第三節。另見王承文《晉唐時期嶺南地區的金銀生産和流通——以敦煌市博物館所藏唐天寶年間地志爲中心的考察》,《唐研究》第十三卷,北京:北京大學出版社,2007年12月,第538—541頁。
⑤ Edward H.Schafer,*The Vermilion Bird: T'ang Images of The South*,PP.18-47,PP.61-68.
⑥ 《册府元龜》卷一五七《帝王部·誡勗二》,第1896頁。

下之窮處也"，"陸有丘陵之險，虎豹之虞；江流悍急，橫波之石，廉利侔劍戟"，"縣郭無居民，官無丞尉，夾江荒茅篁竹之間，小吏十餘家，皆鳥言夷面，始至言語不通，畫地爲字，然後可告以出租賦，奉期約"①。宋初《邕州圖經》稱邕州"俗悏嗇澆薄，内險外愚，椎髻跣足，尚雞卜及卵卜。提徭、俚、獠有四色，語各别，譯而方通也"②。

而唐代嶺南各地民間祠祀的高度興盛，往往也被看成是中央王朝推行儒家禮義教化的嚴重障礙。唐朝各地民間祠祀的興盛程度，一般與經濟社會和文化發展成反比。唐代嶺南不少地區的經濟社會和文化發展程度都要比北方中原和江南地區低。唐宋時期不少宦遊嶺南的北方内地士大夫的記載，爲我們提供了嶺南各地巫風流被的圖景。唐代張鷟記載："嶺南風俗，家有人病，先殺雞鶩等以祀之，將爲修福。若不差，即次殺猪狗以祈之。不差，即次殺太牢以禱之。更不差，即是命也，不復更祈。"③劉禹錫《南中書來》稱："君書問風俗，此地接炎州。淫祀多青鬼，居人少白頭。"④唐代柳宗元任柳州刺史，即稱："越人信祥而易殺，傲化而偭仁。病且憂，則聚巫師，用雞卜。始則殺小牲，不可則殺中牲，又不可則殺大牲，而又不可則訣親戚飭死事，曰神不直我已矣！因不食蔽面死。以故户易耗，田易荒，而畜字不孳。"⑤在端州

---

① (唐)韓愈撰，馬其昶校注，馬茂元整理《韓昌黎文集校注》卷四，上海：上海古籍出版社，2014年，第298—299頁；《文苑英華》卷七三〇，第3797頁。

② 《太平寰宇記》卷一六六《邕州》，第3172頁。

③ (唐)張鷟撰，趙守儼點校《朝野僉載》卷五，北京：中華書局，1979年，第115頁。

④ 《全唐詩》卷三五八，第4043頁。

⑤ (唐)柳宗元《柳河東集》卷二八《柳州復大雲寺記》，上海：上海古籍出版社，2008年，第465頁；《全唐文》卷五八一，第5868頁。

（今廣東肇慶），“其鄉洞獠，民畏鬼神，多淫祀，率以牛酒，祚作聖望”①。北宋曾敏行稱：“廣南風土不佳，人多死於瘴癘。其俗又好巫尚鬼，疾病不進藥餌，惟與巫祝從事，至死而後已。方書藥材，未始見也。”②《宋史·地理志》稱廣南東、西兩路，“大率民婚嫁、喪葬、衣服多不合禮。尚淫祀，殺人祭鬼。山林翳密，多瘴毒”，“人病不呼醫服藥”③。雍熙三年（986），宋太宗所發布的《嶺南長吏多方化導婚姻喪葬衣服制度殺人以祭等詔》，對此有更加詳盡的説明。詔令稱：

> 嶺嶠之外，封域且殊，久隔於華風，乃染成於污俗。朕博覽傳記，備知其土風飲食男女之儀，婚姻喪葬之制，不循教義，有虧禮法。昔漢之任延理九真郡，遂變遐陋之地而成禮讓之俗。是知時無古今，人無遠近，但問化之如何耳。豈有弗率者乎！應邕、容、桂、廣諸州，婚姻喪葬衣服制度，並殺人以祭鬼，疾病不求醫藥，及僧置妻孥等事，並委本處長吏多方化導，漸以治之。無峻治法，以致煩擾。④

宋太宗稱嶺南邕、容、桂、廣諸州“不循教義，有虧禮法”，其中殺人祭鬼和病不求醫藥即與“淫祀”有關。宋太宗詔令地方官員“多方化導，漸以治之，無峻治法，以致煩擾”，意即爲了避免激起社會動盪，禁止地方

---

① （宋）贊寧撰，范祥雍點校《宋高僧傳》卷九《唐南嶽石頭山希遷傳》，北京：中華書局，1987 年，第 208 頁。
② （宋）曾敏行《獨醒雜志》卷三，《景印文淵閣四庫全書》第 1039 册，第 542 頁。
③ 《宋史》卷九〇《地理志六》，第 2248 頁。
④ 《宋大詔令集》卷一九八，北京：中華書局，1962 年，第 732 頁。按《宋會要輯稿》刑法二之三（第 8282 頁），以及《宋史》卷五《太宗本紀二》則將其年代定爲雍熙二年閏九月（第 76 頁）。

官員採取過分嚴厲的措施,而要求以循序漸進的方式進行教化①。

(二)唐朝地方官員對待嶺南民間祠祀的方式

在古代中國的祭祀領域,"祀典"和"淫祀"一直都屬於兩個對立性的概念。漢初成書的《禮記·曲禮》對天子、諸侯、大夫與士各自祭祀的對象都有十分嚴格的規定,並稱:"非其所祭而祭之,名曰淫祀。淫祀無福。"②古代"淫祀"這一概念的最初涵義包括兩方面,一是其神不在祀典,一是越分而祭。在後來的歷史發展中,所謂"淫祀"或"淫祠"都主要是强調其神不在祀典③。根據《大唐開元禮》卷六八至七三的規定,唐朝國家"祀典"包括"諸州祭社稷"、"諸州釋奠於孔宣父"、"諸州祈社稷、諸州祈諸神、諸州禜城門"、"諸縣祭社稷、諸縣祈諸神、諸縣禜城門"等。還包括由州縣長官主持的對嶽鎮海瀆和風伯雨師的祭祀。該書卷一規定:"司中、司命、風師、雨師、靈星、山林、川澤、五龍祠等並爲小祀。州縣社稷、釋奠及諸神祠並同小祀。"④唐朝有一種傾向認爲,除了國家正統祀典外,其他各種民間祭祀均爲"淫祀"。唐人趙璘即稱:"若妖神淫祀,無名而設,苟有識者,固當遠之。雖嶽海鎮瀆,名山大川,帝王先賢,不當所立之處,不在典籍,則淫祀也。"⑤唐高

---

① 皮慶生《宋代民衆祠神信仰研究》,上海:上海古籍出版社,2008年。另參見王章偉《文明推進中的現實與想像——宋代嶺南的巫覡巫術》,《新史學》第二十三卷第二期,2012年6月,第1—53頁。
② 《禮記正義》卷五《曲禮下》,《十三經注疏》,第1268頁。
③ 蔡宗憲《淫祀、淫祠與祀典——漢唐間幾個祠祀概念的歷史考察》,《唐研究》第十三卷,北京:北京大學出版社,2007年,第204—209頁。
④ (唐)蕭嵩等撰《大唐開元禮》卷一《序例上·擇日》,北京:民族出版社,2000年,第12頁。
⑤ (唐)趙璘《因話錄》卷五,《唐五代筆記小説大觀》,第867頁。

祖武德九年(626)即詔令"民間不得妄立妖祠"①。其後唐朝還曾多次發布過毀"淫祠"的詔令。唐朝不少地方官員都有毀"淫祠"之舉。其中最有代表性的,一是武則天垂拱四年(688),狄仁傑以江南巡撫使的身份毀除吳、楚"淫祠"一千七百多所;二是唐穆宗長慶三年(823),李德裕以浙西觀察使的身份禁除管内"淫祠"一千一百十五所。

唐代嶺南來自北方的官員亦有"毀淫祠"的舉措,其中有兩條記載最具有典型意義。一是戴孚《廣異記》記載:

> 高宗時,狄仁傑爲監察御史,江嶺神祠,焚燒略盡。至端州,有蠻神,仁傑欲燒之,使人入廟者立死。仁傑募能焚之者,賞錢百千。時有二人出應募,仁傑問往復何用,人云:"願得敕牒。"仁傑以牒與之。其人持往,至廟,便云有敕。因開牒以入,宣之。神不復動,遂焚毀之。其後仁傑還至汴州,遇見鬼者曰:"侍御後有一蠻神,云被焚舍,常欲報復。"②

唐代端州即今廣東肇慶。所謂"蠻神"應指當地俚獠等少數民族所信奉的神靈。狄仁傑依靠具有皇權象徵意義的"敕牒",最終制服"蠻神"並焚毀其廟。有研究者認爲狄仁傑到達嶺南的真實性還有待研究③。不過,這一記載一方面説明了嶺南"毀淫祠"有很大的阻力。另一方面則揭示了唐朝國家"毀淫祠"之舉,是以皇權永遠高於神權這一原則爲前提的。

二是唐宣宗大中三年(849)至五年,京兆人韋正貫爲廣州刺史兼

---

① 《資治通鑑》卷一九二,唐高祖武德九年,第6023頁。
② 《太平廣記》卷二九八《狄仁傑》條引,第2371頁。
③ David McMullen, "The Real Judge Dee: Ti Jen-chieh and the T' ang Restoration of 705." *Asia Major*, 6: 1(1993):1-81.

嶺南節度使,在任頗有政績。大中六年蕭鄴所撰《嶺南節度使韋公(正貫)神道碑》記載:

> 越人尚鬼,事有真冥者,不質於醫而交於神,寖以成風。公醜其邪,命撤屋塗扉,禁絶紛紛之禱。或曰:將不利於公。不聽。他日,秋水大溢,將没民居,訛言毁神而致。公襢服登城,向水酹酒而聲曰:苟如云云,長史身存,無嫁下人。俄而歛退,卒無害焉。鍼盲反正,皆此類也。①

韋正貫通過大規模"毁淫祠",試圖徹底改變自古以來"越人尚鬼,事有真冥,不質於醫而交於神"的傳統。不過,這種"毁淫祠"的行爲固然非常耀眼奪目,亦容易被史書所記載,但是却不屬於歷史的常態,其真正的效果也可能僅僅是短期的。因爲這種舉措並不能真正改變嶺南民間祠祀深厚的社會基礎,那些被毁掉的"淫祠"一般都有可能會重建。學術界的研究也證明,對地方信仰傳統直接打擊的方式實際上只能收一時之功,而不可能得到鞏固②。

唐代社會中實際上也有主張對民間祠祀正面評價的傾向。晚唐段成式撰有《好道廟記》一文,對民間祭祀有專門闡述。其文曰:"大凡非境之望,及吏無著績,冒配於社,皆曰淫祠。然肸蠁感通,無方不測。神有所臚,鬼有所歸,苟不乏主,亦不爲厲。或降而觀禍,格而饗德,能爲雲雷,誅殄奸凶,俾苗之碩,俾貨之阜,縧魅籍虎,磔蝮與蠱,可以尸祝者,何必著諸祀典乎!"③段成式即明確肯定某些"淫祠"亦能

---

① 《文苑英華》卷九一五,第4818—4819頁;《全唐文》卷七六四,第7945頁。
② 雷聞《郊廟之外——隋唐國家祭祀與宗教》,第257頁;蔡宗憲《淫祀、淫祠與祀典——漢唐間幾個祠祀概念的歷史考察》,《唐研究》第十三卷,第203—232頁。
③ 《全唐文》卷七八七,第8235頁。

"誅殛奸凶,俾苗之碩,俾貨之阜,繚魃籍虎,磔蝮與蠱",因而既能夠滿足人們信仰的需要,又具有揚善懲惡、整齊民間風俗的作用。也正因爲如此,唐朝雖然多次發布禁"淫祠"的詔令,然而對地方祠祀的打擊並非主流,也沒有真正成爲制度。近年學術界的研究也證明,在唐代國家祀典的明文規定與所謂"淫祠"之間,其實並不是一種簡單的非此即彼的關係。在二者之間實際上還存在着一些中間層面,即爲數衆多的由州縣政府賦予官方色彩的地方神祠①。唐朝對於民間祠祀比較通行的作法,並不是簡單地作爲"淫祠"加以禁毀,而是將其納入國家禮制運作的軌道,並賦予其官方地位。這些民間祠祀在獲得地方官府認定之前,很可能就是"淫祠"。

唐代後期,嶺南有幾位著名地方官員頗具代表性。唐憲宗元和十四年(819),韓愈因諫迎佛骨,被貶爲潮州刺史。潮州在嶺南東南海濱。韓愈在給皇帝的上書中,一方面稱其地"極遠惡",然而,另一方面他又稱"雖在萬里之外,嶺海之陬,待之一如畿甸之間,輦轂之下"②。韓愈撰有《潮州祭神文》五篇,宋代魏仲舉稱"皆元和十四年夏秋作。其一到任謁大湖神,其二祈雨太湖神,其三四五謝晴、城隍、界石、太湖等神作"③。其中城隍神雖然已在唐代不少地方開始出現,然而却不屬於國家祀典④。而所謂"太湖神"、"界石神"等,顯然都屬於潮州本

---

① 雷聞《郊廟之外——隋唐國家祭祀與宗教》,第 221、226、259 頁。

② (唐)韓愈《潮州刺史謝上表》,《韓昌黎文集校注》卷八,第 689 頁;《全唐文》卷五四八,第 5554 頁。

③ (宋)魏仲舉編《五百家注昌黎文集》卷二二,《景印文淵閣四庫全書》第 1074 册,第 375 頁。

④ David Johnson, "The City-God Cults of T'ang and Sung China," *Harvard Journal of Asiatic Studies* 45:2(1985):363-457. 雷聞《郊廟之外——隋唐國家祭祀與宗教》,第 240—246 頁。

地神靈,而不屬於國家祀典所祭神靈。韓愈祭潮州"界石神"文稱:

> 維年月日,潮州刺史韓愈謹遣耆壽成寓以清酌少牢之奠,告
> 於界石神之靈曰:惟封部之内,山川之神,克庥于人,官則置立室
> 宇,備具服器,奠饗以時。……是神之庥庇於人也,敢不明受其
> 賜! 謹選良月吉日,齋潔以祀,神其鑒之,尚饗。①

以上所謂"官則置立室宇",則説明潮州地方官府建置了廟宇,並加以
祭祀。唐憲宗元和十年(815)至十四年,柳宗元爲柳州刺史。柳宗元
在柳州所作《雷塘禱雨文》、《祭井文》等,即與此類似。唐宣宗大中元
年(847)至二年,鄭亞出爲桂州刺史、桂管防御觀察使,李商隱擔任觀
察判官。李商隱代替鄭亞撰寫有大量祭神文,其中《祭伏波神文》、
《賽城隍神文》、《賽堯山廟文》、《賽舜廟文》、《賽越王神文》、《賽北源
神文》、《賽曾山蘇山神文》、《賽白石神文》、《賽海陽神文》、《賽侯山神
文》等等②,其所祭神靈均不在國家"祀典",然而却屬於地方官府的祭
祀對象。由於這些地方性神靈往往與地域社會的傳統密切相關,地方
官員對這些神靈的祭祀,既有聯絡當地政治勢力並整合文化傳統的意
義,又顯示國家在神靈祭祀上的主導性。

　　唐朝嶺南地方官員往往通過比較和緩的方式以達到移風易俗的
目的。韓愈稱柳宗元在柳州刺史任上,"不鄙夷其民,動以禮法"③。
而其用佛教来移风易俗則尤具典型意義。前引柳宗元《柳州復大雲寺
記》稱"越人"通過宰殺耕牛以祭祀治病,"董之禮則頑,束之刑則逃。

---

① 《韓昌黎文集校注》卷五,第358—359頁;《全唐文》卷五六八,第5752頁。
② 《全唐文》卷七八一,第8157—8161頁。
③ (唐)韓愈《柳州羅池廟碑》,《全唐文》卷五六一,第5679頁。

唯浮圖事神而語大,可因而入焉,有以佐教化"。柳宗元修復大雲寺後,"使擊磬鼓鐘,以嚴其道而傳其言。而人始復去鬼息殺,而務趣於仁愛。病且憂,其有告焉而順之。庶乎教夷之宜也"①。劉禹錫先後貶爲朗州司馬和嶺南連州刺史。其任朗州司馬,史載"地居西南夷,土風僻陋,舉目殊俗,無可與言者。禹錫在朗州十年,唯以文章吟詠,陶冶情性。蠻俗好巫,每淫祠鼓舞,必歌俚辭。禹錫或從事於其間,乃依騷人之作,爲新辭以教巫祝。故武陵谿洞間夷歌,率多禹錫之辭也"②。劉禹錫與韓愈、柳宗元等都很類似,雖謫居蠻夷之地,然而都懷有儒家"以夏變夷"的使命感。因此,經過劉禹錫改換過的巫覡鼓舞所唱俚辭,必然增添了大量有益於世道人心的内容。

(三)嶺南南部沿海雷神崇拜與唐以来中央王朝"神道設教"的意義

"神道設教"是古代中國政治中一個極其重要的原則。"神道設教"本身包含着神道和教化兩個方面。《易·觀》曰:"觀天之神道,而四時不忒。聖人以神道設教,而天下服矣。"唐孔穎達疏曰:"聖人法則天之神道,本身自行善,垂化於人,不假言語教戒,不須威刑恐逼,在下自然觀化服從。"③雖然《周易》中的"神道"實指神秘的"天道",然而後代典籍對"神道"的解説,更多地是强調鬼神之道。古代統治者特别注重"神道"的作用。《禮記·祭義》稱:"因物之精,制爲之極,明命鬼神,以爲黔首則,百衆以畏,萬民以服。"④《墨子·明鬼》稱:"古聖王治天下也,故必先鬼神而後人。"《淮南子·氾論訓》也稱,"借鬼神之威

① 《柳河東集》卷二八,第465頁。
② 《舊唐書》卷一六〇《劉禹錫傳》,第4210頁。
③ 《周易正義》卷三,《十三經注疏》,第36頁。
④ 《禮記正義》卷四七,《十三經注疏》,第1595頁。

以聲其教,所由來者遠矣"①。可見,統治者只有掌握了"神道",才能達到使百姓"畏服"的統治效力。也只有假借神意,其政治地位才具有合法性,其政治行爲才具有合理性和正當性。而祭祀儀式和祭祀活動既是"神道設教"最直接的體現,也是推行禮義教化的起點。《禮記·祭統》稱"凡治人之道,莫急於禮。禮有五經,莫重於祭";又稱"祭者,教之本也"②。因此,所謂"神道設教",就是統治者借助和利用民間對鬼神的祭祀等宗教信仰,從而達到推行教化並維護其政治權威的目的。

　　而雷神崇拜在嶺南南部沿海一千多年的演變發展,堪稱古代國家進行"神道設教"的典型。雷州半島人格化的雷神大致出現在南朝中期。從唐代後期開始,雷州地方官府對雷神廟的修建和祭祀,表明唐朝官方已經介入這一地方信仰。而且從南漢開始,歷代中央王朝都不斷給予加封。而各種官方編修的地方志等亦正式爲"雷神"陳文玉立傳。古代中央王朝對這樣一位遠在南裔海濱的神靈爲什麽會如此重視呢? 明朝海康知縣鮑際明的《重修雷神廟記》碑,對此作了十分精闢的闡釋。該碑撰寫在萬曆三十四年(1606),今仍立於雷祖祠內。其文稱:

　　　　或有問於余曰:睠兹碑,四壁累累矣,碑所記犬耳九動,疾雷破卵,理有之乎? 余曰:此語類諧,何足道,道所可道者。惟神爲古合州賢刺史,生榮死哀,廟食世世,無窮期云爾。……君不見蠢兹雷民,自井牧什伍以來,其仁義禮樂之所甄陶,聲名文物之所風

①　《淮南鴻烈集解》卷一三《氾論訓》,第460頁。
②　《禮記正義》卷四九,(清)阮元校刻《十三經注疏》,第1602、1604頁。

諭,何啻幾千載,而頑慢弗率,囂陵詬誶之日聞,則前此草昧可知已。惟神崛起此土,奉三無私爲二千石,翼然提其威命靈爽之衡,而赫然流其天地神明之譽,……延及於今,見有負屈含冤,不愬之官,而愬之神者,則爍兮質成之主也。又見有爲善而得福,爲惡得禍,不尸之己,而尸之神者,則儼乎司命之君也。嗚呼! 人心不同,如其面焉。而一語及於神,則遍雷之民,若老若少,若□若子,若智若愚,罕有不色戰股栗者,此可稔神之精英,無翼而飛,不脛而走,能節民驕淫無忌憚之性,而曲發其不死如綫之良,以與國家吏治相表裏。不然,誰與補短移化,而仁義禮樂聲名文物之用窮,無乃令賈君房復生,願與珠崖共棄乎。語神至此,寧待論世知人,尋聲逐響,而功固已靈矣! 而德固已隆矣![①]

鮑際明首先在碑文中非常明確地説明了與雷神相關的"犬耳九動"、"疾雷破卵"等内容,"此語類諧,何足道",意即這種傳説本身既具有相當明顯的詼諧、滑稽性質,也違背了儒家"不語怪力亂神"的原則,特別是朝廷和地方官員其實並非不知道這一點。所謂"道所可道者",意即官方如此尊崇的原因,主要是爲了發揮其中有益世道人心的内容。"陳文玉"作爲中古時代嶺南南部沿海俚獠等民族尊奉的"雷神",被塑造成爲代表皇帝統治一方的"賢刺史",也就確立了當地俚獠民衆與國家的關係。而"生榮死哀,廟食世世",亦具有維繫封建王朝政治倫理系統的重大意義。今立於雷祖祠内的《祭文》碑,撰於明萬曆六年(1578)二月,作者"鄭公"爲廣東等處承宣布政使司分守海北兼管海南道右參。碑文稱:

---

① 　譚棣華等編《廣東碑刻集》,第525—526頁。

惟公出處事業,不見史傳。而郡志紀公降生,疑好事者也。若未可以盡信,然巨迹誕棄,玄鳥生契,雅頌所載,章章然者,何獨於公而疑之也。公没,迄今世之相後也,千有餘歲,而廟祀如新,冀令人仰慕,一至於此,亦無有所自乎!雷陽嶺表遐荒也,前此無聞焉。自公生於斯,而爲鄉之善士宦於斯,而爲國之良機,仰止高山者彌久,而流芳彌遠,樹愛甘棠者愈傳,而遺澤愈長矣。然後而知雷陽之祀公不衰,與公之享祀未艾者,蓋崇德報功之無盡,此以没世不忘也。使徒以降生靈異云者,豈足以盡知公,又豈足以盡知雷陽世世祀公意誠。①

作爲"賢刺史"並符合正統觀念的雷神陳文玉,實際上就是封建王朝爲嶺南南部沿海俚獠等少數民族民衆所樹立的表率和楷模。中央王朝通過對雷神陳文玉的加封和祭祀,也就證明了在這一邊遠地區統治的合法性和行政的正當性。也正因爲如此,雖然自北宋以來,在有關雷神陳文玉事迹大量記載的背後,自始至終都存有一種懷疑的傾向,然而却並不妨礙歷代地方官員,包括黄佐、阮元等這樣以理性和嚴謹著稱的儒家學者,都以極其嚴肅的態度詳盡地叙述雷神"陳文玉"的事迹,並盡可能使相關記載更加具有合理性。

其次,鮑際明認爲自三代以來,雖然雷州一帶已經歷過幾千年的仁義禮樂教化,不過却收效甚微,以致民衆"頑慢弗率,囂陵訴諱之日聞"。然而,自從雷神陳文玉在雷州出現以後,却發揮了獨特而極其重要的影響,"翼然提其威命靈爽之衡,而赫然流其天地神明之譽","儼乎司命之君"。雷神陳文玉在此地擁有至高無上的神聖權威,能夠主

①　譚棣華等編《廣東碑刻集》,第524—525頁。

天禍福,懲惡揚善。所謂"見有負屈含冤,不愬之官,而愬之神者,則爍分質成之主也",説明對於被統治者來説,對雷神的崇拜和禱告,恰恰亦是解脱現實苦難的途徑。

　　碑文記載雷州所有民衆,只要一提到雷神,"罕有不色戰股栗者"。而雷州百姓對雷神所懷有的巨大恐懼和敬畏心理,既源於自然界中的電閃雷鳴所帶來的強烈震撼,但是更主要的還是來自長期以來,中央王朝、地方官員、士大夫等對雷神"陳文玉"的不斷神化。鮑際明認爲,這種對雷神極度畏懼的心理,既能"節民驕淫無忌憚之性",又能唤起人們向善的本性。因此,雷神陳文玉承擔了規勸世人向善以及文明教化的使命。雷神信仰使"是非"、"善惡"、"正邪"、"忠貳"、"福禍"等觀念和倫理準則,徹底内化爲民衆的社會意識結構,從而最終達到與國家所推行的吏治互爲補充。否則,國家推行禮樂教化的作用就會非常有限,並且有可能會重蹈西漢中央王朝放棄海南島的覆轍。鮑際明所謂"無乃令賈君房複生,願與珠崖共棄乎",是指西漢後期,因爲吏治失當,致使海南島土著居民不斷反叛,漢元帝初元三年(前46),漢朝最後接受了賈捐之罷棄珠崖郡的奏請,放棄了海南島的治理權①。因此,經過封建國家的"神道設教",當地人們對雷神陳文玉的巨大尊崇和敬畏,在本質上其實就是對中央王朝的法律道德以及統治秩序的尊崇和敬畏。而雷神信仰本身,亦成爲中央王朝統治的合法性和合理性的一種重要支持和證明。

七　結語

　　中古時期的嶺南屬於學術界研究相當薄弱的領域。這既源於現

---

① 《漢書》卷九《元帝紀第九》,第283頁;卷六四下《賈捐之傳》,第2835頁。

存史料的匱乏和高度分散,也可能與學術界對其研究意義的判斷有
關。早在二十世紀初期,桑原騭藏《歷史上所見的南北中國》一文,稱
"隋唐統一後,南方的風氣更加開發,不過,實際上只限於南方的北部,
即今江蘇、安徽、浙江、江西、湖北等地區,南部即今湖南及江西南部,
以至福建、廣東地區,即便到了唐代,文化仍然低微","廣東地區更是
未開化。從漢代開始經過六朝以至唐代,嶺南是政治罪犯及其家屬遠
謫之所","總之,由唐至五代,嶺南地方一般被認爲是蠻夷之區。所以
五代時南漢之主劉龑,竟公然自稱蠻夷之主"①。二十世紀六七十年
代,漢學家薛愛華(Edward H. Schafer)相繼撰寫了一系列研究中古嶺
南區域史的論著,其中最有代表性的是《朱雀──唐代南方的意象》,
從多方面揭示和研究了唐人心目中嶺南意象的形成②。而其《珠
崖──海南島的早期歷史》,則研究從漢代到宋代中央王朝對海南島
的開發,尤其致力於探討漢文化究竟是如何在這一非漢族地區確立起
來的③。宮川尚志的《中國南方的儒教化》,則注重漢文化特別是儒家
文化在南方非漢族地區的傳播和移植④。而河原正博的《漢民族華南
發展史研究》⑤,則注重討論秦漢至唐宋中央王朝在嶺南的政治軍事
開拓,以及地方行政制度和編户齊民制度的確立。至於唐代嶺南社會

---

① 〔日〕桑原騭藏《歷史上所見的南北中國》,載《日本學者研究中國史論著選譯》第一卷,
　　北京:中華書局,1992 年,第 23、24 頁。
② Edward H. Schafer, *The Vermilion Bird: T'ang Images of The South*, University of California
　　Press, 1967.
③ Edward H. Schafer, *Shore of Pearls: Hailand Island in Early Times*, Berkeley and Los Angeles:
　　University of California Press, 1970.
④ Hisayuki Miyakawa (宮川尚志), "The Confucianization of South China." In Arthur F.
　　Wright, ed, *The Confucian Persuasion* (Stanford University Press, 1960).
⑤ 〔日〕河原正博《漢民族華南發展史研究》,東京:吉川弘文館,1984 年。

的重大變化以及唐宋國家在嶺南"神道設教"的意義,前人似乎還很少關注。根據我們的研究,唐代是嶺南社會發生劇烈而深刻轉變的重要時期①。而且無論是後來的人們,還是唐朝人本身,其實都已經明確地指出了這一點。唐朝著名文學家韓愈自己一生有過三次被迫遷徙嶺南的經歷,因此留下了大量怨憤哀痛的詩文,同時也把嶺南描繪成蠻荒絕域。但是,當他自己能夠置身於嶺南之外後,却又肯定嶺南已經不再是瘴疫蠻荒的絕域,其所作《送竇從事序》即稱:"踰甌閩而南,皆百越之地。於天文,其次星紀,其星牽牛。連山隔其陰,鉅海敵其陽。是維島居卉服之民,風氣之殊,著自古昔。唐之有天下,號令之所加,無異於遠近。民俗既遷,風氣亦隨,雪霜時降,瘴疫不興。瀕海之饒,固加於初。是以人之之南海者,若東西州焉。"②柳宗元《柳州文宣王新修廟碑》云:"柳州古爲南夷,椎髻卉裳,攻劫鬥暴,雖唐虞之仁不能柔,秦漢之勇不能威。至于有國,始循法度,置吏奉貢,咸若采衛。冠帶憲令,進用文事。學者道堯舜孔子,如取諸左右。執經書,引仁義,旋辟唯諾。中州之士時或病焉,然後知唐之德大以遠。"③即使是在唐朝國境内最南邊的安南都護府,也深受唐朝文化輻射的影響④。柳宗元《爲安南楊侍御祭張都護文》一文稱:"交州之大,南極天際,禹績無施,秦强莫制,或賓或叛,越自漢世。聖唐宣風,初鮮寧歲,稍臣卉服,

---

① 參見本書第一章第二節。另見王承文《唐代"南選"與嶺南溪洞豪族》,《中國史研究》1998 年第一期,第 89—101 頁;《唐代北方家族與嶺南溪洞社會》,《唐研究》第二卷,北京:北京大學出版社,1996 年,第 373—414 頁。

② 《全唐文》卷五五五,第 5614 頁。

③ 《柳河東集》卷五,第 77—78 頁。

④ Keith Weller Taylor, *The Birth of Vietnam*, Berkeley and Los Angeles: University of California Press, 1983, pp.: 208—221.

漸化椎髻,卒爲華人,流我愷悌。"①

特別值得指出的是,唐朝大量高官重臣包括不少宰相都曾經有出仕嶺南各地的經歷。《唐容州經略刺史題名記》稱:"宋璟、李勉、杜佑、馬植、盧鈞、李渤、王翃輩,皆一時名臣,由五筦罷歸,多至卿相。"②宋璟被譽爲"開元名相"之一。唐玄宗開元四年(716),宋璟出任廣州都督、嶺南五府經略使,其治理嶺南政績突出,張説稱"雖有文身鑿齒,被髮儋耳,衣卉羨木,巢山館水,種落異俗而化齊,言語不通而心喻"③。杜佑在唐德宗興元元年至貞元三年(784—787)出任廣州刺史、嶺南節度使,政績亦十分突出。其回到長安後不久就擔任了唐德宗的宰相。他在《通典》一書中,雖然一方面稱"五嶺之南,人雜夷獠,不知教義","古今是同"。另一方面卻又稱:"爰自前代,及於國朝,多委舊德重臣,撫寧其地也。"④明代黃佐在《廣東通志·名宦傳》的評論中説:"李氏造唐,鋭精政理。吏百粤者,大都先明作而後惇大,功業往往超越前古。蓋上行下效,機固如此。"⑤北宋初年,樂史所撰《太平寰宇記》,也是一方面記載了嶺南"人雜夷獠"的情形,但是,另一方面卻又從總體上肯定嶺南"文通經史,武便弓弩,婚嫁禮儀,頗同中夏"⑥。説明經過唐朝近三百年的統治,嶺南的社會文化與風俗習尚確實都已發生了十分顯著的變化。當然,嶺南區域真正在中國大一統的文化體

---

① 《柳河東集》卷四〇,第651頁;《全唐文》卷五九三,第5999頁。
② 《輿地紀勝》卷一〇四《容州》引,第3508頁。
③ (唐)張説《廣州都督嶺南按察五府經略使宋公(璟)遺愛碑頌》,《全唐文》卷二二六,第2288頁。
④ 《通典》卷一八四《州郡十四·古南越》,第4961頁。
⑤ (明)黃佐《廣東通志》卷四六《列傳三·名宦三》,第1154頁。
⑥ 《太平寰宇記》卷一五七《嶺南道一·廣州》,第3011頁。

系中占有重要地位,可能已經晚至明、清時期。然而,正如黄佐所稱:"廣本俚鄉,風俗丕變,日新而月盛,實非一朝風化所能成。"①明末清初屈大均也説,粤東"蓋自秦、漢以前爲蠻夷,自唐、宋以後爲神州"②。屈大均敏鋭地指出了唐宋時期在嶺南文化意象從"蠻夷"和"絶域"向"華夏"和"神州"這一歷史轉變中的重大意義。

　　古代嶺南南部沿海雷神崇拜的演變過程,即與嶺南的開發和社會變遷密切相關。雷神崇拜在嶺南南部沿海長期興盛不衰,根源於南越和俚獠等民族的宗教文化傳統,並有其深厚的民衆基礎。南朝中期雷州半島人格化雷神的出現,與中古嶺南特殊的溪洞社會結構密切相關。唐朝前期,嶺南南部沿海溪洞豪族勢力走向衰落,其對雷州半島雷神祭祀權的壟斷亦告結束。唐代中後期,雷州地區開始出現來自北方内地的獸形雷神與雷州本地雷神同時存在的現象。而房千里《投荒雜録》和裴鉶《傳奇》,都喻示了兩種不同雷神信仰之間的矛盾和衝突。唐朝一方面不得不與這一根深蒂固的地方傳統有所妥協,並且最終確認了雷州本土雷神在這一地區的正統性和神聖性。然而,另一方面,從晚唐開始,歷代中央王朝則又始終控制雷神祭祀的主導權,並努力將其納入國家祭祀禮儀體系中。楊慶堃稱:"中國地域廣袤、地理環境各異、各地方社區的民族背景更是錯綜複雜,於是形成了政治和宗教的多樣性,從而有可能威脅到帝國的大一統格局。"③也正因爲如此,從唐代開始,中央王朝對嶺南南部沿海雷神信仰的介入和整合,對於鞏固帝國在這一地區的社會政治秩序和統一狀態,就具有了非同尋常的意義。

---

① （明）黄佐《廣東通志》卷二〇《民物志・風俗》,第504頁。
② 《廣東新語》卷二《地语》,第29頁。
③ 〔美〕楊慶堃著,范麗珠等譯《中國社會中的宗教》,第137頁。

在這一歷史過程中,我們既看到了以儒學爲核心的華夏文化向嶺南邊遠地區的擴張,同時也看到了嶺南南部沿海地區自主文化的强悍生命力。這一點對於理解中國文化的統一性與多樣性也有較大的啓示意義。余英時《漢代循吏與文化傳播》一文有這樣的論述:儒家所代表的大傳統與地方風俗的小傳統之間,如何通過循吏在地方的教化,將大傳統傳播到帝國的各個角落,以建立儒家理想的文化秩序。兼爲儒者的循吏,在地方推行儒家教化的同時,也進行着"華夏化"的時代使命。但是我們不宜高估"移風易俗"所能達到的成效,最多只能説,帝國建構的文化秩序,構成了文化結構最高一層的"綱紀",而次一級的文化體系,則仍維持着區域原來内含,形成一種大傳統與小傳統雜糅的新華夏世界①。中古以來嶺南南部沿海少數民族地區的開發,也不應簡單地理解爲是一個被同化、被漢化的過程。我們的討論,則從一個具體方面證明了古代國家權力與嶺南南部沿海地区文化傳統之間的互動關係。

---

① 余英時《漢代循吏與文化傳播》,收入余英時《士與中國文化》,上海:上海人民出版社,1987年,第129—216頁。參見王健文《整齊鄉俗與鬼神世界的統一:帝制中國初期的信仰秩序》一文對余英時這一論點的概括(《成大歷史學報》第三十九號,2010年12月,第29頁)。

跋　語

　　我的這部書稿，是對自己過去三十年來從事中古環南海區域史研究的總結。這樣一部再普通和平凡不過的書稿，竟然前後耗費了人生中精力最旺盛的整整三十年時間，在學術理念和方法不斷推陳出新、學術成果和進展日新月異的今天，這種研究路數不但顯得很不合時宜，而且確實應該爲自己的駑鈍、拖沓而感到愧怍和汗顏的了！

　　1987 年 8 月，我結束了在湖南北部澧縣一所山區中學五年的教書工作，來到廣州中山大學，跟隨姜伯勤教授攻讀隋唐史研究生。中山大學有陳寅恪先生和岑仲勉先生所開創的隋唐史研究傳統。姜伯勤先生治學範圍很寬，尤其是在敦煌學研究領域成就卓著。而我所選定的題目則是唐代嶺南區域史研究。二十世紀八十年代中後期，國內區域史研究尚屬起步階段。至於唐代嶺南區域史，則更是一個非常邊緣而又冷僻的課題。三年研究生期間，正逢社會上商潮漸湧，再加上所謂"腦體倒掛"，因此真正熱愛歷史學專業的人並不多。然而這種讀書機會對我來說却顯得非常難得，我也倍加珍視，甚至可以説達到了夙興夜寐、焚膏繼晷的程度。當時在歷史系研究生中有一種説法,説我是中大研究生院最勤奮的學生之一。

1990年6月,我參加碩士學位論文答辯,答辯地點在歷史系辦公室二樓會議室,那是一幢位於中山大學東北區的小樓。當時歷史系的博士生還非常少,因此碩士生的答辯就顯得很鄭重,學術氣氛也很濃烈。我的學位論文題目是《唐代嶺南文化的崛起》。至今仍很清晰地記得當時答辯的場景。答辯委員會的老師是:蔡鴻生先生、姜伯勤先生、胡守爲先生、湯明燧先生、曾慶鑒先生。答辯秘書是陳春聲先生。還有邱捷先生、劉志偉先生等多位教師以及不少研究生旁聽。我的論文獲得了很不错的評價,也是當年全系唯一被評爲"優秀"等級的碩士學位論文。答辯後就有幾位老師建議,抓緊時間做一些修改,争取早日正式出版。

然而後來的經歷却並不是我當初想像的樣子。1990年7月畢業留系工作。嗣後,嶺南區域史特別是"海上絲綢之路"研究逐漸變成了相當熱門的話題,各種論著大量出世。而我所做的唐代嶺南區域史研究,其實也有多次可以結集出版的機會,之所以延宕至今,最主要的原因是隨着自己對相關問題的思考和研究的深入,越來越覺得自己原來論文的初淺和簡陋,而當初對唐代嶺南區域史的很多認知和設想,都逐步被我自己徹底顛覆了。現在的這本書稿,可以説没有當初的痕迹了。回首過去的三十年間,我認爲自己在幾個方面做了比較多的努力,當然,這或許也可以解釋爲這本書稿花費時間如此之長的主要原因。

一是相關歷史資料的開掘和蒐集有相當大的難度。衆所周知,中古時期的嶺南遥在五嶺之南,堪稱炎徼荒裔,名物茫昧,正史和典章著作中的相關記載非常匱乏,而其他文獻資料中的記載也高度分散。因此,如何在浩如烟海的古代文獻典籍中將那些高度碎片化的史料開掘出來,然後通過各種專題研究去復原一個個歷史事實,揭示歷史真相,確實是一項非常困難亦極富挑戰性的工作。對此我是不遺餘力的。也可以這樣説,這三十年的時間和精力,其實大量都花在了歷史資料的發掘上。至於史料蒐集的範圍,從時間上來説,並不局限於唐代或中古時期;從地域空間來説,並不局限於嶺南這一特定區域;從史料類型和來源來説,可以説是没有什麽邊界的,舉凡正史、編年史、政書、文集、筆記、小説、詩歌、類書、宗教經典、敦煌文書、石刻碑銘、歷代地理書、地方史志、考古資料、民間文獻、域外文獻與碑銘,還包括實地考察,等等。因爲如果只是局限在某些常見的文獻,所蒐集到的資料就必然非常有限,相關專題研究也就根本無法展開。正因爲如此,對於各種資料中那些非常零星的隻言片語,亦務求做到細大不捐,乃至竭澤而漁。此外,則是加强對一些重要資料開掘的深度。例如,一部清人所編的《全唐文》,我就很完整地讀了四遍。每讀一遍都能有新的收穫,一方面可以將原來未曾注意的某些間接史料挖掘出來,因爲許多資料只屬於間接史料,需要多次輾轉,才能在專題研究中用得上;另一方面則加深了對相關史料之間内在關係的認識。自晚清以來,在中越兩國所發掘的隋唐五代石刻碑銘以及敦煌文書等相關資料,其價值就顯得特別突出和重要。在歷史資料的處理方面,則在較大程度上參照了宋代史家司馬光編《資治通鑑考異》的方法,將各種史料做成長編,進行分類、排比、考證,去粗取精,去僞存真,然後在此基礎上形成各種專題研究。也正因爲如此,我的某些論文從最開始準備到最後完成發表,時間跨度長達二十多年。以上這些做法,對於從事資料豐富、時代也比較晚近的歷史研究的學者來説，很可能會覺得難以理解，也不一定有這樣的需要，然而對於中古嶺南區域史這樣非常邊緣冷僻、資料本身又十分匱乏和分散的課題來説，我認爲非常必要。

二是所關注的問題和研究的範圍逐步擴大。首先是從唐代嶺南某幾個特定地區，逐步擴大到中古時期整個嶺南以及與嶺南相關的其他地區；其次是從某些特定的問題，逐步擴展到中古嶺南區域史的各個方面；最後是歷史認識的層次，也從最初就嶺南而討論嶺南，到逐步有意識地把唐代嶺南區域史看成是整個唐朝歷史乃至中國古代史的重要組成部分。特別是最後這一點，使我對中古嶺南區域研究的學術意義也有了不同的認識。自秦漢以來，嶺南由於獨特的地理位置和歷史環境，一直就是中國疆域內一個極具特色的政治經濟文化區域，並在中國歷史發展進程中有其重要而特殊的意義。從縱向來看，唐代嶺南既賡續了自秦漢魏晉南北朝以來的整體趨勢，又有非常重要的發展和變化，並因此在嶺南兩千多年開發史上占有重要地位。從橫向來看，唐代嶺南既代表了中國南方廣大地區歷史發展的特殊性和差異性，又深刻地反映了南方各地區歷史發展的總趨勢。因此，唐代嶺南區域史的相關問題，既要置於整個唐朝和中國古代史的背景中來討論，也應該置於近一百年來國內和國際學術發展的背景中來考察。

三是對自己已發表和未發表的研究做反復修改。史學家嚴耕望先生在其名篇《唐人習業山林寺院之風尚》發表之後所做的多次修改和補充，堪稱是史學研究中精益求精的典範。不過，這種做法對我來説，不如説只是自己多年以來所形成的一種習慣。1996年，我在北京大學出版的《唐研究》第二卷，發表了《唐代北方家族與嶺南溪洞社會》一文。1998年，中國史學會和《歷史研究》編輯部、《中國史研究》

編輯部在全國範圍内評選"中國古代史優秀論文",這篇論文有幸成爲八篇獲獎論文之一(見《歷史研究》1999 年第二期;《中國史研究》1998 年第一期)。同時獲獎的還有時任中國魏晉南北朝史學會會長的高敏先生、中國宋史學會會長朱瑞熙先生。能夠與这些前輩學者一起獲獎,對於出道並不太久的我來説,不能不説是一種激勵。當時一位我很尊敬的前輩學者對我説,這篇獲獎論文就應該保持發表時的原貌,即使發現有錯誤也不要輕易改動。不過,我還是認爲學術探索永無止境,而且隨着相關研究的擴展和深入,越來越覺得無論是資料的開掘,還是學術觀點的完善,這篇論文需要改進和補充的地方還有許多。因此,在過去的二十多年中,這篇獲獎論文從未停止過修改,而且恰恰是我修改得最多的一篇論文。本書的第四章和第五章,就是以這篇論文爲基礎改寫而成的。而其篇幅也從最初的三萬多字,擴充到了這本書中的二十多萬字。

四是我在漢唐道教經典和道教史研究中,也投入了不少時間和精力。1995 年,我開始從敦煌道教文書入手,進入漢唐道教經典和道教史研究領域。從 1996 年 3 月開始,我又跟隨姜伯勤先生攻讀在職博士學位。至 1998 年 12 月,以論文《敦煌道教古靈寶經文書研究》完成答辯。早期道教是近百年來國際學術界討論的熱點,其研究的難度很大,也極富挑戰性。迄今爲止,我在國内外發表了數十篇研究論文,出版了《敦煌古靈寶經與晉唐道教》(中華書局,2002 年)和《漢晉道教儀式與古靈寶經研究》(中國社會科學出版社,2017 年)等論著,在國内外學術界得到一些好評。漢唐道教與中古嶺南區域史是兩個並不相關的領域。早期道教經典和道教史研究,側重於對經典文本以及古代中國人的精神信仰和心靈歷程的探討;而中古嶺南區域研究則更側重於對古代國家制度和社會生活的探討。這兩種研究的思維和方法亦不盡相同,但是在學術的根本上却又是相通的。首先是兩者都强調要用新材料研究新問題。我在道教研究中也有做資料長編的習慣,並且認爲早期道教教義思想等問題也可以這樣做。這種方法看起來比較笨拙,徵引難免有些繁瑣,行文也可能比較艱澀,然而對於史料高度匱乏、史料解讀本身又極易引起紛爭的早期道教研究來説,却不失爲一種行之有效的方法。其次是兩者都强調要從關鍵問題入手。史料蒐集和整理並不能直接等同於史學研究。史學研究還要追尋歷史的内在邏輯,並盡可能地把實證研究與理論詮釋有機地結合起來。這麼多年我的關注點始終在漢唐道教和中古嶺南區域史兩個領域中不斷轉換,也可以説從未放鬆過對中古嶺南區域史的探索。而這一點亦使我的道教研究與目前國内外不少道教研究者有較大的不同,或許我内心也更認同自己就是一個中古史的研究者。

需要指出的是,這本書中的主要内容,都已經在《歷史研究》、《"中研院"歷史語言研究所集刊》、《文史》、《中國史研究》、《唐研究》、《魏晉南北朝隋唐史資料》、《學術研究》、《中山大學學報》、《人文雜志》等一些境内外學術刊物上發表過。在書稿的形成中,也沒有特意追求内容的完整性以及體例的系統性。這一點亦緣於我從一開始就不太希望寫成一般常見的區域通史性著作。此次作爲一部專門書稿結集,一方面對所有内容都作了不同程度的修改和補充,另一方面則對相關專題作新的整合,以盡可能使之成爲一部既有專題和實證研究特色,同時又具有内在聯繫的書稿,庶幾能從更深的層面揭示唐代嶺南區域歷史發展演變的歷程。

唐朝是中國古代最爲璀璨奪目的篇章。我能夠與這樣一個偉大的時代結緣,不能不説是一種人生的幸運。少年時代精神生活比較閉塞和沉悶,然而却又很是"心繫遠方",於是文學就成了心中的摯愛。唐人的心胸和眼光都是極其開闊而遠大的,当年吟誦唐詩,唐朝的意象大概就在心中開始萌發和潛藏了。黄河白雲,漲海南天,大漠孤城,胡天飛雪,確實讓人讚歎流連,心馳神往。而我對唐史的研讀以及對中古嶺南的認知,恰恰也是通過讀《全唐詩》開始的。

在燦若星辰的唐代詩人中,其實有很多都與嶺南有着不解之緣。然而,唐詩中的嶺南却是唐帝國遼闊疆域内一個最遥遠險惡也是最神秘陌生的地方,而嶺南意象也蒙上了無比凄厲的色彩。我們試舉一些到過嶺南的官員兼詩人的詩來看看。沈佺期稱:"昔傳瘴江路,今到鬼門關。土地無人老,流移幾客還。"(《入鬼門關》)楊炎稱:"一去一萬里,千知千不還。崖州何處在? 生度鬼門關。"(《流崖州至鬼門關作》)宋之問稱:"孤舟泛盈盈,江流日縱橫。夜雜蛟螭寢,晨披瘴癘行。潭蒸水沫起,山熱火雲生。猿躍時能嘯,鳶飛莫敢鳴。海窮南徼盡,鄉遠北魂驚。泣向文身國,悲看鑿齒氓。"(《入瀧州江》)張均稱:"瘴江西去火爲山,炎徼南窮鬼作關。從此更投人境外,生涯應在有無間。"(《流合浦嶺外作》)柳宗元稱:"零落殘魂倍黯然,雙垂別淚越江邊。一身去國六千里,萬死投荒十二年。"(《別舍弟宗一》)韓愈稱:"一封朝奏九重天,夕貶潮州路八千。……知汝遠來應有意,好收吾骨瘴江邊。"(《左遷至藍關示姪孫湘》)又稱:"惡溪瘴毒聚,雷電常洶洶。鱷魚大於船,牙眼怖殺儂。州南數十里,有海無天地。颶風有時作,掀簸真差事。"(《瀧吏》)李紳稱:"天將南北分寒燠,北被羔裘南卉服。寒氣凝爲戎虜驕,炎蒸結作蟲虺毒。周王止化惟荆蠻,漢武鑿遠通屌顏。南標銅柱限荒徼,五嶺從兹窮險艱。衡山截斷炎方北,迴雁峰南瘴烟黑。萬壑奔傷溢作瀧，湍飛浪激如繩直。千崖傍聳猿嘯悲，丹蛇玄虺潛蝘蛇。"（《逾嶺嶠止荒陬抵高要》）李德裕稱："獨上高樓望帝京，鳥飛猶是半年程。青山似欲留人住，百匝千遭遶郡城。"（《登崖州城作》）陳陶稱："博羅程遠近，海塞愁先入。瘴雨出虹蜺，蠻江渡山急。常聞島夷俗，犀象滿城邑。"（《番禺道中作》）我們還可以列舉幾位從未到過嶺南的詩人的詩來看看。元稹稱："洞主參承驚豸角，島夷安集慕霜威。黃家賊用鑱刀利，白水郎行旱地稀。屓吐朝光樓隱隱，鼇吹細浪雨霏霏。毒龍蜕骨轟雷鼓，野象埋牙斸石磯。"（《送嶺南崔侍御》）張祜稱："萬里南遷客，辛勤嶺路遥。溪行防水弩，野店避山魈。瘴海須求藥，貪泉莫舉瓢。"（《寄遷客》）貫休稱："海上聊一望，舶帆天際飛。狂蠻莫掛甲，聖主正垂衣。風惡巨魚出，山昏群獠歸。"（《南海晚望》）在唐詩之外，我們也能找到非常多與此相類似的記載。總之，在唐人意象中，嶺南是極其荒遠阻隔的象徵，是異域殊方和化外蠻夷之地，是榛莽未闢原始動物出没而風物景觀亦光怪陸離的世界，是瘴疫毒蠱流行令人談之色變的絶域，也是被唐人視爲畏途的流放地和貶謫地。至宋代甚至宋以後很長時期，史籍中仍充斥着大量類似的記載。長期以來，中外研究者可能受這樣大量而且具有連續性的歷史記載影響，更多關注的就是唐代嶺南原始、蠻荒、静止、停滯、落後的一面。

　　我很可能是因爲有作爲一位"嶺南人"的情感，所以更希望能走進歷史的深處，去探尋唐代嶺南歷史演進的真實軌迹。隨着資料的積累和研究的展開，我對唐代嶺南歷史也有了很不一樣的認識，越來越覺得唐人意象中的嶺南，與真實的嶺南之間存在很大的差距，也越來越認爲歷史上中心和邊緣的區分其實並非那麽清晰和重要。從王朝遞嬗、疆域開拓、政區劃分、社會重構、家族遷徙、人口繁衍、財富流動,到文化傳播以及神靈變化,等等,無一不證明唐代嶺南的各個方面,其實都處在急遽而深刻的變動過程中,而且都與整個唐朝歷史甚至唐朝國家的命運具有千絲萬縷的聯繫。亦證明在原始、蠻荒、静止、停滯、落後等表象的背後,恰恰是一部開拓進取、變化發展和波瀾壯闊的歷史。因此,我認爲應該通過一系列專題研究的形式,從更深的層面揭示唐代嶺南"開發"和"社會變遷"發生的歷史背景、主要表現形式及其深遠影響。

爲了更準確也更深刻地理解史籍記載,我在過去的三十年中,曾經數十次到嶺南各地做實地考察。有的歷史遺址地處交通困難的崇山峻嶺中,有的則在人迹罕至的邊陲海隅,長期以來差不多已經被人們徹底遺忘了。因爲參加國内外學術會議的緣故,我習慣於在飛機上從高空俯瞰嶺南的地貌,印象最深的就是嶺南竟然如此多山,在逶迤連綿的山脈之間,蜿蜒的江河和道路又將許多相互隔絶的盆地連結起來。而唐朝與唐以前最不同的地方,大概就是將王朝國家的治理教化,進一步擴大和推行到這些偏遠阻隔的地區。在一千多年後的今天,我們在浩如烟海的文獻中追隨這個强盛帝國開拓的背影,從被久遠歲月塵封的史籍中尋繹嶺南文明演進的脈絡,内心常常湧起一種既莊重而又豪邁的情感。

古人説十年磨一劍。從當年選定中古嶺南作爲學術研究的起點,不覺三十年歲月已成過往。雖然身處繁華熙攘的南方都市,却早已習慣了孤燈環堵、守拙自得的書齋生活。如今這部書稿即將付梓,内心並没有什麽欣喜之情,反而平添了些許波瀾,雖然可以捫心自問,自己確實已經盡力了,然而囿於歷史資料等條件的限制,需要改進的地方應該還有很多,對此也惟有在今後繼續努力了!

　　需要感謝的人很多,特別是中國社會科學院歷史研究所張澤咸先生,武漢大學朱雷先生、凍國棟先生,北京大學吳宗國先生、榮新江先生,清華大學侯旭東先生,等等,都在不同時期給予過幫助。劉凱博士、羅亮博士、付艷麗博士以及博士生豆興法同學等,在資料校對方面給予了幫助。本書責任編輯徐真真編審以極其嚴謹負責的精神,糾正了書稿中的不少疏誤。而我妻子陳娟和兒子王雁澤也在諸多方面給予了大力幫助。

　　在本課題研究過程中,曾經多次得到過社科基金的支持,其中包括由我自己主持的 1997 年度國家社科基金項目、2008 年度國家社科基金項目、2013 年度國家社科基金重點項目、2016 年度教育部哲學社會科學研究重大課題攻關項目。1998 年至 2006 年期間,還數次得到過香港中山大學高等學術研究中心基金的支持。